Hartmut Ernst

Grundlagen und Konzepte der Informatik

Lehrbuch

Die Reihe „Lehrbuch", orientiert an den Lehrinhalten des Studiums an Fachhochschulen und Universitäten, bietet didaktisch gut ausgearbeitetes Know-how nach dem State-of-the-Art des Faches für Studenten und Dozenten gleichermaßen.

Unter anderem sind erschienen:

Neuronale Netze und Fuzzy-Systeme
von D. Nauck, F. Klawonn und R. Kruse

Interaktive Systeme
von Christian Stary

Evolutionäre Algorithmen
von Volker Nissen

Stochastik
von Gerhard Hübner

Algorithmische Lineare Algebra
von Herbert Möller

Neuronale Netze
von Andreas Scherer

Objektorientiertes Plug and Play
von Andreas Solymosi

Rechnerverbindungsstrukturen
von Bernhard Schürmann

Rechnerarchitektur
von Paul Herrmann

Termersetzungssysteme
von Reinhard Bündgen

Konstruktion digitaler Systeme
von Fritz Mayer-Lindenberg

Von Pascal zu Assembler
von Peter Kammerer

Theorie der Medizinischen Informatik
von Hans-Jürgen Seelos

SPSS für Windows
von Wolf-Michael Kähler

SMALLTALK
von Peter P. Bothner und Wolf-Michael Kähler

PASCAL
von Doug Cooper und Michael Clancy

Programmieren mit JAVA
von Andreas Solymosi und Ilse Schmiedecke

Bausteinbasierte Software
von Günther Bauer

Anwendungsorientierte Wirtschaftsinformatik
von Paul Alpar, Heinz Lothar Grob, Peter Weimann und Robert Winter

Software Engineering
von Reiner Dumke

Rechnerarchitektur
von Paul Herrmann

Grundlagen der Theoretischen Informatik mit Anwendungen
von Gottfried Vossen und Kurt-Ulrich Witt

Grundlagen und Konzepte der Informatik
von Hartmut Ernst

Vieweg

Hartmut Ernst

Grundlagen und Konzepte der Informatik

Eine Einführung in die Informatik ausgehend von den fundamentalen Grundlagen

2., überarbeitete und verbesserte Auflage

vieweg

Die Deutsche Bibliothek – CIP-Einheitsaufnahme
Ein Titeldatensatz für diese Publikation ist bei
Der Deutschen Bibliothek erhältlich.

1. Auflage 2000
2., überarbeitete und verbesserte Auflage Dezember 2000

Der Verlag Vieweg ist ein Unternehmen der Fachverlagsgruppe BertelsmannSpringer.

www.vieweg.de

Konzeption und Layout des Umschlags: Ulrike Weigel, www.CorporateDesignGroup.de
Druck- und buchbinderische Verarbeitung: Lengericher Handelsdruckerei, Lengerich
Gedruckt auf säurefreiem Papier
Printed in Germany

ISBN 3-528-15717-8

Inhaltsverzeichnis

Vorwort

Wer sich heute eingehender mit Informatik beschäftigt, sei es als Student oder als Praktiker im Beruf, dem ist die Frage nach der Standortbestimmung seines Fachgebiets vertraut: Was ist eigentlich Informatik? Es gibt wenige Arbeitsfelder, die so interdisziplinär angelegt sind wie gerade die Informatik. Wer beispielsweise ein Lehrbuch über Wirtschaftsinformatik zur Hand nimmt (im Literaturverzeichnis sind einige genannt), wird ganz erhebliche Unterschiede in Auswahl und Darstellung des Stoffes im Vergleich mit diesem Buch bemerken. Ebenso wird der Datenbank-Profi oder der mehr an der Hardware orientierte Entwickler manches Detail vermissen. Dennoch, die grundlegenden Konzepte und Fundamente sind für die verschiedenen Richtungen dieselben.

Es wurde daher mit diesem Buch der Versuch unternommen, einen möglichst umfassenden Überblick und Einblick in die wesentlichen Grundlagen und Konzepte der Informatik zu vermitteln. Dabei ging es nicht nur um die Darstellung von Sachverhalten, sondern auch darum, Zusammenhänge verständlich zu machen und zu vertiefen, die über den im Grundstudium gebotenen Stoff hinausgehen. Auch sollte der Zugang zu weiterführenden Büchern und zur Original-Literatur erleichtert werden.

Als roter Faden zieht sich die Betonung des algorithmischen Ansatzes durch dieses Buch, denn nach Ansicht des Autors sind gerade Algorithmen und deren effiziente Implementierung in Soft- und Hardware das zentrale Thema der Informatik. Die Stoffauswahl ist außerdem an Themen orientiert, die über längere Zeit relevant bleiben dürften. Daher wird auf Produkte und kommerzielle Software-Pakete kaum eingegangen, so wichtig und aktuell diese aus Anwendersicht auch sein mögen. Dennoch versteht sich dieses Lehrbuch durchaus als anwendungsorientiert, wenn auch nicht im üblichen Sinne der angewandten Informatik; vielmehr wurde der Autor von der Überzeugung geleitet, dass Innovationen nur der leisten kann, der kreativ auf der Basis von „first principles“ zu denken gelernt hat. Der Stellenwert der Theorie auch für den Praktiker wird damit betont. Von dem breiten Spektrum, das unter dem Sammelbegriff „Informatik“ subsumiert wird, sieht der praxisorientierte Informatikanwender aus der Distanz in erster Linie die anwendungsbetonte Informatik, die Lösungen für konkrete Probleme verkauft: computer-aided anything. Für ein tiefergehendes Verständnis genügt diese Beschränkung aber mit Sicherheit nicht.

Auf der anderen Seite erfordert die hier angestrebte Orientierung an der Praxis nicht, dass jeder Satz im mathematischen Sinne streng bewiesen werden muss. Es ist ja gerade der überbetonte Formalismus mancher Theorie, der auf den Praktiker abschreckend wirkt. Für den Theorie-Nutzer genügt es oft, die Formulierung eines Satzes zu verstehen, seinen Anwendungsbereich und seine Grenzen zu begreifen sowie Einsicht in seine Gültigkeit zu erhalten, wozu an Stelle eines Beweises auch ein erhellendes Beispiel dienen mag.

Der Autor hofft jedenfalls, mit dem hier gewählten Ansatz eine Lücke zu füllen und Studenten wie Praktikern ein nützliches Werk an die Hand gegeben zu haben.

Zur Erleichterung des Einstiegs in die Lektüre, werden im Folgenden die Themen der elf Kapitel kurz charakterisiert.

In **Kapitel 1** wird nach einer geschichtlichen Einführung und einem kleinen Überblick über den prinzipiellen Aufbau von Rechnern die *binäre Arithmetik* behandelt.

Kapitel 2 beschäftigt sich ausführlich mit den begrifflichen und mathematischen Konzepten der für die Informatik fundamentalen Begriffe *Nachricht*, *Information* und *Codierung*. Jeder, der sich ernsthaft mit der Informatik befasst, sollte mit diesen Grundlagen gut vertraut sein, da dies das Verständnis der folgenden Kapitel erleichtern wird. Da Information und Wahrscheinlichkeit in enger Beziehung zueinander stehen, werden auch die erforderlichen mathematischen Methoden erläutert. Im wichtigsten Teil dieses Kapitels geht es dann um *Entropie*, *Redundanz*, *Code-Erzeugung* und *Code-Sicherung*. Anschließend wird auf zwei in der Praxis zunehmend an Bedeutung gewinnende Aspekte der Codierungstheorie eingegangen, nämlich auf Methoden zur *Datenkompression* und zur *Verschlüsselung*. Dazu gehört auch eine detaillierte Erläuterung der wichtigsten Algorithmen. Der Stoff umfasst und vertieft den Inhalt entsprechender Grundvorlesungen.

Kapitel 3 befasst sich mit den Grundlagen der *Computer-Hardware*. Nach einer knappen Einführung in die Aussagenlogik und die *Boole'sche Algebra* werden *Schaltnetze* und *Schaltwerke* erläutert. Am Schluss des Kapitels steht eine kurze Erklärung der Funktionsweise von *Analogrechnern*.

In **Kapitel 4** werden zwei Schwerpunkte gesetzt, nämlich *Rechnerarchitekturen* und *Betriebssysteme*. Zunächst werden die üblichen Klassifikationsschemata eingeführt. Es folgt eine Erläuterung der für die Mehrzahl der Rechner maßgeblichen *Von-Neumann-Architektur* sowie eine Einführung in die Konzepte der *Parallelverarbeitung*. Zu dem wichtigen Thema Betriebssysteme wird hier die Grundlage zum Verständnis weiterführender Literatur gelegt.

Kapitel 5 ist einem oft vernachlässigten Thema gewidmet: den *maschinenorientierten Programmiersprachen* und der internen Organisation von *Mikroprozessoren*. Einerseits ist die Kenntnis der internen Abläufe bei der Ausführung von Maschinenbefehlen wesentlich für ein vertieftes Verständnis von höheren Programmiersprachen und Compilern. Andererseits ist der Befehlssatz des hier als Beispiel gewählten M68000 Mikroprozessors ein guter Einstieg in die praktisch sehr bedeutsame Assembler-Programmierung von Mikrocontrollern, die millionenfach in *eingebetteten Systemen* vom Fotoapparat bis zur Waschmaschine zum Einsatz kommen.

Kapitel 6 behandelt dann *höhere Programmiersprachen*. Hier geht es zunächst um die prinzipielle Struktur von Hochsprachen sowie um die wichtigsten Methoden zur Beschreibung der Syntax von Programmiersprachen, nämlich die *Backus-Naur-Form* und *Syntaxgraphen*. Es schließt sich ein knapper und einigermaßen vollständiger Überblick über die Grundlagen der weit verbreiteten *Programmiersprache C* an, der aber keineswegs ein speziell diesem Thema gewidmetes Lehrbuch ersetzen kann. Besonderer Wert wird auf das *Zeigerkonzept* gelegt, das in Kapitel 10.1.2 nochmals vertieft wird. Die Beschreibung der umfangreichen C-Funktions-Bibliothek beschränkt sich dagegen auf einige Beispiele. Den letzten Abschnitt bildet eine kurze Einführung in das *objektorientierte* Paradigma am Beispiel von C++, das in Kapitel 11.5 im Zusammenhang mit *Java* nochmals aufgegriffen wird.

Kapitel 7 gibt einen einfach gehaltenen Überblick über die Methodik der *Software-Entwicklung* (*Software-Engineering*) und *Datenverarbeitungs-Organisation*. Es handelt sich in weiten Teilen eher um eine Hinführung zum Thema, da ein detailliertes Eingehen auf komplexe Entwurfs-Methoden und -Werkzeuge den Rahmen dieses Buches sprengen würde. Kapitel 7 enthält auch einen Abschnitt über die Themen *Datenschutz* und *Datensicherheit*, wobei der Schwerpunkt auf dem Bundesdatenschutzgesetz liegt.

Kapitel 8 beschäftigt sich mit der *Automatentheorie* und der Theorie der *formalen Sprachen*, die in der theoretischen Informatik als Grundlage von Programmiersprachen und Compilern einen wichtigen Platz einnehmen. Auch das Konzept der *Turing-Maschine*, die als algebraische Beschreibung eines Computers aufgefasst werden kann, wird ausführlich erklärt. Dabei wird mehr Wert auf eine verständliche Darstellung der grundlegenden Konzepte gelegt als auf mathematische Strenge. Am Ende des Kapitels wird kurz auf *Compiler* eingegangen, allerdings ohne dieses Thema zu vertiefen.

Kapitel 9 baut unmittelbar auf Kapitel 8 auf. Zunächst werden die Begriffe *Berechenbarkeit* und *Komplexität* erklärt und die Grenzen des mit Computern überhaupt Machbaren aufgezeigt. Es schließen sich Abschnitte über das Optimieren von Algorithmen und über näherungsweise Lösungsverfahren an, wobei unter anderem auch *genetische* und *probabilistische* Algorithmen erläutert werden. Kapitel 8 und 9 entsprechen zusammen einem Grundkurs in theoretischer Informatik an Fachhochschulen.

Kapitel 10 ist das umfangreichste Kapitel dieses Buchs. Es ist dem weiten Feld der *Datenstrukturen* gewidmet sowie den Algorithmen, die auf diesen Strukturen arbeiten. Nach einer Einführung in einfache Datenstrukturen wie Texte, Felder und Verbunde werden *lineare Listen*, *Bäume* und *Graphen* behandelt. Dabei geht es immer auch um die damit verbundenen Operationen, insbesondere *Suchen* und *Sortieren*. Durch zahlreiche in C geschriebene Beispielprogramme wird die praktische Anwendbarkeit dieses Buches erhöht. Kapitel 10 deckt den Stoff einschlägiger Vorlesungen in höheren Semestern ab.

Den Abschluss bildet **Kapitel 11**. Unter dem Titel *Kommunikations- und Informationstechnik* sind hier einige recht unterschiedliche Themen zusammengefasst. Den Anfang bildet eine Einführung in die Technik der *Informationsübertragung* und Kommunikation in Daten- und Rechnernetzen, wozu auch die Erläuterung des OSI-Schichtenmodells gehört. Es schließt sich ein kurzer Überblick über *Datenbank-Konzepte* an, mit einem Fokus auf *relationale Datenbanken*. Breiterer Raum ist der *Multimedia-Technik* gewidmet, insbesondere der Bearbeitung von Bildern, die ja in der Regel den Hauptbestandteil multimedialer Dokumente ausmachen. Im letzten Abschnitt werden die Grundlagen des *Internet* und der dafür wesentlichen Werkzeuge *HTML* und insbesondere *Java* vorgestellt.

Ein Buch schreibt man nicht alleine; etliche Freunde und Kollegen haben mir dabei mit wertvollen Anregungen geholfen. Besonders wichtig war mir die Unterstützung meiner Familie. Dafür möchte ich mich herzlich bedanken.

Rosenheim, 2000 Hartmut Ernst

1 Einführung

1.1 Was ist eigentlich Informatik?

Im Jahre 1962 wurde der Begriff *„informatique"* von dem französichen Ingenieur Philippe Dreyfus geprägt und - vorgeschlagen von dem Politiker Gerhard Stoltenberg - als *„Informatik"* in die deutsche Sprache übernommen. Im englischen Sprachraum konnte sich dieser Begriff nicht durchsetzen, man spricht dort von *„Computer Science"*, also „Computer-Wissenschaft".

Das Wort Informatik vereinigt die Begriffe *Information* und *Automation* in sich, bedeutet also in etwa *„automatische Informationsverarbeitung"*.

Im „Informatik-Duden" heißt es:

Informatik *(computer science):* Wissenschaft von der systematischen Verarbeitung von Informationen, besonders der automatischen Verarbeitung mit Hilfe von Digitalrechnern.

Die Hilfsmittel einer solchen automatischen Informationsverarbeitung sind *Rechenmaschinen (Computer)* oder allgemeiner *(elektronische) Datenverarbeitungsanlagen*. Deren prinzipieller Aufbau wird in Kapitel 3 beschrieben, jedoch unter Verzicht auf technische Details.

Was nun unter *Information* zu verstehen ist, davon hat jeder Mensch eine intuitive Vorstellung. Für wissenschaftliche und technische Anwendungen muss dieser Begriff aber noch präzisiert werden; dies geschieht ausführlich in Kapitel 2.

Möchte man eine klarere Vorstellung vom Wesen der Informatik erlangen, so ist es sinnvoll, nach den Wurzeln zu fragen. Historisch gesehen ist die Informatik aus der *Mathematik* und dem *Elektroingenieurwesen* hervorgegangen. Eine wichtige Rolle hat anfangs bei der Konstruktion von Rechenmaschinen auch die *Mechanik* gespielt. Im Vergleich mit anderen Wissenschaften steht die Informatik der Mathematik auch heute noch am nächsten, ist jedoch im Unterschied zu den reinen *Geisteswissenschaften* in wesentlich höherem Maße praxisorientiert. Von den *Naturwissenschaften* ist die Informatik durch ihre Beschäftigung mit *ideellen Sachverhalten* und *künstlichen Systemen* abgegrenzt und von den *Ingenieurwissenschaften* durch ihren teilweise *immateriellen Arbeitsgegenstand*. Mit all diesen Nachbardisziplinen besteht aber eine starke Wechselbeziehung. Man könnte die Informatik am ehesten unter dem umfassenderen Begriff der Wissenschaft von *Strukturen* und *Systemen* einordnen [Büt95].

Einer weiteren Begriffsklärung und Abgrenzung mag die Unterteilung der Informatik in folgende Bereiche dienen:

- Die *theoretische Informatik* befasst sich mit Informations- und Codierungstheorie, formalen Sprachen, Automatentheorie, Algorithmen, Berechenbarkeit, Datenstrukturen und mathematischen Methoden.
- Aufgabe der *technischen Informatik* ist die Erforschung und Anwendung ingenieurwissenschaftlicher und physikalischer Grundlagen und Methoden, die für die Informatik benötigt werden. Ferner gehört zu diesem Gebiet die Entwicklung von Schaltwerken (vgl. Kapitel 3) und Hardware-Strukturen, bis hin zum Aufbau von Rechenanlagen (*Technik der Informatik*).
- Bei der *angewandten Informatik* schließlich geht es zunächst um die Entwicklung von Dienstprogrammen wie Editoren, Datenbanken und Compilern sowie um Betriebssysteme. In einem mehr praktischen Sinne steht der Einsatz von Computern im Vordergrund. Man unterscheidet hier *wirtschaftlich orientierte Anwendungen*, beispielsweise in der Verwaltung, bei Banken und Versicherungen sowie die *Informatik in der Technik*, d.h. die Anwendung der Informatik auf *technisch/wissenschaftliche Probleme*. Weitere Anwendungsbereiche sind die Informatik in der Lehre, in der Medizin und in vielen anderen Fachgebieten. Von Bedeutung sind ferner Datenschutz und Datensicherheit sowie soziale und ethische Fragen.

In ihrem Selbstverständnis betrachten viele Informatiker ihr Arbeitsgebiet, trotz gewisser Probleme in der eigenen Standortbestimmung, letztlich als *Ingenieur-Disziplin*. Ein Informatiker sollte sich daher auch über die Grundlagen der Ingenieurwissenschaften informieren [Czi89] und sich auch daran orientieren, zumindest soweit er im Bereich der technischen Informatik arbeitet.

Mit den Informatikern konkurrieren in der beruflichen Praxis Absolventen anderer Studienrichtungen, die je nach ihrer Ausbildung Spezialkenntnisse mitbringen, über die Informatiker oft nicht verfügen: Betriebswirte, Volkswirte, Bankkaufleute und Wirtschaftsingenieure im kommerziellen Bereich (beispielsweise als DV-Organisatoren) sowie Ingenieure der verschiedensten Fachrichtungen im technisch-wissenschaftlichen Bereich, aber auch Mathematiker, Physiker und Lehrer. Der Informatiker kann demgegenüber seine vertieften Kenntnisse in den Grundlagen ins Feld führen. Bemerkenswert ist auch, dass die mehr praxisorientierten Fachhochschulabsolventen am Arbeitsmarkt oft besser ankommen als die Informatik-Absolventen wissenschaftlicher Hochschulen.

1.2 Zur Geschichte der Informatik

Die Wurzeln der Entwicklung der Informatik liegen im Bestreben der Menschen, nicht nur körperliche Arbeit durch den Einsatz von Werkzeugen und Maschinen zu erleichtern, sondern auch geistige Tätigkeiten. Dazu kam der Wunsch, Informationen zur Kommunikation mit anderen Menschen möglichst effizient zu übermitteln.

1.2.1 Frühe Zähl- und Rechensysteme

Am Anfang der Entwicklung von Rechenanlagen standen Rechenhilfen, deren älteste Formen Rechensteine und Rechenbretter waren. Die wohl am weitesten verbreitete Rechenhilfe ist der etwa 4000 Jahre alte *Abakus*, der vermutlich von den Babyloniern erfunden wurde und über China nach Russland sowie in die arabische Welt gelangte und auch heute noch in Teilen der Welt gebräuchlich ist. Es handelt sich hierbei um ein aus beweglichen Perlen aufgebautes Zählwerk mit Überlaufspeicher, welches das Rechnen mit den vier Grundrechenarten erlaubt.

Voraussetzung für die Konstruktion und den Gebrauch von Rechenhilfen sind logisch aufgebaute *Zähl- und Rechensysteme*, die sich bereits in vorgeschichtlicher Zeit zu entwickeln begannen. Schon vor über 20000 Jahren findet man in steinzeitlichen Höhlenmalereien erste Zuordnungen von gleichartigen, relativ abstrakten Zählsymbolen zu Objekten, meist Tierdarstellungen [Dam88]. Nachweislich wurden vor ca. 12000 Jahren in sesshaften Kulturen mit Hilfe von eindeutigen Zuordnungen zwischen Objekten und Symbolen Quantitäten kontrolliert. Eine über bloßes Zählen hinausgehende Arithmetik existierte damals jedoch noch nicht. Diese entwickelte sich vor etwa 5000 Jahren in Mesopotamien; es gab allerdings zunächst keine auf Zahlen als ideelle Objekte bezogene Begriffsbildung. Dies zeigte sich zum Beispiel daran, dass der Wert von Zahlsymbolen vom Anwendungsbereich abhängen konnte: ein und dasselbe Zeichen konnte beispielsweise den Wert 10 besitzen, wenn es um das Abzählen von Bierkrügen ging, aber den Wert 18 im Zusammenhang mit Flächenmaßen von Getreideanbaugebieten. Abbildung 1.1 gibt ein Beispiel für die archaische Arithmetik.

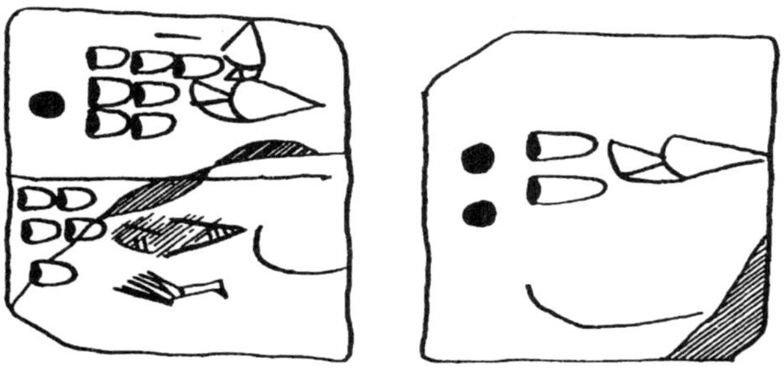

Abbildung 1.1: Die linke Bildhälfte zeigt die Vorderseite einer ca. 5000 Jahre alten Steintafel, auf der Bierkrüge verzeichnet sind. Es werden 17 Einheiten zu 5 Einheiten addiert. Das Ergebnis, 22 Einheiten, ist auf der Rückseite der Steintafel (rechte Bildhälfte) eingeritzt. Dabei hat das Zeichen • den Wert 10 und das Zeichen ▹ den Wert 1.

Im Zusammenhang mit solchen und auch weitaus komplizierteren Berechnungen wurde der Abakus entwickelt. Bereits zur Zeit Hammurabis um 1800 v. Chr. konnten die Babylonier schematische Lösungsverfahren einsetzen, z.B. um astronomische Probleme zu bearbeiten, etwa die Vorhersage von Sonnen- und Mondfinsternissen, was damals religiöse Bedeutung hatte. Dennoch war damit vermutlich noch kein abstrakter Zahlbegriff verbunden. Diese kulturhistorische Entwicklungsstufe wurde nach heutigem Wissen erstmals in der griechischen Antike vor 2500 Jahren erreicht [Ger94]. Aus dieser Zeit sind die ersten begrifflichen Bestimmungen von Zahlen als rein ideelle Objekte, also losgelöst von realen Objekten und Anwendungen, überliefert. Damit und mit Hilfe der von *Aristoteles* begründeten *Logik* war dann erstmals der Beweis von Zahleigenschaften sowie arithmetischen und geometrischen Sätzen möglich. Damals entstandene Werke wie *Euklids „Elemente"* über die Grundlagen der Geometrie und die Arbeiten des *Archimedes* besitzen auch heute noch uneingeschränkte Gültigkeit.

Der wichtigste Schritt war damit schon getan, denn auf dem Rechnen mit ganzen Zahlen baut letztlich die gesamte Computer-bezogene Mathematik auf: „Die ganzen Zahlen hat Gott geschaffen, alles andre ist Menschenwerk" (Ludwig Kronecker).

Die ältesten Zähl- und Rechensysteme sind uns von den Sumerern, Indern, Ägyptern und Babyloniern übermittelt. Unser Zählsystem sowie die Schreibweise unserer Ziffern geht auf das indische und das daraus entwickelte arabische System zurück. Insbesondere das von den Indern im 7. Jahrhundert v. Chr. entwickelte dezimale Stellensystem sowie die Einführung der Null waren wesentliche Fortschritte, durch die das Rechnen sehr erleichtert wurde. Abbildung 1.2 gibt einen Überblick über die Entwicklung der Ziffernschreibweise. Im Mittelalter war noch das *römische Ziffernsystem* verbreitet, mit dem selbst einfachste Berechnungen nur sehr umständlich durchgeführt werden konnten [Bau96]. Die von *Adam Riese* (1492-1559) in seinen Rechenbüchern vorangetriebene Ziffernschreibweise in der heute gebräuchlichen Form sowie die üblichen formalen Regeln für das praktische Rechnen mit den vier Grundrechenarten sind allerdings erst ca. 500 Jahre alt.

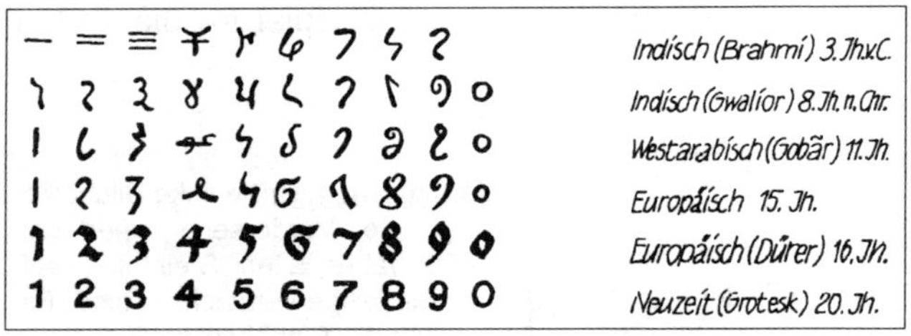

Abbildung 1.2: Die Entwicklung der Ziffernschreibweise von archaischen Anfängen bis in unsere Zeit.

1.2.2 Die Entwicklung von Rechenmaschinen

Die konsequente Entwicklung von *Rechenmaschinen* begann im 17. Jahrhundert in Europa. Die Rechensteine bzw. die beweglichen Perlen des vor ca. 4000 Jahren erfundenen *Abakus* wurden durch die Zähne von Zahnrädern ersetzt. In einigen Ländern Asiens und Afrikas ist der Abakus noch immer gebräuchlich. In Europa wurde ab 1650 eine von Partridge erfundene mechanische Rechenhilfe popuär: der *Rechenschieber*. Mit Hilfe verschiebbarer Skalen mit logarithmischer Teilung kann man damit sehr schnell multiplizieren und dividieren. Die älteste dokumentierte *Addiermaschine* nach dem Zählradprinzip stammt von *Wilhelm Schickard* (1624). Im Laufe des 17. Jahrhunderts wurde das Prinzip weiterentwickelt und verfeinert, insbesondere durch *Blaise Pascal* (ab 1641). Pascals Maschine wurde kommerziell unter anderem für die Berechnung von Währungs-Wechselkursen und Steuern eingesetzt. Der Universalgelehrte *Gottfried Wilhelm Leibnitz* (1646-1716) konstruierte ab 1673 die ersten Rechenmaschinen unter Verwendung von Walzen mit neun achsenparallelen Zähnen, deren Länge gestaffelt ist, den sog. Staffelwalzen. Von Leibnitz stammen weitere sehr wesentliche Impulse, beispielsweise die Einführung der *binären Arithmetik*, die in *George Booles* Arbeiten (1815-1864) über die *binäre Logik* zu einer für die Informatik grundlegenden Theorie weiterentwickelt wurde. Leibnitz war geleitet von der Vorstellung, es gäbe "... eine allgemeine Methode, mit der alle Wahrheiten der Vernunft auf eine Art Berechnung zurückgeführt werden können", eine Vermutung, die sich erst im 20. Jahrhundert als nicht haltbar erwies.

Im 17. Jahrhundert waren also viele Grundsteine schon gelegt. Es war jedoch noch nicht möglich, die Mechanik der Rechenmaschinen mit der notwendigen Präzision und Stabilität herzustellen. Die zuverlässige, serienmäßige Produktion gelang erst *Philipp Matthäus Hahn* (1774).

Neben dem Rechenwerk ist ein *Datenspeicher* wesentlicher Bestandteil von Datenverarbeitungsanlagen. Die Entwicklung von Speichern begann mit Holzbrettchen, die mit Bohrungen versehen waren und der Steuerung von Webstühlen dienten. Das erste brauchbare Modell, mit dem auf einfache Weise Stoffe mit beliebigen Mustern gewebt werden konnten, wurde von *Joseph Maria Jacquard (1804)* gebaut. Auch mechanische *Spieluhren* verdienen in diesem Zusammenhang genannt zu werden. Das Speichern von Daten auf Lochkarten wurde von *Hermann Hollerith* perfektioniert und 1886 zum Zwecke statistischer Erhebungen bei Volkszählungen im großen Stil eingesetzt. In dieser Zeit datiert auch der erste Anschluss eines Druckers an eine mechanische Rechenmaschine durch die Firma *Burroughs* im Jahre 1889. Ebenfalls im 19. Jahrhundert entstanden die ersten *Analogrechner*, die zunächst auf mechanischer, später dann auf elektrischer und elektronischer Basis arbeiteten, aber erst ab 1930 Bedeutung erlangten.

Das erste umfassende Konzept eines *Computers* nach heutigem Muster mit Rechenwerk, Speicher, Steuerwerk sowie Ein- und Ausgabemöglichkeiten ist von *Charles Babbage* (1792-1871) überliefert. Die wissenschaftliche und auch materielle Unterstützung von *Ada Byron Countess of Lovelace* ermöglichte es Babbage, ab 1833 den Bau verschiedener Prototypen zu versuchen, darunter die *Analytical Engi-*

ne. Nach Ada Lovelace wurde übrigens die Programmiersprache ADA benannt. Wegen der damals noch unzulänglichen Fertigungsmethoden und beschränkter Finanzmittel kam Babbage allerdings über ein Versuchsstadium nicht hinaus. Eine der richtungsweisenden Ideen Babbages war die Umsetzung von *Algorithmen* in auf Lochkarten gespeicherte *Programme*, die seine Rechenmaschine steuern sollte. Von Ada Lovelace stammen auch die ersten Computerprogramme nach diesem Muster. Die Bezeichnung *Algorithmus* geht auf den arabischen Gelehrten *Al Chwarizmi*, um 820, zurück. Die Idee, Algorithmen als Lösungsverfahren mathematischer Probleme zu „mechanisieren" wurde in Europa um das Jahr 1000 von *Gerbert d'Aurillac*, dem späteren *Papst Silvester II.*, propagiert. Die Beschreibung von Algorithmen - für Leibnitz „nach festen Regeln ablaufende Spiele mit Zeichen" - erfordert die *Formalisierung* der Sprache zu einer *symbolischen Sprache*. Mit dieser um die Jahrhundertwende einsetzenden Entwicklung sind Namen wie *Frege, Russel, Whitehead, Peano und Gödel* eng verbunden. Letztlich ist ein Computerprogramm für Digitalrechner nichts anderes als die Übersetzung eines Algorithmus in eine für den Computer verständliche Sprache.

Abbildung 1.3: Beispiele zur Entwicklung mechanischer Rechenmaschinen. *Links:* Die Analytical Engine von Charles Babbage. *Rechts:* Der programmgesteuerte Webstuhl von J. M. Jacquard.

Neben der Entwicklung von mechanischen Rechenmaschinen lieferten auch die Fortschritte in der Mechanisierung der *Kommunikation* wesentliche Beiträge zum Konzept eines Computers. Die Ursprünge sprachlicher Kommunikation liegen im Dunkel. Die ersten schriftlichen Aufzeichnungen sind *Wort- und Silbensymbole*, die auf über 5000 Jahre alten sumerischen Steintafeln gefunden wurden. Diese Schriftsysteme entwickelten sich dann in verschiedenen Teilen der Erde weiter über die ägyptische Hieroglyphenschrift sowie die chinesische und japanische Silbenschrift bis hin zur Etablierung bedeutungsunabhängiger, alphabetischer Schriftzeichen mit Konsonanten und Vokalen im Mittelmeerraum (Semiten, Phönizier, Etrusker, Griechen). Die ersten, vor etwa 3000 Jahren entstandenen *Alphabete* dienten dann als Grundlage für die römischen Schriftzeichen, die im *lateinischen Alphabet* bis in unsere Zeit verwendet werden.

Parallel mit der Entwicklung von Sprache und Schrift nahm schon in vorgeschichtlicher Zeit die optische und akustische Übertragung von Nachrichten über weite Strecken mit *Signalfeuern, Rauchzeichen* und *Trommelsignalen* ihren Anfang. Bekannt aus der griechischen Geschichte sind die *Fackeln des Polybius*, die vor allem zur Übertragung militärischer Informationen verwendet wurden. Größere Bedeutung erlangte der *optische Flügeltelegraph* von *C. Chappe* gegen Ende des 18. Jahrhunderts. Noch heute sind in der Seefahrt *Flaggensignale* gebräuchlich. Global durchsetzen konnte sich die Informationsübertragung über weite Strecken aber erst nach der Erfindung der *elektrischen Telegraphie* und des *Morse-Alphabets* (siehe Tabelle 1.1) durch *Samuel Morse*, der 1836 in Amerika den ersten Schreibtelegraphen entwickelte. Die erste funktionsfähige elektrische Nachrichtenübertragung von Sprache (*Telefonie*) wurde 1861 von *Philipp Reis* in Frankfurt demonstriert. Zur Marktreife gebracht wurde dieses Verfahren dann in Amerika durch *A. G. Bell*. In dieser Zeit nahm die Nachrichtentechnik einen raschen Aufschwung. Als Meilensteine zu nennen sind die Inbetriebnahme der ersten *Kabelverbindung* von Europa nach Nordamerika in 1857, die erste *Funkübertragung* über den Ärmelkanal durch *Markoni* in 1899, die Erfindung der Nachrichtenspeicherung durch *T. A. Edison* auf Magnetwalzen und Schallplatten sowie die 1901 erstmals gelungene Übertragung von Bildern zunächst in der *Bildtelegrafie* durch *A. Korn* und danach in *Fernsehgeräten* (*General Electric*, 1928).

Tabelle 1.1: Das Morse-Alphabet. Ein Punkt steht für einen kurzen Ton, ein Strich für einen langen Ton. Die Trennung zwischen einzelnen Zeichen erfolgte durch eine längere Pause. Um im Morse-Alphabet codierte Texte möglichst kurz zu halten, wurden relativ häufig auftretenden Buchstaben wie e, t, i, a, n und m kurze Folgen aus Strichen und Punkten zugeordnet.

Buchstaben				Ziffern	
a	.-	n	-.	1	.----
ä	.-.-	o	---	2	..---
b	-...	ö	---.	3	...--
c	-.-.	p	.--.	4	....-
ch	----	q	--.-	5	.....
d	-..	r	.-.	6	-....
e	.	s	...	7	--...
f	..-.	t	-	8	---..
g	--.	u	..-	9	----.
h	....	ü	..--	0	-----
i	..	v	...-		
j	.---	w	.--		
k	-.-	x	-..-		
l	.-..	y	-.--		
m	--	z	--..		

1.2.3 Die Computer-Generationen

Bereits zwischen 1910 und 1920 hat der Spanier *Torres y Queveda* elektromechanische Rechenmaschinen gebaut. Der erste Rechner mit einer Programmsteuerung nach dem Prinzip von Babbage war jedoch die aus elektromechanischen Schaltelementen bestehende Z1 von *Konrad Zuse* (*1910-1996*), die allerdings über ein Entwicklungsstadium nicht hinauskam. Der Durchbruch zu einer voll funktionsfähigen Anlage gelang Zuse dann 1941 mit der Z3, die mit einigen tausend Relais für Steuerung, Speicher und Rechenwerk ausgestattet war. Die Maschine beherrschte die vier Grundrechenarten und war auch in der Lage, Wurzeln zu berechnen. Eine Multiplikation dauerte ca. 3 Sekunden. *Programme* wurden über *Lochstreifen* eingegeben. Zuses Verdienst ist auch die Einführung von Zahlen in *Gleitpunktdarstellung*.

Die Entwicklung von Computern nahm dann einen steilen Aufschwung in den U.S.A. 1939 wurde durch *George R. Stibitz* bei den Bell Laboratories ein spezieller Rechenautomat auf Basis von Relais entwickelt, der die bei der Schaltungsentwicklung benötigte Multiplikation und Division komplexer Zahlen beherrschte. 1944 entstand *MARK1*, eine von *Howard A. Aiken* (1900-1973) entwickelte Maschine auf elektromechanischer Basis. Schon wenig später, 1946, war *ENIAC* (Electronic Numeric Integrator and Computer), der von *John. P. Eckert* (*1919) und *John. W. Mauchly* (1907-1980) konstruierte erste mit *Elektronenröhren* arbeitende Computer einsatzbereit. Er nahm ca. 140 m^2 in Anspruch, hatte eine Leistungsaufnahme von ca. 150 kW und enthielt ca. 18000 Röhren. ENIAC war etwa 1000 mal schneller als MARK1: Für die Multiplikation zweier zehnstelliger Zahlen benötigte er 2.8 Millisekunden. Haupteinsatzgebiet von ENIAC war die Berechnung von Bahnen für Flugkörper. Der erste in Deutschland gebaute Computer mit Elektronenröhren war die PERM an der TU München. An diesem Rechner hat noch die erste Generation von Informatik-Studenten (einschließlich des Schreibers dieser Zeilen) Programmieren gelernt, bis er Anfang der 70er Jahre außer Betrieb genommen wurde. Stark geprägt wurde die Informatik in Deutschland damals durch *F. L. Bauer*, unter dessen Leitung die TU München als erste deutsche Universität 1970 den Studiengang Informatik anbot.

Die Computer-Wissenschaft wurde in dieser Zeit wesentlich durch *John von Neumann* (1903-1957) beeinflusst; nach ihm werden die damals entwickelten Prinzipien zum Bau von Rechenanlagen als *von-Neumann-Architektur* bezeichnet. Kennzeichnend dafür ist im wesentlichen die sequentielle Abarbeitung von Programmen.

Die seit etwa 1940 zu beobachtende stürmische Entwicklung von Datenverarbeitungsanlagen ist auch heute noch ungebrochen. Zu ihrer Klassifikation teilt man DV-Anlagen üblicherweise grob in folgende Generationen ein [Dwo86]:

0. Generation: Programmierbare *elektromechanische* Rechenmaschinen nach den Prinzipien von Babbage. Da diese Maschinen elektromechanisch mit Hilfe von *Relais* arbeiten, kann man sie noch nicht als elektronische Rechenanlagen im engeren Sinne bezeichnen. Vertreter dieser Generation waren die Maschinen von Zuse (Z3) und Aiken (MARK I).

1. **Generation:** Übergang von der Elektromechanik zur *Elektronik*. An Stelle von Relais wurden jetzt also *Röhren* eingesetzt. Zu dieser Generation gehören die ersten nach heutiger Definition als Computer zu bezeichnenden Maschinen wie ENIAC und PERM. Dazu zählen aber auch die ersten Rechner der Firmen Remington Rand und IBM, die ab 1948 gebaut wurden. Geschichte machte der nicht nur für technisch/wissenschaftliche, sondern auch schon für kommerzielle Zwecke eingesetzte, 1952 in Serie gegangene IBM-Großrechner des Typs 701. Als Speicher dienten damals *Magnettrommelspeicher*. In dieser Zeit begann bei IBM auch die Entwicklung von Betriebssystemen unter *Gene Amdahl*. Programmiert wurde zunächst in ASSEMBLER, einer symbolischen Maschinensprache, die erstmals 1950 von *H. V. Wilkes* in England eingesetzt wurde. FORTRAN, entwickelt 1954 von *John Backus*, folgte als erste höhere Programmiersprache.

2. **Generation:** Diese Entwicklungsstufe ist geprägt durch die Ersetzung der Röhren durch die wesentlich kleineren, sparsameren und weniger anfälligen *Transistoren*. Der erste Vertreter dieser Generation war ein 1955 bei den *Bell Laboratories* gebauter Rechner für militärische Zwecke, der 11.000 Dioden und 800 Transistoren enthielt. Die Leistungsaufnahme betrug nur noch 100 Watt. Kurz darauf wurde auch bei kommerziellen Großrechnern diese Technik eingesetzt. Als Hauptspeicher dienten magnetische *Ferritkernspeicher*, als externe Speicher Trommel- und Magnetbandspeicher.

   1956 entstand IPL, ein Vorläufer der KI-Sprache LISP, führte aber zunächst wegen der beschränkten Leistungsfähigkeit der Hardware nur ein Schattendasein. 1960 war dann auch die bei IBM entwickelte erste kommerzielle Programmiersprache COBOL (common business oriented language) einsatzfähig. Ebenfalls 1960 wird ALGOL (algorithmic language) als Alternative zu FORTRAN vorgestellt, konnte sich jedoch nicht durchsetzen.

3. **Generation:** Von den Transistoren ging man nun zu *integrierten Schaltkreisen* über. Mit deren Hilfe konnten bei erhöhter Leistungsfähigkeit noch kleinere und preiswertere Geräte entwickelt werden. Von der Firma *Digital Equipment (DEC)* wurden als typische Vertreter dieser Generation um 1960 die ersten Minicomputer (PDP 8) auf den Markt gebracht, die auf einem Schreibtisch Platz finden konnten. IBM stellte 1964 den ersten Großrechner der Serie 360 vor. Diese unter der Leitung von *Gene Amdahl* entwickelte Rechner-Familie stellte für lange Zeit die weltweit am meisten eingesetzte Computer-Familie. Die Bezeichnung „360" sollte symbolisieren, dass dieser Rechner „rundum", also um 360 Winkelgrade, alle Ansprüche befriedigen könne.

   In dieser Zeit kamen auch zahlreiche weitere Programmiersprachen wie BASIC, PL/1, PASCAL etc. auf den Markt.

4. **Generation:** Einsatz von *höchstintegrierten Schaltkreisen* (*Very Large Scale Integration, VLSI*). Mit dieser Technik wurde es möglich, eine vollständige CPU auf einem einzigen Chip zu integrieren. Zur vierten Generation gehört eine breite Palette von Computern, die vom preiswerten *Personal-Computer* bis zu den *Super-Computern* der Firmen *Control Data Corporation* (CDC) und *Cray* reicht.

Die Geschichte der *Mikro-Computer* begann 1973 auf Grundlage des INTEL-Mikroprozessors 8080. Ein Meilenstein war der IBM Mikro-Computer 5100 mit 64 kByte Arbeitsspeicher, der in BASIC oder APL programmiert werden konnte und schon für 8.975,- Dollar zu haben war. 1977 brachten *Steve Jobs* und *Stephen Wozniak* den sehr erfolgreichen *Apple-Computer* heraus, am 12. August 1981 endlich stellte der Branchenriese IBM den *Personal-Computer* (PC) der Öffentlichkeit vor. 1985 drang dann der Computer mit dem *Commodore Amiga* auch in die Kinderzimmer vor. Ab 1988 kamen die ersten 32-Bit Mikroprozessoren auf den Markt.

Eng verbunden mit dem IBM-PC ist das Betriebssystem MS-DOS, das *Microsoft* für IBM entwickelt hat. Die geistigen Väter sind *Tim Patterson* und *Bill Gates*, der heute zu den reichsten Menschen der Welt zählt. Weit verbreitet war damals auch das 1976 bei *Digital Research* entstandene Betriebssystem CP/M (von Control Program / Micro Computer) für Mikro-Computer. Auch die KI-Sprachen LISP und PROLOG kommen nun zu Ehren. Die Programmiersprache *C* und das Betriebssystem *Unix*, von *B. W. Kernighan* und *D. M. Ritchie* bei den Bell Laboratories entwickelt, treten ihren Siegeszug an.

Als Vertreter der 4. Generation sind schließlich noch die ersten elektronischen *Taschenrechner* von *Texas Instruments* (1972) und *Hewlett-Packard* (1973) zu nennen. Im Jahre 1976 folgten dann frei programmierbare Taschenrechner von Hewlett-Packard.

5. Generation: Seit Mitte der 80er Jahre wird parallel zur vorherrschenden 4. Generation die 5. Rechnergeneration entwickelt, deren wesentliches Merkmal eine Abkehr von der vorherrschenden *von-Neumann-Architektur* ist. *Parallele Verarbeitung* mit mehreren Prozessoren und der Einsatz neuer Bauelemente stehen dabei im Vordergrund. Auch gewinnt neben dem Rechnen mit Zahlen die Verarbeitung nicht-numerischer Daten immer mehr an Bedeutung. Zu nennen sind hier etwa komplexe Textverarbeitung, Datenbanken sowie Expertensysteme, Verstehen von Bildern und Sprache und andere Anwendungen im Bereich der *künstlichen Intelligenz* (*KI*). In diese Kategorie fallen auch Rechner, die nach dem Prinzip der *Neuronalen Netze* arbeiten sowie massiv parallele Multiprozessor-Systeme wie etwa die *Connection Machine* (siehe Kapitel 4).

Seit den Zeiten des ENIAC bis heute gelang eine Steigerung der *Rechenleistung* von Computern um ca. 6 Zehnerpotenzen. Parallel dazu stieg die *Packungsdichte* um etwa denselben Faktor, während die *Herstellungskosten* dramatisch sanken.

Wegen der immer stärker werdenden Betonung nichtnumerischer Anwendungen ist die Bezeichnung „Rechner“ oder „Computer“ heute eigentlich nicht mehr ganz zutreffend; der Ausdruck „elektronische Datenverarbeitungsanlage“ (EDV-Anlage) erscheint korrekter.

Diskutiert werden in diesem Zusammenhang auch die Grenzen des überhaupt Machbaren [Hof89], [Pen92], bzw. inwieweit die Realisierung der sich eröffnenden Möglichkeiten auch wünschenswert und ethisch vertretbar ist [Wei76].

1.3 Prinzipieller Aufbau von digitalen Rechenanlagen

Prinzipiell unterscheidet man zwei Typen von Rechenmaschinen nach ihrer Funktionsweise: Analogrechner und Digitalrechner.

In *Analogrechnern* werden Rechengrößen durch physikalische Größen angenähert. Beispiel: der Rechenstab, bei dem Zahlen durch Längen ersetzt werden. Heute werden in Analogrechnern fast ausschließlich elektronische Systeme verwendet. Dabei wird die zu beschreibende Realität durch ein mathematisches Modell angenähert, dessen Parameter durch elektrische Spannungen bzw. Ströme repräsentiert werden. In Kapitel 3.6 wird darauf nochmals zurückgekommen.

Digitalrechner unterscheiden sich von Analogrechnern prinzipiell dadurch, dass Zahlen nicht als kontinuierliche physikalische Größen, sondern in diskreter Form dargestellt werden. In diesem Sinne ist bereits der Abakus eine digitale Rechenhilfe. In modernen EDV-Anlagen verwendet man elektrische Signale zur Repräsentation von Daten in binärer Form. In der *binären Darstellung* werden alle Daten in Analogie zu den beiden möglichen Zuständen „Spannung (bzw. Strom) vorhanden“ und „Spannung (bzw. Strom) nicht vorhanden“ codiert, wofür man üblicherweise „1“ und „0“ schreibt. Die Einheit dieser Binärdarstellung wird als *Bit* (von binary digit) bezeichnet. Mit Hilfe der *binären Arithmetik* lassen sich die vier Grundrechenarten in einem *Rechenwerk*, das Teil eines jeden Computers ist, in einfacherer Weise ausführen, als es im gewohnten Zehnersystem möglich ist. Dabei werden alle Rechenoperationen - wie beispielsweise die Addition - durch einfache elektronische Schaltungen realisiert. Auch die *Speicherung* von Daten oder Programmen kann durch elektronische Bauteile mit binärer Logik bewerkstelligt werden. Auf die elektronischen Komponenten von Computern wird in Kapitel 3 näher eingegangen.

1.3.1 Das EVA-Prinzip

Jede Form der Datenverarbeitung beinhaltet immer einen Ablauf der Art *Eingabe → Verarbeitung → Ausgabe (EVA-Prinzip*, engl. *HIPO* von *Hierarchical Input, Processing and Output*), wobei die Ein-/Ausgabegeräte die Schnittstelle zwischen Mensch und Maschine darstellen. Der Ablauf geschieht nach einem festen Schema (Programm), das über eine Eingabeeinheit (z.B. Tastatur oder externer Speicher) der Verarbeitungseinheit zugeführt wird. Die folgende Abbildung verdeutlicht dies.

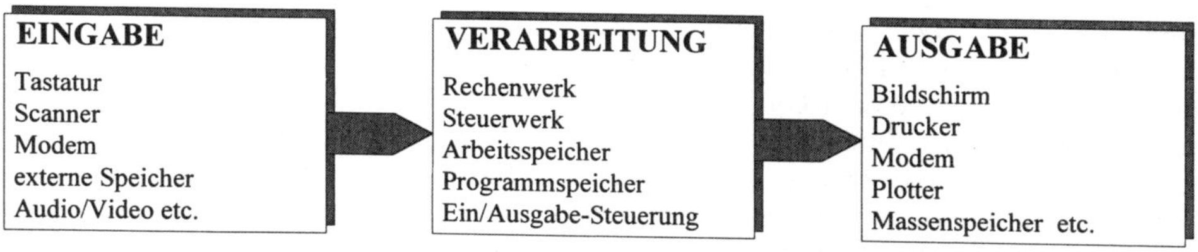

Abbildung 1.4: Der Aufbau von Digitalrechnern nach dem Prinzip Eingabe, Verarbeitung, Ausgabe. Nach demselben Schema ist auch jedes Computer-Programm aufgebaut.

Für die Eingabe kommen direkt durch den Menschen bedienbare Geräte wie Tastatur und Maus in Frage, dazu Speichermedien, beispielsweise Magnetbänder und verschiedene Arten von Plattenspeichern und schließlich externe Datenverbindungen wie Modems oder Video/Audio-Systeme.

Die Verarbeitung beinhaltet im Wesentlichen die Komponenten *Rechenwerk, Steuerwerk, Arbeits- und Programmspeicher* sowie Input/Output- oder Ein/Ausgabe-Steuerung (*I/O-* oder *E/A-Steuerung,*).

Für die Ausgabe kommen Bildschirme, Drucker, Zeichengeräte (Plotter), Datenspeicher und Datenübertragungsgeräte zur Anwendung.

1.3.2 Zentraleinheit und Busstruktur

Viele Komponenten eines Rechners können heute in einem einzigen integrierten Schaltkreis (IC) vereinigt werden, der *zentralen Verarbeitungseinheit* oder *Central Processing Unit* (*CPU*). Das in die CPU integrierte *Rechenwerk* führt die in einzelne Schritte aufgebrochenen Befehle des Programms aus, das - ebenso wie die zur Verarbeitung benötigten Daten - als Bitmuster im Arbeitsspeicher enthalten ist. Dieser Ablauf wird durch das *Steuerwerk* kontrolliert. Der Verkehr mit den Peripheriegeräten (d.h. der Außenwelt) für die Eingabe von Programmen und Daten sowie für die Ausgabe von Ergebnissen wird durch die E/A-Steuerung geregelt.

Die Übertragung der Programmbefehle und Daten aus dem Speicher zum Rechenwerk der CPU erfolgt über den *Datenbus*, wobei durch den *Adressbus* ausgewählt wird, welche Speicherzelle angesprochen werden soll. Daneben sind noch eine Reihe von *Steuerleitungen* nötig, die beispielsweise spezifizieren, ob ein Lese- oder Schreibvorgang stattfinden soll, oder ob ein Zugriff auf den Arbeitsspeicher oder eine Ein/Ausgabeoperation beabsichtigt ist. Die Gesamtheit von Adressbus, Datenbus und Steuerbus bezeichnet man als *Systembus*. Die Kommunikation mit den E/A-Geräten erfolgt über die *E/A-Schnittstellen* (*Interfaces*), die in ähnlicher Weise wie der Arbeitsspeicher angesprochen werden. In Abbildung 1.5 ist der prinzipielle Aufbau einer digitalen Datenverarbeitungsanlage dargestellt.

Die Breite des *Datenbusses*, also die Anzahl der dafür verwendeten Leitungen, legt die Anzahl und die Genauigkeit der darstellbaren Zahlen fest. Als Minimum für den Datenbus sind heute 8 Leitungen gebräuchlich, es stehen dann also 8 Bit für die binäre Zahldarstellung zur Verfügung. Man bezeichnet eine aus 8 Bit bestehende Dateneinheit als ein *Byte*. Die Breite des Datenbusses ist neben anderen Kriterien ein Maß für die *Leistungsfähigkeit* eines Computers. In Mikro-Computern werden in der Regel 32 Bit, in mittleren EDV-Anlagen meist 32 oder 64 Bit verwendet. Dies entspricht einer größten darstellbaren ganzen Zahl von $2^{32}-1 = 4\,294\,967\,295$. Manche Spezial- oder Großrechner verwenden auch noch breitere Busformate. Die der Busbreite entsprechende Anzahl von Bits wird oft als Wort bezeichnet; die Wortlänge eines 32-Bit-Computers beträgt also 32 Bit oder 4 Byte. In Anlehnung an die in den meisten Programmiersprachen übliche Notation bezeichnet man jedoch als *Wort* in der Regel eine aus 16 Bit bestehende Dateneinheit und ein aus 32 Bit bestehendes Datum als *Langwort*. Ein weiteres wichtiges Charakteristikum zur Klassifizierung eines Computers ist die Breite des *Adressbusses* und damit die Anzahl der Speicherplätze, auf die der Computer zugreifen kann. Als Minimum für Kleincomputer wurden lange Zeit 16 Bit verwendet. Damit kann man 2^{16}=65 536 Speicherzellen adressieren, bzw. eine Datenmenge von 65 536 Byte, wenn jede Speicherzelle 8 Bit enthält. In abkürzender Schreibweise bezeichnet man 2^{10} = 1024 Byte als ein *Kilobyte* (*kByte*) und 1024 kByte als ein *Megabyte* (*MByte*). Mit einem 16-Bit Adressbus lassen sich also 64 kByte adressieren. Selbst bei kleinen bis mittleren Anlagen kann der Adressraum viele MByte betragen.

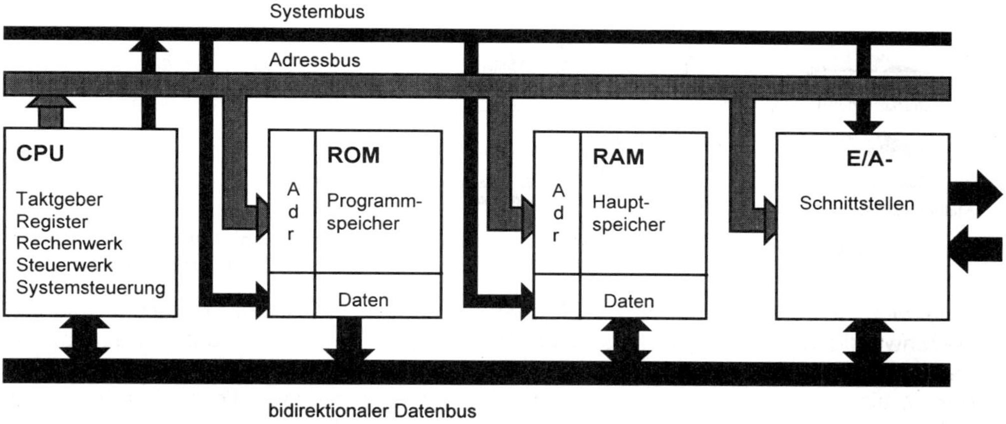

Abbildung 1.5: Prinzipieller Aufbau einer digitalen Datenverarbeitungsanlage.

Als drittes Merkmal zur Einschätzung der Leistungsfähigkeit eines Rechners ist seine *Taktfrequenz* zu nennen, von der es unter anderem abhängt, wie schnell ein Programm abgearbeitet werden kann. Als Maß für die Geschwindigkeit verwendet man oft die Einheit *MIP* (Millionen Instruktionen pro Sekunde - beispielsweise die Addition zweier Bytes) oder *MFLOP* (Millionen Gleitpunkt-Operationen pro Sekunde).

Auch für das Bus-System ist die Taktfrequenz ein wesentlicher Parameter, da sie zusammen mit der Busbreite die maximal übertragbare *Datenrate* (gemessen in Bit pro Sekunde) oder *Bandbreite* festlegt. Für einen 16 Bit breiten, mit 20 MHz getakteten Bus berechnet man für die Datenrate r:

$$r = 16\text{Bit} \cdot 20\text{MHz} = 16 \cdot 20 \cdot 10^6 \text{ Bit / sec} = \frac{16 \cdot 20 \cdot 10^6}{8 \cdot 1024 \cdot 1024} \text{MByte / sec} \approx 38 \text{MByte / sec}$$

Zur Charakterisierung eines Bus-Systems, bestehend aus Daten-, Adress- und Steuerbus, gehört außerdem ein *Bus-Protokoll*, das die Regeln für die Kommunikation über den entsprechenden Bus festlegt. Beispiele für Bus-Systeme sind der *PCI-Bus* der PC-Welt, der in der Industrie verbreitete *VME-Bus* und der in der Automatisierungstechnik und der Automobil-Industrie benutzte *CAN-Bus*.

Als *eingebettete Systeme* (*embedded Systems*) sind Prozessoren mit festen Programmen und einfachen Bussystemen Bestandteil vieler Geräte und Maschinen.

1.3.3 System-Komponenten

Eine DV-Anlage umfasst neben der Zentraleinheit mit Arbeitsspeicher und E/A-Steuerung eine mehr oder weniger große Anzahl weiterer Komponenten und Peripheriegeräte [Pre98]. Je nach Computer-Typ kann die Ausstattung sehr unterschiedlich sein.

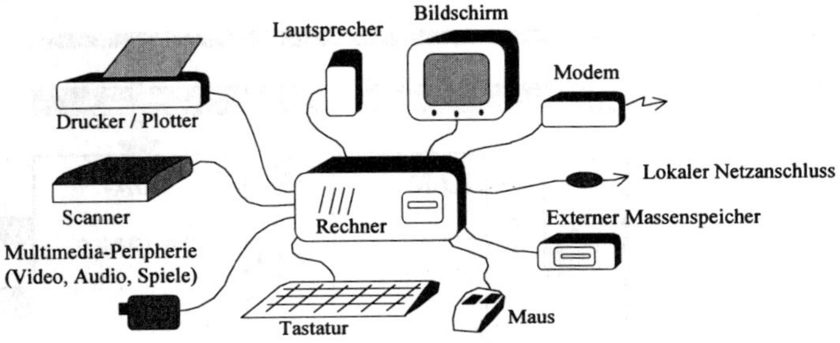

Abbildung 1.6: Typischer PC mit Peripheriegeräten.

Eine wichtige Rolle bei der Auswahl eines Computers spielen die Kapazität und die Geschwindigkeit der angeschlossenen *Massenspeicher*. Meist werden *Festplatten, wechselbare Disketten* und *Optische Platten* mit Kapazitäten zwischen einigen Megabyte bis über 100 Gigabyte verwendet. Die Speicherfähigkeit dieser Geräte beruht bei den meisten Speicherprinzipien auf der Umorientierung magnetischer Bereiche auf einem Trägermaterial, wodurch die magnetischen und/oder optischen Eigenschaften verändert werden. Magnetplattenlaufwerke bieten besonders kurze Zugriffszeiten in der Größenordnung von Millisekunden und nahezu wahlfreien Zugriff auf die gespeicherten Daten. Von großer Bedeutung sind optische Plattenspeicher, die sich durch Vielseitigkeit (z.B. *DVD*) und hohe Kapazität bis zu etlichen Gigabyte auszeichnen. Magnetbänder erlauben dagegen nur einen sequentiellen und verhältnismäßig langsamen Zugriff, sind dafür aber besonders preiswert.

Bei den Peripheriegeräten zur Ein- und Ausgabe sind *Tastatur*, *Bildschirm* und *Drukker* am wichtigsten. Je nach Anwendungsgebiet stehen hier hohe Auflösung für Grafik, Farbe und Ausgabegeschwindigkeit im Vordergrund. Eine bedeutende Rolle spielen auch Kanäle zur *Datenfernübertragung* (*DFÜ*). Beispiele dafür sind die lokale Vernetzung mit anderen Rechnern, die verschiedenen Netze der Telekom (z.B. *ISDN*) sowie insbesondere das *Internet*, das einen weltweiten Informationsaustausch ermöglicht.

Personal-Computer sind heute in Betrieben, Verwaltungen, Krankenhäusern, Ausbildungsstätten und im privaten Bereich der am weitesten verbreitete Computer-Typ [Mue99]. Häufig findet man (auch für Spiele nutzbare) Multimedia-Peripheriegeräte, Netzwerkadapter und Telekommunikationsanschlüsse, insbesondere für den Internet-Zugang. Zumeist werden PCs mit Windows als Einzelplatzbetriebssystem genutzt, zunehmend aber auch in kleinen Netzwerken [Ort98]. Das Haupteinsatzgebiet von PCs liegt heute vor allem im Bürobereich [Bou98] mit den Schwerpunkten Textverarbeitung [Kos97], Tabellenkalkulation sowie Datenbank- und Multimediaanwendungen. Darauf wird in Kapitel 11 näher eingegangen.

Der Übergang von leistungsfähigen PCs zu *Workstations* ist fließend. Diese sind das professionelle Arbeitsmittel für Management-, Entwicklungs- und Designaufgaben. Konsequente Vernetzung, Mehrplatz-Betriebssysteme wie Windows NT, Novell oder das populäre Unix-Derivat *Linux* und hochwertigere Peripheriegeräte, beispielsweise für CAD-Aufgaben, stehen im Vordergrund. Parallel zu Workstation-Clustern spielen auch immer noch *Großrechner* (*Mainframes*) eine Rolle.

1.4 Zahlensysteme und binäre Arithmetik

1.4.1 Darstellung von Zahlen

Für das praktische Rechnen verwendet man dem Problem angepasste *Ziffernsysteme*. Am geläufigsten ist dabei das *dekadische Ziffernsystem* oder das *Zehnersystem*. Für die digitale Datenverarbeitung sind jedoch Ziffernsysteme günstiger, die dem Umstand Rechnung tragen, dass für die Darstellung von Zahlen in digitalen Rechenanlagen nur die beiden Ziffern 0 und 1 verwendet werden. Am häufigsten kommen daher für diesen Zweck das *Binärsystem* und das *Hexadezimalsystem*, bisweilen auch das *Oktalsystem* zur Anwendung.

Das dekadische Ziffernsystem (Dezimalsystem)

Eine *ganze Zahl* z kann man als Summe von Potenzen zur *Basis* 10 darstellen:

$$z = a_n 10^n + a_{n-1} 10^{n-1} + ... + a_2 10^2 + a_1 10^1 + a_0 10^0$$

Dabei sind die Koeffizienten $a_0, a_1, a_2, ...$ aus der Menge der *Grundziffern* {0, 1, 2, 3, 4, 5, 6, 7, 8, 9} zu wählen.

Erweitert man dieses Konzept um negative Exponenten, so lassen sich auch *Dezimalbrüche*, d.h. *rationale* und näherungsweise *reelle Zahlen* r darstellen:

$$r = a_n 10^n + a_{n-1} 10^{n-1} + ... + a_1 10^1 + a_0 10^0 + ... + a_{-m} 10^{-m}$$

Ein Bruch hat in obiger Notation also n+1 Vorkommastellen und m Nachkommastellen. Die Zahl 123.76 lautet damit:

$$123.76 = 1 \cdot 10^2 + 2 \cdot 10^1 + 3 \cdot 10^0 + 7 \cdot 10^{-1} + 6 \cdot 10^{-2}$$

Es ist zu beachten, dass man beim Ersetzen eines unendlichen, d.h. nicht abbrechenden Dezimalbruchs einen *Abbrechfehler* von der Größenordnung 10^{-m} macht, wenn man den Bruch mit der m-ten Stelle nach den Komma abbricht.

Das Dualsystem (Zweiersystem, Binärsystem)

Auf Grund der Repräsentation von Daten in DV-Anlagen durch die beiden Zustände „0“ und „1“ bietet sich in diesem Bereich das Dualsystem an. Es arbeitet mit der

Basis 2 und den beiden *Grundziffern* {0, 1}.

Ein weiterer Grund für die Bevorzugung des Dualsystems ist die besondere Einfachheit der Arithmetik in diesem System, insbesondere der Subtraktion.

Im Dualsystem lautet die Zahl 13_{dez}:

$$1101_{bin} = 1 \cdot 2^3 + 1 \cdot 2^2 + 0 \cdot 2^1 + 1 \cdot 2^0 = 8 + 4 + 0 + 1 = 13_{dez}$$

Das Oktalsystem (Achtersystem)

Im Dualsystem geschriebene Zahlen können sehr lang und dementsprechend schwer zu merken sein. Man kann daher eine Anzahl binärer Stellen zusammenfassen und so zu einem Ziffernsystem übergehen, dessen Basis eine Potenz von zwei ist. Im Oktalsystem fasst man drei binäre Stellen zu einer Oktalstelle zusammen. Demnach lautet die

Basis $2^3 = 8$ und die Menge der 8 Grundziffern $\{0, 1, 2, 3, 4, 5, 6, 7\}$.

Man erhält aus einer binären Zahl die zugehörige oktale Schreibweise der gleichen Zahl, indem man - beginnend mit der niederwertigsten Stelle - jeweils drei Binärziffern zu einer Oktalziffer vereinigt. In dem folgenden Beispiel ist dies verdeutlicht.

$$53_{dez} = \underbrace{110}_{6}\ \underbrace{101}_{5}{}_{bin} = 65_{okt}$$

Das Hexadezimalsystem (Sechzehnersystem)

Eine noch kompaktere Zahldarstellung als im Oktalsystem ergibt sich, wenn man an Stelle von drei Binärziffern jeweils vier Binärziffern zu einer Hexadezimalziffer zusammenzieht. Bei dieser in der DV-Technik sehr häufig benützten hexadezimalen Zahldarstellung verwendet man dementsprechend die

Basis $2^4=16$ und die 16 Grundziffern $\{0, 1, 2, 3, 4, 5, 6, 7, 8, 9, A, B, C, D, E, F\}$

Dieses Ziffernsystem ist unter anderem deshalb sehr praktisch, weil die mit einem Byte codierbaren Zahlen gerade mit zweistelligen Hexadezimalzahlen geschrieben werden können.

Dazu einige erläuternde Beispiele:

a) $53_{dez} = \underbrace{0011}_{3}\ \underbrace{0101}_{5}{}_{bin} = 35_{hex}$

Bei der Umwandlung wurde die Binärzahl durch zwei führende Nullen ergänzt, was am Zahlenwert nichts ändert. Damit hat man erreicht, dass nun die Anzahl der Binärstellen eine durch vier teilbare Zahl ist; die zugehörige Hexadezimalzahl ergibt sich dann durch Zusammenfassung von jeweils vier Binärstellen.

b) $430_{dez} = \underbrace{0001}_{1}\ \underbrace{1010}_{A}\ \underbrace{1110}_{E}{}_{bin} = 1AE_{hex}$

Hier wurden vor der Umwandlung der Binärzahl in die entsprechende Hexadezimalzahl zur Ergänzung auf eine durch vier teilbare Stellenzahl drei führende Nullen angefügt.

c) $11.625_{dez} = 1011.101_{bin} = B.A_{hex}$

Die Zahlenwerte von *Brüchen* ergeben sich durch Multiplizieren der Stellenwerte mit B^k, wobei B die Basis des Ziffernsystems ist und k die Position, also z.B. -1 für die erste und -2 für die zweite Nachkommastelle.

Im Hexadezimalsystem entspricht der ersten Nachkommastelle also der dezimale Zahlenwert $16^{-1}=0.0625$, der zweiten $16^{-2}=0.00390625$ usw.

Im Binärsystem hat die erste Nachkommastelle den Wert $2^{-1}=0.5$, die zweite den Wert $2^{-2}=0.25$. Allgemein hat in einem Zahlensystem mit Basis B die k-te Nachkommastelle den dezimalen Wert B^{-k}.

1.4.2 Umwandlung von Zahlen in verschiedene Darstellungssysteme

Direkte Methode

Die Umwandlung von Binärzahlen in das mit dem Dualsystem eng verwandte oktale oder hexadezimale Ziffernsystem ist sehr einfach: Man fasst zur Umwandlung einer Binärzahl ins Oktalsystem jeweils drei binäre Stellen in eine oktale Stelle zusammen und zur Umwandlung ins Hexadezimalsystem jeweils vier Binärstellen in eine Hexadezimalstelle. Darauf wurde oben bereits eingegangen. Für die schwierigere, aber häufig nötige Aufgabe der Umwandlung von Dezimalzahlen in Dualzahlen oder Hexadezimalzahlen existieren verschiedene Methoden. Im einfachsten Fall, wenn es sich um relativ kleine Zahlen handelt, kann man Tabellen benützen.

Tabelle 1.2: Die Zahlen von 0 bis 15 in dezimaler, binärer, oktaler und hexadezimaler Schreibweise.

Dezimal	Dual	Oktal	Hexadezimal
0	0	0	0
1	1	1	1
2	10	2	2
3	11	3	3
4	100	4	4
5	101	5	5
6	110	6	6
7	111	7	7
8	1000	10	8
9	1001	11	9
10	1010	12	A
11	1011	13	B
12	1100	14	C
13	1101	15	D
14	1110	16	E
15	1111	17	F

Rechnerisch lässt sich eine Dezimalzahl durch das Folgende, nahe liegende Verfahren in eine Dualzahl umwandeln:

Man dividiert die umzuwandelnde Dezimalzahl durch die größte Potenz von 2, die kleiner ist als diese Dezimalzahl und notiert als erste (höchstwertige) Binärstelle eine 1. Das Ergebnis wird nun durch die nächstkleinere Potenz von 2 dividiert; das Resultat, also 0 oder 1, gibt die nächste Binärstelle an. Auf diese Weise verfährt man weiter, bis schließlich nach der Division durch $2^0=1$ das Verfahren abbricht.

Auf analoge Weise kann man eine in irgendeinem Zahlensystem angegebene Zahl in eine beliebige andere Darstellung mit einer anderen Basis umwandeln.

Beispiel 1:

Die Dezimalzahl 116 ist in binärer und hexadezimaler Schreibweise anzugeben.

```
116 : 64 = 1   Ergebnis:  111 0100bin = 74hex
-64
 52 : 32 = 1
-32
 20 : 16 = 1
-16
  4 :  8 = 0
 -0
  4 :  4 = 1
 -4
  0 :  2 = 0
 -0
  0 :  1 = 0
```

Beispiel 2:

Die Hexadezimalzahl 2E4 ist in binärer und dezimaler Schreibweise anzugeben.

Die Umwandlung der Hexadezimalzahl in die zugehörige Binärzahl ergibt sich durch Ersetzen der einzelnen Hexadezimalziffern durch die entsprechenden vierstelligen Binärzahlen, die man in Tabelle 1.2 nachschlagen kann. Führende Nullen werden dabei unterdrückt:

$$2E4_{hex} = \underbrace{0010}_{2}\,\underbrace{1110}_{E}\,\underbrace{0100}_{4}{}_{bin} = 1011100100_{bin}$$

Die Dezimaldarstellung findet man durch Aufsummieren der den Binärstellen entsprechenden Potenzen von 2, jeweils multipliziert mit dem Stellenwert 0 oder 1:

$$1011100100_{bin} = 1 \cdot 2^9 + 0 \cdot 2^8 + 1 \cdot 2^7 + 1 \cdot 2^6 + 1 \cdot 2^5 + 0 \cdot 2^4 + 0 \cdot 2^3 + 1 \cdot 2^2 + 0 \cdot 2^1 + 0 \cdot 2^0 =$$

$$= 512 + 0 + 128 + 64 + 32 + 0 + 0 + 4 + 0 + 0 = 740_{dez}$$

Horner-Schema und Restwertmethode

Eine elegantere Möglichkeit zur Umwandlung von Zahlen ist die *Restwertmethode*:

Eine in einem Zahlensystem zur Basis b dargestellte Zahl z:

$$z = a_n b^n + a_{n-1} b^{n-1} \ldots + a_2 b^2 + a_1 b^1 + a_0 b^0$$

kann durch vollständiges Ausklammern der Basis b in die *Hornersche Schreibweise* gebracht werden:

$$z = ((\ldots(a_n b + a_{n-1})b + \ldots a_2)b + a_1)b + a_0$$

Daraus folgt, dass fortgesetzte Division einer Dezimalzahl durch b als Divisionsrest die Koeffizienten a_n bis a_0 für die Darstellung dieser Zahl zur Basis b liefert.

Als Beispiel wird die Zahl 10172_{dez} mit der Restwertmethode in duale und hexadezimale Schreibweise umgewandelt.

Die Hornersche Schreibweise von 10172 lautet für die Basis 10 bzw. 16:

$$\begin{aligned} 10172 &= (((1\cdot\mathbf{10} + 0)\cdot\mathbf{10} + 1)\cdot\mathbf{10} + 7)\cdot\mathbf{10} + 2 \\ &= ((2\cdot\mathbf{16} + 7)\cdot\mathbf{16} + 11)\cdot\mathbf{16} + 12 \end{aligned}$$

Fortgesetzte Division durch 16 liefert:

10172 : 16 =	635	Rest 12 (= C)
635 : 16 =	39	Rest 11 (= B)
39 : 16 =	2	Rest 7
2 : 16 =	0	Rest 2

Ergebnis: $10172_{dez} = 27BC_{hex}$

Die Umwandlung in eine Dualzahl folgt aus der fortgesetzten Division durch 2:

10172 : 2 =	5086	Rest 0
5086 : 2 =	2543	Rest 0
2543 : 2 =	1271	Rest 1
1271 : 2 =	635	Rest 1
635 : 2 =	317	Rest 1
317 : 2 =	158	Rest 1
158 : 2 =	79	Rest 0
79 : 2 =	39	Rest 1
39 : 2 =	19	Rest 1
19 : 2 =	9	Rest 1
9 : 2 =	4	Rest 1
4 : 2 =	2	Rest 0
2 : 2 =	1	Rest 0
1 : 2 =	0	Rest 1

Ergebnis: $10172_{dez} = 10011110111100_{bin}$

Offensichtlich ist die Umwandlung ins Hexadezimalsystem mit wesentlich weniger Divisionen verbunden als die Umwandlung ins Dualsystem.
Dezimalbrüche können ebenfalls nach der Restwertmethode konvertiert werden. Man wandelt dazu zunächst den ganzzahligen Anteil wie beschrieben um und anschließend den Dezimalteil.

Aus dem Horner-Schema ergibt sich für die Konversion der Nachkommastellen, dass man die Koeffizienten a_{-1}, a_{-2} ... usw. bei fortgesetzter Multiplikation mit der gewünschten Basis als den ganzzahligen Teil (d.h. die Vorkommastellen des Multiplikationsergebnisses) erhält. Man lässt für den folgenden Schritt die Vorkommastellen weg und setzt dieses Verfahren fort, bis die Multiplikation eine ganze Zahl ergibt oder bis im Falle eines nicht abbrechenden Dezimalbruchs die gewünschte Genauigkeit erreicht ist.

Als Beispiel wird die Dezimalzahl 39.6875 ist in binärer Form dargestellt.

1. Umwandlung des ganzzahligen Anteils

$39 : 2 = 19$ Rest 1
$19 : 2 = 9$ Rest 1
$9 : 2 = 4$ Rest 1
$4 : 2 = 2$ Rest 0
$2 : 2 = 1$ Rest 0
$1 : 2 = 0$ Rest 1

Ergebnis: $39_{dez} = 100111_{bin}$

2. Umwandlung der Nachkommastellen:

$0.6875 \cdot 2 = 1.375$ 1 abspalten
$0.375 \cdot 2 = 0.750$ 0 abspalten
$0.750 \cdot 2 = 1.500$ 1 abspalten
$0.500 \cdot 2 = 1.000$ 1 abspalten (fertig, Ergebnis ganzzahlig)

Ergebnis: $0.6875_{dez} = 0.1011_{bin}$, insgesamt also: $39.6875_{dez} = 100111.1011_{bin}$

Im Hexadezimalsystem ist die Rechnung wesentlich kürzer in nur einem Schritt durchführbar:

$0.6875 \cdot 16 = 11.000$ 11=B abspalten

Nach demselben Schema lässt sich die Darstellung einer beliebigen Zahl in irgend einem Ziffernsystem in die Darstellung in ein anderes Ziffernsystem überführen. Auch dies soll an einem Beispiel erläutert werden.

Als weiteres Beispiel wird die Hexadezimalzahl 3A.B im *Fünfersystem* dargestellt. Zunächst werden die Vorkommastellen, danach die Nachkommastellen konvertiert.

1. Umwandlung des ganzzahligen Anteils mittels Division durch die Basis 5:

3A : 5 = B Rest 3 (Rechnung im Hexadezimalsystem)
B : 5 = 2 Rest 1
2 : 5 = 0 Rest 2 Ergebnis: $3A_{hex} = 213_{fünf}$

2. Umwandlung der Nachkommastellen durch Fortgesetzte Multiplikation mit 5:

$0.B \cdot 5 = 3.7$	3 abspalten	(Rechnung im Hexadezimalsystem)
$0.7 \cdot 5 = 2.3$	2 abspalten	
$0.3 \cdot 5 = 0.F$	0 abspalten	
$0.F \cdot 5 = 4.B$	4 abspalten	(ab hier periodisch)

Es ist zu beachten, dass in diesem Beispiel die Berechnung im Hexadezimalsystem erfolgt. Man rechnet beispielsweise $0.B \cdot 5 = (11/16) \cdot 5 = 55/16 = 3 + (7/16) = 3.7_{hex}$.

Das Ergebnis ist also: $0.B_{hex} = 0.\underline{3204}_{fünf}$. Insgesamt hat man also das Ergebnis: $3A.B_{hex} = 213.\underline{3204}_{fünf}$. Durch die Unterstreichung wird die Periode des Bruchs gekennzeichnet.

1.4.3 Binäre Arithmetik

Die Rechenregeln für Binärzahlen sind ganz analog zu den Rechenregeln für Dezimalzahlen definiert. Die Ausführung von Algorithmen mit Hilfe eines Computers führt grundsätzlich zu einer Unterteilung des Problems in Teilaufgaben, die unter Verwendung der vier Grundrechenarten und der logischen Operationen gelöst werden können. Es genügt daher, sich auf die binäre Addition, Subtraktion, Multiplikation, Division und die logischen Operationen zu beschränken.

Logische Operationen

Die logischen Operationen werden in Computern grundsätzlich bitweise durchgeführt. Wesentlich sind dabei die beiden zweistelligen Operationen *logisches* UND (AND), *logisches* ODER (OR) und die einstellige Operation *Inversion* oder *Negation*. Alle anderen logischen Operationen können durch Verknüpfung der Grundfunktionen abgeleitet werden. Dazu sei auf das Kapitel 3.2 über *Boole'sche Algebra* verwiesen.

Die logischen Grundfunktionen sind durch ihre *Wahrheitstafeln* definiert:

Tabelle 1.3: Wahrheitstafeln der logischen Grundfunktionen.

OR:	$1 \vee 1 = 1$	$0 \vee 1 = 1$	$1 \vee 0 = 1$	$0 \vee 0 = 0$
AND:	$1 \wedge 1 = 1$	$0 \wedge 1 = 0$	$1 \wedge 0 = 0$	$0 \wedge 0 = 0$
NEG:	$\neg 1 = 0$	$\neg 0 = 1$		

Eine weitere wichtige logische Funktion ist das *exklusive oder* (*exclusive OR*, *XOR*), das durch $a \text{ XOR } b = (a \wedge \neg b) \vee (\neg a \wedge b)$ bzw. die folgende Wahrheitstabelle definiert ist: $1 \text{ XOR } 1 = 0$, $0 \text{ XOR } 1 = 1$, $1 \text{ XOR } 0 = 1$, $0 \text{ XOR } 0 = 0$.

Beispiel:

Zu ermitteln: a) $10011 \vee 10101$ b) $10011 \wedge 10101$ c) $\neg 10101$

Ergebnis: a) $10011 \vee 10101 = 10111$ b) $10011 \wedge 10101 = 10001$ c) $\neg 10101 = 01010$

Binäre Addition

Die Rechenregeln für die Addition zweier Binärziffern lauten:

$0 + 0 = 0$
$0 + 1 = 1$
$1 + 0 = 1$
$1 + 1 = 0$ Übertrag 1

Offenbar sind die Regeln mit denen des logischen XOR identisch, es kommt lediglich der Übertrag hinzu.

Beispiel:

Die Aufgabe 11+14=25 soll in binärer Arithmetik gelöst werden.

Ergebnis:

```
   1011
+  1110
  111     Übertrag
  ------
  11001
```

Die Additions-Rechenregeln lassen sich ohne weiteres auch auf Brüche anwenden, wie das Folgende Beispiel zeigt.

Beispiel:

Die Aufgabe $151.875 + 27.625 = 179.5$ soll in binärer Arithmetik gelöst werden.

Ergebnis:

```
 10010111.111
 + 11011.101
  1111111 11    Übertrag
 ------------
 10110011.100
```

Binäre Subtraktion und Zweierkomplement

Die Rechenregeln für die Subtraktion zweier Binärziffern lauten:

$0 - 0 = 0$
$1 - 1 = 0$
$1 - 0 = 1$
$0 - 1 = 1$ Übertrag -1

Beispiel:

Die Aufgabe 13 - 11 = 2 soll in binärer Arithmetik gelöst werden:

Ergebnis:

```
  1101
- 1011
     1  Übertrag
  ----
  0010
```

Für die praktische Ausführung auf Rechenanlagen gibt es jedoch eine geeignetere Methode zur Subtraktion, die sich leichter als Hardware realisieren lässt: die *Zweierkomplement-Methode*. Da Zahlen in Computern als Bitmuster dargestellt werden, wird man sinnvollerweise auch das *Vorzeichen* einer Zahl durch ein Bit codieren. Dafür verwendet man meist das Bit mit dem höchsten *Stellenwert* (*Most Significant Bit, MSB*). Man vereinbart, eine Zahl sei negativ, wenn das MSB den Wert eins hat. Ist eine Zahl Null oder positiv, so erhält das MSB den Wert Null. Durch den maschinell mit Hilfe von Invertern sehr einfach zu realisierenden Vorgang der bitweisen *Invertierung* (*Stellenkomplement*) kann man negative Zahlen kennzeichnen; dabei muss allerdings eine feste Stellenzahl n (in der Regel 8 Bit oder ein Vielfaches davon) vorausgesetzt werden und außerdem festgelegt werden, dass der positive Zahlenbereich das MSB nicht mit umfasst, also nur von 0 bis $2^{n-1}-1$ reicht. Für $n=8$ ergibt dies einen positiven Zahlenbereich von 0 bis 127, und einen negativen Zahlenbereich von -1 bis -127.

Beispiel:

Bei einer Stellenzahl von $n=8$ ergeben sich die Binärdarstellungen

$5_{dez} = 00000101_{bin}$ und $-5_{dez} = 11111010_{bin}$

Ziel dieser Überlegungen ist neben der Darstellung negativer Zahlen die Rückführung der Subtraktion auf die Addition. Dies ist in der Tat möglich, wenn man den Begriff der Komplementbildung noch etwas erweitert. Die Rechenregeln bleiben unverändert auch unter Einbeziehung negativer Zahlen erhalten, wenn man an Stelle des Stellenkomplements das *Zweierkomplement* (auch als *echtes Komplement* bezeichnet) einführt.

Das Zweierkomplement einer binären Zahl erhält man durch Bildung des Stellenkomplements und Addieren von 1 zum Ergebnis. Stellt man auf diese Weise eine negative Zahl dar, so kann man die Addition wie mit positiven Zahlen durchführen; das Vorzeichen des Ergebnisses lässt sich dann am MSB ablesen.

Beispiel:

a) Unter Verwendung des Zweierkomplements ist zu berechnen: 7 - 4

```
00000111    7
00000100    4
```

11111011	Stellenkomplement von 4
1	1 wird addiert
11111100	Zweierkomplement von 4
00000011	Ergebnis: 7-4=3 (positiv, da MSB=0)

Bei der Addition ergibt sich ein Übertrag über die feste Stellenzahl von 8 Bit hinaus, so dass MSB=0 folgt.

b) Unter Verwendung des Zweierkomplements ist zu berechnen: 12 - 17

00001100	12
00010001	17
11101110	Stellenkomplement von 17
1	1 wird addiert
11101111	Zweierkomplement von 17
11111011	Zwischenergebnis (negativ, da MSB=1)
00000100	Stellenkomplement des Zwischenergebnisses
1	1 wird addiert
00000101	Ergebnis: 12 - 17 = -5

c) Unter Verwendung des Zweierkomplements ist zu berechnen: 19.5 - 22.625

010011.100	19.5
010110.101	22.625
101001.010	Stellenkomplement von 22.625
1	1 wird addiert
101001.011	Zweierkomplement von 22.625
111100.111	Ergebnis: 19.5 - 22.625 (negativ, da MSB=1)
000011.000	Stellenkomplement des Zwischenergebnisses
1	1 wird addiert
11.001	Ergebnis: 19.5 - 22.625 = -3.125

Ist das Ergebnis einer Subtraktion eine positive Zahl, so tritt bei der Addition der letzten (höchstwertigen) Stelle ein Übertrag auf, das MSB wird also 0. Bei einem negativen Ergebnis tritt dagegen kein Übertrag auf, das MSB bleibt daher 1. In diesem Fall bildet man abermals das Zweierkomplement. Dies liefert dann eine positive Zahl in gewohnter binärer Darstellung, nämlich den Absolutbetrag des Resultats der Subtraktion. Das negative Vorzeichen ist ja in diesem Fall wegen MSB=1 bereits bekannt.

Die Subtraktion lässt sich in Analogie zur Zweierkomplement-Darstellung im Binärsystem auch in einem beliebigen anderen Zahlensystem in Komplement-Darstellung ausführen. Dabei wird das Stellenkomplement einer Zahl durch Ergänzen der einzelnen Ziffern auf die höchste Grundziffer bestimmt. So ist das Stellenkomplement von 3 im Zehnersystem 9-3=6 und beispielsweise im Fünfersystem 4-3=1.

Führt man als Beispiel die Subtraktion 385-493 im Dezimalsystem unter Verwendung der Zehnerkomplement-Methode durch so ergibt sich:

999	
- 493	
506	Stellenkomplement von 493
+ 1	
507	Zehnerkomplement von 493
+ 385	Addition von 385
892	Zwischenergebnis, kein Überlauf, also neg. Vorzeichen
999	
-892	Stellenkomplement des Zwischenergebnisses
107	
1	
108	Ergebnis (negativ!)

Eine genauere Betrachtung der Rechnung zeigt, dass die Durchführung der Subtraktion in Zehnerkomplement-Darstellung offenbar nur eine andere Schreibweise ist:

$999 - [385 + (999 - 493+1)] +1 = 108$

Aus dieser Überlegung ergibt sich nun, warum die Verwendung der Komplement-Methode gerade im Dualsystem so vorteilhaft ist: Nur im Dualsystem ist die Bildung des Komplements durch *Invertierung* möglich, was maschinell sehr einfach zu realisieren ist.

Binäre Multiplikation

Die Rechenregeln für die Multiplikation zweier Binärziffern lauten:

$0 * 0 = 0$
$0 * 1 = 0$
$1 * 0 = 0$
$1 * 1 = 1$

Die Multiplikation mehrstelliger Zahlen wird (wie von der Multiplikation im Zehnersystem gewohnt) auf die Multiplikation des Multiplikanden mit den einzelnen Stellen des Multiplikators und stellenrichtige Addition der Zwischenergebnisse zurückgeführt.

Beispiel:

a) Die Aufgabe $10*13=130$ ist in binärer Arithmetik zu lösen.

Lösung:

<u>1010*1101</u>
1010

```
   1010
    0000
     1010
10000010
```

b) Die Erweiterung auf Brüche ist nach denselben Regeln ohne weiters möglich. Die Aufgabe $17.375 * 9.75 = 169.40625$ ist in binärer Arithmetik zu lösen.

Lösung:

```
10001.011*1001.11
10001011
     10001011
       10001011
         10001011
1010100101101
```

Nach stellenrichtigem Einfügen des Kommas erhält man das Ergebnis:

$17.375_{dez} * 9.75_{dez} = 10101001.01101_{bin} = 169.40625_{dez}$

Binäre Division

Ähnlich wie die Multiplikation lässt sich auch die binäre Division in Analogie zu dem im Zehnersystem gewohnten Verfahren durchführen.

Beispiel:

Die Aufgabe $20 : 6 = 3.333...$ soll in binäre Arithmetik gelöst werden.

```
10100 : 110 = 11.0101...
- 110
  1000
 - 110
    1000
   - 110
      ...
```

Man erhält in diesem Falle also auch in der Binärdarstellung einen unendlichen, periodischen Bruch.

Verschieben

Tatsächlich führt man Multiplikation und Division in digitalen Rechenanlagen durch Kombination von *Verschieben* (*Shift*) und Addieren bzw. Subtrahieren aus, da dies aus technischen Gründen einfacher zu realisieren ist.

Wird eine Binärzahl mit einer Zweierpotenz 2^k multipliziert, so entspricht dies - in Analogie zur Multiplikation mit einer Potenz von 10 im Zehnersystem - einer Verschiebung dieser Zahl um k Stellen nach links.

Beispiel:

Die Multiplikationsaufgabe $13 * 4 = 52$ lautet in binärer Schreibweise:

$1101 * 100 = 110100$

Dieses Ergebnis erhält man durch Verschiebung der Zahl 1101 um zwei Stellen nach links, also durch Anhängen von zwei Nullen an der rechten Seite.

Man kann also offensichtlich jede Multiplikation durch eine Kombination von Verschiebungen und Additionen ausführen.

In analoger Weise ist die Division durch Zweierpotenzen 2^k einer Verschiebung nach rechts um n Stellen äquivalent. Hier kann jedoch eventuell ein Informationsverlust auftreten, wenn bei der Division ein Rest verbleibt.

Beispiel:

Die Divisionsaufgabe $26 : 4 = 6$ (Rest 2) lautet in binärer Schreibweise:

$11010 : 100 = 110$ (Rest 2)

Bei der maschinellen Ausführung wird die zu verschiebende Zahl in einem dem Rechenwerk direkt zugeordneten Speicherplatz (*Register, Akkumulator*) abgelegt. Wird eine Zahl umso viele Stellen nach links oder rechts verschoben, dass das Register das Ergebnis nicht mehr fassen kann, so wird dies durch Setzen eines speziellen, als *Flag* bezeichneten Bits angezeigt, das man *Übertags-Bit* (*Carry*) nennt. Dies wird in Abbildung 1.7 verdeutlicht.

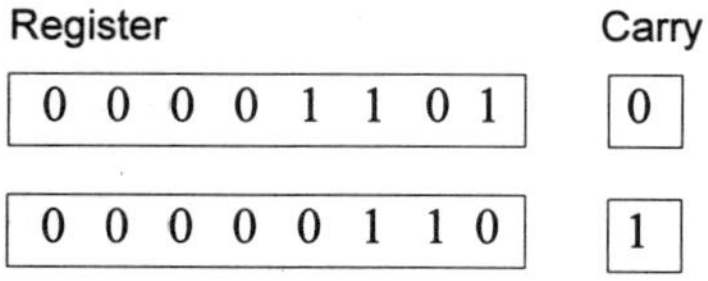

Abbildung 1.7: Verschieben der Binärzahl 1101 um eine Stelle nach rechts. Der obere Bildteil zeigt die Ausgangssituation, der untere Bildteil das Ergebnis nach der Schiebeoperation. Das Überlauf-Bit wurde in diesem Fall von 0 auf 1 gesetzt.

Im Beispiel aus Abbildung 1.7 wurde das am linken Ende des Registers frei werdende MSB mit 0 besetzt; man bezeichnet dieses Vorgehen als *logisches Verschieben*. Alternativ dazu kann man auch das MSB reproduzieren, so dass eine 0 bzw. eine 1 erhalten bleibt. Dieses *arithmetische Verschieben* ist sinnvoll, wenn das Vorzeichen sich bei einer Verschiebeoperation nicht ändern soll.

Gleitpunktzahlen

Die bisher besprochenen *Festpunktzahlen* lassen die Darstellung sehr kleiner oder sehr großer Zahlen nicht zu, da man auf eine feste Stellenzahl beschränkt ist. Aus diesem Grunde wird die *Gleitpunktschreibweise* oder *halblogarithmische Darstellung* von Zahlen eingeführt, die nichts anderes ist, als eine Festpunktzahl (die *Mantisse*) multipliziert mit einem als Potenz geschriebenen Skalenfaktor (*Exponent*).

Beispiel:

a) $0.00012 = 0.12*10^{-3}$
b) $7123458 = 0.7123458*10^{7}$
c) $-24.317 = -0.24317*10^{2}$

Üblicherweise schreibt man die Mantisse so, dass die erste Stelle nach dem Dezimalpunkt die erste von Null verschiedene Ziffer ist, man bezeichnet dies als die *Normalform*. Die Rechengenauigkeit hängt also von der Stellenzahl der Mantisse ab, die Anzahl der darstellbaren Zahlen von der Stellenzahl des Exponenten. Als Speicherplatz verwendet man nach dem internationalen Standard IEEE 754 je nach gewünschter Genauigkeit eine unterschiedliche Anzahl von Bits, nämlich 32 Bit für eine *kurze Gleitpunktzahl* und 64 Bit für eine *lange Gleitpunktzahl.*

Bei einer kurzen Gleitpunktzahl werden insgesamt vier Byte benötigt, ein Byte für Vorzeichen und Exponent und drei Byte für die Mantisse. Dies entspricht einer Genauigkeit von 2^{-24} oder 7 signifikanten Dezimalstellen. Vom ersten Byte wird das MSB für das Vorzeichen der Mantisse verwendet (0 entspricht einem positiven und 1 einem negativen Vorzeichen), für den in Byte eins codierten Exponenten stehen damit noch sieben Bit zur Verfügung. Da auch negative Exponenten dargestellt werden müssen, verschiebt man den Nullpunkt in die Mitte des zur Verfügung stehenden Zahlenbereichs, d.h. man addiert zu dem tatsächlichen Exponenten die Zahl 64 (*64-Exzess-Code*). Der Exponententeil der Gleitpunktzahl kann also zwischen den Grenzen 16^{-64} und 16^{63} variieren.

Bei der Umwandlung einer Dezimalzahl in eine binäre Gleitpunktzahl geht man folgendermaßen vor:

1. Umwandlung der Dezimalzahl in eine Binär- oder Hexadezimalzahl, ggf. mit Nachkommastellen.

2. Verschiebung des Kommas nach links oder rechts um jeweils vier binäre Stellen, entsprechend einer hexadezimalen Stelle, bis die Normalform erreicht ist. Bei Verschiebung um je eine Stelle nach links wird der Exponent der Basis 16 um eins erhöht, bei Verschiebung nach rechts um eins erniedrigt.

3. Zu dem ermittelten Exponenten wird 64 addiert, das Ergebnis wird in binäre oder hexadezimale Form umgewandelt. Ist der Exponent positiv oder Null, so hat also Bit 6 den Wert 1, für negative Exponenten hat Bit 6 den Wert 0.

4. Das Vorzeichen der Mantisse (positiv: 0, negativ: 1) wird in das MSB des ersten Byte geschrieben, danach kommt der Exponent. In die drei folgenden Bytes wird die Mantisse eingefügt.

Abbildung 1.8 zeigt den Aufbau einer 32-Bit Gleitpunktzahl.

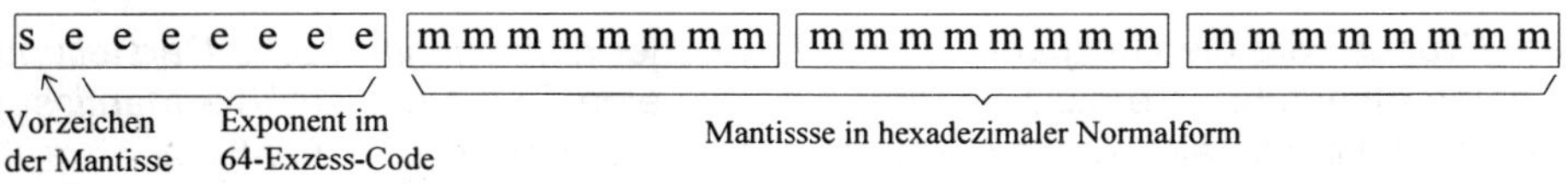

Abbildung 1.8: Aufbau einer kurzen Gleitpunktzahl nach dem IEEE 754 Standard.

Beispiel:

148.625 ist in eine binäre Gleitpunktzahl umzuwandeln.

1. Schritt: $148.625_{dez} = 10010100.101_{bin} = 94.A_{hex}$

2. Schritt: $10010100.101 \ * \ 16^0 = 1001.0100101 \ * \ 16^1 = 0.10010100101 \ * \ 16^2$
Normalform erreicht, Exponent ist 2

3. Schritt: $\text{Exponent} = 64 + 2 = 66_{dez} = 1000010_{bin}$

4. Schritt: Ergebnis: 01000010 10010100 10100000 $00000000_{bin} = 4294A000_{hex}$
Byte 1 Byte 2 Byte 3 Byte 4

Byte 1 enthält das positive Vorzeichen der Mantisse (MSB=0) sowie den Exponenten einschließlich des in Bit 7 codierten Vorzeichens (1000010). Die Bytes 2, 3 und 4 bilden die Mantisse.

Beim Rechnen mit Gleitpunktzahlen in halblogarithmischer Darstellung sind folgende Rechenregeln zu beachten:

Addition und Subtraktion: Die Exponenten werden angeglichen, indem die Mantisse des Operanden mit dem kleineren Absolutbetrag entsprechend verschoben wird. Dabei können Stellen verloren gehen, d.h. es entsteht ein Abbruchfehler. Anschließend werden die Mantissen addiert bzw. subtrahiert.

Multiplikation: Die Mantissen der Operanden werden multipliziert, die Exponenten werden addiert.

Division: Die Mantissen der Operanden werden dividiert, der neue Exponent ergibt sich als Differenz des Exponenten des Dividenden und des Divisors.

Nach allen Operationen ist zu prüfen, ob die Ergebnisse in der Normalform vorliegen, ggf. ist durch Verschieben wieder zu normalisieren. Zu beachten sind auch Überschreitungen (*Überlauf, Overflow*) und Unterschreitungen (*Unterlauf, Underflow*) des erlaubten Zahlenbereichs. Insbesondere bei der Division durch sehr kleine Zahlen kann leicht ein Überlauf eintreten.

2 Nachricht, Information und Codierung

2.1 Abgrenzung der Begriffe Nachricht und Information

„Nachricht" und *„Information"* sind zentrale Begriffe der Informatik, die zunächst intuitiv sowie aus der Erfahrung heraus vertraut sind. Während man den Begriff „Nachricht" als etwas Konkretes definieren kann, ist dies mit der in einer Nachricht enthaltenen Information jedoch nicht ohne weiteres möglich.

Eine Nachricht lässt sich als Folge von *Zeichen* auffassen, die von einem *Sender* (*Quelle*) ausgehend, in irgendeiner Form einem *Empfänger* (*Senke*) übermittelt wird. Während der Übermittlung ist immer auch die Möglichkeit einer *Störung* der Nachricht zu beachten. Man kann dies folgendermaßen skizzieren:

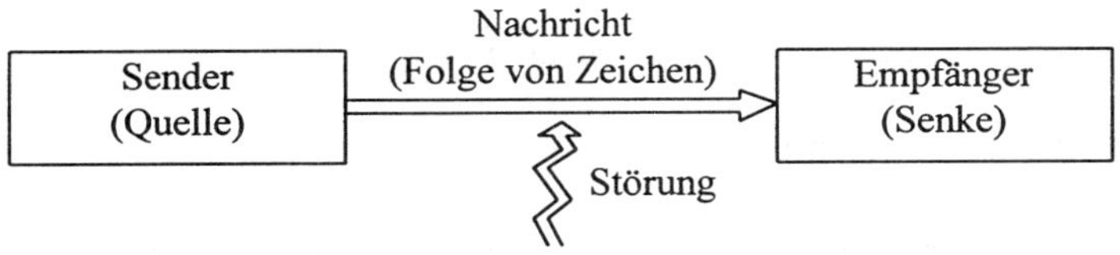

Abbildung 2.1: Schematische Darstellung der Übermittlung einer Nachricht von einem Sender zu einem Empfänger.

Zur exakten Definition einer Nachricht geht man vom Begriff des *Alphabets* aus:

Ein *Alphabet* A besteht aus einer abzählbaren Menge von Zeichen (*Zeichenvorrat*) und einer *Regel*, durch welche eine feste Anordnung der Zeichen definiert ist. Üblicherweise betrachtet man nur Alphabete mit einem endlichen Zeichenvorrat.

Einige Beispiel für Alphabete sind:

a) {a, b, c... z} Die Menge aller Kleinbuchstaben in lexikografischer Ordnung.

b) {0, 1, 2 ... 9} Die Menge der ganzen Zahlen 0 bis 9 mit der Ordnungsrelation "<".

c) {♦, ♥, ♠, ♣} Die Menge Spielkartensymbole in der Reihenfolge ihres Spielwertes.

d) {2, 4, 6, . . .} Die Menge der geraden natürlichen Zahlen mit der Ordnungsrelation "<".

Damit lässt sich der Begriff Nachricht wie folgt definieren:

Eine *Nachricht* ist eine aus den Zeichen eines Alphabets gebildete *Zeichenfolge*. Diese Zeichenfolge muss nicht endlich sein, aber abzählbar (d.h. man muss die einzelnen Zeichen durch

Abbildung auf die natürlichen Zahlen durchnummerieren können), damit die Identifizierbarkeit der Zeichen sichergestellt ist.

Die Menge aller Nachrichten, die mit den Zeichen eines Alphabets A gebildet werden können, heißt *Nachrichtenraum* N(A) oder A^* über A. Bisweilen schränkt man den betrachteten Nachrichtenraum auf Zeichenreihen mit einer maximalen Länge s ein; in diesem Fall umfasst der eingeschränkte Nachrichtenraum A^s nur endlich viele Elemente, sofern das zu Grunde liegende Alphabet endlich ist.

Nachrichten sind somit konkrete, wenn auch idealisiert immaterielle Objekte, die von einem Sender zu einem Empfänger übertragen werden können. Häufig wird allerdings die Nachricht nicht in ihrer ursprünglichen Form, sondern in einer technisch angepassten Art und Weise übertragen, z.B. akustisch, optisch oder mit Hilfe von elektromagnetischen Wellen.

Die Extraktion von *Information* aus einer Nachricht setzt eine *Zuordnung* zwischen Nachricht und Information voraus, die *Interpretation* genannt wird:

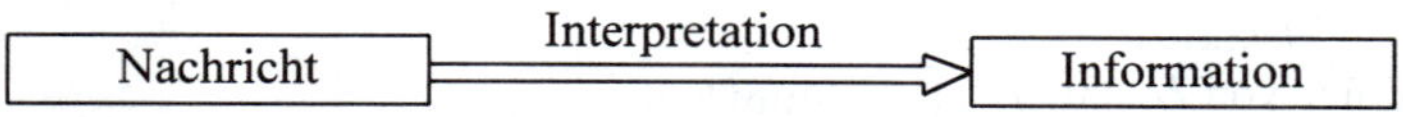

Abbildung 2.2: Zusammenhang zwischen Nachricht, Interpretation und Information.

Die Interpretation einer Nachricht ist jedoch nicht unbedingt eindeutig, sondern subjektiv. In noch stärkerem Maße gilt das für die *Bedeutung*, die eine Nachricht tragen kann. Ein und dieselbe Nachricht kann bisweilen auf verschiedene Weisen interpretiert werden. Dies ist etwa im Falle des Wortes „Erblasser" möglich, je nachdem ob man an einen Erbfall oder an eine erbleichende Person denkt. Die Interpretationsvorschrift muss auch nicht so offensichtlich sein, wie etwa im Falle des Wortes KITAMROFNI; der Schlüssel zur Information ist in diesem Beispiel, wie man leicht erkennt, die *Transposition* oder *Krebsverschlüsselung*. Die Lehre von der Verschlüsselung von Nachrichten oder *Kryptologie* entwickelte sich als ein Teilgebiet der Informatik mit zunehmender Bedeutung, von dem in Kapitel 2.10 noch ausführlicher die Rede sein wird.

„Information" ist also ein sehr vielschichtiger Begriff, der mathematisch nicht einfach und vor allem auch nicht in all seinen Facetten fassbar ist.

Daher sind im Sinne der Informatik Informationen, im Gegensatz zu Nachrichten, nicht exakt definierbare abstrakte Objekte. DV-Anlagen sind deshalb genau genommen nicht Geräte zur Informationsverarbeitung, sondern zur Nachrichtenverarbeitung.

2.2 Biologische Aspekte

2.2.1 Sinnesorgane

Menschen, Tiere und Pflanzen verfügen sowohl über Organe zum *Senden* von Nachrichten (*Effektoren*) als auch zum *Empfangen* von Nachrichten (*Rezeptoren, Sinnesorgane, Sensoren*). Ein Beispiel für einen Effektor ist der menschliche Sprechapparat, der in der Lage ist, Schallwellen von einer Frequenz von etwa 16 bis 16000 Hz zu erzeugen; das entsprechende Wahrnehmungsorgan (Sensor) ist der Gehörsinn, die Art der Nachrichtenübermittlung geschieht akustisch mit Schallwellen als physikalischem Träger der Nachricht.

Die Übertragung von *Reizen* erfolgt biologisch, also auch im menschlichen Körper, in Form von elektrochemischen Impulsen mit ca. 1 msec Breite und Amplituden bis zu 80 mV. Die Übertragungsgeschwindigkeit ist ungefähr der Wurzel aus dem Nervenquerschnitt proportional und liegt zwischen 1 und 120 m/sec.

Die Stärke einer *Reizempfindung* wird durch die Frequenz (bis 250 Hz) der elektrischen Impulse codiert. Diese besonders störsichere Codierung wird als *Pulsfrequenzmodulation* bezeichnet. Die Stärke der Reizempfindung R ist dabei proportional zum Logarithmus der physikalischen Reizstärke S (*Fechnersches Gesetz*) mit einer individuellen Proportionalitätskonstante c:

$$R = c \cdot \log(S/S_0)$$

Ein Reiz muss dabei einen Schwellenwert S_0, die *Reizschwelle*, übersteigen, damit er überhaupt wahrgenommen werden kann. Außerdem folgt aus dem Übertragungsprinzip nach der Pulsfrequenzmodulation, dass die Verarbeitung schwacher Reize länger dauert als die Verarbeitung starker Reize. Die Verarbeitungszeiten schwanken je nach Reiz zwischen etwa 50 msec und 800 msec.

Wesentlich für die Einschätzung der Leistungsfähigkeit von Sinnesorganen ist das *Auflösungsvermögen* für kleine Reizunterschiede. Nach dem *Weberschen Gesetz* gilt, dass die Auflösung, also die kleinste wahrnehmbare Differenz zwischen zwei Reizen S_1 und S_2, proportional zur Stärke des Reizes ist:

$$S_2 - S_1 = k \cdot S_1$$

Die Werte der Proportionalitätskonstanten k streuen bei verschiedenen Versuchspersonen stark. In der folgenden Tabelle sind einige typische Werte für k sowie der Bereich zwischen *Reizschwelle* und *Schmerzgrenze* sowie die Anzahl der unterscheidbaren Reize für einige Sinneswahrnehmungen zusammengestellt.

Die Anzahl der unterscheidbaren Reize lässt sich im Falle der Helligkeitswahrnehmung beispielsweise dadurch messen, dass man eine Versuchsperson entscheiden lässt, welcher von jeweils zwei nebeneinander projizierten Lichtpunkten der hellere ist. Die Anzahl der gleichzeitig unterscheidbaren Helligkeitsstufen - etwa bei der Betrachtung eines Bildes - ist dagegen wesentlich geringer, sie beträgt nur etwa 40 Stufen.

Tabelle 2.1: Proportionalitätsfaktor k, Wahrnehmungsbereich und Anzahl der unterscheidbaren Reize für ein Reihe von Sinneseindrücken. Es handelt sich hierbei um ungefähre, aus Messungen mit zahlreichen Versuchspersonen bestimmte Werte.

Sinneseindruck	k	Wahrnehmungsbereich	Anzahl der unterscheidbaren Reize
Helligkeit	0.02	$1:10^{10}$	1200
Lautstärke	0.09	$1:10^{12}$	320
Tonhöhe	0.003	$1:10^{3}$	2300

2.2.2 Datenverarbeitung im Gehirn

Bei den *Reaktionszeiten* auf äußere Reize spielen neben den Zeiten für die Wahrnehmung im Sinnesorgan selbst, auch die Verarbeitungszeiten in den übergeordneten Strukturen wie Rückenmark, Thalamus und Großhirnrinde eine wichtige Rolle. Man kann heute recht gut die den einzelnen Sinnesorganen zugeordneten Bereiche des Gehirns lokalisieren, ist aber von einem tieferen Verständnis der dort ablaufenden Prozesse noch weit entfernt.

Als Beispiel für die Mitwirkung des Gehirns bei der Verarbeitung von Sinneseindrükken mag das in den folgenden Abbildungen demonstrierte Phänomen der optischen Täuschung und der Gestaltwahrnehmung dienen.

a)

b)

c)

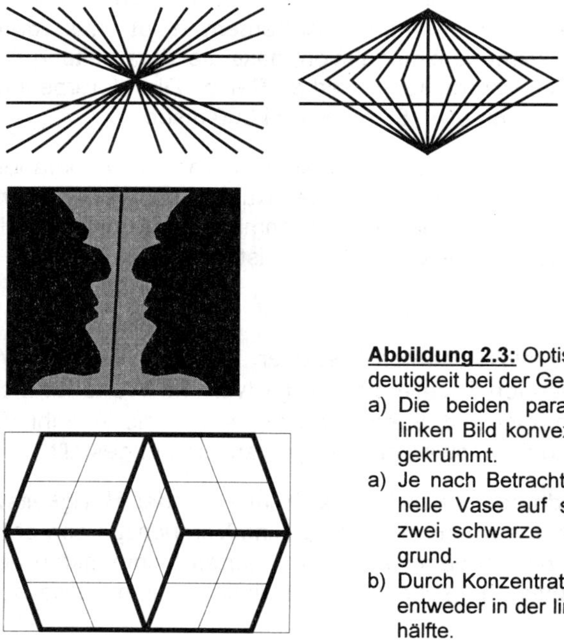

Abbildung 2.3: Optische Täuschungen und Zweideutigkeit bei der Gestalterkennung.

a) Die beiden parallelen Linien erscheinen im linken Bild konvex und im rechten Bild konkav gekrümmt.

a) Je nach Betrachtungsweise erkennt man eine helle Vase auf schwarzem Hintergrund oder zwei schwarze Gesichter auf hellem Hintergrund.

b) Durch Konzentration erkennt man einen Würfel entweder in der linken oder in der rechten Bildhälfte.

Die Art der Signalverarbeitung in den Sinnesorganen sowie die Sinnesorgane selbst sind in vielfältiger Weise Vorbild für technische Entwicklungen (*Sensoren*) und Algorithmen zur Signalverarbeitung. Die digitale *Bild- und Sprachanalyse* sowie die *Mustererkennung* sind Beispiele dafür. Ein ehrgeiziges Ziel ist dabei die Ersetzung menschlicher Sinne durch künstliche Komponenten, wozu auch die direkte Interaktion zwischen Nervenleitungen und elektronischen Schaltungen gehört.

Biologische Gehirne sind aus Milliarden von Neuronen aufgebaut, die auf komplexe Art und Weise miteinander vernetzt sind. Im Unterschied zu konventionellen Digitalrechnern arbeiten biologische Gehirne in hohem Maße *fehlertolerant* und *parallel*, ferner erfolgt der Speicherzugriff nicht lokal durch vorgegebene Adressen, sondern *assoziativ*, also inhaltsbezogen. Solche Strukturen dienen als Vorbild für die technische Realisierung *Neuronaler Netze*.

2.2.3 Der genetische Code

Nachdem *Charles Darwin* in der Mitte des 19. Jahrhunderts die Entwicklung der Arten durch die *Evolutionstheorie* begründet hatte, setzte *Gregor Mendel* mit der experimentellen Entdeckung einiger *Vererbungsregeln* im Jahre 1866 einen weiteren Meilenstein. Allerdings begann man sich erst Anfang des 20. Jahrhunderts wieder für dieses Fachgebiet zu interessieren, da erst dann Fortschritte in Biologie und Physik ein tieferes Verständnis der Vererbungsvorgänge erlaubten. Durch Versuchsreihen an Fruchtfliegen (Drosophila) und Bakterien konnte der Sitz verschiedener Erbeigenschaften auf den Chromosomen nach und nach lokalisiert werden. Wegbereitend waren insbesondere Arbeiten des Mediziners *Salvador Luria* und des Physikers *Max von Delbrück*, denen unter anderem der Nachweis spontaner Änderungen der Erbinformation (*Mutationen*) gelang. Bald konnte auch nachgewiesen werden, dass Bakterien Erbinformationen untereinander austauschen und neu kombinieren. Damit entstanden neue Forschungsgebiete, die *Molekularbiologie* und die *Genetik*. 1943 diskutierte dann *Erwin Schrödinger*, der 1933 den Nobelpreisträger für Physik erhielt, in einer vielbeachteten Arbeit die Frage „Was ist Leben?“ vom physikalischen Standpunkt aus [Schr93]. Hier wurde erstmals die Idee des *genetischen Codes* entwickelt. Wenig später gelang dann der Nachweis, dass die Gene aller Lebewesen der Erde aus Nukleinsäuren bestehen, nämlich *DNS* (*Desoxyribonukleinsäure*) bzw. *RNS* (*Ribonukleinsäure*) und dass diese tatsächlich für sämtliche vererbbaren Eigenschaften verantwortlich sind (Avery, Hershey und Chase). Einen ersten Höhepunkt fand die Genetik 1953 mit der durch einen Nobel-Preis belohneten Entschlüsselung der Doppelhelix-Struktur des Erbmaterials durch *James Watson*, einem Schüler Lurias und durch den von Schrödinger beeinflussten Physiker *Francis Crick*. Mittlerweile gesellte sich zur Genetik die *Gentechnologie* mit dem Zweck der medizinischen und industriellen Nutzung einschlägiger wissenschaftlicher Erkenntnisse [Bro93].

Die Buchstaben des genetischen Codes sind die *Nukleotide* Adenin (A), Cytosin (C), Guanin (G) und Thymin (T). Jeweils drei in einem Strang des DNS-Moleküls unmittelbar aufeinander folgende Nukleotide codieren für eine *Nukleinsäure*. Der zweite Strang der Doppelhelix enthält eine vollständige Kopie der Information des ersten

Stranges. Insgesamt gibt es 4^3=64 verschiedene Möglichkeiten, jeweils drei der vier Nukleotide zu einem Codewort aneinander zu reihen, wobei auch Wiederholungen zugelassen sind (vgl. Kapitel 2.4.6). Da nur 20 Nukleinsäuren zu codieren sind, stehen in der Regel mehrere, oft bis zu 6 verschiedene Codewörter für dieselbe Nukleinsäure. So codieren beispielsweise die Codewörter GAA und GAG beide die Glutaminsäure. Vier spezielle Codewörter (ATG, TAA, TGA und TGG) steuern den Beginn und den Abbruch der Synthese von *Proteinen*, die aus den 20 verschiedenen Nukleinsäuren aufgebaut werden. Die aneinander gereihten Nukleotide codieren also Sequenzen von Nukleinsäuren, aus denen Proteine als Bausteine des Organismus während des Wachstums synthetisiert werden. Darüber hinaus wird in noch nicht völlig geklärter Weise in der Folge vieler Zellteilungen auch die Spezialisierung bestimmter Zellen festgelegt, die beispielsweise zur Herausbildung von Gliedmaßen und Organen führt.

Beim genetischen Code handelt es sich also um einen digitalen Code mit vier verschiedenen Zeichen, in direkter Analogie zu den in Computern verwendeten Codes, die der Gegenstand dieses Kapitels sind.

Die Vererbung und die Entwicklung der Arten ist durch Mutationen, durch Rekombination von Erbmaterial und durch Selektion („survival of the fittest") geprägt. Diese Strategien lassen sich auch formalisieren und zur Lösung von *Optimierungsproblemen* in Computern nachvollziehen. Zu nennen sind hier die um 1960 entstandenen Arbeiten von Ingo Rechenberg und John Holland. In Kapitel 9.4 wird darauf näher eingegangen.

Interessant ist auch der biologische Kopiervorgang der Erbinformation bei der Zellteilung, der ja mit dem Kopieren digitaler Informationen mit Hilfe eines Computers verglichen werden kann. Angetrieben wird die Reproduktion der Doppelhelix durch die thermische Brown'sche Molekularbewegung. Dies ist, wie Charles Bennett und andere um 1980 zeigen konnten [Ben82], eine äußerste effiziente Methode, bei der im Grenzfall langer Kopierzeiten der Energiebedarf gegen Null geht. Prinzipiell wird nur beim Erzeugen oder Löschen von Informationen Energie benötigt. Eng damit verbunden ist auch die Frage nach dem Zusammenhang der informationstheoretischen Entropie (vgl. Kapitel 2.5) mit der aus der Thermodynamik bekannten physikalischen Entropie, auf die bereits Leo Szilard 1952 eine Teilantwort geben konnte, indem er nachwies, dass zum Gewinnen eines Informations-Bits mindestens eine Energie von kT aufgewendet werden muss, wobei T die Temperatur des Systems ist und k die in der Thermodynamik wichtige Boltzmann-Konstante.

2.3 Diskretisierung von Nachrichten

Nachrichten müssen aus der für gewöhnlich *kontinuierlichen* Form in eine *diskrete* Form überführt werden, bevor sie digital verarbeitet werden können.

Man setzt dabei voraus, dass die Nachricht als *reelle Funktion* vorliegt, die stetig oder mindestens von beschränkter Schwankung (Lebesgue-integrierbar) ist; insbesondere darf die entsprechende Funktion also keine Pole haben. Anschaulich ausgedrückt heißt das, es dürfen in der Nachricht wohl Sprünge vorkommen, aber der einer Nachricht zugeordnete physikalische Wert, z.B. eine Helligkeit oder eine Tonhöhe, muss immer einen endlichen Betrag aufweisen.

2.3.1 Rasterung

Als *Rasterung* bezeichnet man die Abtastung der Werte einer Funktion an bestimmten vorgegebenen Stellen, also die *Diskretisierung* des Definitionsbereichs der Funktion. Der kontinuierliche Verlauf des Funktionsgraphen wird dann durch eine Treppenfunktion oder eine Anzahl von Pulsen angenähert, die im Allgemeinen äquidistant auf dem Definitionsintervall der Funktion angeordnet sind. Der Vorgang der Rasterung ist in der folgenden Abbildung veranschaulicht.

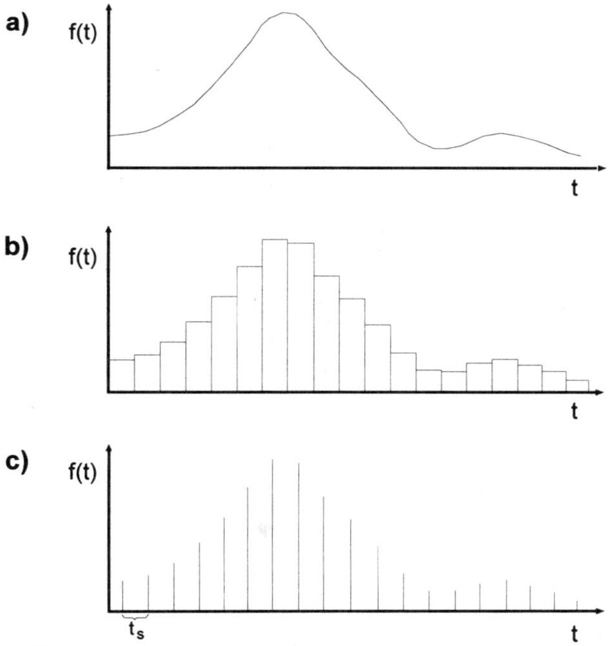

Abbildung 2.4: a) Kontinuierliche Funktion f(t) in Abhängigkeit von der Zeit.
b) Gerasterte Funktion: Darstellung durch eine Treppenfunktion.
c) Gerasterte Funktion: Alternative Darstellung durch eine Folge äquidistanter Pulse.

Stellt man sich die zu digitalisierende Funktion f(t) als eine Funktion der Zeit t vor, so bedeutet die Rasterung, dass der Funktionswert f(t) in äquidistanten Zeitschritten t_s bestimmt, d.h. abgetastet wird.

Der theoretische Hintergrund der Rasterung wird durch das *Shannonsche Abtasttheorem* beschrieben [Sha48]: Mathematisch lässt sich jede Funktion f(t), die als Fourier-Integral mit der *Grenzfrequenz* ν_G darstellbar ist, alternativ auch als eine Summe über schmale Pulse, deren Höhe durch den Funktionswert bestimmt sind, schreiben:

$$f = \sum_n f(nt_s)\delta(t/t_s - n)$$

Die zur Beschreibung von Impulsen verwendete *Deltafunktion* $\delta(t)$ ist dadurch definiert, dass der entsprechende Impuls (das Integral über die Deltafunktion) den Wert 1 hat, wenn das Argument t zu 0 wird, also an den Abtaststellen $t = n \cdot t_s$. An allen anderen Stellen ist der Funktionswert 0. Auch für mehrdimensionale Funktionen - etwa zweidimensionale Bilder oder räumliche Schichtaufnahmen, wie sie in der medizinischen Tomografie vorkommen - ist dieses Verfahren anwendbar.

Eine exakte Wiedergabe der in f(t) enthaltenen Information ergibt sich, wenn für die Abtastrate $t_s \leq 1/(2\nu_G)$ gewählt wird. Dieser Zusammenhang wird als *Nyquist-Bedingung* bezeichnet.

Die *Nyquist-Bedingung* kann man etwa folgendermaßen in Worte fassen: Wenn man eine Funktion der Zeit als Fourierintegral über Schwingungen mit einer *Grenzfrequenz* bzw. *Bandbreite* ν_G darstellen kann, dann beinhaltet die Rasterung keinen Informationsverlust, sofern man die *Abtastfrequenz* (*Sampling Rate*) größer als die doppelte Grenzfrequenz wählt. Aus der gerasterten Funktion lässt sich dann die ursprüngliche Funktion exakt wieder rekonstruieren. Bei technischen Anwendungen kann man immer davon ausgehen, dass eine Grenzfrequenz existiert, da alle realen Apparate grundsätzlich bei einer endlichen Frequenz „abschneiden", d.h. nicht mit beliebig hohen Frequenzen schwingen können. Zur Veranschaulichung des Abtasttheorems mag noch folgende Überlegung beitragen: Angenommen, es wäre bekannt, dass eine Nachricht aus genau einer Periode einer Sinusschwingung mit fester Frequenz besteht. Wird nun durch Abtastung die Amplitude dieser Schwingung an nur einer Stelle ermittelt, so lässt sich die Nachricht (d.h. Amplitude und Phase der Schwingung) aus dem einen Messwert nicht rekonstruieren; tastet man jedoch an zwei Stellen ab, so ist die Schwingung eindeutig bestimmt.

2.3.2 Quantelung

Der Übergang von einer kontinuierlichen zu einer digitalen Nachricht erfordert nach der Rasterung noch einen zweiten Diskretisierungs-Schritt, die *Quantelung*. Dazu wird der Wertebereich der zu diskretisierenden Funktion in eine Menge von Zahlen abgebildet, die das Vielfache einer bestimmten Zahl sind, des sogenannten *Quantenschritts*. Hierbei wird wieder vorausgesetzt, dass die zu quantisierende Funktion beschränkt ist, denn nur dann führt die Quantelung schließlich auf eine endliche Menge von Zahlen - und nur endliche Mengen von Zahlen können technisch verarbeitet werden.

Man erhält auf diese Weise aus einer beliebigen Nachricht eine digitale Nachricht, die aus einer endlichen Folge von natürlichen Zahlen besteht, die ihrerseits wieder in ein beliebiges Alphabet abgebildet werden können. Den hier beschriebenen Vorgang der digitalen Abtastung einer analogen Nachricht bezeichnet man auch als *Pulscode-Modulation* (siehe Kapitel 11.1.2). Dies ist die Grundvoraussetzung für die Verarbeitung von Nachrichten mit Hilfe einer digitalen Datenverarbeitungsanlage.

In der folgenden Abbildung wird der Vorgang der Quantelung verdeutlicht.

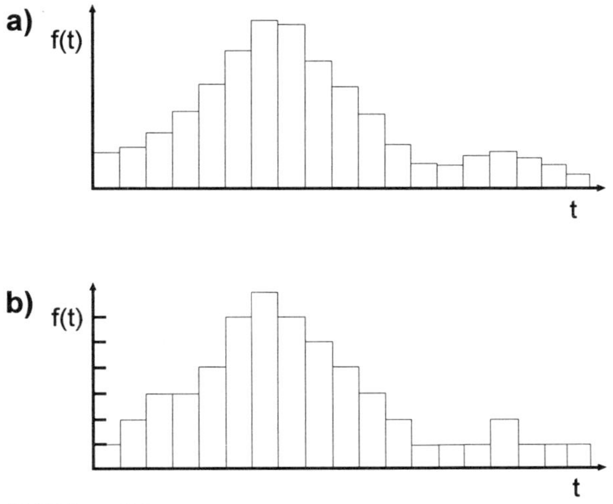

Abbildung 2.5:
a) Gerasterte Funktion f(t) in Abhängigkeit von der Zeit, jedoch mit kontinuierlichem Wertebereich.
b) Die gleiche Funktion mit gequanteltem Wertebereich und gerastertem Definitionsbereich.

Anders als bei der Rasterung ist mit der Quantelung eine irreversible Änderung der ursprünglichen Nachricht verbunden, wobei die Abweichungen umso kleiner sein werden, je mehr Quantisierungsstufen man verwendet. Die Frage ist nun, wie viele Quantisierungsstufen man bei der Digitalisierung kontinuierlicher Nachrichten sinnvollerweise verwenden sollte. Der *Quantisierungsfehler* r (auch *Quantisierungsrauschen* genannt), der als die Differenz zwischen dem exakten Funktionswert $f(t)$ und dem durch die Quantisierung gewonnenen Näherungswert f^q definiert ist, nimmt dementsprechend mit der Anzahl der Quantisierungsstufen ab. Oft wird auch der als *Signal-Rausch-Abstand* bezeichnete Quotient f^q/r als Maß für die Güte einer Quantisierung angegeben. Von einem praxisbezogenen Standpunkt aus ist es also sinnvoll, die Quantisierung gerade so fein zu wählen, dass das Quantisierungsrauschen mit dem durch andere Störquellen verursachten Rauschen vergleichbar wird. Bei exakter mathematischer Formulierung der Quantisierung lassen sich noch weitere Kriterien für die notwendige Anzahl der Quantisierungsstufen angeben.

Da man letztlich die Information in einem Rechner verarbeiten möchte, empfiehlt es sich, für die Anzahl der Quantisierungsstufen eine Zweierpotenz, 2^B, zu wählen, wobei B die Anzahl der binären Stellen (Bits) ist, die zur binären Repräsentation eines quantisierten Wertes nötig sind. Generell kann man sagen, dass ein zusätzliches Bit bei der Quantisierung den Signal-Rausch-Abstand um ca. 6 dB erhöht. In vielen Anwendungen wählt man 8 Bit (d.h. ein Byte), da dies ein in der Computertechnik bequem zu handhabendes und daher weit verbreitetes Datenformat ist. Man erhält damit $2^8 = 256$ Quantisierungsstufen, nämlich alle ganzen Zahlen von 0 bis 256-1, also 0, 1, 2 ... 255.

2.4 Wahrscheinlichkeit und Kombinatorik

In der Informatik geht man oft von einer *statistischen Deutung* des Begriffs Information aus; dies gilt insbesondere dann, wenn es um die *Codierung* und *Übermittlung* von Informationen bzw. Nachrichten geht. Im Folgenden werden zunächst einige in diesem Zusammenhang wichtige mathematische Begriffe erläutert [Hüb96], [Obe76].

2.4.1 Die relative Häufigkeit

Als *relative Häufigkeit* h bezeichnet man den Quotienten aus der Anzahl von Dingen (Ereignissen), die ein bestimmtes Merkmal aufweisen und der Gesamtzahl der auf dieses Merkmal hin untersuchten Dinge. Diese Vorgehensweise zur Bestimmung der relativen Häufigkeiten wird auch als *Abzählregel* bezeichnet. Es gilt also:

$$h = \frac{\text{Anzahl der Ereignisse, die das gewünschte Merkmal aufweisen}}{\text{Anzahl der betrachteten Ereignisse}}$$

Aus der Definition folgt, dass immer die Einschränkung $0 \leq h \leq 1$ gelten muss.

Ein erhellendes Beispiel ist das Würfelspiel: Es gibt offenbar sechs mögliche Ereignisse beim Wurf eines Würfels, nämlich das Erscheinen einer der Punktezahlen 1, 2, 3, 4, 5 oder 6. Die relative Häufigkeit für jede der möglichen Punktezahlen ermittelt man durch eine große Anzahl von Würfen. Je mehr Würfe man macht, desto weniger werden sich erfahrungsgemäß die gefundenen relativen Häufigkeiten für den Wurf einer bestimmten Punktezahl von dem Wert 1/6 unterscheiden.

Betrachtet man allgemein *Zufallsexperimente*, d.h. Vorgänge oder Versuche, die dem Zufall unterliegen, oder deren Ausgang aus anderen Gründen nicht vorhersagbar ist, so kann man mit den mathematischen Methoden der Statistik dennoch quantitative Aussagen machen, wenn die Versuche unter gleich bleibenden Bedingungen sehr oft wiederholt werden. Bei jedem Versuch gibt es eine Anzahl von möglichen, einander in der Regel ausschließenden Versuchsergebnissen, die man in ihrer Gesamtheit als die Menge der *elementaren Ereignisse* bezeichnet.

Betrachtet man als Beispiel den Versuch „einmaliges Werfen einer Münze“, so gibt es die beiden Elementarereignisse „Kopf“ und „Zahl“. Beim Versuch „einmaliges Werfen eines Würfels“ lauten die sechs Elementarereignisse „die Punktezahl ist 1, 2, 3, 4, 5 oder 6“. Die Menge der Elementarereignisse kann auch unendlich sein, wie etwa bei dem Versuch „Messung der Lebensdauer einer Glühbirne“. In vielen Fällen interessiert man sich auch für Ereignisse, die nicht unbedingt Elementarereignisse sind. Beispielsweise kann man beim Würfelspiel komplexere Ereignisse der Art „die gewürfelte Punktezahl ist kleiner als 4“ betrachten.

2.4.2 Die mathematische Wahrscheinlichkeit

Die *mathematische Wahrscheinlichkeit* lässt sich mit der relativen Häufigkeit in Beziehung bringen. Im Falle des Würfelspiels erfasst man intuitiv: Die Wahrscheinlichkeit, mit einem Würfel eine 6 zu werfen ist zahlenmäßig gleich dem erwarteten Grenzwert der relativen Häufigkeit für eine sehr hohe Anzahl von Würfen, nämlich 1/6. Dieser als das *Gesetz der großen Zahl* bekannte Zusammenhang kann auf beliebige Zufallsereignisse verallgemeinert werden. Man postuliert also für die Wahrscheinlichkeit $w(A)$, dass das Ereignis A eintritt [Kre90]:

$$w(A) = \lim_{n \to \infty}(h(A))$$

Dabei steht A für das betrachtete Ereignis und n für die Anzahl der Versuche.

Mathematisch ist der Begriff „Wahrscheinlichkeit" jedoch nicht durch die relative Häufigkeit, sondern durch die nachstehend angegebenen Beziehungen definiert, die drei *Kolmogorow'schen Axiome* der mathematischen Wahrscheinlichkeitstheorie.

Axiom 1: Die Wahrscheinlichkeit $w(A)$ für das Eintreffen eines bestimmten Ereignisses A ist eine reelle Funktion, die alle Werte zwischen Null und Eins annehmen kann:

$$0 \leq w(A) \leq 1$$

Axiom 2: Die Wahrscheinlichkeit für das Auftreten eines Ereignisses A, das mit Sicherheit eintrifft, hat den Wert 1:

$$w(A) = 1$$

Axiom 3: Für sich gegenseitig ausschließende Ereignisse A und B gilt:

$$w(A \text{ oder } B) = w(A) + w(B)$$

Der Term $w(A \text{ oder } B)$ ist dabei als die Wahrscheinlichkeit zu interpretieren, dass entweder Ereignis A oder Ereignis B eintritt, aber nicht beide Ereignisse zugleich, da sich A und B gegenseitig ausschließen sollen. Dieses Additionsgesetz lässt sich auf beliebig viele, sich gegenseitig ausschließende Ereignisse $A_1, A_2, A_3, \ldots$ erweitern:

$$w(A_1 \text{ oder } A_2 \text{ oder } A_3 \ldots\ldots) = w(A_1) + w(A_2) + w(A_3) + \ldots$$

Dieser Zusammenhang ist sofort einleuchtend. Betrachtet man wieder das Würfelspiel, so ist die Wahrscheinlichkeit, bei einem Wurf mit einem Würfel eine 5 oder eine 6 zu würfeln nach der Abzählregel offenbar 1/6 + 1/6 = 1/3.

Es ist anzumerken, dass die für praktische Zwecke übliche Gleichsetzung der Wahrscheinlichkeit mit dem Grenzwert der relativen Häufigkeit im Sinne der Axiome zulässig, aber nicht zwingend ist. Die Axiome 1 bis 3 lassen sich auch mit anderen Zuordnungen erfüllen. Das Axiomensystem ist in diesem Sinne also nicht vollständig.

Aus den Axiomen 1 bis 3 lassen sich eine ganze Reihe von Folgerungen herleiten. So ergibt sich die Wahrscheinlichkeit w(A) für ein mit Sicherheit nicht eintretendes Ereignis A zu:

w(A) = 0

Die Wahrscheinlichkeit w(nicht A) dafür, dass das Ereignis A nicht eintritt, ist:

w(nicht A) = 1 - w(A)

Für die Wahrscheinlichkeit w(A und B) dafür, dass zwei Ereignisse A und B gemeinsam eintreten, findet man:

w(A und B) = w(A)w(B)

Voraussetzung dafür ist, dass die beiden Ereignisse A und B sich nicht gegenseitig ausschließen und voneinander unabhängig sind. Wirft man beispielsweise mit zwei unterscheidbaren Würfeln (z.B. einem roten und einem schwarzen) gleichzeitig, so ist die Wahrscheinlichkeit dafür, dass man mit dem roten Würfel eine 1 und mit dem schwarzen Würfel eine 2 würfelt (1/6)·(1/6) = 1/36. Das gleiche Ergebnis erhält man, wenn man mit einem Würfel zweimal hintereinander würfelt und verlangt, dass man mit dem ersten Wurf eine 1 und mit dem zweiten Wurf eine 2 würfelt. Die Verhältnisse ändern sich etwas, wenn man mit zwei ununterscheidbaren Würfeln würfelt und nach der Wahrscheinlichkeit fragt, dass eine 1 und eine 2 erscheint. Die Wahrscheinlichkeit ist nun (1/6+1/6)·(1/6) = 1/18. Dieses Resultat erhält man auch, wenn man mit nur einem Würfel zwei mal hintereinander würfelt und dabei nicht darauf achtet, ob erst eine 1 und dann eine 2 fällt oder erst eine 2 und dann eine 1.

Oft hängt die Wahrscheinlichkeit eines Ereignisses A aber davon ab, ob ein anderes Ereignis B eingetreten ist oder nicht. Es gilt dann für die *bedingte Wahrscheinlichkeit* w(A/B) für das Eintreffen des Ereignisses A unter der Bedingung, dass Ereignis B bereits eingetroffen ist:

w(A/B) = w(A und B)/w(B)

Sind die Ereignisse A und B voneinander unabhängig, so ist w(A/B)=w(A) und aus obiger Gleichung wird wieder w(A und B) = w(A)w(B).

Schließen sich zwei Ereignisse A und B <u>nicht</u> gegenseitig aus, so erhält man das *verallgemeinerte Additionsgesetz*:

w(A oder B) = w(A) + w(B) - w(A und B)

Zur Verdeutlichung wird folgendes Beispiel betrachtet: In einem Kartenspiel mit 32 Karten befinden sich vier Damen. Man fragt nun nach folgenden Wahrscheinlichkeiten:

a) Wie hoch ist die Wahrscheinlichkeit $w(D_1)$ bei einmaligem Ziehen aus einem vollständigem Kartenspiel eine Dame zu ziehen?

Unter Verwendung der Abzählregel erhält man das Ergebnis: $w(D_1) = 4/32 = 1/8$

b) Wie hoch ist die Wahrscheinlichkeit dafür, in zwei aufeinanderfolgenden Zügen jeweils eine Dame zu ziehen, wenn nach dem ersten Zug die gezogene Dame nicht ins Spiel zurückgelegt wird?

Für den Zug der ersten Dame gilt wieder $w(D_1)=4/32$. Nun sind nur noch 31 Karten mit 3 Damen im Spiel, so dass man für die Wahrscheinlichkeit, im zweiten Zug ebenfalls eine Dame zu ziehen $w(D_2) = 3/31$ ermittelt. Insgesamt ist also:

$$w(D_1 \text{ und } D_2) = w(D_1)w(D_2) = (4/32)(3/31) \approx 0.0121$$

c) Wie hoch ist die Wahrscheinlichkeit dafür, in zwei aufeinanderfolgenden Zügen jeweils eine Dame zu ziehen, wenn nach dem ersten Zug die gezogene Dame wieder ins Spiel zurückgelegt wird?

Jetzt ist $w(D_1) = w(D_2) = 4/32$, da jeder Zug aus einem vollständigen Spiel gemacht wird. Das Ergebnis ist also

$$w(D_1)w(D_2) = (4/32)(4/32) \approx 0.0156$$

d) Wie groß ist die Wahrscheinlichkeit dafür, aus einem Kartenspiel, dem in einem Zug eine beliebige Karte entnommen worden ist, in einem anschließenden Zug eine Dame zu ziehen?

Gesucht ist also die Wahrscheinlichkeit $w(D_2)$ für das Ziehen einer Dame im zweiten Zug. Es gibt nun zwei Möglichkeiten, nämlich erstens, dass im ersten Zug eine Dame gezogen wurde und zweitens, dass im ersten Zug keine Dame gezogen wurde. Diese beiden Ereignisse schließen sich gegenseitig aus, so dass die Gesamtwahrscheinlichkeit nach dem Additionsgesetz folgendermaßen berechnet werden kann:

$$w(D_2) = w(D_2 \text{ und } D_1) + w(D_2 \text{ und nicht } D_1)$$

Für den ersten Summanden gilt: $w(D_2 \text{ und } D_1) = w(D_2)w(D_1) = (3/31)(4/32)$

und für den zweiten Summanden: $w(D_2 \text{ und nicht } D_1) = w(\text{nicht } D_1)w(D_2/\text{nicht } D_1)$

$= [1\text{-}w(D_1)]w(D_2/\text{nicht } D_1) = (1\text{-}4/32)(4/31)$

Den Wert $w(D_2/\text{nicht } D_1)=4/31$ für die bedingte Wahrscheinlichkeit dafür, im zweiten Zug eine Dame zu ziehen, wenn im ersten Zug keine Dame gezogen worden war, erhält man mit der Abzählregel. Insgesamt berechnet man also:

$$w(D_2) = (4/32)(3/31) + (1-4/32)(4/31) = 1/8$$

Dies ist das gleiche Ergebnis wie in a)! Die Wahrscheinlichkeit, aus einem vollständigen Kartenspiel in einem Zug eine Dame zu ziehen ist also genauso groß wie die Wahrscheinlichkeit, aus einem Kartenspiel, dem auf gut Glück eine Karte entnommen worden ist, eine Dame zu ziehen.

Das Resultat d) lässt sich noch auf eine Aussage verallgemeinern, die auf den ersten Blick überraschend erscheinen mag: Die Wahrscheinlichkeit, aus einem vollständigen Kartenspiel in einem Zug eine Dame zu ziehen ist genauso groß, wie die Wahrscheinlichkeit, aus einem Kartenspiel, dem zuvor eine *beliebige* Anzahl von zufällig ausgewählten Karten entnommen worden ist, eine Dame zu ziehen. Dies läuft letztlich auf die Selbstverständlichkeit hinaus, dass die Wahrscheinlichkeit, aus einem vollständigen Spiel eine Dame zu ziehen identisch mit der Wahrscheinlichkeit ist, dass eine Dame übrig bleibt, wenn man von einem Spiel 31 Karten wegnimmt.

2.4.3 Totale Wahrscheinlichkeit und Bayes-Formel

Man betrachtet nun den in der Praxis häufig auftretenden Fall, dass ein Ereignis B als *Wirkung* verschiedener *Ursachen* A_1, A_2, A_3 ... eintritt.

Es ist dies Ausdruck des *Kausalprinzips*, d.h. der Vorstellung, dass ein Ereignis ausschließlich als Wirkung von Ursachen eintreten kann. Aristoteles bringt diese Überzeugung des klassischen Determinismus durch die Worte „die Wissenschaft befasst sich nur mit Ursachen, nicht mit Zufällen" auf den Punkt. Einen „echten Zufall", also ein nicht-kausales Ereignis, das ohne Ursache auftritt, kann es nach dieser Vorstellung nicht geben. Bezeichnet man dennoch ein Ereignis als zufällig, so wird damit lediglich ausgedrückt, dass so vielfältige und komplexe Ursachen eine Rolle spielen, dass die Kenntnis aller Details nicht möglich ist. Dem steht gegenüber, dass für chaotische und für quantenmechanische Vorgänge Ereignisse nicht einzeln sondern nur im statistischen Sinne vorhergesagt werden können; als Folgerung daraus muss man den klassischen Determinismus einschränken und tatsächlich echt zufällige Ereignisse zulassen.

Man muss jedoch festhalten, dass ein klassischer Computer auf der physikalischen Ebene, auf der Berechnungen durchgeführt werden, weder ein chaotisches noch ein quantenmechanisches System ist, so dass das Kausalitätsprinzip streng gilt. Dazu ein Zitat von John v. Neumann: „Anyone who considers arithmetical methods of producing random digits, is, of course, in a state of sin."

Aus den Axiomen der Wahrscheinlichkeit und der Definition der bedingten Wahrscheinlichkeit $w(B/A_j)$ als der Wahrscheinlichkeit, dass das Eintreffen des Ereignisses A_j (Ursache) das Ereignis B als Wirkung nach sich zieht, folgt der Ausdruck für die totale Wahrscheinlichkeit $w(B)$:

$$w(B) = \sum_{j=1}^{n} w(B/A_j) \cdot w(A_j)$$

Dazu folgendes Beispiel: Hans fühlt sich einsam und wendet sich an eine Agentur zur Vermittlung von Bekanntschaften. Der Computer der Agentur wählt drei Personen aus der Kartei aus, die auf Grund ihres Persönlichkeitsprofils zu Hans passen könnten, nämlich Heike, Heini und Heidi. Es wird nun ein Rendezvous vorgeschlagen, an dem Hans eine der Personen kennen lernen kann; der Einfachheit halber wird angenommen, dass nur genau eine der ausgewählten Personen, also entweder Heike oder Heini oder Heidi erscheint (vielleicht gehen die anderen leise wieder weg, wenn sie sehen, dass schon jemand da ist). Die Wahrscheinlichkeit w(♥), dass Hans sich nun verlieben wird, richtet sich dann nach den Wahrscheinlichkeiten w(Heike), w(Heini) und w(Heidi), die angeben, dass diese tatsächlich zum Rendezvous erscheinen und nach den Wahrscheinlichkeiten w(♥/Heike), w(♥/Heini), w(♥/Heidi), dass sich Hans tatsächlich in die jeweils erschienene Person verlieben wird. Für das Beispiel sollen nun folgende Zahlenwerte angenommen werden:

w(♥/Heike) = 5/9, w(♥/Heini) = 1/9, w(♥/Heidi) = 1/3
w(Heike) = 7/15, w(Heini) = 2/15, w(Heidi) = 6/15

Man beachte, dass sich die Wahrscheinlichkeiten w(Heike), w(Heini) und w(Heidi) zu 1 addieren, da ja nach Voraussetzung genau eine dieser Personen zum Rendezvous erscheinen wird. Die Wahrscheinlichkeiten, dass Hans sich in eine dieser Personen verlieben wird, müssen sich dagegen nicht zu 1 summieren. Nach der Formel für die totale Wahrscheinlichkeit ergibt sich also:

$$w(\heartsuit) = \frac{5}{9}\cdot\frac{7}{15} + \frac{1}{9}\cdot\frac{2}{15} + \frac{1}{3}\cdot\frac{6}{15} = \frac{11}{27} \approx 0.4074\ldots$$

so dass sich Hans mit einer Wahrscheinlichkeit von etwas über 40% verlieben wird.

Durch Umkehrung der Formel für die totale Wahrscheinlichkeit kann man nun eine sehr wirksame Methode für den Wissensgewinn auf der Basis von Beobachtungen herleiten. Man betrachtet dazu ein Zufallsexperiment, dessen Ausgang B ist, und fragt nach der Wahrscheinlichkeit $w(A_k/B)$, dass das Ereignis B gerade durch A_k bedingt wurde, wenn es durch die Ereignisse A_1 bis A_n hätte bedingt werden können. Auf das vorige Beispiel bezogen kann man also etwa nach der Wahrscheinlichkeit fragen, dass sich Hans ausgerechnet in Heidi verliebt.

Für die Umkehrung der Formel der totalen Wahrscheinlichkeit berücksichtigt man die Identität

$$w(A \text{ und } B) = w(A)w(B/A) = w(B)w(A/B)$$

und erhält die *Erkenntnisformel von Th. Bayes* (1702-1761):

$$w(A_k / B) = \frac{w(A_k)\cdot w(B/A_k)}{\sum_{j=1}^{n} w(B/A_j)\cdot w(A_j)}$$

Die Erkenntnisformel gibt also eine Antwort auf Fragen der Art „mit welcher Wahrscheinlichkeit kann die Beobachtung eines Ereignisses B als Hinweis auf eine bestimmte Ursache A_k angesehen werden". Man kann also berechnen, mit welcher Wahrscheinlichkeit man aus dem Ausgang eines Experimentes auf die Gültigkeit einer Hypothese schließen kann. Dies ist die Grundlage wissenschaftlichen Vorgehens: man stellt eine Hypothese auf und testet sie, um deren Gültigkeit zu ermitteln.

Die Alternative zu diesem Vorgehen sind Dogmen. Diese sind zwar unwiderlegbar, lassen aber auch keine logisch und statistisch untermauerte Aussage zu.
Die einzelnen Terme dieser Formel haben folgende anschauliche Bedeutung:

$w(B/A_j)$ Wahrscheinlichkeit dafür, dass aus der Hypothese A_j das Ergebnis B folgt.

$w(A_j)$ Wahrscheinlichkeit dafür, dass die Hypothese A_j gilt. Diese muss im Prinzip a priori vor Durchführung des Experiments als Vorwissen bekannt sein.

$w(B) = \sum_{j=1}^{n} w(B/A_j) \cdot w(A_j)$ Wahrscheinlichkeit dafür, dass eine der bekannten möglichen Hypothesen A_1 bis A_n das Ergebnis B bewirkt hat.

Mit Hilfe der Bayes-Formel lässt sich als Fortsetzung des obigen Beispiels die Wahrscheinlichkeit w(Heidi/♥) dafür ermitteln, dass die Ursache für Hansens Verliebtheit Heidi war, denn es gilt:

w(♥/Heidi)=1/3 Wahrscheinlichkeit dafür, dass aus der Hypothese „Heidi erscheint" das Ergebnis „Hans verliebt sich" folgt.

w(Heidi)=6/15 Wahrscheinlichkeit dafür, dass die Hypothese „Heidi erscheint" gilt.

w(♥)=11/27 Wahrscheinlichkeit dafür, dass sich Hans überhaupt verliebt hat.

Das Ergebnis lautet also:

$$w(\text{Heidi}/\heartsuit) = \frac{(1/3)\cdot(6/15)}{11/27} = 18/55 \approx 0.32727$$

Wenn also Hans nach der ganzen Aktion verliebt ist, so ist er dies mit einer Wahrscheinlichkeit von fast 33% in Heidi.

In einem weiteren Beispiel seien fünf Behälter („Urnen") gegeben, nämlich:

2 vom Typ A_1 mit je 2 weißen und 3 schwarzen Kugeln,
2 vom Typ A_2 mit je 1 weißen und 4 schwarzen Kugeln,
1 vom Typ A_3 mit je 4 weißen und 1 schwarzen Kugeln.

Nun wird blind eine Kugel aus irgend einer Urne gezogen. Das Ereignis B lautet „die Kugel ist weiß". Wie groß ist die Wahrscheinlichkeit $w(A_2/\text{weiß})$ dafür, dass die weiße Kugel aus einer Urne vom Typ A_2 stammt?

Zunächst berechnet man unter Verwendung der Abzählregel folgende a priori-Wahrscheinlichkeiten:

$w(A_1)=2/5$ Es gibt unter den 5 Urnen 2 vom Typ A_1

$w(A_2)=2/5$	Es gibt unter den 5 Urnen 2 vom Typ A_2
$w(A_3)=1/5$	Es gibt unter den 5 Urnen 1 vom Typ A_3
$w(\text{weiß}/A_1)=2/5$	2 der 5 Kugeln in den Urnen vom Typ A_1 sind weiß
$w(\text{weiß}/A_2)=1/5$	1 der 5 Kugeln in den Urnen vom Typ A_2 ist weiß
$w(\text{weiß}/A_3)=4/5$	4 der 5 Kugeln in der Urne vom Typ A_3 sind weiß

Die totale Wahrscheinlichkeit $w(\text{weiß})$ dafür, eine weiße Kugel zu ziehen ist:

$$w(\text{weiß}) = (2/5)(2/5) + (1/5)(2/5) + (4/5)(1/5) = 2/5$$

Damit folgt durch Einsetzen in die Bayes-Formel:

$$w(A_2/\text{weiß}) = \frac{(2/5)\cdot(1/5)}{2/5} = 1/5$$

Ein gewisses Problem in der Anwendung der Bayes-Formel liegt darin, dass die Wahrscheinlichkeiten für die Gültigkeit der Hypothesen a priori bekannt sein müssen. In den obigen Beispielen war dies zwar der Fall; im Allgemeinen kann man jedoch nicht davon ausgehen. Oft verwendet man dann das *Prinzip des unzureichenden Grundes* (*Principle of Indifference*), das nichts anderes besagt, als dass man für Annahmen, deren Gültigkeit nicht bekannt ist, einfach von einer 50%-Wahrscheinlichkeit ausgeht. Eine solche Fifty-Fifty-Schätzung ist natürlich etwas fragwürdig und sollte nur angewendet werden, wenn ein intelligenteres Raten nicht möglich ist. Diese Bezeichnung wurde übrigens um 1920 von dem Nobelpreisträger für Wirtschaftswissenschaften, *J. M. Keynes* geprägt [Key21], früher sprach man oft weniger beschönigend vom *Prinzip des ungenügenden Verstandes*. Da jedoch die Ergebnisse der Anwendung der Bayes-Formel wieder Wahrscheinlichkeiten liefern, die als verbesserte a priori-Wahrscheinlichkeiten für folgende Experimente herangezogen werden können, wird der Einfluss von Fehlern früherer Schätzungen nach und nach eliminiert.

2.4.4 Statistische Kenngrößen

Zur globalen Beschreibung von Daten benutzt man *statistische Kenngrößen* wie Mittelwert, Streuung, Standardabweichung etc.

Der arithmetische *Mittelwert* x einer Menge von n Daten $x_1 \ldots x_n$ ist definiert als:

$$x = \frac{1}{n}\sum_{i=1}^{n} x_i w_i$$

Dabei sind die Koeffizienten w_i Gewichtsfaktoren, für die aus Normierungsgründen noch gefordert wird, dass die Summe über alle w_i genau n ergibt.

Die *Streuung* oder *Varianz* σ^2 ist:

$$\sigma^2 = \frac{1}{n-1}\sum_{i=1}^{n}(x_i - x)^2 w_i$$

Aus der Streuung folgt die *Standardabweichung* σ der Einzeldaten: $\sigma = \sqrt{\sigma^2}$
und die Standardabweichung s des Mittelwerts x: $s = \sigma/n$

Meist gibt man zur Charakterisierung eines Datensatzes $\{x_i\}$ den Mittelwert x mit der zugehörigen Standardabweichung s des Mittelwertes in der Form $x \pm s$ an.

2.4.5 Fakultät und Binomialkoeffizienten

Bei vielen Problemen der Statistik werden bei der Berechnung von relativen Häufigkeiten und Wahrscheinlichkeiten Methoden der mathematischen *Kombinatorik* verwendet. In diesem Zusammenhang sind die *Fakultät* und die *Binomialkoeffizienten* von grundlegender Bedeutung und sollen daher zunächst eingeführt werden.

Als Fakultät von n, mit der Schreibweise $n!$, bezeichnet man das Produkt $1 \cdot 2 \cdot 3 \ldots n$ aus allen Zahlen von 1 bis n. Dabei muss n eine natürliche Zahl $n \in \mathbf{N}_0$ sein. Man definiert:

$n! = 1 \cdot 2 \cdot 3 \ldots\ldots n$ und zusätzlich: $0! = 1$

Die Berechnung der Fakultät ist auf den ersten Blick sehr einfach. Es handelt sich hierbei jedoch um eine extrem schnell wachsende Funktion, so dass auch für kleine Argumente das Ergebnis die in Computern üblicherweise erlaubte größte darstellbare Zahl rasch übersteigen kann. Die Berechnung der Fakultät kann auf einfache Weise *rekursiv* erfolgen:

$n! = n \cdot (n-1)!$

Die *Rekursivität* ist ein in Mathematik und Informatik häufig verwendetes Konzept, bei dem ein Funktionswert $f(n)$ aus einem oder mehreren vorherigen Werten, z.B. $f(n-1)$, berechnet wird. Wichtig ist dabei ein *Abbruchkriterium*. Für die Fakultät ergibt sich das Abbruchkriterium daraus, dass ein Anfangswert nicht rekursiv definiert wird, nämlich $0!=1$. Auf die Rekursion wird an anderer Stelle nochmals ausführlicher zurückgekommen.

Eng verwandt mit der Fakultät sind die *Binomialkoeffizienten* die folgendermaßen definiert sind:

$$\binom{n}{m} = \frac{n!}{m!(n-m)!}$$

Beim Rechnen mit den Binomialkoeffizienten sind folgende Sonderfälle zu beachten, die sich definitionsgemäß aus $0!=1$ ergeben:

$\binom{n}{0} = 1$ und $\binom{n}{1} = n$

Außer für Anwendungen in der Kombinatorik und Statistik sind die Binomialkoeffizienten vor allem in der Algebra von Bedeutung, wobei der Ausgangspunkt der Wunsch ist, einen binomischen Ausdruck der Art $(a + b)^n$ als *Potenzsumme* zu schreiben. für kleine n kann man diese Potenzsummen durch direktes Ausmultiplizieren bestimmen, für große n ist dieses Verfahren jedoch nicht mehr praktikabel. für die bei den Potenzen von a und b stehenden Faktoren, die sich als die Binomialkoeffizienten erweisen, gibt es aber ein einfaches Bildungsgesetz, das man mit Hilfe des *Pascal'schen Dreiecks* gut veranschaulichen kann:

n \ k	0	1	2	3	4
0	1	0	0	0	0	0
1	1	1	0	0	0	0
2	1	2	1	0	0	0
3	1	3 +	3	1	0	0
4	1	4	6	4	1	0
5	1	5	10	10	5	1
.	.	.	.	.	.	.

Offenbar ist jede Zahl im Pascal'schen Dreieck (mit Ausnahme der den Rand bildenden Einsen) gerade gleich der Summe der unmittelbar links und rechts darüber stehenden Zahlen. Die Benutzung des Pascal'schen Dreiecks macht man sich am besten anhand eines Beispiels klar: Die Koeffizienten der zu $(a+b)^5$ gehörenden Potenzreihe stehen in der fünften Zeile des Dreiecks, wobei man die Zählung der Zeilen (und Spalten) mit 0 beginnt. Ordnet man alle Summanden nach fallenden Potenzen von a oder b (was wegen der Symmetrie des Dreiecks äquivalent ist), so liest man die Koeffizienten 1, 5, 10, 10, 5, 1 ab und es folgt:

$$(a + b)^5 = a^5 + 5a^4b + 10a^3b^2 + 10a^2b^3 + 5ab^4 + b^5$$

Mit Hilfe der Binomialkoeffizienten lässt sich der *Binomische Satz* in einfacher Weise schreiben:

$$(a+b)^n = \sum_{k=0}^{n} \binom{n}{k} a^{n-k} b^k$$

Setzt man $a=b=1$, so folgt daraus die Beziehung:

$$2^n = \sum_{k=0}^{n} \binom{n}{k}$$

Das Pascal'schen Dreieck kann man aus einem einfachen Zusammenhang ablesen, der sich sehr gut für die rekursive praktische Berechnung der Binomialkoeffizienten ausnützen lässt:

$$\binom{n}{k} = \binom{n-1}{k-1} + \binom{n-1}{k}$$

2.4.6 Kombinatorik

Die Grundaufgabe der *Kombinatorik* besteht darin, alle Möglichkeiten abzuzählen, aus einer Menge mit n Elementen genau m Elemente auszuwählen. Ein interessantes Beispiel ist das *Zahlenlotto*: Aus den 49 Zahlen von 1 bis 49 werden 6 Zahlen ausgewählt. Die Anzahl der verschiedenen Möglichkeiten, aus 49 Zahlen 6 Zahlen auszuwählen, kann man mit Hilfe der Kombinatorik berechnen. In diesem Abschnitt werden nun die Formeln zum Abzählen der Möglichkeiten angegeben, aus einer Menge von n Elementen genau m Elemente auszuwählen. Dabei wird vorausgesetzt, dass n und m natürliche Zahlen sind.

Im Allgemeinen muss man unterscheiden, ob es bei der Auswahl der Elemente auf die Reihenfolge der Auswahl ankommt oder nicht. Beim Lottospiel etwa ist die Reihenfolge der ausgewählten Zahlen offensichtlich ohne Bedeutung, es kommt nur darauf an welche Zahlen ausgewählt wurden. Weiter muss noch beachtet werden, ob Elemente mehrmals ausgewählt werden dürfen oder nicht. Auch hier ist das Beispiel des Zahlenlottos lehrreich, bei dem jede Zahl nur einmal ausgewählt werden darf.

Demgemäß unterscheidet man folgende Möglichkeiten:

Als *Variationen* $V(m,n)$ bezeichnet man die Anzahl der Möglichkeiten, m Elemente aus einer Menge von n Elementen auszuwählen, wobei die Reihenfolge eine Rolle spielt. Sind Wiederholungen erlaubt, so erhält man:

$$V(m,n) = n^m$$

Sind keine Wiederholungen zugelassen, so folgt:

$$V(m,n) = \frac{n!}{(n-m)!}$$

Für den Sonderfall $n=m$ wird die Variation $V(n,n)$ ohne Wiederholung zur *Permutation* $P(n)$, für welche man unter Berücksichtigung von $(n-n)!=0!=1$ findet:

$$V(n,n) = P(n) = n!$$

Die Anzahl der Möglichkeiten, m Elemente aus einer Menge von n Elementen ohne Beachtung der Reihenfolge auszuwählen, nennt man *Kombinationen* $C(m,n)$. Sind Wiederholungen erlaubt, so gilt:

$$C(m,n) = \binom{n+m-1}{n-1}$$

Sind keine Wiederholungen erlaubt, so folgt:

$$C(m,n) = \binom{n}{m}$$

Nun ein Beispiel zur Verdeutlichung der Unterschiede und Gemeinsamkeiten zwischen Variationen, Permutationen und Kombinationen.

Als Beispiel wird das aus den drei Buchstaben a, b und c bestehende Alphabet A={a,b,c} betrachtet; in den obigen Formeln ist also n=3 einzusetzten. Man berechnet:

a) Permutationen aller drei Elemente: $3! = 6$

abc, acb, bac, bca, cab, cba

b) Variationen von zwei Elementen aus {a,b,c} mit Wiederholungen: $3^2 = 9$

aa, ab, ac, ba, bb, bc, ca, cb, cc

c) Variationen von zwei Elementen aus {a,b,c} ohne Wiederholungen: $3!/(3\text{-}2)! = 6$

ab, ac, ba, bc, ca, cb

d) Kombinationen von 2 Elementen aus {a,b,c} mit Wiederholungen: $\binom{3+2-1}{3-1} = 6$

aa, bb, cc, ab, bc, ca

e) Kombinationen von zwei Elementen aus {a,b,c} ohne Wiederholungen: $\binom{3}{2} = 3$

ab, bc, ca

Die Wahrscheinlichkeit, beim Lottospiel einen Gewinn zu erzielen, lässt sich gut mit Hilfe der Kombinatorik und der relativen Häufigkeit berechnen.

Zunächst soll berechnet werden, wie groß die Wahrscheinlichkeit ist, alle 6 richtigen Zahlen zu tippen.

Mit Hilfe der Kombinatorik lassen sich beispielsweise die Gewinnchancen beim Lottospiel berechnen. Beim Lottospiel werden 6 Elemente ohne Wiederholungen aus einer Menge von 49 Elementen ausgewählt, wobei die Reihenfolge der Auswahl keine Rolle spielt. Es handelt sich also um Kombinationen ohne Wiederholungen. Die Anzahl der Möglichkeiten ist demnach:

$$\binom{49}{6} = 13983816$$

Nach der Abzählregel „Anzahl der günstigen Fälle/Anzahl der möglichen Fälle“ ergibt sich

$$w_6 = 1/13983816$$

Etwas schwieriger ist es, allgemein die Wahrscheinlichkeit für das Tippen von $m \leq k$ richtigen Zahlen aus $k=6$ Gewinnzahlen zu berechnen, die aus einer Menge von $n=49$ Zahlen gezogen wurden. Dazu ist zunächst die Anzahl der günstigen Fälle zu berechnen. Diese ergibt sich als die Anzahl der Möglichkeiten, die m Gewinnzahlen aus den 6 gezogenen Zahlen auszuwählen, multipliziert mit der Anzahl der Möglichkeiten, die k-m getippten Nicht-Gewinnzahlen auf die verbleibenden n-k nicht gezogenen Zahlen zu verteilen. Insgesamt folgt dann z.B. für $m=4$:

$$w_m = \frac{\binom{k}{m}\binom{n-k}{k-m}}{\binom{n}{k}} = \frac{\binom{6}{4}\binom{43}{2}}{\binom{49}{6}} = \frac{15 \cdot 903}{13983816} = \frac{1}{1032} \approx 0.00097$$

Diese auch für viele andere Anwendungen wichtige Funktion trägt den Namen *hypergeometrische Verteilung*. Anwendungen findet man unter anderem in der Statistik bei der Qualitätssicherung von produzierten Teilen durch die Analyse von Stichproben.

Der Bezug zur Informatik wird durch das folgende Beispiel deutlicher.

Gegeben sei das aus den beiden Binärziffern 0 und 1 bestehende Alphabet $A=\{0,1\}$. Wie viele Elemente umfasst der Nachrichtenraum A^3 wenn die Wortlänge auf maximal 3 Zeichen beschränkt wird? Es handelt sich hier offenbar um Variationen mit Wiederholungen aus einem Alphabet mit zwei Elementen. Damit berechnet man, dass A^3 aus insgesamt 14 Worten besteht, nämlich:

$2^1 = 2$ Worte mit Länge 1
$2^2 = 4$ Worte mit Länge 2
$2^3 = 8$ Worte mit Länge 3

Der Nachrichtenraum A^3 enthält also 14 Worte und lautet explizit:

$$A^3 = \{0, 1, 00, 01, 10, 11, 000, 001, 010, 011, 100, 101, 110, 111\}$$

2.5 Information und Wahrscheinlichkeit

2.5.1 Der Informationsgehalt einer Nachricht

Dieses Kapitel gibt eine kurze Einführung in die *Shannon'sche Informationstheorie*, die sich bis ca. 1950 entwickelte [Sha48].

Als *statistischen Informationsgehalt* oder *Entscheidungsinformation* einer Nachricht, d.h. eines Wortes aus dem Nachrichtenraum A^* über einem Alphabet A, bezeichnet man die Mindestanzahl der zur Erkennung (Identifizierung) aller Zeichen der Nachricht nötigen *Elementarentscheidungen*.

In Abgrenzung von dem sehr weit gefassten intuitiven Begriff *„Information"* spricht man in dem hier betrachteten speziellen Fall von der mathematisch fassbaren Entscheidungsinformation, die ihrem Wesen nach statistischen Charakter trägt und insbesondere nicht nach der semantischen *Bedeutung* einer Information oder dem damit verfolgten *Zweck* fragt.

An die mathematische Beschreibung des statistischen Informationsgehalts $I(x)$ eines Zeichens oder Wortes x, das in einer Nachricht mit der *Auftrittswahrscheinlichkeit* $w(x)$ vorkommt, stellt man einige elementare Forderungen:

1. Je seltener ein bestimmtes Zeichen x auftritt, d.h. je kleiner $w(x)$ ist, desto größer soll der *Informationsgehalt* dieses Zeichens sein. $I(x)$ muss demnach zu einer Funktion, die von $1/w(x)$ abhängt, proportional sein und streng monoton wachsen.
2. Die Gesamtinformation einer *Zeichenkette*, z.B. $x_1x_2x_3$ soll sich aus der Summe der Einzelinformationen ergeben, also $I(x_1x_2x_3) = I(x_1) + I(x_2) + I(x_3)$.
3. Für den Informationsgehalt eines mit Sicherheit auftretenden Zeichens x, also für den Fall $w(x)=1$, soll $I(x)=0$ gelten.

Die einfachste Funktion, welche alle diese Forderungen erfüllt, ist die *Logarithmusfunktion*. Für die Abhängigkeit des Informationsgehalts eines Zeichens x von seiner Auftrittswahrscheinlichkeit $w(x)$ definiert man daher:

$$I(x) = \log_b \frac{1}{w(x)}$$

Die Basis b des Logarithmus bestimmt lediglich den *Maßstab*, mit dem man Informationen schließlich messen möchte. Zur Festlegung dieses Maßstabes geht man von dem einfachsten denkbaren Fall einer Nachricht aus, die nur aus einer Folge der beiden Zeichen 0 und 1 besteht, wobei die beiden Zeichen mit der gleichen Wahrscheinlichkeit $w_0=w_1=0.5$ auftreten sollen. Dem Informationsgehalt eines solchen Zeichens wird nun per definitionem der Zahlenwert 1 mit der Maßeinheit *Bit* zugeordnet. Daraus ergibt sich $\log_b(1/0.5)=\log_b(2)=1$ und folglich durch Auflösung dieser Gleichung nach b die Basis b=2. Man erhält also schließlich für den statistischen Informationsgehalt eines mit Wahrscheinlichkeit $w(x)$ auftretenden Zeichens x den Zweierlogarithmus aus der reziproken Auftrittswahrscheinlichkeit:

$$I(x) = \mathrm{ld}\frac{1}{w(x)} \quad [\mathrm{Bit}]$$

Man kann die Basis b, die auch als *Entscheidungsgrad* bezeichnet wird, als die Anzahl der Zustände interpretieren, die in der Nachrichtenquelle angenommen werden können. Im Falle von b=2 sind das nur zwei Zustände, die man ohne Beschränkung der Allgemeinheit mit 0 und 1 bezeichnen kann. In dieser computergemäßen *binären Darstellung* gibt der Informationsgehalt einer Nachricht die Anzahl der als *Elementarentscheidungen* bezeichneten Alternativentscheidungen an, die nötig sind, um eine Nachricht Zeichen für Zeichen eindeutig identifizieren zu können.

Die binäre Darstellung von Nachrichten verdeutlicht auch, dass die Maßeinheit Bit eine sinnvolle Wahl ist, denn der (auf die nächstgrößere ganze Zahl gerundete) Informationsgehalt eines Zeichens ist gerade die Anzahl der Stellen des Binärwortes, das man für eine eindeutige binäre Darstellung des Zeichens verwenden muss.

Empfängt man eine Nachricht in Form eines Binärworts, so ist für jedes der empfangenen Zeichen nacheinander die Elementarentscheidung zu treffen, ob es sich um das Zeichen 0 oder das Zeichen 1 handelt. Die Anzahl der Entscheidungen, also der Informationsgehalt der Nachricht, ist hier notwendigerweise mit der Anzahl der binären Stellen der Nachricht identisch. Einen derartigen Entscheidungsprozess kann man in Form eines *Binärbaumes* veranschaulichen. Lautet die Nachricht beispielsweise 1011, so hat der zugehörige Binärbaum die in Abbildung 2.6 dargestellte Form.

Die Definition und insbesondere der verwendete Maßstab „Bit" für den statistischen Informationsgehalt sind also insofern den Erfordernissen der Datenverarbeitung angepasst, als die Wortlänge und der Informationsgehalt von Binärworten identisch sind, wenn die Auftrittswahrscheinlichkeiten der Zeichen 0 und 1 beide den Wert 0.5 haben.

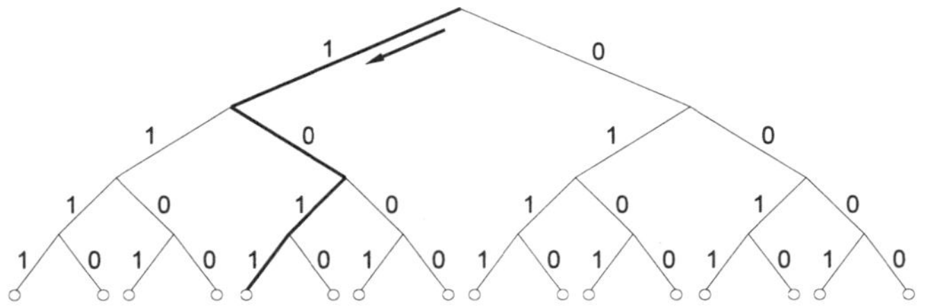

Abbildung 2.6: Entscheidungsbaum für ein vierstelliges Binärwort. Der Entscheidungspfad zur Identifikation des Wortes 1011 ist markiert. Der Pfeil gibt die Leserichtung von der Wurzel in Richtung zu den Endknoten des Baumes an.

Die Berechnung des Informationsgehaltes lässt sich ohne weiteres auf nicht-binäre Nachrichten, etwa ein Alphabet, übertragen:

In einem deutschsprachigen Text tritt der Buchstabe b mit der Wahrscheinlichkeit 0.016 auf. Wie groß ist der Informationsgehalt dieses Zeichens?

Die Lösung dafür lautet:

$$I(b) = ld(\frac{1}{0.016}) = \frac{\log(\frac{1}{0.016})}{\log(2)} \approx \frac{1.79588}{0.30103} \approx 5.97[\text{Bit}]$$

Für die tatsächliche binäre Codierung müsste man also - notwendigerweise aufgerundet auf die nächstgrößere natürliche Zahl - die Stellenzahl 6 wählen.

Für die praktische Berechnung des Zweierlogarithmus, der ja auf Taschenrechnern meist nicht implementiert ist, benützt man die folgende Gleichung, welche einen Logarithmus zu einer beliebigen Basis durch den Zehnerlogarithmus ausdrückt:

$$\log_b(x) = \frac{\log_{10}(x)}{\log_{10}(b)} \quad \text{also} \quad \log_2(x) = ld(x) = \frac{\log_{10}(x)}{\log_{10}(2)} \qquad \text{mit} \quad \log_{10}(2) = \log(2) = 0.30103$$

Für $\log_{10}(x)$ schreibt man üblicherweise einfach $\log(x)$ und für $\log_2(x)$ einfach $ld(x)$. In der Mathematik wird sehr häufig der *natürliche Logarithmus* zur Basis $e \approx 2.71828...$ verwendet. Statt $\log_e(x)$ schreibt man dafür $\ln(x)$.

2.5.2 Die Entropie einer Nachricht

Eine Nachricht setzt sich im Allgemeinen aus Zeichen bzw. aus zu Worten verbundenen Zeichen zusammen, die einen unterschiedlichen Informationsgehalt tragen, da sie mit unterschiedlicher Häufigkeit auftreten. Man führt daher den Begriff des *mittleren Informationsgehalts* oder der *Entropie* H einer Nachricht ein, die aus den Zeichen $x_1, x_2, \ldots x_n$ eines Alphabets A besteht. Die Entropie ist durch den Mittelwert der mit den Auftrittswahrscheinlichkeiten gewichteten Informationsgehalte der Zeichen gegeben:

$$H = \sum_{i=1}^{n} w(x_i) ld \frac{1}{w(x_i)} = \sum_{i=1}^{n} w(x_i) I(x_i)$$

Die Bezeichnung Entropie wurde wegen der formalen und in gewisser Weise auch inhaltlichen Ähnlichkeit mit einem physikalischen Gesetz der Thermodynamik gewählt, die im Grunde ebenfalls eine Theorie mit statistischem Charakter ist.

Man kann nun fragen, für welche Auftrittswahrscheinlichkeiten $w(x_i)$ der mittlere Informationsgehalt H einer aus den Zeichen x_i bestehenden Nachricht maximal wird. Man findet durch Ableiten der Entropieformel nach w und Nullsetzen des Ergebnisses, dass dies dann der Fall ist, wenn alle Auftrittswahrscheinlichkeiten $w(x_i)$ gleich sind.

Die Rechnung läuft für ein aus nur zwei Zeichen bestehendes Alphabet $A = \{x_1, x_2\}$ mit den Auftrittswahrscheinlichkeiten $w(x_1)=w_1$ und $w(x_2)=w_2=1- w_1$ folgendermaßen:

Für die Entropie erhält man:

$$H = \sum_{i=1}^{2} w_i \,\mathrm{ld}\frac{1}{w_i} = w_1 \,\mathrm{ld}\frac{1}{w_1} + (1-w_1)\,\mathrm{ld}\frac{1}{1-w_1} = -w_1 \,\mathrm{ld}(w_1) - (1-w_1)\,\mathrm{ld}(1-w_1)$$

Differentiation und Nullsetzen des Ergebnisses liefert nach der aus der Differentialrechnung bekannten Methode der Extremwertberechnung eine Bestimmungsgleichung für die Extremwerte:

$$\frac{dH}{dw_1} = 0 \;\Rightarrow\; \frac{dH}{dw_1} = -\,\mathrm{ld}(w_1) - \frac{w_1}{w_1 \ln 2} + \mathrm{ld}(1-w_1) + \frac{1-w_1}{(1-w_1)\ln 2} = -\,\mathrm{ld}(w_1) + \mathrm{ld}(1-w_1) = 0$$

$$\Rightarrow\; w_1 = 1 - w_1 \;\Rightarrow\; w_1 = w_2 = 0.5$$

Nochmaliges Ableiten ergibt ein negatives Ergebnis, woraus folgt, dass es sich bei dem gefundenen Extremwert tatsächlich um ein Maximum handelt. Der höchste Informationsgehalt ergibt sich demnach, wenn alle Zeichen mit der gleichen Wahrscheinlichkeit auftreten.

Der Begriff Entropie lässt sich auch so interpretieren, dass bei einem Vergleich zweier Nachrichtenquellen für diejenige mit der kleineren Entropie das Auftreten eines bestimmten Zeichens mit größerer Sicherheit vorhersagbar ist. Um diesen Sachverhalt auszudrücken, führt man den Begriff *Ungewissheit* (*Surprisal*) ein. Je höher die Entropie einer Nachrichtenquelle ist, umso höher ist ihre Ungewissheit.

Als Beispiel dafür werden zwei Alphabete A_1 und A_2 betrachtet:

$A_1 = \{a, b, c, d\}$ mit den Auftrittswahrscheinlichkeiten

$w(a)=11/16, \quad w(b)=w(c)=1/8, \quad w(d)=1/16$

und $A_2 = \{+, -, *\}$ mit den Auftrittswahrscheinlichkeiten

$w(+)=1/6, \quad w(-)=1/2, \quad w(*)=1/3$

Für die zugehörigen Entropien berechnet man:

$$H_1 = \frac{11}{16}\cdot \mathrm{ld}\frac{16}{11} + \frac{1}{8}\cdot \mathrm{ld}8 + \frac{1}{8}\cdot \mathrm{ld}8 + \frac{1}{16}\cdot \mathrm{ld}16 \approx 1.327 \;\; [\mathrm{Bit/Zeichen}]$$

$$H_2 = \frac{1}{6}\cdot \mathrm{ld}6 + \frac{1}{2}\cdot \mathrm{ld}2 + \frac{1}{3}\cdot \mathrm{ld}3 \approx 1.460 \;\; [\mathrm{Bit/Zeichen}]$$

In diesem Falle ist die Ungewissheit für A_2 größer als für A_1, da H_2 größer ist als H_1. Anschaulich bedeutet dies, dass man bei einer Nachrichtenquelle, die Zeichen aus A_1 sendet, mit höherer Treffsicherheit vorhersagen kann, welches Zeichen als Nächstes gesendet wird, als dies bei einer Nachrichtenquelle der Fall wäre, die Zeichen aus A_2 sendet.

Bei der Einführung der Entropie war vorausgesetzt worden, dass das Auftreten von Zeichen statistisch voneinander unabhängig erfolgt. Mit anderen Worten, die Wahrscheinlichkeit für das Auftreten eines bestimmten Zeichens soll *statistisch unabhängig* davon sein, welches Zeichen unmittelbar vorher aufgetreten war. Diese Bedingung ist jedoch häufig nicht erfüllt. In der deutschen Sprache ist beispielsweise die Wahrscheinlichkeit dafür, dass das Zeichen „n" auftritt etwa 10 mal höher, wenn unmittelbar zuvor das Zeichen „u" aufgetreten war, als wenn unmittelbar zuvor das Zeichen „t" aufgetreten war. Die Kombination „un" kommt im Deutschen also 10 mal häufiger vor als die Kombination „tn". Man sagt dann, diese Zeichen sind miteinander *korreliert*. Die Berechnung der Entropie unter Berücksichtigung von Korrelationen ist etwas aufwendiger, für Details wird auf weiterführende Literatur verwiesen.

Die beiden folgenden Tabellen geben einen Eindruck von der Häufigkeitsverteilung der Buchstaben in deutschen Texten.

Tabelle 2.2: Wahrscheinlichkeiten für das Auftreten von Buchstaben in einem typischen deutschen Text. Zwischen Groß- und Kleinbuchstaben wird dabei nicht unterschieden.

Buchstabe	w_i	Buchstabe	w_i
Andere Zeichen	0.1515	o	0.0177
e	0.1470	b	0.0160
n	0.0884	z	0.0142
r	0.0686	w	0.0142
i	0.0638	f	0.0136
s	0.0539	k	0.0096
t	0.0473	v	0.0074
d	0.0439	ü	0.0058
h	0.0436	p	0.0050
a	0.0433	ä	0.0049
u	0.0319	ö	0.0025
l	0.0293	j	0.0016
c	0.0267	y	0.0002
g	0.0267	q	0.0001
m	0.0213	x	0.0001

Tabelle 2.3: Auftrittswahrscheinlichkeiten für die 20 häufigsten Kombinationen von zwei Buchstaben in einem typischen deutschen Text. Zwischen Groß- und Kleinbuchstaben wird nicht unterschieden.

Gruppe	w_i	Gruppe	w_i
en	0.0447	un	0.0173
er	0.0340	ge	0.0168
ch	0.0280	st	0.0124
nd	0.0258	ic	0.0119
ei	0.0226	he	0.0117
de	0.0214	ne	0.0117
in	0.0204	se	0.0117
es	0.0181	ng	0.0107
te	0.0178	re	0.0107
ie	0.0176	au	0.0104

2.5.3 Zusammenhang mit der physikalischen Entropie

Wie schon erwähnt, wurde die Bezeichnung „Entropie“ für den mittleren Informationsgehalt nicht zufällig gewählt, sondern wegen der formalen und bis zu einem gewissen Grade auch inhaltlichen Verwandtschaft mit der aus der *Thermodynamik*, also der statistischen *Wärmelehre*, bekannten *physikalischen Entropie*.

Interessant ist in diesem Zusammenhang ein Gedankenexperiment, das der Physiker *J. C. Maxwell* 1871 veröffentlicht hat. Danach könnte ein mikroskopisch kleines, intelligentes Wesen („*Maxwells Dämon*“) den *zweiten Hauptsatz der Thermodynamik* auf molekularer Ebene eventuell umgehen. Vereinfacht ausgedrückt verbietet es der zweite Hauptsatz, dass Wärme von einem kühleren zu einem wärmeren Reservoir fließt, ohne dass dabei äußere Arbeit geleistet, also Energie zugeführt wird. Dies bedeutet unter anderem die Unmöglichkeit eines *Perpetuum Mobiles* zweiter Art. Ein solches wäre beispielsweise ein Schiff, das seine Antriebsenergie allein durch Abkühlung des ihn umgebenden Ozeans gewinnt. Maxwell stellte sich zwei gasgefüllte, miteinander durch ein Ventil verbundene Gefäße vor, die zunächst beide dieselbe Temperatur haben. Da sich die Temperatur eines Gases durch die statistische Bewegung der Gasmoleküle beschreiben lässt, könnte der Dämon nun das Ventil bedienen und Moleküle, deren Geschwindigkeit die mittlere Geschwindigkeit übersteigt, vom linken Gefäß in das rechte wechseln lassen. Es schien, als könne dies durch eine sinnreiche Konstruktion ohne Energieaufwand (also unter Verletzung des zweiten Hauptsatzes) erreicht werden; das wärmere Gefäß würde sich also „von selbst“ allein durch Abkühlung des kälteren Gefäßes weiter erhitzen. Der Dämon muss dazu nicht wirklich intelligent sein, sondern lediglich ein Automat, der dazu in der Lage ist, eine Messung durchzuführen, die dadurch gewonnene binäre Information für kurze Zeit zu speichern und eine einfache mechanische Verrichtungen (z.B. das Öffnen eines Ventils) vorzunehmen. Der Physiker *Leo Szilard* löste 1929 das Rätsel, indem er zeigte, dass durch den Messprozess und die Speicherung des resultierenden ja/nein-Ergebnisses ein Mindestbetrag an (physikalischer) Entropie S_{min} produziert wird, der mindestens so groß ist wie die dem Wärmebad entzogene Entropie [Szi29]. Dafür berechnet Szilard den Wert

$$S_{min}=k\cdot\ln(2)$$

wobei k die in der Thermodynamik wichtige *Boltzmann-Konstante* ist. Man kann daher Szilard mit gewissem Recht als einen der Entdecker der Informationseinheit „Bit“ betrachten, auch wenn diese Bezeichnung erst später eingeführt wurde. Der minimalen Informationseinheit eines Ja/Nein-Messergebnisses entspricht also eine minimale physikalische Entropie, ohne dass diese beiden Größen allerdings indentisch wären. Hier wurde erstmals ein Zusammenhang zwischen physikalischer Entropie und Informations-Entropie hergestellt, noch lange bevor die Informationstheorie entstand.

Spätere Untersuchungen zeigten, dass der kritische Moment nicht etwa das Messen oder Speichern von Information ist, sondern das Löschen (oder auch Überschreiben). Erst Jahrzehnte nach Szilards Überlegungen gelang es *Ch. Bennet* [Ben82], den mit dem Löschen von Information verbundenen Mindestbetrag an physikalischer Entropie und den dafür nötigen minimalen Energieaufwand zu bestimmen.

Auf den Punkt gebracht kann man sagen, dass bei der üblichen Art der Informationsverarbeitung nicht nur keinerlei Information erzeugt wird, sondern dass vielmehr Information vernichtet wird. Dies wird bereits an einem einfachen Beispiel klar: Erscheint am Ausgang eines OR-Gatters das Ergebnis „1", so kann daran nicht mehr unterschieden werden, welche der drei Möglichkeiten (0,1), (1,0) oder (1,1) an den beiden Eingängen des Gatters vorgelegen hatte. Es ging also tatsächlich Information verloren. Es wäre nun nahe liegend, in einem Computer bzw. einer Turing-Maschine (siehe Kapitel 8.2) nur Schaltkreise einzusetzen, bei denen keine Information gelöscht wird. Diese hypothetischen, so genannten *Fredkin-Gatter* [Fred82] würden im Prinzip den Aufbau einer Turing-Maschine zur reversiblen Informationsverarbeitung ermöglichen. Eine solche Maschine könnte also ohne Energieaufwand und ohne Erhöhung der physikalischen Entropie Informationen verarbeiten; auch wäre zu jedem Zeitpunkt die gesamte Information in Form interner Zustände vorhanden.

Dem Prinzip einer reversiblen Turing-Maschine kommt die aus der Biochemie bekannte *Brown'sche Turing-Maschine* sehr nahe. Es handelt sich dabei um einen bei der Weitergabe von Erbanlagen während der Zellteilung wichtigen Prozess, bei dem Kopien von DNA-Segmenten der in den Chromosomen der Zelle enthaltenen Gene hergestellt werden. Der Kopiervorgang ist quasi-reversibel: nahe am chemischen Gleichgewicht erfolgen fast ebensoviele Kopiervorgänge in der umgekehrten Richtung wie in Vorwärtsrichtung. Der Motor dieses Kopiervorgangs ist die thermische Brown'sche Bewegung der umgebenden Moleküle, unterstützt durch eine schwach antreibende Kraft, die eine Vorzugsrichtung definiert. Diese Kraft und damit die nötige Energie kann prinzipiell beliebig reduziert werden, die Ausführungszeiten werden dann aber immer länger und streben bei verschwindender Kraft gegen Unendlich.

Da Information also weder Energie noch Materie ist, kann man sich darunter vielleicht am ehesten eine immaterielle Qualität vorstellen [Sto90], etwa in Analogie zu abstrakten physikalischen Größen wie Ladung, Spin etc. Es stellt sich aber die Frage, inwieweit Information unabhängig von einem Beobachter ist. Es leuchtet ein, dass ein DNA-Kristall viel mehr Information enthält als etwa ein Salzkristall, und zwar unabhängig davon, ob die DNA nun entziffert ist oder nicht. Es scheint jedoch so zu sein, dass thermodynamische Aspekte wie Energieverbrauch und Entropieerhöhung erst ins Spiel kommen, wenn - vielleich in Analogie zu einem quantenmechanischen Messprozess - ein Beobachter aktiv Informationen im weitesten Sinne verarbeitet.

Man kann zusammenfassen:

- Die Gewinnung, Verarbeitung und Übertragung von Information kann nur in Systemen mit mindestens zwei verschiedenen physikalischen Zuständen erfolgen.
- Informationssysteme können nur arbeiten, wenn ihr thermodynamischer Zustand um eine Mindestdistanz vom thermodynamischen Gleichgewicht entfernt ist.
- Das Gewinnen oder Löschen eines Informationsbetrags ist immer mit der Erzeugung physikalischer Entropie verbunden. Die informationstheoretische Entropie ist jedoch nicht mit der physikalischen Entropie identisch.

2.6 Wortlänge und Redundanz

2.6.1 Definition des Begriffs Codierung

Wesentlich bei der Speicherung und Übertragung von Nachrichten ist eine dem Problem angepasste Darstellung der Nachricht. Gegeben seien ein Nachrichtenraum A^* über einem Alphabet $A=\{a_1,a_2,...a_n\}$ und ein Nachrichtenraum B^* über einem Alphabet $B=\{b_1,b_2,...b_m\}$. Eine umkehrbar eindeutige Abbildung von A^* in B^* (es braucht also nicht die gesamte Menge B^* erfasst zu werden) heißt *Codierung* C [Ber74], [Ham87], [Jun95]. Es ist zu beachten, dass $C \subseteq B^*$ gilt, dass also C eine Teilmenge von B^* ist. In Abbildung 2.7 ist diese Beziehung skizziert.

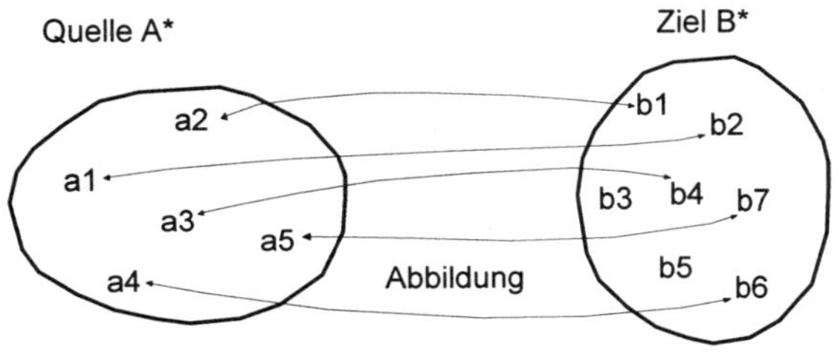

Abbildung 2.7: Beispiel einer Codierung, d.h. einer umkehrbar eindeutigen Abbildung von A^* in B^*. Es wird also jedem Element von A^* umkehrbar eindeutig genau ein Element von B^* zugeordnet. Dabei müssen jedoch nicht alle Elemente von B^* erfasst werden.

Die Codierung heißt *Binärcodierung*, wenn es sich bei der Zielmenge um den Nachrichtenraum B^* über dem Alphabet $\{0, 1\}$ handelt. Aus technischen Gründen verwendet man in der Datentechnik fast ausschließlich die Binärcodierung.

Die Codierung betrifft Zeichenfolgen bzw. Wörter, aber auch Einzelzeichen. Dabei ist der Unterschied zwischen Wörtern und Zeichen fließend, da man Wörter auf einer höheren Ebene auch als Zeichen auffassen kann. Wenn die Zielmenge nur Einzelzeichen umfasst, spricht man bisweilen auch von einer *Chiffrierung*.

Die Übertragung einer Nachricht kann man unter Einbeziehung der Codierung und des dazu inversen Vorgangs der *Decodierung* folgendermaßen schematisch darstellen:

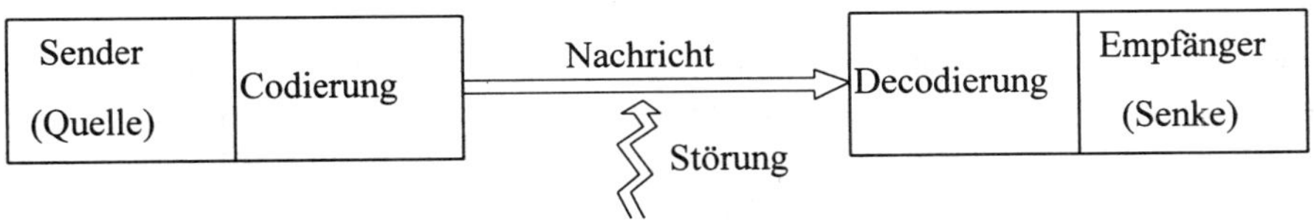

Abbildung 2.8: Schematische Darstellung der Codierung und Übertragung einer Nachricht.

Von einer guten Codierung wird man vor allen Dingen erwarten, dass sie die Darstellung zu sendender Daten mit möglichst wenigen Zeichen erlaubt und dass sie möglichst unempfindlich gegen Störungen ist. Außerdem sollte der Code in einer DV-Anlage leicht zu verarbeiten sein.

2.6.2 Die mittlere Wortlänge

Ein wesentliches Charakteristikum eines Codes ist seine *mittlere Wortlänge* L, die definiert ist durch

$$L = \sum_{i=1}^{n} w_i l_i$$

wobei l_i die Wortlänge des i-ten Zeichens bzw. Wortes im Zielcode ist und w_i die zugehörige Auftrittswahrscheinlichkeit. Die Summe läuft über alle n codierten Zeichen.

Es wurde bereits gezeigt, dass die Entropie H maximal ist, wenn alle Zeichen mit gleicher Häufigkeit auftreten. Daraus folgt die als *Shannon'sches Codierungstheorem* bekannte Beziehung:

$$H \leq L$$

wobei das Gleichheitszeichen genau dann gilt, wenn alle Wahrscheinlichkeiten w_i gleich sind. H ist demnach die untere Grenze der bei einer im Sinne der Wortlängenreduktion optimalen Codierung erzielbaren mittleren Wortlänge.

Man kann immer eine Codierung finden, so dass L-H beliebig klein wird, wenn man sich nicht auf die Codierung von einzelnen Zeichen beschränkt, sondern Gruppen von Zeichen zusammenfasst, die möglichst übereinstimmende Auftrittswahrscheinlichkeiten haben. Im Allgemeinen wird jedoch $L>H$ sein.

2.6.3 Die Code-Redundanz

Die *Code-Redundanz* ergibt sich damit als Differenz aus L und H:

$$R = L - H$$

Die Redundanz wird in Bit/Zeichen gemessen. Sie gibt an, wie groß der Anteil einer Nachricht ist, der im statistischen Sinne keine Information trägt.

Im Sinne einer schnellen Nachrichtenübertragung und platzsparenden Speicherung, auf die es hier ankommt, sind natürlich Codes mit einer geringen Redundanz wünschenswert. Andererseits kann die Redundanz auch zur Erhöhung der Störsicherheit beitragen, da auf Grund der Redundanz aus einer gestörten Nachricht innerhalb gewisser Grenzen die ungestörte Nachricht rekonstruierbar ist.

Es ist zu erwarten, dass sich die mittlere Wortlänge L eines Codes verringern lässt, wenn man an Stelle von *Block-Codes*, bei denen alle codierten Zeichen eine *konstante Wortlänge* aufweisen, eine Codierung mit *variabler Wortlänge* verwendet, wobei häufig auftretende Zeichen einen kurzen und selten auftretende Zeichen einen langen Code erhalten. Ein Beispiel dafür ist der *Morse-Code* (siehe Tabelle 1.1), der als erster technischer Code mit variabler Zeichenlänge gilt und früher zur Übertragung telegraphischer Botschaften verwendet wurde. Allerdings handelt es sich hier eigentlich nicht um einen Binärcode im strengen Sinne, da neben den beiden Zeichen Punkt (.) und Strich (-) noch die Pause als drittes Zeichen hinzukommt.

Codes mit variabler Wortlänge haben aber auch Nachteile technischer Art, beispielsweise bei Speicherung und Zugriff oder bei byte-weiser paralleler Übertragung.

2.6.4 Beispiele für Codes

Für die Codierung von Zahlen verwendet man in der Regel die hexadezimale bzw. binäre oder - vor allem im kaufmännischen Bereich - die *BCD-Codierung* (von *Binary Coded Decimal*). Für finanzmathematische Anwendungen wird oft mit BCD-Ziffern im Dezimalsystem gerechnet, damit auch bei sehr großen Zahlen stellengenaue Ergebnisse garantiert werden können. In der folgenden Tabelle sind diese verschiedenen Möglichkeiten sowie zusätzlich noch der *Stibitz-Code* zur Codierung von Zahlen dargestellt.

Tabelle 2.4: Dezimale, hexadezimale, direkt binäre, BCD- und Stibitz-Codierung der Zahlen von 1 bis 15. BCD- und Stibitz-Code sind vor allem für kaufmännische Berechnungen im Dezimalsystem nützlich. Der Stibitz-Code unterscheidet sich vom direkten Binär-Code dadurch, dass zu jedem Code-Wort binär 3 addiert wurde (*3-Exzess-Code*); dies erleichtert die Bildung des für die Arithmetik im Dezimalsystem wichtigen Neuner-Komplements.

Dez.	Hex.	Binär	BCD	Stibitz	Dez.	Hex.	Binär	BCD	Stibitz
0	0	0000	0000 0000	0000 0011	8	8	1000	0000 1000	0000 1011
1	1	0001	0000 0001	0000 0100	9	9	1001	0000 1001	0000 1100
2	2	0010	0000 0010	0000 0101	10	A	1010	0001 0000	0100 0000
3	3	0011	0000 0011	0000 0110	11	B	1011	0001 0001	0100 0000
4	4	0100	0000 0100	0000 0111	12	C	1100	0001 0010	0100 0000
5	5	0101	0000 0101	0000 1000	13	D	1101	0001 0011	0100 0000
6	6	0110	0000 0110	0000 1001	14	E	1110	0001 0100	0100 0000
7	7	0111	0000 0111	0000 1010	15	F	1111	0001 0101	0100 0000

Beim BCD- und beim Stibitz-Code werden für jede Ziffer vier binäre Stellen verwendet. Nach diesem Schema konstruierte Codes werden als *Tetraden-Codes* bezeichnet (von griech. tetra=vier). Da es 16 verschiedene Code-Wörter mit Wortlänge 4 gibt, aber für die Codierung der Ziffern von 0 bis 9 im BCD- und Stibitz-Code nur 10 Wörter benötigt werden, existieren offenbar 6 Vier-Bit-Wörter, denen keine Ziffer entspricht. Man bezeichnet diese Wörter als *Pseudo-Tetraden*.

Für die Codierung von Buchstaben, Ziffern, Satzzeichen und Sonderzeichen wird als internationaler Standard der in Tabelle 2.5 aufgelistete *ASCII-Zeichensatz* (*American Standard Code for Information Interchange*) verwendet.

Tabelle 2.5: Der ASCII-Zeichensatz (7-Bit)

Binär	Hex.	Dez.	Zeichen	Binär	Hex.	Dez.	Zeichen	Binär	Hex.	Dez.	Zeichen
000 0000	00	0	NUL	011 0000	30	48	0	110 0000	60	96	'
000 0001	01	1	SOH	011 0001	31	49	1	110 0001	61	97	a
000 0010	02	2	STX	011 0010	32	50	2	110 0010	62	98	b
000 0011	03	3	ETX	011 0011	33	51	3	110 0011	63	99	c
000 0100	04	4	EOT	011 0100	34	52	4	110 0100	64	100	d
000 0101	05	5	ENQ	011 0101	35	53	5	110 0101	65	101	e
000 0110	06	6	ACK	011 0110	36	54	6	110 0110	66	102	f
000 0111	07	7	BEL	011 0111	37	55	7	110 0111	67	103	g
000 1000	08	8	BS	011 1000	38	56	8	110 1000	68	104	h
000 1001	09	9	HT	011 1001	39	57	9	110 1001	69	105	i
000 1010	0A	10	LF	011 1010	3A	58	:	110 1010	6A	106	j
000 1011	0B	11	VT	011 1011	3B	59	;	110 1011	6B	107	k
000 1100	0C	12	FF	011 1100	3C	60	>	110 1100	6C	108	l
000 1101	0D	13	CR	011 1101	3D	61	=	110 1101	6D	109	m
000 1110	0E	14	SO	011 1110	3E	62	<	110 1110	6E	110	n
000 1111	0F	15	SI	011 1111	3F	63	?	110 1111	6F	111	o
001 0000	10	16	DLE	100 0000	40	64	@ §	111 0000	70	112	p
001 0001	11	17	DC1	100 0001	41	65	A	111 0001	71	113	q
001 0010	12	18	DC2	100 0010	42	66	B	111 0010	72	114	r
001 0011	13	19	DC3	100 0011	43	67	C	111 0011	73	115	s
001 0100	14	20	STOP	100 0100	44	68	D	111 0100	74	116	t
001 0101	15	21	NAK	100 0101	45	69	E	111 0101	75	117	u
001 0110	16	22	SYN	100 0110	46	70	F	111 0110	76	118	v
001 0111	17	23	ETB	100 0111	47	71	G	111 0111	77	119	w
001 1000	18	24	CAN	100 1000	48	72	H	111 1000	78	120	x
001 1001	19	25	EM	100 1001	49	73	I	111 1001	79	121	y
001 1010	1A	26	SS	100 1010	4A	74	J	111 1010	7A	122	z
001 1011	1B	27	ESC	100 1011	4B	75	K	111 1011	7B	123	{ ä
001 1100	1C	28	FS	100 1100	4C	76	L	111 1100	7C	124	| ö
001 1101	1D	29	GS	100 1101	4D	77	M	111 1101	7D	125	} ü
001 1110	1E	30	RS	100 1110	4E	78	N	111 1110	7E	126	° ß
001 1111	1F	31	US	100 1111	4F	79	O	111 1111	7F	127	DEL
010 0000	20	32	BLANK	101 0000	50	80	P				
010 0001	21	33	!	101 0001	51	81	Q				
010 0010	22	34	"	101 0010	52	82	R				
010 0011	23	35	#	101 0011	53	83	S				
010 0100	24	36	$	101 0100	54	84	T				
010 0101	25	37	%	101 0101	55	85	U				
010 0110	26	38	&	101 0110	56	86	V				
010 0111	27	39	'	101 0111	57	87	W				
010 1000	28	40	(	101 1000	58	88	X				
010 1001	29	41	)	101 1001	59	89	Y				
010 1010	2A	42	*	101 1010	5A	90	Z				
010 1011	2B	43	+	101 1011	5B	91	[Ä				
010 1100	2C	44	,	101 1100	5C	92	\ Ö				
010 1101	2D	45	-	101 1101	5D	93	] Ü				
010 1110	2E	46	.	101 1110	5E	94	~				
010 1111	2F	47	/	101 1111	5F	95	_				

Die Zeichen 0 bis 32 des ASCII-Codes sind Sonderzeichen; sie dienen der Formatierung von Text und zu technischen Zwecken bei der Übertragung. Die wichtigsten Sonderzeichen sind *Zeilenvorschub* (*line feed*, LF), *Wagenrücklauf* (*carriage return*, CR), *Seitenvorschub* (*form feed*, FF), *Rückwärtsschritt* (*backspace*, BS), *horizontaler* und *vertikaler Tabulator* (HT und VT), *Eingabe löschen* (*escape*, ESC) und *Leerzeichen* (BLANK). Viele dieser Sonderzeichen sind noch an den früher üblichen elektromechanischen Fernschreibgeräten (*Teletype*) orientiert. Auf Tastaturen kann der Code der Sonderzeichen in der Regel durch gleichzeitiges Drücken der Tasten Control und A (entspricht Sonderzeichen 0) bis Control und Z (entspricht Sonderzeichen 26) erzeugt werden. Für praktische Anwendungen ist es oft sehr nützlich, dass sich der Code der Großbuchstaben von dem der Kleinbuchstaben nur durch Bit 6 unterscheidet. Eine weitere Besonderheit des ASCII-Codes ist, dass man den Wert der Ziffern 0 bis 9 aus dem zugehörigen Code erhält, wenn man nur die vier niederwertigen Bits betrachtet. Da der ASCII-Code zunächst nur die in den USA gebräuchlichen Zeichen unterstützte, war es nötig, Anpassungen an andere nationale Zeichensätze vorzunehmen, was zu Doppelbelegungen einiger Code-Worte führte. In Tabelle 2.5 ist der ASCII-Code aufgelistet, wobei neben dem US-Zeichensatz auch die deutsche Alternativen für die Umlaute und für den speziellen deutschen Buchstaben "ß" mit angegeben ist.

An sich ist der ASCII-Code ein 7-Bit-Code. Ein achtes Bit wird üblicherweise als MSB angefügt und zur Umschaltung von Zeichensätzen sowie zur Darstellung von Sonderzeichen und Symbolen verwendet.

2.7 Code-Erzeugung

2.7.1 Code-Bäume

Die einfachste Möglichkeit, aus einem gegebenen Alphabet von Zeichen mit bekannter Auftrittswahrscheinlichkeit einen Code mit variabler Wortlänge zu erzeugen, ist die Bestimmung der Wortlänge aus den ganzzahlig aufgerundeten Informationsgehalten.

Als einführendes Beispiel soll eine Auswahl von 6 Buchstaben des lateinischen Alphabets, nämlich c,v,w,u,r,z, mit möglichst geringer Redundanz binär codiert werden. Die Auftrittswahrscheinlichkeiten für die Buchstaben dieses Alphabets {c, v, w, u, r, z} entnimmt man der Tabelle 2.2. Da man nur dieses verkürzte Alphabet betrachtet, müssen die Auftrittswahrscheinlichkeiten $w(x_i)$ noch so normiert werden, dass ihre Summe 1 ergibt. Man erhält:

Tabelle 2.6 Beispiel zur Codierung einer Auswahl von fünf Buchstaben des Alphabets.

x_i	$w(x_i)$	$I(x_i)$	$l(x_i)$	Code (beispielsweise)
c	0.1643	2.606	3	001
v	0.0455	4.458	5	10111
w	0.0874	3.516	4	0001
u	0.1963	2.349	3	011
r	0.4191	1.255	2	11
z	0.0874	3.516	4	0000

Für die Entropie dieser Nachrichtenquelle berechnet man:

$$\begin{aligned} H &= w(c)\cdot I(c) + w(v)\cdot I(v) + w(w)\cdot I(w) + w(u)\cdot I(u) + w(r)\cdot I(r) + w(z)\cdot I(z) \\ &\approx 0.4282 + 0.2028 + 0.3073 + 0.4611 + 0.5260 + 0.3073 \\ &= 2.2327 \text{ [Bit/Zeichen]} \end{aligned}$$

Es ist zu beachten, dass die Entropie eine Eigenschaft der Nachrichtenquelle ist, also unabhängig von der Codierung.

Die mittlere Wortlänge L der gewählten Codierung ist:

$$\begin{aligned} L &= w(c)\cdot l(c) + w(v)\cdot l(v) + w(w)\cdot l(w) + w(u)\cdot l(u) + w(r)\cdot l(r) + w(z)\cdot l(z) \\ &= 0.4929 + 0.2275 + 0.3496 + 0.5889 + 0.8382 + 0.3496 \\ &= 2.8467 \text{ [Bit/Zeichen]} \end{aligned}$$

Die Redundanz ist also:

$$R = L - H \approx 2.8467 - 2.2327 = 0.6140 \text{ [Bit/Zeichen]}$$

Man kann diese Codierung mit Hilfe eines *Code-Baumes* veranschaulichen:

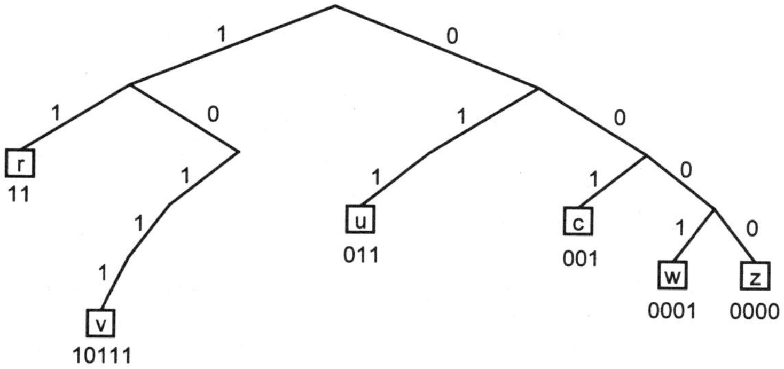

Abbildung 2.9: Code-Baum zur Codierung des Alphabets {c, v, w, u, r, z}.

Der Code-Baum zeigt, dass der verwendete Code nicht optimal ist, da noch unbesetzte Blätter (Endknoten) vorhanden sind, die näher an der Wurzel liegen als andere, bereits besetzte Blätter. Man optimiert nun den Code auf folgende Weise: Freie Blätter werden mit Zeichen besetzt, deren Wortlänge größer ist als die zu dem freien Blatt gehörende Wortlänge, wobei aber darauf zu achten ist, dass keinesfalls der Code für ein Zeichen mit geringerer Auftrittswahrscheinlichkeit kürzer ist als der Code für ein Zeichen mit höherer Auftrittswahrscheinlichkeit. Damit erhält man z.B. folgendes Ergebnis:

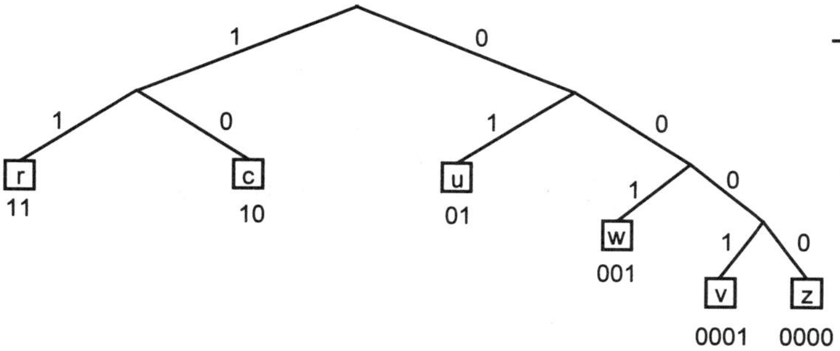

x_i	$l(x_i)$	Code
c	2	10
v	4	0001
w	3	001
u	2	01
r	2	11
z	4	0000

Abbildung 2.10: Code-Baum und Tabelle für die verbesserte Codierung des Alphabets {c, v, w, u, r, z}.

Die mittlere Wortlänge für diesen verbesserten Code ist nun:

$$L = (0.4191 + 0.1963 + 0.1643)\cdot 2 + 0.0874\cdot 3 + (0.0874 + 0.0455)\cdot 4 = 2.3532 \text{ [Bit/Zeichen]}$$

und die Redundanz:

$$R \approx 2.3532 - 2.2327 = 0.1205 \text{ [Bit/Zeichen]}$$

Die Redundanz wurde also durch diese Maßnahme von 0.6140 auf nur noch 0.1205 Bit/Zeichen reduziert.

2.7.2 Der Huffman-Algorithmus

Die Frage, wie nun mit einem allgemeinen Verfahren hinsichtlich der Redundanzminimierung optimale Codes erzeugt werden können, wurde 1952 von dem amerikanischen Mathematiker A. Huffman beantwortet [Huf52]. Die effektivste Methode zur redundanzminimierenden Code-Erzeugung für Einzelzeichen ist danach der *Huffman-Algorithmus*. Man ordnet dazu alle Zeichen nach ihren Auftrittswahrscheinlichkeiten und fasst die beiden Zeichen mit den geringsten Wahrscheinlichkeiten w_1 und w_2 zu einem Knoten zusammen, dem die Wahrscheinlichkeit w_1+w_2 zugeordnet wird. Damit erhält man eine neue Folge von Wahrscheinlichkeiten, die auch den neu gebildeten Knoten mit einschließt, die Wahrscheinlichkeiten der soeben bearbeiteten Zeichen jedoch nicht mehr enthält. Im nächsten Schritt fasst man wiederum die zu den beiden kleinsten Wahrscheinlichkeiten gehörenden Elemente (das können nun Zeichen oder Knoten sein) zu einem neuen Knoten zusammen. Man verfährt weiter auf diese Weise, bis alle Zeichen einen Platz im so entstandenen Huffman-Baum gefunden haben. Man kann zeigen, dass es durch Codierung von Einzelzeichen nicht möglich ist, einen Code zu finden, der eine geringere Redundanz aufweist als der nach dem Huffman-Verfahren erzeugte.

Wendet man dieses Verfahren auf das obige Beispiel an, so ergibt sich der unten dargestellte Code-Baum mit dem zugehörigen Huffman-Code. Wegen der von den Blättern des Baumes ausgehenden, rekursiven Konstruktion des Codes, ergibt sich der Baum im Vergleich mit den beiden zuvor betrachteten Code-Bäumen in umgekehrter Anordnung.

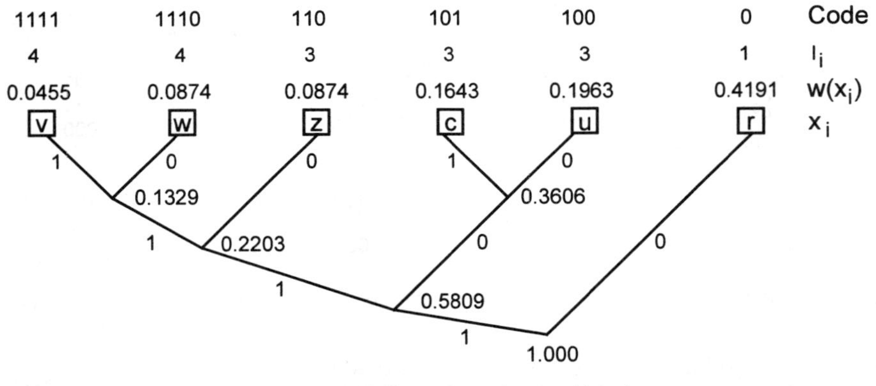

Abbildung 2.11: Huffman-Baum und Huffman-Code für das Alphabet {c, v, w, u, r, z}.

Die mittlere Wortlänge für diesen Code ist nun:

$$L = 0.4191 + (0.1963 + 0.1643 + 0.0874)\cdot 3 + (0.0874 + 0.0455)\cdot 4 = 2.2947 \text{ [Bit/Zeichen]}$$

und die Redundanz: $R = 2.2947 - 2.2327 = 0.062$ [Bit/Zeichen]

Im Sinne einer Minimierung der Redundanz ist von den in diesem Beispiel vorgestellten Codierungen die mit der Methode von Huffman erzeugte die beste, obwohl der Code-Baum eine recht asymmetrische Gestalt hat.

Dennoch ist auch die optimale Codierung mit dem Huffman-Algorithmus nicht redundanzfrei. Eine Codierung mit verschwindender Redundanz ist nur im Idealfall gleicher Auftrittswahrscheinlichkeiten für alle Zeichen erreichbar und kommt in der Praxis fast nie vor.

Eine weitere Verminderung der Redundanz lässt sich für das obige Beispiel nur noch durch *Gruppencodierung*, also durch Codieren von Zeichengruppen, erzielen.

Eine sehr wesentliche Forderung an einen Code ist, dass er in eindeutiger Weise decodierbar sein muss. Bei Codes mit konstanter Wortlänge stellt dies kein Problem dar, da sich ein Wortende einfach durch Abzählen der Zeichen ermitteln lässt. Im Falle von Codes mit variabler Wortlänge lässt sich die eindeutige Decodierbarkeit in folgende, als *Fano-Bedingung* bekannte Forderung fassen:

Fano-Bedingung: Ein Code mit variabler Wortlänge muss so generiert werden, dass kein Code eines Zeichens mit dem Anfang des Codes irgendeines anderen Zeichens übereinstimmt. Mit dieser Formulierung ist gleich bedeutend, dass bei Darstellung eines Codes als Code-Baum die Code-Wörter nur die *Blätter* (*Endknoten*) des Baumes besetzen dürfen, nicht aber die *Verzweigungsstellen* (*Knoten*).

Die in dem oben angegeben Beispiel erzeugten Codes genügen offenbar der Fano-Bedingung. Das Morse-Alphabet würde als Binär-Code dagegen nicht der Fano-Bedingung genügen. Dies ist auch der Grund dafür, dass neben dem kurzen (.) und dem langen Ton (-) noch ein drittes Zeichen eingeführt werden musste, nämlich eine Pause als Trennzeichen zwischen je zwei Code-Wörten. Damit ist auch hier die Unterscheidbarkeit der einzelnen Zeichen gewährleistet.

2.7.3 Der Fano-Algorithmus

Von Fano stammt auch ein Algorithmus, mit dem ein Code bei automatischer Einhaltung der Fano-Bedingung erzeugt werden kann. Der *Fano-Algorithmus* ist einfach zu implementieren, es ist jedoch nicht garantiert, dass der Code im Sinne der Redundanz-Minimierung in jedem Fall optimal ist, wenn auch die Abweichungen in der Praxis kaum eine Rolle spielen. Man geht dabei folgendermaßen vor:

1. Die zu codierenden Zeichen x_i werden in einer Tabelle nach fallenden Auftrittswahrscheinlichkeiten $w(x_i)$ geordnet.

2. In der zweiten Spalte werden - beginnend mit der kleinsten Wahrscheinlichkeit - die Teilsummen $\Sigma w(x_i)$ eingetragen. In der ersten Zeile steht also 1.

3. Die Folge der Teilsummen wird in zwei Intervalle unterteilt, wobei der Schnitt möglichst nahe bei der Hälfte der jeweiligen Teilsumme erfolgen muss.

4. Für alle Zeichen oberhalb des Schnitts wird für den Code eine 0 eingetragen, für alle Zeichen unterhalb des Schnitts eine 1 (oder umgekehrt).
5. Alle entstandenen Teilfolgen werden wieder halbiert und die nächste Binärstelle wird gemäß Schritt 4 eingetragen.
6. Enthält eine Teilfolge nur noch ein Zeichen, so endet das Verfahren für dieses Zeichen, da dessen Code nun komplett ist.

Für das bereits mit Hilfe des Huffman-Verfahrens codierte Alphabet {c, v, w, u, r, z} generiert man mit dem Fano-Algorithmus den folgenden Code:

Tabelle 2.7: Nach dem Fano-Verfahren erzeugter Code Für das Alphabet {c, v, w, u, r, z}.

x_i	$w(x_i)$	$\Sigma w(x_i)$	Code
r	0.4191	1.0000	0
u	0.1963	0.5809	100
c	0.1643	0.3847	101
w	0.0874	0.2203	110
z	0.0874	0.1329	1110
v	0.0455	0.0455	1111

Für die mittlere Wortlänge erhält man, wie schon im Fall der Huffman-Codierung:

L=2.2947 [Bit/Zeichen]

und für die Redundanz:

R=2.2947-2.2327=0.062 [Bit/Zeichen]

Offenbar führt in diesem Fall die Huffman-Codierung auf dieselbe Redundanz wie die Fano-Codierung; dies muss aber nicht in jedem Falle so sein.

Zu beachten ist ferner, dass zwei Zeichen, die mit derselben Wahrscheinlichkeit auftreten, durchaus verschiedene Wortlängen erhalten können, ohne dass sich die mittlere Wortlänge ändert.

Da bei allen hier vorgestellten Codes die Fano-Bedingung erfüllt ist, lässt sich eine gegebene Zeichenkette eindeutig decodieren. Für die *Decodierung* werden die zu interpretierenden Zeichen Bit für Bit in einem Puffer gesammelt und laufend mit den tabellierten Codes verglichen. Sobald der Pufferinhalt mit einem tabellierten Code-Wort übereinstimmt ist das entsprechende Zeichen decodiert, der Puffer wird zurückgesetzt und der Vorgang beginnt von neuem. So kann man beispielsweise, - ausgehend vom Fano-Code gemäß Tabelle 2.8 - die Zeichenfolge

10110010110001001110 als den Text cucuruz identifizieren.

2.8 Code-Sicherung

Oft wählt man absichtlich eine redundante Codierung, so dass sich die Code-Wörter zweier Zeichen (*Nutzwörter*) durch möglichst viele binäre Stellen von allen anderen Nutzwörtern unterscheiden. Zwischen den Nutzwörtern sind also eine Anzahl von Codewörtern eingeschoben, die kein Zeichen repräsentieren und demnach nur infolge einer *Störung* entstehen können. Dementsprechend werden sie als *Fehlerwörter* bezeichnet. Ein Blick auf den in Tabelle 2.5 aufgelisteten *BCD-Code*, der die Ziffern 0 bis 9 mit vier binären Stellen codiert, zeigt, dass neben den zehn Nutzwörtern 6 Fehlerwörter existieren, die sog. *Pseudo-Tetraden*. So entspricht beispielsweise dem Code-Wort 1011 keine Ziffer, es muss demnach (möglicherweise bei der Übertragung) ein Fehler aufgetreten sein. Der richtige Code könnte also, wenn man von einem Ein-Bit-Fehler ausgeht, 0011 oder 1001 gelautet haben, die anderen beiden Möglichkeiten, 1111 und 1010 scheiden aus, da es sich dabei ebenfalls um Fehlerwörter handelt.

Die redundante Codierung erlaubt daher die *Erkennung* und in günstigen Fällen auch die Behebung von *Fehlern*, die infolge von *Störungen* aufgetreten sind.

2.8.1 Die Hamming-Distanz

Ein Maß für die *Störsicherheit* eines Codes ist die *Hamming-Distanz* h, die als die minimale paarweise *Stellendistanz* eines Codes definiert ist [Ham50]. Als Stellendistanz $d(x,y)$ wird dabei die Anzahl der Stellen bezeichnet, in denen sich zwei Wörter x und y unterscheiden. Die Stellendistanz ist auch ein Maß für die bei einer Übertragung eines Wortes entstandenen Fehler. Wird beispielsweise ein binäres Wort x gesendet und y empfangen, so gibt $d(x,y)$ die Anzahl der fehlerhaften Binärstellen von y an; bei korrekter Übertragung ist $x=y$ und daher $d(x,y)=0$.

Die Stellendistanz erfüllt alle Forderungen, die an eine *Distanz* (*Metrik*) in einem linearen Raum gestellt werden, nämlich:

$$d(x,x) = 0$$
$$d(x,y) = d(y,x)$$
$$d(x,z) \leq d(x,y)+d(y,z)$$

Es besteht damit eine Analogie zu anderen Distanzen, beispielsweise zu der in der Geometrie üblicherweise verwendeten *Euklid'schen Distanz* zwischen zwei Punkten A und B im Raum.

Ein Code hat offensichtlich mindestens die Hamming-Distanz $h=1$, da sonst zwei Code-Wörter übereinstimmen würden. Beträgt die Hamming-Distanz $h=2$, so lassen sich Fehler, die ein einzelnes Bit betreffen, als Fehler erkennen, aber nicht korrigieren. Unter gewissen Bedingungen können Fehler aber nicht nur erkannt, sondern auch korrigiert werden. Bei gegebener Hamming-Distanz h gilt:

Sind maximal h-1 Bit fehlerhaft, so kann dies erkannt werden.
Sind maximal (h-1)/2 Bit fehlerhaft, so können diese Fehler korrigiert werden.

Bei h=1 können also fehlerhafte Binärstellen prinzipiell nicht erkannt werden, da solche Fehler wieder zu einem gültigen Codewort führen. Bei h=2 können 1-Bit-Fehler zwar erkannt, aber nicht korrigiert werden. Bei h=3 und h=4 können 1-Bit-Fehler korrigiert werden, bei h=5 und h=6 auch 2-Bit-Fehler, etc. Die Korrektur erfolgt dann durch Ersetzen des erkannten Fehlerworts durch dasjenige Nutzwort mit der geringsten Stellendistanz zum Fehlerwort.

Dazu zwei Beispiele:

a) Gegeben seien die Ziffern 1 bis 4 in ihrer binären Codierung:

$1 = 001, \quad 2 = 010, \quad 3 = 011, \quad 4 = 100$

Man erhält daraus folgende Stellendistanzen d von je zwei Code-Wörtern:

$d(010,001) = 2$
$d(011,001) = 1 \qquad d(011,010) = 1$
$d(100,001) = 2 \qquad d(100,010) = 2 \qquad d(100,011) = 3$

Die Berechnung der Stellendistanzen lässt sich durch folgendes Matrix-Schema erleichtern und formalisieren:

	001	010	011	100
001	-	-	-	-
010	2	-	-	-
011	1	1	-	-
100	2	2	3	-

Die Hamming-Distanz als kleinste Stellendistanz ist in diesem Beispiel h=1. Fehler lassen sich hier nicht in jedem Fall erkennen, da es offenbar Nutzwörter gibt, zwischen denen keine Fehlerwörter liegen.

b) Es ist in diesem Beispiel möglich, einen von der in Punkt a) verwendeten binären Zifferncodierung etwas abweichenden Code anzugeben, der bei gleicher Wortlänge die Hamming-Distanz h=2 aufweist und daher vom Standpunkt der Code-Sicherheit überlegen ist, da nun eine eindeutige Fehlererkennung von Ein-Bit-Fehlern möglich ist. Der modifizierte Code lautet:

$1 = 000, \quad 2 = 011, \quad 3 = 101, \quad 4 = 110$

Man erhält daraus folgende Stellendistanzen d von je zwei Code-Wörtern:

	000	011	101	110
000	-	-	-	-
011	2	-	-	-
101	2	2	-	-
110	2	2	2	-

Die Hamming-Distanz ist also in der Tat h=2.

Die obigen Beispiele verdeutlichen das sog. *Code-Überdeckungsproblem*, das folgendermaßen lautet: Wie kann man einen optimalen Code mit vorgegebener Hamming-Distanz generieren? Unter „optimal" kann z.B. verstanden werden, dass die Code-Wörter so kurz wie möglich sein sollen. Auf eine allgemeine Lösung kann hier nicht eingegangen werden, spezielle Lösungen werden unten vorgestellt.

2.8.2 m-aus-n-Codes

Neben den bereits genannten Tetraden-Codes (z.B. dem BCD- und dem Stibitz-Code), bei denen die Pseudo-Tetraden als Fehler erkennbar waren, verwendet man vielfach *m-aus-n-Codes*. Dies sind Block-Codes mit der Wortlänge n, bei denen in jedem Code-Wort genau m Einsen und dementsprechend n-m Nullen vorkommen. Bei gegebenem m und n gibt es offenbar genau $\binom{n}{m}$ verschiedene Code-Wörter.

Da in allen Code-Wörter dieselbe Anzahl von Einsen enthalten sind, müssen sich zwei verschiedene Code-Wörter in mindestens zwei Stellen unterscheiden, so dass die Hamming-Distanz von m-aus-n-Codes $h=2$ ist. Damit sind Ein-Bit-Fehler immer erkennbar, jedoch nicht in jedem Fall korrigierbar.

Die folgende Tabelle zeigt zwei Beispiele für m-aus-n-Codes.

Tabelle 2.8: Codierung der Ziffern von 0 bis 9 mit einem 2-aus-5 und einem 1-aus-10-Code.

Ziffer	2-aus-5-Code	1-aus-10-Code
0	00011	0000000001
1	00101	0000000010
2	00110	0000000100
3	01001	0000001000
4	01010	0000010000
5	01100	0000100000
6	10001	0001000000
7	10010	0010000000
8	10100	0100000000
9	11000	1000000000

2.8.3 Codes mit Paritäts-Bits

Eine häufig verwendete Möglichkeit zur Fehlererkennung und Fehlerkorrektur ist die Einführung der *Paritätsprüfung* (*Parity Check*). Man fügt dazu als *Paritäts-Bits* bezeichnete Zusatz-Bits ein, welche die Anzahl der Einsen (oder Nullen) von Code-Wörtern auf eine *gerade* (*even*) oder *ungerade* (*odd*) Anzahl ergänzen. Ein-Bit-Fehler in einem Code-Wort können damit erkannt, aber nicht korrigiert werden. Die Paritäts-Bits einer Anzahl von Wörtern fasst man zu einer *Prüfzeile* zusammen.

Um Ein-Bit-Fehler nicht nur erkennen, sondern auch korrigieren zu können, ergänzt man nach einer Anzahl von k Code-Wörtern (einem *Block*) konstanter Länge die Anzahl der Einsen (bzw. Nullen) in jeder Zeile auf eine gerade (oder ungerade) Anzahl und fasst diese Prüf-Bits in einem *Längsprüfwort* (*Prüfspalte*) zusammen. Das Prüfbit P in der rechten unteren Ecke des gesamten Blocks wird üblicherweise so gesetzt, dass es die Anzahl der Einsen im gesamten Daten-Block auf die gewünschte Parität ergänzt. Abbildung 2.12 zeigt die Struktur eines übertragenen Blocks mit Prüf-Bits.

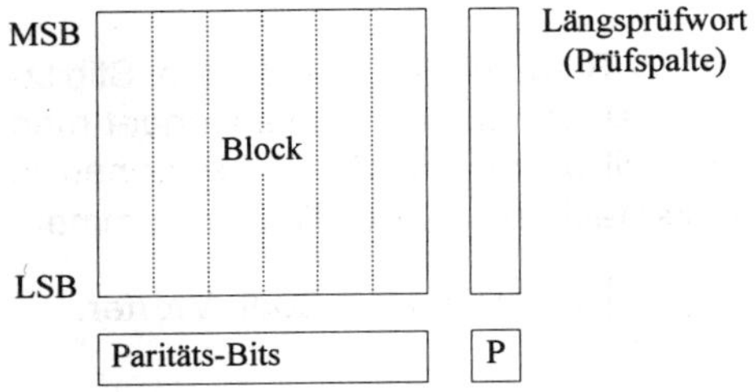

Abbildung 2.12: Prinzipieller Aufbau eines Blocks aus übertragenen Code-Wörtern mit Prüfzeile und Längsprüfwort.

Bei der Erkennung und Korrektur von Ein-Bit-Fehlern können nun folgende Möglichkeiten auftreten:

1. Der Fehler tritt im Block auf, also in einem der gesendeten Code-Wörter. Es müssen dann sowohl ein Bit des Längsprüfworts als auch ein Bit des Paritäts-Prüfworts die Parität verletzen. Die Positionen dieser beiden die Parität verletzenden Bits definiert dann die Position des fehlerhaften Bits im Block. Zur Korrektur wird einfach das ermittelte Bit invertiert. Zusätzlich verletzt in diesem Fall auch das Paritätsbit P die Parität.

2. Der Fehler tritt in einem der beiden Prüfwörter auf, nicht aber im Bit P. Dies zeigt sich darin, dass eine Paritätsverletzung entweder in der Prüfzeile oder in der Prüfspalte auftritt, aber nicht in beiden gleichzeitig. Das fehlerhafte Paritäts-Bit ist somit lokalisiert und kann durch Invertieren korrigiert werden.

3. Der Fehler tritt in Bit P auf. Da aber weder die Parität der Prüfzeile noch die der Prüfspalte verletzt ist, muss P selbst fehlerhaft sein.

Durch die Paritäts-Bits wird eine Redundanz eingeführt, die von der Anzahl s der Bits pro Wort und von der Anzahl k der Worte pro Block abhängt. Die Anzahl der Bits des Blocks ist dann $k \cdot s$ und die Anzahl der Paritäts-Bits $k+s+1$. Für die Redundanz ergibt sich daraus:

$$R = (k+s+1)/k \cdot s$$

Die Redundanz des Codes selbst ist dabei nicht berücksichtigt, sondern nur die durch die Paritätsbits darüber hinaus eingeführte Redundanz.

Beispiel: Zur binären Codierung des Wortes INFORMATIK wird der ASCII-Code (siehe Tabelle 2.5) benützt, wobei die Anzahl der Einsen zu einer geraden Zahl in einem Paritäts-Bit und nach jedem vierten Wort in einem Längsprüfwort ergänzt wird. Bei der Übertragung seien Fehler aufgetreten, so dass das Wort ANFORMAPIK empfangen wird. Wie oben beschrieben, lassen sich diese beiden Übertragungsfehler erkennen und korrigieren, das korrekte Wort INFORMATIK lässt sich also wieder restaurieren.

	empfangene Daten	Längsprüfwort	empfangene Daten	Längsprüfwort	empfangene Daten	
MSB	1 1 1 1	0	1 1 1 1	0	1 1	
	0 0 0 0	0	0 0 0 0	0	0 0	
	0 0 0 0	0	1 0 0 1	0	0 0	
	0 1 0 1	1 ⇐	0 1 0 0	1	1 1	
	0 1 1 1	1	0 1 0 0	0⇐	0 0	
	0 1 1 1	1	1 0 0 0	1	0 1	
LSB	1 0 0 1	0	1 1 1 0	1	1 0	
	1 0 1 1	1	0 0 0 1	1	1 1	Paritäts-Bits
	⇑		⇑			
	A N F O		R M A P		I K	empfangener
	⇑		⇑			Text
	I		T			Korrekturen

Abbildung 2.13: Beispiel zur Erkennung und Behebung von Ein-Bit-Fehlern durch Paritätszeile und Längsprüfwörter, in denen auf gerade Anzahl von Einsen ergänzt wird. Die beiden Fehler (A statt I in Byte 1 und P statt T in Byte 9) lassen sich lokalisieren und korrigieren. Die zur Fehleridentifikation führenden Paritäts-Bits sowie die entsprechenden Bits der Längsprüfworte sind durch Pfeile markiert, die fehlerhaft übertragenen Bits durch doppelten Unterstrich.

Man findet für derartige Codes wegen des rechteckigen Übertragungsschemas in der Literatur auch die Bezeichnung *Rechteck-Codes*.

Es liegt nun nahe, das Konzept der Paritäts-Bits so zu erweitern, dass man für ein Code-Wort mehr als ein Paritäts-Bit zur Verfügung stellt. Dies hat den Vorteil, dass jedes Wort für sich geprüft werden kann. Als ein Beispiel dafür werden Tetraden mit drei Paritäts-Bits betrachtet:

Tabelle 2.9: Direkter binärer Tetraden-Code der Ziffern von 0 bis 9 mit drei Paritäts-Bits.

Ziffer	Code	Ziffer	Code
0	0000111	5	0101010
1	0001100	6	0110100
2	0010010	7	0111111
3	0011001	8	1000000
4	0100001	9	1001011

In dem oben tabellierten Code sind die vier höherwertigen Bits b6, b5, b4 und b3 direkt binär codierte Ziffern (Tetraden). Die niederwertigen Bits b2, b1, und b0 sind Paritäts-Bits, die nach folgender Regel gebildet werden:

b2=1 wenn die Anzahl der Einsen in b6, b5, b4 gerade ist
b1=1 wenn die Anzahl der Einsen in b6, b5, b3 gerade ist
b0=1 wenn die Anzahl der Einsen in b6, b4, b3 gerade ist

Da drei Paritäts-Bits zur Verfügung stehen, können $2^3=8$ Zustände unterschieden werden, nämlich zwischen dem richtigen Code-Wort und Fehlern in den 7 Stellen unterscheiden. Im Falle eines 7-Bit-Codes können demnach Ein-Bit-Fehler erkannt und korrigiert werden.

Unter der Annahme, dass alle zehn Ziffern mit derselben Wahrscheinlichkeit $w=1/10$ auftreten, hat die Entropie den Wert $H=\mathrm{ld}(1/w)=\mathrm{ld}(10)\approx 3.322$. Für die Redundanz dieses Codes folgt damit:

$$R = L - H = 7\text{-}3.322 = 3.678 \text{ [Bit/Zeichen]}$$

Die Hamming-Distanz der Tetraden alleine ist offenbar h=1. Zusammen mit den drei Prüf-Bits wird die Hamming-Distanz des Codes jedoch h=3. Damit können 1-Bit-Fehler erkannt und korrigiert werden, 2-Bit-Fehler können nur erkannt, aber nicht korrigiert werden.

Das Schema für die Ermittlung der fehlerhaften Stelle aus den Prüfbits lautet:

Tabelle 2.10: Zur Lokalisierung des Fehlers mit Hilfe der Prüf-Bits. Aus den ersten drei Zeilen der Tabelle geht hervor: Verletzt nur ein Prüf-Bit die Partität, so ist dieses Prüf-Bit selbst fehlerhaft. In der Tabelle steht r für „richtig“ und f für „falsch“.

Fehlerhaftes Bit	b2	b1	b0
0	r	r	f
1	r	f	r
2	f	r	r
3	r	f	f
4	f	r	f
5	f	f	r
6	f	f	f

Eine Weiterentwicklung dieses Konzepts führt auf *lineare Codes*, die in Kapitel 2.8.5 besprochen werden.

2.8.4 Fehlertolerante Codes

Bei der Erzeugung *fehlertoleranter Codes* geht man bisweilen einen anderen Weg. Insbesondere bei der Erzeugung von *Ziffercodes* versucht man, benachbarte Zahlen so zu codieren, dass sie sich in möglichst wenigen Bits, im Idealfall nur durch ein einziges Bit, unterscheiden. Man hat damit erreicht, dass Ein-Bit-Fehler zwar zu fehlerhaften Code-Wörtern führen können, jedoch bei der Interpretation in vielen technischen Anwendungen, insbesondere bei der Digitalisierung analoger Daten (etwa bei einem Plotter) keine schwer wiegenden Fehler verursachen, da man ja (im Fall von Ziffern-Codes) eine benachbarte Zahl erhält. Diesem Prinzip gehorchende Ziffern-Codes bezeichnet man als *Gray-Codes.*

Ein vierstelliger Gray-Code für die Ziffern 0 bis 9 kann beispielsweise folgende Form haben:

Tabelle 2.11: Ein vierstelliger Gray-Code für die Ziffern von 0 bis 9.

dezimal:	0	1	2	3	4	5	6	7	8	9
Binär	0000	0001	0010	0011	0100	0101	0110	0111	1000	1001
Gray:	0000	0001	0011	0010	0110	1110	1111	1101	1100	1000

Dieser Code ist auch ein *einschrittiger* (*progressiver*) *Code* in dem Sinne, dass sich aufeinander folgende Code-Wörter nur in einem Bit unterscheiden.

	00	01	11	10
00	0	1	2	3
01				4
11	8	7	6	5
10	9			

Abbildung 2.14: Erzeugung eines Gray-Codes durch ein Tableau, das einem Karnaugh-Veitch-Diagramm (vgl. Kapitel 3.2.5) ähnelt. Von einem Eintrag der Tabelle gelangt man zu einem horizontal oder vertikal benachbarten Eintrag durch Änderung genau eines Bits. Der Code ergibt sich durch Zusammensetzen des der Zeile zugeordneten Wortes mit dem der Spalte zugeordneten Teil. Beispielsweise liest man für die Codierung der Ziffer 7 auf diese Weise das Code-Wort 1101 ab.

Der Gray-Code ist so konstruiert, dass ein Ein-Bit-Fehler mit hoher Wahrscheinlichkeit das Code-Wort eines unmittelbar benachbarten Zahlenwerts erzeugt (also z.B. 7 oder 9 aus dem Code-Wort für 8), oder aber ein Fehlerwort. Nur mit geringer Wahrscheinlichkeit wird ein Ein-Bit-Fehler das Code-Wort einer wesentlich verschiedenen Ziffer ergeben. Solche wesentlichen Änderungen treten für das in Abbildung 2.14 dargestellte Beispiel bei den durch Ein-Bit-Fehler möglichen Umwandlungen von 9 in 0, von 5 in 8 und von 3 in 0 auf. Entsteht ein Fehlerwort, so wird dieses auf das nächstliegende Nutzwort korrigiert.

Durch Ein-Bit-Fehler können beispielsweise aus dem nach dem Gray-Code erzeugten Code-Wort 1111 für die Ziffer 6 die folgenden Wörter entstehen:

0111	Fehlerwort, wird auf 6, 4 oder 2 korrigiert
1011	Fehlerwort, wird auf 6 oder 2 korrigiert
1101	7
1110	5

Bei der Behandlung von Störungen wird meist davon ausgegangen, dass eine Störung ein statistischer Prozess ist, der mit gleicher Wahrscheinlichkeit die Übergänge $0 \to 1$ und $1 \to 0$ verursacht (*symmetrische Störung*). Dies ist jedoch nicht in jedem Fall garantiert, da auch technisch bedingte asymmetrische Störungen auftreten können. Bei Annahme einer symmetrischen Störung lässt sich die im obigen Beispiel betrachtete fehlerhaft übertragene Ziffer 6 mit einer Wahrscheinlichkeit von 17/24=70.833...% auf den korrekten oder wenigstens einen unmittelbar benachbarten Wert (5 oder 7) korrigieren.

Bei dem oben dargestellten Beispiel für einen Gray-Code wurden von den 16 möglichen Code-Worten nur 10 als Nutzworte verwendet und die verbleibenden 6 als Fehlerworte. Möchte man bei gegebener Stellenzahl s alle 2^s Code-Worte ausnützen und keine Fehlerworte zulassen, so wird sich nur bei 2 der s möglichen 1-Bit-Fehler ein unmittelbar benachbartes Code-Wort ergeben; für die verbleibenden s-2 möglichen 1-Bit-Fehler werden durchaus auch größere Differenzen auftreten. Nimmt man dies in Kauf, so ergibt sich eine einfache Vorschrift zur Erzeugung von derartigen Gray-Codes. Sie lautet folgendermaßen:

Man geht von einer frei wählbaren Binärzahl als Startwert aus. Die von links gerechnet erste 1 des zugehörigen Wortes im Gray-Codes steht dann an derselben Stelle wie die erste 1 des entsprechenden Wortes im Binär-Code. Danach wird nach rechts fortschreitend eine 1 eingetragen, wenn sich die korrespondierende Binärziffer des aktuellen Binär-Wortes von der links von ihr stehenden Ziffer unterscheidet, sonst eine 0. Das folgende Beispiel verdeutlicht dieses Verfahren:

Tabelle 2.12: Umwandlung eines 5-stelligen Binär-Codes in einen Gray-Code.

Dezimal	Binär	Gray	Dezimal	Binär	Gray	Dezimal	Binär	Gray
0	00000	00000	11	01011	01110	22	10110	11101
1	00001	00001	12	01100	01010	23	10111	11100
2	00010	00011	13	01101	01011	24	11000	10100
3	00011	00010	14	01110	01001	25	11001	10101
4	00100	00110	15	01111	01000	26	11010	10111
5	00101	00111	16	10000	11000	27	11011	10110
6	00110	00101	17	10001	11001	28	11100	10010
7	00111	00100	18	10010	11011	29	11101	10011
8	01000	01100	19	10011	11010	30	11110	10001
9	01001	01101	20	10100	11110	31	11111	10000
10	01010	01111	21	10101	11111			

Die Code-Sicherung ist natürlich nicht nur auf binäre Codes beschränkt. Manche Fehler in der Übertragung natürlicher Sprache lassen sich auf Grund der Redundanz ohne weiteres erkennen und korrigieren, d.h. die Korrektur ist aus dem Zusammenhang des Textes ersichtlich. Manchmal ergeben sich jedoch auch Zweideutigkeiten und manche Fehler führen zu gültigen Worten, sind also nicht als Fehler erkennbar.

Eine Korrektur von Fehlern in Übereinstimmung mit den gültigen Rechtschreibregeln ist in professionellen Textverarbeitungsprogrammen Standard.

Tabelle 2.13 zeigt dazu einige Beispiele.

Tabelle 2.13: Beispiele für erkennbare und ggf. korrigierbare Fehler in natürlicher Sprache.

Empfangener Text	Korrigierter Text	Bemerkung
Vorlesumg	Vorlesung	eindeutig korrigierbar
Vorlosung	Verlosung / Vorlesung ?	zweideutig
Der Memsch denkt	Der Mensch denkt	eindeutig korrigierbar
Der Mensch lenkt	Der Mensch denkt / lenkt ?	nicht erkennbar

Bei der Konstruktion genormter, maschinenlesbarer Balkenschriften wird ebenfalls eine redundante und fehlertolerante Codierung verwendet: je zwei Zeichen unterscheiden sich durch mindestens zwei Balken. Beispiele dafür sind die zahlreichen Varianten maschinenlesbarer Normschriften *OCR* (*Optical Character Recognition*).

Abbildung 2.15: Zeichensatz der fehlertoleranten, maschinlesbaren Schrift OCR-A.

2.8.5 Lineare Codes

Da eine Codierung als Abbildung von einem Nachrichtenraum A^* in einen Nachrichtenraum B^* definiert ist, sind im Falle eines s-stelligen Block-Codes die Code-Wörter *s-Tupel* aus Elementen des Alphabets B. Wenn das Alphabet B so gewählt wird, dass es durch Einführung geeigneter Operationen zu einem algebraischen *Körper* wird, bildet B^s einen *linearen Raum* (*Vektorraum*). Ist der betrachtete Code C ein *Unterraum* von B^s, also $C \subseteq B^s$, so können Methoden der *linearen Algebra* angewendet werden, um Eigenschaften von C zu studieren [Ham87].

Betrachtet man das Alphabet $B=\{0, 1\}$, so bildet B mit den Boole'schen Verknüpfungen *Konjunktion* (UND) und *Antivalenz* (exklusives Oder, XOR) einen Körper. B^s ist dann ein Vektorraum. Die Operationen Konjunktion und Antivalenz sind durch Wahrheitstafeln (vgl. Kapitel 3) wie folgt definiert:

Tabelle 2.14: Wahrheitstafeln für die Boole'schen Operationen Konjunktion und Antivalenz.

a	b	a UND b	a XOR b
0	0	0	0
0	1	0	1
1	0	0	1
1	1	1	0

In Analogie zum Körper $\mathbb{R}$ der reellen Zahlen entspricht im Körper $\mathbb{B}$ die Konjunktion einer *Multiplikation* und die Antivalenz einer *Addition*, so dass man die üblichen Schreibweisen xy für die Multiplikation (UND) und $x+y$ für die Addition (XOR) verwenden kann. Man kann leicht nachprüfen, dass damit alle Körper-Axiome erfüllt sind. Dazu gehört auch, dass für jedes $x \in \mathbb{B}$ die bezüglich der Multiplikation und der Addition inversen Elemente zu dem Körper gehören, für die man $1/x$ und $-x$ schreibt. Damit sind auch die Division und die Subtraktion als Multiplikation bzw. Addition mit den entsprechenden inversen Elementen definiert. Es können daher für UND und XOR die von der Zahlenarithmetik gewohnten Rechenregeln verwendet werden, so dass man für a UND b auch $a \cdot b$ oder ab schreiben könnte und für a XOR b auch $a+b$. Es ist an dieser Stelle anzumerken, dass für die gelegentlich in der Literatur zu findende Ersetzung von $a \vee b$ durch $a+b$ die hier angesprochene Analogie nicht erfüllt ist, da $\mathbb{B}$ zusammen mit den Operationen UND und ODER keinen Körper bildet. Auch sind die durch diese Schreibweise suggerierten Rechenregeln für Multiplikation und Addition bezüglich des Distributivgesetzes nicht mit denen für UND und ODER identisch.

Ein Code $C \subseteq \mathbb{B}^s$ mit $n=2^r$ Code-Wörtern der Länge s wird nun als *linearer* (s,r)*-Code* bezeichnet, wenn er ein *Unterraum* von $\mathbb{B}^s$ ist. C ist also nicht einfach eine Teilmenge, sondern ein Unterraum von $\mathbb{B}^s$, so dass $2^r \leq 2^s$ gilt. Dies bedeutet insbesondere, dass alle Operationen in C abgeschlossen sind, dass also die Verknüpfung von beliebigen Elementen aus C wieder ein Element aus C ergibt. Häufig bezeichnet man dann die Code-Wörter in Anlehnung an den Sprachgebrauch der linearen Algebra als *Vektoren*.

Man definiert nun als nächsten Schritt das *Gewicht* $g(x)$ eines Code-Worts (Vektors) x als die Anzahl der Einsen des Vektors x. Das Gewicht $g(x)$ entspricht offenbar der Stellendistanz $d(x,\mathbf{0})$ zum Nullvektor $\mathbf{0}$, d.h. zu demjenigen Code-Wort, das aus s Nullen besteht. In C gibt es nun sicher ein *Minimalgewicht* $g_{min}(C)$, das als das kleinste Gewicht des Codes definiert ist, wobei aber der Nullvektor auszuschließen ist:

$$g_{min}(C) = \min\{g(x) \mid x \in C, x \neq \mathbf{0}\}$$

Aus den obigen Voraussetzungen und Definitionen folgt ein wichtiger Satz über lineare Codes:

Das Minimalgewicht eines linearen Codes ist mit dessen Hamming-Distanz identisch.

Im Allgemeinen ist zur Bestimmung der Hamming-Distanz h eines Codes die Ermittlung aller Stellendistanzen erforderlich. Wie aus Kapitel 2.8.1 hervorgeht, sind dies bei n Code-Wörtern $(n^2-n)/2$ Operationen. Für lineare Codes kann man sich aber wegen $h=g_{min}$ auf die Bestimmung von g_{min} beschränken, wofür nur die n Stellendistanzen zum Nullvektor zu berechnen sind.

Die Interpretation linearer Codes als Vektorräume liefert eine geometrische Veranschaulichung von Codes. Man ordnet dazu die $n=2^r$ Code-Wörter den Ecken eines r-dimensionalen Würfels bzw. einer r-dimensionalen Kugel zu. Man beachte, dass hier Würfel und Kugeln identisch sind, da es sich bei dem zu Grunde liegenden linearen Raum um einen *diskreten Raum* handelt. Im Falle $r=3$ erhält man also einen dreidimensionalen Würfel, dessen Ecken die 8 Wörter zugeordnet werden, die sich aus drei binären Stellen bilden lassen. Die Zuordnung muss so erfolgen, dass sich beim Übergang von einer Ecke zu allen unmittelbar benachbarten Ecken nur jeweils ein Bit ändert. Ein-Bit-Fehler bedeuten also Übergänge längs einer Kante zu einer benachbarten Ecke. Ein Code mit gegebener Hamming-Distanz h ist nun dadurch gekennzeichnet, dass der kürzeste Weg von einem Nutzwort zu einem beliebigen anderen Nutzwort über mindestens h Kanten führt. Für $r=1$, 2 und 3 ist dies in Abbildung 2.16 dargestellt.

Das Konzept der Anordnug von Code-Worten an den Ecken eines Würfels lässt sich formal auch auf Codes mit einer Wortlänge $s>3$ ausdehnen, wenn man zu höherdimensionalen Würfeln (*Hyperkuben*) übergeht, die auch für andere Teilgebiete der Informatik von Bedeutung sind. Abbildung 2.17 zeigt als Beispiel die zu den 16 Binär-Worten mit Wortlänge 4 gehörende Projektion eines Hyperkubus der Dimension 4 auf die Ebene.

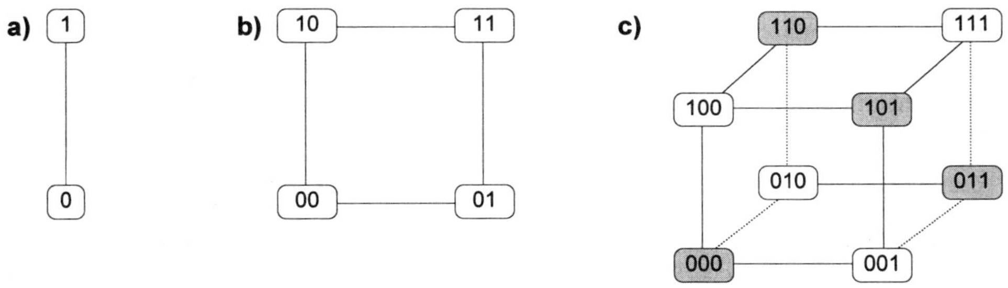

<u>Abbildung 2.16:</u>

a) Für $r=1$ enthält der Code $2^1=2$ Code-Wörter. Der zugehörige eindimensionale Würfel ist eine Gerade.

b) Für $r=2$ enthält der Code $2^2=4$ Code-Wörter. Der zugehörige zweidimensionale Würfel ist ein Quadrat.

c) Für $r=3$ enthält der Code $2^3=8$ Code-Wörter. Die geometrische Anordnung aller aus drei Bit bildbaren Wörter führt dann zu einem dreidimensionalen Würfel. Die grau unterlegten Wörter bilden einen Code mit Hamming-Distanz $h=2$, ebenso die hell unterlegten Wörter.

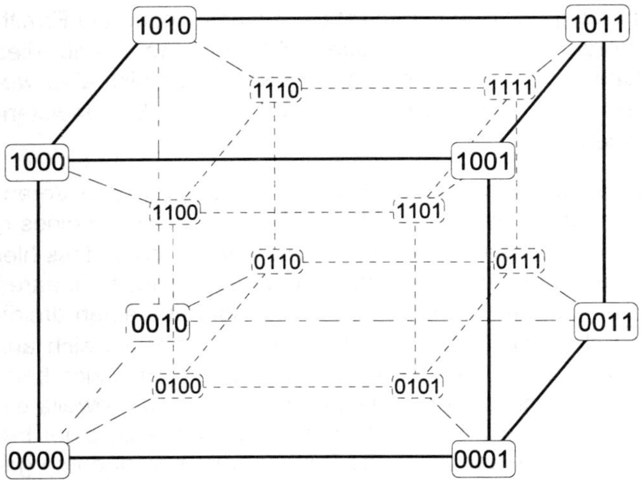

Abbildung 2.17: Anordnung aller Vier-Bit-Wörter an den Ecken eines Hyperkubus der Dimension 4.

Ausgehend von dieser geometrischen Interpretation kann man die Aufgabe, einen Code zu konstruieren, bei dem bis zu e Bit-Fehler pro Code-Wort korrigierbar sein sollen auch so formulieren: Die Code-Wörter sind in der Weise anzuordnen, dass jedes Code-Wort Mittelpunkt eine Kugel mit Radius e ist und dass sich diese Kugeln nicht gegenseitig überlappen. Für die Hamming-Distanz folgt daraus:

$$h=2e+1$$

Möchte man Einzelfehler korrigieren können, so ist $h=3$ erforderlich. Dies bedeutet, dass die den Code-Wörtern zugeordneten, sich nicht gegenseitig überlappenden Kugeln den Radius $e=1$ haben müssen. Eine obere Grenze für die Anzahl von Code-Wörtern, die unter dieser Bedingung gebildet werden können ergibt sich unmittelbar aus der Bedingung:

maximale Anzahl der Code-Wörter $\leq$ Gesamtvolumen / Volumen einer Kugel mit Radius e

Als Maß für das Volumen ist hier die Anzahl der enthaltenen Vektoren zu verstehen. Der gesamte lineare Raum B^s hat daher das Volumen 2^s, da er bei gegebener Dimension s, d.h. gegebener Stellenzahl der Code-Wörter, gerade 2^s Vektoren umfasst. Das Volumen einer Kugel mit Radius 1 umfasst den Mittelpunkt der Kugel sowie alle über eine Kante erreichbaren nächsten Nachbarn, es beträgt also $V_1=1+s$.

Als obere Grenze für die Anzahl n_1 der Code-Wörter, für welche die Korrigierbarkeit von Einzelfehlern gefordert wird, ergibt sich also:

$$n_1 \leq 2^s/V_1 = 2^s/(1+s)$$

Im allgemeinen Fall von e pro Code-Wort korrigierbaren Fehlern ist in der obigen Formel an Stelle von V_1 das Volumen V_e einer Kugel mit Radius e einzusetzen. Durch

Abzählen aller Punkte, die von dem betrachteten Punkt aus über maximal e Kanten erreichbar sind, erhält man das Volumen V_e:

$$V_e = 1 + \binom{s}{e}$$

Die obere Grenze für die Anzahl n_e der s-stelligen Code-Wörter eines Codes, für welche die Korrigierbarkeit von e Fehlern möglich ist, lautet damit:

$$n_e \leq 2^s / V_e$$

Dieses Ergebnis bedeutet nur, dass n_e eine Obergrenze für die Anzahl der Code-Wörter ist. Es wird jedoch nichts darüber ausgesagt, ob diese Anzahl tatsächlich erreichbar ist und wie derartige Codes konstruiert werden können. Wird n_e tatsächlich erreicht, so nennt man den zugehörigen Code einen *perfekten Code*. Perfekte Codes zeigen besonders einfache Symmetrie-Eigenschaften; sie sind jedoch selten.

Beispiele:

a) Für s=3 und e=1 berechnet man: $n_1 \leq 2^3/(1+3) = 2$
Tatsächlich findet man einen Code mit zwei Code-Wörtern, nämlich {000, 111}, für den e=1 und h=3 ist. Dies ist also ein perfekter Code.

b) Für s=8, e=2 und damit h=5 berechnet man:

$$n_2 \leq \frac{2^8}{1 + \binom{8}{2}} = \frac{256}{29} \approx 8$$

Hier findet man zwar einige Codes mit h=5, aber nur mit maximal 4 Code-Wörtern. Beispiele dafür sind:

Tabelle 2.15: Beispiele für 8-stellige lineare Codes mit Hamming-Distanz 5.

Code 1:	Code2:	Code3:
11111111	11111111	11100000
00000111	10101000	00111100
11100000	01010000	11011011
00011000	00000111	00000111

Eine spezielle Lösung des Problems, einen Code mit vorgegebener Hamming-Distanz zu erzeugen, sind die *Hamming-Codes* [Ham50], bei denen für die Codierung von s-stelligen Code-Wörtern q Prüfpositionen eingeführt werden, so dass s-q Bits für die eigentliche Information verbleiben. Es handelt sich also um einen (s,s-q)-Code mit 2^{s-q} Code-Wörtern. Die Idee dazu ist, dass die direkte binäre Codierung der Bits an den Prüfpositionen die Fehlerposition angeben soll und dass für eine fehlerfreie Übertragung alle Bits der Prüfpositionen den Wert 0 haben sollen. Da man mit q

Prüfpositionen 2^q Zustände unterscheiden kann, nämlich die korrekte Übertragung und 2^q-1 Fehlerpositionen bei Auftreten eines Fehlers, muss gelten:

$$2^q \geq s+1$$

Beschränkt man sich auf $e=1$, also $h=3$, so wird der gesuchte Code C ein $(s-q)$-dimensionaler Unterraum des s-dimensionalen Vektorraums B^s sein. In der oben aus geometrischen Überlegungen hergeleiteten Formel

$$n_1 \leq 2^s/(1+s)$$

ist also $n_1 = 2^{s-q}$ einzusetzen. Damit erhält man in Einklang mit der Grundidee des Hamming-Codes:

$$2^{s-q} \leq 2^s/(1+s) \Rightarrow 1+s \leq 2^s/2^{s-q} \Rightarrow 2^q \geq s+1$$

Verwendet man beispielsweise $q=3$ Prüfpositionen, so folgt $8=2^3 \geq s+1$ und damit die Stellenzahl $s=7$. Dies entspricht einem Code mit 4 Informationsstellen und drei Prüfstellen. Zur Codierung ordnet man nun zunächst alle möglichen Kombinationen der Prüf-Bits, die Fehlern entsprechen (also ohne die Kombination 000 für fehlerfreie Übertragung), in einem als *Kontrollmatrix* bezeichneten rechteckigen Schema an:

Tabelle 2.16: Kontrollmatrix für einen 7-stelligen Hamming-Code mit drei Prüfstellen.

Fehlerhafte Stelle	Prüf-Bits: p1	p2	p3
1	0	0	1
2	0	1	0
3	0	1	1
4	1	0	0
5	1	0	1
6	1	1	0
7	1	1	1

An dieser Stelle können nun wieder, da es ja um einen linearen Code geht, die Methoden der linearen Algebra verwendet werden. Zunächst sieht man, dass die Kontrollmatrix M den Rang $q=3$ hat. Löst man das zugehörige homogene Gleichungssystem $xM=0$ auf, so ergibt sich in diesem Beispiel als Lösungsgesamtheit ein linearer Raum der Dimension $s-q=4$, der also aus 16 Vektoren mit jeweils 7 Komponenten besteht. Des Weiteren kann man zeigen, dass es sich bei dem so gefundenen linearen Raum in der Tat um einen Code mit Hamming-Distanz 3 handelt. Der Code ist sogar ein perfekter Code, da $2^q = s+1$ erfüllt ist.

Vor der eigentlichen Codierung müssen nun noch die Positionen der Prüfstellen festgelegt werden. Dabei ist zu beachten, dass alle Prüf-Bits voneinander *linear unabhängig* sein müssen. Als Positionen sind also Potenzen von 2 zu wählen, nämlich 1, 2, 4, . . . Beispielsweise ist Position 3 wegen der Linearkombination 3=1+2 nicht als Prüfposition zulässig.

Mit dieser Festlegung der Prüfpositionen hat ein Code-Wort x hier die allgemeine Form: x = (p1 p2 i1 p3 i2 i3 i4)

Für gegebene Informations-Bits i1, i2, i3, i4 kann man also aus dem durch die Kontrollmatrix definierten Gleichungssystem die zugehörigen Prüf-Bits berechnen:

$$p3 + i2 + i3 + i4 = 0$$
$$p2 + i1 + i3 + i4 = 0$$
$$p1 + i1 + i2 + i4 = 0$$

Setzt man nacheinander alle möglichen Kombinationen für i1, i2, i3, i4 ein, so folgt der gesuchte Hamming-Code. Dabei ist zu beachten, dass die „Addition" hier der XOR-Operation entspricht, die auch als Hardware sehr leicht zu realisieren ist. In der Praxis ist es daher meist günstiger, den zu sendenden Code aus den Informations-Bits zu berechnen, als auf eine vorgefertigte Tabelle zurückzugreifen.

In Tabelle 2.17 sind die 16 Code-Wörter des 7-stelligen Hamming-Codes aufgelistet. Man erkennt aus der Tabelle, dass ein Prüf-Bit genau dann auf 1 gesetzt wird, wenn die Anzahl der Einsen der zugehörigen Informations-Bits ungerade ist. Das Verfahren ist also mit dem Setzen von Paritäts-Bits eng verwandt, es stellt dieses aber auf eine sichere theoretische Grundlage.

Tabelle 2.17: Tabelle des 7-stelligen Hamming-Codes mit drei Prüfstellen.

x_i	p1	p2	i1	p3	i2	i3	i4	x_i	p1	p2	i1	p3	i2	i3	i4
0	0	0	0	0	0	0	0	8	1	1	1	1	1	1	1
1	1	1	1	0	0	0	0	9	0	0	0	1	1	1	1
2	1	0	0	1	1	0	0	10	0	1	1	0	0	1	1
3	1	0	0	0	0	1	1	11	0	1	1	1	1	0	0
4	0	1	0	1	0	1	0	12	1	0	1	0	1	0	1
5	0	1	0	0	1	0	1	13	1	0	1	1	0	1	0
6	0	0	1	0	1	1	0	14	1	1	0	1	0	0	1
7	0	0	1	1	0	0	1	15	1	1	0	0	1	1	0

Bei jedem empfangenen Wort muss nun festgestellt werden, ob es korrekt ist. Dazu nützt man aus, dass alle Code-Wörter ja nach ihrer Konstruktion Lösung des Gleichungssystems $xM=0$ sein müssen. Empfängt man nun ein Wort y, so berechnet man yM. Ist das Resultat der Nullvektor 0, so ist y ein gültiges Code-Wort und die Informations-Bits können von den entsprechenden Stellen abgelesen werden. Ist das Resultat dagegen vom Nullvektor verschieden, so gibt es direkt binär codiert die Position des Fehlers an; dieser kann dann durch Inversion des betreffenden Bits leicht korrigiert werden. Betrachtet man als Beispiel das Wort y=1010011. Multiplikation mit M ergibt:

$$\begin{pmatrix}1 & 0 & 1 & 0 & 0 & 1 & 1\end{pmatrix} \cdot \begin{pmatrix}0 & 0 & 1\\ 0 & 1 & 0\\ 0 & 1 & 1\\ 1 & 0 & 0\\ 1 & 0 & 1\\ 1 & 1 & 0\\ 1 & 1 & 1\end{pmatrix} = \begin{pmatrix}0\\ 1\\ 1\end{pmatrix}$$

Das Ergebnis der Multiplikation ist offenbar nicht der Nullvektor, sondern der Vektor (0 1 1), entsprechend dem Wort 011, das in direkter binärer Codierung die Ziffer 3 liefert. Damit ist erkannt, dass die dritte Stelle von links fehlerhaft ist. Die Korrektur führt dann auf den korrekten Code 1000011 mit den Informations-Bits 0011.

Eine spezielle Gruppe von linearen Codes sind die *zyklischen Codes*. Sie gehören zu den handlichsten und leistungsfähigsten Codes. Ein zyklischer Code C ist dadurch definiert, dass man durch zyklische Vertauschung der Stellen eines Code-Worts wieder ein Code-Wort erhält:

C ist ein zyklischer Code, wenn für jedes $t_0t_1t_2...t_{s-2}t_{s-1} \in C$ gilt, dass auch $t_{s-1}t_0t_1t_2...t_{s-2} \in C$ ist.

Zur Konstruktion zyklischer Codes interpretiert man die Elemente des linearen Raums als *Polynome* der Art:

$p(x) = a_0 + a_1x + a_2x^2 + \ldots + a_mx^m$

Beschränkt man sich wieder auf den Boole'schen Körper $B=\{0, 1\}$, so ist $(a_0\ a_1\ \ldots\ a_s) \in B^s$ mit $s=m+1$. Die Koeffizienten a_0 können dann nur die Werte 0 und 1 annehmen. Zu beachten sind dann ferner die Rechenregeln für die Operationen XOR und UND, das einer Multiplikation Modulo 2 entspricht. Beispielsweise erhält man $(x+1)^2= x^2+2x+1 = x+1$, da x UND $x = x$ sowie $2x = x$ XOR $x = 0$ gilt.

Nun wählt man Polynome $f(x)$, $g(x)$ und $h(x)$ aus, so dass $f(x) = g(x)h(x)$ ist. Das Polynom $g(x)$ ist also ein Teiler des Polynoms $f(x)$. In diesem Zusammenhang bezeichnet man $g(x)$ als *Basispolynom* oder *Generatorpolynom* und $f(x)$ als *Hauptpolynom*.

Man definiert nun, dass die Koeffizienten aller Polynome $c(x) \bmod f(x)$ Code-Wörter des Codes $C \subseteq B^s$ sein sollen, für die ein Polynom $b(x)$ existiert, mit $c(x)=g(x)b(x)$.

Sollen die Code-Wörter s Stellen haben und hat man für $g(x)$ den Grad q gewählt, dann hat $b(x)$ s-q Koeffizienten $(b_0\ b_1\ \ldots\ b_{s-q})$. Die Koeffizienten von $b(x)$ stellen die zu sendende Information dar und können somit beliebig gewählt werden. Das Polynom $c(x)$, entsprechend dem zu sendenden Code-Wort $(c_0\ c_1\ \ldots\ c_s)$, findet man dann durch Ausführen der Multiplikation $c(x)=g(x)b(x)$. Es gibt dementsprechend 2^{s-q} Code-Wörter mit jeweils s Stellen, von denen s-q Stellen als Positionen für die Informations-Bits dienen und q Stellen als Prüfstellen.

Für die Codierung ist also nur die Multiplikation mit einem Polynom auszuführen, was im Boole'schen Körper eine einfache und leicht als Hardware realisierbare Operation ist. Für die Decodierung ist das einem empfangenen Wort entsprechende Polynom durch $g(x)$ zu teilen. Geht die Division ohne Rest auf, so liefert das Divisionsergebnis die gesuchte Information $b(x)$. Verbleibt ein Divisionsrest, so ist ein Fehler aufgetreten und der Rest gibt die Fehlerstelle an.

Wählt man speziell $f(x)=x^m-1$, so entspricht die Multiplikation mit x lediglich einer Verschiebung. Aus diesem Grund erhält man mit dieser speziellen Wahl zyklische Codes. Als problematisch kann es sich erweisen, geeignete Teiler von $f(x)$ zu finden. Dieses Problem wird vereinfacht, wenn man $s=2^k$ bzw. $m=2^k-1$ für die höchste Potenz des Polynoms wählt.

Als Beispiel wird $s=2^4=16$, also $f(x)=x^{15}-1$ betrachtet. Als einen Teiler von $f(x)$ findet man unter anderen ein Polynom vom Grade $q=10$, so dass folgt:

$$f(x) = g(x)h(x) = (1 + x + x^2 + x^4 + x^5 + x^8 + x^{10})(1 + x + x^3 + x^5)$$

Der Code hat also 16 Stellen mit 10 Prüfstellen und 6 Informationsstellen. Codiert man beispielsweise die Information 010110, so ist diese zuerst als Polynom zu schreiben, also hier als $b(x) = 0{\cdot}x^0 + 1{\cdot}x^1 + 0{\cdot}x^2 + 1{\cdot}x^3 + 1{\cdot}x^4 + 0{\cdot}x^5 = x + x^3 + x^4$. Dieses Polynom ist dann mit $g(x)$ zu multiplizieren:

$$\begin{aligned} c(x) = g(x)b(x) &= (1 + x + x^2 + x^4 + x^5 + x^8 + x^{10})(x + x^3 + x^4) = \\ &= x + x^2 + x^5 + x^7 + x^{12} + x^{13} + x^{14} \end{aligned}$$

Die Koeffizienten des Ergebnis-Polynoms $c(x)$ entsprechen dem zu sendenden Code-Wort 0110010100001110.

Da bekannt ist, dass der so gewonnene Code zyklisch ist, müssen beispielsweise auch die Wörter

0011001010000111, 1001100101000011, 1100110010100001 etc.

zum Code gehören. Ferner sind auch der Nullvektor sowie alle durch Bit-Inversion aus den bereits ermittelten Wörtern hervorgehenden Wörter Code-Wörter.

Damit zyklische Codes die Ermittlung von Fehlerpositionen und die Korrektur von Fehlern erlauben, verwendet man Polynome $g(x)$, die sich als Produkte von Polynomen darstellen lassen, die nicht weiter zerlegbar sind (*Primpolynome*). Für das Polynom des oben angegebenen Beispiels lautet die entsprechende Zerlegung.

$$g(x) = 1 + x + x^2 + x^4 + x^5 + x^8 + x^{10} = (1 + x + x^4)(1 + x + x^2)(1 + x + x^2 + x^3 + x^4)$$

Damit lassen sich drei Fehler korrigieren, deren Positionen sich als die Wurzeln der Primpolynome ergeben. Auf diese Weise generierte Codes werden als *Bose-Chaudhuri-Hocquenghem-Codes* oder *BCH-Codes* bezeichnet.

Als Spezialfall gehören auch die Hamming-Codes zu den zyklischen Codes, wobei allerdings noch einige Umstellungen von Spalten erforderlich sind, wie aus Tabelle 2.17 hervorgeht.

Eine weitere Vertiefung der Codierungstheorie setzt Detailkenntnisse in der linearen Algebra endlicher Körper voraus und würde hier den Rahmen sprengen.

2.9 Datenkompression

2.9.1 Vorbemerkungen und statistische Datenkompression

Wie in den vorangehenden Kapiteln gezeigt, ist es aus verschiedenen Gründen sinnvoll, zu speichernde oder zu übertragende Informationen binär zu codieren. Erhalten die Code-Wörter dabei eine feste Wortlänge, so spricht man von *Block-Codes*. In der Praxis erfolgt die Codierung oft unter Verwendung von *Analog/Digital-Convertern* (ADCs), die analoge Signale in binäre Daten mit fester Wortlänge umwandeln. In technischen Anwendungen hat sich dafür der Begriff *Pulse-Code-Modulation* (PCM) eingebürgert. Block-Codes weisen bekanntlich (vgl. Kapitel 2.7) eine vergleichsweise hohe Redundanz auf, die sich durch den Einsatz von Codes mit variabler Wortlänge reduzieren lässt. Solche Codes kann man beispielsweise mit Hilfe des in Kapitel 2.7.2 vorgestellten *Huffman-Verfahrens* generieren. Aus dieser Redundanzminimierung ergibt sich in vielen Fällen bereits eine Datenkompression im Vergleich zu Block-Codes. Ein Maß für diese *Datenkompression* [Nel93] folgt dann einfach aus einem Vergleich der mittleren Wortlänge des Huffman-Codes mit der konstanten Wortlänge des entsprechenden Block-Codes. Oft wird die durch spezielle Chips sehr schnell und preiswert durchführbare Huffman-Codierung als letzter Schritt in mehrstufigen Kompressionsverfahren eingesetzt.

Da die Kompression bei der Huffman-Codierung auf einem rein statistischen Verfahren beruht, spricht man von einer *statistischen Datenkompression*. Neben der Datenkompression durch Huffman-Codes stehen noch zahlreiche andere Methoden zur Verfügung. Bei Auswahl oder Entwicklung eines Datenkompressionsverfahrens muss man sich jedoch auch darüber im Klaren sein, dass mit datenkomprimierenden Codes der Aspekt der Korrigierbarkeit von Übertragungsfehlern (siehe Kapitel 2.8) in Konkurrenz steht. Generell stehen die beiden folgenden Strategien zur Wahl:

- Ziel der Codierung ist eine Redundanz-Reduktion möglichst auf Null, um die zu speichernde bzw. zu übertragende Datenmenge möglichst gering zu halten und so Übertragungszeit bzw. Speicherplatz zu sparen. Man spricht in diesem Fall von einer *verlustfreien Datenkompression*. Eine wesentliche Forderung ist hier also, dass die in den Daten enthaltene Information ohne Änderung erhalten bleibt.

- Ziel der Codierung ist eine über die verlustfreie Datenkompression hinausgehende Verringerung der Datenmenge, wobei die Information im Wesentlichen erhalten bleibt, aber ein gewisser Informationsverlust in Kauf genommen wird. Man spricht dann von einer *Datenreduktion* oder *verlustbehafteten Datenkompression*. Selbstverständlich ist diese Strategie nicht in jedem Fall anwendbar. Vorteile ergeben sich bei der Verarbeitung von *Messwerten*, da diese immer durch Rauschen überlagert sind, das keine sinnvolle Information trägt. Ein anderes Beispiel sind *Bilddaten*, bei denen es meist nicht auf eine bitgenaue Darstellung ankommt, sondern nur darauf, dass der visuelle Eindruck des komprimierten Bildes sich nicht erkennbar von dem des Originalbildes unterscheidet.

Oft ist es so, dass Methoden für die verlustfreie Datenkompression mit geringen Modifikationen auch zur verlustbehafteten Datenkompression verwendbar sind.

2.9.2 Lauflängen-Codierung

Bei der *Lauflängen-Codierung* (*Run-Length Coding*) werden nicht nur die codierten Daten abgespeichert, sondern zusätzlich die Anzahl, wie oft aufeinander folgende Daten denselben Wert aufweisen. Man speichert also Zahlenpaare der Art (f,n) ab, wobei f den Wert der Date und n die Lauflänge angibt, gerechnet ab Anfang des Datenstroms, bzw. ab Ende der vorhergehenden Sequenz. Mit Hilfe dieses Verfahrens lassen sich nur Daten effizient komprimieren, in denen zahlreiche homogene Bereiche auftreten, die durch ein einziges Code-Wort charakterisiert werden können. Dies ist vor allem in computergenerierten Bildern und Grafiken sowie in Binärbildern mit nur zwei Helligkeitsstufen der Fall.

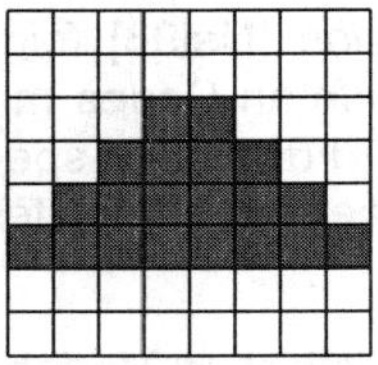

```
0 0 0 0 0 0 0 0     0 0 0 0
0 0 0 0 0 0 0 0     0 0 0 0
0 0 0 1 1 0 0 0     0 1 1 0 0 1 0 1 0 1 1 0
0 0 1 1 1 1 0 0     0 1 0 0 1 0 0 1 0 1 0 0
0 1 1 1 1 1 1 0     0 0 1 0 1 0 1 1 0 0 1 0
1 1 1 1 1 1 1 1     0 0 0 1
0 0 0 0 0 0 0 0     0 0 0 0
0 0 0 0 0 0 0 0     0 0 0 0
```

Abbildung 2.18: Beispiel für die Lauflängen-Codierung eines Binärbildes.
Links: Ein Binärbild aus 64 Bildpunkten, die entweder schwarz oder weiß sind.
Mitte: Dem Bild zugeordnetes Bit-Muster. 1 entspricht Schwarz, 0 entspricht Weiß.
Rechts: Bitmuster der Lauflängen-Codierung des Bildes. Zuerst wird in drei Bits die Lauflänge angegeben. Dabei bedeuten: 001=1, 010=2, 011=3, 100=4, 101=5, 110=6, 111=7, 000=8. Danach folgt der Code des Bildpunktes, also 0 oder 1. Es wurde offenbar eine Kompression von 64 auf 56 Bit erreicht.

Eine Erweiterung der Lauflängen-Codierung auf zwei Dimensionen geschieht durch Einführung von *Quad-Trees*. Dabei wird eine Baumstruktur von quadratischen Bereichen unterschiedlicher Größe mit jeweils einheitlichem Wert generiert. Auch für die Datenkompression mit Quad-Trees gilt, dass sie insbesondere für Computer-Grafiken mit einer beschränkten Anzahl von Farben gut geeignet ist. Ein Quad-Tree ist folgendermaßen aufgebaut:

- Die *Wurzel* repräsentiert als unterste Ebene den Gesamtbereich, bzw. einen ausgewählten quadratischen Ausschnitt. Haben alle Daten des der Wuzel entsprechenden Quadrats denselben Wert, so ist der Aufbau des Baums bereits abgeschlossen.

- Von der Wurzel verzweigen gegebenenfalls vier *Kanten* (*Äste*) zu vier *Knoten*, von denen jeder ein Viertel des Mutterquadrats repräsentiert. Haben die Daten eines Quadrates alle denselben Wert, so ist der entsprechende Knoten ein *Endknoten* (*Blatt*), für alle anderen Knoten wird die beschriebene Knotenbildung zur nächstfeineren Unterteilungsebene fortgeführt.

- Das Verfahren endet, wenn nur noch Endknoten vorhanden sind. Im Extremfall können die Endknoten einzelne Werte sein, eine Datenkompression ist dann nicht mehr gegeben.

Bei der Speicherung eines Quad-Trees kann man jedem Knoten eine Adresse zuordnen, aus der die Lage des Knotens eindeutig hervorgeht. Weiter muss man markieren, ob es sich bei dem Knoten um einen noch weiter aufzuspaltenden Knoten handelt, oder ob bereits ein Endknoten vorliegt. Für Endknoten ist lediglich der zugehörige Code anzugeben.

Der für Quad-Trees optimale Kompressionsfaktor kann erreicht werden, wenn man auf die Angabe von Knotenadressen ganz verzichtet und die Position der Knoten in einem rekursiven Verfahren allein durch die Reihenfolge ihrer Bearbeitung und Abspeicherung kennzeichnet. Die folgende Abbildung zeigt einen Quad-Tree für ein einfaches Datenfeld

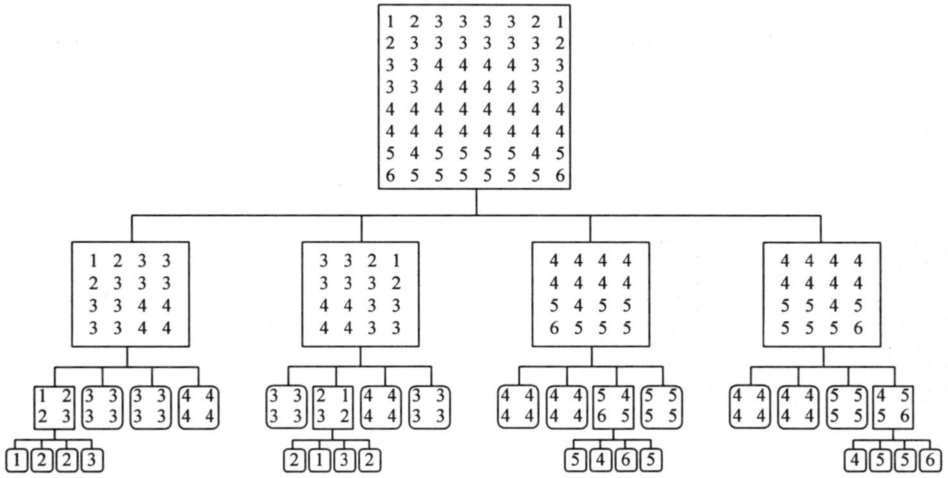

Abbildung 2.19: Beispiel für einen einfachen Quad-Tree. Gespeichert werden die Werte der Blätter (Kästchen mit abgerundeten Ecken) und die Knotenadressen.

Zu erwähnen ist noch die Erweiterung auf drei Dimensionen. Die Knoten des Baumes, der in diesem Fall als *Okt-Tree* bezeichnet wird, entsprechen dann würfelförmigen Volumenelementen (*Voxeln*).

2.9.3 Differenz-Codierung

Eine besonders für numerische Daten, beispielsweise Messwerte, gut geeignete Datenkompressionsmethode ist die *Differenz-Codierung*. Dabei werden nicht die Daten selbst, sondern nur die Differenzen aufeinander folgender Werte abgespeichert. Wegen der meist starken Korrelation aufeinander folgende Messwerte sind diese Differenzen in der Regel kleiner als die Messwerte und erfordern daher zur Codierung eine geringere Wortlänge als die Messwerte selbst.

Bezeichnet man den ersten Messwert mit f_0 so ist zunächst nur dieser zu speichern bzw. zu senden und danach jeweils nur die Differenzen d_i:

$d_i = f_i - f_{i-1}$

Es ist sinnvoll, die Differenzen nur dann zur Codierung heranzuziehen, wenn diese einen Maximalwert nicht überschreitet. Für größere Differenzen wird besser der tatsächliche Zahlenwert abgespeichert, der dann als Bezugspunkt für die folgenden Differenzen dient. Von Vorteil ist außerdem die Verwendung eines Codes mit variabler Wortlänge, da dann den am häufigsten auftretenden Differenzen die kürzesten Code-Wörter zugeordnet werden können. Ein spezielles Code-Wort muss allerdings zur Kennzeichnung des Falls reserviert werden, dass die Differenz den vorgesehenen Maximalwert übersteigt, so dass als nächstes Code-Wort keine Differenz, sondern ein Messwert folgt. Die folgende Tabelle zeigt ein Beispiel für einen derartigen Code.

Tabelle 2.18: Differenz-Code mit variabler Wortlänge zur komprimierenden Codierung von 8-Bit-Werten.

Differenz d	Code-Wort	
0	1	
1	0100	
-1	0101	
2	0110	
-2	0111	
3	00100	
-3	00101	
4	00110	
-4	00111	
5	000100	
-5	000101	
6	000110	
-6	000111	
7	0000100	
-7	0000101	
8	0000110	
-8	0000111	
$\|d\|>8$	00000	und danach 8 Bit für den Datenwert

Treten häufig Differenzen mit $|d|>8$ auf, so erzielt man keine Kompressionswirkung.

Die Differenz-Codierung lässt sich leicht von einem verlustfreien Verfahren zu einem verlustbehafteten Verfahren erweitern, das dann auch größere Differenzen verarbeiten kann. Dazu ordnet man einem Code-Wort nicht einen einzigen Zahlenwert zu, sondern ein Intervall. Ein Beispiel für eine mögliche Code-Belegung ist in der folgenden Tabelle angegeben.

Ein Vorteil der Differenz-Codierung liegt auch darin, dass sie auch als Hardware einfach zu implementieren ist und zu sehr schnellen Algorithmen führt.

Tabelle 2.19: Differenz-Code mit variabler Wortlänge zur verlustbehafteten komprimierenden Codierung von 8-Bit-Daten.

Grauwertdifferenz d	Code-Wort	
-1, 0, 1	1	
2, 3, 4	0100	
-2, -3, -4	0101	
5, 6, 7	0110	
-5, -6, -7	0111	
8, 9, 10	00100	
-8, -9, -10	00101	
11, 12, 13	00110	
-11, -12, -13	00111	
14, 15, 16	000100	
-14, -15, -16	000101	
17, 18, 19	000110	
-17, -18, -19	000111	
20, 21, 22	0000100	
-20, -21, -22	0000101	
23, 24, 25	0000110	
-23, -24, -25	0000111	
$\|d\|>25$	00000	und danach 8 Bit für den Datenwert

Eine Erweiterung der Differenz-Codierung zur Steigerung der Effizienz der Datenreduktion ist die *prädiktive Differenz-Codierung*. Man speichert hier nicht einfach die Differenz aufeinander folgender Messwerte ab, sondern die Differenz d_i zwischen dem aktuellen Wert f_i und einem aus dem bisherigen Datenverlauf geschätzten Wert g_i. Natürlich muss g_i so bestimmt werden, dass die Differenzen zwischen g_i und f_i im Mittel kleiner werden als die im vorigen Abschnitt eingeführten einfachen Differenzen, da sich nur dann eine wirkliche Verbesserung der Datenreduktion ergibt. Für die Bestimmung von g_i bieten sich verschiedene Verfahren an. Eine viel verwendete Möglichkeit zur Bestimmung des Schätzwertes g_i an der Stelle i ist die Addition der numerischen Ableitung des Datenverlaufs zum Wert f_{i-1}. Nimmt man als Näherungswert für die erste Ableitung die Differenz aufeinander folgender Werte, so erhält man die folgende *Schätzfunktion* für g_i:

$$g_i = f_{i-1} + k\cdot(f_{i-1} - f_{i-2})$$

und daraus:

$$d_i = f_i - g_i$$

Der Faktor k in dieser Gleichung legt fest, mit welchem Gewicht die Ableitung berücksichtigt wird. Meist wählt man für k Werte zwischen 0 und 2. Für $k=0$ ergibt sich wieder die oben beschriebene einfache Differenz-Codierung.

Die prädiktive Differenz-Codierung lässt sich auch leicht als Hardware realisieren, die im wesentlichen aus einer Schaltung zur Differenzbildung aufeinander folgender Signale besteht und aus einem Pulsgenerator, der einen positiven Impuls erzeugt, wenn die Differenz größer als Null war und einen negativen Impuls für Differenzen, die kleiner als Null waren. Diese Methode ist als *Delta-Modulation* in der Signalverarbeitung bekannt. Probleme können bei schnell ansteigenden oder abfallenden Kanten entstehen, was aber durch die Wahl einer höheren Abtastrate wieder ausgeglichen werden kann.

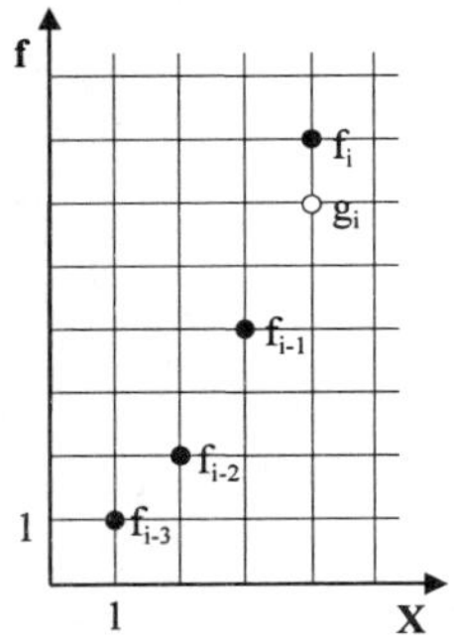

Abbildung 2.20: Beispiel zur Illustration der prädiktiven Differenz-Codierung an äquidistante Messdaten. Bei der einfachen Differenz-Codierung ergäbe sich an der Stelle i die Differenz $d_i = f_i - f_{i-1} = 3$. Die prädiktive Differenz-Codierung liefert dagegen den wesentlich kleineren Wert $d_i = f_i - g_i = 1$, wobei für den Schätzwert $g_i = f_{i-1} + (f_{i-1} - f_{i-2}) = 6$ eingesetzt wurde.

Bessere Ergebnisse als mit der linearen, prädiktiven Differenz-Codierung lassen sich erzielen, wenn eine höhere Anzahl von benachbarten Messwerten in die Schätzfunktion mit einbezogen wird.

Man kann noch einen Schritt weiter gehen und beispielsweise nur jeden zweiten Messwert verwenden. Bei dieser *Interpolations-Codierung* wird dann bei der Rück-Codierung die fehlende Information durch Interpolation näherungsweise wieder ergänzt. In Frage kommen unter anderem die *lineare* und *kubische Interpolation*, aber auch die Interpolation mit *Spline-* sowie *Bezier-Funktionen*.

Ein Nachteil der Differenz-Codierung ist, dass in der Umgebung von Extremwerten die Schätzfunktionen naturgemäß keine gute Vorhersage liefern können.

2.9.4 Arithmetische Codierung

Eine Alternative zum Huffman-Verfahren ist die *arithmetische Codierung*, die ebenfalls verlustfrei arbeitet und die ungleichmäßige Häufigkeitsverteilung von Einzelzeichen ausnutzt. Beim Huffman-Code erhält jedes Zeichen des Quelltextes ein Code-Wort mit variabler, aber notwendigerweise ganzzahliger Länge. Im Gegensatz dazu wird bei der arithmetischen Codierung dem gesamten Quelltext eine Gleitpunktzahl x im Intervall $0 \leq x < 1$ zugeordnet. Dies bedeutet, dass Einzelzeichen implizit auch einen nicht-ganzzahligen Informationsgehalt tragen können. Es gelingt daher in vielen Fällen, mit der arithmetischen Codierung die Redundanz noch etwas weiter zu verringern als mit einem Huffman-Code. Dennoch ist die arithmetische wie auch die Huffman-Codierung eine Codierung von Einzelzeichen, da Korrelationen zwischen benachbarten Zeichen unberücksichtigt bleiben.

Vor der eigentlichen Codierung eines Quelltextes mit n Zeichen wird zunächst die Häufigkeitsverteilung der n Zeichen ermittelt. Dann wird das Intervall $[0,1[$ in n aneinander anschließende Intervalle aufgeteilt, wobei jedem Intervall ein Zeichen zugeordnet wird und die Länge der Intervalle den Auftrittswahrscheinlichkeiten der Zeichen entsprechen. Tabelle 2.17 gibt dafür ein Beispiel für den Eingabetext ESSEN.

Tabelle 2.20: Der Quelltext ESSEN ist arithmetisch zu codieren. Dazu werden zunächst die Auftrittswahrscheinlichkeiten w_i der Einzelzeichen ermittelt. Danach wird jedem Zeichen ein Intervall zugeordnet, dessen Länge zu der entsprechenden Auftrittswahrscheinlichkeit proportional ist.

Zeichen	w_i	Intervall
E	2/5	[0.0,0.4[
S	2/5	[0.4,0.8[
N	1/5	[0.8,1.0[

Diese Tabelle ist sowohl für die Codierung als auch für die Decodierung erforderlich. Die Auftrittswahrscheinlichkeiten müssen daher mit übertragen werden, was den datenkomprimierenden Effekt des Verfahrens etwas beeinträchtigt.

Zur eigentlichen Codierung wird als Startwert das Intervall [0.0, 1.0[mit der Untergrenze ug=0.0 und der (nicht mehr zum Intervall gehörenden) Obergrenze og=1.0 hergenommen. Die Länge des Intervalls ist len=og-ug=1.0. Die Untergrenze und die Obergrenze dieses Intervalls werden nun durch die Schritt für Schritt eingelesenen Zeichen des Textes entsprechend der Unter- und Obergrenze ihres Intervalls immer weiter eingegrenzt. Dies geschieht nach folgendem Schema:

Arithmetische Kompression

Setze $ug = 0$ und $og = 1$
Lies nächstes Eingabezeichen c und berechne:
    $len = og - ug$ aktuelle Länge des Intervalls
    $og = ug + len*og(c)$ neue Obergrenze
    $ug = ug + len*ug(c)$ neue Untergrenze
bis das Textende erreicht ist
Gib ug als Ergebnis x aus.

Die Ziffern des Ergebnisses sind nun annähernd gleichverteilt, so dass man sie hexadezimal als Block-Code mit vier Bit pro Ziffer darstellen kann. Mit ug(c) und og(c) werden die in der Tabelle gespeicherten Untergrenzen und Obergrenzen der zu dem jeweiligen Zeichen c gehörenden Intervalle bezeichnet. Da der Multiplikator len immer kleiner ist als 1, können ug und og nie über die Grenzen des durch den ersten Buchstaben gegebenen Intervalls hinauswachsen. Außerdem kann der durch das jeweils als Nächstes codierte Zeichen hinzukommende Zuwachs nie größer sein, als die zu diesem Zeichen gehörende Intervallänge. Dadurch ist sichergestellt, dass die Codierung umkehrbar eindeutig ist. Dieses Verfahren wird nun als Beispiel auf den Eingabetext ESSEN angewendet. Die einzelnen Schritte sind in Tabelle 2.21 zusammengestellt.

Tabelle 2.21: Arithmetische Codierung des Textes ESSEN. Das Ergebnis ist x=0.24448.

Eingabezeichen	len	ug	og
Initialisierung		0.0	1.0
E	1.0	0.0	0.4
S	0.4	0.16	0.32
S	0.16	0.224	0.288
E	0.064	0.224	0.2496
N	0.0256	0.24448	0.2496

Aus dem codierten Text, also der Gleitpunktzahl x=0.24448, kann der Ursprungstext durch Umkehrung des Codierungs-Formalismus wieder gewonnen werden. Dies geschieht nach folgender Vorschrift:

Arithmetische Dekompression

Lies Code *x*
solange *x>0* (bzw. noch nicht alle Zeichen decodiert sind)
  Suche Zeichen *c*, in dessen Intervall *x* liegt und gib c aus
  len = og(c) - ug(c)   Intervall-Länge
  x = (x - ug(c))/len   neuer Code

Für den Beispieltext ESSEN ergab sich der Code x=0.24448. Tabelle 2.19 zeigt, wie daraus schrittweise der Unrsprungstext wieder gewonnen wird.

Tabelle 2.22: Arithmetische Dekompression des Textes ESSEN.

x	len	ug	og	Ausgabezeichen
0.24448	0.4	0.0	0.4	E
0.6112	0.4	0.4	0.8	S
0.528	0.4	0.4	0.8	S
0.32	0.4	0.0	0.4	E
0.80	0.8	1.0	N	
0.0 -	-	-	Ende	

Bei der Implementierung des Kompressions- und Dekompressions-Algorithmus als C-Programm erweist es sich der Umgang mit Gleitpunktzahlen als problematisch. Dies ergibt nämlich unvermeidlich Rundungsfehler, so dass die Wahl x=ug zu Fehlern führen kann. Außerdem ist wegen der Rundungsfehler nicht sichergestellt, dass bei der Dekomprimierung x tatsächlich exakt 0 wird. Es ist daher besser, als Ergebnis der Kompression x=(ug+og)/2 zu wählen und bei der Dekompression dann abzubrechen, wenn die bekannte Anzahl von n Zeichen erreicht wurde.

Im Folgenden ist ein Beispielprogramm angegeben, das jedoch nur Texte mit maximal 15 Zeichen verarbeiten kann. Für die Kompression längerer Texte müssen Multiplikation und Division durch eine aufwendigere Langzahlarithmetik ersetzt werden.

```
//*************************************************************************
// Arithmetische Kompression
//*************************************************************************

#include <stdio.h>
#include <conio.h>
#define MAX 15
#define DIM 256

//-------------------------------------------------------------------------
// Komprimierung
//-------------------------------------------------------------------------
comp(char t[], double *x, int h[]) {
  double ug, og, d, dn, tab_u[DIM], tab_o[DIM];
  int i, n=0;
  for(i=0; i<DIM; i++) h[i]=0;         // Häufigkeitstabelle initialisiern
  while(t[n]) {
    h[t[n++]]++;                       // Häufigkeitstabelle inkrementieren
    if(n>MAX) return(-1);
  }
  dn=(double)n;                                       // Anzahl der Zeichen
  tab_u[0]=0; tab_o[0]=(double)h[0]/dn;
  for(i=1; i<DIM; i++) {        // Tabelle der Unter-/Obergrenzen erstellen
    tab_u[i]=tab_o[i-1];
    tab_o[i]=tab_u[i]+(double)h[i]/dn;
  }
  printf("Anzahl der Zeichen: %d\n",n);              // Ausgabe der Tabelle
  printf("\n i  c   h          ug                 og\n");
  printf("-------------------------------------------------\n",n);
  for(i=0; i<DIM; i++) if(h[i]) printf("%3d %c %3d  %.15f  %.15f\n"
    ,i,i,h[i],tab_u[i],tab_o[i]);
  ug=0; og=1;
  for(i=0; i<n; i++) {                                      // Komprimieren
    d=og-ug;
    og=ug+d*tab_o[t[i]];
    ug=ug+d*tab_u[t[i]];
    printf("%.15f %.15f\n",ug,og);
  }
  *x=(ug+og)/2;                              // Ergebnis der Komprimierung
  return(0);
}

//-------------------------------------------------------------------------
// Dekomprimierung
//-------------------------------------------------------------------------
decomp(char t[], double x, int h[]) {
  double dn, tab_u[DIM], tab_o[DIM];
  int i, k, n=0;
  for(i=0; i<DIM; i++) n+=h[i];
  dn=(double)n;                                       // Anzahl der Zeichen
  tab_u[0]=0; tab_o[0]=(double)h[0]/dn;
  for(i=1; i<DIM; i++) {        // Tabelle der Unter-/Obergrenzen erstellen
    tab_u[i]=tab_o[i-1];
    tab_o[i]=tab_u[i]+(double)h[i]/dn;
  }
  for(i=0; i<n; i++) {                                    // Dekomprimieren
    for(k=0; k<DIM; k++) if(x<tab_o[k]) break;   // Tabelleneintrag suchen
    t[i]=k;
    printf("%c: %.15f\n",k,x);
    x=(x-tab_u[k])/(tab_o[k]-tab_u[k]);
  }
  return(0);
}
```

```
//----------------------------------------------------------------------
main() {
  char t[80];
  int h[DIM];
  double x;
  printf("\n\nARITHMETISCHE KOMPRESSION\n\n\n");
  printf("Bitte einen Text mit maximal %d Buchstaben eingeben: ",MAX);
  scanf("%s",t);
  if(comp(t,&x,h)==-1) printf("\nFehler: Text ist zu lang!\n");
  else {
    printf("\nErgebnis nach Kompression: x=%.15f\n",x);
    printf("\nZum Dekomprimieren beliebige Taste drücken\n\n"); getch();
    decomp(t,x,h);
    printf("\nErgebnis nach Dekompression:  %s\n\n",t);
  }
}
```

Als Beispiel für einen Programmlauf wird das Wort „Hochschulferien" zunächst komprimiert und danach wieder dekomprimiert:

```
ARITHMETISCHE KOMPRESSION

Bitte einen Text mit maximal 15 Buchstaben eingeben: Hochschulferien
Anzahl der Zeichen: 15

 i  c   h          ug                  og
-----------------------------------------------
 72 H   1  0.000000000000000  0.066666666666667
 99 c   2  0.066666666666667  0.200000000000000
101 e   2  0.200000000000000  0.333333333333333
102 f   1  0.333333333333333  0.400000000000000
104 h   2  0.400000000000000  0.533333333333333
105 i   1  0.533333333333333  0.600000000000000
108 l   1  0.600000000000000  0.666666666666667
110 n   1  0.666666666666667  0.733333333333333
111 o   1  0.733333333333333  0.800000000000000
114 r   1  0.800000000000000  0.866666666666667
115 s   1  0.866666666666667  0.933333333333333
117 u   1  0.933333333333333  1.000000000000000
0.000000000000000 0.066666666666667
0.048888888888889 0.053333333333333
0.049185185185185 0.049777777777778
0.049422222222222 0.049501234567901
0.049490699588477 0.049495967078189
0.049491050754458 0.049491753086420
0.049491331687243 0.049491425331504
0.049491419088554 0.049491425331504
0.049491422834324 0.049491423250521
0.049491422973056 0.049491423000803
0.049491422978606 0.049491422982305
0.049491422981565 0.049491422981812
0.049491422981697 0.049491422981713
0.049491422981700 0.049491422981702
0.049491422981701 0.049491422981702
Ergebnis nach Kompression: x=0.049491422981702

Zum Dekomprimieren beliebige Taste drücken

H: 0.049491422981702
o: 0.742371344725523
c: 0.135570170882849
```

```
h: 0.516776281621371
s: 0.875822112160280
c: 0.137331682404204
h: 0.529987618031528
u: 0.974907135236459
l: 0.623607028546883
f: 0.354105428203249
e: 0.311581423048728
r: 0.836860672865462
i: 0.552910092981927
e: 0.293651394728906
n: 0.702385460466795

Ergebnis nach Dekompression:  Hochschulferien
```

2.9.5 Der LZW-Algorithmus

Für die verlustfreie Kompression beliebiger Daten hat sich als effizientestes Verfahren der nach seinen Erfindern *Lempel*, *Ziv* und *Welch* benannte *LZW-Algorithmus* durchgesetzt [Ziv77]. Es handelt sich dabei um ein statistisches Verfahren, das aber anders als das Huffman-Verfahren oder die arithmetische Codierung nicht nur Einzelzeichen codiert, sondern Zeichengruppen unterschiedlicher Länge. Dadurch lassen sich nicht nur die Häufigkeiten von Einzelzeichen bei der Codierung berücksichtigen, sondern auch durch Korrelationen aufeinander folgender Zeichen bedingte Redundanzen. Der LZW-Algorithmus minimiert also auch Redundanzen, die dadurch entstehen, dass sich identische Zeichenfolgen (Strings) in den Eingabedaten mehrmals wiederholen. Dies führt zu einer umso besseren Kompressionswirkung, je häufiger solche Wiederholungen auftreten und je länger die sich wiederholenden Zeichengruppen sind. Das Ergebnis der Kompression besteht dann aus einer weit gehend unkorrelierten Zeichenfolge, die verlustfrei nicht mehr weiter komprimierbar ist.

Der LZW-Algorithmus arbeitet mit einer Code-Tabelle in der jeder Eintrag aus einem String mit Zeichen des Quell-Alphabets und dem zugehörigen komprimierten Code besteht. Die Code-Tabelle wird am Anfang mit allen Einzelzeichen des Quell-Alphabets vorbesetzt und während der Kompression nach und nach erweitert und an die Eingabe angepasst. Wegen dieser automatischen Anpassung benötigt der LZW im Voraus keinerlei Informationen über die Statistik des Eingabetextes; er kann daher als Ein-Schritt-Verfahren realisiert werden. Auch muss die Code-Tabelle nicht zusammen mit den codierten Daten gespeichert bzw. übertragen werden, da sie im Decoder aus den codierten Daten in identischer Weise wieder neu erzeugt werden kann.

Zu Beginn der Codierung muss jedes Zeichen des Eingabetextes einzeln codiert werden, weil ja die Code-Tabelle nur mit den Einzelzeichen des Quell-Alphabets vorbesetzt ist und noch keine längeren Strings enthält. Zu Beginn ist also noch kein Kompressionseffekt zu erwarten. Im Laufe der Verarbeitung sammeln sich aber in der Tabelle immer mehr und immer längere mehrfach aufgetretene Strings an, von denen angenommen werden kann, dass sie im noch zu komprimierenden Text ebenfalls noch häufig auftreten werden. Dadurch steigt die Effizienz der Kompression immer weiter an, bis die Code-Tabelle vollständig gefüllt ist. Danach geht die Anpassungseigenschaft des Algorithmus verloren. Die Kompressionsrate bleibt dann zunächst gleich, sie kann sich aber auch wieder verschlechtern, wenn sich die Charakteristika der Eingabedaten ändern. Dem kann man durch Erstellen einer neuen Code-Tabelle entgegenwirken.

Die Codierung einer Zeichenkette Z läuft nun nach folgendem Schema ab: zunächst wird das nächste Eingabezeichen c des Eingabestrings Z eingelesen und an den als *Präfix* bezeichneten Anfangs-Teilstring P des Strings Z angehängt, es wird also der String Pc gebildet. Zu Beginn wird der Präfix P mit dem leeren String vorbesetzt. Ist Pc in der Code-Tabelle bereits vorhanden, so wird P=Pc gesetzt und das nächste Zeichen eingelesen. Andernfalls wird P ausgegeben, Pc in die Code-Tabelle eingetragen und der neue Präfix P=c gesetzt. Kommt der soeben eingetragene Teilstring Pc später im Text nochmals vor, so kann er durch ein einziges Code-Wort ersetzt werden. Darauf beruht letztlich die komprimierende Wirkung des LZW-Verfahrens.

Der Kompressions-Algorithmus lautet damit in Pseudo-Code-Formulierung:

LZW-Algorithmus zur Kompression eines Strings *Z*

```
-------------------------------------------------------------------------
Initialisiere die Code-Tabelle mit den Einzelzeichen
Weise dem Präfix P den Leerstring zu
Wiederhole, solange Eingabezeichen vorhanden sind:
    Lies nächstes Eingabezeichen c aus dem Eingabestring Z
    Wenn Pc in der Code-Tabelle gefunden wird:
        steze P=Pc
    Sonst:
        Trage Pc in die nächste freie Position der Code-Tabelle ein
        Gib den Code für P aus
        setze P=c
Ende der Schleife
Gib den Code für das letzte Präfix P aus
```

Als Beispiel wird die Zeichenkette Z=ABABCBABAB betrachtet. Die Code-Tabelle wird mit den Zeichen A, B, C des Quell-Alphabets und den entsprechenden Codes des Ausgabealphabets vorbesetzt. Wählt man für das Beispiel als maximale Länge der Code-Tabelle sieben Einträge, so benötigt man in der Ausgabe 3 Bit pro Code-Wort. Die Code-Tabelle wird also folgendermaßen vorbesetzt:

Tabelle 2.23: Vorbesetzung der Code-Tabelle für die Kompression des Strings Z=ABABCBABAB mit dem LZW-Algorithmus.

Präfix	Ausgabe-Code
A	0 = 000
B	1 = 001
C	2 = 010
-	3 = 011
-	4 = 100
-	5 = 101
-	6 = 110
-	7 = 111

Der Codierungsvorgang läuft damit folgendermaßen ab:

Tabelle 2.24: Codierung des Strings Z=ABABCBABAB mit dem LZW-Algorithmus. Das aktuell verarbeitete Zeichen ist unterstrichen dargestellt. Die codierte Nachricht lautet 013247.

Schritt	String Z	Präfix P	Eintrag in die Code-Tabelle	Ausgabe
0	ABABCBABAB	-	Vorbesetzung	-
1	ABABCBABAB	A	-	-
2	ABABCBABAB	B	AB=3	0
3	ABABCBABAB	A	BA=4	1
4	ABABCBABAB	AB	-	-
5	ABABCBABAB	C	ABC=5	3
6	ABABCBABAB	B	CB=6	2
7	ABABCBABAB	BA	-	-
8	ABABCBABAB	B	BAB=7	4
9	ABABCBABAB	BA	-	-
10	ABABCBABAB	BAB	-	-
11	ABABCBABAB	-	-	7

Nach Beendigung der Codierung hat der Inhalt der Code-Tabelle die Form:

Tabelle 2.25: Code-Tabelle nach Beendigung der Kompression des Strings Z=ABABCBABAB.

Präfix	Ausgabe-Code
A	0 = 000
B	1 = 001
C	2 = 010
AB	3 = 011
BA	4 = 100
ABC	5 = 101
CB	6 = 110
BAB	7 = 111

Weil jeder neue Eintrag in der Code-Tabelle nur eine Verlängerung eines bereits in der Code-Tabelle enthaltenen Strings darstellt, ist es nicht nötig, zu jedem Code den vollständigen String zu speichern. Es empfiehlt sich stattdessen, nur das letzte Zeichen des Strings zu speichern und einen Verweis auf den String, aus dem er hervorgegangen ist. Der Code ABC aus dem obigen Beispiel wird dann als 4C abgespeichert. Dadurch werden für jeden Tabelleneintrag bei 8 Byte Eingabezeichen und 12 bis 16 Bit Code nur drei Byte benötigt: ein Byte für das letzte Zeichen und zwei Byte für den Verweis.

Meist werden 12 Bit Codes verwendet, entsprechend 4096 Tabelleneinträgen oder 13 Bit Codes, entsprechend 8192 Einträgen. Bei einer Verlängerung der Code-Tabelle können zwar mehr und längere Teilstrings abgespeichert werden; dies führt jedoch nicht unbedingt zu einer Verbesserung der Kompressionsrate, weil eine größere Tabelle auch zu längeren Code-Wörtern führt. Insbesondere zu Beginn der Kompression, wenn noch Einzelzeichen codiert werden, führt dies zunächst nicht zu einer Kompression, sondern zu einer Verlängerung des Textes.

Wenn die Code-Tabelle gefüllt ist, kann man entweder mit dieser Tabelle weiterarbeiten oder aber die Tabelle löschen und mit einer neu initialisierten Tabelle fortfahren. Bei der zweiten Strategie sinkt zwar die Kompressionsrate zunächst, aber die Code-Tabelle kann dafür wieder neu an die Eigenschaften der Eingabedaten angepasst werden. Dies erweist sich dann als sinnvoll, wenn damit zu rechnen ist, dass sich die Charakteristik der Daten ändern wird. Dies ist insbesondere bei der Kompression von Bilddaten der Fall. Eine Neuinitialisierung der Code-Tabelle muss in den komprimierten Daten allerdings durch Einfügen eines dafür reservierten Code-Worts kenntlich gemacht werden.

Bei der Komprimierung der Daten muss bei jedem Schritt nach dem String Pc gesucht werden, also dem aktuellen Präfix plus nächstes Eingabezeichen. Eine sequentielle Suche würde sehr viel Zeit benötigen, so dass sich die Verwendung einer *Hash-Tabelle* empfiehlt (siehe Kap. 11.2). Dazu wird neben der Code-Tabelle noch eine Hash-Tabelle zur Speicherung von Verweisen auf die Code-Tabelle aufgebaut.

Die Dekompression ist zunächst etwas unanschaulicher, aber auch nicht schwieriger zu implementieren als die Kompression. Zunächst wird wie bei der Kompression eine Code-Tabelle angelegt, und mit den Eingabezeichen vorbesetzt. Der Dekompressor liest nun ein Zeichen nach dem anderen ein, sucht den zugehörigen String in der Code-Tabelle auf und gibt ihn aus. Zusätzlich wird an den im vorherigen Schritt decodierten String das erste Zeichen des aktuell decodierten Strings angehängt und das Ergebnis in die nächste freie Position der Code-Tabelle eingetragen. Auf diese Weise wird schrittweise dieselbe Code-Tabelle aufgebaut, mit der auch der Kompressor gearbeitet hat. Es gibt dabei jedoch eine Komplikation: Wenn bei der Kompression ein String in die Code-Tabelle eingetragen und im nächsten Schritt bereits wieder verwendet wurde, so kann er bei der Dekompression an dieser Stelle noch nicht in der Tabelle enthalten sein. In diesem Fall ist aber klar, dass der fehlende Code einfach durch Verlängerung des Präfix um das erste Zeichen des zuvor ausgegebenen Strings entsteht. Der in die Code-Tabelle einzutragende String ist in diesem Sonderfall mit dem auszugebenden String identisch.

Als Beispiel wird nun das Kompressions-Ergebnis 013247 des Strings ABABCBABAB wieder dekomprimiert. Zunächst wird die Code-Tabelle wieder mit den Zeichen A, B und C vorbesetzt. Der Dekompressor liest dann das erste Code-

Zeichen (=0) ein, sucht das zugehörige Zeichen des Quell-Alphabetes in der Code-Tabelle (=A) und gibt dieses Zeichen aus. Anschließend wird das nächste Zeichen (=1) eingelesen, decodiert (=B) und ausgegeben. Zusätzlich wird jetzt der String AB, bestehend aus dem zuvor decodierten Zeichen A und dem soeben decodierten Zeichen B auf die Nächste freie Position, hier also 3, der Code-Tabelle eingetragen. Das als Nächstes eingelesene Zeichen (=3) ergibt den Ausgabestring AB, der soeben erst in die Code-Tabelle eingetragen wurde. Zusätzlich wird der String BA, bestehend aus dem Zeichen B des vorhergehenden Schritts und dem ersten Zeichen des Strings AB, in die Code-Tabelle eingetragen. Die weiteren Schritte der Decodierung ergeben sich aus der nachstehenden Tabelle.

Tabelle 2.26: Decodierung der komprimierten Nachricht 013247 mit dem LZW-Algorithmus. Das aktuell verarbeitete Zeichen ist jeweils unterstrichen dargestellt. Es wird wieder die ursprüngliche Nachricht ABABCBABAB aufgebaut.

Schritt	Code-String	Code	Eintrag in die Code-Tabelle	Ausgabe-String=Präfix
0	013247	-	Vorbesetzung	-
1	013247	0	-	A
2	013247	1	AB	B
3	013247	3	BA	AB
4	013247	2	ABC	C
5	013247	4	CB	BA
6	013247	7	BAB	BAB

Man erkennt, dass der Dekompressor tatsächlich dieselben Strings in die Code-Tabelle einträgt wie der Kompressor, allerdings immer einen Schritt später. Der Dekompressor kann beispielsweise den String AB erst dann eintragen, wenn er auch den Code für B bereits verarbeitet hat, weil erst dann bekannt ist, dass bei der Komprimierung auf das Zeichen A ein B folgte. Dieses Nachhinken kann zu dem oben bereits erwähnten Sonderfall führen, dass ein benötigter Code in der Code-Tabelle noch nicht enthalten ist. In dem betrachteten Beispiel ist dies in Schritt 6 der Fall. Dort trifft der Dekompressor auf den Code 7, den er in der Code-Tabelle nicht findet, weil dafür noch kein String eingetragen worden ist. Wenn dieser Fall eintritt, ist aber bekannt, dass der fehlende String mit demselben Zeichen beginnen muss, wie der unmittelbar zuvor decodierte und ausgegebene String.

Der zugehörige Algorithmus lautet somit als Pseudeo-Code:

LZW-Algorithmus zur Dekompression einer Nachricht

```
Initialisiere die Code-Tabelle mit den Eingabezeichen
Weise dem Präfix P den Leerstring zu
Wiederhole, solange Eingabezeichen vorhanden sind:
    Lies nächstes Eingabezeichen c
    Wenn c in der Code-Tabelle enthalten ist:
        Gib den zu c gehörenden String aus
```

Setze *k* = erstes Zeichen dieses Strings
Trage *Pk* in die Code-Tabelle ein, falls noch nicht vorhanden
Setze *P* auf den zu dem Code *c* gehörigen String
Sonst (Sonderfall):
setze *k* = erstes Zeichen von *P*
Gib *Pk* aus
Trage *Pk* in die Code-Tabelle ein
Setze *P*=*Pk*
Ende der Schleife

Der hier beschriebene Algorithmus kann in einigen Details noch verbessert werden. Relativ einfach zu realisieren ist, dass nicht immer die volle Länge der Codes übertragen werden muss. Solange in der Tabelle nicht mehr als 512 Einträge sind, reichen 9 Bit für die Darstellung der Code-Wörter aus, zwischen 513 und 1024 Einträgen genügen 10 Bit usw. Sowohl der Kompressor als auch der Dekompressor können anhand ihrer Code-Tabelle feststellen, mit welcher Wortlänge gerade gearbeitet wird und die Wortlänge erhöhen, sobald ein längerer Code in die Tabelle eingetragen wird. Meist ist es noch günstiger, die Erhöhung der Wortlänge durch ein eigenes Code-Wort zu signalisieren, weil dann nicht schon beim Eintragen eines längeren Code-Wortes in die Tabelle umgeschaltet werden muss, sondern erst dann, wenn tatsächlich das erste längere Code-Wort verwendet wird.

Eine weitere Verbesserung, allerdings auf Kosten der Ausführungszeit, kann erzielt werden, wenn man das Verfahren nicht einschrittig auslegt, sondern eine statistische Analyse vorschaltet. Besonders häufig auftretende Strings können so ermittelt und bereits bei der Initialisierung der Code-Tabelle berücksichtigt werden.

2.9.6 Datenreduktion durch unitäre Transformationen

In vielen technischen Anwendungen werden Daten, insbesondere Messdaten und Bilder, mit Hilfe der *Fourier-Transformation* in eine Frequenzdarstellung transformiert. In diesem Kapitel wird gezeigt, dass auf diese Weise auch eine sehr effiziente Datenkompression erreicht werden kann. Die Fourier-Transformation wird durch Integrale vermittelt, die im Falle diskreter Daten durch Summen ersetzt werden können; man spricht dann von der *diskreten Fourier-Transformation*, für die es sehr effiziente Algorithmen gibt. Der bekannteste ist der *DFFT-Algorithmus* (von *Diskrete Fast Fourier Transform*). Damit kann man eine aus N Punkten bestehende Datenmenge f_n in ihre Entsprechung F_n im Frequenzraum transformieren:

$$F_u = \frac{1}{N}\sum_{n=0}^{N-1} f_n e^{-2\pi i n u/N} \qquad \text{Fourier-Transformation}$$

Die Formel für die Rücktransformation lautet:

$$f_n = \sum_{u=0}^{N-1} F_u e^{2\pi i n u/N}$$ Fourier-Rücktransformation

Die Summen in diesen Gleichungen lassen sich durch Multiplikation einer die Exponentialterme enthaltenden Matrix mit einem Vektor darstellen, dessen Komponenten die zu transformierenden Daten sind. Die einzelnen Komponenten des transformierten Vektors ergeben sich also durch Berechnung des Skalarproduktes aus der entsprechenden Matrixzeile mit dem Datenvektor. Betrachtet man die Zeilen der Matrix als Basisvektoren, so wird durch das Skalarprodukt diejenige Komponente des Datenvektors transformiert, die in Richtung des entsprechenden Basisvektors zeigt.

Dieses Prinzip soll nun verallgemeinert werden. Dazu wird bei der Fourier-Transformation die Exponentialfunktion $e^{-i2\pi nu/N}$ durch eine zunächst beliebige, als *Kern* der Transformation bezeichnete Matrix $\mathbf{K}$ der Dimension N mit den Komponenten K_{nu} ersetzt und bei der Rücktransformation durch die zu $\mathbf{K}$ inverse Matrix $\mathbf{K}^{-1}$:

$$F_u = \frac{1}{N} \sum_{n=0}^{N-1} f_n K_{nu}$$ Hin-Transformation

$$f_n = \sum_{u=0}^{N-1} F_u K_{nu}^{-1}$$ Rück-Transformation

Damit sich eine sinnvolle Transformation ergibt, müssen die Basisvektoren des Kerns, also die Zeilen der Matrix $\mathbf{K}$, einen *Vektorraum* mit Dimension N aufspannen. Dies ist dann der Fall, wenn alle N Zeilenvektoren (Basisvektoren) linear unabhängig, also in einer geometrischen Betrachtungsweise nicht parallel zueinander sind. Besonders einfach wird die mathematische Beschreibung, wenn die Basisvektoren nicht nur linear unabhängig, sondern *orthogonal* sind, also - geometrisch interpretiert - aufeinander senkrecht stehen. Für komplexe Matrizen bedeutet dies, dass (bis auf den vorgezogenen Normierungsfaktor $1/N$) die inverse Matrix $\mathbf{K}^{-1}$ mit der konjugiert komplexen und transponierten Matrix $\mathbf{K}^{*T}$ übereinstimmt:

$$\mathbf{K}^{-1} = \mathbf{K}^{*T}$$

Komplexe Matrizen mit dieser Eigenschaft werden als *unitäre Matrizen* bezeichnet, dementsprechend heißen auch die durch sie vermittelten Transformationen *unitäre Transformationen*. Insbesondere gehört auch die Fourier-Transformation zur Klasse dieser Transformationen. Im Falle reeller Matrizen stimmt die *inverse Matrix* mit der *transponierten Matrix* überein, man spricht dann von *orthogonalen Matrizen* und *orthogonalen Transformationen*. Ist die orthogonale Transformationsmatrix außerdem noch *symmetrisch*, so ist sie mit ihrer Inversen bzw. Transponierten identisch. Da das Rechnen mit komplexen Zahlen doch einen gewissen Aufwand bedeutet, werden in der Praxis orthogonale Transformationen mit reellen, möglichst auch noch symmetrischen Matrizen bevorzugt verwendet. Das bekannteste Beispiel für eine orthogonale Transformation ist wohl die Drehung von Koordinatensystemen, was bei der Robotersteuerung oder in CAD-Anwendungen zum täglichen Brot gehört.

Im allgemeinen Fall ist die Berechnung der inversen Matrix recht aufwendig, die Bestimmung der transponierten Matrix dagegen trivial: man erhält die transponierte Matrix einfach durch Spiegelung an der Hauptdiagonalen. Damit ist auch sofort klar, dass orthogonale, symmetrische Matrizen zu sich selbst invers sind, so dass für die Hintransformation und die Rücktransformation identische Matrizen verwendet werden können.

Hat man einen Datensatz durch eine unitäre bzw. orthogonale Transformation in eine andere Darstellung überführt, so ist noch stets die gleiche Datenmenge zu speichern, eine Kompression wurde dadurch also nicht bewirkt. Eine sehr effiziente Möglichkeit zur Datenreduktion liegt aber darin, dass bei geeigneter Wahl der Transformation manche Komponenten nur wenig Information tragen und daher weggelassen werden können (siehe Abbildung 2.21). Der Grund dafür ist, dass man orthogonale Transformationen angeben kann, bei denen die Komponenten des Ergebnisses weitgehend unkorreliert sind, während die zu transformierenden Daten in der Regel sehr stark miteinander korreliert sind, da sie sich für gewöhnlich stetig ändern. Anders ausgedrückt: kennt man einige aufeinanderfolgende Werte der zu transformierenden Ausgangsdaten, so lässt sich der Wert des nächsten Wertes mit hoher Wahrscheinlichkeit voraussagen; für das Ergebnis einer geeigneten orthogonalen Transformation gilt das aber nicht mehr.

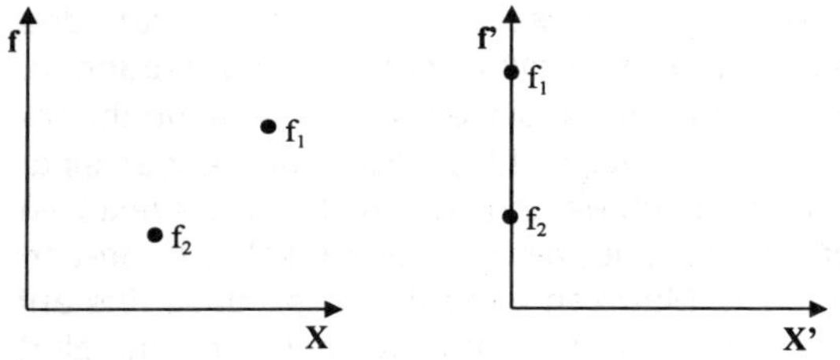

Abbildung 2.21: Durch eine Koordinatentransformation wird erreicht, dass nach einer geeigneten Koordinatentransformation die X'-Komponenten für die beiden Daten f_1 und f_2 zu 0 werden und daher nicht gespeichert werden müssen. Dies entspricht einer Datenkompression.

Ordnet man den Zeilen des Kerns als Basisfunktionen Schwingungen mit ansteigender Frequenz zu, so wird ein Datenvektor durch Überlagerungen dieser Basisfunktionen ausgedrückt. Hohe Frequenzanteile in Daten entstehen durch scharfe Kanten und durch Rauschen. Werden nun die den hohen Frequenzanteilen entsprechenden Komponenten vernachlässigt, so führt dies zu einer Rauschunterdrückung, aber - da es sich hierbei im Grunde um einen *Tiefpass-Filter* handelt - auch zu einer Kantenverschmierung.

Die Effizienz des Verfahrens hängt in erster Linie von den gewählten Basisfunktionen ab. Die einfachste Möglichkeit ergibt sich, wenn man als Basisfunktionen *Rechteckschwingungen* wählt, die in diesem Zusammenhang auch als *Walsh-Funktionen* bezeichnet werden. Die zugehörige Transformation ist als *Hadamard-Transformation* bekannt und besonders einfach und extem schnell ausführbar, weil die Transformationsmatrix nur die Werte 1 und -1 enthält, so dass man bei der Transformation völlig ohne Multiplikationen auskommt. Als günstiger hat sich allerdings die Wahl von Sinus- oder Kosinusfunktionen als Basis erwiesen, da dann die Resultate in noch höherem Maße unkorreliert sind als bei der Hadamard-Transformation, so dass höhere Kompressionsraten erreichbar sind.

Bei der Fourier-Transformation besteht der Kern aus einer komplexen Exponentialfunktion $\exp(i2\pi nu/N)$, die sich in einen reellen Kosinus-Anteil und einen imaginären Sinus-Anteil zerlegen lässt:

$$e^{i2\pi nu/N} = \cos(2\pi nu/N) + i\cdot\sin(2\pi nu/N)$$

Die Kosinus- oder Sinus-Funktionen alleine bilden in diesem Fall jedoch keine Basis, da die Kosinus-Funktionen gerade Funktionen und die Sinus-Funktionen ungerade Funktionen sind. Mit den Kosinus-Funktionen alleine kann man also nur gerade Funktionen darstellen, das Ergebnis ist dann rein reell. Mit den Sinus-Funktionen alleine sind nur ungerade Funktionen darstellbar, und zwar mit rein imaginärem Ergebnis. Für Funktionen bzw. Daten ohne diese besonderen Symmetrien wird also die komplexe Kombination aus Kosinus- und Sinus-Termen benötigt.

Weil ein reelles Ergebnis in den meisten Anwendungsfällen bequemer zu handhaben ist, greift man zu einem Kunstgriff: Man symmetrisiert die zu transformierenden Daten durch Spiegeln an der vertikalen Koordinatenachse. Nun wird eine Fourier-Transformation über diesen um den Faktor zwei vergrößerten Datenvektor durchgeführt, wobei sich die Summation nun über $2N$ Terme erstreckt. Das Ergebnis ist jetzt aber rein reell und enthält nur Kosinus-Funktionen. Wegen der künstlich erzeugten geraden Symmetrie lassen sich viele Summanden zusammenfassen, so dass sich schließlich wieder nur genau so viele Terme ergeben, wie man bei Summation über die ursprünglichen Daten erhalten hätte, wobei sich aber die Wellenlängen der Kosinus-Funktionen verglichen mit der Fourier-Transformation verdoppelt haben. Das Ergebnis ist die rein reelle *Kosinus-Transformation*, die in der Praxis größte Bedeutung erlangt hat. Die Transformations-Formeln lauten:

$$F_u = c_u \sqrt{2/N} \sum_{n=0}^{N-1} f_n \cos[(2n+1)\pi u / 2N)] \qquad \text{Hin-Transformation}$$

$$f_n = \sqrt{2/N} \sum_{u=0}^{N-1} c_u F_u \cos[(2n+1)\pi u / 2N)] \qquad \text{Rück-Transformation}$$

mit: $u,n = 0,1,...N-1$, $c_u = 1/\sqrt{2}$ für $u=0$, $c_u = 1$ für $u>0$.

Der Transformationskern enthält nun nicht mehr nur die Werte 1 und -1 wie bei der Hadamard-Transformation. Die Berechnung ist daher wegen der jetzt nötigen Multiplikationen entsprechend aufwendiger. Der Aufwand lohnt jedoch, da wie schon erwähnt, die Ergebnisse der Kosinus-Transformation noch weniger korreliert sind als bei der Hadamard-Transformation und somit eine noch effizientere Datenreduktion ermöglichen. Wegen der Verfügbarkeit von Signalprozessoren, die in der Lage sind, die nötigen Berechnungen sehr schnell durchzuführen, hat sich die Kosinus-Transformation als Standard durchgesetzt. Häufig verwendet man Kerne mit N=8:

$$K_{un} = \sqrt{2} \cdot c_u \cos[(2n+1)\pi u / 16] =$$

$$= \begin{pmatrix} 1.0000 & 1.0000 & 1.0000 & 1.0000 & 1.0000 & 1.0000 & 1.0000 & 1.0000 \\ 1.3870 & 1.1759 & 0.7857 & 0.2759 & -0.2759 & -0.7857 & -1.1759 & -1.3870 \\ 1.3066 & 0.5412 & -0.5412 & -1.3066 & -1.3066 & -0.5412 & 0.5412 & 1.3066 \\ 1.1759 & -0.2759 & -1.3870 & -0.7857 & 0.7857 & 1.3870 & 0.2759 & -1.1759 \\ 1.0000 & -1.0000 & -1.0000 & 1.0000 & 1.0000 & -1.0000 & -1.0000 & 1.0000 \\ 0.7857 & -1.3870 & 0.2759 & 1.1759 & -1.1759 & -0.2759 & 1.3870 & -0.7857 \\ 0.5412 & -1.3066 & 1.3066 & -0.5412 & -0.5412 & 1.3066 & -1.3066 & 0.5412 \\ 0.2759 & -0.7857 & 1.1759 & -1.3870 & 1.3870 & -1.1759 & 0.7857 & -0.2759 \end{pmatrix}$$

Bei der Ausführung der Transformation, geht man am besten durch Erweiterung der Koeffizienten mit einer Potenz von 2, beispielsweise 4096, zu einer Integer-Darstellung über, so dass für alle Berechnungen Integer-Arithmetik genügt.

Sowohl die Hadamard- als auch die Kosinustransformation liefern als Ausgabe quadratische Matrizen mit einer zuvor festgelegten Komponentenzahl, üblicherweise 8×8. Es wird nun angestrebt, diese Einträge möglichst Platz sparend abzuspeichern, wozu ein Teil der Information so zu entfernen ist, dass es in den rekonstruierten Daten nur zu geringen, nicht relevanten Änderungen kommt. Bei der Entscheidung, welche Matrixkomponenten übertragen werden und mit wie vielen Bits sie dargestellt werden sollen, gibt es prinzipiell zwei verschiedene Möglichkeiten:

Ein Ansatz besteht darin, die Entscheidung von der Position der Komponenten in der Matrix abhängig zu machen. Man geht dabei von der Überlegung aus, dass die niederfrequenten Anteile mehr zur Information beitragen als die zu höheren Frequenzen gehörenden Komponenten. Die Ergebnismatrix wird dementsprechend in verschiedene Zonen aufgeteilt, für die in einer *Bit-Zuordnungstabelle* oder *Quantisierungstabelle* festgelegt wird, wie viele Bits für die Codierung der Matrixkomponenten in den jeweiligen Zonen zu verwenden sind. Dabei werden für die niederfrequenten Matrixkomponenten mehr Bits reserviert als für die höherfrequenten und die höchsten Freqenzen werden oft ganz unterdrückt, was durch den Eintrag Null gekennzeichnet wird. Die folgende Tabelle zeigt eine mögliche Bit-Zuordnung für eine 8×8 Matrix, entsprechend einer Datenreduktion um etwa den Faktor 3.

Tabelle 2.27: Beispiel für eine datenkomprimierende Bitzuordnungstabelle (Quantisierungstabelle) für die 8×8 Kosinus-Transformation. Der Kompressionsfaktor beträgt für dieses Beispiel ca. 3.

8	8	7	7	6	5	4	4
8	7	6	5	4	3	2	2
7	6	5	3	2	2	1	1
7	5	3	2	1	1	0	0
6	4	2	1	1	0	0	0
5	3	2	1	0	0	0	0
4	2	1	0	0	0	0	0
4	2	1	0	0	0	0	0

Der zweite Ansatz zur Datenkompression besteht darin, die Quantisierung nicht nach der Lage der Matrixelemente zu entscheiden, sondern nach deren Größe. Man geht hier von der Annahme aus, dass Matrixeinträge mit großen Beträgen auch viel Information tragen. Dies trägt der Tatsache Rechnung, dass scharfe Kanten in Messdaten oder Bildern im Verlauf der Daten auch zu signifikanten hochfrequenten Komponenten führen, deren Unterdrückung zu einer Kantenverschmierung führen würde. Alle Matrixelemente werden daher mit einem voreinstellbaren Schwellwert verglichen und nur übertragen, wenn sie größer sind als dieser Schwellwert. Allerdings muss dann auch die Position der Matrixelemente mit codiert werden. Fehlende Einträge werden bei der Rücktransformation wie beim ersten Verfahren durch Null ergänzt.

Beide Methoden können zu Problemen führen. Das erste Verfahren berücksichtigt nicht, dass auch hochfrequente Matrixelemente wichtige Information tragen können. Das zweite Verfahren vermeidet zwar diesen Fehler, codiert aber stattdessen niederfrequente Anteile nur dann, wenn sie über dem Schwellwert liegen. Erinnert man sich daran, dass die erste Matrixkomponente den Mittelwert der codierten Daten repräsentiert, so wird deutlich, dass diese Komponente auch dann nicht ohne Qualitätsverlust weggelassen werden darf, wenn sie klein ist. Eine optimale Lösung muss demnach beide Methoden kombinieren und die Anzahl der Bits für die Codierung der einzelnen Matrix-Komponenten in Abhängigkeit von deren Position und Größe entscheiden.

Die Kosinus-Transformation mit 8×8-Matritzen ist wesentlicher Bestandteil des genormten *JPEG-Standards* für die datenreduzierende Codierung von Bilddaten, bei der nach den oben beschriebenen Strategien kleine und/oder hochfrequente Komponenten auf 0 gesetzt werden. Dadurch ergeben sich häufig längere Sequenzen von Nullen, die durch eine Lauflängen-Codierung komprimiert werden. Zusätzlich werden die Koeffizienten aufeinander folgender 8×8-Bereiche mittels Differenz-Codierung weiter komprimiert. Im letzten Schritt steht dann eine Huffman-Codierung oder eine arithmetische Codierung, mit der die verbleibende Einzelzeichen-Redundanz eliminiert wird. Für Bilder ergeben sich dann bei Kompressionsraten um ca. den Faktor 10 gute visuelle Eindrücke, obwohl der Informationsgehalt wesentlich reduziert wurde. Besonders für Internet-Anwendungen hat dieses Verfahren der Bildkompression weite Verbreitung gefunden.

Weitere Methoden der Bilddatenkompression sind die Kompression mit Hilfe der *Wavelet-Transformation*, bei der die zur Bildbeschreibung benötigte Funktionsbasis aus den Bildern selbst gewonnen wird sowie die *fraktale Bildkompression*, bei der Bildinhalte durch fraktale Muster und deren Überlagerung unter Verwendung affiner Abbildungen approximiert werden. Schließlich ist noch die Kompression bewegter Bilder nach dem *MPEG-Standard* zu erwähnen. Dabei wird durch die Übernahme örtlich verschobener, aber sonst unveränderter Bildbereiche von Bild zu Bild eine weitere Kompression bis etwa um den Faktor 100 erzielt.

2.10 Verschlüsselung

2.10.1 Vorbemerkungen

Zu allen Zeiten strebte man danach, Informationen zuverlässig und vertraulich über unsichere Kanäle zu senden. Übermittelt beispielsweise *Alice* eine unverschlüsselte Nachricht an *Bob*, so könnte eine unbefugte Person, vielleicht *Cleo*, diese Nachricht abfangen, mitlesen und eventuell auch verändern. Cleo könnte sogar eine erfundene Nachricht an Bob senden und vorgeben, Alice zu sein. Um den Nachrichtenaustausch sicherer zu gestalten, kann man Nachrichten verschlüsseln, d.h. so codieren, dass die darin enthaltene Information verborgen ist und dass die Decodierung ohne den Schlüssel sehr schwierig, im Idealfall sogar unmöglich ist. Das *Verschlüsseln* (*Encipherment, Encryption*) einer im *Klartext* gegebenen Nachricht $x \in A^*$ mit Alphabet A wird durch eine Funktion $y=C(x,key_c)$ vermittelt, das *Entschlüsseln* (*Decipherment, Decryption*) durch eine Funktion $x=D(y,key_d)$. Beim Verschlüsseln wird ein Schlüssel key_c verwendet, beim Entschlüsseln ein Schlüssel key_d. Sind die Schlüssel key_c und key_d identisch, so spricht man von einem *symmetrischen* Verschlüsselungsverfahren, andernfalls von einem *asymmetrischen*. Die effiziente Verschlüsselung und Entschlüsselung von Nachrichten ist das Aufgabengebiet der *Kryptographie*, die ein Teilbereich der *Kryptologie* ist [Bau94], [Beu96], [Schn96]. Zur Kryptologie rechnet man ferner die *Steganographie*, das ist die Technik des Verbergens der bloßen Existenz von Nachrichten durch technische oder linguistische Methoden.

Eine Angreiferin Cleo ist offenbar nicht ohne weiteres in der Lage, eine abgefangene oder mitgehörte Nachricht zu entziffern (*Kryptanalyse*) oder zu verändern. Cleo kann z.B. versuchen, durch eine Häufigkeitsanalyse den verschlüsselten Text zu entziffern, was bei modernen Verfahren allerdings praktisch unmöglich ist. Es ist aber zu bedenken, dass prinzipiell zwar theoretisch absolut sichere Verschlüsselungsmethoden (z.B. das *Vernam-Verfahren*) möglich, aber praktisch kaum einsetzbar sind. Man muss daher auf eine *absolute Sicherheit* verzichten und sich stattdessen mit einer *praktischen Sicherheit* zufrieden geben. Als größtes Sicherheitsrisiko verbleibt, dass Cleo von dem geheimen Schlüssel Kenntnis erhalten könnte und dadurch wieder in der Lage wäre, geheime Nachrichten mitzulesen. Miteinander kommunizierende Partner werden also vier wesentliche Forderungen an ein sicheres System stellen:

- Einem Unbefugten soll es nicht möglich sein, ausgetauschte Nachrichten zu entschlüsseln und mitzulesen (*Geheimhaltung, Vertraulichkeit, Confidentiality*).
- Einem Unbefugten soll es nicht möglich sein, abgefangene Informationen zu verändern (*Integrität, Integrity*).
- Sender und Empfänger wollen die Gewissheit über die Identität des Kommunikationspartners haben (*Authentizität, Authenticity*).
- Die Art und Weise wie Schlüssel erzeugt, verwahrt, weitergegeben und wieder gelöscht werden, muss sicher sein (*Key Management*).

Einige Möglichkeiten zur Verschlüsselung werden im Folgenden vorgestellt. Dabei wird zwischen Verschlüsselungsverfahren mit *geheimen Schlüsseln* (*Secret-Key Cryptosystems*) und Verschlüsselungsverfahren mit *öffentlichen Schlüsseln* (*Public-Key Cryptosystems*) unterschieden. Bei Verfahren mit geheimen Schlüsseln wird zum Verschlüsseln und zum Entschlüsseln derselbe Schlüssel verwendet; es handelt sich also um *symmetrische Verfahren*. Der Schwachpunkt ist dabei der Schlüsselaustausch, da n Partner, die miteinander kommunizieren wollen, sich zuvor unter Verwendung sicherer Kanäle über bis zu $n(n-1)/2$ geheime Schlüssel verständigen müssen. Für symmetrische Verfahren hat sich der 1977 entwickelte *Data Encryption Standard* (*DES*) durchgesetzt.

Bei Verfahren mit *öffentlichen Schlüsseln* wird zum Verschlüsseln ein öffentlicher Schlüssel verwendet und zum Entschlüsseln ein davon verschiedener, privater Schlüssel. Es handelt sich dabei also um asymmetrische Verfahren, so dass der riskante Austausch geheimer Schlüssel entfällt. Als De-Fakto-Standard hat sich das 1977 von *Rivest*, *Shamir* und *Adelmann* [Riv78] beschriebene und nach ihnen benannte *RSA-Verfahren* durchgesetzt. Abbildung 2.22 erläutert die Prinzipien der symmetrischen und asymmetrischen Verschlüsselung.

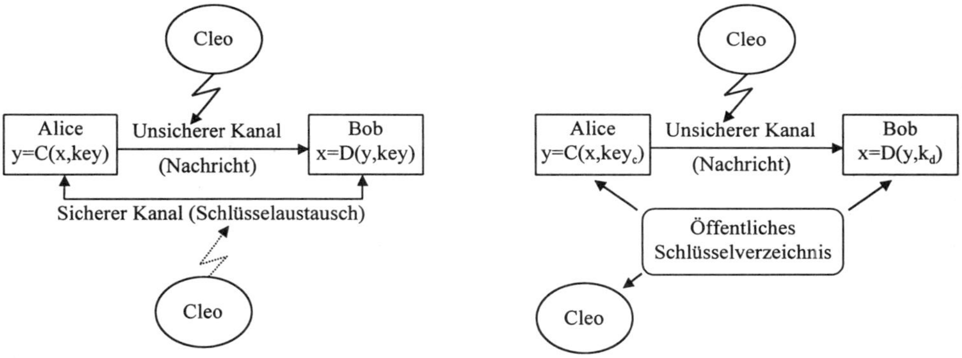

Abbildung 2.22:
Links: Modell eines symmetrischen Kryptosystems. Alice verschlüsselt ihre Nachricht x mit dem Verfahren $y=C(x,key)$ und sendet den verschlüsselten Text y über einen möglicherweise unsicheren Kanal an den Empfänger Bob. Dieser entschlüsselt mittels $x=D(y,key)$ die Nachricht und erhält den Klartext x. Da ein unsicherer Kanal verwendet wird, könnte Cleo in den Besitz der verschlüsselten Nachricht gelangen. Ohne Kenntnis des Schlüssels key kann sie die Nachricht jedoch praktisch nicht entschlüsseln. Eine Entschlüsselung ist praktisch nur möglich, wenn es Cleo gelingen sollte, trotz der Verwendung eines sicheren Kanals den zwischen Alice und Bob ausgetauschten Schlüssel abzufangen.

Rechts: Modell eines asymmetrischen Kryptosystems. Alice verschlüsselt ihre Nachricht x mit dem Verfahren $y=C(x,key_c)$ und sendet den verschlüsselten Text y über einen möglicherweise unsicheren Kanal an den Empfänger Bob. Den zur Verschlüsselung für an Bob gerichtete Nachrichten zu verwendenden Schlüssel entnimmt Alice aus dem öffentlichen Schlüsselverzeichnis. Bob entschlüsselt unter Verwendung des nur ihm bekannten privaten Schlüssels key_d mittels $x=D(y,key_d)$ die Nachricht und erhält den Klartext x. Auch hier kann Cleo ohne Kenntnis des Schlüssels eventuell abgefangene Nachricht praktisch nicht entschlüsseln. Da jedoch ein Schlüsselaustausch entfällt, kann Cleo kaum in den Besitz des Schlüssels privaten Schlüssels gelangen. Nicht ganz unproblematisch ist allerdings die Verwaltung der öffentlichen Schlüssel, auf die ja auch ein Angreifer uneingeschränkten Zugriff hat.

Mit der zunehmenden Bedeutung der Datenfernübertragung in Kommunikationsnetzen wird auch deren Sicherheit immer wichtiger. Ein Beispiel dafür ist die Abwicklung von Bankgeschäften oder die Bestellung und Bezahlung von Waren und Dienstleistungen in öffentlichen Netzen (*E-Commerce*). Verschlüsselungs-Protokolle sind daher auch Bestandteil des *OSI-Schichtenmodells* (von *Open Systems Interconnection*, siehe Kapitel 11.1.4) sowie anderer Kommunikations-Standards. Wichtig ist dabei der Schutz lokaler Netze, die an übergeordnete offene Netze (insbesondere das *Internet*) angeschlossen sind, vor unerwünschtem Zugriff von außen. Zu diesem Zweck werden *Firewall-Systeme* eingesetzt, die in einer Kombination aus Hardware und Software den Datenfluss zwischen lokalen Netzen und der Außenwelt kontrollieren und protokollieren. Zu erwähnen ist ferner die Bedeutung von Verschlüsselungssystemen im Zusammenhang mit den Anforderungen von *Datenschutz* (siehe Bundesdatenschutzgesetz) und *Datensicherheit* (siehe Kapitel 7.5).

2.10.2 Substitutions-Chiffren

Zu den einfachsten symmetrischen Verschlüsselungsverfahren gehören die *Verschiebe-* und *Substitutions-Chiffren*. Substitutions-Chiffren ersetzen Zeichen des Klartextes durch Chiffre-Zeichen, die für gewöhnlich aus demselben Alphabet stammen. Beim Ersetzen einzelner Zeichen spricht man von einer *monographischen*, beim Ersetzen von Zeichengruppen von einer *polygraphischen* Substitution.

Die einfachste Substitutionsmethode ist der *Cäsar-Code*. Hierbei werden den Zeichen eines Alphabets A durch ein Nummerierungsschema andere Zeichen desselben Alphabets zugeordnet. Dieses Verfahren soll bereits durch G. J. Cäsar für militärische Zwecke eingesetzt worden sein. Ein Zeichen x_i des n Zeichen umfassenden Alphabets A wird dabei nach folgender Vorschrift ersetzt:

$$x_i \rightarrow x_{(i+d) \bmod n}$$

Der Index i läuft von 1 bis n und nummeriert die Zeichen des Alphabets, wobei der Index 0 dem Index n entspricht. Der *Schlüssel* key ist hier einfach eine Distanz d, die bestimmt, durch welchen Buchstaben das Zeichen x_i zu ersetzen ist. Durch die Modulo-Division wird sichergestellt, dass die Ersetzung alle Zeichen des Alphabets erfassen kann, aber auf dieses beschränkt bleibt. Man kann die Schlüssel bzw. Distanzen auch durch *Schlüsselzeichen* ausdrücken, also A für $d=0$, B für $d=1$ etc.

Beispiel: Es werden nur die 26 Großbuchstaben verwendet. Der Schlüssel sei $d=12$, entsprechend dem Buchstaben M. Interpunktionen und Zwischenräume bleiben unberücksichtigt. Den *Klartext* schreibt man in Kleinbuchstaben, den verschlüsselten *Geheimtext* in Großbuchstaben. Aus dem Text „Legionen nach Rom!“ wird also:

Klartext: `legionennachrom`
Geheimtext: `XQSUAZQZZMOTDAY`

Einfache Transpositions-Chiffren und Substitutions-Chiffren wie der Cäsar-Code sind durch eine *Häufigkeitsanalyse* leicht zu entschlüsseln. Man muss zur Kryptanalyse nur für die empfangenen Zeichen einer (möglichst langen) verschlüsselten Nachricht deren Auftrittshäufigkeiten tabellieren und mit den für die jeweilige Sprache typischen Werten vergleichen. Bei dem obigen Beispiel tritt im chiffrierten Text der Buchstabe Z am häufigsten auf, nämlich drei mal. Die Buchstaben Q und A treten je zweimal auf. Für einen durchschnittlichen deutschen Text gelten folgende relative Häufigkeiten für das Auftreten der häufigsten Zeichen (siehe Kap. 2.5.2): E(14.7%), N(8.8%), R(6.9%),... Man wird also in diesem Beispiel zunächst versuchen, Z mit E zu identifizieren und dementsprechend für den Schlüssel d=21 einsetzen. Dies ergibt jedoch keinen vernünftigen Klartext. Bereits die nächste sinnvolle Annahme, nämlich die Identifikation von Z mit N, führt aber schon zum korrekten Ergebnis d=12.

Eine weitere Möglichkeit der kryptanalytischen Atacke ist das *exhaustive Durchsuchen* des gesamten *Schlüsselraumes*, d.h. des Ausprobierens aller prinzipiell möglichen Schlüssel. Im Falle von Cäsar-Codes können bei einem zu Grunde liegenden Alphabet mit 26 Zeichen ja nur 26 verschiedene Schlüssel existieren, so dass ein Knacken des Codes selbst per Hand sehr einfach ist.

Eine für Cleo günstige Situation für einen kryptanalytischen Angriff ist der *Known-Plaintext-Angriff*, bei dem ihr zu einem abgefangenen Text auch der Klartext in die Hände fällt. Beim Cäsar-Codes genügt offenbar ein einziges verschlüsseltes Zeichen mit dem zugehörigen Klartextzeichen zur sofortigen Bestimmung des Schlüssels.

Um die Sicherheit der Substitutions-Verschlüsselung zu erhöhen, kann man längere *mehrstellige Schlüssel* einsetzen. Diese werden aus mehreren Teilschlüsseln $d_1, d_2 \ldots d_m$ zusammengesetzt und auf m benachbarte Zeichen angewendet.

	a	b	c	d	e	f	g	h	i	j	k	l	m	n	o	p	q	r	s	t	u	v	w	x	y	z
d=0	A	B	C	D	E	F	G	H	I	J	K	L	M	N	O	P	Q	R	S	T	U	V	W	X	Y	Z
1	B	C	D	E	F	G	H	I	J	K	L	M	N	O	P	Q	R	S	T	U	V	W	X	Y	Z	A
2	C	D	E	F	G	H	I	J	K	L	M	N	O	P	Q	R	S	T	U	V	W	X	Y	Z	A	B
3	D	E	F	G	H	I	J	K	L	M	N	O	P	Q	R	S	T	U	V	W	X	Y	Z	A	B	C
4	E	F	G	H	I	J	K	L	M	N	O	P	Q	R	S	T	U	V	W	X	Y	Z	A	B	C	D
5	F	G	H	I	J	K	L	M	N	O	P	Q	R	S	T	U	V	W	X	Y	Z	A	B	C	D	E
6	G	H	I	J	K	L	M	N	O	P	Q	R	S	T	U	V	W	X	Y	Z	A	B	C	D	E	F
7	H	I	J	K	L	M	N	O	P	Q	R	S	T	U	V	W	X	Y	Z	A	B	C	D	E	F	G
8	I	J	K	L	M	N	O	P	Q	R	S	T	U	V	W	X	Y	Z	A	B	C	D	E	F	G	H
9	J	K	L	M	N	O	P	Q	R	S	T	U	V	W	X	Y	Z	A	B	C	D	E	F	G	H	I
10	K	L	M	N	O	P	Q	R	S	T	U	V	W	X	Y	Z	A	B	C	D	E	F	G	H	I	J
11	L	M	N	O	P	Q	R	S	T	U	V	W	X	Y	Z	A	B	C	D	E	F	G	H	I	J	K
12	M	N	O	P	Q	R	S	T	U	V	W	X	Y	Z	A	B	C	D	E	F	G	H	I	J	K	L
13	N	O	P	Q	R	S	T	U	V	W	X	Y	Z	A	B	C	D	E	F	G	H	I	J	K	L	M
14	O	P	Q	R	S	T	U	V	W	X	Y	Z	A	B	C	D	E	F	G	H	I	J	K	L	M	N
15	P	Q	R	S	T	U	V	W	X	Y	Z	A	B	C	D	E	F	G	H	I	J	K	L	M	N	O
16	Q	R	S	T	U	V	W	X	Y	Z	A	B	C	D	E	F	G	H	I	J	K	L	M	N	O	P
17	R	S	T	U	V	W	X	Y	Z	A	B	C	D	E	F	G	H	I	J	K	L	M	N	O	P	Q
18	S	T	U	V	W	X	Y	Z	A	B	C	D	E	F	G	H	I	J	K	L	M	N	O	P	Q	R
19	T	U	V	W	X	Y	Z	A	B	C	D	E	F	G	H	I	J	K	L	M	N	O	P	Q	R	S
20	U	V	W	X	Y	Z	A	B	C	D	E	F	G	H	I	J	K	L	M	N	O	P	Q	R	S	T
21	V	W	X	Y	Z	A	B	C	D	E	F	G	H	I	J	K	L	M	N	O	P	Q	R	S	T	U
22	W	X	Y	Z	A	B	C	D	E	F	G	H	I	J	K	L	M	N	O	P	Q	R	S	T	U	V
23	X	Y	Z	A	B	C	D	E	F	G	H	I	J	K	L	M	N	O	P	Q	R	S	T	U	V	W
24	Y	Z	A	B	C	D	E	F	G	H	I	J	K	L	M	N	O	P	Q	R	S	T	U	V	W	X
25	Z	A	B	C	D	E	F	G	H	I	J	K	L	M	N	O	P	Q	R	S	T	U	V	W	X	Y

Tabelle 2.28: Das *Vigenère-Tableau.* Aus dem Klartextzeichen c wird beispielsweise mit dem Schlüssel E gemäß der Zeile d=4 das Geheimtextzeichen G.

Als Beispiel soll wieder der Text „Legionen nach Rom!" verwendet werden. Als Schlüssel dient das Wort NEW, entsprechend den Distanzen $d_1=13$, $d_2=4$, $d_3=22$. Bei der Verschlüsselung ergibt sich nacheinander $l+N \rightarrow Y$, $e+E \rightarrow I$, $g+W \rightarrow C$, $i+N \rightarrow V$, $o+E \rightarrow S$ usw., was man auch mühelos aus dem *Vigenère-Tableau* ablesen kann.

```
Klartext:   legionennachrom
Schlüssel:  NEWNEWNEWNEWNEW
Ergebnis:   YICVSJRRJNGDESI
```

Zur Kryptanalyse nutzt man im *Kasiski-Test* aus, dass für zwei identische Klartextzeichen auch die Geheimtextzeichen identisch sind, wenn die zugehörigen Schlüsselzeichen gleich sind. Die Distanzen sich wiederholender Zeichen oder Zeichengruppen im Geheimtext müssen also Vielfache der Schlüssellänge sein, die sich somit als der gemeinsame Primfaktor verschiedener Distanzen ergibt. Im obigen Beispiel kommen die Zeichen I, S, J und R je zweimal vor. Die Distanzen $d_I=13$, $d_S=9=3\cdot3\cdot3$, $d_J=3$ und $d_R=1$ legen die (korrekte) Schlüssellänge 3 nahe.

Die beschriebenen einfachen Verfahren sind heute nur noch zur Einführung in die Thematik von Interesse. Ihre frühere Bedeutung haben sie längst verloren, da sie heutzutage keine ausreichende Sicherheit mehr bieten.

2.10.3 Produkt-Chiffren und Enigma

Mehr Sicherheit als Substitutions-Chiffren bieten die sog. *Transpositions-Chiffren*. Im einfachsten Fall werden lediglich die einzelnen Zeichen des Klartextes permutiert. Bessere Ergebnisse liefern *Produkt-Chiffren*, eine Kombination von Transpositions- und Substitutions-Chiffren. Da derartige mehrstufige Verfahren für den manuellen Gebrauch zu komplex und damit zu fehleranfällig sind, konnten sie sich erst mit der Verfügbarkeit elektomechanischer Verschlüsselungsautomaten durchsetzen.

Das erste im großen Stil verwendete, auf Produkt-Chiffren aufbauende Kryptosystem war das elektromechanische Verschlüsselungsgerät mit dem Namen *Enigma* (von Altgriechisch „Rätsel") [Dew88]. Es diente der deutschen Wehrmacht im zweiten Weltkrieg insbesondere zur Kommunikation mit der U-Boot-Flotte. Mit Enigma konnten die 26 Buchstaben des Alphabets verschlüsselt und entschlüsselt werden.

Die Maschine bestand in ihrer ersten Variante aus zwei feststehenden Scheiben und drei beweglichen, auswechselbaren Zahnrädern, die über jeweils 26 Schleifkontakte miteinander verbunden waren. Die erste, feststehende Scheibe arbeitete als Transpositionsschlüssel; durch steckbare Kabel konnte eine beliebige Permutation eingestellt werden. Die Verdrahtung der drei beweglichen Zahnräder war dagegen fest, es konnten jedoch drei Räder aus einem Vorrat von fünf verschiedenen Rädern ausgewählt werden. Jedes Zahnrad realisierte durch die interne Verkabelung eine umkehrbar eindeutige Abbildung auf das Alphabet $\{A, B, \ldots Z\}$. Sowohl bei der Verschlüsselung als auch bei der Entschlüsselung wird das erste Zahnrad bei jedem Zeichen um eine Position weitergedreht. Nach 26 Schritten wird das zweite Rad um eine Position weitergedreht und nach 26 Schritten des zweiten Rades schließlich auch das dritte Rad. Insgesamt ergibt dies 26·26·26=17576 verschiedene Stellungen, entsprechend einem Vigenère-Code mit dieser Schlüssellänge. Die letzte Scheibe ist als Reflektor geschaltet, so dass der Signalfluss die Maschine zunächst in Vorwärtsrichtung und dann durch den Reflektor wieder zurück in der Gegenrichtung durchläuft. Wegen dieser Symmetrie kann in derselben Anordnung ein Text sowohl verschlüsselt als auch entschlüsselt werden; die Symmetrie bedingt aber auch, dass mit der Codierung $x \rightarrow y$ auch $y \rightarrow x$ gilt. Der für die Verschlüsselung und für die Entschlüsselung benötigte Schlüssel besteht also aus der Information über die Verschaltung der feststehenden Scheibe, der Auswahl der drei Zahnräder und der Anfangsstellung der Zahnräder. Abbildung 2.23 zeigt die Wirkungsweise von Enigma.

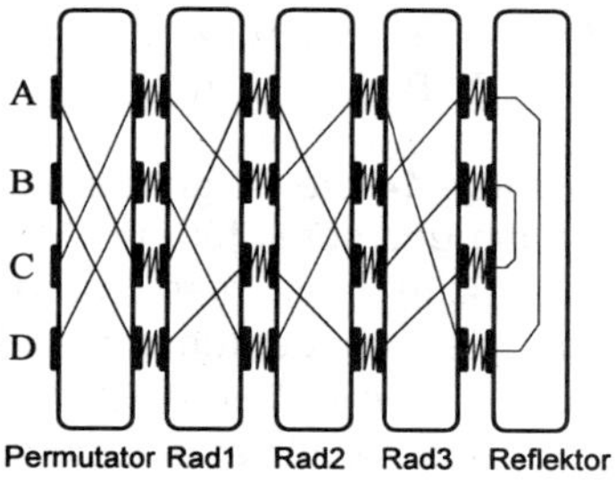

In dieser Stellung ergeben sich bei der Verschlüsselung und bei der Entschlüsselung die Zuordnungen:

A→B
B→A
C→D
D→C

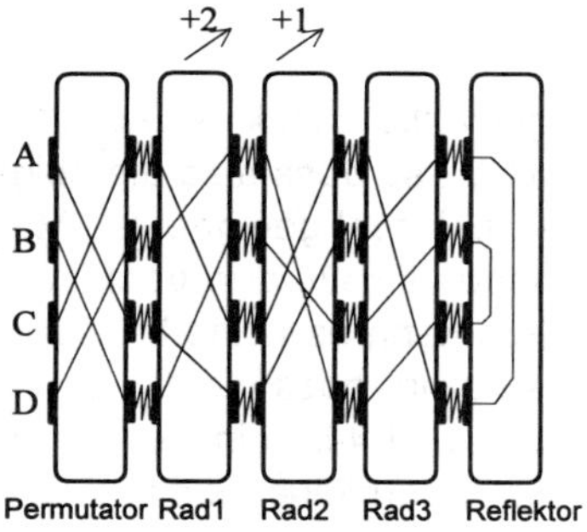

Rad 1 wurde um zwei Positionen im Uhrzeigersinn bewegt und Rad 2 um eine Position. Die Stellung von Rad 3 blieb unverändert. Jetzt ergeben sich die Zuordnungen:

A→C
B→D
C→A
D→B

Abbildung 2.23: Die Verschlüsselungsmaschine Enigma bestand aus einer feststehenden, als Permutator bezeichneten Scheibe, drei drehbaren Zahnrädern und einer ebenfalls feststehenden Reflektor-Scheibe. Hier ist ein vereinfachtes Modell angenommen, das nur die vier Buchstaben A, B, C und D codieren kann. Oben ist die Ausgangsstellung angegeben, darunter eine Stellung, in der Rad 1 um zwei Positionen und Rad 2 um eine Position weiterbewegt wurde.

In den letzten Jahren des zweiten Weltkriegs ist den Engländern ein Exemplar der Enigma samt Bedienungsanleitung in die Hände gefallen. Unter Leitung von Alan Turing gelang es dann englischen Wissenschaftlern, den Enigma-Code zu brechen. Der U-Boot-Krieg war damit entschieden.

Die Einigma-Verschlüsselung ist also im Wesentlichen eine Kombination von Vertauschungen und Verschiebungen. Während Verschiebungen, wie im vorigen Kapitel beschrieben, Schlüssel-Additionen entsprechen, lassen sich Vertauschungen mathematisch durch Multiplikationen ausdrücken. Geht man von einem Alphabet A mit n Zeichen aus, so multipliziert man die Position eines Zeichens mit dem Schlüssel k und berechnet so Modulo n die Position des chiffrierten Textes. Durch die Modul-Arithmetik wird sichergestellt, dass die Abbildung auf die zulässigen Zeichen des Alphabets A beschränkt bleiben, dass also die Position 0 wieder der Position n entspricht, die Position 1 der Position $n+1$ usw. Es zeigt sich jedoch, dass nicht jede Kombination aus Schlüssel k und Modul n zu einer eindeutigen Abbildung führt. Betrachtet man beispielsweise die Großbuchstaben mit $n=26$ und den Schlüssel $k=4$, so ergibt das die folgende Zuordnung von Klarzeichen zu Chiffre-Zeichen:

Position:	1	2	3	4	5	6	7	8	9	10	11	12	13	14	15	16	17	18	19	20	21	22	23	24	25	26
Klarzeichen:	A	B	C	D	E	F	G	H	I	J	K	L	M	N	O	P	Q	R	S	T	U	V	W	X	Y	Z
Chiffre:	D	H	L	P	T	X	B	F	J	N	R	V	Z	D	H	L	P	T	X	B	F	J	N	R	V	Z
														^												

Offenbar wiederholt sich ab der durch „^" markierten Position 14 die Folge der verschlüsselten Zeichen, die Abbildung ist daher nicht eindeutig und somit für eine Verschlüsselung untauglich. Für eine brauchbare Kombination (k, n) muss man fordern, dass mit $k \cdot x = k \cdot y \bmod n$ auch $x = y \bmod n$ gilt. Damit ist gleich bedeutend, dass k und n *teilerfremd* sind, bzw. dass der *größte gemeinsame Teiler* $\text{ggt}(k,n)=1$ ist. Aus dieser Forderung folgt weiter, dass genau diejenigen Schlüssel k für eine Chiffrierung taugen, die eine *modulare Inverse* k^{-1} haben. Die modulare Inverse ist dabei durch $k \cdot k^{-1} = 1 \bmod n$ oder $k \cdot k^{-1} \bmod n = 1$ definiert.

Betrachtet man nun die oben probeweise als Schlüssel gewählte Zahl $k=4$. Damit hat man $4 \cdot 3 = 4 \cdot 16 \bmod 26 = 12$ aber offenbar nicht $3 = 16 \bmod 26$, so dass also die obige Bedingung nicht erfüllt ist. Daraus folgt, dass k nicht als Schlüssel geeignet ist. Man erkennt auch sofort, dass der Schlüssel $k=4$ und der Modulus $n=26$ den gemeinsamen Teiler 2 haben, also nicht teilerfremd sind. Außerdem kann es keine bezüglich 26 modular Inverse k^{-1} zu $k=4$ geben. Man erkennt dies daran, dass die Gleichung $4 \cdot k^{-1}=1 \bmod 26$ schon deshalb keine Lösung haben kann, weil $4 \cdot k^{-1}$ eine ungerade Zahl sein müsste, damit bei der Division durch 26 der Rest 1 verbleiben könnte. Dies ist aber unmöglich, da 4 gerade ist.

Für $n=26$ sind also nur die 12 ungeraden multiplikativen Schlüssel $\{1, 3, 5, 7, 9, 11, 15, 17, 19, 21, 23, 25\}$ sinnvoll. Man beachte, dass auch 13 keine modular Inverse besitzt. Beispielsweise findet man für $k=7$:

Position:	1	2	3	4	5	6	7	8	9	10	11	12	13	14	15	16	17	18	19	20	21	22	23	24	25	26
Klarzeichen:	A	B	C	D	E	F	G	H	I	J	K	L	M	N	O	P	Q	R	S	T	U	V	W	X	Y	Z
Chiffre:	G	N	U	B	I	P	W	D	K	R	Y	F	M	T	A	H	O	V	C	J	Q	X	E	L	S	Z

Durch Kombination von multiplikativen und additiven Schlüsseln ergeben sich effiziente Verschlüsselungsverfahren, wovon Einigma ein Beispiel gibt.

Im einfachsten Fall kann man einen multiplikativen Schlüssel k mit einem additiven Schlüssel s verknüpfen. Einen wirksamen Schutz bietet dies mit $n=26$ jedoch nicht, da nur $12 \cdot 26 = 312$ Schlüsselkombinationen bestehen, so dass eine exhaustive Suche mit Computer-Hilfe kein Problem ist. Auch die Known-Plaintext-Attacke führt mit nur zwei bekannten Zeichen schon zum Ziel. Die Methode soll noch durch ein Beispiel verdeutlicht werden.

Beispiel: Alice wählt den multiplikativen Schlüssel $k=7$ und den additiven Schlüssel $s=5$. Die Verschlüsselung des Textes Liebling ergibt:

Klartext:	l	i	e	b	l	i	n	g
Multiplikation mit k=7:	F	K	I	N	F	K	T	W
Verschiebung um s=5:	K	P	N	S	K	P	Y	B

Zur Entschlüsselung wendet Bob die entsprechenden inversen Operationen an. Er subtrahiert also zunächst $s=5$ und müsste danach durch $k=7$ dividieren. Dieser Division entspricht die einfacher auszuführende Multiplikation mit der modularen Inversen k^{-1} von k, nämlich $k^{-1}=15$. Offenbar ist $7 \cdot 15 \bmod 26 = 105 \bmod 26 = 1$, so dass 15 tatsächlich die gesuchte Inverse ist. Bob rechnet also:

Verschlüsselter Text:	K	P	N	S	K	P	Y	B
Verschiebung um -s=-5:	F	K	I	N	F	K	T	W
Multiplikation mit $k^{-1}=15$:	l	i	e	b	l	i	n	g

Verwendet man nur einen multiplikativen Schlüssel k und einen additiven Schlüssel s, so genügt für eine erfolgreiche Known-Plaintext-Attacke die Kenntnis von zwei Klartext-Zeichen mit den Positionen x_1 und x_2 und deren Chiffre-Zeichen mit den Positionen y_1 und y_2. Man erhält damit zwei Gleichungen mit den beiden Unbekannten k und s und rechnet folgendermaßen:

Gegeben sind die beiden Gleichungen:

$$y_1 = x_1 \cdot k \bmod n + s$$
$$y_2 = x_2 \cdot k \bmod n + s$$

Daraus berechnet man zunächst den Schlüssel k:

$$y_1 - y_2 = x_1 \cdot k \bmod n - x_2 \cdot k \bmod n = (x_1 - x_2 \cdot) \cdot k \bmod n$$
$$k = (y_1 - y_2) \cdot (x_1 - x_2)^{-1} \bmod n$$

Bei der Bildung der Differenzen $(x_1 - x_2)$ und $(y_1 - y_2)$ ist ggf. n zu addieren, damit diese im erlaubten Bereich von 1 bis n bleiben. Für s findet man dann mit dem schon bekannten k:

$$s = y_1 - x_1 \cdot k \bmod n$$

Greift man aus dem obigen Beispiel willkürlich $b \rightarrow S$ und $i \rightarrow P$ heraus, also $x_1=2$, $y_1=19$, $x_2=9$ und $y_2=16$, so erhält man die beiden Gleichungen:

$$y_1 = x_1 \cdot k \bmod n + s \;\rightarrow\; 19 = 2 \cdot k \bmod 26 + s$$
$$y_2 = x_2 \cdot k \bmod n + s \;\rightarrow\; 16 = 9 \cdot k \bmod 26 + s$$

Also: $k = (19 - 16)\cdot(2 - 9)^{-1} \bmod 26 = 3\cdot(-7)^{-1} \bmod 26 = 3\cdot19^{-1} \bmod 26 = 3\cdot11 \bmod 26 = 7$

Damit ist das richtige Ergebnis $k=7$ gefunden. Es war zu beachten, dass -7 äquivalent mit $26-7=19$ ist und dass 11 die modular Inverse von 19 ist. Existiert keine Inverse, so führt direkte Division zum Ziel. Für den additiven Schlüssel s folgt nun sofort: $s = 19 - 2\cdot7 \bmod 26 = 5$.

Die Ausführungen zeigen, dass für den Umgang mit Transpositions- bzw. Tausch-Chiffren zwei Operationen wesentlich sind:

- man muss feststellen, ob zwei Zahlen teilerfremd sind
- und man muss die modular Inverse bestimmen

Beides ist mit dem *Euklid'schen ggT-Algorithmus* zur Bestimmung des größten gemeinsamen Teilers zweier natürlicher Zahlen n und k sehr effizient zu erledigen. Der Algorithmus lässt sich folgendermaßen rekursiv formulieren:

$ggT(n,k)=ggT(k, n \bmod k)$ für $k>0$
$ggT(n,0)=n$

So rechnet man beispielsweise für die Zahlen $n=455$ und $k=20$:

$ggT(455,20)=ggt(20,15)=ggt(15,5)=ggt(5,0)=5$

Explizit rechnet man: $455:20 = 22$, Rest 15 $20:15 = 1$, Rest 5 $15:5 = 3$, Rest 0

Die Zahlen $k=20$ und $n=455$ sind also offensichtlich nicht teilerfremd.

Bei jedem Rechenschritt halbieren sich die verbleibenden Reste ungefähr, so dass die Anzahl der Rechenschritte mit zunehmendem n nur sehr langsam ansteigt, nämlich in etwa wie $\log(n)$. Man sagt, die *Komplexität* des Algorithmus sei von der Ordnung $\log(n)$. Details zum Thema Komplexität werden in Kapitel 10.2 diskutiert.

Um die modular Inverse k^{-1} einer Zahl k zu ermitteln, beachtet man, dass wegen der Definition $k^{-1}\cdot k = 1 \bmod n$ auch $ggT(k^{-1},k)=1$ und $k^{-1}\cdot k \bmod n = 1$ gilt. Man kann also k^{-1} aus der Gleichung $k^{-1}=(n\cdot i + 1)/k$ ermitteln, indem man die natürliche Zahl i mit 1 beginnend bis maximal n so lange erhöht, bis sich für k^{-1} schließlich eine ganzzahlige Lösung ergibt. Findet man keine Lösung, so besitzt k keine modular Inverse. So findet man z.B. für $k=7$ und $n=26$ schon mit $i=4$ die Lösung $k^{-1}=(26\cdot4+1)/7=105/7=15$.

2.10.4 Der Data Encryption Standard (DES)

Seit 1975 hat sich der von IBM propagierte *Data Encryption Standard* (*DES*) als das gängigste symmetrische Verschlüsselungsverfahren durchgesetzt. Der zugehörige Verschlüsselungs-Algorithmus (*Data Encryption Algorithm, DEA*) arbeitet in erster Linie mit Permutationen und Substitutionen, wobei je nach Betriebsmodus auch die weiter unten erklärten Strom-Chiffren Verwendung finden. Einzelheiten wurden durch das amerikanische National Bureau of Standards festgelegt und veröffentlicht [Fed75]. Mittlerweile existieren verschiedene Versionen, die auch als Hardware (Chip) verfügbar sind und in Echtzeit, also ohne merkliche Zeitverzögerung, die Codierung und Decodierung durchführen können. Eine gebräuchliche Variante (siehe Abb. 2.24) arbeitet mit sechs Permutationstabellen und einem 64-Bit Schlüssel, wovon jedoch 8 Bit Paritätsbits sind, so dass die effektive Schlüssellänge nur 56 Bit beträgt. Der DEA arbeitet mit hoher praktischer Sicherheit, was sich z.B. daran erweist, dass für jeden 64-Bit Block des Eingabetextes jedes Ausgangs-Bit von jedem Eingangs-Bit abhängt und dass sich bei Änderung nur eines Eingangs-Bits ca. 50% der Ausgangs-Bits ändern. Obwohl der Algorithmus (fast) vollständig offen gelegt wurde, bleibt für die Entschlüsselung einer abgefangenen Nachricht ohne Kenntnis des Schlüssels im Wesentlichen nur das exhaustive Durchsuchen des Schlüsselraums, also das Ausprobieren aller möglichen 2^{56} Schlüssel nach der Strategie „Versuch und Irrtum". Diese exhaustive Suche ist wegen des verhältnismäßig kurzen Schlüssels so aussichtslos nicht; dies war denn auch einer der Kritikpunkte am DEA.

Aus dem ursprünglichen 64-Bit-Schlüssel wird vor der eigentlichen Verschlüsselung ein 48-Bit-Schlüssel erzeugt. Zunächst werden nach einer Paritätsprüfung die 8 Paritäts-Bits entfernt und eine Permutation durchgeführt. Das 56-Bit Ergebnis wird in zwei Register A und B mit jeweils 28 Bit aufgeteilt. Pro Verschlüsselungsrunde für einen 64-Bit Textblock werden nun die beiden Register so um ein oder zwei Bit nach links rotiert, dass nach 16 Schritten wieder die Ausgangsstellung erreicht ist. Aus dem zusammengefassten Ergebnis werden sodann 48 Bit ausgewählt. Dieser so gebildete Schlüssel wird jetzt für die im Folgenden beschriebene Verschlüsselung der in 64-Bit-Blocks unterteilten Eingabedaten verwendet.

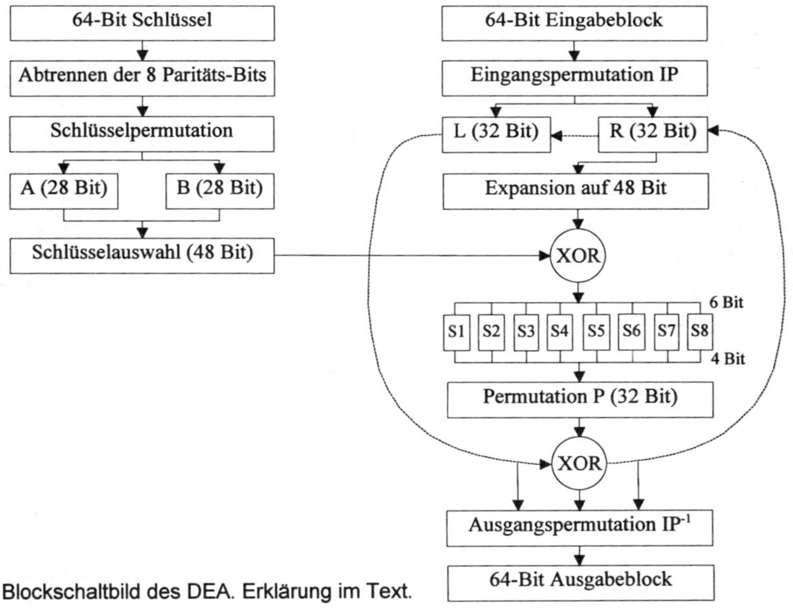

Abbildung 2.24: Blockschaltbild des DEA. Erklärung im Text.

Beim DEA werden die Eingangsdaten in 64-Bit Blöcke unterteilt. Die Blöcke werden dann durch eine Eingangspermutation IP verarbeitet und in eine linke (L) und rechte Hälfte (R) von jeweils 32 Bit Länge aufgeteilt. Nun folgt eine Schleife von 16 zyklischen Verschlüsselungsschritten, die in der Abbildung durch die gestrichelte Linie angedeutet ist. Zunächst wird der rechte Block R auf 48 Bit erweitert. Das Ergebnis wird durch *exklusives oder* (XOR) mit dem dazugehörigen 48-Bit Schlüssel verknüpft. Das Ergebnis der XOR-Verknüpfung wird in 8 6-Bit Blöcke aufgeteilt und den S-Boxen S1 bis S8 zugeführt. Dort werden den 6-Bit Blöcken 4-Bit Blöcke entnommen und zu einem 32-Bit Wort zusammengefasst. Danach folgt eine weitere Permutation P. Nun wird das wieder auf 48 Bit erweiterte Ergebnis mit dem Inhalt des L-Registers XOR-verknüpft und als neuer Inhalt dem R-Register zugewiesen. Der alte Inhalt des R-Registers wird in das L-Register übertragen. Dieser Zyklus wird 16 mal durchlaufen. Im letzten Schritt werden dann die Inhalte des L- und des R-Registers wieder zu einem 64-Bit Block zusammengefasst, mit der Ausgangspermutation IP^{-1} bearbeitet und als Ergebnis ausgegeben.

Ein wesentliches Element des DEA ist die *XOR-Verknüpfung*. Von großem Vorteil ist in diesem Zusammenhang, dass die XOR-Verknüpfung *involutorisch* ist, d.h. dass eine nochmalige Anwendung wieder die Ausgangsdaten reproduziert. Es gilt also mit einem binären Schlüssel s:

$y = x \text{ XOR } s$ und $x = y \text{ XOR } s$.

Dies hat zur Folge, dass für die Verschlüsselung und die Entschlüsselung derselbe Algorithmus verwendet werden kann.

On-Time-Pads und Strom-Chiffren

Wegen der Möglichkeit des exhaustiven Durchsuchens des Schlüsselraums hängt die Sicherheit eines jeden Verfahrens stark von der Schlüssellänge ab, der Austausch von Schlüsseln wird aber mit deren Länge immer problematischer. Idealerweise sollte man als Schlüssel eine Folge zufällig angeordneter Bits verwenden, die genauso lang ist wie der zu verschlüsselnde Text und diese Folge nur einmal durch XOR-Verknüpfung auf den Text anwenden. Man bezeichnet einen solchen Schlüssel als *One-Time-Pad*. Der sichere Schlüsselaustausch wäre aber so problematisch, dass dieses ansonsten gegen jeden Angriff resistente Verfahren nicht praktikabel ist. Als Vorteil bleibt allenfalls, dass die Übermittlung der verschlüsselten Nachricht zu einem beliebigen Zeitpunkt nach dem Schlüsselaustausch erfolgen kann.

Eine - zumindest in Spionageromanen - populäre Variante ist die Verwendung eines dicken Buches, beispielsweise „Die Abenteuer des Felix Krull" als Pseudo-Zufallsfolge, so dass als Schlüssel nur der Anfangspunkt (z.B. Seite 69, siebtes Zeichen von unten) übermittelt werden muss. Eine mehr technische Lösung des Problems sind *Strom-Chiffren*. Man erzeugt dabei beliebig lange Schlüssel durch identische Pseudozufallszahlengeneratoren auf der Sender- und Empfängerseite und tauscht nur (kurze) Initialisierungswerte aus. Die Techniken zur Erzeugung von Zufallszahlen müssen jedoch streng unter Verschluss gehalten werden. Die Geheimhaltung von Algorithmen über einen längeren Zeitraum ist aber ein nahezu aussichtsloses Unterfangen. Dennoch werden, wie auch im DEA, einfache Verfahren zur Erzeugung von Pseudozufallszahlen eingesetzt, nämlich *lineare Schieberegister*. Diese bestehen aus m Zellen s_0 bis s_{m-1}, die jeweils ein Bit speichern. Nach jedem Schritt wird der Inhalt des Registers um eine Position nach rechts geschoben; das dabei aus dem Register „herausfallende" Bit dient als nächstes Schlüssel-Bit. Die am linken Registerende freigewordene Zelle s_0 füllt man mit dem Ergebnis der Operation

$$s_0 = s_0 \text{ XOR } s_k$$

wobei der Zellenindex k variabel sein kann. Die folgende Abbildung verdeutlicht dies.

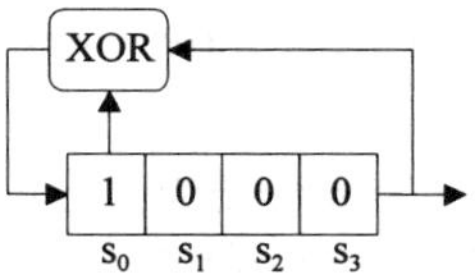

Abbildung 2.25: Ein lineares Schieberegister der Länge $m=4$. Es erzeugt die sich periodisch wiederholende Bitfolge 000111101011001. Die Periodenlänge ist mit $2^4-1=15$ maximal.

Da jede Zelle nur zwei Zustände einnehmen kann, nämlich 0 oder 1, ist die maximale Periodenlänge so erzeugter Bitfolgen 2^m-1. Ob diese maximale Periodenlänge für ein Schieberegister (wie in Abbildung 2.25) tatsächlich erreicht wird, hängt von der Vorbesetzung und dem Index k der für die XOR-Verknüpfung verwendeten Speicherzelle ab. Eine weitere Bedingung, die brauchbare lineare Schieberegister einhalten müssen, ist die Vermeidung des Nullzustandes, in dem alle Zellen den Inhalt 0 tragen, da in diesem Fall nur noch 0-en am Ausgang erzeugt werden. Man bezeichnet diese einfache Form von Schieberegistern als linear, weil nur eine XOR-Verknüpfung verwendet wird.

Einem Known-Plaintext-Angriff bieten auch lineare Schieberegister nicht besonders viel Widerstand. Es genügen bereits $2m$ bekannte Zeichen, um Gleichungssysteme zur Ermittlung der anfänglichen Zelleninhalte und des Index k aufzustellen.

Eine nahe liegende Verbesserung ist die beliebige logische Verknüpfung aller m Zelleninhalte zur Berechnung des neuen Zelleninhaltes s_0. Man spricht dann von *nichtlinearen Schieberegistern*. Es sei in diesem Zusammenhang daran erinnert, dass das Alphabet $B=\{0, 1\}$ mit den Verknüpfungen UND und XOR einen Körper bildet (siehe Kapitel 2.8.5). Dabei entspricht UND der Multiplikation und XOR der Addition. Der Known-Plaintext-Angriff auf nichtlineare Schieberegister ist ein schwieriges Problem, so dass entsprechende Verfahren als vergleichsweise sicher gelten.

2.10.5 Public-Key Verschlüsselung

Die bisher besprochenen Verschlüsselungsmethoden haben einen Nachteil gemeinsam: man muss einen Schlüssel über einen offenen Kanal senden, der gleichwohl möglichst sicher sein muss, damit anschließend verschlüsselte Informationen ausgetauscht werden können. Ein offener Kanal wäre beispielsweise ein Bote oder eine Funkbotschaft. Aber Boten können abgefangen werden und Funkverkehr kann abgehört werden. Probleme ergeben sich insbesondere dann, wenn Sender und Empfänger noch nie miteinander zu tun hatten oder wenn Nachrichten an mehrere Empfänger gleichzeitig versendet werden müssen. Beide Situationen kommen bei der Datenkommunikation oft vor. Problematisch ist auch die große Anzahl von Schlüsseln: wenn von n Personen jede Person mit jeder anderen kommunizieren möchte, so sind $n(n-1)/2$ Schlüssel erforderlich. Ein weiterer Nachteil symmetrischer Verfahren mit geheimen Schlüsseln besteht darin, dass die Authentizität einer Nachricht nicht gewährleistet ist. Da die Kommunikationspartner identische Schlüssel zum Verschlüsseln und Entschlüsseln verwenden, könnte sich Alice selbst eine Nachricht schicken und behaupten, sie käme von Bob. Es liegt auf der Hand, welche Verwirrung derartige Fälschungen in einem elektronischen Buchungssystem einer Bank (*Electronic Banking System*) stiften könnten.

Ein Ausweg wäre denkbar, wenn es gelänge, auch ohne, bzw. durch eine öffentliche Übergabe eines Schlüssels verschlüsselte Nachrichten auszutauschen. Gesucht ist also ein asymetrisches Verschlüsselungsverfahren mit *öffentlichen Schlüsseln* (*Public-Key Cryptosystem*) [Sal90]. Zunächst scheint dies ein Widerspruch in sich zu sein, doch tatsächlich ist eine sichere Verschlüsselung durchaus möglich, ohne dass der Empfänger den Schlüssel des Senders kennen müsste. Dies ist sogar ohne Datenverarbeitung auf einfache Weise durchführbar. Man geht dazu folgendermaßen vor:

Alice verschließt eine Tasche, die eine Botschaft für Bob enthält, mit einem Vorhängeschloss, zu dem nur sie einen Schlüssel besitzt. Dann sendet sie die Tasche an Bob. Bob kann nun die Tasche zunächst nicht öffnen; er bringt stattdessen ein zweites Vorhängeschloss an, zu dem nur er selbst einen Schlüssel hat und sendet die Tasche wieder zurück an Alice. Alice entfernt sodann ihr Vorhängeschloss und sendet die Tasche wieder an Bob. Dieser entfernt jetzt sein eigenes Schloss und entnimmt der nun offenen Tasche die Botschaft. Anschließend kann Bob entweder die Tasche leer und unverschlossen an Alice zurücksenden, oder aber die Tasche mit einer Antwort füllen, mit seinem Vorhängeschloss verschließen und dann an Alice zurücksenden. Abb. 2.24 verdeutlicht dieses Verfahren.

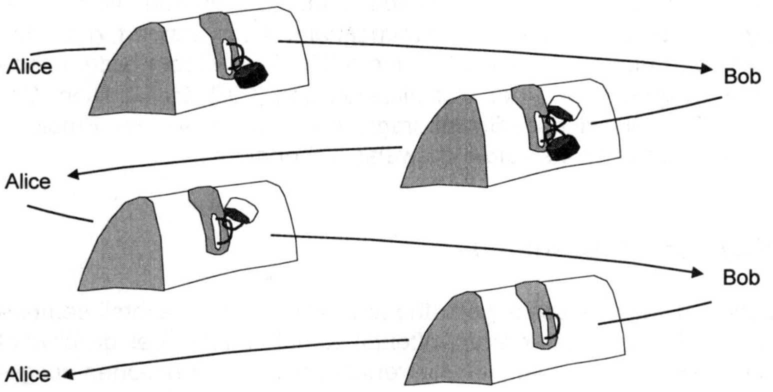

Abbildung 2.26: Eine Möglichkeit zum sicheren Senden von Nachrichten über offene Kanäle ohne Schlüsselaustausch. Erklärung im Text.

Dies ist ein sicheres System, da keine Schlüssel über offene Kanäle ausgetauscht wurden und da Cleo, sollte sie die Tasche abfangen, diese ohne Schlüssel nicht öffnen kann. Allerdings kann Bob nicht ganz sicher sein, dass wirklich Alice die Absenderin war und Alice kann nicht völlig sicher sein, dass tatsächlich Bob die Tasche erhalten hat, da die beiden ja ihre gegenseitigen Schlüssel nicht kennen.

Das mathematische Äquivalent dieser Methode sieht in etwa folgendermaßen aus: Alice codiert ihre Nachricht x numerisch, multipliziert diese mit einer geheimen, großen Primzahl p_{Alice} und sendet das Produkt $y=x \cdot p_{Alice}$ an Bob. Bob oder auch Cleo können aus y nicht ohne weiteres wieder x berechnen, da das Faktorisieren von sehr großen Zahlen ein sehr langwieriges Problem darstellt. Bob multipliziert daher y mit seiner eigenen geheimen Primzahl p_{Bob} und sendet $y \cdot p_{Bob}=x \cdot p_{Alice} \cdot p_{Bob}$ zurück an Alice. Diese dividiert nun $x \cdot p_{Alice} \cdot p_{Bob}$ durch p_{Alice} und sendet das Ergebnis $x \cdot p_{Bob}$ an Bob, der nun endlich nach Division durch p_{Bob} die Nachricht x im Klartext erhält. Ein Nachteil dieser Methode ist offenbar die Notwendigkeit des mehrfachen Sendens. Außerdem ist das Verfahren nur dann wirklich sicher, wenn die Nachricht x ebenfalls eine große Primzahl ist, oder zumindest aus nur wenigen Primfaktoren besteht, da nur dann garantiert ist, dass die Faktorisierung praktisch nicht durchführbar ist. Dazu kommt, dass Cleo beide Schlüssel errechnen könnte, wenn sie alle zwischen Alice und Bob ausgetauschten Nachrichten abfangen und auswerten könnte und dass Alice leicht Bobs Schlüssel errechnen könnte. Dieses einfache Verfahren wäre daher allenfalls für den verschlüsselten Austausch von Schlüsseln für ein symmetrisches Verfahren tauglich, wenn man die verwendeten Schlüssel auf lange Primzahlen beschränkt.

Als Konzept zu einem wirksameren Verschlüsselungsverfahren mit öffentlichen Schlüsseln wurde 1977 von W. Diffie und M. Hellman vorgeschlagen [Dif76], [Hell79], *Falltürfunktionen* (*Trapdoor Fuctions*) zu verwenden, ohne dass sie allerdings solche Funktionen angeben konnten. Falltürfunktionen sind ein Spezialfall von *Einwegfunktionen*. Unter einer Einwegfunktion versteht man eine injektive Funktion $f:X \rightarrow Y$, für die $y=f(x)$ für alle $x \in X$ effizient berechenbar ist, für die aber x aus der Kenntnis von y nicht effizient (also nur mit exponentieller Komplexität, vgl. Kapitel 10.2) berechnet werden kann. Die Umkehrfunktion $x=f^{-1}(y)$ kann also nur mit unrealistischem Aufwand ermittelt werden. Bei Falltürfunktionen ist ebenfalls $y=f(x)$ effizient berechenbar. Im Unterschied zu gewöhnlichen Einwegfunktionen sind auch die Umkehrfunktionen von Falltürfunktionen effizient berechenbar, aber nur unter Verwendung einer Zusatzinformation in Form eines Schlüssels. Dies führt auf die Klasse der *nichtdeterministischen Probleme* (siehe Kapitel 10.2), welche die Eigenschaft haben, dass alle bekannten Rechenverfahren zu ihrer Lösung einen Aufwand erfordern, der exponentiell wie 2^n mit der Anzahl n der Daten anwächst, wohingegen sehr schnell geprüft werden kann, ob eine vermutete Lösung tatsächlich eine Lösung ist oder nicht. Mittlerweile wurden mehrere Falltürfunktionen gefunden, die sich für Verschlüsselungssysteme eignen, wobei jedoch einschränkend gesagt werden muss, dass für keine dieser Funktionen mit letzter Sicherheit bewiesen werden konnte, dass es sich tatsächlich um eine Falltürfunktion handelt. Die bekanntesten basieren auf dem *Untersummenproblem*, der Lösung *diophantischer Gleichungen* und der *Faktorisierung* großer Zahlen. Eine Nachricht x wird dabei mit Hilfe einer Falltürfunktion C codiert, d.h. in eine Nachricht y umgerechnet: $y=C(x)$. Dabei darf C ohne Risiko veröffentlicht werden. Zur Decodierung verwendet der Empfänger die Umkehrfunktion D von C, die nur er selbst zu kennen braucht und die er natürlich geheim halten sollte. Es gilt also $x=D(y)=D(C(x))$. Da es sich bei C um eine Falltürfunktion handelt, ist D aus C praktisch nicht herzuleiten.

Auf der Faktorisierung großer Zahlen, also deren Zerlegung in Primfaktoren, beruht die bekannteste Verschlüsselungsmethode mit öffentlichen Schlüsseln, die 1978 von *R. Rivest*, *A. Shamir* und *L. Adleman* beschrieben wurde [Riv78] und als *RSA-Algorithmus* bekannt ist.

Damit unter Verwendung des RSA-Verfahrens Nachrichten sicher verschlüsselt werden können, muss jeder Teilnehmer zunächst zwei große Primzahlen p und q auswählen. Das Produkt dieser beiden Zahlen sei n. Da die Entschlüsselung einer Nachricht auf die Faktorisierung von n hinausläuft, müssen die Primzahlen p und q so groß gewählt werden, dass die Faktorisierung nicht durchführbar ist. Wählt man für n ca. 250 Stellen, so hätten selbst die größten Supercomuter mehrere Milliarden Jahre mit der Faktorisierung von n zu tun. Bei Kenntnis von p oder q erfordert dagegen die Faktorisierung von n lediglich eine einzige Division. Der Teilnehmer trägt nun die Zahl n und eine Zahl c als seinen öffentlichen Schlüssel $(n,)$ in das allen Teilnehmern zugängliche Schlüsselverzeichnis ein. Zur Codierung einer Nachricht x in die verschlüsselte Nachricht y dient dann die Funktion:

$$y = C(x) = x^c \bmod n$$

Der Exponent c mit $1<c<n$ muss dabei der Bedingung genügen, dass er mit der *Euler'schen Funktion* $\phi(n) = (p-1)(q-1)$ keine gemeinsamen Teiler hat, also $ggT(e, \phi(n))=1$. Entsprechende Exponenten e lassen sich mit dem Euklid'schen ggT-Algorithmus zur Bestimmung des kleinsten gemeinsamen Teilers zweier Zahlen schnell finden. Diese Einschränkung ist erforderlich, damit die zur Verschlüsselung verwendete Falltürfunktion tatsächlich eine einfach auszuführende Umkehrfunktion besitzt. Die in der Zahlentheorie wichtige Euler'sche Funktion $\phi(n)$ gibt die Anzahl der natürlichen Zahlen an, die kleiner als n sind und keinen gemeinsamen Teiler mit n haben. Beispielsweise ist $\phi(12)=4$, da es vier zu 12 teilerfremde Zahlen gibt, die kleiner sind als 12, nämlich 1, 5, 7 und 11. Offensichtlich ist $\phi(p)=p-1$, wenn p eine Primzahl ist. Es gilt ferner $\phi(n)=(p-1)(q-1)$, wenn $n=p\cdot q$ das Produkt zweier Primzahlen p und q ist. Die zur Entschlüsselung verwendete Umkehrfunktion hat dieselbe Struktur wie die Verschlüsselungsfunktion, es wird nur an Stelle des Exponenten c ein anderer Exponent d verwendet:

$$x = D(y) = y^d \bmod n$$

Der springende Punkt ist die Ermittlung der Entschlüsselungsexponenten d, die jeder Teilnehmer für sich nach der Formel

$$c \cdot d \bmod \phi(n) = 1$$

durchführen muss. Dann kann nämlich die bereits von Euklid gefundene Beziehung

$$x = D(y) = D(C(x)) = y^d \bmod n = (x^c \bmod n)^d \bmod n = x^{cd} \bmod n \; = x$$

ausgenutzt werden.

Hat ein Teilnehmer einen Exponenten c gewählt, so muss er also d so bestimmen, dass bei der Division des Produktes $c \cdot d$ durch $\phi(n)$ der Rest 1 verbleibt. Man muss daher bei gegebenem c den Parameter $k=1,2,3...$ solange hochzählen, bis sich eine ganzzahlige Lösung der Gleichung

$$d = [k \cdot \phi(n) + 1]/c$$

ergibt. Diese Berechnung ist nur einmal erforderlich und bereitet keine große Mühe. Da man für die Bestimmung von d die Zahl $\phi(n)$ benötigt, ist dies ohne Kenntnis von p und q ebenso schwierig wie die Faktorisierung von n, so dass die praktische Sicherheit des Verfahrens Gewähr leistet ist. Der zur Entschlüsselung verwendete private Exponent d sowie die beiden zu seiner Bestimmung erforderlichen Primzahlen p und q müssen natürlich geheim gehalten werden.

Zu ergänzen ist noch, dass die Nachricht x eine natürliche Zahl in den Grenzen $0<x<n$ sein muss, damit die sowohl bei der Verschlüsselung als auch bei der Entschlüsselung auftretenden Modulberechnungen sinnvoll sind. Die Nachricht x ist also vor der Verschlüsselung entsprechend umzuwandeln. Dies kann durch Aufteilung der in binärer Form dargestellten Nachricht x in gleich lange Abschnitte x_1, x_2, x_3... geschehen, die dann als Zahlen in binärer Repräsentation interpretiert werden. Die Länge der Abschnitte ist so zu wählen, dass der maximal mögliche numerische Wert kleiner ist als n.

Möchte nun Alice eine Nachricht an Bob senden, so schlägt sie dessen öffentlichen Schlüssel (n_{Bob}, c_{Bob}) im öffentlichen Schlüsselverzeichnis nach, teilt ihre Nachricht in Abschnitte x_1, x_2, x_3... auf, berechnet gemäß $y_i = x_i^{c_{Bob}} \bmod n_{Bob}$ die verschlüsselte Nachricht und übermittelt diese Bob. Der Empfänger Bob erhält unter Verwendung seines nur ihm bekannten privaten Schlüssels d_{Bob} die entschlüsselte Nachricht aus $x_i = y_i^{d_{Bob}} \bmod n_{Bob}$. Sollte Cleo die Nachricht abfangen, so ist es ihr nicht möglich, diese zu entschlüsseln, da sie Bobs privaten Schlüssel d_{Bob} nicht kennt.

Dazu wird nun das folgende Beispiel betrachtet. Alice möchte an Bob eine verschlüsselte Nachricht senden, wobei nur die 26 Großbuchstaben verwendet werden. Für die numerische Darstellung wird jedem Buchstaben seine Position im Alphabet zugeordnet, A entspricht also der Zahl 1 und Z der Zahl 26. Die Aufteilung der Nachricht erfolgt der Einfachheit halber in Blöcke, die nur jeweils ein Zeichen enthalten. Mit der Wahl $p=5$ und $q=11$ folgt $n=5 \cdot 11=55$ und $\phi(n)=(5-1)(11-1)=40=2 \cdot 2 \cdot 2 \cdot 5$. Bob kann daher für seinen öffentlichen Schlüssel beispielsweise $e=3$ verwenden, da dies kein Teiler von $\phi(n)$ ist. Bei der Berechnung eines privaten Schlüssels gemäß $d=(k \cdot 40+1)/3$ findet Bob bereits mit $k=2$ eine ganzzahlige Lösung, nämlich $d=(2 \cdot 40+1)/3=27$.

Zur Verschlüsselung des Textes CLEO bildet Alice zunächst die numerische Darstellung 3,12,5,15 und rechnet dann weiter mit Bobs öffentlichem Schlüssel c=3:

C: $y_1 = 3^3 \bmod 55 = 27$
L: $y_2 = 12^3 \bmod 55 = 1728 \bmod 55 = 23$
E: $y_3 = 5^3 \bmod 55 = 125 \bmod 55 = 15$
O: $y_4 = 15^3 \bmod 55 = 3375 \bmod 55 = 20$

Als Ergebnis der Verschlüsselung sendet Alice die Zahlenfolge 27,23,15,20 an Bob. Dieser verwendet zur Entschlüsselung seinen geheimen Schlüssel d=27 und rechnet:

$x_1 = 27^{27} \bmod 55 = 3 \Rightarrow C$
$x_2 = 23^{27} \bmod 55 = 12 \Rightarrow L$
$x_3 = 15^{27} \bmod 55 = 5 \Rightarrow E$
$x_4 = 20^{27} \bmod 55 = 15 \Rightarrow O$

Auf den ersten Blick scheint es aufwendig zu sein, mit den hohen auftretenden Potenzen zu arbeiten. Unter Ausnutzung der Rechenregel

$a \cdot b \bmod c = [(a \bmod c)(b \bmod c)] \bmod c$

kann man zunächst die Module der Zweierpotenzen der Basis berechnen und dann zusammenfassen. Für $15^{27} \bmod 55$ erhält man auf diese Weise rasch das Ergebnis 5:

$15^{27} \bmod 55 = (15^{16} \cdot 15^8 \cdot 15^2 \cdot 15) \bmod 55 = [(15^{16} \bmod 55)(15^8 \bmod 55) \cdot 225 \cdot 15] \bmod 55 =$
$= [((15^2)^8 \bmod 55)((15^2)^4 \bmod 55) \cdot 5 \cdot 15] \bmod 55 =$
$= [(5^8 \bmod 55)(5^4 \bmod 55) \cdot 5 \cdot 15] \bmod 55 =$
$= [(5^4)^2 \bmod 55)(625 \bmod 55) \cdot 5 \cdot 15] \bmod 55 =$
$= [(20^2 \bmod 55) \cdot 20 \cdot 5 \cdot 15] \bmod 55 =$
$= [15 \cdot 20 \cdot 5 \cdot 15] \bmod 55 =$
$= [(15 \cdot 20 \bmod 55)(5 \cdot 15 \bmod 55)] \bmod 55 =$
$= 25 \cdot 20 \bmod 55 = 5$

Ohne weitere Sicherheitsmaßnahmen sind Kryptosysteme mit öffentlichen Schlüsseln bei Verwendung eines zentralen Systems zur Schlüsselverwaltung (*Key-Server*) anfällig gegen die *Man-in-the-middle-attack*. Dabei nistet sich Cleo im Key-Server ein und gibt bei einer Anfrage Bobs nach Alicens öffentlichem Schlüssel ihren eigenen Schlüssel heraus. Sodann fängt sie Bobs Nachricht ab und entschlüsselt diese mit ihrem eigenen Schlüssel. Schließlich verschlüsselt sie die (eventuell auch noch modifizierte) Nachricht neu mit Alicens öffentlichem Schlüssel und sendet sie an Alice weiter. Alice nimmt an, die Nachricht sei von Bob und bemerkt die Attacke nicht.

Trotz optimierter Rechenverfahren arbeitet das RSA-Verfahrens im Vergleich zu DEA um ca. den Faktor 1000 langsamer. Es liegt daher nahe, RSA nur zur geheimen Übergabe von DEA-Schlüsseln zu nutzten. Bekannt geworden ist der PGP-Algorithmus (*Pretty Good Privacy*) von P. Zimmermann, der auf diese Weise arbeitet. Der Man-in-the-middle-attack begegnet PGP entweder durch eine dezentrale Liste vertrauenswürdiger Schlüsselquellen (*Web of Trust*) oder durch die Einbeziehung der im nächsten Abschnitt erläuterten digitalen Unterschriften.

2.10.6 Digitale Unterschrift

Nach dem beschriebenen RSA-Verfahren könnte Cleo ohne weiteres eine Nachricht an Bob senden und behaupten, sie käme von Alice. Die Authentizität lässt sich aber durch Übermitteln einer *elektronischen* bzw. *digitalen Unterschrift* ebenfalls sicherstellen. Dies kann Alice dadurch erreichen, dass sie mit jedem Block x_i ihrer Botschaft an Bob auch einen *Signaturblock* s_i sendet. Die Nachricht x kann dabei nach Belieben im Klartext verbleiben oder ebenfalls verschlüsselt werden. Die Signaturblöcke erzeugt Alice unter Verwendung ihres eigenen privaten Schlüssels gemäß

$$s_i = x_i^{d_{Alice}} \bmod n_{Alice}$$

Anschließend verschlüsselt Alice wie gewohnt mit Bobs öffentlichem Schlüssel die Signaturblöcke. Empfängt Bob eine signierte Nachricht von Alice, so schlägt er ihren öffentlichen Schlüssel im Verzeichnis nach und erhält damit aus den Signaturblöcken s_i wieder die Nachricht x_i:

$$x_i = s_i^{e_{Alice}} \bmod n_{Alice}$$

Da Cleo den privaten Schlüssel von Alice nicht kennt, ist sie auch nicht in der Lage, die digitale Unterschrift zu fälschen. Beim RSA-Verfahren hängt die Unterschrift nicht nur vom Sender ab, sondern auch vom gesendeten Text. Die Sicherheit des Verfahrens ist deshalb sogar höher als bei einer konventionellen Unterschrift, die ja unabhängig vom unterzeichneten Dokument immer dieselbe ist. Anstelle der eigentlichen Nachricht kann man die digitale Unterschrift auch auf eine kurze, als *digitaler Fingerabdruck* bezeichente Bitfolge beschränken.

Auch die Schlüsselverwaltung ist beim RSA-Verfahren mit digitaler Unterschrift sicher. Da jeder Teilnehmer seinen Schlüssel selbst bestimmt, fallen in der zentralen Schlüsselverwaltung keine geheimen Daten an. Die Zentrale hat nur die Aufgabe, die öffentlichen Schlüssel entgegenzunehmen, auf Doppeleinträge zu prüfen und die Schlüssel allen Teilnehmern zugänglich zu machen. Wegen der digitalen Unterschrift ist auch die Man-in-the-middle-attack unwirksam.

Im Folgenden wird noch kurz eine weitere Methode zur Übermittlung einer elektronischen Unterschrift beschrieben, die gut mit symmetrischen Verschlüsselungsverfahren, etwa DEA, kombiniert werden kann. Dazu einigen sich zunächst alle Teilnehmer auf eine Primzahl p und eine Basis b, die veröffentlicht werden. Dabei müssen p und b so gewählt werden, dass $b^i \bmod p$ die Zahlen von 1 bis p-1 durchläuft, wenn i die Zahlen von 1 bis p-1 durchläuft, - allerdings in einer anderen Reihenfolge. Dies ist sichergestellt, wenn b zu $\phi(p)=p-1$ teilerfremd ist. Jeder Teilnehmer wählt nun einen persönlichen, geheim gehaltenen Schlüssel d_i aus der Menge der Zahlen 1 bis p-1 aus und berechnet nach der Formel

$$c_i = b^{d_i} \bmod p$$

einen öffentlichen Schlüssel c_i, der in eine allen Teilnehmern zugängliche Liste eingetragen wird.

Von der Schlüsselverwaltung ist sicherzustellen, dass keine Doppeleinträge vorkommen.

So wird beispielsweise mit der Wahl $p=7$ und $b=3$ aus der Folge $d_i = 1, 2, 3, 4, 5, 6$ der geheimen Schlüssel durch $c_i = 3^{d_i} \bmod 7$ die Folge $c_i = 3, 2, 6, 4, 5, 1$ der öffentlichen Schlüssel erzeugt. Um sicherzustellen, dass der Schlüsselraum so groß ist, dass ein exhaustives Durchsuchen aller Schlüssel in vernünftiger Zeit nicht zum Erfolg führen kann, wählt man in der Praxis sehr große Primzahlen p mit mindestens 100 Stellen.

Möchte Teilnehmer i (Alice) an Teilnehmer j (Bob) eine Nachricht senden, so nimmt sie den öffentlichen Schlüssel c_j des Teilnehmers j und berechnet mit Hilfe ihres eigenen, geheimen Schlüssels d_i den für die Verschlüsselung der Nachricht benötigten gemeinsamen Schlüssel k_{ij} nach der Formel

$$k_{ij} = c_j^{d_i} \bmod p$$

Teilnehmer j benötigt zur Entschlüsselung der empfangenen Nachricht ebenfalls den gemeinsamen Schlüssels k_{ij}. Da die Matrix der Schlüssel symmetrisch ist, gilt $k_{ji}=k_{ij}$. Teilnehmer j berechnet daher k_{ij} mit der Formel

$$k_{ij} = k_{ji} = c_i^{d_j} \bmod p\,.$$

Dafür benötigt er seinen eigenen geheimen Schlüssel d_j und den öffentlichen Schlüssel c_i der Absenderin. Da diese bekannt ist, kann der Empfänger den öffentlichen Schlüssel c_i der Absenderin aus dem Schlüsselverzeichnis entnehmen. Der so berechnete gemeinsame Schlüssel k_{ij} kann dann als Schlüssel für ein schnelles symmetrisches Verfahren (z.B. DEA) verwendet werden. Der große Vorteil ist, dass der gemeinsame Schlüssel nicht ausgetauscht werden musste. Wenn die Entschlüsselung erfolgreich ist, kann der Empfänger Bob außerdem sicher sein, dass die Nachricht tatsächlich von Teilnehmerin i, also von Alice stammt. Damit ist also auch eine elektronische Unterschrift gegeben.

Wichtige Anwendungen von Verschlüsselungsmethoden finden sich in vielen Bereichen der Informationstechnik, von denen einige in Kapitel 12 besprochen werden. Zu nennen sind hier E-Mail, der Datenaustausch im Internet, Electronic Banking, Electronic Commerce, Electronic Cash (elektronisches Geld) und weitere damit zusammenhängende Anwendungen.

3 Schaltalgebra und digitale Grundschaltungen

Die *Schaltalgebra* befasst sich mit der Rückführung elektronischer Schaltnetze auf eine mathematische Beschreibung. Man benützt dazu die Methoden der *Boole'schen Algebra*, die man in dieser Anwendung auch als *Schaltalgebra* bezeichnet. Die Boole'sche Algebra steht in enger Beziehung mit der *Aussagenlogik* [Den74], [Schö95], die Thema des folgenden Abschnitts ist. Anschließend werden *Schaltnetze*, d.h. die technische Realisierung von logischen Funktionen, erläutert und danach *Schaltwerke*, bei denen die für Schaltnetze typische statische Betrachtungsweise durch Berücksichtigung des dynamischen Wechsels von Zuständen ergänzt wird. Aus Schaltnetzen und Schaltwerken bestehen letztlich die Grundbausteine digitaler Rechner. Als Ergänzung wird zum Schluss noch kurz auf *Analogrechner* eingegangen.

3.1 Aussagenlogik

3.1.1 Der Wahrheitswert von Aussagen

Formal versteht man unter *Aussagen* Elemente einer Menge, wobei diese Elemente - neben anderen, in diesem Zusammenhang nicht relevanten Eigenschaften - einen *Wahrheitswert* besitzen, der nur die beiden Zustände *„wahr"* oder *„falsch"* annehmen kann. Dafür sind verschiedene Abkürzungen gebräuchlich, z.B.:

Wahr:	W (von wahr)	T (von true)	H (von high)	1 (Bit gesetzt)
Falsch:	F (von falsch)	F (von false)	L (von low)	0 (Bit nicht gesetzt)

Im Folgenden wird 1 für wahr und 0 für falsch verwendet.

Beispiele für wahre Aussagen sind etwa die Sätze „5 ist eine Primzahl" und „3 ist kleiner als 5". Falsch ist beispielsweise der Satz „2 ist Teiler von 5". Allerdings ist nicht jede sprachliche Formulierung eine Aussage, so etwa der Satz „guten Morgen!"

3.1.2 Verknüpfungen von Aussagen

In der *Aussagenlogik* behandelt man *Verknüpfungen* von Aussagen durch logische Operatoren, deren Ergebnisse wiederum Aussagen sind. Man betrachtet die folgenden logischen Grundverknüpfungen:

Tabelle 3.1: Die logischen Grundverknüpfungen in der Reihenfolge ihrer Bindung.

Verknüpfung	Name	Schreibweise
nicht a	Negation	$\neg a$, $\bar{a}$
a und b	Konjunktion	$a \wedge b$, $a \,\&\, b$, $a \cdot b$, ab
a oder b	Disjunktion	$a \vee b$, $a + b$
wenn a dann b	Implikation	$a \rightarrow b$, $a \Rightarrow b$
a genau dann wenn b	Äquivalenz	$a \leftrightarrow b$, $a \Leftrightarrow b$

Hier werden die Schreibweisen ¬a, a∧b, a∨b, a⇒b und a⇔b verwendet, wobei die Kleinbuchstaben für Variablen stehen, welche die Wahrheitswerte 0 oder 1 annehmen können.

Der Wahrheitswert des Ergebnisses einer Verknüpfung, auch *Wahrheitsfunktion* genannt, hängt nur von den Wahrheitswerten der Argumente der Wahrheitsfunktion ab. Da es nur endlich viele Wahrheitswerte gibt, nämlich „wahr" und „falsch", ist es möglich, alle Wahrheitsfunktionen durch endliche Tabellen eindeutig zu definieren. Für die oben eingeführten Verknüpfungen lauten die zugehörigen Tabellen:

Tabelle 3.2: Wahrheitstabellen für die logischen Grundverknüpfungen.

a	b	a ∨ b	a ∧ b	a ⇒ b	a ⇔ b
0	0	0	0	1	1
0	1	1	0	1	0
1	0	1	0	0	0
1	1	1	1	1	1

a	¬a
0	1
1	0

Offenbar muss es über diese Grundfunktionen hinaus weitere einstellige und zweistellige Verknüpfungen geben. Durch Kombination aller möglichen Zuordnungen von Argumenten und Ergebnissen findet man die folgenden $2^2=4$ einstelligen Wahrheitsfunktionen und die insgesamt $2^4=16$ verschiedenen zweistelligen Wahrheitsfunktionen:

Tabelle 3.3: Zusammenstellung aller prinzipiell möglichen einstelligen logischen Verknüpfungen.

a	¬a (Negation)	a (Identität)	Konstante 0	Konstante 1
0	1	0	0	1
1	0	1	0	1

Tabelle 3.4: Zusammenstellung aller prinzipiell möglichen zweistelligen logischen Verknüpfungen.

a	0 0 1 1		
b	0 1 0 1	Schreibweise	Bezeichnung
f1	0 0 0 0	0	Konstante 0
f2	0 0 0 1	a ∧ b	Konjunktion (AND)
f3	0 0 1 0	¬(a⇒b)	Negation der Implikation
f4	0 0 1 1	a	Identität a
f5	0 1 0 0	¬(b⇒a)	Negation der Implikation
f6	0 1 0 1	b	Identität b
f7	0 1 1 0	¬(a⇔b)	Antivalenz (XOR)
f8	0 1 1 1	a ∨ b	Disjunktion (OR)
f9	1 0 0 0	¬(a ∨ b)	Nicht-Oder (NOR)
f10	1 0 0 1	a ⇔ b	Äquivalenz
f11	1 0 1 0	¬b	Negation von b
f12	1 0 1 1	b ⇒ a	Implikation
f13	1 1 0 0	¬a	Negation von a
f14	1 1 0 1	a ⇒ b	Implikation
f15	1 1 1 0	¬(a ∧ b)	Nicht-Und (NAND)
f16	1 1 1 1	1	Konstante 1

Es ist leicht nachweisbar, dass alle ein- und zweistelligen Wahrheitsfunktionen durch Kombinationen der logischen Grundfunktionen Konjunktion, Disjunktion und Negation ausgedrückt werden können. Dies wird an einigen Beispielen verdeutlicht:

f1 : $a \wedge a = a \wedge 0 = b \wedge 0 = 0$
f6 : $b \wedge 1 = b$
f14 $a \Rightarrow b = \neg a \vee b$
f16: $a \vee a = 1$

3.1.3 Die Axiome der Aussagenlogik

Nach diesen Vorbemerkungen werden nun die 4 Axiome eingeführt, welche die Aussagenlogik definieren:

Axiom 1:	$a \wedge b = b \wedge a$	*Kommutativgesetze*
	$a \vee b = b \vee a$	
Axiom 2:	$a \wedge (b \vee c) = (a \wedge b) \vee (a \wedge c)$	*Distributivgesetze*
	$a \vee (b \wedge c) = (a \vee b) \wedge (a \vee c)$	
Axiom 3:	$a \wedge 1 = a$	Verknüpfung mit 1 (Existenz des *1-Elements*)
	$a \vee 0 = a$	Verknüpfung mit 0 (Existenz des *0-Elements*)
Axiom 4:	$a \wedge \neg a = 0$	Definition des komplementären
	$a \vee \neg a = 1$	(negierten) Elements

Alle weiteren Regeln für das Rechnen mit logischen Verknüpfungen ergeben sich aus diesen 4 Axiomen. Insbesondere lassen sich folgende Beziehungen herleiten:

$(a \wedge b) \wedge c = a \wedge (b \wedge c)$	*Assoziativgesetze*
$(a \vee b) \vee c = a \vee (b \vee c)$	
$\neg(\neg a) = a$	*Involutivgesetz*
$a \wedge a = a$	*Idempotenzgesetze*
$a \vee a = a$	
$a \wedge (a \vee b) = a$	*Absorptionsgesetze*
$a \vee (a \wedge b) = a$	
$\neg(a \wedge b) = \neg a \vee \neg b$	*de Morgan'sche Gesetze*
$\neg(a \vee b) = \neg a \wedge \neg b$	

Diese Folgerungen sind ohne große Schwierigkeiten unter Verwendung der Axiome 1 bis 4 zu beweisen. Als Beispiel sei hier der Beweis des Idempotenz-Gesetzes $a \wedge a = a$ angeführt:

Aus den Absorptionsgesetzen folgt: $a = a \wedge (a \vee b) = a \wedge (a \vee [a \wedge b]) = a \wedge a$

damit ist die Behauptung $a \wedge a = a$ bewiesen.

3.2 Boole'sche Algebra

Die Aussagenlogik lässt sich durch Einführung einer *Boole'scher Verband* genannten algebraischen Struktur (nach George Boole, 1815-64) auf eine allgemeine mathematische Grundlage stellen.

3.2.1 Der Boole'sche Verband

Eine nichtleere Menge V, in der zwei zweistellige Verknüpfungen definiert sind, heißt ein *Verband*, wenn die folgenden Axiome erfüllt sind:

Axiom 1: Kommutativität
Axiom 2: Assoziativität
Axiom 3: Absorption
Axiom 4: Existenz des Null- und Einselements und Verknüpfung damit

Ein Verband heißt *distributiver Verband*, wenn außerdem die Distributivgesetze gelten. Ein Verband heißt ein *komplementärer distributiver Verband*, wenn zusätzlich komplementäre Elemente eingeführt werden.

Ein komplementärer distributiver Verband wird auch als *Boole'scher Verband* bezeichnet. Wählt man als Verknüpfungen $\wedge$ und $\vee$, und identifiziert man das zu a komplementäre Element mit $\neg a$, so erkennt man, dass der Aussagenlogik die algebraische Struktur eines Boole'schen Verbandes zu Grunde liegt. Wie man leicht zeigen kann, lassen sich insbesondere die logischen Verknüpfungen Implikation, Äquivalenz und Exklusiv-Oder auch durch Konjunktion, Disjunktion und Negation ausdrücken, so dass man tatsächlich mit nur zwei Verknüpfungen, nämlich $\wedge$ und $\vee$ auskommt:

Implikation: $a \Rightarrow b = \neg a \vee b$
Äquivalenz: $a \Leftrightarrow b = (a \wedge b) \vee (\neg a \wedge \neg b)$
Exklusiv-Oder (Antivalenz): $a \text{ XOR } b = \neg(a \Leftrightarrow b) = (a \vee b) \wedge (\neg a \vee \neg b)$

Ein weiteres Beispiel für einen Verband ist die *Mengenalgebra* mit den Operationen $\cup$ (*Vereinigung*) und $\cap$ (*Durchschnitt*). Wegen dieser strukturellen Übereinstimmung (*Isomorphie*) mit der Aussagenlogik hat man auch die an die Symbole der Mengenoperationen erinnernde Schreibweise $\vee$ und $\wedge$ für die logischen Verknüpfungen „oder" und „und" eingeführt. Wegen dieser Isomorphie lassen sich mengenalgebraische und logische Verknüpfungen in gleicher Weise durch sogenannte *Venn-Diagramme* anschaulich darstellen, wie die folgende Abbildung zeigt:

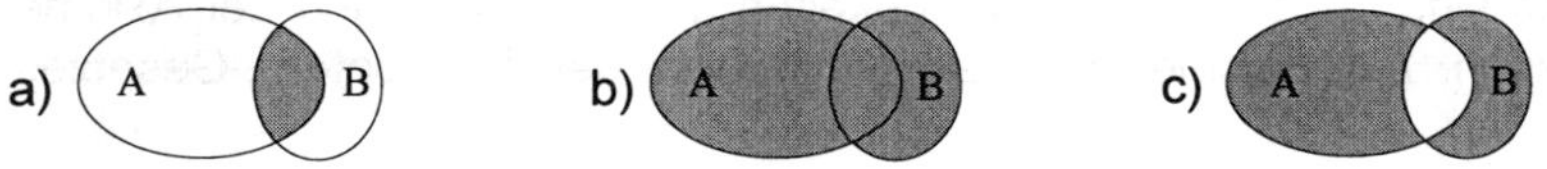

Abbildung 3.1: Beispiele für Venn-Diagramme.
a) Schnittmenge $A \cap B$ der Mengen A und B, entsprechend der logischen UND-Verknüpfung.
b) Vereinigungsmenge $A \cup B$ der Mengen A und B, entsprechend der ODER-Verknüpfung.
c) $(A \cup B) \cap (/A \cup /B)$, entsprechend der XOR-Verknüpfung.

Die häufig verwendete Schreibweise $a+b$ für $a \vee b$ und $a \cdot b$ oder auch ab für $a \wedge b$ hat sich wegen der Ähnlichkeit eines Boole'schen Verbands mit einem *Integritätsbereich* (beispielsweise die Ganzen Zahlen mit den Verknüpfungen Addition und Multiplikation) eingebürgert. In der Tat herrscht eine weit gehende Übereinstimmung, Distributivität und komplementäre Elemente weichen allerdings etwas ab und die Absorption hat in einem Integritätsbereich keine Entsprechung. Wendet man also mit dieser Analogie nur die Regeln der Arithmetik an, so macht man zwar keine Fehler, man wird aber manche Möglichkeiten der Boole'schen Algebra nicht nutzen.

3.2.2 Schaltfunktionen

Wendet man die Boole'sche Algebra auf die Analyse und Synthese von *digitalen Schaltungen* an, so identifiziert man „wahr" bzw. 1 mit dem Zustand „Spannung vorhanden" und „falsch" bzw. 0 mit dem Zustand „Spannung nicht vorhanden". Die Boole'sche Algebra wird dann als *Schaltalgebra* bezeichnet und Funktionen von Wahrheitswerten als *Schaltfunktionen*. Präziser spricht man von n-stelligen *binären Schaltfunktionen* $f(x_1, x_2,... x_n)$ mit den Variablen $x_1, x_2,... x_n$, da die Argumente x_i nur die beiden Werte 0 und 1 annehmen können. Sowohl Definitionsbereich als auch Wertebereich sind also auf die Werte {0, 1} beschränkt, es gibt daher nur 2^{2n} n-stellige binäre Schaltfunktionen, die sich wegen der Endlichkeit von Definitions- und Wertebereich immer in Form von endlichen Wahrheitstabellen angeben lassen.

Die bereits eingeführten logischen Verknüpfungen kann man demnach auch als ein- und zweistellige Schaltfunktionen auffassen. Alle 4 einstelligen und alle 16 zweistelligen Schaltfunktionen sind somit bereits in Form logischer Verknüpfungen oder Wahrheitsfunktionen eingeführt worden.

Allgemein lässt sich eine Schaltfunktion als „schwarzen Kasten" mit einem Ausgang und einem oder mehreren Eingängen darstellen:

Einstellige Schaltfunktion Zweistellige Schaltfunktion n-stellige Schaltfunktion

Abbildung 3.2: Symbolische Darstellung von Schaltfunktionen.

3.2.3 Das Boole'sche Normalform-Theorem

Das *Boole'sche Normalform-Theorem* liefert eine einfache Möglichkeit, aus der Wahrheitstabelle einer Schaltfunktion die Schaltfunktion selbst zu konstruieren.

Zur Herleitung des Boole'schen Normalform-Theorems geht man von folgender Identität aus, die sich aus den Gesetzen des Boole'schen Verbandes ergibt:

$$f(x_1, x_2,... x_n) = [\neg x_1 \wedge f(0, x_2, x_3,... x_n)] \vee [x_1 \wedge f(1, x_2, x_3,... x_n)]$$

Mehrmalige Anwendung dieses Satzes liefert eine eindeutige Darstellung der Funktion $f(x_1, x_2,\dots x_n)$, die man als *Boole'sches Normalform-Theorem* bezeichnet:

$$
\begin{aligned}
f(x_1, x_2,\dots x_n) = {} & [\; x_1 \wedge x_2 \wedge\dots x_n \wedge f(1,1,\dots 1,1)] \\
& \vee [\neg x_1 \wedge x_2 \wedge\dots x_n \wedge f(0,1,\dots 1,1)] \\
& \vee [\; x_1 \wedge\neg x_2 \wedge\dots x_n \wedge f(1,0,\dots 1,1)] \\
& \quad\vdots \\
& \vee [\neg x_1 \wedge \neg x_2 \wedge\dots \neg x_{n-1} \wedge x_n \wedge f(0,0,\dots 0,1)] \\
& \vee [\neg x_1 \wedge \neg x_2 \wedge\dots \neg x_{n-1} \wedge \neg x_n \wedge f(0,0,\dots 0,0)]
\end{aligned}
$$

Man nennt diese Darstellung die *disjunktive Normalform*. Die konjunktiv verknüpften Terme bezeichnet man als *Minterme*. Für eine n-stellige Funktion kann es höchstens 2^n Minterme geben, von denen aber im Allgemeinen viele verschwinden werden, nämlich genau diejenigen, für welche $f(x_1, x_2,\dots x_n) = 0$ ist.

Äquivalent zu der disjunktiven Normalform ist die *konjunktive Normalform*, die aus der disjunktiven Normalform durch Negation hervorgeht:

$$
\begin{aligned}
f(x_1, x_2,\dots x_n) = {} & [\neg x_1 \vee \neg x_2 \vee\dots \neg x_n \vee \neg f(1,1,\dots 1,1)] \\
& \wedge [\; x_1 \vee \neg x_2 \vee\dots \neg x_n \vee \neg f(0,1,\dots 1,1)] \\
& \wedge [\neg x_1 \vee x_2 \vee\dots \neg x_n \vee \neg f(1,0,\dots 1,1)] \\
& \quad\vdots \\
& \wedge [\; x_1 \vee x_2 \vee\dots x_{n-1} \vee\neg x_n \vee \neg f(0,0,\dots 0,1)] \\
& \wedge [\; x_1 \vee x_2 \vee\dots x_{n-1} \vee x_n \vee \neg f(0,0,\dots 0,0)]
\end{aligned}
$$

Die Terme der konjunktiven Normalform werden als *Maxterme* bezeichnet. Ist eine Schaltfunktion durch eine Wahrheitstabelle gegeben, so lassen sich disjunktive und konjunktive Normalform leicht angeben, wie das Beispiel in Tabelle 3.5 zeigt.

Zur disjunktiven Normalform tragen alle Kombinationen der Argumente bei, für welche die Funktion den Wert 1 annimmt, zur konjunktiven Normalform tragen alle Kombinationen der Argumente bei, für welche die Funktion den Wert 0 annimmt.

Tabelle 3.5: Beispiel zur Umwandlung einer Wahrheitstabelle in eine Schaltfunktion in disjunktiver und konjunktiver Normalform.

a b c	f(a,b,c)
0 0 0	0
0 0 1	1
0 1 0	1
0 1 1	0
1 0 0	1
1 0 1	0
1 1 0	0
1 1 1	1

disjunktive Normalform:
$f(a,b,c) = (\neg a \wedge \neg b \wedge c) \vee (\neg a \wedge b \wedge \neg c) \vee (a \wedge \neg b \wedge \neg c) \vee (a \wedge b \wedge c)$

konjunktive Normalform:
$f(a,b,c) = (a \vee b \vee c) \wedge (a \vee \neg b \vee \neg c) \wedge (\neg a \vee b \vee \neg c) \wedge (\neg a \vee \neg b \vee c)$

Die so bestimmte Normalform ist oft ein unübersichtlicher Ausdruck mit vielen Termen, der jedoch durch Anwendung der Rechenregeln der Boole'schen Algebra vereinfacht werden kann, wie das unten stehende Beispiel zeigt:

$$(\neg a \wedge b \wedge \neg c) \vee (a \wedge b \wedge \neg c) \vee (a \wedge b \wedge c)$$

$$= (\neg a \wedge b \wedge \neg c) \vee \{[(a \wedge b) \wedge \neg c] \vee [(a \wedge b) \wedge c]\}$$

$$= (\neg a \wedge b \wedge \neg c) \vee \{(a \wedge b) \wedge \underbrace{(\neg c \wedge c)}_{=1}\}$$

$$= (\neg a \wedge b \wedge \neg c) \vee (a \wedge b)$$

$$= b \wedge [(\neg a \wedge \neg c) \vee a]$$

$$= b \wedge [(\neg a \vee a) \wedge (\neg c \vee a)]$$

$$= b \wedge (a \vee \neg c)$$

Das Vereinfachen Boole'scher Ausdrücke unter Anwendung der Rechenregeln ist oft nicht ganz einfach und erfordert viel Übung. Eine Erleichterung ergibt sich dadurch, dass häufig so genannte *benachbarte Minterme* (bzw. Maxterme) auftreten, das sind Terme, die sich nur durch Negation einer Komponente voneinander unterscheiden und sich daher zusammenfassen lassen. Betrachtet man den Ausdruck

$$(\neg a \wedge b \wedge c) \vee (\neg a \wedge b \wedge \neg c) = \neg a \wedge b$$

so erkennt man, dass die beiden in Klammern gesetzten Terme benachbart sind. Sie lassen sich durch Ausklammern unter Beachtung von $c \vee \neg c = 1$ zusammenfassen.

Für das Vereinfachen von Boole'schen Ausdrücken mit mehreren Variablen gibt es eine Reihe von systematischen Verfahren. Sehr oft verwendet wird das *Karnaugh-Veitch-Diagramm*, bei dem allen möglichen Mintermen ein Feld in einem rechteckigen Schema zugeordnet wird. Die Felder werden dabei so angeordnet, dass im obigen Sinne algebraisch benachbarte Minterme auch geometrisch benachbart sind. Die Felder werden nun mit 0 oder 1 besetzt, je nachdem, ob der zugehörige Minterm in der betrachteten Schaltfunktion enthalten ist oder nicht. Zusammenhängend mit 1 besetzte Gebiete können dann gemäß der Vorschrift für das Zusammenfassen benachbarter Terme vereinfacht werden. Der allgemeinen Praxis folgend, wird hier die Notation $a+b$ für $a \vee b$, ab für $a \wedge b$ und $\bar{a}$ für $\neg a$ verwendet. Die folgende Abbildung zeigt die allgemeine Form von *KV-Diagrammen* für 2, 3 und 4 Variablen.

	x_2	$\bar{x}_2$
x_1	x_1x_2	$x_1\bar{x}_2$
$\bar{x}_1$	$\bar{x}_1x_2$	$\bar{x}_1\bar{x}_2$

	x_2	x_2	$\bar{x}_2$	$\bar{x}_2$
x_1	$x_1x_2\bar{x}_3$	$x_1x_2x_3$	$x_1\bar{x}_2x_3$	$x_1\bar{x}_2\bar{x}_3$
$\bar{x}_1$	$\bar{x}_1x_2\bar{x}_3$	$\bar{x}_1x_2x_3$	$\bar{x}_1\bar{x}_2x_3$	$\bar{x}_1\bar{x}_2\bar{x}_3$
	$\bar{x}_3$	x_3	x_3	$\bar{x}_3$

	x_2	x_2	$\bar{x}_2$	$\bar{x}_2$	
x_1	$x_1x_2\bar{x}_3\bar{x}_4$	$x_1x_2\bar{x}_3x_4$	$x_1\bar{x}_2\bar{x}_3x_4$	$x_1\bar{x}_2\bar{x}_3\bar{x}_4$	$\bar{x}_3$
x_1	$x_1x_2x_3\bar{x}_4$	$x_1x_2x_3x_4$	$x_1\bar{x}_2x_3x_4$	$x_1\bar{x}_2x_3\bar{x}_4$	x_3
$\bar{x}_1$	$\bar{x}_1x_2x_3\bar{x}_4$	$\bar{x}_1x_2x_3x_4$	$\bar{x}_1\bar{x}_2x_3x_4$	$\bar{x}_1\bar{x}_2x_3\bar{x}_4$	x_3
$\bar{x}_1$	$\bar{x}_1x_2\bar{x}_3\bar{x}_4$	$\bar{x}_1x_2\bar{x}_3x_4$	$\bar{x}_1\bar{x}_2\bar{x}_3x_4$	$\bar{x}_1\bar{x}_2\bar{x}_3\bar{x}_4$	$\bar{x}_3$
	$\bar{x}_4$	x_4	x_4	$\bar{x}_4$	

Abbildung 3.3: Die allgemeinen KV-Diagramm für zwei, drei und vier Variablen. Man beachte, dass sich die Einträge (Minterme) in benachbarten Feldern nur in jeweils einer Stelle unterscheiden. Für eine konkrete Schaltfunktion trägt man die logischen Werte der Minterme ein, also 0 bzw. 1 oder auch ein Fragezeichen, wenn der betreffende Minterm für die Schaltfunktion keine Rolle spielt. Nach demselben Bildungsschema werden auch KV-Diagramme für beliebige Anzahlen von Variablen erstellt.

Da nach ihrer Konstruktion in KV-Diagrammen logisch benachbarte Terme auch geometrisch benachbart sind, kann man in einer Funktion mit n Variablen Blöcke aus 2, 4, 8 oder allgemein 2^k Termen, die alle 1en enthalten, zu nur einem Term zusammenfassen, der nur noch $n\text{-}k$ Variablen hat.

Beispiel:

Gegeben sei die Funktion $y = x_1\bar{x}_2\bar{x}_3x_4 + x_1\bar{x}_2x_3x_4 + \bar{x}_1\bar{x}_2\bar{x}_3x_4 + \bar{x}_1\bar{x}_2x_3x_4 + x_1x_2x_3x_4$

Durch Einsetzen von 1 in die den Mintermen der Funktion y entsprechenden Felder und 0 in die verbleibenden Felder erhält man folgendes KV-Diagramm:

	x_2	x_2	$\bar{x}_2$	$\bar{x}_2$	
x_1	0	0	1	0	$\bar{x}_3$
x_1	0	1	1	0	x_3
$\bar{x}_1$	0	0	1	0	x_3
$\bar{x}_1$	0	0	1	0	$\bar{x}_3$
	$\bar{x}_4$	x_4	x_4	$\bar{x}_4$	

Abbildung 3.4: KV-Diagramm für die Funktion
$y = x_1\bar{x}_2\bar{x}_3x_4 + x_1\bar{x}_2x_3x_4 + \bar{x}_1\bar{x}_2\bar{x}_3x_4 + \bar{x}_1\bar{x}_2x_3x_4 + x_1x_2x_3x_4$

Im ersten Schritt kann man die vier 1en in der dritten Spalte zusammenfassen, der resultiernde Term ist $\bar{x}_2x_4$. Zusammen mit dem verbleibenden Term ergibt sich also:

$$y = \bar{x}_2x_4 + x_1x_2x_3x_4$$

Man kann aber zusätzlich noch die zu den beiden benachbarten 1en in der zweiten Zeile gehörenden Terme zusamenfassen und erhält dann:

$$y = \bar{x}_2x_4 + x_1x_2x_3$$

Diese beiden auf den ersten Blick unterschiedlich erscheinenden Ergebnisse sind aber in der Tat identisch, wie die folgende Umformung unter wesentlicher Verwendung der Absorptionsregel zeigt:

$$y = \bar{x}_2x_4 + x_1x_2x_3x_4 = x_4[\bar{x}_2 + x_2(x_1x_3)] = x_4[(\bar{x}_2 + x_2)(\bar{x}_2 + x_1x_3)] = x_4(\bar{x}_2 + x_1x_3) = \bar{x}_2x_4 + x_1x_3x_4$$

Für die technische Realisierung von Schaltfunktionen, wovon im folgenden Kapitel die Rede sein wird, ist es nützlich, Schaltfunktionen unter ausschließlicher Verwendung von NAND-Gattern auszudrücken. Dazu ist die konjunktive Normalform gut geeignet, da eine dopelte Negation (die ja an der Schaltfunktion nichts ändert) und die nachfolgende Anwendung der de Morgan'schen Regel bereits zum Ziel führen. Für die Schaltfunktion des obigen Beispiels rechnet man also:

$$y = \bar{x}_2x_4 + x_1x_2x_3 = \overline{\overline{\bar{x}_2x_4 + x_1x_2x_3}} = \overline{\bar{x}_2x_4} \cdot \overline{x_1x_2x_3}$$

3.3 Schaltnetze

3.3.1 Logische Gatter

Unter *Schaltnetzen* versteht man die technische Realisierung von Schaltfunktionen auf einem abstrakten Niveau, auf dem von physikalischen Einzelheiten, insbesondere Signallaufzeiten, abgesehen wird [Bor97], [Coy92]. Dabei dürfen Schaltfunktionen miteinander verknüpft werden, aber nur so, dass keine *Rückkopplungen*, also Zyklen in dem die Schaltung beschreibendem Graphen (siehe Kapitel 10.8) auftreten. Leitungen werden dabei als gerichtete Kanten und die als Grundbausteine verwendeten *logischen Gattern* als Knoten interpretiert. Logische Gatter sind als *integrierte Schaltkreise* (*ICs*) erhältlich.

Man kann sich ein Schaltnetz als einen „schwarzen Kasten" mit Eingängen e_1, e_2,... e_n und Ausgängen a_1, a_2,... a_m vorstellen, wobei sowohl Eingänge als auch Ausgänge nur die Zustände 0 und 1 haben können. Der Zustand der Ausgänge hängt dabei ausschließlich vom Zustand der Eingänge ab (*kombinatorischen Schaltungen*). Abbildung 3.6 zeigt die gebräuchlichen Schaltsymbole in zwei verschiedenen Normen.

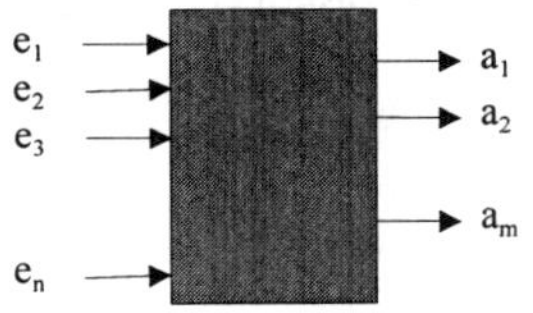

Abbildung 3.5 Symbolische Darstellung eines Schaltnetzes als „schwarzen Kasten".

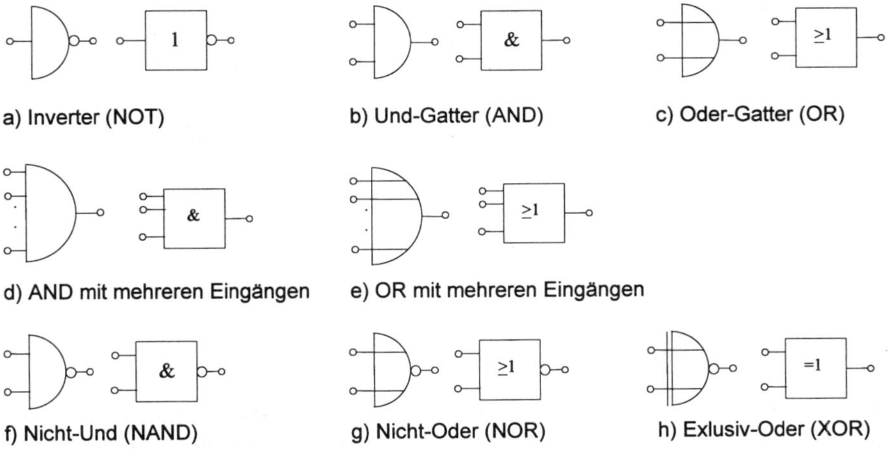

Abbildung 3.6: Schaltsymbole der wichtigsten logischen Gatter nach der alten (links) und neuen DIN-Norm. Man kann jede beliebige logische Verknüpfung mit Hilfe dieser Gatter technisch realisieren.

Technisch sind NAND- und NOR-Gatter mit dem geringsten Aufwand zu realisieren. Da man zeigen kann, dass alle anderen Gatter alleine aus NAND- oder NOR-Gattern aufgebaut werden können, genügen also tatsächlich diese sehr einfachen, in Abbildung 3.7 dargestellten Grundschaltungen.

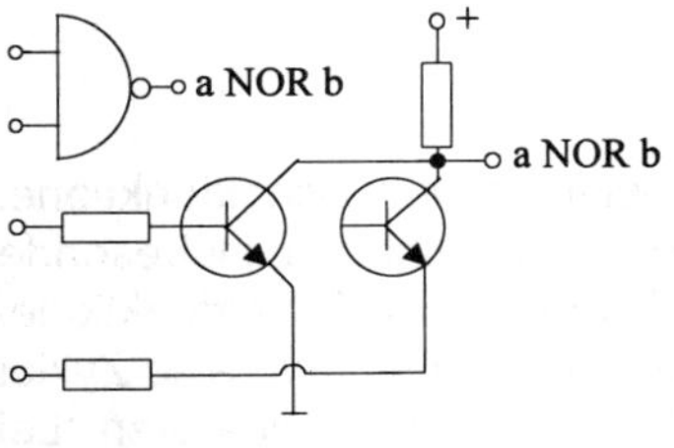

a	b	NOR	NAND
0	0	1	1
0	1	0	1
1	0	0	1
1	1	0	0

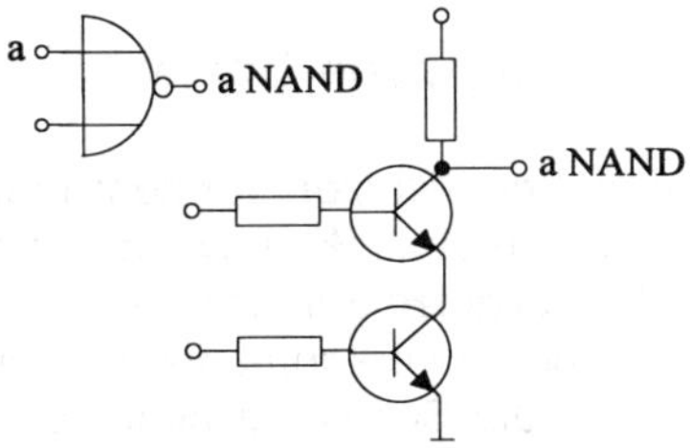

Abbildung 3.7: Schaltsymbole und technische Realisierung von NOR- und NAND-Gattern.

3.3.2 Beispiele für Schaltnetze

Aus den logischen Gattern lassen sich nun beliebige Schaltnetze zusammensetzen. In der Praxis wird das in Abhängigkeit von den Eingängen gewünschte Verhalten der Ausgänge als Wahrheitstabelle dargestellt und mit den Gesetzen der Boole'schen Algebra umgeformt und vereinfacht, oft unter Verwendung von KV-Diagrammen. Daraus lässt sich dann das gewünschte vereinfachte Schaltnetz ableiten. Dabei kann es durchaus mehrere verschiedene Lösungen geben.

Interpretiert man beispielsweise das Distributivgesetz

$a \wedge (b \vee c) = (a \wedge b) \vee (a \wedge c)$ oder $a(b+c) = ab + ac$

als Schaltnetz, so ergeben sich zwei Schaltnetze, die dasselbe leisten, aber sich im Hardware-Aufwand deutlich unterscheiden:

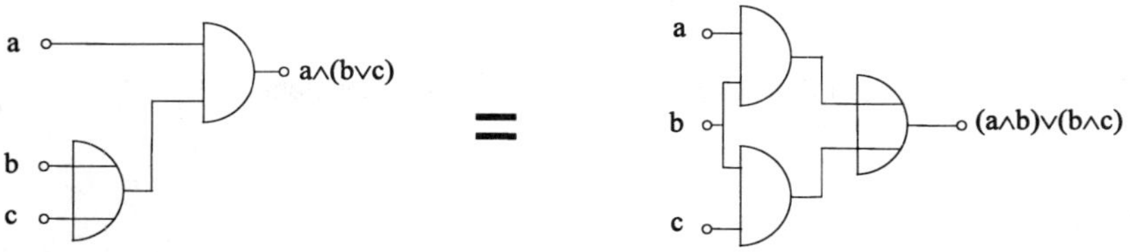

Abbildung 3.8: Interpretation des Distributivgesetzes als Schaltnetz.

Es lohnt sich also, in die Vereinfachung von Schaltnetzen etwas Mühe zu investieren.

Als zweites Beispiel wird ein *1-aus-4-Decoder* betrachtet. Diese Schaltfunktion besitzt zwei Eingänge, e_0 und e_1 und 4 Ausgänge a_0 bis a_3, von denen in Abhängigkeit von dem am Eingang anliegenden Binärwort jeweils nur einer auf 1 gesetzt wird. Solche Decoder werden beispielsweise für die Ansteuerung von Anzeigeelementen vielfach eingesetzt.

e_1	e_0	a_3	a_2	a_1	a_0
0	0	0	0	0	1
0	1	0	0	1	0
1	0	0	1	0	0
1	1	1	0	0	0

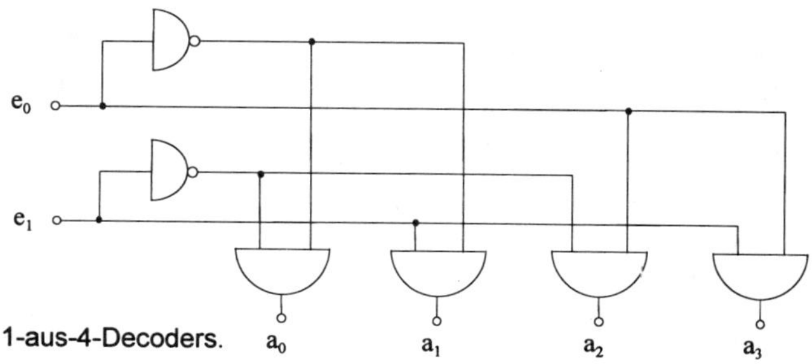

Abbildung 3.9: Realisierung eines 1-aus-4-Decoders.

Als weiteres Beispiel wird eine sehr wichtige Anwendung von Schaltfunktionen besprochen, nämlich *Halbaddierer* und *Volladdierer*. Ein Halbaddierer dient zur Addition von zwei binären Stellen a und b. Das Ergebnis ist die *Summe* s und der *Übertrag* (*Carry*) c. Ein Volladdierer hat drei Eingänge: a, b und c (wobei c der Übertrag aus der Addition der vorhergehenden binären Stelle ist) und wie der Halbaddierer zwei Ausgänge: S und C. Ein Volladdierer lässt sich aus zwei Halbaddierern aufbauen.

a) Halbaddierer:

a	b	s	c
0	0	0	0
0	1	1	0
1	0	1	0
1	1	0	1

$s = (a \wedge \neg b) \vee (\neg a \wedge b) = a \text{ XOR } b$

$c = a \wedge b$

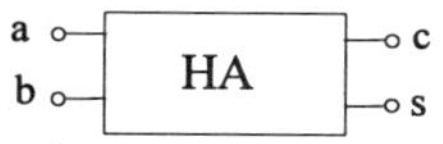

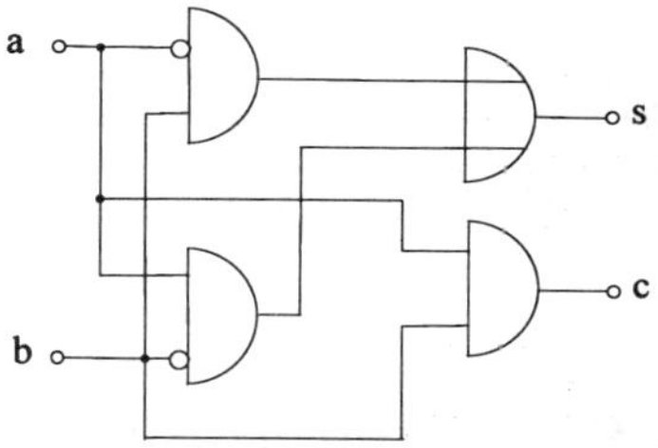

b) Volladdierer:

a	b	c	S	C
0	0	0	0	0
0	0	1	1	0
0	1	0	1	0
0	1	1	0	1
1	0	0	1	0
1	0	1	0	1
1	1	0	0	1
1	1	1	1	1

$S = (\neg a \wedge \neg b \wedge c) \vee (\neg a \wedge b \wedge \neg c) \vee (a \wedge \neg b \wedge c) \vee (a \wedge b \wedge c)$

$C = (a \wedge b) \vee (b \wedge c) \vee (a \wedge c)$

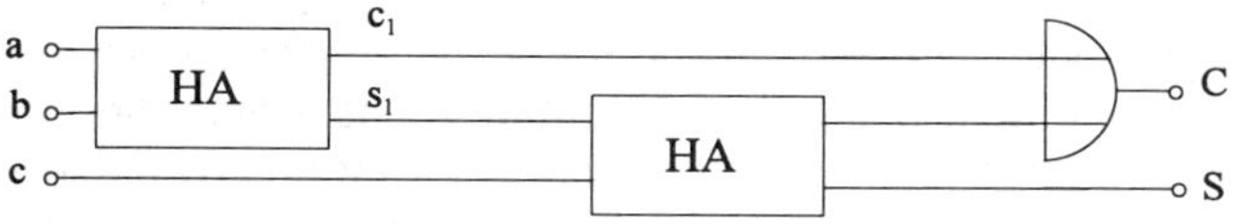

Abbildung 3.10: Wahrheitstabelle und Schaltfunktionen für a) Halbaddierer und b) Volladdierer.

In manchen Fällen spielen nicht alle Kombinationen der Eingangsvariablen für die Schaltfunktion eine Rolle. Ein Beispiel dafür ist die Ansteuerung der sieben Elemente einer *7-Segmentanzeige* zur Darstellung der Ziffern 0 bis 9. Die 7 Segmente a bis g können durch Decodierung von 4 Eingängen x_0 bis x_3 an- und ausgeschaltet werden. Dazu wird die „negative Logik" verwendet, d.h. „0" bedeutet „Segment an" und „1" bedeutet „Segment aus". Da nur die 10 Ziffern 0 bis 9 anzuzeigen sind, mit vier Eingängen aber 16 Kombinationen existieren, spielen offenbar 6 Kombinationen (die Pseudo-Tetraden) keine Rolle. Bei Verwendung eines KV-Diagramms können daher die entsprechenden Einträge beliebig 0 oder 1 gesetzt werden. Durch diese Redundanz wird die Zusammenfassung von Termen erheblich vereinfacht.

Eingänge				Segmente							Ziffer	
x_3	x_2	x_1	x_0	a	b	c	d	e	f	g		
0	0	0	0	0	0	0	0	0	0	1	0	
0	0	0	1	1	0	0	1	1	1	1	1	
0	0	1	0	0	0	1	0	0	1	0	2	
0	0	1	1	0	0	0	0	1	1	0	3	
0	1	0	0	1	0	0	1	1	0	0	4	
0	1	0	1	0	1	0	0	1	0	0	5	
0	1	1	0	0	1	0	0	0	0	0	6	
0	1	1	1	0	0	0	1	1	1	1	7	
1	0	0	0	0	0	0	0	0	0	0	8	
1	0	0	1	0	0	0	0	1	0	0	9	
1	0	1	0	?	?	?	?	?	?	?	?	Pseudo-
1	0	1	1	?	?	?	?	?	?	?	?	Tetraden
1	1	0	0	?	?	?	?	?	?	?	?	
1	1	0	1	?	?	?	?	?	?	?	?	
1	1	1	1	?	?	?	?	?	?	?	?	

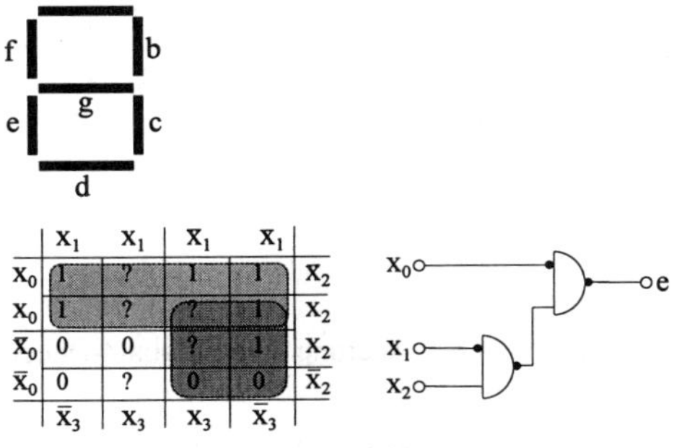

$$e = \bar{x}_3\bar{x}_2\bar{x}_1x_0 + \bar{x}_3\bar{x}_2x_1x_0 + \bar{x}_3x_2\bar{x}_1\bar{x}_0 + \bar{x}_3x_2\bar{x}_1x_0 + \bar{x}_3x_2x_1x_0 + \bar{x}_3\bar{x}_2x_1x_0 = x_0 + \bar{x}_1x_2 = \overline{\bar{x}_0\,\overline{\bar{x}_1\,x_2}}$$

Abbildung 3.11: *Links:* Wahrheitstabelle für eine 7-Segment-Anzeige mit vier Eingängen x_0, x_1, x_2, x_3. Für die redundanten, nicht verwendeten Pseudo-Tetraden wurden Fragezeichen (?) eingetragen. Es ist zu beachten: 0 bedeutet „Segment an", 1 bedeutet „Segment aus".
Rechts: Als Beispiel ist für das Segment „e" der 7-Segment-Anzeige das KV-Diagramm sowie die zugehörige, vereinfachte Schaltfunktion angegeben. Die beiden grauen Bereiche im KV-Diagramm zeigen die 8 bzw. 4 zusammengefassten benachbarten Felder. Für die den Pseudotetraden entsprechenden Fragezeichen darf 0 oder 1 eingesetzt werden, hier also innerhalb der grauen Bereiche 1. Das Ergebnis ist außerdem in NAND-Gatter-Form und als Schaltung mit NAND-Gattern angegeben.

3.4 Schaltwerke und digitale Grundschaltungen

3.4.1 Verzögerung und Rückkopplung

Im Unterschied zur statischen Betrachtungsweise bei Schaltnetzen (kombinatorischen Schaltungen) wird bei *Schaltwerken* der dynamische Vorgang des Wechsels von Zuständen mit berücksichtigt [Lich92]. Man verlässt also die idealisierende Annahme der verzögerungsfreien Verarbeitung der Eingangsvariablen und trägt den technisch bedingten Schaltzeiten, die in der Größenordnung von 10^{-8} Sekunden liegen, durch Einführung von *Verzögerungsgliedern* Rechnung. Dadurch lassen sich realistische *Ersatzschaltbilder* für logische Gatter angeben:

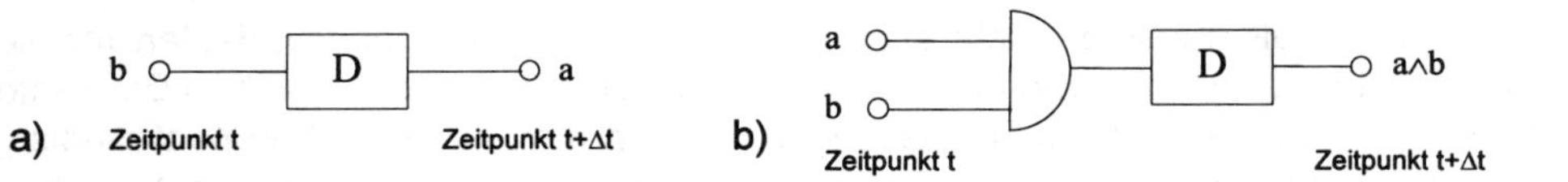

Abbildung 3.12: a) Schaltsymbol für ein Verzögerungsglied. b) Realistisches Ersatzschaltbild für ein AND-Gatter. Δt ist die für das Gatter typische, technisch bedingte Verzögerungszeit.

Die Schaltvariablen werden damit zu Funktionen der Zeit und haben nur zu bestimmten Zeiten, den *Taktzeitpunkten*, gültige Werte. Verzögerungsglieder ermöglichen auch die Realisierung von *Rückkopplungen*, die das Verhalten logischer Schaltungen wesentlich beeinflussen. Bei der Darstellung von Schaltungen durch Graphen (Kapitel 10.8) dürfen bei Schaltwerken also auch Zyklen auftreten. Ein ODER-Gatter mit Rückkopplung gibt dafür ein einfaches Beispiel:

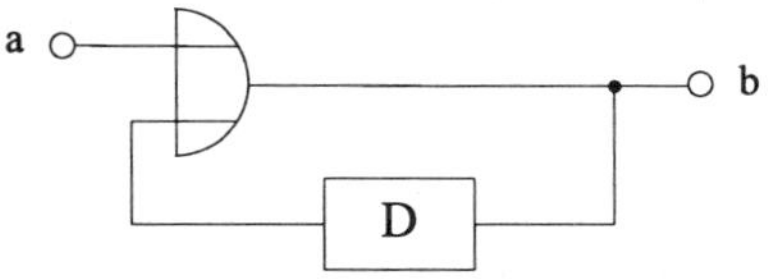

Abbildung 3.13: OR-Gatter mit Rückkopplung. Tritt am Eingang der Wert a = 1 auf, so setzt sich dieser am Ausgang durch und bleibt dort erhalten, auch wenn nun am Eingang wieder 0 angelegt wird.

Man definiert nun:

Ein *Schaltwerk* ist ein Schaltnetz mit Verzögerungs- und Rückkopplungsgliedern.

3.4.2 Addierwerke

Als wichtiges Beispiel für ein Schaltwerk wird zunächst ein *Serienaddierer* betrachtet. Es handelt sich hierbei um einen Volladdierer, bei dem der Übertrag über ein Verzögerungsglied in den Addierer zurückgekoppelt wird. Unterteilt man nun die Zeit in äquidistante Zeitpunkte $t_1, t_2, \ldots t_n$, wobei der Abstand zwischen zwei Zeitpunkten der im Verzögerungsglied gewählten Verzögerungszeit Δt entspricht, so kann man mit nur einem Volladdierer beliebig viele Stellen, d.h. beliebig lange Zahlen stellenweise im vorgegebenen *Zeittakt* addieren. Das Zeitverhalten von Schaltfunktionen lässt sich durch ein *Übergangsdiagramm* veranschaulichen.

Zeit t	a	b	h	c	S
t1	a1	b1	0	c1	s1
t2	a2	b2	c1	c2	s2
t3	a3	b3	c2	c3	s3

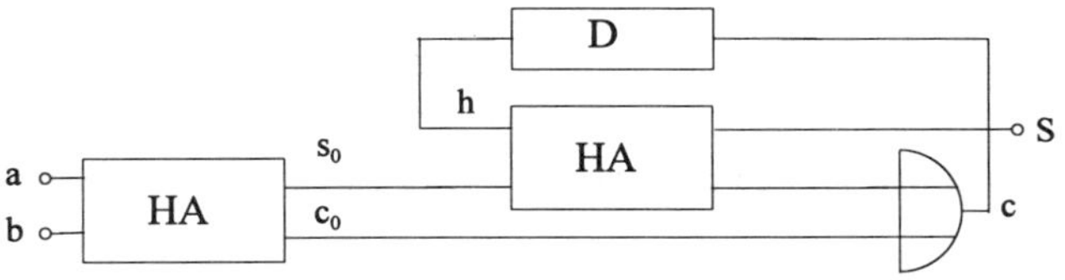

Abbildung 3.14: Schaltbild und Übergangsdiagramm für einen Serienaddierer. Neben den Eingabevariablen a und b sowie der Ausgabevariablen S sind zur Charakterisierung des Schaltwerkes die internen Variablen s_0, c_0, h und c eingeführt worden.

Der Ausgangszustand eines Schaltwerks ist also nicht nur vom Zustand der Eingangsvariablen abhängig, sondern auch von den als Hilfsgrößen eingeführten *internen Variablen*, die den *internen Zustand* beschreiben. Für den Serienaddierers ist der Ausgang S eine Funktion der Eingänge a und b sowie der internen Variablen.

3.4.3 Flip-Flops

Eine sehr wichtige Klasse von Schaltnetzen sind *Flip-Flops*. Hierbei handelt es sich um einfache Schaltwerke mit zwei Eingängen und zwei Ausgängen, die in Abhängigkeit von den Eingängen und dem aktuellen Zustand zwei stabile Zustände annehmen können.

Ein *R-S-Flip-Flop* kann mit NOR-Gattern folgendermaßen realisiert werden:

Q_{alt}	R	S	Q_{neu}
0	?	0	0
0	0	1	1
1	1	0	0
1	0	?	1
-	1	1	- verboten

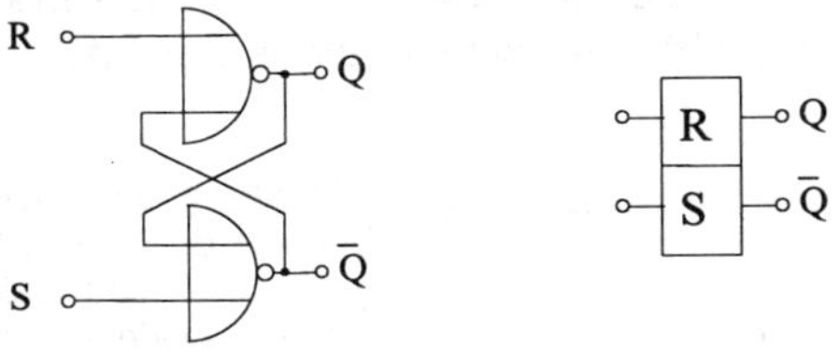

Abbildung 3.15: Übergangstabelle, Schaltbild und Schaltsymbol für ein R-S-Flip-Flop. Der Eintrag ? (don't care) für R oder S in der Übergangstabelle bedeutet, dass hier beliebig 0 oder 1 stehen kann

Bei einem R-S-Flip-Flop sind die Ausgänge Q und $\overline{Q}$ immer zueinander invers, der Zustand Q = $\overline{Q}$ ist also ausgeschlossen. Die Eingänge R (*Reset*) und S (*Set*) haben folgende Funktion: Ist S=0 und R=0, so bleibt der aktuelle Zustand des Flip-Flops unverändert. Ist R=1 und S=0, so stellt sich der Zustand Q=0 und $\overline{Q}$ =1 ein. Ist R=0 und S=1, so stellt sich der Zustand Q=1 und $\overline{Q}$ =0 ein. R=1 und S=1 führt zu keinem stabilen Zustand von Q und $\overline{Q}$ und muss deshalb vermieden werden.

Man kann leicht ausschließen, dass die nicht erlaubte Kombination R=1 und S=1 auftreten kann, indem man eine weitere Rückkopplung einführt. Das so modifizierte Flip-Flop wird als *J-K-Flip-Flop* bezeichnet:

Q_{alt}	J	K	Q_{neu}
0	?	0	0
0	0	1	1
0	1	1	1
1	1	0	0
1	0	?	1
1	1	1	0

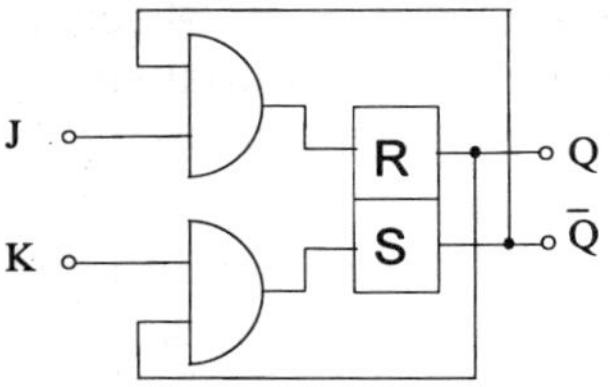

Abbildung 3.16: Übergangstabelle und Schaltung für ein J-K-Flip-Flop.

Wird jetzt J=K=1 gesetzt, so kippt das Flip-Flop in den Zustand Q → $\overline{Q}$, $\overline{Q}$ → Q, denn zuvor ist ja entweder Q=1 oder $\overline{Q}$=1 gewesen, so dass sich nun entweder an R oder an S der Zustand 1 einstellen wird, aber niemals an R und S gleichzeitig.

Fasst man die Eingänge J und K zu nur einem Eingang T zusammen, so erhält man ein *T-Flip-Flop* mit dem *Trigger-Eingang* T. Ist T=0, so behält das Flip-Flop seinen Zustand bei. Ist T=1, so kippt das Flip-Flop, d.h. es erfolgt der Übergang Q → $\overline{Q}$ und $\overline{Q}$ → Q.

Eine weitere Variante ist das *D-Flip-Flop*, das als Verzögerungsglied (*Delay*) verwendet werden kann. Dazu wird der S-Eingang eines R-S-Flip-Flops über einen Inverter mit dem R-Eingang verbunden. Es ist dadurch immer S = $\overline{R}$ Gewähr leistet, so dass sich sich der Zustand an D mit einer gewissen Verzögerungszeit am Ausgang Q durchsetzt. Die Schaltung und die Übergangstabelle lauten:

Q_{alt}	D	Q_{neu}
0	0	0
0	1	0
1	0	0
1	1	1

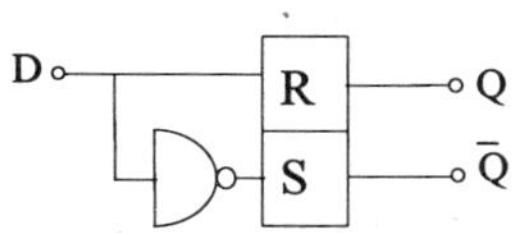

Abbildung 3.17: Übergangstabelle und Schaltung für ein D-Flip-Flop.

Meist werden Flip-Flops mit einem zusätzlichen Eingang t, dem *Takteingang*, versehen. Man spricht dann von einem *taktgesteuerten Flip-Flop*. Die am Eingang anliegende Information wird in diesem Fall erst dann wirksam, wenn ein Taktimpuls an t erscheint. Dabei wird noch unterschieden, ob das Flip-Flop mit der steigenden Flanke, dem stabilen Zustand, oder der fallenden Flanke des Taktimpulses schaltet. Schließlich sei noch das *Master-Slave-Flip-Flop* erwähnt, das aus zwei hintereinander geschalteten, taktgesteuerten Flip-Flops besteht. Bei einem Taktimpuls übernimmt das erste Flip-Flop die anliegende neue Information, während das zweite Flip-Flop zunächst in seinem Zustand verbleibt und erst beim folgenden Taktimpuls die Information des ersten Flip-Flops übernimmt:

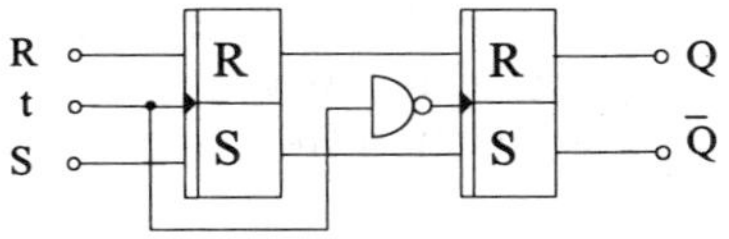

Abbildung 3.18: Schaltbild eines getakteten Master-Slave-Flip-Flops.

Flip-Flops werden als *Speicher* (beispielsweise für Register), als *Verzögerungsglieder*, in *Zählern* und vielen anderen Anwendungen eingesetzt.

Die Komponenten digitaler Rechenanlagen, beispielsweise Rechenwerk, Steuerwerk, Register und Speicher bestehen im Wesentlichen aus Schaltwerken, die daher eine zentrale Stellung in der technischen Informatik einnehmen [Fli90].

Für die Schaltungsentwicklung stehen programmierbare integrierte Bausteine [Heu94] sowie Entwicklungswerkzeuge auf der Basis von Hochsprachen zur Verfügung [Leh94].

3.5 Analog- und Hybrid-Rechner

3.5.1 Grundkonzepte und Anwendungsgebiete

In *Analogrechnern* werden physikalische Größen, die ihrer Natur nach zeitliche Stetigkeit aufweisen, als Rechengrößen verwendet. Meist werden diese Rechengrößen vor der Verarbeitung in elektrische Spannungen bzw. Ströme umgesetzt.

Analoge Konzepte werden in vielen einfachen Geräten wie Uhren, Tachometern, Gaszählern, Rechenschiebern etc. verwendet. Die Haupteinsatzgebiete sind heute die Mess-, Steuer- und Regelungstechnik, die Simulationstechnik und die Lösung von Differentialgleichungen. Die *Regelung* komplexer Prozesse, z.B. in der chemischen Industrie, kann oft durch den Einsatz von Analogrechnern bewältigt werden. *Differentialgleichungen* werden vielfach zur Beschreibung von Schwingungen, aber auch von allgemeinen Bewegungen wie Flugbahnen von Satelliten und Flugzeugen verwendet. Analogrechner findet man daher auch in Bordnavigationsgeräten. Bei der *Simulationstechnik* handelt es sich um die in der Regel zeitgleiche Nachahmung eines dynamischen, meist technischen Vorgangs mit einem mathematischen Modell, dessen Parameter durch elektrische Rechengrößen repräsentiert werden. Die Problemgrößen müssen also vor der Verarbeitung in die elektrischen Rechengrößen transformiert werden.

Analogrechner weisen folgende typische Eigenschaften aus:

- *Grundfunktionen:* Die vier Grundrechenarten, dazu Integration und Differentiation. Daneben zusätzlich Funktionen wie Logarithmieren, Quadrieren etc.
- *Genauigkeit:* 0.01 bis 1 %, abhängig von der Komplexität der Aufgabe.
- *Geschwindigkeit:* Die Einzelkomponenten arbeiten verhältnismäßig langsam, da aber sehr viel Parallelarbeit möglich ist, ergibt sich insgesamt eine hohe Verarbeitungsgeschwindigkeit.
- *Programmierung:* Die Programmierung erfolgt durch Änderung der Verschaltung der Hardware-Komponenten. Früher standen dazu *Steck-Konsolen* zur Verfügung, auf denen durch Einstecken von Kabeln die Schaltung realisiert werden musste. Heute ist die Bedienung weit gehend automatisiert. Der Umfang der Schaltung ist stark problemabhängig.

An Stelle reiner Analogrechner werden heute *Hybridrechner* eingesetzt; das sind Rechner, die analoge und digitale Komponenten in sich vereinigen. Die Kommunikation zwischen dem Analog- und dem Digitalteil erfolgt durch *Analog-Digital-Umsetzer* (*Analog-Digital Converter, ADC*) und *Digital-Analog-Umsetzer* (*Digital-Analog Converter, DAC*), die analoge Spannungssignale in digitale Information wandeln bzw. umgekehrt. Die Digitalkomponente übernimmt dabei oft die Ein-/Ausgabefunktionen, die Lösung algebraischer Gleichungen, die Speicherung von Zwischenergebnissen und die Gesamtsteuerung des Systems. In Abbildung 3.19 ist der schematische Aufbau eines Hybridrechners skizziert.

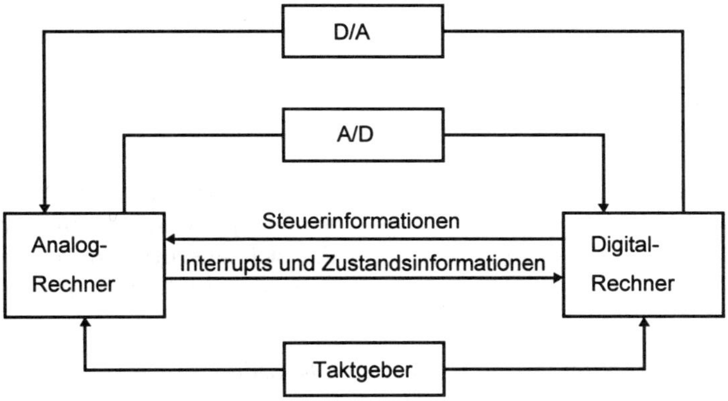

Abbildung 3.19: Schematischer Aufbau eines Hybridrechners.

3.5.2 Komponenten von Analogrechnern

Die Grundbausteine von Analogrechnern sind analoge Schaltungen [Tie93], insbesondere mit *Operationsverstärkern*. Das sind integrierte Verstärkerbausteine mit sehr hohem Verstärkungsfaktor, der für viele Anwendungen idealerweise als unendlich angenommenem werden kann. Normalerweise verfügen Operationsverstärker über zwei Eingänge, nämlich einen *invertierenden* und einen *nicht-invertierenden* Eingang. Tatsächlich verstärkt wird die Differenz U_2-U_1 der beiden auf Nullpotential (Masse) bezogenen Eingangsspannungen U_1 und U_2. Es stellt sich dann eine verstärkte Ausgangsspannung U_a ein. Der Verstärkungsfaktor kann durch eine äußere Beschaltung eingestellt werden; im einfachsten Fall ist dies ein *Vorwiderstand* R_1 und ein *Gegenkopplungswiderstand* R_0. Aus Abbildung 3.20 geht das Grundschaltbild hervor.

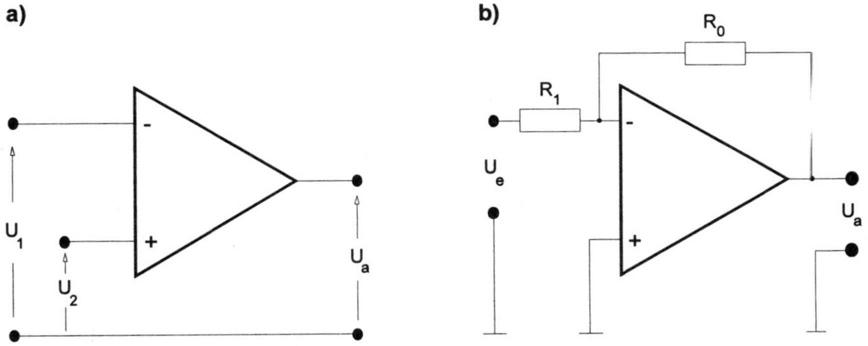

Abbildung 3.20: a) Grundschaltbild eines Operationsverstärkers.
b) Als invertierender Verstärker geschalteter Operationsverstärker.

Der Verstärkungsfaktor der Schaltung nach Abbildung 3.20 berechnet sich aus dem Verhältnis der Widerstände:

$$U_a = -\frac{R_0}{R_1} U_e$$

Durch Verwenden beider Eingänge und passendes Dimensionieren der beteiligten Widerstände kann leicht die *Addition* und *Subtraktion* zweier Spannungen realisiert werden sowie die *Multiplikation mit einer Konstanten*, die sich aus dem Verhältnis von Gegenkopplungswiderstand R_0 zu Vorwiderstand R_1 ergibt. In Abbildung 3.21 sind dafür zwei Beispiele angegeben.

Für die Subtraktion der Spannungen U_2 und U_1 folgt aus Abbildung 3.21 a):

$$U_a = -\frac{R_0}{R_1} U_1 + \frac{R_0}{R_1} U_2 = \frac{R_0}{R_1}(U_2 - U_1)$$

Für die Addition der Spannungen U_2 und U_1 folgt aus Abbildung 3.21 b):

$$U_a = -\left(\frac{R_0}{R_1} U_1 + \frac{R_0}{R_1} U_2\right)$$

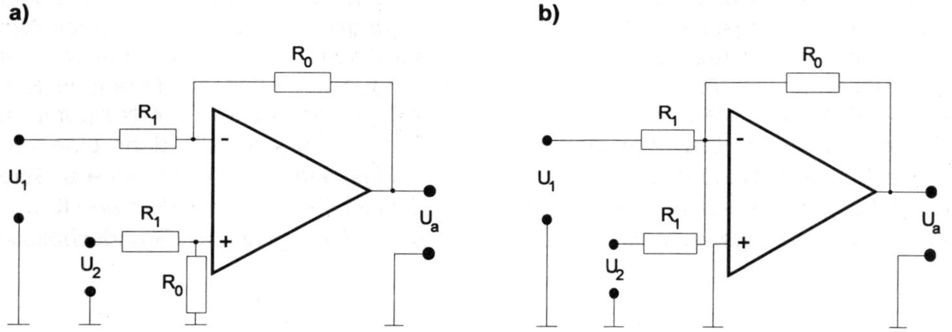

Abbildung 3.21: a) Subtraktion zweier Spannungen und Multiplikation mit einer Konstanten. b) Addition zweier mit jeweils einer Konstanten multiplizierten Spannungen.

Auch die *Differentiation* und die in der Digitaltechnik nur iterativ zu bewältigende *Integration* sind durch einfache Analogschaltungen realisierbar. Man hat lediglich bei einem mit Hilfe eines Operationsverstärkers aufgebauten invertierenden Verstärker an Stelle eines Widerstandes R einen *Kondensator* C einzusetzen. Ein Kondensator wird durch eine angelegte Spannung mit der Zeit t aufgeladen, wobei auf Grund der hier relevanten physikalischen Gesetze - je nach Schaltung - die Ableitung oder das Integral des angelegten funktionalen Verlaufs der Eingangsspannung $U_e(t)$ am Ausgang erscheint. Einzelheiten gehen aus den Abbildungen 3.22 und 3.23 hervor.

Für die Differentiation erhält man:

$$U_a(t) = -RC\frac{dU_e}{dt}$$

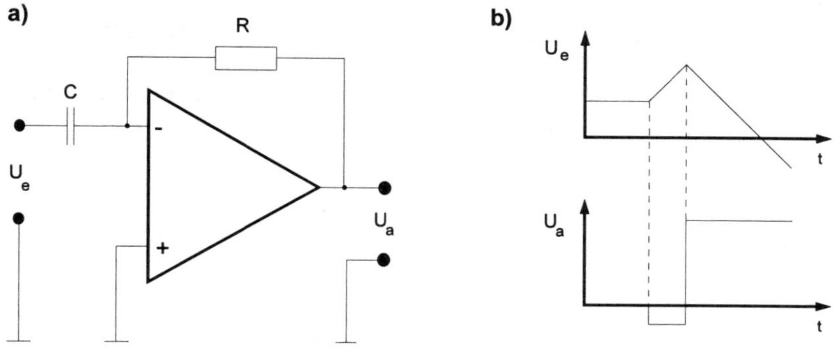

Abbildung 3.22: a) Differentiator-Schaltung.
b) Beispiel für den Verlauf der Ausgangsspannung U_a in Abhängigkeit von einer vorgegebenen Eingangsspannung U_e.

Für die Integration ergibt sich:

$$U_a \propto -\int U_e dt$$

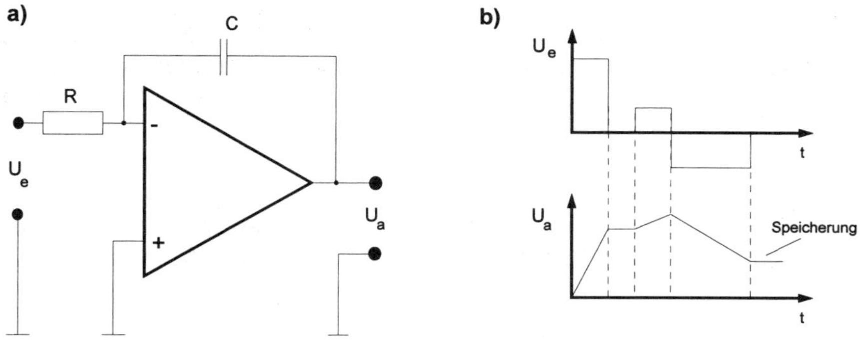

Abbildung 3.23: a) Integrator-Schaltung.
b) Beispiel für den Verlauf der Ausgangsspannung U_a in Abhängigkeit von einer vorgegebenen Eingangsspannung U_e.

Durch Rückkopplung des Ausgangssignals auf den Eingang lassen sich auch *Funktionsgeneratoren* zur Erzeugung von Dreiecks-, Rechtecks- oder Sinusschwingungen bauen.

Durch Einbeziehung *aktiver Bauelemente* wie *Dioden* oder *Transistoren* können auch Schaltungen mit nichtlinearer Charakteristik entwickelt werden, z.B. Gleichrichter, Logarithmierer, Quadrierer und Multiplizierer.

Dioden haben die Eigenschaft, dass sie bei Anlegen einer Spannung bis zu einer gewissen Höhe sperren, d.h. einen hohen Widerstand aufweisen, bei Überschreiten dieses Wertes jedoch einen kleinen Widerstand annehmen. In Abbildung 3.24 ist diese typische Diodenkennlinie gezeigt. Außerdem geht aus der Abbildung hervor, wie man durch Zusammenschalten von unterschiedlichen Dioden und Widerständen zu einem Netzwerk gewünschte Kennlinien, z.B. die eines *Quadrierers*, stückweise durch Überlagerung der Einzelkennlinien zusammensetzen kann. Ebenfalls abgebildet ist die entsprechende Grundschaltung.

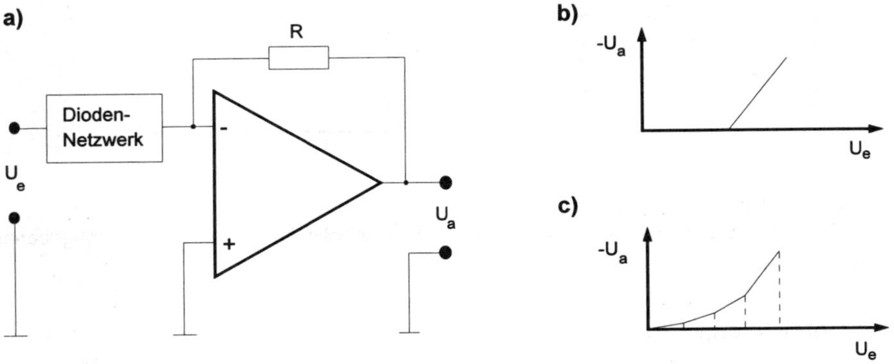

Abbildung 3.24: a) Grundschaltung für einen Operationsverstärker mit Diodennetzwerk.
b) Typische Diodenkennlinie.
c) Mit Hilfe eines Diodennetzwerkes erzeugte Kennlinie eines Quadrierers.

Ein *Logarithmierer* lässt sich durch Ausnutzung der Eigenschaft bauen, dass der Emitterstrom eines Transistors logarithmisches Verhalten zeigt, wenn die Basis-Kollektorspannung nahe Null ist. Für die Ausgangsspannung ergibt sich die Beziehung:

$$U_a \propto \log(U_e)$$

Die durch Gegenkopplung mit der Kollektor-Emitterstrecke eines Transistors realisierte Grundschaltung für einen Logarithmierer ist in Abbildung 3.25 skizziert.

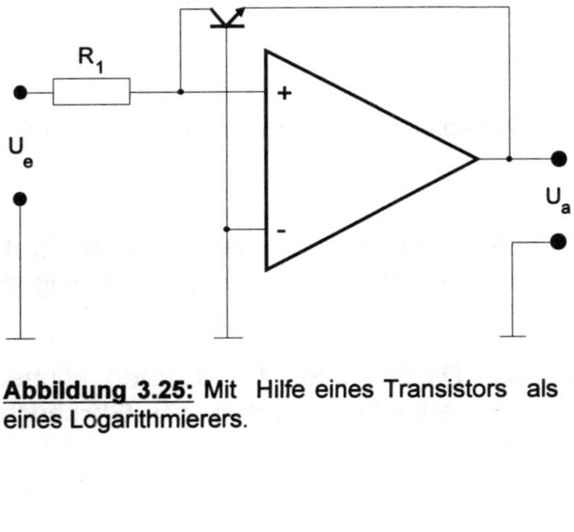

Abbildung 3.25: Mit Hilfe eines Transistors als Gegenkopplungsglied aufgebaute Grundschaltung eines Logarithmierers.

Eine wichtige Grundoperation ist die *Multiplikation*. Diese ist in Analogtechnik zwar auf verschiedene Arten, aber nur mit einem gewissen Aufwand ausführbar. Eine einleuchtende Möglichkeit, die allerdings keine sehr genauen Ergebnisse liefert, besteht darin, die beiden Faktoren zu logarithmieren, die Logarithmen zu addieren und das Ergebnis schließlich zu delogarithmieren. Besser ist die Verwendung von zwei Quadrierern. Um $x \cdot y$ zu berechnen nutzt man folgenden Zusammenhang aus:

$$(x+y)^2 - (x-y)^2 = x^2 + y^2 + 2xy - (x^2 + y^2 - 2xy) = 4xy$$

Abbildung 3.23 zeigt die zugehörige Schaltung.

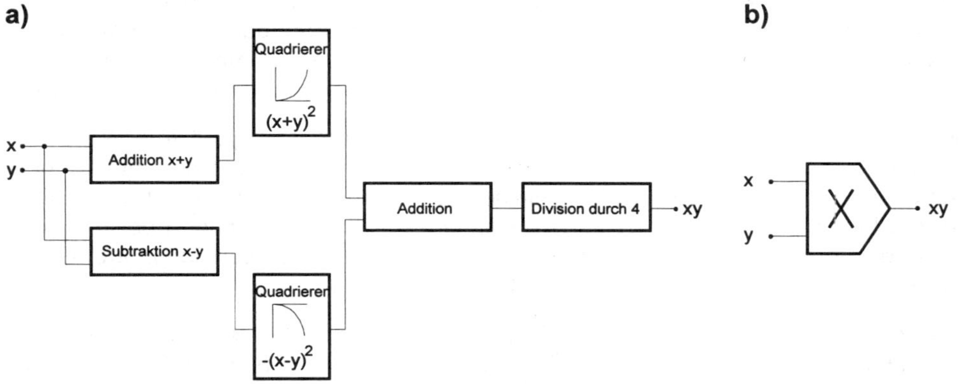

Abbildung 3.26: a) Grundschaltung eines mit Hilfe von Quadrierern aufgebauten Multiplizierers. b) Schaltsymbol für einen Analog-Multiplizierer.

Aus den vorgestellten Grundbausteinen lassen sich nun durch geeignete Verschaltung die verschiedensten Funktionen berechnen. Ein Beispiel dafür ist die in Abbildung 3.27 gezeigte Schaltung zur Berechnung von $z = x \cdot y - x^2$.

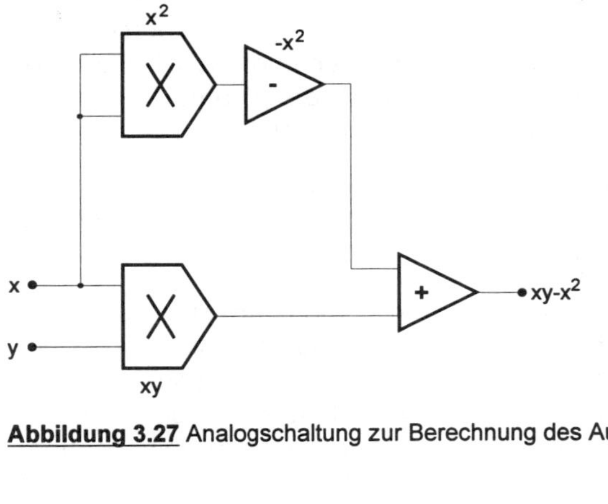

Abbildung 3.27 Analogschaltung zur Berechnung des Ausdrucks $z = x \cdot y - x^2$.

4 Rechnerarchitekturen und Betriebssysteme

4.1 Grundprinzipien und Klassifikationen

Digitalrechner sind im Wesentlichen aus den in Kapitel 3 vorgestellten Einzelkomponenten aufgebaut. Je nach ihrem Einsatzzweck können diese Rechner jedoch sehr voneinander verschieden sein. Früher überwogen große Zentralrechner mit sternförmig angebundenen alphanumerischen Terminals. Mit der Verbreitung von PCs und Workstations begann dann eine Dezentralisierung, denn vergleichsweise hohe Rechnerkapazität war nun auch direkt am Arbeitsplatz verfügbar. Parallel mit dieser Entwicklung stieg der Kommunikationsbedarf an, der zu einer immer stärkeren Vernetzung der Rechner führte: Client-Server-Strukturen begannen sich durchzusetzen.

Obwohl Mini-Computer und PCs mittlerweile die Leistungsfähigkeit früherer Großrechner aufweisen, besteht noch immer ein Bedarf an Großrechnern und Super-Computern, die zu Preisen ab 20 Millionen Euro angeboten werden. Diese Großrechner bieten ihrerseits immer höhere Rechenkapazitäten und finden beispielsweise in den Bereichen Wissenschaft, Militär, Wettervorhersage, Simulation etc. vielfache Anwendungen [Zol92].

Außerdem sind Rechner heute als Mikroprozessoren in vielen technischen Produkten Standard, seien es nun Waschmaschinen, HiFi-Anlagen, oder Fotoapparate. Nicht selten sind sogar Prozessorleistung und Speicherumfang von Peripheriegeräten (z.B. eines Druckers) höher als bei dem damit verbundenen PC.

Spezial- und Prozessrechner, die beispielsweise in der Steuerung und Überwachung von Produktionslinien, Kraftwerken oder in Verkehrsleitsystemen verwendet werden, sind heute ebenfalls nicht mehr wegzudenken.

Einen wachsenden Markt für Computer-Anwendungen bietet die Kommunikationstechnik zur Übertragung von Daten, Sprache und Bildern. Zu nennen ist hier die Zusammenfassung verschiedener Dienste und Einrichtungen, z.B. Fernsprecher, Telefax, Bildtelefon, Computern und Fernsehen unter dem Dach von ISDN und anderen kommerziellen Netzen. Dazu kommt die fortschreitende globale Vernetzung (siehe Kapitel 11) mit dem Internet und lokalen Hochleistungsnetzen.

Bei aller Vielfalt der hier genannten Rechnertypen und Anwendungen gibt es doch gemeinsame architektonische Konzepte, die hier unter dem Oberbegriff *Rechnerarchitektur* vorgestellt werden [Her98], [Mär94], [Obe98].

Ähnlich verhält es sich mit der auf den unterschiedlichen Rechnertypen laufenden Programmen, die doch bei aller Verschiedenheit zahlreiche Grundfunktionen erfüllen müssen, die problemunabhängig in gleicher oder ähnlicher Form immer wieder vorkommen, so etwa der Datenaustausch zwischen Speicher, Prozesor und Peripherie. Die Bereitstellung und Verwaltung der dafür benötigten maschinennahen Standard-Funktionen und System-Resourcen ist die Hauptaufgabe von *Betriebssystemen*. Mit der Architektur des Rechners, auf dem sie laufen, und dessen *Leistungsoptimierung* besteht naturgemäß ein enger Zusammenhang [Lan92].

4.1.1 Ordnungsschemata

Beim Design eines Rechners sind aus Sicht des Anwenders folgende *Entwurfskriterien* zu beachten:

- *Leistung bzw. Preis/Leistungs-Verhältnis*
- *Ausfalltoleranz*
- *Erweiterbarkeit*
- *Benutzerfreundlichkeit*
- *Wartbarkeit*

Die mit Abstand wichtigsten Aspekte sind dabei Leistung und Ausfalltoleranz.

Eine detailliertere Betrachtung erfordert eine weitere Aufgliederung des Begriffs Rechnerarchitektur. Man unterscheidet:

- *Operationsprinzip*
  Dies ist die wesentlichste Komponente einer jeden Rechnerarchitektur. Das Operationsprinzip definiert die der Funktionalität des Rechners zu Grunde liegende Idee, nach der alle Hardware-Komponenten zusammenwirken sollen. Man unterscheidet:

  - das *serielle* von-Neumann-Operationsprinzip
  - das *parallele* Operationsprinzip
  - das *massiv parallele* Operationsprinzip

  Neben dieser auf Digitalrechner zugeschnittenen Definition sind außerdem noch *Analog-* und *Hybridrechner* zu erwähnen. Weitere Konzepte, bei denen z.B. optische oder molekulare Prinzipien Verwendung finden, sind noch Gegenstand der Grundlagenforschung und bleiben daher in dieser Einführung unberücksichtigt.

- *Hardware-Struktur*
  Die Hardware-Struktur ist definiert durch Art und Anzahl der Hardware-Betriebsmittel, zu denen Prozessoren, Speicher, Verbindungseinrichtungen (Busse, Kanäle, Netze) und Peripheriegeräte gehören.

- *Informationsstruktur*
  Hier handelt es sich um die Art und die Repräsentation von Informationskomponenten und um die darauf anwendbaren Operationen. Die Spezifikation kann durch *abstrakte Datentypen (ADT)* erfolgen. Abstrakt bedeutet hier, dass die Beschreibung der Datentypen gekapselt und unabhängig von der physikalischen Darstellungsform erfolgt. Beispiele sind: Zeichenketten, Felder, Tabellen, Stapel, Warteschlangen, Listen, index-sequentielle Dateien, Bäume und Graphen.

- *Kommunikationsstruktur*
  Hier werden Regeln für die Kommunikation und Kooperation zwischen den Hardware-Betriebsmitteln definiert. Insbesondere werden Protokolle für den Informationsaustausch festgelegt. Die Kommunikationsstruktur legt fest, wie die Hardware-Komponenten zur Erfüllung ihrer gemeinsamen Aufgabe zusammenwirken. Wichtig ist dabei auch, welche Schichten des *OSI-Schichtenmodells* (vgl. Kapitel 2.11.4) realisiert sind und in welcher Weise die Realisierung erfolgte.

- *Benutzerschnittstelle*
  Diese besteht aus den Methoden zur Bedienung der Anlage. Hierzu gehören vor allem das *Betriebssystem*, aber auch Hilfsprogramme wie Compiler und Datenbanksysteme sowie Benutzerhandbücher.

Bezüglich der Hardware-Betriebsmittel kann man grob die folgenden digitalen Konzepte unterscheiden, auf die in den folgenden Abschnitten noch näher eingegangen wird:

- *Einprozessor-Systeme:*
  Dies sind die klassischen Systeme mit nur einer CPU, welche autonom den Programmfluss steuert und alle Operationen ausführt. Zu diesem Typ gehören die Rechner mit der in Kapitel 4.2 beschriebenen *von-Neumann-Architektur*.

- *Array-Prozessor-Systeme:*
  Bei diesen auch als *Feldrechner* bezeichneten Geräten handelt es sich um parallel arbeitende Systeme, bei denen alle Verarbeitungselemente und Einzelprozessoren vom gleichen Typ sind und nur jeweils mit den unmittelbaren Nachbarn in Verbindung stehen. Bei einem Verarbeitungsschritt führen alle Prozessoren die gleiche Operation durch.

- *Pipelines:*
  Hierbei handelt es sich um Systeme aus einer Anzahl meist unterschiedlicher Verarbeitungselemente, die verschiedene Operationen phasenverschoben ausführen.

- *Multiprozessorsysteme:*
  Dies ist ein sehr allgemeiner Oberbegriff für Rechner, die über mehr als einen Prozessor verfügen. Sind alle Prozessoren gleichartig, spricht man von einem *homogenen* System, andernfalls von einem *inhomogenen* oder *heterogenen* System. Haben alle Prozessoren die gleiche Aufgabe zu bewältigen, so wird das System als *symmetrisch* bezeichnet, andernfalls als *asymmetrisch*. Von besonderer Bedeutung ist hierbei die Verbindung der Prozessoren untereinander. Eine weitere begriffliche Unterscheidung ergibt sich aus den Ebenen, auf welche die Parallelisierung angewendet wird: die *explizite Parallelisierung* von Algorithmen *im Großen* (auf Modul- oder Task-Ebene), die *Parallelisierung im Kleinen* (auf Kommando-Ebene) und die *Parallelisierung des Datenzugriffs*, in welchem Falle jedem Prozessor ein bestimmter Speicherausschnitt zugeordnet ist. Während die explizite Parallelisierung zumindest teilweise durch *vektorisierende Compiler* erkannt werden kann, ist man ansonsten auf eine bisweilen mühevolle Analyse angewiesen.

- *Massiv parallele Systeme:*
  Man spricht von massiv parallenen Systemen bei Netzwerken aus gleichartigen, verhältnismäßig einfachen, nur lose miteinander gekoppelten Verarbeitungseinheiten. Es gibt dann meist keinen gemeinsamen Speicher. Sind in einem Rechner sehr viele solcher Prozessoren miteinander vernetzt, so können diese nicht mehr im eigentlichen Sinne *programmiert* werden. An die Stelle des Programmierens tritt dann ein *Trainieren*. Die bekanntesten Vertreter dieser Klasse sind Rechner auf der Basis von *neuronalen Netzen*, es werden aber auch andere Ansätze verfolgt, beispielsweise bei der *Connection Machine* der amerikanischen Firma Thinking Machines [Hech90].

- Darüber hinaus existieren auch Mischtypen und Spezialsysteme, wozu etwa die *Datenflussrechner* zu zählen sind [Ung93].

Zusätzlich unterscheidet man eine weitere Entwicklung, die der Erfahrungstatsache Rechnung trägt, dass etwa 80% aller in einem typischen Programm verwendeten Maschinenbefehle aus einem Bruchteil von nur ca. 20% des tatsächlich zur Verfügung stehenden Befehlsvorrates stammen (*„80/20-Regel"*). In der daraus abgeleiteten *RISC-Architektur* (von *Reduced Instruction Set Computer*) beschränkt man sich daher auf einen im Vergleich mit herkömmlichen Prozessoren stark eingeschränkten Befehlssatz. Die dementsprechend kurzen *Befehls-Codes* und die geringe Anzahl der zur Ausführung benötigten *Maschinenzyklen* - meist genügt ein Zyklus - erlauben daher in Verbindung mit einer größeren Anzahl von Registern eine sehr hohe Verarbeitungsgeschwindigkeit. Die einfachere Struktur ermöglicht zudem den Bau effizienterer Compiler, was ebenfalls zu einer Leistungssteigerung beiträgt.

Zur Abgrenzung von den RISC-Prozessoren bezeichnet man die herkömmlichen Typen als *CISC-Prozessoren* (von *Complex Instruction Set Computer*). Dazu gehören etwa die in PCs eingesetzten Intel-CPUs und die Motorola-Prozessoren der 680xx-Reihe. Es existieren jedoch auch hier Mischtypen, so dass die Grenze zwischen RISC und CISC fließend wird.

Auf die wichtigsten Architekturen wird weiter unten noch detailierter eingegangen.

4.1.2 Die Klassifikation nach Flynn

Eine verbreitete Klassifikationsmöglichkeit verschiedener Rechnerstrukturen bietet die *Flynn-Notation*. Hier wird eine Unterscheidung bezüglich der gleichzeitig bearbeiteten *Befehls-* und *Datenströme* getroffen. Dabei werden folgende Möglichkeiten in Betracht gezogen:

- Die Maschine bearbeitet zu einem gegebenen Zeitpunkt entweder nur einen oder mehrere Befehle gleichzeitig.

- Die Maschine bearbeitet zu einem gegebenen Zeitpunkt entweder nur eine Date oder mehrere Daten gleichzeitig.

Daraus ergeben sich die folgenden Kombinationsmöglichkeiten:

SISD (Single Instrution Single Data)

Ein Datenstrom wird entsprechend einer seriellen Befehlsfolge verarbeitet. In diese Kategorie gehören die von-Neumann-Rechner. Beispiele: IBM-PC, IBM 370, MicroVAX von DEC.

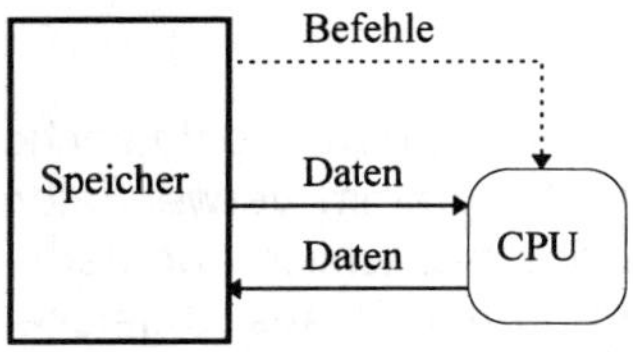

Abbildung 4.1: Prinzip der SISD-Architektur. Es gibt nur einen Befehls- und einen Datenstrom.

SIMD (Single Instrution Multiple Data)

Hier werden mehrere Datenströme gleichzeitig gemäß einem Befehlsstrom verarbeitet. In diese Klasse gehören die Array-Prozessoren. Beispiel: Transputer-Arrays, etwa bei Anwendungen in der Bildverarbeitung, wobei jedem Prozessor ein Bildausschnitt zugeordnet ist.

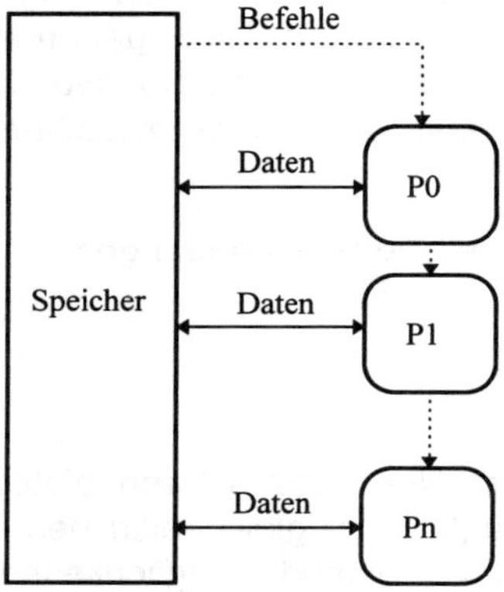

Abbildung 4.2: Prinzip der SIMD-Architektur. Alle Prozessoren P0 bis Pn führen gleichzeitig dieselben Befehle auf verschiedenen Daten aus.

MIMD (Multiple Instrution Multiple Data)

Dies ist die allgemeinste und am wenigsten spezifische Möglichkeit: Mehrere Datenströme werden durch mehrere Befehlsströme verarbeitet.

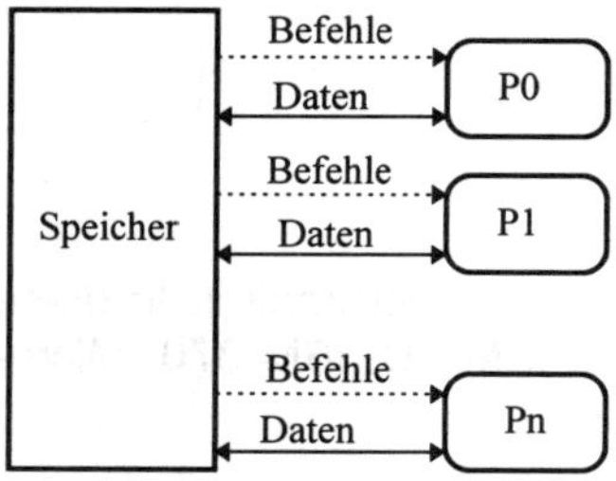

Abbildung 4.3: Prinzip der MIMD-Architektur. Alle Prozessoren führen gleichzeitig verschiedene Befehle auf verschiedenen Daten aus.

In diese Kategorie fallen Multiprozessor-Systeme, z.B. IBM 3084 und Cray-2, aber auch lose gekoppelte, verteilte Systeme.

Zwei Prozessoren heißen dabei *lose* oder *schwach gekoppelt*, wenn sie über keinen gemeinsamen Adressraum verfügen und in erster Linie über *Nachrichtenaustausch*

(*Message Passing*) kommunizieren. Der Nachrichtenaustausch erfolgt bei diesen *nachrichtengekoppelten Systemen* dann über Kommunikationskanäle. Derartige Rechnernetze lassen sich als *verteilte Systeme* auch mit vernetzten PCs realisieren.

Als *stark* oder *eng* gekoppelte Systeme bezeichnet man Rechner, bei denen mehrere Prozessoren auf einen gemeinsamen Speicher oder Speicherbereich (*Shared Memory*) zugreifen können. Dadurch können Daten schneller ausgetauscht werden, im Falle von Adressübergabe auch ohne dass ein Umkopieren nötig wäre.

MISD (Multiple Instrution Single Data)

Diese Variante beinhaltet ein Parallel-Konzept auf Befehlsebene, wobei jedoch nur ein Datenstrom bearbeitet wird. Dieses *interne Befehls-Pipelining* begründet an sich keine eigenständige Prozessorarchitektur, es handelt sich vielmehr um eine bei praktisch allen modernen Prozessoren, etwa beginnend mit dem Intel 80286, eingesetzte Methode zur Geschwindigkeitssteigerung. Dabei laufen die Schritte Holen des Befehls (*Fetch*), Decodieren des Befehls (*Decode*), Holen des Operanden, Verteilen auf die Ausführungseinheit (*Dispatch*), und die eigentliche Befehlsausführung (*Execute*) teilweise parallel ab. Dazu kommen in modernen Prozessoren mit sechsstufigen Pipelines noch die Operationen Vervollständigung (*Complete*) und Zurückschreiben (*Write-Back*). Man bezeichnet diese Strategie auch als *Prefetch*. Abbildung 4.4 gibt dafür ein einfaches Beispiel.

t	Befehl holen	Befehl decodieren	Operand holen	Befehl ausführen			
t+1		Befehl holen	Befehl decodieren	Operand holen	Befehl ausführen		
t+2			Befehl holen	Befehl decodieren	Operand holen	Befehl ausführen	
t+3				Befehl holen	Befehl decodieren	Operand holen	Befehl ausführen

Abbildung 4.4: Internes Befehls-Pipelining (Prefetch) als Beispiel für die MISD-Architektur.

Die Flynn-Notation schafft eine gewisse grobe Ordnung, unbefriedigend ist jedoch, dass gerade die Klasse der Multiprozessor-Konzepte nicht weiter untergliedert wird.

4.2 Die Von-Neumann-Architektur

4.2.1 Hardware-Struktur

Die historisch als Erste realisierte und noch heute wichtigste Rechnerarchitektur ist die *von-Neumann-Architektur*. Seit den Zeiten des *ENIAC* (*Electronic Numerical Integrator And Computer*) in den 40er Jahren beherrscht diese durch den genialen Physiker *John von Neumann* (1903-1975) in ihren Prinzipien formulierte Architektur die Szene für Jahrzehnte nahezu vollständig. Erst seit etwa 1980 werden Konzepte der Parallelverarbeitung in großem Stil verfolgt.

Im einfachsten Fall besteht ein von-Neumann-Rechner aus der *Eingabe- und Ausgabeeinheit*, einem *Arbeitsspeicher*, einem *Zentralprozessor (CPU)*, der im Wesentlichen *Steuerwerk, Rechenwerk (ALU)* und *Register* enthält, sowie *Verbindungseinrichtungen* zwischen diesen Komponenten. Ein Prinzipschaltbild wurde bereits in Kapitel 1 dargestellt.

Das *Steuerwerk* übt die zentrale Kontrolle über das gesamte System aus. Es liest die Befehle des gerade laufenden Programms zeitlich nacheinander aus dem Arbeitsspeicher und interpretiert sie. Bestimmte Befehle wie Sprungbefehle und Prozessorzustands-Befehle werden auch durch das Steuerwerk direkt ausgeführt. Bei anderen Befehlen veranlasst das Steuerwerk die Ausführung durch das Rechenwerk oder durch die Ein-/Ausgabe-Einheit. In das Steuerwerk integriert ist eine Schaltung zur Adressberechnung, die zum Holen des nächsten Befehls und für Sprungbefehle benötigt wird.

Das *Rechenwerk* (*ALU*, *Arithmetic and Logic Unit*) führt die arithmetischen und logischen Verknüpfungen durch. Eine ALU hat zwei Eingangsregister für die Operatoren und ein Ausgangsregister für das Ergebnis. Durch Steuerleitungen wird die durch die Steuereinheit spezifizierte Operation ausgewählt. Abhängig vom Zustand der ALU nach der Befehlsausführung wird ein *Zustands-Register* (*Flag Register*) gesetzt, das interne Zustände anzeigt, etwa ob das Ergebnis einer Operation Null war oder ob ein Übertrag aufgetreten ist. Eine zentrale Rolle bei der Befehlsausführung spielt der *Akkumulator*. Es ist dies ein der ALU vorgeschaltetes Register, das einen Operanden enthält und nach Ausführen der Operation auch das Ergebnis. Bei *Ein-Adress-Maschinen* existiert nur ein Akkumulator, der daher auch nicht adressiert werden muss, so dass nur die Adresse eines eventuell benötigten zweiten Operanden zu spezifizieren ist. Ein wesentlicher Nachteil solcher Maschinen ist, dass zum Retten von Zwischenergebnissen und Nachladen von Operanden häufige, Zeit raubende Speicherzugriffe nötig sind. Durch wahlweise Verwendung mehrerer Register als Akkumulator gelangt man zur *Zwei-Adress-Maschine*, die trotz der jetzt erforderlichen Adressierung des gewünschten Akkumulators wegen der Reduzierung der Speicherzugriffe effizienter arbeiten kann. Eine *Drei-Adress-Maschine*, bei der die Adressen zweier Operanden sowie die Adresse des Ergebisses spezifiziert werden müssen, ist demgegenüber wieder weniger effizient, so dass Zwei-Adress-Maschinen nun den Markt beherrschen.

Der *Arbeitsspeicher* enthält das auszuführende Programm in Maschinensprache. Da Programme in ASSEMBLER oder höheren Programmiersprachen geschrieben werden, ist vor dem Ablauf eine Übersetzung in Maschinensprache nötig. Ein Teil des Arbeitsspeichers ist oft als *Festwertspeicher* - meist als *EPROM* (*Erasable Read Only Memory*) - ausgeführt; dieser enthält Programme, insbesondere Teile des Betriebessystems, die bei Einschalten des Rechners aktiv werden. Der verbleibende Speicher ist als Schreib-/Lesespeicher ausgeführt, der die veränderlichen Programme und Daten enthält.

Die Programme und Daten gelangen durch die *Ein-/Ausgabeeinheit* in den Arbeitsspeicher. Jede nach der von-Neumann-Architektur konzipierte Datenverarbeitungsanlage besitzt eine durch die Steuereinheit gesteuerte Ein-/Ausgabeeinheit zur Eingabe von Daten und zur Ausgabe von Ergebnissen. Die Ein-/Ausgabeeinheit dient auch zum Datenaustausch mit Peripheriegeräten.

In Kapitel 5 (Maschinenorientierte Programmiersprachen) wird nochmals ausführlicher auf die von-Neumann-Architektur eingegangen; dort findet sich auch ein Prinzipschaltbild einer typischen CPU.

Mit einem solchen System lässt sich die Verarbeitung von n Daten durch ein Programm im Prinzip so organisieren, dass man zuerst alle Daten einliest, dann die Daten sequentiell verarbeitet und schließlich das Ergebnis ausgibt. (*EVA-Prinzip*, vgl. Kapitel 1). Da der Datenaustausch mit den in der Regel langsamen Peripheriegeräten aber viel Zeit in Anspruch nehmen kann, besteht hier offensichtlich ein Engpass. Man modifiziert daher das Vorgehen insoweit, dass Ein- und Ausgabe zeitlich überlappend mit der Verarbeitung erfolgen können. In diesem Fall benötigt man dann selbständige Ein-/Ausgabeprozessoren, von denen *DMA-Controller* (*Direct Memory Access*) am verbreitetsten und bekanntesten sind. Diese Prozessoren erhalten ihre Aufträge zwar vom Zentralprozessor, wickeln sie dann aber selbständig ab, so dass die CPU entlastet wird.

Eine weitere Leistungssteigerung lässt sich durch das *Pufferkonzept* verwirklichen. Da für schnelle Prozessoren der Zugriff auf den Arbeitsspeicher und mehr noch auf Peripheriegeräte, insbesondere mechanische Drucker, ein schwer wiegender Engpass sein kann, läd man die zu transferierenden Daten zunächst unabhängig vom Prozessor in einen oft als *FIFO* (*First In First Out*) organisierten Pufferspeicher, auf den dann schneller zugegriffen werden kann. Beispiele dafür sind Zwischenspeicher mit zugehöriger Treiber-Software (*Spoooler*) für die Druckausgabe und *Cache-Speicher*.

Unter *Cache-Speichern* versteht man einen sehr schnellen Speicherbereich, in dem eine ganze Anzahl von Befehlen und/oder Daten vorausschauend geladen werden kann. Bei geschicktem Management werden dann die meisten Instruktionen und Daten nicht aus dem Hauptspeicher sondern aus dem schnelleren Cache-Speicher gelesen.

4.2.2 Operationsprinzip

Neben der oben beschriebenen Hardware-Struktur ist auch das *Operationsprinzip* der von-Neumann-Architektur zu definieren. Dabei geht es um die Festlegung der Arten von Informationen und deren Darstellung im Rechner, um die Menge der auf diesen Daten ausführbaren Operationen und schließlich um die Algorithmen zur Interpretation und Transformation der Daten.

In einem von-Neumann-Rechner ist als kleinste Dateneinheit ein Bitmuster anzusehen, welches einen *Informationstyp* repräsentiert und drei Bedeutungen haben kann:

- Es kann einen *Maschinenbefehl* darstellen,
- es kann eine *Date* (z.B. eine Zahl) darstellen
- oder es kann die *Adresse* eines Speicherplatzes oder Peripheriegerätes darstellen.

Dem Bitmuster im Speicher ist nicht anzusehen, welchen der drei möglichen Informationstypen es repräsentiert. Die Unterscheidung kann nur anhand des Zustandes getroffen werden, in dem sich die Maschine gerade befindet. Dies geschieht nach folgendem Schema:

- Wird beim Programmstart oder nach vollständigem Abarbeiten eines Befehls mit dem Befehlszählerinhalt als Adresse auf eine Speicherzelle zugegriffen, so wird das gelesene Bitmuster als Befehl oder erster Teil eines aus mehreren Worten bestehenden Befehls interpretiert und in das Befehlsregister der CPU geladen.
- Wird im Verlauf des Einlesens eines Befehls mit einer zum Befehl gehörenden Adresse, die ggf. noch durch eine Adressberechnung modifiziert werden kann, direkt auf eine Speicherzelle zugegriffen, so wird deren Inhalt als Date, etwa als Zahl, interpretiert und in ein Arbeitsregister des Prozessors geladen. Diese Art der Interpretation folgt immer aus der Decodierung des ersten Teils des entsprechenden Befehls.
- Aus der Interpretation des zunächst eingelesenen Befehlsteils kann bei der *indirekten Adressierung* (siehe Kapitel 5) auch hervorgehen, dass die im nächsten Schritt eingelesene Date als Adresse zu interpretieren ist. In diesem Fall wird mit dieser Adresse auf den Speicher zugegriffen und das dort vorgefundene Bitmuster als Date interpretiert.

Die Reihenfolge der Befehle im Arbeitsspeicher entspricht einer bestimmten sequentiellen Ordnung, wobei der rein sequentielle Charakter jedoch unterbrochen werden kann, und zwar durch Verzweigungen, Sprungbefehle, Programmschleifen und Unterprogrammaufrufe als Reaktion auf ein Signal, das eine *Unterbrechung* (*Interrupt*) bewirkt. Daten und Adressen können dagegen prinzipiell völlig ungeordnet gespeichert sein, auch wenn dies in der Praxis üblicherweise so nicht verwirklicht wird.

Das Operationsprinzip der von-Neumann-Architektur ist ein *Zwei-Phasen-Schema*: In der *Hole-und Interpretier-Phase* (*Fetch*) wird ein Befehl aus dem Speicher gelesen und interpretiert; in der zweiten Phase, der *Ausführungsphase* (*Execute*) wird der Befehl dann ausgeführt. Der Zentralprozessor bearbeitet dabei zu jedem Zeitpunkt einen Befehl und ist demnach im Sinne der Flynn-Notation als SISD-Typ zu klassifizieren. Durch ein teilweises zeitliches Überlappen (dem sog. *Prefetch*) der verschiedenen Phasen in einer internen Pipeline-Struktur, kann hier eine Leistungssteigerung erzielt werden. Es handelt sich hierbei im Sinne der Flynn-Notation um die Realisierung einer MISD-Struktur.

Ein inhärenter Nachteil der von-Neumann-Architektur ist die Tatsache, dass ein großer Teil der Zugriffe auf den Speicher nicht die zu verarbeitenden Daten betrifft, sondern Befehle und Adressen oder gar nur Adressen von Adressen. Die Überwindung dieses als *von-Neumann-Flaschenhals (bottleneck)* bezeichneten, die Verbindungsstruktur zwischen Speicher und CPU betreffenden Engpasses ist eine der Motivationen für die Entwicklung innovativer Alternativen.

4.3 Betriebssysteme

4.3.1 Grundfunktionen von Betriebssystemen

Die Bedienung und Programmierung von Rechnern ist auf Maschinenebene unanschaulich und kompliziert. Insbesondere der Datenaustausch zwischen Speicher, Prozesor und Peripherie kann sich extrem aufwendig gestalten. Letztlich müssen ja auch so profane und in keiner Weise problembezogene Details programmiert werden, wie etwa die Bewegung des Schreib-/Lesekopfes eines Plattenlaufwerks. Die Hauptaufgabe von *Betriebssystemen* (*BS*) bzw. *Operation Systems* (*OS*) ist dementsprechend die Verwaltung der Hardware-Resourcen des Rechners sowie die Entlastung des Benutzers durch Übernahme modularisierter Standard-Funktionen, beispielsweise zur Druckersteuerung, Datenspeicherung, Tastaturabfrage etc. [Tan95], [Bic90].

Die Aufgaben eines BS sind im Einzelnen:

- *Speicherverwaltung*. Dazu gehört die Festlegung von Arbeitspeicher und speziellen Speicherbereichen, etwa dem Bildschirmspeicher sowie die Verwaltung von Interrupt-Vektortabellen (siehe auch Kapitel 5.1.9).
- *Ein-/Ausgabesteuerung*. Die physische Ansteuerung von Geräten wird in BS-Funktionen zur blockorientierten E/A zusammengefasst.
- *File-System*. Eine logische, in der Regel hierarchisch organisierte Verwaltung von Dateien.
- *Zeitgeberfunktion*. Insbesondere bei Synchronisationsaufgaben ist eine allen Prozessen zugängliche, gemeinsame Zeitbasis wesentlich.
- *Resourcenverwaltung*. Vor allem bei größeren Rechnern (Mainframes und Servern) die etliche Terminals bzw. Clients bedienen, ist eine faire Lastverteilung und ein Schutz vor gegenseitiger Beeinflussung wichtig.
- *Kommandoprozessor*. Für die Bedienung eines BS wird in der Regel eine *Kommandosprache* (*Script-Sprache*) verwendet. Auf der untersten Ebene (*Shell*) sind diese Kommandos oft nur für Spezialisten sinnvoll verwendbar. Für konkrete Applikationen werden daher oft aus Befehlsfolgen (*Scripts*) aufgebaute komplexere Funktionen eingesetzt.
- *Boot-Programme*. Zum Start des BS nach Einschalten des Rechners wird ein in einem nichtflüchtigen Speicherbereich (zumeist einem ROM) befindlicher Programmteil benötigt, der den Kern des Betriebssystems startet. Im Wesentlichen handelt es sich dabei um grundlegende, von der Hardware des Rechners abhängige E/A-Funktionen, die in Unix und verwandten Betriebssystemen als *Systemaufrufe* (*System Calls*) bezeichnet werden und in DOS durch Funktionen des *Basic Input/Output Systems* (*BIOS*) erledigt werden.

- *Ladbare Treiber*. Zur flexiblen Anpassung von Betriebssystemen an wechselnde Hardware-Komponenten verwendet man spezielle *Dienstprogramme* (*Utilities*), die als *Treiber* (*Driver*) bezeichnet werden. Diese dienen als Puffer in der Kommunikation zwischen dem BS und der entsprechenden Hardware.

4.3.2 Klassifizierung von Betriebssystemen

Die ersten Betriebssysteme entstanden in den 60er Jahre bei IBM. Einen Massenmarkt eroberten sich ab 1973 einfache Betriebssysteme wie das von *G. Kindall* entwickelte *CP/M* (*Control Program for Microcomputers*). Ab 1981 wurde CP/M mehr und mehr durch *MS-DOS* (*Microsoft Disk Operating System*) abgelöst.

Zunächst konnte mit diesen ersten Betriebssystemen nur ein einzelner Benutzer mit dem Betriebssystem arbeiten, man nannte sie daher *Einzelnutzer-BS* (*Single-User OS*).

Die vorherrschende Betriebsart war zunächst die *Stapelverarbeitung* (*Batch Processing*). Dabei wurde ein auszuführendes Programm zusammen mit Steueranweisungen als *Job* an das BS übergeben. Interaktive Eingriffe waren dabei nicht möglich, alle Eingabedaten mussten in Dateien vorab bereitgestellt werden. Ergebnisse standen erst nach der vollständigen Abarbeitung des gesamten Jobs zur Verfügung.

Im Unterschied zur Stapelverarbeitung werden beim *Dialogbetrieb* (*Interactive Processing*) Programme interaktiv in einem Dialog durch den Benutzer gestartet. Auch während der Verarbeitung sind Eingaben von Daten und Steuerkommandos sowie Ausgaben von Zwischenergebnissen möglich.

Eine wesentliche Einschränkung von BS war lange Zeit, dass nur ein einziger Anwender genau ein Programm starten konnte. Als Weiterentwicklung unterscheidet man *Mehrnutzer-BS* (*Multi-User OS* oder *Time-Sharing OS*), bei denen mehrere Benutzer (quasi-)gleichzeitig mit einem Programm arbeiten können und *Mehrprogramm-BS* (*Multiprogramming* oder *Multitasking OS*), bei denen mehrere Programme eines Benutzers gleichzeitig ausgeführt werden können. Oft sind beide Eigenschaften kombiniert, so dass mehrere Benutzer mehrere Programme ausführen können. Als erstes Mehrnutzer-BS wurde bei IBM bereits Ende der 60er Jahre OS/360 eingeführt [Teu89].

Bei Mehrnutzer-BS unterscheidet man ferner Teilnehmer-BS und Teilhaber-BS. Bei einem *Teilnehmer-BS* arbeiten die einzelnen Nutzer mit individuellen, in der Regel unterschiedlichen Programmen. Bei einem *Teilhaber-BS* arbeiten die verschiedenen Nutzer gleichzeitig mit demselben Programm.

Als Vorteil der ersten BS ist nennen, dass sie *echtzeitfähig* waren, d.h. auf eine Unterbrechung (Interrupt) mit zuvor bekannten maximalen Antwortzeit reagieren konnten. Die meisten Betriebssysteme wie Windows oder Unix sind heute nicht mehr echtzeitfähig. Für Anwendungen, in denen definierte Reaktionszeiten erforderlich sind (beispielsweise in der Prozess-Steuerung), stehen daher spezielle *Echtzeit-BS* (*Real Time OS*) zur Verfügung.

Man unterscheidet ferner *verteilte BS*, bei denen ein einheitliches BS auf einem Cluster von Rechnern läuft sowie *Netzwerk-BS*, die für die Kommunikation weitgehend unabhängiger Rechner sorgen, die durch ein Rechnernetz verbunden sind.

Modernere Multi-User- und Muti-Tasking-Betriebssysteme wie Windows NT und das seit 1973 kontinuierlich weiterentwickelte Betriebssystem Unix unterstützen die gleichzeitige Bearbeitung mehrerer Programme sowie verteilte Anwendungen in Netzwerken. Darüber wird bei der Einführung des Multitasking-Konzepts im nächsten Kapitel noch die Rede sein.

Die Bezeichnungen „Multi-User" und „Multitasking" dürfen nicht darüber hinwegtäuschen, dass es sich bei herkömmlichen Betriebssystemen auf Rechnern mit von-Neumann-Architektur letztlich um *serielle BS* handelt. In Abhängigkeiten von Prioritäten werden jedem Programm und jedem Nutzer nacheinander die nötigen Resourcen, insbesondere CPU-Zeit, zugeteilt. Ein im Wortsinn gleichzeitiges Ausführen mehrerer Prozesse ist erst auf Rechnern mit mehreren Prozessoren unter Verwendung von *parallelen BS* möglich.

4.3.3 MS-DOS als Beispiel für ein einfaches Betriebssystem

Im Jahre 1981 stellte Microsoft das Betriebssystem *MS-DOS* (*Microsoft Disk Operating System*) für Personal Computer vor. MS-DOS war als Single-User und den Single-Tasking Betriebssystem für den textorientierten Dialogbetrieb und für die Stapelverarbeitung konzipiert. Mit der Zeit wurde die textuelle Benutzeroberfläche durch menüorientierte Komponenten (u.a. *Norton Utilities*) ergänzt. MS-DOS ist *echtzeitfähig*, d.h. die Antwortzeiten auf Interrupts liegen innerhalb vorab bekannter Grenzen, so dass auch Mess- und Steuerungsaufgaben gelöst werden können.

Für die *Dateiverwaltung* (*File System*) stand in der ersten Version nur ein einziges *Verzeichnis* (*Directory*) zur Verfügung, aber bereits seit der Nachfolgeversion MS-DOS 2.0 wird (beeinflusst durch Unix) ein hierarchisch organisiertes Dateisystem mit *Unterverzeichnissen* (*Subdirectories*) unterstützt. Die Länge von Dateinamen ist auf 8 Zeichen zuzüglich einer *Namenserweiterung* (*Extension*) von drei Zeichen beschränkt. Die Extension `.exe` ist für ausführbare Programme reserviert und die Extension `.com` für ausführbare Systemfunktionen.

MS-DOS bietet eine einfache *Kommandosprache* mit der interaktiv im Dialogbetrieb gearbeitet werden kann. Es können aber auch *Script-Dateien* (mit der Extension `.bat` für *Batch-File*) erstellt werden, die dazu dienen, Kommandofolgen zusammenzufassen und Programme in Stapelverarbeitung zu starten. Die wichtigsten Kommandos sind Bestandteil des in einem Festwertspeicher (ROM) enthaltenen *Kerns* des Betriebssystems, der bei Einschalten des Rechners automatisch gestartet wird. Dieser Kern enthält vor allem wichtige, unter der Bezeichnung *BIOS* (*Basic Input/Output System*) zusammengefasste E/A-Funktionen. Weitere BIOS-Funktionen sowie die eigentlichen DOS-Komandos sind als ausführbare Programme auf der Festplatte gespeichert und stehen erst nach Systemstart zur Verfügung.

Die wichtigsten DOS-Kommandos sind:

`dir`	Direktory auflisten
`cd`	Directory wechseln
`md`	Directory erstellen
`rd`	Directory löschen
`type`	Datei auflisten
`del`	Datei löschen
`copy`	Datei kopieren
`fc`	Zwei Dateien vergleichen
`attrib`	Setzen oder Löschen von Datei-Attributen
`diskcopy`	Duplizieren von Disketten
`diskcomp`	Vergleichen von Disketten

Eine wesentliche Anwendung der Script-Dateien ist die Erstellung von *Konfigurations-Dateien*, die bei Start des Betriebssystems automatisch abgearbeitet werden. Neben den oben aufgelisteten Kommandos stehen auch einfache *Kontrollstrukturen* wie `if` und `goto` zur Verfügung. Man unterscheidet die beiden Konfigurations-Dateien `config.sys` und `autoexec.bat`. In der Datei `config.sys` werden beim Start (*Booten*) des BS einige Parameter gesetzt und *Treiber* (*Driver*) geladen, also spezifische Programme, die nicht selbständig ausgeführt werden können. Die Script-Datei `autoexec.bat` wird automatisch einmal beim Start des *Kommandoprozessors* `command.com` aufgerufen und dient zum Einstellen von Parametern für den Kommandoprozessor und zum Laden von Programmen.

Zu MS-DOS gehören zahlreiche Treiber und Dienstprogramme (Utilities). Beispiele dafür sind neben vielen anderen die Treiber `ansi.sys` zur Verarbeitung von ANSI-Steuerzeichen für die Bildschirmverwaltung, `mode.com` zur Einstellung von Parametern von Grafikkarten, `himem.sys` und `emm386.exe` zur Verwaltung des Speicherbereichs oberhalb von 1 MByte und `edit.com` als einfacher Text-Editor. Dazu kommen zahlreiche gerätespezifische Treiber.

Anfangs war mit MS-DOS nur ein Speicherbereich von maximal 1 MByte adressierbar, wobei der frei verfügbare Arbeitsspeicher auf 640 kByte beschränkt war. In späteren Versionen konnte dann in Kooperation mit *Memory-Managern* ein *Expansionsspeicher* (*Expanded Memory Specification*, *EMS*) als virtueller Speicher mit einer Seitengröße von 16 kByte auf der Festplatte verwaltet werden. Als schnellere Variante kam der *Erweiterungsspeicher* (*Extended Memory Specification*, *XMS*) hinzu, der mit verbreiteten Treibern wie dem Memory-Manager `emm386.exe` im Speicherbereich oberhalb von 1 MByte einen Expansionsspeicher emuliert.

MS-DOS ist auch ein einfaches Beispiel für den Aufbau von Betriebssystemen nach einem *Schichtenmodell*. An sich sollte dabei jede Schicht nur mit den unmittelbar benachbarten Schichten kommunizieren und nur die Dienste der jeweils darunter liegenden Schicht in Anspruch nehmen können; bei MS-DOS ist diese Forderung allerdings nicht konsequent erfüllt.

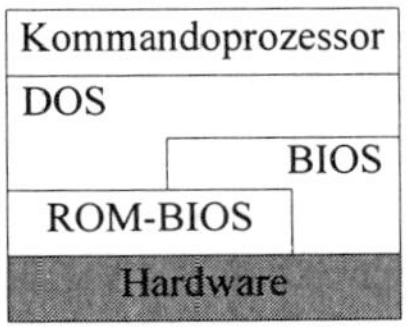

Abbildung 4.5: Das Schichtenmodell von Betriebssystemen am Beispiel von MS-DOS

4.3.4 Das Multitasking-Konzept

Möchten verschiedene Benutzer einen Rechner gemeinsam und gleichzeitig benutzen, so steht der Aspekt der Resourcen-Verwaltung im Vordergrund. Das BS muss dann darüber Buch führen, zu welchem Zeitpunkt die einzelnen Benutzer bestimmte Resourcen angefordert haben, und entscheiden, in welcher Reihenfolge und zu welchem Zeitpunkt sie diese zugeteilt bekommen. Können Prozesse nicht nur seriell, sondern aus Sicht des Benutzers teilweise auch (quasi-)parallel ausgeführt werden, spricht man von *Multitasking*. Unter einem *Prozess* (*Task*) wird hier ein in Ausführung befindliches Programm mit Daten und zugeordnetem Speicherbereich verstanden, das mit anderen Prozessen über vorgeschriebene Wege kommunizieren kann. Für weitere Erläuterungen zu den Begriffen Prozess und Task wird auf Kapitel 4.4.3 verwiesen.

Eine wichtige Aufgaben von Multitasking-BS ist die Bereitstellung von Funktionen für die Kommunikation und Synchronisation. Die Grundlage von Multitasking-Systemen wurden bereits in den 60er Jahren mit dem bei IBM entwickelten Betriebssystem OS/360 gelegt. Da hier keine Parallelisierung auf physikalischer Ebene stattfindet, steht das Multitasking-Konzept nicht im Widerspruch zur von-Neumann-Architektur. Unter *Multi-Processing* versteht man demgegenüber eine dahingehende Erweiterung des Multi-Tastking-Konzeptes, dass mehrere physikalisch vorhandene Prozessoren gleichzeitig eine Anzahl verschiedener Aufgaben bearbeiten. Dies erfordert über die Möglichkeiten der von-Neumann-Architektur hinausgehende Parallel-Strukturen, die in Kapitel 4.4 eingeführt werden.

Verwaltung von Prozessen

Bei der Verwaltung von Prozessen durch das BS werden den Prozessen die Zustände *passiv*, *bereit*, *laufend* und *suspendiert* zugeordnet. Die Zuteilung eines Prozesses zur Ausführung erfolgt durch eine als *Scheduler* bezeichnete Funktion des BS, die Organisation der Ausführung durch den *Dispatcher*. Die Bedeutung dieser Begriffe geht aus der folgenden Abbildung hervor.

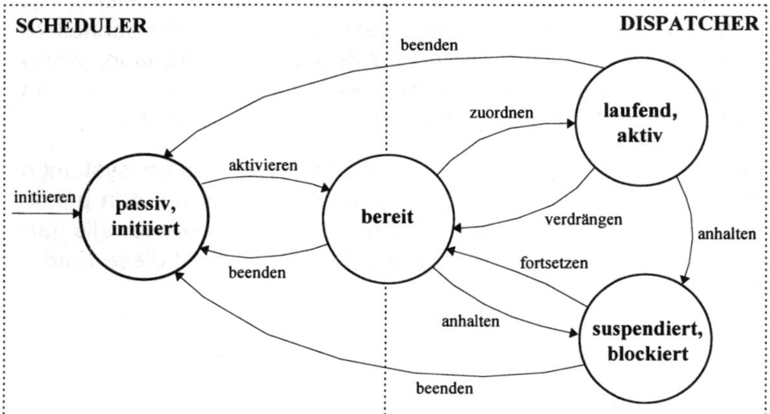

Abbildung 4.6: Prinzip der Task-Steuerung als Zustandsübergangs-Diagramm (Automat).

Jedem Prozess wird durch das BS ein *Prozess-Steuerblock* zugeordnet, der alle für die Prozessverwaltung erforderlichen Informationen enthält.

Prozess-Steuerblock
Name / Identifikation
Name des Auftraggebers
Priorität
Zustand
Anfangsadresse
Fortsetzungsadresse
Stack-Bereich
Liste abhängiger Tasks
Erteilte E/A-Aufträge
Belegter Hauptspeicher
Belegte Betriebsmittel

Abbildung 4.7: Aufbau eines Prozess-Steuerblocks.

Speicherverwaltung

Bei einfachen BS genügt eine *statische Speicherverwaltung*, d.h. die Zuweisung von Speicher an ein Programm erfolgt einmal vor der Ausführung. Bei einer *dynamischen Speicherverwaltung* kann ein Prozess während der Ausführung zusätzlichen Speicherplatz anfordern und auch wieder freigeben. Das BS muss dann den verfügbaren Speicher in einer *Freispeicherliste* (*Heap*) verwalten, beispielsweise in Form einer linearen Liste (vgl. Kapitel 10).

Bei der Verwaltung mehrerer Prozesse wird es häufig geschehen, dass der verfügbare Speicherplatz nicht zur gleichzeitigen Aufnahme aller Prozesse und deren Daten ausreicht. In diesem Falle ist eine zeitweilige *Auslagerung von Prozessen* (*Swapping*) und Daten nach *Prioritätsregeln* auf einen externen Speicher erforderlich. Die Priorität (*Priority*) ist dabei eine Funktion aus Startreihenfolge, Speicherplatzbedarf, Rechenzeit und extern festgelegten Prioritätskennzahlen. Für den Anwender stellt sich die Situation so dar, als ob ihm ein sehr großer *virtueller Speicher* zur Verfügung stünde, der über die physikalisch als Hauptspeicher existierende Speicherkapazität hinausgeht. Allerdings erscheint der Zugriff und damit die Verarbeitungsgeschwindigkeit wegen der Auslagerungen auf externen Speicher verlangsamt.

Bevor eine Auslagerung erfolgen kann, müssen die auszuführenden Prozesse und Daten in logisch zusammengehörige *Segmente* variabler Größe unterteilt werden. Diese wiederum werden in *Seiten* (*Pages*) mit fester Länge (beispielsweise 8 kByte) und fester physikalischer Anfangsadresse unterteilt. Diese Adressen werden dann in den Prozessen zugeordnete *Seitentabellen* eingetragen. Der Arbeitsspeicher wiederum wird in *Kacheln* unterteilt. Aus einer virtuellen Adresse wird somit, wie in der folgenden Abbildung skizziert, unter Verwendung der Seitenadresse eine reale Adresse berechnet.

	Virtuelle Adresse
Seitenauswahl 4 Bit	Adressierung in der Seite 12 Bit

0100 = Seite 4

Seitentabelle			
Präsenz-Bit	Seiten-Adresse	externe Seitenadr.	Kacheladresse
0	0	E0	-
0	1	E1	-
1	2	E2	010
0	3	E3	-
1	4	E4	110
1	5	E5	101
0	6	E6	-
0	7	E7	-
0	8	E8	-
1	9	E9	011
1	10	E10	111
1	11	E11	000
0	12	E12	-
0	13	E13	-
1	14	E14	001
1	15	E15	100

Kacheltabelle		
Kachel-Nummer	Seiten-Nummer	Speicherbereich
000	11	
001	14	
010	2	
011	9	
100	15	
101	5	
110	4	
111	10	

Abbildung 4.8: Prinzip der Zuordnung einer aus Seitennummer (4 Bit) und Adresse in der Seite (12 Bit) bestehenden virtuellen 16-Bit Adresse zu einer Kachel des Arbeitsspeichers.

4.3.5 MS-Windows

Seit ca. 1990 wurde MS-DOS durch das von der Firma Microsoft entwickelte Multitasking-Betriebssystem *MS-Windows* abgelöst [Ort98]. Design-Kriterien bei der Realisierung waren:

- Einheitliche grafische Benutzerschnittstelle mit Mausunterstützung.
- Einheitliche Bedienung von E/A-Geräten.
- MS-Windows ist ein Single-User, Multitasking Betriebssystem. Programme (Applikationen) laufen quasi-gleichzeitig. Nach dem kooperativen Multitasking-Konzept ist der Wechsel von einer Applikation in eine andere möglich, ohne dass die Erste zuvor beendet werden müsste.
- Die Kommunikation von Programmen untereinander erfolgt nach einem einheitlichen Schema.

- Die Schnittstelle zu Netzwerken wurde vereinheitlicht.
- Den Applikationen werden für die Ein/Ausgabe hierarchisch verwaltete *Fenster* (*Windows*) zugeordnet. Durch diese Fenstertechnik können mehrere Programme gleichzeitig abgewickelt werden.
- Es wurden (leider) keine Anstrengungen unternommen, MS-Windows echtzeitfähig zu machen.

In *Windows 95* kamen neben Detailverbesserungen Funktionen zur Integration von Multimedia-Anwendungen hinzu. Die weiterentwickelte Variante *Windows NT* (von *New Technology*) richtet sich als Netzwerk-BS in Konkurrenz zu Unix an Benutzer mehrplatzfähiger, größerer *Client-Server Systeme* [Sin94].

Anzumerken ist noch, dass die in der Unix-Welt verwendete Benutzeroberfläche *X-Windows* mit MS-Windos nichts zu tun hat.

Ein entscheidender in Windows realisierter Fortschritt ist die Einbettung grundlegender Darstellungs- und Bedienabläufe in das Betriebssystem. Hier ergibt sich eine potentielle Möglichkeit zur Aufwandsreduktion bei der Programmierung eigener großer Anwendungen, da nach einem anfänglichen Lern- und Umstellungsprozess die Erstellung komplexer Benutzerschnittstellen vereinfacht wird. Dazu erforderliche Elemente werden in einer C++ Klassenbibliothek, den *Microsoft Foundation Classes* (*MFC*) bereitgestellt.

Windows-Applikationen rufen nicht einfach E/A-aktive Unterprogramme direkt auf, sie richten vielmehr ein Fenster ein, definieren dazu eine *Ereignisverarbeitungsfunktion* (*Event-Handler*) und warten dann in einer Programmschleife darauf, dass vom BS *Ereignisse* (*Events*) - z.B. eine Tastatureingabe - gemeldet werden. Events werden zunächst in Ereigniswarteschlangen gesammelt und dann durch das BS in speziell darauf zugeschnitten Datenstrukturen als *Nachrichten* (*Messages*) an die Ereignisverarbeitungsfunktionen der entsprechenden Fenster übermittelt. Dieses Vorgehen mag zunächst umständlich und aufwendig erscheinen, es ist aber sinnvoll, um den Anwenderwunsch nach einer komfortablen und einheitlichen grafischen Benutzeroberfläche zu verwirklichen.

Eine weitere wichtige Eigenschaft von Windows ist die Kommunikation von Programmen untereinander. Als Weiterentwicklung eines statischen Datenaustauschs über eine Zwischenablage wurde das *DDE-Konzept* (*Dynamic Data Exchange*) entwickelt. Hierzu halten DDE-Server Daten in unterschiedlichen Formaten bereit und versenden diese nach Abruf an DDE-Clients. Ferner wurde mit *OLE* (*Object Linking and Embedding*) ein Werkzeug geschaffen, mit dem nicht nur Daten, sondern auch Verarbeitungsfunktionalitäten zwischen verschiedenen Applikationen ausgetauscht werden können [Chap96]. Dafür stehen die Methoden *Bezug* (*Linking*) und *Übernahme als Kopie* (*Embedding*) zur Verfügung. Bei der Verwendung des Linking-Konzeptes stehen Änderungen an dem Objekt allen Anwendungen sofort zur Verfügung.

4.3.6 Unix

Unix wurde als Multi-User und Multitasking Betriebssystem seit 1973 in den Bell Laboratories unter maßgeblicher Mitwirkung von *K. Thompson* and *D. Ritchie* entwickelt [Bach87], [Stev92]. Da Unix größtenteils in C programmiert wurde, ist es gut auf verschiedene Hardware-Plattformen portabel. Mittlerweile hat sich Unix mit seinen Derivaten, insbesondere *Linux*, zu einem der am häufigsten eingesetzten Betriebssystem entwickelt [Kof95].

Systemanmeldung

Da Unix ein Multi-User BS ist, müssen sich Benutzer zunächst mit ihrem *Benutzernamen* unter Angabe eines *Passworts* beim System anmelden. Dies geschieht durch den *Login-Prompt*:

```
login:
password:
```

Jeder Benutzer ist durch eine in eindeutiger Weise vom Benutzernamen abhängige *UID* (*User-Identification Number*) persönlich identifiziert und durch eine *GID* (*Group-Identification Number*) einer *Benutzergruppe* zugeordnet.

Die Dialog-orientierte Kommanodebene von Unix meldet sich mit dem Prompt `$`. Das Verlassen von Unix ist durch `<ctrl>d` möglich oder durch Eingabe von

```
$ exit
```

Kommandosprache und Shell

Ein hervorstechendes Merkmal ist die wie eine Programmiersprache konzipierte, sehr komfortable und mächtige *Kommandosprache*, die in Verbindung mit einem *Kommandointerpreter* als *Shell* bezeichnet wird [Kan92]. Benutzer kommunizieren also nicht direkt mit dem BS sondern unter Verwendung der Kommandosprache und des Kommandointerpreters, der die Eingabe prüft und erst nach fehlerfreier Eingabe eines Kommandos dieses an das BS weitergibt. Die nach ihrem Entwickler so genannte *Bourne-Shell* ist als ältester Standard in jedem Unix-System vorhanden. Später kamen als Weiterentwicklung die *C-Shell* und die *Korn-Shell* hinzu.

Unix-Kommandos folgen der Syntax:

```
$ command -options parameters
```

wobei `options` Kürzel für die Steuerung von Details des Kommandos bezeichnen und `parameters` meist Dateinamen. Auf die zahlreichen Unix-Kommandos wird hier nicht näher eingegangen. Von Vorteil ist in diesem Zusammenhang, dass zu Unix ein Online-Manual gehört, das für jedes Kommando (dessen Namen man allerdings wissen muss) eine genaue Beschreibung liefert. Der Aufruf lautet:

```
$ man command
```

Zur Unix-Kommandosprache gehören auch (an C orientierte) Operatoren, Variablen, Funktionen und Prozeduren mit Parametrübergabe, Möglichkeiten zur Fehlerbehandlung und Konstrukte zur Ablaufsteuerung. In dieser Sprache geschriebene Programme werden als *Shell-Scripts* oder *Shell-Procedures* bezeichnet.

Die wichtigsten Konstrukte sind:

`for` *`variable`* `do` *`commandlist`* `done`

`while` *`condition`* `do` *`commandlist`* `done`

`if` *`condition`* `then` *`commandlist1`* `else` *`commandlist2`* `fi`

Dazu kommen Steuerkommandos wie `exit` zum Beenden der Shell, `break` zum Abbrechen der aktuellen Schleife und `continue` zum Starten des nächsten Schleifendurchlaufs.

Das Unix-Dateisystem

In Unix wurde konsequent ein *hierarchisches Dateisystem* entwickelt, das in reduzierter Form später auch in MS-DOS übernommen wurde. Die *Verzeichnisse* (*Kataloge*, *Directories*) können die Namen von *Unterverzeichnissen* (*Subdirectories*) und *Standard-Dateien* (*Ordinary Files*) enthalten, aber auch spezielle Dateien wie *Pipes* (für die Prozesskommunikation), *Links* und *Gerätedateien*. Allen Dateien sind *Attribute* zugeordnet, die Informationen über Typ, Länge, Zugriffsrechte (`r`=read, `w`=write, `x`=execute) und Besitzer-ID enthalten. Zum Auflisten der Einträge von Directories steht das Kommano `ls` zur Verfügung.

Standarddatenströme und Pipes

Ein weiteres in Unix verwirklichtes, nützliches Konzept ist die Bereitstellung von *Standarddatenströmen* für Eingabe (`stdin`), Ausgabe (`stdout`) und Fehlerausgabe (`stderr`). Die Standardpfade können durch die Operatoren < und > jedoch auch explizit angegeben werden. So ist in dem Kommando

```
sort < /home/usr1/adr > /home/user2/adr_sort
```

als Eingabe `/home/usr1/adr` und als Ausgabe `/home/user2/adr_sort` festgelegt.

Es ist darüber hinaus auch möglich, die Standardausgabe eines Kommandos bzw. Programms als Standardeingabe eines zweiten Kommanods zu verwenden. Die Syntax dieser sog. Pipes lautet:

```
command1 | command2
```

So werden beispielsweise durch die Kommandozeile

```
ls /user | wc -w
```

zunächst die im Directory mit dem Namen `/user` enthaltenen Dateienamen als Standardausgabe des Kommandos `ls` erzeugt und als Standardeingabe für das Kommando `wc` (word count) verwendet, das mit der Option `-w` Wörter zählt. Als Ergebnis erscheint also auf dem Bildschirm die Anzahl der im Directory `/user` enthaltenen Dateien.

Dienstprogramme

Die vielseitige Anwendbarkeit und Mächtigkeit von Unix beruht zu einem erheblichen Teil auch auf der großen Anzahl von ca. 500 nützlichen Dienstprogrammen und Treibern. Beispiele dafür sind Texteditoren (so etwa `vi`, dessen virtuose Benutzung in der Unix-Gemeinde zum guten Ton gehört), Tools zur Druckersteuerung, Funktionen zur System- und Datenverwaltung, Programme zur Netzwerkverwaltung und Kommunikation sowie Werkzeuge für die Programmierung. Wegen der engen Verwandtschaft von Unix und C wird insbesondere die Erstellung von C-Programmen durch zahlreiche Hilfsprogramme unterstützt.

Prozessverwaltung

Ein Kernpunkt von Unix sind die Möglichkeiten zur *Prozessverwaltung* und zur *Prozesskommunikation*. Dazu gehört ein effizientes Management des virtuellen und physikalischen Speichers ebenso wie eine Resourcenzuteilung nach komplexen Prioritätsalgorithmen an die einzelnen Prozesse. Für die Prozesskommunikation stehen *Semaphore*, *Software-Interrupts*, *Pipes* und *Message Queues* zur synchronen Nachrichtenübertragung zur Verfügung.

Kommunikation

Der Erfolg von Unix beruht auch auf den integrierten Möglichkeiten zur Kommunikation in heterogenen Rechnernetzen [Bro94]. Neben anderen Dienstprogrammen sind hier vor allem `ftp` (*File-Transfer Protocol*) und `telnet` (*Netzdialog*) zu nennen. Sowohl `telnet` als auch `ftp` werden als Kommandos mit einer optionalen numerischen Internet-Adresse als Parameter aufgerufen:

```
$ ftp [address]
$ telnet [address]
```

Beispiel: `ftp 141.60.120.245`

Die Hauptanwendung von `ftp` ist der Transfer von Dateien, es ist jedoch auch ein eingeschränkter Dialog möglich, etwa die Auflistung von Directories. Mit `telnet` kann dagegen eine komplette Sitzung auf einem beliebigen Unix-Rechner in einem lokalen Netz oder auch im Internet durchgeführt werden - sofern Benutzername und Passwort akzeptiert wurden. Durch `quit` werden die Programme `telnet` bzw. `ftp` wieder verlassen.

X-Windows

Unix verfügt nicht per se über eine grafische Benutzeroberfläche. Mit Hilfe des am *MIT* (*Massachusetts Institute of Technology*) entwickelten *X-Windows* steht jedoch ein Werkzeug zur Verfügung, mit dem sich komfortable Benutzerschnittstellen realisieren lassen. Das Grundkonzept ist eine Trennung von Programm und Darstellung nach dem Client-Server-Prinzip. Dabei übermittelt der *X-Client* Kommandos zum Aufbau und Verwalten von *Fenstern* (*Windows*) an den *X-Server*, der diese ausführt. Eingaben des Benutzers werden vom X-Server zurück an den X-Client gesendet. Da der X-Server und der X-Client auch auf unterschiedlichen Rechnern laufen können, ist X-Windows für Netz-Applikationen prädestiniert.

4.4 Parallel-Strukturen

4.4.1 Motivation

Eine Reihe von Tendenzen hat die Entwicklung von *Parallel-Konzepten* in der Rechnerarchitektur stark gefördert.

Dies ist zuallererst der Wunsch nach immer höherer *Rechenleistung*. Schon die einfache Aufgabe der Addition zweier Vektoren $\mathbf{x}$ und $\mathbf{y}$ gemäß

$$\mathbf{x}+\mathbf{y} = (x_1 + y_1,\ x_2 + y_2, \ldots\ x_n + y_n)$$

zeigt, dass die Summen $x_i + y_i$ der Komponenten voneinander unabhängig, also *parallel* berechnet werden könnten, was offensichtlich einen Anstieg der Berarbeitungsgeschwindigkeit verglichen mit der *sequentiellen* Bearbeitung um den Faktor n zur Folge hätte.

Ein weiterer Gesichtspunkt ist die stärkere Betonung der *Dezentralisierung*, die vernetzte parallele Strukturen erfordert.

Von Bedeutung ist ferner die *Modularität*. Einerseits kann eine modular organisierte Hardware mit den Anforderungen mitwachsen, andererseits ist durch modulare Konzepte eine höhere Auslastung teurer Komponenten möglich.

Auch die Anforderungen an die *Zuverlässigkeit* steigen laufend an. Dies ist vielleicht bei einer Waschmaschine nicht von besonderer Bedeutung. Fehler können aber bei medizinischen Anwendungen lebensbedrohend sein und beispielsweise bei der Prozesssteuerung eines Chemiewerks sogar Katastrophen auslösen. Parallelisierung kommt diesem Sicherheitsaspekt entgegen.

Insbesondere bei *Prozessrechnern* ist darüber hinaus häufig *Echtzeitverhalten* gefordert. Die Ausführung mehrerer Aufgaben, z.B. Messdatenerfassung und Steuerung eines industriellen Fertigungsprozesses, muss dabei teilweise überlappend oder parallel sowie *synchron* mit einem von außen vorgegebenen Takt erfolgen.

Den hier genannten Anforderungen werden parallele Rechnerarchitekturen besser gerecht als die von-Neumann-Architektur.

4.4.2 Verbindungsstrukturen

Ein sehr wesentlicher Aspekt jeder Parallelverarbeitung ist die *Verbindung* der Prozessoren untereinander. Hier unterscheidet man eine Reihe von Konzepten [Tan90].

Im einfachsten Fall erfolgt die Kommunikation über einen *gemeinsam genutzten Bus* (*shared bus*). Die kommunizierenden Prozessoren werden dabei in *Master-* und *Slave-Module* unterteilt. Das Master-Modul gibt die Anforderung für den Nachrichtentransfer an die Verbindungsstruktur vor, die daraufhin eine Verbindung zu dem vom Master-Modul adressierten Slave-Modul herstellt. Der Bus kann dabei technisch als *serieller* oder als *paralleler* Bus ausgeführt sein. Außerdem unterscheidet man *synchrone* und *asynchrone* Busse. Bei synchroner Kommunikation erfolgt die Datenübertragung mit einer festen *Taktrate*, während bei der asynchronen Datenübertragung die Kommunikationspartner nicht mit derselben Geschwindigkeit arbeiten müssen. In diesem Fall muss der Empfänger zunächst dem Sender die ordnungsgemäße Übernahme einer Date bestätigen, bevor dieser mit dem Senden der nächsten Date beginnen kann. Man bezeichnet diesen Vorgang als *Handshake*. Details werden im *Bus-Protokoll* geregelt. Neben den in PC-Rechnern üblichen Bussen (insbesondere dem PCI-Bus) hat der VME-Bus weite Verbreitung gefunden. Weitere Einzelheiten werden im Kapitel *Datenkommunikation* behandelt.

Auf diese Weise kann nicht nur die Kommunikation zwischen Prozessoren geregelt werden, sondern beispielsweise auch der Zugriff mehrerer Prozessoren auf einen gemeinsamen Speicher oder auf Peripheriegeräte, welche dabei die Rolle des Slave übernehmen. Man spricht bei derartig organisierten Speichern von *Multiport-Speichern*. Die Verbindung wird dabei von einer auch als *Arbitrierung* bezeichneten *Auswahllogik* hergestellt, die insbesondere dazu in der Lage sein muss, mögliche Zugriffskonflikte zu erkennen und aufzulösen.

Ein Nachteil dieses Bus-Konzeptes ist, dass zu einem bestimmten Zeitpunkt immer nur eine Verbindung zwischen einem Master/Slave-Paar aufgebaut werden kann. Diese Blockierung führt zu einem Engpass bei erhöhtem Kommunikationsbedarf (*bus bottleneck*). Durch Einführung mehrerer, parallel arbeitender Busse kann hier Abhilfe geschaffen werden, jedoch um den Preis einer erhöhten Komplexität. Ein Verbindungsnetz, bei dem jede Verbindung zwischen zwei beliebigen Partnern unabhängig von bereits bestehenden Verbindungen hergestellt werden kann, heißt *blockungsfrei*.

Eine Variante, die insbesondere bei *lose gekoppelten* Systemen genutzt wird, ist die *nachrichtenorientierte* Verbindung. Man spricht hier auch von *Übertragungskanälen*. Der Informationsaustausch erfolgt dabei über ein I/O-Interface, das den Zugriff auf einen gemeinsamen Bus regelt. Auch hier kann pro Bus nur eine Master-Slave-Verbindung hergestellt werden. Ein direkter Zugriff durch einen Prozessor auf den Speicher eines anderen Prozessors ist in diesem Fall nicht möglich.

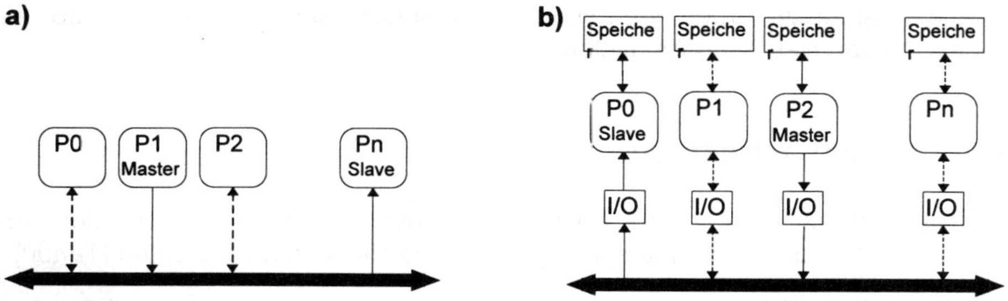

Abbildung 4.9: a) Verbindung über einen gemeinsamen Bus.
b) Verbindung über ein nachrichtenorientiertes Netzwerk.
Die gestrichelten Pfeile markieren die möglichen Verbindungen. Während eines Zeitintervalls kann jeweils nur eine Verbindung zwischen einem Master/Slave-Paar bestehen, dies wird durch die durchgezogenen Pfeile angedeutet, wobei die Pfeilrichtung die Richtung der Zugriffskontrolle angibt.

Eine Entschärfung des Bus-Bottleneck ist möglich, wenn man *matrixförmige* Verbindungen einführt, die durch *Kreuzschienenverteiler* realisiert werden können, die allerdings technisch recht aufwendig sind. Damit können gleichzeitig Verbindungen zwischen verschiedenen Master- und Slave-Modulen geschaltet werden. Es entsteht erst dann ein Konflikt, wenn zwei Master mit demselben Slave in Verbindung treten wollen.

Auch der Zugriff auf Multiport-Speicher kann über Kreuzschinenverteiler gelöst werden. In diesem Fall ist dann auch ein gleichzeitiger Zugriff mehrer Prozessoren auf verschiedenen Bänke eines gemeinsamen Speichers möglich.

Schließlich sollen noch *Vermittlungsnetzwerke* erwähnt werden, deren genauere Betrachtung allerdings dem Kapitel *Datenkommunikation* vorbehalten bleibt. Dabei können Übertragungswege durch Netzwerk-Controller weit gehend beliebig konfiguriert werden. Häufig werden dabei zu übertragende *Datenpakete* mit ihrer *Zieladresse* (*Tag*) versehen. Das Vermittlungsnetzwerk bestimmt dann aus der Zieladresse automatisch den Weg durch das Datennetz zum adressierten Ziel. Hier existiert eine große Anzahl von Verschaltungsmöglichkeiten, die teilweise blumige Namen tragen, wie *Permutations-Netz, Baseline-Netz, Banyan-Netz, Perfect-Shuffle-Netz* etc.

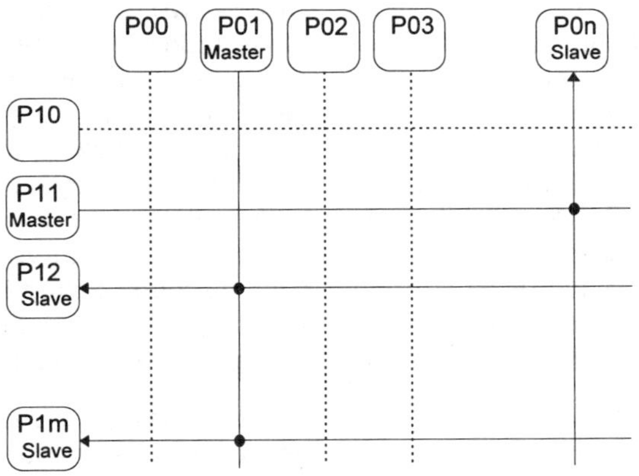

Abbildung 4.10: Matrixartige Verbindung zwischen verschiedenen Prozessoren mittels eines Kreuzschinenverteilers. Die gestrichelten Linien markieren die möglichen Verbindungen. Einige aufgebaute Verbindungen werden durch die durchgezogenen Pfeile angedeutet, wobei die Pfeilrichtung die Richtung der Zugriffskontrolle angibt. Es ist also Prozessor P01 (Master) gleichzeitig mit den beiden Prozessoren P12 und P1m verbunden und außerdem Prozessor P11 (Master) mit dem Prozessor P0n (Slave). Es können nur Verbindungen der Prozessoren P01 bis P0n mit den Prozessoren P10 bis P1m geschaltet werden.

Letztlich wird bei den bislang besprochenen Verfahren die Kommunikation zwischen Prozessoren bzw. der Zugriff auf einen gemeinsamen Speicherbereich zumindest teilweise serialisiert. Dazu sind verschiedene Zugriffsverfahren gebräuchlich, deren Einzelheiten das *Zugriffsprotokoll* bzw. *Busprotokoll* definieren. Beispiele dafür sind:

- Eine *statistische Zuteilung* des Übertragungskanals erfolgt auf Anfrage eines Teilnehmers, wenn der Kanal gerade frei ist. Es steht dann die volle Kapazität für die

Datenübertragung zur Verfügung, bis diese vollständig abgeschlossen ist. Andere Teilnehmer müssen dann mit Wartezeiten unbestimmter Länge rechnen.

- Beim *Polling* geben die verschiedenen Teilnehmer die Verfügung über den Datenkanal zyklisch weiter. Erhält ein Teilnehmer das Übertragungsrecht, ohne dass aktuell Daten zur Übertragung anstehen, so gibt er dieses Recht an den nächsten Teilnehmer weiter, andernfalls erfolgt die gesamte Datenübertragung und das Übertragungsrecht wird erst danach weitergegeben. Auch hier ist mit Wartezeiten unbestimmter Länge zu rechnen.
- Das *Zeitscheibenverfahren* ist dadurch gekennzeichnet, dass jedem Teilnehmer zyklisch ein Zeitintervall T für die Datenübertragung zugeteilt wird. Während dieser Zeit kann der Teilnehmer Daten übertragen. Stehen jedoch keine Daten zur Übertragung an, so ist der Übertragungskanal in dieser Zeit nicht durch andere Teilnehmer nutzbar. Bei n Teilnehmern steht also für jeden Teilnehmer nur der Bruchteil $1/n$ der gesamten Kapazität des Übertragungskanals zur Verfügung. Wartezeiten sind bei dieser Methode genau definiert.

Die zumindest teilweise seriell erfolgende Datenübertragung kann zu gegenseitigen Behinderungen und unproduktiven Wartezeiten führen, wenn mehr als ein Teilnehmer mit einem weiteren Teilnehmer in Verbindung treten will oder wenn mehrere Teilnehmer denselben Übertragungskanal verwenden wollen. Eine mögliche Lösung sind parallele, paarweise Verbindungen von Prozessoren oder anderen Teilnehmern, die allgemein als *Knoten* bezeichnet werden. Hierzu stehen verschiedene *Topologien* zu Verfügung, bei denen typischerweise ein Knoten mit einer festen Anzahl von benachbarten Knoten direkt verbunden ist, während andere nur über Umwege erreichbar sind. Man spricht dann von Systemen mit *begrenzter Nachbarschaft*. Sind die Verbindungen konstruktiv vorgegeben, also unveränderbar, so spricht man von einer *statischen* Verbindungsstruktur, andernfalls von einer *dynamischen*; dazu gehören u.a. Kreuzschinenverteiler und Vermittlungsnetzwerke. Einige Beispiele für statische Verbindungsstrukturen sind in der folgenden Abbildung zusammengestellt.

In Anlehnung an die *Graphentheorie* (Siehe Kapitel 10.8) beschreibt man eine Verbindungstopologie als *Graphen* mit *Knoten* (z.B. Prozessoren) und *Kanten* (Kommunikationspfade). Eine grobe Klassifizierung ergibt sich dann durch die Anzahl n der Knoten, durch die Anzahl m der Kanten, durch den *Grad* g eines Knotens (also die Anzahl der von ihm ausgehenden Kanten) und durch den *Durchmesser* (*diameter*) des Graphen, d.h. die maximale Entfernung d_{max} zwischen zwei Knoten. Beispielsweise ist $g_{Baum} = g_{Ring} = 2$ und $g_{chordal} = g_{grid} = 4$. Für d_{max} ergeben sich beispielsweise $d_{max,Stern} = 2$, $d_{max,Kette} = n\text{-}1$ und $d_{max,Hypercube} = ld(n)$.

Ein weiterer wichtiger Gesichtspunkt ist die *Erweiterbarkeit* eines Systems. Eine Ringstruktur ist beispielsweise auch durch hinzufügen eines einzigen zusätzlichen Knotens erweiterbar, eine Hypercube-Struktur aber nur durch Verdopplung der Anzahl der Knoten. Eng damit verwandt ist der Begriff der *Skalierbarkeit*. Ein System heißt *skalierbar*, wenn die typischen Merkmale bei Erhöhung der Knotenzahl erhalten bleiben.

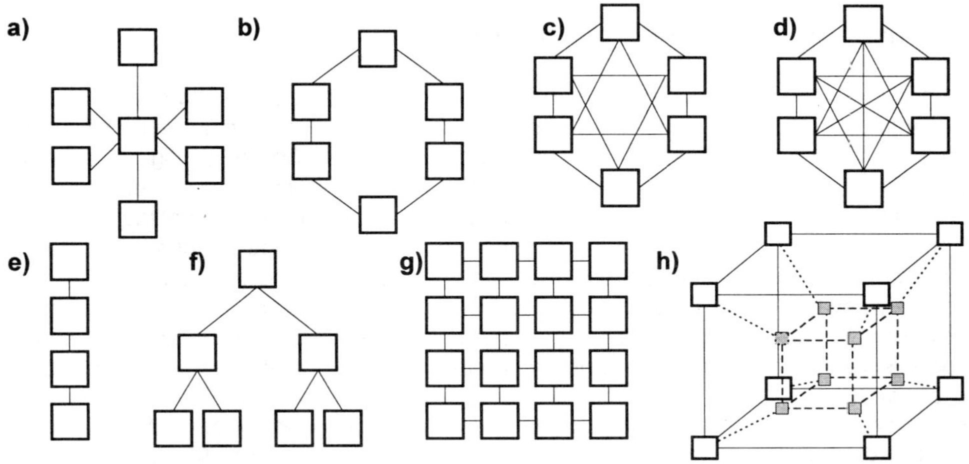

Abbildung 4.11: Beispiele für statische Verbindugsstrukturen von Parallel-Rechnern. Jede Verbindungslinie zwischen zwei Knoten stellt einen bidirektionalen Kommunikationspfad dar.
a) Stern b) Ring c) Chordaler Ring d) Vollständige Vermaschung
e) Lineare Kette f) Baum g) Gitter h) Hypercube der Dimension 4

Offenbar ist bei einem statischen Verbindungsnetz außer bei der extrem aufwendigen vollständigen Vermaschung nicht jeder Knoten direkt von jedem anderen Knoten erreichbar, es müssen daher beim Verbindungsaufbau zwischen zwei Knoten in der Regel andere Knoten als *Relais* oder *Router* eingesetzt werden, was natürlich wieder eine Behinderung der Kommunikation bedeutet. In diesem Sinne ist die in Abbildung 4.7 h) dargestellte *Hypercube-Struktur* mit Dimension $k=4$ optimal, da in diesem Fall bei gegebener Anzahl von $n=2^k$ Knoten die Anzahl der Kanten und die maximale Entfernung zwischen zwei Knoten $d_{max}=k$ minimal ist, während die Anzahl direkt erreichbarer Knoten (also die Anzahl der nächsten Nachbarn, wofür sich ebenfalls der Wert k ergibt) maximal ist. Man erreicht mit dieser Topologie bei gegebener Anzahl von Verbindungselementen kürzestmögliche Wege zwischen den einzelnen Prozessoren, d.h. bei einer Kommunikation zwischen zwei Prozessoren ist die Anzahl der als Relais benötigten Prozessoren minimal. In der *Connection Machine* (vgl. dazu Kap. 4.3.5) wurde der bislang größte Hypercube realisiert, er hat die Dimension 14. Aber auch im PC-Bereich werden Hypercubes angeboten, so beispielsweise der Personal Supercomputer iPSC/2 von Intel.

Das in Abbildung 4.11 g) skizzierte Gitter-Konzept ist besonders gut für die Vernetzung von Prozessorknoten mit vier Kommunikationskanälen geeignet. Ein Beispiel dafür sind die von der englischen Firma INMOS entwickelten *Transputer* mit RISC-artiger Struktur und vier eingebauten schnellen, seriellen Kommunikationskanälen, den sog. *Links*. Mit der im Zusammenhang damit entwickelten Programmiersprache *OCCAM* ließen sich parallele Prozesse verhältnismäßig einfach beschreiben. Auch Hypercubes der Dimension $k=4$ mit 16 Knoten sind gut mit vierkanaligen Prozessorknoten realisierbar, da für diese Struktur der Grad $g=4$ beträgt. Transputer haben mittlerweile keine Bedeutung mehr, das damit erstmals realisierte Konzept hat jedoch viele weitere Entwicklungen befruchtet.

4.4.3 Multitasking und Parallelverarbeitung

Bei der Analyse von Problemen zeigt sich häufig, dass manche Teilaufgaben eines Gesamtproblems voneinander unabhängig sind und daher im Prinzip gleichzeitig erledigt werden können. Dies ist insbesondere bei *Prozessrechnern* wichtig, von denen in der Regel *Echtzeitverhalten* gefordert wird [Fär94]. Dies ist nicht nur ein anderer Ausdruck für „schnell"; damit ist vielmehr gemeint, dass die Bereitstellung von Ergebnissen *synchron* mit einem vorgegebenen *Zeittakt* erfolgen muss. Bei einem *Echtzeitsystem* (*Real Time System*) müssen vor Eintreffen des nächsten Taktimpulses alle relevanten Daten verarbeitet und weitergegeben worden sein, z.B. an einen durch den Rechner kontrollierten technischen Prozess. Neben der *Korrektheit* eines Ergebnisses ist daher auch die *Zeitgerechtheit* (*Rechtzeitigkeit*) wesentlich; erst beide zusammen machen die *Gültigkeit* eines Ergebnisses aus. Werden hierbei Teilaufgaben, also Prozesse nicht nur seriell sondern zumindest (jedenfalls aus Sicht des Benutzers) teilweise parallel ausgeführt, spricht man von *Multitasking.* Die Grundlage von Multitasking-Systemen wurden in den 60er Jahren mit dem bei IBM entwickelten Betriebssystem OS/360 gelegt. Unter *Multiprozessing* versteht man als Erweiterung des Multitastking, dass mehrere physikalisch vorhandene Prozessoren gleichzeitig eine Anzahl verschiedener Aufgaben bearbeiten.

Unter einem *Prozess* wird hier ein in Ausführung befindliches Programm mit Daten und zugeordnetem Speicherbereich verstanden, das mit anderen Prozessen über vorgeschriebene Wege kommunizieren kann. Die Begriffe Prozess und Task werden zumeist synonym verwendet. Für vorzugsweise parallel ablaufende und zeitkritische Aufgaben spricht man aber eher von *Tasks*. Damit eng verwandt sind *Threads*, die sich von Prozessen bzw. Tasks dadurch unterscheiden, dass sie nicht über einen eigenen Speicherbereich verfügen. Statt über Kanäle kann daher in Threads die Kommunikation schneller über gemeinsame Speicherbereiche ablaufen. Allerdings sind Threads in verteilten Systemen nicht einsetzbar, da diese ja ihrer Definition nach nicht über einen gemeinsamen Speicherbereich verfügen können.

Zur Synchronisation des Ablaufs und zum Austausch von Daten müssen Prozesse in der Lage sein, miteinander zu kommunizieren. Dafür ist eine *Echtzeituhr* erforderlich und im Fall gekoppelter Systeme auch eine Synchronisation der lokalen Uhren.

Da mehrere Prozesse an der gemeinsamen Erledigung einer Aufgabe beteiligt sind, spielt die Reihenfolge der Prozess-Bearbeitung eine Rolle. *Prozess-Kooperation*, *-Kommunikation* und *-Synchronisation* sind daher wesentliche Aufgaben von *Betriebssystemen* sowie von Programmiersprachen, die für Prozessrechner geeignet sind und parallele Konzepte unterstützen. Es geht dabei vor allem um:

- Prozess-Datenerfassung
- Prozess-Überwachung
- Prozess-Optimierung und
- Prozess-Kontrolle

Im einfachsten Fall kann die für die Prozess-Kommunikation erforderliche Datenübertragung durch eine *zyklische Abfrage* (*Polling*) realisiert werden oder durch eine durch eine Echtzeituhr gesteuerte *Ablaufkontrolle*. Diese beiden Möglichkeiten stellen keine hohen Anforderungen an das Betriebssystem, es können aber nur *einfache* oder *kontinuierliche* Prozesse verarbeitet werden. Höhere Anforderungen stellt eine *Interrrupt-gesteuerte* Kontrolle, dafür können aber auch *stochastische* Prozesse bearbeitet werden. Gehen gleichzeitig Anforderungen von mehreren Prozessen ein, so können diese nach einer *Prioritätenliste* abgearbeitet werden.

Ein Beispiel für eine geeignete Programmiersprache ist OCCAM. Für die Prozess-Kommunikation stehen dabei folgende Werkzeuge zur Verfügung: die Anweisung `K1 ! X` bedeutet, dass der gerade aktive Prozess den Wert der Variablen `X` auf Kanal `K1` ausgibt. Durch die Anweisung `K2 ? Y` wird vom laufenden Prozess der Wert des Kanals `K2` in die Variable `Y` übernommen. Falls beim Lesen ein Kanal leer ist, wartet der lesende Prozess bis ein anderer Prozess einen Wert in den Kanal übertragen hat. Umgekehrt wartet ein Ausgabeprozess, bis der Kanal für die Ausgabe frei ist. Weitere häufig benutzte Werkzeuge zur synchronen Kommunikation sind *Semaphore*, *Monitore* und *Rendezvous*-Mechanismen [Gom93], [Zöb87], [Sel94].

Als Beispiel wird folgende einfache Aufgabe betrachtet: An einem Dampfkessel sind die Parameter Druck und Temperatur zu überwachen. Bei Überschreiten eines Maximaldrucks soll ein Sicherheitsventil geöffnet werden. Bei Unterschreiten einer Minimaltemperatur soll ein Brenner eingeschaltet werden. Die aktuellen Werte für Druck und Temperatur sind auf einem Monitor anzuzeigen. Man unterscheidet hier die folgenden Tasks: T1=Druckmessung, T2=Temperaturmessung, T3=Druckauswertung und Ventilsteuerung, T4=Temperaturauswertung und Brennersteuerung, T5=Monitorausgabe. Man erkennt, dass T1 und T2 parallel ausgeführt werden können und ebenso T3, T4 und T5. Für die Ausführung von T3 sind aber die Messdaten von T1 und für die Ausführung von T4 die Messdaten von T2 erforderlich.

Offenbar können Prozesse, bei deren Ausführung es nicht auf die Reihenfolge ankommt, parallel ausgeführt werden. Man bezeichnet solche Prozesse als *nebenläufig* (*concurrend*). Es ist anzumerken, dass der Begriff Nebenläufigkeit umfassender ist als der Begriff Parallelität, da nebenläufige Prozesse in beliebiger Reihenfolge sequentiell oder eben auch parallel bearbeitet werden können. Für T5 schließlich müssen die Messdaten von T1 und T2 vorliegen. Nimmt beispielsweise die Temperaturmessung T2 eine längere Zeit in Anspruch als die Druckmessung T1, so muss der Prozess T5 warten, bis neben T1 auch T2 abgeschlossen ist. In der folgenden Abbildung werden diese Abhängigkeitem grafisch dargestellt. Auch die Verteilung der einzelnen Tasks auf insgesamt drei Prozessoren (*Scheduling*) geht aus dem Diagramm hervor.

Die Parallelverarbeitung kann in diesem Beispiel noch weiter getrieben werden. Während nämlich ein Zyklus aus Datenaufnahme, Steuerung und Monitoranzeige abläuft, kann bereits der folgende Zyklus gestartet werden, so dass die Datenaufnahme dieses folgenden Zyklus parallel zur Monitoranzeige des aktuellen Zyklus abläuft. Dieses Vorgehen erinnert an das in Kapitel 4.1.2 besprochene, in Prozessoren übliche interne *Pipelining* bei der Befehlsausführung. Darauf wird später nochmals ausführlicher eingegangen.

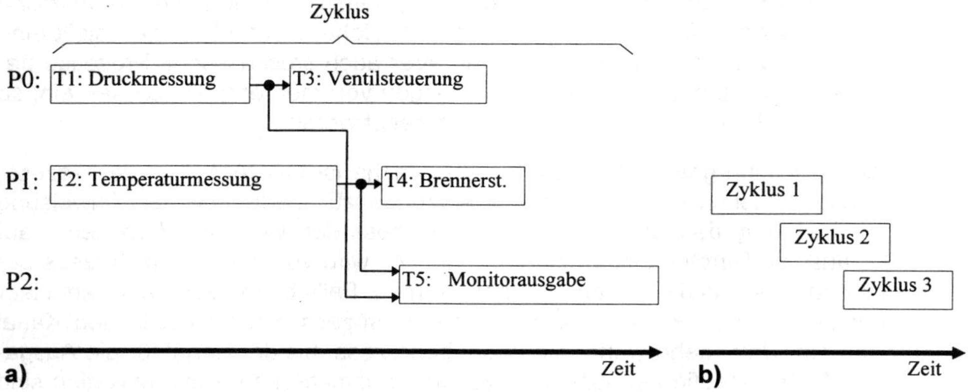

Abbildung 4.12: Beispiel für eine Aufgabe, die ein Prozessrechner mit Hilfe eines Mutitasking-Ansatzes lösen kann. Die Tasks werden auf drei Prozessoren P0, P1 und P2 verteilt.

a) Die Tasks T1 und T2 können parallel ablaufen, ebenso die Tasks T3, T4 und T5, sobald die dazu nötigen Daten von T1 und T2 zur Verfügung stehen. Die Pfeile verdeutlichen die Datenübergabe.

b) Während ein Zyklus, bestehend aus den Tasks T1 bis T5, bearbeitet wird, kann bereits der folgende Zyklus gestartet werden, so dass die Datenaufnahme des folgenden Zyklus teilweise parallel zur Monitorausgabe des aktuellen Zyklus erfolgt.

Im konkreten Einzelfall ist zu prüfen, wie die zu bearbeitende Aufgabe in Tasks aufgebrochen werden kann, ob Parallelverarbeitung möglich und nötig ist und - falls ein Multiprozessorsystem erforderlich ist - wie dieses am besten strukturiert werden soll. Bei der Analyse kann man eine Task durch die Menge E der Eingangs- und die Menge A der Ausgangsparameter charakterisieren. Eine notwendige Bedingung für die Parallelisierbarkeit bzw. Nebenläufigkeit zweier Tasks T_j und T_k ist, dass die beiden Tasks direkt *datenunabhängig* sind. Dies ist der Fall, wenn die Eingangsparameter der einen Task nicht Ausgangsparameter der jeweils anderen Task sind und wenn ferner die beiden Tasks keine Ausgangsparameter gemeinsam haben. In Mengenschreibweise kann man diesen Sachverhalt durch die Forderung ausdrükken, dass die entsprechenden Schnittmengen leer sein müssen:

$$E_j \cap A_k = \varnothing \quad E_k \cap A_j = \varnothing \quad A_j \cap A_k = \varnothing \qquad \text{mit } j \neq k$$

Diese Bedingung ist zwar notwendig, aber nicht immer hinreichend. Zusätzlich muss man fordern, dass zwei Tasks auch indirekt datenunabhängig sind, d.h. dass die Vertauschbarkeit zweier Tasks nicht durch eine dritte Task verhindert wird. Man kann die Abhängigkeiten der Tasks untereinander durch einen *Präzedenzgraphen* (von lat. praecedere, vorhergehen) darstellen, wobei die Knoten den Tasks entsprechen und die Pfeile die Vorgänger/Nachfolger-Eigenschfaft der Tasks ausdrücken. Ein Pfeil von T_j nach T_k bedeutet also, dass T_j vor T_k auszuführen ist.

Die betrachtete Relation ist transitiv, denn es gilt: Aus T_j vor T_k und T_k vor T_m folgt, dass auch T_j vor T_m sein muss. Mathematisch betrachtet, ist die Beziehung „eine Task geht einer anderen voran" damit eine *Halbordnung*. Daraus folgt auch, dass im zugehörigen Präzedenzgraphen keine Kreise vorkommen dürfen, da sonst eine *Verklemmung* (*dead lock*) unvermeidbar wäre: Eine Task wartet auf Ergebnisse einer anderen, die ihrerseits auf Ergebnisse der Ersten wartet. Außerdem muss es mindestens einen Knoten mit Eingangsgrad 0 geben. Der *Eingangsgrad* eines Knotens ist dabei die Anzahl der einlaufenden Pfeile, der *Ausgangsgrad* ist entsprechend die Anzahl der auslaufenden Pfeile. Zusätzlich müssen natürlich die drei oben formulierten Bedingungen für die Datenunabhängigkeit der Tasks erfüllt sein.

Beispiel:

Die Analyse eines Problems habe die folgende Liste von Tasks ergeben:

$T_1(x_1,x_2) = (x_3,x_4)$ $T_2(x_2) = x_6$ $T_3(x_7) = x_{11}$
$T_4(x_4,x_6) = (x_8,x_5)$ $T_5(x_{11},x_5, x_9) = x_{10}$ $T_6(x_3,x_6) = x_7$ $T_7(x_4) = x_9$

Die Task T_1 hat also die Menge $E_1 = \{x_1,x_2\}$ von Eingangsparametern und die Menge $A_1 = \{x_3,x_4\}$ von Ausgangsparametern. Es spielt in diesem Zusammenhang keine Rolle, welche Bedeutung die Parameter haben und was die Aufgaben der Tasks sind. Aus der Task-Liste kann leicht eine *Nachfolgerliste* erstellt werden, in der zu jedem Knoten dessen Nachfolger aufgezählt sind. Damit kann dann der zugehörige Graph gezeichnet werden. Man beginnt mit T_1 als erstem Knoten und zieht nun Pfeile zu allen Knoten (Tasks), die als Eingabeparameter mindestens einen Ausgabeparameter von T_1 benötigen. Dies sind offenbar die Tasks T_4, T_6 und T_7. In analoger Weise behandelt man nun alle anderen Tasks. Das Ergebnis ist in Abbildung 4.13 dargestellt.

Knoten:	T1	T2	T3	T4	T5	T6	T7
Nachfolgerliste:	T4, T6, T7	T4, T6	T5	T5	-	T3	T5

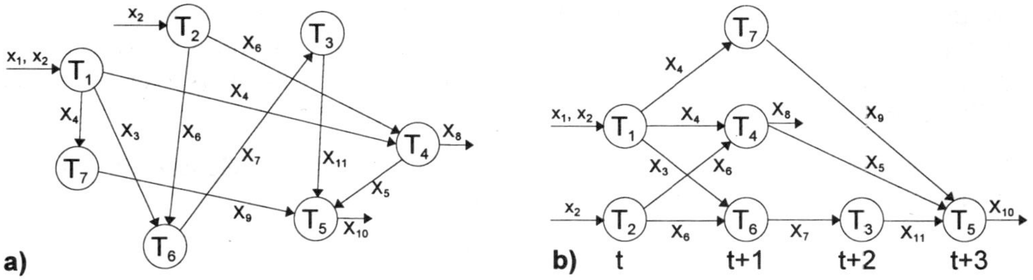

Abbildung 4.13: Nachfolgerliste für das im Text vorgestellte Beispiel und daraus resultierender Graph.
a) Anordnung der im Text beschriebenen Tasks als Graphen.
b) Topologisch sortierte Anordnung des Graphen. Offenbar können zunächst die Tasks T_1 und T_2 parallel bearbeitet werden, danach die Tasks T_4, T_6 und T_7, danach T_3 und zuletzt T_5. Insgesamt sind also vier Schritte von t bis t+3 erforderlich.

Die Aufgabe, für einen gegebenen Graphen einen zugehörigen Präzedenzgraphen zu konstruieren, bedeutet, für diesen Graphen eine *topologische Ordnung* zu finden, die eine Reihenfolge der Knoten bestimmt. Dafür muss es nicht immer eine eindeutige Lösung geben. In Kapitel 10.8 über Graphen wird darauf näher eingegangen. Ein einfacher Algorithmus läuft folgendermaßen: Man beginnt mit den Tasks, deren Eingangsgrad 0 ist, hier also T_1 und T_2. Diese können parallel ausgeführt werden. Sodann löscht man diese Knoten mit allen zugehörigen Pfeilen aus dem Graphen und fährt mit den Knoten fort, die nun den Eingangsgrad 0 haben. Ist das Problem überhaupt lösbar, so muss es jetzt mindestens einen solchen Knoten geben. Im obigen Beispiel sind dies die Knoten T_4, T_6 und T_7. Auf diese Weise wird verfahren, bis schließlich alle Knoten verarbeitet sind. Das Resultat ist in Abbildung 4.9 skizziert. Nebenläufige Tasks sind dabei übereinander angeordnet. Aus dem Präzedenzgraphen für dieses Beispiel liest man zunächst für die *maximale Parallelität* den Wert 3 ab, so dass der Einsatz von mehr als drei Prozessoren in keinem Fall sinnvoll wäre. Führt man jedoch aus der Gruppe der nebenläufigen Tasks T_4, T_6 und T_7 die Task T_4 um einen Takt später, also parallel mit T_3 aus, so kann man bei gleich bleibender Ablaufgeschwindigkeit einen Prozessor einsparen.

Zur Quantifizierung der durch den Einsatz von Mehrprozessor-Systemen erzielten Leistungsstigerung definiert man die beiden Größen *Speed-Up* S und *Effizienz* E. Es sei t_1 die Zeit, die für die Lösung eines Problems auf einem Einprozessor-System benötigt wird und t_n die Zeit, die dafür auf einem n-Prozessor-System erforderlich ist. Damit definiert man:

$$S = t_1/t_n \qquad E = S/n$$

E gibt den Gewinn an Rechenleistung relativ zur Anzahl der verwendeten Prozessoren an. Ist $E=1$, so spricht man von *linearem Speed-Up*. Damit halbiert sich die Rechenzeit bei Verdopplung der Prozessorzahl. Es ist dies ein Optimum, das nur selten erreichbar ist. In Einzelfällen, etwa bei Backtracking-Algorithmen, ist durch Synergie-Effekte aber sogar ein *superlinearer Speed-Up* möglich. Als Untergrenze einer vernünftigen Parallelisierbarkeit gilt ein *logarithmischer Speed-Up*.

Natürlich gibt es auch bei der Parallelisierbarkeit Grenzen, die nicht überwunden werden können. Es sei a der Bruchteil eines Programms, der nur sequentiell bearbeitbar ist. Daraus folgt dann zunächst für die kürzeste Bearbeitungszeit t_n auf einem n-Prozessor-System: $t_n = at_1 + t_1(1-a)/n$

Für den Speed-Up ergibt sich damit die folgende, als *Amdahls Gesetz* der maximalen Parallelisierbarkeit bezeichnete Beziehung:

$$S = \frac{1}{a + \frac{1-a}{n}} < \frac{1}{a}$$

Unabhängig von der Prozessorzahl n gilt also $S \leq 1/a$. Ist also beispielsweise ein Bruchteil von 10% eines Programms nicht weiter parallelisierbar, so ist auch bei beliebiger Erhöhung der Prozessorzahl auf einem Parallel-Rechner bestenfalls eine um den Faktor 10 schnellere Bearbeitung möglich als auf einem Einprozessor-System.

4.4.4 Vektorrechner und Pipelines

Die ersten *Super-Computer*, deren bekannteste Vertreter in den 70er Jahren mit den von Seymour Cray entwickelten *Cray-Rechnern* den Markt zu erobern begannen, waren Maschinen, die zunächst nach dem SIMD-Prinzip arbeiteten. Konstruktionsmerkmale waren mehrere parallel arbeitende *Pipelines*, eine große Anzahl schneller Register und schnelle Prozessoren. Bereits bei der Cray-1 betrug die Taktrate 80 MHz; damit konnte eine Verarbeitungsgeschwindigkeit von über 200 MFLOPS erreicht werden. Haupteinsatzgebiet waren und sind gut *vektorisierbare* numerische Berechnungen. Insbesondere trifft dies für Operationen mit Matrizen und Vektoren zu, aber auch für Schleifen, die sich oft als Skalarprodukt formulieren lassen.

Die in den Vektorrechnern verwendete *Pipeline-* oder *Fließband-Struktur* ist dann von Vorteil, wenn ein kontinuierlich mit einer Taktrate t einlaufender *Eingabedatenstrom* schritthaltend mit dieser Taktrate verarbeitet werden soll. Es wird also ein mit derselben Taktrate t synchroner *Ausgabedatenstrom* erzeugt. Die Berechnung der Ausgabedaten aus den Eingabedaten kann dabei durchaus eine Anzahl von k Taktzyklen in Anspruch nehmen. Die dadurch bedingte Verzögerung (*Anlaufzeit, Start-Up Time*) der Ausgabedaten relativ zu den Eingabedaten macht sich nur bemerkbar, wenn der Eingabedatenstrom beginnt - es dauert dann k Taktzyklen, bis die ersten Ausgabedaten vorliegen - oder wenn der Eingabedatenstrom versiegt, weil dann noch für k Taktzyklen Ausgabedaten geliefert werden, ohne dass neue Eingabedaten vorlägen. Die Anlaufzeit fällt umso weniger ins Gewicht, je länger die zu verarbeitenden Datenketten bzw. Vektoren sind. Zur weiteren Verkürzung der Anlaufzeit werden bei Vektorrechnern zusätzlich zu den Pipelines noch *skalare Prozessoren* eingesetzt, die wie gewohnt nur skalare Größen verarbeiten können.

Der zu bearbeitende Algorithmus muss für die Ausführung in einer Pipeline in Einzeloperationen aufgespalten werden, die in den einzelnen Stufen des Pipeline-Prozessors nacheinander und teilweise auch parallel ausgeführt werden können. Bei *synchronen Pipelines* dürfen die Einzeloperationen normalerweise nicht mehr als einen Taktzyklus in Anspruch nehmen; bei *asynchronen Pipelines* sind auch unterschiedliche Ausführungszeiten möglich, es sind dann jedoch als FIFOs ausgeführte Puffer vorzusehen, um Schwankungen der Verarbeitungszeit auszugleichen. Als Eingabedaten für die Einzeloperationen können in jeder Stufe die Ergebnisse der vorhergehenden Stufen verwendet werden. Durch den Einsatz von *Multiplexern* kann der Eingabedatenstrom auch auf zwei oder allgemein m Kanäle verteilt werden, wobei sich dann die für die einzelnen Prozesse zur Verfügung stehende Zykluszeit auf $m \cdot t$ erhöht.

In Abbildung 4.14 ist als Beispiel für einen als Pipeline bearbeitbaren Prozess die Berechnung $c=\sqrt{a^2+b^2}$ angegeben, im Prinzip also ein *Skalarprodukt*. Der aus der Folge ...bababa... bestehende Eingabedatenstrom wird zur Berechnung der Quadrate mit Hilfe eines Multiplexers in zwei parallele Kanäle aufgeteilt und in einem Addierer wieder zusammengefasst. Im letzten Schritt wird noch die Wurzel berechnet. Zu beachten ist, dass im a-Kanal eine Verzögerung um einen Takt erfolgen muss, die sicherstellt, dass die zu addierenden a-Daten tatsächlich gleichzeitig mit den b-Daten an den Eingängen des Addierers anliegen.

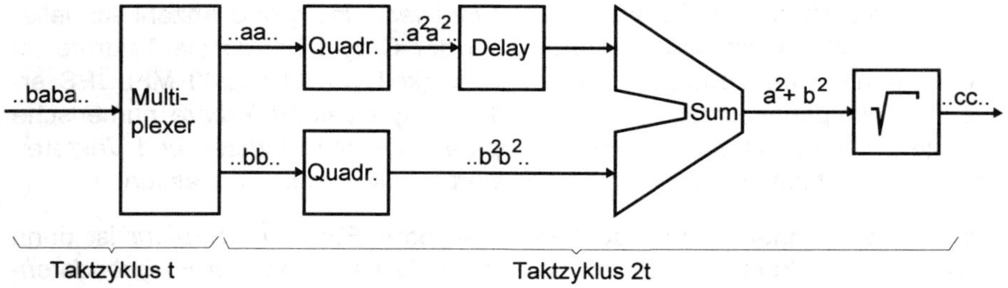

Abbildung 4.14: Die Berechnung des Ausdrucks $c=\sqrt{a^2+b^2}$ in einem Pipeline-Prozessor.

Für die Verarbeitungszeit T von n Daten auf einem Pipeline-Rechners folgt bei k Pipeline-Komponenten und einer Zykluszeit t:

$$T = (k+n-1)t$$

Für eine weitere Leistungssteigerung können mehrere Pipelines durch Hintereinanderschalten *verkettet* werden (*chaining*), so dass die Ergebnisse einer Pipeline sofort von der folgenden Pipeline als Eingabedaten übernommen und weiterverarbeitet werden können.

Als Beispiel wird die interne Struktur der Cray-1 dargestellt. Die Architekturen neuerer Vektorrechner von Cray oder anderen Herstellern wie Control Data Corporation (inzwischen ETA), Fujitsu und NEC sind damit verwandt.

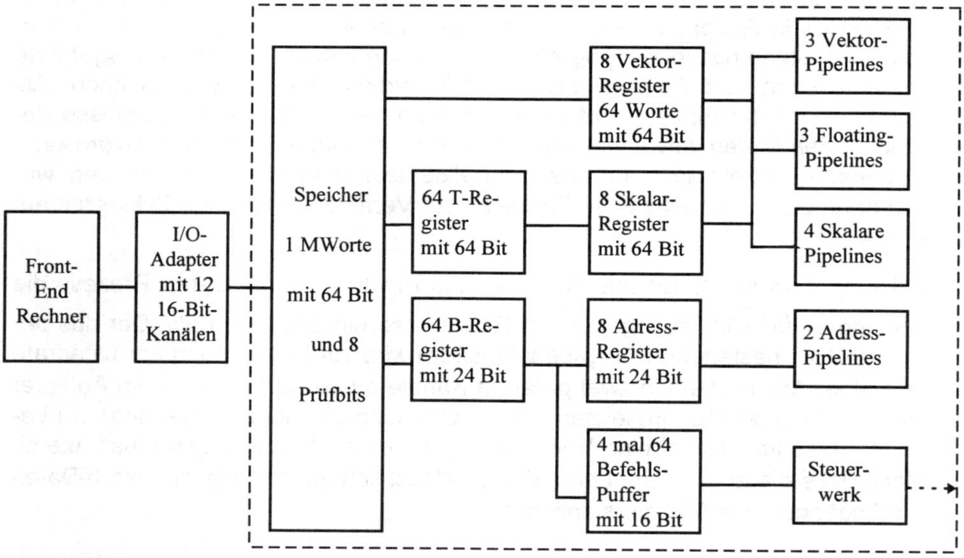

Abbildung 4.15: Die Architektur des Super-Computers Cray-1.

Die Cray-1 verfügt über 3 Pipelines für Vektoroperationen, 3 Pipelines für Gleitpunktoperationen, 4 Pipelines für Skalaroperationen und 2 Pipelines für Adressoperationen sowie über etwa 1000 Register. Die Vektor-Pipelines sind für die Verarbeitung von Vektoren mit bis zu 64 Komponenten ausgelegt. Bei längernen Vektoren ist eine Aufteilung erforderlich, so dass sich eine Leistungseinbuße ergibt. Vor den eigentlichen Super-Computer ist als Front-End ein konventioneller Rechner geschaltet, der die Kommunikation, die Compilierung und Betriebssystem-Aufgaben übernimmt.

In neueren Super-Computern werden kombinierte SIMD/MIMD-Techniken eingesetzt. Dabei kommen neben der Vektorisierung immer stärker auch andere Formen der Parallelisierung zum Tragen. So verfügt bereites das Nachfolgemodell der Cray-1, die Cray X-MP über zwei Vektorprozessoren, die über einen gemeinsamen Hauptspeicher gekoppelt sind.

Ein weiteres Beispiel für einen Super-Computer ist der in Deutschland entwickelte SUPRENUM-Rechner, der aus nachrichtengekoppelten Vektorprozessor-Knoten besteht, die zu Clustern verbunden werden können.

4.4.5 Feldrechner

Die grundlegende Idee dieser verhältnismäßig einfachen Parallel-Struktur ist, eine Anzahl identischer Prozessoren gemeinsam und gleichzeitig eine bestimmte Aufgabe bearbeiten zu lassen. Im einfachsten Fall arbeiten Feldrechner nach dem SIMD-Prinzip, d.h. alle Prozessoren führen gleichzeitig dieselben Befehle aus. Eine Weiterentwicklung im Sinne der MIMD-Architektur sind *zellulare Systeme*, bei denen die Einzelprozessoren auch unterschiedliche Aufgaben ausführen können. Gesteuert werden Feldrechner durch einen odere mehrere übergeordnete Zentralrechner. Als Verbindungsstruktur nahe liegend, aber bei steigenden Prozessor-Anzahlen nicht mehr realisierbar, ist die vollständig vermaschte Verknüpfung nach dem Prinzip „jeder mit jedem“. Man muss sich daher auf einfachere Vernetzungsmodelle beschränken, bei denen die Kommunikation der Prozessoren zum Teil nur noch über einen oder mehrere andere Prozessoren als Vermittler möglich ist. Häufig verwendet werden *Gitter* (*Arrays*) gemäß Abbildung 4.11, ergänzt durch einen mit allen Prozessoren des Gitters verbundenen Steuerrechner. Diese Gitter sind durch eine direkte Verbindung eines jeden Prozessors mit den nächsten vier Prozessor-Nachbarn gekennzeichnet. Aber auch *Hypercube-Vernetzungen* und einige andere Möglichkeiten werden untersucht.

Eine zweidimensionale Gitter-Vernetzung ist gut auf die explizite Parallelisierung des Datenzugriffs zugeschnitten, die insbesondere bei Problemen der Bildverarbeitung und der grafischen Datenverarbeitung sehr vorteilhaft eingesetzt werden kann. Es bleibt aber das oft nicht leicht zu lösende Problem, dass die Grenzen der Datenausschnitte separat behandelt werden müssen.

Wenn sehr viele, dafür aber sehr einfache Prozessoren zum Einsatz kommen, ist der Übergang zu *massiv parallelen* Systemen fließend. Paradebeispiel dafür ist die Mitte der 80er Jahre vorgestellte *Connection Machine* der Firma Thinking Machines, bei der in vier Blöcken insgesamt 65536 sehr einfache Prozessoren als 14-dimensionale Hypercube-Struktur miteinander verbunden sind. Zusätzlich ist jeder Prozessor direkt mit seinen vier nächsten Nachbarn verbunden, so dass gleichzeitig auch eine Gitterstruktur realisiert ist. Jeder Prozessor ist damit durch eine 12-Bit-Adresse eindeutig lokalisierbar; jeder Knoten ist daher selbständig in der Lage, ein Datenpaket einen Schritt weiter in Richtung Zieladresse zu befördern, so dass spätestens nach 12 Schritten die Nachricht übermittelt ist. Der Hauptaufwand liegt hier also - in Analogie zu biologischen Gehirnen - mehr im Verbindungsnetz als bei den Prozessoren. Jeder Prozessor verfügt über einen lokalen Speicher von 4 kBit, ein Flag-Register mit 8 Bit und eine ALU, die zwei Bit aus dem Speicher und ein Bit aus dem Flag-Register verarbeiten kann. Dazu kommen bis zu vier Front-End-Rechner, die über eine Kreuzschiene angeschlossen sind sowie 4 I/O-Kanäle. Bei der Connection Machine 2 wurde der lokale Speicher vergrößert, die Flag-Register wurden erweitert und Gleitpunktprozessoren hinzugefügt. Damit konnte eine Rechenleistung von über 3 GFLOPS erreicht werden. Die Programmierung erfolgt über die Front-End-Rechner mit speziellen C- und LISP-Sprachen.

Zur Klasse der Feldrechner kann man auch *Assoziativ-Rechner* und *Assoziativ-Speicher* rechnen. Hauptmerkmal bei diesem Ansatz ist, dass auf Daten nicht über Adressen, sondern über *Inhalte* zugegriffen wird. Dies geschieht durch parallel mit Hilfe einer Maske ausgeführte Vergleichsoperationen.

Eine weitere Variante sind *systolische Arrays.* Sie besitzen wie klassische Feldrechner eine regelmäßige Verbindungsstrruktur, wobei in jedem Prozessor (in der Regel) identische Befehle ausgeführt werden. Die Ein- und Ausgabe von Daten erfolgt jedoch nur am Rand des Netzes und die Daten werden taktgesteuert von einer Prozessorebene zur Nächsten durch das Netz weitergegeben - daher auch der Name „systolisches Array", der die Analogie zur Funktion einer „Datenpumpe" zum Ausdruck bringt. Wegen der systembedingt vorgegebenen Arbeitsweise ist in diesem Falle keine intensive zentrale Steuerung erforderlich. An Stelle eines synchronen Taktes werden auch asynchrone Handshake-Verfahren eingesetzt, man spricht dann von *Wavefront-Arrays*, die Parallelen zu *Datenfluss-Rechnern* aufweisen.

Von den bisher vorgestellten Architekturen, die nach dem *Kontrollfluss-Prinzip* arbeiten, ist das bereits seit ca. 1975 als Alternative zur von-Neumann-Architektur diskutierte *Datenfluss-Prinzip* grundsätzlich verschieden. Bei sequentiell wie auch bei parallel arbeitenden Maschine werden nach dem Kontrollfluss-Prinzip die als Nächstes auszuführenden Befehle in Befehlsregistern gehalten, wobei die Befehls-Codes auch die Operanden (oder die Adressen von Operanden) enthalten. Beim Datenfluss-Prinzip bewirkt dagegen das bloße Bereitstehen der Operanden die auf diese wirkende Operation. Die Daten bringen quasi die zu Ihrer Verarbeitung nötigen Informationen bereits mit. Datenfluss-Programme unterscheiden sich daher grundlegend von gewohnten Programmen. Zu ihrer Veranschaulichung werden oft *Datenfluss-Graphen* verwendet, bei denen ein Knoten für einen Maschinenbefehl steht und ein Pfeil einen Datenfluss darstellt.

4.4.6 Betriebssysteme für Parallelrechner

Multiprozessor-Betriebssysteme

Zum Betrieb von Parallelrechnern werden spezielle *Multiprozessor-Betriebssysteme* benötigt. Auf jedem Knoten (Prozessor) eines Parallelrechners muss ein eigenes BS laufen, das die Verwaltung der Hardware dieses Knotens übernimmt. Auf dieser hardwarenahen untersten Kommunikationsschicht (*Hardware Routing*) unterscheiden sich Parallelrechner nicht von Einprozessorsystemen. Auf einer darüberliegenden Schicht läuft das *Application Programming Interface* (*API*) als ein für den Benutzer sichtbarer wesentlicher Teil des BS. Die zusätzlich erforderlichen Erweiterungen werden zumeqist in bestehende und bewährte Betriebssysteme wie beispielsweise Unix mit integriert. Die Erweiterungen müssen folgende wichtige Funktionen unterstützen:

- Die Topologie der Knoten muss auf einer abstrakten Ebene konfiguriert werden können.
- Das System muss die Fähigkeit zu Multi-Processing bzw. Multi-Threading aufweisen.
- Eine Kommunikation zwischen unabhängigen Threads muss möglich sein.
- Es müssen synchrone und asynchrone Kommunikations- und Vermittlungsmechnismen verfügbar sein.
- Ein Zugriff auf externe Daten und Programme muss unterstützt werden, beispielsweise über *Sockets* (in MS-Windows) oder *RPCs* (*Remote Procedure Calls*).
- Anwender-Schnittstellen wie PVM und MPI müssen unterstützt werden.

Parallel Virtual Machine (PVM)

Die Anwenderschnittstelle *PVM* (*Parallel Virtual Machine*) wurde 1989 entwickelt, um ein Computernetz wie einen Parallelrechner betreiben zu können. Seitdem wird PVM auf den verschiedensten Plattformen vom PC-Netz über Workstation-Cluster und Vektorrechner bis hin zu Super-Computern eingesetzt. Unter PVM erscheint das Computernetz als eine virtueller Distributed-Memory Computer.

Auf jedem der zum Netz gehörenden Knoten (Rechner) läuft ein Programm `pvmd` (*PVM-Daemon*), das die Verbindung zwischen den einzelnen Knoten herstellt. Einer der Knoten ist als Master-Knoten ausgezeichnet, alle anderen Als Slave-Knoten. Die Dämonen müssen entweder lokal auf den Slave-Knoten oder über Remote Procedure Call vom Master-Knoten aus gestartet werden.

Die Konfigurierung der virtuellen Maschine erfolgt über die *PVM-Konsole*. Die wichtigsten Kommandos sind:

`add` *`name`*	Der Knoten *`name`* wird zu virtuellen Maschine hinzugefügt. Als Parameter können Pfade und Passwörter übergeben werden.
`delete` *`name`*	Der Knoten *`name`* wird aus der virtuellen Maschine entfernt.
`conf`	Die aktuelle Konfiguration der virtuellen Maschine wird angezeigt.

`ps -a`	Anzeige auf dem lokalen Knoten laufender Tasks. Die Option `-a` bewirkt, dass sämtliche laufenden Tasks angezeigt werden.
`reset`	Rücksetzen der virtuellen Maschine. Sämtliche laufenden Tasks werden beendet.
`quit`	Die PVM-Konsole wird beendet, der Dämon läuft jedoch weiter.
`halt`	Sämtliche PVM-Konsolen, Tasks und Dämonen werden beendet.
`spawn ->pvm_prog`	Das Programm `pvm_prog` wird gestartet, die Ausgabe wird auf die PVM-Konsole umgeleitet.

Die *PVM-Funktionen* sind in Bibliotheken zusammengefasst, die in Anwenderprogramme mit eingebunden werden. Für die Funktionen gibt es in den verschiedenen PVM-Versionen in den unterstützten Programmiersprachen unterschiedliche Schreibweisen. Die wichtigsten C-Funktionen lauten:

Anmelden eines Prozesses:
```
pvm_mytid(void)
```

Ausführen eines weiteren Prozesses:
```
pvm_spawn(char *task, char **argv, int flag,
  char *where, int ntask, int *tids)
```

Nachrichtenpuffer initialisieren:
```
pvm_initsend(int encoding)
```

Nachricht in Puffer schreiben (packen):
```
pvm_pkbyte(char *p, int nitem, int stride)
pvm_pkint(int *p, int nitem, int stride)
pvm_pkfloat(float *p, int nitem, int stride)
```

Nachricht senden:
```
pvm_send(int tid, int msgtag)
```

Nachricht empfangen:
```
pvm_rcv(int tid, int msgtag)
```

Nachricht aus Puffer lesen (entpacken):
```
pvm_unpkbyte(char *p, int nitem, int stride)
pvm_unpkint(int *p, int nitem, int stride)
pvm_unpkfloat(float *p, int nitem, int stride)
```

PVM-Prozess beenden:
```
pvm_exit(void)
```

Beispiel: Die Berechnung von Pi mit paralleler Verarbeitung

Zum besseren Verständnis der PVM-Funktionen und deren Einbindung in C-Programme soll das folgende Beispielprogramm dienen. Es handelt sich um ein Programm zur näherungsweisen Berechnung von π mit Hilfe eines einfachen *Monte-Carlo-Verfahrens*. Man konstruiert dazu, wie in Abbildung 4.16 dargestellt, ein Quadrat, das einen Viertelkreis einschließt und zeichnet Q Punkte in das Quadrat ein, deren Koordinaten mit Hilfe eines Zufallszahlengenerators bestimmt wurden. Nun zählt man ab, wie viele dieser Punkte auch in dem einbeschriebenen Viertelkreis liegen; diese Zahl nennt man K. Die Fläche des den Viertelkreis umschließenden Quadrats ist r^2, die Fläche des Viertelkreises beträgt $\pi r^2/4$. Somit gilt: $\pi \approx 4K/Q$. Mit $r=1$ wird das Verfahren besonders einfach; das unten aufgelistete C-Programm gibt dafür ein Beispiel.

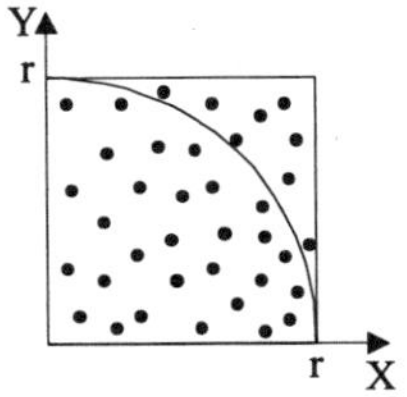

Abbildung 4.16: Zur Bestimmung von π mit Hilfe des Monte-Carlo-Verfahrens. In dieser Skizze ist die Anzahl der Punkte im Quadrat Q=37 und die Anzahl der Punkte im Viertelkreis K=29, so dass man $\pi \approx 3.135$ erhält.

Auf einem Einprozessor-System könnte das Programm so aussehen:

```
// Testprogramm zur Berechnung von PI

#include<stdio.h>
#include<stdlib.h>
#define MAX_IT 100000                  // Maximale Anzahl der Iterationen

int main () {
  long i, in_circle = 0L;
  double x, y, pi;
  srand48(1);                          // Initialisiere Zufallszahlengenerator
  for(i=0; i < MAX_IT; i++) {
    x=drand48(); y=drand48();          // Zufallskoordinaten zwischen 0 und 1
    if((x*x + y*y) <= 1.0) in_circle++;
  }
  pi=(double)(4*in_circle)/MAX_IT;
  printf("PI = %lf\n", pi);
  return(0);
}
```

Das oben aufgelistete Programm wurde nun für die Ausführung auf einem Parsytec-Parallelrechner mit vier Knoten unter Verwendung von PVM umgeschrieben:

```
// Testprogramm zur Berechnung von PI.
// Verteilte Parallel-Version mit PVM.

#include<stdio.hq>
#include<stdlib.h>
#include<assert.h>
#include "pvm3.h"                      // Header File für PVM-Funktionen

#define NPROC 4                        // Anzahl der Prozessoren
#define MAX_IT 10000000                // Anzahl der Iterationen

double calc_pi (int id) {              // Funktion zum Berechnen von Pi
  long i, in_circle = 0L;              // Läuft auf allen Knoten
  double x, y, pi;
  srand48(id);
  for(i = 0; i < MAX_IT; i++) {
    x = drand48();
    y = drand48();
    if((x*x + y*y) <= 1) in_circle++;
  }
```

```
  pi=(double)(4*in_circle)/MAX_IT;
  return(pi);
}

void Master(int nr_of_procs, int *all_ids) {    // Master-Prozess
  int error, msgtag=4, i;
  double summe = 0.0, erg_pi;
  printf("Master looks for %i messages\n", nr_of_procs);
  for(i = 1; i < nr_of_procs; i++) {            // Ergebnisse zusammenfassen
    error = pvm_recv(all_ids[i], msgtag);       // Ergebnisse empfangen
    if(error < 0) printf("Error Master");
    error = pvm_upkdouble(&erg_pi, 1, 1);
    if(error < 0) printf("Error Master");
    printf("pi(%i) = %lf recieved.\n", all_ids[i], erg_pi);
    summe += erg_pi;
  }
  printf("PI = %lf.\n", summe / (nr_of_procs - 1));
}

void Worker(int my_id, int master_id) {         // Slave-Prozesse
  int error, msgtag=4;
  double erg_pi;
  printf("Worker Nr. %i alive.\n", my_id);
  erg_pi = calc_pi (my_id);
  error = pvm_initsend(PvmDataDefault);         // Nachrichtenpuffer init.
  if(error < 0) printf("Error Worker");
  error = pvm_pkdouble(&erg_pi, 1, 1);          // Daten in Puffer schreiben
  if(error < 0) printf("Error Worker");
  error = pvm_send(master_id, msgtag);          // Puffer senden
  if(error < 0) printf("Error Worker");
  printf("Worker Nr. %i connection established and sent\n", my_id);
}

int main () {                          // Hauptprogramm
  int my_id, all_ids[NPROC];
  int nr_of_procs, me, i, error;
  my_id = pvm_mytid();                 // In PVM bekannt machen
  nr_of_procs = NPROC;
  all_ids[0] = pvm_parent();
  if(all_ids[0] < 0) {                 // Slave-Tasks starten
    all_ids[0] = my_id;
    me = 0;
    pvm_spawn("/root/pi_pvm",(char **)0,0,"",nr_of_procs-1,&all_ids[1]);
    if(error < 0) printf("Error Main %d;", me);
    pvm_initsend(PvmDataDefault);  // Nachrichtenpuffer initialisieren
    if(error < 0) printf("Error Main %d;", me);
    pvm_pkint(all_ids, nr_of_procs, 1);          // IDs in puufer
    if(error < 0) printf("Error Main %d;", me);
    pvm_mcast(&all_ids[1], nr_of_procs - 1, 0);  // IDs senden
    if(error < 0) printf("Error Main %d;", me);
  }
  else {
    printf("test\n");
    pvm_recv(all_ids[0], 0);
    if(error < 0) printf("Error Main %d;", my_id);
    pvm_upkint(all_ids, nr_of_procs, 1);
    if(error < 0) printf("Error Main %d;", my_id);
    for(i = 1; i < nr_of_procs; i++)
      if(my_id == all_ids[i]){
        me = i;
        break;
      }
  }
  printf("Node nr. %i initialized and started.\n", my_id);
  if (me == 0) Master (nr_of_procs, all_ids);
  else Worker (my_id, all_ids[0]);
```

```
  pvm_exit();                        // PVM stoppen
}
```

Message Passing Interface (MPI)

Im Gegensatz zu PVM, das über einen längeren Zeitraum in einer kontinuierlichen Entwicklung entstanden ist, wurde *MPI* (*Message Passing Interface*) Anfang der 90er Jahre durch ein Experten-Komitee spezifiziert. Man wollte damit den bei zahlreichen Herstellern entstandenen proprietären Entwicklungen ein gewisses Maß an Portabilität entgegensetzen.

MPI enthält einen großen Befehlssatz und umfangreiche Funktionsbibliotheken, welche die unterschiedlichsten Kommunikationstopologien unterstützen. MPI bietet damit gegenüber PVM viele Vorteile, ist aber weniger gut portierbar und nicht so gut auf heterogene Netze zugeschnitten.

5 Maschinenorientierte Programmiersprachen

5.1 Die interne Organisation eines Mikroprozessors

5.1.1 Maschinensprache und Assembler-Sprache

Die Verarbeitung von binären Daten in einer Datenverarbeitungsanlage geschieht mit Hilfe eines *Algorithmus*, d.h. einer aus endlich vielen Schritten bestehenden Verarbeitungsvorschrift. Damit ein solcher Algorithmus ausgeführt werden kann, muss er in eine Form gebracht werden, welche von der *Verarbeitungseinheit* (*Central Processing Unit, CPU*) der digitalen Datenverarbeitungsanlage verstanden wird. Der direkteste Weg ist die Formulierung in *Maschinensprache*, bei der die Anweisungen in der Weise binär codiert sind, dass sie direkt von der CPU interpretiert werden können. Dabei kann man im Allgemeinen nur auf einen geringen Umfang von einfachen Operationen zurückgreifen, etwa die logische und arithmetische Verknüpfung zweier Worte, bitweise Verschiebeoperationen, Datentransfer zwischen verschiedenen Speicherzellen etc. Ein Programm in Maschinensprache besteht daher aus einer großen Anzahl von Einzelbefehlen in binärer Codierung und ist entsprechend mühsam zu programmieren und schwer lesbar.

Zur Vereinfachung hat man daher um 1950 *Assembler-Sprachen* eingeführt, die im Wesentlichen aus Tabellen bestehen, mit deren Hilfe den Maschinenbefehlen leicht merkbare *mnemonische Bezeichnungen* zugeordnet werden, etwa `ADD` für addieren und `CMP` (von compare) für vergleichen. Ein in Assembler-Sprache geschriebenes Programm besteht somit aus einer Folge von mnemonischen Codes und ist daher wesentlich einfacher zu erstellen und besser lesbar als ein Programm in Maschinensprache. Bevor ein in Assembler-Sprache geschriebenes Programm ablauffähig ist, muss es allerdings noch in Maschinensprache übertragen werden. Dies geschieht mit Hilfe eines als *Assemblierer* oder *Assembler* bezeichneten Programms.

Kompliziertere Aufgaben sind auch mit Hilfe von Assembler-Sprachen nur unter großem Aufwand zu lösen, da die zur Verfügung stehenden Befehle an der verwendeten Maschine orientiert sind und nicht an dem zu lösenden Problem. Selbst einfache Operationen, wie beispielsweise die Multiplikation zweier Gleitpunktzahlen, können je nach verwendeter CPU zu recht umfangreichen Programmen führen. Aus diesem Grunde wurden schon bald nach dem kommerziellen Einsatz von Datenverarbeitungsanlagen ab ca. 1954 *problemorientierte* Programmiersprachen eingeführt, deren Aufbau weitgehend unabhängig von den Eigenschaften der verwendeten Maschine ist und somit ein wesentlich komfortableres Arbeiten erlaubt [Gol98]. *Maschinenorientierte* Assembler-Sprachen traten von da an in der Programmierpraxis mehr und mehr in den Hintergrund. Auch das Argument, dass Assembler für die Programmierung zeitkritischer Abläufe von Vorteil ist, hat wegen der Leistungssteigerung von Hardware-Komponenten und Compilern an Gewicht verloren.

Die Bedeutung von Assembler-Sprachen liegt heute darin, dass sie nach wie vor Zielsprache für Compiler sind und dass der maschinennahe Kern von Betriebssystemen in Assembler geschrieben ist. Eine gewisse Vertrautheit mit Assembler-Sprachen ist ferner Voraussetzung für ein tieferes Verständnis der in einer Datenverarbeitungsanlage ablaufenden Vorgänge.

5.1.2 Der Aufbau einer CPU am Beispiel des M68000

Zum Verständnis der Vorgänge bei der Ausführung eines Programmes ist es nötig, die interne Organisation einer CPU näher zu betrachten. Dies geschieht im Folgenden am Beispiel des seit Anfang der 80er Jahre erhältlichen Mikroprozessors M68000 des amerikanischen Herstellers *Motorola* [Hil94], [Kan85], [Mot90]. Dieser Prozessor ist modern konzipiert, aber dennoch relativ einfach strukturiert. Wichtig ist auch, dass viele Details auf die millionenfach in *eingebetteten Systemen* (*Embedded Systems*) verwendeten Mikro-Controller wie 68HC11 übertragbar sind [Lan95].

In Abbildung 5.1 sind die Anschlüsse des M68000 dargestellt.

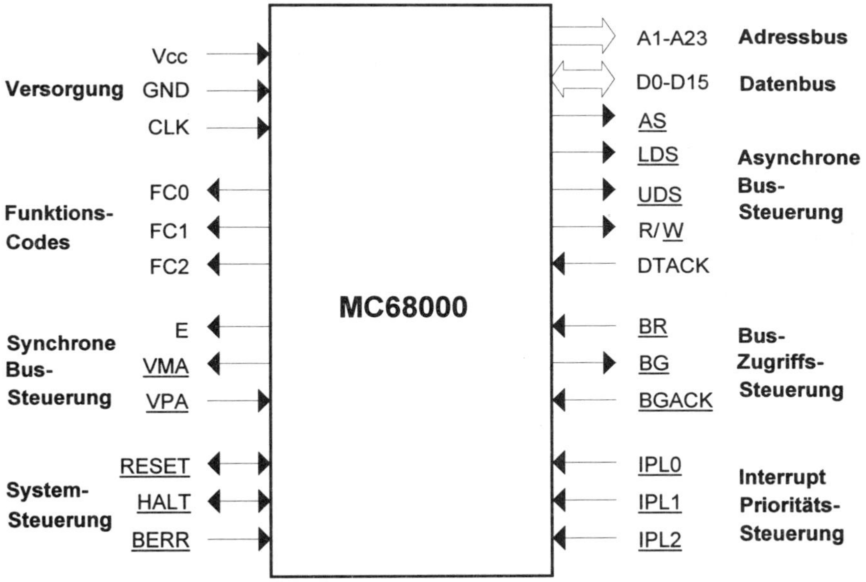

Abbildung 5.1: Die Anschlüsse des Mikroprozessors M68000 von Motorola. Durch die Richtung der Pfeile sind Ein- und Ausgänge kenntlich gemacht. Eine Unterstreichung bedeutet, dass das entsprechende Signal aktiv ist, wenn Low-Pegel anliegt.

Neben der *Stromversorgung* Vcc (= 5 V) und GND (von *ground* = Masse bzw. 0 V) erkennt man den *Takteingang* CLK (von *clock*), an den eine für die zeitliche Ablaufsteuerung des gesamten Systems benötigte Hochfrequenz (beim M68000 anfangs 8 MHz, bei modernen Prozessoren einige 100 MHz) mit rechteckigem Spannungsverlauf angeschlossen wird. Dazu dient ein externer, quarzgesteuerter Generator.

Aus Abbildung 5.1 geht hervor, dass es sich beim M68000 um einen 16-Bit-Mikroprozessor handelt, d.h. der *Datenbus* ist 16 Bit breit. Dennoch kann neben dem Zugriff auf 16-Bit-Worte beim Lesen aus einer Speicherzelle oder beim Schreiben in eine Speicherzelle auch ein Zugriff auf Byte-Daten erfolgen. Der *Adressbus* des M68000 umfasst 24 Bit, es können damit 2^{24} Speicherzellen adressiert werden, die jeweils ein Byte fassen. Der gesamte *Adressraum* umfasst also 16 MByte. Schließlich sind auf dem Anschlussplan noch eine große Anzahl von *Steuerleitungen* zu erkennen; auf ihre Bedeutung wird weiter unten eingegangen.

Wie schon erwähnt, können beim M68000 einzelne *Bytes* (8 Bit) als kleinste Dateneinheit adressiert werden. Daneben gibt es auch Befehle, die den Zugriff auf ein *Wort* (16 Bit) oder sogar ein *Langwort* (32 Bit) erlauben, wobei durch einen Befehl zwei im Speicher aufeinander folgende Worte adressiert werden. Bei dieser Speicherorganisation werden Worte und Langworte immer beginnend mit einer geraden Adresse gespeichert; auf Bytes kann dagegen beliebig unter einer geraden oder ungeraden Adresse zugegriffen werden.

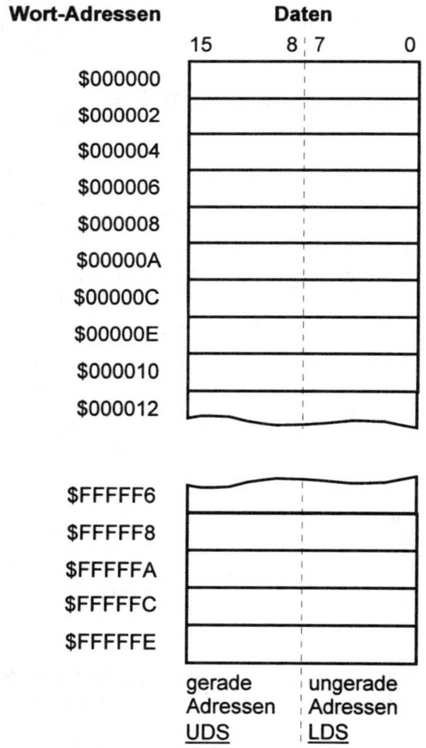

Abbildung 5.2: Die Speicherorganisation des M68000.

Der innere Aufbau des M68000 geht aus Abbildung 5.3 hervor. Als wesentliche Bestandteile der CPU erkennt man zunächst den *Datenbus*, den *Adressbus* und den *Steuerbus*. Die internen Busse der CPU sind durch *Puffer* mit den externen Bussen verbunden. Auf diese Weise können die internen auf die externen Busse durchgeschaltet oder von diesen abgekoppelt werden. Weitere wichtige Komponenten sind eine Reihe von schnellen Speichern, den so genannten *Registern*, eine *Arithmetik-Logik-Einheit* (*Arithmetic-Logic-Unit*, ALU), die der arithmetischen und logischen Verknüpfung von Daten dient, einem *Befehlsregister* (*Instruction Register*, IR), einem *Befehlsdecoder* (*Instruction Decoder*), einem *Mikroprogrammspeicher* und einer *Kontroll- und Steuereinheit* (*Controller/Sequenzer*), welche für die Signale des Kontrollbusses zuständig ist.

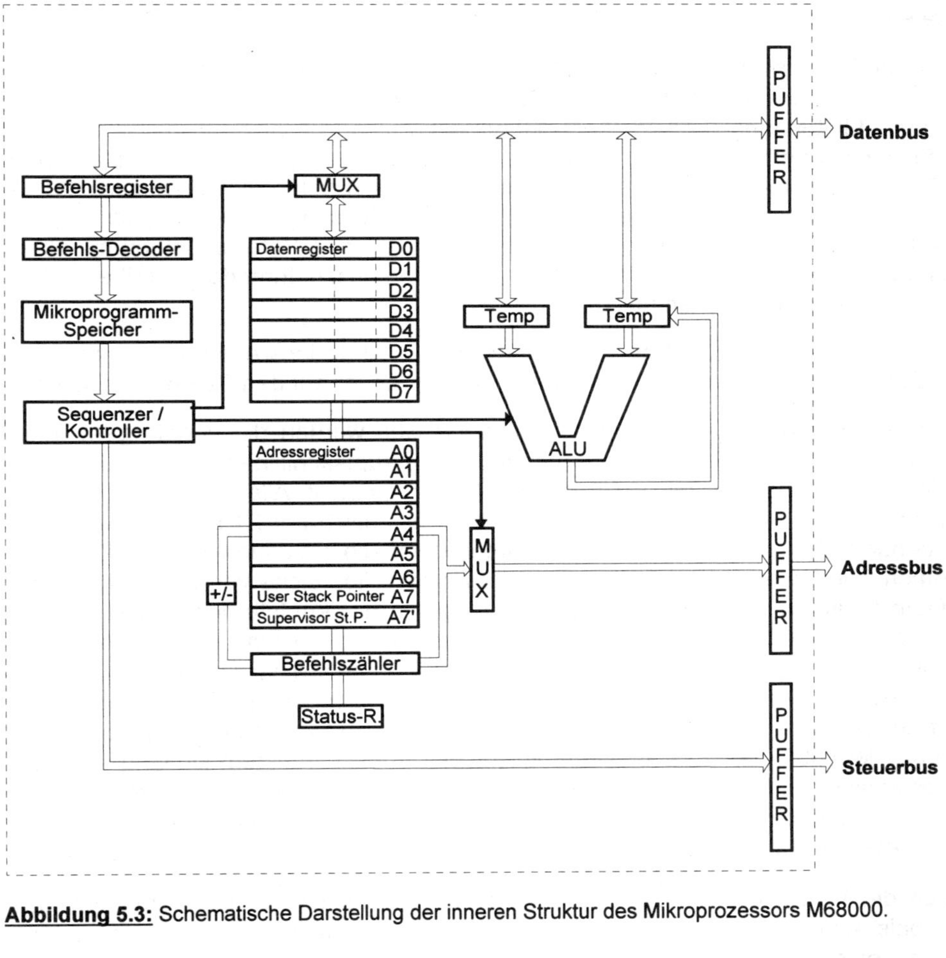

Abbildung 5.3: Schematische Darstellung der inneren Struktur des Mikroprozessors M68000.

Bei der Ausführung eines Programms müssen nun, beginnend mit einer bestimmten Adresse, der *Startadresse*, die Speicherinhalte des Programmspeichers nacheinander gelesen, interpretiert und schließlich verarbeitet werden. Dazu wird zunächst der Inhalt des als *Befehlszähler* (*Program Counter*, PC) bezeichneten Registers auf den Adressbus gegeben. Damit wird eine ganz bestimmte Speicherzelle des Speichers angesprochen; bei Einschalten der Betriebsspannung ist dies die Adresse 0. Der Inhalt der so adressierten Speicherzelle gelangt nun über den Datenbus in das Befehlsregister und wird im nächsten Schritt durch den Befehlsdecoder interpretiert und zur Steuerung der Befehlsausführung mit Hilfe des Mikroprogrammspeichers sowie der Kontroll- und Steuereinheit verwendet. Je nach Art des auszuführenden Befehls können dabei verschiedene Register als Speicher für Operanden oder das Ergebnis verwendet werden. Zur Ausführung der programmierten Operation wird die ALU in die benötigte Betriebsart geschaltet, beispielsweise Addieren, Vergleichen, Negieren etc. Außerdem können verschiedene Steuerleitungen gesetzt werden, etwa um anzuzeigen, ob ein Lese- oder Schreibvorgang mit Zugriff auf den externen Speicher eingeleitet werden soll, oder ob eine Reaktion auf eine *Unterbrechung* (*Interrupt*) - etwa eine Eingabe von der Tastatur - erforderlich ist.

Die Ausführungszeit für einen Befehl wird als *Befehlszyklus* bezeichnet; sie setzt sich aus einer Anzahl von *Taktzyklen* zusammen, wobei ein Taktzyklus einer Periode der am CLK-Eingang angelegten Taktfrequenz entspricht, also beispielsweise 100 ns für eine Taktfrequenz von 10 MHz. Bei der hier als Beispiel gewählten CPU M68000 umfasst ein Befehlszyklus mindestens 4 Taktzyklen, entsprechend 400 ns bei 10 MHz Taktfrequenz. Viele Befehle nehmen jedoch eine wesentlich längere Ausführungszeit in Anspruch. Die *Ablaufsteuerung* der Befehlsausführung übernimmt die Kontroll- und Steuereinheit, die einzelnen auszuführenden Schritte sind im *Mikroprogrammspeicher* enthalten.

Das Herzstück der CPU ist die bereits erwähnte ALU. In ihr werden die an den beiden Eingängen anliegenden Daten verknüpft und wieder auf den Datenbus gegeben.

Zur Speicherung von *Operanden* und *Ergebnissen* werden die bereits genannten *Register* verwendet. Sie sind, entsprechend ihrer hauptsächlichen Verwendung beim M68000 in 8 *Datenregister* und 8 *Adressregister* unterteilt. Alle Daten- und Adressregister sind 32 Bit breit, obwohl die Adressen eigentlich nur 24 Bit und die Datenworte nur 16 Bit umfassen. Ein Register kann demnach ein Langwort von 32 Bit aufnehmen. Die Datenregister können dabei auch in Teilbereiche von 8 Bit oder 16 Bit aufgeteilt werden. Es kann jeweils nur ein Register mit dem internen Bus verbunden werden; gesteuert wird dies durch *Multiplexer* (*MUX*), die man sich als Auswahlschalter vorstellen kann. In der Regel wird das Ergebnis einer Operation wieder in dem Register gespeichert, das auch einen der zu verarbeitenden Operanden enthielt; in dieser Art verwendete Register werden als *Akkumulatoren* bezeichnet. Im Fall des M68000 können alle Datenregister und in beschränktem Umfang auch die Adressregister als Akkumulatoren eingesetzt werden. Bei anderen Prozessoren ist dies nicht unbedingt der Fall; bei älteren Prozessor-Typen musste man oft mit nur einem Akkumulator auskommen.

Durch die Verwendung desselben Speicherplatzes für einen Operanden und das Ergebnis sind nicht drei, sondern nur zwei verschiedene Adressen anzusprechen, was zu einer erheblichen Zeitersparnis bei der Befehlsausführung führt. Man bezeichnet diese Art der Adressierung als Zwei-Adress-Form und derartig organisierte Maschinen als *Zwei-Adress-Maschinen*. Auch Ein-Adress-Befehle sind üblich, beispielsweise bei Maschinen mit nur einem Akkumulator - der ja dann nicht adressiert werden muss - oder bei einem Zugriff auf den im Folgenden näher erklärten Stapelspeicher.

5.1.3 Der Stapelspeicher

Das Adressregister A7, der *Stapelzeiger* (*Stack Pointer*, SP) hat eine besondere Bedeutung: in ihm ist die Adresse des letzten gefüllten Speicherplatzes in einem reservierten Bereich des Arbeitsspeichers, der als *Stapelspeicher* (*Stack*) oder *Kellerspeicher* bezeichnet wird, enthalten. Die Hauptaufgabe des Stapelspeichers ist die Speicherung von Adressen und Registerinhalten während des Programmablaufs, insbesondere bei Verzweigungen in Unterprogramme. In jedem Mikroprozessor ist heute in der einen oder anderen Form mindestens ein Stapelspeicher vorgesehen.

Im M68000 sind zwei voneinander völlig unabhängige Stapelspeicher realisiert, nämlich der *User Stack*, dessen letzte besetzte Adresse im User-Stack-Pointer (USP) enthalten ist und der *Supervisor Stack* mit dem zugehörigen Supervisor-Stack-Pointer (SSP). Dies hängt damit zusammen, dass der M68000 in zwei Modi betrieben werden kann, eben dem *User-Mode*, in dem nur auf den User Stack zugegriffen werden kann und dem *Supervisor-Mode*, in dem der Supervisor Stack verfügbar ist. In beiden Modi wird der Stack Pointer als Adressregister A7 angesprochen; hardwaremäßig sind jedoch zwei getrennte Stack Pointer implementiert, nämlich Register A7 für den USP und A7' für den SSP. Nach dem Anlegen der Betriebsspannung befindet sich der Prozessor anfangs immer im Supervisor-Mode.

Ein Stapelspeicher arbeitet nach dem *LIFO-Prinzip* (von *Last-In-First-Out*), d.h. der zuletzt eingespeicherte Wert wird als Erster wieder gelesen. Die Benützung des Stapelspeichers geschieht also in einer chronologischen Ordnung. Der entsprechende Assembler-Befehl ist im Falle des M68000 eine Variante des generell für Speicherzugriffe vorgesehenen Befehls `MOVE`. In anderen Assembler-Sprachen wird häufig der mnemonische Code `PUSH` für Speichern und `POP` für Lesen verwendet. In Abbildung 5.4 verdeutlicht die Arbeitsweise eines Stapelspeichers.

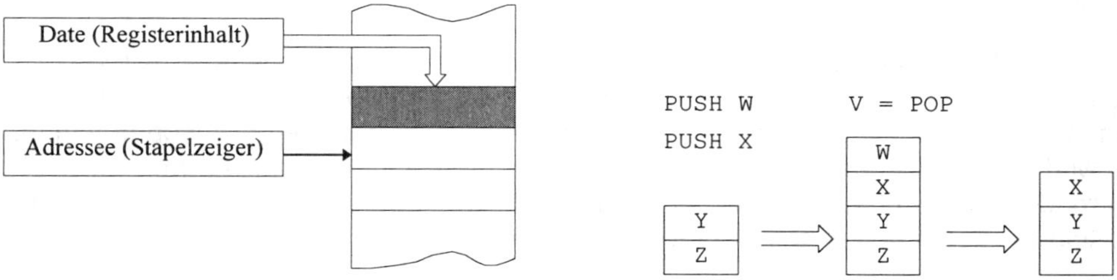

Abbildung 5.4:

a) Schematische Darstellung der Arbeitsweise eines Stapelspeichers.

b) In einen Stapelspeicher, der bereits die Elemente `Y` und `Z` enthält, werden durch die Operationen `PUSH X` und `PUSH W` die Elemente X und W gespeichert. Durch die Operation `V=POP` wird der Inhalt des obersten Speicherplatzes aus dem Stack entfernt und der Variablen `V` zugewiesen.

5.1.4 Das Statusregister

Ein Register von besonderer Bedeutung ist das *Statusregister*, das Informationen über den aktuellen Zustand der CPU enthält. Es besteht aus 16 Bit und wird in zwei Byte eingeteilt: das *Anwender-Byte* (*User Byte*), das auch als *Condition Code Regi-*

ster (CCR) bezeichnet wird und das *System Byte*. In Abbildung 5.5 ist das Statusregister skizziert.

T	*	T	*	*	I2	I1	I0

System Byte

*	*	*	X	N	Z	V	C

User Byte

Abbildung 5.5: Das Statusregister (Codition Code Register) des M68000 .

Das *Anwender-Byte* (User Byte) enthält die Flags C,V, Z, N und X. Sie haben die folgende Bedeutung:

C-Flag (*Carry, Übertrag*): Das Carry-Flag wird gesetzt, d.h. es erhält den Wert 1, wenn im höchstwertigen Bit (*Most Significant Bit,* MSB) des Ergebnisses eine 1 als Übertrag oder als "Borgbit" bei einer Subtraktion entstanden ist. In allen anderen Fällen erhält das Carry-Flag den Wert 0. Das MSB kann in Abhängigkeit davon, ob eine Byte-, Wort- oder Langwortoperation durchgeführt wurde, das 8-te, 16-te oder das 32-te Bit sein.

V-Flag (*Overflow, Überlauf*): Das V-Flag zeigt das Überschreiten eines Zahlenbereichs bei Durchführung einer Operation an. Es wird also beispielsweise gesetzt, wenn das Ergebnis einer Addition zu einer negativen Zahl in der Zweierkomplementdarstellung führt, oder wenn bei einer Division der Quotient zu groß wird.

Z-Flag (*Zero, Null*): Das Z-Flag wird gesetzt, wenn das Ergebnis einer Operation 0 wird. Dies ist auch bei der Vergleichsoperation (CMP) der Fall, wenn die beiden verglichenen Operanden übereinstimmen.

N-Flag (*Negativ*): Das N-Flag wird gesetzt, wenn nach Ausführung einer Operation das MSB 1 ist, wenn also das Ergebnis in der Zweierkomplementdarstellung eine negative Zahl ist.

X-Flag (*Extend, Erweiterung*): Das X-Flag hat eine ähnliche Bedeutung wie das C-Flag im Falle der Addition oder Subtraktion, ändert sich aber nicht bei allen Operationen, die das C-Flag beeinflussen, beispielsweise bei den Vergleichsoperationen. Es wird z.B. verwendet, um ein Carry über mehrere Operationen hinweg zu speichern; dies ist hauptsächlich bei der Verarbeitung von Zahlen nötig, die größer als 32 Bit sind. Auch bei den Rotationsbefehlen spielt das X-Flag eine Rolle.

Die Flags C, V, N und Z sind bei praktisch allen CPUs in der einen oder anderen Form realisiert, während das X-Flag eine Spezialität des Prozessors M68000 ist.

Das *System-Byte* kann im User-Modus nur gelesen, im Supervisor-Modus gelesen und beschrieben werden. Es hat die folgende Bedeutung:

T (*Trace Bit*): Wird das Trace-Bit gesetzt, so begibt sich der Prozessor in die *Einzelschrittbetriebsart* (*Single-Step Mode*). Man kann nun ein Programm Befehl für Befehl ablaufen lassen und beispielsweise Registerwerte oder Speicherinhalte abfragen. Dies ist für Testzwecke von großer Bedeutung und wird beispielsweise in Hilfsprogrammen zur Fehlersuche (*Debugger*) verwendet.

S (*Supervisor Bit*): Das Supervisor-Bit zeigt an, ob sich der Prozessor im Supervisor-Mode (1) oder im User-Mode (0) befindet. Über den Anschluss FC2 ist das S-Bit nach außen geführt. Die Mode-Umschaltung geschieht durch Setzen des S-Bits, was aber nur über eine so genannte *Exception* möglich ist. Der Begriff Exception lässt sich am ehesten durch "Ausnahmesituation" übersetzen und ist in etwa vergleichbar mit einer Unterbrechung (Interrupt), die jetzt allerdings nicht von außen bewirkt wird, sondern durch einen *Systemaufruf* (*System Call*) durch den Benutzer. Wie bei einem Interrupt wird dann in ein der entsprechenden Exception zugeordnetes Unterprogramm verzweigt.

I0, I1, I2 (*Interrupt Masken*): Der M68000 verfügt über drei Interrupt-Eingänge IPL0, IPL1, IPL2, mit denen sieben Interrupt-Ebenen codiert werden können. Die Unterstreichung bedeutet, dass die Signale bei Low-Pegel aktiv sind. Unter dem Begriff Interrupt oder Unterbrechung ist dabei eine Anforderung von außen - etwa von einer Tastatur - an den Mikroprozessor zu verstehen, als Reaktion in ein bestimmtes Unterprogramm zu verzweigen und die dort programmierten Instruktionen auszuführen. Interrupts werden weiter unten noch detaillierter diskutiert. Mit den Bits I0, I1 und I2 lassen sich die untersten 6 Interrupt-Ebenen durch Setzen der entsprechenden Bits *ausmaskieren* (d.h. abschalten), jedoch nicht die höchste Prioritätsebene (7), die immer als *unmaskierbarer Interrupt* (*non maskable Interrupt, NMI*) wirkt.

5.1.5 User-Mode und Supervisor-Mode

Der M68000 kann in zwei Betriebsarten verwendet werden: dem *User-Mode* und dem *Supervisor-Mode*. Der Supervisor-Mode unterscheidet sich vom User-Mode dadurch, dass eine Reihe von *privilegierten Befehlen* ausgeführt werden können, die im User-Mode nicht zugänglich sind. Außerdem ist im User-Mode nur der User-Stack-Pointer (USP) und im Supervisor-Mode nur der Supervisor-Stack-Pointer (SSP) zugänglich, wobei aber in beiden Fällen immer das Register A7 als Stack-Pointer angesprochen wird. Man muss aber beachten, dass es sich beim USP und SSP um zwei Register mit getrennter Hardware handelt. Diese Möglichkeit erweist sich als wichtiger Faktor bei der Zverlässigkeit von *Mehrbenutzerbetriebssystemen* (*Multi-User Operating Systems*), siehe auch Kapitel 4.3. Versehentliche oder absichtliche Beeinflussungen geschützter Bereiche können dann durch das Betriebssystem im User-Mode weit gehend ausgeschlossen. Das Betriebssystem hat unter anderem die Aufgabe, die verfügbaren Betriebsmittel - beispielsweise CPU-Zeit, Speicherplatz und Peripheriegeräte - den einzelnen Benutzern zuzuweisen. Die Benutzer arbeiten dann in der Regel im User-Mode und haben damit nicht den vollen Zugang zu allen Funktionen des Systems. Der Wechsel vom User-Mode in den Supervisor-Mode kann per Software über eine Exception (z.B. mit Hilfe des Befehls `TRAP`) erfolgen, der Wechsel vom Supervisor-Mode in den User-Mode ist dagegen einfach durch Setzen des S-Bits im Status-Register auf den Wert 0 möglich (siehe Kapitel 5.4.7). Der aktuelle Zustand des Systems wird durch die Funktions-Code-Leitung FC2 nach außen mitgeteilt.

In einem abgeschlossenen System ist die Unterscheidung zwischen den beiden Modi ohne Bedeutung, man wird dann normalerweise im Supervisor-Mode arbeiten.

5.1.6 Funktions-Code

Die drei als *Funktions-Code* bezeichneten Ausgänge FC0, FC1 und FC2 dienen in erster Linie der Anzeige des Adressbereichs, in welchem der M68000 gerade arbeitet. In diesem Sinne verhalten sich FC0, FC1 und FC2 wie weitere Adressleitungen. Der Adressbereich von 16 MByte wird dadurch erheblich erweitert. Durch FC0 = 1 wird der Datenbereich, durch FC1 = 1 der Programmbereich charakterisiert. Durch FC2 wird, wie bereits erwähnt, spezifiziert, ob sich der M68000 im User-Mode (0) oder im Supervisor-Mode befindet. Durch (FC0, FC1, FC2) sind demnach folgende Adressbereiche von jeweils 16 MByte Umfang definiert:

User Data:	(1,0,0)
User Program	(0,1,0)
Supervisor Data	(1,0,1)
Supervisor Program	(0,1,1)

Die Hauptanwendung der Funktions-Codes ist die Speicherverwaltung, insbesondere die Unterteilung des Speichers in geschützte Bereiche im Rahmen eines Mehrbenutzer-Betriebssystems. Für eine effektive und schnelle Speicherverwaltung sind spezielle Bausteine erhältlich, sogenannte *Memory Management Units* (MMUs), welche unter anderem die Funktions-Codes als Eingänge verwenden.

Eine weitere, von der Adressverwaltung unabhängige Verwendung der Funktions-Codes ist die *Interruptbestätigung* durch die Kombination FC0 = FC1 = FC2 = 1. Dadurch wird angezeigt, dass die CPU einen Interrupt empfangen und erkannt hat.

Andere Kombinationen von FC0, FC1 und FC2 als die hier diskutierten können nicht auftreten.

5.1.7 Asynchrone Bus-Steuerung

Mit Hilfe dieser *Bus-Steuerung* können Peripheriegeräte mit unterschiedlich langen Zugriffszeiten an den Adress- und Datenbus angeschlossen werden. Auf diese Eigenschaft bezieht sich auch die Bezeichnung *„asynchron"*: die Kommunikation erfolgt nicht nach einem festen zeitlichen Rahmen, sondern nach „Angebot und Nachfrage", wobei die Synchronisation durch ein so genanntes *Handshake* Gewähr leistet wird; darunter ist zu verstehen, dass einerseits der Sender anzeigt, wenn die zu übertragenden Daten bereitstehen und dass andererseits der Empfänger meldet, wenn er die Daten ordnungsgemäß übernommen hat. Hierfür werden beim M68000 (ebenso wie bei anderen Prozessoren) einige Hadshake-Leitungen verwendet. Für die Steuerung der asynchronen Datenübertragung steht eine Reihe von Signalen zur Verfügung, die im Folgenden erläutert werden. Dabei ist jeweils angegeben, ob es sich - vom Prozessor aus gesehen - um einen Eingang oder einen Ausgang handelt. Eine Unterstreichung bedeutet wieder, dass das entsprechende Signal aktiv ist, wenn der Low-Pegel anliegt.

$R/\underline{W}$ (*Read/Write*), Ausgang:
Zeigt an, ob ein Lese- (1) oder Schreib-Vorgang (0) stattfindet.

LDS *(Lower Data Strobe) und* UDS *(Upper Data Strobe)*, Ausgänge:
LDS und UDS ersetzen das Adress-Bit 0, das am Adressbus selbst ja nicht vorhanden ist. Liegt eine ungerade Adresse an, so wird LDS auf 0 gesetzt und die untere Hälfte des Datenbusses (Bit 0 bis 7) ist aktiviert. Bei einem *Byte-Zugriff* mit gerader Adresse wird UDS gesetzt, also die obere Hälfte des Datenbusses (Bit 8 bis 15) aktiviert. Bei einem *Wortzugriff* liegt immer eine gerade Adresse an und es werden sowohl LDS als auch UDS auf 0 gesetzt. Sind LDS und UDS beide 1, so ist der Bus gesperrt. Damit ist durch Ersetzen des Adressbits 0 durch LDS und UDS die bereits erwähnte Möglichkeit geschaffen worden, mit einer 16-Bit CPU auch Byte-Zugriffe zu realisieren.

AS *(Address Strobe)*, Ausgang:
Ein Low-Signal auf dieser Leitung zeigt an, dass eine gültige Adresse am Adressbus anliegt. Der Datentransfer kann dann beginnen.

DTACK *(Data Transfer Acknowledge)*, Eingang:
Dies ist das Handshake-Signal das durch das mit der CPU kommunizierende Peripheriegerät geliefert werden muss. Wird DTACK auf 0 gesetzt, so signalisiert dies der CPU, dass der Schreib- bzw. Lesevorgang, so weit es die Peripherie betrifft, erfolgreich beendet ist. Die CPU wartet also nach der Einleitung eines Schreib-/Lesezyklus durch Nullsetzen des Ausgangssignals AS auf die Quittierung durch DTACK. Um zu vermeiden, dass die CPU beliebig lange wartet, wenn auf Grund eines Fehlers das Quittungssignal nicht eintrifft, kann nach einer voreingestellten Maximalzeit eine weitere Eingangsleitung, nämlich BERR (Bus Error, Busfehler) gesetzt werden. Dadurch wird dann die CPU veranlasst, in ein Unterprogramm zur Fehlerbehandlung zu verzweigen. Die Überwachung der maximalen Wartezeit wird im Wesentlichen durch einen externen Zähler realisiert; man bezeichnet dies als eine *Watchdog- (Wachhund-) Schaltung*.

5.1.8 Synchrone Bus-Steuerung

Neben der bereits besprochenen asynchronen Datenübertragung erlaubt der M68000 auch eine *synchrone Datenübertragung*. Schreib- oder Lesezyklen laufen hierbei nach einem festen zeitlichen Schema ab. Dazu liefert die CPU einen Taktausgang und zwei Handshake-Leitungen:

E (Enable, Synchron-Takt), Ausgang:
Der Synchron-Takt wird aus dem Systemtakt (CLK) mit einem Teilungsverhältnis von 1:10 abgeleitet und den Peripheriebausteinen zugeführt.

VPA *(Valid Peripheral Address, Peripherieadresse. gültig)*, Eingang:
Durch VPA = 0 wird dem Prozessor mitgeteilt, dass ein synchroner Schreib- bzw. Lesezyklus eingeleitet werden soll.

VMA *(Valid Memory Address, Speicheradresse gültig)*, Ausgang:
Hierbei handelt es sich um ein vom Prozessor erzeugtes Quittungssignal, mit dem angezeigt wird, dass die Anforderung zur synchronen Datenübertragung von der CPU erkannt worden ist. Die Übertragung beginnt dann mit dem folgenden Taktzyklus.

Zur synchronen Datenübertragung gehört außerdem, wie auch bei der asynchronen Datenübertragung, das Anlegen der entsprechenden Adresse auf den Adressbus und das Setzen der Leitungen AS und R/W. Der angesprochene Peripheriebaustein sendet nun VPA=0. Damit ist klar, dass keine asynchrone, sondern eine synchrone Datenübertragung stattfinden soll. Der Prozessor legt daraufhin gegebenenfalls einige Wartezyklen ein, bis der Taktausgang E Low-Pegel zeigt und sendet dann VMA=0, worauf die Übertragung mit dem nächsten High-Pegel von E eingeleitet wird. Die Übertragung endet, wenn VPA=1 gesetzt wird.

5.1.9 Unterbrechungen (Interrupts)

Mit den drei Eingangsleitungen IPL0, IPL1 und IPL2 können prinzipiell 8 verschiedene Eingangszustände zur Charakterisierung einer *Unterbrechung* (*Interrupt*) codiert werden. Von diesen Möglichkeiten sind aber nur 7 realisiert, der Zustand IPL0 = IPL1 = IPL2 = 1 bedeutet, dass kein Interrupt vorliegt. Um eine Unterbrechung zu bewirken, muss also dafür gesorgt werden, dass durch das die Unterbrechung anfordernde Peripheriegerät eine der erlaubten Kombinationen auf die drei Interrupteingänge des M68000 gelegt wird. Erkennt die CPU eine Unterbrechung, so werden zunächst als *Quittung* (*Interrupt Acknowledge*) die Funktions-Codes FC0, FC1 und FC2 auf 1 gesetzt, sodann erfolgt eine Verzweigung in das vom Anwender für die entsprechende Unterbrechung vorgesehene Unterprogramm. Dieses Unterprogramm wird nun abgearbeitet; anschließend wird zu dem Befehl zurückverzweigt, der auf den unmittelbar vor Eintreffen der Unterbrechung ausgeführten Befehl folgt.

Wie bereits bei der Diskussion des Statusregisters dargelegt, können die untersten 6 Interrupts durch die Bits I0, I1 und I2 des System-Bytes *maskiert*, d.h. inaktiviert werden. Der Interrupt 7, der die höchste Priotität hat, kann jedoch nicht ausmaskiert werden; er wird daher als *unmaskierbare Unterbrechung* (*Non Maskable Interrupt, NMI*) bezeichnet.

Für die Verzweigung in das einem Interrupt zugeordnete Unterprogramm gibt es zwei Möglichkeiten, nämlich den *Autovektor-Interrupt* und den *Non-Autovektor-Interrupt:*

Autovektor-Interrupt:
Mit der Interruptanforderung muss das Signal VPA gesetzt (d.h. auf Low gelegt) werden. Dem Prozessor wird dadurch mitgeteilt, dass das dem Interrupt zugeordete Unterprogramm mit einer Adresse beginnt, die in einer aus der Interrupt-Nummer folgenden Speicherzelle abgelegt ist. Dieser Speicherinhalt zeigt gewissermaßen auf die Stelle, an der mit der Programmausführung fortgefahren werden soll. Aus diesem Sachverhalt ist auch die Bezeichnung „Vektor" (Zeiger) abgeleitet. Die Zuordnung zwischen Interrupt-Nummer und Interrupt-Vektor geht aus Tabelle 5.1 hervor.

Tabelle 5.1: Zuordnung zwischen Interrupt-Nummern und Interrupt-Vektoren.

Interrupt-Ebene	IPL0	IPL1	IPL2	Interrupt-Vektor
1	1	1	0	64H
2	1	0	1	68H
3	1	0	0	6CH
4	0	1	1	70H
5	0	1	0	74H
6	0	0	1	78H
7 (NMI)	0	0	0	7CH

Non-Autovektor-Inerrupt:
In diesem Fall muss mit dem Interrupt auch DTACK geliefert werden. Der Interrupt-Vektor wird nun nicht aus den angegebenen Adressen entnommen, sondern vom Datenbus gelesen. Es muss also von dem die Unterbrechung anfordernden Peripheriegerät dafür gesorgt werden, dass dem Datenbus die passende Adresse aufgeprägt wird.

Mit Hilfe der Konstruktion des Non-Autovektor-Interrupts besteht also die Möglichkeit, zu jeder erlaubten Kombination von IPL0, IPL1 und IPL2 eine große Anzahl verschiedener Interrupts zu generieren. Man spricht aus diesem Grunde auch von *Interrupt-Ebenen*.

Bisweilen kann es - etwa auf Grund eines Störimpulses - geschehen, dass die Interrupt-Eingänge fälschlicherweise einen Interrupt anzeigen. In diesem Falle wird dann weder VPA noch DTACK aktiviert. Mit Hilfe der Watchdog-Schaltung kann man dann BERR setzen um eine solche Störung anzuzeigen.

Auch die Adressen 0H bis 60H sind für Interrupt-Vektoren reserviert. Für Hardware-Interrupts gelten beispielsweise die Zuordnungen RESET (Adresse 0H), BERR (Adresse 8H); bei internen Fehlern wie „Division durch 0" (Adresse 14H) und beim Befehl `TRAP a` (Adresse 1CH) werden ebenfalls Interrupt-Vektoren aus diesem untersten Adressbereich verwendet.

5.1.10 Direct Memory Access (DMA)

Die Anschlüsse BR, BG und BGACK dienen dazu, die Kontrolle über Daten- und Adressbus von der CPU an eine andere Einheit abzugeben. Damit kann eine Kommunikation mit *DMA-Kontrollern* (*Direct Memory Access Controller*) zur schnellstmöglichen Datenübertragung ohne Mitwirkung der CPU aufgebaut werden, oder ein System mit mehreren parallel arbeitenden Prozessoren, die sich den gemeinsamen Bus teilen, realisiert werden. Die drei Leitungen haben die folgende Bedeutung:

BR (*Bus request*), Eingang:
Über diese Leitung fordert eine externe Einheit die Kontrolle über den Bus an. Die angesprochene CPU führt den gerade in Ausführung befindlichen Befehl aus und gibt dann den Bus ab.

BG (*Bus grant*), Ausgang:
Damit signalisiert die CPU nach Empfang von BR, dass nun der Bus freigegeben wird. Die anfordernde Einheit kann daraufhin die Kontrolle übernehmen.

BGACK (*Bus grant acknowledge*), Eingang:
Diese Leitung bleibt unter der Kontrolle derjenigen Einheit, die momentan den Bus kontrolliert, solange gesetzt, d.h. auf Low-Pegel, bis der Datentransfer abgeschlossen ist. Wechselt BGACK wieder auf High, so kann die CPU die Buskontrolle wieder selbst übernehmen.

5.1.11 Starten, Halten und Busfehler

Die Leitungen RESET, HALT und BERR dienen dazu, den Prozessor zu starten, anzuhalten sowie Fehlerzustände anzuzeigen. Dabei können die Anschlüsse RESET und HALT sowohl als Eingänge als auch als Ausgänge fungieren.

RESET und *HALT* gleichzeitig als Eingänge:
Bei Einschalten der Stromversorgung muss dafür gesorgt werden, dass RESET und HALT gleichzeitig für mindestens 100 msec auf LOW-Pegel bleiben, damit ein ordnungsgemäßer Start der CPU Gewähr leistet ist. Es werden das Trace Bit (T) auf 0, das Supervisor Bit (S) auf 1 und der Programmzähler (PC) auf 0 gesetzt.

RESET als Eingang:
Das Setzen der RESET-Leitung auf Low-Pegel ist die einzige Möglichkeit, die CPU hardware-mäßig bei eingeschalteter Betriebsspannung in einen definierten Zustand zu bringen. Es werden ebenfalls das Trace Bit (T) auf 0, das Supervisor Bit (S) auf 1 und der Programmzähler (PC) auf 0 gesetzt.

RESET als Ausgang:
Der RESET-Pin kann durch den privilegierten Assembler-Befehl RESET gesetzt, d.h. auf Low-Pegel gebracht werden. Dies kann dazu verwendet werden, Peripheriegeräte rückzusetzen, also in einen definierten Zustand zu bringen. Der Prozessor selbst wird dadurch nicht rückgesetzt.

HALT als Eingang:
Dadurch kann der Prozessor nach Ausführung des gerade bearbeiteten Befehls angehalten werden. Der Prozessor bleibt nun in diesem Wartezustand und fährt mit der weiteren Programmausführung erst fort, wenn HALT wieder auf High-Pegel ist. Auf diese Weise kann ein durch die Hardware kontrollierter *Einzelschrittbetrieb* (*Hardware Single Step*) realisiert werden.

HALT als Ausgang:
Hierdurch wird ein katastrophaler Fehler - beispielsweise ein doppelter Busfehler - angezeigt, der die Fortführung des laufenden Programms unmöglich macht.

BERR als Eingang:
Dient zur Meldung von Busfehlern, die beispielsweise bei der Kommunikation mit Peripheriegeräten oder bei der Bearbeitung von Unterbrechungen auftreten können.

5.2 Befehlsformate und Befehlsausführung

5.2.1 Befehlsformate

Maschinenbefehle können aus einer unterschiedlichen Anzahl von Worten bestehen. Dabei enthält das erste Wort den der CPU verständlichen binären Code der auszuführenden Operation, es wird daher auch als *OP-Code* bezeichnet. Häufig - insbesondere wenn die Adressierung Register betrifft - sind auch die entsprechenden Registernummern im ersten Befehlswort mit verschlüsselt; man spricht dann vom *erweiterten OP-Code*. Gegebenenfalls folgen nach dem ersten Befehlswort noch weitere zum Befehl gehörende Worte, die *Operanden* enthalten, bei denen es sich um Daten oder Adressen handeln kann. In diesem Fall muss aus dem ersten Befehlswort hervorgehen, wie viele weitere Worte zum Befehl gehören und wie diese zu interpretieren sind.

Im Falle des M68000 besteht ein Befehl aus mindestens einem 16- Bit-Wort, welches dann ein erweiterter OP-Code sein muss. Dem ersten Befehlswort können aber bis zu vier weitere Worte folgen, die Operanden enthalten. In Abbildung 5.6 ist dies verdeutlicht.

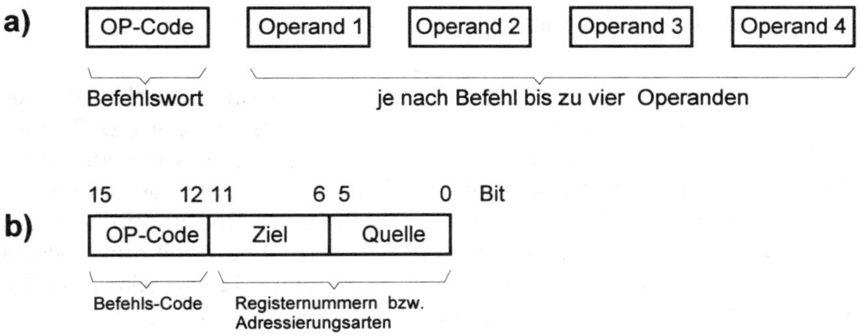

Abbildung 5.6: a) Befehlsformat für M68000-Befehle. b) Format des ersten Befehlswortes.

Das Befehlsformat des M68000 soll nun anhand eines Beispiels weiter erläutert werden. Die in jeder Assembler-Sprache weitaus am häufigsten verwendete Operation ist der *Datentransfer* zwischen verschiedenen Speicherplätzen. Der entsprechende Befehl lautet im Falle des M68000:

```
MOVE.X OP1,OP2
```

Er bewirkt den Datentransfer `OP1`$\rightarrow$`OP2`

In Vorgriff auf die Beschreibung des Befehlssatzes des Prozessors M68000 wird der MOVE-Befehl zur Demonstration der Befehlsformate bereits an dieser Stelle eingeführt. Die Befehlserweiterung `.X` steht für `.B` (Byte-Transfer), `.W` (Wort-Transfer) und `.L` (Langwort-Transfer). Als abkürzende Schreibweise kann die Erweiterung .W auch weggelassen werden. Dementsprechend werden also 8-Bit-, 16-Bit- oder 32-Bit-

Daten mit dem `MOVE`-Befehl übertragen. Die Operanden werden dabei entweder direkt angegeben, oder es wird nur eine Adresse in einem verschlüsselten Format spezifiziert, auf das im folgenden Kapitel näher eingegangen wird.

Als Beispiel wird nun der Befehl `MOVE.W D1,D3` betrachtet. Durch den Zusatz .W wird hier vereinbart, dass ein Wort-Transfer stattfinden soll. Abkürzend könnte man stattdessen auch `MOVE D1,D3` schreiben. Mit `D1` und `D3` sind die unteren 16 Bit (*Least significant Word*, LSW) der Datenregister `D1` und `D3` angesprochen. Es wird also der Registerinhalt der unteren Hälfte von Datenregister `D1` in die untere Hälfte des Datenregisters `D3` kopiert. Der ursprüngliche Inhalt von D3 wird dabei überschrieben, der Inhalt von `D1` bleibt dagegen unverändert. Der mnemonische Code MOVE.W D1,D3 wird folgendermaßen in Maschinen-Code umgesetzt:

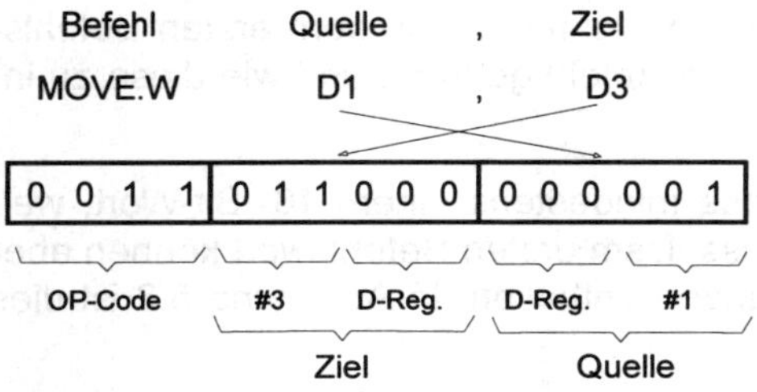

<u>Abbildung 5.7:</u> Das M68000-Befehlsformat am Beispiel der Operation `MOVE.W D1,D3`.

Im OP-Code ist durch 00 auf den Bit-Positionen 14 und 15 der Befehl `MOVE` verschlüsselt, durch 11 auf den Positionen 12 und 13 der Zusatz `.W`, der die Operandengröße spezifiziert. Nun folgen jeweils 6 Bit für die Codierung des Zieloperanden und des Quelloperanden. Man beachte, dass die Reihenfolge der Operanden hier anders ist als im mnemonischen Code! Bei der Codierung der Operanden wird zum einen die Registernummer mit drei Bits angegeben und zum andern mit drei weiteren Bits die *Adressierungsart*, die im folgenden Kapitel eingehend erläutert wird (hier 000 für „Datenregister direkt"). Offenbar benötigt man zur Codierung dieses Befehls nur ein Wort, da ein Transfer von Register zu Register stattgefunden hat, wofür keine volle 24-Bit-Adresse benötigt wird.

Verwendet man nun als Quelle nicht ein Register, sondern eine Wort-Konstante, so ergibt sich ein Zwei-Wort-Befehl, beispielsweise `MOVE.W #$1234,D5`. Dieser Befehl bewirkt, dass der hexadezimale Wert `1234H` in die untere Hälfte von Datenregister `D5` übertragen wird. Mit dem der Konstante vorangestellten Dollar-Zeichen (`$`) wird in der M68000-Assembler-Sprache eine hexadezimale Zahl gekennzeichnet. Das vorangehende Nummernzeichen (`#`) zeigt an, dass die folgende Bitkombination als Konstante zu interpretieren ist und nicht als Adresse.

Der Inhalt des Programmspeichers besteht also in diesem Beispiel nun aus den beiden folgenden Worten:

0 0 1 1	1 0 1 0	0 0 1 1	1 1 0 0	Befehl (`MOVE.W Konstante,D5`)
0 0 0 1	0 0 1 0	0 0 1 1	0 1 0 0	Konstante (`1234H`)
1	2	3	4	

Abbildung 5.8: Beispiel für einen 2-Wort-Befehl: `MOVE.W #$1234,D5.`

Will man Konstanten übertragen, die länger sind als 16 Bit, so muss man die Konstante als Langwort schreiben. Der entsprechende `MOVE`-Befehl umfasst dann drei Worte, die im Programmspeicher unmittelbar aufeinander folgen, nämlich ein Wort für den `MOVE`-Befehl selbst, sodann das *höherwertige Wort* (*Most Significant Word, MSW*) und schließlich das *niederwertige Wort* der 32-Bit- Konstanten (*Least Significant Word, LSW*). Natürlich muss jetzt aus dem OP-Code hervorgehen, dass nach dem ersten Wort noch zwei weitere Worte eingelesen werden sollen und dass diese als MSW und als LSW der zu übertragenden Konstante zu interpretieren sind.

5.2.2 Befehlsausführung

Die Ausführung eines Befehls läuft in mehreren Schritten, den *Taktzyklen* ab. Dabei ist ein Taktzyklus die kleinste durch die Taktfrequenz festgelegte Zeiteinheit. Im Falle einer Taktfrequenz von 10 MHz ergibt sich also ein Taktzyklus von 100 nsec. Bisweilen nimmt man noch eine weitere Unterteilung vor, indem man mehrere Taktzyklen zu einem *Maschinenzyklus* zusammenfasst. Die Anzahl der für einen Befehl benötigten Taktzyklen hängt vom verwendeten Prozessor und der Art des Befehls ab. Beim M68000 variiert die Anzahl der für einen Befehl benötigten Taktzyklen zwischen 4 für die schnellsten und über 158 Zyklen für den langsamsten Befehl, nämlich die Division mit Vorzeichen (`DIVS`). Generell werden Ein-Wort-Befehle schneller ausgeführt als die aus mehreren Worten zusammengesetzten Befehle. So sind beispielsweise die Ausführungszeiten für die im obigen Beispiel eingeführten `MOVE`-Befehle:

4	Zyklen für	`MOVE.W`	`Register1, Register2`
12	Zyklen für	`MOVE.W`	`Wort-Konstante, Register`
16	Zyklen für	`MOVE.L`	`Langwort-Konstante, Register`

Grundsätzlich wird jeder Befehl zunächst in das Befehlsregister *eingelesen* (*fetch*), dann *dekodiert* (*decode*) und schließlich *ausgeführt* (*execute*). Bei modernen Prozessoren laufen diese Prozesse in einer Befehls-Pipeline teilweise parallel ab, was eine erhebliche Geschwindigkeitssteigerung bewirkt. So kann beispielsweise während der Execute-Phase eines Befehls bereits der nächste Befehl eingelesen werden (*Prefetch*).

Im Falle des Befehls `MOVE.W D1,D3` läuft die Ausführung, wie in Abbildung 5.9 beschrieben, in den folgenden vier Zyklen ab:

Erster Taktzyklus:
Der Inhalt des Befehlszählers, d.h. die Adresse der den nun auszuführenden Befehl (also `MOVE.W D1,D3`) enthaltenden Speicherzelle wird auf den Adressbus gegeben.

Zweiter Taktzyklus:
Der auszuführende Befehl wird vom Datenbus in das Befehlsregister übernommen und dekodiert. Gleichzeitig wird der Befehlszähler um 1 inkrementiert, also bereits für den nächsten Befehl vorbereitet.

Dritter Taktzyklus:
Der Inhalt des LSW von Register D1 wird über den Multiplexer auf den internen Datenbus gegeben und in einem temporären Register TMP zwischengespeichert.

Vierter Taktzyklus:
Der Inhalt des Registers TMP wird über den internen Datenbus und den Multiplexer in das LSW von Register D3 übernommen. Damit ist der Befehl `MOVE.W D1,D3` ausgeführt. Man beachte, dass wegen der Teilbarkeit der Datenregister das MSW von Register D3 unverändert bleibt.

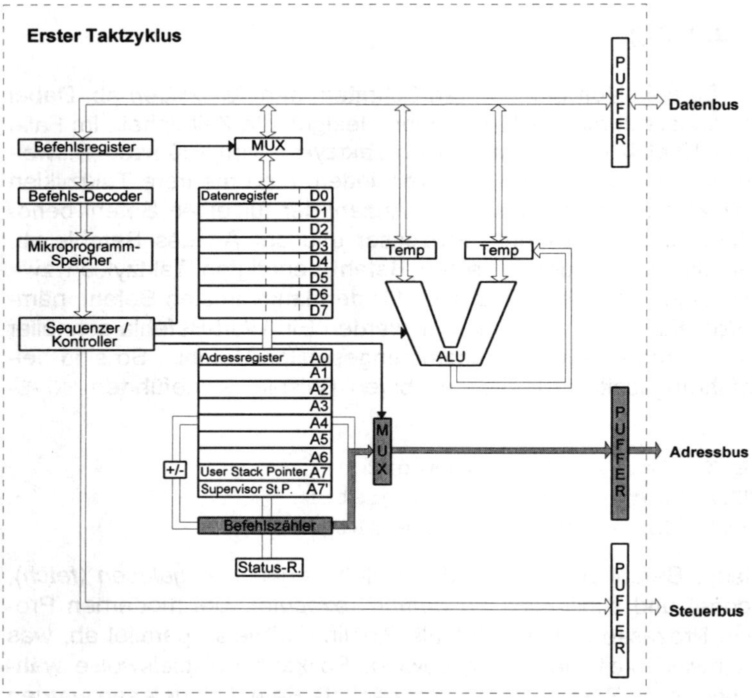

Zweiter Taktzyklus

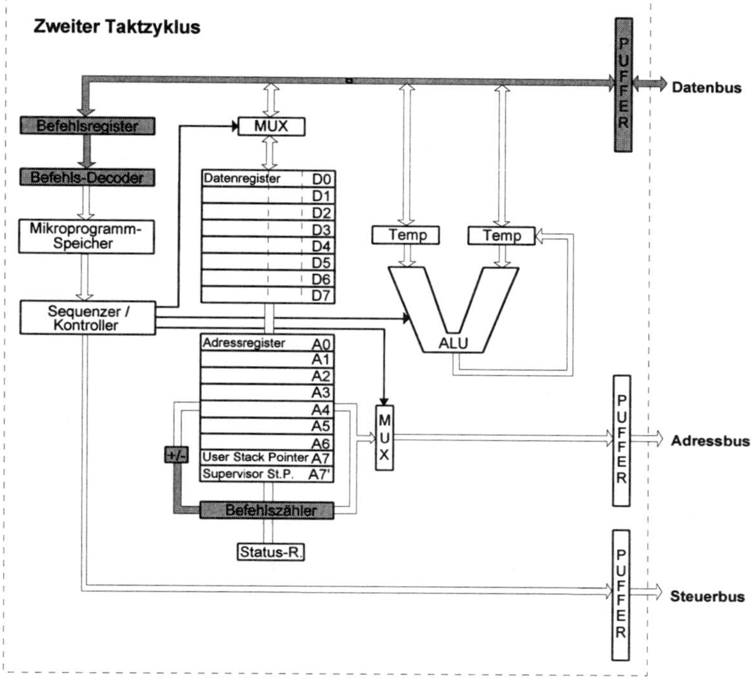

Dritter Taktzyklus

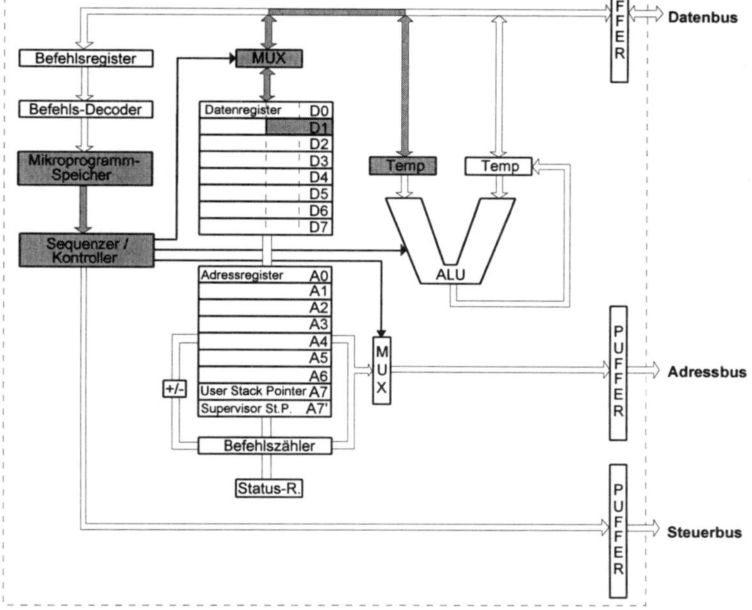

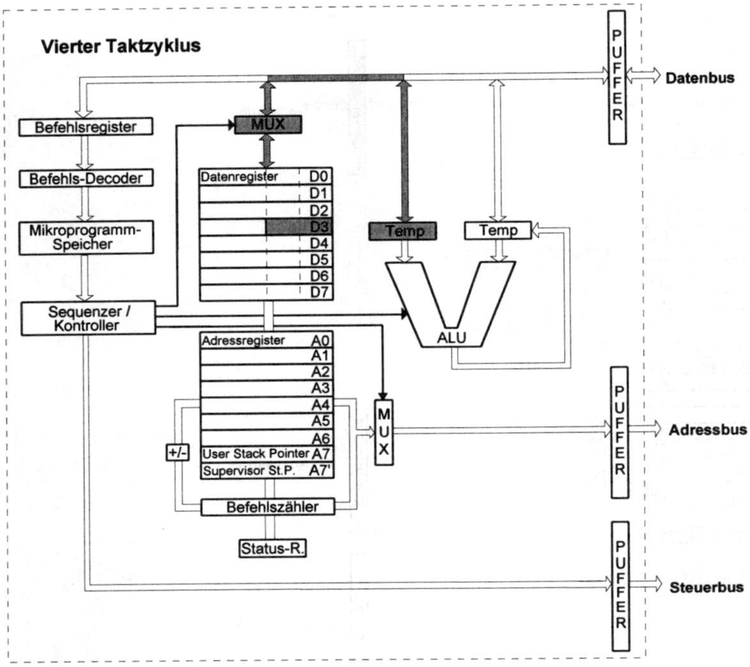

Abbildung 5.9: Die vier Taktzyklen bei der Ausführung von `MOVE.W D1,D3`.

5.3 Adressierungsarten

5.3.1 Prinzipielle Adressierungsmöglichkeiten

Als *Adressierung* bezeichnet man die in einem Maschinenbefehl festgelegte Spezifikation der Speicherplätze (*Quellen*), an welchen sich die Operanden befinden, auf die der gerade auszuführende Befehl wirken soll sowie die Angabe des Speicherplatzes (*Ziel*), an dem das Ergebnis abgespeichert werden soll. Es gibt in jeder Assembler-Sprache eine ganze Reihe von Adressierungsarten, die dem Zweck dienen, ein Programm zu optimieren, und zwar hinsichtlich *Ablaufgeschwindigkeit, Speicherbedarf* und *Verschiebbarkeit.*

Verschiebbarkeit bedeutet in diesem Zusammenhang, dass ein Programm an einer beliebigen Stelle des Speichers geladen werden kann und dort ohne (oder nur mit minimalen) Änderungen ablauffähig ist. Adressen von Variablen sind dann *relativ* zu einer *Startadresse* des betreffenden Programms definiert.

Man unterscheidet verschiedene *Speichertypen*, die bei der Adressierung angesprochen werden müssen. Im Folgenden werden diese Speichertypen in der Reihenfolge ihrer Zugriffsgeschwindigkeiten aufgelistet:

1. *Register:* Ein kleiner Speicherbereich innerhalb der CPU, auf den sehr schnell zugegeriffen werden kann. Register werden für die Zwischenspeicherung von Daten und Adressen während des Programmablaufs benützt.

2. *Cache-Speicher:* Ein schneller, im Vergleich zum Hauptspeicher meist kleiner Speicherbereich für Programmteile und/oder Daten, der oft mit auf dem CPU-Chip integriert ist. Beim M68000 ist kein Cache-Speicher vorgesehen, wohl aber bei den Nachfolgertypen M680XX.

3. *Stapelspeicher* (*Stack*): Der Stapelspeicher, auch *Kellerspeicher* genannt, ist ein nach dem *LIFO-Prinzip* (*Last-In-First-Out*) organisierter Teil des Arbeitsspeichers (RAM). Der Zugriff auf den Stack erfolgt schneller als der wahlfreie Zugriff auf eine beliebige Zelle des Arbeitsspeichers, da die Adresse, auf die zugegeriffen werden soll, bereits bekannt und im *Stapelzeiger* (*Stack Pointer*) enthalten ist.

4. *Random Access Memory* (*RAM*): Ein Speicher mit beliebigem Schreib- oder Lesezugriff, der als *Arbeitsspeicher* zur Aufnahme von Programmen und/oder Daten verwendet wird. In der Regel ist aus technischen Gründen der Zugriff auf das RAM schneller als auf das ROM. Bei der Adressierung bestehen aber sonst keine prinzipiellen Unterschiede zwischen RAM und ROM.

5. *Read Only Memory* (*ROM*): Ein *Festwertspeicher*, der nicht beschrieben, sondern nur gelesen werden kann. Ein ROM dient hauptsächlich der Speicherung von Programmen, die nach dem Einschalten des Systems sofort ablaufen sollen. Insbesonders gilt dies für Teile des Betriebssystems.

6. *Eingabe/Ausgabe* (*E/A*): Die Eingabe/Ausgabe-Adressierung (*Input/Output*, I/O) benötigt man für die Kommunikation mit *Peripheriegeräten* (z.B. Tastatur, Drucker, Festplattenlaufwerke etc.). Man unterscheidet zwei Arten:

   - *Isolierte E/A* (*Isolated I/O*): Es können unabhängig von der Speicheradressierung eine Anzahl von E/A-Kanälen über eigene, dafür reservierte Adressen angesprochen werden. Für diesen Zweck stehen spezielle Maschinenbefehle zur Verfügung. Diese Zugriffsart wird beispielsweise bei den vor allem in PCs verwendeten Prozessoren des Herstellers *Intel* verwendet.

   - *Speicher-E/A* (*Memory Mapped I/O*): Hier wird ein Teil der eigentlich für den Arbeitsspeicher zur Verfügung stehenden Adressen zur Adressierung der E/A-Kanäle verwendet. Es gibt in diesem Fall konsequenterweise auch keine eigenen Assembler-Befehle für E/A, es wird vielmehr allein anhand der Adresse entschieden, ob ein Speicherplatz oder ein E/A-Kanal angesprochen ist. Dieser Weg wurde beispielsweise bei den Motorola-Prozessoren beschritten.

7. *Virtueller Speicher*: Virtuelle Speicher werden durch spezielle Hard- und Software-Lösungen realisiert und in erster Linie für Multi-User-Betriebssysteme eingesetzt. Die Verwaltung des Speicherzugriffs auf einen virtuellen Speicher wird vom Betriebssystem vorgenommen, geschieht also nicht direkt auf Assembler-Ebene. Einzelheiten werden im Kapitel *Betriebssysteme* besprochen.

Es besteht nun prinzipiell die Möglichkeit der Datenübertragung zwischen beliebigen Speichertypen. Von diesen Möglichkeiten sind im Falle des M68000 die folgenden realisiert:

Register ↔ Register	Speicher ↔ Speicher
Register ↔ Speicher	Speicher ↔ E/A
Register ↔ Stack	Speicher ↔ Stack
Register ↔ E/A	

Im Allgemeinen müssen bei einem Maschinenbefehl drei Adressen angegeben werden, nämlich die Adresse des ersten Operanden, die Adresse des zweiten Operanden und die Adresse, in der das Ergebnis gespeichert werden soll. Um jedoch die Zeit raubende Anzahl der Speicherzugriffe zu minimieren, liegt es nahe, das Ergebnis auf dem gleichen Speicherplatz abzulegen, von dem der Operand (bzw. einer der Operanden) geholt wurde. Man bezeichnet diese bei Großrechnern wie bei Mikroprozessoren am häufigsten verwendete Adressierung als *Zwei-Adress-Form* und derartig organisierte Maschinen als *Zwei-Adress-Maschinen*. Die *Drei-Adress-Form* hat in der Praxis kaum Bedeutung. Die *Ein-Adress-Form* ist dagegen in manchen Befehlen realisiert, beispielsweise bei Stack-Zugriffen.

Ebenfalls um die Ablaufgeschwindigkeit zu minimieren, versucht man Adressen so kurz wie möglich darzustellen. Für einen Register-Zugriff genügen beim M68000 beispielsweise drei Bit, um eines der 8 Datenregister auszuwählen. Aber auch beim Speicherzugriff kommt man mit nur einem Wort (16 Bit) für die Adressangabe aus, wenn man sich auf einen Speicherbereich von 64kByte beschränkt. Dieses Konzept wurde besonders konsequent bei der Speicherorganisation in *Segmente* von jeweils 64kByte bei den Intel-Prozessoren verfolgt. Aber auch beim M68000 ist innerhalb von 64kByte-Segmenten die kurze Adressierung mit 16 Bit möglich, ohne dass jedoch die lange Adressierung mit 24 Bit erschwert wurde. Damit steht ein *linearer Adressraum* von 2^{24} Speicherzellen zur Verfügung. In den Nachfolgetypen des M68000 und anderen neueren Mikroprozessoren umfasst der Adressbus oft 32 Bit.

5.3.2 Die Adressierungsarten des M68000

Im Folgenden werden nun die bei der Programmierung des M68000 möglichen *Adressierungsarten* anhand des `MOVE`-Befehls dargestellt. In identischer oder ähnlicher Weise sind diese Adressierungsarten als grundlegendes Konzept auch bei Prozessoren anderer Hersteller realisiert.

Bei den meisten Befehlen werden die *Quellenadresse* und die *Zieladresse* als *effektive Adresse* in den untersten 12 Bit des ersten Befehlswortes verschlüsselt:

15 12	11 6	5 0 Bit
OP-Code	effektive Zieladresse Register / Modus	effektive Quellenadresse Modus / Register

Abbildung 5.10: Die Darstellung der effektiven Adressen des Quelloperanden und des Zieloperanden im ersten Befehlswort.

Die verschiedenen in den effektiven Adressen verschlüsselten Modi der Adressierungsarten sind in der folgenden Tabelle zusammengestellt.

Tabelle 5.2: Die Verschlüsselung der Adressierungsarten. Durch das Zeichen `$` wird eine Hexadezimal-Zahl gekennzeichnet und durch das Zeichen `#` eine Konstante im Unterschied zu einer Adresse.

Modus	Register	Adressierungsart	Schreibweise
000	Reg.Nr.	Datenregister direkt	`Dn`
001	Reg.Nr.	Adressregister direkt	`An`
010	Reg.Nr.	Adressregister indirekt (ARI)	`(An)`
011	Reg.Nr.	ARI mit Postinkrement	`(An)+`
100	Reg.Nr.	ARI mit Predekrement	`-(An)`
101	Reg.Nr.	ARI mit Adressdistanz	`d16(An)`
110	Reg.Nr.	ARI mit Adressdist. und Index	`d8(An,Rx)`
111 000	---	Absolut kurz	`$XXXX`
111 001	---	Absolut lang	`$XXXXXX`
111 010	---	PC relativ mit Adressdistanz	`d16(PC)`
111 011	---	PC rel. mit Adr.dist. und Index	`d8(PC,Rx)`
111 100	---	Konstante oder Statusregister	`#, SR, CCR`
111 101	---	nicht verwendet	
111 110	---	nicht verwendet	
111 111	---	nicht verwendet	

1. Register-Adressierung (implizite oder direkte Adressierung)

Die Operanden sind bei der *Register-Adressierung* in Registern enthalten, deren Adressen im erweiteren OP-Code codiert sind, also einen impliziten Bestandteil des Befehls darstellen.

Beispiel: `MOVE.W D1,D3`

Bei diesem Befehl wird der Inhalt von Datenregister D1 in das Datenregister D3 kopiert. In Abbildung 5.11 ist dies schematisch dargestellt.

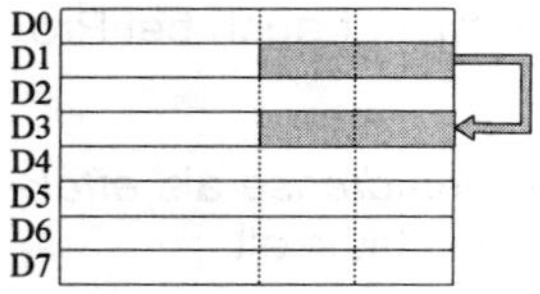

Abbildung 5.11: Beispiel zur Register-Adressierung (impliziten Adressierung) anhand des Befehls `MOVE.W D1,D3`.

2. Konstantenadressierung oder unmittelbare (immediate) Adressierung

Bei der *Konstantenadressierung* wird als Operand der Inhalt der Speicherzelle verwendet, die unmittelbar auf die den OP-Code enthaltende Speicherzelle folgt.

Beispiel: `MOVE #$1234,D0`

Die Hex-Zahl `1234H` wird ins Datenregister D0 transferiert.

Bei der Assemblersprache des M68000 werden Zahlen in hexadezimaler Schreibweise durch das vorangestellte Dollarzeichen (`$`) gekennzeichnet. Das Nummernzeichen (`#`) bedeutet, dass die folgende Zahl als Konstante (und nicht als Adresse) interpretiert werden soll. In der folgenden Abbildung ist das Beispiel verdeutlicht.

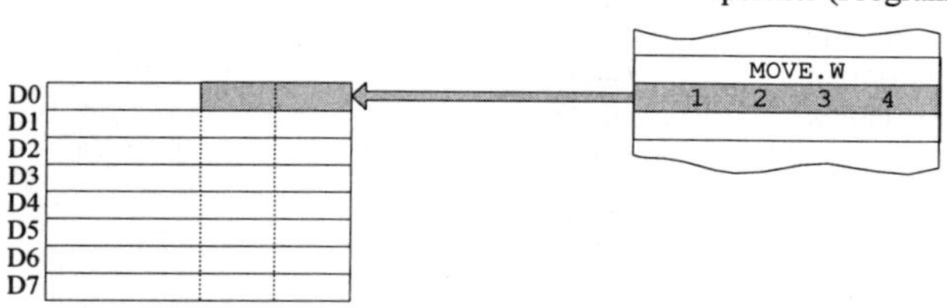

Abbildung 5.12: Beispiel zur Konstanten-Adressierung (immediate Adressierung) anhand des Befehls `MOVE.W #$1234,D0`.

3. Absolute Adressierung

Bei der *absoluten Adressierung* geben die beiden auf den OP-Code folgenden Wörter die Adresse der Speicherzelle an, die den Operanden enthält.

Beispiel: `MOVE.W $123456, D0`

Das in der Speicherzelle mit der Adresse `123456H` enthaltene Wort wird in die untere Hälfte von Datenregister D0 transferiert. Die Adressangabe umfasst hier mehr als 16 Bit, daher werden zwei Speicherzellen für die Adresse benötigt, nämlich eine für das MSW `0012H` und eine für das LSW `3456H`. Anhand von Abbildung 5.13 wird dies erläutert.

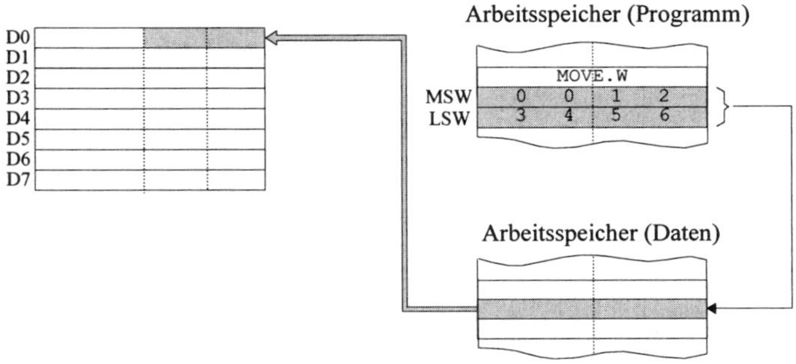

Abbildung 5.13: Beispiel zur absoluten Adressierung anhand des Befehls `MOVE.W $123456,D0`.

Bei der absoluten Adressierung ist noch zu unterscheiden, ob die angegebene Adresse 16 Bit (vier hexadezimale Stellen) oder mehr als 16 Stellen umfasst. Im ersten Fall ist die Adresse durch ein Wort darstellbar, man spricht von der *kurzen absoluten Adressierung*; im zweiten Fall, der *langen absoluten Adressierung*, werden zwei Worte für die Adressangabe benötigt. Dementsprechend nimmt die Ausführung bei der langen absoluten Adressierung mehr Zeit in Anspruch.

Im obigen Beispiel ist der Zieloperand in impliziter (bzw. Register-) Adressierung angegeben und der Quellenoperand in absoluter Adressierungsart. Es können auch beide Operanden absolut adressiert werden, etwa durch den Befehl `MOVE.W $24A6,$3E54`.

Zu beachten ist ferner, dass bei einem Wortzugriff (`.W`) oder Langwortzugriff (`.L`) nur gerade Adressen zugelassen sind, während bei einem Byte-Zugriff (`.B`) auch ungerade Adressen erlaubt sind.

Als problematisch bei der absoluten Adressierung kann es sich erweisen, dass in einem Programm unabhängig davon, mit welcher Startadresse das Programm nach dem Laden beginnt, auf dieselben Speicheradressen zugegriffen wird. Dies kann gewollt sein, beispielsweise wenn der Zugriff den Bildspeicher einer Grafikkarte betrifft, es besteht aber auch die Gefahr, dass sich Fehler einschleichen.

4. Indirekte Adressierung

Die Adresse eines Operanden ist bei der *indirekten Adressierung* (*address register indirect, ARI*) in einem Adressregister abgelegt. Dies wird dadurch gekennzeichnet, dass das die Adresse enthaltende Adressregister in Klammern gesetzt wird.

Beispiel: `MOVE.W (A4),D5`

Der Inhalt des Adressregisters A4 wird als Adresse interpretiert. Der Inhalt derjenigen Speicherzelle, auf welche die in A4 spezifizierte Adresse deutet, wird in das Datenregister D5 transferiert. In Abbildung 5.14 ist dies dargestellt.

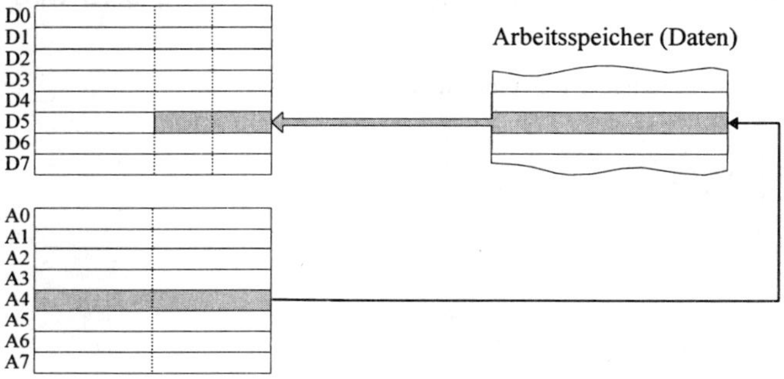

Abbildung 5.14: Beispiel zur indirekten Adressierung anhand des Befehls `MOVE.W (A4),D5`.

5. Indirekte (relative) Adressierung mit Distanzangabe

Häufig ist die Operandenadresse nicht einfach der Inhalt eines Adressregisters, sondern sie ergibt sich erst durch Addition (oder Subtraktion) einer *Adressdistanz*. Das Adressregister nennt man in diesem Falle *Basisregister*. Man spricht dann auch von *relativer Adressierung*. Folgende Möglichkeiten sind im M68000 realisiert:

- *Adressregister indirekt mit Predekrement:*

  Beispiel: `MOVE.W D0,-(A7)`

  Hierbei handelt es sich um den Transfer des Inhalts des Registers D0 in den Stack. Die Adresse ergibt sich aus dem Inhalt von A7 minus 1. In manchen anderen Assemblersprachen wird diese Operation durch den Befehl `PUSH` codiert, dies gilt beispielsweise für die Intel-Prozessoren.

- *Adressregister indirekt mit Postinkrement:*

  Beispiel: `MOVE.W (A7)+,D0`

  Der Inhalt des durch (A7), d.h. durch den Inhalt des Adressregisters A7 adressierten obersten Stack-Elements wird in das Register D0 übertragen. Hier wird nach der Befehlsausführung der Inhalt von A7 um 1 erhöht. Die indirekte Adressierung mit Predekrement oder Postinkrement wird vor allem bei Stack Operationen angewendet. Die Operandenadresse ergibt sich dann aus dem Stack-Pointer A7. In anderen Assemblersprachen steht dafür oft der Befehl `POP`.

- *Adressregister indirekt mit Adressdistanz* (*Displacement*):

  Beispiel: `MOVE.W D0,$100(A0)`

Der Inhalt von Datenregister D0 wird in derjenigen Speicherzelle abgespeichert, deren Adresse sich aus dem Inhalt von A0 plus `100H` ergibt.

Die indirekte Adressierung ist auch bezüglich des Befehlszählers (PC) möglich:

Beispiel: `MOVE.W $50(PC),D2`

- *Adressregister indirekt mit Indexregister und Adressdistanz:*

Beispiel: `MOVE.W $50(A0,D0),D1`

Hier wird der Inhalt derjenigen Speicherzelle in das Datenregister D1 kopiert, deren Adresse sich aus folgendem Ausdruck ergibt:

```
(Inhalt von A0) + (Inhalt von D0) + 50H
```

In der folgenden Abbildung wird die relative Adressierung mit Adressdistanz noch einmal am Beispiel des Befehls `MOVE.W D5,$2ABC(A1)` erläutert.

Die relative Adressierung mit Indexregister und Distanz ist auch mit dem *Befehlszähler* (PC) als Basis möglich. Sie wird insbesondere bei *Programmverzweigungen* mit Hilfe von Sprungbefehlen angewendet.

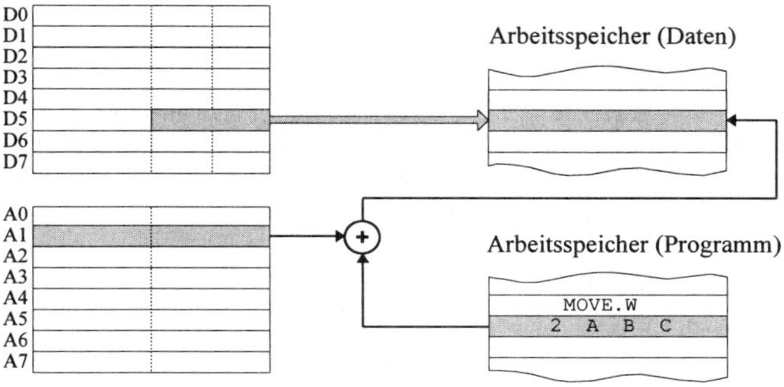

Abbildung 5.15: Beispiel zur ARI mit Adressdistanz anhand des Befehls `MOVE.W D5,$2ABC(A1)`.

5.4 Der Befehlssatz des M68000

In diesem Kapitel kann nicht detailliert auf die einzelnen Befehle des M68000 eingegangen werden. Es wird stattdessen in den folgenden Tabellen ein Überblick über alle Befehle gegeben, gefolgt von einer eingehenderen Erklärung der wichtigsten Befehle.

In vielen Fällen werden die Flags entsprechend dem Ergebnis der Operation verändert. In den Tabellen wird dies jeweils angegeben, wobei folgenden Symbole verwendet werden:

0 Flag wird gelöscht, d.h. auf 0 gesetzt
1 Flag wird gesetzt, d.h. auf 1 gesetzt
- Flag bleibt unverändert
? Flag ist undefiniert
* Flag wird entsprechend dem Ergebnis der Operation gesetzt

In der Befehlsnotation wird außerdem auf die im vorigen Kapitel erläuterten Adressierungsarten Bezug genommen.

5.4.1 Datenübertragungsbefehle

Der wichtigste Befehl zur *Datenübertragung* ist der bereits eingeführte MOVE-Befehl. Daneben gibt es einige spezielle Befehle, die Register und Stack betreffen. In der folgenden Tabelle sind alle Datenübertragungsbefehle zusammengestellt.

Tabelle 5.3: Datenübertragungsbefehle des M68000.

Befehl	Bedeutung	X	N	Z	V	C
`MOVE.X ea,ea`	Übertrage eine Date	-	*	*	0	0
`MOVE SR,ea`	Übertrage den Inhalt des SR	-	-	-	-	-
`MOVE ea,CCR`	Lade das CCR	*	*	*	*	*
1) `MOVE ea,SR`	Lade das Statusregister SR	*	*	*	*	*
`MOVE USP,An`	Lade den User Stackp. in An	-	-	-	-	-
1) `MOVE An,USP`	Lade An in den User Stackp.	-	-	-	-	-
2) `MOVEA.X ea,An`	Übertrage eine Adresse	-	-	-	-	-
`MOVEM.X Liste,ea`	Übertrage mehrere Register	-	-	-	-	-
`MOVEM.X ea,Liste`	Lade mehrere Register	-	-	-	-	-
`MOVEP.X Dn,d(Am)`	Übertrage Daten zur Peripherie	-	-	-	-	-
`MOVEP.X d(Am),Dn`	Lade Daten von Peripherie	-	-	-	-	-
`MOVEQ #const,Dn`	Lade schnell eine Konstante	-	*	*	0	0
`PEA ea`	Lege eine Adresse auf den Stack	-	-	-	-	-
`SWAP Dn`	Vertausche zwei Registerhälften	-	*	*	0	0
`LINK An,#const`	Baue einen Stack-Bereich auf	-	-	-	-	-
`UNLNK An`	Baue einen Stackbereich ab	-	-	-	-	-
`EXG Rn,Rm`	Austausch von Registern	-	-	-	-	-
`LEA ea,An`	Lade eine effektive Adresse	-	-	-	-	-

1) Privilegierter Befehl, nur im Supervisor-Modus zugänglich.
2) Privilegierter Befehl, wenn das Ziel das Statusregister (SR) ist.

Beispiel:

Der Befehl `MOVE.X ea1,ea2` überträgt eine Date von dem in `ea1` (effektive Adresse der Quelle) spezifizierten Speicherplatz zu dem in `ea2` (effektive Adresse des Ziels) spezifizierten Speicherplatz:

Quelle → Ziel

Das Ziel darf dabei kein Adressregister sein.

Die Flags werden folgendermaßen gesetzt:
X: unverändert,
V=O, C=0,
N und Z: entsprechend dem Ergebnis.

Die Codierung des Befehls `MOVE.X` geht aus der folgenden Abbildung hervor.

15	14	13 12	11 6	5 0	Bit
0	0	Größe	effektive Zieladresse	effektive Quellenadresse	

Abbildung 5.16: Die binäre Codierung des Befehls `MOVE.X`.

Die effektiven Adressen sind dabei so verschlüsselt, wie es im vorigen Kapitel erklärt wurde. Die Bits 11 und 12 legen die Bedeutung des die Operandengröße beschreibenden Zusatzes `.X` fest. Es bedeuten:

00 = `.B` (Byte), 11 = `.W` (Wort), 10 = `.L` (Langwort).

Beispiel: `MOVE.W D0,(A1)`

In diesem Beispiel wird das in Bit 0 bis 15 des Datenregisters D0 enthaltene Wort (d.h. die untere Hälfte, also das LSW von D0) in diejenige Speicherzelle geschrieben, die durch die in Adressregister A1 enthaltene Adresse (d.h. die untersten 24 Bit von A1) spezifiziert wird.

Die Erweiterung `.W` kann auch weggelassen werden.

Soll das Ziel der Datenübertragung ein Adressregister An sein, so wird der Befehl `MOVEA.X` verwendet. Die Flags werden in diesem Fall, wie bei fast allen Befehlen, die Adressen betreffen, nicht geändert. Da nun ein Adressregister angesprochen wird, kann keine Byte-Übertragung sondern nur eine Wort- oder Langwort-Übertragung stattfinden. Bei Wortverarbeitung wird der 16Bit-Quelloperand automatisch durch Voranstellen von Nullen auf 32 Bit erweitert. Die Codierung geht aus der folgenden Abbildung hervor.

15	14	13 12	11 9	8 6			5 0	Bit
0	0	Größe	Zielregister	0	0	1	effektive Quellenadresse	

Abbildung 5.17: Die binäre Codierung des Befehls `MOVEA.X`.

Die Bedeutung der Bits 12 und 13 ist dieselbe wie beim Befehl `MOVE.X`, es sind jedoch bei Adressregistern keine Byte-Zugriffe möglich.

Beispiel: `MOVEA.L D4,A3`

In diesem Beispiel wird der Inhalt von Register D4 (32 Bit) in das Adressregister A3 übertragen.

5.4.2 Arithmetische Operationen

Diese Gruppe von Befehlen umfasst die vier Grundrechenarten mit ganzen Zahlen sowie die Zweierkomplementbildung und Vergleichsoperationen.

Tabelle 5.4 Arithmetik-Befehle des M68000.

Befehl	Bedeutung	X	N	Z	V	C
`ADD.X ea,Dn`	Binäre Addition	*	*	*	*	*
`ADD.X Dn,ea`	Binäre Addition	*	*	*	*	*
`ADDA.X ea,An`	Binäre Addition einer Adresse	-	-	-	-	-
`ADDI.X #const,Dn`	Addition einer Konstanten	*	*	*	*	*
`ADDQ.X #const,ea`	Schnelle Addition einer Konst.	*	*	*	*	*
`ADDX.X Dn,Dm`	Addition mit Extend Flag	*	*	*	*	*
`ADDX.X -(An),-(AM)`	Addition mit Extend Flag	*	*	*	*	*
`CLR.X ea`	Löschen eines Operanden	-	0	1	0	0
`CMP.X ea,Dn`	Vergleich zweier Daten	-	*	*	*	*
`CMPA.X ea,An`	Vergleich zweier Adressen	-	*	*	*	*
`CMPI.X #const,ea`	Vergleich mit einer Konstanten	-	*	*	*	*
`CMPM.X (An)+,(Am)+`	Vergleich zweier Daten im Sp.	-	*	*	*	*
`DIVS ea,Dn`	Division mit Vorzeichen	-	*	*	*	0
`DIVU ea,Dn`	Division ohne Vorzeichen	-	*	*	*	0
`EXT.X Dn`	Vorzeichenrichtige Erweiterung	-	*	*	0	0
`MULS ea,Dn`	Multiplikation mit Vorzeichen	-	*	*	0	0
`MULU ea,Dn`	Multiplikation ohne Vorzeichen	-	*	*	0	0
`NEG.X ea`	Negation (Zweierkomplement)	*	*	*	*	*
`NEGX.X ea`	Negation mit Extend Flag	*	*	*	*	*
`SUB.X ea,Dn`	Binäre Subtraktion	*	*	*	*	*
`SUB.X Dn,ea`	Binäre Subtraktion	*	*	*	*	*
`SUBA.X ea,An`	Binäre Subtraktion von Adressen	-	-	-	-	-
`SUBI.X #const,ea`	Subtraktion einer Konstanten	*	*	*	*	*
`SUBQ.X #const,ea`	Schnelle Sub. einer Konstanten	*	*	*	*	*
`SUBX.X Dm,Dn`	Subtraktion mit Extend Flag	*	*	*	*	*
`SUBX.X -(Am),-(An)`	Subtraktion mit Extend Flag	*	*	*	*	*
`TST.X ea`	Testen einer Date gegen Null	-	*	*	0	0

Beim Befehl `ADD.X` erfolgt eine *binäre Addition* des Quelloperanden und des Zieloperanden, wobei das Ergebnis wieder am Speicherplatz des Zieloperanden abgelegt wird:

Ziel + Quelle $\rightarrow$ Ziel

Dabei muss entweder die Quelle oder das Ziel ein Datenregister sein, außerdem darf kein Adressregister als Ziel verwendet werden. Bei der Addition werden alle Flags dem Ergebnis entsprechend beeinflusst. Der Binär-Code des `ADD`-Befehls geht aus der folgenden Abbildung hervor.

15			12	11 9	8	7 6	5 0	Bit
1	1	0	1	Register	Q	Größe	effektive Adresse	

Abbildung 5.18: Die binäre Codierung des Befehls `ADD.X`.

Bit 8 (Q) legt fest, ob die Quelle ein Datenregister ist (Q=1), oder ob das Ziel ein Datenregister ist (Q=0). In den Bits 6 und 7 ist wieder die Operandengröße verschlüsselt, allerdings anders als in den `MOVE`-Befehlen. Es bedeuten: 00=`.B` (Byte), 01=`.W` (Wort) und 10=`.L` (Langwort).

Beispiel: `ADD.W D1,D2`

In diesem Beispiel wird der Inhalt von Datenregister D1 zum Inhalt von Datenregister D2 addiert; das Ergebnis steht in D2: D2 + D1 → D2.

Ist das Ziel ein Adressregister, so muss der Befehl `ADDA.X ea,An` benutzt werden. Die Operandenlänge kann hier wieder nur ein Wort oder ein Langwort sein. `ADDA.X` unterscheidet sich von `ADD.X` in den Bits 6, 7 und 8, die nun die Operandengröße spezifizieren: 011=`.W` und 111=`.L`. Die Flags werden durch `ADDA.X` nicht beeinflusst.

Die Befehle zur *Subtraktion* führen die Operation

Ziel - Quelle → Ziel

durch. Der Befehlscode unterscheiden sich von dem der Additionsbefehle nur durch den OP-Code (Bits 12 bis 15), der nun 1001 lautet. Auch hier wird in analoger Weise wie bei den Additionsbefehlen zwischen `SUB.X` und `SUBA.X` unterschieden, je nachdem, ob sich die Operation auf ein Datenregister oder ein Adressregister bezieht.

Im Falle der *Multiplikation* wird die Operation

Ziel * Quelle → Ziel

ausgeführt. Dazu stehen die beiden Befehle `MULS ea,Dn` für die Multiplikation von Operanden in Zweierkomplement-Darstellung mit Vorzeichen und `MULU ea,Dn` für die Multiplikation ohne Vorzeichen zur Verfügung. In beiden Fällen werden Wortoperanden mit je 16 Bit verwendet, wobei das Ziel immer ein 32-Bit-Datenregister ist. Eine Multiplikation unter Verwendung von Adressregistern ist nicht möglich.

Die Flags werden wie folgt gesetzt:
X: unverändert,
V=0, C=0,
N und Z: entsprechend dem Ergebnis.

Der binäre Code der Multiplikationsbefehle lautet:

15 … 12	11 … 9	8	7 6	5 … 0	Bit
1 1 0 0	Zielregister	S	1 1	effektive Adresse	

Abbildung 5.19: Die binäre Codierung der Befehle `MULS` und `MULU`.

Ist S=1, so handelt es sich um den Befehl `MULS`. Entsprechend ist durch S=0 `MULU` codiert.

Beispiel: `MULS $123456,D3`

Bei diesem Beispiel wird der Inhalt der Bits 0 bis 15 des Datenregisters D3 mit dem Inhalt der Speicherzelle mit Adresse `123456H` (d.h. mit dem MSW `0012H` und dem LSW `3456H`) multipliziert. Das Ergebnis wird wieder in D3 gespeichert, wobei aber jetzt grundsätzlich alle 32 Bit des Registers verwendet werden, da das Ergebnis der Multiplikation zweier 16-Bit-Zahlen 32 Bit lang sein kann. In der folgenden Abbildung ist dies verdeutlicht.

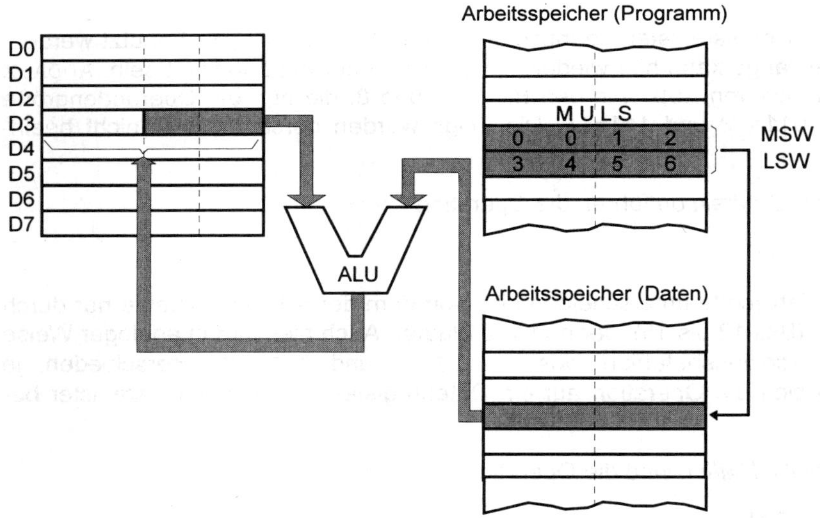

Abbildung 5.20: Zur Ausführung des Befehls `MULS $123456,D3`.

Bei den Befehlen zur *Division* wird berechnet:

Ziel / Quelle → Ziel

Es stehen die Befehle `DIVS ea,Dn` zur Division mit Vorzeichen und `DIVU ea,Dn` zur Division ohne Vorzeichen zur Verfügung.

Die Flags werden folgendermaßen gesetzt:
X: unverändert
C=0
N, Z und V: entsprechend dem Ergebnis.

Der Binär-Code der Divisionsbefehle unterscheidet sich von dem der Multiplikationsbefehle nur durch den OP-Code (Bits 12 bis 15), der hier 1000 statt 1100 lautet.

Wichtig für die Realisierung von Programmverzweigungen sind die ebenfalls zur Klasse der arithmetischen Operationen zählenden *Vergleichsbefehle*. Durch `CMP.X ea,Dn` wird der Inhalt eines Datenregisters mit einem durch ea adressierten Operanden verglichen. Dazu wird eine Subtraktion durchgeführt, ohne dass allerdings das Ergebnis in den Zieloperanden, hier also Dn, geschrieben wird. Das Ergebnis des Vergleichs ist demnach nur an den Flags abzulesen, die wie bei einer Subtraktion gesetzt werden:

Ziel - Quelle $\rightarrow$ (Flags setzen)

Der zugehörige Code geht aus der folgenden Abbildung hervor.

15 … 12	11 … 9	8	7 6	5 … 0	Bit
1 0 1 1	Register	0	Größe	effektive Adresse	

Abbildung 5.21: Die binäre Codierung des Befehls `CMP.X`.

Die Vergleichsoperation kann auch auf Adressregister angewendet werden, wobei ebenfalls das Ergebnis an den Flags abgelesen werden kann. Es ist dies der einzige Befehl, bei dem eine auf Adressregister wirkende Operation die Flags beeinflusst! Dafür stehen nur die beiden Befehle `CMPA.W` und `CMPA.L` zur Verfügung, da ja Byte-Verarbeitung bei Adressen nicht möglich ist. Der Code der Adressvergleichsoperationen unterscheidet sich von dem oben angegebenen Code für Datenvergleichsoperationen nur durch die Bits 6, 7 und 8, wobei durch 011 `CMPA.W` und durch 111 `CMPA.L` verschlüsselt wird.

Häufig möchte man einen Operanden nicht mit einem beliebigen Wert vergleichen, sondern mit Null. Hierfür wurde ein spezieller Befehl, `TST.X ea`, realisiert, der schneller ausgeführt wird als `CMP.X`. Der Operand darf hierbei kein Adressregister sein.

Die Flags werden dabei folgendermaßen gesetzt:
V=0, C=0, X: unverändert
N=1, falls der Operand negativ ist, sonst N=0
Z=1, falls der Operand Null ist, sonst Z=0.

Der zugehörige Code geht aus der folgenden Abbildung hervor.

15 … 8	7 6	5 … 0	Bit
0 1 0 0 1 0 1 0	Größe	effektive Adresse	

Abbildung 5.22: Die binäre Codierung des Befehls `TST.X`.

5.4.3 Schiebe- und Rotationsbefehle

Die *Schiebe-* und *Rotationsbefehle* dienen dazu, Daten bitweise um `n` Stellen nach links oder rechts zu verschieben. Dies entspricht einer Multiplikation mit 2^n bzw. einer Division durch 2^n. Die in unten stehender Tabelle zusammengestellten Schiebe- und Rotationsbefehle unterscheiden sich durch die Verwendung der Flags und dadurch, wie mit den freiwerdenden Bit-Positionen verfahren wird.

Tabelle 5.5: Schiebe- und Rotationsbefehle des M68000.
In den Befehlen steht `d` für die Richtung: für rechts ist `R` und für links `L` einzusetzen.

Befehl	Bedeutung	X	N	Z	V	C

`ASd.X Dm,Dn`
`ASd.X #const.,Dn`
`ASd ea`
	Arithmetische Verschiebung	*	*	*	*	*

`LSd.X Dm,Dn`
`LSd.X #const.,Dn`
`LSd ea`
	Logische Verschiebung	*	*	*	0	*

`ROd.X Dm,Dn`
`ROd.X #const.,Dn`
`ROd ea`
	Rotieren	-	*	*	0	*

`ROXd.X Dm,Dn`
`ROXd.X #const,Dn`
`ROXd.X ea`
	Rotieren mit Extend-Flag	*	*	*	0	*

Normalerweise haben die Schiebe- und Rotationsbefehle zwei Operanden, wobei der Zieloperand das zu verschiebende Datenregister angibt. Der Quelloperand, der ebenfalls ein Datenregister oder aber eine Konstante zwischen 0 und 8 sein kann, ist der *Schiebezähler*. Er gibt die Anzahl der Stellen an, um die verschoben bzw. rotiert werden soll. Man kann die Schiebe- und Rotationsbefehle aber auch mit nur einem Operanden verwenden, der sich dann im Speicher befinden muss und durch seine effektive Adresse `ea` spezifiziert wird. Damit entfällt die Angabe der Stellenzahl, um die verschoben werden soll, es wird in diesem Fall immer nur um eine Position verschoben, wobei allerdings die Operandengröße auf Wortlänge beschränkt ist.

Des Weiteren muss man zwischen den Befehlen für *logisches Verschieben* nach rechts bzw. links, `LSR.X` und `LSL.X`, sowie den Befehlen für *arithmetisches Verschieben* nach rechts bzw. links, `ASR.X` und `ASL.X` unterscheiden. Bei der logischen Verschiebung nach rechts oder nach links werden auf die freiwerdenden Stellen Nullen nachgezogen, bei der arithmetischen Verschiebung nach links werden ebenfalls Nullen nachgezogen. Die Befehle `ASL.X` und `LSL.X` sind also identisch. Der einzige Unterschied ergibt sich bei der arithmetischen Verschiebung nach rechts; hier wird auf die freiwerdenden Stellen das ursprüngliche höchstwertige Bit nachgezogen. Damit bleibt bei der arithmetischen Verschiebung das üblicherweise als MSB codierte Vorzeichen erhalten; das ist auch der Grund dafür, dass diese Art der Verschiebung als arithmetisch bezeichnet wird. Einzelheiten gehen aus der folgenden Abbildung hervor.

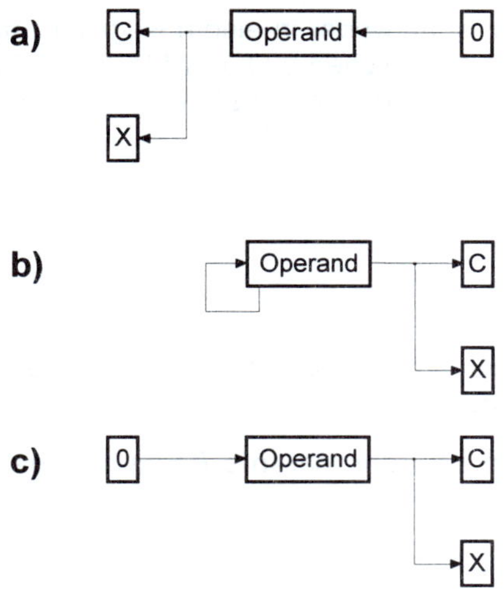

Abbildung 5.23: Die Wirkungsweise der Schiebebefehle.
a) Arithmetische Verschiebung nach links, `ASL.X`. Gleich bedeutend damit: logische Verschiebung nach links, `LSL.X`. Auf die freiwerdenden Stellen werden Nullen nachgezogen.
b) Arithmetische Verschiebung nach rechts, `ASR.X`. Auf die freiwerdenden Stellen wird das ursprüngliche, höchstwertige Bit nachgezogen.
c) Logische Verschiebung nach rechts, `LSR.X`. Auf die freiwerdenden Stellen werden Nullen nachgezogen.

Der Code für die Schiebebefehle ist aus der folgenden Abbildung ersichtlich.

a)

Bit	15–12	11–9	8	7–6	5	4	3	2–0
	1 1 1 0	Konst / Reg.	d	Größe	K	0	A	Zielregister

b)

Bit	15–10	9	8	7–6	5–0
	1 1 1 0 0 0	A	d	1 1	effektive Adresse

Abbildung 5.24: Die binäre Codierung der Schiebe- und Rotationsbefehle des M68000.
a) Der Zieloperand ist ein Datenregister, der Schiebezähler ist eine kurze Konstante oder in einem Datenregister enthalten.
b) Der Zieloperand ist ein beliebiges 16-Bit-Wort, der Schiebezähler ist fest auf 1 gesetzt.

Die Bedeutung der einzelnen Bits bei den Schiebebefehlen ist:

a) Der Zieloperand ist ein Datenregister

Bit 3: Hierdurch wird unterschieden, ob es sich um eine logische (A=1) oder eine arithmetische (A=0) Verschiebung handelt.
Bit 5: K=1: Der Schiebezähler ist in einem Register enthalten.
K=0: Der Schiebezähler ist eine Konstante.
Bit 6,7: Größe: 00=`.B` (Byte), 01=`.W` (Wort), 10=`.L` (Langwort).
Bit 8: d=1: Verschiebung nach links, d=0: Verschiebung nach rechts.

Bit 9-11: Codierung des Schiebezählers. Dieser ist entweder in einem Register enthalten (für K=1), oder aber eine Konstante zwischen 000 und 111 (für K=0). Dabei wird 000 nicht als 0, sondern als 8 interpretiert, da ja eine Verschiebung um 0 Stellen nicht von Interesse ist.

b) Der Zieloperand ist ein beliebiges 16-Bit-Wort

Bit 0-5: Effektive Adresse des Zieloperanden.
Bit 8: d=1: Verschiebung nach links,
d=0: Verschiebung nach rechts.
Bit 9: Hierdurch wird unterschieden, ob es sich um eine logische (A=1) oder eine arithmetische (A=0) Verschiebung handelt.

Die *Rotationsbefehle* sind den Schiebebefehlen sehr ähnlich. Ihre Bedeutung geht aus der folgenden Abbildung hervor:

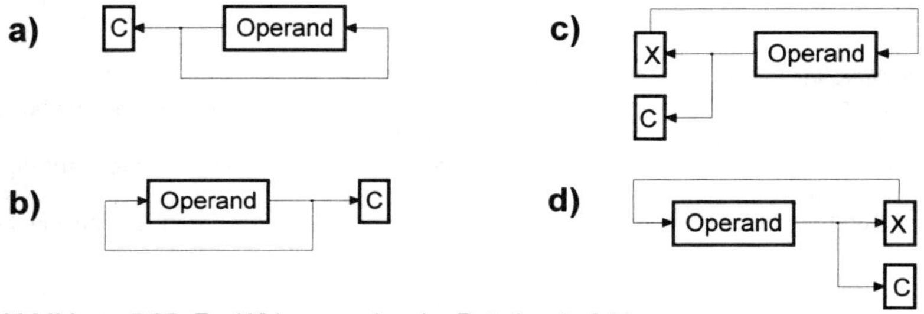

Abbildung 5.25: Zur Wirkungsweise der Rotationsbefehle.
a) Rotation nach links, `ROL.X`
b) Rotation nach rechts, `ROR.X`
c) Rotation mit Extend-Flag nach links, `ROXL.X`
d) Rotation mit Extend-Flag nach rechts, `ROXR.X`

Der Code für die Rotationsbefehle ist aus der folgenden Abbildung ersichtlich.

a)

15			12	11 9	8	7 6	5	4	3	2 0	Bit
1	1	1	0	Konst / Reg.	d	Größe	K	1	X	Zielregister	

b)

15				11		9	8	7	6	5 0	Bit
1	1	1	0	0	1	X	d	1	1	effektive Adresse	

Abbildung 5.26: Die binäre Codierung der Rotationsbefehle des M68000.
a) Der Zieloperand ist ein Datenregister, der Rotationszähler ist eine kurze Konstante oder in einem Datenregister enthalten.
b) Der Zieloperand ist ein beliebiges 16-Bit-Wort, der Rotationszähler ist fest auf 1 gesetzt.

Ist der Zieloperand ein Datenregister (Fall a), so haben die einzelnen Bits folgende Bedeutung:

Bit 3: X=1: Rotation nur durch C,
X=0: Rotation durch C und X.

Bit 5: K=1: Schiebezähler ist in einem Register enthalten,
K=0: Schiebezähler ist eine Konstante.

Bit 6,7: Größe des zu verschiebennden Operanden: 00=`.B` (Byte), 01=`.W` (Wort), 10=`.L` (Langwort)

Bit 8: d=1: Rotation nach links,
d=0: Rotation nach rechts.

Bit 9-11: Codierung des Rotationszählers. Dieser ist entweder in einem Register enthalten (für K=1), oder aber eine Konstante zwischen 000 und 111 (für K=0). Dabei wird 000 nicht als 0, sondern als 8 interpretiert, da eine Rotation um 0 Stellen nicht von Interesse ist.

Ist der Zieloperand ein beliebiges 16-Bit-Wort (Fall b), das dann nicht unbedingt in einem Register stehen muss, so wird in den Bits 0 bis 5 die effektive Adresse codiert. Wie im Fall a) wird auch im Fall b) durch d (Bit 8) die Rotationsrichtung festgelegt und durch X (Bit 9) die Rotation unter Einbeziehung des X-Flags.

5.4.4 Bit-Manipulationsbefehle

Mit Hilfe dieser Befehle können einzelne Bits des Zieloperanden, der sich entweder in einem Datenregister oder im Speicher befinden darf, manipuliert werden. Die Länge des Zieloperanden ist 8 Bit, wenn sich der Zieloperand im Speicher befindet und 32 Bit, wenn sich der Zieloperand in einem Datenregister befindet. Die zu manipulierende Bitposition wird in einem Register oder als 8-Bit-Konstante abgespeichert. In der folgenden Tabelle sind alle Bit-Manipulationsbefehle zusammengestellt.

Tabelle 5.6: Bit-Manipulationsbesfehle des M68000.

Befehl	Bedeutung	X	N	Z	V	C
`BCHG Dn,ea`	Invertieren des durch `Dn` bezeichneten Bits	-	-	*	-	-
`BCHG #const,ea`	Invertieren des durch `#const` bezeichneten Bits	-	-	*	-	-
`BCLR Dn,ea`	Löschen des durch `Dn` bezeichneten Bits	-	-	*	-	-
`BCLR #const,ea`	Löschen des durch `#const` bezeichneten Bits	-	-	*	-	-
`BSET Dn,ea`	Setzen des durch `Dn` bezeichneten Bits	-	-	*	-	-
`BSET #const,ea`	Setzen des durch `#const` bezeichneten Bits	-	-	*	-	-
`BTST Dn,ea`	Prüfen des durch `Dn` bezeichneten Bits	-	-	*	-	-
`BTST #const,ea`	Prüfen des durch `#const` bezeichneten Bits	-	-	*	-	-

Bei den Bit-Manipulationsbefehlen wird das Z-Flag auf 1 gesetzt, wenn das entsprechende Bit 0 ist, andernfalls auf 0. Alle anderen Flags bleiben unbeeinflusst.

Der Code für die Bit-Manipulationsbefehle lautet:

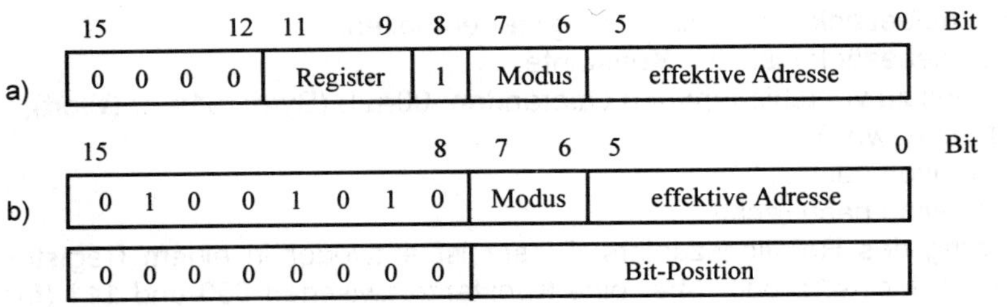

Abbildung 2.27: Die binäre Codierung der Bit-Manipulationsbefehle des M68000.
a) Die Bitposition ist in einem Datenregister angegeben.
b) Die Bitposition ist direkt angegeben.

Durch Bit 8 wird festgelegt, ob die Position des zu manipulierenden Bits in einem Datenregister (Bit 8 = 1) oder direkt als Konstante (Bit 8 = 0) angegeben ist. Wird die Position als Konstante spezifiziert (Bit 8 = 0), so wird diese als Low-Byte in der auf den Bit-Manipulationsbefehl folgenden Speicherzelle angegeben. Die Bits 6 und 7 (Modus) bestimmen, um welche Art der Bit-Manipulation es sich handelt. Es bedeuten: 00: `BTST`; 01: `BCHG`, 10: `BCLR`, 11: `BSET`.

Unter anderem sind die Befehle zur Bit-Manipulation auch für Multitasking Betriebssystem von Bedeutung, da sie zur Verwaltung von Semaphoren genutzt werden können. Bei vielen Mikroprozessoren existiert auch ein Befehl, bei dem die Bit-Operationen *Test* und *Set* auf Hardware-Ebene unteilbar zusammengefasst sind. Dadurch lassen sich Verfahren zur Prozess-Kommunikation sicherer gestalten, da durch andere Prozesse oder Interrupts die Operationen Test und Set nicht getrennt werden können.

5.4.5 BCD-Arithmetik

Die Befehle für BCD-Arithmetik beschränken sich auf Addition, Subtraktion und Negation, d.h. in diesem Falle Bildung des Neunerkomplements von binär codierten Dezimalzahlen. Diese Befehle werden insbesondere in finanzmathematischen Anwendungen verwendet.

Tabelle 5.7: BCD-Arithmetik-Befehle des M68000.

Befehl	Bedeutung	X	N	Z	V	C
ABCD.X Dm,Dn	Addition zweier BCD-Zahlen in Datenregistern	*	?	*	?	*
`ABCD.X -(Am),-(An)`	Addition zweier BCD-Zahlen im Speicher	*	?	*	?	*
SBCD Dm,Dn	Subtraktion zweier BCD-Zahlen in Datenregistern	*	?	*	?	*
SBCD -(Am),-(An)	Subtraktion zweier BCD-Zahlen im Speicher	*	?	*	?	*
NBCD ea	Neunerkomplementbildung	*	?	*	?	*

Die Befehle `SBCD` und `NBCD` sind nur auf Byte-Daten anwendbar.

Auf die Angabe des binären Codes dieser Spezialbefehle kann hier verzichtet werden.

5.4.6 Logische Befehle

An logischen Operationen sind in der Assembler-Sprache des M68000 die Verknüpfungen *und, oder, exklusives oder* und *Invertierung* realisiert. In der folgenden Tabelle sind alle logischen Befehle zusammengestellt.

Tabelle 5.8: Die logischen Befehle des M68000.

Befehl	Bedeutung	X	N	Z	V	C
`AND.X ea,Dn`	Logisches UND	-	*	*	0	0
`AND.X Dn,ea`	Logisches UND	-	*	*	0	0
`ANDI.X #const,ea`	Logisches UND mit einer Konstanten	-	*	*	0	0
`OR.X ea,Dn`	Logisches ODER	-	*	*	0	0
`OR.X Dn,ea`	Logisches ODER	-	*	*	0	0
`ORI.X #const,ea`	Logisches ODER mit einer Konstanten	-	*	*	0	0
`EOR.X Dn,ea`	Logisches EXCLUSIV-ODER	-	*	*	0	0
`EORI.X #const,ea`	Logisches EXCLUSIV-ODER mit Konst.	-	*	*	0	0
`NOT.X ea`	Einer-Komplement (Invertieren)	-	*	*	0	0

Die logischen Befehle sind privilegierte Befehle, wenn der Zieloperand das Statusregister (SR) ist.

Bei den Befehlen `AND` und `OR` muss entweder das Ziel oder die Quelle ein Datenregister sein, beim Befehl `EOR` muss in jedem Fall die Quelle ein Datenregister sein. Logische Verknüpfungen mit Adressregistern sind nicht erlaubt.

Die Binärcodes für die logischen Befehle lauten:

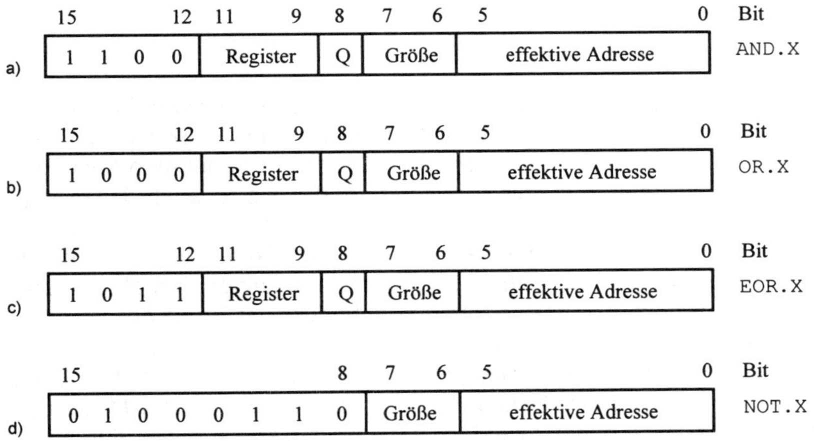

Abbildung 5.28: Die binäre Codierung der logischen Befehle des M68000.

Bei diesen Befehlen ist immer ein Datenregister entweder als Ziel oder als Quelle angesprochen. Q=0 bedeutet, dass das Ziel ein Datenregister ist, Q=1 bedeutet, dass die Quelle ein Datenregister ist. Als Operandengröße ist Byte (00), Wort (01) oder Langwort (10) möglich.

5.4.7 Steuerbefehle

Zu den Steuerbefehlen gehören alle Befehle, die zu einer *Programmverzweigung* führen oder den Programmablauf in irgendeiner Weise beeinflussen. In Tabelle 5.9 sind alle Steuerbefehle aufgelistet.

Tabelle 5.9: Die Steuerbefehle des M68000.

	Befehl	Bedeutung	X	N	Z	V	C
	`Bcc Marke`	Verzweige bedingt	-	-	-	-	-
	`BRA Marke`	Verzweige unbedingt	-	-	-	-	-
	`BSR Marke`	Verzweige an ein Unterprogramm	-	-	-	-	-
	`JMP ea`	Springe an Adresse `ea`	-	-	-	-	-
	`JSR ea`	Springe auf ein Unterprogramm an `ea`	-	-	-	-	-
1)	`RTE`	Rücksprung von einer Exception	*	*	*	*	*
	`RTS`	Rücksprung aus einem Unterprogramm	-	-	-	-	-
	`RTR`	Rückspr. aus U.P. mit Laden der Flags	*	*	*	*	*
1)	`RESET`	Rücksetzen der Peripherie	-	-	-	-	-
1)	`STOP #const`	Halte an, lade Statusregister	*	*	*	*	*
	`NOP`	Keine Operation	-	-	-	-	-
	`CHK ea,Dn`	Prüfe ein Datenregister gegen Grenzen	-	*	?	?	?
	`DBcc Dn,Marke`	Dekrementiere `Dn` und verzweige zu `Marke`, wenn Bed. `cc` nicht erfüllt ist	-	-	-	-	-
	`DBRA Dn,Marke`	Dekrementiere `Dn` und verzweige zu `Marke`, wenn `Dn`≥0 ist	-	-	-	-	-
	`Scc ea`	Setze ein Byte abhängig von Bedingung	-	-	-	-	-
	`TAS ea`	Prüfe und setze ein bestimmtes Bit	-	*	*	*	*
	`TRAP #const`	Gehe in Exception (Software Interrupt)	-	-	-	-	-
	`TRAPV`	Prüfe ob V-Flag gesetzt ist und gehe ggf. in Exception mit Interrupt-Vektor 1CH	-	-	-	-	-

1) Privilegierter Befehl.

Der Befehl `TRAP` wird häufig im Zusammenhang mit Betriebssystem-Funktionen verwendet. Durch `TRAP #const` wird ein *Betriebssystem-Aufruf* (*Supervisor Call*) durchgeführt, wobei die Konstante `const` die Werte 0 bis 15 annehmen kann und den zugehörigen Interrupt-Vektor `80H` bis `BCH` spezifiziert. Dies ist auch der einzige Weg, um vom *User-Mode* per Software in den *Supervisor-Mode* zu wechseln. Oft werden diese Betriebssystem-Aufrufe auch als *Ausnahmen* (*Exceptions*) oder, etwas missverständlich, als (*Software-*)*Interrupts* bezeichnet. Da mit einer Exception immer der Aufruf eines Betriebssystem-Unterprogramms verbunden ist, kann der Wechsel in den Supervisor-Mode gut kontrolliert werden, was insbesondere bei Multi-User Betriebssystemen wichtig sind. Zur Rückkehr vom Supervisor-Mode in den User-Mode muss lediglich das S-Bit des Status-Register, das im Supervisor-Mode den Wert 1 hat, gelöscht, also auf 0 gesetzt werden. Am einfachsten kann dies durch

```
MOVE #0,SR
```

geschehen, wobei allerdings das gesamte Status-Register gelöscht wird. Soll nur gezielt das S-Bit gelöscht werden, so empfiehlt sich die UND-Verknüpfung mit einer Maske:

```
ANDI #$DFFF,SR
```

Bei *Programmverzweigungen* unterscheidet man generell:

- *Sprungbefehle*. Sie bewirken, dass die Programmausführung an einer im Sprungbefehl als Operand spezifizierten neuen Adresse fortgesetzt wird. Dazu wird einfach der Befehlszähler mit der gewünschten Adresse geladen.

- *Unterprogrammaufrufe*. Hierbei findet zwar ebenfalls eine Verzweigung zu einer neuen Adresse statt, mit der ein *Unterprogramm* (*Subroutine*) beginnt. Nach einer Anzahl von Programmschritten, nämlich am Ende des Unterprogramms, wird aber durch einen *Rücksprungbefehl* wieder die Rückkehr in das rufende Programm bewirkt, und zwar zu dem auf den Unterprogrammaufruf folgenden Befehl. Damit dies erreicht werden kann, wird der ursprüngliche Wert des Befehlszählers vor Ausführung des Sprunges im Stack zwischengespeichert und beim Rücksprung wieder in den Befehlszähler kopiert.

Der Befehl `BRA Marke` (von *branch*, verzweigen) führt eine *Verzweigung* aus, indem der Befehlszähler um die *Sprungdistanz* d inkrementiert wird:

$PC + d \rightarrow PC$

Die im Zweierkomplement dargestellte Sprungdistanz d wird während des Assemblierens aus dem vom Benutzer frei gewählten Namen "Marke" berechnet, der einfach im Programmtext vor die anzuspringende Programmzeile geschrieben wird. Flags werden dabei nicht beeinflusst. Ist d durch 8 Bit darstellbar, dann sind Sprünge über eine Distanz von -128 bis +127 Byte möglich und der Sprungbefehl umfasst nur ein Wort. Für Sprungbefehle zwischen -32768 und 32767 Byte sind zwei Worte zur Codierung des Sprungbefehls nötig, wobei dann die Bits 0 bis 7 im ersten Befehlswort alle 0 sein müssen.

Für die Verzweigung in ein Unterprogramm verwendet man den Befehl `BSR Marke`, dessen Code sich nur dadurch vom Befehl `BRA` unterscheidet, dass Bit 8 nun eine 1 enthält. Vor der Ausführung des Sprunges wird jetzt der Inhalt des Befehlszählers in den Stack gerettet, bevor er mit der neuen Adresse geladen wird:

$PC \rightarrow -(A7)$
$PC + d \rightarrow PC$

Der Code der Sprungbefehle ist in der folgenden Abbildung dargestellt.

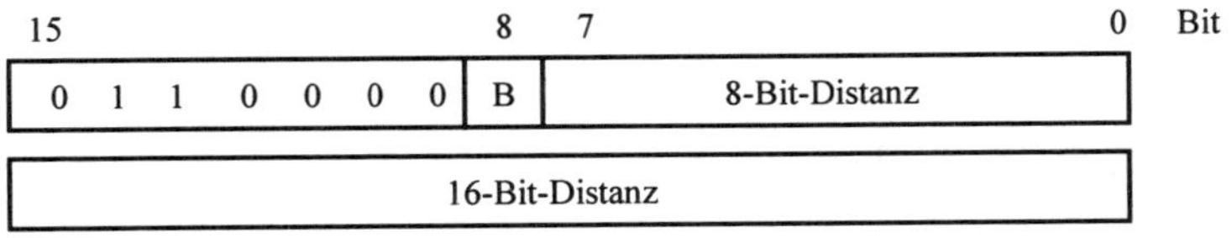

Abbildung 5.29: Die binäre Codierung des Sprungbefehls `BRA` bzw. `BSR`.

Für die Rückkehr aus Unterprogrammen stehen zwei Befehle zur Verfügung, nämlich `RTR` und `RTS`, je nachdem, ob das CCR wieder aus dem Stack mit den Flags geladen werden soll (die dann natürlich zuvor in den Stack gespeichert worden sein sollten), oder nicht. In beiden Fällen wird in den Befehlszähler wieder der zuvor im

Stack gespeicherte ursprüngliche Inhalt des Befehlszählers zurückgeschrieben. Es werden also folgende Operationen ausgeführt:

RTR: (A7)+ → CCR
(A7)+ → PC

RTS: (A7)+ → PC

Der Code für die Rücksprungbefehle lautet:

15														1	0
0	1	0	0	1	1	1	0	0	1	1	1	0	1	R	1

Abbildung 5.30: Die binäre Codierung der Rücksprungbefehle des M68000. Bit 1 (R) legt fest, ob es sich um `RTR` (R=1), oder `RTS` (R=0) handelt.

In den Befehlen `BRA` und `BSR` ist für die Angabe der Sprungadresse die *relative Adressierung* vorgeschrieben. Dadurch werden die Programme frei verschiebbar, da nur Sprungdistanzen, aber keine absoluten Sprungadressen spezifiziert werden. Es besteht aber auch die Möglichkeit, Sprünge auf *absolute Adressen* zu programmieren. Dazu stehen die Befehle `JMP ea` für den unbedingten Sprung und `JSR ea` für die unbedingte Verzweigung auf ein Unterprogramm zur Verfügung. Dabei werden folgende Operationen ausgeführt:

JMP: ea → PC

JSR: PC → -(A7)
ea → PC

Auch hier werden wie schon bei `BRA` und `BSR` keine Flags verändert. Der binäre Code dieser Befehle lautet:

15								7	6	5 … 0
0	1	0	0	1	1	1	0	1	R	effektive Adresse

Abbildung 5.31: Die binäre Codierung der Sprungbefehle JMP und JSR für den M68000. Bit 6 (R) legt fest, ob es sich um `JMP` (R=1), oder `JSR` (R=0) handelt.

In Abbildung 5.32 ist der Programmfluss bei Aufruf eines *Unterprogramms* skizziert.

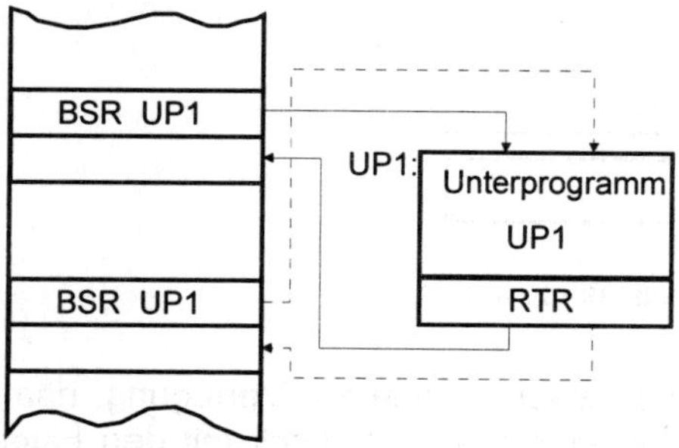

Abbildung 5.32: Programmfluss bei zweimaligem Aufruf eines Unterprogramms namens UP1.

Der Vorteil von Unterprogrammen ist, dass ein mehrmals an verschiedenen Stellen benötigter Programmteil nur einmal geschrieben werden muss. Dies minimiert den Speicherbedarf und führt zu besser lesbaren Programmen. Die Programmausführung nimmt jedoch wegen der hierbei nötigen Sprungausführungen etwas mehr Zeit in Anspruch, als wenn man das Unterprogramm jedes Mal an die Stelle kopieren würde, an der es benötigt wird. Ist der mehrmals benötigte Programmteil nur kurz, oder ist das bearbeitete Problem sehr zeitkritisch, dann verwendet man anstelle von Unterprogrammen besser *Makros*, die bei den meisten Assembler-Sprachen im Sprachumfang enthalten sind. Makros werden in ähnlicher Weise verwendet wie Unterprogramme. Der wesentliche Unterschied ist, dass bereits beim Assemblieren die als Makro gekennzeichneten Programmteile Zeile für Zeile an alle Stellen des Programms kopiert werden, an denen ein Aufruf des Makros erfolgt. Dieses Verfahren benötigt natürlich viel Speicherplatz, führt aber zu einer schnelleren Programmausführung als bei Verwendung von Unterprogrammen und erlaubt dennoch ein übersichtliches Programmieren. Anders als Unterprogramme sind Makros Programmstrukturen, die nicht auf der Ebene der Maschinensprache realisiert werden, sondern auf Assembler-Ebene. Dementsprechend gibt es für die Programmierung von Makros auch keine für die verwendete CPU spezifischen Maschinenbefehle, sondern vielmehr Anweisungen an das Assembler-Programm.

Eine sehr wichtige Klasse von Befehlen, die *bedingten Sprungbefehle*, erlauben Verzweigungen in Abhängigkeit von *Bedingungen*, die sich aus dem Zustand des CCR ergeben. Am häufigsten verwendet wird der Befehl `Bcc Marke`, wobei durch *cc* die Bedingung und durch `Marke` die Sprungdistanz bestimmt sind. Ist die in *cc* codierte Bedingung erfüllt, so wird der Befehlszähler mit der aus `Marke` bestimmten Sprungadresse geladen und die Verzweigung ausgeführt; ist die Bedingung nicht erfüllt, dann wird einfach mit dem nächstfolgendem Befehl fortgefahren. Flags werden durch diesen Befehl nur abgefragt, aber nicht verändert. Der binäre Code für diesen Befehl lautet:

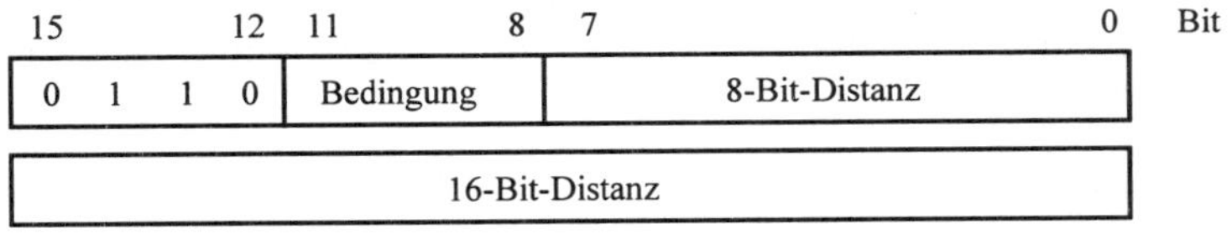

Abbildung 5.33: Die binäre Codierung des bedingten Sprungbefehls `Bcc`.

Die Bedingung *cc* ist wie in der folgenden Tabelle angegeben verschlüsselt.

Tabelle 5.10: Bedingungs-Codes für den M68000.

Befehl	cc	Bedeutung	Flag-Abfrage
`(W)`	0000	Wahr, keine Bedingung (1)	keine Abfrage
`(F)`	0001	Falsch (0)	keine Abfrage
`HI`	0010	Höher?	$C \wedge Z = 1$
`LS`	0011	Niedriger oder identisch?	$C \vee Z = 1$
`CC`	0100	Carry gelöscht?	$C = 0$
`CS`	0101	Carry gesetzt?	$C = 1$
`NE`	0110	Ungleich?	$Z = 0$

EQ	0111	Gleich?	Z = 1
VC *	1000	Kein Überlauf?	V = 0
VS *	1001	Überlauf?	V = 1
PL	1010	Positiv?	N = 0
MI	1011	Negativ?	N = 1
GE *	1100	Größer oder gleich?	$N \wedge V \vee \bar{N} \wedge \bar{V} = 1$
LT *	1101	Kleiner?	$N \wedge \bar{V} \vee \bar{N} \wedge V = 1$
GT *	1110	Größer?	$N \wedge V \wedge \bar{Z} \vee \bar{N} \wedge \bar{V} \wedge \bar{Z} = 1$
LE *	1111	Kleiner oder gleich?	$Z \vee N \wedge \bar{V} \vee \bar{N} \wedge V = 1$

*) In Verbindung mit Arithmetik im Zweier-Komplement.

Mit der Bedingung `cc=W` ist `Bcc` offenbar gleich bedeutend mit der unbedingten Verzweigung, wofür die beiden Befehle `BRA` bzw. `DBRA` zur Verfügung stehen. Die Bedingung `F` wird nicht verwendet.

Alle anderen Befehle dieser Klasse sind nicht von generellem Interesse bzw. Spezialbefehle des M68000 und brauchen hier nicht näher erläutert zu werden. Für Details wird auf die im Anhang zitierte Spezial-Literatur verwiesen.

5.4.8 Programmbeispiele

Die folgenden Programmbeispiele erheben nicht den Anspruch, eine tiefergehende Kenntnis der Assemblersprache des M68000 zu vermitteln; sie sollen lediglich den Einstieg in weiterführende Literatur erleichtern.

Alle Programme sind als Unterprogramme formuliert, die auf Adresse `$1000` beginnen. Zum Festlegen der *Startadresse* wird die Assembler-Direktive `ORG $1000` verwendet, den Abschluss bildet das Statement `END`. Darüber hinaus wird hier nicht auf spezielle Assembler-Notationen eingegangen.

Alle im Unterprogramm verwendeten Register werden am Anfang auf den Stack abgelegt und vor dem Rücksprung ins rufende Programm (durch den Befehl `RTS`) wieder vom Stack zurückgeholt.

Beispiel 1: Kopieren eines Datenblocks

Ein Block von Daten wird an eine andere Stelle im Hauptspeicher kopiert. Die Startadresse des Blocks muss in Register `A0`, die Startadresse des Zielbereichs muss in Register `A1` und die Anzahl der zu kopierenden Langworte muss in Register `D0` gespeichert sein.

```
      ORG     $1000        * Startadresse
      SUBI    #1,D0        * D0 für Sprungbefehl vorbereiten
LOOP  MOVE.L  (A0)+,(A1)+  * Langworte kopieren und Adressen inkrementieren
      DBRA    D2,LOOP      * Sprung nach LOOP wenn D2>0, D2 dekrementieren
      RTS                  * Rücksprung zum rufenden Programm
      END                  * Unterprogramm-Ende
```

Beispiel 2: Berechnung einer Prüfziffer

Aus einer Anzahl von Byte-Werten wird unter Verwendung des exklusiven Oders eine Prüfziffer berechnet. Das Register `D0` muss die Anzahl der Byte-Werte enthalten, das Register `A0` die Startadresse der Tabelle der Byte-Werte. Das Ergebnis steht nach Ablauf des Programms in Register `D1`.

```
        ORG       $1000       * Startadresse
        MOVEM.L   D2,-(A7)    * Registerinhalt von D2 auf den Stack legen
        MOVE.B    (A0)+,D1    * Ersten Wert laden und Adresse inkrementieren
        JMP       STOP        * Nach STOP springen, da dort dekrementiert wird
LOOP    MOVE.B    (A0)+,D2    * Nächsten Wert holen
        EOR.B     D2,D1       * Prüfziffer bilden: D1=D1 XOR D2
STOP    DBRA      D0,LOOP     * Sprung nach LOOP wenn D0≥0, D0 dekrementieren
        MOVEM.L   (A7)+,D2    * Oberstes Stack-Element nach D2 kopieren
        RTS                   * Rücksprung zum rufenden Programm
        END                   * Unterprogramm-Ende
```

Beispiel 3: Arithmetisches Mittel von 16-Bit-Zahlen

Das Register `D0` muss die Anzahl der Zahlen enthalten, das Register `A0` die Startadresse der Tabelle der zu mittelnden Zahlen. Das Ergebnis steht nach Ablauf des Programms in Register `D1`.

```
        ORG       $1000       * Startadresse
        MOVEM.L   D2,-(A7)    * Registerinhalt von D2 auf den Stack legen
        MOVE.W    D0,D2       * Anz. der zu mittelnden Zahlen nach D2 kopieren
        SUBI      #1,D2       * D2 für Sprungbefehl vorbereiten
        CLR.L     D1          * D1 auf 0 setzen
        MOVE.W    (A0)+,D1    * Ersten Wert laden und Adresse inkrementieren
LOOP    ADD.W     (A0)+,D1    * Werte aufaddieren und Adresse inkrementieren
        DBRA      D2,LOOP     * Sprung nach LOOP wenn D2≥0, D2 dekrementieren
        DIVU      D0,D1       * Division D1=D1/D0, Mittelwert steht in D1
        MOVEM.L   (A7)+,D2    * Oberstes Stack-Element nach D2 kopieren
        RTS                   * Rücksprung zum rufenden Programm
        END                   * Unterprogramm-Ende
```

Beispiel 4: Berechnung der ganzzahligen Wurzel aus einer 16-Bit-Zahl

Um die Wurzel aus einer Zahl a zu ermitteln, wird das *Newton'sche Iterationsverfahren* zur Berechnung der positiven Nullstelle der Funktion $f(x)=x^2-a$ mit dem Startwert $x_0=0$ verwendet. Offenbar ist die gesuchte Nullstelle $x=\sqrt{a}$. Die jeweils folgende Näherung ergibt sich allgemein nach der Newton'schen Formel $x_{i+1} = x_i - f(x_i)/f'(x_i)$. Die Ableitung $f'(x)$ kann hier leicht berechnet werden, man findet $f'(x)=2x$. Daraus folgt schließlich:

$$x_{i+1} = \tfrac{1}{2}(x_i - a/x_i)$$

In dem folgenden Programm muss das Register `D0` die Zahl enthalten, aus der die Wurzel zu ziehen ist. Das Ergebnis steht nach Ablauf des Programms in Register `D1`. In Register `D2` steht nach Ablauf des Programms die Differenz aus dem Inhalt des Registers `D0` und dem Quadrat des Inhalts von `D1`.

```
        ORG       $1000          * Startadresse
        MOVEM.L   D3-D5,-(A7)    * Registerinhalte D3-D5 auf den Stack legen
        MOVE.L    D0,D2          * Radikand nach D2 kopieren
        MOVE.L    #1,D1          * Startwert für die Iteration in D1 laden
```

```
      MOVE.L   #999,D5          * Schleifenzähler für Abbruchbedingung setzen
LOOP  MOVE.L   D1,D3            **
      DIVU     D1,D0            **
      ADD      D0,D1            ** Berechnung
      DIVU     #2,D1            ** der Wurzel
      AND.L    #$0000FFFF,D1    ** wie im Text
      MOVE.L   D2,D0            ** beschrieben
      MOVE.L   D1,D4            **
      SUB      D3,D4            **
      DBEQ     D5,LOOP          **
      MOVE.L   D1,D3            **
      MULU     D1,D3            **
      SUB      D3,D2            **
      MOVEM.L  (A7)+,D3-D5      * Oberstes Stack-Element nach D3-D5 kopieren
      RTS                       * Rücksprung zum rufenden Programm
      END                       * Unterprogramm-Ende
```

6 Höhere Programmiersprachen

6.1 Zur Struktur höherer Programmiersprachen

6.1.1 Überblick über einige höhere Programmiersprachen

Das Programmieren in Assembler ist trotz mnemonischer Bezeichnungen, frei wählbarer Namen, Makros und Unterprogrammen sehr mühsam und Zeit raubend. Die resultierenden Programme sind meist lang, unübersichtlich und für alle außer (vielleicht) den Autor schwer zu durchschauen. Das liegt daran, dass viele Sprachelemente spezifisch für die verwendete Maschine sind, aber mit dem gerade zu bearbeitenden Problem nichts zu tun haben und insofern vom Programmierer früher oder später als Ballast empfunden werden. Man hat daher schon bald nach der Einführung der ersten elektronischen Rechenanlagen *problemorientierte* Sprachen entwickelt, die den Benutzer von rechnerspezifischen Details abschirmen. Diese Sprachen sind formalisiert, aber der menschlichen Denk- und Ausdrucksweise angepasst, beispielsweise durch enge Anlehnung an die Schreibweise mathematischer Formeln. Je nachdem wie weit diese Anpassung getrieben wird, spricht man von *höheren* oder *niederen* bzw. *maschinennahen* Sprachen. Mittlerweile hat sich eine ganze Reihe wohl durchdachter Sprachkonzepte für die verschiedensten Anwendungsgebiete etabliert [Gol98].

Damit ein in einer höheren Programmiersprache geschriebenes Programm auf einem Rechner zur Ausführung kommen kann, muss es zunächst in die dem Rechner direkt verständliche Maschinensprache (vgl. Kapitel 5) übertragen werden. Dies geschieht entweder mit *Interpretier-Programmen* (*Interpreter*) oder mit *Übersetzer-Programmen* (*Compiler*). Von Interpretern und Compilern wird in Kapitel 8.4 noch ausführlicher die Rede sein.

Interpreter übertragen das auszuführende Programm Zeile für Zeile in die Maschinensprache und bringen die einzelnen Zeilen dann unmittelbar zur Ausführung. Insbesondere bei der Abarbeitung von Schleifen ist dies ein wenig effizientes Verfahren, da ein und dieselbe Zeile bei jedem Schleifendurchlauf aufs Neue übersetzt wird. Compiler übertragen das Quellprogramm dagegen vor der Ausführung als Ganzes in Maschinensprache. Das Ergebnis ist jetzt ein ausführbares Programm, das dann beliebig oft ohne neuerlichen Übersetzungslauf ausgeführt werden kann.

Es existieren heute weit über 100 höhere Programmiersprachen für die unterschiedlichsten Anwendungen. Zwischen vielen dieser Sprachen bestehen Verwandschaftsbeziehungen, die in Abbildung 6.1 verdeutlicht werden. Einige der wichtigsten Vertreter dieser Sprachen sollen hier kurz charakterisiert werden.

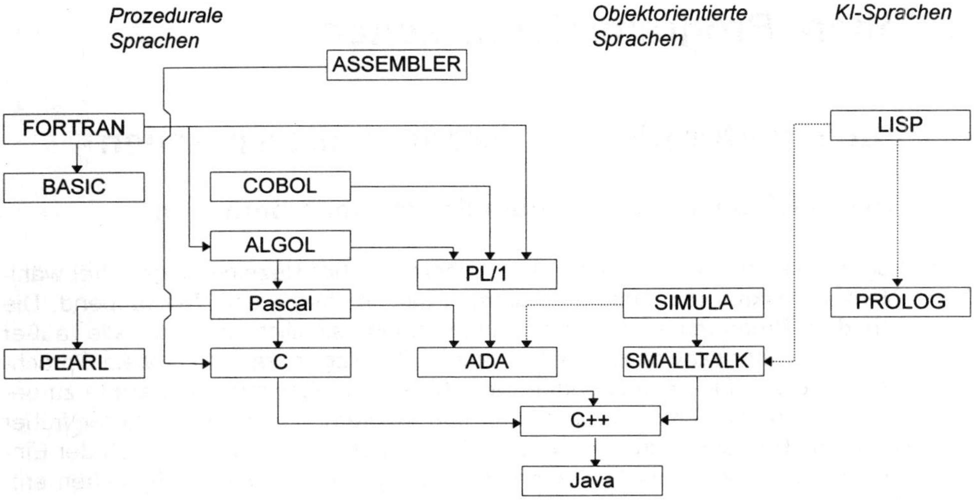

Abbildung 6.1: Die Verwandschaftsbeziehungen einiger wichtiger höherer Programmiersprachen.

FORTRAN (von FORmula TRANslator) ist die älteste höhere Programmiersprache. Sie wurde Mitte der 50er-Jahre von J. W. Backus in den USA entwickelt und ist auch heute noch für manche numerische Anwendungen verbreitet. Viele Firmen, darunter vor allem IBM, entschieden sich damals für FORTRAN, was dieser Sprache zum Durchbruch verhalf. FORTRAN wird hauptsächlich im technisch-wissenschaftlichen Bereich zur Lösung numerischer Probleme eingesetzt. Aus heutiger Sicht ist FORTRAN in seiner ursprünglichen Form für eine übersichtliche und effektive Programmierung nicht gut geeignet. Die mit späteren Spracherweiterungen in FORTRAN 77 [Geh88] und FORTRAN 90 eingeführten Verbesserungen brachten hier aber Abhilfe [Bäu97]. Mittlerweile ist auch in FORTRAN eine klare Programmstrukturierung möglich. Dass FORTRAN immer noch Aktualität besitzt zeigt sich auch daran, dass an einer Version gearbeitet wird, welche die Parallel-Programmierung [Brä93] von Multiprozessor-Systemen unterstützt.

COBOL (von COmmon Business Oriented Language) entstand um 1960 und ist in erster Linie für Anwendungen im wirtschaftlichen Bereich geeignet. Als Besonderheit verfügt diese Sprache über eine Dezimalarithmetik, wofür auch von vielen Prozessoren BCD-Befehle in Maschinensprache zur Verfügung gestellt werden. Dies ist vor allem für stellengenaue Berechnungen in der Finazmathematik von Bedeutung. Außerdem unterstützt COBOL vielfältige Ein-/Ausgabemöglichkeiten sowie den Umgang mit großen Datenmengen und Dateien mit komlizierten Datenstrukturen. Die ausführliche Syntax liest sich fast wie englischer Klartext; die Division a=b/c lautet beispielsweise „divide b by c giving a“. Da kaum auf hardware-spezifische Elemente zurückgegriffen wird, sind COBOL-Programme weit gehend *übertragbar*. Dies ermöglicht z.B. den gleichzeitigen Einsatz auf PCs und Großrechnern. Dadurch kann der Schulungsaufwand reduziert und die Programmentwicklung teilweise Kosten sparend auf PCs ausgelagert werden.

ALGOL (von ALGOrithmic Language) ist eine weniger nach praktischen als nach wissenschaftlichen Gesichtspunkten um 1960 in Europa entstandene Sprache, die sich dadurch auszeichnet, dass erstmals Elemente zur *Programmstrukturierung* in den Sprachumfang aufgenommen wurden. Als Entwickler sind vor allem C.A.R. Hoare und N. Wirth zu nennen. ALGOL blieb trotz nachträglicher Verbesserungen auf akademische Anwendungen beschränkt, nicht zuletzt wegen der unzulänglichen Ein-/Ausgabemöglichkeiten und der als monströs empfundenen Erweiterungen des Nachfolgers ALGOL 68. Viele neuere Sprachen, so etwa das populäre Pascal, sind aber direkte Abkömmlinge von ALGOL.

BASIC (von Beginners All-purpose Symbolic Instruction Code) wurde als Interpreter-Sprache für einfache Anwendungen auf kleinen Rechnern mit geringem Speicherumfang von J. Kemmeney und Th. Kurtz 1963 entwickelt. Mit der Verfügbarkeit von preisgünstigen Kleincomputern hat das FORTRAN-ähnliche BASIC zwar zunächst - insbesondere bei Anfängern - eine sehr weite Verbreitung gefunden, für die systematische Entwicklung größerer strukturierter Programme ist BASIC aber ungeeignet, auch wenn neuere Erweiterungen professionelles Arbeiten erleichtern. Neue Popularität gewann BASIC durch *VISUAL BASIC*, das die Programmierung grafischer Benutzeroberflächen mit Windows sehr vereinfacht. Mit dem ursprünglichen BASIC hat aber VISUAL BASIC außer dem Namen nicht allzu viel gemein.

PL/1 (von Programming Language 1) wurde als Großrechnersprache mit dem Ziel der Vereinigung der Vorteile von FORTRAN und COBOL nach modernen Gesichtspunkten bei IBM, dem Marktführer in der Computer-Industrie, entwickelt und ab 1964 eingesetzt. PL/1 ist für technisch-wissenschaftliche ebenso wie für kommerzielle Anwendungen und auch für die Systemprogrammierung gut geeignet [Stu97]. Wegen des sehr großen Sprachumfangs ist PL/1 in seinen Möglichkeiten aber schwer beherrschbar und konnte sich nicht allgemein durchsetzen. Abgemagerte Versionen wie *PL/m* haben sich auch bei der Mikroprozessor-Systemprogrammierung bewährt.

Pascal (benannt nach dem französichen Mathematiker B. Pascal) wurde 1971 von N. Wirth zunächst als Sprache für Ausbildungszwecke konzipiert, setzte sich aber teilweise auch für professionelle Anwendung auf kleinen und mittleren Systemen durch, zumindest solange C noch nicht sehr verbreitet war [Jen85], [Coo98]. Die ausgezeichneten Strukturierungsmöglichkeiten von Pascal wurden in der auch für die Systemprogrammierung und Multi-Tasking-Anwendungen geeigneten, in 1977 veröffentlichten Weiterentwicklung *MODULA 2* noch weiter ausgebaut. Durch das in Pascal verwirklichte *Zeigerkonzept* wurde es erstmals möglich, dynamische Datenstrukturen während der Laufzeit zu erzeugen. Es gibt eine ganze Reihe verschiedener Pascal-Dialekte, durch die millionenfach verkauften Versionen von *Turbo-Pascal* entstand inzwischen jedoch ein Quasi-Standard. Die Verbreitung von Pascal hängt auch mit der Entwicklung *integrierter Benutzeroberflächen* zusammen, die zumindest für die Programmierung kleiner Anwendungen von den meisten Benutzern als hilfreich empfunden wird. Hinzu kam später die Einbindung *grafischer Benutzeroberflächen* unter Windows und die Ergänzung um objektorientierte Konzepte.

Die Programmiersprache *C* wurde 1974 von B.W. Kernighan und D.M. Ritchie an den renommierten Bell Laboratories in den USA im Zusammenhang mit ihrer Arbeit an dem Betriebssystem *Unix* entwickelt [Ker90]. Schon bald danach hat C als Allzwecksprache für die Erstellung größerer Programmsysteme auf praktische allen Typen von Rechnern große Bedeutung erlangt. Obwohl C alle Möglichkeiten einer modernen Hochsprache bietet, ist dennoch auch eine maschinennahe Programmierung möglich. Hervorzuheben ist die große Anzahl von Operatoren und die Möglichkeit, Variablen direkt CPU-Registern zuzuordnen. In C geschriebene Programme sind daher im Allgemeinen sehr kompakt und schnell, dafür aber gelegentlich schlecht lesbar. Für Anfänger ist diese Sprache daher nicht unbedingt zu empfehlen, auch wegen des Fehler geradezu herausfordernden großen Freiraums, der dem Entwickler eingeräumt wird. Als Vorteil hervorzuheben ist noch die wegen der großen Anzahl von standardisierten Unterprogrammen und Macros gute Portabilität von C-Programmen und die Affinität zu dem weit verbreiteten Betriebssystem Unix, das weit gehend in C geschrieben ist. Von Pascal übernommen und weiterentwickelt wurden das Zeigerkonzept und die Möglichkeit, strukturierte Datentypen zu definieren. Erwähnenswert sind ferner die durch einen vor der eigentlichen Compilierung aufgerufenen *Präprozessor* gegebenen Möglichkeiten zur Zeichenersetzung; dadurch wird die Anpassung an verschiedene Umgebungen sowie die weitere Kompaktifizierung der Programme erleichtert. Mit der Spracherweiterung C^{++} wurde ab 1986 auch die objektorientierte Programmierung mit einbezogen.

LISP (List Processing Language) ist nur wenig später als FORTRAN entstanden, konnte sich aber anfangs nicht gegen das leichter und schneller realisierbare FORTRAN durchsetzen. 1959 gelang es J. McCarthy die erste LISP-Version auf einem Computer zu implementieren. Heute genießt LISP als eine der führenden KI-Sprachen bei Spezialisten zwar hohes Ansehen, ist jedoch nicht weit verbreitet [Bot93]. Wie in allen KI-Sprachen besteht in LISP die Möglichkeit, Objekte abstrakt zu beschreiben und in ihrer Struktur den realen Objekten nachzuempfinden. Als typische listenverarbeitende Sprache erlaubt LISP die Formulierung beliebig komplexer Datenstrukturen durch Aufzählung von Zahlen und Zeichenfolgen (Atomen) in *Listen*. LISP-Programme sind in diesem Sinne selbst Listen; sie bestehen nicht wie bei den *prozeduralen* Sprachen wie FORTRAN, Pascal und C aus einer Aneinanderreihung von Befehlen, sondern aus Funktionen, die auf Listen angewendet und durch einen Interpreter ausgewertet werden. Von LISP wurden einige Varianten und Abkömmlinge abgeleitet, von denen hier nur das bisweilen als Kindersprache apostrophierte um eingängige Grafik-Funktionen angereicherte LOGO genannt werden soll, das von S. Papert am MIT in den USA entwickelt wurde.

Ein anderer (besonders in Japan) populärer Vertreter der KI-Sprachen ist die prädikative Programmiersprache *PROLOG*, das 1972 in Europa entwickelt worden ist [Bot91]. In gewisser Weise kann man PROLOG als „nicht-algorithmisch" bezeichnen, da die eigentliche algorithmische Struktur in den Compiler verlegt wurde: der Programmierer muss lediglich die vorhandenen Daten und die damit möglichen Operationen angeben, PROLOG ermittelt dann alle existierenden Lösungen.

Viel Aufmerksamkeit wird den *objektorientierten* Sprachen gewidmet. Der älteste Vertreter dieser Gruppe ist SIMULA, das 1967 in Europa eingeführt wurde. 1980 folgte dann SMALLTALK, das die objektorientierten Sprachkonzepte am konsequentesten realisiert, aber als Interpreter-Sprache recht langsam ist. Am populärsten sind C^{++} [Str92] und die objektorientierten Erweiterungen von Pascal. Ferner bieten ADA und in eingeschränkter und abgewandelter Weise auch PROLOG Möglichkeiten zu objektorientierter Programmierung. Merkmal dieser Sprachen ist, dass zusammen mit den Daten auch deren Eigenschaften definiert werden, insbesondere die darauf anwendbaren Operationen. Daten werden damit zu aktiv agierenden *Objekten*, Operationen werden wie Nachrichten, welche die Objekte untereinander austauschen und darauf in spezifischer Weise reagieren. Dadurch gelingt es, einen Teil der Komplexität von Programmen in den Datenstrukturen zu verbergen, bzw. in den Compiler auszulagern.

Großer Beliebtheit erfreut sich auch die besonders für Client-Server-Architekturen geeignete objektorientierte Sprache *JAVA* [Küh96], die vielfach in Internet-Anwendungen eingesetzt wird. Eine objektbasierte Variante ist die Interpreter-Sprache *JavaScript*, die zusammen mit *HTML* hauptsächlich zur dynamischen Gestaltung von Internet-Seiten dient.

Darüber hinaus gibt es eine große Anzahl von Programmiersprachen für spezielle Zwecke. Ein Beispiel dafür ist FORTH, das eine Art Maschinensprache für einen virtuellen Prozessor darstellt. Von wachsender Bedeutung sind auch die datenbankorientierten *4GL-Sprachen* (von *4th Generation Languages*) wie SQL-FORMS [Pet90], NATURAL und INFORMIX [Pet91].

Wichtig sind auch rechnerunabhängige, für Echtzeitanwendungen ausgelegte Sprachen wie PEARL und ADA. PEARL entstand Anfang der 70er Jahre in Deutschland und besitzt eine Pascal-ähnliche Syntax. Haupteinsatzgebiet dieser Sprache ist die *Prozesssteuerung*.

Das ebenfalls echtzeitfähige und Parallel-Verarbeitung unterstützende *ADA* (benannt nach der Mitarbeiterin von Ch. Babbage, Ada Countess of Lovelace) hat seinen Ursprung im amerikanischen Militärapparat [Nag99]. ADA wurde nach eingehender Prüfung bestehender Sprachkonzepte als bei der NATO einzuführende Standard-Sprache entwickelt. Trotz seines unübersichtlichen Sprachumfangs findet ADA wegen seiner Vielseitigkeit zunehmende Verbreitung auch außerhalb des militärischen Bereichs. Hervorzuheben ist die gute Unterstützung abstrakter Datentypen.

Parallele Prozesse konnten erstmals in *OCCAM* (benannt nach dem wegen seines Scharfsinns berühmten Mathematiker und Philosophen Occam) auf der Ebene einer Hochsprache definiert werden. OCCAM wurde in Großbritannien von der Firma INMOS speziell für die Programmierung von *Transputern* entwickelt.

Abschließend kann man sagen, dass die rein prozeduralen Sprachen zu einem gewissen Abschluss in ihrer Entwicklung gekommen sind. Der Schwerpunkt liegt mittlerweile auf den objektorientierten Sprachen, der Einbindung paralleler Prozesse in Echtzeit und den 4GL-Konzepten.

6.1.2 Die Ebenen des Informationsbegriffs in der Sprache

Jede Sprache, sei es nun eine natürliche oder eine künstlich geschaffene, dient der Kommunikation, also der Übertragung von Nachrichten, die Information enthalten. Sprachen müssen daher gewissen Regeln gehorchen, damit die in den Nachrichten verschlüsselte Information extrahiert werden kann.

Man kennt heute über 5000 lebende, natürliche Sprachen. Daneben existiert eine Reihe von speziellen Sprachen, sowohl in der Natur (z.B. genetischer Code, Schwänzeltanz der Bienen) als auch in der Technik (z.B. Baupläne, Verkehrszeichen, Schaltpläne). Viele der künstlichen, für spezielle Zwecke geschaffenen Sprachen gehorchen streng formalisierten Regeln. Dies gilt etwa für die musikalische Notenschrift, die mathematische Formelsprache und insbesondere für Programmiersprachen, die ebenfalls der Kategorie der formalisierten, technischen Kunstsprachen zuzurechnen sind.

Möchte man eine Sprache untersuchen, so geschieht dies auf verschiedenen Ebenen. Auf der untersten Ebene beschränkt man sich auf die Betrachtung statistischer Gesichtspunkte, wie Auftrittswahrscheinlichkeiten von Zeichen, mittlere Wortlängen, Entropie und Redundanz. Dies geschieht mit Hilfe der in Kapitel 2 behandelten *Shannon'schen Informationstheorie*. Man muss sich allerdings darüber im Klaren sein, dass damit nur ein sehr geringer Teilaspekt des Wesens einer Sprache erfasst werden kann, nämlich lediglich der *statistische Informationsgehalt*.

Auf der nächsthöheren Ebene sind diejenigen Sprachregeln angesiedelt, mit deren Hilfe sich ein sprachlich korrekt formulierter Satz aufbauen oder analysieren lässt. In diese Kategorie gehören Regeln über Rechtschreibung, Satzzeichen und Grammatik. Die Gesamtheit dieser Regeln bezeichnet man als die *Syntax* einer Sprache. Mit Hilfe der Theorie der *formalen Sprachen* (vgl. Kapitel 8) ist es möglich, die syntaktische Struktur einer formalisierten Sprache mathematisch zu erfassen. Die Syntax einer Programmiersprache muss streng formalisiert sein, da nur so eine maschinelle Verarbeitung von Programmen effizient durchgeführt werden kann.

Mit der statistischen und syntaktischen Beschreibung einer Sprache ist noch keine Aussage über die *Bedeutung* eines in der betreffenden Sprache formulierten Satzes möglich. Die Bedeutung eines sprachlichen Ausdrucks wird als *Semantik* bezeichnet. Beispielsweise ist der Satz „der eckige Mond scheint leise“ syntaktisch korrekt, aber in üblicher Interpretation semantisch sinnlos, da er keine erkennbare Bedeutung trägt. Im Falle von Programmiersprachen ist die Situation ähnlich: Ein Programm kann syntaktisch richtig und von einem Compiler fehlerfrei übersetzt worden sein, aber dennoch unsinnige Resultate liefern, wenn es versteckte semantische

Fehler enthält - beispielsweise eine nicht offensichtliche Division durch Null. Natürlich müssen auch Compiler bei der Übersetzung von Programmen die Semantik berücksichtigen und vor allem unverändert lassen. Dennoch ist die mathematisch vollständige Beschreibung der Semantik formalisierter Sprachen noch keineswegs abgeschlossen.

Eine weitere Kategorie bei der Untersuchung bzw. Konstruktion von Sprachen ist die *Pragmatik*. Hierbei wird danach gefragt, welcher Art die Nachrichten sind, die in der betrachteten Sprache ausgedrückt werden sollen und wie sich dies in der Struktur der Sprache niederschlägt. Ein Beispiel dafür ist, wie die Zuweisung (Der Wert einer Variablen A wird einer Variablen B zugewiesen) und die Vergleichsoperation (zwei Größen A und B werden auf Gleichheit überprüft) in verschiedenen Sprachen realisiert worden sind:

Tabelle 6.1: Die Schreibweise von Zuweisung und Vergleich in verschiedenen Programmiersprachen als Beispiel zur Pragmatik.

	Pascal	FORTRAN	BASIC	C
Zuweisung	`A := B`	`A = B`	`A = B`	`A = B`
Vergleich	`A = B`	`A .EQ. B`	`A = B`	`A == B`

Ziel der Formulierung ist es, möglichst prägnant zum Ausdruck zu bringen, was die Operation bewirken soll. In BASIC sind Zuweisung und Vergleich zwar mit der kürzesten Schreibweise realisiert, aber auch am unklarsten, da für den Zuweisungs- und den Vergleichsoperator dasselbe Zeichen verwendet wird; welche Operation gemeint ist, geht nur aus dem Zusammenhang hervor. In Pascal, FORTRAN und C sind Zuweisung und Vergleich sofort unterscheidbar, wobei in Pascal die Zuweisung am klarsten formuliert ist, da auch die Richtung zum Ausdruck kommt und in FORTRAN der Vergleich, da sich der Operator .EQ. an das englische Wort „equal" für „gleich" anlehnt. In C besteht der häufig auftretende Zuweisungsoperator aus nur einem und der seltener auftretende Vergleichsoperator aus zwei Zeichen; hiermit ist eine ausreichend klare Formulierung bei optimaler Kürze erreicht.

Als die aus linguistischer Sicht höchste Ebene sprachlicher Kommunikation bezeichnet man die *Apobetik* einer Sprache, die den *Zielaspekt* beschreibt. Dabei geht es um die Frage, was der Absender einer Nachricht beim Empfänger damit erreichen möchte.

6.1.3 Systeme und Strukturen

Programmsysteme (Software) sind Spiegelbilder menschlicher Organisationsformen und Denkprozesse und als solche, wie auch soziologische und biologische Systeme, auch ein Arbeitsgebiet der *Systemtheorie*.

Ein *System* setzt sich aus folgenden Komponenten zusammen:

- *Elemente*, beispielsweise Daten zur Beschreibung von Gegenständen der realen Welt und Funktionen zur Beschreibung von Vorgängen.
- Eigenschaften oder *Attribute* der Elemente, etwa der Wertebereich einer Funktion.
- *Beziehungen* der Elemente untereinander, d.h. Verbindungen zwischen den Elementen (Daten oder Funktionen). Diese Beziehungen können *statisch*, also in einer festen zeitlichen Ordnung, oder in einer *dynamischen* Ordnung über die Zeit als Ablauf- und Flussfolge strukturiert sein.
- *Grenzen* zur Kennzeichnung des Systemumfangs und des Übergreifens in andere Systeme.

Die Gesamtheit der Elemente, Eigenschaften, Beziehungen und Grenzen legt die Struktur des Systems fest. Abbildung 6.2 verdeutlicht dies.

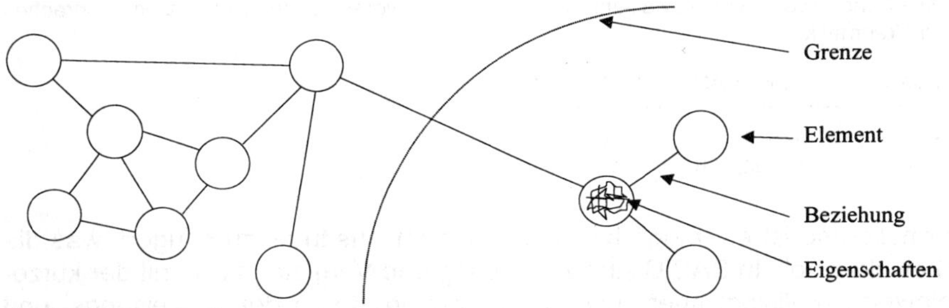

Abbildung 6.2: Die Komponenten eines Systems.

Unterzieht man die möglichen Strukturen einer genaueren Betrachtung, so lassen sich, wie in Abbildung 6.3 skizziert, eine Reihe von Grundstrukturen unterscheiden, nämlich *sequentielle* oder *parallele lineare Strukturen*, *Baumstrukturen*, *Blockstrukturen* und *Netzstrukturen*.

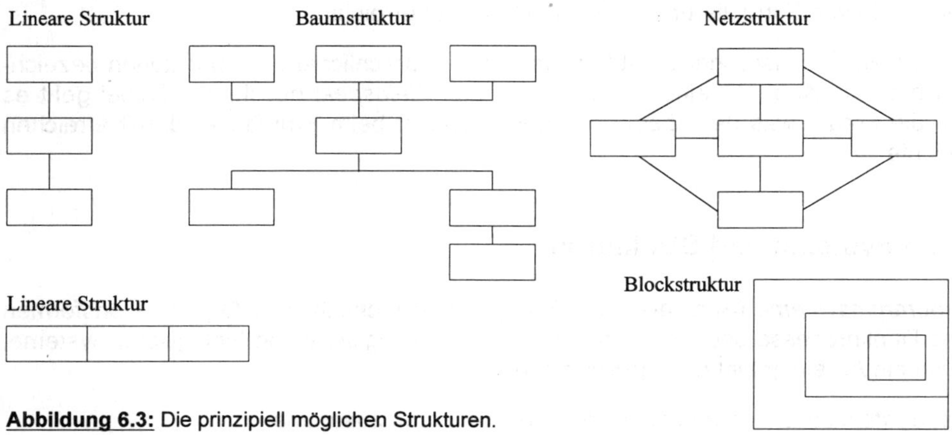

Abbildung 6.3: Die prinzipiell möglichen Strukturen.

Diese Strukturen prägen in mehr oder weniger deutlicher Form alle Programmiersprachen. Man unterscheidet dabei *Ablaufstrukturen* oder *dynamische Strukturen* und *Datenstrukturen*.

Da man eine Programmiersprache möglichst einfach halten möchte, wäre es nicht sinnvoll, alle prinzipiell möglichen Strukturen zuzulassen. Es wird im Allgemeinen nur eine Untermenge ausgewählt, die es aber erlaubt, alle überhaupt möglichen Strukturen zusammenzusetzen. Man beschränkt sich dabei seit Mitte der 60er Jahre in der Regel auf die Elemente der nach dem niederländischen Informatiker Dijkstra benannten *erweiterten D-Struktur*, nämlich Sequenzen, Alternativanweisungen (Selektion), Schleifen (Iteration), Auswahlanweisungen und Rekursionen. Man bezeichnet diese Strukturen als „erweitert", weil Auswahlanweisung und Rekursion eigentlich nicht nötig wären, da sie immer durch Alternativanweisungen bzw. Schleifen ausgedrückt werden können. Dass man mit ausschließlicher Verwendung der Kontrollstrukturen *Sequenz*, *Selektion* und *Iteration* - von Ein/Ausgabe einmal abgesehen - für jedes berechenbare Problem einen Algorithmus angeben kann, wurde bereist 1966 von Böhm und Jacopini gezeigt. Abbildung 6.4 zeigt die Elemente der erweiterten D-Struktur.

Diese Grundstrukturen finden in Programmiersprachen ihren Ausdruck in Konstrukten wie Zuweisungen, Verzweigungen (`IF`, `THEN`, `ELSE`) und Sprüngen zu Marken (`GOTO`) sowie Laufanweisungen (insbesondere `FOR`-Schleifen und `WHILE`-Schleifen).

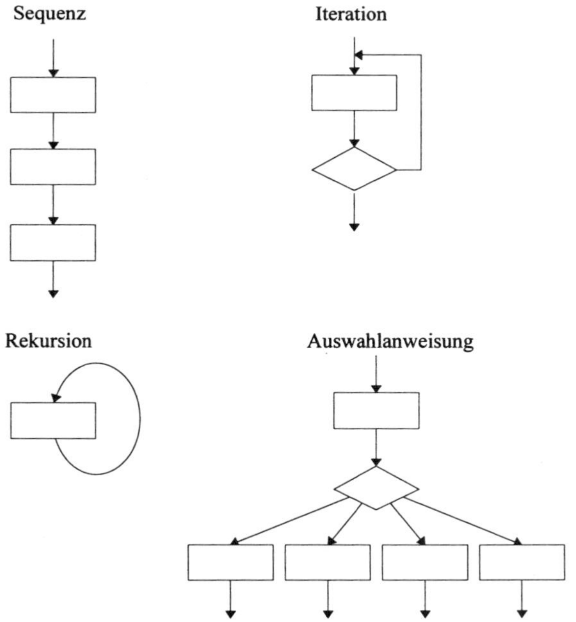

Abbildung 6.4: Im oberen Teil der Abbildung sind die drei essentiellen Strukturen Sequenz, Iteration und Selektion dargestellt, darunter die beiden in der erweiterten D-Struktur noch hinzugenommenen Elemente Rekursion und Auswahlanweisung.

Ausgehend von den essentiellen Strukturen Sequenz, Itereation und Selektion konnte man zeigen, dass prinzipiell alle Anweisungen einer jeden Programmiersprache für die sequentielle Verarbeitung von Daten durch die folgenden vier Anweisungen ausgedrückt werden können:

Zuweisung	`x:=0`
Addition von 1	`x:=x+1`
Sprungbefehl	`GOTO Marke`
Vergleich und Sprung	`IF x=y THEN GOTO Marke`

Dabei ist vorausgesetzt, dass alle Eingaben zu Programmbeginn bereitgestellt werden und dass alle Ausgaben nach Ablauf des Programms zur Verfügung stehen.

Alle Erweiterungen und Varianten sind also nicht essentiell, sie dienen vielmehr der Effizienz und der Anpassung an bestimmte Anforderungen für verschiedene Anwendungsgebiete. In Kapitel 9 wird dieser Aspekt vertieft.

Ein guter Überblick über die grundlegenden Konzepte von Programmiersprachen findet sich in [Set96].

6.2 Methoden der Syntaxbeschreibung

Die Syntax einer Programmiersprache ist, wie bereits ausgeführt, streng *formalisiert* und in einer Anzahl von Regeln niedergelegt. Die natürliche Sprache ist nicht gut geeignet, diese Regeln kurz und übersichtlich zu beschreiben; man bedient sich dazu zweckmäßigerweise einer symbolischen Darstellung, die als *Metasprache* bezeichnet wird. Unter einer Metasprache versteht man eine formalisierte Sprache, in der man Aussagen über andere Sprachen machen kann. Der Vorteil dieses Konzepts ist, dass man in der Metasprache meist mit sehr wenigen Sprachkonstrukten auskommt, deren Beschreibung leicht in natürlicher Sprache erfolgen kann.

6.2.1 Die Backus-Naur-Form

Eine weit verbreitete Metasprache zur Syntaxbeschreibung ist die *Backus-Naur-Form* (*BNF*). Dadurch werden durch eine Reihe von immer komplizierter werdenden Definitionen alle zusammengesetzten Sprachelemente, die sog. *nichtterminalen Sprachsymbole*, auf andere, bereits definierte Sprachsymbole und letztlich auf nicht weiter zerlegbare Sprachelemente, die *terminalen Sprachsymbole*, zurückgeführt. Dies sind im Allgemeinen die Zeichen des verwendeten Alphabets und einige Schlüsselwörtwer, in Pascal etwa `BEGIN` oder `UNTIL`. Nichtterminale Symbole sind in Pascal z.B. Sprachelemente wie „Ausdruck", „Zuweisung" oder „Prozedurvereinbarung".

Die Syntax der BNF ist so einfach, dass sie durch sich selbst definierbar ist oder als Tabelle in natürlicher Sprache beschrieben werden kann.

Tabelle 6.2: Die Elemente der Metasprache BNF nach Backus und Naur.

<table>
<tr><th>Sprachelement</th><th>Bedeutung</th></tr>
<tr><td><irgendwas></td><td>Die spitzen Klammern weisen den damit eingeklammerten Ausdruck als nichtterminales Symbol aus.</td></tr>
<tr><td><nichtterminales Symbol> ::= rechts</td><td>das links von dem Zeichen ::= stehende nichtterminale Symbol wird durch den rechts stehenden Ausdruck definiert. (Produktion)</td></tr>
<tr><td>a | b | c</td><td>Das Zeichen | bedeutet „oder"</td></tr>
<tr><td>{irgendwas}$_n$</td><td>Wiederholungsklammern: Der geklammerte Ausdruck muss mindestens einmal auftreten und darf höchstens n mal auftreten. Wird kein maximales Auftreten spezifiziert, so wird n weggelassen.</td></tr>
<tr><td>[irgendwas]</td><td>Der Ausdruck „irgendwas" kann optional einmal auftreten; er kann also auch fehlen.</td></tr>
</table>

Eine in BNF ausgedrückte Definition eines nicht-terminalen Symbols bezeichnet man, wie in der Theorie der formalen Sprachen (vgl. Kapitel 8) üblich, als *Produktion*.

Als Prioritätsregel gilt, dass das Zuweisungszeichen ::= am schwächsten bindet und dass das Oderzeichen | die stärkste Bindung hat. Die in der BNF verwendeten

Klammern wirken neben ihrer eigentlichen Bedeutung auch als Klammern in der üblichen Definition. Das Beginnen einer neuen Zeile hat ebenfalls die Wirkung einer Klammerung. Auch Rekursionen sind erlaubt, d.h das durch eine Zuweisung definierte nichtterminale Symbol auf der linken Seite der Zuweisung darf auch auf der rechten Seite auftreten.

Als Beispiel werden einige Sprachelemente von Pascal in BNF formuliert:

a) Ein Name besteht aus höchstens 127 aneinander gereihten Buchstaben, Ziffern oder dem Unterstrich. Der Name muss mit einem Buchstaben oder dem Unterstrich beginnen. Die BNF dafür hat folgende Form:

<Buchstabe> ::= A | B ... | Z | a | b ... | z
<Ziffer> ::= 0 | 1 | 2 | 3 | 4 | 4 | 6 | 7 | 8 | 9
<Name> ::= <Buchstabe> | _ [{<Buchstabe> | _ | <Ziffer>}$_{126}$]

Das nichtterminale Symbol Name ist damit vollständig auf terminale Symbole zurückgeführt.

b) Eine Pascal-Anweisung wird in BNF folgendermaßen beschrieben:

<Anweisung> ::= [<Marke>:] <einfache Anweisung> | <strukturierte Anweisung>
<Marke> ::= <Name> | <Zahl>
<Zahl> ::= <Ziffer>[{<Ziffer>}]
<einfache Anweisung> ::= <Wertzuweisung> | <Sprunganweisung> |
<leere Anweisung> | <Prozeduraufruf > |
<INLINE-Anweisung>

<strukturierte Anweisung> ::= <Verbundanweisung> | <bedingte Anweisung> |
<Auswahlanweisung> | <WITH-Anweisung>
<Verbundanweisung> ::= BEGIN [{<Anweisung>;}]<Anweisung> END

Für eine vollständige Beschreibung des nichtterminalen Symbols Anweisung müssten noch einige auf der rechten Seite auftretende nichtterminale Symbole, z.B. Sprunganweisung und Prozeduraufruf, definiert werden. Ferner fällt auf, dass Anweisung teilweise rekursiv definiert ist. Es tritt nämlich auf der rechten Seite der Produktion für Verbundanweisung das nichtterminale Symbol Anweisung auf, andererseits tritt aber auch in der Produktion für Anweisung auf der rechten Seite das nichtterminale Symbol Verbundanweisung auf.

Außer zur Beschreibung der Syntax einer Programmiersprache ist die BNF auch zur *Analyse* eines in dieser Programmiersprache formulierten Wortes, also eines Programms, verwendbar. Man kann also feststellen, ob es sich bei einem gegebenen Wort tatsächlich um ein Wort der betrachteten Sprache handelt, oder anders ausgedrückt, ob dieses Wort fehlerfrei ist. Dies lässt sich durch einen Syntaxbaum veranschaulichen, indem man zusammengesetzte Sprachelemente (also Ausdrücke aus nichtterminalen und terminalen Symbolen) durch Einsetzen der erlaubten Produktionen bis auf terminale Symbole zurückführt. Dies ist Aufgabe eines *Parsers*, der Teil eines jeden *Compilers* ist (vgl. Kapitel 8.4).

Als Beispiel soll untersucht werden, ob die folgende Pascal-Laufanweisung syntaktisch korrekt formuliert ist:

```
FOR i:= anf+d TO 15 DO
```

Eine einfache Analyse ergibt, dass der zugehörige Syntaxbaum die folgende korrekte Form hat:

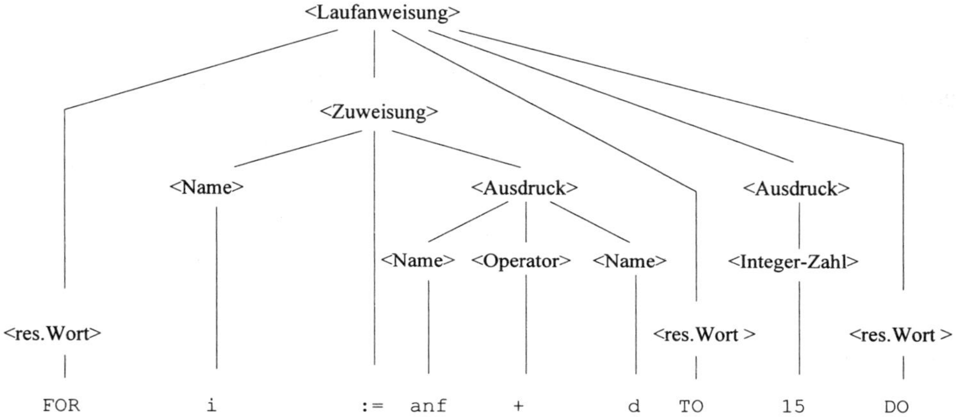

Abbildung 6.5: Beispiel für einen Syntaxbaum.

6.2.2 Syntax-Graphen

Eine sehr anschauliche Methode der Syntaxbeschreibung sind *Syntax-Graphen*. Die Grundelemente haben die folgende Form:

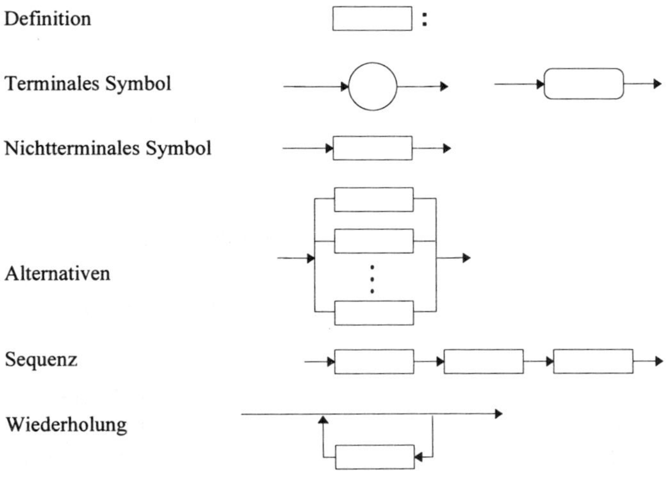

Abbildung 6.6: Die Grundelemente von Syntax-Graphen.

Als Beispiel wird die bereits im Zusammenhang mit der BNF betrachtete Syntax eines Namens nochmals aufgegriffen. Ein Name besteht aus einer Folge aneinander gereihter Buchstaben, Ziffern oder dem Unterstrich. Der Name muss mit einem Buchstaben oder dem Unterstrich beginnen. Als Syntaxgraph lässt sich dies so ausdrücken:

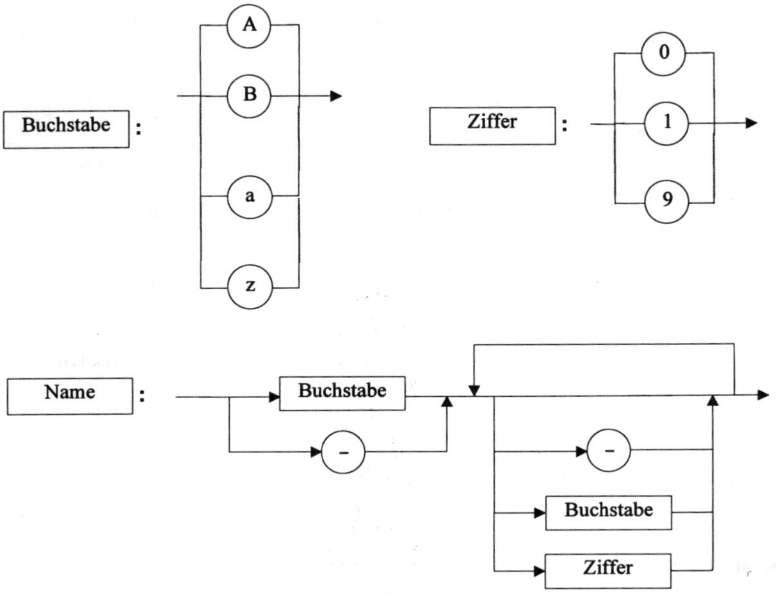

Abbildung 6.7: Die Definition eines Namens als Syntaxgraph.

6.2.3 Eine einfache Sprache als Beispiel: C^{--}

Die Beschreibung von Sprachen durch BNF oder Syntaxgraphen ist kompakt und für formale Zwecke gut geeignet, bietet aber für das Erlernen einer Programmiersprache keinen didaktisch adäquaten Zugang. In Kapitel 6.3 werden daher nochmals in traditioneller Weise die Sprachelemente von C erläutert, da diese von grundlegender Bedeutung für das Verständnis von prozeduralen Programmiersprachen sind.

Zuvor wird an dieser Stelle jedoch eine stark abgemagerte Form von C, die hier als C^{--} bezeichnet wird, vorgestellt. Dies soll die Möglichkeiten von BNF und Syntaxgraphen nochmals exemplarisch demonstrieren.

C^{--} umfasst die Datentypen Integer, Real und Zeichenketten als skalare Variablen und eindimensionale Zeichenketten, die Kontrollstrukturen `if..then` und `while` sowie die einfachen Ein-/Ausgabefunktionen `read` und `write` ohne Formatierung.

BNF-Notation von C⁻⁻

C⁻⁻ kann mit einer erstaunlich geringen Anzahl von BNF-Produktionen definiert werden, wie die folgende Liste zeigt.

Die BNF-Sprachelemente sind fett hervorgehoben, um eine klare Unterscheidung von der damit beschriebenen Programmiersprache sicherzustellen. Insbesondere Verwechslungen der geschweiften und eckigen Klammern, die sowohl Sprachelemente von C⁻⁻ als auch der BNF sind, sollten damit ausgeschlossen sein.

```
<Ziffer> ::= 0 | 1 | ... | 9
<Integerer> ::= <Ziffer> [ {<Ziffer>} ]
<Real> ::= <Integer> [.<Integer>] [E [+ | -] <Integer>]
<Operator> ::= + | - | * | / | < | > | == | != | <= | >= | ! | & | ||
<Buchstabe> ::= a | b | ... | z | A | B | ... | Z
<Zeichen> ::= beliebiges druckbares Zeichen außer ", außerdem \n und ""
<Zeichenkette> ::= "<Zeichen> [ {<Zeichen>} ] "
<Name> ::= <Buchstabe> [ {<Buchstabe> | <Ziffer>} ]

<Variable> ::= <Skalar-Variable> | <Array-Komponente>} ]
<Skalar-Variable> ::= <Name>
<Array-Komponente> ::= <Name>[<Ausdruck>]
<Ausdruck>::= <Term> [ {<Operator><Term>} ]
<Term>::= [-] <Variable> | <Integerer> | <Real> | <Ausdruck> | (<Ausdruck>)

<Programm> ::= <Name>{<Vereinbarungsteil> <Anweisungsteil>}
<Vereinbarungsteil> ::= <Vereinbarung> [ {<Vereinbarung>} ]
<Vereinbarung> ::= <Int-Vereinbarung> | <Real-Vereinbarung>
<Int-Vereinbarung> ::= INT  <Name> [[<Integer>]] [ {,<Name> [[<Integer>]] } ] ;
<Real-Vereinbarung> ::=
    REAL  <Name> [[<Integer>]] [ {,<Name> [[<Integer>]] } ] ;
<Anweisungsteil> ::= <Anweisung> [ {<Anweisung>} ]
<Anweisung> ::= <einfache Anweisung> | <Block>
<einfache Anweisung> ::=<Zuweisung> | <bedingte Anweisung> |
     <WHILE-Schleife> | <Eingabe-Anweisung> | <Ausgabe-Anweisung>
<Zuweisung> ::= <Variable>=<Ausdruck>;
<bedingte Anweisung> ::= IF(<Ausdruck>) THEN <Anweisung>
<WHILE-Schleife> ::= WHILE (<Ausdruck>) <Anweisung>
<Eingabe-Anweisung> ::= READ(<Ausdruck>) ;
<Ausgabe-Anweisung> ::= WRITE(<Ausdruck> | <Zeichenkette>) ;
<Block> ::= {<Anweisung> [ {<Anweisung>} ] }
```

Die Syntaxgraphen von C--

Ziffer : Eine der Ziffern `0` bis `9`

Buchstabe : Ein Groß- oder Kleinbuchstabe

Zeichen : Ein druckbares Zeichen mit Ausnahme von ", außerdem `\n` und `""`

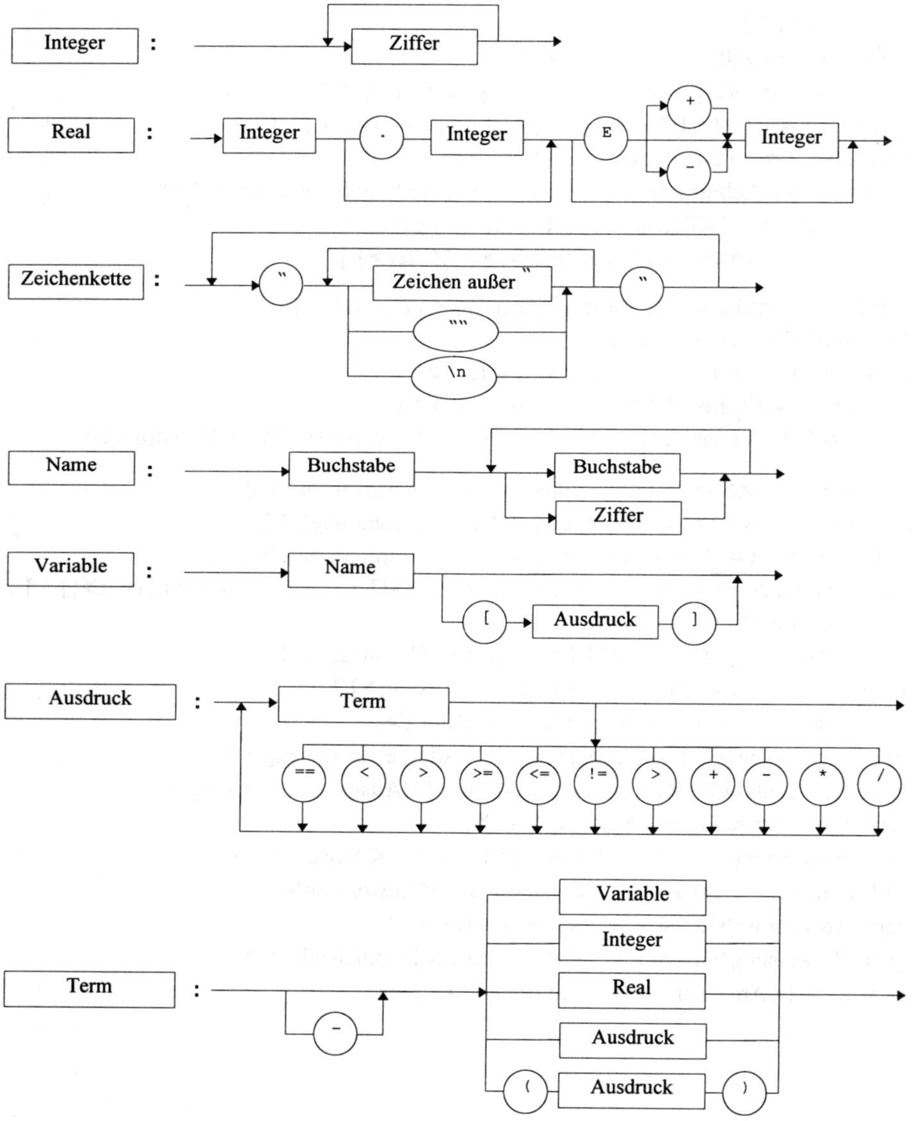

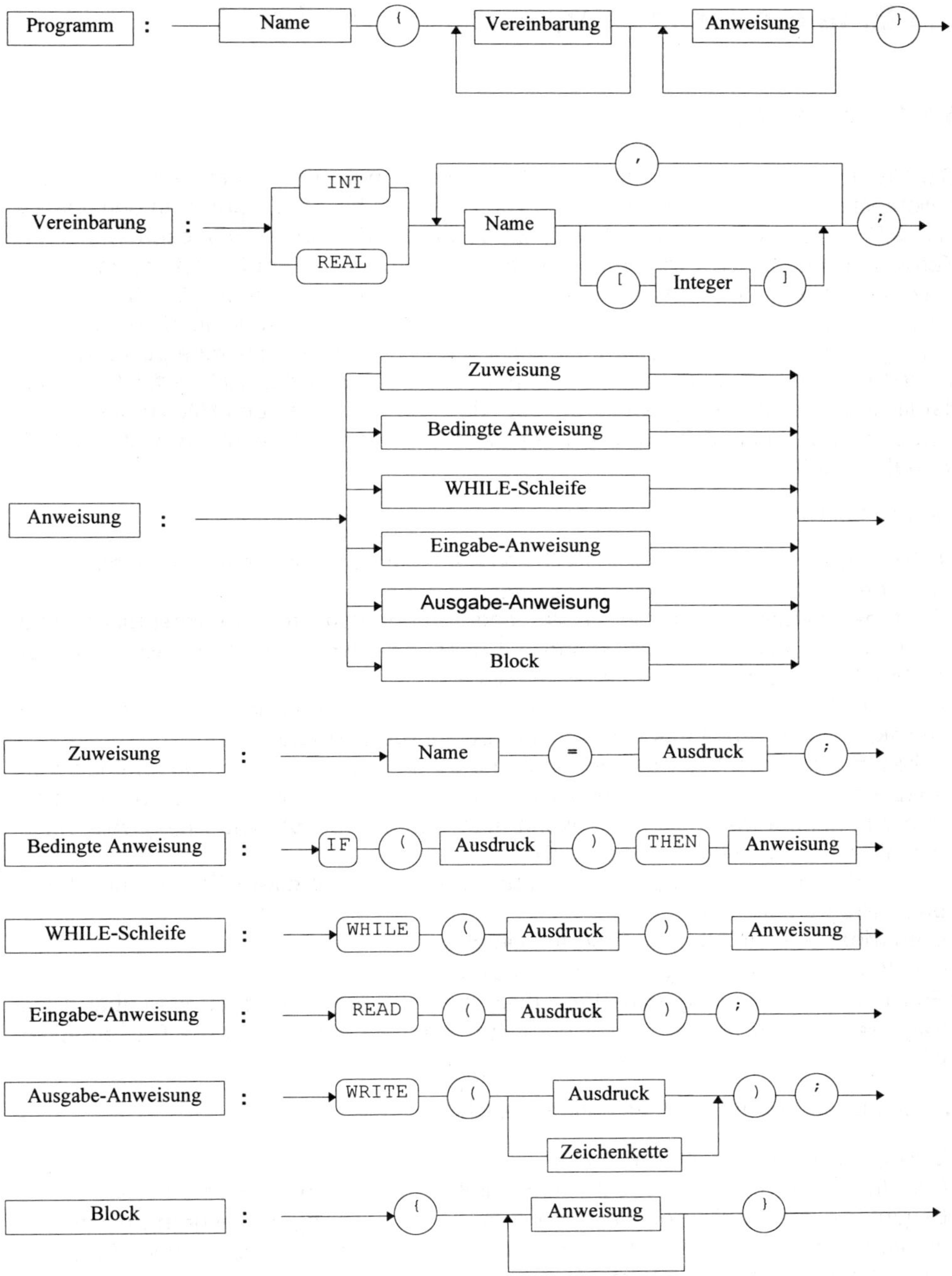

Abbildung 6.8: Die Syntaxgraphen von C⁻⁻.

6.3 Eine moderne Programmiersprache: C

6.3.1 Einführung

Die Programmiersprache C ist heute bei professionellen Programmierern eine der beliebtesten Sprachen. Die Ursprünge von C reichen bis 1972 zurück. In den Jahren bis 1978 wurde bei den Bell Laboratories von D. M. Ritchie, K.Thompson und B. W. Kernighan [Ker90] die Programmiersprache C parallel zu dem Betriebssystem *Unix* entwickelt, dessen wesentliche Teile in C geschrieben sind. Die in ALGOL erstmals realisierte Möglichkeit der strukturierten Programmierung wurde in C konsequent weitergeführt. Außerdem besteht hinsichtlich des Zeigerkonzepts eine gewisse Ähnlichkeit mit Pascal. Weltweite Popularität erlangte C nach der 1989 erfolgten Standardisierung durch ANSI [Her89], die über den von Kernighan und Ritchie definierten Sprachumfang hinausführt und auf den auch hier Bezug genommen wird [Dob86], [Kir89], [Zei96].

Die wichtigsten Vorteile von C sind:

- C ist nicht (wie COBOL oder FORTRAN) auf bestimmte Anwendungsgebiete zugeschnitten, sondern universell einsetzbar.
- C ist maschinennäher als die meisten anderen höheren Programmiersprachen und liefert daher kompakte und schnelle Codes. Die typischen Nachteile von ASSEMBLER-Sprachen wurden aber vermieden.
- Für C gibt es gute und schnelle Compiler. Zusammen mit den maschinennahen Aspekten von C ergibt das sehr schnelle ausführbare Programme.
- C besitzt einen recht klar definierten Standard und ist weit gehend unabhängig von speziellen Hardware-Konfigurationen und Betriebssystemen. C-Programme sind daher in hohem Maße portabel (wenn man sich an den Standard hält). Allerdings besteht eine gewisse Affinität zu Unix.
- Die große Anzahl von Operatoren (über 40) ermöglicht eine effiziente und kompakte Programmierung.
- C erzwingt eine strukturierte Programmierung.
- C enthält verhältnismäßig wenig Sprachelemente.
- Es ist eine sehr umfangreiche Bibliothek von Standard-Funktionen verfügbar. Dies trägt weiter dazu bei, dass C-Programme kompakt sind. Auch die Portierbarkeit wird dadurch noch verbessert.

Neben diesen Vorteilen gibt es natürlich auch Nachteile:

- C-Programme sind oft schwer lesbar.
- C verführt zu trickreichem und damit undurchsichtigem Programmieren.
- Es gibt in C viele Fallen (insbesondere im Zusammenhang mit Zeigern), die zu unvorhergesehenen Nebenwirkungen und Fehlern führen können, ohne dass der Compiler durch eine Fehlermeldung oder Warnung darauf aufmerksam machen würde.
- Anders als z.B. in Pascal werden manche Fehler, z.B. Bereichsüberschreitungen bei der Indizierung von Arrays, nicht abgefangen.

• Für manche Anwendungen ist die fehlende strenge Typisierung von C nachteilig.

Aus diesen Gründen ist C für Anfänger mit Vorsicht zu genießen.

Es gibt heute eine große Anzahl von C-Compilern für größere Anlagen und für PCs. Am verbreitetsten ist *Microsoft-C*.

6.3.2 Überblick über den Aufbau eines C-Programms

Elemente eines C-Programms

Ein C-Programm besteht aus *Funktionen*, die wiederum aus dem *Funktionskopf* und ineinandergeschachtelten *Blöcken* bestehen, die in geschweifte Klammern `{..}` gesetzt werden. Die Blöcke enthalten *Typ-Deklarationen* und durch ein Semikolon (`;`) abgeschlossene *Anweisungen* sowie *Bibliotheksfunktionen*. Dazu können noch *Präprozessor-Anweisungen* kommen.

Die Funktionen selbst können mehrere durch `{..}` geklammerte und verschachtelte Blöcke sowie Variablen-Deklarationen enthalten, nicht aber Funktions-Deklarationen. Bei der Reihenfolge der Deklarationen ist darauf zu achten, dass Variablen und Funktionen vor ihrer ersten Benutzung deklariert sein müssen. Die Blockschachtelung sollte durch Einrücken deutlich gemacht werden; manche Editoren unterstützen das Einrücken automatisch. Durch den Rückwärtsschrägstrich (Backslash) \ können zwei Zeilen zu einer logischen Zeile verbunden werden:

```
dies ist nur eine \
logische Zeile
```

Ein C-Programm besteht mindestens aus dem *Hauptprogramm*, das den Namen `main()` tragen muss und den Startpunkt für die Programmausführung bezeichnet. Dazu können *Funktionen* kommen, wie sie auch in anderen Programmiersprachen üblich sind. Die sonst vielfach übliche Unterscheidung in Prozeduren und Funktionen wird in C jedoch nicht vorgenommen.

Variablen, Konstanten, Marken und Funktionen werden mit *Namen* bezeichnet, die beliebig lang sein dürfen, wobei jedoch nur die ersten 31 Zeichen signifikant sind. Namen können Ziffern, Buchstaben und den Unterstrich _ enthalten, wobei jedoch das erste Zeichen keine Ziffer sein darf. Zwischen Klein- und Großbuchstaben wird unterschieden. Namen dürfen keine Schlüsselwörter enthalten, da diese als Sprachbestandteile von C eine vordefinierte Bedeutung haben. Die reservierten Schlüsselwörter von C sind in der folgenden Tabelle zusammengestellt.

Tabelle 6.3: Reservierte Schlüsselwörter in C.

auto	default	float	register	switch
break	do	for	return	typedef
case	double	goto	short	union
char	else	if	signed	unsigned
const	enum	int	sizeof	void
continue	extern	long	static	volatile
			struct	while

In das Programm können an beliebigen Stellen in `/* ... */` eingeschlossene *Kommentare* eingestreut werden. In der objektorientierten Spracherweiterung C++ ist die Kennzeichnung des Anfangs eines Kommentars durch `//...` möglich, wobei der Kommentar dann bis zum Zeilenende gerechnet wird.

Gegebenenfalls kann ein Programm aus mehreren einzeln kompilierten Modulen bestehen.

Ein C-Programm hat den folgenden typischer Aufbau:

```
#include ...                               // Präprozessoranweisungen
#define  ...
    .
    .
Globale Deklarationen
    .
    .
Funktion_1(Parameterliste) {               // Kommentar: erste Funktion
    lokale Deklarationen
    Anweisungen {
        .
        .  verschachtelte Blöcke
        .
    }
}

Funktion_2(Parameterliste) {
    lokale Deklarationen
    Anweisungen {
        .
        .  verschachtelte Blöcke
        .
    }
}
.
.
/* Kommentar: Hauptprogramm */
main() {
    lokale Deklarationen
    Anweisungen {
        .
        .  verschachtelte Blöcke
        .
    }
}
```

Memory-Modelle

Bei der Adressierung wird in C unterschieden, ob die Adressen auf ein *Segment* mit 64 kB beschränkt sind, oder ob sie darüber hinausgehen. Ein Segment wird durch eine *Basis-Adresse* adressiert, für die Adressierung innerhalb des Segments ist dagegen nur ein 16-Bit Wort als *Offset* erforderlich.

Im einfachsten Fall wird für Programm und Daten zusammen nur ein Segment verwendet. Diese Adressierung wird als *„near"-Adressierung* bezeichnet. Innerhalb dieses einen Segments können dann Speicherplätze allein durch Angabe des Offsets schneller adressiert werden, als wenn die Grenzen des Segments überschritten werden.

Gehen Programm und/oder Daten über die Grenzen eines Segmentes hinaus, so müssen bei der Adressierung sowohl die Basis-Adresse des Segments als auch der Offset spezifiziert werden. Man bezeichnet dies als *„far"-Adressierung*. Es wird dabei aber einschränkend angenommen, dass ein einzelnes Datenobjekt, z.B. eine Tabelle, insgesamt nicht mehr als ein Segment, also 64 kByte, beansprucht. Die Adress-Arithmetik zur Lokalisierung von Komponenten eines Arrays kann dann auf den Offsetteil beschränkt werden.

Will man Datenobjekte benutzen, die mehr als 64 kByte beanspruchen, so muss bei jedem Zugriff eine Adress-Arithmetik mit Segment- und Offset-Teil der Adresse durchgeführt werden. Dies wird als *„huge"-Adressierung* bezeichnet.

Bei den meisten C-Compilern lässt sich das Memory-Modell einstellen:

small: Je ein Segment für Programm und Daten.
compact: Ein Segment für Programm, mehr als ein Segment für Daten.
medium: Ein Segment für Daten, mehr als ein Segment für Programm.
large: Mehr als ein Segment für Programm und mehr als ein Segment für Daten.
huge: Wie large, aber zusätzlich dürfen Datenobjekte größer sein als 64 kByte.

Typische Eigenschaften von C-Compilern

Die meisten C-Compiler beinhalten zumindest als Option eine integrierte Benutzeroberfläche, von der aus ein Texteditor, der eigentliche Compiler, der Linker sowie ein Debugger und Hilfetexte aufrufbar sind. Alle Funktionen werden dabei über ein Hauptmenü und von da aus aufrufbare Sub-Menüs gesteuert, von denen aus weiter verzweigt werden kann. Insbesondere muss für ein Projekt spezifiziert werden können:

- welches Memory-Modell verwendet werden soll;
- wie viel Speicher für den Stack reserviert werden soll;
- ob ein Floating-Point-Prozessor vorhanden ist;
- welche Bibliotheken eingebunden werden sollen;
- welche Compiler- und Linker-Optionen verwendet werden sollen, z.B. zur Optimierung;
- welche Files bzw. Module zu dem Projekt gehören.

Für größere Anwendungen stehen weitere Werkzeuge zur Projektverwaltung und automatischen Generierung von Link-Files zur Verfügung, die durch das Werkzeug *Make* generiert werden können.

Präprozessor-Anweisungen

Bevor ein C-Programm compiliert wird, werden darin enthaltene Präprozessor-Anweisungen ausgeführt, die daran zu erkennen sind, dass sie mit dem Zeichen #

beginnen. Damit können Quelldateien und Bibliotheken in das Programm mit eingebunden werden, Makros definiert und Compiler-Optionen gesetzt werden sowie Bedingungen für die Übersetzung angegeben werden.

Die wichtigsten Präprozessor-Anweisungen sind `#include` und `#define`. Durch die Anweisung `#include` können Dateien als Programmteile vor dem Compilieren in das C-Programm übernommen werden. Es stehen zwei Varianten zur Verfügung:

`#include <name>`	Übernahme der Datei `name` aus dem Verzeichnis mit Namen `include`.
`#include "name"`	Übernahme der Datei `name` aus dem gleichen Verzeichnis, in dem sich auch das Quellprogramm befindet.

Es können dabei sowohl im Sprachumfang enthaltene, als *Header-Files* bezeichnete Dateien mit der Extension `.h` (z.B. `stdio.h, conio.h`) als auch selbst erstellte Dateien eingebunden werden. Üblicherweise nimmt man in Include-Dateien Deklarationen und Funktionsprototypen auf, während man die Funktionen selbst besser in eigenen Modulen (Libraries) unterbringt.

Sehr häufig wird auch die Anweisung `#define` verwendet. Es stehen zwei Varianten zur Verfügung, nämlich:

`#define name string`	Im gesamten folgenden Programmtext wird eine buchstabengetreue Ersetzung von `name` durch `string` vorgenommen.

`#define macroname(parameterlist) (macro commands)`

	Hierdurch können Makros mit Eingabeparametern realisiert werden.
`#undef name`	Damit kann der Makroname `name` wieder gelöscht werden.

Durch Verwendung von *Makros* an Stelle von Funktionen lässt sich ein schnellerer Programmablauf erzielen. Der Gebrauch von Makros wird durch folgendes Beispiel verdeutlicht:

```
#define MAX(x,y)  ((x)>(y)?(x):(y))          // Makro-Definition
```

Durch den Aufruf `c=max(a,b);` wird der Variablen `c` das Maximum von `a` und `b` zugewiesen.

Man beachte, dass auf der rechten Seite der Makro-Definition die formalen Parameter in Klammern gesetzt werden sollten, damit eine korrekte Auswertung auch dann Gewähr leistet ist, wenn die aktuellen Parameter Ausdrücke sind.

Durch die Anweisungen

```
#if Ausdruck
 Programmteil 1
#elif Ausdruck
 Programmteil 2
```

```
#else
 Programmteil 3
#endif
```

können *bedingte Übersetzungen* durchgeführt werden. Eine solche konditionale Direktive muss mit `#if` beginnen und mit `#endif` enden, dazwischen dürfen mehrere `#elif`-Direktiven und höchstens eine `#else`-Direktive stehen. Die so geklammerten Programmteile werden nur übersetzt, wenn der zugehörige konstante Integer-Ausdruck *`Ausdruck`* von 0 verschieden ist.

Ferner stehen die Direktiven `#ifdef` *`Makroname`* und `#if defined(`*`Makroname`*`)` zur Verfügung. Programmteile zwischen einer solchen Direktiven und der nächsten konditionalen Direktive werden nur übersetzt, wenn der entsprechende Makroname bekannt ist. Statt `defined` ist auch die Negation `!defined` zulässig.

Durch die Direktive `#pragma` *`Compilerinstruktionen`* können dem Compiler Anweisungen übermittelt werden, beispielsweise Optimierungsstufen. Die Syntax der Compilerinstruktionen ist vom Compiler abhängig.

Die Direktive `#error` *`String`* bewirkt, dass der *`String`* auf der Standardausgabe ausgegeben wird, wenn diese Direktive bei der Compilierung erreicht wird.

Die Direktive `#line` *`Zeilennummer "Datei"`* bewirkt, dass der Compiler bei der Auflistung von Fehlern Zeilennummern für die angegebene Quelldatei verwendet, wobei die Zeilenzählung mit *`Zeilennummer`* beginnt.

6.3.3 Datentypen

Standard-Datentypen

Die einfachen Standard Datentypen in C sind ähnlich definiert wie in Pascal. Die folgende Tabelle gibt einen Überblick. Es ist darauf zu achten, dass die Wortlänge des Datentyps `integer` bzw. `long integer` in Abhängigkeit von der Maschine bzw. dem Compiler 16 oder 32 Bit beträgt.

Tabelle 6.4: Die einfachen Standard-Datentypen in C

Datentyp	Wortlänge [Bit]	Bedeutung	Wertebereich
`char`	8	Zeichen oder Zahl	-128 bis 127
`signed char`	8	Zeichen oder Zahl	-128 bis 255
`unsigned char`	8	Zeichen oder Zahl	0 bis 255
`short`	16	ganze Zahl	-32768 bis 32767
`unsigned short`	16	positive ganze Zahl	0 bis 65565
`int`	16	ganze Zahl	-32768 bis 32767
`oder`	32	ganze Zahl	-2147483648 bis 2147483647
`unsigned int`	16	positive ganze Zahl	0 bis 65565
`oder`	32	positive ganze Zahl	0 bis 4294967295
`long`	32	lange ganze Zahl	-2147483648 bis 2147483647
`long int`	32	lange ganze Zahl	-2147483648 bis 2147483647
`unsigned long`	32	positive lange ganze Zahl	0 bis 4294967295

`unsigned long int`	32	positive lange ganze Zahl	0 bis 4294967295	
`float`	32	kurze Gleitpunktzahl	±3.4E-38 bis ±3.4+38	(6 Stellen)
`double`	64	Gleitpunktzahl	±1.7E-308 bis ±1.7+308	(15 Stellen)
`long double`	64	Lange Gleitpunktzahl	±3.4E-4932 bis ±3.4E-4932	(18 Stellen)
`void`	---	Leerer Typ		

Die ersten elf Datentypen der Tabelle werden zusammenfassend als *Int-Typen* bezeichnet, die Datentypen `float`, `double` und `long double` als *Float-Typen*.

Diese Datentypen können bei der Definition von *Variablen* und *Konstanten* verwendet werden, wobei mehrere Variablen desselben Typs durch Kommata getrennt aufgelistet werden dürfen.

Durch Voranstellen des *Typqualifizierers* `const` kann ein Objekt als Konstante definiert werden, so dass später eine Zuweisung nicht mehr möglich ist. Durch Voranstellen des Typqualifizierers `volatile` kann festgelegt werden, dass die entsprechende Variable auch von außerhalb des Programms verändert werden kann, beispielsweise durch Hardware-Interrupts.

Bereits bei der Definition können Variablen und Konstanten *initialisiert* werden. Sie erhalten dann beim Programmstart nicht nur einen Speicherplatz sondern auch einen Wert zugewiesen. Hier einige Beispiele:

```
float x;
int i, j, k, dim=100;
const float pi=3.1415927;
```

Der Datentyp `int` hat in Abhängigkeit vom verwendeten Compiler 8 Bit oder 16 Bit Länge. Der Datentyp `char` dient zur Speicherung von ASCII-Zeichen oder Zahlen. Manche Compiler verwenden für `char` eine vorzeichenlose interne Darstellung; in diesem Fall kan durch Voranstellen des Schlüsselworts `signed char` eine Repräsentation mit Vorzeichen vereinbart werden. Anders als in Pascal erfolgt die Konversion von ASCII-Zeichen in den zugehörigen Zahlenwert implizit.

Auch bei der Spezifikation von Konstanten ist eine Typisierung erforderlich. Dafür gelten folgende Regeln:

Man unterscheidet Dezimalzahlen, Oktalzahlen und Hexadezimalzahlen. Bei Dezimalzahlen sind keine führenden Nullen erlaubt, Oktalzahlen müssen mit einer führenden 0 beginnen und Hexadezimalzahlen müssen mit `0x` oder `0X` beginnen. Integer-Konstanten können durch Anhängen von `u`, `U`, `l` oder `L` typisiert werden, wobei `u` und `U` `unsigned` bedeuten und `l` und `L` `long`. Fließpunktkonstanten werden als double angenommen, können aber durch Anhängen von `f` oder `F` als `float` und durch Anhängen von `l` oder `L` als `long double` deklariert werden. Es ist guter Programmierstil, diese Möglichkeiten auch zu nutzen. Bei Fließpunktzahlen ist außerdem die übliche Exponentenschreibweise möglich. Hier einige Beispiele:

```
12     7L     21u     123UL    // Integer-Konstanten
02     066    0xFFFF  0x68A    // Oktal- und Hexadezimalzahlen
1.23   1.23f  1.23L   1.2e-3   // Fließkommakonstanten
```

Der leere Typ `void` wird verwendet, um eine Funktion ohne Rückgabewert zu kennzeichnen. Derartige Funktionen entsprechen den in anderen Programmiersprachen bekannten Prozeduren. Auch wenn eine Funktion keine Parameter besitzt, wird dies durch `void` gekennzeichnet.

Außerdem kann durch `void *` ein „generischer" Zeiger definiert werden, der auf einen Speicherbereich verweist, dessen Umfang zwar festliegt, der aber noch nicht typisiert ist. Dieser *generische Zeiger* kann dann durch den entsprechenden Cast erreicht werden. Darauf wird im Zusammenhang mit Zeigern näher eingegangen.

Außerdem fällt auf, dass für *logische Variablen* kein eigener Datentyp zur Verfügung steht. In C entspricht unabhängig vom Datentyp dem Zahlenwert 0 der logische Wahrheitswert „true" und jedem anderen Zahlenwert der Wahrheitswert „false".

Felder

Für die Vereinbarung von Feldern ist in C kein eigenes Schlüsselwort erforderlich, es genügt die Angabe der Anzahl der Komponenten in eckigen Klammern. Zu beachten ist, dass die Zählung der Komponenten immer mit 0 beginnt. Durch die Deklaration

```
int v[3], float m[2][4];
```

werden eine einfach indizierte Variable `v` mit den drei Komponenten `v[0]`, `v[1]` und `v[2]` sowie eine doppelt indizierte Variable `m` mit zwei Zeilen und drei Spalten vereinbart.

Bei der Deklaration wird gleichzeitig auch Speicherplatz im benötigten Umfang belegt. Dieser kann auch in der Deklaration initialisiert werden:

```
int u[4]={1, 2, 3, 4}, v[]={10, 20, 30};
int maske[3][4]={{1, 1, 1, 1},
                 {1, 0, 0, 1},
                 {1, 1, 1, 1}};
```

In der ersten Zeile des Beispiels wurde ein Feld `u[4]` mit vier Komponenten initialisiert und ein Feld `v[]` mit drei Komponenten, wobei die Festlegung der Dimension hier implizit geschehen ist. In den folgenden Zeilen des Beispiels ist gezeigt, wie eine mehrfach indizierte Variable initialisiert wird, hier die Matrix `maske[3][4]` mit drei Zeilen und vier Spalten.

Zeichenketten (*Strings*) werden in C als spezielle Felder vom Typ `char` oder `unsigned char` dargestellt. Darauf wird weiter unten nochmals ausführlicher eingegangen.

Da in C bei einem Funktionsaufruf nur einfache Standard-Datentypen oder Zeiger übergeben werden können, können Felder nicht als Parameter verwendet werden; es müssen stattdessen Zeiger auf diese Felder verwendet werden. Darauf wird noch im Zusammenhang mit Zeigern ausführlicher eingegangen.

Aufzählungstypen

Daten vom Aufzählungstyp werden in C durch das Schlüsselwort `enum` charakterisiert. Die Syntax lautet:

```
enum typname {wert1, wert2, ... wertn};          // Typdefinition
enum typname w;                      // Vereinbarung  der Variablen w
```

Intern werden den Komponenten in der Reihenfolge ihrer Anordnung in der Typdefinition mit 0 beginnend Integer-Zahlen zugeordnet. Die Zuordnung lässt sich durch eine Initialisierung beeinflussen:

```
enum figur { Dreieck=3, Viereck=4, Sechseck=6 };
```

Mit Hilfe des Aufzählungstyps lässt sich beispielsweise der in C nicht als Standard-Datentyp vorhandene Datentyp `boolean` definieren:

```
enum boolean {false, true};
enum boolean flg;
```

Die deklarierte Variable `flg` vom Typ `enum boolean` kann also nur den Wert `false` (entspricht 0) oder `true` (entspricht 1) annehmen.

Verbunde (strukturierte Datentypen)

Inhomogene, zusammengesetzte Datentypen werden in C als *Struktur* bezeichnet. Die Syntax lautet:

```
struct name { type0  element0;                    // Typdefinition
              type1  element1;
                 .
                 .
              typen  elementn; };

struct name v;                      // Vereinbarung der Variablen v
```

Beispiel:

Es wird der Eintrag in eine Adressdatei als Struktur formuliert:

```
struct kunden_typ { int  kundennr;
                    char anrede[20];
                    char vorname[20];
                    char famname[20]
                    char strasse[30];
                    int  hausnr;
                    int  plz;
                    char ort[30];
                  };

struct kunden_typ kunde, kundendatei[100];
```

Ersetzt man das Schlüsselwort `struct` durch das Schlüsselwort `union`, so wird für alle Komponenten der Struktur derselbe Speicherplatz zugeordnet. Man kann damit verschiedene Zugriffsarten auf denselben Speicherbereich realisieren.

Beispiel:

Es sei die folgende Union-Deklaration gegeben:

```
union { unsigned short wort; unsigned char byte[2]; } register;
```

Man kann nun mit `register.byte[0]` auf das höherwertige Byte von `regiter.wort` zugreifen und mit `register.byte[1]` auf das niederwertige Byte.

In C können innerhalb von Integer-Strukturen auch *Bitfelder* mit Längen zwischen 0 und 16 definiert und mit Namen bezeichnet werden. Dazu wird nach dem optional angebbaren Namen des Bitfeldes durch einen Doppelpunkt getrennt dessen Länge in Bits spezifiziert. Durch `unsigned int low:4` wird also beispielsweise ein Bitfeld mit Länge 4 deklariert. Durch Angabe eines Bitfeldes mit Länge 0 wird ein Alignment erreicht, d.h. eine eventuell folgende Komponente wird beginnend mit der nächsten Wortgrenze im Speicher abgelegt.

Einfache Abstrakte Datentypen in C

Durch die Standard-Datentypen Feld, Aufzählungstyp und Verbund sind bereits vielfältige Möglichkeiten zur Definition *einfacher abstrakter Datentypen* (*ADT*) gegeben, wobei hier allerdings die Bezeichnung ADT in einem eingeschränkten Sinn gebraucht wird, da sich die Definition nur auf die Datentypen, nicht aber auf die darauf anwendbaren Operationen bezieht. In C wird dazu als abkürzende Schreibweise das Schlüsselwort `typedef` verwendet. Auf welche Weise dies geschieht, zeigen die folgenden Beispiele:

Beispiele:

1. durch die Typdefinition

   ```
   typedef enum {false, true} boolean;
   ```

   wird der neue Datentyp `boolean` definiert. Eine Variablenvereinbarung hat damit die folgende Form:

   ```
   boolean flg;
   ```

2. durch die Typdefinition

   ```
   typedef struct {real, imag} complex;
   ```

   wird der neue Datentyp `complex` definiert.

3. durch die Typdefinition

   ```
   typedef unsigned long int uli;
   ```

   wird der neue Datentyp `uli` definiert.

Eine vergleichbare Wirkung ist oft auch mit Hilfe der Präprozessor-Anweisung `#define` zu erzielen.

Durch `#define unsigned long uli` wird ebenfalls der Datentyp `uli` definiert.

6.3.4 Operatoren und Ausdrücke

Durch *Operatoren* können *Operanden* zu *Ausdrücken* verknüpft werden. Dabei ist ein Operand eine Konstante, eine Variable, ein Funktionsaufruf oder selbst wieder ein Ausdruck. In C gibt es *unäre* Operatoren, die auf nur einen Operanden wirken und entweder vor oder hinter diesem stehen, *binäre* Operatoren, die zwischen zwei Operatoren stehen und diese verknüpfen, sowie einen *ternären* Operator, nämlich `?:`. Generell werden Ausdrücke in der Regel von links nach rechts abgearbeitet, wobei die übliche Klammerung sowie die *Ränge* der Operatoren von Bedeutung sind. Es ist jedoch zu beachten, dass bei binären Operatoren, wie beispielsweise der Addition, nicht festgelegt ist, welcher der beiden Operanden zuerst ausgewertet wird, falls beide ihrerseits Ausdrücke sind. Beispielsweise ist im Falle der Summe `f(a,b)+h(a)` der Wert von `a` im Funktionsaufruf `h(a)` unklar, falls in `f(a,b)` der Parameter `a` verändert werden kann. Außerdem ist die Assoziativität der Operatoren, d.h. die Richtung ihrer Wirkung zu beachten; dies kann von rechts nach links oder von links nach rechts sein. In der folgenden Tabelle werden alle C-Operatoren beschrieben.

Tabelle 6.5: Die Operatoren in C. Die Operatoren sind nach Ihren Rängen geordnet. Die Richtung (Assoziativität) ist durch ⇒ (von links nach rechts) oder ⇐ (von rechts nach links) angegeben. Aus dem Beispiel jeweils am Ende der Zeile geht auch hervor, ob der Operator unär, binär, oder ternär ist.

Operator	Bezeichnung	Rang	Richtung	Wirkung	Beispiel
(...)	Klammer	1	→	Übliche arithmetische Klammerung	(a+b)
[...]	Feld-Klammern	1	→	Auswahl von Feldkomponenten	a[3]
.	Selektor	1	→	Auswahl einer Struktur-Komponente	a.e
->	indirekter Selektor	1	→	Auswahl einer Struktur-Komponente über Zeiger	a->e
!	Negation	2	←	liefert 1, wenn der Operand den Wert 0 hat, sonst 0	!a
~	Einerkomplement	2	←	bitweises Komplement	~a
++	Inkrement	2	←	Inkrement um 1, als Präfix oder Postfix	i++, ++i
--	Dekrement	2	←	Dekrement um 1, als Präfix oder Postfix	i--, --i
+	unäres plus	2	←	Vorzeichenoperator	+a
-	unäres Minus	2	←	Negativer Wert des Operanden	-a
&	Adressoperator	2	←	liefert Adresse einer Variablen	&a
*	Dereferenzierung	2	←	Inhalt der Adresse, auf die ein Zeiger weist	*a
(type)	Cast	2	←	liefert explizite Typumwandlung	(int)a
sizeof()	Größe	2	←	Byte-Anzahl einesTyps oder Ausdrucks	sizeof(a)
*	Multiplikation	3	→	Multiplikation	a*b
/	Division	3	→	Division	a/b
%	Modulus	3	→	Divisionsrest zweier Zahlen vom Int-Typ	a%b
+	Addition	4	→	Addition zweier Zahlen	a+b
-	Subtraktion	4	→	Subtraktion zweier Zahlen	a-b
<<	Verschiebung links	5	→	Verschiebung von a um b Bit nach links	a<<b
>>	Verschiebung rechts	5	→	Verschiebung von a um b Bit nach rechts	a>>b
<	kleiner als	6	→	Int-Wert 1, falls a kleiner b, sonst 0	a<b
<=	kleiner oder gleich	6	→	Int-Wert 1, falls a kleiner oder gleich b, sonst 0	a<=b
>	größer als	6	→	Int-Wert 1, falls a größer b, sonst 0	a>b
>=	größer oder gleich	6	→	Int-Wert 1, falls a größer oder gleich b, sonst 0	a<=b
==	Test auf Gleichheit	7	→	Int-Wert 1, falls a gleich b, sonst 0	a==b
!=	Test auf Ungleichheit	7	→	Int-Wert 1, falls a ungleich b, sonst 0	a!=b
&	bitweises UND	8	→	bitweises UND	a&b

<table>
<tr><td>^</td><td>bitweises XOR</td><td>9</td><td>→</td><td>bitweises XOR (exklusives ODER)</td><td>a^b</td></tr>
<tr><td>|</td><td>bitweises ODER</td><td>10</td><td>→</td><td>bitweises ODER</td><td>a|b</td></tr>
<tr><td>&&</td><td>logisches UND</td><td>11</td><td>→</td><td>Int-Wert 1, falls UND-Verknüpfung wahr, sonst 0</td><td>a&&b</td></tr>
<tr><td>||</td><td>logisches ODER</td><td>12</td><td>→</td><td>Int-Wert 1, falls ODER-Verknüpfung wahr, sonst 0</td><td>a||b</td></tr>
<tr><td>?:</td><td>Konditionaloperator</td><td>13</td><td>←</td><td>Wenn a wahr ist, wird b ausgewertet, sonst c</td><td>a?b:c</td></tr>
<tr><td>=</td><td>Zuweisung</td><td>14</td><td>←</td><td>Zuweisung eines Wertes an einen L-Wert</td><td>a=b</td></tr>
<tr><td>+=</td><td>Zuweisung und +</td><td>14</td><td>←</td><td>Kurzform für Zuweisung und Addition</td><td>a+=b</td></tr>
<tr><td>-=</td><td>Zuweisung und -</td><td>14</td><td>←</td><td>Kurzform für Zuweisung und Subtraktion</td><td>a-=b</td></tr>
<tr><td>*=</td><td>Zuweisung und *</td><td>14</td><td>←</td><td>Kurzform für Zuweisung und Multiplikation</td><td>a*=b</td></tr>
<tr><td>/=</td><td>Zuweisung und /</td><td>14</td><td>←</td><td>Kurzform für Zuweisung und Division</td><td>a/=b</td></tr>
<tr><td>%=</td><td>Zuweisung und %</td><td>14</td><td>←</td><td>Kurzform für Zuweisung und Modulus</td><td>a%=b</td></tr>
<tr><td>&=</td><td>Zuweisung und &</td><td>14</td><td>←</td><td>Kurzform für Zuweisung und bitweises UND</td><td>a&=b</td></tr>
<tr><td>^=</td><td>Zuweisung und ^</td><td>14</td><td>←</td><td>Kurzform für Zuweisung und bitweises XOR</td><td>a^=b</td></tr>
<tr><td>|=</td><td>Zuweisung und |</td><td>14</td><td>←</td><td>Kurzform für Zuweisung und bitweises ODER</td><td>a|=b</td></tr>
<tr><td><<=</td><td>Zuweisung und <<</td><td>14</td><td>←</td><td>Kurzform für Zuweisung und Verschiebung links</td><td>a<<=b</td></tr>
<tr><td>>>=</td><td>Zuweisung und >></td><td>14</td><td>←</td><td>Kurzform für Zuweisung und Verschieb. rechts</td><td>a>>=b</td></tr>
<tr><td>,</td><td>Komma-Operator</td><td>15</td><td>→</td><td>a und b werden ausgewertet, das Ergebnis ist b</td><td>a,b</td></tr>
</table>

Bei den Inkrement- und Dekrement-Operatoren ist die Präfix- und Postfix-Schreibweise genau zu unterscheiden. Dazu ein Beispiel:

```
int i=1, k=1;
k=i++ +1;          // Postfix: k hat den Wert 2,   i hat den Wert 2
k=++i +1;          // Präfix:  k hat den Wert 4,   i hat den Wert 3
i=i-- -1           // Postfix: i hat den Wert 1
```

Die Reihenfolge der Abarbeitung von Ausdrücken ist von Bedeutung, wie folgender Programmausschnitt zeigt:

```
a=4; b=3; i=1;
a<b && i++>a;
```

Da logische Operationen von links nach rechts ausgeführt werden, hat in diesem Fall `i` noch stets den Wert `1`, da nach Ausführung von `a<b`, der Wert 0 (also false) für den Gesamtausdruck bereits feststeht, so dass `i++>a` nicht mehr bestimmt werden muss. In diesem Beispiel wird auch ausgenützt, dass die Vergleichsoperationen stärker binden als die logischen Operatoren. Der Deutlichkeit halber könnte man aber die Schreibweise `(a<b) && (i++>a);` vorziehen.

Auch Zuweisungen sind Ausdrücke und dürfen in Ausdrücken verwendet werden. Nach Ausführung von `m=max(a=3,b=2);` haben `m` und `a` den Wert `3` und `b` hat den Wert `2`. Auf der linken Seite einer Zuweisung muss immer ein modifizierbarer *L-Wert* stehen. Darunter versteht man Variablen, die nicht Vektoren, strukturierte Datentypen oder unvollständige Typen (z.B. Felder ohne explizite Längenangabe) sind. Insbesondere gehören auch Konstanten nicht zu den modifizierbaren L-Werten.
Konditionalausdrücke der Art

```
Ausdruck ? Anweisung1 : Anweisung2
```

erlauben sehr kompakte Formulierungen. Wenn `Ausdruck` wahr (also ungleich 0) ist, ist das Ergebnis `Anweisung1` sonst `Anweisung2`. Es wird also in jedem Fall `Ausdruck` ausgewertet, danach wird aber entweder `Anweisung1` oder `Anweisung2` ausgeführt. Ein Beispiel dafür wurde weiter oben bereits für das Makro

```
#define max(x,y)  ((x)>(y)?(x):(y))
```

gegeben. Ein weiteres Beispiel ist die Berechnung des Absolutbetrags einer Variablen `a`:

```
a=(a>-a)?a:-a;
```

Der unäre Operator `sizeof` kann sich auf einen Operanden beziehen, der entweder ein Ausdruck oder eine Typangabe ist. Ist der Operand ein Ausdruck, so ist das Ergebnis die Anzahl von Bytes, die zur Speicherung des Ergebnisses nötig sind. Der Ausdruck wird dazu aber nicht explizit ausgewertet. Ist der Operand eine Typangabe, so ist das Ergebnis die Anzahl der Bytes, die ein Objekt dieses Typs umfasst. Dabei dürfen auch strukturierte Datentypen oder abstrakte Datentypen verwendet werden. So erhält man beispielsweise als Ergebnis von `sizeof(char)` den Wert `1`.

Für manche Zwecke werden auch *konstante Ausdrücke* benötigt, die dadurch gekennzeichnet sind, dass ihr Wert bereits bei der Compilierung bekannt ist. Dies ist in Präprozessor-Anweisungen erforderlich, bei der Dimensionierung von Feldern, bei der Initialisierung von Variablen und Konstanten, in `case`- und `switch`-Anweisungen, bei der Längenangabe von Bitfeldern und bei der expliziten Angabe in Aufzählungstypen.

Generell ist darauf zu achten, dass sich bei der Auswertung von Ausdrücken neben den erwünschten Effekten auch unerwünschte und gelegentlich unklare Seiteneffekte einstellen können. Beispielsweise ist es bei der Zuweisung `a[i]=i++;` unklar und vom Compiler abhängig, ob auf die Komponente `a[i]` vor oder nach der Inkrementierung von `i` zugegriffen wird.

In C können durch den Cast-Operator explizite *Typumwandlungen* ausgeführt werden. Es werden aber auch implizite Typumwandlungen vorgenommen, so dass in Ausdrücken verschiedene Typen eingesetzt werden können. C ist in diesem Sinne keine Sprache mit einem starken *Typ-Konzept* (*strong typing*). Die implizite Typumwandlung geschieht nach folgenden Regeln:

von Int-Typ	nach	Int-Typ, Float-Typ oder Zeiger
von Float-Typ	nach	Int-Typ oder Float-Typ
von Zeiger	nach	Int-Typ, Zeiger, Feld oder Funktion

Die Umwandlung innerhalb von Int-Typen oder Float-Typen erfolgt immer vom „kleineren" zum „größeren" Typ hin, wobei in diesem Sinne `int` größer als `char` und `double` größer als `float` gilt, etc. Aus diesem Grunde können beispielsweise Variablen vom Typ `char` zusammen mit Variablen vom Typ `int` in Ausdrücken verarbeitet werden. Man darf jedoch nicht außer Acht lassen, dass Information verloren gehen kann. Bei der Umwandlung von Float-Typen in Int-Typen erfolgt beispielsweise eine Trunkation, d.h. die Nachkommastellen werden nicht gerundet, sondern abgeschnitten. Vom Standpunkt eines Entwicklers, der sicherheitskritische Aufgaben zu bearbeiten hat, sind diese bequemen impliziten Typumwandlungen gefährlich und eher als Nachteil zu werten.

6.3.5 Anweisungen

Man unterscheidet in C *einfache Anweisungen*, die den sequentiellen Programmablauf nicht ändern sowie *Kontrollstrukturen*, die zur Realisierung von Verzweigungen und Schleifen in einer sonst linearen Anweisungsfolge dienen. Zu den Kontrollstrukturen gehören *Schleifen*, *Sprunganweisungen* und *bedingte Anweisungen*. Dazu stehen in C eine ganze Reihe von Konstrukten zur Verfügung.

Einfache Anweisungen

In C muss jede Anweisung durch ein Semikolon abgeschlossen werden. Die einfachste Anweisung ist die *leere Anweisung*, die nur aus dem abschließenden Semikolon „;“ besteht.

Ferner ist jeder Ausdruck gleichzeitig auch eine Anweisung, die *Ausdrucksanweisung*.

Sehr wichtig sind *Verbund-Anweisungen* oder *Blöcke*. Dies sind Folgen von Anweisungen, denen auch Deklarationen und Definitionen vorangehen dürfen und die durch geschweifte Klammern syntaktisch zu einer einzigen Anweisung zusammengefasst werden:

```
{
  Deklarationen und Definitionen
  Anweisungen
}
```

In einem Block deklarierte Variablen sind nur lokal innerhalb des Blockes gültig und sie werden jedes Mal neu initialisiert, wenn der Block erreicht wird, es sei denn, die Variablen wurden `static` deklariert.

Jeder Anweisung kann eine *Marke* vorangestellt werden, die als Sprungziel einer `goto`-Anweisung dienen kann. Eine Marke besteht aus einem Namen, auf den ein Doppelpunkt folgt:

```
Name: Anweisung;
```

Bedingte Anweisungen

Die Syntax lautet für eine *einfache bedingte Anweisung*:

```
if(Bedingung) Anweisung;
```

und für eine *bedingte Anweisung mit Alternative* (*Alternativanweisung*):

```
if(Bedingung) Anweisung1 else Anweisung2;
```

Dabei ist *`Bedingung`* ein Ausdruck, dessen Wert als `true` interpretiert wird, wenn er ungleich 0 ist und als `false`, wenn er 0 ist.

Da die in Alternativanweisungen zugelassenen Anweisungen beliebig sein können, insbesondere auch wieder Alternativanweisungen, sind *Ketten von Alternativen* möglich:

```
if(Bedingung1)
  Anweisung1
else if(Bedingung2)
  Anweisung2;
else if(Bedingung3)
  Anweisung3;
  .
  .
else if(BedingungN)
  AnweisungN;
else
  AnweisungN+1;
```

Bei der Abarbeitung einer derartigen Kette werden die Bedingungen `Bedingung1` bis `BedingungN` der Reihe nach ausgewertet. Wird eine Bedingung mit dem Ergebnis `wahr` gefunden, so wird die zugehörige Anweisung ausgeführt und die Bearbeitung der Kette beendet. Der Wahrheitswert der eventuell noch folgenden Bedingungen ist dann also ohne Belang. Ist keine der Bedingungen `wahr`, so wird nur die (optionale) Anweisung mit der Nummer `N+1` ausgeführt.

Der folgende Programmausschnitt zeigt ein einfaches Beispiel:

```
if(n>0)
  if(n%2) printf("n ist eine positive ungerade Zahl");
  else printf("n ist eine positive gerade Zahl");
else if(n==0) printf("n ist Null");
else printf("n ist eine negative Zahl");
```

Auch der weiter oben bereits erläuterte Konditionaloperator

```
Ausdruck1 ? Anweisung1 : Anweisung2
```

ist zu den bedingten Anweisungen zu rechnen.

While-Schleifen

Bei einer *While-Schleife* wird eine `Anweisung` ausgeführt, solange eine `Bedingung` erfüllt ist. Die Syntax unterscheidet zwei Varianten, nämlich die *abweisende While-Schleife*

```
while(Bedingung) Anweisung;
```

und die *nicht-abweisende While-Schleife*, bei der die Bedingung erst am Schleifenende geprüft wird, so dass die `Anweisung` mindestens einmal ausgeführt wird.

```
do Anweisung while(Bedingung);
```

Bei dem folgenden Beispiel werden Messwerte gezählt und addiert, solange sie zwischen zwei Schwellwerten `Max` und `Min` liegen:

```
n=0;
Summe=0.0;
while(Messwert[i]>Max && Messwert[i]<Min) {
  n++;
```

```
  summe+=Messwert[i];
}
```

While-Schleifen können beliebig ineinandergeschachtelt werden, wobei nach dem ANSI-Standard als Schachtelungstiefe mindestens 15 zulässig ist.

For-Schleifen

Bei einer klassischen *For-Schleife* liegt - anders als bei einer While-Schleife - die maximale Anzahl der Schleifendurchläufe fest, wenn man eine Laufvariable verwendet, die innerhalb der Schleife nicht verändert werden darf. In C ist dieses Konzept nicht eingehalten, eine For-Schleife ist hier nur eine andere Formulierung für eine While-Schleife. Die Syntax lautet:

```
for(Ausdruck1; Bedingung; Ausdruck2) Anweisung;
```

Vor der eigentlichen Abarbeitung der Schleife wird zunächst `Ausdruck1` als Initialisierung ausgewertet. In den folgenden Schleifendurchläufen wird dann zunächst die `Bedingung` geprüft. Ist diese `wahr`, wird die `Anweisung` ausgeführt und danach wird `Ausdruck2` ausgewertet. `Ausdruck1`, `Bedingung` und `Ausdruck2` können beliebig sein und die darin auftretenden Variablen dürfen auch in `Anweisung` verändert werden.

Eine For-Schleife ist damit äquivalent zu folgender While-Schleife:

```
Ausdruck1;
while(Bedingung) {
  Anweisung;
  Ausdruck2;
}
```

Die klassische For-Schleife mit einer Laufvariablen `i` lautet damit:

```
for(i=Startwert; i<Endwert; i+=Schritt) Anweisung;
```

Mit Hilfe einer For-Schleife lässt sich auf elegante Weise auch eine manchmal benötigte *Endlosschleife* realisieren. Man schreibt dazu einfach:

```
for(;;) Anweisung;
```

Eine Endlosschleife kann nur durch einen Sprungbefehl innerhalb der `Anweisung` verlassen werden. Gelgentlich wird auch `while(1) Anweisung;` als Konstruktion für eine Endlosschleife verwendet, was aber bei den meisten Compilern zu einer Warnung führt.

Sprungbefehle

In C stehen vier Sprungbefehle zur Verfügung, nämlich `break`, `continue`, `goto` und `return`.

Der am häufigsten verwendete Sprungbefehl ist `break`. Er bewirkt innerhalb einer While-Schleife oder For-Schleife, dass diese unmittelbar abgebrochen wird. Der Programmfluss wird dann mit der ersten auf die Schleife folgenden Anweisung fortgesetzt. Außerdem dient `break` zum Abbruch von Anweisungen in Auswahlanweisungen (siehe unten).

Durch `continue` wird der aktuelle Durchlauf in einer Schleife abgebrochen. Es wird dann mit dem folgenden Schleifendurchlauf fortgefahren.

Der Sprungbefehl `goto` *`marke`* bewirkt eine Verzweigung zu der auf die Marke *`marke`* folgenden Anweisung. Die Marke muss sich innerhalb der Funktion befinden, die den Sprungbefehl enthält. Der Sprungbefehl `goto` wird hauptsächlich dazu verwendet, um Fehlerabbrüche zu realisieren; er sollte ansonsten zurückhaltend eingesetzt werden, da er leicht zu unübersichtlichen Programmen führt. Es sollte auch vermieden werden, ins Innere eines Blockes zu springen.

Grundsätzlich kann jeder Algorithmus unter völligen Verzicht auf Sprungbefehle programmiert werden.

Die return-Anweisung dient dazu, aus einer Funktion in das rufende Programm zurückzukehren. Dabei kann auch ein Wert übergeben werden. Die Syntax lautet:

`return;` oder `return` *`Ausdruck;`* oder `return(`*`Ausdruck`*`);`

Die Auswahlanweisung

Die Auswahlanweisung dient in C zur kompakteren und übersichtlicheren Formulierung von bedingten Anweisungen mit mehreren Alternativen.

Die Syntax lautet:

```
switch(Ausdruck)  {
  case Konstante1:
    Anweisungen1;
  case Konstante2:
    Anweisungen2;
    .
    .
  case KonstanteN:
    AnweisungenN;
  default:
    AnweisungenN+1
}
```

Bei der Abarbeitung einer Auswahlanweisung wird zunächst der zum Schlüsselwort `switch` gehörende Ausdruck ausgewertet. Der Typ des Ergebnisses muss ganzzahlig sein. Sodann wird dieses Ergebnis mit den auf die `case`-Marken folgenden Konstanten *`Konstante1`* bis *`KonstanteN`* (die alle verschieden voneinander sein müssen) verglichen. Wird Übereinstimmung mit einer der Konstanten gefunden, so werden alle darauf folgenden Anweisungen ausgeführt, also auch die zu den nachfolgenden `case`-Marken gehörenden Anweisungen. Sollen nur die jeweils zu einer Konstante gehörenden Anweisungen ausgeführt werden, so muss als letzte Anweisung in der auf die entsprechende `case`-Marke folgenden Anweisungskette eine `break`-Anweisung ausgeführt werden. Diese bewirkt dann, dass die gesamte Auswahlanweisung beendet wird. Stimmt das Ergebnis des Ausdrucks mit keiner der Konstanten überein, so wird die Auswahlanweisung ohne Ausführung einer Anweisung abgebrochen, falls die optionale `default`-Marke fehlt, oder es werden die auf `default:` folgenden Anweisungen ausgeführt.

6.3.6 Funktionen

Deklaration von Funktionen

Jedes C-Programmen ist aus Funktionen zusammengesetzt, von denen eine den Namen `main` tragen muss. In C wird, im Gegensatz zu vielen anderen Programmiersprachen nicht zwischen *Funktionen*, denen als Ergebnis ein Wert zugewiesen wird und *Prozeduren*, die keinen Wert als Ergebnis erhalten, unterschieden. In C gibt es grundsätzlich nur Funktionen. Die erste Zeile der Funktion ist der *Funktionskopf*, der den Datentyp des Ergebnisses spezifiziert und den Funktionsnamen mit der Liste der formalen Parameter einschließlich deren Deklaration enthält. Die Parameterliste kann auch leer sein, was durch die Schreibweise `name()` zum Ausdruck gebracht wird, wobei `name` der Name der Funktion ist. Auf den Funktionskopf folgt ein Block, der evtl. lokale Deklarationen und Definitionen sowie eine oder mehrere Anweisungen enthalten kann. Für lokale Deklarationen ohne weitere Spezifikation wird ein Stack-Bereich reserviert. Die letzte Anweisung vor Verlassen einer Funktion sollte `return(result)` sein, wobei `result` ein Ausdruck ist, der das Ergebnis der Funktion liefert.

Fehlt in einer Funktion die Return-Anweisung, so ist das Ergebnis der Funktion unbestimmt; man kann und sollte dies dann auch durch die Typangabe `void` im Funktionskopf kenntlich machen. Eine Funktion ohne Rückgabewert entspricht damit in etwa der in anderen Programmiersprachen üblichen Prozedur. Die Spezifikation des Datentyps des Ergebnisses im Funktionskopf kann (sollte aber nicht) weggelassen werden; die meisten Compiler verwenden dann den Datentyp `integer` als Default-Wert.

Grundsätzlich muss beachtet werden, dass der Datentyp des Ergebnisses und der Parameter nicht zusammengesetzt sein darf; insbesondere sind also Felder und Strukturen weder als Parameter noch als Funktionsergebnis erlaubt. Möchte man Felder oder Strukturen in Funktionen manipulieren, so ist der Variablenname als Zeiger zu übergeben. Von Zeigern ist in Kapitel 6.3.10 ausführlich die Rede.

Zum Gebrauch der formalen Parameter einer Funktion ist zu beachten, dass diese immer *Eingabeparameter* und immer *lokale Parameter* in der Funktion sind. Es gibt also in C keine *transienten Parameter* und *Ausgabeparameter*. Dies ist auch nicht erforderlich, da man stattdessen über das Zeigerkonzept verfügt.

Es ist ferner zu beachten, dass Funktionen nicht geschachtelt werden dürfen.

Das Hauptprogramm als Funktion

Im einfachsten Fall besteht also ein C-Programm aus einer einzigen Funktion, nämlich dem *Hauptprogramm*:

```
main() {
  Deklarationen und Definitionen
  Anweisungen
}
```

Die Funktion `main` kann auch mit Parametern versehen werden und einen Integer-Rückgabewert liefern, der dann vom Betriebssystem weiter verarbeitet werden kann:

```
int main(int argc, char *argv[]) {
  Deklarationen und Definitionen
  Anweisungen
  return(Ausdruck);
}
```

Über die Parameterliste können Zeiger auf Zeichenketten bei Programmstart übergeben werden. Dabei zählt `argc` die Anzahl der Zeichenketten und `argv` ist ein Zeiger auf ein Feld von Zeigern auf die Zeichenketten. In Kapitel 6.3.10 wird nochmals auf diese Art der Parameterübergabe zurückgekommen.

Funktionen und Header-Dateien

Jede Funktion muss vor ihrem ersten Aufruf dem Compiler bekannt sein. Dies lässt sich dadurch erreichen, dass man die Deklarationen und Definitionen der einzelnen Funktionen in der Reihenfolge ihres Aufrufs anordnet. Das Hauptprogramm wird dann naturgemäß als letze Funktion am Ende des Programms angeordnet.

Eleganter ist es, die Deklarationen der Funktionen und deren Definitionen voneinander zu trennen und die Deklarationen als *Funktionsköpfe* oder *Prototypen*, die nur den Funktionsnamen und die Parameterliste enthalten, an den Programmanfang zu stellen.

Im folgenden Beispiel wird die Funktion `fak` zur Berechnung der Fakultät vor dem diese Funktion rufenden Hauptprogramm angeordnet:

```
int fak(int n) {          // Definition der Funktion fak
  int i, f=1;
  for(i=2; i<=n; i++) f*=i;
  return(f);
}

main() {
  int x, f;
  x=7;
  f=fak(x);               // Aufruf der Funktion fak
}
```

Alternativ dazu kann man zunächst die Funktion `fak` durch Angabe des Funktionskopfes deklarieren und die eigentliche Funktion an einer beliebigen Stelle, also auch nach dem Hauptprogramm anordnen:

```
int fak(int n);           // Deklaration der Funktion fak

int main() {
  int x, f;
```

```
  x=7;
  f=fak(x);             // Aufruf der Funktion fak
}

int fak(int n) {        // Definition der Funktion fak
  int i, f=1;
  for(i=2; i<=n; i++) f*=i;
  return(f);
}
```

Werden mehrere Funktionen benötigt, so ist es sinnvoll, diese auf eigene Quelldateien zu verteilen und getrennt zu übersetzen. Damit solche ausgelagerten Funktionen dem Hauptprogramm bekannt sind, müssen an dessen Anfang die Funktions-Deklarationen eingefügt werden. Dies geschieht am einfachsten dadurch, dass man alle benötigten Deklarationen in einer `Header-Datei` zusammenfasst und diese mit Hilfe der Präprozessor-Direktive `#include "name"` einbindet. Für eine Header-Datei darf ein beliebigen Name mit der Extension `.h` gewählt werden. Das obige Beispiel könnte damit lauten:

```
#include "arithmetik.h";    // Header-Datei einbinden

int main() {
  int x, f;
  x=7;
  f=fak(x);                 // Aufruf der Funktion fak
}
```

Die Header-Datei `arithmetik.h` hätte hier nur einen einzigen Eintrag, nämlich `int fak(int n);`. Die Funktion `fak` wäre dann in einer getrennt übersetzten eigenen Datei `arithmetik.c` enthalten und müsste durch den Linker mit dem Hauptprogramm verbunden werden. Die Einzelheiten dazu sind von der verwendeten Entwicklungsumgebung abhängig.

Es bleibt anzumerken, dass Header-Dateien neben Funktionsköpfen auch beliebigen Programmtext enthalten können.

Funktions-Bibliotheken

Ein wesentlicher Bestandteil des Sprachumfangs von C sind die umfangreichen Bibliotheken, die Makros und Standard-Funktionen enthalten. Durch Einfügen der entsprechenden Header-Dateien mittels `#include <name.h>` in ein C-Programm werden die gewünschten Funktionen zugänglich gemacht.

In Tabelle 6.6 sind die nach ANSI-C mindestens zum Sprachumfang gehörenden Header-Dateien aufgelistet.

Über den ANSI-Standard hinaus sind zahlreiche weitere Header-Dateien und Funktionsbibliotheken verfügbar, die sich allerdings je nach Hersteller und verwendetem Betriebssystem unterscheiden können. Einige Beispiele sind in Tabelle 6.7 zusammengestellt.

In den folgenden Kapiteln wird auf eine Auswahl wichtiger Funktionen näher eingegangen.

Tabelle 6.6: Die in ANSI-C verfügbaren Header-Dateien.

Name	Beschreibung
`assert.h`	Funktionen zum Aufspüren von logischen Programmfehlern
`ctype.h`	Testfunktionen für Typen und Typumwandlungsfunktionen
`errno.h`	Definition von Fehlernummern
`float.h`	Zurücksetzen von Registern
`limits.h`	Definition von Implementationsabhängigen Werten
`locale.h`	Konstanten und Funktionen für Lokalisation
`math.h`	Mathematische Funktionen, z.B. `sqrt` und `log`
`setjmp.h`	Funktionen zum Ausführen nicht-lokaler Sprünge
`signal.h`	Definition von Signalkonstanten (z.B. `SIGABRT`) und Signalbehandlungsfunktionen
`stdarg.h`	Zugriff auf Argumente bei Funktionen mit variabler Anzahl von Argumenten
`stddef.h`	Deklarationen für gemeinsame Konstanten, Typen und Variablen
`stdio.h`	Ein-/Ausgabefunktionen, Dateioperationen und Fehlerbehandlung
`stdlib.h`	Umwandlungsfunktionen, Speicherverwaltung, Zufallszahlen, Arithmetik etc.
`string.h`	Funktionen zur Stringmanipulation
`time.h`	Konstanten und Funktionen zur Nutzung der Echtzeituhr

Tabelle 6.7: Auswahl von über den ANSI-Standard hinausgehenden Header-Dateien.

Name	Beschreibung
`alloc.h`	Funktionen zur dynamischen Speicherverwaltung
`bios.h`	direkter Hardware-Zugriff, z.B. auf serielle Schnittstellen und Laufwerke
`conio.h`	Eingabe über die Tastatur
`dir.h`	Directory-Funktionen, z.B. `mkdir`
`dos.h`	Aufruf von DOS-Funktionen bzw. Interrupts
`graphics.h`	Grafik-Funktionen
`io.h`	weitere Ein-/Ausgabefunktionen
`mem.h`	Funktionen zur Speichermanipulation, z.B. Kopieren von Speicherbereichen
`process.h`	Start von Kind-Prozessen und Prozess-Steuerung
`sound.h`	Funktionen zur Tonerzeugung
`sys\types.h`	Typdefinitionen für Systemaufrufe
`sys\stat.h`	Struktur für Status-Informationen

6.3.7 Speicherklassen und Module

Ein wichtiger Punkt ist der *Gültigkeitsbereich* von Variablen sowie die Festlegung von *Speicherklassen* für Variablen. In C können Programme aus mehreren einzeln compilierbaren *Modulen* bestehen, die mit Hilfe des Linkers zu einem lauffähigen Programm zusammengebunden werden. Dies macht eine klare Definition des Gültigkeitsbereiches, der Lebensdauer und der Speicherart von Variablen und Funktionsnamen nötig.

Man unterscheidet:

- *Lokale Gültigkeit*: Das so deklarierte Objekt ist nur in dem Block ansprechbar, in dem es deklariert wurde.

- *Globale Gültigkeit*: Globale Objekte sind entweder im gesamten Modul, in dem sie deklariert sind, verfügbar (Modul-global), oder auch in mehreren Modulen, sofern sie dort durch Vorsatz des Schlüsselwortes `extern` deklariert sind, im Extremfall auch im gesamten Programm (Programm-global). Zu beachten ist, dass durch das Schlüsselwort `extern` kein Speicherplatz reserviert wird, sondern nur eine Referenz auf einen anderswo reservierten Speicherplatz angegeben wird; es findet also nur eine *Deklaration*, aber keine *Initialisierung* statt.

Beispiel:

Ein Programm soll aus zwei Modulen bestehen. Der Gültigkeitsbereich der Variablen könnte dann folgendermaßen aussehen:

```
// MODUL 1

int a,b;                  // Global in Modul 1
char c;                   // Global in Modul 1 und 2
   .
   .
main() {
   int i;                 // lokal in main()
   .
   .
}

// MODUL 2

extern char c;            // Global in Modul 1 und 2
int i,k;                  // Global in Modul 2
   .
   .
int function(int p1, intp2) {   // Formale Parameter, lokal in Funktion
   int m;                 // lokal in Funktion
   .
   .
}
```

Zu Festlegung der Speicherklassen gibt es in C noch drei weitere in Deklarationen erlaubte Schlüsselwörter, welche eine Spezifikation der Lebensdauer und der Art der Speicherung von Variablen erlauben:

- *Statische Variablen*: Variablen können lokal oder global durch Voranstellen des Schlüsselwortes `static` als statische Variablen deklariert werden. Für derartige Variablen wird ein fester Speicherplatz bereitgestellt, der während der gesamten Laufzeit des Programms reserviert bleibt. Variablen, die in Unterprogrammen `static` deklariert werden, sind zwar dort lokal, also außerhalb der Funktion unzugänglich, behalten aber ihren Wert nach Verlassen der Funktion bei. Wird dieselbe Funktion nochmals aufgerufen, so hat die entsprechende Variable noch denselben Wert, den sie beim vorangegangenen Verlassen der Funktion hatte. Möchte man Variablen in einem Unterprogramm initialisieren, so müssen sie `static` deklariert werden.

- *Automatic-Variablen*: Durch Voranstellen des Schlüsselwortes `auto` (von automatic) deklarierte Variablen werden im Stack gespeichert. Sie behalten Ihre Gültigkeit nur während der Ausführung der Funktion oder des Blocks, in dem sie deklariert sind. In diesem Sinne sind auto-Variablen immer lokal.

- *Register-Variablen*: Durch Voranstellen des Schlüsselwortes `register` deklarierte Variablen werden in einem Prozessor-Register gespeichert. Dies ist sinnvoll, wenn ein schnellstmöglicher Zugriff sichergestellt werden muss.

6.3.8 Ein-/Ausgabe-Funktionen

Ein-/Ausgabe von der Konsole

Für die formatierte Eingabe von Zeichenketten von der *Standardeingabe* (Tastatur) steht die Funktion `scanf()` zur Verfügung, für die Darstellung auf der *Standardausgabe* (Bildschirm) verwendet man die Funktion `printf()`. Beide Funktionen sind in der Header-Datei `stdio.h` deklariert. Die Prototypen sind wie folgt:

```
int scanf(char *format, arg1,arg2,arg3,...)
```

und

```
int printf(char *format, arg1,arg2,arg3,...)
```

Der Parameter `char *format` ist eine Zeichenkette, die das Format der Ein- bzw. Ausgabe festlegt. Zu beachten ist, dass die Parameter `arg1, arg2, arg3,...` in `scanf` Zeiger sein müssen. Der Rückgabewert ist die Anzahl der eingelesenen bzw. ausgegebenen Zeichen.

Zur Ausgabe eines einzelnen Zeichens `c` dient die Funktion `putch(c)`. Soll nur ein Zeichen eingelesen werden, so kann man `c=getch` (ohne Bildschirmecho) oder `c=getche()` (mit Bildschirmecho) benützen. Diese Funktionen sind in der Header-Datei `conio.h` deklariert.

Weitere E/A-Funktionen sind in den Header-Dateien `stdlib.h.` und `io.h` enthalten.

Die Formatierung bei der Ein- und Ausgabe wird durch einen Formatbuchstaben geregelt. In Tabelle 6.8 sind die Formatbuchstaben für `scanf` und in Tabelle 6.9 die nahezu identischen Formatbuchstaben für `printf` angegeben.

Tabelle 6.8: Formatbuchstaben für `scanf`.

Formatbuchstabe	Beschreibung
`d`	Integer-Zahl
`i`	Integer-Zahl, auch in oktaler oder hexadezimaler Form
`o`	Oktalzahl
`x, X`	Hexadezimalzahl
`u`	Integer-Zahl ohne Vorzeichen
`c`	Zeichen, auch Leerzeichen
`s`	Zeichenkette ohne Leerzeichen
`e, f, g`	Reelle Zahl in einfacher Genauigkeit

Zu beachten ist, dass mit `scanf` keine Eingabe reeller Zahlen in doppelter Genauigkeit (`double`) möglich ist. Jede Formatangabe beginnt mit dem Prozentzeichen `%`

und endet mit einem Formatbuchstaben. Dazwischen kann die Stellenzahl angegeben werden und durch einen Punkt getrennt die Anzahl der Nachkommastellen für reelle Zahlen. Beispielsweise bedeutet `"%3d"` eine dreistellige Integerzahl und `"%6.3f"` eine sechsstellige reelle Zahl mit drei Nachkommastellen.

Tabelle 6.9: Formatbuchstaben für `printf`.

Formatbuchstabe	Beschreibung
`d, i`	Integer-Zahl
`o`	Oktalzahl ohne Vorzeichen
`x, X`	Hexadezimalzahl ohne Vorzeichen
`u`	Integer-Zahl ohne Vorzeichen
`c`	Zeichen, auch Lerzeichen
`s`	Zeichenkette ohne Leerzeichen
`f`	Reelle Zahl mit Nachkommastellen (`double`)
`e, E`	Reelle Zahl mit Exponentschreibweise (`double`)
`g, G`	wie `f`, wenn der Exponent kleiner ist als -4 oder größer als die spezifizierte Stellenzahl, sonst wie `e` bzw. `E`
`p`	Zeigerwert

Einige nicht-druckbare Zeichen können in Ausgabe-Zeichenketten als Backslash-Sequenzen mit aufgenommen werden. Beispiele sind `\a` (Alert), `\b` (Backspace), `\n` (neue Zeile) und `\t` (Tabulator). Weitere Formatierungen können durch `Escape-Sequenzen` realisiert werden, die bei Laden des ANSI-Treibers auf praktisch jedem System verfügbar sind. Ein Beispiel ist die Escape-Sequenz `ESC[2J` zum Löschen des Bildschirms.

Das folgende Beispiel zeigt die Verwendung der E/A-Funktionen.

```
//*************************************************************
// Berechnung des Mittelwertes eines Datensatzes.
//*************************************************************
#include <conio.h>              // Header-File für standard I/O
#define ESC 27                  // Ersetzen von "ESC" durch "27"
#define MAX 100                 // Maximale Anzahl der Daten

int main() {                                // Hauptprogramm
  float average=0.0;                        // Deklarationen
  int daten[MAX];
  int i,n=0;
  printf("%c[2J",ESC);                      // Bildschirm löschen
  printf("\n\nSTATISTIK\n\n");              // Überschrift
  for(;;) {                                 // Endlosschleife
    while(n>MAX || n<1) {                   // Eingabeschleife
      printf("Anzahl der Daten = ? ");      // Eingabe der Anzahl der Daten
      scanf("%d",&n);
      if(n>MAX || n<1)                      // Fehleingabe
        printf("\nDie Anzahl der Daten muss zwischen 1 und 100 liegen"
      printf("\n");
    }
    for(i=0; i<n; i++) {                    // Berechnung des Mittelwertes
      printf("a(%3d) = ? ",i);
      scanf("%d",&daten[i]);
      average += daten[i];
    }
    average/=n;
    printf("\nErgebnis:\nDaten: \n");       // Ausgabe des Ergebnisses
```

```
    for(i=0; i<n; i++)
      printf("%d  ",daten[i]);
    printf("\nMittelwert = %10.4g\n",average);
    printf("\nBeenden mit ESC\n");
    if(getch()==ESC) break;          // Programmlauf beenden
  }
  return(0);
}
```

Zugriff auf Dateien

Neben den E/A-Funktionen für die Standard-Eingabe und -Ausgabe (*Konsole*) ist auch der Zugriff auf Dateien wichtig, die extern gespeichert sind, beispielsweise auf einer Festplatte.

Das Öffnen einer Datei für Lesen und/oder Schreiben geschieht durch die Funktion

`fopen(filename,type)`

die im Header-File `stdio.h` deklariert sind. Dabei gibt `filename` den Namen der Datei an, auf die zugegriffen werden soll und `type` die Art des Zugriffs.

Tabelle 6.10 Optionen für Dateizugriff.

Typ	Bedeutung
`"r"`	Lesezugriff auf eine bestehende Datei.
`"w"`	Schreibzugriff auf eine leere Datei. Ist die Datei nicht leer, wird ihr Inhalt gelöscht.
`"a"`	Schreibzugriff am Dateiende (append). Existiert die Datei nicht, so wird sie erzeugt.
`"r+"`	Lese- und Schreibzugriff für eine existierende Datei.
`"w+"`	Lese- und Schreibzugriff auf eine leere Datei. Ist die Datei nicht leer, so wird sie gelöscht.
`"a+"`	Öffnen einer Datei für Lesen und Schreiben am Ende der Datei. Existiert die Datei nicht, so wird sie erzeugt.

An die Typ-Spezifikation kann noch ein `b` (für binary) oder `t` (für text) angehängt werden. Im zumeist verwendeten *Binärmode* (d.h. Anhängen von `b`) erfolgt eine direkte bitweise Übertragung, im Textmode werden die zur Textformatierung verwendeten Kontrollzeichen CR (Carriage Return) und LF (Line Feed) geprüft und ggf. modifiziert.

Der Return-Wert von `fopen` ist ein Zeiger, der auf den Anfang der Datei zeigt, falls diese existiert, bzw. der NULL-Pointer, falls sie nicht existiert. Man kann diesen Pointer als eine Identifikation (ID) für den I/O-Kanal auffassen.

Bei der Option `"a+"` steht der Zeiger für den Zugriff immer am Dateiende, es kann also keine Information überschrieben werden. In den anderen Fällen kann der Zeiger durch die Funktionen `fsetpos`, `fseek` und `rewind` bewegt werden.

Für den Lesezugriff stehen unter anderem die Makros `getc(ID)` und `getchar()` zur Verfügung, sowie die Funktionen `fgetc(ID)` und `fgetchar()`. Dabei lesen `getchar()` bzw. `fgetchar()` von der Standardeingabe `stdin`, sie sind also gleich bedeutend mit `getc(stdin)` bzw. `fgetc(stdin)`. In diese Kategorie gehören auch die Funktionen `getch()` und `getche()` für die Eingabe von der Tastatur mit bzw. ohne Echo.

Für den Schreibzugriff stehen unter anderem die Makros `putc(c,ID)` und `putchar(c)` zur Verfügung, sowie die Funktionen `fputc(c,ID)` und `fputchar(c)`. Dabei schreiben `putchar(c)` bzw. `fputchar(c)` auf die Standardausgabe `stdout`. Damit vergleichbar ist auch `putch(c)` für die Ausgabe auf den Bildschirm.

Beispiel:

```
//*****************************************************************
// Beispiel zum Gebrauch von File-I/O-Funktionen:
// Zählen von Zeichen in einer Datei
//
//*****************************************************************
#include <stdio.h>              // Header-File für standard I/O
#define ESC 27                  // Ersetzen von "ESC" durch "27"

FILE *id;                       // Deklarieren des I/O-Zeigers
char name[80];                  // Deklaration des Dateinamens
int  count;                     // Deklaration des Zeichenzählers

main() {
  printf("%c[J",ESC);                     // Löschen des Bildschirms
  printf("Dateiname = ? ");               // Prompt für Eingabe
  scanf("%s",name);                       // Dateinamen einlesen
  if((id=fopen(name,"rb"))==NULL)         // Datei für Lesen öffnen
    printf("Datei nicht gefunden\n");     // Return-Wert war NULL
  else {
    count=0;                              // Vorbesetzen des Zählers
    while(getc(id) != EOF) count++;       // lesen und zählen
    printf("Anzahl der Zeichen = %d",count);    // Ergebnis
    fclose(id);                           // Datei schließen
  }
  return(0);
}
```

6.3.9 Verarbeitung von Zeichenketten

Deklaration und Definition von Zeichenketten

Zeichenketten (*Strings*) sind ein wichtiges Konzept in der Datenverarbeitung. Die Verarbeitung von Zeichenketten ist daher von grundsätzlicher Bedeutung. In C stehen hierfür ausgezeichnete Möglichkeiten zur Verfügung.

Ein einzelnes Zeichen wird durch ein Byte (8 Bit) charakterisiert und durch den einfachen Datentyp `char` oder `unsigned char` deklariert. Die Deklaration einer Variablen `c`, die ein Zeichen aufnehmen kann lautet somit:

```
char c;
```

Zeichenketten werden durch Felder (Arrays) von `char`-Variablen dargestellt. Die Deklaration einer Zeichenketten-Variablen `str` mit 5 Zeichen hat beispielsweise folgende Form:

```
char str[5];
```

Auch die Initialisierung von Strings, d.h. die Belegung mit Anfangswerten, ist möglich. Dazu wird einfach der in Anführungszeichen eingeschlossene Initialisierungs-String zugewiesen.
Durch `char institut[11] = "Hochschule";`

wird die Variable `institut` mit dem String `Hochschule` vorbesetzt. Der Variablen wird hierdurch Speicherplatz fest zugewiesen (*Definition* der Variablen im Gegensatz zur bloßen *Deklaration*). Dies ist dementsprechend nur in globalen Deklarationen oder in Unterprogrammen mit als `static` ausgewiesenen Variablen möglich.

Wesentlich ist, dass zur Kennung des String-Endes immer das Zeichen `0` (ASCII-Code `0`) anzuhängen ist. Dafür muss in der Deklaration ebenfalls ein Speicherplatz zur Verfügung gestellt werden. Dies ist der Grund dafür, dass im obigen Beispiel die Variable `institut` mit der Dimension 11 deklariert wurde, obwohl das Wort `Hochschule` nur 10 Zeichen umfasst. Durch die Deklaration

```
char str0[6], str1[]={'a', 'b', 'c', '\0'}, str2[]="abc";
```

wird ein String `str0` vereinbart, der 5 Zeichen fassen kann sowie zusätzlich die abschließende 0. Der String `str1` hat die implizit deklarierte Dimension 4, er kann also drei Zeichen sowie die abschließende 0 aufnehmen, die in dieser Initialisierung als Einzelzeichen durch `'\0'` explizit angegeben werden muss. Alternativ kann die Initialisierung auch wie für String `str2` gezeigt in der Form `"abc"` erfolgen. Auch hier ist implizit die Dimension 4 vereinbart, allerdings muss hier die abschließende 0 nicht angegeben werden, sie wird automatisch angefügt. Einzelne Zeichen werden bei der Initialisierung oder Zuweisung in Hochkommata eingeschlossen, beispielsweise in `'a'`. Es ist zu beachten, dass bei einer Initialisierung zwischen `'a'` und `"a"` ein Unterschied besteht: `'a'` charakterisiert ein einzelnes Zeichen, `"a"` dagegen eine Zeichenkette, bestehend aus den beiden Zeichen `a` und `\0`.

In C gibt es eine ganze Reihe von Funktionen zur String-Verarbeitung. Diese haben alle gemeinsam, dass sie das Ende eines Strings am ASCII-Zeichen mit dem Wert `0` erkennen. Ist die Verwendung dieser Funktionen vorgesehen, so müssen alle Strings unbedingt mit diesem Zeichen abgeschlossen werden.

Die Zuweisung der Null ist auf zwei Arten möglich:

`institut[15]=0;` oder `institut[15]='\0';`

Funktionen zur Verarbeitung von Zeichenketten

Die Funktionen zur Verarbeitung von Zeichenketten sind in der Header-Datei `string.h` deklariert. Die wichtigsten dieser Funktionen sind im Folgenden nochmals in einigen Beispielen zusammengestellt.

`printf("%s",str);`	Der String `str` wird auf dem Bildschirm ausgegeben.
`scanf("%s",str);`	Eine von der Tastatur eingegebene Zeichenfolge wird in der Variablen `str` abgespeichert.
`len=strlen(str);`	Die Länge des Strings `str` wird an `len` übergeben. In `str[len]` befindet sich die abschließende 0.

`i=strcmp(str1,str2);`	Das Ergebnis ist `i=0` wenn die beiden Strings übereinstimmen, `i<0`, wenn im lexikografischen Sinne `str1<str2` ist und `i>0`, wenn `str1>str2`.
`strcpy(str1,str2);`	Der String `str2` wird in den String `str1` kopiert.
`strncat(str1,str2,n);`	Konkatenation: die ersten `n` Zeichen von String `str2` werden an das Ende von `str1` angehängt. Das Ergebnis steht in `str1`.

Die beiden folgenden Programmbeispiele illustrieren den Gebrauch der Funktionen zur Verarbeitung von Zeichenketten.

```
//***********************************************************
// Beispiel 1 zur String-Verarbeitung.
//
// Ein Name wird eingelesen, Sonderzeichen und Blanks am
// Anfang und am Ende werden entfernt, alle weiteren
// Sonderzeichen werden durch ? ersetzt. Der Name wird auf 8
// Zeichen begrenzt und es wird die Extension .dat angehängt.
//
//***********************************************************
#include <stdio.h>
#include <string.h>

char name[80], ext[5]=".dat";
int i,k,len;

main() {
  printf("\x1b[2J");                // Bildschirm löschen
  printf("Dateiname = ? ");         // Prompt für Eingabe
  scanf("%s",name);                 // Dateinamen einlesen
  i=0;
  while(name[i]<=32) i++;           // Führende Sonderzeichen entfernen
  len=strlen(name);
  for(k=0; k<len-i; k++) name[k]=name[k+i];
  i=len-i-1;
  while(name[i]<=32) i--;           // Sonderzeichen am String-Ende entf.
  if (i>7) len=8; else len=i+1;     // Länge auf 8 Stellen begrenzen
  for(i=0; i<len; i++)              // Sonderzeichen durch ? ersetzen
    if(name[i]<=32) name[i]='?';
  name[len]=0;
  strncat(name,ext,strlen(ext));                 // Konkatenation
  printf("Dateiname mit Extension = %s\n",name); // Ergebnis
  return(0);
}
```

```
//***********************************************************
// Beispiel 2 zur String-Verarbeitung.
//
// Eine vorgegebene Zeichenkette wird in einer Datei gesucht
// und die Häufigkeit des Auftretens wird gezählt.
//
//***********************************************************
#include <stdio.h>
#include <string.h>

FILE *id;                          // Globale Deklarationen
char c,name[80],pattern[8],str[8];
int i,count,len;

main() {
```

```
  printf("\x1b[2J");                       // Bildschirm löschen
  printf("Dateiname = ? ");                // Prompt für Eingabe
  scanf("%s",name);                        // Dateinamen einlesen
  if((id=fopen(name,"rb")) == NULL)        // Öffnen der Datei
    printf("Datei nicht gefunden\n");      // Return-Wert NULL
    else {
      printf("Zu suchende Zeichenfolge (max. 8 Zeichen) : ");
      scanf("%s",pattern);                 // Eingabe des Suchstrings
      len=strlen(pattern)-1;               // Best. der Länge des Strings
      if(len>7) len=7;
      i=count=0;                           // Zählvariablen vorbesetzen
      while(i<len) {                       // Einlesen der ersten Zeichen
        c=getc(id);
        if(c==EOF) break;
        str[i++]=c;
      }
      if(i==len) for(;;) {
        i=0;
        if((c=getc(id)) == EOF) break;             // Zeichen lesen
          else str[len]=c;
        if(strcmp(pattern,str)==0) count++;        // Vergleich
        for(i=0; i<len; i++) str[i]=str[i+1];
      }
      printf("Anzahl = %d",count);                 // Ergebnis ausgeben
      fclose(id);                                  // Datei schließen
    }
   return(0);
}
```

6.3.10 Das Zeigerkonzept in C

Indirektions- und Adress-Operator

Zeiger (*Pointer*) sind Konstanten oder Variablen, die als Werte *Adressen* enthalten. Je nach Speichermodell und Hardware werden dafür typischerweise 16 oder 32 Bit verwendet. In C muss bei der Deklaration eines Zeigers angegeben werden, von welchem Typ die Variable ist, auf die der Zeiger deutet. Ein Zeiger wird in der Deklaration durch den *Indirektionsoperator* `*` gekennzeichnet:

`char *cp;` Deklaration der Zeigervariablen `cp`, die auf eine Charakter-Variable zeigt.

`int i, *ip, **ipp;` Deklaration einer Integer-Variablen `i`, einer Zeigervariablen `ip`, die auf eine Integer-Variable zeigt und einer Zeigervariablen `ipp`, die auf eine weitere Zeigervariable zeigt, die ihrerseits auf eine Integer-Variable zeigt.

Bei der Verwendung eines Zeigers ist es nun möglich, entweder auf die Adresse als Inhalt der Zeigervariablen zuzugreifen, oder aber - durch Verwendung des Indirektionsoperators - auf den Inhalt derjenigen Variablen, auf welche der Zeiger deutet:

`ip, cp` Verwendung als Zeiger

`*ip, *cp` Verwendung als gewöhnliche Variable

Die zum Indirektions-Operator `*` inverse Operation ist der *Adressoperator* `&`. Er liefert als Ergebnis die Adresse des Objekts, auf das er angewendet worden ist:

`ip=&i;` Der Zeigervariablen `ip` wird die Adresse von `i` zugewiesen.

In dem obigen Beispiel haben also `*ip` und `i` die gleiche Bedeutung. Entsprechend liefern die beiden folgenden Zuweisungen das Resultat `i=8`:

```
ipnt = &i;
*ipnt = 8;
```

Nach derselben Logik kann man auch mehrstufige Zeiger wie `**ipp` verwenden. Danach liefern die Zuweisungen

```
i=3; ip=&i; ipp=&ip; *ip=4; **ipp=5;
```

letztlich das Resultat, dass `i`, `*ip` und `**ipp` alle dieselbe Variable bezeichnen, die nun den Wert 5 hat.

Ein weiterer Operator, der im Zusammenhang mit Zeigern von Bedeutung ist, ist der *Selektor* bei Zugriff auf eine Struktur über einen Zeiger. An Stelle des sonst üblichen Punktes (`.`) wird hier ein Pfeil (`->`) verwendet. Das folgende Beispiel verdeutlicht die Anwendung von `->`.

```
struct Artikel                    // Definition der Struktur Artikel
  { char Bezeichnung[20]; int Nummer; };
struct Artikel A1;                // Dekl. einer Variablen vom Typ Artikel
struct Artikel *A1_pnt;           // Deklaration eines Zeigers auf Artikel

main() {
   .                              // Irgendwelche Anweisungen
   .
   printf("%d", A1.Nummer);       // Ausdrucken von A1.Nummer
   A1_pnt = &A1;                  // Adresszuweisung an Zeiger
   printf("%d", A1_pnt->Nummer);  // Ausdrucken von A1.Nummer
}
```

Die *Bindung* von `*` und `&` ist 2; diese beiden Operatoren haben also die gleiche Priorität wie beispielsweise die Operatoren `++` oder `--`. Stärker binden nur Klammern und Selektoren im Zusammenhang mit Strukturen, also `.` und `->`.

Arithmetik mit Zeigern

Mit Zeigern sind nur einige wenige arithmetische Operationen erlaubt, die hier zusammengestellt sind. Es seien `pnt`, `pnt1` und `pnt2` Zeiger und `i` eine Integer-Variable, dann gilt:

- *Operationen zwischen Zeigervariablen*

Zuweisung eines Zeigers an einen anderen	`pnt1 = pnt2;`
Subtraktion zweier Zeiger	`pnt = pnt1 - pnt2;`
Vergleich zweier Zeiger	`pnt1 > pnt2;`
(`>`, `<`, `>=`, `<=`, `==`, `!=`)	

- *Operation mit Integer- Konstanten oder Variablen*

Addition einer Konstanten	`pnt += 2;`
Addition einer Variablen	`pnt += i;`
Subtraktion einer Konstanten	`pnt -= 2;`
Subtraktion einer Variablen	`pnt -= i;`

Alle anderen Operationen wie Addition, Multiplikation und Division von Zeigern sowie logische Verknüpfungen sind nicht erlaubt.

Programmbeispiel zur Anwendung von Zeigern

Das folgende (inhaltlich nicht besonders sinnvolle) Programm zeigt Beispiele für häufige Standardanwendungen von Zeigern, nämlich die Parameterübergabe in Funktionen und das Arbeiten mit Strukturen.

```
//**************************************************************
// Beispiele für die Verwendung von Pointern
//
// Das Programm erlaubt über ein Menü die Berechnung von
// Quadrat- und Kubikzahlen oder die Summation der ersten
// n natürlichen Zahlen.
//**************************************************************
char *ips;                          // Pointer auf String
char s1[]="x3 >  100;               // String-Initialisierung
char s2[]="x3 <= 100;
struct header  {                    // Struktur-Deklaration
  char head_line[26];
  int head_nr;
};

//--------------------------------------------------------------
// Auswahl der Kopfzeile
//--------------------------------------------------------------
struct header *get_header(char c) {
   struct header *head;                 // Pointer auf Struktur
   static struct header  head0={"Quadrat- und Kubikzahlen \0",0},
                         head1={"Summe der ersten n Zahlen\0",1},
                         head2={"Program beenden          \0",2},
                         head3={"Falsche Eingabe          \0",3};
   switch(c) {                          // Auswahl des Headers
     case 'Q': case 'q':
       head=&head0;
       break;
     case 'S': case 's':
       head=&head1;
       break;
     case 'X': case 'x':
       head=&head2;
       break;
     default: head=&head3;
   }
   return(head);    // Return-Wert: Pointer auf ausgewählten Header
}

//--------------------------------------------------------------
// Berechnung von Quadrat- und Kubikzahlen
//--------------------------------------------------------------
void func(float x, float *x2, float *x3) {
  *x2 = x*x;                  // Quadrat von x
  *x3 = *x2*x;                // dritte Potenz von x
}

//--------------------------------------------------------------
// Hauptprogramm
//--------------------------------------------------------------
main() {
  float y,y2,y3;              // lokale Variablenvereinbarungen
  char c;
  int i,k,n;
```

```
  struct header *head_pnt;      // Pointer auf Str. des Typs header
  for(;;) {                     // Endlosschleife
    printf("\x1b[2J");          // Bildschirm löschen und Textmaske
    printf("Beispiele zum Gebrauch von Pointern\n\n");
    printf("Berechne Quadrat- und Kubikzahlen (Q) ?\n");
    printf("Berechne Summe der ersten n Zahlen (S) ?\n");
    printf("Programm beenden (X) ?\n\n");
    c=getch();
    head_pnt=get_header(c);                 // Header bestimmen
    printf("%s\n",head_pnt->head_line);     // Header-Zeile schreiben
    switch (head_pnt->head_nr) {
      case 0:                               // Quadrat- und Kubikzahlen
       printf("Reelle Zahl eingeben : ");
       scanf("%f",&y);
       func(y,&y2,&y3);
       printf("x = %f   x2 = %f   x3 = %f",y,y2,y3);
       if(y3>100) ips=s1; else ips=s2;
       printf("\n%s\n\n",ips);
       printf("Zum Fortfahren beliebige Taste drücken");
       c=getch();
       break;
     case 1:                                // Summe von 1 bis n
       printf("Ganze Zahl eingeben : ");
       scanf("%d",&n);
       k=0;
       for(i=1; i<=n; i++) k=k+i;
       printf("Summe = %d\n\n",k);
       printf("Zum Fortfahren beliebige Taste drücken");
       c=getch();
       break;
     case 2: return(0);                     // Programm verlassen
     default: ;                             // Eingabefehler
    }
  }
}
```

Zeiger und Felder

Zeiger stehen mit Feldern in engem Zusammenhang.

Eine typische Feld-Deklaration lautet etwa: `int Vektor[3];` Hierdurch ist ein Feld mit den drei Integer-Komponenten `Vektor[0]`, `Vektor[1]` und `Vektor[2]` deklariert.

Der Variablenname `Vektor` alleine, also ohne folgende eckige Klammern, gibt die Adresse der ersten Feldkomponente an, kann also als *Zeigerkonstante* auf die Komponente `Vektor[0]` aufgefasst werden. Die beiden Terme `Vektor` und `&Vektor[0]` sind infolgedessen gleichbedeutend. Dies impliziert weiter, dass Felder, die als Parameter an Funktionen übergeben werden, dort nicht lokal, sondern global sind, da ja mit dem Feldnamen nur die Adresse des betreffenden Feldes übergeben wird und nicht eine Kopie des Feldes. Änderungen, die an Feldern während der Abarbeitung einer Funktion vorgenommen worden sind, sind daher auch im rufenden Programm wirksam.

Bei der Deklaration von Feldern, die als formale Parameter an Funktionen übergeben wurden, sind zwei äquivalente Schreibweisen möglich. Im Falle eines Integer-Feldes deklariert man:

entweder `int Vektor[];` oder `int *Vektor;`

Man kann Feldnamen wie Zeiger behandeln, sie also insbesondere Zeigervariablen zuweisen, wie das folgende Beispiel zeigt:

```
int Vektor[3] = {10, 20, 30};      // Deklaration des Feldes Vektor
int *Vpnt;                         // Deklaration des Zeigers Vpnt
main() {
  Vpnt = Vektor;                   // Zuweisung des Feldnamens an den Zeiger
  printf("%d",*Vpnt);              // Ausdrucken des Inhalts der Feld-
}                                  // komponente Vektor[0], also der Zahl 10
```

In dem obigen Beispiel ist nach der Zuweisung `*Vpnt` identisch mit `Vektor[0]`.

Es besteht jedoch ein wichtiger Unterschied zwischen Feldnamen und Zeigervariablen: Feldnamen enthalten konstante Adressen, die während des Programmlaufs nicht geändert werden können. Eine Zuweisung der Art `Vektor=Vpnt+2` ist also unzulässig. Außerdem wird für die Adresse eines Feldes nicht explizit ein Speicherplatz für den Inhalt dieses Feldes reserviert.

Unter Verwendung der Zeiger-Arithmetik lässt sich eine einfache und schnelle Zugriffsmöglichkeit auf die Komponenten von Feldern realisieren. Dies geht aus dem folgenden Programm hervor, in welchem zunächst die ersten 10 Quadratzahlen in einem Feld `a` gespeichert werden. In einer zweiten Schleife wird dann der Inhalt von `a` einem Feld `b` zugewiesen.

```
int a[10], b[10], i, *apnt, *bpnt;      // Variablen-Deklaration

main() {
   for(i=1; i<=10; i++)                 // Üblicher Feldzugriff
      a[i-1] = i*i;                     // Quadratzahlen ohne 0
   for(apnt=a, bpnt=b; apnt<=&a[9];)    // Feldzugriff über Zeiger
      *bpnt++ = *apnt++;                // Zuweisung und Adressberechnung
}
```

Die Zeile `*bpnt++ = *apnt++` hat die Wirkung:

```
*bpnt = *apnt;     // Zuweisung der Feldkomponenten
bpnt++;            // Inkrementierung der Adresse von b um zwei Bytes
apnt++;            // Inkrementierung der Adresse von a um zwei Bytes
```

Besonders in Laufanweisungen ist häufig der Weg über die Zeiger-Arithmetik der effizientere, da Adressberechnung und Erhöhung der Laufvariablen zusammenfallen.

Normalerweise erfordert der Zugriff auf eine Feldkomponente die folgende Adressberechnung:

Komponentenadresse = Anfangsadresse + Komponentengröße * Index

Die Komponentengröße gibt bei Byte-Adressierung an, wie viele Bytes pro Komponente benötigt werden, also beispielsweise ein Byte für Character-Variablen und zwei Byte für 16 Bit Integer-Variablen.

Für die Adressierung der i-ten Komponente `a[i]` des 16 Bit Integer-Feldes `a` ergibt sich also: `&a[0] + 2*i`.

Felder von Zeigern

Neben den besprochenen *Zeigern auf Felder* werden auch *Felder von Zeigern* benötigt, d.h. Felder, deren Komponenten Zeiger sind. Bei der Deklaration sind die Prioritätsregeln der Operatoren zu beachten:

`int *pnt[8];` Feld von 8 Zeigern, die jeweils auf eine Integer-Variable zeigen.

`int (*pnt)[8];` Zeiger auf ein Integer-Feld mit 8 Komponenten.

Hauptanwendungsgebiet von Zeigerfeldern ist die Verwaltung mehrfach indizierter Felder. Sowohl Speicherbedarf als auch Ablaufgeschwindigkeit können damit optimiert werden, wie das folgende Beispiel zeigt.

Zunächst ist eine konventionelle Lösung unter Verwendung eines zweidimensionalen Character-Feldes angegeben, danach eine Version unter Verwendung eines Zeigerfeldes.

```
//**********************************************************************
// Monatsnamenkonversion, Version 1: konventionelle Lösung
//
// Das Programm erwartet die Eingabe einer Zahl zwischen 1 und
// 12 und gibt den zugehörigen Monatsnamen aus.
//**********************************************************************
char monat[12][10] = {"Januar   ","Februar  ","März     ","April    ",
                      "Mai      ","Juni     ","Juli     ","August   ",
                      "September","Oktober  ","November ","Dezember "};

main() {
   int m;
   printf("\x1b[2J");
   while(1) {
     printf("Geben Sie eine Zahl zwischen 0 und 12 ein: ");
     scanf("%d",&m);
     while(m<1 || m>12) {
       printf("Falsche Eingabe, bitte wiederholen: ");
       scanf("%d",&m);
     }
     printf("Der Name des %d-ten Monats lautet: %s\n\n",m,monat[m-1]);
   }
}
```

Der Speicherbedarf für die Monatstabelle beträgt in diesem Fall 120 Byte, nämlich 10 Byte für jeden Monat, wobei auch die den String abschließende 0 mitgerechnet wird. Durch Einführen eines Zeigerfeldes lässt sich dieser Speicherbedarf reduzieren, wie aus der zweiten Version des Programms hervorgeht.

```
//*****************************************************************
// Monatsnamenkonversion, Version 2: mit Zeigerfeld
//
// Das Programm erwartet die Eingabe einer Zahl zwischen 1 und
// 12 und gibt den zugehörigen Monatsnamen aus.
//
//*****************************************************************
char *monat[12] = {"Januar","Februar","März","April",
                   "Mai","Juni","Juli","August",
                   "September","Oktober","November","Dezember"};

main() {
  int m;
  printf("\x1b[2J");
```

```
  while(1) {
    printf("Geben Sie eine Zahl zwischen 0 und 12 ein: ");
    scanf("%d",&m);
    while(m<1 || m>12) {
      printf("Falsche Eingabe, bitte wiederholen: ");
      scanf("%d",&m);
    }
    printf("Der Name des %d-ten Monats lautet: %s\n\n",m,monat[m-1]);
  }
}
```

Hier werden nur 83 Byte für die Speicherung der Monatsnamen (einschließlich der abschließenden 0) benötigt. Dazu kommen allerdings noch der Speicherbedarf für die 12 Zeiger auf die Monatsnamen. Der Zeiger `monat[i]` deutet hier auf denjenigen String, der den `i+1`-ten Monatsnamen enthält, `monat[3]` also auf "April". Der Zugriff auf einen Buchstaben innerhalb eines Strings wird durch Zeiger-Arithmetik realisiert. Durch `*(monat[3]+2)` wird beispielsweise auf den dritten Buchstaben von `April` zugegriffen, also auf den Buchstaben `'r'`. Da sich durch ein Zeigerfeld letztlich ein zweifach indiziertes Feld darstellen lässt, ist auch die Schreibweise `monat[i][k]` zulässig. So wird also mit `monat[3][2]` ebenfalls der Buchstabe `'r'` des Monats `April` bezeichnet.

Durch die Verwendung von Zeigerfeldern lässt sich auch das Problem der Übergabe von mehrfach indizierten Feldern an Funktionen elegant und effizient lösen. Soll beispielsweise ein durch `int a[3][3]` deklariertes Feld an eine Funktion `func` als Parameter übergeben werden, so scheidet die zunächst nahe liegende Schreibweise `void func(int a[][])` für den Funktionskopf aus, da hierbei die Information über die Anzahl der Zeilen und Spalten verloren geht. Man deklariert daher im rufenden Programm `a` besser als Zeigerfelder in der Form

```
int *a[3];
```

Dann kann ein zugehöriger Funktionskopf eine der folgenden Formen haben:

```
void func(int a[][], int b[][])
void func(int *a[], *b[])
void func(int **a, **b)
```

Dabei muss allerdings darauf geachtet werden, dass im rufenden Programm die Felder entsprechend initialisiert werden müssen, damit auch der erforderliche Speicherplatz zur Verfügung gestellt wird.

Der Zugriff auf Komponenten der Matrix `a` kann dann trotzdem in der gewohnten Form `a[i][k]` erfolgen. Zwar wird bei dieser Methode zusätzlich Speicherbedarf für die Zeiger auf die Zeilen benötigt, doch wird dieser Nachteil durch die dimensionsunabhängige Formulierung und die wegen des Wegfalls einer aufwendigen Adressberechnung höhere Effizienz beim Zugriff auf Komponenten bei weitem aufgewogen. Ein weiterer Vorteil ist, dass der Austausch ganzer Zeilen, wie er beispielsweise bei der Pivot-Suche im Gaußschen Eliminationsalgorithmus (siehe Kapitel 10.1.2) erforderlich ist, durch den einfachen Austausch von Zeigern ersetzt werden kann.

Parameterübergabe in der Kommandozeile

Eine weitere wichtige Anwendung von Zeigern ist die Informationsübergabe bei Aufruf eines Programmes. Hierzu stehen zwei Parameter zur Verfügung, nämlich `argc` und `argv`, die bei Aufruf des Hauptprogramms `main` automatisch übergeben werden.

Möchte man diese Option benutzen, so ist der Programmkopf wie folgt zu gestalten:

```
main(int argc, char *argv[])
```

Dabei gibt `argc` die Anzahl der übergebenen Parameter an und das auf die Eingabe-Strings deutende Zeigerfeld `argv` die Anfangsadressen dieser Parameter. An Stelle von `char *argv[]` kann man auch hier wieder `char **argv` schreiben. Bei der Eingabe in der Kommandozeile sind die einzelnen Parameter-Strings durch Leerzeichen zu trennen.

Als erster Parameter (mit Adresse `argv[0]`) wird der Name des aufgerufenen Programms übergeben.

Als Anwedungsbeispiel könnte man das Programm zur Monatsnamen-Konversion so modifizieren, dass man den Index des gewünschten Monats als Parameter in der Kommandozeile mit übergibt. Man erhält dann:

```
//****************************************************************
// Monatsnamenkonversion
// Version3 mit Zeigerfeld und Kommandozeile
//
// Das Programm erwartet die Eingabe einer Zahl zwischen 1 und
// 12 und gibt den zugehörigen Monatsnamen aus.
//
//****************************************************************
char *monat[12] = {"Januar","Februar","März","April",
                   "Mai","Juni","Juli","August",
                   "September","Oktober","November","Dezember"};

main(int argc, char *argv[]) {
  if(argc>1) m=atoi(argv[1]); else m=0;
  printf("\x1b[2J");
  if(m<1 || m>12) {
    printf("Falsche Eingabe, bitte wiederholen: ");
    scanf("%d",&m);
  }
  printf("Der Name des %d-ten Monats lautet: %s\n\n",m,monat[m-1]);
}
```

Zeiger auf Funktionen

Das Zeigerkonzept ermöglicht auch die Übergabe von Funktionen als Parameter, da auch die Anfangsadressen von Funktionen Zeigern zugewiesen werden können. Ähnlich wie im Falle von Feldern gibt der Name einer Funktion ohne die folgenden Klammern die Adresse der Funktion an, ist also gleich bedeutend mit einem Zeiger.

Bei der Deklaration von Zeigern im Zusammenhang mit Funktionen muss auf eine saubere Klammerung geachtet werden, wie die folgenden Beispiele zeigen:

`float *pnt();` Deklaration einer Funktion, die als Ergebnis einen Zeiger auf einen Float-Wert liefert.

`float (*pnt)();` Deklaration eines Zeigers auf eine Funktion, die als Ergebnis einen Float-Wert liefert.

`float *(*pnt)();` Deklaration eines Zeigers auf eine Funktion, die als Ergebnis einen Zeiger auf einen Float-Wert liefert.

Die Verwendung von Zeigern auf Funktionen soll anhand eines einfachen Programmbeispiels erläutert werden. Dabei soll mit einem gegebenen Radius entweder die zugehörige Kreisfläche oder das entsprechende Kugelvolumen berechnet werden. Die Aufgabe wird so gelöst, dass eine Funktion `calc(r,f_pnt)` aufgerufen wird, wobei der Parameter `r` den Radius und der Parameter `f_pnt` die zur Berechnung anzuwendende Funktion (also Kreis oder Kugel) angibt. Der Return-Wert von calc ist dann - in Abhängigkeit vom Zeiger `f_pnt` - die Kreisfläche oder der Kugelradius.

```
//****************************************************************
// Beispiel zur Verwendung von Zeigern auf Funktionen.
// Es wird das Volumen eines Kreises oder einer Kugel
// berechnet.
//****************************************************************
#include <stdio.h>
#define PI 3.141592654

char *str[2] = {"Kreisfläche = ","Kugelvolumen = "};
float (*func_pnt)();                  // Zeiger auf eine Funktion

//----------------------------------------------------------------
// Aufruf der zur Berechnung zu verwendenden Funktion.
//----------------------------------------------------------------
float calc(float r, float (*f_pnt)()) {
  return((*f_pnt)(r));
}

//----------------------------------------------------------------
// Funktion zur Berechnung einer Kreisfläche.
//----------------------------------------------------------------
float kreis(float r) {
  return(r*r*PI);
}

//----------------------------------------------------------------
// Funktion zur Berechnung eines Kugelvolumens.
//----------------------------------------------------------------
float kugel(float r) {
  return(4*r*r*r*PI/3);
}

//----------------------------------------------------------------
// Hauptprogramm
//----------------------------------------------------------------
main() {
  float rad;
  int m;
  printf("\x1b[2J");
  for(;;) {
    printf("Kreisfläche (1) oder Kugelvolumen (2) berechnen ? ");
    scanf("%d",&m);
```

```
    while(m!=1 && m!=2) {
      printf("Falsche Eingabe, bitte wiederholen: ");
      scanf("%d",&m);
    }
    if(m==1) func_pnt=kreis; else func_pnt=kugel;
    printf("Bitte geben Sie den Radius ein: ");
    scanf("%f",&rad);
    printf("%s%f\n\n",str[m-1],calc(rad,func_pnt));
  }
}
```

Zahlreiche weitere Programmbeispiele sind an vielen Stellen dieses Buches eingestreut, insbesondere in Kapitel 10 über Datenstrukturen.

6.4 Die objektorientierte Erweiterung von C: C++

6.4.1 Das Konzept der objektorientierten Programmierung

Anfangs unterschied man nur *imperative* und *prädikative* Programmiersprachen. Bei imperativen Programmiersprachen (etwa FORTRAN) wird ein Programm als Folge von einzeln ausführbaren Befehlen aufgefasst, wobei die Ein/Ausgabe über Variablen erfolgt, die zwischengespeichert und verarbeitet werden können. Dieses Prinzip reflektiert stark die von-Neumann-Architektur. Bei prädikativen Programmiersprachen (wie LISP und PROLOG) wird ein Problem dagegen durch logisches Beweisen auf der Grundlage von Fakten und Regeln gelöst.

Bereits in den 70er Jahren entstanden neben den vorherrschenden, zu den imperativen Sprachen gehörenden *prozeduralen* Sprachen die ersten *objektorientierten* Sprachen, nämlich *Smalltalk* und *SIMULA*. Bei den prozeduralen Sprachen steht, geleitet von der Denkweise der mathematischen Formelsprache, die Verwendung von Funktionen und Prozeduren im Vordergrund, die in der Regel auch rekursiv aufgerufen werden können. *Prozeduren* sind mit Namen und ggf. mit typisierten Parameterlisten versehene *Unterprogramme* (*Soubroutines*). Als Variante von Prozeduren unterscheidet man *Funktionen* (*Funktionsprozeduren*), die einen *Rückgabewert* an das rufende Hauptprogramm liefern. Wird dieser Aspekt betont, so spricht man auch von *funktionalen* Programmiersprachen.

Beim objektorientierten Ansatz geht man dagegen von *Objekten* aus, die nicht nur Daten umfassen, sondern auch eine Beschreibung der damit möglichen Manipulationen, die als *Methoden* bezeichnet werden. Das erfolgreiche Konzept der *strukturierten Programmierung* wird damit um das Konzept der *objektorientierten Programmierung* (*OOP*) erweitert.

Durch die Zusammenfassung von Daten und Funktionen in Objekten (einschließlich deren Erzeugung und Beseitigung) wird die Robustheit, Korrektheit, Erweiterbarkeit und Wiederverwendbarkeit von großen Programmen mit typischerweise mehr als ca. 10 000 Programmzeilen entscheidend verbessert. Dazu trägt auch das in C++ gegenüber C etwas strengere Typ-Konzept mit einem Zwang zur Deklaration bei. Die Wiederverwendbarkeit von Modulen wird durch den objektorientierten Ansatz wesentlich vereinfacht, sie fällt damit erheblich leichter als dies mit prozeduralen Sprachen der Fall ist. Die Gründe dafür sind, dass Objekte sowohl bezüglich der Daten als auch der Methoden klar definiert sind, die Interna dem Anwender aber nicht unbedingt im Detail bekannt sein müssen (*Information Hiding*) und dass der Zugriff auf die Daten streng durch eine exakt festgelegte Schnittstelle geregelt ist. Durch diese *Datenkapselung* werden inkompetente Zugriffe und damit viele Fehlermöglichkeiten, wie etwa versehentliches Überschreiben oder unbeabsichtigtes Ändern von Variablen infolge von Nebenwirkungen, ausgeschlossen. Fehlersuche und Erweiterungen können daher im Allgemeinen auf genau eingrenzbare Objekte beschränkt werden.

Die oben beschriebene Kapselung ist der entscheidende Fortschritt, der mit objektorientierten Sprachen erzielt wurde. Sehr nützlich ist daneben auch das Konzept der *Vererbung*. Die Eigenschaften bestehender Objekte können damit an davon abgeleitete neue Objekte weitergegeben werden. Dadurch werden Entwicklung und Test von Programmen vereinfacht und beschleunigt.

Eine weitere Spezialität der objektorientierten Programmierung ist das Konzept des *Überladens* (*Overloading*) von Operatoren (*Polymorphismus*) und Funktionsnamen sowie des damit zusammenhängenden *späten* oder *dynamischen Bindens*. Durch Überladen eines Operators wie + oder - wird diesem eine neue Bedeutung zugeordnet, die im Zusammenhang mit bestimmten Objekten gilt. So kann man etwa die Bedeutung der Addition von Zahlen auf die Addition von Vektoren ausdehnen. Ein Überladen ist auch für Funktionsnamen erlaubt. Dies ermöglicht die Verwendung identischer Namen für verschiedene Funktionen, deren Funktionsköpfe sich nur durch Anzahl bzw. Typen der formalen Parameter unterscheiden. Dies eröffnet auch die Möglichkeit, dass erst zur Laufzeit (also dynamisch) in Abhängigkeit von den Typen der aktuellen Parameter geprüft wird, welche der Funktionen zu verwenden ist.

Die Deklarationen von Objekten werden in *Header-Dateien* zusammengefasst; der Anwender hat damit ein Interface zur Verfügung, das alle zur Verwendung eines Objektes erforderlichen Beschreibungen der Daten und Methoden enthält. Die zugehörigen Programme werden als Objekt-Code in *Objektbibliotheken* bzw. *Klassenbibliotheken* zur Verfügung gestellt, die dann in verschiedene Anwendungen eingebunden werden können.

Als objektorientierte Sprache wird vor allem die um entsprechende Sprachelemente erweiterte und Standard-C als Teilmenge enthaltende Version von C verwendet, die dann unter sinnfälliger Verwendung des Inkrementierungs-Operators C++ genannt wird. C++ wurde unter Leitung von B. Stroustrup in den Bell Laboratories ab 1983 entwickelt [Str92]. Der erste Compiler kam 1985 auf den Markt und 1989 folgte dann die Standardisierung durch ein ANSI-Komitee. Heute sind vor allem Compiler von Microsoft, Borland, IBM und GNU in Gebrauch. Verbreitet sind neben C++ auch ADA [Nag99] und die objektorientierte Variante von Pascal [Coo98] sowie Java [Küh96], worauf in Kapitel 11.5 zurückgekommen wird.

Im Folgenden werden die wichtigsten objektorientierten Sprachelemente am Beispiel von C++ erläutert. Diese Übersicht darf nicht als Einführung in diese sehr komplexe Programmiersprache missverstanden werden. Insbesondere wegen des Festhaltens an einer Abwärtskompatibilität zu C enthält C++ viel syntaktisches Unterholz, das mit dem objektorientierten Ansatz wenig zu tun hat und daher hier nicht im einzelnen erörtert wird. Als weiterführende Literatur werden [Her98], [Jos94], [Mey95] und [Str92] empfohlen.

6.4.2 Einfache Spracherweiterungen

Im Zuge der Entwicklung von C++ wurden einige sinnvolle Spracherweiterungen eingeführt, die über den ANSI-Standard hinausgehen und durchaus nicht alle speziell objektorientiert sind. Viele dieser Erweiterungen werden denn auch nicht nur in C++-Programmen sondern auch in nicht objektorientiert geschriebenen C-Programmen genutzt und von den meisten C-Compilern akzeptiert. Dazu gehören:

Einzeilige Kommentare

Neben der in C üblichen Kennzeichnung von Kommentaren durch `/*...*/` werden in C++ auch *einzeilige Kommentare* eingeführt. Ein einzeiliger Kommentar wird durch `//` eingeleitet und reicht bis zum Zeilenende.

Deklaration der Funktionsparameter im Funktionskopf

Abweichend vom ANSI-Standard müssen in C++ Typ und Anzahl der formalen Parameter einer Funktion im Funktionskopf (Prototyp) deklariert werden. Inzwischen ist dies Allgemeingut aller neueren C-Compiler. Zum Beispiel kann in ANSI-C der Kopf einer Funktion zur Bestimmung des Maximums zweier Integer-Zahlen so aussehen:

```
int max(x, y)
int x,y;
```

In C++ schreibt man stattdessen: `int max(int x, int y);`

Auch die Anzahl der Parameter einer Funktion muss in C++ im Funktionsprototyp exakt angegeben sein. In C war es üblich, dass der Compiler bei einer Deklaration ohne explizite Angabe von Parametern wie beispielsweise `function()` als Default-Einstellung von zwei `int`-Parametern ausging. Solche Willkürlichkeiten gibt es in C++ nicht mehr.

Erweiterung des Typs `void`

Schon in ANSI-C wird der Typ `void` dazu verwendet, um in Funktions-Deklarationen wie `void function(void)` anzuzeigen, dass die Funktion keine formalen Parameter besitzt und keinen Rückgabewert liefert. Der Typ `void` kann nun sowohl als Zeiger-Typ verwendet werden als auch als Cast für beliebige Zeiger. Eine Dereferenzierung von `void`-Zeigern ist in C++ allerdings nicht erlaubt.

Default-Werte in der Parameterliste von Funktionen

C++ unterstützt die Spezifikation von *Default-Werten* in der Parameterliste von Funktionen durch Initialisierung mit Konstanten. Wird allerdings in einer Parameterliste eine solche Initialisierung vorgenommen, so müssen alle in der Liste folgenden Parameter ebenfalls initialisiert werden. Beim Funktionsaufruf ist die Angabe der initialisierten Parameter nicht erforderlich; sie werden dann automatisch mit den Default-Werten besetzt.

So sind beispielsweise im Funktionskopf

```
int msg(int x, int y, char *t, int w=80, int h=60, char c='b');
```

die letzten drei Parameter mit Default-Werten vorbesetzt. Es sind dann Aufrufe wie `msg(100,150,"Hallo!");` oder `msg(100,150,"Fehler!",100,80);` möglich.

Ein Aufruf `msg(100,150,"Hallo!",'y');` wäre aber verboten, da bei Angabe des Parameters `t` auch `w` und `h` hätten angegeben werden müssen.

Deklaration von Konstanten

Mit Hilfe des Schlüsselworts `const` können in C++ *Konstanten* definiert werden. Der Gebrauch der Präprozessor-Anweisung `#define` kann dadurch vermieden werden. Dies ist von Vorteil, da die Syntax von Präprozessor-Anweisungen nicht durch den Compiler geprüft wird, so dass sich leicht Fehler einschleichen können.

Beispielsweise wird durch `const double pi=3.14;` die Konstante `pi` definiert.

Der Wert von Konstanten kann (wie bei Referenzen) nur in der Deklaration festgelegt werden und nicht durch eine Zuweisung geändert werden. Allerdings ist hier durch einen Kunstgriff über eine Zeigervariable eine Ausnahme möglich:

```
const double pi=3.14;
double *ppi=(double*)&pi;
*ppi=3.14159;
```

Auch konstante Zeiger, beispielsweise auf den Anfang eines Textes, können deklariert werden:

```
const char *text; // Der Zeiger auf den Textanfang ist konstant
text="Warnung";   // Eine Textzuweisung ist erlaubt
text[0]='w';      // Falsch! Ein direkter Zugriff ist verboten
```

Durch die schon in C-Compilern verfügbare *Aufzählungs-Deklaration* unter Verwendung von `enum` können neue Typen deklariert werden, mit denen dann Variablen und Konstanten definiert werden können. In C werden die in der `enum`-Deklaration aufgezählten Konstanten einfach bei 0 beginnend mit fortlaufenden Integer-Werten belegt, sofern nicht explizit eine abweichende Initialisierung in der Deklaration gewählt wurde. Die Deklaration

```
enum baum { Eibe, Erle, Esche };    // Typ-Deklaration mit enum
baum b;                             // Definition der Variablen b
```

entspräche damit der Definition

```
const Eibe=0; const Erle=1; const Esche=2;
```

und der Vereinbarung einer Variablen `b` vom `enum`-Typ `baum`.

Irgendwelche Prüfungen werden in Standard-C nicht durchgeführt. In C++ wird dagegen während der Compilation ermittelt, ob alle durch `enum` definierten Konstanten auch wirklich im Programmtext verwendet werden; ist dies nicht der Fall, erfolgt eine Warnung. Außerdem dürfen den mit einem `enum`-Typ definierten Variablen nur die in der Typ-Deklaration verwendeten Werte zugewiesen werden.

Im obigen Beispiel wäre also die Zuweisung `b=Erle` in C und C++ erlaubt, die Zuweisung `b=4` wäre dagegen in Standard-C erlaubt, in C++ aber verboten.

Inline-Definition von Funktionen

Durch die Einführung von *Inline-Definitionen* für Funktionen, die dann während der Compilation bei jedem Aufruf wie Makros direkt als Code eingefügt werden, können

Fehlerquellen bei der sonst üblichen problematischen Definition von Makros durch die Präprozessor-Anweisung `#define` vermieden werden. Dazu wird einfach dem Funktionskopf das Schlüsselwort `inline` vorangestellt.

Beispiel:

```
inline int abs(int x) { if x<0 return(-x); else return(x); }
```

Verwendung von Deklarationen und Definitionen als Anweisungen

Diese Spracherweiterung erlaubt die Deklaration und Definition von Variablen nicht nur an Block-Anfängen, sondern überall dort, wo auch Anweisungen stehen könnten, also praktisch an beliebigen Stellen des Codes. Bei gezielter und sparsamer Anwendung kann dadurch die Übersichtlichkeit und Lesbarkeit von Programmen verbessert werden.

Beispiel: `for(int k=0; k<20; k++) {..}`.

Modifikation der `struct`- und `union`-Deklaration

Durch `struct` und `union` deklarierte Namen werden in C++ als Typ-Namen behandelt. In C müsste beispielsweise die Variable `birthday` vom Typ `struct date` folgendermaßen definiert werden:

```
struct date { int day; int month; int year; };
struct date birthday;
```

In C++ genügt stattdessen:

```
struct date { int day; int month; int year; }
date birthday;
```

Type-Casts als Funktionen

In C++ können Type-Casts neben der in C üblichen Schreibweise auch wie ein Funktionsaufruf geschrieben werden. Neben `(int)x;` ist also auch die Schreibweise `int(x);` erlaubt. Diese vorzugsweise zu verwendende neue Möglichkeit ist allerdings auf einfache Datentypen beschränkt, also nicht auf Konstruktionen wie `double *` anwendbar. Dem kann aber durch Verwendung von `typedef` abgeholfen werden.

Der Scope-Resolution Operator

Betrachtet man ein C++-Programm, so fällt die häufige Verwendung eines neuen Operators auf; es handelt sich um den *Scope-Resolution Operator* `::`. Dieser Operator dient dazu, globale Variablen in einem untergeordneten Block sichtbar zu machen, in dem eine lokale Variable mit demselben Namen definiert ist. Dazu ein Beispiel:

```
double x;                 // globale Variable x
void function(void) {
  double x;               // in der function() lokale Variable x
```

```
  x=1.0;                    // Änderung der lokalen Variablen x
  ::x=2.0;                  // Änderung der globalen Variablen x
}
```

Die Hauptanwendung des Scope-Resolution Operators hat mit der Definition von Memberfunktionen in Klassen zu tun; davon wird in Kapitel 6.4.3 die Rede sein.

Neue Möglichkeiten zur dynamischen Speicherverwaltung

Die in C zur dynamischen Speicherverwaltung hauptsächlich verwendeten Funktionen `malloc` und `free` werden auf nützliche Weise durch die Operatoren `new` und `delete` ergänzt.

Durch `new` kann ein Speicherbereich alloziert und initialisiert werden. Der Rückgabewert ist ein Zeiger auf den Anfang des reservierten Bereichs bzw. `NULL` wenn nicht genügend freier Speicher zur Verfügung steht. Mit Hilfe des Operators `delete` kann ein belegter Speicherbereich wieder freigegeben werden. Die Syntax von `new` und `delete` geht aus dem folgenden Beispiel hervor:

```
double *scalar1 = new double;        // ein double-Okjekt
double *vector  = new double[3];     // drei double-Objekte
double *scalar2 = new double(1.2);   // ein mit 1.2 initiali-
                                     // siertes double-Objekt
delete *scalar1;                     // scalar1 freigeben
delete [] vector;                    // Vector freigeben
delete *scalar2;                     // scalar2 freigeben
```

Anders als durch `malloc` wird durch `new` Speicher nicht nur alloziert, sondern auch initialisiert. Außerdem liefert `new` bereits einen Zeiger mit dem deklarierten Typ, während bei `malloc` der Rückgabewert immer `(void *)` ist und noch auf den gewünschten Typ konvertiert werden muss.

Neue Ein-/Ausgabe-Funktionen

Zu den in C verfügbaren *Ein-/Ausgabefunktionen* kommen in C++ zahlreiche in der Header-Datei `iostream.h` und weiteren Header-Dateien deklarierte Methoden hinzu. Diese beziehen sich größtenteils auf Dateien sowie vordefinierte Objekte für die drei *Standardkanäle*, nämlich `cin` für die Eingabe, `cout` für die Ausgabe und `cerr` für die Fehlerbehandlung. Letztere ist erforderlich, da in C++ für Fehlerfälle (Ausnahmen, Exceptions) auszuführende Funktion definiert werden können, die ihre Ausgabe auf `cerr` lenken. Für die Eingabe von `cin` steht der Operator >> zur Verfügung, für die Ausgabe auf `cout` oder `cerr` der Operator <<.

Ohne weiteres Eingehen auf die mit Ein-/Ausgabeströmen verbundenen Details wird hier die Verwendung dieser Operatoren an einem Beispiel verdeutlicht:

```
void main(void) {
  double x;
  cin >> x;                      // Einlesen eines Wertes für x
  cout << "Eingelesener Wert: " << x << "\n";     // Ausgabe
}
```

Einführung von Referenzen

In C++ ist es möglich, in einer Deklaration eine *Referenz* auf ein bereits zuvor definiertes Objekt zu erzeugen. Dies geschieht mit Hilfe des *Referenz-Operators* `&`:

```
int x;          // Definition des Objekts x vom Typ int
int &rx = x;    // Die Referenz rx auf das Objekt x wird erzeugt
```

Zu beachten ist, dass das referenzierte Objekt in der Initialisierung festgelegt wird und nicht mehr geändert werden darf.

Zunächst ist eine Referenz nichts anderes als ein zweiter Name für dasselbe Objekt, der völlig synonym verwendet werden kann und auf denselben Speicherplatz deutet. Durch die Zuweisung `rx=5;` erhält im obigen Beispiel also auch `x` den Wert `5`.

Ihre eigentliche Bedeutung gewinnen Referenzen als formale Parameter in Funktionen. In C werden als Funktionsparameter entweder Variablen von einem einfachen Datentyp (*Call by Name*) verwendet oder Zeiger. Durch die Zulassung von Referenzen als formale Funktionsparameter wird in C++ wieder eingeführt, was in anderen Programmiersprachen (beispielsweise Pascal) üblich war und in C zunächst als unnötig eliminiert wurde: die Verwendung *transienter Parameter* bzw. die Parameterübergabe durch *Call by Reference*. In einer Funktion vorgenommene Änderungen an per Referenz übergebene Parameter bleiben also auch nach Verlassen der Funktion erhalten und sind somit im rufenden Programm verfügbar. Im Prinzip lässt sich dieses Verhalten natürlich ohne weiteres auch durch Zeiger realisieren; die Verwendung von Referenzen erlaubt jedoch eine einfachere und übersichtlichere Schreibweise, wie das folgende Beispiel einer Funktion `square` zum Quadrieren einer `double`-Zahl zeigt:

C-Version unter Verwendung eines Zeigers:

```
square(double *x) {          /* Quadrieren von x */
  *x = *x * *x;
}

main() {
  double a=2.0;
  sqare(&a);                 /* a hat jetzt den Wert 4 */
}
```

C++-Version unter Verwendung einer Referenz:

```
void square(double &x) {    // Quadrieren von x
  x = x*x;
}

void main(void) {
  double a=2.0;
  sqare(a);                  // a hat jetzt den Wert 4
}
```

6.4.3 Klassen und Objekte

Vorbemerkungen

In objektorientierten Sprachen sind *Objekte* als *abstrakte Datentypen* gekapselte Strukturen, die neben den *Datenkomponenten* auch die darauf anwendbaren Funktionen beinhalten, die in C++ als *Methoden* oder *Memberfunktionen* (*Member-Functions*) bezeichnet werden. Der Typ eines Objekts wird in einer *Klasse* (*Class*) festgelegt, die den Aufbau der Datenkomponenten und der Methoden als Schema beschreibt, ohne dass an dieser Stelle bereits Speicherplatz belegt würde. Eine Klasse kann als eine Erweiterung der `struct`-Deklaration in C aufgefasst werden. Im Sinne dieser Analogie kann in C++ denn auch das Schlüsselwort `struct` zur Deklaration von Klassen eingesetzt werden. Häufiger wird jedoch das in seiner Definition etwas abweichende Schlüsselwort `class` verwendet.

Ähnlich wie eine Definition von Variablen als Instanzen von Typen erforderlich ist, müssen auch *Objekte* noch als Objektvariablen *instantiiert* werden. *Objektinstanzen* sind jedoch mehr als gewöhnliche Variablen, da sie ja auch den Methodenteil mit umfassen. Zugelassen sind neben Objektinstanzen auch *Objektkonstanten*. Die Begriffe „Objekt“ und „Instanz“ werden hier weitgehend synonym gebraucht; sie stehen für die konkrete Realisierung nach dem in der zugehörigen Klasse festgelegten abstrakten Schema.

Ähnlich wie bei `struct`-Variablen geschieht der Zugriff auf Methoden über *Selektoren*, während die Parameterübergabe wie bei Funktionen erfolgt.

Objekte können als mächtige Programmbausteine verstanden werden, die über den Austausch von *Nachrichten* (*Messages*) oder *Botschaften* miteinander kommunizieren. Das Senden einer Nachricht ist mit dem Aufruf einer Memberfunktion (Methode) identisch. Nach Erledigung der entsprechenden Aufgabe kann die Methode ihrerseits eine Botschaft als *Quittung* an den Absender, d.h. das rufende Programm, zurücksenden. In C++ ist die Quittung der Rückgabewert der Memberfunktion.

Zunächst ergibt sich wegen der erforderlichen Definition von Objekten ein im Vergleich zu prozeduralen Programmiersprachen erhöhter Aufwand. Dieser beschränkt sich jedoch auf den Deklarationsteil von Programmen, der Ausführungsteil wird dagegen erheblich verkürzt.

Deklaration von Klassen

Klassen werden nach folgendem Schema deklariert:

```
class Name {
  public:
  ... öffentlich zugängliche Daten und Memberfunktionen
  private:
  ... private Daten und Memberfunktionen
};
```

oder unter Verwendung von `struct`:

```
struct Name {
```

```
  public:
  ... öffentlich zugängliche Daten und Memberfunktionen
  private:
  ... private Daten und Memberfunktionen
};
```

Der Unterschied zwischen `class` und `struct` ist nur der, dass bei `struct` der Default-Wert `public` für die Klassenkomponenten eingestellt ist und für `class` der Default-Wert `private`. Die entsprechenden Schlüsselworte könnten daher am Anfang der Deklaration weggelassen werden. Es ist für einen klaren Programmierstil jedoch ratsam, die Zugänglichkeit aller Komponenten durch `public` und `private` explizit zu kennzeichnen. Als `private` deklarierte Daten können außerhalb der Klasse weder gelesen noch geändert werden. Dies ist nur über entsprechende Memberfunktionen möglich.

Man sollte Klassen-Deklarationen konsequent durch `class` einleiten und `struct` für herkömmliche Strukturen reservieren, die nur Daten enthalten. Klassen-Deklarationen fasst man am besten in Header-Dateien zusammen, damit sie als Schnittstelle allen Benutzern zugänglich sind. Die Definitionen der Memberfunktionen werden dagegen zumeist in Programm-Modulen untergebracht, so dass sie vor dem Anwender verborgen sind und jederzeit modifiziert und weiterentwickelt werden können, soweit damit keine Änderung der Schnittstelle verbunden ist. Werden Memberfunktionen außerhalb der Klassendeklaration definiert, so muss mit Hilfe des Scope-Resolution Operators `::` der Name der Klasse angegeben werden, zu der die Memberfunktion gehören soll.

Das folgende Beispiel verdeutlicht die Deklaration von Klassen, die Definition von Memberfunktionen und den Zugriff auf Komponenten anhand einer Klasse `Vector`.

Inhalt einer Header-Datei `vector.h`:

```
class Vector {
  public:
    void init(double x, double y, double z);
    void add(Vector &v);
    void scalarProd(Vector &v);
    void product(double x);
    void print(void);
  private:
    double x, y, z;
}
```

Inhalt einer Code-Datei `vector.c`:

```
#include "vector.h"

void Vector::init(double xx, double yy, double zz) {
  x=xx;
  y=yy
  z=zz;
}

void Vector::add(Vector &v) {
  x+=v.x;
```

```
  y+=v.y;
  z+=v.z;
}

void Vector::product(double f) {
  x*=f;
  y*=f;
  z*=f;
}

double Vector::scalarProd(Vector &v) {
  return(x*v.x + y*v.y + z*v.z);
}

void Vector::print(void) {
  cout << x ", " << y ", " << z "\n";
}
```

Inhalt der Applikations-Datei `application.c`:

```
#include <iostrem.h>
#include "vector.h"

void main(void) {
  double s;
  Vector a, b;                  // Instantiierung von a und b
  a.init(1.0, 2.0, 3.0);        // Vektor a initialisieren
  b.init(2.0, 1.0, 1.0);        // Vektor b initialisieren
  a.add(b);                     // Vektor a und b addieren
  b.product(4.0);               // Vektor b mit 4.0 multiplizieren
  s=a.scalarProd(b);            // Skalarprodukt von a und b
  cout << "a="; a.print();      // Ausgabe des Vektors a
  cout << "b="; b.print();      // Ausgabe des Vektors b
  cout << "Ergebnis=" << s << "\n";  // Ausgabe des Ergebnisses
}
```

Dieses Programm druckt als Resultat aus:

```
a= 3.0000, 3.0000, 4.0000
b= 8.0000, 4.0000, 4.0000
Ergebnis= 52.0000
```

Innerhalb einer Memberfunktion kann auf das aktuelle Objekt durch Angabe des Namens der Date bzw. Memberfunktion direkt zugegriffen werden. Zusätzlich ist implizit ein Zeiger `this` definiert, der auf das aktuelle Objekt zeigt, aber nicht explizit angegeben werden muss. In der oben definierten Memberfunktion `add` könnte also beispielsweise statt `x` auch `this->x` geschrieben werden. Der Zeiger `this` wird explizit benötigt, wenn eine Funktion aufgerufen wird, die als Parameter den Zeiger auf das aktuelle Objekt erhalten soll. Ferner wird `this` als Rückgabewert verwendet, wenn die Funktion einen Zeiger auf das aktuelle Objekt zurückgeben soll.

Konstruktoren und Destruktoren

Bei Definition einer Objektes sind die privaten Daten zunächst nicht initialisiert. Auch eine Zuweisung von außerhalb des Objekts ist wegen der gewollten Datenkapselung nicht möglich, so dass nur die Initialisierung über eine Memberfunktion bleibt. Diese müsste dann nach jeder Definition eines Objektes eigens aufgerufen werden, was umständlich ist und leicht vergessen werden kann.

Man kann daher in die Klassendeklaration eine oder mehrere spezielle Memberfunktionen aufnehmen, die als *Konstruktoren* bezeichnet werden und grundsätzlich den Namen der Klasse als Funktionsnamen haben müssen. Ein Konstruktor wird auomatisch immer dann aufgerufen, wenn ein Objekt erzeugt wird. Dies geschieht bei globalen Objekten einmal vor Ausführung von `main`, bei jedem Aufruf von `new`, im Falle von `static`-Objekten beim ersten Betreten des Blocks, in dem diese definiert sind und bei als `auto` definierten Objekten jedesmal bei Betreten des Blocks. Konstruktoren können aber auch explizit zur Initialisierung aufgerufen werden.

Im Unterschied zu gewöhnlichen Memberfunktionen haben Konstruktoren keinen Funktionswert und sie liefern auch keinen Rückgabewert. Die Parameterliste von Konstruktoren kann dagegen beliebig sein.

Wird kein Konstruktor definiert, so wird automatisch ein Konstruktor aufgerufen, der nichts tut. Diesen könnte man auch explizit für das Beispiel der Klasse `Vector` definieren:

```
Vector::Vector(void) { }
```

Vernünfiger ist die Verwendung einer Parameterliste mit Default-Werten, also beispielsweise:

```
Vector::Vector(xx=0.0, yy=0.0, zz=0.0) {
  x=xx; y=yy; z=zz;
}
```

Objekte des Typs `Vector` werden also durch den Konstruktor automatisch mit dem Nullvektor vorbesetzt.

Der explizite Aufruf eines Konstruktors hat die folgende Form:

```
name variable;                  // Für parameterlosen Konstruktor
name variable(Parameterlist)    // Konstruktor mit Parameterliste
name variable=Parameter         // Alternative bei nur einem Par.
```

Für Objekte der Klasse `Vector` könnte man also schreiben:

```
Vector a;
Vector b(1.0, 2.0);
Vector c(1.0, 1.0, 1.0);
```

Vor Ablauf des Gültigkeitsbereichs für ein Objekt muss ggf. eine *Speicherfreigabe* erfolgen. Auch hier sollte zur Fehlervermeidung die Möglichkeit zur Definition von speziellen, als *Destruktoren* bezeichneten, Memberfunktionen genutzt werden, die automatisch nach Ablauf der Lebensdauer eines Objekts aufgerufen werden. Ein Destruktor ist gewissermaßen das Gegenstück zu einem Konstruktor; es handelt sich um eine untypisierte Funktion ohne Parameterliste und ohne Rückgabewert, deren Name der Klassenname mit einem vorangesetzten ~ ist.

Als Beispiel wird eine Klasse `String` betrachtet.

```
class String {
  public:
    String(int len=256) {       // Konstruktor
      start = new char[len];    // Speicher für String belegen
    }
    ~String(void) {             // Destruktor
      delete [] start;          // Speicher für String freigeben
    }
    .
    .
  private:
    char *start;
    .
    .
}

void main(void) {
  String s1;              // String-Objekt mit 256 Elementen
  String s2(1024);        // String-Obkekt mit 1024 Elementen
  .
  .
}
```

Befreundete Funktionen

In manchen Fällen erweist sich das Konzept der Kapselung als zu eng. Möchte man beispielsweise private Daten eines Objekts der Klasse `X` in einer Klasse `Y` ändern, so ist dies nur über den Aufruf einer Memberfunktion der Klasse `X` möglich, die dann ihrerseits die privaten Daten modifiziert. Dies kann umständlich und wegen der ggf. erforderlichen zahlreichen Funktionsaufrufe vor allem auch ineffizient sein. Es wurde daher die Möglichkeit geschaffen, bestimmte Funktionen, Memberfunktionen oder ganze Klassen als *befreundet* zu deklarieren. Dies geschieht innerhalb einer Klassendeklaration durch das Schlüsselwort `friend`. In der Klasse `X` als befreundet deklarierte, aber außerhalb dieser Klasse definierte Funktionen dürfen dann auf private Daten der Klasse `X` zugreifen.

Als Beispiel kann man eine Klasse `Text` zur Beschreibung eines Textes betrachten, dessen Zeilen aus Objekten der Klasse `String` besteht. Wird in der Klasse `String` die Klasse `Text` durch Einfügen der Zeile

```
friend class Text;
```

als befreundet deklariert, so haben alle Memberfunktionen der Klasse `Text` Zugriff auf die privaten Daten der Klasse `String`. Es können dann ohne den Umweg über einen zusätzlichen Funktionsaufruf direkt von der Klasse `Text` aus die Textzeilen editiert werden.

6.4.4 Vererbung

Eine wesentliche Verringerung des Deklarationsaufwandes wird durch eine weitere wichtige Ergänzung bei der Deklaration von Klassen erreicht, die *Vererbung*. Objektorientierte Sprachen bieten die Möglichkeit, die Eigenschaften von Klassen auf andere Klassen zu übertragen. Ist also eine Klasse `Class2` durch Vererbung als *Abkömmling* (*Derived Class, Subclass*) einer vorher definierten *Basisklasse* (*Base-Class, Superclass*) `Class1` deklariert worden, so sind in `Class2` alle in `Class1` als `public` deklarierte Daten und Methoden zugänglich, ohne dass diese nochmals beschrieben werden müssten. `Class2` kann darüber hinaus natürlich weitere Daten und Methoden enthalten, die aber nicht auf `Class1` zurückübertragen werden. Auf die privaten Daten der Basisklasse kann dagegen von der abgeleiteten Klasse aus nicht zugegriffen werden, es sei denn, die abgeleitete Klasse wird in der Basisklasse zusätzlich als `friend` deklariert. Um die Sichtbarkeit von bestimmten Memberfunktionen und Daten auch auf abgeleitete Klassen ausdehnen zu können, wird neben `public` und `private` noch ein weiteres Schlüsselwort eingeführt, nämlich `protected`. Alle in der Basisklasse als protected deklarierten Elemente sind in allen Abkömmlingen zugänglich, außerhalb derselben aber unzugänglich.

Die Vererbung von Eigenschaften einer bereits deklarierten Klasse `Class1` auf eine davon abgeleitete Klasse `Class2` ist in C++ auf einfache Weise mit folgender Syntax möglich:

```
class Class2: Class1 {
      .
      .
}
```

Man kann durch die Schlüsselworte `private` oder `public` noch spezifizieren, wie die Sichtbarkeit der in der Basisklasse als `public` und `protected` deklarierten Komponenten in der abgeleiteten Klasse geregelt werden soll. Durch

```
class Class2: private Class1 {...}
```

wird erreicht, dass alle in `Class1` als `public` und `protected` deklarierten Komponenten in `Class2` als `private` behandelt werden. Durch

```
class Class2: public Class1 {...}
```

bleiben dagegen `public`-Komponenten `public` und `protected`-Komponenten `protected`.

Man sollte Subklassen `Y` immer dann als Abkömmlinge einer Basisklasse `X` einführen, wenn ein `Y` tatsächlich ein `X` ist, etwa nach dem Schema „jeder Dackel (Subklasse) ist ein Hund (Basisklasse)“. Ist `Y` dagegen nur ein Teil von `X`, so ist zu überlegen, ob nicht diese Beziehung nicht besser durch zusätzliche Komponenten beschreibbar ist.

Hier wurde nur das grundlegende Konzept der Vererbung eingeführt. Für weiterführende Details wie Mehrfachvererbung, virtuelle Basisklassen, Container-Klassen etc. wird auf die im Literaturverzeichnis genannt Texte verwiesen.

6.4.5 Polymorphismus und Überladen

Unter *Überladung* (*Overloding*) versteht man die mehrfache Verwendung desselben Namens für verschiedene Funktionen oder Operatoren.

Überladen von Funktionen

In C++ ist ein Überladen von Funktionen möglich, sofern sich diese hinsichtlich Anzahl und/oder Typ ihrer formalen Parameter unterscheiden. Betrachtet man als einfaches Beispiel eine Funktion `swap(x,y)` zum Austauschen der Inhalte von `x` und `y`. In C müsste man für jeden Datentyp eine Funktion mit eigenem Namen schreiben, etwa:

```
int swap_i(int x, int y) {
  int h;
  h=x; x=y; y=h;
}

long int swap_l(long int x, long int y) {
  long int h;
  h=x; x=y; y=h;
}

double swap_d(double x, double y) {
  double h;
  h=x; x=y; y=h;
}
```

In C++ kann man statt dessen durch das Schlüsselwort `overload` den zu überladenden Funktionsnamen kenntlich machen und dann für alle drei Funktionen den selben Namen verwenden:

```
overload swap;  // Der Funktionsname swap soll überladen werden

int swap(int x, int y) {
  int h;
  h=x; x=y; y=h;
}

long int swap(long int x, long int y) {
  long int h;
  h=x; x=y; y=h;
}

double swap(double x, double y) {
  double h;
  h=x; x=y; y=h;
}
```

Gezielt eingesetztes Überladen eliminiert manche Lästigkeit beim Programmieren und reduziert die Wahrscheinlichkeit von Fehlern.

Die Auswahl der bei einem Aufruf auszuführenden Funktion geschieht während der Compilation in Abhängigkeit vom Typ der Parameter. Für das obige Beispiel gilt:

Sind `i` und `j` `int`-Variablen, so wird bei Aufruf von `swap(i,j);` `int swap(int x, int y)` ausgeführt.

Bei Aufruf von `swap(1.2, 2.1);` wird dagegen `double swap(double x, double y)` ausgeführt.

Dynamisches Binden und virtuelle Funktionen

Beim Aufruf überladener Funktionen gibt es Fälle, bei denen zur Compilationszeit der Typ eines Funktionsparameters nicht bekannt ist. Die entsprechende Funktion muss dann zur Laufzeit eingebunden werden. Man bezeichnet dies als *dynamisches Binden* oder *spätes Binden* (*late Binding*). Dazu muss in eine Basisklasse durch voranstellen von `virtual` eine *virtuelle Funktion* erzeugt werden, von der dann in abgeleiteten Klassen Funktionen mit denselben Namen und Parameterlisten jeweils neu definiert werden können. Die Auswahl der benötigten Funktion geschieht dann dynamisch während der Laufzeit.

Überladen von Operatoren

Da in C++ mit Hilfe von Klassen neue abstrakte Datentypen definiert werden können, kann es in manchen Fällen sinnvoll sein, die übliche Bedeutung von Operatoren wie `+` oder `*` neu zu belegen. Die Operatoren können dann in Abhängigkeit vom Typ der Operanden verschiedene Bedeutungen haben.

Man bezeichnet das hier erklärte Prinzip des Überladens auch als *Polymorhismus*.

Als Beispiel wird eine Klasse `complex` für komplexe Zahlen mit der Memberfunktion `add(c)` betrachtet. Die Addition zweier komplexer Zahlen `c1` und `c2` als Instanzen der Klasse `complex` geschieht dann durch den Aufruf

```
c1.add(c2);
```

Eine durch Überladen des Operators `+` geänderte Schreibweise der Art

```
c1 = c1 + c2;
```

würde die Lesbarkeit des Programms deutlich verbessern.

Die Syntax des Operator-Überladens ist sehr einfach. Man verwendet einfach als Namen der Memberfunktion `operator$`, wobei `$` für den zu überladenden Operator steht. In der Klassen-Deklaration `complex` für komplexe Zahlen könnte also stehen:

```
class complex {
  double re, im;
public:
  complex(double r, double i) {re=r; im=i;}    // Konstruktor
  complex operator+(complex c);               // Überladen von +
  .
  .
};
```

Ein Nachteil ist zunächst, dass die Typen `complex` und `double` als Operanden nicht gemischt werden können. Der logisch sinnvolle Ausdruck

```
c1 = c1 + 1.2;
```

wäre damit verboten, da die entsprechende Memberfunktion den Typ `complex` erwartet und nicht eine `double`-Konstante wie `1.2`. Ein weiterer Nachteil ist, dass bei der obigen Definition einer der beiden Operanden implizit gegeben ist, was Ausdrükke der Art `c1=c2+c3` ausschließt.

Das erste Problem kann dadurch gelöst werden, dass man für jede Kombination von Parameter-Typen eine eigene Funktion definiert. Zur Lösung des zweiten Problems deklariert man die entsprechenden Funktionen als `friend`-Funktionen mit zwei Parametern. Der folgende Programmausschnitt gibt dafür ein Beispiel.

```
class complex {
  double re, im;
public:
  complex(double r, double i) {re=r; im=i;}    // Konstruktor
  // friend-Funktionen zum Überladen von + mit Typ-Konversion
  friend complex operator+(complex c1, complex c2);
  friend complex operator+(double  c1, complex c2);
  friend complex operator+(complex c1, double  c2);
  friend complex operator+(double  c1, double  c2);
  .
  .
};
```

Damit sind nun für Objekte `c1`, `c2`, `c3` der Klasse `complex` auch die folgenden Ausdrücke erlaubt:

```
c1 = c2 + c3;
c2 = c3 + 1.2;
c3 = 2.3 + c1;
c1 = 3.4 +4.5;
```

Daneben sind immer noch die in C üblichen automatischen Typ-Konversionen aktiv, bei denen ohne Informationsverlust `char` oder `short` nach `int`, `int` nach `long int` oder `double` und `long int` nach `double` konvertiert werden. Man kann im obigen Beispiel also auch Integer-Operanden einsetzen. Der Ausdruck `c1=c2+6;` ist damit also ebenfalls erlaubt.

Um Verwirrungen vorzubeugen, ist eine vorsichtige, sparsame und von einleuchtenden Analogien geleitete Verwendung des Überladens von Operatoren ratsam.

Zu beachten ist ferner, dass man keine neuen Operator-Symbole erfinden und überladen darf, sondern nur die in C++ bereits existierenden Operatoren. Auch können die Prioritätsregeln und die unäre oder binäre Stelligkeit von Operatoren nicht geändert werden. Die Operatoren `.`, `::`, `?:`, `#` und `sizeof` können nicht überladen werden.

7 Methodik der Software-Entwicklung und DV-Organisation

7.1 Stufen der Software-Entwicklung

7.1.1 Was ist eigentlich Software?

Vereinfacht ausgedrückt ist Software die Schnittstelle zwischen Benutzer und Computer, also gewissermaßen die Brücke über die Kluft zwischen Mensch und Maschine. Die Software-Entwicklung großer Systeme ist eine komplexe Aufgabe, die sich innerhalb der Informatik als *Software-Engineering* seit Ende der 60er Jahre zu einem eigenständigen Bereich entwickelt hat.

Als Software im engeren Sinne werden hier übergeordnete Programmsysteme wie Betriebssysteme, Datenbanken, Compiler etc. bezeichnet, sowie Computer-Programme, die in solche übergeordnete Systeme integriert sind. Weiter wird davon ausgegangen, dass die Software von mehreren Benutzern verwendet werden kann und dass eine Weiterentwicklung bzw. Änderung auch von anderen Personen als vom Autor durchgeführt werden kann. So wie nicht jeder Programmierer ein Software-Ingenieur ist, so ist also auch nicht jedes Programm in diesem Sinne Software, sondern häufig eher die Anwendung von Software - dies wird beispielsweise bei der Auswertung und grafischen Darstellung einer Formel unter Verwendung eines Tabellenkalkulations-Programms wie Excel der Fall sein.

Software ist Bestandteil eines Computersystems, das man sich als eine hierarchische Struktur von Software- und Hardware-Komponenten vorstellen kann, etwa in der Art, wie es Abbildung 7.1 zeigt.

Anwendung von Software	z.B. interaktives Arbeiten mit einem Tabellenkalkulations-Programm
Benutzer-Software	z.B. Lösung eines speziellen Problems mit einem selbstgeschriebenen Programm, das im Prinzip allgemein nutzbar ist
Anwender-Software	z.B. kommerzielle Programmpakete zur Textverarbeitung, Tabellenkalkulation und Datenbankverwaltung
System-Software	z.B. Betriebssysteme und Schnittstellentreiber
Computer-Hardware	z.B. CPU, Arbeitsspeicher und Schnittstellen
Peripheriegeräte	z.B. Bildschirm, Drucker und Modem

Abbildung 7.1: Die Software-Hardware-Hierarchie

Auf der untersten, maschinennächsten Software-Ebene (*System-Software*) findet ein sehr enger Kontakt zur Hardware statt, während auf den höheren Ebenen die konstruktiven Merkmale der Maschine immer mehr in den Hintergrund treten. So muss beispielsweise ein *Betriebssystem* die Betriebsmittel des Rechners verwalten und dem Benutzer zuteilen. Ein weiteres Beispiel für System-Software sind *Compiler*, die Programme in Maschinen-Code umsetzen, der spezifisch für die verwendete CPU ist. Eine ähnlich enge Verbindung zur Hardware besteht auch bei *Schnittstellentreibern*; das sind Programme, die für die Kommunikation mit Peripheriegeräten wie beispielsweise Druckern, Disketten-Laufwerken, Netzwerkadaptern oder Modems zuständig sind. Die *Anwender-Software* und mehr noch die *Benutzer-Software* bauen auf den hardware-nahen Ebenen auf und sind daher eher problemspezifisch als hardware-spezifisch. Auf der höchsten, benutzernächsten Ebene, nämlich der Anwendung von Software - etwa eines Datenbank-Systems -, ist eine Kenntnis der Computer-Hardware dagegen nur noch von sehr untergeordneten Bedeutung.

7.1.2 Qualitätsmerkmale von Software

Software-Entwicklung ist ihrem Wesen nach ein zyklischer Prozess. Ein Programm kann daher niemals als fertig betrachtet werden, sondern nur einen für den Benutzer akzeptablen Zustand erreichen. Die bestehende Software muss ständig gewartet und angepasst werden und sie kann als Ausgangspunkt für die nächste Entwicklungsstufe dienen.

Die wichtigsten Qualitätsmerkmale eines Programms, denen auch schon während der Entwicklungsphase Rechnung getragen werden muss, sind daher:

Benutzerakzeptanz und *Ausbaufähigkeit*.

Um die Ausbaufähigkeit sicherzustellen, ist es wichtig, sowohl Programme als auch Daten so klar wie möglich zu gliedern, indem man ihre Gesamtstruktur in logisch zusammengehörige Einheiten aufbricht:

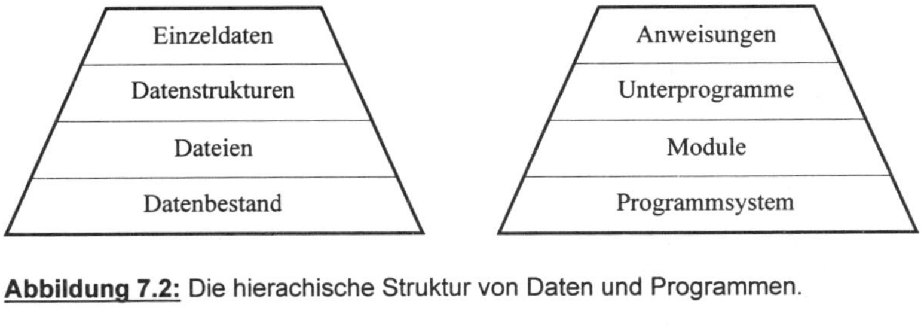

Abbildung 7.2: Die hierachische Struktur von Daten und Programmen.

Der gesamte *Datenbestand* eines Computers besteht aus einer Anzahl von Dateien, beispielsweise Kundenkarteien, Programmtexten, Grafik-Dateien u.a., die ihrerseits in Datensätze und Abschnitte strukturiert sein können und letztendlich aus einzelnen Daten, also Bits und Bytes, zusammengesetzt sind.

In ähnlicher Weise setzt sich ein Programmsystem aus Modulen zusammen, die ihrerseits wieder in Unterprogramme und Blöcke unterteilt sind; auf der untersten Stufe stehen schließlich einzelne Anweisungen.

Als *Modul* bezeichnet man dabei einen unabhängig entwickelten Programmteil, der auch unabhängig compilierbar und testbar ist. Für eine übliche und vernünftige Modulgröße und -Komplexität kann man die folgenden, als grobe Orientierung zu betrachtenden, Richtwerte ansetzen: Ein Mannmonat Entwicklungsaufwand, etwa 500 Anweisungen bzw. Programmzeilen (*Lines of Code, LOC*), 50 Verzweigungen, 50 Ein-/Ausgabe-Variablen sowie Minimierung der Anzahl der Schnittstellen zu anderen Modulen. Es sind auch aufwendigere Methoden zur Bestimmung der Komplexität von Modulen und Programmen in Gebrauch, sog. *Metriken*. Viele davon bauen auf der Anzahl der Kanten und Knoten in einer grafischen Repräsentation des Programmes auf, etwa Flussdiagrammen (siehe Kapitel 7.2.2).

Die Möglichkeit einer kontinuierlichen Ausbaufähigkeit und Weiterentwickelbarkeit steht und fällt mit dem konsequenten modularen und objektorientierten Aufbau von *Datenstrukturen* und Programmen. Aus diesem Grunde haben sich heute Sprachen wie C durchgesetzt, die dieses Konzept der *strukturierten Programmierung* (siehe Kapitel 6) unterstützen und *objektorientiertes Programmieren* zulassen.

Die wichtigsten Qualitätskriterien sind:

Abbildung 7.3: Die wichtigsten Qualitätskriterien zur Beurteilung von Software, deren Einhaltung Benutzerakzeptanz und Ausbaufähigkeit gewährleisten.

Um die *Benutzerakzeptanz* sicherzustellen, muss bereits in der ersten Ausbaustufe des Programms auf eine einfache und schnelle Bedienbarkeit, eine klare und vollständige Dokumentation sowie eine übersichtliche und verständliche Ergebnisdarstellung geachtet werden. Wesentliche Kriterien sind auch *Effektivität* (d.h. das Programm muss korrekt und konsistent die gestellte Aufgabe lösen), *Effizienz* (d.h. das Programm muss schnell und bei minimalem Zugriff auf Speicher und Peripherie arbeiten), Zuverlässigkeit und Wartungsfreundlichkeit.

Ein nicht zu unterschätzender Akzeptanz-Faktor ist die *Benutzerschnittstelle*, also die Benutzerführung durch *Kommandosprachen*, *Dialoge* und/oder *Auswahlmenüs*. Hier sind häufige Änderungen die Regel, so dass es sich empfiehlt, den algorithmischen Kern des Programms möglichst von der Benutzerschnittstelle zu trennen. Bewährt haben sich *grafische Benutzerschnittstellen* (*Graphical User Interfaces, GUI*).

Formale Kriterien, die den Rahmen definieren, in welchem eine Software-Entwicklung ablaufen muss, damit bestimmte Qualitätskriterien erfüllt werden können, sind in den nationalen (DIN) und internationalen (ISO) Normen *DIN/ISO 9000-9004* festgelegt. Darauf aufbauend sollte ein firmenspezifisches *Qualitätshandbuch* erstellt werden, das als zwingende Vorgabe für die Mitarbeiter dient. In *Audits* von zugelassenen Prüfstellen (z.B. dem TÜV) kann dann eine *Zertifizierung* erfolgen.

Es bestehen auch zahlreiche Ansätze, Software-Qualität durch Definition einer *Qualitäts-Metrik* bewertbar zu machen. Manche der eingehenden Kriterien - wie etwa Antwortzeiten - sind messbar, bei den Meisten ist man jedoch auf Schätzungen angewiesen.

Software-Entwicklung ist, wie schon erwähnt, ein zyklischer Prozess. Zwar ist ein Software-Produkt im Unterschied zu materiellen Produkten beliebig oft kopierbar und prinzipiell verschleißfrei. Man kann jedoch nicht sagen, dass nach Abschluss einer von einem Anwender gewünschten Entwicklung ein Produkt vorläge, das nicht noch verbessert und weiterentwickelt werden könnte. Die sich an die Entwicklung anschließende *Wartungsphase* ist nicht nur auf Anpassung und Fehlerbehebung ausgerichtet, sondern eigentlich eine permanente Weiterentwicklungsphase, die für die Erhaltung der Qualität der Software unerlässlich ist. Dem muss bereits bei der ersten Konzeption eines Systementwurfs Rechnung getragen werden.

7.1.3 Systemanalyse und Systemspezifikation

Am Anfang jeder Software-Entwicklung steht die *Systemanalyse*. Dazu wird zunächst ein potentieller Benutzer mit seinen Vorstellungen an den Entwickler herantreten. Das zu erstellende Programm soll aus gewissen *Eingabedaten* nach einer noch näher zu beschreibenden *Verarbeitungsvorschrift* (*Algorithmus*) einen Satz von *Ausgabedaten* liefern. Man kann dies als Funktion $y=f(x)$ formulieren, wobei x für die *Eingabedaten*, y für die *Ausgabedaten* und f für die *Verarbeitungsvorschrift* steht. Diese Vorgehensweise ist als *EVA-* (*Eingabe-Verarbeitung-Ausgabe*) oder *HIPO-* (*Hierarchical-Input-Processing-Output*) Prinzip bekannt. Damit die benötigten Eingabedaten, Verarbeitungsvorschriften und Ausgabedaten spezifiziert werden können, ist eine sorgfältige *Ist-Analyse* erforderlich, d.h. eine Analyse des momentanen Zustands und der Maßnahmen zur Lösung des anstehenden Problems. Diese Analyse muss alle involvierten Prozesse, Daten und Kommunikations- sowie Organisationsstrukturen mit einbeziehen.

Erst nach der Ist-Analyse kann man daran gehen, den Soll-Zustand zu definieren. Dies geschieht in der *Systemspezifikation.* Darunter versteht man die detaillierte Beschreibung der Teile eines Systems bezüglich ihrer Eigenschaften und Beziehungen untereinander. Im Falle der Software-Entwicklung bedeutet dies die Beschreibung der Ein- und Ausgabedaten sowie der Logik der Beziehungen und Verknüpfungen dieser Daten und der darauf wirkenden Funktionen. Das Problem bei der Systemspezifikation ist die oft sehr große Anzahl von Eingabe- und Ausgabedaten. Man wendet dabei am besten eine *Zerlegungsstrategie* an, die datenorientiert, funktionsorientiert oder objektorientiert (Daten und Funktionen sind hier zu einer untrennbaren Einheit gekapselt) sein kann. Erschwerend kommt die Erfahrungstatsache hinzu, dass bei Beginn einer Entwicklung noch gar nicht alle Konsequenzen und die daraus eventuell erwachsenden neuen Anforderungen bekannt sind.

Insbesondere ist in der Spezifikation festzulegen:

- Worauf das System wirken soll (Eingabedaten)
- Was das System tun soll (Funktionen und Ausgabedaten)
- Unter welchen Bedingungen das System arbeiten soll (Beachtung der Umgebung)
- In welche Kommunikationsstruktur das System eingebunden ist
- In welche Organisationsstruktur das System eingebettet ist
- welche Einschränkungen einzuhalten sind
  (Grenzen, z.B. Rechenleistung, Datenschutz)

Wachsende Bedeutung kommt bei der Systemspezifikation *formalen Entwurfsmethoden* unter Verwendung von logischen Beschreibungsverfahren zu, da auf diese Weise eine formale Verifikation des fertigen Produkts ermöglicht wird.

7.1.4 Algorithmen-Entwurf

Nach der Systemspezifikation folgt als nächster Schritt der *Algorithmen-Entwurf* oder die *Algorithmierung.* Während in der Systemspezifikation nur festgelegt wird, <u>was</u> das System tun soll, so wird nun formuliert, <u>wie</u> dies getan werden soll. Hier wird sich auch zeigen, ob die in der Systemspezifikation gegebene Leistungsbeschreibung überhaupt realisiert werden kann, ob Einschränkungen gemacht werden müssen und ob das Problem als Ganzes lösbar ist. Auf Details über Algorithmen wird in Kapitel 10 näher eingegangen.

Bei der Entwicklung von Algorithmen sind zahlreiche Hilfsmittel gebräuchlich, für die teilweise *Entwicklungswerkzeuge* (*CASE-Tools,* von *Computer Aided Software Engineering*) für die technische und organisatorische Verfügung stehen. Beispiele für häufig verwendete Hilfsmittel sind *Pseudocode*, *Ablauf-* oder *Flussdiagramme*, *Struktogramme*, *Organigramme*, *Entscheidungstabellen* und *Entity-Relationship-*

Diagramme, in denen Beziehungen (Relationships) zwischen Gegenständen (Entities) einer realen Situation abgebildet werden. Auf einige dieser Verfahren wird in Kapitel 7.2 näher eingegangen.

Unabhängig von den verwendeten Methoden und Hilfsmitteln zur Beschreibung des Algorithmus wird zunächst ein *Grobentwurf* erstellt, wobei bereits auf Modularität zu achten ist. Dieser Grobentwurf wird dann schrittweise verfeinert.

Die schrittweise Verfeinerung des Algorithmus wird nun anhand eines Beispiels verdeutlicht: dem in Abbildung 7.4 dargestellten Algorithmus „Kuchen backen“.

Grobentwurf	**1. Verfeinerung**	**2. Verfeinerung**
Mische alle Zutaten zu einem Teig und fülle diesen in eine Kuchenform	Mische 200g Zucker, 200g Mehl, einen Teelöffel Backpulver, zwei Eier und einen viertel Liter Milch.	Stelle alle Zutaten bereit.
		Rühre 2 Eier, 200g Zucker und 200g Butter zu einer glatten Masse.
		Mische 200g Mehl mit einem Teelöffel Backpulver.
		Rühre Mehl mit Backpulver und ¼ Liter Milch in den Teig.
	Fülle den Teig in eine Kuchenform.	Hole eine Kuchenform.
		Fette die Kuchenform ein.
		Fülle den Teig in die Form.
Stelle den Kuchen in den Backofen.	Heize den Backofen vor.	Schalte den Backofen ein.
		Warte bis 180°C erreich sind.
	Stelle den Kuchen hinein.	Stelle den Kuchen auf das das mittlere Blech.
Warte bis der Kuchen gar ist und lasse ihn dann abkühlen.	Warte Garzeit ab.	Warte 45 Minuten.
		Prüfe, ob der Kuchen gar ist und backe ggf. noch 5 Minuten nach.
	Nimm den Kuchen heraus, wenn er gar ist und lasse ihn dann abkühlen.	Nimm den Kuchen aus dem Backofen.
		Schalte den Backofen aus.
		Lasse den Kuchen abkühlen.
		Guten Appetit!

Abbildung 7.4: Grobentwurf und schrittweise Verfeinerung des Algorithmus „Kuchen backen".

7.1.5 Programmierung

In diesem Schritt werden der Algorithmus und die zugehörigen Datenstrukturen in eine geeignete Programmiersprache übertragen, wobei der Auswahl der Sprache eine große Bedeutung zukommt.

Vor der eigentlichen Programmierung werden zunächst die einzelnen Module sowie die Software-Schnittstellen für die Kommunikation zwischen den Modulen festgelegt. Module sind dabei so zu konstruieren, dass sie gewisse abgeschlossene Funktionen erfüllen. An dieser Stelle ist auch sicherzustellen, dass eventuell bestehende Normen - beispielweise bezüglich Modul-Länge, Namensgebung der Variablen („sprechende Namen"), Anzahl der aufgerufenen anderen Module etc. - eingehalten werden. Man bezeichnet diesen Schritt als *Programmvorgabe*, da an dieser Stelle oft eine personelle Trennung erfolgt. Um einen Bruch in der Entwicklung zu vermeiden, muss die Programmvorgabe sehr detailliert und klar sein - beispielsweise in Form von Grafiken, Tabellen, und Diagrammen. Bei der Programmierung ist es wichtig, dass die in Abschnitt 7.1.2 genannten Qualitätskriterien streng eingehalten werden. Dies ist insbesondere dann von entscheidender Bedeutung, wenn - wie das bei der *Programmierung im Großen* bei der Bewältigung umfangreicher Software-Projekte unumgänglich ist - mehrere Personen gleichzeitig an verschiedenen Modulen arbeiten.

Auch bei der *Programmierung im Kleinen*, von der man bei Projekten spricht, die im Prinzip durch eine einzige Person bearbeitet werden können, sollte man diese Richtlinien ernst nehmen.

7.1.6 Programm-Test

Bereits während der Entwicklung müssen alle Module sorgfältig getestet werden. Hierbei erweist sich die getrennte *Testbarkeit* der Module als eine große Hilfe. Vor jeder größeren Testaufgabe ist zunächst ein *Testplan* aufzustellen, in dem Struktur, Strategie, Zeitaufwand, Dokumentation der Ergebnisse, Kostenrahmen und die zur Verfügung stehende Kapazität an Personen und Geräten festgelegt werden. Man unterscheidet *statische* und *dynamische Tests*, bei denen jeweils unterschiedliche Verfahren zur Anwendung kommen.

Statischer Test

Ist ein Modul syntaktisch korrekt und fehlerfrei übersetzt, so erfolgt als nächster Schritt ein *statischer Test* (auch *Prüfen*) oder *Schreibtischtest* (*desk check*). Hierbei werden - am besten unter Einbeziehung einer anderen Person als dem Programmierer bzw. Entwickler - alle Datenstrukturen und Ablaufstrukturen auf Eindeutigkeit, Konsistenz, Vollständigkeit, Richtigkeit und Testbarkeit überprüft. Bewährt hat sich die *Walk-Through-Methode*, bei der Entwickler und Anwender, ggf. unter Mitwirkung von Spezialisten, zusammenarbeiten. Spezifikationen und Programmteile werden Stück für Stück vorgestellt und erläutert, wobei die anderen Teilnehmer zuhören, Fragen stellen, diskutieren und Ergebnisse protokollieren. Man sollte bei diesem

Vorgehen immer im Auge behalten, dass das Produkt einer Entwicklung getestet wird, nicht der Entwickler.

Dynamischer Test

Erst nach dem statischen Test folgt in einem *dynamischen Test* die Untersuchung des Programmverhaltens in einer simulierten und dann auch realen Umgebung. Dazu gehört auch eine Beurteilung der Integration der neu entwickelten Software in das Gesamtsystem sowie ein Test der *Benutzerakzeptanz*. Die Mitarbeit von Anwendern ist daher in dieser Testphase unerlässlich.

Es ist empfehlenswert, für eine möglichst große Anzahl verschiedener Kombinationen von Eingabedaten die Ausgabedaten auf ihre Korrektheit zu überprüfen. Man wird dabei manche Überraschung erleben. Fehler in der Ablauflogik oder im Datenfluss können so erkannt werden. Häufig werden in der Testphase Mängel in der Systemspezifikation oder im Algorithmen-Entwurf aufgedeckt, so dass an dieser Stelle eine Rückkehr zu diesen Abschnitten der Programm-Entwicklung erfolgen muss. Um eine exponentielle Zunahme der Testfälle zu vermeiden, schränkt man die Anzahl der Testdaten durch *Äquivalenzklassen-* und *Grenzwertanalyse* ein. Dies bedeutet, dass man die Eingabedaten in logisch äquivalente Klassen unterteilt, um dann je Klasse nur einen Fall oder einige wenige Fälle herauszugreifen. Dabei wählt man bevorzugt Grenzfälle aus, in denen Bedingungen abgeprüft werden. Heißt es beispielsweise in einer Spezifikation für ein Bibliotheks-Verwaltungsprogramm, „die Entleihdauer für Bücher beträgt maximal 14 Tage“, so wird man im Sinne der Grenzwertanalyse in die Testdaten drei simulierte Entleihzeiten aufnehmen, nämlich kleiner als 14 Tage, genau 14 Tage und größer als 14 Tage. Wichtig ist auch, dass alle durch das Programm auszuführenden Aktionen, Bedingungen und Entscheidungen durch die ausgewählten Testfälle abgedeckt werden (*statement-* , *condition-* und *decision-coverage*). Um die Gefahr der „Betriebsblindheit“ zu verringern, werden systematisch erstellte Testdaten oft durch zufällig erzeugte Testdaten ergänzt.

Ein Testen aller prinzipiell möglichen Kombinationen von Bedingungen etc. ist wegen des dann explosionsartigen Anwachsens der Anzahl der Testfälle kaum durchführbar. Man muss sich also darüber im Klaren sein, dass es praktisch in jedem Programm ungetestete Kombinationen von (auch falschen oder unsinngen) Eingabedaten geben kann, die auch bei einem gründlich getestetem System fehlerhaftes oder zumindest überraschendes Verhalten auslösen können. Insbesondere bei sicherheitsrelevanten Anwendungen, etwa in Verkehrsleitsystemen (z.B. Flugzeugen), in medizinischen Geräten und den vielfältigen Aufgaben der Prozess-Steuerung (z.B. in Atomkraftwerken) können durch fehlerhafte Software ernsthafte Unfälle verursacht werden, die jeden Informatiker an seine Verantwortung erinnern müssen. Auch die Auswahl der verwendeten Programmiersprache spielt in diesem Zusammenhang eine Rolle. So ist etwa Java gut für Internet-Anwendungen geeignet, aber kaum für sicherheitskritische Systeme.

Testmethoden und Hilfsmittel

Ganz grob kann man Testmethoden als Black-Box-Testen und als White-Box-Testen klassifizieren. Beim *Black-Box-Testen* wird nicht die innere Struktur des zu testenden

Objekts betrachtet, sondern nur dessen Verhalten. Diese *spezifikationsgerichtete* Methode kann daher als reiner *Funktionstest* auch durch einen Anwender durchgeführt werden. Beim *White-Box-Testen* orientiert man sich dagegen auch an der internen Struktur des zu testenden Objekts, deren Kenntnis also vorausgesetzt wird. Es sollte jede Anweisung mindestens einmal geprüft werden. Der Test ist also *implementationsgerichtet* und erfordert daher die Mitwirkung des Entwicklers.

Meist wird ein Test als *Top-Down-Analyse* angelegt, da man auf diese Weise einen schnellen Eindruck von dem gesamten System erhält und dann zielgerichtet in die Tiefe gehen kann. Man beginnt dabei mit dem Test der obersten Ebene der Benutzeroberfläche und aktiviert dann schrittweise alle aufgerufenen Module. Bei der weniger populären *Bottom-Up-Analyse* beginnt man stattdessen auf der untersten Funktionsebene und schreitet zu übergeordneten Modul-Ebenen fort, bis schließlich das Gesamtsystem in den Test einbezogen wird.

Man unterscheidet ferner *prozessgerichtetes* Vorgehen, das sich in der Art eines Flussdiagramms an der Reihenfolge der Abarbeitung von Funktionen orientiert und *datengerichtetes* Vorgehen, bei dem der Lebenszyklus von Daten im Vordergrund steht, also die Verarbeitungskette Eingeben, Lesen, Ändern und Löschen (create, read, update und delete).

Für das systematische Testen stehen eine Reihe von Hilfsmitteln und Software-Tools zur Verfügung, beispielsweise Methoden der Graphentheorie. Besonders gut eignen sich *Entscheidungstabellen*, die auch für die Spezifikation von Algorithmen von Bedeutung sind. Daher wird darauf in Kapitel 7.2.4 nochmals näher eingegangen.

Prinzipiell ist auch eine *formale Verifikation* möglich, also ein strenger Beweis der Fehlerfreiheit eines Programms, wenn bereits die Spezifikation formalisiert ist und wenn die Semantik der verwendeten Programmiersprache exakt definiert ist. Besonders in sicherheitskritischen Anwendungen ist dieses - allerdings aufwendige - Verfahren von Vorteil.

7.1.7 Dokumentation

Eine *Dokumentation* des gesamten Entwicklungsprozesses muss in jedem Fall bereits parallel zur Entwicklung erarbeitet werden. Dazu gehört als wichtiger Bestandteil auch die Einfügung aussagekräftiger *Kommentare* in den Programmtext. Spätestens vor der Installation der Software muss jedoch derjenige Teil der Dokumentation erstellt werden, der dem Benutzer in die Hand gegeben wird. Eine gute Dokumentation ist ein wichtiges Hilfsmittel, um die Akzeptanz des Produkts beim Benutzer zu erhöhen. Wesentliche Anforderungen sind:

Korrektheit, Vollständigkeit, Eindeutigkeit, Konsistenz, Übersichtlichkeit, Verständlichkeit und Aktualität.

7.1.8 Installation

Der vorläufige Abschluss in der Entwicklung eines Software-Produkts ist die *Installation* in der Umgebung, in welcher das entwickelte Programm schließlich eingesetzt werden soll. Meist muss das Programm in ein bestehendes System integriert werden. Dabei ergeben sich oft unvorhergesehene Probleme, die einen erneuten Durchgang durch den Entwicklungszyklus nötig machen. Des Weiteren kann es geschehen, dass Programmfehler durch Tests bzw. Simulationen nicht gefunden werden konnten und erst zu Tage treten, wenn das Programm in seiner endgültigen Umgebung benützt wird. Andere häufige Gründe für einen nochmaligen Durchlauf des Entwicklungszyklus sind zusätzliche Anforderungen an den Leistungskatalog des Programms sowie Änderungswünsche in der Bedieneroberfläche oder der Datenausgabe des Programms, die sich erst während der Benutzung in einer Testphase offenbarten.

7.1.9 Software-Entwicklung als iterativer und evolutiver Prozess

Software-Entwicklung wird heute als ein komplexer, iterativer Prozess verstanden. Das *Wasserfall-Modell*, bei dem man von einer streng getrennten und rückkopplungsfreien Abfolge der einzelnen Phasen ausging, wird dem Prozess der Software-Erstellung nicht mehr gerecht.

Den iterativen Charakter der Software-Entwicklung kann man grafisch etwa so darstellen:

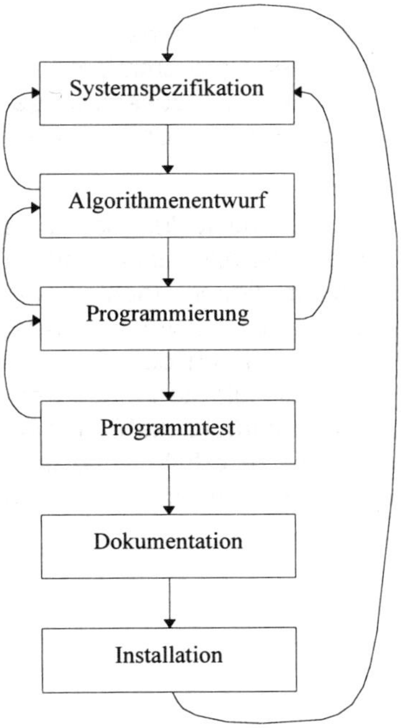

Abbildung 7.5: Software-Entwicklung als iterativer Prozess.

Um die Software-Erstellung zu vereinfachen und abzukürzen, werden außer den genannten manuellen Hilfsmitteln eine Reihe von maschinellen Werkzeugen (*CASE-Tools, Entwicklungssysteme*) eingesetzt. Es sind dies zum Beispiel:

- *Sprachprozessoren* zur Umsetzung von Pseudocode oder Struktogrammen in ein Programm.
- Umsetzer von Programmen in Struktogramme oder Flussdiagramme und umgekehrt.
- *Entwurfsdatenbanken* mit häufig benötigten Programmteilen.
- *Masken-* und *Programm-Generatoren.*
- Hilfsmittel bei der Erstellung *grafischer Benutzeroberflächen* (*Graphical User Interface, GUI*).
- Kombinierte *Editoren* und *Compiler* mit Unterstützung der verwendeten Programmiersprache (z.B. automatisches Einrücken, automatische Fehleranzeige, farbliche Hervorhebung von Variablen und Schlüsselworten, „Wegfalten" von Programmteilen etc.)
- *Cross-Compiler* zum Übertragen von Programmen in eine andere Programmiersprache.
- *Dokumentationssysteme.*
- *Testsysteme.*
- *CASE-Tools* (*Computer Aided Software Engineering*) und *4GL-Sprachen* (von *4. Generation Language*) als Werkzeuge zur Unterstützung der Programmierarbeit. Viele der oben schon genannten Funktionen sind in CASE-Tools zusammengefasst. 4GL-Sprachen sind insbesondere in Verbindung mit Datenbanken ein nützliches Hilfsmittel.

Ein Nachteil der hier beschriebenen Philosophie der Software-Entwicklung ist, dass es recht lange dauern kann, bis der Anwender nach der Systemspezifikation endlich über das gewünschte Podukt verfügen kann. Eine Möglichkeit, diesen Nachteil auszugleichen, ist eine noch stärkere Betonung des *evolutiven Charakters* von Software. Hierbei wird nicht der Versuch gemacht, in einem Durchgang durch den Entwicklungszyklus bereits alle Anforderungen zu erfüllen, also nur bei Auftreten eines Fehlers oder Änderung einer Anforderung zu einer früheren Stufe zurückzukehren; man versucht vielmehr zunächst nur einen Teil der Anforderungen zu erfüllen und dem Kunden ein anfangs nur teilweise einsatzfähiges Teilprodukt zur Verfügung zu stellen, das dann in weiteren Entwicklungszyklen ausgebaut wird.

7.2 Hilfsmittel für den Entwurf von Algorithmen

Für den Entwurf und die Darstellung von Algorithmen stehen eine Anzahl von Hilfsmitteln zur Verfügung. Einige sollen hier kurz behandelt werden: *Pseudocode*, *Ablauf-* oder *Flussdiagramme*, *Struktogramme* und *Entscheidungstabellen*. Wichtige Hilfsmittel sind ferner die bereits in Kapitel 4.3.3 behandelten *Prozessdiagramme* sowie *Zustandsübergangsdiagramme* oder *Automaten*, die in Kapitel 8.1 erörtert werden.

7.2.1 Pseudo-Code

Unter einem *Pseudo-Code* versteht man eine reduzierte und in einer dem Problem angepassten Weise formalisierte, jedoch der natürlichen Sprache ähnliche Kunstsprache. Algorithmen lassen sich damit prägnanter und verständlicher formulieren. Um dies zu demonstrieren, wird der als „binäres Suchen" bekannte Algorithmus zur Suche eines Eintrages in einer geordneten Datei zunächst in natürlicher Sprache und anschließend mit Hilfe eines Pseudo-Codes formuliert:

Gegeben sei eine Datei mit n Elementen, die nach einem Ordnungskriterium (z.B. lexikographisch, oder, im Fall von numerischen Werten, der Größe nach) geordnet sind. Für ein bestimmtes, vorgegebenes Element x ist nun der die Position von x in der Datei beschreibende Index zu ermitteln. Dazu wird die Datei in eine untere und eine obere Hälfte unterteilt. Nun wird durch Vergleich von x mit demjenigen Element, das gerade die Grenze zwischen der unteren und der oberen Hälfte bildet, festgestellt, ob es mit diesem Element übereinstimmt, oder ob es in der oberen oder in der unteren Hälfte liegt, falls es überhaupt in der Datei enthalten ist. Man halbiert nun auf diese Art den Suchbereich, in dem x vermutet wird, immer weiter, bis entweder x gefunden wurde, oder bis der Suchbereich kein Element mehr enthält. In diesem Fall ist x in der untersuchten Datei nicht enthalten.

Diese natürlichsprachliche Beschreibung des Algorithmus ist nicht so weit gehend formalisiert, dass eine Übertragung in ein Programm ohne weiteres möglich wäre. Insbesondere wäre eine automatische Programm-Generierung mit Hilfe eines Software-Werkzeugs derzeit noch undurchführbar. Unter Verwendung eines einfachen Pseudo-Codes lässt sich der Algorithmus jedoch in eine kompakte und dennoch leicht lesbare Form bringen:

```
SETZE untergr auf 1
SETZE obergr  auf n
SOLANGE untergr <= obergr und Element x nicht gefunden
  SETZE k auf den ganzzahligen Teil von (untergr+obergr)/2
  WENN das k-te Element nicht das gesuchte Element x ist
    DANN WENN das k-te Element dem Element x vorangeht
      DANN SETZE untergr auf k+1
      SONST SETZE obergr auf k-1
```

```
  SONST AUSGABE „Element gefuden" STOP
ENDE
AUSGABE „Element nicht gefunden"
ENDE
```

Dieser Pseudo-Code steht der natürlichen Sprache so nahe, dass seine reservierten Schlüsselworte wie `WENN`, `SOLANGE`, `ENDE` etc. selbsterklärend sind. Daher wird auch jemand, der keine Programmiersprache beherrscht, diesen in Pseudo-Code formulierten Algorithmus verstehen können. Die Blockstruktur wird - wie allgemein üblich - augenfällig durch Einrücken kenntlich gemacht.

Als weitere Abstraktionen von der natürlichen Sprache sind in dem obigen Pseudo-Code noch mathematische Formeln sowie kursiv gedruckte, abkürzende Namen eingeführt worden. Es sind dies *untergr* für die untere Grenze des betrachteten Intervalls, *obergr* für die obere Grenze, *n* für die Anzahl der Elemente der Datei, x für das gesuchte Element und der Index k, der die Elemente durchnummeriert.

7.2.2 Ablauf- oder Flussdiagramme

Mit Hilfe von *Ablauf-* oder *Flussdiagrammen* lassen sich dynamische Vorgänge auf übersichtliche Weise grafisch darstellen. Die dazu verwendeten Symbole sind direkt aus der *D-Struktur* (siehe Kapitel 6.2) abgeleitet:

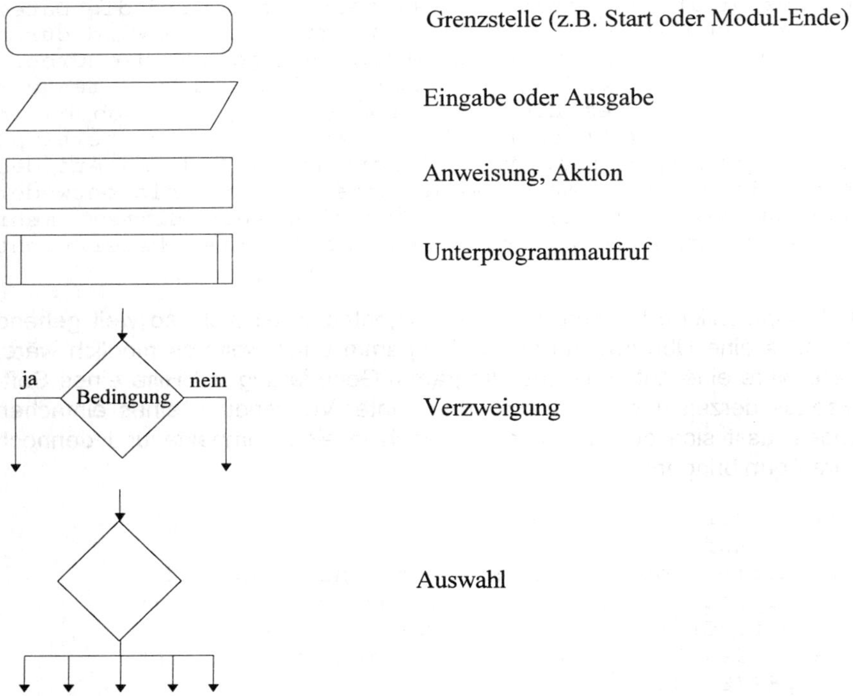

Abbildung 7.6: Zusammenstellung der wichtigsten in Flussdiagrammen verwendeten Symbole.

Als Anwendungsbeispiel wird nun der oben in Form von Pseudo-Code eingeführte Algorithmus „binäres Suchen" nach einer Postleitzahl Plz in ein Flussdiagramm übertragen.

PROGRAMM Suchen

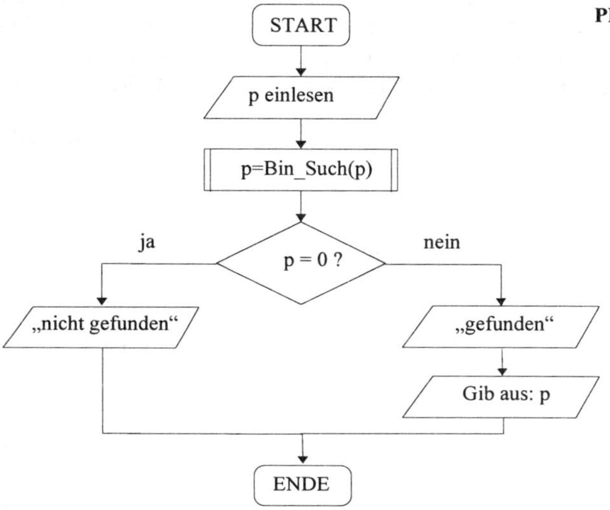

FUNKTION Bin_Such(x)

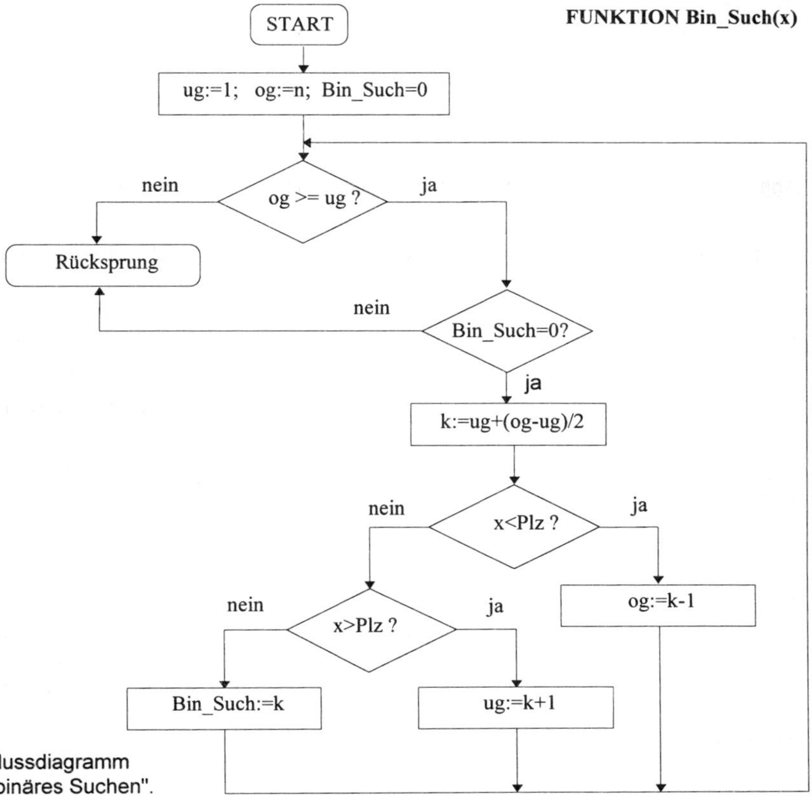

Abbildung 7.7: Flussdiagramm des Programms "binäres Suchen".

7.2.3 Struktogramme nach Nassi-Shneiderman

Neben den Flussdiagrammen sind auch *Struktogramme* oder *Nassi-Shneiderman-Diagramme* gebräuchlich. Oft erlauben Struktogramme eine übersichtlichere Darstellung als Flussdiagramme. Dies ist auf den Wegfall der vielen Pfeile und Linien zurückzuführen, die in längeren Flussdiagrammen oft verwirrend wirken. Die folgende Abbildung zeigt die wichtigsten Struktogrammen-Symbole.

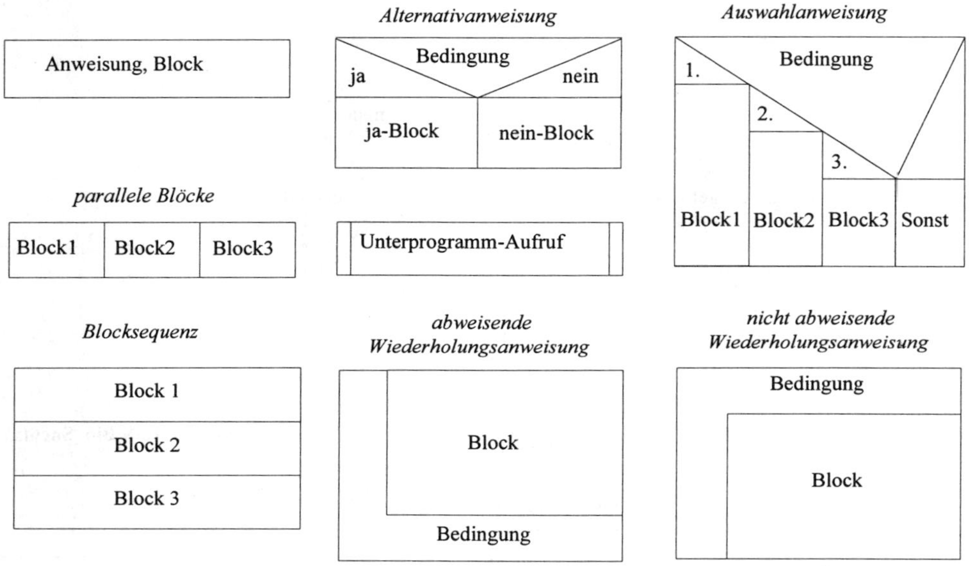

Abbildung 7.8: Zusammenstellung der wichtigsten in Struktogrammen verwendeten Symbole.

Damit hat der oben beschriebene Suchalgorithmus als Struktogramm folgende Form:

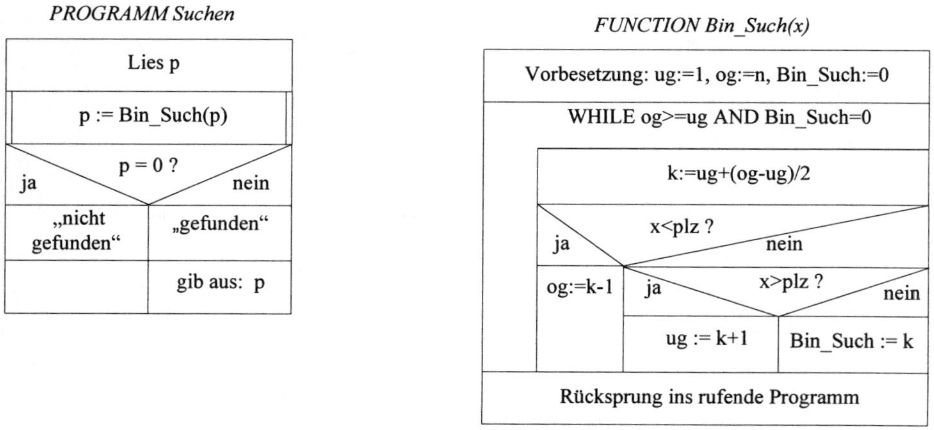

Abbildung 7.9: Struktogramm des Programms "binäres Suchen".

Ausgehend von einem Ablaufdiagramm oder einem Struktogramm ist nun die Aufgabe des Umsetzens des Algorithmus in ein Programm wesentlich einfacher, als dies ohne solche Hilfsmittel möglich wäre. Dies gilt umsomehr, wenn mehrere Personen an demselben Projekt arbeiten.

Im folgenden Beispiel wird der oben erläuterte Algorithmus „binäres Suchen" dazu verwendet, eine Kundendatei nach einer einzugebenden Postleitzahl zu durchsuchen. Das resultierende Pascal-Programm, zu dem als wichtiger Bestandteil auch die Datenstruktur `Kunde` gehört, kann beispielsweise so aussehen:

```
PROGRAM Suchen;

CONST n=100;
VAR   Kunde = RECORD Kundennr:   integer;
                     Name:       RECORD Anrede : STRING[20];
                                        Vorname: STRING[20];
                                        Famname: STRING[20]
                                 END;
                     Adresse:    RECORD Strasse: STRING[20];
                                        Hausnr : integer;
                                        Plz    : integer;
                                        Vorname: STRING[20]
                                 END;
                     Telefonnr: integer
              END;
VAR p: integer; Kundendatei: ARRAY[1..n] OF Kunde;

FUNCTION Bin_Such(x: integer): integer;
VAR ug, og, k: integer;
BEGIN
  ug:=1;
  og:=n;
  Bin_Such:=0;
  WHILE (og>ug) AND (Bin_Such=0) DO BEGIN
    k:=ug+(og-ug)/2;
    IF x<Kundendatei[k].Adresse.Plz THEN og:=k-1;
    ELSE BEGIN
      IF x>Kundendatei[k].Adresse.Plz THEN ug:=k+1;
      ELSE Bin_Such:=k
    END
  END
END;

BEGIN
  writeln('Zu suchende Postleitzahl = ? ');
  readln(p);
  p:=Bin_Such(p);
  IF p=0 THEN writeln('Postleitzahl nicht gefunden!');
  ELSE writeln('Postleitzahl gefunden an Position ', p)
END.
```

Abbildung 7.10: Beispiel für ein Pascal-Programm, das mit Hilfe des Algorithmus „binäres Suchen" den Index des Eintrages in eine Kundendatei sucht, der zu einer vorgegebenen Postleitzahl gehört.

7.2.4 Entscheidungstabellen

Schließlich soll noch ein insbesondere bei der übersichtlichen Darstellung komplizierter logischer Verknüpfungen und bei Testverfahren sehr nützliches Hilfsmittel vorgestellt werden, nämlich *Entscheidungstabellen* (*Decision Tables*).

Eine Entscheidungstabelle besteht aus zwei Komponenten: der Bedingungstabelle und der Aktionstabelle. In die *Bedingungstabelle* (auch *Zustandstabelle* genannt), die in der linken Spalte eine Kurzbeschreibung der *Bedingungen* enthält, werden alle relevanten Kombinationen der Erfüllung oder Nichterfüllung eingetragen. Man erhält damit ein Muster aus den möglichen Einträgen „ja", (Bedingung erfüllt) und „nein" (Bedingung nicht erfüllt). Sind alle ja/nein-Kombinationen auch wirklich in die Tabelle eingetragen, so ergeben sich für eine *vollständige Entscheidungstabelle* mit n Bedingungen 2^n Spalten (Entscheidungen). Bei einer größeren Zahl von Bedingungen wird also die Anzahl der Entscheidungen sehr rasch unübersichtlich groß. Als Ausweg kann man das Problem in mehrere kleinere Teilprobleme unterteilen und in eine Entscheidungstabelle Verweise auf andere Entscheidungstabellen aufnehmen. Die Anzahl der Einträge reduziert sich in den meisten Fällen auch dadurch, dass die Erfüllung oder Nichterfüllung einer bestimmten Bedingung für die folgende Aktion ohne Belang ist. In diesem Fall kann man zwei Spalten zusammenfassen und an Stelle von „ja" oder „nein" ein Zeichen mit der Bedeutung „egal" eintragen, beispielsweise einen Strich. Dadurch wird aus einer vollständigen Entscheidungstabelle eine *unvollständige Entscheidungstabelle*, die gleichwohl denselben Sachverhalt beschreibt.

Unter der Bedingungstabelle wird die *Aktionstabelle* angeordnet, die in der linken Spalte eine Kurzbeschreibung der möglichen *Aktionen* (Funktionen) enthält. In den zu den Spalten der Bedingungstabelle korrespondierenden Spalten wird für jede Kombination von Erfüllung bzw. Nichterfüllung der Bedingungen die Folge der resultierenden Aktionen gekennzeichnet, und zwar nach Möglichkeit in der Reihenfolge ihrer Ausführung. Eine Entscheidung kann zu einer beliebigen Zahl von Aktionen führen und eine Aktion kann zu mehreren Entscheidungen gehören. Auch die Feststellung, dass zu einer bestimmten Entscheidung überhaupt keine Aktion ausgeführt zu werden braucht, ist in diesem Sinne eine Aktion, die notiert werden muss.

Bedingungen	*Erfüllung*				
B1					
B2					
.					
.					
.					

Bedingungstabelle

Eintrag: ja (j)
nein (n)
egal (-)

Aktionen	*Ausführungsfolge*				
F1					
F2					
.					
.					
.					

Aktionstabelle

Funktion ausführen: (*)

Abbildung 7.11: Die Elemente von Entscheidungstabellen: Bedingungstabelle und Aktionstabelle.

Ein Nachteil von Entscheidungstabellen ist ihr statischer Charakter. Dynamische Strukturen, die über eine einfache Iteration hinausgehen, können nur schwer ausgedrückt werden.

Beim Erstellen einer Entscheidungstabelle mit n Bedingungen beginnt man am besten mit dem Anlegen einer vollständigen Tabelle mit 2^n Entscheidungen. Dabei kann es geschehen, dass die Tabelle technisch unmögliche Kombinationen von Bedingungen enthält. Bei dem nachstehend beschriebenen Vereinfachungsschritt lösen sich diese Unmöglichkeiten jedoch auf. Gelegentlich wird man auch Entscheidungen finden, für die in der Spezifikation gar keine zugehörige Aktion vorgesehen ist oder dass Widersprüchlichkeiten auftauchen. Das Erstellen einer vollständigen Entscheidungstabelle ist damit auch ein gutes Hilfsmittel für die Konsistenz- und Vollständigkeitskontrolle des zu Grunde liegenden Entwurfs.

Im nächsten Schritt kann man die *Vereinfachung* der Entscheidungstabelle in Angriff nehmen. Trifft man zwei Spalten an, welche dieselben Aktionen enthalten und bei denen sich die Bedingungen lediglich in einer Position unterscheiden, so ist die Bedingung an dieser Stelle offenbar nicht relevant. In diesem Fall ersetzt man die Ja/Nein-Einträge an der betreffenden Position durch einen Strich. Da diese Modifikation sowohl in der Spalte durchgeführt wurde, in der an der fraglichen Position „ja" eingetragen war als auch in der Spalte, in der „nein" eingetragen war, hat man nun zwei identische Spalten, wovon eine entfernt werden kann. Auf diese Weise verfährt man, bis keine Vereinfachung mehr möglich ist.

Mit der Kenntnis dieses Vereinfachungsverfahrens kann man eine Entscheidungstabelle auch leicht auf Vollständigkeit prüfen. Man zählt dazu alle Spalten, die keinen Strich als Eintrag haben einfach und alle Spalten mit Strichen 2^k-fach, wobei k die Anzahl der Striche in der Spalte ist. Die Summe muss bei n Bedingungen 2^n ergeben.

Anhand eines Beispiels soll nun das Erstellen und Vereinfachen einer Entscheidungstabelle vorgeführt werden. Die Spezifikation des Problems laute folgendermaßen:

Ein Händler führt Artikel, die in Warengruppen kategorisiert sind. Bestellt ein Kunde pro Jahr Waren im Wert von weniger als 5 000,- DM, so erhält er keinen Rabatt. Liegt der Bestellwert zwischen 5 000,- und 10 000,- DM, so erhält er im Falle der Warengruppen 1, 3 oder 6 8% Rabatt, im Falle der Warengruppen 2, 4 oder 5 10% Rabatt und im Falle aller anderen Warengruppen 5% Rabatt. Liegt der Bestellwert über 10 000,- DM, so erhält der Kunde im Falle der Warengruppen 1, 3 oder 6 15% Rabatt, im Falle der Warengruppen 2, 4 oder 5 20% Rabatt und im Falle aller anderen Warengruppen 10% Rabatt. Der Kunde erhält außerdem ein Werbegeschenk zum Jahreswechsel, wenn er einen Rabatt von mindestens 10% erhalten hat.

Zunächst wird aus diesen Angaben eine vollständige Entscheidungstabelle konstruiert. Man erkennt, dass vier Bedingungen ausreichen, um alle Entscheidungen zu erfassen, nämlich Artikelnummer:1,3,6, Artikelnummer:2,4,5, Bestellwert $\geq$5000 DM und Bestellwert $\geq$10000 DM. Die vollständige Entscheidungstabelle muss also der Anzahl der möglichen Entscheidungen entsprechend 2^4=16 Spalten erhalten. Die Bedingungstabelle der vollständigen Entscheidungstabelle ist damit festgelegt, sie enthält allerdings einige Entscheidungen, die in der Praxis nicht auftreten können. Dies betrifft beispielsweise alle Spalten in denen sowohl für die Bedingung Artikelnummer:1,3,6 als auch für die Bedingung Artikelnummer:2,4,5 „j" eingetragen ist. In der Aktionstabelle wird dann in den betreffenden Spalten kein Eintrag vorgenommen. Bei der anschließenden *Reduzierung* werden dann diese Spalten eliminiert. Die folgende Abbildung zeigt das Ergebnis.

Bedingungstabelle

Artikelnummer: 1,3,6	j	j	j	j	j	j	j	j	n	n	n	n	n	n	n	n
Artikelnummer: 2,4,5	j	j	j	j	n	n	n	n	j	j	j	j	n	n	n	n
Bestellwert ≥ 5000 DM	j	j	n	n	j	j	n	n	j	j	n	n	j	j	n	n
Bestellwert ≥ 10000 DM	j	n	j	n	j	n	j	n	j	n	j	n	j	n	j	n

Funktionstabelle

Kein Rabatt								x				x				x
Rabatt 5%														x		
Rabatt 8%						x										
Rabatt 10%										x			x			
Rabatt 15%					x											
Rabatt 20%									x							
Weihnachtsgeschenk					x				x	x			x			

Abbildung 7.12: Beispiel für die im Text beschriebene Entscheidungstabelle.

Eine Analyse dieser vollständigen Enstcheidungstabelle zeigt, dass man durch Zusammenfassen die Anzahl der Spalten von 16 auf 9 reduzieren kann:

Bedingungstabelle

Artikelnummer: 1,3,6	j	j	j	n	n	n	n	n	n
Artikelnummer: 2,4,5	-	-	-	j	j	j	n	n	n
Bestellwert ≥ 5000 DM	j	n	n	j	j	n	j	j	n
Bestellwert ≥ 10000 DM	j	n	-	j	n	-	j	n	-

Funktionstabelle

Kein Rabatt			x			x			x
Rabatt 5%								x	
Rabatt 8%		x							
Rabatt 10%					x		x		
Rabatt 15%	x								
Rabatt 20%				x					
Weihnachtsgeschenk	x			x	x		x		

Abbildung 7.13: Die in Abbildung 7.12 angegebene Entscheidungstabelle wurde durch Zusammenfassen von Spalten reduziert und dadurch stark vereinfacht.

Abbildung 7.14 zeigt zum Vergleich noch eine Darstellung der in Abbildung 7.13 angegebenen reduzierten Entscheidungstabelle in Form eines Flussdiagramms.

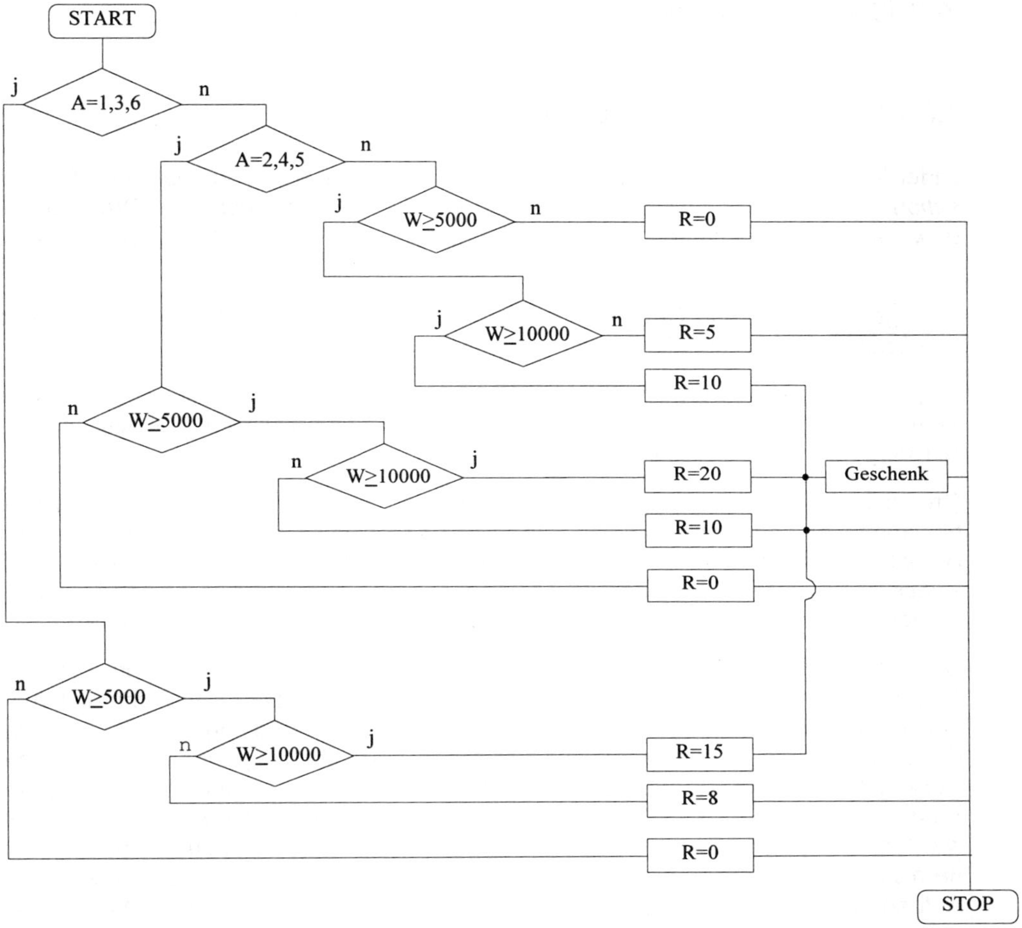

Abbildung 7.14: Darstellung der in Abbildung 7.13 angegebenen Entscheidungstabelle als Flussdiagramm.

7.3 Datenverarbeitungs-Organisation

7.3.1 Definiton des Begriffs Organisation

Jeder Mensch kommt auf vielfältige Weise mit dem in Berührung, was man *Organisation* nennt, denn in gewisser Weise sind wir alle Organisatoren oder Organisierte. Bewusst wird man sich dessen oft erst dann, wenn man über schlechte Organisation zu klagen hat.

Kurz gesagt kann man Organisation als Strukturierung von Systemen zur Erfüllung von Daueraufgaben definieren. Oder ausführlicher:

„*Organisation* ist die dauerhafte Ordnung, die sich Menschen und Institutionen geben, wenn sie Aufgaben zu erfüllen haben. *Organisieren* ist dann die Entwicklung, Einführung und Veränderung einer solchen Ordnung."

Organisieren ist umso nötiger, je mehr Aufgaben zu erfüllen sind, je häufiger sich bestimmte Aufgaben wiederholen und je mehr Menschen oder Institutionen an der Aufgabenerfüllung beteiligt sind. Es ist anzumerken, dass Organisation kein Selbstzweck ist und nicht ein solcher werden darf, sondern dass sie eine dienende Funktion hat und sich der Gesamtzielsetzung des Unternehmens unterzuordnen hat.

Bezieht sich die Organisation auf die *statische Struktur* einer Institution, die eine Aufgabe zu erfüllen hat, so spricht man von *Aufbauorganisation.* Dabei unterteilt man die betrachtete Institution in logisch abgeschlossene Untereinheiten, sog. *Stellen*, denen bestimmte *Teilaufgaben* aus der Gesamtaufgabe zugeordnet werden. Der Stelleninhaber trägt die *Verantwortung* für die ordnungsgemäße Ausführung der Aufgabe. Außerdem muss dem Stelleninhaber eine bestimmte *Kompetenz* zugeteilt werden, die er nicht überschreiten darf. Aufbauorganisation bedeutet in diesem Sinne also: Zuordnung von Aufgaben, Verantwortung und Kompetenz zu Stellen. Eine Aufbauorganisation erübrigt sich dann, wenn die zu erledigenden Aufgaben von einer einzigen Stelle wahrgenommen werden, z.B. bei einem Handwerkermeister, der keine Mitarbeiter hat.

Die Aufbauorganisation wird in einem *Organisationsplan* dargestellt, der für eine produzierenden Firma typischerweise etwa so aussehen könnte:

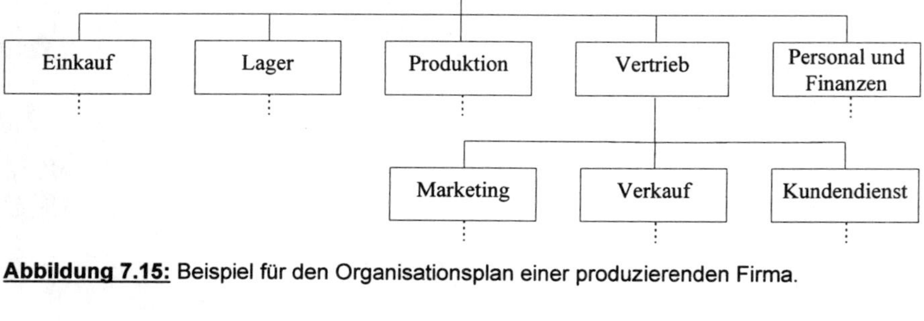

Abbildung 7.15: Beispiel für den Organisationsplan einer produzierenden Firma.

Bezieht sich die Organisation auf den *dynamischen Ablauf* bei der Erfüllung einer Aufgabe, so spricht man von *Ablauforganisation*.

Dabei wird die gesamte Aufgabe in logisch abgeschlossene *Arbeitsgänge* unterteilt. Die durch eine Ablauforganisation geschaffene Ordnung besteht darin, dass die zur Erfüllung einer Aufgabe nötigen Arbeitsgänge immer in derselben Reihenfolge und in der gleichen Art und Weise ausgeführt werden. Dazu ist festzulegen:

- Welche Arbeitsgänge auszuführen sind,
- welche Stellen sie ausführen sollen,
- in welcher Reihenfolge sie auszuführen sind,
- welche Sachmittel (Formulare, Geräte, Unterlagen) für welche Aufgaben zu verwenden sind.
- welche Daten bereitzustellen sind und wie diese zu verarbeiten sind.

Die Beschreibung einer Ablauforganisation erfolgt in einem *Ablaufdiagramm*.

Bei der Ablauforganisation wird die Lösung von Aufgaben beschrieben, die den *Anfangszustand* eines *Systems* in einen *Endzustand* überführen. Mit einer solchen Zustandsänderung ist immer die Verarbeitung von Daten verbunden.

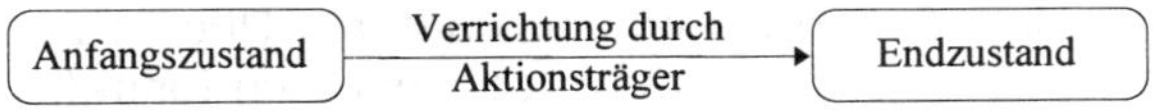

Abbildung 7.16: Prinzip der Ablauforganisation.

Dabei kann die Verrichtungsfolge in Abhängigkeit von verschiedenen Faktoren unterschiedlich sein und zu verschiedenen Endzuständen führen.

Voraussetzung für die Erstellung einer Aufbau- oder Ablauforganisation ist eine eingehende *Aufgabenanalyse*. Dazu muss zunächst die *Gesamtaufgabe*, eventuell in mehreren als *Detaillierungsgrad* bezeichneten Stufen, in *Teilaufgaben* zerlegt werden.

Bei der Aufgabenanalyse sind verschiedene *Lösungsphasen* zu berücksichtigen. In einem ersten Schritt wird man von *Aktionen an Objekten* ausgehen, die notwendig sind, um ein Sachziel zu erreichen. In einem zweiten Schritt werden den so gefundenen detaillierten Aufgaben die Komponenten *Planung, Entscheidung, Durchführung* und *Kontrolle* überlagert.

Ein weiterer Schritt bei der Aufgabenanalyse ist die Abgrenzung von Teilaufgaben, die zu verschiedenen *Zeiten* und/oder an verschiedenen *Orten* durchgeführt werden müssen.

7.3.2 Organisation und Systemtheorie

Die Systemtheorie basiert auf der Beobachtung, dass unterschiedliche Gegebenheiten in *Struktur* und *Verhalten* Gemeinsamkeiten aufweisen können. In der *Systemtheorie* versucht man, formale Übereinstimmungen von Strukturen und Verhaltensweisen von Systemen zu beschreiben, zu untersuchen und modellmäßig darzustellen. So kann man auf den ersten Blick sehr verschiedene Systeme oft mit den gleichen Methoden analysieren und behandeln. Unter einem System ist dabei eine Menge von Elementen zu verstehen, die miteinander in statischer oder dynamischer Beziehung stehen und bestimmte Eigenschaften aufweisen.

Für die Organisationstheorie wesentliche *Systemkategorien* sind:

- *Komplexität*. Dies kann neben einer großen Anzahl von Elementen und Beziehungen auch beinhalten, dass das System nicht vollständig oder nicht exakt beschreibbar ist.

- *Art der Umweltbedingungen*. Das System kann offen oder geschlossen (also völlig unabhängig von äußeren Einflüssen) sein, oder sich mit der Umwelt im Gleichgewicht befinden.

- *Zielorientierung*. Hierunter versteht man die Eigenschaft eines Systems, sich nach Störungen in Richtung auf einen stabilen Zustand zu bewegen. Störungen durch das Umsystem spielen vor allem bei den betriebswirtschaftlich wichtigen offenen Systemen eine Rolle.

Die Intensität der Beziehungen kann am Umfang der Korrelation zwischen den Zuständen der Elemente gemessen werden. Auf Grund organisatorischer Regeln werden die Freiheitsgrade der Systemelemente eingeschränkt, so dass dem Eintreffen der möglichen Zustände Wahrscheinlichkeiten zugeordnet werden können. Die Organisationsregeln sind dabei so zu wählen, dass erwünschte, also zum Erreichen des Ziels beitragende Zustände, wahrscheinlicher sind als unerwünschte.

Wie stark ein System *geordnet* ist, d.h. wie groß die Wahrscheinlichkeiten für das Auftreten bestimmter Systemzustände ist, lässt sich mathematisch durch den auf der *Entropie* H des Systems basierenden *Ordnungsgrad* $R=1-H/H_{max}$ beschreiben. Im Falle $R=0$ sind alle Systemzustände völlig ungeordnet, die Entropie nimmt dann ihren Maximalwert H_{max} an und Beziehungen zwischen den Elementen sind nicht beobachtbar. Im andern Extemfall ergibt sich für $H=0$, also $R=1$, ein vollständig geordnetes System.

Im Falle des Systems „Betrieb" ist der Ordnungsgrad eine Funktion des Umfangs der organisatorischen Regelungen. Der höchste Ordnungsgrad wird erreicht, wenn die Organisation dafür sorgt, dass jederzeit exakt vorhergesagt werden kann, in welchem Zustand sich der Betrieb zu einem beliebigen späteren Zeitpunkt befinden wird.

Ein hoher Ordnungsgrad allein ist aber nicht das einzige Kriterium für eine gute Organisation, es muss außerdem darauf geachtet werden, dass ein Ziel trotz Störungen optimal erreicht wird, d.h. bestimmte *Zielvariablen* des Systems (z.B. Gewinn oder Rentabilität) müssen sich möglichst weit gehend vorgegebenen Idealwerten nähern.

Der Grad der Zielannäherung von Systemen hängt von *Störungen* ab, denen das System ausgesetzt ist und von den *Reaktionen*, die zur Abwehr der Störungen erfolgen. Außerdem müssen noch die Exaktheit der Änderungen des Systems in Richtung des Zieles auf Grund der zur Abwehr von Störungen getroffenen Maßnahmen berücksichtigt werden. Auch bei den Störungen, den Maßnahmen und den Reaktionen des Systems handelt es sich um Zustände, die mit gewissen Wahrscheinlichkeiten auftreten; man kann also hierfür ebenfalls Entropien berechnen. Die Variablen, von denen das Erreichen des Ziels abhängt (Zielvariablen), ändern sich also in mehr oder weniger vorhersehbarer Weise, die sich durch die entsprechende Entropie mathematisch beschreiben lässt. Man spricht hier auch von der *Varietät* der Zielvariablen, die sich durch die Entropie als ein Maß für die Ordnung des Systems charakterisieren lässt. Soll ein System ein Ziel mit Sicherheit erreichen (z.B. für einen Betrieb vorgegebene Rentabilitätszahlen) so muss ständig Gewissheit über den Zustand der Zielvariablen herrschen. Dieser Idealzustand ist normalerweise nicht erreichbar (unvorhersehbare Störungen, unvollständiger Maßnahmenkatalog, verzögertes oder zu starkes Reagieren des Systems etc.). Man wird daher folgende Optimierungen zu realisieren versuchen:

- Verbesserung der *Abschirmung* des Systems gegen äußere Einflüsse.
- Möglichst exakte Festlegung des Zusammenhangs Störung/Gegenmaßnahme.
- Erweiterung der Abwehrmaßnahmen.

Abschirmmaßnahmen sind etwa: Tarifverträge, Arbeitszeitregelungen, Zahlungsbedingungen, Reserven (Lagerhaltung etc.).

Der *Organisationsgrad* misst auch die Fähigkeit eines Systems zur aktiven Bewältigung von Störungen. Je höher der Organisationsgrad, desto zielgerichteter ist eine Ordnung. Man muss also die Aufbauorganisation und die Ablauforganisation so gestalten, dass Störungen möglichst gut ausgeglichen werden können. Dazu gehören *Strukturregeln, Adressregeln* und *Koordinierungsregeln.* Letztere sind besonders wichtig zur Reduzierung von Reibungsverlusten an den Schnittstellen des Systems.

7.3.3 Die Einbindung der DV in die betriebliche Organisation

Mittlere und größere Firmen bzw. Institutionen haben in der Regel eigene *Organisations-* und *DV-Abteilungen.* Kleinere Betriebe bedienen sich oft externer *Unternehmensberater* und *Rechenzentren* oder haben vielleicht nur einen *Organisator* und kleine, oft miteinander vernetzte, DV-Anlagen, z.B. PCs.

In diesem Kapitel wird die Organisations- und DV-Abteilung sowie deren Einbindung in den Betrieb näher betrachtet.

Die Aufgaben der DV- und Organisationsabteilung lassen sich in zwei große Gruppen unterteilen:

- *Planung*: Planung der Organisation, Planung der Arbeitsplätze, Planung der Arbeitsmittel, Planung der Investitionen.

- *Verfahrensentwicklung:* Entwicklung, Pflege, Weiterentwicklung, Kontrolle.

Die Organisationsstruktur einer Org/DV-Abteilung kann als *Organigramm* etwa folgendermaßen aussehen:

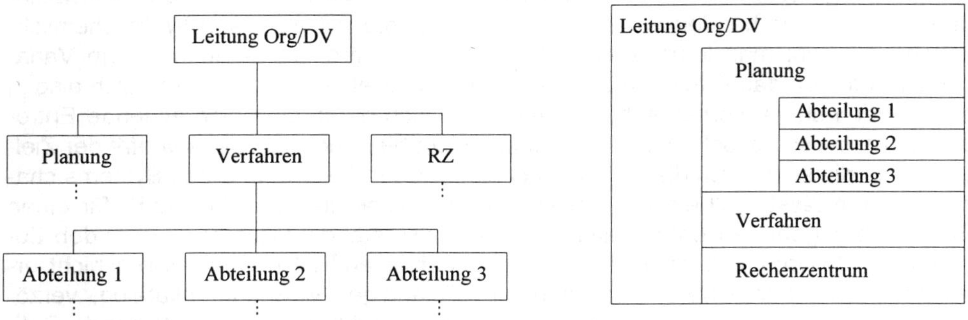

Abbildung 7.17: Beispiel für die Organisationsstruktur einer Organisations- und DV-Abteilung als hierarchisches Organigramm und als Blockorganigramm.

In der Regel wird auch das *Rechenzentrum* (sofern vorhanden) der Organisationsabteilung zugeordnet, denn:

- Bei der Verfahrensentwicklung spielt die EDV eine große Rolle;
- Bestehende Verfahren laufen meist im Rechenzentrum (RZ) ab;
- Das meiste Fachwissen bezüglich EDV ist in der Regel in der Organisationsabteilung konzentriert.

Daher übernimmt die Organisationsabteilung häufig auch *Abwicklungsaufgaben* als Dienstleistung für andere Abteilungen (z.B. Buchhaltung, Lagerverwaltung etc.). Dafür werden oft von Spezialfirmen (z.B. SAP) entworfene, stark an *Datenbanken* orientierte Programmsysteme eingesetzt, die den verschiedenen Branchenerfordernissen angepasst werden können. Von steigender Bedeutung ist dabei, dass alle Bereiche der betrieblichen Organisation integriert und vernetzt erfasst werden können.

Die traditionellen Hauptaufgaben sind:

- *Planung*: Aufbauorganisation, Ablauforganisation, Arbeitsplatzplanung, Hardware-Planung, Projektplanung, Software-Planung.

- *Verfahren*: Rechnungswesen, Personalwesen, Einkauf, Lager, Fertigung, Vertrieb, Forschung und Entwicklung.

- *Rechenzentrum*: Bedienung, Abwicklung, Systembetreuung, Beratung, Archivierung, Versand, Wartung, Kommunikationsnetz.

Für die Eingliederung von Org- und DV-Abteilung in eine Unternehmensstruktur gibt es zwei grundsätzliche Möglichkeiten:

- Zentrale Org- und DV-Abteilung,
- Dezentrale Org- und DV-Abteilung.

Häufig trifft man auch Mischformen dieser beiden Grundstrukturen an.

Die folgende Grafik zeigt ein Beispiel für eine typische Einbindung von Org/DV in ein Unternehmen:

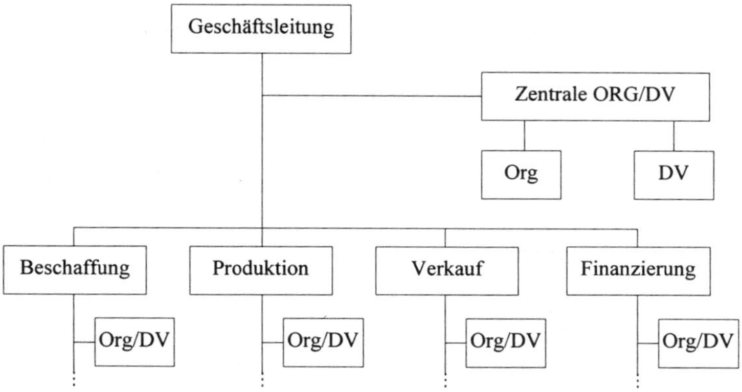

Abbildung 7.18: Beispiel für ein hierarchisches Organigramm.

Es besteht ein Trend zur dezentralen Organisationsform. Von Vorteil ist dabei die größere Nähe zum Anwender. Ein Nachteil besteht jedoch in möglichen Parallelentwicklungen und Kommunikationsproblemen.

Ist eine zentrale Org/DV-Abteilung vorhanden und sind außerdem dezentrale Org/DV-Stellen realisiert, so hat die Zentralabteilung meist die folgenden Aufgaben:

- Wahrnehmung gemeinsamer Aufgaben aller Bereiche, z.B. Entwicklung von Verfahren, die von mehreren Unternehmensbereichen benutzt werden können.
- Beratung.
- Planung und Kontrolle der dezentralen Einrichtungen und damit Vermeidung von Parallelentwicklungen.
- Betreibung des Rechenzentrums.
- Dienstleistungen für andere Bereiche.

Die dezentralen Stellen führen Verfahrensentwicklung, Verfahrenspflege sowie DV-Einsatz und -Beratung in Anwendernähe durch.

7.3.4 Organisation von DV-Projekten in Projektgruppen

Die Planung und Durchführung einer organisatorischen Maßnahme, insbesondere die Entwicklung von Verfahren, erfordert für einen begrenzten Zeitraum die intensive Zusammenarbeit von Mitarbeitern aus verschiedenen organisatorischen Einheiten. Zumindest sind dies Mitarbeiter aus der Organisations- und DV-Abteilung und den betroffenen Fachabteilungen. Solche zeitlich und sachlich begrenzten Aufgaben werden gewöhnlich in Form eines *Projektes* durchgeführt, wobei die Mtiarbeiter an dem Projekt für die Dauer des Projektes nicht oder jedenfalls nur in beschränktem Maße mit ihren sonst wahrgenommenen Aufgaben betraut sind.

Ein Projekt ist also eine besondere Organisationsform von beschränkter Dauer mit Anfangs- und Endtermin, wobei die zu lösenden Aufgaben sachlich fest umrissen sind.

Zu einem konsequent projektorientierten Vorgehen gehört, dass es einen *Auftraggeber* gibt und dass dieser auch als solcher auftritt, nämlich durch Erteilen des Auftrags, durch Information, Bereitstellung von Mitteln und durch Kontrolle.

Weiter gehört zu einem Projekt die Formulierung des *Projektziels*, das sich in das Gesamtsystem, etwa einen Rahmenplan oder die langfristige strategische Planung des Unternehmens, einordnen muss.

Dabei stellen sich die folgenden Fragen:

- Wann ist ein Projektziel erreicht bzw. nicht erreicht?
- Bringt das Resultat Nutzen oder nicht?
- Wird der Zeit- oder Kostenplan zur Erreichung des Ziels eingehalten?

Es werden aber keineswegs alle Organisations- und DV-Leistungen in Form von Projekten abgewickelt, so etwa Organisationsplanung, Beratung, Kontrolle, Dienstleistungen etc.

Die Durchführung von Projekten bedarf ebenfalls einer Organisation. Dafür sind zwei Organisationsformen gebräuchlich:

- Das *Team*: Gleichberechtigte Mitglieder aus verschiedenen Abteilungen arbeiten für eine begrenzte Zeit in lockerer Bindung zusammen. Teams werden meist zur Erledigung kleinerer Projekte oder in der Anfangsphase von größeren Projekten gebildet.

- Die *Projektgruppe*: Hier handelt es sich um eine straffere Organisationsform; insbesondere unterstehen die Mitglieder einem Projektleiter. Diese Organisationsform wird im Folgenden im Detail beschrieben.

Die Mitarbeiter einer Projektgruppe stammen gegebenenfalls aus verschiedenen Abteilungen und arbeiten nur für eine bestimmte Zeit zusammen. Sie unterstehen einem *Projektleiter*.

An einem DV-Projekt arbeiten im Allgemeinen mit:

• Organisator • Verfahrens-Entwickler • Programmierer	} Organisations- und DV-Abteilung
• DV-Verbindungsmann	Fachabteilung

Der Projektleiter

In der Regel wird einer der Mitarbeiter, häufig der Organisator, zum Projektleiter ernannt. Seine *Aufgabe* ist die Leitung des gesamten Projekts.

Er ist *verantwortlich* für:

- Planung (Personal, Tätigkeiten, Ressourcen, Zeit- und Aufwandsabschätzung);
- das sachliche Ergebnis;
- die Einhaltung der Termine;
- die Einhaltung des Kostenrahmens;
- Information nach „oben“ und „unten“.

Seine *Kompetenzen* während der Projektdauer sind:

- Delegation von Aufgaben an die Mitglieder;
- Kontrolle des Arbeitsfortschritts, ggf. Korrektur;
- Kontrolle der Ausgaben.

Ein wesentliches Werkzeug bei der Planungsaufgabe des Projektleiters ist die *Schätzung* verschiedener Größen, etwa des Materialbedarfs oder des Zeitaufwandes. Eine Schätzung wird genauer, wenn man geeignete Schätzmethoden verwendet, insbesondere ist die Summe von Schätzungen stets genauer als die Schätzung der Summe. Dies unterstreicht den Vorteil der Strukturierung und Detaillierung von Problemen.

Der Projektausschuss

Der Projektleiter seinerseits ist einer übergeordneten Stelle, z.B. dem Leiter der DV-Abteilung, der Geschäftsleitung oder - und das ist bei umfangreicheren Projekten in größeren Betrieben der Normalfall - einem *Entscheidungsausschuss* oder *Projektausschuss* verantwortlich und erhält von ihm Weisungen. In der Regel gehören dem Entscheidungsausschuss der Leiter der Organisations- und DV-Abteilung sowie die Leiter der betroffenen Anwenderabteilungen an.

Die *Aufgaben* des Projektausschusses sind:

- Festlegung der Zielsetzung des Projekts;
- Benennung des Projektleiters;
- Kontrolle des Fortschritts;
- Freigabe von Mitteln.

Seine *Kompetenzen* sind:

- dem Projektleiter Weisungen zu erteilen;
- über Fortsetzung oder Abbruch eines Projekts zu entscheiden.

Seine *Verantwortung* besteht vor allen Dingen darin, dafür zu sorgen, dass Zielsetzung und Ergebnis des Projektes mit den übergeordneten Zielsetzungen des Unternehmens im Einklang stehen.

Die Beratung der Projektgruppe kann durch einen *Beratungsausschuss* erfolgen, dem verschiedene Fach- und Führungskräfte angehören können. Der Beratungsausschuss nimmt beratend, aber nicht entscheidend Stellung und berücksichtigt dabei besonders die Interessen der künftigen Anwender.

Aufgaben des Organisators (Systemplaners):

Häufig ist der Organisator, bzw. einer der Organisatoren, auch der Projektleiter.

Der Projektleiter ist zuständig für die Planung der Aufbauorganisation: Zuordnen von Tätigkeiten zu Arbeitsplätzen, Zusammenfassung zu Gruppen, Erstellen von Organisationsplänen und Richtlinien für die Zusammenarbeit.

Ferner gehört zu seinen Aufgaben die Planung der Ablauforganisation, also die Festlegung der Arbeitsabläufe, der zu verwendenden Hilfsmittel (Formulare, Geräte etc.) und der Arbeitsrichtlinien.

Darüber hinaus gehört zu den Aufgaben des Organisators auch die Ist-Aufnahme als eine Voraussetzung und Grundlage für das Erabeiten von Verbesserungen der Organisation.

Aus dem Aufgabenkatalog des Organisators folgt, dass er dazu befähigt sein muss, Organisationsstrukturen zu erfassen, zu analysieren und zu dokumentieren.

Weiter muss er in der Lage sein, Lösungsansätze in Hinblick auf ihre betriebliche und technische Durchführbarkeit sowie auf ihre Wirtschaftlichkeit zu untersuchen, zu beurteilen und schließlich mit Führungsqualitäten (kooperativ) durchzusetzen.

Aufgaben des Verfahrensentwicklers

Der Verfahrensentwickler hat als Software-Spezialist die Aufgabe, DV-Verfahren zu entwickeln und ihren Leistungsumfang festzulegen. Das Ergebnis seiner Arbeit ist eine Vorlage für den Programmierer. Seine Tätigkeit umfasst insbesondere:

- Spezifikation der zu erfassenden, einzugebenden und zu speichernden Daten.
- Festlegung, wie die Daten verarbeitet werden sollen.
- Spezifikation der auszugebenden Daten und der Form, in der das geschehen soll.
- Analyse und Beschreibung von Abläufen.
- Entwicklung von Konzepten.
- Erarbeitung von Vorlagen für den Programmierer.
- Einführung des Verfahrens beim Anwender.

Aufgaben des Programmierers

Der Programmierer setzt die Vorlagen und Konzepte des Verfahrensentwicklers in ein Programm um. Programmierer sind in der Regel außerdem für den Programmtest sowie für die Erstellung von Handhabungsvorschriften und die Dokumentation zuständig. Auch bei der Auswahl geeigneter Software-Tools und Programmiersprachen wirkt der Programmierer bis zu einem gewissen Grade mit.

Aufgaben des DV-Verbindungsmanns

Der DV-Verbindungsmann berät die Fachabteilung bei der Planung, Einführung und Benutzung von DV-Verfahren. In seiner Zusammenarbeit mit dem Organisator vertritt er die Vorstellungen des zukünftigen Benutzers und sorgt auf diese Weise für Anwendernähe. Ferner kann der DV-Verbindungsmann Hinweise für die Verbesserung und Weiterentwicklung des Verfahrens geben.

Indirekt beteiligte Stellen

In die Realisierung von DV-Projekten sind in der Regel auch eine Reihe von Stellen indirekt mit eingebunden. Insbesondere sind dies:

Betriebsrat

Er vertritt die Interessen der Mitarbeiter der Anwenderabteilung und der Entwickler. Er achtet dabei insbesondere auf eine menschliche und vertragsgerechte Gestaltung der Arbeitsplätze, Arbeitsabläufe und Arbeitsbedingungen. Die Betriebsleitung ist verpflichtet, den Betriebsrat entsprechend zu informieren.

Datenschutz und Datensicherung

Geschäftsleitung, Führungskräfte, Entwickler und Anwender tragen die Verantwortung, die Vorschriften der gesetzlichen Regelungen des Datenschutzes bei der Verarbeitung und Speicherung personenbezogener Daten einzuhalten und außerdem die Sicherung von sachbezogenen Daten mit firmenvertraulichem Charakter zu gewährleisten. In größeren Betrieben muss ein Datenschutzbeauftragter eingesetzt werden.

Dazu müssen folgende Anforderungen erfüllt werden:

- Definition und Klassifikation schutzbedürftiger Tatbestände.
- Erkennen möglicher Gefährdungen.
- Kenntnis, Bewertung und Auswahl organisatorischer, programmtechnischer und maschineller Möglichkeiten der Datensicherung.

Revision

Die Revisionsabteilung achtet in erster Linie auf die Wirtschaftlichkeit von Verfahren, indem sie das Verhältnis von Aufwand zu Ertrag abschätzt. Auf DV-Projekte bezogen stellt sie die Prüf- und Kontrollierbarkeit sicher, sorgt für die ordnungsgemäße Abwicklung, d.h. insbesondere für die Einhaltung von Vorschriften und Normen (z.B. ISO 9000) und achtet allgemein auf die Sicherheit des Verfahrens gegen Störungen im Ablauf, etwa durch unbeabsichtigtes oder beabsichtigtes menschliches Fehlverhalten.

Firmenexterne Stellen

Vielfach nehmen auch Stellen außerhalb des Betriebes Einfluss auf die Entwicklung von DV-Projekten. In erster Linie sind dies beauftragte Firmen, die Teilaufgaben erledigen, aber auch Behörden und Gutachter (z.B. der TÜV).

Einbindung von Projektgruppen in Unternehmen

In diesem Abschnitt werden einige Möglichkeiten der Einbindung von Projektgruppen in die Unternehmenshierarchie erörtert.

Projektgruppe innerhalb der DV-Abteilung

Bei dieser klassischen Organisationsform ist die Projektleitung integrierter Bestandteil der DV-Abteilung. Da der Kontakt zu den Fachabteilungen nur über einen Koordinator erfolgt, ist es schwer, Belange von außen (z.B. Datenschutz, Revision etc.) zu berücksichtigen. Es sind daher auch Probleme mit der Akzeptanz bei den Benutzern zu erwarten.

Reines Projektmanagement

Die Projektabwicklung ist hier in einer eigenen *Linienabteilung* organisiert, die gleichberechtigt neben anderen Abteilungen steht. Die DV-Abteilung ist organisatorisch von der Projektleitung getrennt.

Einflussmanagement

Beim Einflussmanagement wird die Projektleitung als *Stabsaufgabe* verstanden. Der Projektleiter hat dann nur beratende Funktion gegenüber der zentralen Leitung, was bisweilen einen wenig effektiven Arbeitsstil zur Folge haben kann.

Matrix-Projektmanagement

Das Matrix-Management wird trotz seiner Unübersichtlichkeit als eine sehr geeignete Organisationsform angesehen. Typisch ist, dass die Mitarbeiter in einer Projektgruppe fachlich und zeitlich begrenzt dem Projektleiter unterstehen, dass aber der Leiter der Fachabteilung weiterhin Personalvorgesetzter bleibt.

7.3.5 Der Ablauf von DV-Projekten

Betrachtet man ein Projekt als Organisationsmaßnahme, so wird man die Ablauforganisation von Projekten untersuchen.

Projektantrag

Der Entwicklungsarbeit geht ein *Projektantrag* voran. Anstoß dazu können offensichtliche Mängel in der bestehenden Organisation sein oder Verbesserungsvorschläge hinsichtlich Wirtschaftlichkeit und Sicherheit als Ergebnis einer Revision. Oft spielen auch langfristige strategische Konzepte zur Weiterentwicklung des Betriebes eine Rolle.

Zunächst wird eine *Voruntersuchung* oder eine *Vorstudie* durchgeführt. Dies kann durch ein firmeninternes *Team* oder durch eine externe (weniger betriebsblinde) *Unternehmensberatung* geschehen. Daraus ergibt sich die Aufgabenstellung, die dann in einen Projektantrag münden kann. Dieser dient der Geschäftsleitung als Grundlage für weitere Maßnahmen. Erst nach Genehmigung des Projektes wird der Organisator tätig und eine Projektgruppe zusammengestellt.

Wirtschaftlichkeitsrechnung

In einer Wirtschaftlichkeitsrechnung werden die Kosten des neuen Verfahrens vergleichend mit den Kosten des laufenden Verfahrens abgewogen. Dabei werden die *einmaligen Kosten* zur Einführung des Verfahrens und die danach anfallenden *laufenden* Kosten berücksichtigt.

Beispiel:

Altes Verfahren:	laufende Kosten pro Jahr:	1.100.000,- DM
Neues Verfahren:	laufende Kosten pro Jahr:	1.000.000,- DM
	+ einmalige Kosten:	250.000,- DM

Der Kostenvorteil des neuen Verfahrens beträgt 100.000 DM pro Jahr, oder 500.000 DM, wenn man eine *Lebensdauer* des Verfahrens von 5 Jahren ansetzt. Abzüglich der einmaligen Kosten für das neue Verfahren verbleibt damit eine Ersparnis von 250.000 DM. Die *Amortisationszeit*, d.h. diejenige Zeit, nach der die Kosten für das alte und das neue Verfahren gleich sind, ist in diesem Beispiel offenbar 2½ Jahre.

Neben der reinen *Kostenanalyse* müssen auch nicht quantifizierbare Faktoren bewertet werden, z.B. als Vorteile ein schnelleres und fehlerfreieres Arbeiten, als Nachteile die Abhängigkeit von Computern und die Datenschutzproblematik.

Projektphasen

Nach der *Vorphase*, zu der insbesondere Projektantrag und Wirtschaftlichkeitsrechnung gehören, beginnt gegebenenfalls die Projektarbeit, die in weiteren Phasen abläuft: *Planungsphase*, *Realisierungsphase* und *Einsatzphase*.

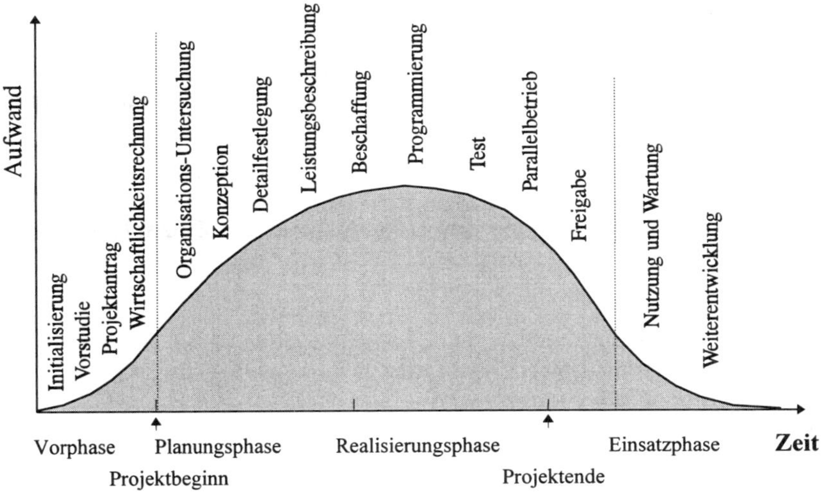

Abbildung 7.19: Die Phasen eines Projektes.

In Abbildung 7.19 sind die einzelnen Phasen von Projekten detaillierter dargestellt und zu dem jeweils nötigen Aufwand in Beziehung gesetzt, der als Maß für den

Umfang der einzusetzenden Mittel und der Arbeitsleistung der Mitarbeiter dient. Der Aufwand steigt üblicherweise in der Vorphase an, erreicht in der Realisierungsphase sein Maximum und sinkt dann langsam wieder ab.

Aufgaben bei der Entwicklung von DV-Verfahren

Entscheidend für die erfolgreiche Durchführung von DV-Projekten ist die Kenntnis der Maßnahmen, die bei der Realisierung eines DV-Projektes zu ergreifen sind sowie die konsequente Verwendung vorhandener Methoden und Werkzeuge der *Projektplanung* und des *Software Engineering*. Hier sollen nur kurz die einzelnen für DV-Projekte typischen Schritte erläutert werden, die schließlich zu einem fertigen Produkt führen.

Beschreibung der Aufgaben

- Aufgaben definieren, Aufgabenbaum erstellen (Fachkonzept).
- Festlegung, welche Aufgaben mit Computerhilfe zu bearbeiten sind.
- Zuteilung von Aufgaben zu Stellen.
- Übertragen von Aufgaben-Bausteinen in Programm-Bausteine (DV-Konzept).

Beschreibung der Daten

- Eingabedaten
- Ausgabedaten
- Speicherdaten (permanent und vorübergehend)

Ein Beispiel aus dem Bankwesen:	*Datenname*:	Kontostand
	Inhalt:	DM
	Datenformat:	numerisch
	Datenlänge:	4 Byte

Zur Beschreibung der Daten gehören auch Überlegungen, wie es möglich ist, die Daten eindeutig und unverwechselbar zu kennzeichnen, beispielsweise durch *Schlüsselsysteme*.

Datenerfassung

Hier handelt es sich um die Übertragung des *Urbelegs* (z.B. ein Einzahlungsformular) auf DV-Datenträger, also:

- Bestimmung der Eingabedaten
- Layout der Formulare
- Festlegung, ob zentral oder dezentral erfasst wird
- Festlegung, ob *online* oder *offline* erfasst wird
- Auswahl der zur Erfassung zu verwendenden Geräte

Speicherung von Daten

- Spezifizierung der zu speichernden Daten
- Langfristige oder kurzfristige Speicherung
- Speichermedium (Magnetbänder, Mikrofilme, optische Platten)

- Strukturierung der Speicherdaten durch den Verfahrensentwickler oder Verwendung bestehender Datenbanken (z.B. Oracle, IMS, ADABAS etc.)
- Beachten von Anforderungen der Datensicherheit.

Verarbeitung der Daten

- Festlegung der zu verwendenden Algorithmen
- Auswahl der Programmiersprache(n)
- Rückgriff auf vorhandene Bibliotheken
- Festlegung der zu verwendenden Hardware
- Einbindung in vorhandene Systeme

Ausgabe der Daten

- Festlegung der auszugebenden Daten
- Auswahl des Ausgabemediums (Papier, Mikrofilm, Magnetband, optische Platte)
- Verteilung und Versand
- Beachten der Anforderungen von Datenschutz und Datensicherheit

Die oben skizzierten Vorgänge sind in den Entwicklungsprozess des DV-Projekts eingebunden. Den größten Teil der Arbeit wird die Organisationstätigkeit sowie die Verfahrens- bzw. Programmentwicklung beanspruchen. In diesen Bereichen kann man daher am effizientesten durch Verwendung geeigneter Werkzeuge (Tools) wie Projektplanungsprogramme, Entwicklungssysteme, Pseudocode-Sprachprozessoren, Entwurfsdatenbanken, Programmgeneratoren sowie Dokumentations- und Testsysteme rationalisieren.

Die Software-Entwicklung selbst kann man dabei, wie in Kapitel 7.1 beschrieben, als einen *iterativen* oder *evolutiven Prozess* betrachten.

7.3.6 Planung und Kontrolle der Organisationsarbeit

Die Organisation, insbesondere die von DV-Verfahren, geschieht meist in *Projekten*, an welchen unterschiedliche Spezialisten aus verschiedenen Abteilungen auf Zeit zusammenarbeiten. Insbesondere in größeren Instituionen, in denen oft mehrere Projekte parallel laufen, genügt es nicht, die Organisation eines Projektes isoliert zu betrachten, es müssen vielmehr alle Projekte gemeinsam geplant werden.

Es muss also eine *übergeordnete Planung* geben, die vor allem festlegt und überwacht:

- An welchen Stellen des Unternehmens ist Organisation nötig?
- Welche Projekte laufen zur Zeit und in welchen Phasen befinden sie sich?
- Welche Kapazität an Mitarbeitern und technischen Hilfsmitteln muss gegenwärtig oder zukünftig verfügbar sein?
- Wie stellt sich die Kosten- und Terminsituation bei laufenden und zukünftigen Projekten dar?

Über diese Punkte muss die Leitung der Organisationsabteilung der Unternehmensführung berichten können.

Die Aufgaben der übergeordneten Projektplanung und -Kontrolle sind im Einzelnen:

Projektüberwachung

- Welche Projekte laufen?
- In welchen Phasen befinden sich die einzelnen Projekte?
- Welche Projekte sind in Zukunft zu erwarten?
- Wo und wie sind die Mitarbeiter eingesetzt?
- Sind für laufende und zukünftige Projekte geeignete Mitarbeiter in ausreichender Zahl verfügbar?
- Welche Projekte sind voneinander abhängig?

Die Projektüberwachung lässt sich anhand von *Projektdiagrammen* vereinfachen. Man stellt dazu alle laufenden Projekte aufgegliedert nach den Phasen, in welchen sie sich befinden, über die Zeit dar. Dieses Projektdiagramm muss in Zusammenarbeit mit den Projektleitern ständig auf den neuesten Stand gebracht werden.

Die folgende Abbildung zeigt ein Beispiel eines einfachen Projektdiagramms.

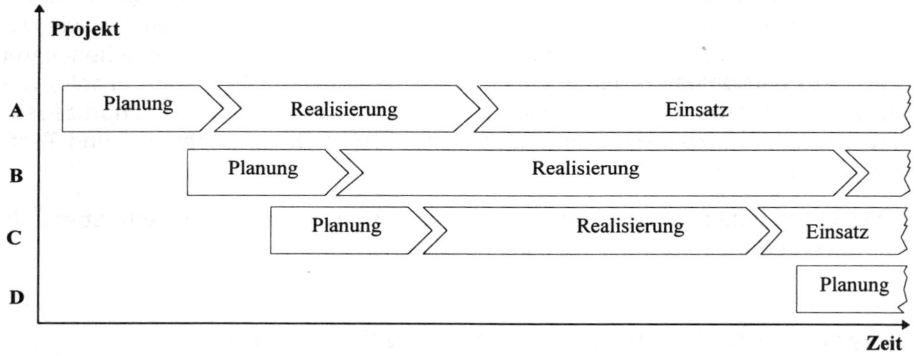

Abbildung 7.20: Beispiel für ein Projektdiagramm.

Kapazitätsplanung der Mitarbeiter

Es muss die Bereitstellung von qualifizierten Mitarbeitern in ausreichender Zahl sichergestellt und organisiert werden, und zwar für:

- Laufende Projekte
- In Zukunft zu erwartende Projekte
- Laufende Verfahren (Verfahrenspflege)
- Grundsatzarbeiten

Das Projektdiagramm liefert dafür Anhaltspunkte. Es ist beispielsweise zu berücksichtigen, dass in der Planungsphase von Projekten hauptsächlich Organisatoren und Verfahrensentwickler benötigt werden, später aber Programmierer.

Planung der Maschinenkapazität

Die Organisationsabteilung ist auch für die Planung von Maschinenkapazität und für die Zuteilung der vorhandenen Kapazität zuständig. Dazu gehört:

- Einplanung der Benutzung des Rechenzentrums durch Projektgruppen, insbesondere in der Realisierungsphase (Rechenzeit, Speicherbedarf, benötigte E/A-Kapazität etc.).
- Bereitstellen von DV-Anlagen und sonstigen Geräten und Hilfsmitteln in der Einsatzphase.
- Zuteilung vorhandener Maschinenkapazität an Projekte.
- Langfristige Bedarfsplanung.

Investitionsplanung

Besteht Bedarf an DV-Kapazität, so wird im Rahmen der Investitionsplanung vor der Beschaffung geprüft, ob eine bessere Nutzung der vorhandenen Kapazität möglich ist und ob eine Vergabe außer Haus evtl. wirtschaftlicher ist. Generell gilt der Grundsatz: „Die Investition für eine DV-Anlage ist dann wirtschaftlich, wenn die DV-Verfahren wirtschaftlich sind, die auf dieser Anlage laufen".

Gesamtplanung und Berichterstattung

Bei großen Organisationsabteilungen mit vielen Mitarbeitern und Projekten existiert meist eine *formalisierte Berichterstattung* mit Ist- und Planwerten, welche die Leitung der Organisationsabteilung und die Geschäftsleitung bei ihren Planungs- und Kontrollaufgaben unterstützt.

Damit werden Fragen beantwortet wie:

- Was kostet die Organisationsarbeit?
- Wie effizient arbeitet die Organisationsabteilung?
- Welcher Anteil der Mitarbeiter-Kapazität steht für Entwicklungsarbeiten zur Verfügung?
- Welcher Anteil der Mitarbeiter-Kapazität ist durch Pflege und Abwicklung vorhandener Verfahren gebunden?
- Ist die Mitarbeiter- und Maschinen-Kapazität ausreichend?
- Welche Investitionen sind nötig?
- Wie hoch ist der Wert der im Einsatz befindlichen DV-Anlagen?

Hilfsmittel

Für die Planung stehen eine Reihe von Hilfsmitteln wie Formulare, Diagramme, Programme (z.B. Netzplantechnik) und Arbeitsweisen zur Verfügung, welche die Organisationstätigkeit erleichtern, beispielsweise:

- *Projekt-Organisationsplan*
  Zuweisung von Verantwortung und beratender Funktion für ein Projekt an veschiedene Stellen.

- *Kommunikationsplan*

Hier wird das Berichtswesen festgelegt, d.h. wer wann welche Informationen niederlegt und wer diese erhalten soll.

- *Status-Berichtsplan*
  Information der Beteiligten über den Status des Projektes und anstehende Probleme.

- *Arbeitsplan*
  Zeitliche Planung der verschiedenen im Rahmen des Projektes zu erledigenden Arbeiten.

- *Personalplan*
  Es wird festgehalten, wann bestimmte Personen für ein Projekt zur Verfügung stehen müssen.

- *Einsatzmittelplan*
  Hier werden der zeitliche Rahmen und der Umfang für benötigte Hilfsmittel festgehalten.

- *Kostenplan*
  Er enthält die Kostenrechtfertigung und die Autorisierung des Projektleiters für Ausgaben.

- *Testplan*
  Zeitplan für begleitende Tests, Modultests und Integrationstests.

- *Umstellungsplan*
  Planung von Parallelbetrieb, Übergabeentscheidung, Ausbildung der Benutzer und Maßnahmen bei Problemen.

- *Wartungsplan*
  Planung der regelmäßigen Wartungsarbeiten und der Unterstützung bei plötzlich auftretenden Problemen.

- *Dokumentationsplan*
  Er umfasst die Planung bzgl. des Umfangs des Benutzerhandbuchs, des Systemhandbuchs und der Programmdokumentation sowie die entsprechenden Terminvorgaben.

- *Änderungsplan*
  Planung der Weiterentwicklung und Anpassung des Verfahrens.

7.4 Aufgaben und Aufbau von Rechenzentren

7.4.1 Geschichtliche Entwicklung von Rechenzentren

Vor ca. 1950 waren Computer Gegenstand wissenschaftlicher Arbeit und militärischer Anwendungen. Danach begann mit der Verfügbarkeit kommerzieller Rechner - zunächst vor allem vom Hersteller IBM - die Entwicklung von *Rechenzentren* für wirtschaftliche und technisch-wissenschaftliche Anwendungen. In dieser Zeit wurden auch die Programmiersprachen FORTRAN für den technisch-wissenschaftlichen und COBOL für den kommerziellen Bereich entwickelt.

In Analogie zu den Computer-Generationen (vgl. Kapitel 1) kann man auch die Entwicklung von Rechenzentren in Generationen einteilen:

1. Generation:

Der technisch-wissenschaftliche Einsatz steht im Vordergrund. Es werden ausschließlich Blockzeiten für Benutzer eingeplant, ein kontinuierlicher Betrieb ist noch nicht vorgesehen. Es erfolgt keine Unterstützung durch Standard-Programme. Die Bedienung erfolgt ausschließlich durch den Anwender (*offener Betrieb*, *open shop*).

2. Generation

Übergang zum *geschlossenen Betrieb* (*Closed Shop*), d.h. die Bedienung der Maschinen liegt jetzt in den Händen geschulten Bedienpersonals (*Operator*). Durch einfache Standardprogramme wird ein kontinuierlicher Betrieb unterstützt. Ein *Muli-User-Betrieb* ist noch nicht möglich.

3. Generation

Konsequenter geschlossener Betrieb. *Arbeitsvorbereitung*, *Bedienung* und *Datenverwaltung* werden durch Standardprogramme unterstützt. *Betriebssysteme* (*Operating Systems*) erlauben das quasi-gleichzeitige Arbeiten mehrerer Benutzer (*Multi-User-Betrieb*) und das quasi-parallele Arbeiten mehrerer Programme (*Multi-Tasking*). Es herrscht *Stapelverarbeitung* (*Batch Processing*) vor, *interaktives Arbeiten* (*Dialogverarbeitung*) ist die Ausnahme.

4. Generation

Einbeziehung vielseitiger Fern-Peripheriegeräte, etwa *Stapelfernstationen* (*Remote Batch*), *Datensichtgeräte* (*Terminals*) und *Druckerterminals*. Aufträge zur Verarbeitung von Programmen (*Jobs*) erfolgen jetzt nicht nur über die *Arbeitsvorbereitung* im Rechenzentrum, sondern auch von außerhalb über Terminals. Zunehmende Dialogverarbeitung bei gleichzeitiger Abnahme der Stapelverarbeitung.

5. Generation

Die Verarbeitung geschieht nun nicht mehr vorrangig an einem Ort. Rechnerverbund und verteilte Speicherung sowie Verarbeitung kennzeichnen diese Generation.

Rechnersysteme und Terminals an verschiedenen Standorten sind über Datenleitungen miteinander *vernetzt*. Die Vernetzung erlaubt, unterstützt von einer entsprechenden Standard-Software, den Zugriff auf Daten und Anwender-Software von jedem Standort aus.

7.4.2 Aufgaben und Arten von Rechenzentren

Die Hauptaufgabe eines Rechenzentrums (RZ) ist die Abwicklung von DV-Aufträgen. Dabei stellt das RZ entweder nur die benötigten Betriebsmittel (Speicher, CPU-Zeit etc.) zur Verfügung, wobei dann der Benutzer selbst für die korrekte Abwicklung seiner Arbeiten (*Jobs*) verantwortlich ist, oder das RZ verpflichtet sich (im Sinne eines *Werksauftrags*, §631 BGB), eine in einer Auftragsbeschreibung spezifizierte Leistung eigenverantwortlich zu erbringen.

In jedem Fall erwartet man bei der Ausführung von Arbeiten eine exakte Abwicklung, Termintreue, Vertraulichkeit, Datenschutz und Datensicherheit, wirtschaftliches Disponieren und effizientes Koordinieren.

Die Aufgaben eines RZ lassen sich folgendermaßen detailierter beschreiben:

- *Zentrale Datenerfassung*, z.B. auf Disketten, Magnetbändern oder direkt (*online*) innerhalb des RZ. Häufiger findet man eine *dezentrale Datenerfassung* an den Arbeitsplätzen der Fachabteilungen, die vom RZ zu koordinieren ist.
- *Speicherung* und *Verarbeitung* von Daten. Dazu gehören Programmübersetzungen, Testläufe und Produktionsläufe.
- *Konvertierung* von Daten auf andere Datenträger, z.B. von Magnetbändern auf Festplatten oder optische Platten.
- *Unterstützung von Benutzer-Terminals* für Remote-Batch- und Dialog-Anwendungen.
- Vermittlung des Zugriffs über *Rechnernetze* auf andere Rechner oder Datenbanken.
- *Verwalten* und *Sichern* von Datenbeständen.
- Beratung der Anwender über die Systembenutzung (*Benutzer-Service*).
- Beschaffen und Bereithalten von *Verbrauchsmaterial* wie Papier und Datenträger.
- *Nachbearbeitung* von Ausgaben, z.B. Schneiden, Binden und Versenden von Druckausgaben und Datenträgern.
- Pflege der *Systemsoftware* (Compiler, Betriebssysteme etc.).
- Verwalten von *Datenarchiven*.
- Erstellen von *Benutzeranweisungen*.
- *Ausbildung* von Personal.
- *Auslastungsstatistiken* und *Abrechnung* von Leistungen.
- *Planung* von Erweiterungen und neuen Anlagen.

Ganz grob kann man zwei Schwerpunkte im Einsatz von Rechenzentren unterscheiden, nämlich *technisch-wissenschaftliche* und *kommerzielle* Anwendungsgebiete:

Kommerzielle Anwendungen sind vornehmlich mit Verwaltungsaufgaben und Problemen betriebswirtschaftlicher Art befasst. Die Hauptmerkmale sind:

- Hohe Anforderungen an die Ein-/Ausgabe und die Größe der peripheren Datenspeicher.
- Weit gehend fest vorgegebene Termine.
- Meist periodisch wiederkehrende Aufgaben.
- Die Arbeitsgebiete sind oft miteinander verflochten.
- Die Abwicklung der Aufgaben wird vorwiegend durch eine eigene Gruppe „Arbeitsvorbereitung“ gesteuert.
- Hohe Anforderungen an Datenschutz und Datensicherheit.
- Kurze Antwortzeiten im Dialogbetrieb.

Die *technisch-wissenschaftlichen Anwendungen* sind durch mathematisch-technische Probleme im Ingenieurbereich sowie in Planung, Forschung und Lehre gekennzeichnet. Die Hauptmerkmale sind:

- Sehr rechenintensive Verarbeitung.
- Programme werden meist dezentral erstellt.
- Jobs laufen im Allgemeinen nicht in periodischen Zeitabständen.
- Anwendungsgebiete sind meist wenig miteinander verflochten.
- Geringere Anforderungen an Termintreue im Vergleich mit kommerziellen Anwendungen.
- Die Benutzer übergeben ihre Jobs meist per Terminal selbst zur Ausführung und sind auch für den korrekten Programmlauf selbst verantwortlich.
- Im Vergleich mit kommerziellen Anwendungen meist geringere Anforderungen an den Umfang zu speichernder Daten.
- Oft geringere Anforderungen hinsichtlich Datenschutz und Datensicherheit (Ausnahme: Medizin).
- Test und Produktion sind oft nicht voneinander zu trennen.

Früher war die Unterscheidung zwischen technisch-wissenschaftlichen und kommerziellen Anwendungen deutlicher, als dies heute der Fall ist. Dies ging so weit, dass in manchen Rechenzentren je ein Rechner für technisch-wissenschaftliche und für kommerzielle Anwendungen installiert wurde. Später ging man dazu über, alle Aufgaben mit nur einer EDV-Anlage abzuwickeln. Dennoch sind in manchen Fällen Spezialrechner des einen oder anderen Typs nötig: beispielsweise Vektorrechner für rechenintensive Arbeiten, redundant ausgelegte, fehlertolerante Systeme, wenn maximale Ausfallsicherheit gefordert ist, oder besonders gegen unerlaubten Zugriff resistente Anlagen in sicherheitsempfindlichen Bereichen. Der Einfluss der Anwendungsart auf den Rechnertyp ist mittlerweile sehr differenziert. Je nach ihren speziellen Aufgaben unterscheidet man verschiedene Arten von Rechenzentren, beispielsweise:

Betriebliche Rechenzentren

Es handelt sich hierbei um eine Organisationseinheit innerhalb eines Unternehmens, beispielsweise eines Fertigungsbetriebs, eines Handelshauses, einer Bank oder einer Versicherung. Charakteristisch ist die routinemäßige Erledigung vieler unterschiedlicher, meist termingebundener Aufgaben (Fakturierung, Finanzbuchhaltung, Bestandsverwaltung, Disposition, NC-Programmierung, CAD usw.), bei denen große Datenmengen zu verarbeiten sind.

Wird Anwendungs-Software im eigenen Haus verändert oder neu entwickelt, so ist auch ein umfangreicher Testbetrieb nötig.

Meist wird das betriebliche RZ durch einen festen Benutzerkreis mit klar umrissenem Aufgabenspektrum in Anspruch genommen.

Häufig ist infolge des Auftretens von Belastungsspitzen eine ungleichmäßige Auslastung der Systemressourcen anzutreffen. Die aus diesem Grunde unvermeidliche Bereithaltung von Überkapazitäten hat ungünstige Auswirkungen auf die Wirtschaftlichkeit.

Bei der organisatorischen Integration in Betriebe unterscheidet man prinzipiell die Eingliederung von Rechenzentren als Teil einer *Linienabteilung* oder als eine selbständige *Stabsstelle* mit Dienstleistungs- und Beratungscharakter. In der Regel ist das RZ dabei in eine Abteilung *Organisation und Datenverarbeitung* (*Org/DV*) integriert. Des Weiteren wird zwischen einer mehr *zentralen* oder *dezentralen* Organisation unterschieden, wobei - unterstützt durch Netzwerktechniken - die dezentrale Form häufiger ist.

Üblich sind vor allem zwei Varianten: Das Rechenzentrum als Teil einer Linienabteilung „Rechnungswesen" oder das Rechenzentrum als Teil einer Stabsstelle „Organisation und Datenverarbeitung". Neben dem zentralen Rechenzentren bestehen außerdem dezentrale Org/DV-Stellen, die den einzelnen Linienabteilungen zugeordnet sind.

Ähnlich wie für die Eingliederung des Bereichs Org/DV in einen Betrieb, gibt es auch für die Untergliederung dieser Abteilung verschiedene Organisationsformen.

Gemeinschaftsrechenzentren

Zur Erhöhung der Wirtschaftlichkeit unterhalten bisweilen mehrere kleinere Unternehmen ein gemeinschaftliches RZ. Besonders günstig ist dies, wenn Unternehmen, die verschiedenen Branchen angehören, in dieser Weise zusammenarbeiten, da dann keine Konkurrenzprobleme auftreten und durch verschiedene Verarbeitungsschwerpunkte eine bessere Kapazitätsauslastung möglich ist. Zusätzlichen Aufwand verursacht jedoch die Verteilung der Kosten.

Service-Rechenzentren

Hierbei handelt es sich um aus den Betrieben ausgelagerte Rechenzentren, die als eigene Unternehmen geführt werden. Oft werden solche Service- oder Dienstleistungsrechenzentren auch von Hardware-Herstellern betrieben. Von Vorteil ist die mit diesem Modell erreichbare gute Auslastung und damit eine Erhöhung der Wirtschaftlichkeit. Nachteilig ist, dass sich die Kunden der Zeit- und Kapazitätsplanung des Rechenzentrums anpassen müssen.

Die Kunden solcher Rechenzentren sind oft kleinere oder mittlere Unternehmen ohne eigenes Rechenzentrum. Aber auch Betriebe mit eigenen Rechenzentren können bei Ausfällen, Engpässen oder in Zeiten der Umstellung auf Service-Rechenzentren ausweichen.

Rechenzentren im Gesundheitswesen

Einsatzbereiche sind Krankenhäuser jeder Größenordnung, Forschungseinrichtungen, öffentliche und private Krankenkassen sowie kassenärztliche Vereinigungen.

Rechenzentren in Krankenhäusern haben einen ausgeprägten Dienstleistungscharakter mit starker Mischung der Aufgaben. Es werden Bereiche der gesamten Medizin betreut, beispielsweise Wissenschaft, Verwaltung und allgemeine ärztliche Versorgung. Wegen der Speicherung und Verarbeitung medizinischer, verwaltungsbezogener und personenbezogener Daten ist ein hohes Maß an Datensicherheit und Datenschutz gefordert.

Rechenzentren in Ausbildungs- und Forschungsstätten

In Forschungszentren stehen meist rechenintensive *technisch-wissenschaftliche Anwendungen* im Vordergrund. Bisweilen besteht ein Verbund mit *Prozessrechnern* zur Steuerung von Experimenten. Aber auch Verwaltung, Betrieb und Management spielen eine große Rolle, oft wird dafür derselbe Rechner verwendet.

Eine immer wichtigere Rolle kommt dem EDV-Einsatz in der *Informationsvermittlung* zu, beispielsweise in Bibliotheken, Informationssystemen und Datenbanken.

In Universitäten und Schulen werden zunehmend EDV-Anlagen für den *rechnergestützten Unterricht* verwendet. Dabei dienen Rechner einerseits als bloße Hilfsmittel, beispielsweise in Sprachlabors. Andererseits sind EDV-Einrichtungen auch selbst Gegenstand des Unterrichts, etwa bei der Ingenieurausbilung.

Schließlich ist noch die Abwicklung von Programmen des wissenschaftlichen Personals und der Studenten zu nennen.

7.4.3 Verteilung der Aufgaben in Rechenzentren

Zum Betrieb eines Rechenzentrums sind zahlreiche Aufgaben wahrzunehmen. Die Verteilung dieser Aufgaben auf die in einem Rechenzentrum traditionell vorhandenen Stellen soll nun beschrieben werden.

Arbeitsvorbereitung

Unter *Arbeitsvorbereitung* (*AV*) versteht man in einem RZ den Gesamtkomplex von Tätigkeiten, die vor der eigentlichen Datenverarbeitung liegen. Bis zu einem gewissen Grade rechnet man auch Nachbereitungsaufgaben zur AV. Als typische Funktion der Stapelverarbeitung findet die AV ihre Grenzen in der Dialogverarbeitung. In dem Maße, wie vermehrt Online-Datenverarbeitung und direkte Datenerfassung über Terminals in den Vordergrund treten, erfolgt die Auslagerung von Teilen der AV in die Fachabteilungen.

Im engeren Sinne umfasst die AV die planmäßige Vorbereitung des Produktionsprozesses zur Sicherstellung eines wirtschaftlichen und termingerechten Ablaufs. Die

AV steuert praktisch den gesamten Arbeitsfluss innerhalb des RZ, soweit Batch-Aufgaben betroffen sind.

Die Aufgaben der AV kann man wie folgt gliedern:

Job-Verwaltung:

- Entgegennahme von Arbeitsanweisungen von der Programmierung (*Ablaufübernahme*).
- Vervollständigung von Arbeitsanweisungen gemäß den Erfordernissen der EDV-Produktion.
- Datenübernahme und Datenkontrolle.
- Ablaufvorbereitung für jeden einzelnen Programmlauf.
- Terminplanung entsprechend den Absprachen mit den Fachabteilungen und Datenlieferanten.
- Einplanen sporadischer Arbeiten.
- Verwaltung der Speichermedien.
- Verwaltung der Job-Dokumentation.

Ablaufvorbereitung:

- Anlegen und Führen der Job-Akte mit Hantierungsvorschriften, Konsol-Nachrichten, Datenflussplan, Dateiverzeichnissen, Datenträgerverwendungsnachweis und Arbeitsablaufplan.
- Erstellen und Ändern des variablen Teils der Steueranweisungen (*Job Control*).
- Bereitstellen der zu verarbeitenden Datenträger (z.B. Magnetbänder).
- Bereitstellen von Material wie Endlospapier und Formularen.
- Übergabe von Arbeiten zur Ausführung durch den EDV-Maschinensaal (*Submitting*).

Abstimmung und Kontrolle:

- Terminkontrolle und Unterrichtung der Empfänger über Verspätungen und Verschiebungen.
- Anmahnung von Fachabteilungen bei Ausbleiben von Datenlieferungen.
- Abstimmen und Kontrollieren der Druckausgaben.
- Zurückweisen fehlerhafter Ausgaben.
- Suchen und Bereinigung von Fehlern in Zusammenarbeit mit den zuständigen Fachabteilungen und der Programmierung.

Nachbearbeitung:

- Separieren und Schneiden von Druckausgaben.
- Kuvertierung und Frankierung (maschinell).
- Verteilen im Betrieb.
- Verpacken und Versenden.

Maschinensaal

Die im *Maschinensaal* zu erledigenden Aufgaben (*Operating*) teilen sich in drei unterschiedliche Tätigkeiten auf, nämlich *Systembedienung*, Bedienung der an die

EDV-Anlage angeschlossenen *Peripheriegeräte* (Drucker, Platten- und Magnetbandlaufwerke etc.) und Überwachung des *Leitungsnetzes* einschließlich der angeschlossenen Terminals.

Bei EDV-Anlagen der ersten und zweiten Generation wurde - wie heute noch bisweilen bei kleineren Anlagen - die Maschine direkt von der Konsole aus bedient. Moderne *Betriebssysteme* unterstützen das Operating so weit gehend, dass nur in Ausnahmefällen Eingriffe des Konsoloperators notwendig werden.

Bei der durch ein Betriebssystem unterstützten Maschinenbedienung unterscheidet man zunächst, ob die Initiative vom Operator, oder vom Betriebssystem ausgeht. Typische Initiativen des Operators sind:

- Anschalten des gesamten EDV-Systems.
- Abschalten des gesamten EDV-Systems.
- Gezielter Abbruch eines einzelnen Auftrags (*Cancel*).
- Überwachung von Warteschlangen innerhalb des Betriebssystems.
- Ändern der Ablauffolge durch Zuteilung von variierenden Prioritäten.
- Eingriff bei Ausfall von Systemkomponenten, z.B. Offline-setzen eines defekten Plattenlaufwerks.
- Starten von Spool-Programmen.
- Einleiten von Wiederholungen, wenn ein Job nicht korrekt abgelaufen ist.
- Neuaufruf abgebrochener Programme.
- Neustart nach Systemzusammenbruch, ggf. Wiederherstellen von Dateien aus Backup-Bändern.

Die in Job-Klassen eingeteilten und in Warteschlangen eingereihten Jobs werden im Multiprogramming-Betrieb durch das Betriebssystem automatisch zur Ausführung gebracht. Aktionen durch das Bedienpersonal werden daher in der Regel nur dann erwartet, wenn eine entsprechende Nachricht erscheint. Solche Nachrichten können beinhalten:

- Informationen (z.B. Zugriff auf bestimmte Dateien)
- Hinweis auf Maschinenfehler (z.B. Ausfall eines Plotters).
- Anforderung von Entscheidungen.
- Warten auf eine Aktion (z.B. Auflegen eines bestimmten Datenträgers).

Außerdem gehört zu den Aufgaben des Operating:

- Überwachung des Antwortzeitverhaltens der Anlage.
- Durchführung von Datensicherungsaufgaben.
- Wiederherstellen von Dateien und Datenbanken im Falle einer Zerstörung durch Maschinen- oder Programmfehler (*Recovery*).
- Verwalten der Datenarchive, falls hierfür nicht eine eigene Abteilung vorgesehen ist.
- einfache Wartungsarbeiten (*Maintenance*) insbesondere an mechanischen Peripheriegeräten wie Druckern und Plottern.
- Einplanung von Wartungs- und Reparaturarbeiten.
- Bereitstellung von Unterlagen für die Weiterberechnung von Kosten.
- Führen von Fehler- und Störungsprotokollen.

Benutzer-Service

Im Rechenzentrum ist das Fachwissen über die Bedienung und die Möglichkeiten der EDV-Anlage konzentriert. Dies muss den Benutzern aus den verschiedenen Fachabteilungen vermittelt werden.

Die Hauptaufgaben des Benutzer-Service sind:

- Beratung bei Erstellung und Test von Programmen.
- Beratung von Benutzern in den Fachabteilungen bei der Anwendung individueller Datenverarbeitung, beispielsweise bei Verwendung von PCs.
- Klären von Fehlersituationen, die ein koordiniertes Vorgehen mehrerer Stellen notwendig machen.
- Bereitstellen von Benutzerhandbüchern über Hard- und Software.
- Betreuung von EDV-Verbindungsleuten in den Fachabteilungen.
- Durchführen von Schulungen.

Systemprogrammierung

Die gesamte Betriebs-Software eines Rechenzentrums ist einem ständigen Wandel unterworfen, teils infolge von Änderungen durch den Hersteller, teils wegen Anpassungen an spezielle eigene Bedürfnisse. Aus diesem Grund ist in Rechenzentren eine eigene Gruppe für die Betriebs-Software verantwortlich. Die Hauptaufgaben dieser Gruppe sind:

- Pflege und Anpassung der Betriebs-Software, nämlich:
  - Betriebssystem,
  - Dienstprogramme (Sortieren, Kopieren, Drucken etc.),
  - Datenfernverarbeitungs-Software,
  - Datenbanksysteme,
  - Monitorprogramme.
- Fehlerermittlung und Mitteilung an den Hersteller.
- System-Tuning, d.h. Einstellen optimaler Parameter.
- Anpassen der Betriebs-Software an die speziellen Anforderungen des Rechenzentrums.
- Studium der einschlägigen Fachliteratur.
- Unterstützung der Anwendungsprogrammierer in Fragen der Betriebssoftware.
- Unterstützen und teilweise auch Ausbilden des Bedienpersonals.

Datenerfassung

Die Datenübertragung von *Urbelegen* oder *Primärdatenträgern* (meist Formulare) auf maschinengerechte Datenträger wie Magnetplatten oder Magnetbänder sowie deren Eingabe zur anschließenden Verarbeitung war früher eine wichtige Aufgabe der Rechenzentren. Heute verlagert sich die Datenerfassung immer mehr von der *Offline-Erfassung* und zentralen Eingabe zur *Online-Erfassung* und dezentralen Eingabe am Ort der Entstehung der Daten. Überdies ist die Dateneingabe in vielen Fällen automatisiert, so dass Eingriffe nur in Fehlersituationen erforderlich werden.

Von Vorteil bei der Offline-Erfassung und zentralen Eingabe ist die damit erreichbare hohe Auslastung der Eingabegeräte. Die Bedienung erfolgt durch geschultes Personal, was eine hohe Effizienz bewirkt. Günstig ist auch die Vereinfachung der Wartung und Betreuung der Maschinen, da diese zentral aufgestellt sind.

Der entscheidende Nachteil der zentralen Erfassung ist der oft große räumliche und zeitliche Abstand zwischen dem Entstehen bzw. Fixieren der Daten und dem Datenverarbeitungsprozess. Da die Erfassungskräfte kaum Bezug zu den Teilprozessen der Datenentstehung haben, ist außerdem eine Plausibilitätsprüfung der Daten kaum möglich und eine Fehlerkorrektur schwierig. Die Offline-Erfassung tritt daher mehr und mehr gegenüber der Online-Erfassung in den Hintergrund.

Wesentliche Aufgaben der Datenerfassung sind:

- Erfassen von Daten auf maschinenlesbaren Trägern.
- Überprüfung (*Verifikation*) der Daten.
- Erfassung von Leistung und Zeitaufwand für die Abrechnung.
- Unterstützung bei der Gestaltung des Urbelegs (z.B. maschinenlesbare Schrift).
- Unterstützung bei der Maskengestaltung für die Bildschirmerfassung.

Verwaltung

Da Rechenzentren üblicherweise Dienstleistungen für eine große Anzahl von Benutzern aus verschiedenen Abteilungen mit unterschiedlichen Abrechnungsmodi erbringen, muss die Verwaltung darauf abgestimmt sein.

Die Hauptaufgaben der Verwaltung sind:

- Kostenschätzung, Kostenermittlung und Kostenverteilung.
- Verwalten des Etats.
- Beschaffung des Arbeitsmaterials.
- Allgemeiner Schriftverkehr und Aktenablage.
- Personalverwaltung.
- Organisation von Besprechungen mit Herstellern und Benutzern.
- Erstellen von Übersichten, Statistiken und anderen Management-Unterlagen.

7.4.4 Planung und Einrichtung von Rechenzentren

Die Aufstellung und der Betrieb einer elektronischen Datenverarbeitungsanlage mit den zugehörigen Peripheriegeräten erfordert zahlreiche bauliche und installationstechnische Vorbereitungen. Die Computer-Hardware verlangt eine eigene Umwelt mit genau festgelegten Eigenschaften. Außerdem sind die Arbeitsplätze für die RZ-Mitarbeiter im Hinblick auf optimale Arbeitsbedingungen im Rahmen gesetzlicher Regelungen und Normen zu gestalten.

Bei der Anordnung der einzelnen Räume muss vor allem beachtet werden, dass Materialfluss, Personalwege und Reihenfolge der Arbeitsschritte optimal aufeinander abgestimmt sind. Daraus ergeben sich folgende Kriterien:

- Zentrale Lage des RZ innerhalb der DV-Abteilung.
- Zentrale Lage des Rechnerraumes zu den übrigen Räumen des RZ.
- Trennung lärmintensiver Räume von ruhigen Arbeitsräumen.
- Trennung der Arbeitsvorbereitung vom Maschinensaal.
- Datenträgerlager in der Nähe von Rechnerraum und Arbeitsvorbereitung.
- Sekretariat und Ein/Ausgaberäume in der Nähe des RZ-Eingangs.
- Handlager für DV-Material unmittelbar neben dem Rechnerraum.
- Eigener Raum für Nachbereitung.
- Ausreichende Raumgröße und Geschosshöhe.
- Die Bodenbelastbarkeit sollte 750 bis 1000 kg/cm^2 betragen. Als Belag eignet sich am besten ein schallabsorbierendes, antistatisches Material.
- Je nach Wärmeentwicklung muss eine Klimatisierung mit 400 bis 800 kcal/h je m^2 Stellfläche vorgesehen werden. Bei großen Anlagen ist eine Wasserkühlung nötig.
- Die Schalldämmung in Wänden, Decken, Böden und Geräten ist so auszulegen, dass ein Lärmpegel von 70 dB nicht überschritten wird.
- Arbeitsplätze müssen zugfrei gestaltet sein. Dies ist wegen der in Klimaanlagen umgewälzten großen Luftmengen bisweilen schwierig zu erreichen.
- Automatische Feuerschutzeinrichtungen sollten installiert werden (Feuermelde- anlagen und CO_2-Löscher).
- Für Datenträger, Papier und Fachliteratur werden Spezialmöbel benötigt.
- Für ausreichende Wartungsflächen, optimale Bedienungs- und Materialwege sowie für Reserveflächen sollte gesorgt werden.
- In vielen Rechenzentren werden Sicherungseinrichtungen gegen Einbruch und Anschläge installiert, beispielsweise Panzerglasfenster, Bewegungsmelder, Videokameras und Zugangssicherungen.
- Die Richtlinien hinsichtlich der elektromagnetischen Verträglichkeit (EMV) sind einzuhalten.

Trotz aller Bemühungen, die Papierflut einzudämmen, spielt das Papier als Datenträger immer noch eine wichtige Rolle. Für die *Papierlagerung* wird daher geeigneter Lagerplatz benötigt.

Wichtig für die Datensicherheit ist ein *Datenträgerarchiv*. Datenträger, insbesondere Magnetbänder, aber auch magnetooptische Datenträger sind in gut geschützten und klimatisierten Räumen unterzubringen. Häufig werden feuersichere Panzerschränke eingesetzt.

Um Datenverluste bei Bränden im RZ zu begrenzen, hat es sich bewährt, Archive für die längerfristige Lagerung räumlich getrennt vom RZ einzurichten, evtl. sogar in einem anderen Gebäude.

Besondere Aufmerksamkeit verlangen auch die Räume für *Organisation* und *Betriebsablaufsteuerung*. Dies betrifft RZ-Leitung, Sekretariat, Systemprogrammierer, Arbeitsvorbereitung, Besprechungs- und Schulungsraum, soziale Räume, Technikerraum etc.

Inwieweit sich alle oben genannten Punkte verwirklichen lassen, hängt davon ab, ob das RZ in einem bestehenden Gebäude eingerichtet werden muss, oder ob ein Neubau erstellt wird. Bei einem Neubau können die technischen und organisatorischen Gesichtspunkte optimal berücksichtigt werden. Erfahrungsgemäß ist ein zweigeschossiges Gebäude mit Unterkellerung für Lagerräume, Stromversorgung und Klimaanlage am besten geeignet.

7.5 Datenschutz und Datensicherheit

Im Zusammenhang mit Schutz, Sicherung und Geheimhaltung von Daten sind die beiden Begriffe *Datenschutz* (*Privacy*) und *Datensicherheit* (*Data Security*) zu unterscheiden.

Aufgabe des *Datenschutzes* ist es, den Bürger vor einem Missbrauch der über ihn gespeicherten, *personenbezogenen Daten* zu schützen.

Aufgabe der *Datensicherheit* ist es, beliebige Daten in ihrem Bestand und Inhalt zu schützen.

7.5.1 Datenschutz

Thema des Datenschutz sind personenbezogene *Daten.*

Der Begriff personenbezogene Daten entstand in Zusammenhang mit dem *Bundesdatenschutzgesetz (BDSG)*, das am 1. Januar 1978 in Kraft trat. Das BDGS umfasst 47 Paragraphen und gliedert sich in sechs Abschnitte, nämlich:

1. Allgemeine Vorschriften
2. Datenverarbeitung der Behörden und sonstigen öffentlichen Stellen
3. Datenverarbeitung nicht öffentlicher Stellen für eigene Zwecke
4. Datenverarbeitung nicht öffentlicher Stellen für fremde Zwecke
5. Straf- und Bußgeldbestimmungen
6. Übergangs- und Schlussbestimmungen

Im Sinne des Gesetzes sind personenbezogene Daten Einzelangaben über persönliche und sachliche Verhältnisse einer bestimmten natürlichen Person, im Gesetzestext „Betroffener“ genannt.

Wichtig ist auch die im BDSG getroffene Unterscheidung zwischen *speichernder Stelle* und *Dritten*, die im Auftrag tätig werden:

Speichernde Stelle ist jede Person oder jede Institution, die Daten für sich selbst speichert oder durch andere speichern lässt.

Dritter ist jede Person oder jede Institution außerhalb der speichernden Stelle, die im Auftrag tätig wird.

Ansprechstelle für den Betroffenen ist demnach die speichernde Stelle - z.B. eine Bank -, während das mit der Speicherung beauftragte Rechenzentrum nur im Auftrag tätig wird.

Im BDGS wird der Datenschutz für die öffentliche Verwaltung und für nicht öffentliche Stellen wie privatwirtschaftliche Betriebe geregelt. Gegenstand des Datenschutzes ist der Umgang mit personenbezogenen Daten in allen schutzrelevanten Phasen der Verarbeitung, Speicherung und Ausgabe, insbesondere auch die Weitergabe an Dritte.

Die Regelung der Zulässigkeit jeder Verarbeitung personenbezogener Daten zielt in allen Verarbeitungsphasen auf den Sachzweck ab, der mit Hilfe der Datenverarbeitung erreicht werden soll. Für einen anderen als diesen Sachzweck dürfen personenbezogene Daten nicht verwendet werden (*Datengeheimnis*).

Mit schutzbedürftigen Daten umgehende Personen müssen vor der Aufnahme ihrer Tätigkeit schriftlich auf das Datengeheimnis verpflichtet werden.

Den Betroffenen werden durch das BDGS einige *grundsätzliche Rechte* eingeräumt auf:

- *Auskunft* über die zu ihrer Person gespeicherten Daten,
- *Berichtigung*, wenn die betreffenden Daten unrichtig sind,
- *Sperrung*, wenn der ursprüngliche Speicherzweck weggefallen ist,
- *Löschung*, wenn die Speicherung unzulässig war.

In 1995 wurde das Recht auf Auskunft erweitert, so dass in gewissen Fällen der Betroffene nicht nur auf Anfrage, sondern auch unaufgefordert informiert wird.

Das BDSG legt auch fest, dass zur Sicherstellung der Einhaltung der Vorschriften in einem angemessenen Rahmen geeignete technische und organisatorische Maßnahmen zu treffen sind. Dazu gehören die folgenden 10 Kontrollen:

- *Zugangskontrolle:*
  Unbefugten ist der Zugang zu EDV-Anlagen, mit denen personenbezogene Daten verarbeitet werden, nicht zu gestatten.

- *Abgangskontrolle:*
  Es muss sichergestellt werden, dass keine Datenträger unbefugt entfernt werden können.

- *Speicherkontrolle:*
  Die unbefugte Eingabe, Veränderung oder Löschung personenbezogener Daten ist zu verhindern.

- *Benutzerkontrolle:*
  Das Benutzen von EDV-Anlagen durch unbefugte Personen ist zu verhindern.

- *Zugriffskontrolle:*
  Es muss sichergestellt werden, dass Daten und Programme in EDV-Anlagen nur durch Berechtigte benutzt werden können.

- *Übermittlungskontrolle:*
  Es müssen Einrichtungen geschaffen werden, mit deren Hilfe überprüft und festgestellt werden kann, von welcher Stelle und an welche Stelle personenbezogene Daten übermittelt wurden.

- *Eingabekontrolle:*
  Es müssen Verfahren eingesetzt werden, mit denen jederzeit überprüft und festgestellt werden kann, welche personenbezogenen Daten von wem zu welchem Zeitpunkt eingegeben wurden.

- *Auftragskontrolle:*
  Es muss sichergestellt werden, dass personenbezogene Daten im Auftrag eines anderen nur entsprechend den Weisungen des Auftraggebers verarbeitet werden.

- *Transportkontrolle:*
  Die Übermittlung personenbezogener Daten beim Transport von Datenträgern ist so abzusichern, dass die Daten nicht unbefugt gelesen, geändert oder gelöscht werden können.

- *Organisationskontrolle:*
  Die Organisation eines Unternehmens ist so zu gestalten, dass sie den Bestimmungen des BDSG gerecht wird.

Die im Einzelnen getroffenen Schutzmaßnahmen müssen:

- *geeignet* sein, den Schutzzweck des BDSG zu fördern;
- *erforderlich* sein in der Weise, dass ohne sie der Schutzzweck nicht erreicht werden könnte;
- *angemessen* sein im Verhältnis zwischen dem Aufwand, den sie verursachen und dem Schutzzweck, dem sie dienen;
- *ausreichend* sein, so dass sie in ihrer Gesamtheit die Forderungen des Gesetzes wirklich erfüllen.

Zur Festlegung, welche Maßnahmen nun wirklich zu ergreifen sind, müssen zunächst die zu verarbeitenden und zu speichernden personenbezogenen Daten auf ihre Schutzwürdigkeit überprüft weren; dazu wird ihnen eine *Schutzstufe* zugeordnet. Erst danach werden die zu treffenden Maßnahmen ausgewählt.

Man unterscheidet folgende *Schutzstufen*:

A: *Frei zugängliche Daten*
Beispiel: Telefonbücher.
Maßnahmen: Zuständigkeitsregelungen und Dienstanweisungen, sowie einfache räumliche Trennung und technische Sicherung.

B: *Daten, deren Missbrauch keine besondere Beeinträchtigung erwarten lässt*
Beispiel: Anschriften öffentlicher Einrichtungen.
Maßnahmen: Pflicht zur Dokumentation und Protokollierung der im Gesetz genannten Kontrollen.

C: *Daten, deren Missbrauch den Betroffenen in seiner gesellschaftlichen Stellung beeinträchtigen kann*
Beispiel: Angaben zu Konfession, Staatsangehörigkeit, Beruf, Einkommen etc.
Maßnahmen: Überwachung der im Rechenzentrum unmittelbar beschäftigten Personen, klare Funktionstrennung und verstärkte Kontrolle der Zugriffsberechtigung.

D: *Daten, deren Missbrauch erheblichen Einfluss auf die gesellschaftliche Stellung oder die wirtschaftlichen Verhältnisse des Betroffenen haben kann*
Beispiel: Angaben über dienstliche Beurteilungen, Schulden, Steuern etc.

Maßnahmen: Verstärkte räumliche und technische Schutzmaßnahmen. Erweiterte Protokollierungspflicht auch für einzelne Tätigkeiten der unmittelbar mit der Verarbeitung personenbezogener Daten befassten Personen.

E: Daten, deren Missbrauch unmittelbaren Einfluss auf Gesundheit, Freiheit oder Leben des Betroffenen haben können
Beispiel: medizinische Daten, polizeiliche Ermittlungen.
Maßnahmen: Über die oben genannten Maßnahmen hinaus strikte Anwendung des Vier-Augen-Prinzips und Einsatz kryptographischer Methoden.

Das Gesetz verlangt von Unternehmen, die mit personenbezogenen Daten umgehen, ab einer bestimmten Betriebsgröße die Ernennung eines *Datenschutzbeauftragten*, der weisungsfrei sein Amt ausübt und direkt der Geschäftsleitung unterstellt ist. Kleinere Betriebe können auch einen externen Berater mit der Ausübung dieser Funktion beauftragen. Der Gesetzgeber hat die Möglichkeit, bei Beschwerden oder auch stichprobenartig Prüfungen durchzuführen. Derartige Prüfungsaufgaben werden durch staatliche Stellen in der Regel delegiert, beispielsweise an den TÜV.

7.5.2 Datensicherheit

Datensicherheit beinhaltet organisatorische und technische Maßnahmen bezüglich Hard- und Software zum Schutz von Daten in ihrem Bestand und ihrem Inhalt. Es wird dabei kein Unterschied gemacht, ob die Daten personenbezogen sind, firmenvertraulichen Charakter haben oder aus anderen Gründen schutzbedürftig sind.

Wenn der Missbrauch einer EDV-Anlage oder der dort gespeicherten Daten zu einem Eingriff in personenbezogene Daten führt, so ist Datensicherheit zugleich eine Maßnahme des Datenschutzes. Man könnte auch die Datensicherheit als einen Datenschutz im weiteren Sinne bezeichnen.

Die folgende Abbildung informiert über Abgrenzungen und Überschneidungen von Datensicherheit und Datenschutz.

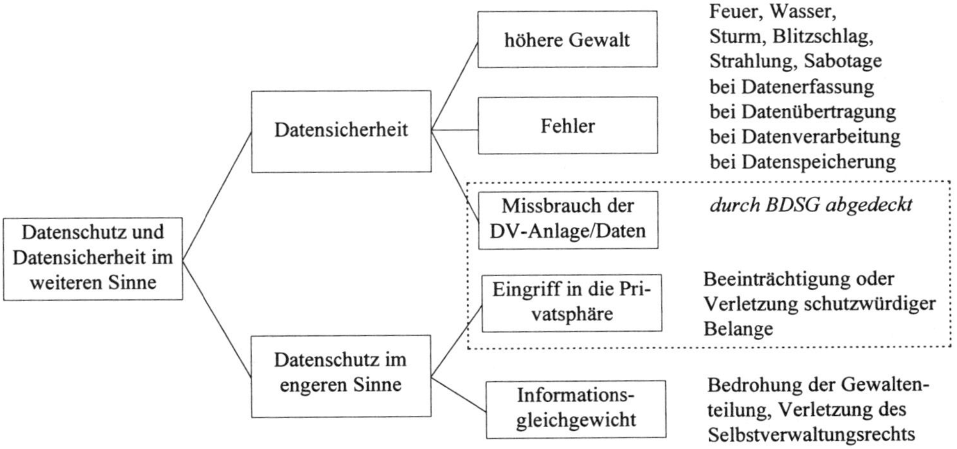

Abbildung 7.21: Abgrenzung und Überschneidung von Datenschutz und Datensicherheit.

Die drei wichtigsten Bereiche der Datensicherheit sind:

- *Vertraulichkeit*: unbefugter Zugriff muss unterbunden werden.
- *Integrität*: Unbefugte oder versehentliche Änderung von Daten oder Datenverlust müssen verhindet werden.
- *Verfügbarkeit*: Hardware, Software und Daten müssen verfügbar sein.

Die im Sinne der Datensicherheit zu treffenden Sicherheitsmaßnahmen beugen einer Gefährdung vor, die insbesondere folgende Ursachen haben kann:

- fehlerhafte Dateneingabe;
- fehlerhafte Verarbeitung durch falsche Programmierung, Implementierung oder Organisation;
- fehlerhafte Datenübertragung, z.B. durch Leitungsstörung;
- Datenverfälschung durch widerrechtliche Eingriffe oder Fehlbedienung;
- Datenverlust und Datenentwendung;
- Datenzerstörung, z.B. durch technische Störungen, vorsätzliche Sachbeschädigung oder Systemausfall;
- Datenzerstörung durch Natureinflüsse;
- Datenzerstörung durch höhere Gewalt;
- Datenmissbrauch.

Der Aufwand, der bei der Datensicherheit getrieben werden muss, hängt unter anderem von der *Rechnerarchitektur* ab. Bei *Einplatz-Systemen*, die dadurch gekennzeichnet sind, dass zu jedem Zeitpunkt nur ein einziger Benutzer mit dem Rechner arbeiten kann, ist Datensicherheit verhältnismäßig einfach zu erreichen. Aufwendiger ist die Datensicherheit bei *Teilhabersystemen* zu Gewähr leisten, bei denen eine Anzahl von Benutzern einen Zentralrechner über Stapelfernverarbeitung nutzen. Am anfälligsten gegen Missbrauch und Störung sind *vernetzte Systeme* und *Teilnehmersysteme* (*Time-Sharing Systems*), da hier eine oft große Anzahl von Anwendern auf gemeinsame Datenbestände zugreifen kann. Dennoch haben Time-Sharing-Maschinen eine sehr weite Verbreitung. Eine Weiterentwicklung der Time-Sharing-Konzepts sind die *Transaktions-Systeme*, die besonders bei sicherheitsempfindlichen Anwendungen von Großrechnern (etwa bei Banken oder im militärischen Bereich) zur Anwendung kommen. Hierbei prüft der bei diesen Systemen ohnehin vorhandene Vorrechner den Zugang zum Hauptrechner. Alle relevanten Daten des Zugriffs werden dabei gespeichert und alle Daten werden in der Regel mehrfach gehalten.

Die wichtigsten Maßnahmen der Datensicherung sind:

- *Eingabesicherung*
  Alle eingegebenen Daten sollten software-seitig auf ihre Richtigkeit oder wenigstens Konsistenz und Plausibilität geprüft werden. Dazu können unter anderm *Typprüfungen* (z.B. Zeichenketten, ganze Zahlen, reelle Zahlen) *Formatprüfungen* (z.B. Stellenzahl vor und hinter dem Komma, Datum, Geldbeträge) und die Festlegung von *Grenzwerten* (z.B. nur positive Zahlen, Grenzwerte für Jahres- und Monatsangaben, Wertebereiche für technische Daten) dienen.

Häufig verwendet werden auch *Prüfziffern*, die aus den Eingabedaten nach einer festen Vorschrift berechnet werden und mit eingegeben werden.

Beispiel: Eine Teilenummer sei 64583. Eine einfache Vorschrift zur Bildung einer Prüfziffer ist die Berechnung der Quersumme mit einer abwechselnden Gewichtung der Dezimalstellen mit 1 und 2 und anschließender Modulo-Division durch 10. Der Divisionsrest wird dann als sechste Ziffer mit eingegeben. Im obigen Beispiel ergibt sich: $(6 + 4 \cdot 2 + 5 + 8 \cdot 2 + 3) \bmod 10 = 8$. Es muss also 645838 eingegeben werden. Die alternierende Gewichtung sorgt dafür, dass auch Fehler erkannt werden, die durch Vertauschen von Stellen entstanden sind.

Eine weitere Möglichkeit sind *Abstimmsummen*. Man kann beispielsweise bei der Eingabe von Zahlenreihen die Zahlen vor der Eingabe aufaddieren und das Ergebnis mit der maschinell nach der Eingabe ermittelten Kontrollsumme vergleichen.

- *Maßnahmen zur Ablaufsicherheit*
  Eine EDV-Anlage sollte so aufgebaut sein, dass bei einer Störung in vertretbarer Zeit der Betrieb ohne Datenverlust oder Datenverfälschung wieder aufgenommen werden kann. Dies setzt entsprechende Vorkehrungen bei Hardware, Software und Organisation voraus. Insbesondere sollten Daten mehrfach gehalten und in mehreren Generationen periodisch auf Datenträgern gesichert werden. Kopien, beispielsweise Magnetbänder, sind räumlich getrennt in feuer- und zugriffssicheren Räumen aufzubewahren. Auch gegen Stromausfall und versehentliches Löschen von Daten sind Vorkehrungen zu treffen.

- *Verfahren der Zugriffsberechtigung*
  Maschinen, Daten und Programme sollten durch eine Zugriffskontrolle vor Missbrauch und versehentlich verursachter Beeinträchtigung geschützt werden. Häufig verwendete Maßnahmen sind Schlösser an Schaltern und Terminals, durch Passwort geschützter Zugang, Terminal-Kennungen, maschinenlesbare Ausweiskarten und Personenkontrollen. Die Zugriffsberechtigung kann dabei weiter untergliedert werden, bespielsweise Lese- und Schreibzugriff, lokaler und globaler Zugriff, Programmzugriff etc.

- *Sicherung bei Datentransport*
  Bei der *Datenfernübertragung* (*DFÜ*) über Leitungsnetze, aber auch bei der Speicherung von Daten, beispielsweise auf Magnetbändern, Disketten, Magnetplatten und optischen Platten, werden verschiedene Methoden der redundanten Codierung verwendet. Im einfachsten Fall werden *Paritätsbits* und *Längsprüfworte* mit gesendet oder gespeichert.

  Auch beim manuellen Transport, etwa dem Versand von Disketten, ist der Datenbestand vor Verlust oder Beeinträchtigung zu schützen. Auf jeden Fall muss vor dem Versand eine Sicherungskopie erstellt werden und die Verpackung bruch- und feuchtigkeitssicher sein.

- *Maßnahmen gegen kriminelle Aktivitäten*
  Die oben beschriebenen Methoden der Zugriffskontrolle genügen nicht, um Daten, Programme und Maschinen ausreichend vor kriminellem Zugriff zu schützen. Dies beginnt beim Schutz von Software gegen *Raubkopien* und der nur schwer mögli-

chen Sicherung von Software gegen *Viren-Programme*. Das schwerwiegendste Problem ist der unerlaubte Zugriff auf Daten durch nicht berechtigte Personen. Dabei hat es sich immer wieder gezeigt, dass Passwörter keine ausreichende Sicherheit gegen unerlaubtes Eindringen in ein System (*Hacking*) bieten, insbesondere in Netzwerken. Es müssen weiter gehende Maßnahmen auf Hardware-, Software- und Organisationsebene getroffen werden. Beim Zugang über Modem kann beispielsweise die Verbindung durch den Rechner unterbrochen und erst durch Rückruf (*Call Back*) wieder aufgebaut werden. Daneben bestehen Software-Verfahren, beispielsweise das *Firewall-Konzept* und *kryptographische Methoden*, die das Eindringen in Netze erschweren. Gebräuchlich ist auch eine hierarchische Rechnerarchitektur mit Vorschaltrechnern, welche die Zugangsberechtigung prüfen und zur „Spurensicherung“ jeden Zugriff genau protokollieren.

Ein erhebliches Problem im Hochsicherheitsbereich ist auch die elektromagnetische *Streustrahlung*, die insbesondere von Kabeln und Bildschirmen ausgeht und empfangen werden kann. Man verwendet in solchen Fällen abhörsichere Glasfaserkabel und nach dem Prinzip des Faraday'schen Käfigs abgeschirmte Geräte und Räume.

8 Automatentheorie und formale Sprachen

8.1 Grundbegriffe der Automatentheorie

8.1.1 Definition von Automaten

Unter einem *Automaten* (*Automaton*) stellt man sich eine Maschine vor, die ihr Verhalten bis zu einem gewissen Grade selbst steuert. Für Anwendungen in Wissenschaft und Technik ist jedoch eine mathematische Präzisierung dieses Begriffs nötig. Historisch gesehen begann man sich für die *Automatentheorie* im Zusammenhang mit Relaisschaltungen, allgemeiner mit *Schaltnetzen* und *Schaltwerken*, zu interessieren, um deren Verhalten zu beschreiben. Wie in Kapitel 3 beschrieben, lässt sich ein Schaltwerk als ein Schaltnetz mit *Rückkopplungen* und *Verzögerungen* beschreiben, wohingegen Schaltnetze idealisierend als rückkopplungs- und verzögerungsfrei betrachtet werden. Weiter abstrahierend stellt man sich im Zusammenhang mit Automaten alle Eingangsvariablen als *Eingabezeichen*, alle Ausgangsvariablen als *Ausgabezeichen* und die rückgekoppelten Ausgänge als *interne Zustände* vor. Automaten sind damit eine alternative Beschreibung von Schaltwerken, jedoch bei endlicher Anzahl von Zuständen - und das ist eine wesentliche Einschränkung - ohne einen prinzipiell unbegrenzten Speicher, d.h. mit nicht vorab definierter Kapazität.

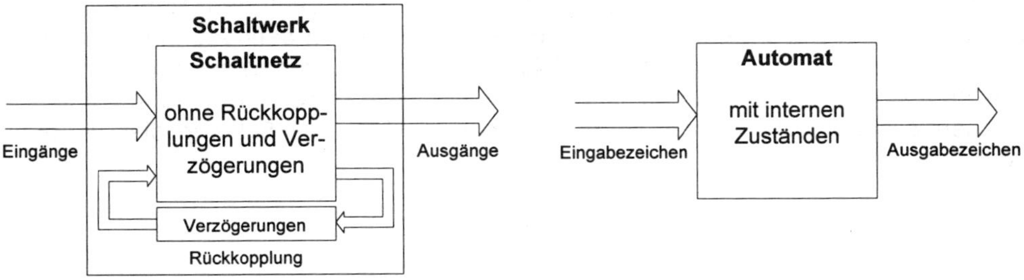

Abbildung 8.1: *Links:* Beschreibung eines Schaltwerks als Schaltnetz mit Rückkopplungen und Verzögerungen. *Rechts:* Symbolische Darstellung eines Automaten mit Eingabe-, Ausgabe- und Verarbeitungseinheit.

Automaten sind gut zur Analyse und formalisierten Darstellung komplexer Zusammenhänge und Abläufe geeignet und daher eine nützliche Vorlage für die Programmierung, insbesondere seit es Werkzeuge zur Code-Generierung aus Automaten gibt. Auch die bereits in Kapitel 7.2.4 besprochenen *Entscheidungstabellen* sind nichts anderes als Automaten. Automaten haben ferner für die Beschreibung und Realisierung integrierter Schaltkreise Bedeutung erlangt. Dabei geht es heute weniger um die Minimierung von Zuständen und Schaltfunktionen, sondern mehr um Fragen der Verbindungsoptimierung (Kreuzungsfreiheit) sowie Minimierung der Anzahl der Eingabe- und Ausgabeleitungen, da in erster Linie diese die Kosten bestimmen.

Trotz dieser eher dem Bereich Software-Engineering zuzurechnenden praktischen Problemstellungen gehört die Automatentheorie zur *theoretischen Informatik*, da sie in engem Zusammenhang mit der Theorie der *Berechenbarkeit*, der Theorie der *formalen Sprachen* und damit auch den Grundlagen der *Programmiersprachen* steht. Außerdem ist die für ein tiefergehendes Verständnis erforderliche algebraisch-abstrakte Betrachtungsweise mathematisch geprägt.

Ein Automat kann als eine sehr allgemeine *algebraische Struktur* aufgefasst werden, d.h. als eine Menge von zunächst beliebigen Elementen, die durch eine bestimmte Vorschrift verknüpft werden können.

Ein *deterministischer Automat* $A(T,S,f)$ ist definiert durch:

- Ein Alphabet (d.h. eine abzählbare, geordnete Menge) $T = \{t_1, t_2, t_3, ...\}$ von *Eingabezeichen*,
- eine abzählbare Menge $S = \{s_1, s_2, s_3, ...\}$ von *Zuständen*
- und eine *eindeutige Übergangsfunktion* $f: T \times S \rightarrow S$.

Dabei ist $T \times S$ das *kartesische Mengenprodukt*, d.h. die Menge aller geordneten Paare (t_i,s_k) mit $t_i \in T$ und $s_k \in S$. Einem geordneten Paar, bestehend aus einem Eingabezeichen und einem Zustand, wird also durch die Funktion f auf eindeutige Weise ein neuer Zustand zugeordnet. Man sagt, der Automat geht nach dem Empfang eines Eingabezeichens aus dem Zustand, in dem er sich gerade befindet, in einen anderen Zustand über. Die Zuordnungsfunktion muss jedoch nicht *umkehrbar* sein, d.h. aus dem aktuellen Zustand des Automaten muss nicht unbedingt auf den vorhergehenden Zustand geschlossen werden können. In Abbildung 8.2 wird dies verdeutlicht.

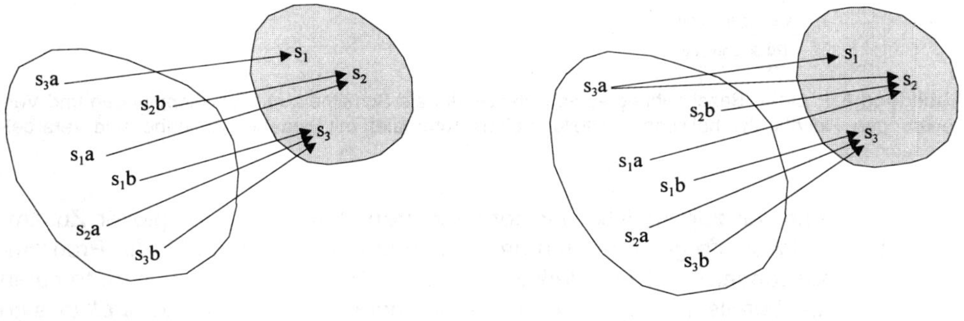

Abbildung 8.2: *Links:* Beispiel für eine *eindeutige Übergangsfunktion* $f: T \times S \rightarrow S$ für einen deterministischen Automaten mit der Zustandsmenge $S=\{s_1,s_2,s_3\}$ und der Menge der Eingabezeichen $T=\{a,b\}$. *Rechts:* Beispiel für eine *nicht eindeutige Übergangsfunktion* $f: T \times S \rightarrow S$ für einen nichtdeterministischen Automaten. Für (s_3a) sind offenbar zwei Übergänge möglich, nämlich $(s_3a) \rightarrow s_1$ und $(s_3a) \rightarrow s_2$.

Bei einem *nichtdeterministischen Automaten* wird eingeschränkt, dass die Zuordnungsvorschrift f: T×S→S nicht mehr eindeutig sein muss. Es handelt sich also nicht mehr um eine Übergangsfunktion, sondern um eine *Übergangsrelation*. Dies bedeutet konkret, dass einem Paar (t_i,s_k) mehrere Übergänge zu verschiedenen Zuständen zugeordnet werden können. Bei einer Zustandsänderung wird dann irgend einer der möglichen Folgezustände eingenommen.

Ein *Automat mit Ausgabe* A(T,S,f,Y,g) ist eine Erweiterung der Definition eines Automaten um ein Alphabet $Y = \{y_1, y_2, y_3,...\}$ von *Ausgabezeichen* und eine Abbildung g (die nicht notwendigerweise eine eindeutige Funktion sein muss) in die Menge der Ausgabezeichen Y. Da solche Automaten zu jeder Folge von eingegebenen Zeichen eine Folge von Ausgabezeichen erzeugt, spricht man auch von *übersetzenden Automaten* (*Transduktoren*). Man kann sich einen solchen Automaten als ein System vorstellen, das Eingabedaten von einem *Eingabeband* liest, diese verarbeitet und als Ergebnis auf einem *Ausgabeband* zur Verfügung stellt. Sind T, S und Y des übersetzenden Automaten außerdem endlich, so wird er auch als *endlicher Übersetzer* bezeichnet.

Hängt die Ausgabe sowohl vom Eingabezeichen als auch vom Zustand des Automaten ab, so nennt man den Automaten einen *Mealy-Automaten*:

$g: T \times S \rightarrow Y$

Hängt das Ausgabezeichen dagegen nur vom aktuellen internen Zustand des Automaten ab, so bezeichnet man den Automaten als einen *Moore-Automaten*:

$g: S \rightarrow Y$

Ein Automat wird als *endlicher Automat* (*finite automaton, sequential machine*) bezeichnet, wenn die Mengen T, S und gegebenenfalls Y endlich sind. Auch bei nichtendlichen Automaten wird in der Regel vorausgesetzt, dass die Mengen T und ggf. Y Alphabete sind, also abzählbar und geordnet.

In der Praxis haben deterministische, endliche Automaten die größte Bedeutung.

8.1.2 Darstellung von Automaten

Um einen Automaten eindeutig zu definieren, muss man außer allen Eingabezeichen und Zuständen sowie den möglichen Ausgabezeichen auch die Übertragungsfunktion f und - für einen Automaten mit Ausgabe - auch die Ausgabefunktion g spezifizieren.

Im Falle von *endlichen Automaten* ist auch die Menge der möglichen Übergänge zwischen den Zuständen endlich, nämlich höchstens n^n, wenn n die Anzahl der Zustände ist, d.h. die Anzahl der Elemente der Menge $S = \{s_1, s_2, ... s_n\}$. Die Übertragungsfunktion lässt sich dann in Form einer endlichen Tabelle darstellen. In folgendem Beispiel ist dies verdeutlicht.

	s_1	s_2	s_3
a	s_2	s_3	s_1
b	s_2	s_1	s_3

Tabelle 8.1: Übergangstabelle eines Automaten mit den Eingabezeichen $T = \{a,b\}$ und den Zuständen $S = \{s_1, s_2, s_3\}$.

Wie aus der Tabelle die möglichen Übergänge abgelesen werden können, macht man sich am besten anhand eines Beispiels klar: befindet sich der Automat im Zustand s_1 und empfängt das Eingabezeichen a, so entnimmt man der zugehörigen Tabelle, dass ein Übergang in den Zustand s_2 erfolgt. Erscheint nun das Eingabezeichen b, so geht der Automat aus dem Zustand s_2 wieder in den Zustand s_1 über.

Eine anschaulichere Möglichkeit zur Beschreibung eines Automaten sind *Übergangsdiagramme*, das sind *gerichtete Graphen* deren *Knoten* durch die Zustände und die *Kanten* durch die Übergänge gebildet werden. Von jedem Knoten gehen also so viele gerichtete Strecken aus, wie es Eingabezeichen gibt. Zweckmäßigerweise notiert man die Zustände an den Knoten und die Eingabezeichen an den Kanten. Für das oben angegebene Beispiel lautet das Übergangsdiagramm:

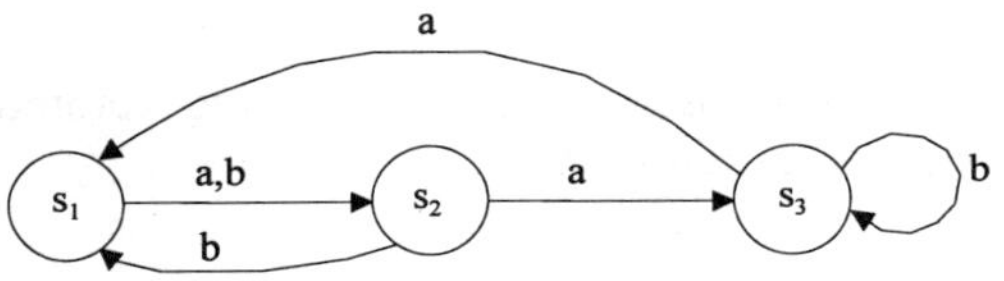

Abbildung 8.3: Übergangsdiagramm für den Automaten mit den Eingabezeichen $T = \{a,b\}$, den Zuständen $S = \{s_1, s_2, s_3\}$ und der in Tabelle 8.1 angegebenen Übergangsfunktion.

Führen von einem Zustand mehrere Eingabezeichen zu demselben Folgezustand, so zeichnet man im Übergangsdiagramm abkürzend nur einen Pfeil und notiert daneben alle Eingabezeichen, die diesen Übergang bewirken. Das trifft beispielsweise im obigen Beispiel für den Übergang von s_1 nach s_2 zu, der sowohl bei Eingabe von a als auch bei Eingabe von b erfolgt.

Für einen Automaten mit Ausgabe kann man entweder die Ausgabefunktion durch eine zweite Tabelle darstellen, oder die Einträge in der Übergangstabelle um die Ausgabezeichen erweitern. Definiert man für den bereits vorgestellten Automaten noch die Menge der Ausgabezeichen $Y = \{y_1, y_2, y_3\}$, so kann die um eine Übergangsfunktion $g{:}T \times S \rightarrow Y$ erweiterte Tabelle etwa folgendermaßen aussehen:

	s_1	s_2	s_3
a	s_2,y_1	s_3,y_2	s_1,y_1
b	s_2,y_3	s_1,y_1	s_3,y_2

Tabelle 8.2: Übergangstabelle des in Tabelle 8.1 vorgestellten Automaten, der um die Menge der Ausgabezeichen $Y = \{y_1, y_2, y_3\}$ erweitert wurde.

Im Übergangsdiagramm fügt man die Ausgabezeichen durch einen Schrägstrich getrennt an die Bezeichnung der gerichteten Strecken an:

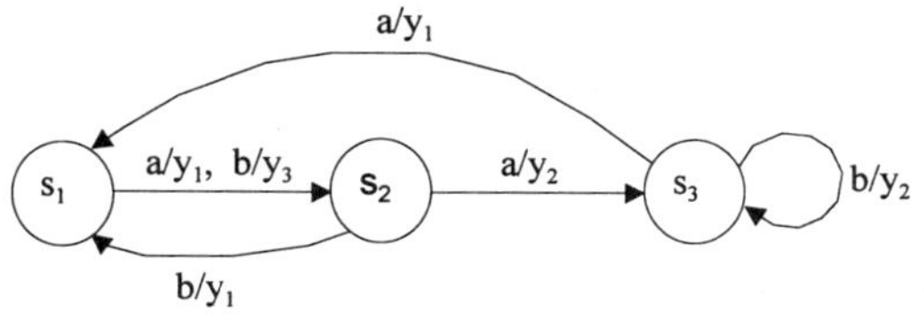

Abbildung 8.4: Übergangsdiagramm für den in Tabelle 8.2 vorgestellten Mealy-Automaten mit der Menge der Ausgabezeichen $Y = \{ y_1, y_2, y_3\}$.

Dieser Automat ist offenbar vom Mealy-Typ, da die Ausgabezeichen sowohl von den Zuständen als auch von den Eingabezeichen abhängen. Befindet sich der Automat beispielsweise im Zustand s_1, so geht er mit dem Eingabezeichen a in den Zustand s_2 über, und es erscheint das Ausgabezeichen y_1. Das Eingabezeichen b bringt den Automaten ebenfalls in den Zustand s_2, jetzt erscheint aber das Augabezeichen y_3.

Man kann diesen Automaten leicht so modifizieren, dass er zu einem Moore-Automaten mit $Y=\{y_1, y_2\}$ wird, bei dem die Ausgabezeichen nur vom Zustand des Automaten abhängen:

Tabelle 8.3: Übergangstabelle des in Tabelle 8.1 vorgestellten Automaten mit Ausgabe, der um die Menge der Ausgabezeichen $Y=\{y_1, y_2\}$ derart erweitert wurde, dass ein Moore-Automat entstand.

	s_1	s_2	s_3
a	s_2,y_1	s_3,y_2	s_1,y_1
b	s_2,y_1	s_1,y_1	s_3,y_2

oder

	s_1/y_1	s_2/y_1	s_3/y_2
a	s_2	s_3	s_1
b	s_2	s_1	s_3

Der zugehörige Übergangsgraph sieht nun so aus:

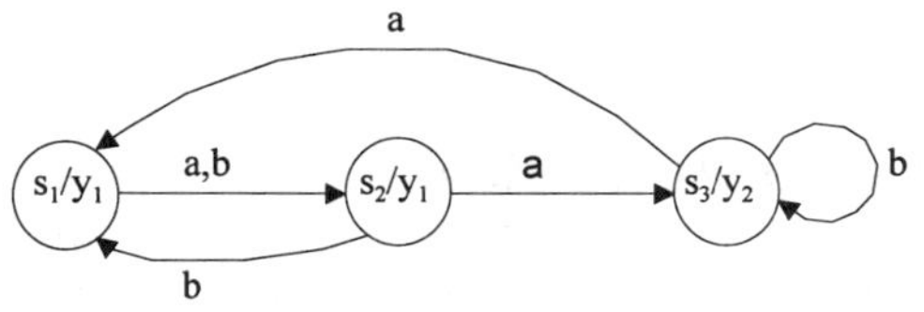

Abbildung 8.5: Übergangsdiagramm des in Tabelle 8.3 vorgestellten Moore-Automaten.

Dem Zustand s_1 ist also das Ausgabezeichen y_1 zugeordnet, dem Zustand s_2 ebenfalls das Ausgabezeichen y_1 und dem Zustand s_3 das Ausgabezeichen y_2. Die Zuordnungsvorschrift ist demnach in der Tat nur vom Zustand abhängig, allerdings nicht in umkehrbar eindeutiger Weise.

Eine weitere Möglichkeit zur Beschreibung von Automaten ist ein *baumartiger Graph*. Insbesondere für Automaten mit binärem Eingabezeichensatz ist diese Darstellungsweise recht übersichtlich.

Gegeben sei der in der folgenden Tabelle definierte Automat:

Tabelle 8.4: Beispiel eines Automaten mit binärem Eingabezeichensatz $T=\{0,1\}$.

	s_1	s_2	s_3	s_4	s_5
0	s_3	s_5	s_3	s_5	s_3
1	s_4	s_4	s_3	s_2	s_3

Der zugehörige baumartige Graph hat die Gestalt:

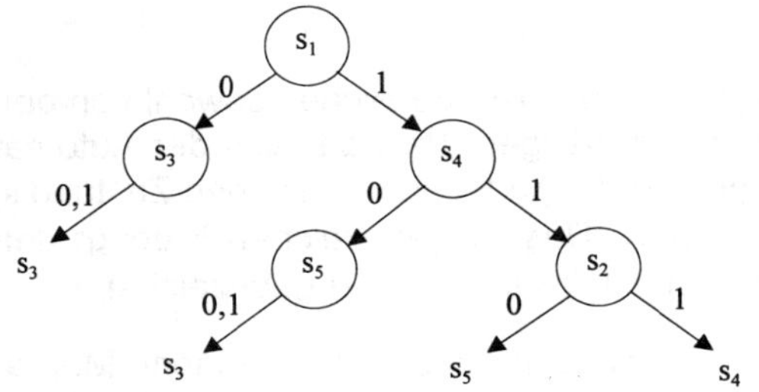

Abbildung 8.6: Baumartiger Übergangsgraph des in Tabelle 8.4 definierten Automaten.

Die Zweige des Baumes enden, sobald ein Übergang zu einem Zustand erfolgen würde, der im Graphen schon als Knoten vorhanden ist. Der Übergang zu diesem Zustand wird dann durch einen Pfeil beschrieben, an dessen Ende der betreffende Zustand notiert wird. Durch dieses *Ausschöpfungsprinzip* ergibt sich schließlich für endliche Automaten in jedem Fall ein Graph endlicher Länge. Ein Vorteil dieser Darstellungsart ist, dass man sofort die kürzeste Folge von Eingabezeichen ablesen kann, die zu einem bestimmten Zustand führt. Von s_1 ausgehend, gelangt man beispielsweise mit der Eingabezeichenfolge 1,1,0 zu s_5. Die Ähnlichkeit zu den in Kapitel 2.7 eingeführten Code-Bäumen ist offensichtlich.

8.1.3 Der akzeptierte Sprachschatz eines Automaten

In vielen Fällen zeichnet man gewisse Zustände eines Automaten aus: einen *Anfangszustand* s_a und mindestens einen *Endzustand* s_e. Unter all den Wörtern, die sich aus dem Alphabet T der Eingabezeichen des Automaten bilden lassen, muss es mindestens eines geben, das den Automaten vom Zustand s_a - gegebenenfalls über Zwischenzustände - in den Endzustand s_e überführt. Meist gibt es eine ganze Reihe solcher Wörter, oder gar unendlich viele. Die Gesamtheit aller Wörter aus der Menge aller mit dem Alphabet der Eingabezeichen bildbaren Wörter, die den Automaten von Anfangszustand s_a in den Endzustand s_e überführen, bezeichnet man als den *akzeptierten Sprachschatz* $L(A, s_a, s_e)$ des Automaten $A(T, S, f)$:

$$L(A, s_a, s_e) := \{t \in T^* \mid s_a t \rightarrow s_e\}$$

Wird der Aspekt einer akzeptierten Sprache betont, so bezeichnet man entsprechende Automaten, die von einem gegebenen Wort x entscheiden können, ob es zum Sprachschtz L gehört, als *erkennende Automaten* oder *Akzeptoren*. Diese sind von *übersetzenden Automaten* zu unterscheiden, die ein Eingabewort in ein Ausgabewort transformieren.

Ein Beispiel für einen Automaten mit $T=\{0, 1\}$ und $S=\{s_a, s_1, s_2, s_e\}$ dessen akzeptierter Sprachschatz nur ein Wort enthält, ist in Abbildung 8.8 dargestellt.

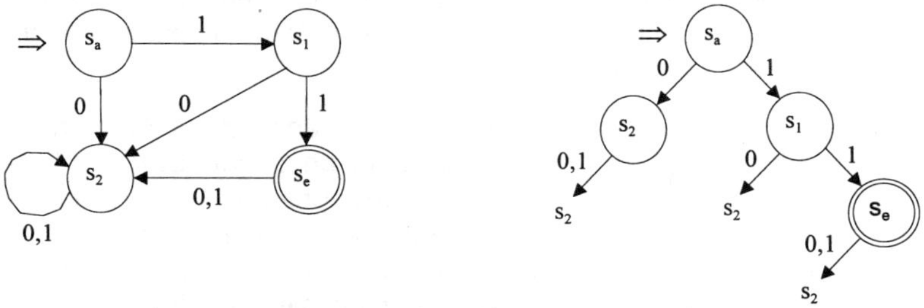

Abbildung 8.7: Beispiel für einen Automaten mit nur einem akzeptierten Wort.

Der Anfangszustand wird oft mit einem Pfeil (⇒) gekennzeichnet, der Endzustand mit einem Doppelkreis. Insbesondere die Darstellung als baumartiger Graph zeigt auf einen Blick, dass hier nur das Wort 11 von s_a nach s_e führt. Dieses Beispiel zeigt eine weitere Besonderheit: Wenn der Zustand s_2 erreicht wird, so verbleibt der Automat in diesem Zustand, der aus diesem Grunde als *Fangzustand* bezeichnet wird.

Dieser Automat lässt sich leicht so modifizieren, dass er genau zwei Wörter akzeptiert, nämlich 11 und 10, so dass sowohl $s_a 11 \rightarrow s_e$ als auch $s_a 10 \rightarrow s_e$ gilt:

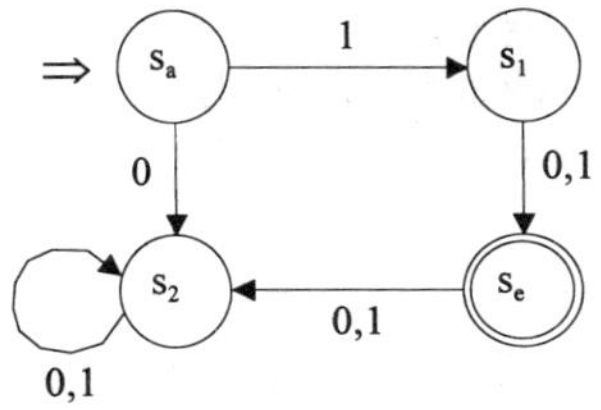

Abbildung 8.8: Beispiel für einen Automaten, der genau zwei Wörter, nämlich 10 und 11 akzeptiert.

Eine weitere Modifikation führt zu einem Automaten, der eine unendliche Menge von Wörtern akzeptiert:

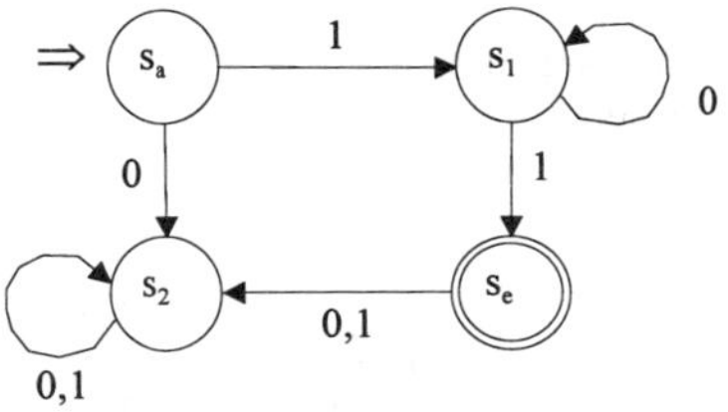

Abbildung 8.9: Beispiel für einen Automaten, der unendlich viele Wörter akzeptiert.

Der von diesem Automaten akzeptierte Sprachschatz lautet in Mengenschreibweise:

$L(A, s_a, s_e) = \{10^n1 \mid n \in \mathbf{N}_0\}$

Die Schreibweise 0^n bedeutet in diesem Zusammenhang, dass n 0en aufeinander folgen. Mit $n=3$ hat man also $0^n=000$.

Für nicht-deterministische erkennende (aber nicht für übersetzende) Automaten gilt ferner, dass ein zugehöriger deterministischer erkennender Automat konstruiert werden kann, der denselben Sprachschatz akzeptiert.

Schließlich sei noch die Äquivalenz zweier Automaten erwähnt. Zwei Automaten heißen *äquivalent*, wenn sie identisches Ein/Ausgabeverhalten zeigen, bzw. (im Falle erkennender Automaten) denselben Sprachschatz akzeptieren. Für praktische Zwecke ist es dann bedeutsam, unter äquivalenten Automaten den *minimalen Automaten* zu finden, d.h. denjenigen mit der geringsten Anzahl von Zuständen. Für endliche, deterministische Automaten kann man immer den minimalen konstruieren.

8.1.4 Beispiele für Automaten

Von den vielfältigen Anwendungen von Automaten sollen einige Beispiele genannt werden.

Beispiel 1:

Automaten können gut für die Analyse von Zeichenreihen verwendet werden. So kann man beispielsweise untersuchen, ob ein gegebenes Wort zum Sprachschatz eines Automaten gehört oder nicht (*Wortproblem*). Weitere Beispiele sind das Auffinden bestimmter Zeichenketten in einem Text sowie die lexikalische Analyse, d.h. das Erkennen von Zeichenfolgen, die zu einem bestimmten Text - etwa einem Computerprogramm - gehören.

Mit Hilfe des folgenden Automaten können z.B. Klammerausdrücke der Art (x+x)∗(x+x+x) analysiert werden, wie sie in praktisch jeder Programmiersprache vorkommen. Dabei kann x stellvertretend für eine beliebige Variable stehen. Mit den Zuständen $S = \{s_a, s_1, s_2, s_3, s_e\}$ und den Eingabezeichen $T = \{(,),+,*,x\}$ findet man das folgende Ergebnis:

	s_a	s_1	s_2	s_3	s_e
(	s_1	-	-	-	-
)	-	-	s_e	-	-
+	-	-	s_3	-	-
∗	-	-	-	-	s_a
x	-	s_2	-	s_2	-

Tabelle 8.5: Übergangstabelle des Automaten zur Analyse von Klammerausdrücken.

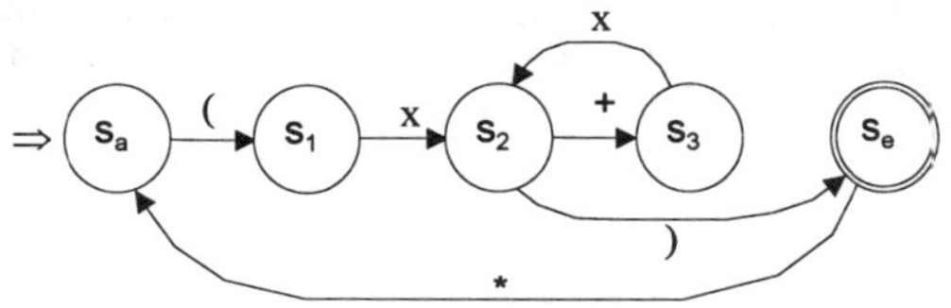

Abbildung 8.10: Zustandsdiagramm des Automaten gemäß Tabelle 8.5 zur Analyse von Klammerausdrücken.

Da in der Tabelle etliche Einträge und im Übergangsdiagramm dementsprechend etliche Pfeile fehlen, nennt man diesen Automaten *unvollständig*, was aber den Vorteil einer wesentlich übersichtlichen Darstellung hat. Die Abbildung von $T \times S \rightarrow S$ erfolgt hier also nicht *auf* S, sondern nur *in* S. Durch Einführen zusätzlicher Zustände, die durch Striche (-) gekennzeichneten Plätze besetzen, kann man den Automaten vervollständigen. In diesem Beispiel wäre es sinnvoll, einen Fangzustand einzuführen und ein Fehlersignal auszugeben, wenn dieser Zustand erreicht wird.

Beispiel 2:

Die Addition von zwei Binärziffern lässt sich ohne großen Aufwand mit Hilfe eines Automaten durchführen. Hier steht man allerdings zunächst vor dem Problem, dass ein abstrakter Automat definitionsgemäß nur einen Eingang besitzt, bei der Addition aber zwei Operanden verarbeitet werden müssen. Man erweitert daher das Eingabealphabet so, dass ein Eingabezeichen für den Automaten beide Operanden der Addition umfasst: $T=\{00,01,10,11\}$ oder auch $T=\{0,1,2,3\}$. Man hat also die Entsprechungen:

0: Die Addition $0+0$ ist durchzuführen
1: Die Addition $0+1$ ist durchzuführen
2: Die Addition $1+0$ ist durchzuführen
3: Die Addition $1+1$ ist durchzuführen

Das Ergebnis der Addition ist 0 oder 1 und wird durch eine Ausgabe angezeigt. Mit Hilfe der internen Zustände muss lediglich festgelegt werden, ob die Addition einen Übertrag ergeben hat (Zustand c) oder nicht (Zustand s). Hier wird auch deutlich, dass die technische Bedeutung der internen Zustände oft als eine *Rückkopplung* verstanden werden kann. Es sind also nur zwei Zustände nötig und die Zustandsmenge ist damit $S=\{s,c\}$.

Die sich ergebenden Übergänge lauten als Tabelle und als Zustandsübergangsdiagramm:

	s	c
0	s,0	s,1
1	s,1	c,0
2	s,1	c,0
3	c,0	c,1

Tabelle 8.6: Automat für die Addition von Binärziffern.

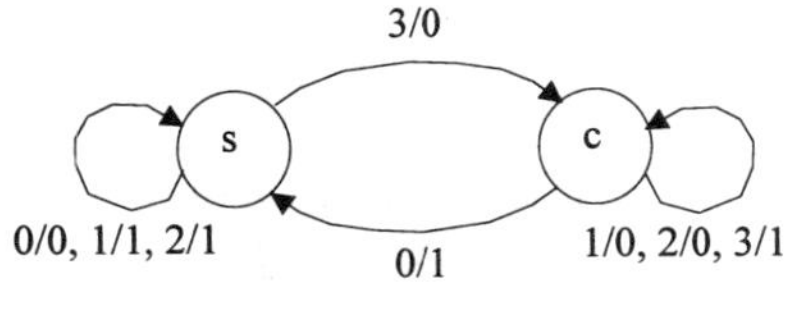

Abbildung 8.11: Übergangsdiagramm des in Tabelle 8.6 definierten Automaten.

Die hier mit Hilfe eines Automaten beschriebene Addition lässt sich, wie in Kapitel 3 gezeigt, auch durch ein *Schaltwerk* realisieren.

Beispiel 3:

Um die Betriebssicherheit von wichtigen Systemen zu erhöhen, werden Geräte oft doppelt ausgelegt. Man verwendet also ein Betriebsgerät und ein Reservegerät, das im Bedarfsfall das Betriebsgerät ablöst. Es gibt dann folgende Zustände: dd: Betriebsgerät und Reservegerät sind defekt, rr: Betriebsgerät und Reservegerät arbeiten einwandfrei, rd: Betriebsgerät ist in Ordnung, Reservegerät ist defekt und schließlich a: Ablösezustand, d.h. das Betriebsgerät ist defekt und wurde durch das Reservegerät abgelöst. Die Eingabevariablen werden durch Sensoren vermittelt, die angeben, ob ein Gerät betriebsbereit oder defekt ist. Es soll bedeuten:

0: Betriebsgerät und Reservegerät defekt,
1: Betriebsgerät defekt und Reservegerät in Ordnung,
2: Betriebsgerät in Ordnung und Reservegerät defekt,
3: Betriebsgerät und Reservegerät in Ordnung.

Außerdem soll der Automat folgende Ausgabezeichen anzeigen:

rot: System defekt
gelb: System arbeitet, es ist aber keine Ablösung möglich
grün: System arbeitet fehlerfrei

Dieses Verhalten stellt am am besten als baumartigen Übergangsgraphen dar:

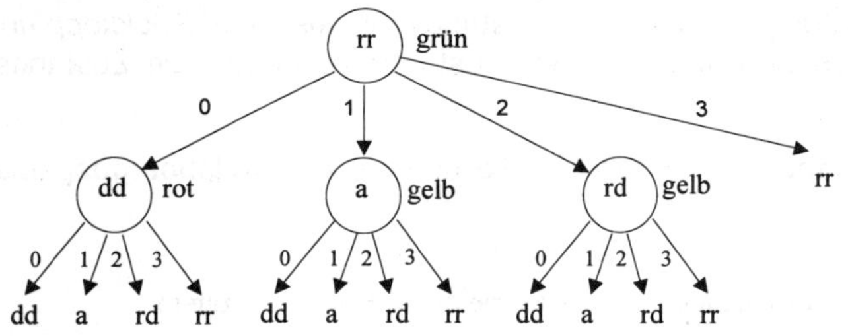

Abbildung 8.12: Automat zur Verwaltung von Betriebs- und Reservegeräten.

8.1.5 Halbgruppen

Halbgruppen sind eine sehr allgemeine algebraische Struktur, die in vielen Bereichen der Mathematik von Bedeutung ist und, wie sich zeigen wird, auch in enger Beziehung zur Automatentheorie steht. Um den Einstieg in weiterführende Literatur anzuregen, sollen hier einige grundlegenden Definitionen gegeben werden.

Eine Halbgruppe ist eine Menge F mit einer *zweistelligen, assoziativen Verknüpfung*

$f: F \times F \rightarrow F$

Sind x und y Elemente aus F, so schreibt man die Verknüpfung $f(x,y)$ oft in der Form $x \circ y$, um die Allgemeinheit der Beziehung zu betonen. Kürzer ist die meist verwendete *„Produktschreibweise"*, die natürlich nicht impliziert, dass es sich bei der Verknüpfung tatsächlich um ein Produkt handelt. Statt $f(x,y)$ schreibt man also einfach xy.

Das *Assoziativgesetz* lautet damit:

$(xy)z = x(yz)$ für alle $x,y,z \in F$

Außer der Gültigkeit des Assoziativgesetzes ist über die Verknüpfung nichts weiter ausgesagt. Gilt jedoch neben dem Assoziativgesetz auch das *Kommutativgesetz*

$xy = yx$

so spricht man von einer *kommutativen* oder *Abelschen* (nach dem Mathematiker Abel) Halbgruppe.

Beispiele für Halbgruppen sind:

- Die natürlichen Zahlen mit der Multiplikation,
- die natürlichen Zahlen mit der Addition,
- die Menge aller n-zeiligen quadratischen Matrizen mit der Matrixmultiplikation.

Bei diesen Beispielen ist die Multiplikation und die Additon auf den natürlichen Zahlen auch kommutativ, nicht aber die im dritten Beispiel genannte Matrixmultiplikation.

Des Weiteren definiert man:

- Ein Element n_l von F heißt *Linksnull* von F, wenn $n_l x = n_l$ für alle $x \in F$
- Ein Element n_r von F heißt *Rechtsnull* von F, wenn $x n_r = n_r$ für alle $x \in F$
- Ein Element e_l von F heißt *Linkseins* von F, wenn $e_l x = x$ für alle $x \in F$
- Ein Element e_r von F heißt *Rechtseins* von F, wenn $x e_l = x$ für alle $x \in F$
- Ein Element y von F heißt *idempotent*, wenn gilt $yy = y$
- Eine Menge $U \subset F$ heißt *Unterhalbgruppe* von F, wenn sie hinsichtlich der Verknüpfung *abgeschlossen* ist, wenn also für alle Elemente $u,v \in U$ auch das Ergebnis der Verknüpfung $uv \in U$ ist.

Es können durchaus mehrere Linksnullen oder mehrere Rechtsnullen in einer Halbgruppe auftreten, aber niemals zugleich mehrere Linksnullen und Rechtsnullen, da ja $n_l n_r = n_r = n_l$ gelten muss. Analoges gilt auch für Links- und Rechtseinsen.

Ist ein Element zugleich Linksnull und Rechtsnull, so bezeichnet man es als *Nullelement*. Ist ein Element zugleich Linkseins und Rechtseins, so bezeichnet man es als *Einselement*.

In Halbgruppen muss eine Gleichung $ax=b$ nicht in jedem Fall eine Lösung x haben, da *inverse Elemente* nicht definiert sind. Erweitert man eine Halbruppe um inverse Elemente und ein Einselement, so entsteht eine Gruppe:

Eine *Gruppe* ist eine Halbgruppe F mit Einselement 1, in welcher für jedes Element $a\in F$ ein *linksinverses* Element $a^{-1}\in F$ existiert, für das $a^{-1}a=1$ ist.

Man kann leicht nachvollziehen, dass ein linksinverses Element zugleich rechtsinverses Element ist, und dass es zu jedem Element $a\in F$ nur ein eindeutig bestimmtes inverses Element $a^{-1}\in F$ gibt. In Gruppen kann man daher Gleichungen der Art $ax=b$ auflösen. Die Lösung von $ax=b$ ist damit $x= a^{-1}b$.

Von Interesse im Zusammenhang mit Automaten sind *Erzeugendensysteme*. Vor deren Einführung sind jedoch noch einige Definitionen erforderlich:

Als *Komplexprodukt* zweier Teilmengen E und D von F bezeichnet man die Menge

$$ED := \{ed \mid e\in E, d\in D\}$$

Es ist dies also die Menge aller Elemente, die durch Verknüpfung von Elementen aus E und D entstehen.

Offenbar muss eine Teilmenge E von F eine Unterhalbgruppe von F sein, wenn $EE\subset E$ gilt.

Man definiert weiter: $E^1 := E,\ E^2 := EE,\ \ldots\ E^{k+1} := EE^k$

und schließlich:

$E^{(n)} := E^1 \cup E^2 \cup E^3 \cup \ldots \cup E^n$ für eine natürliche Zahl n.
$E^* := E^1 \cup E^2 \cup E^3 \cup \ldots$ für beliebig großes n.

Es ist also ein Element a genau dann ein Element aus $E^{(n)}$, wenn es eine natürliche Zahl $k\leq n$ und Elemente $e_1, e_2, .. e_k\in E$ mit $a=e_1e_2 .. e_k$ gibt. Die Menge $E^{(n)}$ umfasst demnach alle Produkte bis zur maximalen Länge n von Elementen aus E, während bei der als *Kleenesche Hülle* bezeichneten Menge E^* die Länge der Worte unbegrenzt ist. Nach dieser Konstruktion muss E^* jedenfalls eine Unterhalbgruppe von F, oder sogar mit F identisch sein. Ist tatsächlich $E^*=F$, so nennt man E eine *Erzeugende* von F. Hat F unendlich viele Elemente, so sind Erzeugende mit endlich vielen Elementen besonders interessant. So bildet z.B. die Teilmenge der natürlichen Zahlen, die nur die 1 enthält, eine Erzeugende der natürlichen Zahlen mit der Addition als Verknüpfung, da sich jede natürliche Zahl als eine Summe von 1-en darstellen lässt.

8.1.6 Die freie Halbgruppe

Man betrachtet nun ein *Alphabet* $T=\{t_1,t_2,t_3, \ldots t_n\}$ mit endlich vielen Zeichen t_k. Alle Folgen von Zeichen, beispielsweise $t_kt_{k-1}\ldots t_2t_1$ sind dann Elemente des Nachrichtenraums $N(T)$ über T. Dieser Nachrichtenraum umfasst alle Worte, die man aus dem Alphabet T bilden kann, einschließlich der nur aus einem Zeichen bestehenden Worte. Da die Wortlänge nicht beschränkt ist, hat der Nachrichtenraum unendlich viele Elemente, auch wenn T selbst endlich ist.

Für die Worte aus $N(T)$ gilt auf natürliche Weise eine Verknüpfung: das Zusammenhängen oder die *Konkatenation* von Wörtern. Diese Operation wird im Folgenden zunächst durch das Symbol $\circ$ gekennzeichnet.

Beispiel:

Gegeben sei $T = \{t_1, t_2 t_3\}$

Einige Verknüpfungen von Worten lauten dann:

$$t_1 t_2 \circ t_3 t_2 t_1 = t_1 t_2 t_3 t_2 t_1$$

$$t_1 t_2 t_3 \circ t_2 t_1 = t_1 t_2 t_3 t_2 t_1$$

$$(t_1 t_2 t_3 \circ t_2) \circ t_1 = t_1 t_2 t_3 t_2 t_1$$

Eine augenfällige Eigenschaft der Konkatenation ist die *Assoziativität*:

$$(t_l t_{l-1} .. t_k \circ t_j t_{j-1} ... t_i) \circ t_n t_{n-1} ... t_m = t_l t_{l-1} ... t_k \circ (t_j t_{j-1} .. t_i \circ t_n t_{n-1} .. t_m) = t_l t_{l-1} .. t_k t_j t_{j-1} .. t_i t_n t_{n-1} .. t_m$$

Beispielsweise ist:

$$(t_2 t_3 \circ t_1 t_2) \circ t_1 t_2 t_3 = t_2 t_3 \circ (t_1 t_2 \circ t_1 t_2 t_3) = t_2 t_3 t_1 t_2 t_1 t_2 t_3$$

Es kommt also - wie auch bei der Addition von natürlichen Zahlen - nicht auf die Klammerung an.

Die Menge aller aus dem Zeichenvorrat T gebildeten Wörter bildet infolgedessen zusammen mit der Konkatenation eine *Halbgruppe*, die man für diesen speziellen Fall der Konkatenation als Verknüpfung als *Worthalbgruppe* bezeichnet.

Man sieht ferner, dass das Alphabet T eine *Erzeugende* der betrachteten Halbgruppe ist, da T^* für beliebig große Wortlängen wegen seiner oben erläuterten Konstruktion offensichtlich mit dem in Kapitel 2.1 eingeführten Nachrichtenraum $N(T)$ über T identisch ist. Bisweilen wird T^* auch als *Kleenesche Hülle* bezeichnet. Insbesondere bezeichnet man die hier diskutierte Halbgruppe als die *freie Halbgruppe* T^* über der Erzeugenden T. Obwohl der Nachrichtenraum unendlich viele Elemente umfasst, ist das Erzeugendensystem endlich.

Die folgenden Überlegungen zeigen den Zusammenhang mit Automaten.

Ein Automat sei gegeben durch T und S sowie eine nicht näher spezifizierte Übergangsfunktion:

$$T = \{t_1, t_2 ... t_n\}, \quad S = \{s_1, s_2, ... s_m\}, \quad f: T \times S \to S$$

Man kann nun nacheinander eine Anzahl von k Eingabezeichen auf einen beliebigen Zustand $s_i \in S$ wirken lassen. Dadurch wird ein Übergang von Zustand s_i nach s_j bewirkt:

$s_i t_1 t_2 \ldots t_{k-1} t_k = s_j$

Dieser Ausdruck ist folgendermaßen zu lesen:

t_1 wird von einem Automaten, der sich gerade im Zustand s_i befindet, eingelesen, und der Automat geht in einen neuen Zustand über. Nun wird t_2 eingelesen, dann t_3 usw. bis t_k. Jedes Mal erfolgt dabei ein Zustandsübergang, bis sich schließlich, nachdem alle k Eingabezeichen verarbeitet worden sind, der Zustand s_j einstellt.

Man kann nun T als ein *Alphabet* auffassen und alle Folgen von Eingabezeichen als Elemente der freien Halbgruppe T*.

8.1.7 Die induzierte Halbgruppe

Wie schon erwähnt, gibt es für endliche Automaten nur endlich viele Zustandsübergänge. Da die Anzahl der Wörter über dem Zeichenvorrat T jedoch unendlich ist und jedes Wort einen Zustandsübergang bewirkt, müssen im Allgemeinen viele, in der Regel sogar unendlich viele Wörter denselben Zustandsübergang bewirken. Man nennt solche Wörter *äquivalent* und fasst sie zu Mengen zusammen, die man *Äquivalenzklassen* nennt. Jede Äquivalenzklasse beschreibt also eine bestimmte Abbildung und die Menge aller Äquivalenzklassen ist gerade die Menge aller in dem betrachteten Automaten möglichen Abbildungen. Das Hintereinanderausführen solcher Abbildungen kann man nun - ähnlich wie die Konkatenation von Zeichenfolgen - wieder als Verknüpfung auffassen, die, wie man sich leicht überzeugt, ebenfalls assoziativ ist. Damit ist aber die Menge aller Äquivalenzklassen bzw. Abbildungen wiederum eine Halbgruppe. Man bezeichnet sie als die durch den Automaten A(T,S,f) *induzierte Halbgruppe* G(T,S,f). Diese induzierte Halbgruppe beschreibt eigentlich denselben Sachverhalt wie die freie Halbgruppe T*, man nennt daher T* und G(T,S,f) zueinander *isomorph*.

Der *Isomorphismus* ist als Spezialfall des *Homomorphismus* folgendermaßen definiert:

Es seien F und H Halbgruppen (oder auch Gruppen). Dann heißt eine Abbildung

$\varphi: F \rightarrow H$

ein *Homomorphismus* von F in H, wenn gilt:

$\varphi(ab) = \varphi(a)\varphi(b)$ für alle $a,b \in F$

Ist φ *bijektiv* (also *umkehrbar eindeutig* oder *eineindeutig*), so nennt man den Homomorphismus einen *Isomorphismus*, F und H heißen dann *isomorph*. Sind außerdem F und H identisch, so spricht man von einem *Automorphismus*.

Der Isomorphismus wird im Falle von Automaten dadurch vermittelt, dass man alle äquivalenten Wörter auf die zugehörige Zustandsabbildung abbildet. Die Hintereinanderausführung von zwei durch die Äquivalenzklassen definierten Abbildungen lässt sich dann auch durch die Konkatenation von zwei Wörtern aus den beiden Äquivalenzklassen und Aufsuchen der zu dem so erhaltenen Wort gehörenden Äquivalenzklasse durchführen. Man macht sich diesen auf den ersten Blick kompliziert erscheinenden Sachverhalt am besten anhand eines Beispiels klar:

Gegeben sei der Automat A(T,S,f) mit T = {0,1} und S= $\{s_1,s_2,s_3\}$. Die Übergangsfunktion f ist als Tabelle und Zustandsübergangsdiagramm wie folgt definiert:

	s_1	s_2	s_3
0	s_2	s_2	s_3
1	s_3	s_1	s_1

Tabelle 8.7: Übergangstabelle eines Automaten.

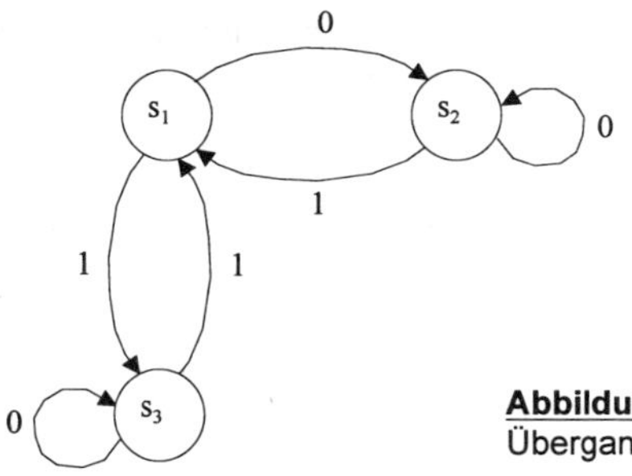

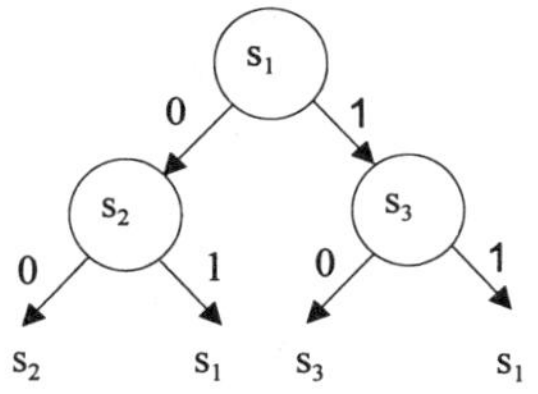

Abbildung 8.13: Übergangsdiagramm und baumartiges Übergangsdiagramm für den Automaten nach Tabelle 8.7.

Nun soll für diesen Automaten die induzierte Halbgruppe G(T,S,f) bestimmt werden. Dazu müssen alle für diesen Automaten möglichen Zustandsabbildungen gefunden werden. Zweckmäßigerweise geht man nach folgendem *Ausschöpfungsverfahren* vor: Man schreibt in einer Tabelle, beginnend mit den kürzesten Wörtern, die Zustandsübergänge an und geht für alle Wörter, die zu einer neuen Zustandsabbildung geführt haben, zu den um ein Zeichen verlängerten Wörtern über, bis schließlich alle Abbildungen gefunden sind. Da es für einen endlichen Automaten nur endlich viele Zustandsabbildungen gibt, wird man auf diese Weise in endlich vielen Schritten auch alle Zustandsabbildungen finden. Man erhält damit folgende Tabelle, in der neue Zustandsabbildungen durch einen Stern gekennzeichnet sind:

Tabelle 8.8: Tabelle der Zustandsabbildungen für den in Tabelle 8.7 definierten Automaten.

	s_1	s_2	s_3
0	s_2	s_2	s_3*
1	s_3	s_1	s_1*
00	s_2	s_2	s_3
10	s_3	s_2	s_2 *
01	s_1	s_1	s_1 *
11	s_1	s_3	s_3 *

100	s_3	s_2	s_2
010	s_2	s_2	s_2 *
110	s_2	s_3	s_3 *
101	s_1	s_1	s_1
011	s_3	s_3	s_3 *
111	s_3	s_1	s_1
0100	s_2	s_2	s_2
1100	s_2	s_3	s_3
0110	s_3	s_3	s_3
0101	s_1	s_1	s_1
1101	s_1	s_1	s_1
0111	s_1	s_1	s_1

Insgesamt gibt es demnach nur die acht in Tabelle 8.8 durch einen Stern (*) markierten verschiedenen Zustandsabbildungen:

Unter Verwendung von Wörtern der Länge 4 ergeben sich offenbar keine neuen Abbildungen mehr. Der Algorithmus bricht hier also ab. Man kann sich leicht klar machen, dass auch für noch längere Wörter keine noch unbekannten Abbildungen auftreten können.

Tabelle 8.9: Die Zustandsabbildungen für den in Tabelle 8.7 definierten Automaten.

Wort	Abbildung
0	$s_1 \rightarrow s_2,\ s_2 \rightarrow s_2,\ s_3 \rightarrow s_3$
1	$s_1 \rightarrow s_3,\ s_2 \rightarrow s_1,\ s_3 \rightarrow s_1$
10	$s_1 \rightarrow s_3,\ s_2 \rightarrow s_2,\ s_3 \rightarrow s_2$
01	$s_1 \rightarrow s_1,\ s_2 \rightarrow s_1,\ s_3 \rightarrow s_1$
11	$s_1 \rightarrow s_1,\ s_2 \rightarrow s_3,\ s_3 \rightarrow s_3$
010	$s_1 \rightarrow s_2,\ s_2 \rightarrow s_2,\ s_3 \rightarrow s_2$
110	$s_1 \rightarrow s_2,\ s_2 \rightarrow s_3,\ s_3 \rightarrow s_3$
011	$s_1 \rightarrow s_3,\ s_2 \rightarrow s_3,\ s_3 \rightarrow s_3$

Da der Automat über drei Zustände verfügt, könnte es prinzipiell $3^3=27$ verschiedene Zustandsabbildungen geben. Davon sind in diesem Automaten bei weitem nicht alle realisiert, sondern eben nur die acht oben tabellierten Abbildungen. So kommt beispielsweise die Abbildung $s_1 \rightarrow s_3,\ s_2 \rightarrow s_2,\ s_3 \rightarrow s_1$ nicht vor.

Die verschiedenen Abbildungen wurden hier jeweils nur durch ein Wort charakterisiert. Tatsächlich führt jedoch zu jeder dieser Abbildungen eine unendliche Menge von Wörtern, die alle zueinander äquivalent sind und daher zu *Äquivalenzklassen* zusammengefasst werden. Man symbolisiert die Äquivalenzklassen durch das in ekkige Klammern gesetzte kürzeste zugehörige Wort. Es ist also beispielsweise [0] die Menge aller Wörter, die zu derselben Abbildung führen wie das Wort 0, nämlich die

Wörter 0, 00, 000, ... oder als Menge geschrieben $[0] = \{0^n \mid n \geq 1\}$. Dabei wurde wieder die Potenzschreibweise $000... = 0^n$ verwendet. Zur Äquivalenzklasse [01] gehören unter anderem die Wörter 01, 001, 101, 1011101, 1111011111101, ... oder in Mengenschreibweise $[01] = \{x01^{2k+1} \mid x \in T^*, k \in \mathbf{N}_0\}$. Es ist dies die Menge aller Worte, die mit 0 gefolgt von einer ungeraden Anzahl von 1en enden, wobei es auf den davor befindlichen Teil des Wortes, der hier als x bezeichnet wird, nicht ankommt. Da 01 als kürzestes Wort ebenfalls zu dieser Menge gehören soll, kann x auch entfallen, was formal dadurch ausgedrückt wird, dass x auch das ebenfalls zu T* gerechnete *„leere Wort"* ε sein darf. Ein weiteres Beispiel für eine Äquivalenzklasse ist [1], wozu die Worte 1, 111, 11111 etc. gehören, also Worte, die aus einer ungeraden Anzahl von 1en bestehen. Die zugehörige Äquivalenzklasse lautet in Mengenschreibweise: $[1] = \{1^{2k+1} \mid k \geq 0\}$.

Um die durch den Automaten induzierte Halbgruppe zu vervollständigen, müssen noch die Verknüpfungsregeln bezüglich der Operation der Hintereinanderausführung von Zustandsabbildungen gefunden werden. Da es sich um eine endliche Halbgruppe handelt, kann man die Übergänge, wie schon im Falle des Automaten, als Tabelle schreiben. Die Zustandsabbildungen werden dabei mit den zugehörigen Äquivalenzklassen bezeichnet.

Tabelle 8.10: Gruppe der Äquivalenzklassen des Automaten gemäß Tabelle 8.7. In der Tabelle sind die Resultate des Hintereinanderausführens von Abbildungen aufgelistet, die durch die zugehörigen Äquivalenzklassen gekennzeichnet sin. Dabei ist immer zuerst eine Abbildung auszuführen, die einer Spalte entspricht, danach eine Abbildung, die einer Zeile entspricht. Beispiel: Hintereinanderausführen der Abbildungen [110] aus Spalte 7 und [10] aus Zeile 3 liefert [010]. Also [110][10] = [010].

2. \ 1.	[0]	[1]	[10]	[01]	[11]	[010]	[110]	[011]
[0]	[0]	[10]	[10]	[010]	[110]	[010]	[110]	[011]
[1]	[01]	[11]	[01]	[011]	[1]	[01]	[01]	[01]
[10]	[010]	[110]	[010]	[011]	[10]	[010]	[010]	[010]
[01]	[01]	[01]	[01]	[01]	[01]	[01]	[01]	[01]
[11]	[011]	[1]	[011]	[01]	[11]	[011]	[011]	[011]
[010]	[010]	[010]	[010]	[010]	[010]	[010]	[010]	[010]
[110]	[011]	[10]	[010]	[010]	[110]	[011]	[011]	[011]
[011]	[011]	[011]	[011]	[011]	[011]	[011]	[011]	[011]

Werden beispielsweise die Abbildungen [010] und [11] nacheinander ausgeführt, so erhält man aus der Tabelle (6. Spalte, 5. Zeile): $[010][11] \rightarrow [011]$. Die Abarbeitung der Zeichen erfolgt dabei in der Reihenfolge von links nach rechts.

Zur Untersuchung der algebraischen Struktur von Automaten sind Halbgruppen ein wertvolles Hilfsmittel. Allerdings würde eine Vertiefung dieses interessanten Gebiets der theoretischen Informatik den Rahmen dieses Buches sprengen.

Zum Schluss noch ein Beispiel: Gegeben sei der ein Automat A(T,S,f) mit $T=\{0,1\}$, $S=\{s_a, s_1, s_2, s_e, s_f\}$ und der in Tabelle 8.11 gegebenen Zustandsübergangsfunktion.

Tabelle 8.11: Übergangstabelle eines einfachen Automaten.

	s_a	s_1	s_2	s_e	s_f
0	s_f	s_f	s_e	s_f	s_f
1	s_1	s_2	s_1	s_2	s_f

Aus der Tabelle ergibt sich die Darstellung des Automaten durch ein Übergangsdiagramm:

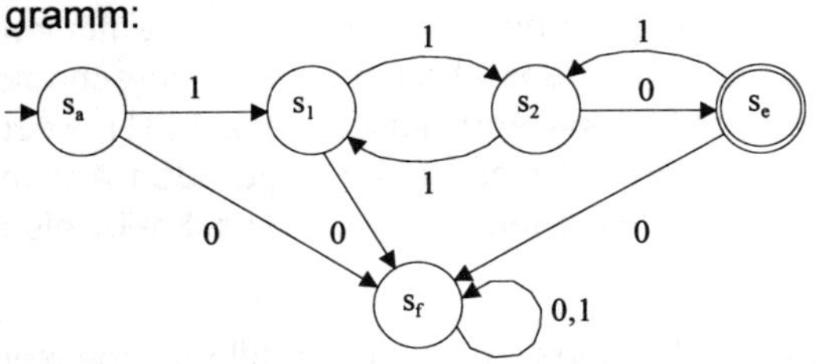

Abbildung 8.14: Übergangsdiagramm für den Automaten nach Tabelle 8.11.

Der Sprachschatz des Automaten besteht aus allen Worten, die (von links nach rechts gelesen) mit einer 1 beginnen, gefolgt von einer sich beliebig oft wiederholenden Kombination aus einer ungeraden Anzahl von 1en und einer 0. Als Menge geschrieben lautet der Sprachschatz: $L=\{1(1^{2k_i+1}0)^n \mid k_i \in \mathbf{N}_0,\ n \in \mathbf{N}\}$. Das einfachste akzeptierte Wort ist offenbar 110; außerdem gehören beispielsweise die Worte 1111010, 1101110 und 11111101111111010 zu L.

Der Automat besitzt 5 Zustände, er könnte als $5^5=3125$ verschiedene Abbildungen beinhalten. Die tatsächlich realisierten Abbildungen findet man nach dem oben beschriebenen Verfahren. Das Ergebnis ist in Tabelle 8.12 angegeben.

Tabelle 8.12: Tabelle der Zustandsabbildungen für den in Tabelle 8.11 definierten Automaten.

	s_a	s_1	s_2	s_e	s_f
0	s_f	s_f	s_e	s_f	s_f*
1	s_1	s_2	s_1	s_2	s_f*
00	s_f	s_f	s_f	s_f	s_f*
10	s_f	s_e	s_f	s_f	s_e*
01	s_f	s_f	s_2	s_f	s_f*
11	s_2	s_1	s_2	s_1	s_f*
000	s_f	s_f	s_f	s_f	s_f
100	s_f	s_f	s_f	s_f	s_f
010	s_f	s_f	s_e	s_f	s_f
110	s_e	s_f	s_e	s_f	s_f*
001	s_f	s_f	s_f	s_f	s_f
101	s_f	s_2	s_f	s_2	s_f*
011	s_f	s_f	s_1	s_f	s_f*
111	s_1	s_2	s_1	s_2	s_f

	s_a	s_1	s_2	s_e	s_f
1100	s_f	s_f	s_e	s_f	s_f
1010	s_e	s_f	s_f	s_e	s_f*
0110	s_f	s_f	s_f	s_f	s_f
1101	s_2	s_f	s_2	s_f	s_f*
1011	s_f	s_1	s_f	s_1	s_f*
0111	s_f	s_f	s_2	s_f	s_f
10100	s_f	s_f	s_f	s_f	s_f
11010	s_e	s_f	s_1	s_e	s_f
10110	s_f	s_f	s_f	s_1	s_f
10101	s_f	s_2	s_f	s_2	s_f
11011	s_1	s_f	s_1	s_f	s_f*

Der Tabelle entnimmt man, dass nur 13 Abbildungen, nämlich die durch einen Stern markierten, realisiert sind, nämlich:
[0], [1], [00], [10], [01], [11], [110], [101], [011], [1010], [1101], [1011], [11011]

8.1.8 Kellerautomaten

Die beim Zerteilungsproblem (siehe Kapitel 8.3.4) auftauchende Forderung nach einem einseitig unbegrenzten Speicher geht über die Möglichkeiten eines endlichen Automaten hinaus, da dieser ja - abgesehen von internen Zuständen - über keinen Speicher verfügt. Der Automatenbegriff wird daher durch Hinzunahme eines einseitig unendlichen Speichers, des so genannten *Kellerspeichers* (d.h. eines *Stacks*), ergänzt. Man spricht dann von einem *Kellerautomaten* (*Push-down Automaton*). Ein Kellerautomat ist wie ein Automat durch eine Menge T von Eingabezeichen und eine Menge S von Zuständen charakterisiert, eventuell ergänzt durch eine Menge Y von Ausgabezeichen. Dazu kommt noch eine endliche Menge von Kellerzeichen K, von denen immer nur das oberste zugänglich ist. Der Unterschied zu einem endlichen Automaten besteht auch darin, dass die Übergangsfunktion f so geartet ist, dass nicht nur Eingabezeichen gelesen werden können und Zustandsübergänge bewirken, sondern dass auch jeweils ein Zeichen aus der obersten Kellerposition gelesen werden kann und ebenfalls zu einem Zustandsübergang führt. Außerdem können Zeichen in der jeweils obersten Kellerposition gespeichert werden. Man unterscheidet Kellerautomaten, bei denen Wörter des akzeptierten Sprachschatzes zu einem Endzustand führen (wovon es auch mehrere geben kann) und dazu äquivalente Varianten, bei denen der Endzustand lediglich dadurch ausgedrückt wird, dass der Keller leer ist. Ferner unterscheidet man, wie schon bei Automaten, zwischen übersetzenden (*Transduktoren*) und akzeptierenden Kellerautomaten (*Akzeptoren*).

Beispiel 1:

Eine durch ineinandergeschachtelte Kombinationen der Wörter `BEGIN` und `END` in einem Pascal-Programm gekennzeichnete Blockstruktur kann mit einem Kellerautomaten beispielsweise durch folgende Schritte analysiert werden:

1. Der Kellerautomat befindet sich im Anfangszustand, der Kellerspeicher auf der Anfangsposition (d.h. er ist leer).
2. Tritt `BEGIN` als Eingabezeichen auf, so wird es eingekellert, d.h. auf die obertse Kellerposition geschrieben.
3. Tritt `END` als Eingabezeichen auf, so gibt es zwei Möglichkeiten:
   a) Der Keller befindet sich auf der Anfangsposition. Fehler! Die Folge von `BEGIN` und `END` ist inkorrekt.
   b) Der Keller befindet sich nicht in der Anfangsposition: Das zuletzt in den Keller geschriebene Zeichen wird gelesen und damit aus dem Keller eliminiert. Jedes `END` löscht sozusagen ein `BEGIN`.
4. Sind alle Eingabezeichen abgearbeitet, so gibt es wieder zwei Möglichkeiten:
   a) Der Keller befindet sich auf der Anfangsposition: Die analysierte Blockstruktur ist korrekt.
   b) Der Keller befindet sich nicht auf der Anfangsposition: Die analysierte Blockstruktur ist fehlerhaft.

Beispiel für eine korrekte Blockstruktur: `BEGIN BEGIN END BEGIN END END`
Beispiel für eine inkorrekte Blockstruktur: `BEGIN END END BEGIN END BEGIN`

Beispiel 2:

Gegeben seien das Alphabet von Eingabezeichen T={a,b,c} und der Sprachschatz $L=\{ab^nc^{2n} \mid n\in\mathbf{N}\}$. Hier ist die Anzahl der b's und die Anzahl der c's voneinander abhängig, der Automat müsste also eine im Prinzip unbegrenzte Anzahl von b's zählen können. Ist die Zahl n nicht fest vorgegeben, so ist es nicht möglich, einen endlichen, deterministischen Automat mit dem Sprachschatz L zu konstruieren. Es existiert jedoch ein Kellerautomat, der L akzeptiert. Diesen kann man beispielsweise durch die Menge der Eingabezeichen T={a,b,c}, die Menge der Zustände $S=\{s_a, s_1, s_2, s_e, s_f\}$, die aus einem einzigen Kellerzeichen k bestehende Menge K={k} sowie die folgende, verbal beschriebene Übergangsfunktion definieren:

1. Der Kellerautomat befindet sich im Anfangszustand s_a, der Kellerspeicher auf der Anfangsposition.
2. Erscheint das Eingabezeichen a, geht der Kellerautomat in den Zustand s_1 über. Andernfalls geht der Kellerautomat in den Fangzustand s_f über und verbleibt dort für jede weitere Eingabe.
3. Erscheinen nun nacheinander eine Anzahl n von Eingabezeichen b, so geht der Kellerautomat in den Zustand s_2 über. Gleichzeitig wird für jedes Eingabezeichen b zweimal je ein Zeichen in den Kellerspeicher geschrieben. Punkt 3 wird solange ausgeführt, bis keine b's mehr erscheinen.
4. Erscheint das Eingabezeichen a, so geht der Kellerautomat in den Fangzustand s_f über und verbleibt dort für jede weitere Eingabe.
5. Erscheint das Eingabezeichen c, so geht der Kellerautomat in den Zustand s_2 über und es wird die oberste Kellerposition gelesen. Enthält der Keller danach keinen weiteren Eintrag mehr, so geht der Kellerautomat in den Fangzustand s_f über und verbleibt dort für jede weitere Eingabe. Andernfalls wird nochmals die oberste Kellerposition gelesen. Enthält der Keller danach keinen weiteren Eintrag mehr, so geht der Kellerautomat in den Endzustand s_e über. Erscheint an Stelle des Eingabezeichens c ein anderes Eingabezeichen, so geht der Kellerautomat in den Fangzustand s_f über und verbleibt dort für jede weitere Eingabe. Punkt 5 wird solange ausgeführt, bis der Kellerautomat entweder in den Fangzustand oder in den Endzustand übergegangen ist.
6. Wenn sich der Kellerautomat im Endzustand s_e befindet und es erscheint ein beliebiges weiteres Eingabezeichen, so gehört das eingegeben Wort nicht zum akzeptierten Sprachschatz L und der Kellerautomat geht in den Fangzustand s_f über. Andernfalls ist das eingegebene Wort akzeptiert.

Von nicht-deterministische Kellerautomaten akzeptierte Sprachen sind genau die *kontextfreien Sprachen* (vgl. Kapitel 8.3.2).

8.2 Turing-Maschinen

8.2.1 Definition von Turing-Maschinen

Automaten sind als Werkzeug offenbar nicht mächtig genug, um all das beschreiben zu können, was ein Computer leisten kann. Dies folgt auch daraus, dass die zu Automaten äquivalenten regulären Sprachen (vgl. Kapitel 8.3) nicht als Grundlage für Programmiersprachen ausreichen. Man hat daher nach einem möglichst einfachen formalen System gesucht, mit dessen Hilfe zumindest im Prinzip alle Probleme gelöst werden könnten, die ein Computer lösen kann. Das von Alan Turing (1912-1954) bereits in den 30er Jahren entwickelte Konzept der *Turing-Maschine* [Tur50] ist dazu in der Tat in der Lage. Anders ausgedrückt: alles was ein Computer mit einem fest vorgegebenen Programm berechnen kann, kann auch eine Turing-Maschine berechnen und umgekehrt. Die Turing-Maschine ist ein mit den oben diskutierten Automaten eng verwandtes, sehr einfaches und daher in theoretischen Untersuchungen häufig verwendetes universales Modell für einen Computer. Bislang haben sich alle Konzepte zur Formulierung eines Algorithmus, bzw. letztlich zur Beschreibung eines abstrakten Computers, als äquivalent zu diesem Turing-Maschinen-Modell erwiesen (Church-Turing These, siehe Kapitel 9.1.2).

Eine Turing-Maschine besteht aus folgenden Komponenten:

- einem (einseitig oder beidseitig) unbegrenzten *Ein/Ausgabe-Band*,
- einem längs des Bandes nach links (L) und rechts (R) um jeweils einen Schritt beweglichen *Schreib/Lese-Kopf*,
- einem endlichen Alphabet T von *Eingabezeichen*,
- einem endlichen Alphabet B von *Bandzeichen*, wobei B alle Eingabezeichen umfasst und eventuell noch weitere Zeichen.
- einer endlichen Menge von *Zuständen* S mit mindestens einem *Anfangszustand* und mindestens einem *Endzustand* (*Haltezustand*).
- und einer *Zustandsübergangsfunktion* $f{:}S \times B \rightarrow S \times (B \cup \{L, R\})$.

Mit Hilfe des Schreib/Lese-Kopfes können definitionsgemäß die Zeichen des Alphabets B bzw. T vom Band gelesen und auch auf dieses geschrieben werden. Nach einem Schreib/Lese-Vorgang bewegt sich der Schreib/Lese-Kopf jedes Mal um genau einen Schritt nach links oder rechts. Da der Definitionsbereich und ebenso der Wertebereich der Übergangsfunktion f endlich sind, kann sie in Form einer Tabelle oder als Folge von Anweisungen dargestellt werden, wodurch die Turing-Maschine von einem inneren Zustand in einen anderen übergeführt wird. Die Turing-Maschine befindet sich also zu jeder Zeit in einem klar definierten Zustand. Aus dem aktuellen Zustand und dem als letztes eingelesenen Zeichen ergibt sich immer, in welche Richtung der Schreib/Lese-Kopf bewegt werden soll und welche Anweisung als Nächste auszuführen ist. Mindestens zwei der Zustände sind ausgezeichnet, nämlich ein Anfangszustand und ein Endzustand.

Man kann sogar zeigen, dass man in jedem Fall mit nur zwei Zeichen, z.B. $T=\{0,1\}$ und nur zwei Zuständen, nämlich einem Anfangszustand und einem Endzustand auskommt. Auch genügt es, nur einseitig unbegrenzte Bänder zu betrachten.

Man kann eine Turing-Maschine als *Akzeptor* verwenden: Eine Turing-Maschine akzeptiert jedes Wort $w \in T^*$, wenn es eine Folge von Zustandsübergängen gibt, mit der die Turing-Maschine mit w auf dem Eingabeband vom Anfangszustand in einen Endzustand gelangt, also anhält. Die Menge aller akzeptierten Wörter bilden den *akzeptierten Sprachschatz*.

Unter der *Konfiguration* einer Turing-Maschine versteht man die momentane Anordung der Zeichen auf dem Band gemeinsam mit dem Zustand (wozu auch die Position des Schreib/Lesekopfes gehört) in dem sich die Turing-Maschine gerade befindet. Insbesondere bezeichnet man die Konfiguration der Zeichen auf dem Band vor dem Start der Turing-Maschine als *Startkonfiguration* und die Konfiguration beim Anhalten der Turing-Maschine als eine *Endkonfiguration* oder *Haltekonfiguration*.

Turing-Maschinen stehen in engem Zusammenhang mit der Theorie der *Berechenbarkeit* (siehe Kapitel 9.1). Man definiert den Begriff der *Turing-Berechenbarkeit* wie folgt: Eine Funktion $f(x)=y$ mit $x,y \in T^*$ ist Turing-berechenbar, wenn es Folgen von Zustandsübergängen gibt, mit denen die Turing-Maschine aus jeder Anfangskonfiguration mit dem Wort x in eine Endkonfiguration mit dem Wort y übergeht. Die Turing-Maschine transformiert also die Eingabe x in die Ausgabe y, die dann auf dem Band abgelesen werden kann.

Es ist noch anzumerken, dass eine Turing-Maschine nicht in jedem Falle anhalten muss; in diesem Sinne ist daher die Übergangsfunktion f eine *partielle* Funktion.

Es ist praktischer und allgemein üblich, die Übergangsfunktion von Turing-Maschinen nicht (wie im Falle von Automaten) durch Übergangstabellen zu beschreiben, sondern durch eine endliche Anzahl von *Anweisungen*. Die Anweisungen einer Turing-Maschine kann man bei Beschränkung auf die Eingabezeichen 0 und 1 beispielsweise in folgender Form schreiben:

$$i \left\{ \begin{array}{cccc} 0 & b & r & j \\ 1 & b & r & k \end{array} \right.$$

Die Zeichen haben dabei folgende Bedeutung:

- Index $i \in \mathbf{N}$ vor der geschweiften Klammer: Anweisungsnummer
- erste Spalte: gelesenes Bandzeichen (0 oder 1)
- zweite Spalte: zu schreibendes Bandzeichen b (0 oder 1)
- dritte Spalte: Richtung r für den nächsten Schritt (R=rechts oder L=links)
- vierte Spalte: Index k der nächsten Anweisung oder $k=0$ für HALT

Beispiel:

Gegeben seien die beiden folgenden Anweisungen:

1 { 0 1 R 2
    1 1 R 0

2 { 0 1 L 2
    1 1 L 1

Beim Start der Turing-Maschine wird angenommen, dass das Eingabeband mit 0-en vorbesetzt ist und die Turing-Maschine als Erstes die Anweisung 1 ausführt. In der folgenden Skizze werden die einzelnen Zwischenzustände und der zugehörige Zustand des Bandes angegeben. Die senkrechten Pfeile bezeichnen jeweils die aktuelle Position des Schreib/Lese-Kopfes.

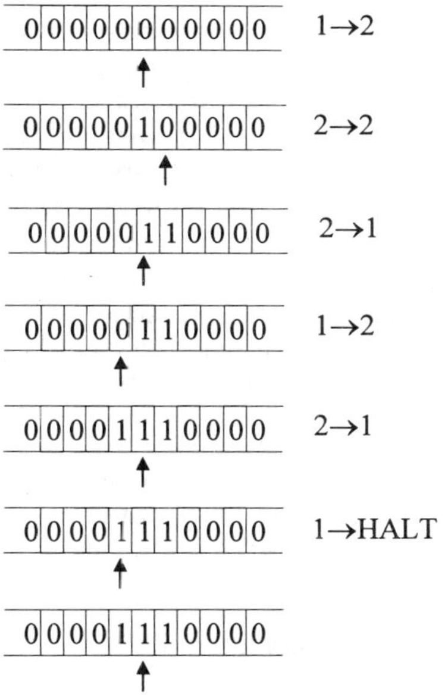

Abbildung 8.15: Beispiel für eine Turing-Maschine mit den Bandzeichen 0 und 1, die drei Einsen auf das mit 0-en vorbesetzte Band schreibt und dann auf der mittleren 1 anhält.

Man kann Turing-Maschinen auch ähnlich wie Automaten in Form von Übergangs-Diagrammen darstellen. Man schreibt dazu die Zustände als Knoten und die Übergänge als Pfeile. An der Wurzel des Pfeiles gibt man das gelesene Zeichen an und neben dem Pfeil das geschriebene Zeichen und die Richtung des Schrittes auf dem Schreib/Lese-Band. Den Anfangszustand kann man durch einen Pfeil kennzeichnen und den Endzustand durch HALT. Ferner muss noch die Vorbesetzung des Schreib/Lese-Bandes und das Startfeld des Schreib/Lese-Kopfes spezifiziert werden. Als Beispiel wird die oben dargestellte Turing-Maschine verwendet.

1 { 0 1 R 2
1 1 R HALT

2 { 0 1 L 2
1 1 L 1

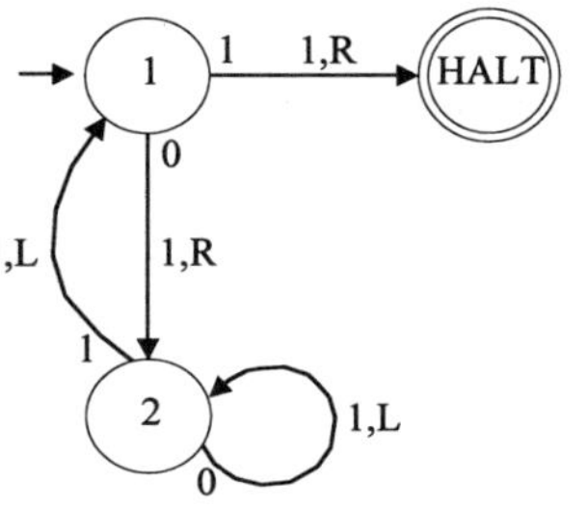

Abbildung 8.16: Beispiel für die Darstellung einer Turing-Maschine als Folge von Anweisungen und als Übergangs-Diagramm. Für eine vollständige Beschreibung müsste noch die Vorbesetzung des Schreib/Lese-Bandes und die Ausgangsstellung des Schreib/Lese-Kopfes angegeben werden.

Ähnlich wie schon im Falle von Automaten betrachtet man neben *deterministischen* Turing-Maschinen, bei denen die Übergangsfunktionen durch umkehrbar eindeutige Übergangsfunktionen beschrieben werden, auch *nichtdeterministische* Varianten. Die Zustandsübergänge werden dann durch *Übergangsrelationen* beschrieben. Nichtdeterministische Maschinen können aus mehreren Fortsetzungsmöglichkeiten beliebig wählen, oder aber alle Möglichkeiten gleichzeitig parallel ausführen. Nichtdeterministische Turing-Maschinen können den Wert von Variablen gewissermaßen erraten, d.h. die Variable nimmt irgend einen Wert aus ihrem Definitionsbereich an. Davon zu unterscheiden sind *probabilistische Maschinen* bzw. Algorithmen. Bei diesen werden die Variablen gemäß einer vorgegebenen Wahrscheinlichkeitsverteilung besetzt, die beispielsweise eine Gleichverteilung sein kann. Man kann zeigen, dass jede nichtdeterministische Turing-Maschine durch eine deterministische Turing-Maschine ersezt werden kann, welche dieselbe Ausgabe liefert, wie die nichtdeterministische Turing-Maschine. Allerdings muss diese deterministische Turing-Maschine nicht notwendigerweise anhalten.

Aus der Definition von endlichen Turing-Maschinen folgt, dass die Anzahl aller überhaupt möglichen Turing-Maschinen aufzählbar sein muss. Man kann damit zeigen, dass jede Turing-Maschine einer *rekursiv aufzählbaren formalen Sprache* (siehe Kapitel 8.3) zugeordnet werden kann und umgekehrt.

Eine interessante Einschränkung sind *linear beschränkte Automaten*. Dabei handelt es sich um Turing-Maschinen, bei denen nur ein durch die Länge des Eingabewortes beschränkter Bereich des Bandes verwendet wird. Die durch linear beschränkte Automaten akzeptierten Sprachen sind zu den in Kapitel 8.3 eingeführten *kontextfreien Sprachen* äquivalent, welche eine wichtige Grundlage von Programmiersprachen bilden.

Auch John von Neumann beschäftigte sich seit Anfang der 50er Jahre mit formalen Systemen, sog. *zellulären Automaten* [Neu66], die ebenfalls zur Simulation eines universellen Computers geeignet sind. Zunächst ging es dabei allerdings nur um die formale Beschreibung eines Aspektes biologischen Lebens, nämlich die Fähigkeit zur *Selbstreproduktion*. Eine populäre Variante zellulärer Automaten, die als *Spiel des Lebens* (*Game of Life*) bekannt geworden ist, stammt von John Conway [Berl82].

Das Spiel des Lebens wird von einigen erstaunlich einfachen „genetischen Gesetzen" bestimmt, die Geburt, Tod und Überleben von Populationen aus „Spielmarken" simulieren. Die Regeln lauten nach Conway:

- Ein rechteckiges Spielfeld, etwa ein Schachbrett, wird mit Spielmarken vorbesetzt.
- Jede Spielmarke mit zwei oder drei Nachbarn überlebt den aktuellen Spielschritt und bleibt für die nächste Generation erhalten.
- Jede Spielmarke mit vier oder mehr Nachbarn stirbt an Überbevölkerung, d.h. sie wird in der nächsten Generation vom Spielfeld entfernt, also gelöscht.
- Jede Spielmarke mit nur einem oder gar keinem Nachbarn stirbt an Einsamkeit, d.h. sie wird ebenfalls gelöscht.
- Auf jedem leeren Spielfeld, das von genau drei Nachbarn umgeben ist, wird in der nächsten Generation eine Spielmarke „geboren". Alle anderen leeren Spielfelder bleiben leer.

Es ist wichtig, dass bei jedem Generationswechsel zunächst alle Spielmarken und alle leeren Spielfelder bewertet werden. Erst wenn diese Bewertung abgeschlossen ist, dürfen Spielmarken entfernt oder hinzugefügt werden. Diese Prozedur wird dann zur Erzeugung der jeweils nächsten Generation immer wieder aufs Neue durchlaufen. Auf diese Weise entstehen abhängig von der Anfangskonfiguration stabile, oszillierende oder sich stetig ändernde Populationen, deren Erforschung Generationen begeistert hat. Bei näherem Hinsehen entwickelte dieses Spiel über seine Unterhaltungsabsicht hinaus eine ungeahnte Tiefe bis hin zur Simulation eines universellen Computers in der Art einer Turing Maschine und zur Beschreibung des Phänomens der Selbstreproduktion. Das Alphabet der Eingabezeichen bleibt $T=\{0,1\}$.

8.2.2 Beispiele für Turing-Maschinen

Eine Turing-Maschine, die nur über die beiden Zeichen 0 und 1 verfügt, leistet prinzipiell dasselbe wie eine Turing-Maschine mit einem umfangreicheren Alphabet. Für praktische Zwecke ergeben sich jedoch besser lesbare, kürzere und einfachere Programme, wenn man zu den Zeichen 0 und 1 noch ein drittes Zeichen als Bandzeichen hinzunimmt, nämlich ein *Leerzeichen*, das anzeigt, dass das Band an der betreffenden Stelle leer ist. Links und rechts von dem Eingabewort ist also das Band immer vollständig mit Leerzeichen gefüllt. Nimmt man den Strich (-) als Leerzeichen hinzu, so lautet das Alphabet der Bandzeichen $B=\{-, 0, 1\}$ und die Anweisungen bestehen dementsprechend aus jeweils drei Zeilen.

Beispiel 1:

Es sollen zwei natürliche Zahlen addiert werden, die als *Strich-Code*, d.h. als Folge von 1en gegeben sind und durch eine 0 voneinander getrennt sind. Die Addition zweier Strich-Code-Zahlen kann durch drei Anweisungen programmiert werden:

	-	-	L	1
1 {	0	1	L	2
	1	1	L	1
	-	-	R	3
2 {	0	0	L	HALT
	1	1	L	2
	-	-	L	HALT
3 {	0	0	L	HALT
	1	-	R	HALT

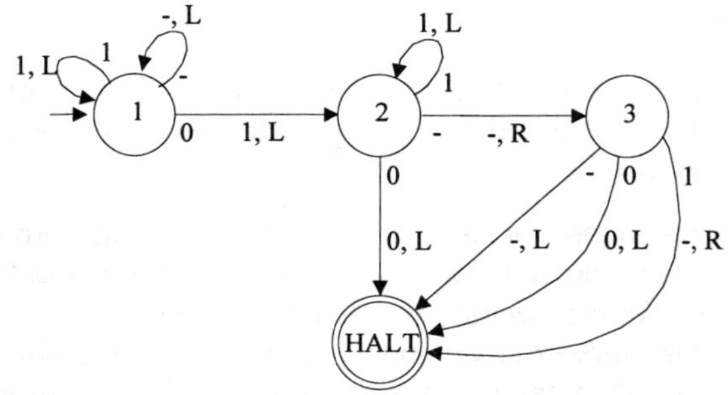

Abbildung 8.17: Darstsellung einer Turing-Maschine als Folge von Anweisungen und als Übergangsdiagramm, mit der zwei natürliche Zahlen, die als Folge von 1en dargestellt werden und durch eine 0 getrennt sind, addiert werden können.

Für die Aufgabe 3+4=7 wird die Vorbesetzung des Bandes und das Ergebnis in der folgenden Abbildung dargestellt.

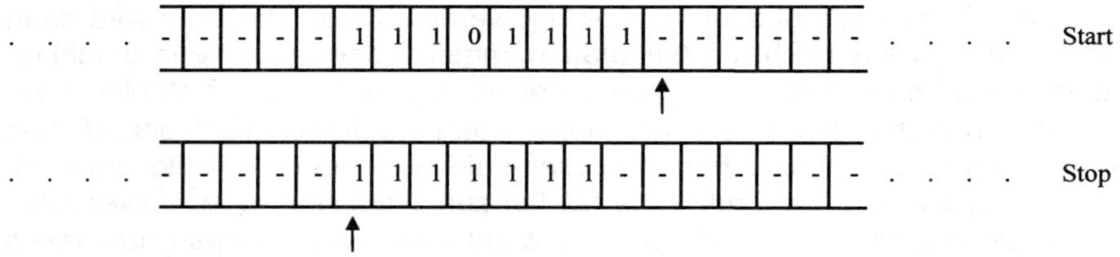

Abbildung 8.18: Zustand des Bandes im Anfangszustand und im Endzustand für die oben definierten Turing-Maschine. Es wird die Addition 3+4=7 berechnet. Die Anfangs- und Endposition des Schreib/Lese-Kopfes ist jeweils durch einen Pfeil markiert.

Der Schreib/Lesekopf soll am Anfang rechts von der Eingabe stehen. Am Ende der Operation steht der Schreib/Lesekopf auf der Position der am weitesten links stehenden 1 des linken Operanden.

Beispiel 2:

Es soll eine als Strich-Code dargestellte natürliche Zahl mit zwei multipliziert werden.

Ein entsprechendes Turing-Programm kann wie in Abbildung 8.19 skizziert aussehen:

	-	-	L	1
1 {	0	0	R	0
	1	0	R	2
	-	0	L	3
2 {	0	0	R	2
	1	-	R	0
	-	-	R	4
3 {	0	0	L	3
	1	0	R	2
	-	-	L	0
4 {	0	1	R	4
	1	1	R	0

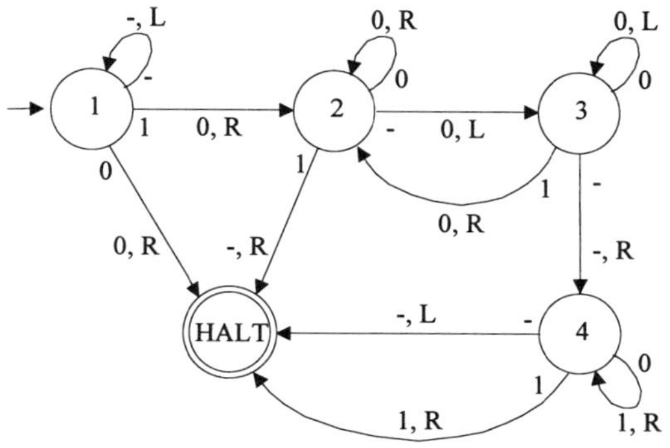

Abbildung 8.19: Darstellung einer Turing-Maschine als Anweisungsliste und als Übergangsdiagramm, mit der eine als Folge von 1en dargestellte natürliche Zahl mit zwei multipliziert werden kann.

Für die Aufgabe 3·2=6 lauten die Vorbesetzung des Bandes und das Ergebnis:

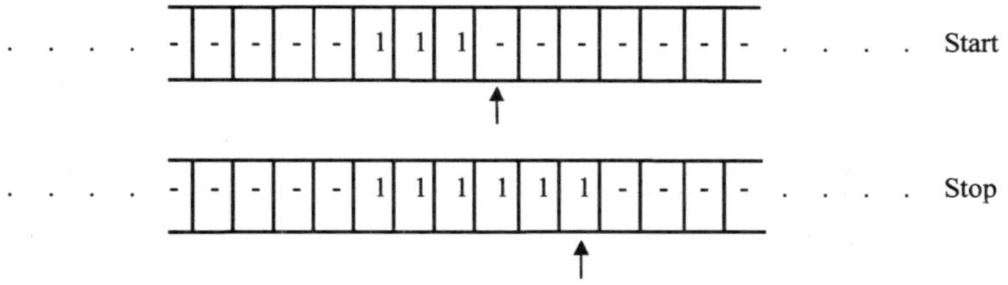

Abbildung 8.20: Zustand des Bandes im Anfangszustand und im Endzustand für die oben definierten Turing-Maschine. Es wird die Multiplikation 3·2=6 berechnet. Die Anfangs- und Endposition des Schreib/Lese-Kopfes ist jeweils durch einen Pfeil markiert.

Der Schreib/Lesekopf soll am Anfang rechts von der Eingabe stehen. Am Ende der Operation steht der Schreib/Lesekopf auf der Position der am weitesten rechts befindlichen 1 des dem Ergebnis entsprechenden Strich-Codes.

8.2.3 Realisierung einer Turing-Maschine als C-Programm

Mit dem folgenden C-Programm wird eine Turing-Maschine mit den Alphabeten T={0,1} und B = {-, 0, 1} simuliert. Die Anweisungen können in der oben erläuterten Form eingegeben und modifiziert werden. Das Band (Tape) ist mit Strichen (-) vorbesetzt; es kann mittels der Funktion `tmTape` beliebig modifiziert werden. Bei Start der Turing-Maschine beginnt die Bearbeitung rechts neben dem am weitesten rechts stehenden Zeichen des Eingabe-Strings, das dann in jedem Fall ein Strich (-) ist.

```
//**************************************************************************
// Simulation einer Turing Maschine
//**************************************************************************
#include <stdio.h>
#include <conio.h>
#define MAX 20
#define MAXTAPE 10000
#define MAXTEXT 80
#define ESC 27
#define CR 13

// Datenstruktur für Turing-Maschine
struct tm { int n,              // Anzahl der Anweisungen
            start,              // Startindex für das Band
            w[MAX][3],          // zu schreibendes Symbol
            s[MAX][3],          // naechster Schritt links oder rechts
            next[MAX][3];       // nächste Anweisung
            char tape[MAXTAPE]; // Schreib-/Leseband
} t={0};

//--------------------------------------------------------------------------
// Anweisungsnummer lesen
//--------------------------------------------------------------------------
int getNr(void) {
  int i=0,c;
  for(;;) {
    c=getch();
    if(c>47 && c<58) { putch(c); i=i*10+c-48; }  // Nur Ziffern erlaubt
    if(c==CR || c==ESC) break;
  }
  return(i);
}

//--------------------------------------------------------------------------
// Auflisten einer Turing-Maschine
//--------------------------------------------------------------------------
int tmList(void) {
  int i,k=0;
  if(t.n==0) {
    printf("\n\aKeine Turing-Maschine definiert!\n");
    return(-1);
  }
  printf("\nTuring-Maschine:\nNr. Read Write Step Next\n");
  printf("========================\n");
  for(i=1; i<=t.n; i++) {
    printf("%2d    -    %c    %c    %d\n",i,t.w[i][0],t.s[i][0],t.next[i][0]);
    printf("      0    %c    %c    %d\n" ,t.w[i][1],t.s[i][1],t.next[i][1]);
    printf("      1    %c    %c    %d\n" ,t.w[i][2],t.s[i][2],t.next[i][2]);
    if(!i%3) { printf("\nweiter mit beliebiger Taste....\n"); getch(); }
  }
  return(t.n);
}

//--------------------------------------------------------------------------
// Eingabe des Turing-Befehls mit Nummer m in die Turing-Maschine
//--------------------------------------------------------------------------
int tmIn(int m) {
  int w=1,s=1,n,k=0;
  char c[3]={'-','0','1'};                    // Mögliche Bandzeichen
  while(w!=ESC && s!=ESC && k<3) {
    for(;;) {
      printf("\n%2d    %c    ",m,c[k]);
      if((w=_getche())==ESC) break;        // zu schreibendes Zeichen eingeben
      printf("    "); if((s=_getch())==ESC) break;        // Richtung eingeben
```

```
      s&=95;                             // In Großbuchstaben umwandeln
      printf("%c",s);
      printf("   "); n=getNr();          // nächste Anweisungsnummer
      if(n<0 || n>=MAX || (s!='R' && s!='L') || (w!='-' && w!='0' && w!='1'))
        printf("\aEingabefehler!\n");
      else { t.w[m][k]=w; t.s[m][k]=s; t.next[m][k++]=n; break; }
    }
  }
  if(w==ESC || s==ESC) return(ESC); else return(0);
}

//--------------------------------------------------------------------------
// Generieren einer Turing-Maschine
//--------------------------------------------------------------------------
int tmGen(void) {
  int m=1;
  printf("\nGenerieren einer Turing-Maschine\n");
  printf("Eingabe beenden mit <ESC>\n\nNr. Read Write Step Next\n");
  printf("========================");
  t.n=0;                        // Löschen, d.h. Anzahl der Anweisungen ist 0
  while(!tmIn(m++)) t.n++;      // Anweisungen eingeben
  return(t.n);                  // Rückgabewert ist Anzahl der Anweisungen
}

//--------------------------------------------------------------------------
// Modifizieren einer Turing-Maschine
//--------------------------------------------------------------------------
int tmMod(void) {
  int k;
  if(t.n==0) {printf("\n\aKeine Turing-Maschine definiert!\n"); return(-1);}
  printf("\nModifizieren der Turing-Maschine\n");
  printf("Eingabe beenden mit <ESC>\nAnweisungs-Nummer = ? ");
  k=getNr();            // Eingabe der Anweisungsnummer
  if(k>t.n) { printf("\n\aUngültige Anweisungsnummer\n"); return(-1); }
  return(tmIn(k));      // Modifikation der Anweisung
}

//--------------------------------------------------------------------------
// Vorbesetzen des Eingabebandes
//--------------------------------------------------------------------------
long tmTape(int in) {
  char c;
  long i=0;
  printf("\nVorbesetzung des Eingabe/Ausgabe-Bandes:\n");
  for(i=0; i<MAXTAPE; i++) t.tape[i]='-'; // Vorbesetzung mit -
  t.start=MAXTAPE/2;                      // Start in Bandmitte
  if(in) while(t.start<MAXTAPE) {         // Eingabestring auf Band übertragen
    c=getch();
    if(c==CR  || c==ESC) break;
    if(c=='0' || c=='1' || c=='-') {
      putch(c);
      t.tape[t.start++]=c;
    }
  }
  return(++t.start);          // Rückgabe des Startpunktes, rechts neben Eingabe
}

//--------------------------------------------------------------------------
// Ausführen einer Turing-Maschine
// mode=0: direkte Ausführung,   mode!=0: Ausführung in Einzelschritten
//--------------------------------------------------------------------------
int tmDo(int mode) {
  int pos[MAXTEXT];            // Feld zum Markieren der Position des S/L-Kopfes
  int m=1,i=0,j,k1,k2,p,pt;
```

```
  long steps=0L;                    // Anzahl der Schritte
  if(t.n==0) {printf("\n\aKeine Turing-Maschine definiert!\n"); return(-1);}
  k2=t.start+10;
  k1=k2-MAXTEXT;                    // Indizes für Ausgabefenster
  for(j=0; j<MAXTEXT; j++) pos[j]=' ';
  pt=t.start;
  pos[p=t.start+MAXTEXT-k2]='^';    // Marke ^ für Position des S/L-Kopfes
  printf("\nStart der Turingmaschine\n");
  if(mode) printf("Weiter mit beliebiger Taste, beenden mit <ESC>\n\n");
  else     printf("beenden mit <ESC>\n\n");
  for(j=k1; j<k2;  j++)     printf("%c",t.tape[j]);  // Bandinhalt anzeigen
  for(j=0;  j<MAXTEXT; j++) printf("%c",pos[j]);     // Position S/L-Kopf
  printf("\n");
  while(m) {                      // Führe Turing-Programm aus, bis m=0 wird
    if(mode) i=getch();           // Einzelschritt-Modus
    while(kbhit()) i=getch();     // evtl. eingegebenes Zeichen lesen
    if(i==ESC) break;             // Ausführung beenden bei Eingabe von ESC
    if(t.tape[pt]=='0') i=1;      // i=1 für "0",
    else if(t.tape[pt]=='1') i=2;// i=2 für "1"
    else i=0;                     // i=0 für "-"
    t.tape[pt]=t.w[m][i];         // Zeichen aufs Band schreiben
    pos[p]=' ';                   // Position des S/L-Kopfes löschen
    if(t.s[m][i]=='L') {pt--; p--;}    // S/L-Kopf nach links
    else {pt++; p++;}                  // S/L-Kopf nach rechts
    if(p<1)         { p+=MAXTEXT/4; k1-=MAXTEXT/4; k2-=MAXTEXT/4; }
    if(p>=MAXTEXT) { p-=MAXTEXT/4; k1+=MAXTEXT/4; k2+=MAXTEXT/4; }
    for(j=k1; j<k2; j++) printf("%c",t.tape[j]);   // Bandinhalt anzeigen
    pos[p]='^';                                      // Position S/L-Kopf
    for(j=0; j<MAXTEXT; j++) printf("%c",pos[j]);  // Position anzeigen
    m=t.next[m][i];                                  // nächste Anweisung
    steps++;                                         // Schritte zählen
  }
  printf("\nAnzahl der Schritte = %d\n\n",steps);
  return(steps);
}

//--------------------------------------------------------------------------
// Hauptprogramm: Simulation einer Turing Maschine
//--------------------------------------------------------------------------
int main() {
  char c=0;
  printf("\n\nSimulation einer Turing-Maschine\n");
  printf("================================\n");
  tmTape(0);              // Band initialisieren
  for(; c!=ESC;) {
    printf("\n\nG: Generieren\nM: Modifizieren\nL: Auflisten\n");
    printf("B:  Band  vorbesetzen\nA:  Ausführen\nS:  Einzelschritt\nQ:  Been-
  den\n");
    c=getch();
    switch(c) {
      case 'g': case 'G': tmGen();   break;   // Turing-Maschine generieren
      case 'm': case 'M': tmMod();   break;   // modifizieren
      case 'l': case 'L': tmList();  break;   // auflisten
      case 'b': case 'B': tmTape(1); break;   // Band initialisieren
      case 'a': case 'A': tmDo(0);   break;   // Ausführen
      case 's': case 'S': tmDo(1);   break;   // Ausführen in Einzelschritten
      case 'q': case 'Q': c=ESC;
      default:;
    }
  }
  return(0);
}
```

8.3 Einführung in die Theorie der formalen Sprachen

8.3.1 Definition von formalen Sprachen

Für die Programmierung von Datenverarbeitungsanlagen ist die natürliche Sprache oder auch die mathematische Formelsprache nicht geeignet. Man hat daher den Maschinen angepasste Programmiersprachen entwickelt. Als Beispiele wurden ASSEMBLER (Kapitel 5), Pascal, C (Kapitel 6.3) und PROLOG eingeführt und weitere Sprachen kurz erwähnt. Die augenfälligsten Unterschiede zwischen Programmiersprachen und natürlichen Sprachen sind die streng formalisierten Sprachregeln der Programmiersprachen sowie deren geringer Sprachumfang sowohl hinsichtlich des Wortschatzes als auch hinsichtlich der Regeln.

In diesem Kapitel sollen einige grundlegenden Eigenschaften von *formalen Sprachen* behandelt werden, die zu den theoretischen Grundlagen von Programmiersprachen und Compilern gehören.

Der Begriff Sprache wurde bereits in den vorausgegangenen Kapiteln eingeführt, unter anderem auch in der Automatentheorie. In der Tat kann man die formalen Sprachen als eine Erweiterung des Automatenbegriffs verstehen.

Zu einer formalen Sprache gehört zunächst ein *Vokabular* V, das aus einem Alphabet $T=\{a,b,...\}$ von *terminalen Zeichen* und einer abzählbaren Menge $S=\{A,B,...\}$ von *nichtterminalen Zeichen* besteht. Die nichtterminalen Zeichen werden auch als *syntaktische Variablen* bezeichnet. Fasst man formale Sprachen als eine Erweiterung des Automatenbegriffs auf, so kann man die nichtterminalen Zeichen mit der Menge der Zustände eines Automaten vergleichen und die terminalen Zeichen mit den Eingabezeichen. Man betrachtet nun Wörter aus T^*, die nur aus terminalen Zeichen bestehen und Wörter aus S^*, die nur aus nichtterminalen Zeichen bestehen sowie Wörter aus V^*, die sowohl terminale als auch nichtterminale Zeichen enthalten können. Offenbar ist $V = S \cup T$.

Die für Automaten definierte Übergangsfunktion wird jetzt durch *Ableitungsregeln* beschrieben. In der Automatentheorie bedeutet der Ausdruck $s_i y = s_j$, dass der Automat durch Einlesen des aus der Menge der Eingabezeichen gebildeten Wortes $y \in T^*$ vom Zustand s_i in den Zustand s_j übergeht. Die Entsprechung eines Übergangs in einer formalen Sprache ist die *Ableitung (deduction)* eines Wortes aus einem anderen. Dies wird durch das Zeichen $\rightarrow$ zum Ausdruck gebracht, hier beispielsweise: $s_j \rightarrow s_i y$ oder allgemeiner, ohne Bezug zu Automaten: $u \rightarrow v$. Die Relation $\rightarrow$ ist also eine Vorschrift, mit der man aus einem Wort $u \in V^*$ ein anderes Wort $v \in V^*$ ableiten kann. Die Ableitungsregeln werden in der Terminologie der formalen Sprachen als *Produktionen* bezeichnet.

Auch der *Anfangszustand* s_a und der *Endzustand* s_e eines Automaten haben ihre Entsprechung in formalen Sprachen: s_a wird durch das *leere Wort* ε ersetzt und s_e durch das als *Startsymbol* oder auch *Axiom* bezeichnete Zeichen $Z \in S$. Der *akzeptierte Sprachschatz* einer formalen Sprache lässt sich dann durch die Menge aller Wörter $x \in T^*$ ausdrücken, für die gilt: $Z \rightarrow x$.

Es sind also alle Wörter $x \in T^*$ akzeptiert, die sich aus Z ableiten lassen. Die Menge aller aus Z ableitbaren Wörter, die dann auch nichtterminale Zeichen enthalten können, wird auch als *Nachbereich* von Z bezeichnet.

Nach diesen einleitenden Bemerkungen kann man formale Sprachen wie folgt definieren.

Eine formale Sprache ist ein System bestehend aus:

- Einem *Vokabular* $V = T \cup S$ mit dem Alphabet T von *terminalen Zeichen*, zu denen auch das *leere Zeichen* ε gehört und einer abzählbaren Menge S aus *nichtterminalen Zeichen*, wozu mindestens das *Startsymbol* (*Axiom*) Z gehört.
- Einer endlichen Menge P von *Produktionen*, d.h. *Ableitungsregeln* $u \rightarrow v$ mit $u,v \in V^*$

Weiter definiert man:

- Die Gesamtheit der auf die Menge der Wörter V^* über V wirkenden Ableitungsregeln heißt *Syntax* oder *Ableitungsstruktur*.
- Nimmt man explizit die Unterteilung des Vokabulars V in terminale Zeichen T und nichtterminale Zeichen S vor, so nennt man die Ableitungsstruktur eine *Grammatik*.
- Die aus dem Startsymbol Z in endlich vielen Schritten ableitbaren, nur aus terminalen Zeichen bestehenden Wörter bilden den *Sprachschatz* L, die Gesamtheit aller in den Ableitungen der Wörter des Sprachschatzes vorkommenden Wörter aus V^* bilden den *Kern* K der formalen Sprache. Offenbar gilt $L=K \cap T^*$. Ferner bezeichnet man $T^* \setminus L$ als die zu L *komplementäre Sprache* $\overline{L}$. Eine formale Sprache besteht also aus einer Grammatik und dem zugehörigen Sprachschatz. Als *Nachbereich* von Z bezeichnet man alle überhaupt aus Z ableitbaren Wörter; der Nachbereich umfasst also auch Wörter, die nicht zu L gehören.

8.3.2 Die Chomsky-Hierarchie

Für praktische Zwecke ist der so definierte Begriff der formalen Sprachen noch viel zu weit gefasst und im Detail auch noch keineswegs erforscht.

Im Folgenden werden daher nur formale Sprachen betrachtet, deren Produktionsregeln eingeschränkt sind. Wesentliche Beiträge zur Klassifizierung formaler Sprachen stammen von dem norwegischen Mathematiker A. Thue (1863-1922) und seit ca. 1955 von dem amerikanischen Linguisten Noam Chomsky (*1928).

Man definiert nach Chomskys Einteilung folgende *Chomsky-Grammatiken*:

Chomsky-0-Grammatik

Als Chomsky-0-Grammatik bezeichnet man eine Grammatik, bei der sich aus einem nur aus terminalen Zeichen bestehenden Wort kein anderes Wort mehr ableiten lässt. Produktionen wirken also nur auf Wörter, die mindestens ein nichtterminales Zeichen enthalten. Damit ist auch die Bezeichnung „terminal" gerechtfertigt. Ansonsten werden keine Einschränkungen vorgenommen. Solche Sprachen sind zu Turing-Maschinen äquivalent und werden auch als *(rekursiv) aufzählbare Sprachen* bezeichnet. Man nennt diese Sprachen aufzählbar, weil die dazu gehörigen Wörter durch einen Algorithmus nacheinander erzeugt werden können; es existiert also eine Abbildung der natürlichen Zahlen auf die Menge der Wörter einer aufzählbaren Sprache, die durch eine berechenbare Funktion (siehe Kapitel 9) vermittelt wird.

Die zu solchen Sprachen gehörenden Produktionen haben die allgemeine Form:

$xsy \rightarrow u$ mit $s \in S^*$ und $x,y,u \in V^*$

Bei der Frage, ob es außer den aufzählbaren Sprachen noch allgemeinere gibt, muss man sich vor Augen halten, dass ja prinzipiell jede Teilmenge $L \in T^*$ als Sprachschatz aufgefasst werden kann. Da aber die Menge aller Teilmengen einer Potenzmenge (wie T^*) *überabzählbar* ist, muss es folglich auch Sprachen geben, die nicht durch eine Grammatik erzeugt bzw. durch eine Turing-Maschine akzeptiert werden, da ja die Menge aller Turing-Maschinen nur abzählbar ist.

Chomsky-1-Grammatik

Eine Chomsky-1-Grammatik oder *kontextabhängige* Grammatik (*context sensitive*, *CS*) ist eine Grammatik mit Produktionen der Art:

$xAy \rightarrow xuy$ mit $x,y \in V^*$, $A \in S$ und $u \in V^* \backslash \{\varepsilon\}$

Die Produktionen wirken also nicht einfach auf ein nichtterminales Zeichen A. Eine Produktion kann vielmehr auch von den Zeichen abhängen, die unmittelbar auf A folgen oder A unmittelbar vorangehen, wobei diese den *Kontext* bildenden Zeichen selbst aber unverändert bleiben. Außerdem können Wörter niemals kürzer werden, da nach Definition u nicht das leere Wort ε sein kann. Dieser Sachverhalt wird als *Wortlängenmonotonie* bezeichnet. Kontextsensitive Sprachen sind zu den durch *linear beschränkte Automaten*, also Turing-Maschinen mit begrenzter Bandlänge (siehe Kapitel 8.2.1) akzeptierten Sprachen äquivalent. Die Bandlänge ist dabei durch die Länge des Eingabewortes begrenzt.

Chomsky-2-Grammatik

Eine Chomsky-1-Grammatik heißt Chomsky-2-Grammatik oder *kontextfreie Grammatik* (*context free*, *CF*) wenn die Produktionen nicht von einem Kontext abhängen. Die Produktionen haben dann die einfache Form:

$A \rightarrow u$ mit $A \in S$ und $u \in V^* \backslash \{\varepsilon\}$

Die Menge der durch kontextfreie Grammatiken erzeugten Sprachen ist mit der Menge der durch *Kellerautomaten* (siehe Kapitel 8.1.8) akzeptierten Sprachen identisch.

Chomsky-3-Grammatik

Eine Grammatik heißt Chomsky-3-Grammatik oder *lineare Grammatik*, wenn alle Produktionen *linear* oder *terminal* sind.

Dabei sind lineare Produktionen entweder rechtslinear oder linkslinear. Eine Produktion heißt *rechtslinear*, wenn gilt:

$A \rightarrow uB$ mit $A,B \in S$ und $u \in T^* \setminus \{\varepsilon\}$

Sie heißt *linkslinear*, wenn gilt:

$A \rightarrow Bu$ mit $A,B \in S$ und $u \in T^* \setminus \{\varepsilon\}$

Eine Produktion wird als *terminal* bezeichnet, wenn gilt:

$A \rightarrow u$ mit $A \in S$ und $u \in T^* \setminus \{\varepsilon\}$

Eine Grammatik mit ausschließlich terminalen und rechtslinearen Produktionen wird als *RL-Grammatik* oder *reguläre Grammatik* bezeichnet, eine Grammatik mit terminalen und linkslinearen Produktionen als *LL-Grammatik*. Der von einem endlichen *Automaten* akzeptierte Sprachschatz lässt sich immer durch eine RL-Grammatik beschreiben. Betrachtet man einen Automaten, der durch Einlesen eines Wortes x vom Zustand B in den Zustand A übergeht (d.h. $Bx = A$), so wird daraus in der Terminologie der formalen Sprachen:

$A \rightarrow xB$ mit $A,B \in S$ und $x \in T^*$

Es handelt sich bei den Zustandsübergängen von Automaten also tatsächlich um rechtslineare Produktionen.

Umgekehrt lässt sich zu jeder regulären Grammatik ein Automat finden, der denselben Sprachschatz akzeptiert. Für andere Typen von Grammatiken gilt dies allerdings nicht.

Für die Formulierung von Programmiersprachen sind Chomsky-3-Grammatiken nicht ausreichend, da ja für den dazu äquivalenten Automaten bereits gezeigt wurde, dass sie als Instrument nicht mächtig genug sind. Man ist bemüht, möglichst nur Chomsky-2-Grammatiken zu verwenden, d.h. solche mit kontextfreien Produktionen. Doch auch diese Forderung lässt sich nicht immer streng einhalten. Man erkennt dies beispielsweise daran, dass die Bedeutung von Zeichen in Programmiersprachen oft von der Umgebung abhängt. So kann in der Programmiersprache C etwa ein Gleichheitszeichen je nach Kontext Teil einer Zuweisung oder eines Vergleichs sein.

Abgeschlossenheit

Für die nach der Chomsky-Hierarchie klassifizierten Sprachen gelten einige nützliche Regeln für die Verknüpfung von Sprachen. Man definiert dazu: Eine Klasse von formalen Sprachen heißt *abgeschlossen* hinsichtlich einer bestimmten Operation, wenn die resultierende Sprache zur selben Klasse gehört wie die Ausgangssprache(n). Mögliche Operationen sind die Bildung der Vereinigungs- oder Durchschnittsmengen von zwei oder mehr Sprachschätzen L_i, die Komplementbildung, die Verkettung (d.h. das Aneinanderhängen von Wörtern) und die Bildung der Kleeneschen Hülle (siehe Kapitel 8.1.5).

Chomsky-1-Sprachen sind abgeschlossen gegen alle oben genannten Operationen. Chomsky-2-Sprachen (kontextfreie Sprachen) sind dagegen nur hinsichtlich Vereinigung, Verkettung und Bildung der Kleeneschen Hülle abgeschlossen. Insbesondere muss also die zu einer kontextfreien Sprache L gehörende komplementäre Sprache $\overline{L}$ nicht kontextfrei sein. Auch die Schnittmenge $L_s=L_1 \cap L_2$ zweier kontextfreier Sprachen L_1 und L_2 ist nicht in jedem Fall kontextfrei.

Beispiele für formale Sprachen

Im Folgenden werden einige Beispiele für formale Sprachen vorgestellt.

Beispiel 1:

In den meisten Programmiersprachen werden vom Programmierer wählbare Namen zur Bezeichnung von Objekten zugelassen. In diesem Beispiel soll eine formale Sprache angegeben werden, deren Sprachschatz alle zulässigen Namen umfasst. Ein Name muss dabei eine Zeichenkette aus Buchstaben, dem Unterstrich (_) und Dezimalziffern sein, wobei als erstes Zeichen nur ein Buchstabe oder ein Unterstrich zugelassen ist.

Eine formale Sprache, die dies leistet, ist z.B.:

S={**Z**,**W**,**B**,**D**,}

T={a,b,...z,A,B,...Z,_,0,1,...9, andere Zeichen}

P={**Z**→**B**, **Z**→**BW**, **W**→**D**, **W**→**B**, **W**→**DW**, **W**→**BW**, **B**→a...Z_, **D**→0...9}

Um Verwechslungen zu vermeiden, wurden die Syntaktischen Variablen im Unterschied zu den terminalen Zeichen fett geschrieben. Alle für Namen nicht erlaubte Zeichen dürfen in einem wohlgeformten Namen nicht vorkommen, sie werden hier als „andere Zeichen" bezeichnet.

Man kann nun versuchen, diese Sprache auch durch einen Automaten darzustellen. Das Ergebnis ist:

Zeichen	s_a	s_f	s_e
a,...Z,_	s_e	s_f	s_e
0,...9	s_f	s_f	s_e
andere Zeichen	s_f	s_f	s_f

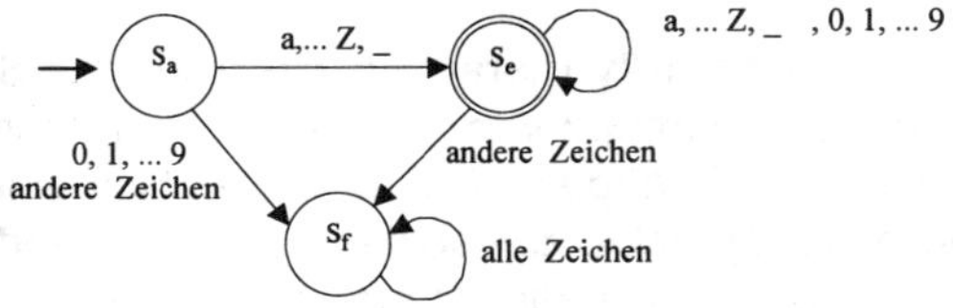

Abbildung 8.18: Übergangsdiagramm des zu der im obigen Beispiel definierten formalen Sprache äquivalenten Automaten. Die Menge der Zustände des Automaten ist $S=\{s_a,s_f,s_e\}$.

Der Zustand s_f wird erreicht, wenn das Eingabewort kein wohlgeformter Name ist. s_f ist also ein *Fangzustand*, der einen Fehler anzeigt.

Als Beispiel wird die Produktionensequenz für den Namen ax21 betrachtet:

$$\mathbf{Z}\rightarrow\mathbf{BW}\rightarrow a\mathbf{W}\rightarrow a\mathbf{BW}\rightarrow ax\mathbf{W}\rightarrow ax\mathbf{DW}\rightarrow ax2\mathbf{W}\rightarrow ax2\mathbf{D}\rightarrow ax21$$

Diese Produktionsfolge lässt sich auch als Baum darstellen:

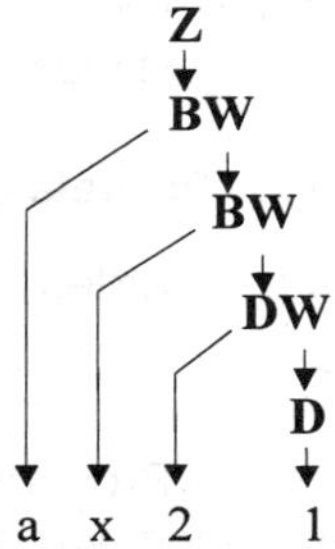

Abbildung 8.19: Die Produktionenfolge für die Ableitung des Wortes ax21 als Baum.

Die in diesem Beispiel betrachtete Sprache ist eine Chomsky-2-Sprache, jedoch auf den ersten Blick keine Chomsky-3-Sprache, da Produktionen definiert sind, die weder rechtslinear noch terminal sind, wie beispielsweise die Produktion $\mathbf{W}\rightarrow\mathbf{BW}$.

Man kann jedoch durch eine einfache Erweiterung aus dieser Grammatik eine Chomsky-3-Grammatik erzeugen. Dazu wird eine erweiterte Menge von Produktionen eingeführt, die dann tatsächlich nur noch aus rechtslinearen und terminalen Produktionen. Allerdings benötigt man jetzt sehr viele Produktionen, was auf Kosten der Übersichtlichkeit geht. Man erhält:

$$\begin{array}{llll} P = \{ & \mathbf{Z}\rightarrow a, & \mathbf{Z}\rightarrow b, & \ldots\ldots\ldots\ \mathbf{Z}\rightarrow Z,\ \mathbf{Z}\rightarrow \_, \\ & \mathbf{Z}\rightarrow a\mathbf{W}, & \mathbf{Z}\rightarrow b\mathbf{W}, & \ldots\ldots\ldots\ \mathbf{Z}\rightarrow Z\mathbf{W},\ \mathbf{Z}\rightarrow \_\mathbf{W}, \\ & \mathbf{W}\rightarrow a, & \mathbf{W}\rightarrow b, & \ldots\ldots\ldots\ \mathbf{W}\rightarrow \_, \\ & \mathbf{W}\rightarrow 0, & \mathbf{W}\rightarrow 1, & \ldots\ldots\ldots\ \mathbf{W}\rightarrow 9, \\ & \mathbf{W}\rightarrow a\mathbf{W}, & \mathbf{W}\rightarrow b\mathbf{W}, & \ldots\ldots\ldots\ \mathbf{W}\rightarrow z\mathbf{W}, \\ & \mathbf{W}\rightarrow 0\mathbf{W}, & \mathbf{W}\rightarrow 1\mathbf{W}, & \ldots\ldots\ldots\ \mathbf{W}\rightarrow 9\mathbf{W}\ \} \end{array}$$

Bei der hier gewählten Definition eines gültigen Namens wurde keine Beschränkung der Länge des Namens angenommen. Eine Längenbeschränkung könnte aber beispielsweise mit Hilfe eines Kellerautomaten ohne weiteres realisiert werden, indem man in einer zusätzlichen Kellervariablen über die Länge des Namens Buch führt.

Beispiel 2:

Es soll eine Sprache angegeben werden, welche Ausdrücke der Art $a^n b^n a^n$ mit $n \geq 1$ erzeugt.

Eine mögliche Lösung ist:

$S = \{Z,A,B\}$

$T = \{a,b\}$

$P = \{Z \to aba,\ Z \to aZA,\ Z \to a^2bBa,\ BA \to bBa,\ aA \to Aa,\ B \to ba\}$

Die so definierte Grammatik ist eine kontext-sensitive Grammatik, denn bei der Ersetzung von A gelten die beiden Regeln $BA \to bBa$ und $aA \to Aa$. Der Kontext von A, in diesem Beispiel B bzw. a, spielt hier also eine Rolle.

Eine Ableitung für das Wort $a^4b^4a^4$ lautet damit:

$Z \to aZA \to aaZAA \to a^2a^2bBaAA \to a^4bBAaA \to a^4b^2BaaA \to$
$a^4b^2BaAa \to a^4b^2BAa^2 \to a^4b^2bBaa^2 \to a^4b^3baa^3 \to a^4b^4a^4$

Das Wort $a^4b^4a^4$ kann aber auch auf andere Weise abgeleitet werden, nämlich unter anderem durch:

$Z \to aZA \to aaZAA$-> $a^2a^2bBaAA \to a^4bBAaA \to a^4bBAAa \to$
$a^4bbBaAa \to a^4b^2BAa^2 \to a^4b^2bBaa^2 \to a^4b^3baa^3 \to a^4b^4a^4$

Die Ableitung des Wortes $a^4b^4a^4$ ist also nicht auf eindeutige Weise möglich. Man bezeichnet Wörter mit eindeutiger Ableitung als *eindeutige Wörter* und entsprechend Sprachen, deren Sprachschatz nur aus eindeutigen Wörtern besteht, als *eindeutige Sprachen*.

Eine weitere Eigenschaft der Sprache dieses Beispiels ist die Möglichkeit, aus Z Wörter abzuleiten, die zwar zur Menge aller aus Z ableitbaren Wörter aus V* (also zum Nachbereich von Z) gehören, aber nicht zum Sprachschatz dieser formalen Sprache. Ein Beispiel dafür ist die folgende Ableitung:

$Z \to aZA \to a^3bBaA \to a^3bbaaA \to a^3b^2aAa \to a^3b^2Aa^2$

Auf das Wort $a^3b^2Aa^2$ lassen sich keine Produktionen mehr anwenden, es kann also nicht weiter verändert werden. Dennoch gehört es nicht zum Sprachschatz, da es ein nichtterminales Zeichen, nämlich A, enthält. Das betreffende Wort gehört auch nicht zum Kern der Sprache, da es nicht Zwischenschritt einer Folge von Produktionen ist, die zu einem terminalen Wort führt.

8.3.3 Das Pumping-Theorem

Für reguläre Grammatiken (und damit auch für Automaten) gibt es einen wichtigen Satz, der für sehr viele weiterführende Aussagen und Beweise über reguläre Grammatiken genutzt werden kann: das *Pumping-Theorem*. Insbesondere, wenn es darum geht, von einer Grammatik zu entscheiden, ob sie regulär ist oder nicht, ist das Pumping-Theorem von Nutzen.

Es sei W ein Wort aus dem Sprachschatz einer regulären Grammatik. Ist W lang genug, so kann man sich das Wort W immer aus drei Teilen X, Y und Z zusammengesetzt vorstellen: $W = XYZ$

W zu „pumpen" bedeutet nun, Y zu vervielfachen (oder von einer Anzahl von Y's wieder einige zu entfernen): $W' = XYYZ$, $W'' = XYYYZ$, etc.

Dies reflektiert die Tatsache, dass in jedem endlichen, deterministischen Automaten, dessen akzeptierter Sprachschatz L unendlich viele Wörter umfasst, Zyklen auftreten müssen, die beliebig oft durchlaufen werden können. Es ist unmittelbar einsehbar, dass von einem Automaten mit endlich vielen Zuständen nur dann unendlich viele verschieden Wörter akzeptiert werden können, wenn in diesen Wörtern Zyklen auftreten. Die folgende Abbildung verdeutlicht dies.

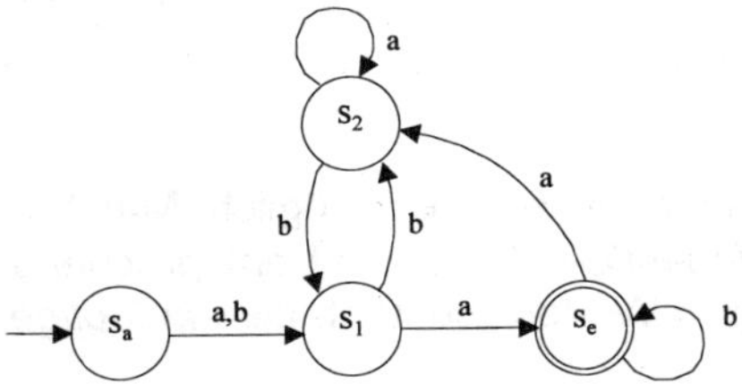

Abbildung 8.20: Diese Grafik verdeutlicht den Sachverhalt, dass es in einem endlichen, deterministischen Automaten, dessen akzeptierter Sprachschatz unendlich viele Wörter enthält, immer Zyklen geben muss.

Das Wort aa gehört offenbar zum akzeptierten Sprachschatz des oben definierten Automaten. Es kann jedoch nicht gepumpt werden, da es zu kurz ist. Das Wort abba gehört ebenfalls zum akzeptierten Sprachschatz; es ist bereits lang genug, so dass es gepumpt werden kann, man erhält durch Pumpen abbbba, abbbbbba, etc.

Nach diesen Vorbemerkungen kann man nun das *Pumping-Theorem* für reguläre Sprachen formulieren:

Ist L der Sprachschatz einer regulären Grammatik (der akzeptierte Sprachschatz eines endlichen, deterministischen Automaten), so gibt es eine Konstante n derart, dass für jedes Wort $W \in L$, dessen Länge größer oder gleich n ist, Worte X, Y und Z aus T* mit $W = XYZ$ existieren, wobei die Länge von XY höchstens n beträgt und Y mindestens ein Zeichen enthält. Die Länge von Z kann beliebig sein. Es gilt dann weiter: auch XY^kZ gehört zum Sprachschatz L.

Durch ein Beispiel soll gezeigt werden, wie das Pumping Theorem für die Untersuchung der Eigenschaften von Sprachen verwendet werden kann.

Beispiel:

Es werden *Palindrome* betrachtet, also um ihren Mittelpunkt symmetrische Worte, die vorwärts und rückwärts gelesen gleich lauten. Beispiele für Palindrome sind etwa: abba, toohottohoot (zu heiß zum tröten) oder einnegermitgazellezagtimregennie.

Es gilt nun die Behauptung: Der Sprachschatz einer regulären Sprache kann nicht nur ausschließlich aus allen aus den Zeichen a und b bildbaren Palindromen bestehen.

Der Beweis dieser Behauptung kann folgendermaßen umrissen werden: Man nimmt zunächst an, es gäbe eine reguläre Grammatik, deren Sprachschatz alle aus den Zeichen a und b bildbaren Palindrome enthält, sonst aber keine weiteren Worte. Dann muss aber das Pumping Theorem gelten. Es gibt somit eine Konstante n mit den in der Formulierung des Pumping Theorem genannten Eigenschaften. Auch ohne Kenntnis von n stellt man fest, dass a^nba^n ein Palindrom ist und daher zu L gehören muss. Man schreibt jetzt $W = a^nba^n = XYZ$, wobei XY nur aus einer Folge von a's bestehen kann, da ja n eine obere Schranke für die Länge von XY ist. Hat XY tatsächlich die Maximallänge n, so ist also $XY=a^n$. Insbesondere enthält Y also mindestens ein a. Nach dem Pumping Theorem muss nun auch XYYZ zu L gehören. XYY enthält aber nach der Konstruktion mindestens ein a mehr als Z, so dass man $XYYZ = a^mba^n$ schreiben kann, wobei $m>n$ sein muss. XYYZ ist also kein Palindrom und kann damit nicht zu L gehören! Da hier ein Widerspruch aufgetreten ist, muss die ursprüngliche Annahme falsch sein.

Damit ist auch gezeigt, dass es keinen Automaten geben kann, dessen akzeptierter Sprachschatz aus sämtlichen aus a und b bildbaren Palindromen besteht.

Mit Hilfe des Pumping-Theorems kann man viele Eigenschaften von regulären Sprachen und Automaten nachweisen. Unter anderem kann man zeigen, dass es keinen Automaten geben kann, der von jeder natürlichen Zahl p entscheiden könnte, ob p eine Primzahl ist oder nicht.

Das Pumping-Theorem kann ferner dazu verwendet werden, von bestimmten Sprachen nachzuweisen, dass sie nicht regulär sind. So lässt sich von der kontextfeien Grammatik

$T = \{a, b\}$

$S = \{Z, B\}$

$P = \{Z \to ab, Z \to aBb, B \to aBb, B \to ab\}$

mit dem Sprachschatz $L = \{a^ib^i \mid i \in \mathbf{N}\}$ unter Verwendung des Pumping-Theorems zeigen, dass sie nicht regulär ist. Damit ist auch bewiesen, dass die Menge der kontextfreien Grammatiken tatsächlich umfassender ist als die Menge der darin enthaltenen regulären Grammatiken.

Für kontextfreie Grammatiken existiert ebenfalls ein Pumping-Theorem:

Ist L der Sprachschatz einer kontextfreien Grammatik, so gibt es eine Konstante n derart, dass für jedes Wort W∈L, dessen Länge größer oder gleich n ist, Worte X, Y_1, U, Y_2 und Z aus T* mit $W = XY_1UY_2Z$ existieren, wobei Y_1 oder Y_2 mindestens ein Zeichen enthalten und die Länge von XY_1 höchstens n beträgt (oder die Länge von XY_2 höchstens n beträgt, falls Y_1 und U leer sind). Die Längen von Z und U können beliebig sein. Es gilt dann weiter: auch $XY_1^kUY_2^kZ$ gehört zum Sprachschatz L.

Mit Hilfe des Pumping-Theorems für kontextfreie Grammatiken kann man unter anderem nachweisen, dass die Menge der kontextsensitiven Sprachen tatsächlich umfassender ist als die der kontextfreien, also durch einen Kellerautomaten akzeptierten Sprachen. So lässt sich zeigen, dass der Sprachschatz $L = \{a^ib^ic^i | i \in \mathbf{N}\}$ durch eine kontextsensitive, nicht aber durch eine kontextfreie Grammatik erzeugt werden kann.

8.3.4 Die Analyse von Wörtern

Neben der Beschreibung von Sprachen und der *Ableitung* von *wohlgeformten*, d.h. gemäß den Sprachregeln korrekt geformten Wörtern, ist auch die *Analyse* von Wörtern eine wesentliche Aufgabe - etwa bei der Compilierung von Computer-Programmen.

Man unterscheidet dabei das *Wortproblem* und das *Zerteilungsproblem* (*Parsing Problem*). Das Wortproblem besteht darin, von einem gegebenen Wort x zu erkennen, ob es wohlgeformt ist oder nicht. Das Zerteilungsproblem geht weiter: Hier wird die Ableitung des Wortes x bis zum Startsymbol Z zurückverfolgt, also sämtliche Schritte der Relation $Z \rightarrow x$ bestimmt. Es handelt sich also hierbei um eine vollständige *Analyse* des betrachteten Wortes.
Es ist nun die Frage, wie eine formale Sprache gestaltet sein muss, damit eine solche Analyse auch in jedem Fall durchführbar und außerdem so einfach wie möglich ist. Die einfachste Methode der Sprachanalyse ist die Verwendung eines endlichen Automaten. Dabei hängt der jeweilige Analyseschritt vom aktuellen Zustand der Analyse (bzw. des Automaten) sowie von dem gerade eingelesenen Zeichen des zu analysierenden Wortes ab. Dies wird sicher bei Verwendung von Chomsky-3-Grammatiken, die kontextfreie Produktionen besitzen, gelingen, da sich diese ja immer durch einen Automaten beschreiben lassen. Moderne Programmiersprachen wie beispielsweise C sind jedoch nicht völlig kontextfrei. Man sieht leicht an der Verwendung von Operatoren, dass der Kontext bei der Analyse eine Rolle spielt: So ist in der Programmiersprache C der Ausdruck a = b∗c korrekt, nicht aber der Ausdruck a = ∗c. Im ersten Fall steht das Multiplikationszeichen ∗ zwischen zwei Variablen a und b, im zweiten Fall aber inkorrekterweise zwischen dem Zuweisungssymbol = und der Variablen c. Für die Analyse muss also der Kontext des Multiplikationszeichens berücksichtigt werden. Dies bedeutet, dass bei der Analyse neben dem gerade eingelesenen Zeichen weitere Zeichen zwischengespeichert werden müssen. Programmiersprachen besitzen also kontextsensitive Konstrukte; sie werden in der Regel so

weit wie möglich durch eine Chomsky-2-Grammatik beschrieben. Der für die Analyse benötigte Zwischenspeicher muss sogar prinzipiell unbegrenzt sein, wie man sich bei der Behandlung von Klammerausdrücken und ineinandergeschachtelten Blöcken klar macht. Dies gilt zumindest, wenn man nicht von vorneherein eine maximale Schachtelungstiefe festlegt. In jedem Fall müssen offenbar die öffnenden Klammern und die schließenden Klammern gezählt werden, bzw. es muss über die Blockschachtelungstiefe Buch geführt werden, etwa mit einem Kellerautomaten.

Als weiteres Problem bei der Analyse von Wörtern kommt hinzu, dass die Ableitung eines Wortes nicht unbedingt eindeutig sein muss. Bei der *Rückverfolgung* (*backtracking*) eines Wortes x bis zum Ausgangspunkt Z kann es also verschiedene Wege geben. Schlimmer noch ist, dass man bei der Rückverfolgung in eine *Sackgasse* geraten kann, d.h. auf einen Weg, der gar nicht zu Z führt. Ist die Sackgasse endlich, so lässt sich die Analyse bei einer Verzweigung wieder aufnehmen, sobald man am Ende der Sackgasse, d.h. bei einem nicht weiter zerlegbaren Wort angelangt ist. Auch bei einer zyklischen Sackgasse, die nach einer Anzahl von Schritten wieder auf ein Wort führt, das in einem früheren Analyseschritt bereits aufgetreten ist, kann man die Sackgasse erkennen und wieder verlassen, wenn man alle Ableitungsschritte zwischenspeichert und immer wieder mit dem aktuellen Schritt vergleicht. Es können aber durchaus auch unendliche Sackgassen existieren, in die man geraten kann, ohne jemals feststellen zu können, dass man sich in einer Sackgasse befindet. Als Beispiel für eine Sprache, bei der die Analyse eines Wortes nicht eindeutig ist, wurde bereits oben die Sprache mit dem Sprachschatz $L=\{a^n b^n a^n \mid n \leq 2\}$ angeführt; Sackgassen sind hier jedoch nicht möglich. Sprachen, in denen keine Sackgassen vorkommen, heißen *sackgassenfrei*. Es ist aber leicht, auch nicht-sackgassenfreie Sprachen zu konstruieren, wie das folgende Beispiel zeigt.

Beispiel:

Gegeben sei die Sprache:

$S = \{Z,A,B,C\}$

$T = \{\neg,\wedge,\vee,(,),a,b,...z\}$

$P = \{\ Z\to A,\ A\to A\vee A,\ A\to(B\wedge B),\ A\to C,\ A\to\neg\, C,$
$\quad B\to B\wedge B,\ B\to\neg C,\ B\to C,\ C\to(A),\ C\to a,b,...z\}$

Mit dieser in der Praxis sehr wichtigen Sprache lassen sich logische Ausdrücke in der *disjunktiven Normalform* (vgl. Kapitel 3.2) erzeugen bzw. analysieren. Beispiele dafür sind: a, $\neg x$, $(a\wedge b)\vee c$, $(\neg x\wedge y)\vee(u\wedge v)$ und $(r\wedge s\wedge t)\vee(x\wedge y\wedge z\wedge\neg u)$. Durch Umformungen mit den Methoden der Booleschen Algebra kann man damit beliebige logische Ausdrücke darstellen. Diese Sprache ist jedoch nicht sackgassenfrei, wie die in der folgenden Abbildung angegebene Analyse des Wortes $\neg a\vee(b\wedge c)$ zeigt.

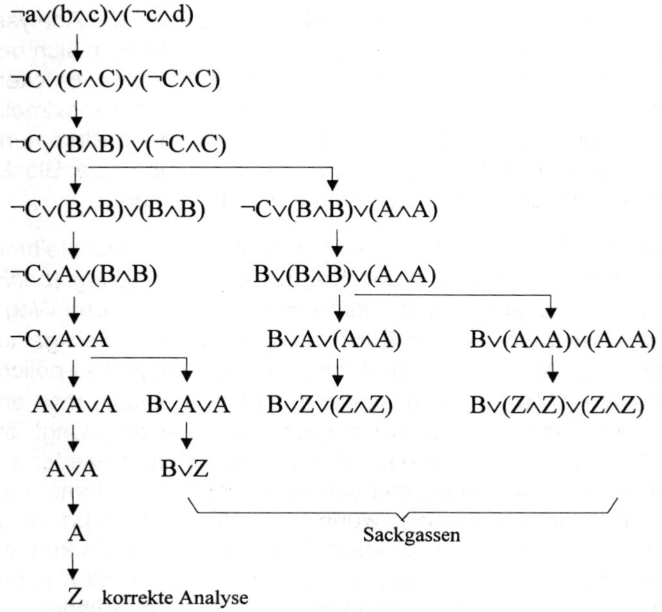

Abbildung 8.21: Beispiel für eine bottom-up Wortanalyse mit Sackgassen. Durch Backtracking kann jedoch die Lösung gefunden werden.

Wegen des Vorkommens auch unendlich langer Sackgassen ist das Analyseproblem für beliebige formale Sprachen nicht allgemein lösbar. Für Chomsky-1-Sprachen ist aber zumindest garantiert, dass eventuell vorhandene Sackgassen eine endliche Länge haben, so dass das Analyseproblem immer lösbar ist - wenn auch möglicherweise über Umwege durch endliche Sackgassen. Das Analyseproblem ist damit natürlich auch für Chomsky-2- und Chomsky-3-Grammatiken immer lösbar, da diese ja in Chomsky-1-Grammatiken enthalten sind.

Für Chomsky-3-Grammatiken (reguläre Sprachen) kann man sogar zeigen, dass sie sackgassenfrei sind, wenn es keine zwei Produktionen mit übereinstimmender rechter Seite gibt.

Erwähnenswert ist, dass in der prädikativen Programmiersprache PROLOG zum Sprachumfang auch die Möglichkeit gehört, formale Sprachen durch Angabe der syntaktischen Variablen, der terminalen Zeichen und der Menge der Produktionen zu beschreiben. Die Wortanalyse wird dann durch PROLOG erledigt.

8.4 Compiler

8.4.1 Einführung

Definition

Unter einem *Übersetzer* (*Compiler*) versteht man ein Programm, das die Anweisungen eines in einer Programmiersprache $P1$, der *Quellsprache*, geschriebenen Programms in Anweisungen einer anderen Programmiersprache $P2$, die *Zielsprache*, überträgt. Ein Compiler muss einem *Quellprogramm* $a \in P1$ genau ein semantisch äquivalentes, d.h. bedeutungsgleiches (siehe Kapitel 6.1.2) *Zielprogramm* $b \in P2$ zuordnen. Die Bedeutung der Anweisungen der Quellsprache $P1$ werden zu diesem Zweck mit formalen Methoden auf die Anweisungen der Zielsprache $P2$ zurückgeführt. Eine weitere Forderung an Compiler ist, dass das Zielprogramm möglichst effizient ablaufen soll. Man verwendet daher in der Regel optimierende Compiler, die das Zielprogramm $b \in P2$ unter Beibehaltung der semantischen Äquivalenz zwischen a und b so modifizieren, dass die Laufzeit und/oder der Speicherbedarf von b minimiert werden.

Arten von Übersetzern

Von Compilern im engeren Sinne spricht man vor allem, wenn die Quellsprache $P1$ eine höhere Programmiersprache ist als die Zielsprache $P2$, die dann in der Regel eine ASSEMBLER-Sprache ist. Ein Übersetzer zur Übertragung von ASSEMBLER-Quellprogrammen in Maschinensprache wird als *Assemblierer* bezeichnet. Sind Quell- und Zielsprache von vergleichbarem Niveau, so spricht man von *Cross-Compilern*. Daneben sind auch *Präprozessoren* oder *Präcompiler* von Bedeutung, die vor der eigentlichen Compilierung proprietäre Spracherweiterungen übersetzen. Man betrachtet darüber hinaus auch *Compiler-Compiler*, die dazu in der Lage sind, einen Compiler aus einer formalisierten Sprachbeschreibung zu generieren. Ein Beispiel dafür ist das zu UNIX gehörende Programm *YACC* (yet another compiler-compiler).

Bei einem *Interpretierer* (*Interpreter*) werden die Deklarationen und Anweisungen des Quellprogramms übersetzt und dann sofort ausgeführt. Man kann auf diese Weise Programme schnell während der Erstellung testen, ohne dass Zeit raubende Compilationen erforderlich wären. Meist können auch Variablenwerte abgefragt und geändert werden, was bei der Fehlersuche ein großer Vorteil ist. Ein Nachteil ist allerdings, dass zur Ausführungszeit auch immer die Übersetzungszeit hinzukommt, was insbesondere bei Schleifendurchläufen viel Zeit kosten kann. Interpreter simulieren also gewissermaßen einen Computer durch eine Hochsprache. Interpreter sind bei dialog-orientierten Programmiersprachen wie BASIC, LISP oder PROLOG in Gebrauch. Sie sind ferner ein wichtiges Instrument, wenn ein Programm ohne Änderung auf Rechnern mit unterschiedlichen Betriebssystemen und unterschiedlicher Hardware laufen sollen. Dies ist beispielsweise bei Internet-Anwendungen mit Java-

Applets der Fall. Die Vorteile von Interpretern hinsichtlich der Fehlersuche (*Debugging*) werden durch *inkrementelle Übersetzer* mit dem Vorteil der schnellen Programmausführung verbunden. Bei diesem in vielen Programmierumgebungen zum Standard gehörenden Werkzeug werden das Quellprogramm und das compilierte Programm gleichzeitig im Hauptspeicher gehalten. Durch einen daraufhin optimierten Editor können dann einzelne Anweisungen und Variablenbelegungen geändert werden, wobei der inkrementelle Übersetzer sogleich das Zielprogramm entsprechend modifiziert und ausführt.

Schritte der Compilierung

Die Compilierung eines Quellprogramms erfolgt in vier wesentlichen Schritten:

1. *Lexikalische Analyse*: Das Quellprogramm $a \in P1$ wird mit Hilfe eines als *Scanner* bezeichneten Moduls in einen Zwischen-Code umgewandelt. Dabei werden die verschiedenen Objekte der Sprache (z.B. Kommentare, Operatoren, Schlüsselworte, Namen) als solche erkannt und in den Zwischen-Code umgewandelt. Auch auf dieser Stufe erkennbare Regelverletzungen werden gemeldet - beispielsweise die Verwendung eines nicht zugelassenen Zeichens an einer Stelle, an der ein Operator stehen müsste.

2. *Syntaktische Analyse*: In diesem zweiten Schritt wird mit einem als *Parser* bezeichneten Modul entsprechend der Syntax von $P1$ der Ableitungsbaum (Syntaxbaum) des Programms $a \in P1$ erzeugt. Vergleiche dazu die Kapitel 8.3.4 und 6.2. Syntaktische Fehler werden dabei erkannt.

3. *Semantische Analyse*: Jetzt wird der Ableitungsbaum von $a \in P1$ analysiert und in die Sprache $P2$ übertragen, als Ergebnis erhält man das Zielprogramm $b \in P2$. Dabei werden semantische Inhalte geprüft, etwa ob alle verwendeten Variablen auch deklariert wurden, ob sie typgerecht verwendet werden und ob Bereichsüberschreitungen auftreten. Hier können semantische Fehler erkannt werden. Allerdings können auch semantische Fehler unentdeckt bleiben, die sich erst zur Laufzeit des Programms manifestieren, so etwa eine verborgene Division durch 0.

4. *Code-Optimierung*: Der letzte Schritt dient der Steigerung der Effizienz des Zielprogramms $b \in P2$. Durch Änderungen am Programmtext b wird der Zeitbedarf sowie der Speicherbedarf bei der Ausführung von b so weit wie möglich minimiert, wobei jedoch am semantischen Inhalt von b nichts geändert werden darf. Da die Code-Optimierung zeitaufwendig ist und da ein vollständiger Erhalt des semantischen Inhalts von b nicht in jedem Fall garantiert werden kann, ist die Durchführung einer Optimierung optional.

Binden (Linken) compilierter Programme

Das Ergebnis der Übersetzung eines Programm-Textes ist noch kein lauffähiges Programm, sondern ein *Object-Code*, der erst durch ein Hilfsprogramm, den *Binder* (*Linker*) in ein ausführbares Programm übertragen wird. Der Grund dafür ist, dass in einem Programm so gut wie nie alle dort aufgerufenen Funktionen bzw. Unterprogramme auch als Code mit enthalten sind. Häufig werden diese in unabhängig erstellten Modulen oder in Standard-Bibliotheken ausgelagert sein, die bereits als Object-Code vorliegen. Bei der Übersetzung bleiben dann die Adressen dieser externen Funktionen zunächst offen. Die Aufgabe des Binders ist es, die Object-Codes aller benötigten Module und Bibliotheken zu einem lauffähigen Programm zusammenzufügen und die fehlenden Adressen externer Funktionen entsprechend zu ergänzen.

8.4.2 Beispiel: Simulation eines Taschenrechners

Als einfaches Beispiel soll ein *Taschenrechner* simuliert werden, der die Auswertung von arithmetischen Ausdrücken in der üblichen Klammerschreibweise mit den vier Grundrechenarten {+, -, *, /} erlaubt. Dazu kommt noch der Operator „unitäres (einstelliges) Minus“, der das Vorzeichen einer Zahl umkehrt. Die folgenden Erläuterungen beziehen sich auf das weiter unten aufgelistete Programm, das einen solchen Taschenrechner simuliert. Der Eingabe-String wird in dem Array `str[80]` gespeichert. Als Operanden dürfen reelle Zahlen in der üblichen Notation eingegeben werden, also 3.14, -0.21, 512, 2.8E-2 usw. Danach wird mit Hilfe eines *Scanners* eine lexikalische Analyse durchgeführt, der die Syntax des Eingabe-Strings prüft und ihn in einen *numerischen Zwischen-Code* `icode[80]` umwandelt. Dazu müssen zunächst reellen Zahlen und Operatoren als solche erkannt werden. In einem Array `fcode[80]` werden die Werte der eingegebenen Zahlen als Operanden gespeichert. Das Array `icode` enthält die Operatoren sowie die auf `fcode` bezogenen Indizes der Operanden. Der numerische Code der Operatoren lautet in diesem Beispiel:

Operator:	-	+	*	/	unitäres -	(	)
Numerischer Code:	100	101	102	103	104	105	106

Wird beispielsweise der String 5*(2.5-3)+14 eingegeben, so lauten die Inhalte von `string`, `fcode` und `icode`:

Index	0	1	2	3	4	5	6	7	8
`string`	5	*	(	2.5	-	3	)	+	14
`icode`	0	102	105	1	100	2	106	101	3
`fcode`	5	2.5	3	14					

Das Feld `icode` wird sodann in der *syntaktischen Analyse* durch einen *Parser* daraufhin überprüft, ob es einen korrekten mathematischen Ausdruck codiert. Dazu muss der *Ableitungsbaum* analysiert werden; insbesondere sind der Kontext der Operatoren und die Klammerung zu untersuchen. In diesem Programmteil wird auch die *Code-Generierung* durchgeführt.

Als resultierender Code wurde die *umgekehrte polnische Notation* (*UPN*, siehe Kapitel 11.6) gewählt. Es ist dies eine klammerfreie Schreibweise, die auch in der Programmiersprache FORTH und als Eingabe in HP-Taschenrechnern verwendet wird. Die UPN hat den Vorteil, dass die Abarbeitung sehr einfach und schnell mit Hilfe eines *Stacks* (siehe Kapitel 11.2.4) erfolgen kann. Der zu erzeugende UPN-String wird durch den entsprechenden Programmabschnitt in dem Array `ipol[80]` aufgebaut, wobei die beiden Arrays `itmp[40]` und `iranks[40]` als Stacks zur Zwischenspeicherung von Operatoren und Rängen verwendet werden. Die Operanden werden in der Reihenfolge ihres Auftretens direkt in `ipol` gespeichert, die Operatoren werden zunächst in `itmp` abgelegt und von diesem Stack nach `ipol` übertragen, bis der Rang des gerade eingelesenen Operators größer ist, als der Rang des obersten in `itmp` zwischengespeicherten Operators. Dadurch erscheinen die Operatoren schließlich in der Reihenfolge ihrer Anwendung im UPN-String. Ist der gesamte Eingabe-String verarbeitet, müssen zum Schluss noch alle in `itmp` enthaltenen Operatoren nach `ipol` kopiert werden. Die *Prioritätsregeln*, also die *Ränge* der Operatoren sind in dem Array `iop_rank[5]={1,1,2,2,3}` vorbesetzt, wobei die Einträge in ihrer Reihenfolge den Rängen der Operatoren {+, -, *, /, unitäres Minus} entsprechen. Addition und Subtraktion haben also beide Rang 1, Multiplikation und Division haben den Rang 2 und das unitäre Minus hat mit Rang 3 die höchste Priorität. Der Einfluss der Klammern auf die Priorität wird dadurch berücksichtigt, dass die aktuelle Priorität `iq` bei einer öffnenden Klammer um 10 erhöht und bei einer schließenden Klammer um 10 erniedrigt wird.

Für das obige Beispiel lautet die UPN: 5 2.5 3 - * 14 +

Daraus ergibt sich der Inhalt von `ipol`: 0 1 2 - * 3 +

Die Operanden sind in `ipol` jetzt nicht mehr direkt enthalten, sondern durch die Indizes 0, 1, 2, 3 markiert, die auf das Feld `fcode` verweisen.

Das Ergebnis wird nun unter Verwendung von `ipol` mit Hilfe des Stacks `stack` berechnet.

Allgemein ergibt sich für die Auswertung eines UPN-Strings folgender als Pseudo-Code formulierter Algorithmus:

Auswertung eines UPN-Ausdrucks mit Hilfe eines Stacks

---

1. Lies von links nach rechts fortschreitend aus der UPN-Zeichenkette ein Zeichen ein.
2. Ist das aktuelle Zeichen ein Operand x, so wird er auf den Stack geschrieben: `PUSH(x);`
3. Ist das aktuelle Zeichen ein Operator `&`, so werden die beiden letzten Stack-Einträge gelesen und mit dem Operator verknüpft. Das Ergebnis wird wieder auf den Stack geschrieben:
   `b=POP; a=POP; PUSH(a&b);`
   Dabei steht `&` als Platzhalter für einen der zugelassenen Operatoren, repräsentiert also beispielsweise im Falle der vier arithmetischen Grundrechenarten ein Element aus der Menge {+, -, *, /}. Das unitäre Minus invertiert lediglich das Vorzeichen des letzen Stackeintrags.
4. Ist der UPN-Sting noch nicht abgearbeitet, verzweige nach 1.
5. Sind alle Zeichen eingelesen und verarbeitet, so enthält der Stack (sofern der Eingabe-String syntaktisch korrekt war) noch genau einen Eintrag, dieser ist dann das Ergebnis:
   `Ergebnis=POP`

Für das obige Beispiel erhält man:

Tabelle 8.13: Schrittweise Auswertung des UPN-Strings 5 2.5 3 - * 14 + mit dem Zwischen-Code 0 1 2 - * 3 + unter Verwendung eines Stacks.

Index	ipol	Operation
0	0	5 auf Stack schreiben
1	1	2.5 auf Stack schreiben
2	2	3 auf Stack schreiben
3	-	2.5-3 berechnen
4	*	5*(2.5-3) berechnen
5	3	14 auf Stack schreiben
6	+	5*(2.5-3)+14 berechnen

Im Folgenden ist ein C-Programm zur Simulation eines Taschenrechners aufgelistet.

```
//************************************************************************
// Simulation eines TASCHENRECHNERS
// Zunächst wird die Syntax arithmetischer Ausdrücke geprüft, sodann
// werden siese in UPN umgewandelt und schließlich mit Hilfe eines
// Stacks ausgewertet.
//************************************************************************
#include <stdlib.h>
#include <stdio.h>
#include <string.h>

//-----------------------------------------------------------------------
// Funktion calc mit Scanner, Parser und Berechnungs-Modul
// x: Zeiger auf das Ergebnis
// str[]: Eingabe-String
// Rückgabewert: -1 wenn ein Fehler aufgetreten ist, sonst 0
//-----------------------------------------------------------------------
int calc(double *x, char str[]) {
  int iop_rank[5]={1,1,2,2,3};                           // Operator-Ränge
  char c,c0,text[80];
  int icode[80],ipol[40],itmp[40],iranks[40];
  int i,j,k,len,ii,ix,iq,ir,ip,it,is,pflg,eflg;
  double fcode[40],stack[40];

  c0=0;          //**** SCANNER: Erzeugung des numerischen Zwischen-Codes
  i=eflg=pflg=0;                                        // Flags vorbesetzen
  ii=ix=it=-1;
  len=strlen(str);
  while(i<len) {                                // Eingabe-String durchlaufen
    c=str[i++];
    switch(c) {                                        // Operator bestimmen
      case '-': if(c0=='E' || c0=='e') k=0; else k=100; break;
      case '+': k=101; break;
      case '*': k=102; break;
      case '/': k=103; break;
      case '(': k=105; break;
      case ')': k=106; break;
      default:  k=0;
    }
    if(k>=100) {                                        // Operator gefunden
      if(it>=0) {
        text[++it]=0;
        it=-1;
        eflg=pflg=0;
```

```
        icode[++ii]=++ix;
        fcode[ix]=atof(text);
      }
      icode[++ii]=k;
    }
    else {                                   // Operand (Real-Zahl) gefunden
      if(c=='.' || c=='-' || c=='E' || c=='e' || (c>47 && c<58))
      text[++it]=c;
      else return(-1);
      if(c=='.')    { if(eflg || pflg) return(-1); pflg=1; }
      if(c=='E' || c=='e') { if(eflg) return(-1); eflg=1; }
    }
    c0=c;
  }
  if(it>=0) {                              // Letztes Zeichen war ein Operand
    text[++it]=0;
    icode[++ii]=++ix;
    fcode[ix]=atof(text);
  }

  j=k=icode[0];          //**** PARSER: Syntax des ersten Zeichens prüfen
  if(k!=105 && k!=100 && k>=100) return(-1);     // Nur (, - oder Operand
  if(k==105) iq=1; else iq=0;                   // Klammerzähler vorbesetzen
  for(i=1; i<=ii; i++) {                        // Folgende Zeichen prüfen
    if((j=icode[i])==105) { if (k<100) return(-1); iq+=1; }
    else if(j==106) { if(k>=100 && k!=106) return(-1); iq-=1; }
    else if(j==100) { if(k>=100 && k<=105) icode[i]=104; }
    else if(j>100)  { if(k!=106 && k>=100) return(-1); }
    else if(j<100)  { if(k!=106 && k<100)  return(-1); }
    k=j;
  }
  if(icode[0]==100) icode[0]=104;          // Erstes Zeichen unitäres Minus ?
  if(j!=106 && j>=100) return(-1);                // Letztes Element prüfen
  if(iq!=0) return(-1);                           // Klammer-Balance testen
  iq=ir=0;                                        // UPN-Conversion starten
  ip=it=-1;
  for(i=0; i<=ii; i++) {
    if((k=icode[i])<100) ipol[++ip]=k;                          //  Operand
    else {                                                      // Operator
      if(k==105) iq+=10;
      else if(k==106) iq-=10;
      else {
      ir=iop_rank[k-100]+iq;
      while(ir<=iranks[it] && it>=0) ipol[++ip]=itmp[it--];
      itmp[++it]=icode[i]; iranks[it]=ir;
      }
    }
  }
  while(it>=0) ipol[++ip]=itmp[it--];

  is=-1;                                               //**** BERECHNUNG
  for(i=0; i<=ip; i++) {
    if((k=ipol[i])<100) stack[++is]=fcode[k];
    else switch(k) {
      case 100: is--; stack[is]=stack[is]-stack[is+1]; break;        // -
      case 101: is--; stack[is]=stack[is]+stack[is+1]; break;        // +
      case 102: is--; stack[is]=stack[is]*stack[is+1]; break;        // *
      case 103: is--; stack[is]=stack[is]/stack[is+1]; break;        // /
      case 104: stack[is]=-stack[is]; break;           // unitäres Minus
      default:  return(-1);
    }
  }
  *x=stack[is];
```

```
  return(0);
}

//-------------------------------------------------------------------------
// Hauptprogramm für den Taschenrechner
//-------------------------------------------------------------------------
void main() {
  double x;
  char str[80];
  printf("\n\nTASCHENRECHNER\n");
  printf("Beenden mit CONTROL C\n\n");
  for(;;) {
    printf("\nEingabe:  ");
    scanf("%s",str);
    if(calc(&x,str)<0) printf("FEHLER\n");
    else printf("Ergebnis: %f\n",x);
  }
}
```

9 Algorithmen

Das WAS bedenke, mehr bedenke WIE.
J.W. von Goethe, Faust II

9.1 Berechenbarkeit

9.1.1 Eine erste Begriffsklärung

In den vorausgegangenen Kapiteln wurde gezeigt, dass die durch einen Computer zu bearbeitenden Aufgaben durch eine endliche Aneinanderreihung einfacher Anweisungen, - letztlich in Maschinensprache - beschrieben werden müssen. Eine solche Beschreibung, wie eine Aufgabe auszuführen ist, bezeichnet man als *Algorithmus*. Der Begriff Algorithmus leitet sich vom Namen des arabischen Gelehrten *Al Chwarizmi* ab, der um 820 lebte.

Unter einem Algorithmus, im engerem Sinne einem *prozeduralen Algorithmus*, versteht man eine Problemlösung in Form einer endlichen Anzahl *elementarer Aktionen*, die man als Zustandsübergänge eines (technischen) Systems interpretieren kann, wobei die Zustände durch Variablen gekennzeichnet werden. Der Lösungsplan soll darüber hinaus nach Möglichkeit so allgemein formuliert werden, dass er für eine Klasse ähnlich gelagerter Probleme anwendbar ist. Die elementaren Aktionen müssen klar, eindeutig und hinreichend einfach sein, so dass auf Grund von vorgegebenen Definitionen ihre Ausführung immer möglich ist. Die Werte der Variablen können nach dem Schema Eingabe-Verarbeitung-Ausgabe (*EVA*) als *Startwerte* von außen vorgegeben werden (*Eingabe*), sie können durch die einzelnen Aktionen des Algorithmus geändert (*Verarbeitung, Wertzuweisung*) und nach außen übertragen werden (*Ausgabe*). Sinnvollerweise verlangt man, dass mindestens ein Ergebnis als Ausgabewert erscheint. Wegen der endlichen Anzahl der Aktionen ist ein Algorithmus *statisch finit*. Von den Aktionen fordert man, dass sie effektiv in endlicher Zeit und unter Verwendung endlicher Resourcen (z.B. Speicherplatz) ausführbar sein müssen. Daraus ergibt sich, dass ein Algorithmus auch *dynamisch finit* sein muss, dass also alle benötigten Resourcen zu jedem beliebigen Zeitpunkt der Abarbeitung endlich sein müssen. Stoppt der Algorithmus für jede gültige Eingabe nach endlich vielen Schritten, so heißt er *terminierend*. Gibt es nach jeder Aktion nur eine Folgeaktion, so heißt der Algorithmus *determiniert*. Man kann die Bedingung der Determiniertheit aufgeben und *nichtdeterminierte* Algorithmen in Betracht ziehen, bei denen nach einer Aktion verschiedene Folgeaktionen zur Verfügung stehen. Auch nichtdeterminierte Algorithmen haben eine praktische Bedeutung. Beispiel: Soll eine Verbindung in einem Netz von Knoten A nach Knoten B aufgebaut werden, so ist ungeachtet des detaillierten Verbindungsweges über verschiedene andere Knoten jede Lösung akzeptabel. Die Eindeutigkeit ist in diesem Falle also von untergeordneter Bedeutung. Wird die Auswahl alternativer Aktionen zufällig getroffen, so spricht man von einem *stochastischen Algorithmus*.

Algorithmen sind ein grundlegendes Konzept der Informatik, denn eine der großen Hauptaufgaben der Informatik ist ja gerade die Konstruktion von Algorithmen und deren Umsetzung in Programme.

Dabei ist in folgenden Schritten vorzugehen:

- Zunächst muss ein Algorithmus zur prinzipiellen Lösung des anstehenden Problems gefunden werden. Wesentlich ist dabei die Beschreibung der Ein- und Ausgabedaten sowie die funktionale Abhängigkeit zwischen diesen. Man bezeichnet diesen Schritt als *Algorithmierung*.
- Im nächsten Schritt, der *Programmierung*, ist der Algorithmus als Programm zu formulieren. Die dazu verwendete Programmiersprache soll als Bindeglied zwischen Mensch und Maschine von den Maschinendetails möglichst abstrahieren und eine aus Sicht des Programmierers möglichst einfache und vollständige Formulierung beliebiger Algorithmen unterstützen.
- Schließlich muss ein Computer das Programm ausführen. Dazu müssen die in der gewählten Programmiersprache formulierten Anweisungen interpretiert und in endlich viele, einfache, direkt ausführbare Einzelaktionen umgesetzt werden können. Dabei müssen auch die benötigten Resourcen zu jeder Zeit endlich bleiben.

Hierbei stellen sich sofort die folgenden grundsätzlichen Fragen:

- Kann jedes Problem durch einen Algorithmus beschrieben werden, also zumindest prinzipiell bei genügend großem Bemühen gelöst werden?
- Kann jeder Algorithmus in ein Programm übertragen werden? Oder anders ausgedrückt: Welchen Anforderungen muss eine Programmiersprache genügen, damit jeder Algorithmus damit formuliert werden kann?
- Ist ein Computer grundsätzlich in der Lage, einen bekannten, als Programm formulierten Algorithmus auszuführen?
- Was ist ein Computer als formales System?

Die erste dieser Fragen bezieht sich auf die *Berechenbarkeit* von Problemen, die zweite auf die Theorie der Programmiersprachen und die dritte auf die *Komplexität* von Algorithmen bzw. Programmen. Alle diese Fragen erfordern über die oben gegebenen Definitionen hinaus eine mathematische Präzisierung des Begriffs Algorithmus. Eine zentrale Aufgabe der Informatik im Zusammenhang mit der Komplexitätstheorie ist es, nicht nur irgendeinen Algorithmus zur Lösung eines Problems zu finden, sondern einen möglichst effizienten, wobei man die *Effizienz* etwa am *Speicherbedarf* oder an der benötigten *Ausführungszeit* messen kann. Von grundsätzlicher Bedeutung ist dabei: wie lässt sich ein Computer als abstraktes Modell, d.h. als ein auf das Wesentliche beschränktes *formales System* beschreiben? Es ist zu klären, inwieweit verschiedene formale Ansätze (Turing-Maschine, Schaltwerke, formale Sprachen etc.) wirklich vollständige Beschreibungen des Systems Computer bieten und inwieweit diese zueinander äquivalent sind.

9.1.2 Entscheidungsproblem und Church-Turing-These

Lange Zeit war die Mehrzahl der Mathematiker der Ansicht, dass man von jeder Aussage algorithmisch entscheiden könne, ob sie wahr oder falsch sei. Anders ausgedrückt, man war der Ansicht, dass man zeigen könne, jedes Problem sei entweder lösbar oder unlösbar. Es handelt sich hier um das berühmte *Entscheidungsproblem*, das in den 30er Jahren in einer Konfrontation zwischen den beiden Mathematiker *David Hilbert* (1862-1942) und *Kurt Gödel* seinen Höhepunkt und seine Lösung fand: Gödel wies in seinem *Unvollständigkeits-Theorem* [Göd31] im Jahre 1931 nach, dass alle widerspruchsfreien axiomatischen Formulierungen der Zahlentheorie unentscheidbare Aussagen enthalten. Mit der Erkenntnis, dass eben nicht jede Aussage algorithmisch entscheidbar ist, war der Nachweis geführt, dass streng algorithmisch arbeitende Computer prinzipiell nicht jedes Problem lösen können. Dies wurde bemerkenswerterweise zu einer Zeit entdeckt, da es noch gar keine Computer gab. Vereinfacht ausgedrückt bedeutet das Unvollständigkeitstheorem auch, dass Wahrheit eine höhere Qualität besitzt als Beweisbarkeit.

Möchte man beweisen, dass zu einem bestimmten Problem kein Algorithmus zu dessen Lösung existiert, so muss man den Begriff Algorithmus formalisieren. Hierzu gibt es verschiedene Ansätze, die teilweise schon in vorausgehenden Kapiteln eingeführt worden sind. Verwendet man das in Kapitel 8.2 eingeführte Konzept der *Turing-Maschine* als Modell zur formalen Beschreibung von Algorithmen, dann ist jedes Problem algorithmisch lösbar, das als Turing-Maschine dargestellt werden kann. Ein Computer ist dann äquivalent zu einer *universellen Turing-Maschine* U, d.h. zu einer Turing-Maschine, die jede andere Turing-Maschine T simulieren kann. Zur Programmierung von U muss auf dem Eingabeband von U eine Beschreibung der zu simulierenden Turing-Maschine T gespeichert werden und außerdem die Eingabe x, die von T verarbeitet werden soll. Die Eingabe x wird dann von U in genau derselben Weise verarbeitet, wie dies durch T geschehen würde. In diesem Sinne ist also die universelle Turing-Maschine U eine abstrakte Beschreibung für jeden Computer.

Es konnte ferner gezeigt werden, dass zu jeder Darstellung eines Algorithmus (der für eine berechenbare Funktion steht) in Form einer Turing-Maschine die Formulierung desselben Problems als formale Sprache, als Programm auf einer Registermaschine oder als Schaltwerk äquivalent ist. Es gibt noch weitere Beschreibungsmöglichkeiten von Algorithmen, etwa durch rekursive Funktionen, die sich aus einfachen, offensichtlich berechenbaren Funktionen bilden lassen. Es besteht daher nach A. Church und A. Turing eine sehr starke Evidenz (ohne dass ein strenger mathematischer Beweis möglich wäre) dafür, dass nicht nur die oben genannten verschiedenen Möglichkeiten der Formalisierung von Algorithmen gleichwertig sind und zu denselben Ergebnissen über die Berechenbarkeit von Problemen führen, sondern dass dies allgemein für alle im intuitiven Sinn „vernünftigen" Formalisierungen gilt. Dieser Sachverhalt ist als die *Church-Turing-These* bekannt. Mit anderen Worten: Wenn ein Problem nicht durch eine Turing-Maschine gelöst werden kann, so ist es überhaupt nicht algorithmisch lösbar.

Obwohl die Church-Turing-These wegen des Bezugs auf mathematisch nicht präzisierbare Begriffe wie „intuitiv“ und „vernünftig“ nicht beweisbar ist, werden Beweise auf der Grundlage dieser These allgemein akzeptiert.

Man definiert also:

Eine Funktion f(x) heißt *berechenbar*, wenn es einen Algorithmus gibt, der bei gegebenem x das Ergebnis f(x) liefert.

Eine alternative Definition lautet:

Ist eine Menge M gegeben, so heißt M *entscheidbar*, wenn es einen Algorithmus gibt, der für jedes vorgegebene Element x als Ergebnis die Aussage liefert, ob x in M enthalten ist oder nicht.

Die Vermutung, dass in diesem Sinne nicht jede Funktion berechenbar ist, liegt eigentlich nahe und lässt sich auch leicht erhärten:

Ein Algorithmus muss wegen der Abbildung auf eine Turing-Maschine in jedem Falle durch ein Alphabet A mit einem endlichen Zeichenvorrat dargestellt werden können. Im Falle einer Turing-Maschine ist dazu ja sogar das binäre Alphabet $A=\{0, 1\}$ ausreichend. Wie bereits früher gezeigt, umfasst der Nachrichtenraum A^* zwar unendlich viele, aber abzählbar viele verschiedene Zeichenreihen. Es gibt daher auch nur abzählbar viele Algorithmen, d.h. alle Algorithmen können unter Verwendung der natürlichen Zahlen im Prinzip durchnummeriert werden. Außerdem kann jeder Algorithmus nach seiner Definition nur eine Funktion berechnen. Da aber die Menge aller Funktionen sicher überabzählbar ist (wie die Menge der reellen Zahlen), folgt, dass es in diesem Sinne nicht berechenbare Funktionen geben muss und dass diese Menge der nicht berechenbaren Funktionen sogar überabzählbar sein muss.

9.1.3 Das Halteproblem

Wie bereits ausgeführt, gibt es Probleme, die nicht berechenbar sind, d.h. Aussagen, von denen nicht ermittelt werden kann, ob sie wahr oder falsch sind. Hierbei wird nicht nur behauptet, es gäbe Probleme, zu deren Lösung noch kein Algorithmus bekannt sei, sondern es wird die viel stärkere Aussage gemacht, dass deshalb kein Algorithmus zur Lösung derartiger Probleme gefunden werden konnte, weil ein solcher grundsätzlich nicht existiert.

Ein berühmtes Beispiel für ein nicht berechenbares Problem ist das *Halteproblem*. Dabei geht es um die Frage, ob es einen Algorithmus gibt, mit dessen Hilfe man für ein beliebiges Programm P bestimmen kann, ob es mit beliebigen Eingabedaten D jemals stoppen wird oder nicht. Mit anderen Worten: es soll geprüft werden ob ein Programm in eine Endlosschleife geraten kann. In der Praxis verlangt man einfach, dass ein Programm innerhalb einer bestimmten Zeitspanne zu einem Ende kommen muss, andernfalls wird es vom Bediener zwangsweise abgebrochen. Für eine theoretische Überlegung ist diese Vorgehensweise natürlich wenig tauglich.

Der Beweis, dass das Halteproblem tatsächlich nicht berechenbar ist, läuft wie folgt: Man nimmt zunächst an, es existiere ein Algorithmus zur Lösung des Halteproblems. Man kann dann ein Programm TEST schreiben, das als Eingabedaten das zu testende Programm P erhält. Da getestet werden soll, ob ein beliebiges Programm P mit beliebigen Eingabedaten stoppt, kann man insbesondere auch den Programmtext von P selbst als Eingabedaten für das zu testende Programm P benützen, auch wenn das Programm P damit nicht unbedingt eine sinnvolle Ausgabe liefert. So abwegig ist dieses Vorgehen aber durchaus nicht: ein Editor muss beispielsweise in der Lage sein, seinen eigenen Programmtext zu editieren. Das Testprogramm TEST soll nun JA ausgeben, falls P stoppt und NEIN, falls P nicht stoppt, also in eine Endlosschleife gerät. Damit ergibt sich das folgende Flussdiagramm:

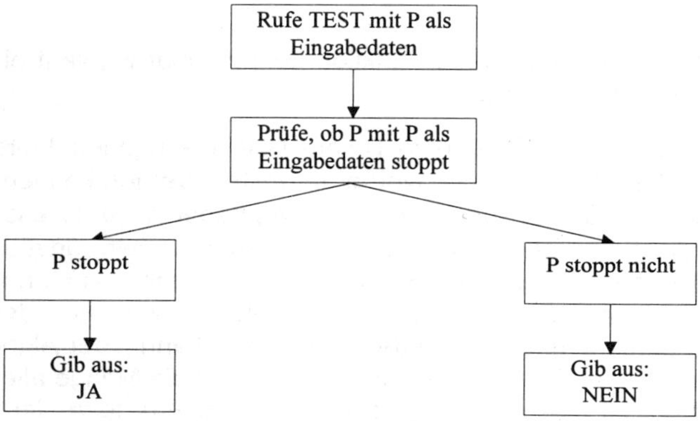

Abbildung 9.1: Flussdiagramm des Programms TEST zum Beweis der Nichtberechenbarkeit des Halteproblems.

Im nächsten Schritt wird, immer noch unter der Annahme, es gäbe einen Algorithmus zur Lösung des Halteproblems, ein Programm TEST1 konstruiert, der folgende Form hat:

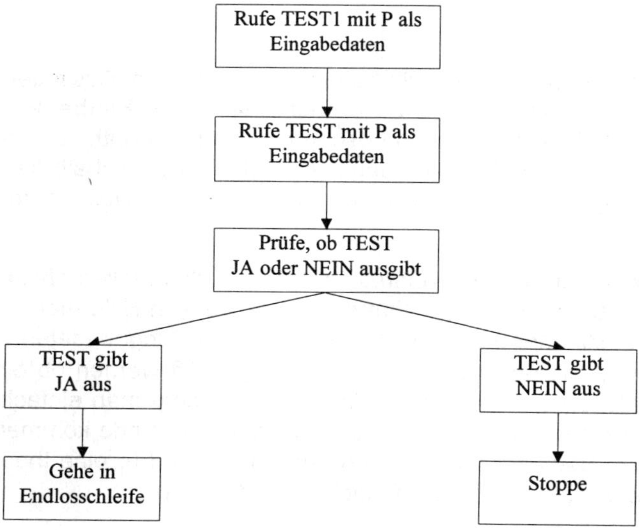

Abbildung 9.2: Flussdiagramm des Programms TEST1 zum Beweis der Nichtberechenbarkeit des Halteproblems.

Nun wird das Programm TEST1 mit dem Programmtext von TEST1 als Eingabedaten aufgerufen. Dies ist erlaubt, da das zu testende Programm ja jedes beliebige Programm sein darf, also auch TEST1 selbst. Damit ergibt sich aber ein Widerspruch, denn nimmt man an, TEST1 stoppt, so folgt, dass TEST1 nicht stoppt und umgekehrt. Aus diesem Widerspruch folgt zwingend, dass die ursprüngliche Annahme, es gäbe einen Algorithmus zur Lösung des Halteproblems, falsch war. Damit ist bewiesen, dass das Halteproblem in der Tat nicht berechenbar ist.

Die zum Beweis der Nichtberechenbarkeit des Halteproblems verwendete Technik des Beweises durch Widerspruch wird in diesem Zusammenhang häufig verwendet.

Es soll die Behauptung bewiesen werden, ein bestimmtes Problem P sei nicht lösbar, d.h. nicht berechenbar. Man nimmt nun an, es gäbe einen Algorithmus der P löst. Lässt sich dann unter Verwendung dieser Annahme ein Programm (das z.B. auf einer Turing-Maschine oder einer Registermaschine lauffähig wäre) konstruieren, das widersprüchlich arbeitet, so ist die Annahme falsch und die ursprüngliche Behauptung, P sei nicht berechenbar, ist bewiesen.

Die Essenz dieser auf den ersten Blick etwas spitzfindig anmutenden Beweisführung ist eine Folge von sich gegenseitig widersprechenden Aussagen (sog. *Strange Loops*), die typisch für diese Klasse von Problemen sind. Auch beim Beweis des Unvollständigkeits-Theorems hat Gödel diese Methode angewendet. Man kann solche widersprüchlichen Aussagen auch sprachlich formulieren, wie folgende Kostprobe zeigt:

„Der folgende Satz ist wahr."
„Der vorhergehende Satz ist falsch."

Eine weitere in der Theorie der Berechenbarkeit viel verwendete Beweismethode ist die *Reduktion*. Man führt dabei ein ungelöstes Problem auf ein gelöstes Problem zurück. Man sagt, eine Menge $M \subseteq \mathbf{N}$ ist reduzierbar auf $M' \subseteq \mathbf{N}$, wenn es eine eindeutige, berechenbare Funktion $f(n): \mathbf{N} \rightarrow \mathbf{N}$ gibt, so dass $f(n) \in M'$ genau dann gilt, wenn $n \in M$ ist.

Es gilt dann der Satz:

Ist M auf M' reduzierbar und ist M' entscheidbar, dann ist auch M entscheidbar. Ist dagegen M' nicht entscheidbar, so ist auch M nicht entscheidbar.

Gelingt es also beispielsweise, durch eine Abbildungsvorschrift ein Problem P auf ein nicht berechenbares Problem, z.B. das Halteproblem, zurückzuführen, so ist gezeigt, dass auch P nicht berechenbar ist.

Neben dem Halteproblem gibt es eine ganze Reihe weiterer nicht berechenbarer Probleme mit durchaus praktischer Relevanz, so beispielsweise das *Äquivalenzproblem*. Dabei geht es darum, zu entscheiden, ob zwei Programme dieselbe Aufgabe lösen (d.h. in diesem Sinne zueinander äquivalent sind) oder nicht. Ein Vergleich des Halteproblems und des Äquivalenzproblems zeigt auch, dass es zwei Klassen der Nichtberechenbarkeit gibt: Im Falle des Halteproblems wird das zu testende Programm in vielen Fällen stoppen, das hypothetische Testprogramm wird dann die

Antwort JA ausgeben. In diesem Fall kann man auch nachvollziehen, warum das getestete Programm gerade mit den verwendeten Eingabedaten stoppt. Man bezeichnet das Halteproblem daher als *partiell nicht berechnenbar*. Das Äquivalenzproblem ist dagegen so geartet, dass es selbst dann keine allgemein gültige Methode gibt, die Äquivalenz zweier Programme zu beweisen, wenn diese tatsächlich äquivalent sind.

Sowohl für das Halteproblem als auch für das Äquivalenzproblem muss nochmals betont werden, dass es um eine allgemeine Methode geht. Es können also in beiden Fällen durchaus Algorithmen gefunden werden, die für einzelne Programme oder auch eine eingeschränkte Menge von Programmen das Halteproblem bzw. das Äquivalenzproblem lösen.

9.1.4 Primitiv rekursive Funktionen

Für eine detailliertere Untersuchung der Berechenbarkeit von Problemen ist die hier vorgestellte Möglichkeit der formalen Beschreibung durch rekursive Funktionen sehr nützlich.

Zunächst wird die Klasse der *primitiv rekursive Funktionen* betrachtet. Diese entstehen aus einigen einfachen Grundfunktionen über einem beliebigen Alphabet, auf welche man endlich viele Operationen anwendet. Da jedes Alphabet definitionsgemäß auf die natürlichen Zahlen mit Null $\mathbf{N}_0$ abbildbar ist, genügt es, nur $\mathbf{N}_0$ zu betrachten. Die reellen Zahlen werden so nicht erfasst, was ja auch nicht erforderlich ist, da wegen der notwendigen Stellenzahlbeschränkung reelle Zahlen ohnehin in diesem Sinne nicht berechenbar sind. Rationale Zahlen, d.h. Brüche, sind dagegen als Paare von natürlichen Zahlen der Art (Zähler, Nenner) darstellbar. Hierbei wird ausgenutzt, dass die Menge der rationalen Zahlen abzählbar ist, im Gegensatz zu der überabzählbaren Menge der reellen Zahlen. Die Abzählbarkeit der rationalen Zahlen sieht man sofort durch folgendes Schema:

Tabelle 9.1: Ordnet man die rationalen Zahlen als zweidimensionales Schema an, so kann leicht eine eineindeutige Abbildung (durchnummerieren) auf die natürlichen Zahlen angegeben werden.

1: 1/1 →	*2:* 1/2	*6:* 1/3 →	*7:* 1/4	*15:* 1/5 →	*16:* 1/6	*28:* 1/7	.....
3: 2/1 ↓	*5:* 2/2	*8:* 2/3	*14:* 2/4	*17:* 2/5	*27:* 2/6	.....	
4: 3/1	*9:* 3/2	*13:* 3/3	*18:* 3/4	*26:* 3/5	.....		
10: 4/1 ↓	*12:* 4/2	*19:* 4/3	*25:* 4/4	.....			
11: 5/1	*20:* 5/2	*24:* 5/3	.....				
21: 6/1 ↓	*23:* 6/2	.....					
22: 7/1	.....						
.....							

Von diesen Überlegungen ausgehend, wird die Klasse **P** der primitiv rekursiven Funktionen wie folgt definiert:

Definition: Die Klasse der primitiv rekursiven Funktionen ist die kleinste Klasse **P** von Funktionen über $\mathbf{N}_0$ für die gilt:

1. Die *konstante Funktion* C^n ist in **P**:

   $\forall n \in \mathbf{N}$ ist $C^n{:}\mathbf{N}_0^n \rightarrow \mathbf{N}_0$ mit $C^n(x) = 0\ \forall x \in \mathbf{N}_0^n$ in $\mathbf{P}$

   Das Argument x der Funktion C ist hier also ein n-Tupel: $C^n(x) = C^n(x_1, x_2, \ldots x_n)$. Das Ergebnis ist unabhängig von x immer 0, also eine skalare Größe.

2. Die *Nachfolgerfunktion* N ist in **P**:

   $N{:}\mathbf{N}_0 \rightarrow \mathbf{N}$ mit $N(x) = x + 1$ ist in $\mathbf{P}$

3. Die *Projektionsfunktion* P ist in **P**:

   $\forall n \in \mathbf{N}$ und $1 \le i \le n$ gilt: $P_i^n{:}\mathbf{N}_0^n \rightarrow \mathbf{N}_0$ mit $P_i^n(x_1, x_2, .. x_n) = x_i$ ist in $\mathbf{P}$

   Aus einer Funktion mit n Argumenten liefert also die Projektion P_i das i-te Argument als Ergebnis. Beispielsweise gilt für $n=3$ und $i=2$:

   $P_2^3(x_1, x_2, x_3) = x_2$

4. Die *Substitutionsfunktion* ist in **P**:

   Sind $h_1, h_2, \ldots h_n$ beliebige Funktionen in **P** und ist $g{:}\mathbf{N}_0^n \rightarrow \mathbf{N}_0$ in **P**, so gilt:
   $f{:}\mathbf{N}_0^n \rightarrow \mathbf{N}_0$ mit $f(x) = g(h_1, h_2, \ldots h_n)$ ist in $\mathbf{P}$

   Die Funktion f entsteht also durch Ersetzen (Substituieren) der Argumente x_i der Funktion g durch die Funktionen h_i.

5. Die *Primitive Rekursion* ist in **P**:

   Sind $g{:}\mathbf{N}_0^n \rightarrow \mathbf{N}_0$ und $h{:}\mathbf{N}_0^{n+2} \rightarrow \mathbf{N}_0$ in **P**, so ist auch jede Funktion $f{:}\mathbf{N}_0^{n+1} \rightarrow \mathbf{N}_0$ in **P**, welche folgende Bedingungen erfüllt:

   $f(0, y) = g(y) \quad \forall y \in \mathbf{N}_0^n$

   $f(x+1, y) = h(x, y, f(x, y)) \quad \forall x \in \mathbf{N}_0$ und $\forall y \in \mathbf{N}_0^n$

   Man sagt, f entsteht aus g und h durch primitive Rekursion.

Die Beschränkung auf die natürlichen Zahlen kann ohne weiteres durch Ersetzen von $\mathbf{N}_0$ durch A^* über einem beliebigen Alphabet A aufgehoben werden. Reelle Zahlen können offenbar nicht verarbeitet werden, da die Menge der rellen Zahlen *nicht abzählbar* (*überabzählbar*) ist. Reelle Zahlen müssen durch rationale Zahlen, also durch Brüche, angenähert werden. Brüche können dabei als Paare von natürlichen Zahlen dargestellt werden.

Beispiel:

Die Additionsfunktion plus(x,y)=x+y soll als primitiv rekursive Funktion dargestellt werden. Man erhält plus durch primitive Rekursion aus g und h:

$$plus(0,y) = g(y) = P_2^2(0,y) = y$$
$$plus(x+1,y) = h(x,y,plus(x,y)) = N[P_3^3(x,y,plus(x,y))]$$

Die Multiplikation mul(x,y)=xy lässt sich dann durch die Addition ausdrücken:

$$mul(0,y) = C^2(0,y) = 0$$
$$mul(x+1,y) = plus1(x,y,mul(x,y))$$

mit $plus1(x,y,z) = plus[P_2^3(plus1(x,y,z), P_3^3(plus1(x,y,z))]$

Weitere Beispiele für primitiv rekursive Funktionen sind die Fakultät, die Bestimmung des größten gemeinsamen Teilers zweier natürlicher Zahlen etc.

Für primitiv rekursive Funktionen gelten einige wichtige Sätze, die hier ohne Beweis aufgeführt werden:

- Jede primitiv rekursive Funktion ist berechenbar.
- Jede primitiv rekursive Funktion ist durch eine Turing-Maschine darstellbar, die Umkehrung gilt jedoch nicht.
- Primitiv rekursive Funktionen sind durch Programmiersprachen mit folgenden Eigenschaften darstellbar:
  - Es gibt den Datentyp „natürliche Zahl mit 0".
  - Es gibt einfache Anweisungen (Zuweisungen, Arithmetische und logische Ausdrücke, Funktions- und Prozeduraufrufe etc.).
  - Es gibt Verzweigungen (z.B. IF, IF-THEN-ELSE und CASE).
  - Es gibt die Hintereinanderausführung von Anweisungen, auch in Form geschachtelter Blöcke.
  - Es gibt FOR-Schleifen, bei denen Schleifenindizes innerhalb der Schleife nicht verändert werden dürfen.

Jedes in einer derartigen Proprammiersprache geschriebene Programm entspricht einer primitiv rekursiven Funktion. Da weder WHILE-Schleifen noch Sprünge (GOTO) zugelassen sind, kann es in einem solchen Programm keine Endlosschleifen geben, das Halteproblem spielt hier also keine Rolle.

Es ist offensichtlich, dass die primitiv rekursiven Funktionen eine sehr wichtige Klasse von Funktionen beschreiben, aber eben nicht alle durch eine Turing-Maschine darstellbaren, also nicht alle berechenbaren Funktionen. Es ist daher eine Erweiterung dieses Konzepts nötig.

9.1.5 μ-rekursive Funktionen und die Ackermann-Funktion

Im Jahre 1928 widerlegte Ackermann die Vermutung, jede berechenbare Funktion wäre primitiv rekursiv, indem er eine berechenbare, aber nicht primitiv rekursive Funktion angab: die *Ackermann-Funktion*. Es ist dies die einfachste bekannte Funktion, die schneller wächst als jede primitiv rekursive Funktion, also insbesondere auch schneller als die Fakultät und jede Exponentialfunktion. Die Ackermann-Funktion $A(x,y)$ ist wie folgt definiert:

$A(0,y) = y+1$
$A(x+1,0) = A(x,1)$
$A(x+1,y+1) = A[x,A(x+1,y)]$

Man erkennt leicht, wie schnell A wächst, wenn man einige Werte berechnet:

$A(1,1)=3$ $A(1,2)=4$ $A(2,2)=7$ $A(3,3)=61$ $A(4,4)>10^{10^{10^{2100}}}$

Als Beispiel wird die Berechnung von $A(1,2)=4$ explizit ausgeführt:

$$A(1,2) = A(0,A(1,1)) = A(0,A(0,A(1,0))) = A(0,A(0,A(0,1))) = A(0,A(0,2)) = A(0,3) = 4$$

Die Behauptung, dass A schneller wächst als jede andere primitiv rekursive Funktion lässt sich folgendermaßen ausdrücken:

$$\forall f(n) \in \mathbf{P}: \ \exists m \in \mathbf{N}_0: A(n,n) > f(n) \, \forall n > m$$

Möchte man die Ackermann-Funktion programmieren, so ist das durch Ausnutzung der Rekursivität z.B. in Pascal oder C sehr einfach. Wie schon früher erwähnt, kann aber grundsätzlich jede Rekursion auch durch eine Iteration ausgedrückt werden; im Falle der Ackermann-Funktion gelingt die iterative Programmierung aber mit der im vorigen Abschnitt kurz skizzierten einfachen Programmiersprache nicht. Man benötigt hier unbedingt eine Sprache die über WHILE-Schleifen oder wenigstens über Sprungbefehle (GOTO) verfügt. Die Besonderheit dieser Konstrukte ist, dass im Gegensatz zu FOR-Schleifen der Laufindex innerhalb der Schleife in Abhängigkeit von Bedingungen jederzeit beliebig geändert werden kann. Dies hat notwendigerweise zur Folge, dass Endlosschleifen prinzipiell nicht ausgeschlossen werden können.

Man kann zeigen, dass man mit einer um WHILE-Schleifen und/oder Sprungbefehle erweiterten Programmiersprache alle berechenbaren Funktionen programmieren kann, so dass hier im Sinne der Church-Turing-These eine Übereinstimmung mit dem Konzept der Turing-Maschinen besteht. Derartige auf das Wesentliche reduzierte Sprachen sind zu *Registermaschinen* äquivalent. Eine solche Äquivalenz lässt sich aber auch durch eine Erweiterung des Begriffs der Rekursion erreichen. Man ergänzt dazu die fünf Axiome der primitiv rekursiven Funktionen um ein sechstes Axiom zur Definition der *μ-rekursiven* oder *unbeschränkt rekursiven Funktionen*, die dann alle tatsächlich berechenbaren Funktionen umfassen:

$$\mu f(x,y) := \begin{cases} \text{das kleinste } y \text{ mit } f(x,y)=0, \text{ wobei } f(x,u) \text{ für alle } u \leq y \text{ definiert ist, falls es ein solches } y \text{ gibt} \\ \text{nicht definiert, sonst} \end{cases}$$

Man sagt, μf entsteht aus f durch Anwendung des *Minimum-Operators* oder *μ-Operators*. Auf den ersten Blick und ohne einschlägige Vorbildung ist es gewiss nicht ohne weiteres einsichtigt, dass gerade durch diese Formulierung die Klasse der primitiv rekursiven Funktionen so erweitert wird, dass nun alle berechenbaren Funktionen mit eingeschlossen sind. Man kann zeigen, dass gerade diese spezielle Minimum-Bildung in Programmiersprachen nicht durch FOR-Schleifen realisierbar ist, sondern nur durch Konstrukte wie GOTO-Anweisungen oder WHILE-Schleifen.

Als Beispiel wird der μ-Operator auf die schon eingeführte Funktion $plus(x,y)=x+y$ angewendet. Man erhält:

$$\mu plus(x,y) = \{ \begin{matrix} 0 \text{ falls } y=0 \\ \text{nicht definiert, sonst} \end{matrix}$$

denn $\mu plus$ ist nach Axiom 6 nur definiert und dann gleich 0, wenn $y=0$ ist.

9.1.6 Die bb-Funktion

Als Weiterführung der Ackermann-Funktion gab T. Rado 1961 eine Funktion $bb(n)$ an, die schneller wächst als jede μ-rekursive Funktion. Schreibt man **μ** für die Klasse der μ-rekursiven Funktionen, so lautet diese Behauptung als Formel ausgedrückt:

$$\forall f(n) \in \mu: \ \exists m \in \mathbf{N}_0: bb(n) > f(n) \, \forall n > m$$

Daraus folgt bereits, dass $bb(n)$ selbst keine μ-rekursive Funktion sein kann und daher auch nicht berechenbar ist. Dennoch lässt sich $bb(n)$ auf einfache Weise folgendermaßen definieren:

$bb(0) = 0$

$bb(n) =$ die maximale Anzahl von aufeinander folgenden Strichen (Einsen), die eine Turing-Maschine mit n Anweisungen auf ein leeres Band schreibt.

bb steht abkürzend für *„busy beaver"* und ist von der anschaulichen Vorstellung abgeleitet, dass jeder Strich für einen Holzstamm steht, den ein eifriger Biber zum Dammbau heranschleppt.

Bisher ist Folgendes über bb-Zahlen bekannt:

n	0	1	2	3	4	5	>5
bb(n)	0	1	4	6	13	$\geq$1915	?

Offensichtlich ist $bb(n)$ mathematisch korrekt, eindeutig und auf ganz $\mathbf{N_0}$ definiert, da für jedes $n \in \mathbf{N_0}$ auch $bb(n)$ eine ganz bestimmte natürliche Zahl mit endlich vielen Stellen ist. Dazu folgende Vorschrift zur Bestimmung von $bb(n)$:

1. Man schreibe alle Turing-Maschinen mit $T=\{0,1\}$ der oben beschriebenen Art mit n Anweisungen auf. Jede Anweisung besteht aus zwei Teilanweisungen, so dass sich insgesamt $2n$ Teilanweisungen ergeben. In jeder dieser Teilanweisung gibt es nun zwei Möglichkeiten für das zu schreibende Zeichen (0 oder 1), zwei Möglich-

keiten für den nächsten Schritt (Rechts oder Links) und n+1 Anweisungsnummern (einschließlich der Anweisungsnummer 0 für HALT) für den folgenden Schritt. Daraus folgt, dass es bei gegebener Anzahl n von Anweisungen genau $[4(n+1)]^{2n}$ verschiedene Turing-Maschinen gibt. Für n=5 sind das bereits ungefähr $6.3*10^{13}$ Möglichkeiten.

2. Man suche alle haltenden Turing-Maschinen aus, die auf ein mit Nullen vorbesetztes Band eine Anzahl von aufeinander folgenden Strichen schreibt. Solche gibt es für jedes n auf jeden Fall, wie weiter unten gezeigt wird. Es wird dabei übrigens nicht vorausgesetzt, dass ein allgemeines Verfahren existieren muss, welches in der Lage ist, von jeder beliebigen Turing-Maschine zu entscheiden, ob diese mit jeder beliebigen Eingabe anhalten wird oder nicht. Der Fall liegt hier einfacher: erstens ist die Eingabe nicht beliebig, es ist vielmehr vorausgesetzt, dass das Eingabeband immer mit Nullen vorbesetzt ist; zweitens ist bei der Berechnung eines bestimmten bb(n) die Anzahl der zu prüfenden Turing-Maschinen immer endlich, man könnte also für jede dieser Maschinen ein speziell angepasstes Verfahren entwickeln, um zu entscheiden, ob gerade diese anhält oder nicht.

3. Man prüfe für jede der nach 2. ausgewählten Turing-Maschinen, wie viele Striche sie auf das Band schreibt, bevor sie anhält. Die größte Anzahl geschriebener Striche ist bb(n).

Trotz dieser recht einfach klingenden Vorschrift zur Bestimmung von bb-Zahlen kann man zeigen, dass bb(n) keine µ-rekursive Funktion sein kann und daher nicht berechenbar ist. Dies bedeutet nicht, dass nicht einzelne bb-Zahlen bestimmt werden könnten. Vielmehr wird dadurch ausgesagt, dass kein allgemeiner Algorithmus existiert, der bb(n) für jede beliebige natürliche Zahl n berechnen kann.

Diese Aussage soll nun bewiesen werden. Dazu wird wieder die Technik „Beweis durch Widerspruch" angewendet. Man geht also von der Annahme aus, es gäbe ein allgemeines Verfahren (C-Programm, Turing-Maschine, µ-rekursive Funktion, ...), mit dessen Hilfe für jede natürliche Zahl n der Wert bb(n) bestimmt werden könnte und zeigt, dass sich daraus ein logischer Widerspruch ergibt. Aus dem Widerspruch folgt, dass die Annahme falsch war, so dass ihre logische Negation richtig sein muss. Dazu geht man in folgenden Schritten vor:

1. Schritt:
Gegeben seien zwei Turing-Maschinen T1 mit n Anweisungen und T2 mit m Anweisungen. T1T2 sei die Turing-Maschine, die man erhält, wenn T2 hinten an T1 angehängt wird. Man muss dazu in T2 jede Anweisungsnummer i>0 durch n+i ersetzen und in T1 jede 0 (also HALT) durch n+1 ersetzen. T1T2 führt also in allen Fällen, in denen T1 gehalten hätte, T2 aus.

2. Schritt
Es gibt eine Turing-Maschine T4 mit 4 Anweisungen, die 12 Striche auf ein zunächst leeres Band schreibt, und zwar 2 davon rechts vom Startfeld. Der Schreib/Lese-Kopf bleibt nach 96 Schritten 3 Felder links von den geschriebenen Strichen stehen:

v Startposition
0 0 0 0 1 1 1 1 1 1 1 1 1 1 1 1 0 0 0
^ Endposition

	0 1 L 2	0 1 R 1	0 0 R 0	0 1 R 4
T4:	1 {	2 {	3 {	4 {
	1 0 L 3	1 1 L 1	1 1 L 4	1 0 R 2

T4 lässt sich gemäß Schritt 1 beliebig oft hintereinanderausführen: T4T4 schreibt 24 aufeinander folgende Striche, $(T4)^n$ schreibt 12n Striche. Durch Ersetzen der Zeile 0 0 L 0 in Anweisung 3 durch 0 0 R 0 modifiziert man T4 in T4'. Auch T4' schreibt 12 Striche, hält aber auf dem ersten leeren Feld links neben den Strichen. Für jede natürliche Zahl n ist dann $Dn = (T4)^{n-1}T4'$ eine Turing-Maschine mit 4n Anweisungen, die 12n Striche auf ein zunächst leeres Speicherband schreibt und dann gleich links vom zuletzt geschriebenen Strich hält.

3. Schritt
Offenbar ist bb(n) streng monoton wachsend, d.h. es gilt bb(n+1)>bb(n) für alle n: Hat man nämlich eine Turing-Maschine T mit n Anweisungen, die bb(n) entspricht, so kann man daraus eine Turing-Maschine T' mit n+1 Anweisungen machen, die einen Strich mehr schreibt als T. Man ersetzt dazu lediglich alle 0-Anweisungsnummern (d.h. HALT) durch n+1 und fügt folgende Anweisung an, die einen zusätzlichen Strich auf das Band schreibt.

```
      0  1  L  0
n+1 {
      1  1  L  n+1
```

4. Schritt
Nun wird angenommen, es existiere eine Turing-Maschine Tn mit k Anweisungen, die bb(n) für jede natürliche Zahl n berechne. Man kann o.B.d.A. voraussetzen, dass sowohl die Eingabe n als auch das Ergebnis bb(n) durch direkt aufeinander folgende Striche auf einem anfangs leeren Band dargestellt werden. Tn soll nun auf dem ersten leeren Feld links von den als Eingabe dienenden n Strichen starten, diese lesen, bb(n) berechnen, das Ergebnis in Form von Strichen links anschließend an die n schon vorhandenen Striche auf das Band schreiben und schließlich gleich links neben dem letzten Strich halten. Man betrachtet nun die Turing-Maschine DnTn. Startet man DnTn auf einem leeren Band, so werden zunächst durch Dn 12n aufeinander folgende Striche geschrieben, die von Tn als Eingabe gelesen werden, so dass nun bb(12n) berechnet wird. Das Ergebnis wird in Form von Strichen an die schon vorhandenen 12n Striche angehängt, so dass nun bb(12n)+12n Striche auf dem Band stehen. In diesem Sinne ist DnTn selbst ein Kandidat für eine Biber-Turing-Maschine. Da Dn aus 4n und Tn aus k Anweisungen besteht, hat DnTn 4n+k Anweisungen. Eine Turing-Maschine, die bb(4n+k) berechnet, schreibt also mindestens so viele Striche wie DnTn, das ja bb(12n)+12n Striche schreibt. Es gilt also:

$$bb(4n+k) \geq bb(12n)+12n$$

Da k eine feste Zahl ist, muss es eine Zahl m geben, so dass 12m > 4m+k gilt. Weil aber nur k fest vorgegeben ist, nicht aber n, kann an Stelle von n auch m eingesetzt werden. Daraus folgt jedoch $bb(4m+k) \geq bb(12m) + 12m$ was wegen der strengen Monotonie der bb-Funktion ein Widerspruch ist. Man macht sich dies leicht an einem Beispiel klar: Wurde k=7 gewählt, so zeigt sich bereits für m=5 der Widerspruch in Form einer offensichtlich nicht erfüllten Ungleichung:

$$bb(27) \geq bb(60) + 60$$

Die Annahme, es gebe ein Tn, das bb(n) für jede natürliche Zahl n berechnet, muss also falsch sein.

1985 wurde die unten dargestellte Turing-Maschine gefunden, die 1915 Striche auf ein anfangs leeres Band schreibt. Es ist dies ein aussichtsreicher Kandidat für bb(5).

$$bb(5)?:\; 1\begin{cases}0\;1\;R\;2\\1\;1\;L\;3\end{cases} \quad 2\begin{cases}0\;0\;L\;1\\1\;0\;L\;4\end{cases} \quad 3\begin{cases}0\;1\;L\;1\\1\;1\;L\;0\end{cases} \quad 4\begin{cases}0\;1\;L\;2\\1\;1\;R\;5\end{cases} \quad 5\begin{cases}0\;0\;R\;4\\1\;0\;R\;2\end{cases}$$

9.2 Komplexität

9.2.1 Einführung

Die Frage, ob jedes Problem durch einen Algorithmus beschrieben werden kann, wurde im vorangegangenen Kapitel bereits mit nein beantwortet. Es bleibt zu untersuchen, ob wenigstens die berechenbaren Probleme - also die durch einen Algorithmus beschreibbaren - mit Hilfe eines Computers *durchführbar* (*feasible*) sind. Da die zur Verfügung stehenden *Betriebsmittel*, das sind vor allem *Zeit* und *Hardware*, notwendigerweise endlich sind, muss bestimmt werden, ob ein berechenbarer Algorithmus auch mit diesen beschränkten *Resourcen* ausgeführt werden kann. Schon bei der Einführung der Turing-Maschine wurde ja ein potentiell unbegrenztes Ein/Ausgabe-Band, also ein Speicher, benötigt. Es ist damit klar, dass hier tatsächlich ein Problem besteht.

Unter dem Betriebsmittel *Zeit* ist die für einen bestimmten Computer gültige, zur Ausführung eines bestimmten Algorithmus benötigte Zeit T zu verstehen. Sie wird als Vielfaches der für eine Grundoperation minimal benötigten Zeiteinheit t gemessen. Als *Hardware* spielen vor allem der verfügbare *Speicherplatz* und die Anzahl der evtl. parallel arbeitenden *Prozessoren* eine Rolle.

In der Tat zeigt es sich, dass nur ein kleiner Teil der berechenbaren Probleme auch durchführbar ist. Die folgende Grafik verdeutlicht dies.

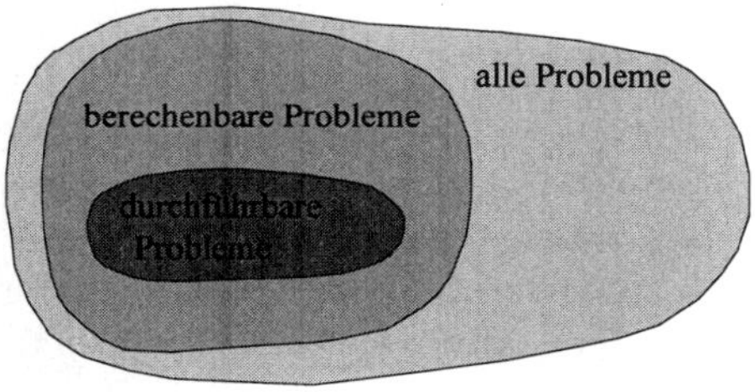

Abbildung 9.3: Die Menge der berechenbaren Probleme ist nur eine abzählbare Teilmenge der überabzählbaren Menge aller denkbaren Probleme. Die Menge der auf einem Computer durchführbaren Probleme ist wiederum eine abzählbare Menge der berechenbaren Probleme.

Man hat nun die Aufgabe, für einen gegebenen Algorithmus eine Klassifikation zu finden, die ihn als *durchführbar* oder *nicht durchführbar* einstuft. Üblicherweise beschreibt man dazu die Abhängigkeit der betrachteten Betriebsmittelgröße, also beispielsweise den Speicherbedarf $S(n)$ oder den Zeitbedarf $T(n)$ als Funktion, die von einer Variablen n abhängt, welche die Anzahl der Eingabedaten beschreibt. Im einfachsten Fall ist n die Anzahl der Eingabedaten selbst. Man bezeichnet diese Funktion als die *Komplexität* eines Algorithmus, speziell $S(n)$ als die *Speicherkomplexität* und $T(n)$ als die *Zeitkomplexität*. Es liegt auf der Hand, dass es von größter praktischer Bedeutung ist, für die Lösung eines Problems nicht nur einen *effektiven*, also überhaupt ausführbaren Algorithmus zu finden, sondern einen *effizienten*. Unter Effizienz ist in diesem Zusammenhang zu verstehen, dass der Algorithmus mit möglichst geringem Aufwand ausgeführt werden soll, insbesondere hinsichtlich Speicherbedarf und Zeitbedarf.

9.2.2 Polynomiale und exponentielle Algorithmen

Bei der Betrachtung des Faktors Zeit geht es darum, den Zeitbedarf eines Algorithmus zu bestimmen und den Algorithmus möglichst so zu modifizieren, dass der Zeitbedarf minimal wird.

In der Regel bestimmt man die *Zeitkomplexität* $T(n)$ direkt als Funktion der Anzahl n der Eingabedaten, indem man abzählt, wie oft eine typische Operation ausgeführt werden muss.

Das Skalarprodukt zweier Vektoren

Als Beispiel soll die Zeitkomplexität für das Skalarprodukt zweier Vektoren mit Dimension n berechnet werden.

Sind $\mathbf{x}=(x_1,x_2,..x_n)$ und $\mathbf{y}=(y_1,y_2,..y_n)$ zwei Vektoren, so ist das Skalarprodukt $\mathbf{x}\cdot\mathbf{y}$ folgendermaßen definiert:

$$\mathbf{x}\cdot\mathbf{y}=\sum_{i=1}^{n} x_i \cdot y_i$$

Für n-dimensionale Vektoren ergibt sich also die einfache Lösung $T(n)=n$ für die Multiplikationen und $T(n)=n-1$ für die Additionen, wobei die Zeiten jeweils in Einheiten des Zeitbedarfs für die Grundoperationen Multiplikation bzw. Addition gemessen werden.

Die Ordnung der Komplexität

Da man in diesem Zusammenhang weniger an exakten Zahlenwerten als an dem funktionalen Verhalten für große n interessiert ist, reduziert man das Ergebnis einer Komplexitätsberechnung auf den mit steigendem n am schnellsten wachsenden Term, wobei additive und multiplikative Konstanten weggelassen werden. Man betrachtet also nur das *asymptotische Verhalten* und spricht dann von der *Ordnung* der Komplexität. Für das obige Beispiel findet man also, dass für die Multiplikation und die Addition die Komplexität von *linearer Ordnung* ist. Man schreibt:

$T(n) = \mathcal{O}(n)$ wenn es positive Konstanten c und n_0 gibt, mit $T(n) \leq c\cdot n \;\; \forall\; n>n_0$

Dabei deutet das geschwungene $\mathcal{O}$ (sprich „groß O") an, dass hier nur die Ordnung, also der am schnellsten wachsende Term der Komplexität gemeint ist.

Ist beispielsweise $T(n)=60n+12$, so gilt $T(n)= \mathcal{O}(n)$, da $T(n)<61n$ für alle $n>11$. Es ist hier also $c=61$ und $n_0=11$.

Enstprechend definiert man Komplexitäten höherer Ordnung. So schreibt man beispielsweise für quadratische Ordnung:

$T(n) = \mathcal{O}(n^2)$ wenn es positive Konstanten c und n_0 gibt, mit $T(n) \leq c \cdot n^2 \;\; \forall\, n > n_0$

Und im allgemeinen Fall:

$T(n) = \mathcal{O}(f(n))$ wenn es positive Konstanten c und n_0 gibt, mit $T(n) \leq c \cdot f(n) \;\; \forall\, n > n_0$

Man definiert ferner asymptotische Komplexitäten Ω und Θ:

$T(n) = \Omega(f(n))$ wenn es positive Konstanten c und n_0 gibt, mit $T(n) \geq c \cdot f(n) \;\; \forall\, n > n_0$

und

$T(n) = \Theta(f(n))$ wenn es positive Konst. c_1, c_2 und n_0 gibt, mit $c_1 \cdot f(n) \leq T(n) \leq c_2 \cdot f(n) \;\; \forall\, n > n_0$

Dabei steht $f(n)$ für einfache Funktionen von n wie n, n^2, $\log(n)$, 2^n etc.

In Erweiterung des Begriffs der *Komplexität von Algorithmen* betrachtet man die *Komplexität von Funktionen*. Diese ist als die bei Betrachtung sämtlicher Algorithmen zur Berechnung der Funktion niedrigste Komplexität definiert.

Beispiel: Komplexität der Auswertung von Polynomen

In diesem Beispiel soll berechnet werden, wie viele Multiplikationen und Additionen bei der Auswertung eines *Polynoms* n-ten Grades erforderlich sind. Der Wert des Polynoms

$p(x) = a_n x^n + a_{n-1} x^{n-1} + \ldots a_1 x + a_0$

soll also für ein gegebenes x ermittelt werden.

Beispielsweise sind für die Auswertung eines Polynoms dritten Grades, also $p(x) = a_3 x^3 + a_2 x^2 + a_1 x + a_0$ nur 3 Additionen, aber 0+1+2+3=6 Multiplikationen nötig.

Der Grad des Polynoms, also die höchste vorkommende Potenz von x, sei n. Dann gilt offenbar:

Anzahl der Additionen A: $A = n$

Anzahl der Multiplikationen M: $M = 0 + 1 + 2 + \ldots n - 1 + n = \sum_{i=0}^{n} i = n(n+1)/2 = \frac{n^2}{2} + \frac{n}{2}$

Die Komplexität $T_A(n)$ hinsichtlich der Addition ist also von linearer Ordnung:

$T_A(n) = \mathcal{O}(n)$

Die Komplexität $T_M(n)$ hinsichtlich der Multiplikation ist dagegen polynomial, nämlich von quadratischer Ordnung:

$T_M(n) = \mathcal{O}(n^2)$

Das Ergebnis für die Komplexität hinsichtlich der Multiplikation folgt aus der in solchen Berechnungen häufig auftretenden Summenformel:

$$0+1+2+3+...n-1+n=\sum_{i=1}^{n} i=\frac{n(n+1)}{2}=\frac{n^2}{2}+\frac{n}{2}$$

Das Prinzip der vollständigen Induktion

Die Gültigkeit dieser und ähnlicher Formeln lässt sich mit dem wichtigen Beweisverfahren der *vollständigen Induktion* nachweisen. Dazu geht man folgendermaßen vor: Zunächst zeigt man, dass die zu beweisende Formel für einen Anfangswert, hier also für $n=1$, gültig ist. Sodann nimmt man an, die Formel sei für $n\text{-}1$ gültig und zeigt davon ausgehend, dass dann auch die Gültigkeit für n folgt. Damit ist gezeigt, dass die Formel für schließlich alle n gelten muss:

1. Die Formel ist richtig für $n=1$:

   Offensichtlich gilt: $\sum_{i=1}^{1} i=1$

   Dasselbe Ergebnis erhält man auch, wenn man in der zu beweisenden Formel $n(n+1)/2$ für n den Wert 1 einsetzt: $1(1+1)/2 = 1$. Damit ist gezeigt, dass die Behauptung für $n=1$ richtig ist.

2. Nun wird angenommen, dass die Behauptung, d.h. die zu beweisende Formel für $n\text{-}1$ richtig ist. Durch einige Umformungen lässt sich daraus tatsächlich herleiten, dass die Formel dann auch für n richtig sein muss:

$$\sum_{i=1}^{n} i = n + \sum_{i=1}^{n-1} i = n + \frac{(n-1)(n-1+1)}{2} = n + \frac{(n-1)n}{2} = \frac{2n+n^2-n}{2} = \frac{n(n+1)}{2}$$

Damit ist die Behauptung bewiesen. Diese Beweistechnik zeigt eine strukturelle Ähnlichkeit zu einer Reihe von hintereinander aufgestellten Dominosteinen: Man muss die Steine so aufstellen, dass ein kippender Stein immer den jeweils Nächsten mit umwirft. Es genügt dann, denn ersten Stein umzustoßen, um die gesamte Reihe zu Fall zu bringen.

Das Horner-Schema

Die Komplexität hinsichtlich der Multiplikation ist also für Polynome von quadratischer Ordnung, während die Komplexität hinsichtlich der Addition nur von linearer Ordnung ist. Es stellt sich nun die Frage, ob der Algorithmus so modifiziert werden kann, dass sich auch für die Multiplikation eine günstigere Komplexität ergibt. Eine Verbesserung ist ohne große Mühe möglich, nämlich mit Hilfe des *Horner-Schemas*. Man bringt dazu das Polynom durch Ausklammern von x in eine etwas andere Form:

$$p(x) = (((...(a_n x + a_{n-1})x + ... a_2)x + a_1)x + a_0$$

Für die Auswertung eines Polynoms vom Grade n in Hornerscher Schreibweise sind offenbar sowohl n Additionen als auch n Multiplikationen erforderlich. Die Komplexitäten hinsichtlich der Addition und der Multiplikation sind jetzt also beide von linearer Ordnung: $T_A(n) = T_M(n) = \mathcal{O}(n)$.

Das Primzahlproblem

Ein weiteres Beispiel zur Bestimmung von Komplexitäten ist das *Primzahlproblem*, d.h. die Aufgabe, von einer Zahl festzustellen, ob sie prim ist oder nicht. Ein seit mehr als 2000 Jahren bekanntes Verfahren zur Ermittlung aller Primzahlen unterhalb einer vorgegebenen Schranke, das oft auch als Benchmark-Programm zur Ermittlung der Arbeitsgeschwindigkeit von Rechnern verwendet wird, ist das *Sieb des Eratosthenes*.

Eine Primzahl $n>1$ ist nur durch sich selbst und durch 1 ohne Rest teilbar. Falls n keine Primzahl ist, dann gibt es offenbar einen größten Teiler k von n mit $k\leq\sqrt{n}$ durch den k ohne Rest teilbar ist. Um alle Primzahlen von 3 bis zu einer vorgegebenen Zahl n zu finden, wird eine Tabelle mit den ungeraden Zahlen von 3 bis n gefüllt. Sodann werden, beginnend mit $p=3$, alle Zahlen aus der Tabelle gestrichen, die größer oder gleich allen ungeraden Vielfachen v von p sind, wobei $p^2\leq v\leq n$ einzuhalten ist. Als Nächstes wird p nacheinander auf die jeweils Nächste, noch nicht gestrichene Zahl in der Tabelle gesetzt (die dann bereits eine Primzahl ist) und weiter wie oben beschrieben verfahren. Der Algorithmus endet, sobald $p\geq\sqrt{n}$ ist. Nun sind alle noch in der Tabelle verbleibenden Zahlen Primzahlen.

Als C-Programm sieht das so aus:

```
//*************************************************************************
// Ermittlung von Primzahlen mit dem Sieb des Eratosthenes
//*************************************************************************
#include "include.h"             // enthält die erforderlichen Header-Files
#define N 480                    // Anzahl der zu testenden ungeraden Zahlen

main() {
  int p[N], go=1, i=0, j=0, k, d, max;
  printf("\n\n\n\n\n\nSIEB DES ERATOSTHENES\n\n");
  printf("Aus einer Tabelle mit den ersten N ungeraden Zahlen werden \n");
  printf("alle Zahlen gestrichen, die ungerade Vielfache der schon \n");
  printf("gefundenen Primzahlen p sind, bis pmax>sqrt(N) ist. \n");
  printf("\nWeiter mit beliebiger Taste, beenden mit ESC\n\n");
  if(getch()==ESC) return(0);
  CURS(0,0);              // Die Funktion CURS(Zeile,Spalte) setzt den Cursor
  for(i=0; i<N; i++)           // Vorbesetzen und Ausdrucken der Tabelle
    printf("%4d",p[i]=i+i+3);
  max=(int)sqrt((double)p[N-1])+1;                              // Maximum
  CURS(24,0); printf("Weiter mit beliebiger Taste, beenden mit ESC");
  if(getch()==ESC) return(0);
  while(p[j]<max && go) {
    d=p[j];                                                // Schrittweite
    k=d*d/2-1;                                               // Startindex
    CURS(24,60); printf("Test%3d",d);
    while(k<N) {                               // Tabelle wird durchlaufen
      p[k]=0;                            // Tabelleneintrag wird gelöscht
      CURS(k/20,4*(k%20)+1); printf("    ");        // Löschen am Bildschirm
      k+=d;                          // Nächstes ungerades Vielfaches von d
    }
    while(!p[++j]);                   // nächsten Eintrag ungleich 0 suchen
    PIEP; if(getch()==ESC) { go=0; break; }
  }
  CURS(24,0);
  printf("FERTIG, weiter mit beliebiger Taste             \n\n");
  getch();
  for(i=0; i<N; i++) if(p[i]) printf("%4d",p[i]);      // Ergebnis auflisten
  printf("\nFERTIG, beenden mit beliebiger Taste            \n\n");
```

```
  getch();
  return(0);
}
```

Zur Bestimmung der Komplexität muss man nun abschätzen, wie viele wesentlichen Operationen durchzuführen sind. Als wesentliche Operationen kann man hier das Löschen von Tabelleneinträgen ansehen. In Abhängigkeit von der Stellenzahl der oberen Schranke n findet man dafür den Wert $10^{n/2}$. Dabei ist $n/2$ die Stellenzahl von $\sqrt{n}$. Die Basis 10 ergibt sich aus der Überlegung, dass maximal 10 mal so viele Einträge zu löschen sind, wenn n um eine Stelle - entsprechend einer Zehnerpotenz - wächst. Die Ordnung der Zeitkomplexität ist demnach *exponentiell*, wobei man sich aus Konsistenzgründen auf die Basis 2 bezieht:

$$T(n) = \mathcal{O}(2^n)$$

Vergleich von Komplexitäten

In Kapitel 10 über Datenstrukturen, werden weitere Beispiele für die Berechnung von Komplexitäten angeführt. Unter anderem werden dort auch Algorithmen mit *logarithmischer Komplexität* vorgestellt, wie etwa das binäre Suchen nach Einträgen in einem geordneten Array. Die Anzahl der wesentlichen Operationen steigt dann in Abhängigkeit von der Anzahl n der Eingabedaten nur wie $\log(n)$ an.

In der folgenden Tabelle ist der Zeitbedarf für verschiedene Komplexitäts-Ordnungen in Abhängigkeit von der Anzahl n der Eingabedaten aufgelistet.

Tabelle 9.2: Vergleich des Zeitbedarfs von Algorithmen mit unterschiedlichem asymptotischem Zeitbedarf (Komplexitäts-Ordnungen).

Anzahl n der Eingabedaten	Zeitbedarf in Zeiteinheiten $\log(n)$	n	$n\cdot\log(n)$	n^2	2^n	n^n
10	1	10	10	10^2	10^3	10^{10}
100	2	10^2	$2\cdot10^2$	10^4	10^{30}	10^{200}
1 000	3	10^3	$3\cdot10^3$	10^6	astronomisch	
10 000	4	10^4	$4\cdot10^4$	10^8	astronomisch	
100 000	5	10^5	$5\cdot10^5$	10^{10}	astronomisch	

Man erkennt, dass manche Komplexitäten zu Zahlen führen, deren Größe über jede Vorstellung hinausgeht. Zum Vergleich: Die Anzahl der Elementarteilchen des Universums beträgt ca. 10^{90}.

Als Beispiele sind hier die Zeitkomplexitäten einiger bekannter Algorithmen aufgelistet:

- Binäres Suchen in einem Feld mit n geordneten Daten: $\mathcal{O}(\mathrm{ld}(n))$
- Sortieren von n Daten mit Hilfe des Quick-Sort-Algorithmus: $\mathcal{O}(n \cdot \mathrm{ld}(n))$
- Multiplikation eines Vektors der Dimension n mit einer nxn-Matrix: $\mathcal{O}(n^2)$
- Multiplikation zweier nxn -Matrizen: $\mathcal{O}(n^3)$
- Primzahlbestimmung mit dem Sieb des Eratosthenes $\mathcal{O}(2^n)$
- Problem des Handlungsreisenden: Es sind n Städte und deren Entfernungen zueinander gegeben. Es ist der kürzeste Weg zu bestimmen, bei dem jede Stadt genau einmal besucht wird: $\mathcal{O}(n^n)$

Nicht ausführbare Algorithmen

Nimmt man an, dass der minimale Zeitbedarf für eine Operation $t=1\mu sec$ beträgt, so sieht man, dass die Algorithmen mit einer Zeitkomplexität der Ordnungen $\mathcal{O}(2^n)$ und $\mathcal{O}(n^n)$ schon für relativ geringe Datenmengen zu astronomischen Verarbeitungszeiten führen. Für Vergleichszwecke mögen folgende Hinweise dienen: Eine Stunde enthält $3.6 \cdot 10^9 \mu sec$, ein Jahr ca. $3.2 \cdot 10^{13} \mu sec$ und das Alter des Universums beträgt ungefähr 10^{15} Jahre, also $10^{24} \mu sec$.

Man bezeichnet daher Algorithmen mit Komplexitäten von *exponentieller* Ordnung $\mathcal{O}(2^n)$ oder einer damit vergleichbaren Ordnung (z.B. $n^{\log(n)}$, x^n, n^n) als *nicht ausführbar.* Algorithmen mit geringerer Ordnung wie n^2 oder allgemeiner n^x, wobei x nicht von n abhängen darf, werden *ausführbar* oder von *polynomialer* Ordnung genannt.

Es gelten folgende Sätze:

- Führt man ausführbare Algorithmen hintereinander aus, so ist der resultierende Algorithmus ebenfalls ausführbar.
- Die Ersetzung der Einzelschritte eines ausführbaren Algorithmus durch ausführbare Algorithmen führt wieder zu einem ausführbaren Algorithmus.
- Da sich alle bekannten, seriell arbeitenden Rechnermodelle mit höchstens polynomialem Aufwand gegenseitig simulieren lassen, sind auf einem seriellen Rechner ausführbare Algorithmen auch auf allen anderen seriellen Rechnern ausführbar. Ebenso sind auf einem seriellen Rechner exponentielle Algorithmen auch auf allen anderen seriellen Rechnern exponentiell. Ein analoger Satz gilt auch für parallele Rechnermodelle.
- Hat man für ein Problem einen Algorithmus mit einer Komplexität von exponentieller Ordnung gefunden, so muss man zum Beweis, dass das Problem nicht ausführbar ist, zeigen, dass alle (auch die noch unbekannten) Algorithmen zur Lösung des Problems von exponentieller Ordnung sind.

Es bleibt anzumerken, dass es auch bei Verwendung von *Parallel-Rechnern* viele Probleme mit exponentieller Ordnung gibt, die also dennoch nicht ausführbar sind. Selbst wenn man annimmt, dass künftig beliebig große Rechner mit beliebig hoher Arbeitsgeschwindigkeit zur Verfügung stehen werden, so bleiben doch die physikalischen Schranken der Endlichkeit der Lichtgeschwindigkeit und der Begrenztheit des

Universums bestehen, so dass sich an dem beschriebenen Sachverhalt nichts prinzipielles ändert.

9.2.3 NP-Vollständigkeit

Polynomiale und nichtdeterministisch polynomiale Probleme

Für eine große Klasse von Problemen, für die man keine polynomialen Algorithmen kennt, nimmt man an, dass es tatsächlich keine gibt, obwohl für diese Behauptung kein Beweis existiert. Diese Probleme sind dadurch gekennzeichnet, dass man die Gültigkeit eines Lösungsvorschlags (der beispielsweise geraten oder heuristisch ermittelt worden sein kann) leicht, also in polynomialer Zeit nachprüfen kann. Andererseits ist aber die Menge der Lösungsvorschläge so ungeheuer groß, dass die Arbeit des seriellen Durchprobierens aller Möglichkeiten mit einer *deterministischen* Maschine ins Unermessliche wächst. Mit dem idealisierenden Konzept einer *nichtdeterministischen* Maschine nimmt man an, dass es bei Alternativentscheidungen während der Ausführung des Algorithmus eine Vielzahl von Berechnungsfolgen geben kann, von denen die nichtdeterministische Maschine im Prinzip jeden einschlagen könnte, - gesteuert etwa durch einen Zufallsgenerator. Als die Laufzeit einer nichtdeterministischen Maschine bei der Ausführung eines Algorithmus ist die Anzahl von Schritten definiert, die sich bei der kürzesten aller Berechnungsmöglichkeiten ergibt. Man kann sich diesen Sachverhalt auch so vorstellen, dass eine nichtdeterministische Maschine in der Weise optimal parallelisiert ist, dass sie alle möglichen Berechnungswege gleichzeitig abprüfen kann.

Diese Klasse von Problemen heißt daher **NP** (von *nichtdeterministisch-polynomial*) im Unterschied zur Klasse **P** der polynomialen Probleme. Da für jedes polynomiale Problem die Lösung in polynomialer Zeit gefunden werden kann, ist auch die Verifizierung der Lösung in polynomialer Zeit möglich, so dass jedenfalls **P** eine Teilmenge von **NP** ist. Wie schon erwähnt, ist es aber noch nicht entschieden, ob **P** mit **NP** identisch ist. Es besteht allerdings die begründete Vermutung, dass $\mathbf{P} \neq \mathbf{NP}$ ist.

Das Erfüllbarkeitsproblem

Ein Beispiel für ein **NP**-Problem ist das *Erfüllbarkeitsproblem* für boolesche Ausdrükke. Man kann sich dabei auf Ausdrücke in konjunktiver Normalform beschränken. Es werden also Variablen x_i und ihre Negation durch die ODER-Verknüpfung zu Termen verknüpft, die ihrerseits durch die UND-Verknüpfung miteinander verknüpft werden können. Die Aufgabe lautet nun, einen Algorithmus zu finden, der für einen gegebenen booleschen Ausdruck B entscheidet, ob er erfüllbar ist oder nicht. Es ist also eine Belgung der Variablen x_i mit den logischen Werten TRUE und FALSE bzw. 1 und 0 anzugeben, für die B den Wert TRUE bzw. 1 annimmt. Ein derartiger Ausdruck B könnte etwa so aussehen:

$$B = (\neg x_1 \vee x_2) \wedge x_3 \wedge (x_2 \vee x_3) \wedge (x_1 \vee x_2 \vee \neg x_3)$$

Ein nahe liegender Algorithmus zur Lösung dieses Problems besteht darin, alle möglichen Belegungen für die Variablen x_i durchzuprobieren. Bei n Variablen und zwei möglichen Wahrheitswerten ergeben sich 2^n Kombinationsmöglichkeiten. Zählt man jeden Test auf Erfüllung von B als eine Operation, so ist Komplexität ebenfalls von der Ordnung 2^n. Bis heute ist kein anderer Algorithmus bekannt, der dieses Problem mit einem günstigeren asymptotischen Zeitverhalten lösen könnte. Man kann die abzuprüfenden Lösungsvorschläge als die Menge aller Wege von der Wurzel zu den Blättern in dem zugehörigen Entscheidungsbaum betrachten. In der folgenden Abbildung sind alle möglichen Wege strichliert eingezeichnet und die zur Lösung B=1 führenden Wege durchgezogen. Eine deterministische Maschine muss alle $2^3=8$ Wege nacheinander abprüfen. Eine nichtdeterministische Maschine ist in der Lage, sofort die beiden zur Lösung führenden Wege anzugeben.

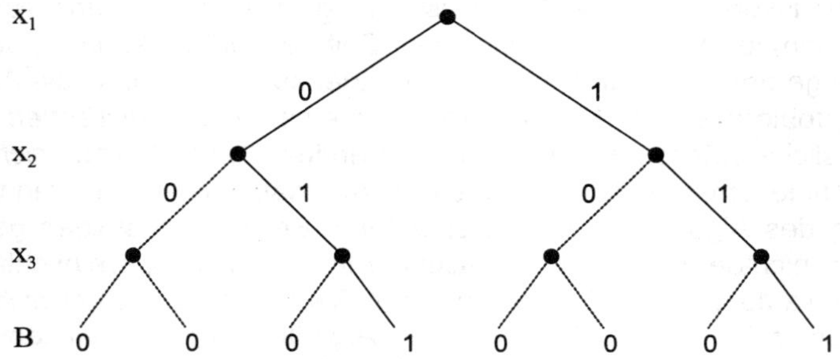

Abbildung 9.4: Entscheidungsbaum für das Erfüllbarkeitsproblem für den booleschen Ausdruck $B = (\neg x_1 \vee x_2) \wedge x_3 \wedge (x_2 \vee x_3) \wedge (x_1 \vee x_2 \vee \neg x_3)$. B wird nur durch die Belegungen $(x_1 = 0, x_2 = 1, x_3 = 1)$ und $(x_1 = 0, x_2 = 1, x_3 = 1)$ erfüllt; die zugehörigen Pfade sind durchgezogen dargestellt.

NP-vollständige Probleme

In **NP** gibt es eine Klasse von „schwersten" Problemen, die man als **NP**-vollständig bezeichnet. Man konnte beweisen, dass alle Probleme aus **NP** ausführbar sind (und dann **P=NP** gilt), wenn es gelingt, zu zeigen, dass irgend ein **NP**-vollständiges Problem ausführbar ist, also durch einen polynomialen Algorithmus gelöst werden kann. Dies liegt daran, dass sich alle Probleme aus **NP** in polynomialer Zeit auf **NP**-vollständige Probleme zurückführen lassen. Zu den **NP**-vollständigen Problemen gehören beispielsweise das Problem des Handlungsreisenden (siehe auch Kapitel 9.3.3), das Erfüllbarkeitsproblem für boolsche Ausdrücke und das Stundenplanproblem.

9.3 Optimierung von Algorithmen

Es gehört zu den Grundaufgaben der Informatik, Algorithmen zur Lösung von Problem zu entwickeln und diese effizient zu programmieren [Pre94], [Ste88]. Besonders lohnend ist es, für einen bekannten Algorithmus eine Alternative mit günstigerem Zeitverhalten zu finden, insbesondere einen exponentiellen Algorithmus durch einen polynomialen zu ersetzen. Die folgenden Beispiele können nur einen kleinen Ausschnitt der Möglichkeiten aufzeigen, die sich dem Informatiker bieten, der mit Kreativität, Intuition und hartnäckiger Arbeit ein Problem bearbeitet.

9.3.1 Minimieren der Anzahl von Operationen

Eine auf den ersten Blick einfache, aber wirkungsvolle Methode ist die Ersetzung komplexer Operationen durch einfachere Operationen und die Minimierung der Anzahl von Instruktionen innerhalb von Wiederholungsschleifen. So existieren viele Algorithmen, bei denen Multiplikationen durch Additionen ersetzt oder die Anzahl von Multiplikationen reduziert werden können. Ein Beispiel für die Reduktion der Anzahl von Multiplikationen wurde bereits genannt: die Auswertung von Polynomen mit Hilfe des Horner-Schemas. Dadurch wurde die Komplexität $\mathcal{O}(n^2)$ des naiven Verfahrens auf $\mathcal{O}(n)$ verbessert.

Ein weiteres Beispiel dafür ist der in der Computer-Grafik sehr wichtige *Bresenham-Algorithmus* zum Zeichnen einer *Geraden* in einer gerasterten Ebene.

Für das Erstellen von Grafiken werden Funktionen zum effizienten Berechnen von Geraden bzw. endlichen Abschnitten von Geraden (Strecken) benötigt. Durch zwei Punkte $P_0=(x_0,y_0)$ und $P_1(x_1,y_1)$ ist eine Strecke definiert. In Abbildung 9.5 ist dieser Sachverhalt für das in der Computer-Grafik übliche Koordinatensystem skizziert. Der Koordinatenursprung liegt in der linken oberen Ecke, die positive X-Achse wird nach rechts und die positive Y-Achse nach unten gezählt. Negative X- oder Y-Werte sind nicht erlaubt.

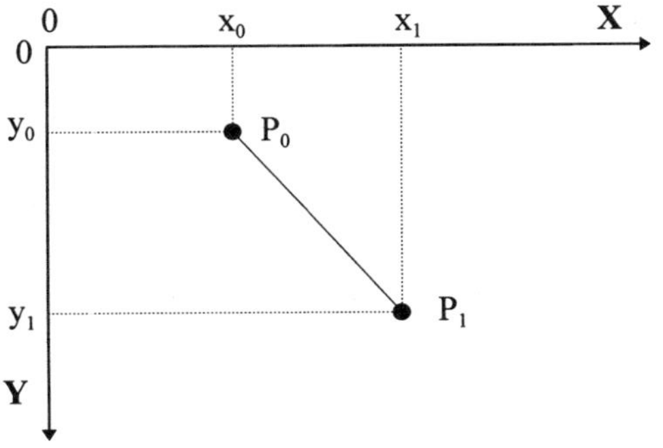

Abbildung 9.5: Definition der zwischen den Punkten $P_0=(x_0,y_0)$ und $P_1(x_1,y_1)$ verlaufenden geraden Strecke. Das Koordinatensystem wurde wie in der Bildverarbeitung üblich mit der positiven Y-Achse nach unten zeigend gewählt.

Durch einfache geometrische Überlegungen erhält man die Geradengleichung

$$y = \frac{y_1 - y_0}{x_1 - x_0} x + y_0 - \frac{y_1 - y_0}{x_1 - x_0} x_0$$

und daraus die implizite Form:

$f(x,y) = ax - by - c = 0$ mit $a = y_1 - y_0$, $b = x_1 - x_0$, $c = x_0 a - y_0 b$

Da hier in der diskreten Ebene gearbeitet wird, können die Variablen x_0, y_0, x_1, y_1, a, b und c nur ganzzahlige Werte annehmen, was die Berechnung mittels eines Computer-Programms erheblich beschleunigt.

Alle Punkte (x,y), für die $f(x,y)=0$ gilt, liegen auf der Geraden, alle Punkte, für die $f(x,y)<0$ gilt, liegen unterhalb der Geraden (d.h. auf derselben Seite wie der Ursprung) und alle Punkte, für die $f(x,y)>0$ gilt, liegen oberhalb der Geraden. Dieser Sachverhalt wird nun im Bresenham-Algorithmus zur Berechnung der diskreten Punkte der Strecke ausgenutzt. Abbildung 9.6 dient zur Erläuterung, wobei allerdings die Steigung der Geraden zunächst auf Werte zwischen 0 und -1 eingeschränkt wird.

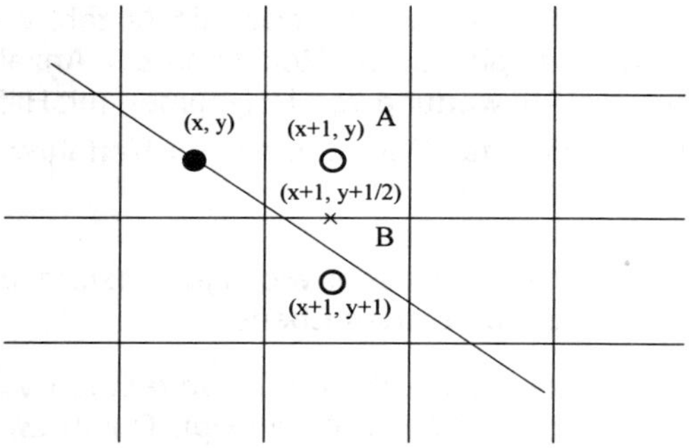

Abbildung 9.6: Grafische Darstellung zum Bresenham-Algorithmus zur Berechnung einer diskreten geraden Strecke mit einer Steigung zwischen 0 und -1. Erläuterung im Text.

Der zuletzt berechnete diskrete zur Geraden gehörende Bildpunkt (x,y) ist in Abbildung 9.6 dunkel markiert. Als nächster Bildpunkt kommt nun der Punkt A oder der Punkt B in Frage. Welcher Punkt nun tatsächlich gewählt wird, richtet sich nach der *Entscheidungsvariablen* d:

$$d = f(x+1, y+1/2) = ax + a - by - b/2 - c$$

Ist $d>0$, so liegt der in Abbildung 9.6 als Kreuz eingezeichnete Mittelpunkt der Verbindungslinie zwischen den Punkten A=(x+1,y) und B=(x+1,y+1) oberhalb der Geraden, die Gerade verläuft also näher an B als an A. Somit wird B=(x+1,y+1) als nächster Bildpunkt gewählt. Für den danach folgenden Schritt muss abermals die Entscheidungsvariable berechnet werden, die nun zur Unterscheidung von der aktuellen Entscheidungsvariablen d mit d' bezeichnet wird:

$$d' = f(x+1+1, y+1+1/2) = f(x+1, y+1/2) + a - b = d + a - b$$

Ist dagegen $d \leq 0$, so liegt der Mittelpunkt zwischen A und B unterhalb oder auf der Geraden, die Gerade verläuft dann näher an A und es wird A=(x+1, y) als Diskretisierungspunkt gewählt. Für die Entscheidungsvariable im nächsten Schritt ergibt sich damit:

$d' = f(x+1+1, y+1/2) = f(x+1, y+1/2) + a = d + a$

Bestimmt man nun noch den Anfangswert d_0 von d, so lassen sich darauf aufbauend sukzessive alle folgenden Schritte sehr einfach berechnen. Dazu geht man vom Anfangspunkt (x_0, y_0) aus, der ja definitionsgemäß auf der Geraden liegt. Für den Startwert d_0 der Entscheidungsvariablen ergibt sich damit.

$d_0 = f(x_0+1, y_0+1/2) = ax_0 + a - by_0 -b/2 - c = f(x_0, y_0) + a - b/2 = a - b/2$

Der einzige in den obigen Gleichungen vorkommende nicht-ganzzahlige Wert ist der Faktor $1/2$ in der obigen Gleichung. Da jedoch nur das Vorzeichen von d interessiert, kann man $D=2a-b$ bilden und mit dem nun ebenfalls ganzzahligen Wert D weiterrechnen. Damit kann man nun den *Bresenham-Algorithmus* angeben. Es ist noch zu beachten, dass die trivialen Spezialfälle $a=0$ oder $b=0$, also achsenparallele Geraden, gesondert zu behandeln sind. Außerdem gilt der unten aufgelistete Algorithmus nur für Steigungen zwischen 0 und -1. Für alle anderen Fälle erhält man aus Symmetrieüberlegungen leicht sehr ähnliche Ergebnisse.

```
Bresenham-Algorithmus für eine Gerade von (x0,y0) nach (x1,y1)

a = |y1 - y0|
b = |x1 - x0|
d1 = a + a          (Inkrement 2a für d<=0)
d = d1 - b          (Startwert 2a-b der Entscheidungsvariablen)
d2 = d - b          (Inkrement 2a-2b für d>0)
WENN x0 < x1 DANN
   x = x0
   y = y0
SONST
   x = x1
   y = y1
FÜR i = 0 BIS b
   plot(x,y)        (Zeichne Bildpunkt an Position (x,y))
   x = x + 1
   WENN d > 0 DANN
      y = y + 1
      d = d + d2
   SONST d = d + d1
```

Man erkennt, dass in diesem Algorithmus nur ganzzahlige Additionen und Subtraktionen sowie Vergleichsoperationen verwendet werden, er ist daher sehr effizient und schnell. Die Anzahl der Additionen in der Schleife ist offenbar von der Ordnung $\mathcal{O}(n)$, wenn n die Anzahl der Punkte auf der zu zeichnenden Strecke ist.

9.3.2 Teile und Herrsche

Eine weitere vielfach verwendete Methode zur Optimierung von Algorithmen besteht darin, dass man ein Problem in Teilprobleme zerlegt, diese einzeln löst und anschließend die Einzellösungen zur Gesamtlösung zusammensetzt. Diese Strategie trägt den Namen *„Teile und Herrsche“* (*Divide and Conquer*, lat. *divide et impera*).

Wird das Prinzip Teile und Herrsche mehrmals hintereinander ausgeführt, so ergibt sich eine *Rekursion*. Ein Beispiel dafür ist die Sortiermethode *Quick-Sort*, die in Kapitel 10.5.2 eingehend erläutert wird. Ein weiteres Beispiel ist die Multiplikation langer Zahlen.

Die Multiplikation zweier natürlicher Zahlen A und B lässt sich folgendermaßen nach dem Prinzip „Teile und Herrsche" schreiben:

$$AB = a_1 b_1 10^n + a_2 b_2 + [(a_1 + a_2)(b_1 + b_2) - a_1 b_1 - a_2 b_2] 10^{n/2}$$

Dabei werden die n-stelligen Zahlen A und B durch die beiden n/2-stelligen Hälften a_1 und a_2 bzw. b_1 und b_2 ersetzt. Es ist also:

$$A = a_1 10^{n/2} + a_2 \quad \text{und} \quad B = b_1 10^{n/2} + b_2$$

Ohne Beschränkung der Allgemeinheit kann angenommen werden, dass die Stellenzahl n für A und B identisch ist und dass n eine gerade Zahl ist.

Offenbar kann dann eine n-stellige Multiplikation durch drei n/2-stellige Multiplikationen ersetzt werden, wobei noch einige einfache und schnell ausführbare Operationen wie Additionen und Verschiebungen (d.h. Multiplikation mit Zehnerpotenzen) hinzukommen. Ist der Zeitbedarf einer n-stelligen Multiplikation $T(n)$, so lässt sich dieser Zeitbedarf auch durch die für eine n/2-stellige Multiplikation nötige Zeit $T(n/2)$ ausdrücken:

$$T(n) = 3 \cdot T(n/2) + c \cdot n$$

Dabei trägt der Term $c \cdot n$ dem Aufwand für die zusätzlich benötigten Additionen und Schiebeoperationen Rechnung, die für die Kombination der n/2-stelligen Multiplikationen zum Gesamtergebnis nötig sind.

Die Verallgemeinerung dieses Prinzips liefert für die Zerlegung eines Problems der Größe n in a Teilprobleme der Größe n/b folgende *rekursive Relation:*

$$T(n) = a \cdot T(n/b) + t(n) \qquad \text{für } n>1$$
$$T(n) = 1 \qquad \text{für } n=1$$

Für die Kombination der Teilergebnisse ist der Aufwand $t(n)$ erforderlich. Für $n=1$ schließlich wird eine vorgegebene, maschinenabhängige Konstante verwendet, für die man den Zahlenwert 1 annehmen kann, da eine Skalierung hier nicht von Interesse ist.

Ohne Beschränkung der Allgemeinheit kann man zunächst annehmen, dass n eine Potenz von 2 ist, so dass $n=b^k$ und damit $k=\log_b n$ gilt. Für diesen Fall lautet die Lösung der rekursiven Relation:

$$T(n) = a^k + \sum_{i=0}^{k-1} a^i t(b^{k-i})$$

Meist überwiegt der erste Term, so dass für eine Komplexitätsbetrachtung die Summe vernachlässigt werden kann. Man findet dann:

$T(n) \approx a^{\log_b n} = n^{\log_b a}$

Der Beweis erfolgt durch *vollständige Induktion:* Man zeigt zunächst, dass die Behauptung für den Ausgangspunkt $k=0$, also $n=1$ gilt. Sodann zeigt man, dass unter der Annahme, die Behauptung sei für $k\text{-}1$ richtig, auch die Richtigkeit für k folgt. Damit ist dann die Behauptung für alle k bewiesen.

1. Die Behauptung $T(n) = a^k + \sum_{i=0}^{k-1} a^i t(b^{k-i})$ ist richtig für $k=0$:
   Für $k=0$ folgt $n=1$ und damit $T(1) = a^0 = 1$.
2. Nimmt man an, dass die Behauptung für $k\text{-}1$ gilt, so folgt für k:

$$T(n) = a \cdot T(n/b) + t(n) = a \cdot T(\frac{b^k}{b}) + t(b^k) =$$

$$= a \cdot T(b^{k-1}) + t(b^k) = a\left[a^{k-1} + \sum_{i=0}^{k-2} a^i t(b^{k-1-i})\right] + t(b^k) = a^k + \sum_{i=0}^{k-1} a^i t(b^{k-i})$$

Für das oben genannte Beispiel der Multiplikation ergibt sich mit $a=3$ und $b=2$ für die Komplexität das Ergebnis:

$T(n) = \mathcal{O}(n^{ld3}) \approx n^{1.59}$

Im Vergleich mit der Komplexität des üblichen Multiplikations-Algorithmus, der von der Ordnung $\mathcal{O}(n^2)$ ist, bedeutet dies einen signifikanten Fortschritt [Zur94], [Sch71]. Mit Hilfe der schnellen, diskreten Fourier-Transformation ist allerdings noch eine weitere Verbesserung möglich.

9.3.3 Näherungsweise Problemlösung durch Greedy-Strategien

Gelingt es nicht, einen durchführbaren Algorithmus für ein bestimmtes Problem zu finden, so ist es in vielen Fällen immerhin möglich, einen Algorithmus zu finden, der durchführbar ist, aber nur einen *Näherungswert* für das gesuchte Ergebnis liefert. Ein Beispiel dafür ist das *Stundenplanproblem*, für das nur eine Lösung mit exponentieller Komplexität bekannt ist. Die Aufgabe besteht darin, eine Anzahl von Lehrern bzw. Fächern für eine bestimmte Anzahl von Klassen und Klassenzimmern so auf ein vorgegebenes Raster zu verteilen, dass sich keine Überschneidungen und möglichst wenig Lücken ergeben. Hier arbeitet man mit mehr oder weniger zufrieden stellenden Näherungslösungen; oft sind die Studenten ja auch froh über Lücken.

Ein weiteres Beispiel ist das *Problem des Handlungsreisenden* (*Travelling Salesman Problem*). Hierbei geht es um das Auffinden des kürzesten Weges in einem Straßennetz, das n Städte miteinander verbindet, so dass jede Stadt auf einer Rundreise genau einmal besucht wird. Alle derzeit zur exakten Lösung dieser Aufgabe bekannten Methoden laufen darauf hinaus, dass zur Bestimmung des kürzesten Weges alle Möglichkeiten „durchprobiert“ werden müssen. Die Komplexität ergibt sich aus der folgenden Überlegung: Man kann mit einer beliebigen der n Städte beginnen, so dass für die nächste zu besuchende Stadt noch $n\text{-}1$ Möglichkeiten bestehen.

Für die übernächste Stadt sind es dann n-2 Möglichkeiten usw. Insgesamt muss man also

$$n\cdot(n-1)\cdot(n-2)\ldots 3\cdot 2\cdot 1 = n! \approx n^n e^{-n}\sqrt{2\pi n} \approx n^n = \mathcal{O}(n^n)$$

mögliche Wege berechnen, damit die Lösung, also der kürzeste Weg, mit Sicherheit bestimmt werden kann. Dabei wurde zur näherungsweisen Berechnung der Fakultät die Sterling'sche Formel verwendet. Wegen der extrem hohen Komplexität von $\mathcal{O}(n^n)$ ist dieser Algorithmus undurchführbar. Beispielsweise müsste man für 10 Städte 10^{10} Wege berechnen, für 100 Städte aber bereits 10^{100} - das ist weit mehr als die Anzahl der Elementarteilchen des gesamten Universums.

Man ist daher in solchen Fällen darauf angewiesen, sich mit *Näherungslösungen* zufrieden zu geben. Einfache Algorithmen zur näherungsweisen Problemlösung, die in manchen Fällen durchaus auch die optimale Lösung liefern können, lassen sich z.B. durch die *Greedy-Strategie* (greedy = geizig, gierig) finden. Die Greedy-Methode ist auf Probleme anwendbar, bei denen eine vorgegeben *Zielfunktion* minimiert oder maximiert werden muss. Man geht von einer (beliebig) vorbesetzten Lösungsmenge L aus und testet, ob diese die Zielfunktion befriedigt. Ist das nicht der Fall, wird die Menge L verändert und der Test wiederholt, bis der gewünschte Übereinstimmungsgrad erreicht ist oder eine vorgegebene Anzahl von Iterationen überschritten wurde. Bei gierigen Verfahren werden Entscheidungen, die den Rechenprozess der Lösung näher bringen, auf der Basis der bis dahin gesammelten Informationen gefällt und nicht mehr revidiert - das ist auch der Grund für den etwas seltsamen Namen derartiger Algorithmen. Im Unterschied zu Verfahren, die schon gefundene Lösungsschritte ggf. revidieren müssen, arbeiten gierige Verfahren daher vergleichsweise schnell. Auf welche Weise die Qualität der Näherungslösung L bewertet wird und wie davon ausgehend die Modifikation der Menge L vorgenommen wird, ist problemabhängig und oft Sache der Intuition.

Beispiel 1:

Aus einer Reihe von vorgegebenen Münzen (z.B. 1, 2, 5, 10 und 50 Cent) soll ein ebenfalls vorgegebener Geldbetrag S unter Verwendung von möglichst wenigen Münzen zusammengesetzt werden. Man geht dabei so vor:

1. Initialisiere die Menge L der Münzen mit der leeren Menge.

2. Füge aus dem Vorrat von Münzen (der natürlich groß genug sein muss) diejenige Münze zur Menge L hinzu, für welche die Summe der in L befindlichen Münzen der vorgegebenen Summe S möglichst nahe kommt, aber kleiner oder gleich S ist.

3. Wenn keine Verbesserung mehr möglich ist, endet das Verfahren, sonst wird nach Punkt 2 verzweigt.

Ist beispielsweise S=138 vorgegeben, so liefert der obige Algorithmus die korrekte Lösung L={50, 50, 10, 10, 10, 5, 2, 1}.

Beispiel 2:

Auch das Problem des Handlungsreisenden lässt sich sehr gut mit einem Greedy-Verfahren bearbeiten. Ausgehend von einem beliebigen Startpunkt wird einfach die Stadt als nächste in die anfangs leere Reiseliste aufgenommen, die den jetzt um eine Stadt verlängerten Rundweg minimiert. So verfährt man weiter, bis schließlich alle Städte in die Reiseliste eingefügt worden sind. Der gefundene Rundweg hängt dabei nicht vom Startknoten ab. Die Lösung wird in diesem Fall mit der Komplexität $\mathcal{O}(n^2\log(n))$ gefunden, der Algorithmus ist also auch für große n durchführbar. Man kann zeigen, dass der so ermittelte Weg im ungünstigsten Fall höchstens doppelt so lang ist wie der kürzeste Weg.

```
//**********************************************************************
// Näherungslösung für das Problem des Handlungsreisenden mit einem
// Greeedy-Algorithmus. Der gefundene Weg ist höchstens doppelt so lang
// wie der tatsächliche kürzeste Weg.
// Die Komplexität beträgt N^2log(N).
//**********************************************************************
#include <stdio.h>
#include <stdlib.h>
#define N 15

int d[N][N] ={//A  Be  Bo  Br  Dr  Es  Fr  HH  Ha  Kö  Le  Mü  Nü  Sa  St
/* Augsburg */ {0,585,505,685,460,580,330,710,570,525,415, 65,170,370,170},
/* Berlin   */ {0,  0,630,405,185,570,555,280,320,610,190,585,440,745,630},
/* Bonn     */ {0,  0,  0,340,545, 95,175,450,320, 25,465,560,390,215,350},
/* Bremen   */ {0,  0,  0,  0,460,255,455,110,120,320,355,750,595,555,650},
/* Dresden  */ {0,  0,  0,  0,  0,530,460,465,355,550,105,460,310,645,505},
/* Essen    */ {0,  0,  0,  0,  0,  0,250,365,250, 75,450,640,465,310,425},
/* Frankfurt*/ {0,  0,  0,  0,  0,  0,  0,485,345,195,380,395,225,200,205},
/* Hamburg  */ {0,  0,  0,  0,  0,  0,  0,  0,150,425,385,780,605,670,655},
/* Hannover */ {0,  0,  0,  0,  0,  0,  0,  0,  0,295,225,635,465,540,525},
/* Köln     */ {0,  0,  0,  0,  0,  0,  0,  0,  0,  0,470,580,405,250,375},
/* Leipzig  */ {0,  0,  0,  0,  0,  0,  0,  0,  0,  0,  0,415,265,565,505},
/* München  */ {0,  0,  0,  0,  0,  0,  0,  0,  0,  0,  0,  0,170,425,215},
/* Nürnberg */ {0,  0,  0,  0,  0,  0,  0,  0,  0,  0,  0,  0,  0,375,215},
/* Saarbrück*/ {0,  0,  0,  0,  0,  0,  0,  0,  0,  0,  0,  0,  0,  0,220},
/* Stuttgart*/ {0,  0,  0,  0,  0,  0,  0,  0,  0,  0,  0,  0,  0,  0,  0}};

//---------------------------------------------------------------------
// Hauptprogramm
//---------------------------------------------------------------------
void main() {
  int i,j=0,k,jtest,                                      // Laufindizes
  jneu,kneu,                                   // neu hinzukommende Knotens
  h,jmin,kmin,                                       // minimale Distanzen
  dist=0,                                        // Summe der Entfernungen
  reise[N+1],                           // Liste der schon besuchten Knoten
  len=0,                               // Anzahl der schon besuchten Knoten
  knoten[N],                       // Liste der noch nicht besuchten Knoten
  klen=N;                  // Anzahl der noch nicht besuchten Knoten (N-len)
  for(i=0; i<N; i++) {
    knoten[i]=i;                                       // Liste vorbesetzen
    for(k=0; k<i; k++) d[i][k]=d[k][i];            // Distanzmatrix ergänzen
  }
  printf("\n\n\nNÄHERUNG FÜR DAS PROBLEM DES HANDLUNGSREISENDEN\n");
  printf("\nBitte Index für den Startknoten eingeben: ");
  scanf("%d",&k);
  if(k<0 || k>=N) { printf("\n\nFalsche Eingabe !\n"); exit(0); }
  reise[len++]=k;                         // Startknoten in Reise-Liste einfügen
  knoten[k]=knoten[--klen];     // Startknoten in Index-Liste überschreiben
```

```
  reise[len++]=k;                         // Endknoten in Reise-Liste einfügen
  printf("Entfernung   Besuchte Knoten\n% 7d      ",dist);
  for(i=0; i<len; i++) printf(" %d",reise[i]);
  while(len<=N) {                                          // Arbeitsschleife
    kneu=1; jneu=0;              // vor kneu wird jneu eingefügt (Startwerte)
    // h ist hinzukommende Entfernung bei Einbeziehung von knoten[0]
    h=d[reise[0]][knoten[0]]+d[knoten[0]][reise[1]]-d[reise[0]][reise[1]];
    for(k=1; k<len; k++) {               // Durchlaufe bereits besuchte Knoten
      i=k-1;
      jmin=d[reise[i]][knoten[0]]+d[knoten[0]][reise[k]];
      jtest=0;
      for(j=1; j<klen; j++) {           // Durchlaufe noch nicht besuchte Knoten
        if((d[reise[i]][knoten[j]]+d[knoten[j]][reise[k]])<jmin) {
          jmin=d[reise[i]][knoten[j]]+d[knoten[j]][reise[k]];
          jtest=j;                       // Index für Knoten mit minimalem Umweg
        }
      }
      if((jmin-d[reise[i]][reise[k]])<h) {   // Test, ob der Umweg den
        h=jmin-d[reise[i]][reise[k]];        // gesamten Weg minimiert
        kneu=k;
        jneu=jtest;
      }
    }
    for(k=len; k>kneu; k--) reise[k]=reise[k-1];
    reise[kneu]=knoten[jneu];
    len++;
    knoten[jneu]=knoten[--klen];
    dist+=h;
    printf("\n% 7d      ",dist);
    for(i=0; i<len; i++) printf(" %d",reise[i]);
  }
}
```

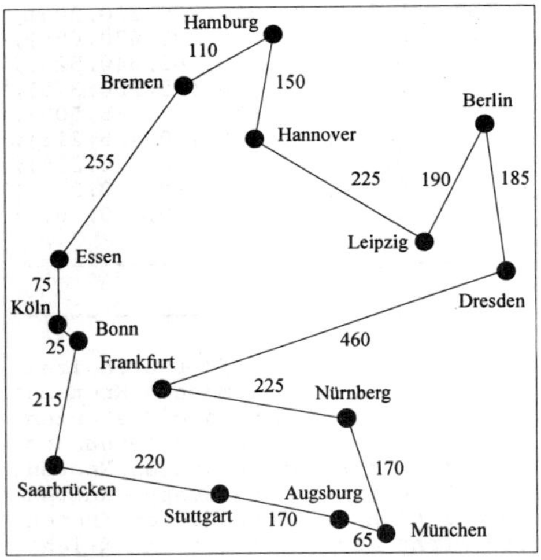

a)

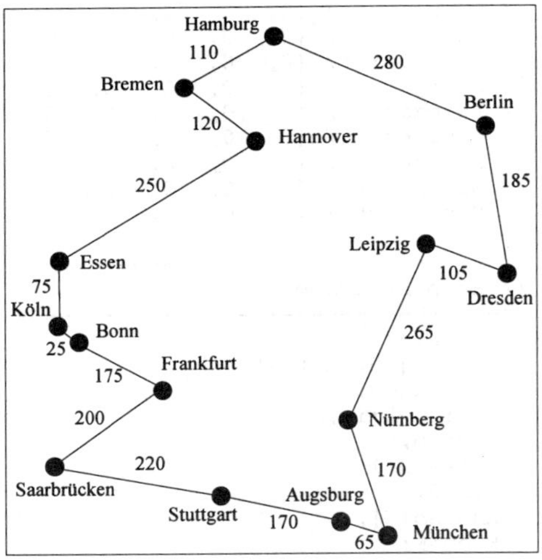

b)

Abbildung 9.7: Zur Anwendung des Greedy-Verfahrens auf das Problem des Handlungsreisenden.

a) Mit dem Greedy-Verfahren ergibt sich die abgebildete Reihenfolge der Städte mit der Weglänge w=2745km.

b) Den optimalen Rundweg findet man durch Testen sämtlicher n! Permutationen der n Städte. Die kürzeste Weglänge beträgt w=2415km. Die Rechenzeit beträgt auf einem guten PC aus dem Jahre 1999 einige Tage. Auf diese Lösung kann man auch durch einige Minuten intuitives Probieren kommen, allerdings ohne den formalen Beweis ihrer Richtigkeit.

9.4 Genetische Algorithmen

9.4.1 Evolutionsstrategien

Dass die beeindruckende Mannigfaltigkeit der Arten und Eigenschaften aller Lebewesen durch den Prozess der *Evolution* erklärt werden kann, war keine triviale Einsicht. Charles Darwin (1809 bis 1882) hat diesen Zweig der Wissenschaft in seinem Hauptwerk „Über die Entstehung der Arten durch natürliche Auslese" begründet.

Man kann die Evolution als *Optimierungsprozess* verstehen, formalisieren und als Ansatz zur Lösung der verschiedensten Probleme einsetzen. Seit den sechziger Jahren gehören *Evolutionsstrategien* und die damit eng verwandten *genetischen Algorithmen*, aufbauend auf den Arbeiten von Ingo Rechenberg und John H. Holland, auch zum Werkzeugkasten der Informatiker.

Unter Vernachlässigung einiger Details bilden nur drei Prinzipien die Grundlage der Evolution:

- die *Mutation* des Erbgutes,
- die *Rekombination* der Erbinformation durch Paarung,
- die *Selektion* auf Grund der Tauglichkeit des Individuums.

Dabei entsprechen die Rekombination und mehr noch die Selektion gerichteten Suchprozessen, während die Mutation zufälligen Charakter hat und damit verhindert, dass im Laufe der Optimierung das globale Optimum verfehlt und nur ein lokales Optimum erreicht wird.

Für die Implementierung bildet man nun die Information auf Zahlen (*Gene*) ab und fasst diese zu Vektoren (*Chromosomen*) zusammen, die Lösungsvorschläge (*Individuen*) repräsentieren. Die Anzahl der Individuen bilden eine *Population*, die konstant bleiben soll. Durch Paarung und Rekombination werden Nachkommen erzeugt, mittels einer *Bewertungsfunktion* hinsichtlich ihrer Tauglichkeit klassifiziert und in die Population eingereiht. Aus der Population werden dann durch Selektion so viele schlecht bewertete Individuen eliminiert, dass die Population konstant bleibt.

Ein genetischer Algorithmus hat damit den folgenden einfachen Aufbau:

1. Initialisiere einen Pool von Individuen

2. Bewerte die Individuen

3. Bilde durch Rekombination eine Anzahl k neuer Individuen

4. Bewerte die neuen Individuen und füge sie in den Pool ein

5. Eliminiere die k am schlechtesten bewerteten Individuen

6. Mutiere einige Individuen

7. Gehe zu Schritt 3 und iteriere, bis die Lösung zufrieden stellend ist.

9.4.2 Beispiel für einen genetischen Algorithmus

durch vier Punkte soll ein Viereck definiert werden. Durch Rekombination und Mutation sollen die Punkte so modifiziert werden, dass die eingeschlossene Fläche maximal wird. Der Wertebereich für die Koordinaten der Punkte sei durch die Menge {0, 1, 2, 3, 4, 5, 6, 7} von Integer-Zahlen gegeben.

Zuerst muss eine geeignete Repräsentation gewählt werden. Hier bietet sich die Darstellung als Feld mit 8 Komponenten an, in welchem je zwei aufeinander folgende Zahlen die X- und die Y-Koordinate eines Punktes darstellen. Ein Beispiel für ein solches Feld ist {0, 2, 1, 6, 5, 3, 4, 7}, entsprechend den Punkten (0,2), (1,6), (5,3), (4,7). Eine Lösung, also ein Satz von vier Punkten, für welche die eingeschlossene Fläche maximal wird, lautet: {0, 0, 7, 0, 7, 7, 0, 7}, entsprechend den Punkten (0,0), (7,0), (7,7), (0,7). Dadurch wird offenbar ein Quadrat beschrieben. Weitere Lösungen erhält man lediglich durch eine andere Reihenfolge der Punkte. Abbildung 9.8 veranschaulicht dies.

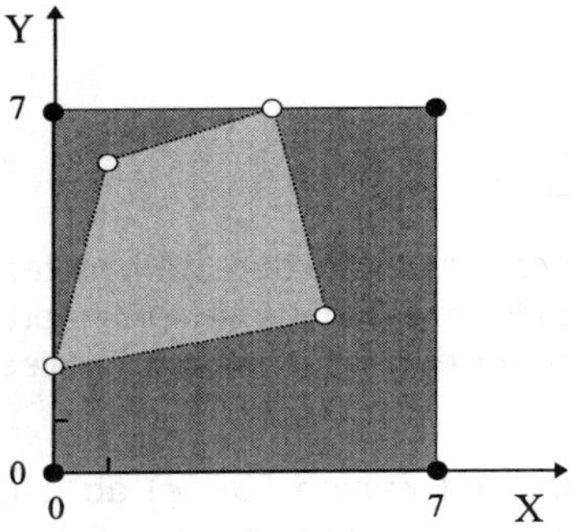

Abbildung 9.8: Das Feld {0, 2, 1, 6, 5, 3, 4, 7), entsprechend den Punkten (0,2), (1,6), (5,3), (4,7) wurde als gestricheltes Viereck eingezeichnet. Das als Lösung ermittelte Feld {0, 0, 7, 0, 7, 7, 0, 7), entsprechend den Punkten (0,0), (7,0), (7,7), (0,7) ergibt offenbar ein Quadrat. Dieses wurde ebenfalls eingezeichnet.

Als Bewertungsfunktion wird die Summe der beiden Diagonalen verwendet. Diese wird maximal, wenn das betrachtete Viereck ein Quadrat mit maximaler Fläche ist. In diesem Beispiel hat eine Diagonale des zum Lösungsvektor {0, 0, 7, 0, 7, 7, 0, 7} gehörenden Quadrats die Länge $7 \cdot \sqrt{2}$.

Zur Mutation werden einfach mit Hilfe eines Zufallszahlengenerators zwei Positionen innerhalb eines Vektors bestimmt. Sodann werden die Einträge dieser beiden Positionen vertauscht. Beispielsweise wird mit den Vertauschungspositionen 3 und 6 aus dem Vektor {0, 2, 1, 6, 5, 3, 4, 7} der Vektor {0, 2, 1, 4, 5, 3, 6, 7}. Es ist zu beachten, dass die Zählung der Positionen mit 0 beginnt. Damit das Verfahren gut arbeitet, darf nicht jeder Vektor in jeder Iteration mutiert werden, da dann gute Näherungslösungen wieder zerstört werden und sich nicht durchsetzen können. Andererseits darf die Mutationsrate auch nicht zu niedrig sein, da sonst leicht das globale Maximum verfehlt werden kann.

Für die Rekombination von Erbgut wurde in dem folgenden Programmbeispiel die Paarung des am besten bewerteten Individuums mit einem zufällig ausgewählten Individuum gewählt, wobei zwei Nachkommen erzeugt werden. Die Verteilung des Erbguts erfolgt nach dem *Cross-Over* Verfahren. Dazu werden wieder zwei Positionen j und k mit j<k zufällig gewählt. Der Vektor für Nachkomme1 wird mit der Erbinformation von Elter1 initialisiert, sodann werden die Komponenten (Gene) j bis k durch die entsprechenden Komponenten von Elter2 ersetzt. Analog wird für Nachkomme2 verfahren. Es sei beispielsweise j=2, k=4, Elter1 = {0, 2, 1, 6, 5, 3, 4, 7} und Elter2 = {0, 3, 7, 4, 3, 5, 7, 1}, dann ergeben sich die Nachkommen Nachkomme1={0, 2, *7*, *4*, *3*, 3, 4, 7} und Nachkomme2 = {0, 3, *1*, *6*, *5*, 5, 7, 1}. Die ersetzten Komponenten sind kursiv hervorgehoben.

Die Nachkommen werden mit Hilfe der Bewertungsfunktion bewertet und in den Pool eingeordnet. Zur Selektion werden nun einfach die beiden am schlechtesten bewerteten Individuen eliminiert.

Das unten aufgelistete Programm verfährt nach dem hier beschriebenen Schema. Wählt man die Mutationsrate 3 (d.h. im Mittel wird jeder dritte Vektor mutiert), so stellt sich nach ca. 100 Schritten die optimale Lösung ein.

Mit diesem Programm kann ohne allzu große Modifikationen auch das Problem des Handlungsreisenden bearbeitet werden. Es muss lediglich die Bewertungsfunktion geändert werden und nach der Rekombination müssen die Nachkommen so modifiziert werden, dass immer jede Stadt genau einmal in den entsprechenden Vektoren vertreten ist.

```
//**********************************************************************
// Genetischer Algorithmus
// Eine Population pop mit MPOP Individuen mit jeweils MGEN Genen wird
// mit Integer-Zahlen im Intervall [min,max] zufällig vorbesetzt.
// Das beste und ein zufällig gewähltes Individuum erzeugen durch
// Cross-Over Nachkommen. Aus diesen und der bestehenden Population
// werden die beiden schlechtesten eliminiert.
// Die Bewertung erfolgt durch eine Bewertungsfunktion rating().
// Zusätzlich steht ein Mutationsmechanismus zur Verfügung:
// Durch mut(r) werden die Inhalte zweier zufällig gewählter Positionen
// ausgetauscht, wobei die Mutationsrate r angibt, jedes wievielte
// Chromosom mutiert wird. Für r=0 erfolgt keine Mutation, für r=1
// erfolgt immer eine Mutation.
//**********************************************************************
#include <stdio.h>
#include <math.h>
#define MPOP 4
#define MGEN 8
#define ESC 27

struct s_pop { int v[MGEN];     // Vektoren (Chromosomen) von Genen
               float f;         // Bewertung
             } pop[MPOP+3];

//----------------------------------------------------------------------
// Anzeigen des Pools
//----------------------------------------------------------------------
int show(void) {
  int i, k;
  for(i=0; i<MPOP; i++) {
    printf("\n");
    for(k=0; k<MGEN; k++) printf("%d ",pop[i].v[k]);       //  Vektoren
    printf("%f",pop[i].f);                                  // Bewertung
  }
  return(0);
}
```

```
//--------------------------------------------------------------------------
// Bewertungsfunktion: Summe der Diagonalen eines Vierecks
//--------------------------------------------------------------------------
float rating(int i) {
  double a, b, u;
  if(i<0 || (i>MPOP+1)) return(-1);
  a=(double)(pop[i].v[0]-pop[i].v[4]);
  b=(double)(pop[i].v[1]-pop[i].v[5]);
  u=sqrt(a*a+b*b);                               // Erste Diagonale
  a=(double)(pop[i].v[2]-pop[i].v[6]);
  b=(double)(pop[i].v[3]-pop[i].v[7]);
  pop[i].f=(float)(u+sqrt(a*a+b*b));    // Summe aus den beiden Diagonalen
  return(0);
}

//--------------------------------------------------------------------------
// Ersetzen des Vektors i der Population durch den Vektor j
//--------------------------------------------------------------------------
int popequ(int i, int j) {
  int k;
  if(i<0 || j<0 || i>(MPOP+2) || j>(MPOP+2)) return(-1);
  pop[i].f=pop[j].f;
  for(k=0; k<MGEN; k++) pop[i].v[k]=pop[j].v[k];
  return(0);
}
//--------------------------------------------------------------------------
// Einordnen eines Vektors pop[i].v in den Pool entsprechend pop[i].f
//--------------------------------------------------------------------------
int merge(int i) {
  int ug=0, og=MPOP-1, max=MPOP-1, k;
  float f;
  if(i<0 || i>max) return(-1);
  f=pop[i].f;                                // zu vergleichende Bewertung
  popequ(MPOP+2,i);        // Vektor i in Position MPOP+2 zwischenspeichern
  if(i==max) popequ(max,max-1);               // Letztes Element duplizieren
  else for(k=i; k<max; k++) popequ(k,k+1);          // Vektoren verschieben
  if(f>=pop[max].f)                        // Bewertung größer als Maximum
    { popequ(max,MPOP+2); return(max); }   // als letzten Vektor einfügen
  if(f<=pop[0].f) {                        // Bewertung kleiner als Minimum
    for(k=max; k>0; k--) popequ(k,k-1);  // Vektoren nach rechts schieben
    popequ(0,MPOP+2);                          // als ersten Vektor einfügen
    return(0);
  }
  og=max;                                // Binäre Suche nach Einfügestelle
  while(ug<og) {
    k=(ug+og)/2;
    if(f<pop[k].f) og=k-1; else ug=k+1;
  }
  for(i=max; i>k; i--) popequ(i,i-1);     // Vektoren nach rechts schieben
  popequ(k,MPOP+2);                      // Vektor auf Position k einfügen
  return(k);                            // Rückgabewert = Einfüge-Position
}

//--------------------------------------------------------------------------
// Mutation
// Durch mut(r) werden die Inhalte zweier zufällig gewählter Positionen
// ausgetauscht. Die Mutationsrate r gibt an, jedes wievielte Chromosom
// (Vektor) im Mittel mutiert wird. Für r=0 erfolgt keine Mutation, für
// r=1 wird jeder Vektor mutiert. Die Vektoren werden danach bewertet
// und an der entsprechenden Stelle in der Population eingeordnet.
// Rückgabewert: Anzahl der mutierten Vektoren.
//--------------------------------------------------------------------------
int mut(int r) {
  int n=0, i, p, q, m;
  if(r<=0) return(0);                                  // Keine Mutation
```

```
  for(i=0; i<MPOP; i++) {      / Schleife über alle Vektoren der Population
    if(!(rand()%r)) {                // Mutation nur für jeden r-ten Vektor
      n++;                                     // Anzahl der Mutationen
      p=(int)(rand()%MGEN); q=(int)(rand()%MGEN);       // Tauschpositionen
      if(p==q) q=p/2+1;          // Tauschpositionen müssen verschieden sein
      m=pop[i].v[p]; pop[i].v[p]=pop[i].v[q]; pop[i].v[q]=m;     // Tausch
      rating(i);                  // Bewertung pop[i].f von Vektor pop[i].v
      merge(i);               // Einordnen von pop[i].v wird gemäß pop[i].f
    }
  }
  return(n);                  // Rückgabewert ist die Anzahl der Mutationen
}

//--------------------------------------------------------------------------
// Cross-over von 2 Individuen
// Die Nachkommen werden in pop[MPOP].v und pop[MPOP+1].v gespeichert
//--------------------------------------------------------------------------
int cross(int i, int j) {
  int p, q, k;
  if(i<0 || j<0 || i>=MPOP || j>=MPOP) return(-1);
  p=(int)(rand()%MGEN);                    // Anfang des Einfüge-Intervalls
  q=(int)(rand()%MGEN);                      // Ende des Einfüge-Intervalls
  if(p==q) q=p/2+1;                      // p und q müssen verschieden sein
  if(p>q) { k=p; p=q; q=k; }                   // p muss kleiner als q sein
  popequ(MPOP,i); popequ(MPOP+1,j);         // Vektoren i und j duplizieren
  for(k=p; k<=q; k++) {
    pop[MPOP].v[k]  =pop[j].v[k];             // Cross-Over für Nachkomme 1
    pop[MPOP+1].v[k]=pop[i].v[k];             // Cross-Over für Nachkomme 2
  }
  return(0);
}

//--------------------------------------------------------------------------
// Initialisieren des Pools
//--------------------------------------------------------------------------
int init(int min, int max) {
  int n=0, i, r;
  srand((unsigned)time(NULL));     // Zufallszahlengenerator initialisieren
  r=min;
  for(i=0; i<MGEN; i++) { pop[0].v[i]=r++; if(r>max) r=min; }
  rating(0);      // Bewertung pop[0].f von Vektor pop[0].v wird berechnet
  for(i=1; i<MPOP; i++) for(r=0; r<MGEN; r++) {       // Alle Vektoren der
    pop[i].v[r]=pop[0].v[r];          // Population werden identisch mit den
    pop[i].f=pop[0].f;                 // Zahlen von min bis max vorbesetzt
  }
  for(i=0; i<MGEN; i++) mut(1);       // Modif. der Vektoren durch Mutation
  return(0);
}

//--------------------------------------------------------------------------
// Genetische Programmierung: Optimieren eines Vierecks
//--------------------------------------------------------------------------
main() {
  int min=0, max=MGEN-1, i, n=0, iter, c=0, s=0, r, p;
  printf("\n\nGenetische Programmierung: Optimieren eines Vierecks\n");
  printf("\nAnzahl der Iterationen ");
  printf("(0 für Einzelschritt, <ESC> für beenden) = ? ");
  scanf("%d",&iter);
  printf("Mutationsrate = ? "); scanf("%d",&r);
  if(iter<=0) s=1;
  init(min,max);                           // Initialisierung der Population
  while(c!=ESC) {                                 // Abbruch durch <ESC>
    printf("\nSchritt %d:",n++); show();         // Mitzählen und anzeigen
    if(s) c=getch();                            // Warten bei Einzelschritt
    else if(n>=iter) c=ESC;       // Abbruch wegen Anzahl der Iterationen
    if(kbhit()) while(kbhit()) c=getch();        // Tastatureingabe abfragen
```

```
    p=(int)(rand()%MPOP);                       // einen Elter zufällig auswählen
    cross(p,MPOP-1);                     // Paarung mit dem Besten der Population
    for(i=0; i<=1; i++) {              // Selektion und Einordnen der Nachkommen
      rating(MPOP+i);                       // Bewertung der beiden Nachkommen
      if(pop[MPOP+i].f>pop[0].f) {    // Nachk. besser als der Schlechteste
      popequ(0,MPOP+i);                     // Überschreiben des Schlechtesten
      merge(0);                                   // Einordnen der Nachkommen
      }
    }
    mut(r);                                                        // Mutation
  }
}
```

9.5 Probabilistische Algorithmen

Das wesentliche Merkmal *probabilistischer Algorithmen* ist, wie der Name schon sagt, dass *Zufallszahlen* darin eine Rolle spielen. Nun ist es seit langem klar, dass mit deterministischen Computern keine wirklich zufälligen Zahlenfolgen erzeugt werden können, sondern bestenfalls *Pseudo-Zufallszahlen*. Von Algorithmen zur Erzeugung von Pseudo-Zufallszahlen soll daher zunächst die Rede sein.

9.5.1 Zufallszahlen

Zufall und Pseudo-Zufall

Wesentlich für die Leistungsfähigkeit probabilistischer Algorithmen ist die Qualität des verwendeten *Pseudo-Zufallszahlengenerators*. Es existiert eine ganze Reihe von Algorithmen zur Erzegung von Pseudo-Zufallszahlen. Bei all diesen Algorithmen ist aber die generierte Zahlenfolge bei endlicher Ausführungszeit notwendigerweise endlich, so dass Pseudo-Zufallszahlen in genau derselben Reihenfolge immer wieder reproduziert werden. Eine wirkliche Zufallskomponente kann nur von außen über die Wahl des Startpunktes der Zahlenfolge ins Spiel kommen. Es stellt sich hierbei die Frage, inwieweit natürliche Phänomene überhaupt zufällig sein können, da doch in der Natur offenbar das Kausalgesetz gilt, nach dem es keine Wirkung ohne Ursache geben kann. Immanuel Kant erhebt das Kausalitätsprinzip sogar in den Rang einer Kategorie, die als Voraussetzung für jede Erfahrung a priori gelten müsse [Lud95]. Ergebnisse der Quamtenmechanik und der Chaos-Forschung zeigen jedoch, dass die Naturgesetze echte Zufallsereignisse nicht ausschließen [Pri98]. Um diese Problematik ins rechte Licht zu rücken, soll nochmals ein Zitat von John v. Neumann wiederholt werden: „Anyone who considers arithmetical methods of producing random digits, is, of course, in a state of sin". Siehe dazu auch Kapitel 2.4.

Betrachtet man endliche Folgen gewürfelter Zahlen, so sieht man, dass diese gelegentlich alles andere als zufällig aussehen. Es kann beispielsweise (wenn auch mit verschwindend geringer Wahrscheinlichkeit) vorkommen, dass man 100 Einsen nacheinander würfelt. Man bezeichnet solche Folgen gelegentlich nicht als *zufällig*, sondern als *stochastisch*. Es ist daher erforderlich, jede Zahlenfolge, die als Pseudo-Zufallszahlenfolge verwendet werden soll, auf ihre Eignung zu testen. Zumeist fordert man, dass die Zahlen *gleichverteilt* sind, dass also jede Zahl x in den gegebenen Grenzen $x_{min} \leq x \leq x_{max}$ mit der selben Wahrscheinlichkeit bzw. (da es sich um endliche Zahlenfolgen handelt) mit derselben relativen Häufigkeit auftritt, unabhängig davon, welche Zahl gerade vorausgegangen war. Neben der Gleichverteilung werden auch andere Verteilungen benötigt, die jedoch aus gleichverteilten Zufallszahlen herleitbar sind. In der Praxis wichtig ist vor allem die Gauß'sche *Normalverteilung*.

Test von Zufallszahlen

Die einfachste (aber durchaus nicht die einzige oder die beste) Möglichkeit, von einem gegebenen Pseudo-Zufallszahlengenerator zu ermitteln, ob die damit erzeugten Zahlen einer vorgegebenen Verteilung folgen, ist der *Chi-Quadrat-Test* (*χ^2-Test*).

Zur Durchführung des χ^2-Tests ruft man zunächst den Generator n mal auf. Es tritt dann jeder Zahlenwert im zulässigen Intervall h_k mal auf. Dabei läuft k von 1 bis m, wobei m die Anzahl der *Freiheitsgrade* ist, d.h. die Anzahl der verschiedenen Zahlen, die der Generator erzeugen kann. Die Summe über alle h_k muss natürlich n liefern, da ja insgesamt n Zahlen generiert wurden. Nun ist zu erwarten, dass bei einer gegebenen Verteilung jede generierte Zahl mit einer bekannten Wahrscheinlichkeit p_k erscheinen sollte, wobei die Summe über alle p_k den Wert 1 ergibt. Wählt man als einfachsten Fall die Gleichverteilung, so haben alle p_k denselben Wert. Ein Maß für die Zufälligkeit der generierten Zahlen ist dann offenbar die Differenz zwischen der relativen Häufigkeit h_k/n und der Wahrscheinlichkeit p_k, da ja für große n die relative Häufigkeit gegen die Wahrscheinlichkeit konvergieren muss, sofern die generierten Zahlen tatsächlich der betrachteten Verteilung folgen. An Stelle der Differenz aus den relativen Häufigkeiten und Wahrscheinlichkeiten kann man ebenso gut die Differenz aus den tatsächlich gefundenen Häufigkeiten h_k und den *Erwartungswerten* np_k betrachten.

Da die Differenzen h_k-np_k positiv oder negativ sein können, werden diese quadriert. Zugleich werden dadurch größere Differenzen stärker gewichtet als kleinere Abweichungen. Schließlich normiert man noch alle quadrierten Differenzen, indem man durch die Erwartungswerte $p_k n$ dividiert und dann aufaddiert. Für das als χ^2 bezeichnete Ergebnis erhält man also:

$$\chi^2 = \sum_{k=1}^{m} \frac{(h_k - np_k)^2}{np_k}$$

Ist n viel größer als die Zahl der Freiheitsgrade (die Zahl der unabhängigen Zustände, die das System einnehmen kann), dann ist χ^2 nur von der Zahl dieser Freiheitsgrade abhängig. Statistisch betrachtet wird in etwa 50% aller Fälle χ^2 etwa so groß sein wie diese Zahl der Freiheitsgrade, wenn die Zufallsvariable wirklich der angenommenen Verteilung folgt. Der tatsächliche Zusammenhang ist im Detail allerdings etwas komplizierter [Abra82].

Die algorithmische Komprimierbarkeit

Ein weiteres Maß für die Klassifizierung von Zahlenfolgen ist der Grad ihrer *algorithmischen Komprimierbarkeit*. Dieser ist nach einem Theorem von Chaitin und Kolmogoroff als die Länge der Beschreibung des kürzesten Algorithmus definiert, der in der Lage ist, diese Zahlenfolge zu erzeugen. Eine solche Beschreibung kann vorzugsweise als Computer-Programm formuliert werden, zu dessen Länge jedoch auch die erforderlichen Daten und der während der Berechnung benötigte Speicherplatz gerechnet werden müssen. Betrachtet man beispielsweise die geraden Zahlen oder eine nur aus Einsen bestehende Folge, so können die Programme zu deren Generierung offenbar extrem kurz gehalten werden, was einer sehr guten algorithmischen Komprimierbarkeit entspricht. Für Zahlenfolgen, die als Pseudo-Zufallszahlen geeignet sind, erwartet man eine möglichst geringe algorithmische Komprimierbarkeit, wobei im Extremfall der einzige Algorithmus zur Darstellung der Zahlenfolge das bloße Aufzählen der Glieder dieser Folge sein mag, so dass die Länge der Beschreibung mit der Länge der Folge praktisch identisch ist. Allerdings kann es auch geschehen, dass eine „zufällig“ erscheinende Zahlenfolge eine hohe algorithmische Komprimierbarkeit aufweist, obwohl sie einem einfachen Bildungsgesetz genügt. Dies rechtfertigt den Begriff Pseudo-Zufallszahlen.

Man könnte auf den Gedanken kommen, die Folge der Dezimalstellen der Kreiszahl π als unendliche Zufallsfolge zu verwenden. Aus dem Umstand, dass sich die Stellen von π aus einem deterministisch definierten und recht einfachen Bildungsgesetz ergeben, kann man aber nicht folgern, dass man auf diese Weise auch mit einem deterministischen Computer eine echte Zufallsfolge erzeugen könnte, indem man einfach die jeweils nächste Stelle von π verwendet. Die Länge einer Zufallsfolge ist, wie oben ausgeführt, untrennbar mit der Länge des sie erzeugenden Programms verknüpft. Bei einer iterativen algorithmischen Bestimmung der Dezimalstellen von π muss man aber bei jedem Schritt mehr Information als im vorherigen Schritt speichern, so dass mit der Stellenzahl auch der Speicherbedarf und damit der Zeitaufwand ins Unermessliche steigen.

Das lineare Modulo-Kongruenzverfahren

Einer der populärsten Ansätze zur Erzeugung von Pseudo-Zufallszahlen ist das von D. H. Lehmer [Knu81] eingeführte *lineare Modulo-Kongruenzverfahren* (*Linear Congruential Method, LCM*). Die Zahlenfolge x_1, x_2,... wird bei diesem Algorithmus, beginnend mit einem beliebigen Startwert x_0, rekursiv wie folgt bestimmt:

$$x_{n+1} = (a \cdot x_n + c) \bmod m$$

Dabei ist x_{n+1} die nächste zu berechnende Zufallszahl, x_n die gerade zuvor berechnete Zufallszahl, $m>0$ der Modulus, a ein Multiplikator mit $0<a<m$ und c eine additive Konstante mit $0 \leq c<m$. Alle genannten Zahlen sind Integer-Zahlen, so dass eine sehr schnelle Berechnung gesichert ist. Natürlich benötigt man noch einen Startwert x_0, den man vorgeben muss.

Für die Qualität des Pseudo-Zufallszahlengenerators ist die Wahl der Parameter entscheidend. Am wichtigsten ist dabei der Modulus m, denn er bestimmt ja den Bereich von 0 bis m-1, den die Zahlen der Sequenz überhaupt annehmen können. Im Falle $m=2$ kann man also nur eine Folge von Nullen und Einsen erzeugen. Oft wählt man 2^b, wobei b die Wortlänge des verwendeten Computers ist. Bei der Wahl von a kann man die Fälle $a=0$ und $a=1$ sofort ausschließen, da LCM damit keine Zufallszahlen erzeugt. Der Einfluss von c ist schwächer; häufig wird $c=0$ gesetzt, was eine schnellere Berechnung ermöglicht, allerdings um den Preis kürzerer Perioden.

Neben der Periodenlänge spielt aber, wie schon gesagt, auch die „Zufälligkeit“ der Folge eine Rolle, was bei der Wahl der Parameter berücksichtigt werden muss. So ergibt sich beispielsweise mit $x_0=0$ und $a=c=1$ die Formel $x_{n+1}=(x_n+1) \bmod m$. Die resultierende Zahlenfolge $0, 1, 2, 3 \ldots m-1, 0, 1, 2, 3 \ldots$ hat zwar die maximal mögliche Periodenlänge m, ist aber offenbar alles andere als zufällig! Für gute Resultate müssen einige Bedingungen eingehalten werden: c und m dürfen keine gemeinsamen Primfaktoren haben; a-1 muss ein Vielfaches jeder Primzahl sein, die m teilt; wenn a-1 ein Vielfaches von 4 ist, muss dies auch für m gelten. Ist m eine Potenz von 2, so vereinfacht sich dieser Satz zu der Bedingung, dass c ungerade und $a \bmod 4 = 1$ sein muss.

Die folgend C-Funktion zeigt ein Beispiel für einen Pseudo-Zufallszahlengenerator nach dem LCM-Algorithmus:

```
//---------------------------------------------------------------------
// Pseudo-Zufallszahlengenerator mit der Linear Congruential Method.
//
// seed: Anfangswert, wenn seed>0
// mod=3*3*3*3*3*5*5*5*5*7*7=7441875, a=3*5*5*7+1=526, c=121441 (Prim)
// Ergebnis: Zufallszahl x mit 0 <= x <= mod-1
//---------------------------------------------------------------------
unsigned long int rand_lcm(unsigned int seed) {
  static unsigned long int x=1, a=526, c=121441, mod=7441875;
  if(seed!=0) x=(unsigned long int)seed;
  return(x=(a*x+c)%mod);
}
```

Pseudo-Zufallszahlen in C

Der in der Programmiersprache C verwendete Zufallszahlengenerator arbeitet ebenfalls nach der Linear Congruential Method. Der Aufruf `x=rand();` liefert eine Pseudo-Zufallszahl x, die zwischen 0 und $2^{15}-1=32767$ liegt.

Benötigt man Zufallszahlen, die auf das Intervall [a,b] beschränkt sind, so hilft folgende einfache Transformation:

```
x=a+rand()%(b-a+1);
```

oder

```
x=a+rand()*(b-a)/max;
```

Dabei ist `max` der Maximalwert, den die Zufallszahlen annehmen können, hier also 32767.

9.5.2 Monte-Carlo-Methoden

Unter dem Oberbegriff *Monte-Carlo-Methoden* fasst man in Anspielung auf die Rolle des Zufalls in Spiel-Casinos Verfahren zusammen, bei denen näherungsweise Berechnungen durchgeführt werden, indem mit Hilfe von Zufallszahlen aus einer großen Zahl von Stützpunkten nur einige ausgewählt werden. Man erreicht dadurch gegenüber der Verwendung aller Stützpunkte eine Reduktion der Komplexität. Im Folgenden werden einige wichtige Anwendungsgebiete kurz charakterisiert.

Berechnung bestimmter Integrale

Für die numerische Integration bestimmter Integrale der Art

$$F = \int_a^b f(x)dx$$

stehen ausgefeilte Algorithmen zur Verfügung, die im Wesentlichen darauf hinauslaufen, den Integrationsbereich [a, b] in Intervalle zu unterteilen und die zu integrierende Funktion f(x) in diesem Bereich durch einfache Funktionen anzunähern.

Die Monte-Carlo-Methode bietet hierzu eine Alternative. Im einfachsten Fall definiert man zunächst ein Rechteck, dessen Grundlinie durch die Integrationsgrenzen und dessen Höhe durch die Extremwerte der zu integrierenden Funktion bestimmt ist. Die zu integrierende Funktion wird also durch das Rechteck vollständig eingeschlossen. Im zweiten Schritt generiert man Punkte innerhalb des Rechtecks, deren Koordinaten durch einen Pseudo-Zufallszahlengenerator bestimmt werden. Bezeichnet man mit R die Fläche des Rechtecks, mit N die gesamte Anzahl der Punkte und mit N_f die Anzahl der Punkte, die in dem durch die Funktion f(x) und die X-Achse eingeschlossenen Bereich liegen, so erhält man für den Wert F des Integrals:

$$F = R\frac{N_f}{N}$$

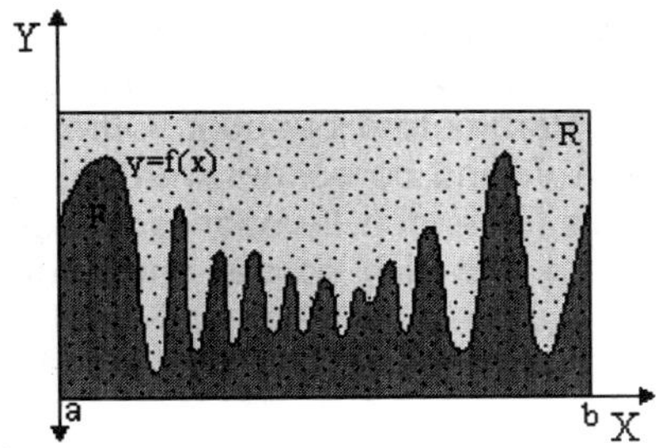

Abbildung 9.9: Beispiel für die Berechnung eines bestimmten Integrals durch eine Monte-Carlo-Methode. Der Wert des Integrals entspricht der mit der X-Achse eingeschlossenen Fläche. Die durch Zufallskoordinaten gewählten Punkte sind schwarz eingezeichnet.

Die Monte-Carlo-Methode eignet sich insbesondere dann gut zur Berechnung bestimmter Integrale, wenn die zu integrierende Funktion f(x) sehr schnell oszilliert, da dann mit herkömmlichen Methoden extrem viele Stützpunkte erforderlich wären.

Ein weiteres einfaches Beispiel für die Berechnung eines Integrals mit Hilfe der Monte-Carlo-Methode findet sich in Kapitel 4.4.6. Es geht dabei um die näherungsweise Bestimmung von π durch einen parallelen Algorithmus.

Die hier in ihren Grundprinzipien vorgestellte Methode kann auf Mehrfachintegrale, Linienintegrale, Bereichsintegrale und damit zusammenhängende Probleme erweitert werden. Ferner wurden wesentlich verbesserte Varianten entwickelt, so etwa *adaptive Monte-Carlo-Verfahren*, die dadurch gekennzeichnet sind, dass die Dichte und Anzahl der Zufallspunkte durch das Verhalten der zu integrierenden Funktion gesteuert wird.

Berechnung von Summen

Die Monte-Carlo-Methode lässt sich auch auf die Berechnung mancher Summen anwenden, deren Glieder unabhängig voneinander einzeln bestimmt werden können. Man wählt aus n zu summierenden Elementen m Elemente zufällig aus und summiert nur diese. Durch Multiplikation des Ergebnisses mit n/m findet man einen

Näherungswert für die gesamte Summe. Auf diese Weise kann man Summen mit sehr vielen Elementen durch eine vergleichsweise kleine Auswahl von m Elementen mit geringem Aufwand näherungsweise berechnen.

Lösung von Differentialgleichungen

Auch *Anfangswertprobleme* lassen sich mit Hilfe der Monte-Carlo-Methode lösen. Hierbei wird der Anfangszustand eines Systems vorgegeben, dessen weitere Entwicklung durch *Differentialgleichungen* bestimmt ist. Das Vorgehen ist ähnlich wie bei der Integration. Eine in der Praxis wichtige Anwendung ist beispielsweise die Berechnung von Diffusionsvorgängen. Die Anfangswerte sind in diesem Fall die Startkonzentration des zu lösenden Stoffes sowie die Begrenzungen des Volumens.

Optimierung

Weitere Einsatzfelder von Monte-Carlo-Methoden sind Verfahren zur Optimierung und Simulation. Bei der *Optimierung* geht es darum, die Parameter einer Funktion so einzustellen, dass eine Zielvorgabe möglichst gut erreicht wird. Häufig verwendet man dazu iterative Verfahren, bei denen aus der Abweichung der Funktion von dem Sollwert die Richtung des nächsten Iterationsschritte ermittelt wird. Dazu wird die Ableitung der zu optimierenden Funktion nach ihren Parametern benötigt. Oftmals können diese Ableitungen nicht oder nur mit hohem Aufwand berechnet werden; in diesen Fällen kann man dann die Richtung des jeweils folgenden Iterationsschrittes durch einen Pseudo-Zufallszahlengenerator bestimmen und sich so der optimalen Lösung nähern.

Simulation

Unter *Simulation* versteht man die Analyse und Bewertung des Verhaltens von Systemen mit Hilfe eines Rechners. Dazu wird der zu simulierende Ausschnitt der realen Welt auf ein mathematisches *Simulationsmodell* abgebildet, das alle relevanten Parameter enthalten muss. Dabei kann es sich sowohl um natürliche als auch um künstliche Vorgänge handeln, etwa die Entwicklung von Ökosystemen, die Verkaufschancen neuer Produkte oder die Optimierung von Fahrzeugkarosserien im Windkanal. Wie gut die sich auf dieses Modell beziehenden Ergebnisse auch die Realität beschreiben, hängt von der Qualität des Modells und des Simulationsalgorithmus ab.

Man verwendet Simulationen vor allem dann, wenn das Studium des realen Systems nicht möglich ist oder aus anderen Gründen, z.B. wegen des Zeit- oder Kostenumfangs, nicht sinnvoll erscheint.

Sind alle Parameter genau definiert und ist das Systemverhalten mathematisch exakt beschreibbar, so besteht die Möglichkeit zur exakten Berechnung der Simulation. Man spricht dann von einer *deterministischen Simulation.*

Bei der *Monte-Carlo-Simulation* (auch *stochastische Simulation*) verwendet man dagegen Größen, die von Pseudo-Zufallszahlen abhängig sind. Dies dient zur Modellierung zufälliger Ereignisse, die in der Realität das simulierte System beeinflussen.

Für Simulationsaufgaben stehen spezielle Programmiersprachen zur Verfügung. Die objektorientierte Sprache *SIMULA* (*Simulation Language*) unterstützt auch selbständig operierende Prozesse, die Sprache *GPSS* (*General Purpose Simulation System*) ist besonders für die Simulation diskreter Abläufe, die durch Ereignisse gesteuert werden, geeignet.

9.5.3 Probabilistischer Primzahltest

Ein wichtiges Beispiel für einen nicht durchführbaren Algorithmus ist das *Primzahlproblem*, d.h. die Aufgabe, von einer Zahl zu entscheiden, ob sie prim ist oder nicht. Eine exponentielle Lösung zur Ermittlung von Primzahlen, nämlich das Sieb des Eratosthenes, wurde bereits in Kapitel 9.2.2 vorgestellt.

Alternativ dazu kann man auch so vorgehen, dass man eine gegebene Zahl n *faktorisiert*, d.h. alle Teiler bestimmt. Erweist es sich, dass n nur durch 1 und sich selbst teilbar ist, so ist n eine Primzahl.

Der Algorithmus funktioniert folgendermaßen. Man teilt die gegebene Zahl n durch eine aufsteigende Folge von Divisoren d_1, d_2, d_3... und prüft dabei, ob bei der Division ein Rest verbleibt oder nicht. Mit dem Quotienten fährt man dann in der beschriebenen Weise fort, bis das Divisonsergebnis 1 erreicht ist (dann sind alle Primfaktoren gefunden) oder bis ein Divisor den Maximalwert $\sqrt{n}$ erreicht hat (dann ist n eine Primzahl). Für die Folge der Divisoren müsste man am besten die Primzahlen in aufsteigender Riehenfolge verwenden; da diese aber nicht bis zu beliebig großen Zahlen bekannt sind, muss man sich anders behelfen. In dem folgenden Programmbeispiel wurden als Divisoren $d_k<1000$ die entsprechenden Primzahlen mit dem Sieb des Eratosthenes vorab ermittelt und tabelliert. Es werden also zunächst diese Tabellenwerte verwendet. Ist die Tabelle erschöpft, wird der jeweils nächste Divisor durch abwechselnde Addition von 2 und 4 bestimmt. Auf diese Weise erhält man eine Folge von Divisoren, in der keine Vielfachen von 2 und 3 enthalten sind. Würde man auch alle Vielfachen von 5 entfernen, könnte man die Liste noch um 20% verkürzen, bei Streichung aller Vielfachen von 7 nochmals um 14% etc., dafür wäre aber die Bestimmung des jeweils nächsten Divisors aufwendiger.

Man geht also nach folgendem Schema vor:

1. Setze $x=n$, $k=0$ (k zählt die Primfaktoren) und $i=0$ (i zählt die Divisoren).
2. Ist $x=1$, so ist die Primfaktorzerlegung abgeschlossen und das Verfahren endet.
3. Berechne $q = x/d_i$ (Quotient) und $r = x \bmod d_i$ (Divisionsrest). Dabei werden die Divisoren d_i einer Liste mit den Elementen $d_0=2$ und $d_0<d_1<d_2... <\sqrt{n}$ verwendet, die mindestens alle Primzahlen bis $\sqrt{n}$ enthält.
4. Wenn $r\neq 0$ gehe zu 6.
5. Setze $x=q$, $k=k+1$ und $p_k=d_i$. Ein weiterer Primfaktor wurde gefunden und in die Liste eingetragen. Gehe zu 2.

6. Wenn $q>d_i$ ist, setze den Index für nächsten Divisor auf $i=i+1$ und gehe zu 3.
7. Setze $k=k+1$ und $p_k=n$. In diesem Fall ist n prim, das Verfahren endet.

Hier ist der zugehörige Programmtext:

```
//*************************************************************************
// Primfaktorzerlegung
//*************************************************************************
#include <stdio.h>
#include <conio.h>
#include <time.h>
#include <math.h>
#define ULI unsigned long int
ULI p1000[168]={ 2,3,5,7,11,13,17,19,23, 29, 31, 37, 41, 43, 47,
                 53, 59, 61, 67, 71, 73, 79, 83, 89, 97,101,103,107,109,113,
                127,131,137,139,149,151,157,163,167,173,179,181,191,193,197,
                199,211,223,227,229,233,239,241,251,257,263,269,271,277,281,
                283,293,307,311,313,317,331,337,347,349,353,359,367,373,379,
                383,389,397,401,409,419,421,431,433,439,443,449,457,461,463,
                467,479,487,491,499,503,509,521,523,541,547,557,563,569,571,
                577,587,593,599,601,607,613,617,619,631,641,643,647,653,659,
                661,673,677,683,691,701,709,719,727,733,739,743,751,757,761,
                769,773,787,797,809,811,821,823,827,829,839,853,857,859,863,
                877,881,883,887,907,911,919,929,937,941,947,953,967,971,977,
                983,991,997 };                                // Primzahlen < 1000
//-------------------------------------------------------------------------
// primfac(n,pfac) zerlegt n in Primfaktoren.
// Das Feld pfac enthält die ermittelten Primfaktoren.
// Der Rückgabewert ist die Anzahl der Primfaktoren.
// Ist n prim, so ist der Rückgabewert 0.
//-------------------------------------------------------------------------
int primfac(ULI n, ULI *pfac) {
  int i=0, k=0;          // i zählt die Schritte, k z„hlt die Primfaktoren
  int f=1, next=1;       // f=flag für +4 oder +2, next=0: Mehrfachfaktor
  ULI d, q, r;           // d=obere Schranke für Divisoren, q=Quotient, r=Rest
  ULI x, h;              // Hilfsvariablen
  d=(ULI)sqrtl((long double)n);  // obere Schranke für größten Primfaktor
  x=n;
  while(i<168) {         // Divisoren aus Tabelle p1000
    q=x/p1000[i];
    r=x%p1000[i];
    if(r==0) { pfac[k++]=p1000[i]; x=q; }
    else i++;
    if(p1000[i]>d || x==1) break;
  }
  h=p1000[167];
  for(;;) {              // Divisoren mit Folge +4, +2, ...
    if(next) { if(f==1) h+=4; else h+=2; f=-f; }
    q=x/h;
    r=x%h;
    if(r==0) { pfac[k++]=h; x=q; next=0; }
    else next=1;
    if(h>d || x==1) break;
  }
  if(x<n && x>1) pfac[k++]=x;
  return(k);
}

//-------------------------------------------------------------------------
// Hauptprogramm
//-------------------------------------------------------------------------
```

```
int main() {
  int i,k;
  ULI n,pfac[64];
  clock_t t;
  printf("\n\nFAKTORISIERUNG EINER ZAHL\n");
  printf("Die Eingabe muss kleiner als 4000.000.000 sein\n");
  printf("Beenden mit ^C\n");
  for(;;) {
    printf("\nBitte eine Zahl eingeben: ");
    scanf("%ld",&n);
    t=clock();
    k=primfac(n,pfac);
    if(k==0) printf("%lu ist eine Primzahl",n);
    else {
      printf("Die Primfaktoren von %lu lauten: ",n);
      for(i=0; i<k; i++) printf("%lu ",pfac[i]);
    }
    printf("\nAusführungszeit:%8.2f (msec)\n"
    ,(float)difftime(clock(),t)/CLOCKS_PER_SEC);
  }
  return(0);
}
```

Für dieses Programm ergeben sich für den verwendeten PC (1999) die folgenden Ausführungszeiten:

Tabelle 9.3: Ausführungszeiten für den Primzahltest.

Primzahl	Stellenzahl	Ausführungszeit [msec]
10007	6	0.01
100003	6	0.04
1000003	7	0.12
10000019	8	0.45
100000037	9	1.22
1000000021	10	3.76

Die Rechenzeit ist für zehnstellige Primzahlen mit einigen Millisekunden noch moderat, sie steigt jedoch pro Dezimalstelle um etwa den Faktor 3 an. Die Komplexität des Verfahrens ist somit - wie schon die des Siebs des Eratosthenes - exponentiell. Um mit diesem Programm nachzuweisen, dass beispielsweise die Zahl 2^{216091}-1 eine Primzahl ist, müsste es ca. 10^{100} Jahre laufen. In der Praxis ist die Kenntnis sehr großer Primzahlen mit mehreren hundert Stellen aber von großer Bedeutung, beispielsweise für Verschlüsselungssysteme. Es ist daher eine lohnende Aufgabe, effizientere Algorithmen zu entwickeln.

Um mit Problemen umgehen zu können, die solche Dimensionen wie der Primzahltest annehmen, muss man sich in Ermangelung eines exakten, ausführbaren Verfahrens mit einer Lösung zufrieden geben, von der nicht mit Sicherheit gesagt werden kann, ob sie richtig ist. Was den Primzahltest betrifft, so gibt es eine *probabilistische* Methode, mit der man in kurzer Zeit mit hoher Wahrscheinlichkeit entscheiden kann, ob eine Zahl prim ist oder nicht. Lautet das Testergebnis, eine Zahl sei nicht prim, so ist diese Aussage mit Sicherheit richtig, über die Primfaktoren ist damit allerdings noch nichts bekannt. Liefert der Test dagegen das Ergebnis, eine Zahl sei prim, so ist dies nur mit einer Wahrscheinlichkeit richtig, die (wie man zeigen kann) im ungünstigsten Fall ¼ beträgt, aber im Allgemeinen sehr viel höher ist. Gelegentlich kann jedoch eine Zahl als prim ausgewiesen werden, obwohl sie nicht prim ist. Durch wiederholtes Durchführen des Tests mit unterschiedlichen Werten für einen bestimmten Parameter lässt sich dann die Sicherheit der Aussage schrittweise erhöhen. Diese Besetzung einer Variablen mit Werten, die einer vorgegebenen Wahrscheinlichkeitsverteilung folgen - hier vernünftigerweise einer Gleichverteilung - ist ein wesentliches Merkmal probabilistischer Algorithmen. Bei k-maligem Ausführen gibt der im Folgenden beschriebene probabilistische Primzahltest immerhin eine Sicherheit von mindesten $(1/4)^k$; mit $k=12$ also $(1/4)^{12} = 1/16777216$. Auch bei einer beliebig hohen Wahrscheinlichkeit bleibt jedoch ein Rest von Zweifel, der puristischen Mathematikern den Schlaf rauben kann. Für praktische Fragen spielt dieser puristische Standpunkt aber keine Rolle. Wenn man bedenkt, dass ein Bit-Fehler durch Einwirkung von kosmischer Strahlung wahrscheinlicher ist als eine Fehlaussage des probabilistischen Algorithmus, sollte man hier vielleicht ein wenig relativieren.

Das probabilistische Testverfahren, das hier nun beschrieben wird, beruht auf einem bekannten Theorem von Fermat (*Fermats kleiner Satz*), das besagt, dass für eine Primzahl p immer die Beziehung

$$r^{p-1} \bmod p = 1$$

gilt, wenn r kein Vielfaches von p ist. Die Umkehrung ist allerdings nicht richtig, da es - wenn auch selten - Zahlen gibt, für welche diese Beziehung gilt, obwohl sie nicht prim sind. Ein Beispiel dafür ist die Zahl 341, die wegen $341=11\cdot 31$ offenbar nicht prim ist, obwohl $2^{340} \bmod 341 = 1$ gilt. Betrachtet man als Beispiel die Primzahl $p=5$ und wählt man als Zufallszahl willkürlich $r=3$, so besagt Fermats kleiner Satz, dass

$$3^{5-1} \bmod 5 = 1$$

gelten muss, was offensichtlich der Fall ist, denn $3^4=81$, so dass Division durch 5 den Rest 1 ergibt.

Nun nützt man aus, dass sich jede ungerade Zahl n - und nur solche kommen ja als primzahlverdächtig in Frage - in der Form

$$n = 1 + q\cdot 2^k$$

schreiben lässt, woraus

$$q = (n-1)/2^k$$

folgt. Der Exponent k lässt sich durch fortgesetzte Division von $(n-1)$ durch 2 ermitteln. Ist beispielsweise $n=89$, so rechnet man:

$$q1 = (n-1)/2 = 88/2 = 44$$
$$q2 = 44/2 = 22$$
$$q3 = 22/2 = 11$$

also: $89 = 1 + 2^3\cdot 11$

Daraus folgt nun: Wenn $n = 1 + q\cdot 2^k$ prim ist und $r^q \bmod n \neq 1$ ist, dann endet die Sequenz $r^q \bmod n, r^{2q} \bmod n, r^{4q} \bmod n, \ldots r^{q\cdot 2^k} \bmod n$ mit dem Wert 1 und der unmittelbar vorhergehende Wert ist $n-1$.

Damit lässt sich nun das Verfahren angeben:

1. Wähle eine ungerade, primzahlverdächtige Zahl n.

2. Bestimme ein Zufallszahl $1<r<n$.

3. Ermittle q und den Exponenten k in dem Ausdruck $q = (n-1)/2^k$ durch fortgesetzte Division von (n-1) durch 2.

4. Setze eine Hilfsvariable $j=0$ und berechne $y= r^q \bmod n$.
   Der Wert $y=0$ kann dabei nicht vorkommen, da n ungerade ist .

5. Ist $y=n-1$ oder $y=1$, so endet das Verfahren, n ist dann *wahrscheinlich prim*.

6. setze $j=j+1$,
   wenn $j<k$, setze $y = y^2 \bmod n$.
   Dadurch wird nach k Durchläufen schließlich $y= r^{q \cdot 2^k} \bmod n = r^{n-1} \bmod n$ gebildet.

7. Ist $y=n-1$ oder $y=1$, so endet das Verfahren, n ist dann *wahrscheinlich prim.*
   Ist dies nicht der Fall, so wird nach 6 zurückverzweigt, sofern $j<k$ ist, andernfalls endet das Verfahren; n ist dann *definitiv nicht prim*.

Bei der Programmierung wird zur effizienten Berechnung des Modulus ausgenützt, dass gilt:

$(a \cdot b) \bmod n = [(a \bmod n)(b \bmod n)] \bmod n$

Die Aufgabe, $r^q \bmod n$ zu berechnen, reduziert sich damit darauf, $r^h \bmod n$ zu bestimmen, wobei h so zu wählen ist, dass r^h gerade größer als n ist. Es gilt dann:

$r^{h-1} \leq n < r^h$ und $r^h \bmod n < n$

Man erhält damit ein Produkt von n/h Faktoren der Art $r^h \bmod n$, das nach der oben bereits angegebenen Formel $(a \cdot b) \bmod n = [(a \bmod n)(b \bmod n)] \bmod n$ ausgewertet wird. Betrachtet man die Aufgabe $3^{11} \bmod 89$ so ergibt sich nach diesem Algorithmus:

$3^{11} \bmod 89 = (3 \cdot 3 \cdot 3 \cdot 3 \cdot 3 \cdot 3 \cdot 3 \cdot 3 \cdot 3 \cdot 3 \cdot 3) \bmod 89 =$
$= ((([(3 \cdot 3 \cdot 3 \cdot 3 \cdot 3) \bmod 89] \cdot [(3 \cdot 3 \cdot 3 \cdot 3 \cdot 3) \bmod 89]) \bmod 89) \cdot 3) \bmod 89 =$
$= ((([243 \bmod 89] \cdot [243 \bmod 89]) \bmod 89) \cdot 3) \bmod 89 =$
$= (((65 \cdot 65) \bmod 89) \cdot 3) \bmod 89 =$
$= ((4225 \bmod 89) \cdot 3) \bmod 89 =$
$= ((4225 \bmod 89) \cdot 3) \bmod 89 =$
$= (42 \cdot 3) \bmod 89 =$
$= (42 \cdot 3) \bmod 89 =$
$= 126 \bmod 89 =$
$= 37$

Das Programm für den probabilistischen Primzahltest lautet damit:

```
//*********************************************************************
// Probabilistischer Primzahltest
//*********************************************************************
#include <stdio.h>
```

```
#include <conio.h>
#include <math.h>
#include <time.h>
#define ULI unsigned long int

//--------------------------------------------------------------------------
// modab(a,b,n) berechnet a*b mod n
// Rechnung in long double zur Vermeidung von Überlauf
//--------------------------------------------------------------------------
ULI modab(ULI a, ULI b, ULI n) {
  long double h;
  a%=n; b%=n;
  if(a==1) return(b); if(b==1) return(a);
  if(a>b) { h=(long double)a/(long double)n; h=h*(long double)b; }
  else    { h=(long double)b/(long double)n; h=h*(long double)a; }
  h-=(ULI)h;
  h*=(long double)n+0.5;
  return((ULI)h);
}

//--------------------------------------------------------------------------
// modpower(r,q,n) berechnet r^q mod n
//--------------------------------------------------------------------------
ULI modpower(ULI r, ULI q, ULI n) {
  ULI i=0, m=1, h=1, q1, qrest, k=0;
  h=n;
  while(h=h/r) i++;          // h^i ist die kleinste Potenz von h größer n
  i++;
  h=r;
  while(++k<i) h=modab(h,r,n);                  // Berechnung von h^r mod n
  q1=q/i;
  qrest=q-q1*i;
  for(k=0; k<qrest; k++) m*=r;
  while(q1) {
    q=q1/2;
    if(q1>(q+q)) m=modab(h,m,n);
    h=modab(h,h,n);
    q1=q;
  }
  return(m);
}
//--------------------------------------------------------------------------
// primprob(n, r) bestimmt, ob n prim ist oder nicht.
// Dabei ist r eine Zufallszahl mit 1<r<n.
// Es wird Fermats Theorem ausgenützt, das besagt, dass r^(n-1) mod n =1
// ist, wenn n eine Primzahl ist und r kein Vielfaches von n ist.
// Allerdings trifft dies auch für manche n zu, die nicht prim sind.
// Der Algorithmus arbeitet probabilistisch, d.h. bisweilen wird eine
// Zahl als prim ausgewiesen, obwohl sie nicht prim ist. Im schlimmsten
// Fall ist die Wahrscheinlichkeit dafür, dass eine Zahl als prim
// bezeichnet wird, obwohl sie nicht prim ist, 1/4. Wird dagegen eine
// Zahl als nicht prim bezeichnet, so ist diese Aussage sicher.
// Durch k-maliges Aufrufen mit verschiedenen Zufallszahlen r lässt
// sich die Sicherheit auf(1/4)^k steigern.
// Der Rückgabewert ist 1, wenn n wahrscheinlich prim ist, sonst 0.
//--------------------------------------------------------------------------
int primprob(ULI n, ULI r) {
  int j=0, k=0, go=1;
  ULI q, q1, y;
  if(r<2) r=2; if(r>=n) r=n-1;              // Einschränkung von r auf 2<r<n
  q=(n-1)/2; q1=n/2;
  if(n==(q1+q1) || q==0) return(0);                    // n gerade oder n=1
  while(go) {                                       // Umwandlung n=1+q*2^k
    q1=q/2;
    if(q>(q1+q1)) go=0; else q=q1;
```

```
      k++;
    }
    printf("Umwandlung von n: n = 1 + %ld*2^%d\n",q,k);
    y=modpower(r,q,n);                          // Berechnung von r^q mod n
    printf("Start: y = %ld\n",y);
    if(y==1 || y==(n-1)) return(1);            // n ist wahrscheinlich prim
    while(j<=k) {
      if(j++<k) y=modab(y,y,n);
      printf("y=%ld\n",y);
      if(y==(n-1)) return(1);
    }
    return(0);
}

//--------------------------------------------------------------------------
// Hauptprogramm
//--------------------------------------------------------------------------
main() {
  ULI n, r;
  printf("\n\nPROBABILISTISCHER PRIMZAHLTEST\n");
  while(1) {
    printf("\n\nBitte eine Zahl eingeben: ");
    scanf("%ld",&n);
    r=3;                      // eine nicht besonders zufällige Zufallszahl
    if(primprob(n,r)) printf("Wahscheinlich Primzahl\n");
    else printf("Keine Primzahl\n");
  }
}
```

Mit Hilfe dieses Programms lässt sich in sehr kurzer Zeit jede im zulässigen Bereich liegende Zahl daraufhin testen, ob sie prim ist oder nicht.

9.5.4 Der heuristische Ansatz

Als weitere Methode zu Optimierung von Algorithmen sei noch der *heuristische* Ansatz erwähnt. Diese Methode führt oft bei Spielen oder damit verwandten Problemen zum Ziel. Man führt zur Vereinfachung des Algorithmus Annahmen ein, wodurch die Komplexität verringert wird. Dabei kann das Auffinden der exakten Lösung nicht mehr garantiert werden. Die Qualität einer heuristischen Strategie misst sich daran, wie hoch die Wahrscheinlichkeit ist, dass die exakte Lösung oder wenigstens eine gute Näherungslösung gefunden wird. Oft geht man dabei von Erfahrungen aus, die aus früheren Lösungen gewonnen wurden. Auch die Nachbildung menschlicher Problemlösungsprozesse wird versucht. Beim *Schachspiel* hat man auf diese Weise inzwischen Programme erstellt, die auch gegen Großmeister gute Chancen haben.

9.6 Rekursion

9.6.1 Definition und einfache Beispiele

Unter *Rekursion* versteht man die Definition eines Verfahrens, einer Struktur oder einer Funktion durch sich selbst. Oft sind rekursive Formulierungen kürzer und - eine gewisse Gewöhnung vorausgesetzt - leichter verständlich als andere Darstellungen, da sie die charakteristischen Eigenschaften hervorheben.

Beispiele:

- Ein Beispiel aus dem täglichen Leben:
  Das Bild im Bild im Bild ... realisierbar mit zwei Spiegeln, beispielsweise im Speigelsaal des vom Märchenkönig Ludwig II erbauten Schlosses Herrenchiemsee.

- Ein Beispiel aus der *Kunst*: Eschers rekursive Hände

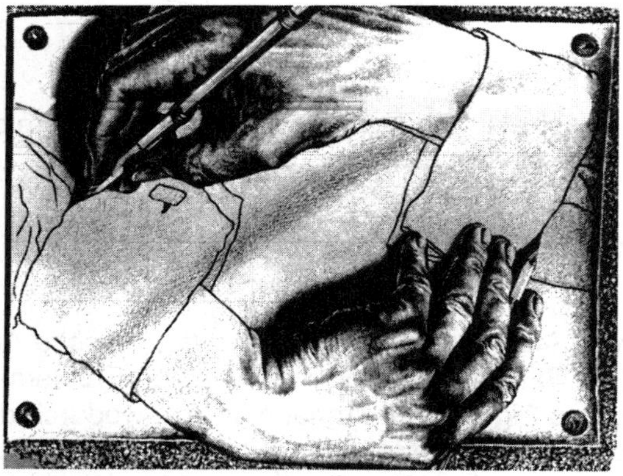

Abbildung 9.10: Eine Grafik des niederländischen Künstlers M. C. Escher, in der das Rekursionsprinzip zum Ausdruck kommt. Escher war mit mathematischen Denkweisen gut vertraut.

- *Datenstrukturen:*
  Lineare Listen lassen mit der folgenden Typ-Definition rekursiv darstellen:

```
struct liste { char info[ANZ]; struct liste *next; };
```

- *Mathematik:*
  Das Axiomensystem von Peano.
  Zur Definition der natürlichen Zahlen nach dem Axiomensytem von Peano gehören die beiden folgenden Axiome:

  - 1 ist eine natürliche Zahl.
  - Der Nachfolger einer natürlichen Zahl ist eine natürliche Zahl.

- *Funktionen:*
  Funktionen werden häufig rekursiv definiert. Hier einige Beispiele dazu.

1. *Fakultät*:
   $0!=1$ und
   $n!=n(n-1)!$ für $n>0$

2. *Größter gemeinsamer Teiler:*
   Der größte gemeinsame Teiler (ggT) einer natürlichen Zahl n lässt sich nach dem Algorithmus von Euklid wie folgt rekursiv berechnen:

   ggT(m,0)=m
   ggT(n,m)=ggT(m, n mod m) für m>0

   Beispiel: Für die beiden Zahlen $385=5\cdot7\cdot11$ und $30=2\cdot3\cdot5$ folgt:

   ggT(385,30)=ggt(30,25)=ggt(25,5)=ggt(5,0)=5

   Explizit rechnet man: 385:30 = 12 Rest 25
   30:25 = 1 Rest 5
   25:5 = 5 Rest 0

3. *McCarthy 91:*
   mc(n)= n-10 für n>100 und
   mc(n)=mc(mc(n+11)) sonst

   Das Ergebnis dieser skurrilen Funktion ist 91 für $1 \leq n \leq 101$.

- *Berechenbarkeit:*
  Für die Definition der primitiv rekursiven und der µ-rekursiven Funktionen, die in der Theorie der Berechenbarkeit (vgl. Kapitel 9.1.4) eine wichtige Rolle spielen, ist die Rekursivität ein wesentlicher Aspekt.

- *Algorithmen:*
  Der Quick-Sort-Algorithmus für ein Feld a[i] mit n Elementen ergibt sich nach dem Prinzip „Teile und Herrsche“ aus der rekursiv aufgerufenen Partitionierung (vgl. Kapitel 11.4.3).

- *Computer-Grafik:*
  Fraktale Pflanzen mit *L-Systemen*. L-Systeme gehören zu einer Klasse von Grammatiken, die 1968 von Aristid Lindenmeyer eingeführt wurde. Damit lassen sich *fraktale* Muster (d.h. sich selbstähnlich wiederholende Strukturen) erzeugen, die zur Simulation des Wachstums von Pflanzen verwendet werden können. Ein Beispiel dafür ist die Grammatik mit dem Vokabular V={0, 1, (,)} und den beiden Produktionen P={0→1(0)1(0)0, 1→11}. Eine mögliche grafische Interpretation lautet: Das terminale Symbol „1“ ist ein Zweig, das terminale Symbol „0“ ist ein Stil mit einem Blatt am Ende, die syntaktische Variable „(“ ist eine Verzweigung, und die syntaktische Variable „)“ ist ein Rückwärtsschritt in den Verzweigungen zur korrespondierenden öffnenden Klammer. Man kann darüber hinaus weitere Regeln einführen, z.B. über die Art der Verzweigungen. Zusätzlich kann man auch Zufallskomponenten einbauen.

Beginnt man mit 1(0)1(0)0 und wendet man darauf die Ersetzungsregeln konsequent einmal von links nach rechts fortschreitend an, so entsteht der String:

11(1(0)1(0)0)11(1(0)1(0)0) 1(0)1(0)0

Wählt man für die grafische Interpretation einen Verzweigungswinkel von 45° und verzweigt man abwechselnd nach links und rechts, so ergibt sich eine simulierte Pflanze gemäß folgender Abbildung.

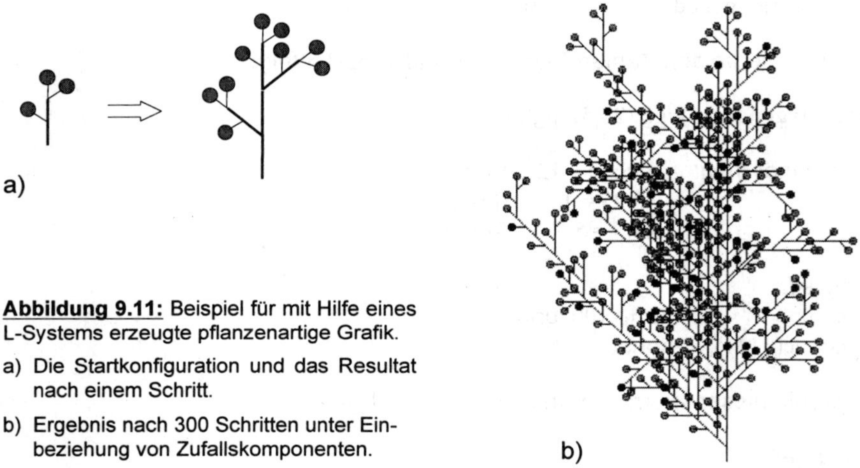

Abbildung 9.11: Beispiel für mit Hilfe eines L-Systems erzeugte pflanzenartige Grafik.

a) Die Startkonfiguration und das Resultat nach einem Schritt.

b) Ergebnis nach 300 Schritten unter Einbeziehung von Zufallskomponenten.

9.6.2 Rekursive Programmierung und Iteration

Ein wesentliches Merkmal der Rekursion ist die Möglichkeit, eine potentiell unendliche Menge von Objekten bzw. Berechnungsschritten durch ein endliches Schema auszudrücken.

Allgemein kann man eine Rekursion folgendermaßen schematisch darstellen:

```
P(Parameterliste) {
  A1;
  A2;
  .
  .
  P(Parameterliste);
}
```

Direkte Rekursion. `P` wird durch eine Reihe von Anweisungen `A1,A2,...` und `P` selbst ausgedrückt.

```
P(Parameterliste) {
  A1;
  A2;
  .
  .
  Q(Parameterliste);
```

Indirekte Rekursion. `P` ruft eine Funktion `Q` auf, die ihrerseits (direkt oder indirekt) `P` aufruft.

```
}
Q(Parameterliste) {
  B1;
  B2;
  .
  .
  P(Parameterliste);
}
```

Wesentlich bei der Formulierung eines rekursiven Verfahrens ist die Einführung einer *Abbruchbedingung*. Dies kann beispielsweise durch Verwendung einer Bedingung `B` geschehen:

Rekursion mit Abbruchbedingung `B`.

```
P(Parameterliste) {
  A1;
  A2;
  .
  .
  if(B) P(Parameterliste);
}
```

Eine weitere Alternative ist die Einführung einer *Zählvariablen*:

Rekursion mit Abbruchbedingung durch herunterzählen einer Zählvariablen.

```
P(Parameter, n) {
  A1;
  A2;
  .
  .
  if(n>0) P(Parameter, n-1);
}
```

Damit die praktische Durchführbarkeit einer Rekursion Gewähr leistet ist, muss man dafür sorgen, dass die *Rekursionstiefe*, d.h. die Anzahl der geschachtelten Aufrufe, möglichst klein bleibt.

Ein einfaches Beispiel dazu ist die rekursive Berechnung der *Fakultät* durch die Funktion `fac(n)`:

```
int fac(int n) {
  if(n==0) return(1);
  return(n*fac(n-1));
}
```

Für den Aufruf `fac(n)` ergibt sich mit `n=4` folgende Situation:

Aufruf	Rekursionstiefe	Ergebnis
`fac(4)`	0	24
`  fac(3)`	1	6
`    fac(2)`	2	2
`      fac(1)`	3	1
`        fac(0)=1`	4 Abbruch	1

Oft ergeben sich rekursive Algorithmen durch Anwendung des Prinzips *„Teile und Herrsche"*. Die Rekursionstiefe lässt sich dabei häufig durch geschicktes Design des Algorithmus minimieren. Ein Beispiel dafür ist die Funktion Quick-Sort (siehe Kapitel 10.5.2) zum Sortieren eines Arrays mit n Elementen.

Eine Rekursion lässt sich besonders einfach durch eine Iteration ersetzen, wenn dem Algorithmus eine *primitiv rekursive Funktion* (siehe Kapitel 9.1.4) zu Grunde liegt. In diesem Fall kann der rekursive Aufruf an den Anfang oder an das Ende der Funktion platziert werden. Für die Umwandlung in eine Iteration genügt dann eine *FOR-Schleife*, in welcher der Schleifenindex nur im Schleifenkopf verändert werden darf. Da in diesem Fall die Anzahl der Iterationen in jedem Fall vor Ausführung der Schleife feststeht, ist das *Halteproblem* (siehe Kapitel 9.1.3) irrelevant. Von dieser einfachen Art ist offenbar die rekursive Berechnung der Fakultät. Eine iterative Version lautet:

```
int fac_i(int n) {
  int i, f=1;
  for(i=2; i<=n; i++) f*=i;
  return(f);
}
```

Neben diesem Spezialfall der einfachen Ersetzung einer Rekursion durch eine Iteration gilt grundsätzlich:

Jede Rekursion kann durch eine Iteration ausgedrückt werden und umgekehrt.

Auch mit Programmiersprachen, die keine Möglichkeit der Rekursion bieten, lassen sich also trotzdem alle Probleme lösen, die durch moderne Programmiersprachen unter Einschluss von Rekursion bearbeitet werden können. Häufig ist dazu ein *Stack* erforderlich, der im einfachsten Fall auch eine Hilfsvariable sein kann. Außerdem, nämlich dann, wenn die zu programmierende Funktion über das Konzept der primitiv rekursiven Funktionen hinausgeht, können auch *WHILE-Schleifen* erforderlich werden. Diese sind kritischer als FOR-Schleifen, da die Abbruchbedingungen nicht in jedem Fall eine Termination des Programms garantieren müssen.

Ein Beispiel für eine Programmiersprache, die auf der Rekursion als dem wesentlichen Verarbeitungsprinzip aufbaut und keine Iteration zulässt ist die KI-Sprache *PROLOG*.

Verwendet man Rekursionen bei der Programmierung, so sollte man beachten, dass bei der Programmausführung jeder rekursive Aufruf Speicherplatz benötigt. Je nach Compiler und verwendetem Rechner müssen nicht nur die Programmvariablen zwischengespeichert werden, sondern auch alle den Programmstatus beschreibenden Parameter, also Prozessor-Register, Flags, Befehlszähler etc. Man erhält daher durch Umwandlung in eine Iteration in der Regel effizientere Programme, da dann der Stack selbst verwaltet und auf die wesentlichen Variablen beschränkt werden kann.

Beispiel: Die Türme von Hanoi

Gegeben seien n Scheiben unterschiedlichen Durchmessers, die der Größe nach geordnet zu einem Turm geschichtet sind, so dass die größte Scheibe unten liegt. Der Turm steht auf Platz 1. Unter Verwendung eines Hilfsplatzes 2 soll der Turm unverändert nach einem Platz 3 transportiert werden. Beim Transport sind die beiden folgenden Bedingungen einzuhalten:

1. In einem Schritt darf stets nur die oberste Scheibe von einem der Plätze 1, 2 und 3 zu einem anderen transportiert werden.
2. Eine größere Scheibe darf nie auf einer kleineren liegen.

Eine rekursive Lösung erhält man durch Aufspalten des Problems „Transportiere n Scheiben von Platz 1 nach Platz 3" in folgende Teilprobleme:

1. Transportiere n-1 Scheiben von Platz 1 über Hilfsplatz 3 nach Platz 2
2. Transportiere die letzte Scheibe direkt von Platz 1 nach Platz 3
3. Transportiere n-1 Scheiben von Platz 2 über Hilfsplatz 1 nach Platz 3

Die Lösung für n=2 und n=3 lautet damit:

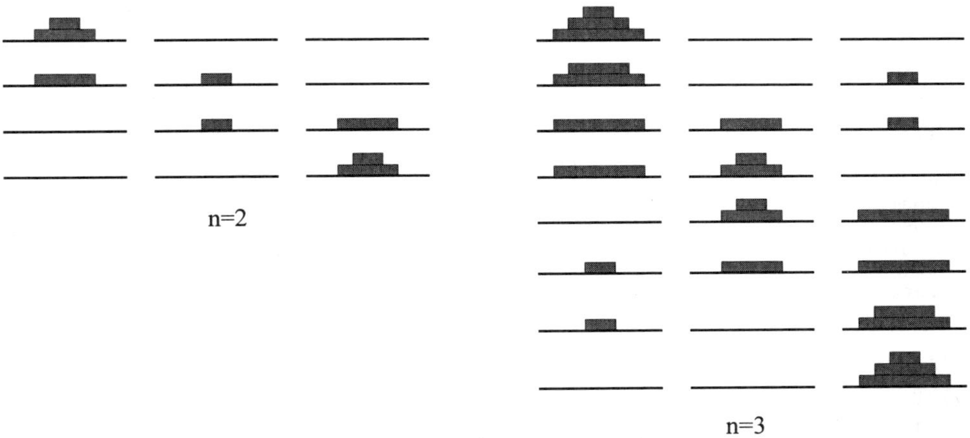

Abbildung 9.12: Die Türme von Hanoi für n=2 und n=3.

Das zugehörige Programm hat folgende Form:

```
//*********************************************************************
// Die Türme von Hanoi
//*********************************************************************
#include <stdlib.h>
#include <bios.h>
#define LIN 205   // Grafikelement für Linie
#define SCH 177   // Grafikelement für Scheibe
#define ANZ 10    // maximale Anzahl der Scheiben

int pos[3][ANZ];                // drei Felder mit maximal ANZ Scheiben
```

```
void curs(int row, int col);      // Cursor auf Position (row, col) setzen

//------------------------------------------------------------------------
// Grafische Darstellung der Türme durch Kästchen-Plot
//------------------------------------------------------------------------
void t_graf(void) {
  static int start=1;
  int i, j, k, r;
  int col[3]={20,40,60}, row=15;        // Zeilen und Spalten vorbesetzen
  if(start) {                          // nur beim ersten Aufruf ausführen
    curs(row+1,2);
    for(i=0; i<77; i++) printf("%c",LIN);           // Grundlinie drucken
    for(i=0; i<3; i++) { curs(row+3,col[i]-5); printf("Position %d",i); }
    start=0;
  }
  for(i=0; i<3; i++) {                     // Schleife über die drei Türme
    r=row;
    for(k=0; k<ANZ-1; k++) {              // Turm mit der Höhe ANZ drucken
      if(pos[i][k]>0) {
        curs(r--,col[i]-pos[i][k]);             // Scheibenposition setzen
        for(j=0; j<2*pos[i][k]+2; j++) printf("%c",SCH); // Scheibe malen
      }
    }
    curs(r--,col[i]-ANZ);      // Cursor auf Position der obersten Scheibe
    for(j=0; j<2*ANZ; j++) printf(" ");         // oberste Scheibe löschen
  }
}

//------------------------------------------------------------------------
// Bewegen von n Scheiben von i über j nach k
//------------------------------------------------------------------------
int t_move(int i, int j, int k, int n) {
  static int cnt=0;      // Zähler für Anzahl der Aufrufe muss static sein
  int mi,mk;
  if(n>1) t_move(i,k,j,n-1);             // n-1 Scheiben von i über k nach j
  mi=0; while(pos[i][mi]>0) mi++;    // oberste Scheibe in Stapel i suchen
  mk=0; while(pos[k][mk]>0) mk++;     // obersten Platz in Stapel k suchen
  pos[k][mk]=pos[i][--mi];                    // eine Scheibe von i nach k
  pos[i][mi]=0;          // Scheibe auf obersten Platz in Stapel i löschen
  t_graf(); getch();          // Türme zeichnen und auf Eingabe warten
  if(n>1) t_move(j,i,k,n-1);             // n-1 Scheiben von j über i nach k
  return(++cnt);                    // Rückgabewert ist Anzahl der Aufrufe
}

//------------------------------------------------------------------------
// Hauptprogramm
//------------------------------------------------------------------------
void main() {
  int i,k,n,cnt;
  for(i=0; i<3; i++)                          // Felder mit 0en vorbesetzen
    for(k=0; k<ANZ; k++) pos[i][k]=0;
  for(i=0; i<50; i++) printf("\n");
  curs(0,30); printf("DIE TÜRME VON HANOI\n\n");
  printf("Bitte die Anzahl der Scheiben eingeben: ");
  scanf("%d",&n);
  if(n>ANZ) { printf("\nFehler: Zu viele Scheiben!\n"); exit(0); }
  curs(2,0); printf("                                            ");
  for(i=0; i<n; i++) pos[0][i]=n-i;                  // Platz 0 vorbesetzen
  t_graf(); getch();           // Türme zeichnen und auf Eingabe warten
  cnt=t_move(0,1,2,n);          // n Scheiben von Platz 0 über 1 nach 2
  curs(19,0); printf("\nAnzahl der Züge = %d",cnt);
}
```

Das Programm zeichnet bei jedem Schritt die aktuelle Lage aller Scheiben. Nach der Ausführung wird die Anzahl der Schritte angegeben. Diese ist bei n Scheiben 2^n-1.

9.6.3 Backtracking

Backtracking-Algorithmen dienen dazu, Lösungen von Problemen zu finden, ohne dass eine explizite Vorschrift zum Auffinden der Lösung gegeben ist. Man geht dabei so vor, dass man verschiedene (im Extremfall alle) Wege zur Lösung des Problems versucht und jeweils nachprüft, ob die exakte Lösung (oder wenigstens ein Optimum) gefunden wurde. Diese Strategie trägt den Namen *„Versuch und Irrtum"* (*Trial and Error*). Man zerlegt dabei das Problem in Teilschritte, die sich meist rekursiv formulieren lassen. Allgemein lässt sich der Prozess des Backtracking als ein *Suchbaum* von Lösungswegen darstellen, der dann durchlaufen wird. Oft gerät man dabei in Sackgassen, die zurückverfolgt werden müssen. In der Regel wächst der Suchbaum der Lösungswege exponentiell in Abhängigkeit von dem wesentlichen Systemparameter, der die Größe des Problems festlegt. Müssen tatsächlich alle Zweige des Suchbaums durchlaufen werden, so führt dies schnell zu einem nicht ausführbaren Algorithmus. In diesen Fällen kann man nur zum Ziel kommen, wenn der Baum durch Zusatzbedingungen und ggf. heuristische Überlegungen beschnitten wird, so dass Sackgassen möglichst vermieden und der Suchaufwand reduziert werden kann (*Branch and Bound*). Zur Lösung von derartigen Aufgaben, von denen man nur das Ziel, aber nicht den Lösungsweg kennt, ist die KI-Sprache PROLOG gut geeignet ist. Zur Beschneidung des Suchbaums steht dort der Befehl *cut* (ausgedrückt durch den Operator „ ! ") zur Verfügung.

Beispiel: Das Springer-Problem

Ein bekanntes Beispiel, das durch Backtracking (aber auch anders und effizienter) gelöst werden kann, ist das *Springerproblem*. Gegeben sei ein $n \times n$-Spielbrett (bei $n=8$ also ein Schachbrett). Zu finden ist nun ein Weg des Springers, der genau einmal über jedes der n^2 Felder des Spielbretts führt, sofern dies möglich ist.

Folgender Lösungsweg bietet sich an: Zunächst wird das als zweidimensionales Integer-Array deklarierte Spielfeld mit dem Eintrag 0 initialisiert. Sodann führt man aus der Liste der möglichen Züge versuchsweise einen Zug aus und markiert das entsprechende Feld des Spielbretts durch Eintrag der Zugnummer. Ist kein Zug möglich, ohne dass alle Felder bereits besucht worden sind, so wird der letzte Zug zurückgenommen und ein anderer Zug versucht. Für einen Springer sind nach Abb. 9.13 bis zu 8 verschiedene Züge möglich, wobei das Zielfeld jedoch im Spielfeld liegen muss und nicht besetzt sein darf. Die Zielkoordinaten ergeben sich durch Kombinationen von Addition und Subtraktion von 1 und 2 zu den aktuellen Koordinaten.

	3		2	
4				1
		X		
5				8
	6		7	

Abbildung 9.13: Die für einen Springer möglichen 8 Züge.

Das Springer-Problem ist demnach mit dem folgenden rekursiven Programm lösbar:

```
//************************************************************************
//Das Springer-Problem
//************************************************************************
#include <stdio.h>
#include <stdlib.h>
#include <time.h>
#define DIM 6

int feld[DIM][DIM];                                          // Spielfeld
int dx[8]={2, 1,-1,-2,-2,-1, 1, 2},          // mögliche Züge in X-Richtung
    dy[8]={1, 2, 2, 1,-1,-2,-2,-1};          // mögliche Züge in Y-Richtung

//-------------------------------------------------------------------------
// Ein Zug wird probiert. Die Zugnummer wird im Spielfeld eingetragen.
// Rückgabewert: 1 wenn der Zug erfolgreich ausgeführt wurde, sonst 0.
//-------------------------------------------------------------------------
int spring(int i, int x, int y) {
  int k, u, v, q, n2=DIM*DIM;
  q=0; k=0;
  while(!q && k<8) {
    q=0;
    u=x+dx[k]; v=y+dy[k]; k++;               // nächster Zug, neue Position
    if(u>=0 && u<DIM && v>=0 && v<DIM) {      // Beschränkung auf das Feld
      if(feld[u][v]==0) {                    // wenn das Feld noch frei ist
        feld[u][v]=i;                   // aktuellen Zug probeweise eintragen
        if(i<n2) {                    // es werden maximal n2 Züge ausgeführt
          q=spring(i+1,u,v);                       // führe nächsten Zug aus
          if(!q) feld[u][v]=0;     // der Zug konnte nicht ausgeführt werden
        }
        else q=1;                                   // der Zug war erfolgreich
      }
    }
  }
  return(q);
}

//-------------------------------------------------------------------------
// Hauptprogramm
//-------------------------------------------------------------------------
int main() {
  int i, k, x=0, y=0;                              // Startwerte vorbesetzen
  time_t t;
  printf("\n\nSPRINGER-PROBLEM\n\nBitte warten....\n");
  for(i=0; i<DIM; i++)                              // Spielbrett vorbesetzen
    for(k=0; k<DIM; k++) feld[i][k]=0;
  i=1; feld[x][y]=i++;                     // Start auf Position x=0, y=0
  t=clock();                                       // Anfangszeit aufnehmen
  if(spring(i,x,y)) {
    printf("\nErgebnis:\n");                 // Ausgabe der in das Spielfeld
    for(y=0; y<DIM; y++) {                         // eingetragenen Zugnummern
      for(x=0; x<DIM; x++) printf("%3d",feld[y][x]);
      printf("\n");
    }
  }
  else printf("Keine Lösung gefunden\n");
  printf("\nZeit: %5.2f sec\n",(float)difftime(clock(),t)/CLOCKS_PER_SEC);
  return(0);
}
```

10 Datenstrukturen

Vorbemerkungen

Seit sich die *strukturierte Programmierung* als Strategie bei der Software-Entwicklung durchzusetzen begann (Dijkstra und Hoare, ca. 1970), ging man daran, Programme nach mathematischen Grundsätzen zu analysieren. Im Vordergrund stand dabei zunächst die Struktur und Komplexität der durch Programme dargestellten Algorithmen. Da große und komplexe Programme meist auch große und komplexe Datenstrukturen beinhalten, wurde bald deutlich, dass die Methodik des Programmierens neben den Algorithmen auch Aspekte der Datenstrukturierung behandeln muss.

Eine Entscheidung über die Strukturierung von Daten kann nicht ohne Kenntnis der auf die Daten anzuwendenden Algorithmen getroffen werden. Andererseits hängt die Wahl der Algorithmen oft wesentlich von den zu Grunde liegenden Datenstrukturen ab. Hier besteht also eine starke Wechselbezeihung, wobei man aber sagen kann, dass die Datenstrukturen den Algorithmen in gewisser Weise vorangehen: Man muss erst Objekte (Daten) definieren, bevor man Algorithmen auf sie anwenden kann. Die optimale Verbindung von Datenstrukturen mit darauf abgestimmten Algorithmen ist eine wichtige Voraussetzung für effizientes Programmieren. Das aber ist das Ziel, das Informatiker vor allen Dingen verfolgen (sollten).

Unter *Daten* oder *Datenobjekten* werden hier Modelle reeller Phänomene verstanden, wobei die Darstellung in einer abstrakten, idealisierten Repräsentation erfolgt. Unter einer *Datenstruktur* versteht man darauf aufbauend eine Menge von Datenobjekten mit ihren Definitionsbereichen sowie den möglichen Beziehungen zwischen diesen Datenobjekten, die durch Operationen bzw. Funktionen definiert werden.

Hier werden zunächst fundamentale Strukturen eingeführt und danach schrittweise Verfeinerungen und Vertiefungen. Neben den aus unstrukturierten Einzeldaten bestehenden und einer Ordnungsrelation gehorchenden *skalaren Datentypen*, die in Programmiersprachen als *Standard-Datentypen* enthalten sind, werden *strukturierte einfache Datenstrukturen* wie *Felder* (*Arrays*) und *Verbunde* (*Records*) betrachtet, die sich während des Programmablaufs nicht verändern können. Danach werden *dynamische Datenstrukturen* eingeführt, die dadurch gekennzeichnet sind, dass ihre Struktur während der Programmausführung modifiziert werden kann. Als Beispiele dafür werden *sequentielle Dateien* und *lineare Listen* besprocehn. Komplexer, aber für viele Anwendungen unerlässlich, sind *Bäume* und *Graphen*, die das Thema der beiden letzten Abschnitte dieses Kapitels sind.

Zur Untersuchung der von Datenstrukturen gehört als wichtiger Schwerpunkt die Diskussion von Algorithmen, die auf diesen Datenstrukturen wirken. Immer ist dabei die Qualität der Algorithmen auch an ihrer *Komplexität* zu messen, denn davon wird ihre Anwendbarkeit und ihr Erfolg in der Praxis wesentlich bestimmt. Die Komplexität von Algorithmen zu verbessern ist daher eine besonders lohnende Aufgabe.

10.1 Einfache Datenstrukturen

10.1.1 Skalare Datentypen

Einfache Standard-Datentypen

Als Einstieg in das Thema werden zunächst die Standard-Datentypen von *Pascal* betrachtet. Da diese Sprache von N. Wirth speziell für die Lehre konzipiert worden ist, sind auch viele gut durchdachte Möglichkeiten zur Strukturierung von Daten vorgesehen. Ferner zwingt Pascal zur disziplinierten Anwendung der Sprachkonstrukte, was in der Lernphase hilfreich ist. In Tabelle 10.1 sind die in Pascal verfügbaren einfachen Standard-Datentypen zusammengestellt. Für die Standard-Datentypen der Programmiersprache C sei auf Kapitel 6.3 verwiesen.

Tabelle 10.1: Die einfachen Standard-Datentypen in Pascal.

Datentyp	Wortlänge [Bit]	Bedeutung	Wertebereich
`byte`	8	Zahl ohne Vorzeichen	0 bis 255
`word`	16	Wort ohne Vorzeichen	0 bis 65535
`shortint`	8	kurze Zahl mit Vorzeichen	-128 bis 127
`integer`	16	Zahl mit Vorzeichen	-32768 bis 32767
`longinteger`	32	lange Zahl mit Vorzeichen	-2147483648 bis 2147483647
`real`	48	Gleitpunktzahl	-2.9E-39 bis +1.7E+38
`boolean`	8	Logische Werte	`false` (0) und `true` (1)
`char`	8	ASCII-Zeichen	256 ASCII-Zeichen

Die oben aufgelisteten Standard-Datentypen sind *skalare Datentypen*, da für sie eine Ordnungsrelation definiert ist. Mit Ausnahme von `real` gehören sie zur Gruppe der *Ordinaltypen*, wozu auch noch die weiter unten eingeführten *Unterbereichs-* und *Aufzählungstypen* gerechnet werden.

Die Anzahl der verschiedenen Werte, die für einen gegebenen Datentyp erlaubt sind, wird als dessen *Kardinalität* K bezeichnet. Sie ist durch den Wertebereich definiert und für Standard-Datentypen immer endlich. Beispielsweise hat in Pascal der Datentyp `byte` die Kardinalität $K_{Byte}=256$ und der Datentyp `boolean` die Kardinalität $K_{Boolean}=2$. In C ist demgegenüber ein Datentyp `boolean` nicht vorgesehen. Dort entspricht unabhängig vom Datentyp dem Zahlenwert 0 immer der logische Wahrheitswert „true“ und jedem anderen Zahlenwert der Wahrheitswert „false“.

Eine wesentliche Unterscheidung ist ferner, ob ein Name eine *Variable* oder eine *Konstante* bezeichnet. Eine Konstante behält ihren Wert im gesamten Geltungsbereich bei, kann also auch nicht durch eine Zuweisung geändert werden. Eine Variable kann dagegen in Abhängigkeit vom Programmablauf unterschiedliche Werte annehmen. In Pascal wird dies in der *Deklaration* durch die Präfixe `CONST` für Konstanten und `VAR` für Variablen unterschieden.

Zur vollständigen Beschreibung eines Datentyps müssen im Prinzip neben dem Wertebereich auch alle darauf anwendbaren *Operationen* angegeben werden. Dazu gehören neben den *Operatoren* auch eine Reihe von *Standardfunktionen*, die für bestimmte Datentypen spezifisch sind.

Strenge Typisierung

In praktisch allen Programmiersprachen besteht die Möglichkeit der *Typkonvertierung*, d.h. der Umwandlung einer Date von einem Typ in einen anderen. In Sprachen mit einer *strengen Typisierung* (*Strong Typing*) stehen dafür eigene Konstrukte zur Verfügung. Häufig ist jedoch auch der bequemere Weg der *automatischen* oder *impliziten Typkonvertierung* durch Zuweisung erlaubt. Bei Sprachen mit strengem Typkonzept sind dagegen keinerlei automatische Typkonvertierungen vorgesehen. Für jede Variable und für jeden Ausdruck gilt zunächst eine *statische Typisierung*, d.h. der Datentyp ist bereits während der Übersetzung bekannt und während der Programmausführung unveränderbar. Darüber hinaus gehört zu einer strengen Typisierung, dass Bereichsüberschreitungen grundsätzlich angezeigt werden.

Als einer der Unterschiede zwischen Pascal und C fällt auf, dass in C viel mehr Typ-Konversionen implizit vorgenommen werden als in Pascal. Dieses laxere Typkonzept mag zwar Vorteile bei der Programmentwicklung bieten, kann aber auf der anderen Seite zu schwer lokalisierbaren Fehlern und unerwünschten Seiteneffekten führen. So erfolgt beispielsweise in C die Konversion von ASCII-Zeichen in den zugehörigen Zahlenwert implizit, während in Pascal dafür eine eigene Funktion zur Verfügung steht. Eine weitere Spezialität von C ist, dass numerische Konstanten automatisch den Typ `double` erhalten. Wird beispielsweise mit einer durch `float x` deklarierten Variable der Ausdruck `x=x*3.14` berechnet, so wird tatsächlich `x= (float)((double)x*3.14)` gerechnet, was etwas mehr Zeit in Anspruch nimmt. Bei Prozessoren mit beschränkter Rechenleistung, die millionenfach in *eingebetteten Systemen* (*Embedded Systems*) eingesetzt werden, muss man jedoch auf solche „Kleinigkeiten" achten. Durch die Schreibweise `3.14f` hätte man zwar die Konstante `3.14` als `float` kennzeichnen können, doch da man keine Warnung geschweige denn eine Fehlermeldung erhält, wird diese Möglichkeit kaum genutzt. Ernstere Folgen können Multiplikationen und Divisionen nach sich ziehen. Wird etwa 1/2 berechnet, so kann in C das Ergebnis abhängig von den beteiligten Datentypen 0 (bei Ganzzahldivision), 0.5 (bei exakter Division) oder 1 (bei Division mit Rundung) sein. Bei der Multiplikation können ferner Bereichsüberschreitungen zu unvorhergesehenem Verhalten führen, etwa wenn für eine 16-Bit Integer-Variable `i` die Operation `i=255*256` in C das Resultat `-256` liefert, ohne dass dieser Überlauf während der Ausführung erkannt werden könnte.

In Java wird - strenger als in C oder C^{++} - immerhin ein statisches Typkonzept eingesetzt. Bereichsüberläufe werden aber ebenfalls nicht abgefangen.

In vielen Applikationen mögen die geschilderten Probleme nicht allzu schwer wiegen. Anders ist dies jedoch in sicherheitsrelevanten Anwendungen wie der Prozess-Steuerung (etwa in der chemischen Industrie oder in Kernkraftwerken) oder der

Steuerung von Flugzeugen. Bezüglich Java heißt es in der Lizenzvereinbarung der Firma Sun Microsystems: „... is not designed or intended for use in on-line control of aircraft...". Auch C wird durch die internationale Elektrotechnische Kommission (IEC) für sicherheitskritische Aufgaben als „nicht empfehlenswert" eingestuft. Zahlreiche Autoren beurteilen die Situation ähnlich [Temp99], [Neu95]. Geeigneter für derartige Anwendungen erscheint dagegen die Programmiersprache ADA, in der das Konzept der strengen Typisierung konsequent realisiert ist.

Einfache abstrakte Datentypen

Ein wertvolles Hilfsmittel bei der problemspezifischen Strukturierung von Daten ist die Möglichkeit, *einfache abstrakte Datentypen* (*Abstract Data Types, ADT*) selbst zu definieren. Dies geschieht in Pascal durch das Schlüsselwort `TYPE`, gefolgt von einem frei gewählten Namen für den neu definierten Datentyp sowie der eigentlichen Spezifikation des Datentyps:

```
TYPE typename = specification;
```

Bei der Spezifikation eines abstrakten Datentyps können auch Standard-Datentypen sowie die Namen bereits zuvor definierter ADTs verwendet werden. Die so definierten ADTs können dann wie die Standard-Datentypen in Deklarationen verwendet werden. Wie bereits erwähnt, gehört zur Definition eines Datentyps auch immer die Festlegung der darauf erlaubten Operationen, etwa durch Kapselung in einem Modul. Dieses Konzept wird bei den einfachen abstrakten Datentypen noch nicht konsequent angewendet. Abstrakte Datentypen im engeren Sinne spielen in der *objektorientierten Programmierung* eine bedeutende Rolle.

In C wird zur anwenderspezifischen Definition von Datentypen lediglich eine abkürzende Schreibweise eingeführt. Dazu wird das Schlüsselwort `typedef` verwendet. So wird beispielsweise durch die Typdefinition

```
typedef unsigned long int uli;
```

der neue Datentyp `uli` definiert.

Eine vergleichbare Wirkung ist in diesem Fall auch mit Hilfe einer Präprozessor-Anweisung zu erzielen:

```
#define uli unsigned long int
```

Dadurch wird ebenfalls der Datentyp `uli` definiert.

Unterbereichstypen und Aufzählungstypen

Nützlich für eine leichtere Lesbarkeit und wegen der einfacher möglichen Überwachung der Einhaltung von Grenzen sind *Unterbereichstypen*, bei denen in Pascal die untere und obere Grenze des Wertebereichs durch zwei Punkte getrennt angegeben werden muss. Damit verwandt sind die *Aufzählungstypen*, bei denen alle erlaubten Elemente durch Kommata getrennt zwischen Klammern gesetzt vollständig aufgelistet werden müssen. Abweichend von der hier eingeführten Nomenklatur werden Aufzählungstypen in manchen Programmiersprachen auch *Skalar-Typen* genannt.

Ein Unterbereichstyp wird in Pascal folgendermaßen deklariert:

```
TYPE name = min..max;
```

Ein Aufzählungstyp mit n Komponenten wird deklariert durch:

```
TYPE name = (e1, e2, .. en);
```

Dabei gilt stets die Ordnungsbeziehung `e1<e2<...en`.

Für Aufzählungstypen stehen die folgenden, speziellen Standardfunktionen zur Verfügung:

`ord(x)`	Position (beginnend mit 0) der Komponente in der Deklaration
`pred(x)`	Vorgänger von `x`, wenn es einen gibt
`succ(x)`	Nachfolger von `x`, wenn es einen gibt

Unterbereichstypen und Aufzählungstypen gehören zusammen mit den Standard-Datentypen, mit Ausnahme von `real`, zur Gruppe der *Ordinaltypen*, die eine geordete Menge von *Ordinal-Werten* bilden. Allgemein spricht man von *skalaren* Datentypen, wenn diese abzählbar sind und wenn eine Ordnungsrelation besteht. Der Datentyp `real` ist in diesem Sinne ein Grenzfall: da er in jeder digitalen Repräsentation endliche Kardinalität besitzen muss, wäre er zu den skalaren Datentypen zu rechnen. Im mathematischen Sinne sind die reellen Zahlen aber nicht abzählbar; aus diesem Grunde werden Variablen vom Typ `real` in den meisten Programmiersprachen nicht zu den Ordinaltypen gerechnet, sie sind dementsprechend auch nicht als Laufvariablen in Schleifen zugelassen.

Da als Schleifenvariablen in `FOR`-Schleifen alle Ordinaltypen zugelassen sind, zu denen auch der Unterbereichstyp und der Aufzählungstyp gehören, ist die Schrittweite beim Heraufzählen und Herunterzählen durch `succ` bzw. `pred` bestimmt.

Beispiele:

`TYPE buchstabe='a'..'z';` `     index 1..100;`	Definition der Unterbereichstypen `buchstabe` und `index`
`TYPE farbtyp=(rot, grün, gelb, blau);`	Definition des Aufzählungstyps `farbtyp`
`VAR f1,f2: farbtyp;`	Deklaration der Variablen `f1, f2` vom Typ `farbtyp`
`VAR alpha: buchstabe;` `    i,j,k:index;`	Deklaration der Variablen `alpha` vom Typ `buchstabe` sowie der Variablen `i,j` und `k` vom Typ `index`

Unterbereichstypen sind in C nicht definiert, wohl aber Aufzählungstypen. Die zugehörige Typdefinition hat die Form:

enum *typname* {wert1, wert2, ... wertn};

Intern werden den Komponenten in der Reihenfolge ihrer Anordnung in der Typdefinition mit 0 beginnend Integer-Zahlen zugeordnet.

So wird in C beispielsweise durch die Typdefinition

```
typedef enum {false, true} boolean;
```

der neue Datentyp `boolean` definiert.

10.1.2 Lineare strukturierte homogene Datentypen

Klassifizierung strukturierter Datentypen

Neben den Standard-Datentypen sind in vielen höheren Programmiersprachen, so auch in Pascal und C, *zusammengesetzte* oder *strukturierte Datentypen* vorgesehen. Üblich sind hierbei vor allem *lineare Strukturen* (*Arrays, Felder, Files*) und *Baumstrukturen* (*Verbunde, Records*). Sind alle Komponenten vom gleichen Grundtyp so bezeichnet man die Datentypen als *homogen*, andernfalls als *inhomogen*.

In Pascal sind die homogenen, strukturierten Datentypen `ARRAY`, `STRING`, `SET` und `FILE` implementiert. Als inhomogener strukturierter Datentyp steht der Datentyp `RECORD` zur Verfügung. C ist hier wesentlich sparsamer; man beschränkt sich dort auf homogene Felder, für die gar kein eigenes Schlüsselwort vorgesehen ist, sowie auf inhomogene strukturierte Datentypen, die durch das Schlüsselwort `struct` definiert werden.

Bei strukturierten Datentypen unterscheidet man *Konstruktoren* zur Generierung strukturierter Typen aus den einzelnen Komponenten sowie *Selektoren* für den Zugriff auf einzelne Komponenten. In Pascal und C sind Konstruktoren implizit in den Deklarationen strukturierter Datentypen enthalten; Selektoren sind jedoch explizit realisiert, beispielsweise als eckige Klammern für die Spezifizierung einer Array-Komponente. In objektorientierten Spracherweiterungen wird das Konzept von Konstruktoren in einem größeren Zusammenhang weiterverfolgt.

Felder in Pascal

Am häufigsten werden strukturierte Datentypen des Typs *Feld* oder *Array* verwendet. Es handelt sich hierbei um eine lineare Anordnung von Daten desselben *Grundtyps*. Arrays zählt man daher zu den *homogenen Datenstrukturen*. Array-Datentypen müssen in Pascal als abstrakte Datentypen mit dem Schlüsselwort `ARRAY` definiert werden, wobei die Index-Grenzen als Unterbereichstyp in eckigen Klammern anzugeben sind und der Grundtyp selbst nach dem Schlüsselwort `OF` deklariert werden muss:

```
TYPE feldname = ARRAY[min..max] OF Grundtyp;
```

Auch *doppelt indizierte* Felder, z.B. *Matrizen*, können auf diese Weise definiert werden. Der Zugriff auf die einzelnen Komponenten eines Feldes erfolgt mit Hilfe eines *Selektors*, der in diesem Fall ein nach dem Variablennamen in eckigen Klammern angegebener *Index* ist. So bezeichnet beispielsweise `A[5]` die Komponente mit Index `5` des einfach indizierten Feldes mit Namen `A` und `M[2,4]` das in der zweiten Zeile an vierter Stelle befindliche Element des doppelt indizierten Feldes `M`. Die Reihenfolge der Speicherung bei mehrfach indizierten Feldern ist zeilenweise von links nach rechts.

Beispiele dafür sind:

`TYPE vektor=ARRAY[1..3] OF integer;`	Definition des Datentyps `vektor` als Array mit drei Integer-Komponenten
`TYPE matrix=ARRAY[1..3,1..3] OF real;`	Definition des Datentyps `matrix` als Array mit 3x3 Komponenten vom Typ `real`
`VAR a,b: vektor; c: matrix;`	Deklaration der Variablen `a` und `b` vom Typ `vektor` und der Variablen `c` vom Typ `matrix`

Da Felder sehr oft benötigt werden, ist in Pascal folgende abkürzende Schreibweise bei der Deklaration erlaubt:

`VAR v: ARRAY[1..3] OF real;`	Deklaration der Variablen `v` als `ARRAY` mit drei Komponenten vom Typ `real`.

Als Beispiel wird eine Prozedur zum Suchen des Elementes `x` in einem Feld `A` angegeben:

```
    .
    .
CONST n: INTEGER=100;
TYPE Tabelle = ARRAY[1..n] OF REAL;
VAR A: TABELLE;
    .
    .
PROCEDURE such(A:Tabelle, n:INTEGER, x:REAL);
VAR i: INTEGER;
BEGIN
  i:=0;
  REPEAT i:=i+1 UNTIL (A[i]=x) OR (i=n);
  IF A[i]<>x THEN writeln("x ist kein Element von A")
  ELSE writeln("x ist ein Element von A");
END;
```

Diese Prozedur lässt sich durch Verwendung eines zusätzlichen, am Ende des Arrays angefügten Elements, einer sog. *Marke*, verbessern, da dann die `OR`-Verknüpfung in der Schleife entfallen kann, was zu einer erheblichen Beschleunigung des Programmablaufs führt:

```
      .
      .
CONST n: INTEGER=100;
TYPE Tabelle = ARRAY[1..n+1] OF REAL;
VAR A: TABELLE;
      .
      .
PROCEDURE such(A:Tabelle, n:INTEGER, x:REAL);
VAR i: INTEGER;
BEGIN
  i:=0;
  A[n+1]:=x;
  REPEAT i:=i+1 UNTIL A[i]=x;
  IF i>n THEN writeln("x ist kein Element von A")
  ELSE writeln("x ist ein Element von A");
END;
```

Dem Schlüsselwort `ARRAY` kann bei der Deklaration das Schlüsselwort `PACKED` vorangestellt werden. Dies bewirkt, dass die Array-Komponenten besonders Platz sparend gespeichert werden. Die Zugriffszeit wird dadurch allerdings etwas erhöht.

Allgemein ergibt sich das Problem der Abbildung einer abstrakten Datenstruktur auf den Arbeitsspeicher eines Computers. Der Speicher ist üblicherweise als eine Folge von Speicherzellen mit fester Wortlänge (z.B. 8, 16 oder 32 Bit) aufgebaut, wobei der Zugriff auf eine Dateneinheit im Hauptspeicher über *Adressen* (bzw. Indizes) wahlfrei und eindeutig für eine Schreib- oder Leseoperation möglich ist (*Random-Access Memory, RAM*). Ist ein Wort (16 Bit) als kleinste Speichereinheit definiert, so müssen Daten immer an Wortgrenzen beginnen, auch wenn es sich um Byte-Daten handelt und dann eventuell 50% des Speichers ungenutzt bleibt. Dementsprechend wird normalerweise auch bei der Speicherung von Feldern und anderen strukturierten Datenstrukturen jeder Komponente mindestens ein Wort zugeordnet, bzw., wenn dieses für eine Komponente nicht ausreicht, auch mehrere aufeinander folgende Worte. Wesentlich für die Zugriffsgeschwindigkeit ist, dass die Speicheradresse einer Komponente möglichst effizient aus deren Index berechnet werden kann. Für Arrays verwendet man zur Berechnung der Adresse i der j-ten Array-Komponente die lineare Funktion

$$i = i_0 + j \cdot s$$

wobei i_0 die Startadresse der ersten Speicherzelle ist, die der ersten Array-Komponete zugeordnet ist und s die zur Darstellung einer Array-Komponente nötige Anzahl von Worten. Im Idealfall ist $s=1$ oder eine ganze Zahl größer 1. Oft kommt es aber vor, dass s keine ganze Zahl ist. Beispielsweise ist $s=0.5$ bei einem Array vom Typ `char`, wenn die Wortlänge des Speichers 16 Bit beträgt. Man rundet dann in der Regel s auf die nächsthöhere ganze Zahl s' auf und nimmt in Kauf, dass ein Teil des Speichers ungenutzt bleibt. Der Speicherausnutzungsfaktor beträgt dann offenbar s/s'. Durch das in Pascal mögliche *Packen* bei Verwendung des Schlüsselwortes `PACKED` lässt sich ein Speicherausnutzungsfaktor von 1 erzwingen. Dies erfordert jedoch einen ineffizienteren Zugriff auf Wortteile und bedingt dementsprechend ein ungünstigeres Zeitverhalten.

Bei einem gepackten Array, bei dem ein Speicherwort n Array-Komponenten aufnimmt, muss durch eine Integer-Division $i = i_0 + j \text{ DIV } n$

zunächst die Adresse i des Wortes berechnet werden, das die gewünschte Komponente enthält. Anschließend berechnet man die Position k der Komponente innerhalb dieses Wortes gemäß $k = j \text{ MOD } n = j - (j \text{ DIV } n)\cdot n$

Felder in C

Für die Vereinbarung von Feldern ist in C kein eigenes Schlüsselwort erforderlich, es genügt die Angabe der Anzahl der Komponenten in eckigen Klammern. Zu beachten ist, dass die Zählung der Komponenten immer mit 0 beginnt. Durch die Deklaration

```
int v[3], float m[2][4];
```

werden also eine einfach indizierte Variable `v` mit den drei Komponenten `v[0]`, `v[1]` und `v[2]` sowie eine doppelt indizierte Variable `m` mit zwei Zeilen und vier Spalten vereinbart.

Da in C bei einem Funktionsaufruf nur einfache Standard-Datentypen oder Zeiger übergeben werden können, sind Felder grundsätzlich nicht als Parameter in Funktionen erlaubt; es müssen stattdessen Zeiger auf diese Felder verwendet werden.

In C kann der Umgang mit Feldern durch das in Kapitel 6.3 eingeführte Zeigerkonzept erheblich effizienter gestaltet werden. Dies gilt insbesondere für mehrfach indizierte Felder.

Als Beispiel für die Verwendung von Feldern wird hier der *Gauß'sche Eliminationsalgorithmus* mit Pivot-Suche zur Lösung linearer Gleichungssysteme angegeben.

Das Verfahren läuft nach folgendem Schema ab: Gegeben sei ein lineares Gleichungssystemen $\mathbf{Ax} = \mathbf{b}$ der Art:

$$\begin{array}{l} a_{11}x_1 + a_{12}x_2 + \dots a_{1n}x_n = b_1 \\ a_{21}x_1 + a_{22}x_2 + \dots a_{2n}x_n = b_2 \\ \vdots \\ a_{n1}x_1 + a_{n2}x_2 + \dots a_{nn}x_n = b_n \end{array}$$

Man löst nun die erste Gleichung nach x_1 auf und eliminiert aus allen folgenden Gleichungen die Unbekannte x_1 durch Einsetzen. Sodann löst man die zweite Gleichung nach x_2 auf und eliminiert diese Unbekannte aus allen folgenden Gleichungen. Auf diese Weise verfährt man bis zur n-1-ten Gleichung. Der beschriebene Eliminations-Prozess ist gleich bedeutend mit der Transformation der Koeffizientenmatrix $\mathbf{A}=(a_{ik})$ in eine obere *Dreiecksmatrix* und einer entsprechenden Modifikation des Konstantenvektors $\mathbf{b}$. Das so umgeformte System lässt sich nun leicht lösen: Man bestimmt x_n aus der letzten Gleichung und setzt das Ergebnis in die n-1-te Gleichung ein. Daraus errechnet man nun x_{n-1}. Auf diese Weise wird durch suckzessive *Rückwärtssubstitution* der schon berechneten Komponenten des Lösungsvektors $\mathbf{x}$ fortgefahren, bis schließlich im letzten Schritt auch x_1 berechnet wurde. In Formelschreibweise lautet dieser Algorithmus:

$$a_{ik}^{(j+1)} = a_{ik}^{(j)} - a_{ij}^{(j)} a_{jk}^{(j)} / a_{jj}^{(j)}$$
$$b_{i}^{(j+1)} = b_{i}^{(j)} - a_{ij}^{(j)} b_{j}^{(j)} / a_{jj}^{(j)}$$

Die obigen Gleichungen beschreiben die Dreieckstransformation von **A** und die damit einhergehende Modifikation von **b**. Der Index j zählt dabei die Berechnungsschritte. Als Anfangswerte im ersten Schritt dienen die gegebenen Komponenten von **A** und **b**. Es kann vorkommen, dass bereits bei der gegebenen Matrix ein Diagonalelement a_{jj} den Wert 0 hat oder dass im Verlauf der Elimination a_{jj} zu 0 wird. In diesem Fall vertauscht man einfach die Zeile, die das verschwindende Diagonalelement enthält, mit derjenigen noch nicht bearbeiteten folgenden Zeile, deren Element an der betreffenden Stelle den größten Betrag hat. Erweist es sich, dass alle in Frage kommenden Elemente den Wert 0 haben, so ist das Gleichungssystem nicht lösbar oder die Lösung ist nicht eindeutig. Das Verfahren muss dann abgebrochen werden. Man bezeichnet diese Strategie als *Maximal-Pivot-Suche* (von Pivot = Ziel).

Die Lösung findet man schließlich nach Abschluss der Transformation der Koeffizientenmatrix auf Dreiecksform durch *Rückwärtssubstitution*:

$$x_n = b_n^{(n)} / a_{nn}^{(n)}$$
$$x_i = \left[b_i^{(i)} - \sum_{k=i+1}^{n} a_{ik}^{(i)} x_k \right] / a_{ii}^{(i)} \quad \text{mit } i = n-1, n-2, \ldots 1$$

Die zugehörige C-Funktion hat die folgende Form:

```
//**************************************************************************
// Lösung eines linearen Gleichungssystems nach dem
// Gauss-Eliminationsverfahren mit Pivot-Suche.
// Die maximale Anzahl der Unbekannten sowie die
// Koeffizientenmatrix werden global deklariert.
//**************************************************************************

#include <stdio.h>
#include <conio.h>
#include <stdlib.h>
#include <math.h>

#define CLS printf("\x1b[2J")           // Bildschirm löschen (ANSI)
#define MAXD 10                         // Maximale Anzahl der Unbekannten

double a[MAXD][MAXD];                   // Globale Deklaration der Matrix a

//------------------------------------------------------------------------
// Lösung eines linearen Gleichungssystems mit Hilfe
// des Eliminationsverfahrens von Gauss.
// Als Pivot-Element dient das größte Element der aktuellen Spalte.
//------------------------------------------------------------------------
int gauss(int n, double *b, double *x) {
  int i,j,j1,jp,k;
  double p,s;
  if(n<1) return(-1);
```

```
  for(j=1; j<n; j++) {                    // Elimination
    jp=j1=j-1;
    p=a[j1][j1];                          // Maximal-Pivot-Suche
    for(i=j; i<n; i++) if(fabs(a[i][j1])>fabs(p)) {
      jp=i;
      p=a[i][j1];
    }
    if(fabs(p)<1.E-15) return(-2);        // keine Lösung
    if(jp!=j1) {                          // Zeile j1 mit Zeile jp tauschen
      s=b[jp]; b[jp]=b[j1]; b[j1]=s;
      for(k=j1; k<n; k++) {
        s=a[jp][k]; a[jp][k]=a[j1][k]; a[j1][k]=s;
      }
    }
    for(i=j; i<n; i++) {                  // Eliminationsschritt
      s=a[i][j1]/p;
      b[i]-=s*b[j1];
      for(k=j; k<n; k++) a[i][k]-=s*a[j1][k];
    }
  }
  i=n-1;
  if(fabs(a[i][i])<1.E-15) return(-2); // keine Lösung
  x[i]=b[i]/a[i][i];                    // Rückwärtssubstitution
  while(i--) {
    s=0;
    for(k=i+1; k<n; k++) s+=a[i][k]*x[k];
    x[i]=(b[i]-s)/a[i][i];
  }
  return(0);
}

//-------------------------------------------------------------------------
// Hauptprogramm
//-------------------------------------------------------------------------
main() {
  int i,k,n;
  double b[MAXD], x[MAXD];                  // Deklaration von b und x
  CLS;                                      // Bildschirm löschen
  printf("\n\nLINEARE GLEICHUNGSSYSTEME");
  printf("\n\nAnzahl der Unbekannten = ? ");
  scanf("%d",&n);
  printf("\nEingabe der Koeffizientenmatrix a:\n");
  for(i=0; i<n; i++) for(k=0; k<n; k++) {   // Matrix a einlesen
    printf("a(%d,%d) = ? ",i,k);
    scanf("%lf",&a[i][k]);
  }
  printf("\nEingabe des Vektors b:\n");
  for(i=0; i<n; i++) {                      // Vektor b einlesen
    printf("(%2d) = ? ",i);
    scanf("%lf",&b[i]);
  }
  if(gauss(n,b,x)<0)                        // Gleichungssystem lösen
    printf("\nKeine Lösung\n");
  else {
    printf("\nErgebnis:\n");                // Ergebnis ausgeben
    for(i=0; i<n; i++) printf("x(%2d) = %lf  \n",i,x[i]);
  }
  return(0);
}
```

Zeiger und Felder in C

Durch Verwendung von *Zeigern* kann in C die Effizienz im Umgang mit Feldern wesentlich gesteigert werden. Dies soll weiter unten am Beispiel des Gauß'schen Eliminationsverfahrens dargestellt werden. Insbesondere erweist es sich dabei Vorteil, dass beim Austausch zweier Zeilen kein langwieriges, komponentenweises Kopieren erforderlich ist, sondern lediglich das Umsetzen eines Zeigers. Außerdem lässt sich mit Hilfe des Zeigerkonzepts der Nachteil vermeiden, dass die Matrix a nicht als Funktionsparameter, sondern als globaler Parameter behandelt wird. Da aber in C nur Zeiger als transiente Parameter übergeben werden können, genügt es im Falle einer Matrix nicht, einfach einen Zeiger auf das erste Matrixelement zu verwenden, da dann die Information über die Dimension der Zeilen und Spalten verloren geht. Man verwendet stattdessen einen Zeiger auf ein eindimensionales Array von Zeigern. Die Elemente dieses Zeiger-Arrays deuten dann, wie in Abbildung 10.1 gezeigt, auf die jeweils ersten Elemente der Zeilen der Matrix. Auch Arrays mit mehr als zwei Indizes lassen sich in analoger Weise definieren. In Kapitel 6.3 wurde zwar bereits auf diese Technik eingegangen, sie soll aber dennoch an dieser Stelle im Zusammenhang mit mehrfach indizierten Feldern nochmals aufgegriffen werden.

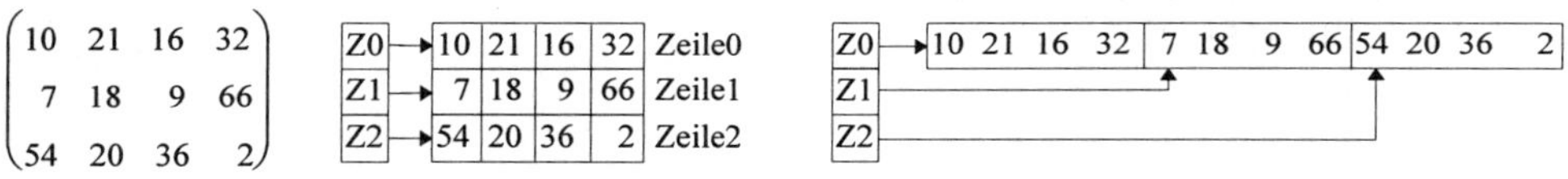

Abbildung 10.1:
Darstellung einer 3×4-Matrix mit Hilfe eines Arrays aus Zeigern, dessen Elemente auf die Zeilen der Matrix deuten. Bei geeigneter Programmierung des Konstruktors lässt sich erreichen, dass die Feldkomponenten (wie in der rechten Bildhälfte angedeutet) einen logisch zusammenhängenden Speicherbereich belegen.

Für die Generierung bzw. Initialisierung und für das Löschen derartiger Datenstrukturen benötigt man dann entsprechende Funktionen. Bei Programmierung des Konstruktors zur Generierung mehrfach indizierter Felder sollte man darauf achten, dass alle Feldkomponenten einen logisch zusammenhängenden Speicherbereich belegen. Dies hat den Vorteil, dass man bei Operationen, die an allen Elementen des Feldes durchgeführt werden müssen, mit nur einer Schleife ohne Zeit raubende Indexberechnung bzw. ohne den Zugriff auf das die Zeiger auf die Zeilenanfänge enthaltende Feld auskommt. Eine praktische Anwendung ist etwa die Manipulation einer als zweidimensionales Felder beschriebenen digitalen Computer-Grafik, beispielsweise eine Aufhellung des gesamten Bildes.

Die beschriebene Technik wird nun auf das Beispiel der Lösung linearer Gleichungssysteme angewendet. Als zusätzlicher Aufwand kommen die beiden Funktionen `mat_init` und `mat_free` zum Initialisieren bzw. Löschen von Matrizen hinzu. Dafür sind jetzt aber alle erforderlichen Parameter im Funktionskopf enthalten, so dass keinerlei globale Deklaration mehr nötig ist. Konsequenterweise werden auch die beiden Vektoren **b** und **x** dynamisch durch die Allokation des benötigten Speichers deklariert. Der Zeilentausch bei der Pivot-Suche erfordert jetzt nicht mehr das Vertauschen aller Komponenten der beiden Zeilen; es müssen stattdessen nur die auf die entsprechenden Zeilen deutenden Zeiger ausgetauscht werden. Hervorzuheben ist ferner, dass die Funktionen `mat_init` und `mat_free` *generisch* sind, also nicht auf einen bestimmten Datentyp fixiert sind. Der gewünschte Datentyp wird, wie aus dem Programm-Listing hervorgeht, erst durch einen *Type-Cast* bei Aufruf der Funktion `mat_init` festgelegt.

```
//**********************************************************************
// Lösung eines linearen Gleichungssystems nach dem
// Gauss-Eliminationsverfahren mit Pivot-Suche.
// Die Matrizen und Vektoren werden dynamisch mit Hilfe
// von Zeigern deklariert. Dazu stehen Funktionen zum Erzeugen
// Löschen und Einlesen von Matrizen zur Verfügung.
//**********************************************************************

#include <stdio.h>
#include <conio.h>
#include <stdlib.h>
#include <math.h>

#define CLS printf("\x1b[2J")                // Bildschirm löschen (ANSI)

//----------------------------------------------------------------------
// Matrix initialisieren (Konstruktor)
//----------------------------------------------------------------------
void **mat_init(int nrow, int ncol, size_t size) {
  int i, j;
  size_t s;
  void **pp;
  s=(size_t)ncol*size;
  pp=(void **)malloc(nrow*sizeof(void *));    // Zeiger auf Zeilen
  if(pp==NULL) return(NULL);
  for(i=0; i<nrow; i++)                        // Speicherplatz für Zeilen
    if((pp[i]=(void *)malloc(s))==NULL) return(NULL);
  if(i<nrow && pp[i]==NULL) {                  // Speicher freigeben
    for(j=0; j<=i; j++) free(pp[j]);
    free(pp);
    return(NULL);
  }
  return(pp);
}

//----------------------------------------------------------------------
// Matrix freigeben (Destruktor)
//----------------------------------------------------------------------
void mat_free(void **mat, int nrow) {
  int i;
  if(mat==NULL) return;
  for(i=0; i<nrow; i++) free(mat[i]); // Speicher für Zeilen freigeben
  free(mat);                          // Speicher für Zeigerfeld freigeben
  return;
}

//----------------------------------------------------------------------
// Matrix einlesen
//----------------------------------------------------------------------
void mat_read(double **mat, int nrow, int ncol) {
  int i,k;
  for(i=0; i<nrow; i++)                          // Schleife über Zeilen
    for(k=0; k<ncol; k++) {                      // Schleife über Spalten
```

```
      printf("(%2d,%2d) = ? ",i,k);
      scanf("%lf",&mat[i][k]);                          // Element lesen
    }
  return;
}
//---------------------------------------------------------------------------
// Lösung eines linearen Gleichungssystems mit Hilfe
// des Eliminationsverfahrens von Gauss.
// Als Pivot-Element dient das größte Element der aktuellen Spalte.
//---------------------------------------------------------------------------
int gauss(int n, double **a, double *b, double *x) {
  int i,j,j1,jp,k;
  double p,s,*h;
  if(n<1) return(-1);
  for(j=1; j<n; j++) {                        // Elimination
    jp=j1=j-1;
    p=a[j1][j1];                              // Maximal-Pivot-Suche
    for(i=j; i<n; i++) if(fabs(a[i][j1])>fabs(p)) {
      jp=i;
      p=a[i][j1];
    }
    if(fabs(p)<1.E-15) return(-2);            // keine Lösung
    if(jp!=j1) {                              // Zeile j1 mit Zeile jp tauschen
      s=b[jp]; b[jp]=b[j1]; b[j1]=s;
      h=a[jp]; a[jp]=a[j1]; a[j1]=h;
    }
    for(i=j; i<n; i++) {                      // Eliminationsschritt
      s=a[i][j1]/p;
      b[i]-=s*b[j1];
      for(k=j; k<n; k++) a[i][k]-=s*a[j1][k];
    }
  }
  i=n-1;
  if(fabs(a[i][i])<1.E-15) return(-2);        // keine Lösung

  x[i]=b[i]/a[i][i];                          // Rückwärtssubstitution
  while(i--) {
    s=0;
    for(k=i+1; k<n; k++) s+=a[i][k]*x[k];
    x[i]=(b[i]-s)/a[i][i];
  }
  return(0);
}

//---------------------------------------------------------------------------
// Hauptprogramm
//---------------------------------------------------------------------------
main() {
  int i,n;
  double **a;                                   // Zeiger auf Matrix a
  double *b, *x;                                // Zeiger auf Vektoren b und x
  CLS;                                          // Bildschirm löschen
  printf("\n\nLINEARE GLEICHUNGSSYSTEME");
  printf("\n\nAnzahl der Unbekannten = ? ");
  scanf("%d",&n);
  a=(double **)mat_init(n,n,sizeof(double));// Matrix a initialisieren
  b=(double *)malloc(n*sizeof(double));         // Vektor b initialisieren
  x=(double *)malloc(n*sizeof(double));         // Vektor x initialisieren
  if(a==NULL || b==NULL || x==NULL) {           // Speicher voll
    printf("\nSpeicher voll!\n");
    mat_free(a,n); free(b); free(x);            // Speicher freigeben
    return(-1);
  }
```

```
  printf("\nEingabe der Koeffizientenmatrix a:\n");
  mat_read(a,n,n);                          // Matrix a einlesen
  printf("\nEingabe des Vektors b:\n");
  for(i=0; i<n; i++) {                      // Vektor b einlesen
    printf("(%2d) = ? ",i);
    scanf("%lf",&b[i]);
  }

  if(gauss(n,a,b,x)<0)                      // Gleichungssystem lösen
    printf("\nKeine Lösung\n");
  else {
    printf("\nErgebnis:\n");                // Ergebnis ausgeben
    for(i=0; i<n; i++) printf("x(%2d) = %lf  \n",i,x[i]);
  }
  mat_free(a,n); free(b); free(x);          // Speicher freigeben
  return(0);
}
```

Zeichenketten und Strings

Durch das Schlüsselwort `STRING` wird in Pascal der häufig benötigte Datentyp *Zeichenkette* oder *String* als Array mit dem Grundtyp `char` definiert. Die Länge eines Strings, d.h. die Anzahl der Zeichen, ist bei der Deklaration durch eine in eckige Klammern gesetzte Konstante definiert. Die maximale String-Länge ist auf 255 beschränkt. Die aktuelle String-Länge ist in der Komponente `[0]` der String-Variablen enthalten.

`VAR w:STRING[15];` Deklaration der Variablen `w` vom Typ `STRING` mit 15 Stellen

Generell können Strings auch als Arrays durch die Deklaration

`TYPE` *`Zeichenkette`* `= ARRAY[1..n] OF char;`

dargestellt werden. Diese Möglichkeit wird verwendet, wenn Zeichenketten mit mehr als 255 Zeichen benötigt werden.

Für Strings (aber nicht für Zeichenketten des Typs `ARRAY OF char`) stehen in Pascal eine Reihe von nützlichen Funktionen zur Verfügung (beispielsweise zur Suche von Teilstrings), auf die aber hier nicht näher eingegangen wird. Dies unterstreicht nochmals das in Pascal klarer als in C verfolgte Konzept, dass zur Definition einer Datenstruktur auch die Angabe der darauf wirkenden Operationen gehört.

Als Operatoren für Strings sind in Pascal nur Vergleichsoperatoren auf Grundlage der üblichen *lexikografischen Ordnung* zugelassen sowie die *Konkatenation* „+", d.h. das Zusammenfügen zweier Strings. So enthält beispielsweise nach der Zuweisung `w:='Franken' + 'wein';` die Variable `w` den String `'Frankenwein'`.

In C werden Strings grundsätzlich als Felder deklariert, so dass hier spezielle String-Operationen nicht zum Sprachumfang gehören, sondern in Funktionsbibliotheken ausgelagert sind. Eine in der Praxis nützliche Besonderheit von C ist die Vereinbarung, dass das letzte Zeichen eines Strings immer den Wert 0 haben sollte. Dadurch lässt sich in `WHILE`-Schleifen leicht das String-Ende detektieren.

Mengen (Sets)

In Pascal wurde neben den strukturierten Datentypen `ARRAY` und `RECORD` zusätzlich der strukturierte Datentyp `SET` zur effizienten Beschreibung von *Mengen* eingeführt. In den meisten Programmiersprachen, so auch in C, existiert diese den Feldern eng verwandte, spezielle lineare, homogene Datenstruktur nicht. Sie muss also bei Bedarf durch den Benutzer selbst implementiert werden. Die Deklaration hat in Pascal folgende Syntax:

```
TYPE T = SET OF T0;
```

Die möglichen Werte einer Variablen `x` vom Typ `T` sind Mengen von verschiedenen Elementen des Grundtyps `T0`. Demnach sind auch alle Untermengen von Mengen (die Potenzmenge), die Elemente des Grundtyps `T0` enthalten vom gleichen Typ `T`. Somit ist die Kardinalität von `T` die Anzahl der Elemente der Potenzmenge des Grundtyps `T0`:

$$K(T) = 2^{K(T0)}$$

Einschränkend sind in Pascal für eine Variable vom Typ `SET` maximal 256 Elemente zugelassen. Der Datentyp `SET` wird trotz der Beschränkung auf abzählbare und sogar endliche Mengen nicht zu den Ordinaltypen gerechnet, weil für Mengen keine Ordnungsrelation definiert ist.

Als Operatoren für Sets stehen zur Verfügung:

*	Durchschnitt
+	Vereinigung
-	Differenzmenge
IN	Enthaltensein
=	Test auf Gleichheit
<>	Test auf Ungleichheit
=>	Test auf Teilmenge
<=	Test auf Teilmenge

Der Operator `*` bindet am stärksten, `+` und `-` haben denselben Rang. Die Operatoren `IN` und die Vergleichsoperatoren haben denselben Rang und binden am schwächsten.

Bestimmte Mengenwerte können durch den Set-Konstruktor `[`*`Element-Liste`*`]` gebildet werden. Dafür sowie für die Zuweisung von Variablen sind unten einige Beispiele angegeben:

```
TYPE intmenge  = SET OF 0..31;
     zeichen   = SET OF char;
     grundform = (dreieck, viereck, kreis, ellipse);
     form      = SET of grundform;
VAR im: intmenge; zm: zeichen; fm1,fm2: form; c: char;
CONST v:=['a','e','i','o','u'];

BEGIN
  im:=[2,4,6];                (* im enthält die Elemente 2,4,6     *)
```

```
  im:=im + [3,5];              (* im enthält die Elemente 2,3,4,5,6 *)
  im:=im-[6];                  (* im enthält die Elemente 2,3,4,5   *)
  fm1:=[dreieck, viereck];
  fm2:=[kreis, ellipse];
  fm1*fm2=[];                         (* Das Ergebnis ist true  *)
  fm1<=fm2;                           (* Das Ergebnis ist false *)
  fm1<=fm1+fm2;                       (* Das Ergebnis ist true  *)
  zm:=['0','1','2','3','4','5','6','7','8','9'];  (* Ziffern *)
  zm=v;                               (* Das Ergebnis ist false *)
  readln(c);
  if c IN v THEN writeln('Vokal') ELSE writeln('kein Vokal')
END;
```

Als Anwendungsbeispiel wird eine Funktion vorgestellt, die eine Folge von Zeichen einliest, von der angenommen wird, dass sie eine Integer-Zahl darstellt. Die eingegebene Zeichenfolge wird in eine Integer-Zahl konvertiert, die dann als Ergebnis ausgegeben wird. Führende Leerstellen werden dabei unterdrückt. Die Ausführung wird beendet, sobald nach eventuell vorhandenen führenden Lehrstellen ein Zeichen folgt, das keine Ziffer ist.

```
(* Funktion zum Konvertieren einer Zeichenkette in eine reelle Zahl *)
FUNCTION intread: integer;
VAR c: char; n: integer;
BEGIN
  read(c);                      (* Erstes Zeichen lesen   *)
  WHILE c=' ' DO read(c);       (* Führende Leerstellen   *)
  n:=0;                         (* Ergebnis vorbesetzen   *)
  IF c IN ['0'..'9'] REPEAT     (* c ist eine Ziffer      *)
    n:=10*n+ord(c)-ord('0');    (* Berechne Stellenwert   *)
    read(c)                     (* Nächstes Zeichen       *)
  UNTIL NOT(c IN ['0'..'9']);   (* Stop, wenn c keine Ziffer *)
  intread:=n                    (* Funktionswert=Ergebis  *)
END;
```

Die interne Darstellung von Sets kann mit sehr guter Speicherausnutzung erfolgen, da ein Feld von logischen 1-Bit-Werten genügt, die angeben, ob ein Element in dem Set enthalten ist oder nicht. Dabei ist jedem möglichen Element ein Bit zugeordnet, das den Wert 1 annimmt, wenn das Element vorhanden ist, andernfalls den Wert 0. Es seien beispielsweise zwei Variablen `z1` und `z2` vom Typ `ziffer` deklariert:

```
TYPE ziffer = SET OF [0..9];
VAR z1,z2: ziffer;
z1:=[1,2,3]; z2:=[2,4,6,8];
```

Den Variablen `z1` und `z2` entsprechen dann in der internen Darstellung die beiden Bitmuster:

`z1=0111000C00` und `z2=0010101010`

Die interne Repräsentation von Sets als Bitfolgen hat neben der guten Speicherausnutzung den Vorteil, dass Mengenoperationen effizient durch logische Funktionen implementierbar sind, die ja auf allen Bits eines Datenwortes gleichzeitig arbeiten können und in allen Rechenanlagen zu den schnellsten Maschinenbefehlen gehören. Sind x und y Sets und ist s eine Varable des Grundtyps von x und y, so gelten offenbar die folgenden Äquivalenzen:

```
s IN x*y ⇒ (s IN x) AND (s IN y)         Durchschnitt ∩
s IN x+y ⇒ (s IN x) OR (s IN y)          Vereinigung  ∪
s IN x-y ⇒ (s IN x) AND NOT (s IN y)     Komplement   \
```

10.1.3 Verbunde

Eine logische Erweiterung des Feldbegriffs ist die Einführung von komplexeren, *nichtlinearen* und *inhomogenen* (d.h. potentiell unterschiedliche Typen umfassenden) Datentypen. Als Hilfsmittel dazu dient der *Verbund*.

Verbunde in Pascal: Records

In Pascal werden Verbunde durch das Schlüsselwort RECORD deklariert.

Die Definition eines Record-Datentyps mit n Komponenten lautet in Pascal:

```
TYPE record_typ = RECORD
                     name1 = T1;
                     name2 = T2;
                       .
                       .
                     namen = Tn
                  END
```

Die Typ-Definition wird als Block formuliert, der durch die Schlüsselworte RECORD und END geklammert wird, wobei vor END das Semikolon entfallen kann. Der Name des Datentyps ist in diesem Beispiel record_typ, die Namen der Komponenten sind als $name_i$ und die Typen der Komponenten als T_i bezeichnet.

Die Kardinalität K eines Records ergibt sich aus dem Produkt der Kardinalitäten der Komponenten:

$$K(\text{record\_typ}) = K(T_1)\cdot K(T_2)\cdot \ldots K(T_n)$$

Als ein einfaches Beispiel wird hier eine Datenstruktur für die Spezifikation eines *Datums* als Record dargestellt:

```
TYPE datum_typ =  RECORD
                    Tag      : 1..31;
                    Wochentag: (Mo, Di, Mi, Do, Fr, Sa, So);
                    Monat    : 1..12;
                    Jahr     : integer
                END
```

Die Komponenten eines Records dürfen selbst wieder Records sein.

Mit Hilfe von Records kann beispielsweise eine Datenstruktur für eine einfache *Kundendatei* aufgebaut werden. Diese kann als Array von Elementen des Datentyps `kunden_typ` in Pascal etwa wie folgt aussehen:

```
TYPE kunden_typ = RECORD kundennr: integer;
                         name: RECORD
                                  anrede : STRING[20];
                                  vorname: STRING[20];
                                  famname: STRING[20]
                               END;
                         adr:  RECORD
                                  strasse: STRING[30];
                                  hausnr : integer;
                                  plz    : integer;
                                  ort    : STRING[30]
                               END;
                         telnr: STRING[20]
                  END;

VAR kunde: kunden_typ;
VAR kundendatei: ARRAY[1..100] OF kunden_typ;
```

Die obige Deklaration des Typs `kunden_typ` weist eine Blockstruktur auf, die sich unmittelbar aus der unten skizzierten Baumstruktur des zu Grunde liegenden Objekts ergibt. Die Kundendatei selbst ist vom Typ `ARRAY`, wobei die Elemente des Arrays vom Typ `kunden_typ` sind.

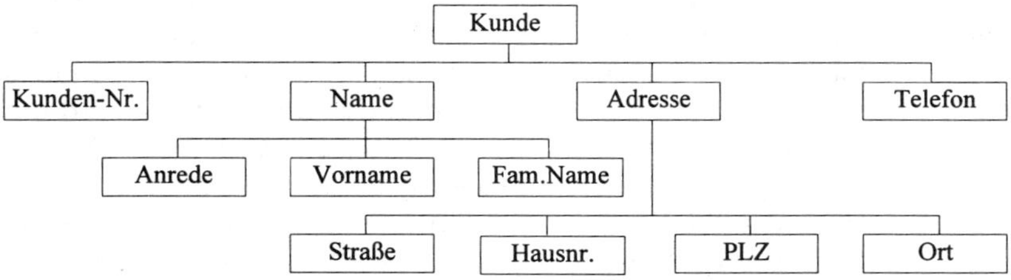

Abbildung 10.2: Die Elemente einer Kundendatei als baumartige Datenstruktur.

Bei der Deklaration von Records ist der Konstruktor implizit enthalten. Der Zugriff auf die Record-Komponenten erfolgt durch die Selektoren „`.`" und - so weit auch Felder mit einbezogen sind - durch „`[]`". Dazu einige auf die Variablen `kunde` und `kundendatei` bezogene Beispiele:

```
kunde.kundennr
kunde.adr.plz
kundendatei[4].kundennr
kundendatei[k].adr.ort[1]
```

In der letzten Zeile des Beispiels wird also auf den Anfangsbuchstaben des Ortes, in welchem der Kunde mit Index `k` wohnt, zugegriffen.

Das obige Beispiel zeigt, dass bei tief geschachtelten Records der Zugriff auf einzelne Komponenten viel Schreibaufwand erfordert und recht unübersichtlich werden kann. Um den Zugriff auf Komponenten effizienter zu gestalten, wurde daher in Pascal die `WITH`-Anweisung implementiert. Sie hat den Vorteil, dass bei mehrfachem Zugriff auf Komponenten desselben Records, der *Selektor-Präfix* weggelassen werden kann. Die Anfangsadresse muss also in diesem Fall nur einmal vor dem Zugriff auf die Komponenten berechnet werden. Neben einer Vereinfachung der Schreibweise wird dadurch auch der Zugriff beschleunigt. Die Syntax der `WITH`-Anweisung hat die Form:

`WITH` *Präfix* `DO` *Anweisung*

Unter Verwendung der `WITH`-Anweisung lautet die `FOR`-Schleife eines Programmauszugs zum Zählen der Kunden mit Kundennummer größer als `kmin` in den Postleitzahlgebieten `7` und `8` folgendermaßen:

```
i7:=0; i8:=0;
FOR i:=1 TO n DO
  WITH kundendatei[i] DO BEGIN
    IF kundennr>kmin THEN BEGIN
      IF (adr.plz<90000) AND (adr.plz>=80000) THEN inc(i8);
      ELSE IF (adr.plz<80000) AND (adr.plz>=70000) THEN inc(i7)
    END
  END
END
```

Anders als bei Arrays kann die Bestimmung der Adresse einer Record-Komponente nicht durch eine einfache Indexberechnung geschehen, da ja die einzelnen Komponententypen eine unterschiedliche Länge haben können. Dies erscheint zunächst ineffizient; durch Anlegen von Adress-Tabellen während der Compilierung wird dieser Nachteil aber wieder ausgeglichen. In diesen Tabellen wird jeder Record-Komponente ein Offset bezüglich der Anfangsadresse der entsprechenden Variablen zugeordnet, so dass auch auf Record-Komponenten schnell zugegriffen werden kann, - allerdings um den Preis eines etwas erhöhten Speicherbedarfs. Nachteilig ist ferner, dass Record-Komponenten nicht wie bei Arrays über einen Index in einer Laufanweisung angesprochen werden können. Auch muss man damit rechnen, dass wegen der unterschiedlichen Komponentenlängen in höherem Maße als bei Arrays Speicherausnutzungsfaktoren auftreten können, die kleiner als 1 sind. Daher steht in Standard-Pascal auch für Records durch Voranstellen des Schlüsselworts `PACKED` die Möglichkeit des Packens zur Verfügung. Der Zugriff auf die Record-Komponenten wird durch das Packen allerdings etwas zeitaufwendiger.

Variante Records in Pascal

In der Praxis ist es bisweilen zweckmäßig, zwei Typen als Varianten eines umfassender deklarierten Typs zu betrachten. In Pascal steht dafür der Typ des *varianten Records* zur Verfügung. Damit die in einem aktuellen Zugriff tatsächlich gewünschte Variante ausgewählt werden kann, wird eine als *Typ-Diskriminator* bezeichnete zusätzliche Record-Komponente eingeführt. Als Beispiel dient hier die Zusammenfassung der beiden Varianten „kartesische Koordinaten“ und „Polarkoordinaten“ bei der Berechnung des Abstandes zwischen zwei Punkten A und B in der Ebene [Wir95].

Die zugehörige Deklaration als varianter Record lautet:

```
TYPE Koordinaten = RECORD CASE art  : (kartesisch, polar) OF
                          kartesisch: (x, y  : real);
                          polar     : (r, phi: real)
                   END
```

Die allgemeine RECORD-Deklaration mit gemeinsamen Komponenten `si` vom Typ `Ti`, Typdiskriminator `sc`, Diskriminator-Komponenten `ci` und varianten Komponenten `sjk` vom Typ `Tjk` hat die Form:

```
Type T = RECORD  s1 : T1;
                 s2 : T2;
                    .
                    .
                 sn : Tn;
           CASE  sc : (c1, c2, ... cm) OF
                 c1 : (s11 : T11; s12 : T12; ... );
                 c2 : (s21 : T21; s22 : T22; ... );
                    .
                    .
                 cm : (sm1 : Tm1; sm2 : Tm2; ... )
           END
```

Bei der Anwendung varianter Records ist Vorsicht geboten, da leicht fehlerhafte Selektionen auftreten können. Ein geeigneter Programmierstil ist hier die Verwendung der CASE-Anweisung, deren Struktur die des varianten Records widerspiegelt.

Verbunde in C: Strukturen

In C werden inhomogene, zusammengesetzte Datentypen als *Strukturen* bezeichnet und in ganz ähnlicher Weise deklariert wie in Pascal. An Stelle des Schlüsselworts RECORD wird in C zur Definition eines Verbundes das Schlüsselwort `struct` verwendet. Die Syntax lautet:

```
struct name { type0  element0;           // Typdefinition
              type1  element1;
                   .
                   .
              typen  elementn;
            };

struct name v;                 // Vereinbarung der Variablen v
```

Der in Abbildung 10.2 dargestellte Eintrag in eine Adressdatei lautet als C-Struktur:

```
struct kunden_typ {  int kundennr;
                     struct name {
                       char anrede[20];
```

```
                  char vorname[20];
                  char famname[20];
                }
                struct adr {
                  char strasse[30];
                  int  hausnr;
                  int  plz;
                  char ort[30];
                }
                char telnr[20];
              }
struct kunden_typ kunde, kundendatei[100];
```

Der Zugriff auf die einzelnen Komponenten erfolgt in C in gleicher Weise wie in Pascal. So wird spezifiziert beispielsweise

```
kundendatei[k].adr.ort[0]
```

den Anfangsbuchstaben des Ortes, in welchem der Kunde mit Index `k` wohnt.

In C werden in Zusammenhang mit Strukturen häufig Zeiger eingesetzt. Ein *Zeiger auf eine Struktur* ist insbesondere auch die einzige Möglichkeit, eine Struktur als Parameter in einem Funktionsaufruf zu verwenden. An Stelle des Punktes (`.`) dient dann bei Zugriffen auf Strukturkomponenten ein Pfeil (`->`) als Selektor:

```
struct kunden_typ kunde;              // Variable kunde
struct kunden_typ *kunde_pnt;         // Zeiger auf kunde
  .                                   // irgendwelche Anweisungen
  .
printf("%d", kunde.kundennr);         // Ausdrucken der Kundennr.
kunde_pnt = &kunde;                   // Adresszuw. an Zeiger
printf("%d", kunde_pnt->kundennr);    // nochmals Ausdrucken der
                                      // Kundennummer
```

Eine nützliche Variante des Struktur-Typs ist der bereits in Kapitel 6.3.3 eingeführte Datentyp *Union* (*Vereinigung*). Ersetzt man das Schlüsselwort `struct` durch das Schlüsselwort `union`, so wird allen Komponenten der Struktur derselbe Speicherplatz zugeordnet. Man kann auf diese Weise verschiedene Zugriffsarten auf Datenobjekte realisieren.

Als eine Weiterentwicklung des Struktur-Typs kann man die in objektorientierten Sprachen wie C++ und Java zentralen Begriffe Objekte und Klassen (siehe Kapitel 6.4.3) ansehen.

10.2 Sequentielle Datenstrukturen

Vorbemerkungen

Die bisher vorgestellten elementaren Datenstrukturen hatten alle eine endliche, zu Beginn der Programmausführung bekannte Kardinalität. Die nicht-elementaren Datenstrukturen - Sequenzen, Bäume und Graphen - sind dagegen durch eine vorab unbestimmte und sogar potentiell unendliche, also nur durch die Computer-Hardware begrenzte Kardinalität gekennzeichnet. Als Folge davon ist der benötigte Speicherplatz zur Compilationszeit nicht bekannt. Dies verlangt ein Verfahren zur *dynamischen Speicherplatzzuweisung*. Die Implementierung nicht-elementarer Datenstrukturen ist daher oft schwierig und nur unter Kenntnis der auf den Datenstrukturen durchzuführenden Operationen möglich. Da diese Informationen dem Designer einer Programmiersprache üblicherweise nicht zur Verfügung stehen, sind nicht-elementare Strukturen meist aus allgemein verwendbaren Sprachen ausgeklammert (Ausnahme: sequentielle Files in Pascal), aber durch den Anwender mit den vorhandenen Sprachelementen modellierbar. Man sollte allerdings nicht-elementare Datenstrukturen nur dann einsetzen, wenn es wirklich erforderlich ist.

10.2.1 Sequenzen und Files

Definition von Files

Der Datentyp *Sequenz* oder *File* ist folgendermaßen rekursiv definiert:

Eine Sequenz vom Grundtyp T0 ist entweder die leere Sequenz oder die Verkettung einer Sequenz vom Grundtyp T0 mit einem Wert vom Grundtyp T0.

Der so definierte Sequenz-Typ kann also potentiell unendlich viele Elemente umfassen, da zu jeder Sequenz durch *Verkettung*, d.h. durch Anhängen eines weiteren Elements am Ende der Sequenz, eine längere konstruiert werden kann.

Offenbar handelt es sich bei einer Sequenz um eine homogene Datenstruktur, da - wie bei einem Array - alle Elemente von gleichen Typ sind.

In Pascal sind Sequenzen bzw. Files als Datentyp `FILE` mit der Syntax

```
TYPE T = FILE OF TO;
```

im Sprachumfang bereits enthalten.

In C sind Files nicht als eigener Datentyp definiert. Es existieren jedoch zahlreiche Standard-Funktionen für Operationen auf Files.

Im Prinzip ist bei Files nur ein *streng sequentieller Zugriff* erlaubt, der dadurch charakterisiert ist, dass zu einem bestimmten Zeitpunkt nicht auf beliebige Komponenten zugegriffen werden kann, sondern nur auf eine ganz bestimmte. Diese ist durch die aktuelle Position des Zugriffsmechanismus definert. Durch eine spezifische Operation kann diese Position schrittweise geändert werden.

Die Datenstruktur File ist besonders dazu geeignet, Daten zu verarbeiten, die auf einem sequentiellen oder zyklischen Hintergrundspeicher abgelegt sind, also insbesondere Plattenlaufwerken, da diese ja auf Grund ihrer Hardware-Struktur ohnehin nur einen (quasi)sequentiellen bzw. zyklischen Zugriff erlauben.

Mehrstufige Files

Der bei der File-Definition verwendete Grundtyp kann selbst wieder ein File-Typ sein. Man erhält dann *segmentierte* oder *mehrstufige* Files, gewissermaßen Files von Files, wobei die Schachtelungstiefe auch noch weiter gehen könnte.

Solcherart segmentierte Files eignen sich gut als Datenstrukturen für sequentiell operierende Speichereinheiten wie Magnetbänder, insbesondere aber für zyklisch arbeitende Plattenspeicher. In der Regel enthalten zyklische Speicher sequentiell adressierbare Spuren, die aber meist zu kurz sind, als dass ihnen in sinnvoller Weise ein ganzes File zugeordnet werden könnte. Es ist dann günstiger, segmentierte Files zu verwenden, wobei die Anfangspunkte der Spuren als natürliche Segmentmarken dienen können. Die Zuordnung der Segmente zu den Spuren erfolgt dann üblicherweis über eine *Indextabelle*. Abbildung 10.3 illustriert dieses Verfahren.

Die Inspizierung kann dank der Segmentmarken wesentlich gezielter und schneller erfolgen als bei einfachen Files. Allerdings ist auch bei segmentierten bzw. indizierten Files das Schreiben streng genommen nur am Ende des Files erlaubt. Vielfach wird jedoch auch selektives Überschreiben im Innern des Files unterstützt. Diese Technik ist allerdings fehleranfällig und gefährlich, da zur Vermeidung von Datenverlusten die Länge der einzufügenden neuen Information exakt mit der Länge des alten Eintrags übereinstimmen muss.

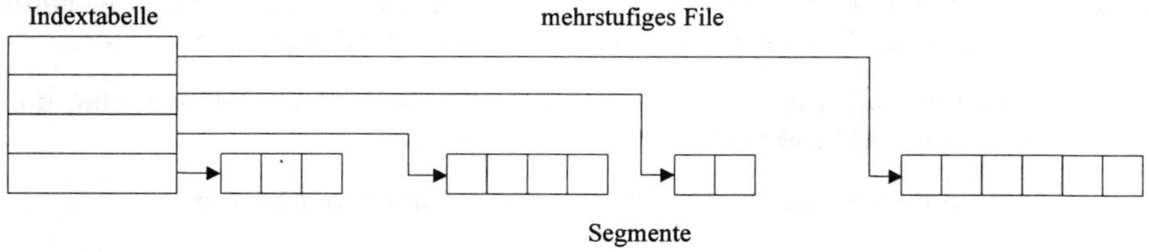

Abbildung 10.3: Schema eines segmentierten bzw. indizierten Files. Die sequentiell organisierte Indextabelle erlaubt den schnellen Zugriff auf die ebenfalls sequentiell strukturierten Segmente.

Vom Standpunkt der Zuverlässigkeit ist die sequentielle Dateiorganisation als günstig zu bewerten, insbesondere wenn man Änderungen (z.B. in Datenbanken oder mit Editoren) nur auf einer Kopie des Original-Files durchführt, die dann erst bei erfolgreichem Abschluss der gesamten Operation das ursprüngliche File ersetzt.

Elementare Operationen auf Sequenzen und Files

Für die weitere Arbeit mit Sequenzen wird hier (nach N. Wirth, [Wir95]) die folgende Terminologie eingeführt:

Sequenzen werden mit Großbuchstaben $X, Y, ..$ bezeichnet, Komponenten mit indizierten Kleinbuchstaben $x_1, x_2, ...$ Durch das Zeichen & wird die *Verkettung* symbolisiert, d.h. das Anfügen einer weiteren Komponente am Ende einer Sequenz.

Man vereinbart nun:

1. $\langle\rangle$ bezeichnet die leere Sequenz.
2. $\langle x_1 \rangle$ bezeichnet die nur aus einer Komponente x_1 bestehende Sequenz.
3. Wenn $X=\langle x_1, x_2, ... x_m \rangle$ und $Y=\langle y_1, y_2, ... y_n \rangle$ Sequenzen sind, dann ist auch $X\&Y=\langle x_1, x_2, ... x_m, y_1, y_2, ... y_n \rangle$ eine Sequenz. Das File $X\&Y$ ist durch Verkettung von X und Y entstanden.
4. Bei einer nichtleeren Sequenz $X=\langle x_1, x_2, ... x_m \rangle$ extrahiert die Funktion $\text{first}(X)$ das erste Element von X, es gilt also $x_1= \text{first}(X)$.
5. Bei einer nichtleeren Sequenz $X=\langle x_1, x_2, ... x_m \rangle$ liefert die Funktion $\text{rest}(X)$ die Sequenz X ohne ihr erstes Element, also die Sequenz $\langle x_2, ... x_m \rangle$.

Aus diesen Vereinbarungen folgen eine Reihe von Eigenschaften von Sequenzen. Beispielsweise gilt wegen 4. und 5. offenbar $X = \langle \text{first}(X) \rangle \ \& \ \text{rest}(X)$.

Grundoperationen auf Sequenzen und Files

Für praktische Anwendungen wird man nun nicht direkt die elementare Operation der Verkettung verwenden, sondern eine ausgewählte Menge von darauf zurückführbaren mächtigeren Operationen. Diese Operationen sollen es dem Benutzer erlauben, eine effiziente Darstellung auf dem gewünschten Speichermedium zu wählen, ohne dass er sich selbst um technische Einzelheiten, etwa die dynamische Speicherzuweisung oder die Positionierung des Zugriffsmechanismus, kümmern müsste.

Es sollen nun unter Verwendung der Verkettung von Sequenzen sowie der Funktionen $\text{first}(X)$ und $\text{rest}(X)$ die üblichen Operationen auf Sequenzen realisiert werden, so wie sie in höheren Programmiersprachen üblich sind.

Dazu gehören Funktionen zum

- *Erstellen* eines leeren Files
- *Öffnen* eines Files zum Lesen
- *Fortschreiten* zur nächsten Komponente
- *Anfügen* einer Komponente am Ende des Files

Bei diesen Operationen wird eine implizite Hilfsvariable verwendet, die einen *Pufferspeicher* darstellt. Ein derartiger, eine Komponente vom Grundtyp fassender Puffer wird jeder File-Variablen X zugeordnet und hier mit X^ bezeichnet.

Eine Folge der so definierten Grundoperationen ist, dass man konsequent zwei Arten des Zugriffs unterscheiden muss, die sich in einem spezifischen Zustand des Files ausdrücken, nämlich *Lesen* beim Durchsuchen bzw. Inspizieren und *Schreiben* beim Erstellen und Erweitern des Files.

Die aktuelle Position des Zugriffsmechanismus (File-Position, Zeiger-Position) wird formal dadurch eingeführt, dass das File in einen linken Teil XL und einen rechten Teil XR zerlegt wird, mit XL&XR=X. Die aktuelle Zeiger-Position ist dann die erste Komponente von XR.

Damit lassen sich nun die gewünschten File-Operationen realisieren:

1. Erstellen eines leeren Files rewrite(X):

   X := <>
   XR := <>
   XL := <>

   Diese Operation initialisiert den Prozess des Erstellens einer neuen Sequenz bzw. eines neuen Files X. Falls das File X bereits existiert, wird es überschrieben.

2. Öffnen eines bestehenden Files, reset(X):

   XL := <>
   X^ := first(X)
   XR := X

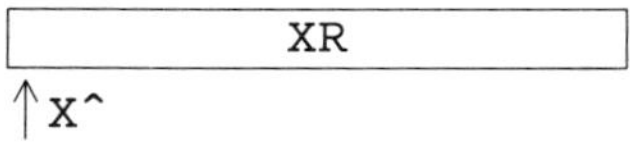

   Durch diese drei Zuweisungen wird der Zeiger auf den Anfang des Files positioniert und das File geöffnet. Die Puffervariable X^ enthält die erste Komponente first(X) des Files X.

3. Forstschreiten zur nächsten Komponente, get(X):

   XL := XL & <first(XR)>
   XR := rest(XR)
   X^ := first(XR)

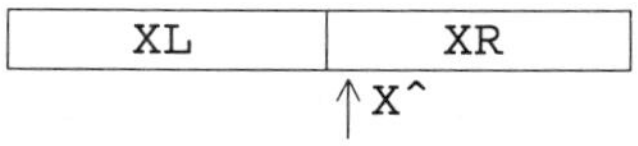

   Durch diese Operation wird XL um die erste Komponente von XR erweitert und XR entsprechend verkürzt. Der Puffer enthält nun das erste Element des bereits verkürzten XR. Dabei ist zu beachten, dass first(XR) nur definiert ist, wenn XR nicht leer ist.

4. Anfügen einer Komponente an das File, put(X):

   X := X & <X^>

   Der Inhalt der Puffer-Variablen X^ wird an das Ende des Files X angehängt.

Die Operationen put(X) und get(X) hängen offenbar von der aktuellen Position des File-Zeigers ab, nicht jedoch die Operationen reset(X) und rewrite(X), die den File-Zeiger in jedem Fall auf den Anfang des Files positionieren.

Beim Durchlaufen des Files muss das Ende des Files automatisch erkannt werden, da sonst die Zuweisung X^ := first(XR) im Falle von XR=<> eine undefinierte Operation wäre. Das Erreichen des File-Endes ist offenbar gleich bedeutend mit XR=<>. Man definiert daher eine Funktion

eof(X) := (XR=<>)

die den logischen Wert FALSE annimmt, wenn XR nicht leer ist und den Wert TRUE, wenn XR leer ist. Die Operation get(x) ist daher nur für eof(X)=FALSE zulässig.

Im Prinzip ist es möglich, alle File-Manipulationen durch die bisher genannten Operationen vorzunehmen. In der Praxis ist es aber oft üblich, die Operation des Weiterzählens des File-Zeigers durch get(X) und put(X) mit dem Zugriff auf den Puffer automatisch zu verknüpfen, so dass die Manipulation des Puffers dem Anwender verborgen bleibt. Man führt daher die beiden Prozeduren read(X,v) für das Lesen einer Komponente und write(X,u) für das Anhängen einer Komponente an das File-Ende ein. Dabei ist X ein File mit Grundtyp T0, v eine Variable vom Typ T0 und u ein Ausdruck vom Typ T0:

read(X,v)	wird ausgedrückt durch: wobei eof(X)=FALSE vorausgesetzt wird	v := X^; get(X); eof(X):=(X=<>);
write(X,u)	wird ausgedrückt durch: wobei eof(X)=TRUE vorausgesetzt wird	X^ := u; put(X);

10.2.2 Strings und Texte

Vorbemerkungen

Sequentielle Strukturen mit dem Grundtyp „Character" spielen in der Datenverarbeitung eine besonders wichtige Rolle, da sie als Verbindung zwischen dem Rechner und dem menschlichen Benutzer dienen. Man bezeichnet derartige endliche Folgen von Zeichen als *Zeichenketten* oder *Strings* und beliebig lange Zeichenketten, die auch Unterstrukturen haben können, als *Texte*. Im Zusammenhang mit Arrays wurde weiter oben bereits kurz auf Strings eingegangen.

Strings werden in vielen Programmiersprachen, so auch in C, durch Anführungszeichen (") kenntlich gemacht. Es ist also beispielsweise "INFORMATIK" ein String; aber auch "" ist ein String, nämlich der *leere String*.

Einem String S wird durch die Funktion len(S) eine Länge zugeordnet, nämlich die Anzahl der zum String gehörigen Zeichen. Es ist offenbar len("INFORMATIK")=10 und len("")=0.

Der Speicherbedarf für Strings und Texte ist normalerweise ein Byte pro Element bzw. Zeichen. Die Speicherung von Texten kann durch Strukturen mit fester Länge (Felder), durch Strukturen mit variabler Länge (Files) oder durch verkettete Strukturen, auf die später noch eingegangen wird, erfolgen.

Insbesondere für die Ein- und Ausgabe werden Texte oft als Files organisiert. Dafür stehen in praktisch allen Programmiersprachen Funktionen für das Lesen und Schreiben zur Verfügung, insbesondere auch für die Kommunikation über Tastatur und Bildschirm. Entsprechende Funktionen wurden bereits in Kapitel 10.1.2 erwähnt.

Texte sind auch typische Bespiele für die in Kapitel 10.2.1 eingeführten Sequenzen, die auch Unterstrukturen wie Kapitel, Seiten und Zeilen aufweisen können. Zur Markierung von Unterstrukturen werden häufig *Trennzeichen* eingefügt. Gebräuchlich ist beispielsweise die Zeichenkombination <CR><LF> (*Carriage Return* und *Line Feed*) als Marke für das Zeilenende. Ferner sind boolesche Funktionen zur Erkennung des File-Endes üblich.

In C ist die in Abbildung 10.3 für mehrstufige Files dargestellte Struktur direkt auf Texte übertragbar. Man kann dazu etwa in einem durch char `**text` deklarierten Zeigerfeld die Zeiger auf die Anfänge von Zeilen speichern. Für die Generierung von `lines` Zeilen mit jeweils `length` Zeichen schreibt man etwa:

```
char **text;
text=(char **) malloc(lines*sizeof(char *));
for(i=0; i<lines; i++)
  text[i]=(char *) malloc(length*sizeof(char));
```

Beispielsweise ist dann `text[4]` der Zeiger auf Zeile 4 und `text[4][21]` der 22. Buchtabe dieser Zeile. Mit einer derartigen Struktur kann man leicht Zeilen einfügen und löschen und auch Zeilen unterschiedlicher und wechselnder Länge allozieren.

Oft sind bei der Eingabe von Texten *Typ-Konversionen* erforderlich. Ein Beispiel dafür sind Zahlen, die als Zeichenketten eingelesen werden, oder Zahlen, die als Zeichenketten ausgegeben werden. Dazu sind die Konversionen Zeichenkette→Zahl bzw. Zahl→Zeichenkette vorzunehmen. Solche Konversionsprogramme können durchaus kompliziert sein. Ein Beispiel für ein einfaches Konversionsprogramm, nämlich die Umwandlung einer Zeichenkette in eine Integer-Zahl, wurde bereits in Kapitel 10.1.2 angegeben.

Editieren von Strings und Texten

Unter einem *Editor* versteht man ein Programm, das eine Sequenz X von Zeichen nach bestimmten Regeln in eine geänderte Sequenz Y umwandelt. Dazu gehören zumindest zwei Grundprozeduren:

- *Einfügen* von Zeichen
- *Löschen* von Zeichen

Zusätzlich werden in der Regel viele weitere Funktionen realisiert, die aber teilweise aus den Grundfunktionen Einfügen und Löschen zusammengesetzt sind. Dazu gehören:

- *Überschreiben* von Zeichen
- *Ersetzen*, *Kopieren* und *Verschieben* von Zeichen und Zeichenketten
- *Suchen* von Zeichenketten (Mustern)
- Statistische Funktionen wie Bestimmung der *Textlänge* sowie *Zählen* von Zeichen und Wörtern.

Beim Editieren sollte aus Gründen der Sicherheit grundsätzlich mit *Pufferung* gearbeitet werden. Die Änderungen werden also nicht direkt im zu bearbeitenden Text, sondern in einer temporären Kopie vorgenommen.

Im Folgenden werden einige der wichtigsten beim Editieren von Strings und Texten benötigten Funktionen detaillierter beschrieben. Es sind dies:

- *Längenbestimmung*, len(S)

Die schon erwähnte Funktion len(S) gibt als Ergebnis die Länge des Strings S an. In der Implementation als C-Funktion nützt man aus, dass Strings in C mit dem ASCII-Zeichen mit Code 0 abgeschlossen werden. In C entspricht in logischen Ausdrücken jeder Wert ungleich 0 dem logischen Wert TRUE und nur der Wert 0 dem logischen Wert FALSE; ein expliziter Datentyp für logische Variablen wird daher nicht benötigt. Die Funktion zur Bestimmung der Länge eines Strings hat damit die folgende einfache Form:

```
//------------------------------------------------------------------
// Bestimmung der Länge eines Strings s.
//------------------------------------------------------------------
int s_length(char s[]) {
  int len=0;
  while(s[len++]);
  return(--len);
}
```

In Pascal ist die Länge von Zeichenketten des Typs `STRING` in der Komponente 0 gespeichert. Die Länge ist dabei auf 255 beschränkt.

- *Konkatenation*, conc(S1,S2)

Bei der Konkatenationsfunktion conc(S1,S2) wird der Strings S2 an den String S1 angehängt. Das Ergebnis der Funktion ist der entsprechende konkatenierte String S1.

Als Operator wird hier das Zeichen & verwendet. Beispiel:

"Daten" & "struktur" = "Datenstruktur"

Die entsprechende C-Funktion lautet:

```
//----------------------------------------------------------------------
// Konkatenation: s2 wird an s1 angehängt.
//----------------------------------------------------------------------
int s_conc(char s1[], char s2[]) {
  int i=0, len;
  len=s_length(s1);                  // Länge von s1 bestimmen
  while(s2[i]) s1[len+i]=s2[i++];    // Zeichen von s2 an s1 anhängen
  s1[len+i]=0;                       // s1 mit 0 abschließen
  return(len+i);                     // Rückgabe der neuen Länge von s1
}
```

• *Extraktion von Teilstrings,* part(S, pos, anz)

Aus dem String S wird beginnend bei dem Zeichen mit Index pos ein Teilstring mit Maximallänge anz extrahiert und der Funktion als Ergebnis zugewiesen. Man bezeichnet diesen Vorgang auch als *Partitionierung*.

Aus den Funktionen len, conc und part lassen sich zwei weitere, sehr wichtige Funktionen ableiten, nämlich *Einfügen* und *Löschen*:

• *Einfügen,* ins(S1, pos, S2)

Der String S2 wird nach dem Zeichen mit Index pos in den String S1 eingefügt. Unter Verwendung der oben vorgestellten Funktionen conc und part erhält man:

ins(S1,pos,S2) = conc{conc[part(S1,1,pos),S2], part[S1,pos+1,len(S1)-pos]}

Die Zählung der Position beginnt in diesem Beispiel nicht mit 0 sondern mit 1.

• *Löschen* eines Teilstrings, del(S, pos, anz)

Aus dem String S wird, beginnend mit dem Zeichen an Position pos, die durch anz spezifizierte Anzahl von Zeichen gelöscht. Man erhält:

del(S, pos, anz) = conc[part(S, 1, pos-1), part(S, pos+anz, len(S)-pos-anz+1)]

Beispiel: del("ABCDEFG",4,2) = "ABCFG"

Die Zählung der Position beginnt in diesem Beispiel nicht mit 0 sondern mit 1.

• *Suchen eines Musters* M in einem String S

Es wird ermittelt, ob und an welcher Stelle ein Muster-String M in einem String S enthalten ist. Ergebnis ist die Position des ersten Zeichens von M in S oder ein Fehler-Code, falls M nicht gefunden wurde. Die Mustererkennung ist in Texten und weit darüber hinaus eine Operation von beträchtlicher Bedeutung. Daher wird weiter unten darauf noch detaillierter eingegangen.

Beispiel: Ein Zeilen-Editor

Das unten aufgelistete Programm gibt ein Beispiel für einen *Zeilen-Editor*, in dem einige der oben genannten Funktionen enthalten sind. Damit kann eine beliebig am Bildschirm positionierte Textzeile editiert werden. Zur Bewegung des Cursors dient das Makro `CURS(row,col)`, wofür der Plattform-unabhängige und praktisch an jedem Rechner verfügbare ANSI-Standard verwendet wurde.

```
//**************************************************************************
// Zeilen-Editor
//**************************************************************************
#include <stdio.h>
#include <conio.h>
#include <string.h>

#define ESC 27
#define CR 13
#define RUB 8
#define INS 82
#define DEL 83
#define END 79
#define HOME 71
#define LEFT 75
#define RIGHT 77
#define BLANK 32

// Cursor unter Verwendung des ANSI-Standards an Position (row,col) setzen.
// Ursprung (0,0) ist links oben.
#define CURS(row,col) (printf("\x1b[%d;%dH",(row+1),(col+1)))

//--------------------------------------------------------------------------
// Ein Zeichen von der Tastatur lesen.
// Hinweis: Manchen speziellen Sonderzeichen geht 0 oder 224 voran.
// Rückgabe-Wert: ASCII-Code des Zeichens, oder der negative Wert des
// Codes, wenn es sich um ein spezielles Sonderzeichen handelt.
//--------------------------------------------------------------------------
int getkey() {
  int i;
  i=getch();
  if(i==0 || i==224) return(-getch()); else return(i);
}

//--------------------------------------------------------------------------
// Der Inhalt von buff[] wird von Index istart bis istop beginnend
// bei Position (row, col) auf dem Bildschirm ausgegeben.
//--------------------------------------------------------------------------
void swrite(int row, int col, int istart, int istop, char buff[]) {
  int i;
  CURS(row,col);
  for(i=istart; i<=istop; i++) putchar(buff[i]);
}

//--------------------------------------------------------------------------
// Zeilen-Editor
// Die Eingabe von der Tastatur wird in das Array buff[] geschrieben.
// Die Prozedur wird durch <CR>, <ESC> oder durch eine Funktionstaste
// beendet. Der Text wird in der Zeile iline von Position istart bis
```

```
// istop eingegeben.
// Rückgabe-Wert: Index des letzten Zeichens oder ESC oder
// (Länge + 100*n) wenn Funktionstaste n betätigt wurde.
//-----------------------------------------------------------------------
int lnedit(int iline, int istart, int istop, char buffer[]) {
   int i,strpnt,strlast,maxbuf,ins;
   int key;

   maxbuf=istop-istart;                    // maximum buffer index
   ins=0;                                  // insert mode off
   strpnt=0;                               // cursor position
   strlast=strlen(buffer)-1;               // index of last character
   if(strpnt>=maxbuf) strlast=maxbuf;
   swrite(iline,istart,0,strlast,buffer);
   CURS(iline,istart+strpnt);
   for(;;) {                               // Wait for input
      if((key=getkey())>=32) {             // character input
        if(ins==0) {                       // overwrite
          buffer[strpnt]=(char)key;
          putch(key);
          if((strlast<maxbuf) && (strlast<strpnt)) strlast++;
          if(strpnt<maxbuf) strpnt++;
          CURS(iline,istart+strpnt);
        }
        else {                             // insert
          if(strlast<maxbuf) strlast++;
          for(i=strlast; i>strpnt; i--)
          buffer[i]=buffer[i-1];
          buffer[strpnt]=(char)key;
          swrite(iline,istart+strpnt,strpnt,strlast,buffer);
          if(strpnt<maxbuf) strpnt++;
          CURS(iline,istart+strpnt);
        }
      }
      else switch(key) {                   // special key
        case ESC: buffer[strlast+1]=0; return(ESC);
        case CR: buffer[strlast+1]=0; return(strlast);
        case -LEFT:
          if(istop<istart) return(-LEFT);
          if (strpnt>0) strpnt--;
          curs_pos(iline,istart+strpnt);
          break;
        case -RIGHT:
          if(istop<istart) return(-RIGHT);
          if(strpnt<=strlast) strpnt++;
          curs_pos(iline,istart+strpnt);
          break;
        case RUB:
          if(strpnt==0) break;
          for(i=--strpnt; i<strlast; i++)
          buffer[i]=buffer[i+1];
          buffer[strlast]=BLANK;
          swrite(iline,istart+strpnt,strpnt,strlast--,buffer);
          CURS(iline,istart+strpnt);
          break;
        case -INS:
          if(ins==1) ins=0; else ins=1; break;
        case -DEL:
          if(strpnt>strlast) break;
          for(i=strpnt; i<strlast; i++) buffer[i]=buffer[i+1];
          buffer[strlast]=BLANK;
          swrite(iline,istart+strpnt,strpnt,strlast--,buffer);
          CURS(iline,istart+strpnt);
```

```
          break;
        case -END:
          if(strlast<maxbuf) strpnt=strlast+1;
          else strpnt=maxbuf;
          CURS(iline,istart+strpnt);
          break;
        case -HOME:
          strpnt=0;
          CURS(iline,istart+strpnt);
          break;
        default:
          if((key<=-59) && (key>=-68)) {        // Function key
             buffer[strlast+1]=0;
             return(strlast-100*(58+key));
          }
      }
    }
}
```

Mustererkennung durch sequentielles Vergleichen

Als problematisch beim Editieren größerer Texte kann sich das *Suchen von Mustern* erweisen, da nur effiziente Algorithmen ein vertretbares Zeitverhalten garantieren.

Unter *Mustererkennung* versteht man ganz allgemein die Aufgabe, festzustellen, ob und gegebenenfalls wo und wie oft ein gegebenes Muster in einem gegebenen Datensatz vorkommt. Es ist dies ein Problem, das auch in vielen anderen Bereichen eine große Rolle spielt, so etwa in der *Spracherkennung* und der *Bildinterpretation*. Auf Strings und Texte bezogen fragt man nach dem Auftreten eines Musterstrings in einem String oder Text, dessen Länge nicht kleiner ist als die Länge des Musters.

Dem einfachsten Algorithmus zur Mustererkennung liegt eine nahe liegende Idee zu Grunde: Man betrachtet alle Teilstrings S_1, S_2, .. S_n des zu durchsuchenden Strings S, wobei die Teilstrings S_k die gleiche Länge wie das zu suchende Muster M haben. Der Index k gibt den Anfang des Teilstrings S_k bezogen auf den String S an. Lautet der zu durchsuchende Text beispielsweise „essen" und ist die Musterlänge $m=3$, so sind die Teilstrings S_1="ess", S_2="sse", und S_3="sen" zu betrachten. Nun werden die Teilstrings S_k und das Muster M Zeichen für Zeichen miteinander verglichen, bis eine Ungleichheit auftritt oder bis alle Zeichen übereinstimmen. Ergibt sich Übereinstimmung, so endet der Algorithmus, andernfalls wird mit allen verbleibenden Teilstrings ebenso verfahren, bis sich entweder Übereinstimmung ergibt oder das Ende des Strings S erreicht ist, in welchem Fall M in S nicht enthalten ist.

In Kapitel 9.2 ist bereits auf die Bedeutung der *Komplexität* für die Bewertung von Algorithmen eingegangen worden. Nun soll die Komplexität $C(n)$ dieses Algorithmus berechnet werden. Hierzu wird die Anzahl der im Mittel nötigen Vergleiche in Abhängigkeit von der Anzahl der Eingabezeichen abgeschätzt. Es sei m die Anzahl der Zeichen des Musters M und s die Länge des Strings S. Der Umfang n der Eingabedaten ist dann $n=m+s$. Der für eine feste Musterlänge m ungünstigste Fall tritt ein, wenn alle $s-m+1$ Teilstrings S_k mit M verglichen werden müssen und jeweils alle Zeichen von S_k bis auf das Letzte mit den entsprechenden Zeichen von M übereinstimmen. Für jeden Teilstring sind dies dann m Vergleiche, insgesamt also:

$C(n) = m(s\text{-}m+1)$ oder wegen $s = n\text{-}m$ auch: $C(n) = m(n\text{-}2m+1)=mn\text{-}2m^2+m$

C(n) hängt offenbar nicht nur von der Textlänge s ab, sondern auch von der Musterlänge m. Um zu bestimmen, für welche Musterlänge m die Anzahl der Vergleiche C(n) ihr Maximum erreicht, bestimmt man den Wert von m, für welchen die Ableitung von C(n) nach m verschwindet und die zweite Ableitung negativ ist. In diesem Fall nimmt C(n) sein Maximum an. Da sich die gesamte Datenmenge dabei nicht ändern soll, wird vorausgesetzt, dass n konstant bleibt. Man erhält somit:

$$\frac{dC(n)}{dm} = n - 4m + 1 = 0 \rightarrow m = \frac{n+1}{4}$$

Für die zweite Ableitung ergibt sich offenbar -4, so dass an dieser Stelle tatsächlich ein Maximum vorliegt. Setzt man dieses Ergebnis für m in die obige Formel für C(n) ein, so findet man den gesuchten Maximalwert $C_{max}(n)$ der Komplexität:

$$C_{max}(n) = \frac{n+1}{4}(n+1-2\frac{n+1}{4}) = \frac{(n+1)^2}{8} = (n^2 + 2n + 1)/8 = \mathcal{O}(n^2)$$

Ist n sehr groß - und nur dieser Fall ist ja von Interesse - überwiegt der erste Term, also der mit der höchsten Potenz n^2; alle anderen Terme können dagegen vernachlässigt werden. Die Komplexität ist also für das obige Beispiel im ungünstigsten Fall von der Ordnung $\mathcal{O}(n^2)$.

Für den betrachteten Algorithmus zur Mustererkennung kann neben dem ungünstigsten Fall, für den die eben berechnete Komplexität gilt, auch der günstigste Fall leicht bestimmt werden. Dieser liegt dann vor, wenn die Anzahl der nötigen Vergleiche minimal wird, d.h. wenn M der Anfangsstring von S ist. In diesem Fall sind lediglich m Vergleiche erforderlich und man findet:

$C_{min}=m$

Der eigentlich interessierende durchschnittliche Fall hängt von verschiedenen unbekannten Wahrscheinlichkeiten ab. Eingehendere Untersuchungen zeigten aber, dass die Anzahl der Vergleiche proportional zu n^2 ist, also ebenso wie im ungünstigsten Fall von der Ordnung $\mathcal{O}(n^2)$.

Dieser einfachste Algorithmus zur Mustererkennung wurde in dem folgenden Beispiel-Programm verwendet. Es wird gleichzeitig demonstriert, wie in C ein File geöffnet und gelesen wird.

```
//*********************************************************************
// Beispiel zur String-Verarbeitung: Sequentielle Suche eines Musters
//*********************************************************************
#include <stdio.h>
#include <conio.h>
```

```
#include <stdlib.h>
#define MAXTEXT 30000
#define MAXLINE 80
#define ESC 27

//--------------------------------------------------------------------------
// Datei von Platte lesen
//--------------------------------------------------------------------------
long int disk_read(char text[]) {
  FILE *f;
  char nam[80];
  long int i=0;
  printf("\nDatei von Disk lesen\nDateiname = ? ");
  scanf("%s",nam);                                    // File-Namen einlesen
  if(f=fopen(nam,"rb")) {                      // File öffnen für binär lesen
    while(i<MAXTEXT && !feof(f)) fscanf(f,"%c",&text[i++]);      // lesen
    fclose(f);
    printf("\n%ld Zeichen von Datei %s gelesen\n",i,nam);
  }
  else printf("\n!!! Fehler beim Öffnen der Datei %s\n",nam);
  text[i]=0;                                     // String mit 0 abschließen
  return(i);            // Anzahl der gelesenen Zeichen oder 0 bei Fehler
}

//--------------------------------------------------------------------------
// Suchen des ersten Auftretens des Musters "pattern" im Text "text"
// mit Hilfe der einfachen sequentiellen Suche.
//--------------------------------------------------------------------------
long int search(char text[], char pattern[]) {
  int l=0, p;
  long int i=0;
  while(pattern[l++]);                         // Länge des Musters bestimmen
  if(l==1) return(-1); else l--;               // Muster auf Länge=0 testen
  while(text[i]) {
    p=0;
    while((pattern[p]==text[i+p]) && text[i+p] && p<l) p++; // Vergleich
    if(p==l) return(i);                                  // Muster gefunden
    i++;
  }
  return(-1);                                      // Muster nicht gefunden
}

//--------------------------------------------------------------------------
// Hauptprogramm
//--------------------------------------------------------------------------
void main() {
  char c=0, pattern[MAXLINE], text[MAXTEXT+1];
  long int i;
  printf("\n\nMustererkennung mit sequentieller Suche\n\n");
  while(c!=ESC) {
    printf("\nDatei von Disk lesen        (r)\n");
    printf("Muster eingeben und suchen (s)\n");
    printf("Beenden                    (q)\n");
    switch(c=getch()) {
      case 'r': case 'R': disk_read(text); break;
      case 's': case 'S':
        printf("\nBitte zu suchendes Muster eingeben: ");
        scanf("%s",pattern);
        i=search(text,pattern);
        if(i>=0) printf("\nMuster an Position %ld gefunden\n",i);
        else     printf("\nMuster nicht gefunden\n");
        break;
      case 'q': case 'Q': c=ESC;
      default : ;
```

```
        }
    }
}
```

Mustererkennung durch Automaten

Eine nähere Betrachtung des Problems der Mustererkennung zeigt jedoch, dass man mit wesentlich weniger Vergleichen auskommen kann, da je nach Ausgang des Vergleichs von M mit S_k nicht alle folgenden Teilstrings S_j betrachtet werden müssen. Bei dem nun zu entwickelnden Algorithmus werden zunächst alle Teilstrings M_0 bis M_m von M mit den Längen 0 bis m gebildet. M_0 ist also der leere String und M_m ist identisch mit dem Muster M. Nun definiert man eine Funktion f, die aus einem gegebenen Teilstring M_i und dem als Nächstes eingelesenen Zeichen c des Textes den resultierenden Teilstring M_j erzeugt. Dabei ist M_j der längste aus den letzten j Zeichen von M_i+c bestehende Teilstring, der mit den ersten j Zeichen von M übereinstimmt:

$$M_j = f(M_i, c)$$

Interpretiert man die M_i als Zustände, $c \in S$ als Eingabezeichen und f als Übergangsfunktion, so lässt sich der gesuchte Mustererkennungs-Algorithmus als *Automat* formulieren (siehe Kapitel 8.1), den man als eine aus den M_i gebildete Übergangstabelle (Matrix) darstellen kann.

Der Mustererkennungs-Algorithmus läuft also folgendermaßen ab:

1. Aus M wird der oben beschriebene Automat gebildet und durch seine Übergangsmatrix dargestellt.

2. Die Zeichen $c \in S$ werden nun eingelesen und als Eingabe für den Automaten verwendet, der sodann beginnend mit dem Anfangszustand M_0, verschiedene Zustände annehmen wird.

3. Wird der Endzustand M_m erreicht, so ist das Muster M gefunden und der Algorithmus bricht ab.

4. Wird der Endzustand nicht erreicht, so endet der Automat mit Eingabe und Verarbeitung des letzten Zeichens aus S. M ist dann nicht in S enthalten.

Die Berechnung der Komplexität ergibt hier im ungünstigsten Fall, dass der gesamte Text S eingelesen werden muss und für jedes Zeichen ein Vergleich durchzuführen ist. Es ist also $C_{max}(n)$ von der Ordnung $\mathcal{O}(n)$. Im günstigsten Fall gilt offenbar wieder C_{min}=m. Im durchschnittlichen Fall ist die Komplexität ebenfalls von linearer Ordnung. Man hat also für den verbesserten Algorithmus eine lineare Komplexität an Stelle einer quadratischen für das oben beschriebene naive Verfahren. Dazu kommt allerdings der Aufwand, den Automaten zu erstellen. Da hier aber nur die in der Regel im Vergleich zur Textlänge s geringe Anzahl m der Zeichen des Musters M eingeht, ist der entsprechende Zeitbedarf gering.

Nach der nur vom zu suchenden Muster abhängigen Erstellung des Automaten a[Zustand, Zeichen] ist das Durchsuchen des Textes durch eine einfache Funktion realisierbar. Als ein Programmbeispiel dafür ist unten die Funktion `find_pattern` aufgelistet. In dem Beispiel wird nach dem ersten Auffinden des Musters `pattern` die Suche abgebrochen. Als Ergebnis wird der auf den Text bezogene Anfangsindex des ersten Auftretens von `pattern` ausgegeben, bzw. -1, wenn das Muster nicht in dem durchsuchten Text enthalten ist. Die Zustände des Automaten `a` sind von 0 bis zum Endzustand durchnummeriert, wobei der Endzustand der Länge m des Musters `pattern` entspricht. Der Automat `a` ist eine Matrix mit 256 Spalten und m Zeilen, die durch eine externe Funktion `automat_init` dynamisch erzeugt und durch die Funktion `automat_free` wieder freigegeben wird. Darauf wird weiter unten noch eingegangen.

```
//--------------------------------------------------------------------------
// Das Muster pattern wird in der Textdatei *id gesucht.
// Rückgabewert: -1, wenn das Muster nicht gefunden wurde, oder die
// Anfangsposition des ersten Auftretens des Musters im Text.
//--------------------------------------------------------------------------
int find_pattern(FILE *id, char *pattern) {
  char c;                     // zu lesendes Zeichen
  int pos=0;                  // Position im Text
  int j=0;                    // Aktueller Zustand des Automaten
  int m;                      // Endzustand des Automaten = Länge von pattern
  int **a;                    // Zeiger auf die Matrix a für den Automaten
  m=strlen(pattern);          // Länge des Musters
  automat_init(pattern, a);   // Generiere und Initialisiere den Automaten a
  for(;;) {                   // Text durchlaufen
    c=getc(id);               // nächstes Zeichen lesen
    if(c==EOF) break;         // beenden, wenn Dateiende erreicht ist
    pos++;                    // Position im Text weiterzählen
    j=a[j][c];                // Nächster Zustand des Automaten
    if(j==m) break;           // Endzustand erreicht, Muster gefunden
  }
  automat_free(a);
  if(j==m) return(pos-1);
  else return(-1);
}
```

Als Beispiel für die Erstellung des Automaten wird das Muster M="essen" betrachtet. Die Zustände M_j des Automaten lauten dann:

M_0="" M_1="e" M_2="es" M_3="ess" M_4="esse" M_5="essen"

Daraus ergibt sich die Zustandsübergangstabelle (also die Matrix a) sowie das zugehörige Zustandsübergangsdiagramm in Abbildung 10.4.

Der Eintrag x in der Zustandsübergangstabelle steht für jedes andere Zeichen außer e, s und n. Man geht bei der Erstellung der Tabelle so vor, dass man zunächst die erste Spalte mit M_1 besetzt (bzw. in der Praxis mit dem Zahlenwert 1) und alle anderen Komponenten der Tabelle mit M_0 (bzw. dem Zahlenwert 0). Sodann werden die sich aus der direkten Kette von M_0 bis M_5 ergebenden Einträge vorgenommen; diese sind in der Tabelle fett hervorgehoben. Schließlich werden alle anderen Einträge in den Spalten mit Ausnahme der letzten Spalte (diese bleibt immer mit M_0 besetzt) nochmals nachbearbeitet. Dazu hängt man an das dem aktuellen Zustand entsprechende Muster das zugehörige Eingabezeichen an und ermittelt von rechts nach links fortschreitend das längste identische Teilmuster M_j von M. Dieses legt dann den neuen Zustand fest. Im obigen Beispiel führte dies in der letzten Zeile der zweiten Spalte zu einem Ersetzen der Vorbesetzung M_0 durch den neuen Eintrag M_2. Zu dieser Position in der Tabelle gehört die Anwendung des Zeichens s auf den Automaten im Zustand M_4="esse". Es ergibt sich also der String "esses". Ein von rechts nach links fortschreitender Vergleich mit den Teilmustern von M ergibt, dass M_2="es" das längste übereinstimmende Teilmuster ist. Es wird also M_2 in Zeile 5, Spalte 2 eingetragen.

	e	s	n	x
M_0	**M_1**	M_0	M_0	M_0
M_1	M_1	**M_2**	M_0	M_0
M_2	M_1	**M_3**	M_0	M_0
M_3	**M_4**	M_0	M_0	M_0
M_4	M_1	*M_2*	**M_5**	M_0

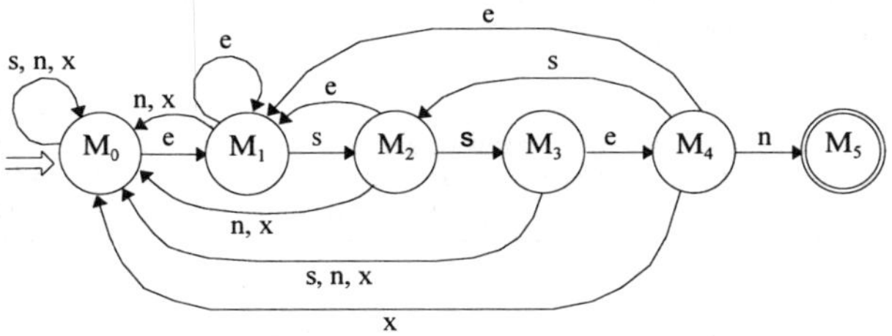

Abbildung 10.4: Zustandsübergangstabelle und Übergangsdiagramm für einen Automaten zur Mustererkennung mit dem Muster „essen". Wie im Text erläutert, ergeben sich die fett hervorgehobenen Einträge im ersten Initialisierungsschritt und der kursiv hervorgehobene Eintag in einem Nachbearbeitungsschritt.

Bei der Umsetzung in eine C-Funktion ist es am einfachsten, entsprechend der Kardinalität $K_{char}=256$ des Datentyps `char`, für die Matrix des Automaten immer 256 Spalten zu wählen. Dann kann ohne Typ-Konversionen oder Indexberechnungen der dem gelesenen ASCI-Zeichen entsprechende Zahlenwert (z.B. 65 für A) als Spaltenindex verwendet werden. Dies führt zu einem schnellen Code, allerdings auf Kosten des Speicherbedarfs.

Es sind noch viele Varianten von Mustererkennungs-Algorithmen bekannt. Erwähnt werden soll zum Schluss noch das populäre Verfahren von *Boyer und Moore* [Boy77]. Die wesentliche Idee dieses Verfahrens liegt darin, beim Vergleich der Text-Substrings mit dem Muster M der Länge m mit dem am weitesten rechts stehenden Zeichen zu beginnen. Kommt dieses im Muster nicht vor, so kann das gesamte Muster um m Stellen nach rechts bewegt werden. Ist M im Text nicht enthalten, ist die Anzahl der Vergleiche im günstigsten Fall n/m. Auch im Mittel ist die Anzahl der Vergleiche noch etwas geringer als n.

Die Levenshtein-Distanz

Eine Erweiterung des Problems der Mustererkennung ergibt sich, wenn man nicht eine exakte Übereinstimmung des gesuchten Musters mit dem Vergleichs-String fordert, sondern Abweichungen zulässt. Dies ist etwa bei Datenabankabfragen nach Begriffen mit nicht genau bekannter Schreibweise wichtig oder bei Rechtschreibprüfungen in Editoren. Grundlage vieler Verfahren, die Wortähnlichkeiten bewerten, ist die gewichtete *Levenshtein-Distanz* (*LD*) [Oku76]. Bei der Definition der LD nutzt man aus, dass ein beliebiges Wort X der Länge x durch Kombination der drei Störungsarten *Ersetzen*, *Löschen* und *Einfügen* von Zeichen immer in ein beliebiges anderes Wort Y der Länge y transformiert werden kann. Betrachtet man als Beispiel die beiden Worte X=Oktrm und Y=Ostern, so sieht man leicht, dass das Wort X durch die Folge Oktrm→Okterm→Osterm→Ostern in drei Schritten in das Wort Y transformiert werden kann. Es waren dabei eine Einfügung und zwei Ersetzung erforderlich. Eine andere Möglichkeit wäre die Folge Oktrm→Oktem→Ostem→Osten→Ostern, die aber offenbar vier Transformationsschritte erfordert und somit ungünstiger ist. Sinnvollerweise definiert man also die Levenshtein-Distanz LD(X,Y) als die minimale Anzahl der zur Transformation von X in Y erforderlichen Schritte. Man schreibt:

$$LD(X,Y) = \min\{w_e \cdot e_i,\ w_d \cdot d_i,\ w_a \cdot a_i\}$$

wobei e_i die Anzahl der Ersetzungen (exchange) zählt, d_i die Anzahl der Auslöschungen (delete) und a_i die Anzahl der Einfügungen (add), die nötig sind, um das Wort X in das Wort Y zu überführen. In der Gleichung wurden zusätzlich Gewichtsfaktoren w_e, w_d und w_a eingeführt. Diese tragen dem Umstand Rechnung, dass nicht alle Störungsarten als gleich gravierend empfunden werden. Die meisten Menschen werden eine durch das Ersetzen eines Zeichens durch ein anderes verursachte Änderung als weniger störend empfinden, als eine durch Löschen eines Zeichens entstandene Änderung. Löschen eines Zeichens erscheint wiederum weniger störend als Einfügen eines Zeichens. Man wird daher in der Praxis $w_e<w_d<w_a$ wählen, also beispielsweise $w_e=1$, $w_d=2$ und $w_a=3$.

Zur Berechnung der LD(X,Y) bietet sich ein rekursives Verfahren an. Angenommen man hätte schon die LD für um jeweils ein Zeichen verkürzte Teilworte von X und Y berechnet, so könnte man daraus leicht die LD für X und Y bestimmen. Um dies einzusehen betrachtet man wieder die beiden Worte X=Oktrm und Y=Ostern. Es seien nun LD(Oktr, Oster), LD(Oktrm, Oster) und LD(Oktr, Ostern) die LDs der drei möglichen Kombinationen von um ein Zeichen verkürzeten Worten; dann gilt offenbar:

$$\begin{aligned} LD(Oktrm, Ostern) = \min\{ & LD(Oktr, Oster) + w_e, \\ & LD(Oktrm, Oster) + w_a, \\ & LD(Oktr, Ostern) + w_d\} \end{aligned}$$

In der ersten Zeile wird Oktr in Oster transformiert und es muss anschließend noch ein m in ein n geändert werden. In der zweiten Zeile wird Oktrm in Oster transformiert und es muss noch ein n an Oster angefügt werden. In der dritten Zeile wird schließlich Oktr in Ostern transformiert und es muss noch ein m gelöscht werden. Das Minimum dieser drei Varianten ist dann die gesuchte LD. Vor der Verallgemeinerung des Verfahrens muss noch ein Sonderfall betrachtet werden: der Austauschprozess findet nicht statt, wenn die zu vergleichenden Worte in ihrem letzten Zeichen übereinstimmen, was zum Beispiel für X=Oktrn und Y=Ostern der Fall wäre. Die Addition von w_e in der ersten Zeile der obigen Formel kann dann entfallen.

Um den allgemeinen Fall zu formulieren, schreibt man X_i für die ersten i Zeichen von

X und Y_j für die ersten j Zeichen von Y. Außerdem setzt man $w_e(i,j)=0$ wenn das i-te Zeichen von X mit dem j-ten Zeichen von Y übereinstimmt und $w_e(i,j)= w_e$, wenn dies nicht der Fall ist. Daraus ergibt sich dann die allgemeine Formel für die gewichtete Levenshtein-Distanz:

$$\begin{aligned} LD(X_i,Y_j) = \min\{&LD(X_{i-1},Y_{j-1}) + w_e(i,j), \\ &LD(X_i,Y_{j-1}) + w_a, \\ &LD(X_{i-1},Y_j) + w_d\} \end{aligned} \qquad \text{mit } i=0..x \text{ und } j=0..y$$

Für die Startwerte, also die erste Zeile und die erste Spalte der Matrix, gilt offenbar:

$LD(X_0,Y_j) = j\cdot w_a$ aus dem leeren Wort X_0 entsteht durch j Einfügungen Y_j
$LD(X_i,Y_0) = i\cdot w_d$ aus X_i entsteht durch i Löschungen das leere Wort Y_0
$LD(X_0,Y_0) = 0$ die Distanz zwischen zwei leeren Worten ist 0

Damit kann man nun im Prinzip durch Rekursion die Koeffizienten der durch die obige Gleichung definierten Distanzmatrix mit (x+1) Zeilen und (y+1) Spalten berechnen. Das Ergebnis LD(X,Y) ist die Komponente $LD(X_x,Y_y)$ in der rechten unteren Ecke der Matrix.

Für X=Oktrm und Y=Ostern berechnet man mit $w_e = w_d = w_a = 1$:

$$\big(LD(\text{Oktrm},\text{Ostern})\big) = \begin{pmatrix} 0 & 1 & 2 & 3 & 4 & 5 & 6 \\ 1 & 0 & 1 & 2 & 3 & 4 & 5 \\ 2 & 1 & 1 & 2 & 3 & 4 & 5 \\ 3 & 2 & 2 & 1 & 2 & 3 & 4 \\ 4 & 3 & 3 & 2 & 2 & 2 & 3 \\ 5 & 4 & 4 & 3 & 3 & 3 & 3 \end{pmatrix} \qquad \text{also:} \quad LD(\text{Oktrm},\text{Ostern}) = 3$$

Ein Nachteil des rekursiven Algorithmus ist, dass mit wachsender Länge der zu vergleichenden Worte die Anzahl der rekursiven Funktionsaufrufe exponentiell anwächst - und damit auch die Ausführungszeit. Man kann jedoch die Anzahl der Operationen auf $x\cdot y$ begrenzen, wenn man jede Matrixkomponente $LD(X_i,Y_j)$ direkt aus den drei benachbarten Komponenten $LD(X_{i-1},Y_{j-1})$, $LD(X_i,Y_{j-1})$ und $LD(X_{i-1},Y_j)$ bestimmt und das Ergebnis dann nicht mehr revidiert. Es handelt sich hierbei um eine *Greedy-Strategie* (siehe Kapitel 9.3.3), die oft für Näherungsverfahren verwendet wir, aber in vielen Fällen auch exakte Ergebnisse liefert. Im Falle der Levenshtein-Distanz arbeitet das Verfahren tatsächlich exakt, der Beweis dafür würde aber hier den Rahmen sprengen.

Das folgende Programm berechnet für je zwei eingegebene Worte wie oben beschrieben die Levenshtein-Distanz. Dabei wird die Distanzmatrix wie in Kapitel 10.1.3 dynamisch erzeugt und gelöscht.

```
//**************************************************************************
// Berechnung der Levenshtein-Distanz als
// Ähnlichkeitsmass zweier Worte x und y.
```

```
//***************************************************************************
#include <stdio.h>
#include <conio.h>
#include <stdlib.h>
#include <string.h>

#define ESC 27
#define MAX 80

//---------------------------------------------------------------------------
// Matrix initialisieren
//---------------------------------------------------------------------------
void **mat_init(int nrow, int ncol, size_t size) {
  int i, j;
  size_t s;
  void **pp;
  s=(size_t)ncol*size;
  pp=(void **)malloc(nrow*sizeof(void *));      // Zeiger auf Zeilen
  if(pp==NULL) return(NULL);
  for(i=0; i<nrow; i++)                         // Speicherplatz für Zeilen
    if((pp[i]=(void *)malloc(s))==NULL) return(NULL);
  if(i<nrow && pp[i]==NULL) {                 // Speicher freigeben
    for(j=0; j<=i; j++) free(pp[j]);
    free(pp);
    return(NULL);
  }
  return(pp);
}

//---------------------------------------------------------------------------
// Matrix freigeben
//---------------------------------------------------------------------------
void mat_free(void **mat, int nrow) {
  int i;
  if(mat==NULL) return;
  for(i=0; i<nrow; i++) free(mat[i]); // Speicher für Zeilen freigeben
  free(mat);                          // Speicher für Ziegerfeld freigeben
  return;
}

//---------------------------------------------------------------------------
// Matrix ausgeben
//---------------------------------------------------------------------------
void mat_write(int **mat, int nrow, int ncol) {
  int i,k;
  printf("\nMatrix:\n");
  for(i=0; i<nrow; i++) {           // Schleife über Zeilen
    for(k=0; k<ncol; k++)
      printf("%d  ",mat[i][k]);
    printf("\n");
  }
  return;
}

//---------------------------------------------------------------------------
// Berechnung der Distanzmatrix. Rückgabewert der Funktion ist die
// gesuchte Levenshtein-Distanz, d.h. das Element d[lx][ly] in der
// unteren rechte Ecke der Matrix.
```

```
//--------------------------------------------------------------------------
int lev_dist(char x[], char y[]) {
  int we=1, wd=1, wa=1;                           // Gewichte
  int **d;                                        // Zeiger auf Distanzmatrix
  int i, j, lx, ly, min, h;
  lx=strlen(x); ly=strlen(y);                     // Wortlägen
  d=(int**)mat_init(lx+1,ly+1,sizeof(int));       // Matrix generieren
  d[0][0]=0;                                      // Matrix vorbesetzen
  for(i=1; i<=lx; i++) d[i][0]=d[i-1][0]+wd;
  for(i=1; i<=ly; i++) d[0][i]=d[0][i-1]+wa;
  for(i=1; i<=lx; i++)                            // Matrix durchlaufen
    for(j=1; j<=ly; j++) {
      min=d[i-1][j-1];                            // Minimum bestimmen
      if(x[i-1]!=y[j-1]) min+=we;
      h=d[i][j-1]+wa;
      if(h<min) min=h;
      h=d[i-1][j]+wd;
      if(h<min) d[i][j]=h; else d[i][j]=min;      // Minimum gefunden
  }
  h=d[lx][ly];
  mat_write(d,lx+1,ly+1);                         // Matrix ausgeben
  mat_free(d,lx+1);                               // Matrix freigeben
  return(h);
}

//--------------------------------------------------------------------------
// Hauptprogramm
//--------------------------------------------------------------------------
main() {
  char c=0, x[MAX], y[MAX];
  printf("\n\nLEVENSHTEIN-DISTANZEN\n");
  while(c!=ESC) {
    printf("\nErstes Wort = ? ");
    scanf("%s",&x);
    printf("Zweites Wort = ? ");
    scanf("%s",&y);
    printf("\nLevenshtein-Distanz = %d",lev_dist(x,y));
    printf("\nWeiter mit beliebiger Taste, beenden mit ESC\n");
    c=getch();
  }
  return(0);
}
```

10.2.3 Verkettete lineare Listen

Definition linearer Listen

Ein Nachteil von Arrays und Files ist, dass Manipulationen wie Einfügen und Löschen von Einträgen oder die Herstellung einer Ordnung die Umorganisation der gesamten Struktur erfordern können. Bestehen die Komponenten aus extern gespeicherten, umfangreichen Datensätzen, so kann der zeitliche Aufwand ganz erheblich sein.

In vielen Fällen kann man Datensätze effizienter verwalten, wenn man nicht mit den Inhalten dieser Datensätze selbst operiert, sondern mit den Adressen dieser Inhalte, also in C mit *Zeigern* (*Pointern*) auf die Datensätze. Jedem Datensatz wird dabei ein Zeiger zugeordnet, der auf den nächsten Datensatz, den *Nachfolger*, verweist. Der Hauptvorteil einer derartigen, als *lineare Liste* oder präziser als *einfach verkettete lineare Liste* bezeichneten Struktur liegt darin, dass die Zeiger meist wesentlich weniger Speicherplatz belegen als die ihnen zugeordneten Datensätze und dass diese somit schneller manipuliert werden können.

In manchen Anwendungen verwendet man auch zwei Zeiger, wobei der eine auf den Nachfolger und der andere auf den *Vorgänger* zeigt. Solche Strukturen werden als *doppelt verkettete lineare Listen* bezeichnet.

Einfügen und Löschen ist in linearen Listen sehr effizient durchführbar, allerdings sind die Algorithmen komplizierter als bei Arrays. Auch der Aufwand, den man beim Sortieren treiben muss, ist relativ hoch ist.

Eine einfach verkettete lineare Liste ist also wie folgt definiert:

- Alle Listenelemente sind vom gleichen Datentyp (homogene Datenstruktur).
- Das erste Listenelement hat keinen Vorgänger, alle anderen haben genau einen Vorgänger.
- Das letzte Listenelement hat keinen Nachfolger, alle anderen Listenelemente haben genau einen Nachfolger.
- Jedes Listenelement mit Ausnahme des Letzten besitzt einen Zeiger auf seinen Nachfolger.
- Es existiert ein als *Kopf* bezeichneter, ausgezeichneter Zeiger, der auf das erste Listenelement deutet.

Bei einer doppelt verketteten Liste kommt hinzu:

- Jedes Listenelement mit Ausnahme des Ersten besitzt einen Zeiger auf seinen Vorgänger.

Dem Zeiger, der auf das letzte Listenelement deutet, kann man den Wert 0 (in C als NULL bezeichnet) zuordnen, wodurch gekennzeichnet ist, dass hier kein Nachfolger existiert. Eine Möglichkeit zur Vermeidung des Null-Zeigers besteht darin, dass man den Zeiger des letzten Eintrags anstatt auf den (nicht existierenden) Nachfolger wieder auf den letzten Eintrag deuten lässt. Bisweilen wird die Liste auch durch einen Verweis des Zeigers des letzten Listenelements auf das erste Listenelement zyklisch geschlossen.

Übersicht über die Grundoperationen auf linearen Listen

Die Grundperationen auf linearen Listen sind:

- *Suchen:*
  Es wird ermittelt, ob ein gegebenes Element in der betrachteten Liste enthalten ist.

- *Durchsuchen:*
  Jedes Element der Liste wird genau einmal ausgewählt. Dies geschieht zur Durchführung einer bestimmten Operation auf dem betreffenden Element, beispielsweise Betrachten am Bildschirm, Vergleichen oder Drucken der Elemente.
- *Einfügen:*
  Ein weiteres Element wird in die Liste eingefügt. Dieses Element kann im einfachsten Fall an den Anfang der Liste angehängt werden. Ist die Liste geordnet und soll die Ordnung aufrecht erhalten werden, so muss vorab die der Ordnung entsprechende Einfügestelle gesucht werden.
- *Löschen:*
  Ein gegebenes Element wird in der Liste gesucht und gelöscht, sofern es gefunden wurde.

Insbesondere die Operationen Einfügen und Löschen sind auf linearen Listen sehr effizient durchführbar, da sie sich auf das Versetzen von Zeigern beschränken. Außerdem kann ein Element ohne allzu großen Aufwand auch so eingefügt werden, dass eine bestehende Ordnung erhalten bleibt. Komplexere Operationen wie Sortieren etc. werden später eingeführt. Verkettete Listen und Operationen auf Listen lassen sich anschaulich grafisch darstellen:

Einfach verkettete Liste:

Einfügen des Elementes C:

Löschen des Elementes B:

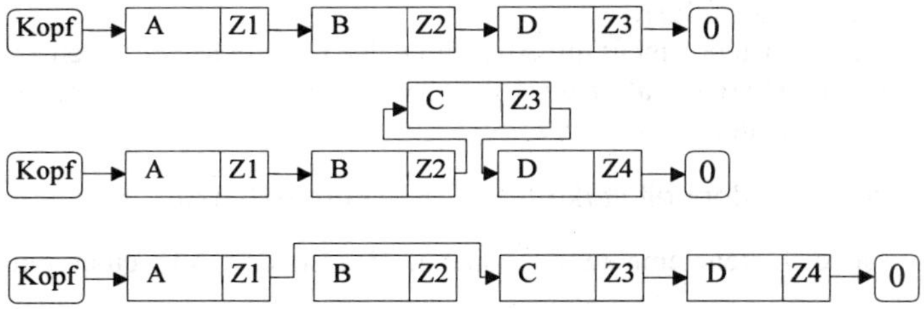

Abbildung 10.5: Grafische Darstellung einer linearen Liste. Durch die Großbuchstaben A, B, C, D sind Einträge in die Listen symbolisiert, durch Z1, Z2, Z3, Z4 Zeiger auf die Nachfolger.

Einfügen und Löschen

Am Beispiel einer Personaldatenkartei, die als eine nach dem Familiennamen alphabetisch geordnete verkettete Liste angelegt ist, wird das Konzept der linearen Liste im Detail erläutert. Als Eintrag bzw. Informationsteil der Listenelemente wird der Kürze wegen nur der Familienname aufgeführt. Es wird angenommen, dass die Liste dynamisch schrumpfen und wachsen kann, aber einschränkend nur bis zu einem durch den verfügbaren Speicher bestimmten Maximalindex. Der durch die Personaldatenliste nicht belegte Speicherbereich wird durch eine weitere verkettete Liste, die *Freiliste*, verwaltet. Die Adresse des ersten Listenelements (Listenkopf) wird durch eine Zeigervarialble Kopf gekennzeichnet, der Kopf der Freiliste durch eine Zeigervariable Frei.

Tabelle 10.2: Beispiel für eine geordnete, verkettete lineare Liste. Die Freiliste zur Verwaltung des noch unbelegten Speicherplatzes wird ebenfalls als lineare Liste (mit Listenkopf Frei) geführt.

INDEX	INFO	ZEIGER	
1		9	Kopf = 2
2	Altmann	5	Frei = 8
3	Buttner	12	
4		1	
5	Bayer	3	
6	Uhlig	0	
7	Radlbauer	11	
8		4	
9		0	
10	Oberhuber	7	
11	Schmiedl	6	
12	Maurer	10	

Es soll nun ein weiterer Eintrag, nämlich das Element Krattler unter der Erhaltung der lexikografischen Ordnung vorgenommen werden. Man erhält damit folgende Tabelle:

Tabelle 10.3: In die lineare Liste aus Tabelle 10.2 wurde zusätzlich das Element Krattler unter Einhaltung der lexikografischen Ordnung eingefügt.

INDEX	INFO	ZEIGER	
1		9	Kopf = 2
2	Altmann	5	Frei = 4 ←
3	Buttner	8 ←	
4		1	
5	Bayer	3	
6	Uhlig	0	
7	Radlbauer	11	
8	Krattler	12 ←	
9		0	
10	Oberhuber	7	
11	Schmiedl	6	
12	Maurer	10	

Alle Änderungen wurden durch einen Pfeil (←) gekennzeichnet. Es ist darauf zu achten, dass die Freiliste ebenfalls korrekt verwaltet wird.

Nun soll das Listenelement mit dem Eintag Radlbauer gelöscht werden. Der durch den zum Namen Radlbauer gehörenden Datensatz belegte Speicher wird allerdings nicht wirklich gelöscht; es wird vielmehr der entsprechende Zeiger in die Freiliste mit aufgenommen. Dadurch ist der Speicherplatz als nicht mehr benötigt gekennzeichnet, so dass er durch einen eventuell später vorzunehmenden neuen Eintrag überschrieben werden kann. Da sich die zum Löschen eines beliebig großen Datensatzes erforderlichen Operationen auf die Manipulation einiger Zeiger beschränken, ergibt sich im Vergleich zu Feldern eine erhebliche Zeitersparnis.

Das Resultat ist die folgende Tabelle:

Tabelle 10.4: Aus der in Tabelle 10.3 dargestellten linearen Liste wurde das Element Radlbauer gelöscht.

INDEX	INFO	ZEIGER	
1		9	Kopf = 2
2	Altmann	5	Frei = 7 ←
3	Buttner	8	
4		1	
5	Bayer	3	
6	Uhlig	0	
7	~~Radlbauer~~	4 ←	
8	Krattler	12	
9		0	
10	Oberhuber	11←	
11	Schmiedl	6	
12	Maurer	10	

Dynamische Speicherplatzverwaltung

Wesentliches Merkmal einer linearen Liste ist, dass sie *dynamisch wachsen* und *schrumpfen* kann, so dass der Speicherbedarf vor Ausführung eines Programms nur sehr mühsam oder auch gar nicht abschätzbar ist. Die obere Grenze für die Länge der Liste folgt aus der Größe des überhaupt verfügbaren Speicherplatzes, der bei den obigen Ausführungen durch die Freiliste verwaltet wurde.

Man benötigt also Sprachelemente, welche eine Speicherplatzfestlegung nicht nur im Deklarationsteil eines Programms erlauben, sondern auch im Anweisungsteil die Anforderung und Freigabe von zusätzlichem Speicherplatz ermöglichen. Zur Bewältigung der Probleme des Zugriffs auf solche Objekte (z.B. Bestimmung deren Lebensdauer, Buchführung über belegten und freien Speicherplatz, Führen der Freiliste) wird eine über die normale Blockstruktur hinausgehende Art der Speicherverwaltung erforderlich: die *Halde* (*Heap*). Die in diesem Zusammenhang gebräuchliche Bezeichnung Heap darf nicht mit der in Kapitel 10.7.4 eingeführten speziellen Baumstruktur verwechselt werden, die ebenfalls den Namen Heap trägt.

In C steht für die Reservierung des Speicherplatzes für ein neues Objekt irgendeines Typs die Funktion z=malloc(size) zur Verfügung. Ein solcher Aufruf bewirkt:

- Platzreservierung für alle Komponenten eines Objektes des spezifizierten Typs;
- Die Übergabe der Anfangsadresse an eine Zeigervariable z, die angibt, wo das Objekt zu finden ist.

Durch die Funktion free(z) wird der Speicherbereich, auf welchen der Zeiger z deutet, wieder freigegeben. Eine explizite Verwaltung des noch verfügbaren Speicherplatzes durch eine Freiliste wird dem Benutzer dadurch abgenommen.

Aus dieser Strategie der Heap-Verwaltung ergibt sich auch, dass die Verwendung *typisierter Zeiger* sinnvoll ist. Das bedeutet, dass in die Definition eines Zeigertyps der Typ des Objekts, auf welches der Zeiger deutet, mit aufgenommen werden muss, da ansonsten bei Reservierung oder Freigabe eines Speicherbereichs dessen Umfang - der sich ja aus dem Typ des Objektes ergibt - nicht bekannt wäre. Ein Zeiger ist also in diesem Sinne mehr als nur eine Adresse.

Suchen und Durchsuchen

Die einfachste Operation auf einer verketteten Liste L ist das *Suchen* eines bestimmten Eintrags E. Der entsprechende Algorithmus lautet als Pseudo-Code:

```
Suchen eines Elementes E in einer linearen Liste L
--------------------------------------------------------------------------------
z=kopf
SOLANGE z!=0
   WENN E==L[z].info DANN "Gefunden an Position z"; ENDE
   SONST z=L[z].next
„Element nicht gefunden"
```

In diesem Pseudo-Code ist der Informationsteil eines Listenelements, auf welches der Zeiger z deutet, mit L[z].info und der Zeiger auf das nächste Element mit L[z].next bezeichnet.

Ähnlich einfach ist auch eine Prozedur zum *Durchsuchen* einer verketteten Liste L zu realisieren. Dabei wird nicht nach einem bestimmten Element gesucht, es wird vielmehr jedes Element der Liste genau einmal besucht. Der Algorithmus lautet:

```
Durchsuchen einer linearen Liste L
-------------------------------------------
z=Kopf
SOLANGE z!=0
   bearbeite L[z].info;
   z=L[z].next
```

Einfügen

Der Algorithmus für das *Einfügen* eines neuen Elements E unter Einhaltung einer bestehenden Ordnung lautet:

Geordnetes Einfügen eines Elementes E in eine lineare Liste L

----

1. WENN frei==0 DANN "Kein Speicherplatz mehr vorhanden"; ENDE
2. Zeiger v für den Vorgänger auf 0 setzen und Laufzeiger z mit kopf vorbesetzen:
   v=0
   z=kopf
3. Suche in L, bis ein Element F mit F≥E oder das Listenende (also z==0) gefunden ist.
   Dabei ist z der Zeiger auf F und v der Zeiger auf den Vorgänger von F.

4. Einen Zeiger h auf einen freien Speicherplatz holen und Freizeiger auf neuen Stand bringen:
   h=frei
   frei=L[frei].next
5. Der Zeiger des Vorgängers von F wird auf h gesetzt, er deutet auf das neue Element:
   WENN v!=0 DANN L[v].next=h
   SONST kopf=h
6. Das neue Element E wird in die Liste eingefügt:
   L[h].next=z
   L[h].info=E

Ist das Element E bereits in der Liste vorhanden, so wird es als Vorgänger dieses Elements nochmals eingefügt. Wird dies nicht gewünscht, so muss lediglich im 3. Abschnitt des Pseudo-Codes im Falle von F==E die Funktion beendet werden.

Soll das neu hinzukommende Element einfach am Kopf der Liste eingefügt werden, so kann das dem Einfügen vorangehende Suchen unterbleiben. Eine eventuell bestehende Ordnung wird dadurch jedoch gestört.

Löschen

Schließlich soll noch der Algorithmus zum *Löschen* eines Elementes E aus der Liste L angegeben werden:

Löschen eines Elementes E aus eine lineare Liste L

---

1. Zeiger v für den Vorgänger auf 0 setzen und Laufzeiger
   z mit kopf vorbesetzen:
   v=0
   z=kopf
2. Suche in L, bis das Element E oder das Listenende (also z==0) gefunden ist.
   Dabei soll z der Zeiger auf E und v der Zeiger auf den Vorgänger von E sein.
3. WENN z==0 DANN „E ist nicht in der Liste enthalten"; ENDE
4. Zeiger umhängen:
   WENN v!=0 DANN L[v].next=L[z].next
   SONST kopf=L[z].next
5. Freizeiger auf neuen Stand bringen:
   L[z].next=frei
   frei=z

Beim Löschen muss also zunächst die Liste nach dem zu löschenden Element E durchsucht werden. Dies wäre selbst bei bekannter Position von E erforderlich. Der

Grund dafür ist, dass die Kenntnis des Vorgängers von E nötig ist. Abhilfe wäre hier durch die Verwendung doppelt verketteter Listen möglich.

Beispiel: C-Funktion zum Löschen eines Listenelements

Zur Umsetzung der oben erläuterten Algorithmen in ein Programm könnte die Liste im Prinzip auch als ein Array von Strukturen definiert werden, die Zeiger werden dann einfach durch Indizes dargestellt. Dem dynamischen Aspekt verketteter Listen wird man dadurch jedoch nicht gerecht, so dass man hier besser das in C unterstützte Zeigerkonzept verwendet. Bei der Verwendung von Zeigervariablen wird dem Benutzer außerdem die Verwaltung der Freiliste abgenommen.

In C wird man den abstrakten Datentyp `liste` für ein Listenelement wie folgt definieren:

```
struct liste { char n[10];              // Inhalt
               // beliebige weitere Komponenten
               struct liste *z;         // Zeiger
             }
```

Die Komponente `*z` ist damit rekursiv als Zeiger auf ein Element des Typs `liste` deklariert. Man hat damit eine dynamische Datenstruktur, die (fast) beliebig wachsen und schrumpfen kann. Der Listenkopf kann durch die Zeigervariable `kopf` spezifiziert werden, das Listenende wird dadurch gekennzeichnet, dass die Zeigervariable des letzten Elements der Liste den Wert NULL erhält.

Eine Funktion zum Löschen eines Elements einer linearen Liste kann damit als C-Funktion so aussehen:

```
//------------------------------------------------------------------
// Löschen des Elements name[] aus einer linearen Liste
//------------------------------------------------------------------
int delete(struct liste *kopf, char name[]) {
  struct liste *vor, *nach;
  if(kopf==NULL) return(-1);                      // Die Liste ist leer
  if(!strcmp(kopf->n,name)) {           // Das erste Element wird gelöscht
    nach=kopf->z;
    free(kopf);
    kopf=nach;
  }
  else {
    nach=kopf;
    vor=NULL;
    while(strcmp(nach->n,name) && nach!=NULL) {      // Element suchen
      vor=nach;
      nach=nach->z;
    }
    if(nach==NULL) return(-2);              // Datensatz nicht gefunden
    else {
      vor->z=nach->z;                   // Element aus der Liste aushängen
      free(nach);                               // Speicherplatz freigeben
    }
  }
  return(0)
}
```

Im nächsten Abschnitt wird eine einfache Dateiverwaltung mit Hilfe einer verketteten Liste vorgestellt.

Beispiel: Implementierung einer einfachen Datenverwaltung

Mit dem folgenden Programm können Datensätze mit Hilfe einer linearen Liste verwaltet werden.

```
//*******************************************************************
// Dateiverwaltung mit linearer Liste
//*******************************************************************
#include <stdio.h>
#include <stdlib.h>
#include <string.h>
#define DIM 20
#define ANZ 7

struct rec { char s[ANZ][DIM];                    // information
             struct rec *z;                       // pointer to next
} *kopf=NULL;

struct init { int  nf;                            // number of fields
              char f[ANZ][DIM];                   // field names
              char s_key[DIM];                    // key string
              int  key;                           // key index
} ini;

//-------------------------------------------------------------------
// Initialisierung
//-------------------------------------------------------------------
int initialize() {
  FILE *f;
  int i;
  ini.key=0;
  ini.nf=ANZ;
  for(i=0; i<ini.nf; i++) { ini.f[i][0]=48+i; ini.f[i][1]=0; }
  if(f=fopen("linlist.ini","rb")) {
    fscanf(f,"%d",&ini.nf);
    if(ini.nf>ANZ) ini.nf=ANZ;
    for(i=0; i<ini.nf; i++) fscanf(f,"%s",ini.f[i]);
    fscanf(f,"%d",&ini.key);
    fclose(f);
    return(0);
  }
  return(-1);
}

//-------------------------------------------------------------------
// Datei von der Platte lesen oder auf die Platte schreiben.
//-------------------------------------------------------------------
int disk(char c) {
  FILE *f;
  struct rec *zgr;
  char nam[15], go;
  int i;
  if(c=='w') {
    if(kopf==NULL) { printf("\nDie Liste ist leer !\n"); return(-1); }
    printf("DATEI AUF PLATTE SCHREIBEN\n\nDateiname = ? ");
    scanf("%s",nam);
    if(f=fopen(nam,"wb+")) {
      fprintf(f,"%d\n\r",ini.nf);
```

```
      for(i=0; i<ini.nf; i++) fprintf(f,"%s\n\r",ini.f[i]);
      fprintf(f,"%d\n\r",ini.key);
      zgr=kopf;
      while(zgr!=NULL) {
        for(i=0; i<ini.nf; i++) fprintf(f,"%s\n\r",zgr->s[i]);
        zgr=zgr->z;
      }
      fclose(f);
      return(0);
    }
    printf("\n\nFehler beim Öffnen der Datei %s\n",nam);
  }
  else if(c=='r') {
    printf("DATEI VON PLATTE LESEN\n\nDateiname = ? ");
    scanf("%s",nam);
    if(f=fopen(nam,"rb")) {
      while(kopf!=NULL) {                          // free heap
        zgr=kopf;
        kopf=zgr->z;
        free(zgr);
      }
      fscanf(f, "%d",&ini.nf);                     // initialize
      if(ini.nf>ANZ) ini.nf=ANZ;
      for(i=0; i<ini.nf; i++) fscanf(f,"%s",ini.f[i]);
      go=fscanf(f,"%d",&ini.key);
      if((zgr=malloc(sizeof(struct rec)))==NULL) {
        printf("\nSpeicher voll!");
        return(-1);
      }
      i=0;
      while(i<ini.nf && (go=fscanf(f,"%s",zgr->s[i++]))!=EOF);
      if(go==EOF) { free(zgr); kopf=NULL; return(-1); }
      kopf=zgr;
      while(go!=EOF) {
        if((zgr->z=malloc(sizeof(struct rec)))==NULL) {
          printf("\nSpeicher voll!");
          return(-1);
        }
        i=0;
        while(i<ini.nf && go!=EOF) go=fscanf(f,"%s",zgr->z->s[i++]);
        if(go!=EOF) zgr=zgr->z;
        else { free(zgr->z); zgr->z=NULL; }
      }
      fclose(f);
      return(0);
    }
    printf("\n\nFehler beim Öffnen der Datei %s\n",nam);
  }
  return(-1);
}

//------------------------------------------------------------------
// Alle Elemente am Bildschirm anzeigen
//------------------------------------------------------------------
void rec_list(struct rec *zgr) {
  int i;
  for(i=0; i<ini.nf; i++) printf("\n%s %s",ini.f[i],zgr->s[i]);
}

//------------------------------------------------------------------
// Eingabe vom Bildschirm
//------------------------------------------------------------------
int rec_in(char c, struct rec *zgr) {
```

```
  static char s[ANZ][DIM]; int i;
  if(c=='r') {                                    // read input
    printf("\n");
    for(i=0; i<ini.nf; i++) {
      printf("%s ",ini.f[i]);
      scanf("%s",s[i]);
    }
    strcpy(ini.s_key,s[ini.key]);
    return(0);
  }
  if(c=='c') {                             // copy input to record
    for(i=0; i<ini.nf; i++) strcpy(zgr->s[i],s[i]);
    return(0);
  }
  return(-1);
}

//-----------------------------------------------------------------------
// Insert, search, delete, list
//-----------------------------------------------------------------------
int linlist(char par) {
  struct rec *vor, *nach, *zgr;
  switch(par) {
    case 'e':                                     // insert a record
      if((zgr=malloc(sizeof(struct rec)))==NULL)
         printf("\nSpeicher voll!");
      else {
      rec_in('r',zgr);
      if(kopf==NULL) { kopf=zgr; rec_in('c',zgr); zgr->z=NULL; }
      else {
        if(strcmp(kopf->s[ini.key],ini.s_key)>0) {
          rec_in('c',zgr);
          zgr->z=kopf;
          kopf=zgr;
        }
        vor=NULL;
        nach=kopf;
        while(strcmp(nach->s[ini.key],ini.s_key)<=0 && nach!=NULL) {
          vor=nach;
          nach=nach->z;
        }
        vor->z=zgr;
        rec_in('c',zgr);
        if(nach==NULL) zgr->z=NULL;
        else zgr->z=nach;
      }
      }
      break;
    case 's':                                       // search a record
      if(kopf==NULL) printf("\nDie Liste ist leer !\n");
      else {
        printf("SUCHEN\n\n%s ",ini.f[ini.key]); scanf("%s",ini.s_key);
        zgr=kopf;
        while(strcmp(zgr->s[ini.key],ini.s_key) && zgr!=NULL) zgr=zgr->z;
        if(zgr==NULL) printf("\nDatensatz nicht gefunden!\n");
        else rec_list(zgr);
      }
      break;
    case 'l':                                       // delete a record
      if(kopf==NULL) printf("\nDie Liste ist leer !\n");
      else {
        printf("LÖSCHEN\n\n%s ",ini.f[ini.key]);
        scanf("%s",ini.s_key);
```

```
        if(!strcmp(kopf->s[ini.key],ini.s_key)) {
          nach=kopf->z;
          free(kopf);
          kopf=nach;
        }
        else {
          nach=kopf;
          vor=NULL;
          while(strcmp(nach->s[ini.key],ini.s_key) && nach!=NULL) {
            vor=nach;
            nach=nach->z;
          }
          if(nach==NULL) printf("\nDatensatz nicht gefunden !\n");
          else { vor->z=nach->z; free(nach); }
        }
      }
      break;
    case 'a':                                   // list all records
      printf("AUFLISTEN ALLER DATEN\n\n");
      if(kopf==NULL) printf("Die Liste ist leer!");
      else {
       zgr=kopf;
        while(zgr!=NULL) {
          rec_list(zgr);
          zgr=zgr->z;
          printf("\n\nWeiter ...\n");
          getch();
        }
      }
      break;
    default:;
  }
}
//----------------------------------------------------------------------
// Main
//----------------------------------------------------------------------
main() {
  char c, go=1;
  int i;
  FILE *f;
  printf("\n\n\nDATEIVERWALTUNG MIT EINER LINEAREN LISTE\n\n\n");
  initialize();
  while(go) {
    printf("Datei von Disk lesen     (r)\nDatei auf Disk schreiben (w)");
    printf("\nEinfügen  (e)\nSuchen    (s)\nLöschen    (l)");
    printf("\nAuflisten (a)\nBeenden   (q)\n\nBitte wählen: ");
    switch(c=getch()) {
      case 'r': case 'w': disk(c); break;
      case 'e': case 's': case 'l': case 'a': linlist(c); break;
      case 'q': go=0;
      default : ;
    }
    printf("\n\nWeiter mit beliebiger Taste ... \n\n"); getch();
  }
}
```

Durch die Funktion `initialize()` wird die Datei `linlist.ini` eingelesen, in der die Textmaske für die Eingabe definiert ist. Die Textfelder definieren zugleich die verschiedenen Einträge in einen Datensatz.

Die Initalisierungsdatei kann beispielsweise so aussehen:

```
7
Name........:
Vorname.....:
Straße......:
Hausnummer..:
Postleitzahl:
Ort.........:
Telefonnr...:
0
```

10.2.4 Stapel und Schlangen

Stapel

Als *Stapel*, *Keller*, *Stack* oder *LIFO* (von *Last In First Out*) bezeichnet man eine homogene, sequentielle Datenstruktur, bei der das Einfügen und das Lesen eines Elementes nur am Anfang der Struktur möglich ist. Beim Lesen wird dabei das gelesene Element gleichzeitig gelöscht, so dass das folgende Element auf den Anfang nachrückt. Die Anzahl der Speicherplätze eines Stacks ist einseitig potentiell unbegrenzt, ein Stack kann also im Prinzip beliebig dynamisch wachsen und schrumpfen. Aus diesem Grunde liegt die Implementierung als verkettete lineare Liste, die nur vom Kopf her wachsen und schrumpfen kann, nahe. Ein Beispiel dafür ist die in Kapitel 10.2.3 eingeführte Verwaltung eines freien Speicherbereichs über eine Frei-Liste. Auch bei der Heap-Verwaltung kann man den noch freien Speicherbereich als Stack interpretieren. In vielen Anwendungsgebieten ist jedoch die maximale Stack-Größe bekannt und nicht sehr groß, so dass die Verwendung von Arrays zu einfacheren Lösungen führt.

Die Funktion des Einspeicherns eines Elementes `x` in einen Stack `S` wird als `push(x,S)` bezeichnet, die Funktion des Auslesens des obersten Elementes als `x=pop(S)`. Außerdem wird noch eine Funktion `init(S)` zum Erzeugen (Initialisieren) eines Stacks `S` benötigt, insbesondere also zum Freigeben des besetzten Speichers und zum Vorbesetzen des *Stapelzeigers* (*Stack Pointer*), der die Anzahl der im Stack gespeicherten Elemente zählt, auf den Anfangswert 0. Die folgende Grafik verdeutlicht diesen Sachverhalt.

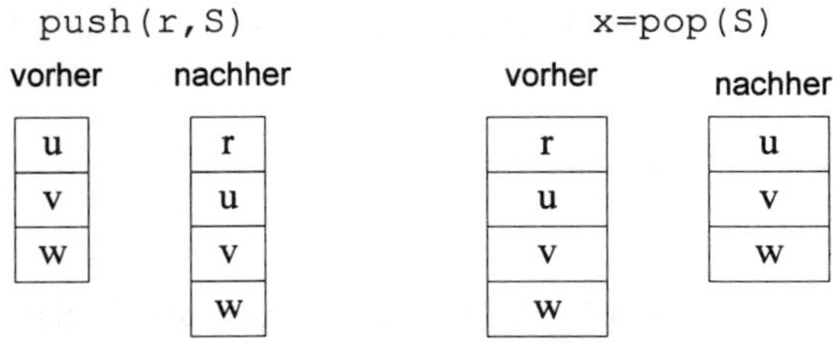

Abbildung 10.6: Die Wirkungsweise der Stack-Funktionen `push` und `pop`.

Oft ist es sinnvoll, zusätzlich eine Operation `head(S)` zu implementieren, die den Kopf des Stacks ansieht ohne ihn zu entfernen sowie eine Funktion `empty(S)`, die testet, ob der Stack `S` leer ist.

Eine nahe liegende Betrachtungsweise ist die Auffassung eines Stacks als Objekt im Sinne des objektorientierten Programmieransatzes. Das Objekt Stack kann man als eine Art black box betrachten, deren Eigenschaften durch die Art der Kommunikation mit der Außenwelt und durch die auf dem Objekt zulässigen Funktionen (Methoden) definiert sind. Die Kommunikation geschieht über Nachrichten, die das Objekt empfängt und verarbeitet sowie über Nachrichten die an andere Objekte gesendet werden. Man kann dann die Interpretation des Stacks als ein Objekt folgendermaßen bildlich darstellen:

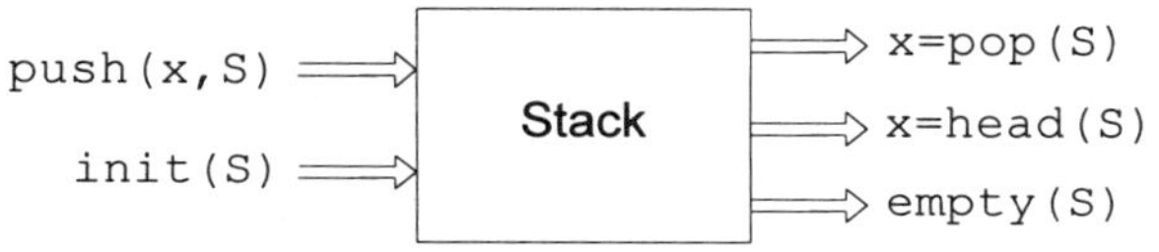

Abbildung 10.7: Der Stack als Objekt.

Beispiel: Abarbeitung von UPN-Ausdrücken

Ein Beispiel für die Verwendung eines Stacks ist die Auswertung von arithmetischen Ausdrücken, die in *Postfix-Notation* (*umgekehrter polnischer Notation*, *UPN*) gegeben sind. Diese Art der Darstellung von Ausdrücken ist bei manchen Taschenrechnern sowie bei der Programmiersprache FORTH üblich. Die Herleitung der UPN aus der üblichen Formelschreibweise wird in Kapitel 10.7.2 über Bäume besprochen und in Kapitel 8.4 wird im Zusammenhang mit Compilern ebenfalls auf dieses Thema eingegangen. Für dieses Beispiel wird angenommen, die UPN sei bereits gegeben. Der Hauptvorteil von UPN-Ausdrücken ist, dass sie klammerfrei und sequentiell abarbeitbar sind, was einen erheblichen Geschwindigkeitsvorteil bringt.

Die UPN-Schreibweise des Ausdrucks `24*(7-3)/(2+4)`
lautet: `24 7 3 - * 2 4 + /`

Die Auswertung erfolgt mit Hilfe eines Stacks in folgender Weise:

1. Der auszuwertende Ausdruck wird in üblicher Formelschreibweise eingegeben, in UPN umgewandelt und in einem Array gespeichert.

2. Der UPN-Ausdruck wird nun von links nach rechts elementweise folgendermaßen abgearbeitet: Findet man einen Operanden `x`, so wird dieser auf den Stack gelegt (eingekellert): `push(x,S)`.

   Findet man einen Operator `&`, so werden folgende Schritte ausgeführt:

   ```
   u=pop(S); v=pop(S); push(u&v,S).
   ```

3. War der Eingabe-Ausdruck syntaktisch korrekt formuliert, so enthält der Stack nach Abarbeitung des gesamten Ausdrucks nur noch ein Element, welches das gesuchte Ergebnis darstellt. Es gilt also:

```
Ergebnis=pop().
```

Mit dem obigen Zahlenbeispiel ergibt sich folgende Stack-Belegung:

Tabelle 10.5: Beispiel für die Abarbeitung des den arithmetischen Ausdruck 24*(7-3)/(2+4) repräsentierenden UPN-Ausdrucks `24 7 3 - * 2 4 + /` mit Hilfe eines Stacks.

Operation:	Stack-Inhalt:
1. Operand 24 lesen	24
2. Operand 7 lesen	24, 7
3. Operand 3 lesen	24, 7, 3
4. Operator „-" lesen, 7-3=4 berechnen	24, 4
5. Operator „*" lesen, 24*4=96 berechnen	96
6. Operand 2 lesen	96, 2
7. Operand 4 lesen	96, 2, 4
8. Operator „+" lesen, 2+4=6 berechnen	96, 6
9. Operator „/" lesen, 96/6=16 berechnen	16 (Ergebnis)

Schlangen

Mit dem Stack verwandt ist die Datenstruktur *Schlange*, die auch als *queue* oder *FIFO* (von *First In First Out*) bekannt ist. Eine Schlange ist ähnlich wie ein Stack als spezielle sequentielle Datenstruktur darstellbar. Wie im Falle des Stacks benötigt man Funktionen zum Initialisieren sowie zum Einspeichern, Auslesen und Ansehen eines Elementes. Nützlich ist ferner eine Funktion zum Testen, ob die Schlange leer ist. Das wesentliche Merkmal einer Schlange ist, dass Elemente nach dem Muster der folgenden Abbildung nur am Kopf (*Head*) eingegeben und nur am Schwanz (*Tail*) ausgelesen werden können, wie die folgende Abbildung zeigt:

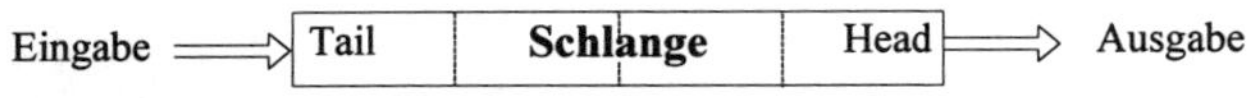

Abbildung 10.8: Prinzip einer Schlange.

Anders als ein Stack kann eine Schlange jedoch nicht als potentiell unendlicher Speicher organisiert werden; es muss auf jeden Fall eine endliche Länge vorausgesetzt werden, da sonst die Wartezeit für die erste Ausgabe unendlich lange wäre. Aus der beschriebenen Zugriffslogik ergibt sich, dass die Schlangenelemente etwa so behandelt werden, wie die Kunden in einer Warteschlange vor einem Fahrkartenschalter.

Schlangen werden oft zur Simulation realer *Warteschlangen* verwendet. Ein weiteres wichtiges Einsatzgebiet von Schlangen ist die *Pufferung* von Daten bei der Synchronisation unabhängig laufender Prozesse, etwa als Transientenrekorder in der Messtechnik.

Ringpuffer

Häufig werden Schlangen auch ringförmig geschlossen. Man bezeichnet eine solche Struktur dann als *Ringpuffer*. Die Implementierung geschieht am besten durch ein Array, bei dem Anfang und Ende des belegten Teils, wie in Abb. 10.9 gezeigt, durch die Indizes `head` und `tail` markiert werden. Der Ringpuffer ist voll, wenn sich beim nächsten Eintrag `head==tail` ergeben würde.

Das Einlesen und das Auslesen von Elementen ist für Ringpuffer relativ einfach zu realisieren, die entsprechenden Funktionen sind in dem unten aufgelisteten Programmbeispiel angegeben.

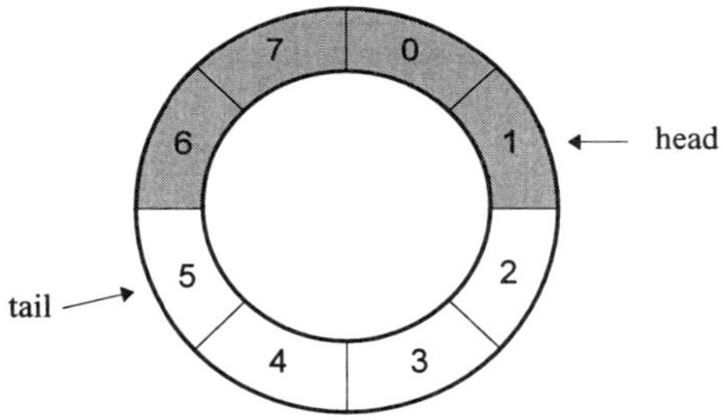

Abbildung 10.9: Prinzip eines Ringpuffers. Der grau markierte Bereich des Ringpuffers ist gefüllt.

```
//***********************************************************************
// Beispiel zur Verwaltung eines Ringpuffers
//***********************************************************************
#include <stdic.h>
#include <stdlib.h>
#define ESC 27
#define QMAX 10

//-----------------------------------------------------------------------
// Ringpuffer initialisieren
//-----------------------------------------------------------------------
int qu_init(int *h, int *t, int qu[]) {
  int i;
  for(i=0; i<QMAX; i++) qu[i]='_';
  *h=1;
  *t=0;
  return(0);
}

//-----------------------------------------------------------------------
// Ringpuffer anzeigen
//-----------------------------------------------------------------------
int qu_show(int h, int t, int qu[]) {
  int i;
  printf("\nRingpuffer: ");
  if(h>=QMAX || t>=QMAX || h<0 || t<0) {
    printf("\n\aFehler!\n");
    return(-1);
  }
```

```
  for(i=0; i<QMAX; i++) {
    if(i==h) printf("H:");
    if(i==t) printf("T:");
    printf("%c ",qu[i]);
  }
  return(0);
}

//---------------------------------------------------------------------
// Einen Eintrag in den Ringpuffer einfügen
//---------------------------------------------------------------------
int qu_in(int *h, int t, int qu[]) {
  int c;
  if((*h+1)%QMAX==t) { printf("\n\aÜberlauf!"); return(-2); }
  printf("\nEinfügen: "); c=getche();
  qu[*h]=c;
  *h=(*h+1)%QMAX;
  return(0);
}

//---------------------------------------------------------------------
// Einen Eintrag aus dem Ringpuffer auslesen und löschen
//---------------------------------------------------------------------
int qu_out(int h, int *t, int qu[], int *x) {
  int i, t0;
  if(h==(*t+1)%QMAX) { printf("\n\aRingpuffer ist leer!"); return(-3); }
  *t=(*t+1)%QMAX;
  *x=qu[*t];
  qu[*t]='_';
  return(0);
}

//---------------------------------------------------------------------
// Hauptprogramm
//---------------------------------------------------------------------
main() {
  int c=1, h=1, t=0, qu[QMAX], x;
  printf("\n\nVerwaltung eines Ringpuffers\n");
  printf("\nEinfügen: e\n");
  printf("Löschen:  l\n");
  printf("Beenden:  ESC\n");
  qu_init(&h,&t,qu);
  while(c!=ESC) {
    qu_show(h,t,qu);
    printf("\nAuswahl: "); c=getche();
    if(c=='e') qu_in(&h,t,qu);
    if(c=='l') if(!qu_out(h,&t,qu,&x)) printf("  x=%c",x);
  }
}
```

10.2.5 Sequentielle Speicherorganisation

Charakterisierung von Speichern

Unter einem *Speicher* versteht man die systematische Anordnung einer Vielzahl von gleichartigen Speicherplätzen. Die kleinste adressierbare Einheit eines Speichers ist ein *Speicherplatz*, der aus einer *Adresse* besteht, die als Spezifikation der physischen *Speicherzelle* dient und dem *Wert*, der als Inhalt (*Nutzdaten*) in der Speicherzelle abgelegt ist und der Adresse eindeutig zugeordnet werden kann. Diese Zuordnung geschieht über einen *Dekodierer*.

Unter einem *Speicherzugriff* versteht man die Herstellung einer logischen und physischen Verbindung zwischen Speicherplatz und Systemumgebung.

Als *Speicherzyklus* bezeichnet man den Gesamtvorgang aus *Speicherzugriff* und *Speicheroperation* (Schreiben oder Lesen).

Der *Adressraum* A, d.h. die Gesamtzahl der potentiellen Speicherplätze, ergibt sich zu $A = 2^k$, wobei k die Breite des Adresswortes in Bit ist.

Ein Speicher kann nach einigen wichtigen Kenngrößen klassifiziert werden:

1. *Kapazität:* Maß für die Anzahl der gleichzeitig speicherbaren Binärzeichen (gemessen in Bit) oder Binärworte (gemessen in Byte).

2. *Spezifischer Preis:* Auf die Speicherkapazität bezogener Systempreis.

3. *Energieabhängigkeit der Daten:* Man unterscheidet je nachdem, ob der Speicher seine Daten ohne Aufrechterhaltung der Betriebsspannung verliert oder nicht, als *flüchtig* (*volatile*) oder *nicht-flüchtig* (*non-volatile*).

4. *Arbeitsgeschwindigkeit:* Maß für die Anzahl der pro Zeiteinheit durchführbaren Speicheroperationen. Es handelt sich hierbei um einen Oberbegriff von zwei Komponenten, nämlich:

   Zugriffszeit t_{zu}: Die Zeit zwischen dem Anlegen einer Adresse am Speicher und dem Erscheinen des ersten Bits des Inhalts am Ausgang des Speichers. Die Zugriffszeit kann für manche Speichertypen von der Lage des Speicherplatzes abhängen und zwischen einem Minimalwert $t_{zu,min}$ und einem Maximalwert $t_{zu,max}$ variieren. Man verwendet dann oft die mittlere Zugriffszeit $t_{zu,ave} = (t_{zu,min} + t_{zu,max})/2$
   Zykluszeit t_{cyc}: Darunter versteht man den minimalen Zeitabstand zwischen zwei Adressvorgaben. Nach dieser Definition gilt immer immer $t_{cyc} > t_{zu}$.

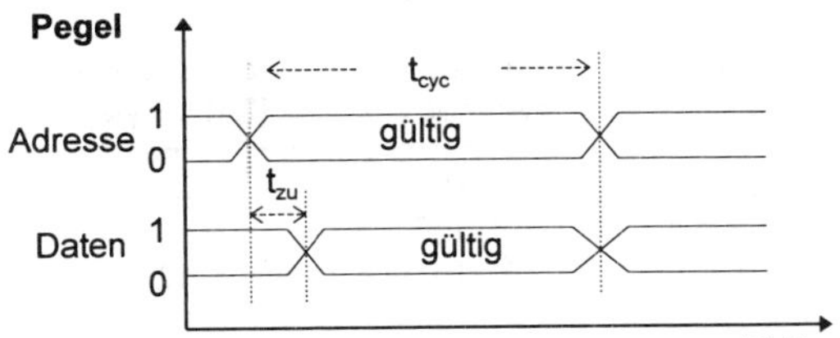

Abbildung 10.10: Zugriffszeit und Zykluszeit.

5. *Zugriffsmodus:* Durch den Zugriffsmodus wird die Art der Ablage und Wiederauffindung der Daten beschrieben. Die Anlage und Auswahl geeigneter Datenstrukturen wird durch den Zugriffsmodus entscheidend mitgeprägt. Man unterscheidet folgende Modi:

Wahlfreier Zugriff: Völlige Freizügigkeit im Adressraum mit gleicher Zugriffszeit zu allen Speicherplätzen. Beispiel: *RAM* (*Random Access Memory*).

Sequentieller (serieller) Zugriff: Es besteht eine Priorität der Speicherplätze wegen ihrer unterschiedlichen Lage relativ zur Schreib/Lese-Einrichtung. Die Zugriffszeit auf den ersten einzulesenden Speicherplatz ist für gewöhnlich groß, während zu unmittelbar aufeinander folgenden Speicherplätzen ein rascher Zugriff möglich ist. Daraus ergibt sich die Forderung, bei der Programmierung Sprünge im Adressraum zu minimieren und Daten möglichst blockweise zu transferieren. Ein Beispiel dafür sind *Magnetbänder*.

Halbsequentieller (zyklischer) Zugriff: Dies ist eine Mischform aus den beiden bereits beschriebenen Modi, aber mit Schwerpunkt auf der sequentiellen Komponente. Es erfolgt eine periodische Umlaufbewegung der Speicherplätze relativ zur Schreib/Lese-Einrichtung. Daraus ergibt sich im Vergleich zu einem rein sequentiellen Speicher eine erhebliche Reduktion der Zugriffszeit und eine noch stärkere Betonung des blockorientierten Datentransfers. Beim Zugriff erfolgt zunächst eine nahezu wahlfreie Auswahl einer von mehreren konzentrisch angeordneten rotierenden Speicherbereiche (Spuren). Danach wird abgewartet, bis die gewünschten Daten aus der gewählten Spur sequentiell an der Schreib/Lese-Einrichtung erscheinen. Praktisch alle *Plattenlaufwerke* arbeiten nach diesem Prinzip.

Der Hauptspeicher eines Rechners ist als Speicher mit wahlfreiem Zugriff (RAM) ausgeführt. Die Wortlänge liegt zwischen 8 und 64 Bit, die Kapazität reicht bis zu mehreren 100 MByte. Im Vergleich mit externen Speichern wie Magnetbandlaufwerken und Plattenlaufwerken ist RAM-Speicher verhältnismäßig teuer, der Zugriff ist mit 0.01 bis 0.1 µsec sehr schnell, die erreichbare Kapazität ist jedoch sehr viel geringer als bei externen Speichern. In der Regel sind die Daten im RAM flüchtig gespeichert; durch Verwendung von *ROMs* (*Read Only Memory*) oder batteriegepufferten RAMs ist jedoch auch eine nicht-flüchtige Speicherung möglich.

Die folgende Tabelle zeigt eine Übersicht über typische Werte.

Tabelle 10.6: Überblick über typische Kenngrößen von Speichern (Stand 1999).

Speicher-Hierarchie	Speichertyp	Speicherkapazität [Byte]	Zugriffszeit [Sekunden]	spezifischer Preis [DM/MByte]
Primärspeicher	Register	10^1-10^3	ca. 10^{-9}	---
(direkter Zugriff)	Cache	10^4-10^6	10^{-9}-10^{-7}	10^2
	Arbeitsspeicher	10^5-10^8	10^{-8}-10^{-7}	10^1
Sekundärspeicher	Plattenlaufwerke	10^9-10^{11}	10^{-3}-10^{-2}	10^{-2}
Tertiärspeicher	Bandlaufwerke	10^8-10^{12}	10^{-2}-10^2	10^{-2}

Die Organisation von Magnetbandspeichern

Ein Magnetbandspeicher besteht aus drei Hauptkomponenten:

1. *Speichermedium:* Üblicherweise verwendet man Magnetbänder mit 9 parallelen *Spuren* in Laufrichtung zur parallelen Aufzeichnung von 8 Datenbits und einem Paritätsbit. Typische Merkmale:
   Länge: a (z.B. 732 m)
   Breite: b (z.B. ½ " ≈ 12.7 mm)
   Aufzeichnungsdichte: D (z.B. 12500 Byte/Inch)
   Bandkapazität: $K = D \cdot a$

2. *Schreib/Lese-Einrichtung:* Diese ist fest installiert und besteht aus einem eigenen Schreib/Lese-Kopf für jede Spur.

3. *Elektrischer Bandantrieb:* Erforderlich sind ein schneller und dabei gleichmäßiger Bandlauf, die Fähigkeit zu Start/Stop-Betrieb und eine schnelle Vor- und Rückspulmöglichkeit. Typische Transportgeschwindigkeiten liegen zwischen $v=3$ bis 10 m/sec.
   Die mittlere Zugriffszeit errechnet sich daraus zu: $t_{zu,ave} = a/(2 \cdot v)$
   Als mittlere Datentransferrate ergibt sich: $r_D = D \cdot v$ (z.B. 2 MBit/sec)

Die Daten werden auf *Blöcken* angeordnet, die voneinander durch Lücken getrennt sind. Die Aufteilung in Blöcke verringert zwar die Nutzkapazität, sie ist aber für eine exakte Positionierung erforderlich. Oft werden die Blöcke noch weiter in *Sätze* unterteilt. Den Blockanfang nimmt ein Header mit Blockkennung und optional weiteren Informationen ein. Große Blocklängen führen zu einer guten Speicherausnutzung, bedingen aber einen großen Pufferspeicher und einen langsameren Zugriff auf einzelne Sätze. Um die Speicherausnutzung weiter zu erhöhen, werden häufig Algorithmen zur *Datenkompression* eingesetzt (siehe Kapitel 2.9.9), welche die Redundanz minimieren. Bei der Suche nach einem Datensatz wird zunächst im Schnell-Lauf der entsprechende Block durch Schlüsselvergleich ermittelt, dann werden die Daten des aktuellen Blocks bearbeitet. Da nur eindimensionales Suchen in beiden Laufrichtungen möglich ist, müssen die Organisation der Daten und die darauf wirkenden Algorithmen entsprechend angepasst und optimiert werden.

Die Organisation von Plattenspeichern

Der Zugriff auf einen Plattenspeicher unterscheidet sich wegen der halbsequentiellen bzw. zyklischen Organisation erheblich vom Zugriff auf Magnetbänder.

Ein Plattenspeicher besteht aus drei Hauptkomponenten:

1. *Speichermedium:* Magnetplatte, magneto-optische oder optische Platte.
   Als Standard-Durchmesser sind d = 8", 5¼", 3½", 2½" gebräuchlich. Von der Platte wird nur ein äußerer Rand mit Radius a in s = 80 bis 800 konzentrische *Spuren* unterteilt und für die Speicherung genutzt. Die radiale Aufzeichnungsdichte beträgt bis zu ca. D=50000 Bit/Inch. Die Speicherkapazität berechnet man aus diesen Da-

ten gemäß der Formel: $K = \pi \cdot s \cdot (d-a) \cdot D$. Eine Erhöhung der Kapazität ist durch Stapelung mehrerer Platten möglich; in diesem Falle bezeichnet man alle übereinander liegenden Spuren als *Zylinder*.

2. *Elektrischer Antrieb:* Es ist eine kontinuierliche Rotationsbewegung mit ca. 5000 Umdrehungen pro Minute mit extrem hohem Gleichlauf erforderlich.

3. *Schreib/Lese-Einheit:* Man verwendet pro Platte einen Schreib/Lese-Kopf. Die Köpfe sind auf einem rechenähnlichen Arm montiert, der zur Spurauswahl in radialer Richtung beweglich ist.

Beim Zugriff wird zunächst die Schreib/Lese-Einrichtung quasi-wahlfrei radial mit einer Positionierzeit t_p von weniger als 10 msec auf die gewünschte Spur bewegt. Danach werden die infolge der Rotation sequentiell an der Schreib/Lese-Einheit vorbeibewegten Daten verarbeitet. Daraus resultiert eine Wartezeit t_w, die ebenfalls kleiner als 10 msec ist. Für die gesamte Zugriffszeit berechnet man dementsprechend $t_{zu}=t_p+t_w$. Die mittlere Transferrate ergibt sich zu $r_D=\omega \cdot \pi \cdot (d-a) \cdot D$, wobei mit $\omega=1/(2 \cdot t_w)$ die *Winkelgeschwindigkeit* bezeichnet wird. Die Spuren werden unterteilt in *Sektoren*, die eine Länge von typischerweise 0.25 bis 4 kByte aufweisen. Jeder Sektor beginnt mit einer als ID-Header bezeichneten Adresseninformation, danach folgen die Daten. Ein Sektor ist die kleinste adressierbare Einheit. Für die Verwaltung in Betriebssystemen werden mehrere (meist 4) Sektoren zu *Clustern* zusammengefasst, die fortlaufend durchnumeriert werden.

Die Zugriffszeiten, Transferraten und Netto-Kapazität hängen nicht nur von der Platte selbst ab, sondern von weiteren Faktoren:

- Platten-Controller
- Aufzeichnungsverfahren
- Betriebssystem
- Fragmentierung der Daten, d.h. Aufteilung auf verschiedene nicht benachbarte Cluster
- Interleave-Faktor

Durch häufiges Löschen und erneutes Beschreiben tritt eine mit der Zeit immer stärkere *Fragmentierung* ein. Dies kann schnell einen erheblichen Geschwindigkeitsverlust zur Folge haben. Durch *Defragmentier-Programme* können die Dateien so umgeordnet werden, dass wieder eine fortlaufende Speicherung entsteht.

Insbesondere der *Interleave-Faktor*, der zusammen mit der Festlegung der Sektoren bei der Low-Level Formatierung (*physikalische Formatierung*) eingestellt wird und nachträglich kaum geändert werden kann, spielt eine bedeutende Rolle. Dabei werden aufeinander folgende Cluster physikalisch nicht unmittelbar hintereinander gespeichert, sondern so, dass ein oder mehr fremde Cluster eingeschoben werden. Üblich sind Interleave-Faktoren bis 4:1. Der Sinn dieses Verfahrens ist, dem Platten-Controller Gelegenheit zur Verarbeitung der Daten des aktuellen Clusters zu geben, bevor infolge der Drehung der nächste Cluster unter dem Schreib/Lese-Kopf erscheint. Folgen die Cluster bei einem kleinen Interleave-Faktor zu dicht aufeinander, so muss eine ganze Plattenumdrehung abgewartet werden, bis der nächste Cluster verarbeitet werden kann, was natürlich viel Zeit kostet. Andererseits führt auch ein zu großer Interleave-Faktor zu Zeitverlusten, da der Controller dann unnötig lange auf den nächsten Cluster warten muss. Eine optimale Anpassung zwischen Platte, Controller und Betriebssystem kann daher einen wichtigen Beitrag zur Erhöhung der Leistungsfähigkeit des Gesamtsystems leisten.

Ähnlich wie bei Magnetbändern werden auch bei Festplatten Mechanismen zur Fehlererkennung und Fehlerkorrektur verwendet, so dass sich eine sehr geringe Fehlerrate von lediglich ca. 10^{-13} ergibt. Auch Datenkompressions-Techniken zur Erhöhung der Kapazität werden eingesetzt.

Dieser flexible Zugriffsmodus von Plattenspeichern ermöglicht komplexere Organisationsformen und eine effizientere Verarbeitung von Datenbeständen, als dies bei Magnetbädern der Fall ist. In den entsprechenden Datenstrukturen muss dem Rechnung getragen werden.

10.3 Suchverfahren

Definition des Begriffs Suchen

Suchen ist eine der wichtigsten Operationen vieler Computer-Anwendungen. Es geht dabei um das Auffinden bestimmter Informationen aus einer größeren Menge gespeicherter Daten.

Eine genauere Definition lautet:

Suchen ist das Auffinden eines Datensatzes unter Verwendung eines Schlüssels bzw. unter Einhaltung einer Suchbedingung, oder das Auffinden mehrerer Datensätze, die einer oder mehreren Suchbedingungen genügen.

Davon zu unterscheiden ist das *Durchsuchen* einer Datei. Hierbei soll jedes Element eines Datenbestandes unter Einhaltung einer bestimmten Reihenfolge genau einmal bearbeitet werden, etwa zur Auflistung aller Datenelemente oder zur Prüfung auf eine bestimmte Eigenschaft.

Wichtig im Zusammenhang mit Suchverfahren ist der Begriff des *Schlüssels*, der die Datensätze möglichst eindeutig und kurz kennzeichnen soll.

Im Gegensatz zum Suchen in Graphen und Bäumen, das an anderer Stelle besprochen wird, ist das Suchen in Arrays und in verketteten linearen Listen verhältnismäßig einfach.

10.3.1 Einfache Suchverfahren

Sequentielle Suche in einem Array

Es sei `a[i]` eine als Array dargestellte Liste mit Untergrenze `ug` und Obergrenze `og` für den Indexbereich. Das sequentielle *Durchsuchen* erfolgt dann nach folgendem Schema, wobei jedes Element des Arrays genau einmal besucht wird:

```
Sequentielles Durchsuchen eines Arrays a
---------------------------------------------------
Setze i=ug
WIEDERHOLE SOLANGE i≤og
   bearbeite a[i]
   Setze i=i+1        (hier eventuell andere Adressberechnung)
ENDE
```

Beim *Suchen* nach einem bestimmten Element `x` ergibt sich nur eine geringe Änderung:

```
Sequentielle Suche nach einem Element x in einem Array a
-----------------------------------------------------------------------
```

Setze i=ug
WIEDERHOLE SOLANGE $i \leq og$ UND $a[i] \neq x$
    Setze i=i+1
WENN $i \leq og$ DANN "gefunden an Position i"
SONST "nicht gefunden"
ENDE

Dieser einfache Such-Algorithmus lautet als C-Funktion:

```
//------------------------------------------------------------------
//Sequentielle Suche nach einem Element x
//in einem Integer-Feld a der Dimension n.
//Rückgabewert: Index des gefundenen Elements
//              oder -1 für nicht gefunden.
//------------------------------------------------------------------
int srch_sequ(int x, int a[], int n) {
  do { if(x==a[--n]) return(n); } while(n);
  return(-1);
}
```

In diesem Programm ist die obere Indexgrenze n-1 und die untere Indexgrenze 0. Um die Deklaration einer weiteren Variablen einzusparen, wurde mit der Suche bei der oberen Indexgrenze begonnen.

Um nicht wiederholt das Dateiende abfragen zu müssen, kann man bei Verwendung von Arrays das gesuchte Element als *Marke* in ein zusätzlich nach dem letzten Element angefügtes Element `a[og+1]` speichern. Die Suche endet also immer erfolgreich. Damit lautet der Algorithmus für das Suchen nach x:

Sequentielle Suche nach einem Element x in einem Array a mit Marke

---

Setze a[og+1]=x
Setze i=ug
WIEDERHOLE SOLANGE $a[i] \neq x$
    Setze i=i+1
WENN $i \leq og$ DANN "gefunden an Position i"
SONST "nicht gefunden"
ENDE

Für die Suche in verketteten Listen ist nur eine einfache Modifikation nötig, die bereits in Kapitel 10.2.3 eingeführt worden ist.

Für die Komplexität des Algorithmus ergibt sich im ungünstigsten Fall, d.h. für den Fall dass x nicht in der Liste enthalten ist, $C(n)=n+1$, also die Ordnung $\mathcal{O}(n)$, wobei n die Anzahl der Datensätze ist.

Für die Berechnung der Komplexität des im Mittel auftretenden Normalfalls nimmt man an, dass x mit gleicher Wahrscheinlichkeit p_i auf jeder Position i gefunden werden konnte. Es gilt dann:

$p_1 = p_2 = \ldots p_n = 1/n$

Um festzustellen, ob sich ein Element an i-ter Position befindet, werden offenbar i Vergleiche benötigt, wobei die Anzahl mit der Wahrscheinlichkeit des Auftretens zu wichten ist. Den gesuchten Mittelwert erhält man dann durch Summation:

$$C(n) = 1\cdot p_1 + 2\cdot p_2 + \ldots n\cdot p_n = 1/n + 2/n + 3/n + \ldots n/n = (1/n)\cdot(1 + 2 + 3 \ldots n)$$

$$= \frac{1}{n}\sum_{i=1}^{n} i = \frac{1}{n}\frac{n\cdot(n+1)}{2} = \frac{n+1}{2} = O(n)$$

Es ergibt sich also auch im mittleren Fall $C(n) = \mathcal{O}(n)$.

Binäre Suche

Nun wird der in der Praxis oft anzutreffende Fall vorausgesetzt, dass das zu Grunde liegende Feld a[i] bereits entsprechend der Suchbedingung geordnet ist. Man teilt dann den Bereich ug..og in der Mitte und stellt durch einen Vergleich fest, ob sich das gesuchte Element x im unteren oder im oberen Intervall befindet, sofern es überhaupt in dem Feld enthalten ist. Auf diese Weise fährt man durch fortgesetzte Unterteilung der entsprechenden Intervalle fort, bis das Element gefunden ist oder bis keine weitere Intervall-Unterteilung mehr möglich ist. Der zugehörige Algorithmus lautet:

```
Binäre Suche nach einem Element x in einem Array a
------------------------------------------------------------
Setze: anf=ug   end=og   mitte=INT((anf+end)/2)
WIEDERHOLE  SOLANGE anf≤end UND a[mitte]≠x
   WENN x<a[mitte] DANN end=mitte-1 SONST anf=mitte+1
   mitte=INT((anf+end)/2)
WENN a[mitte]=x DANN "Gefunden an Position mitte"
SONST "nicht gefunden"
ENDE
```

Wenn x nicht in a enthalten ist, wird anf=ende=mitte auftreten. Im nächsten Schritt ist dann end<anf und die Suche bricht ab.

Die Wirkungsweise des Algorithmus wird anhand eines Beispiels verdeutlicht. Der Text E I N S U C H B E I S P I E L wird lexikografisch geordnet in ein Feld eingelesen.

Die folgende Tabelle zeigt, wie bei einer Suche nach dem Element N schrittweise der noch zu untersuchende Bereich eingeschränkt wird. Die für die Vergleiche verwendeten Elemente sind unterstrichen; offenbar sind bis zum Auffinden des Elementes N nur 4 Vergleiche nötig.

Tabelle 10.7: Beispiel zu binären Suche. Die Zeichenkette E I N S U C H B E I S P I E L wurde zunächst lexikografisch geordent. Anschließend wurde das Zeichen N gesucht und im vierten Schritt gefunden.

1	2	3	4	5	6	7	8	9	10	11	12	13	14	15		
B	C	E	E	E	H	I	I	I	L	N	P	S	S	U	anf=1	end=15
								I	L	N	P	S	S	U	anf=9	end=15
								I	L	N					anf=9	end=11
										N					anf=11	end=11

Bei mehrfachen, also nicht eindeutigen Schlüsseln, liefert die binäre Suche nur einen Eintrag. Im obigen Beispiel wäre das im Falle der Suche nach dem mehrfach auftretenden Zeichen I der Fall. Will man alle Einträge mit demselben Schlüssel finden, so kann dies durch Nachschalten einer sequentielle Suche geschehen.

Im Folgenden ist die Umsetzung des Algorithmus zur binären Suche als C-Funktion angegeben. Es soll aus einer global deklarierten Datei `k_datei` der Index eines Kunden-Datensatzes gesucht werden, welcher zu einer vorgegebenen Kundennummer gehört. Die Funktion `bin_such` gibt als Ergebnis den Index zurück, falls der Datensatz gefunden wurde und 0, falls er nicht gefunden wurde.

```
//**********************************************************************
// Binäre Suche
//**********************************************************************
#include <stdic.h>
#include <stdlib.h>
#define MAX 15

struct kunde { char name[20]; int knr; };
struct kunde k_datei[MAX] = { {"Maier", 2},    {"Huber", 3}, {"Kroll", 8},
{"Stahl", 11}, {"Kohl", 14},  {"Massen", 21}, {"Maus", 24}, {"Kahl", 25},
{"Mader", 26}, {"Fuchs", 29}, {"Faber", 30},  {"Hell", 38}, {"Kolb", 42} };

//----------------------------------------------------------------------
// Binäre Suche in einer Datei mit geordneten numerischen Schlüsseln
// Rückgabewert: Index des gefundenen Elements
//               oder -1 für "nicht gefunden".
//----------------------------------------------------------------------
int bin_such(int k) {
  int anf=0, end=MAX-1, m=(MAX-1)/2;
  while(anf<=end && k!=k_datei[m].knr) {
    if(k<k_datei[m].knr) end=m-1; else anf=m+1;
    m=(anf+end)/2;
  }
  if(k_datei[m].knr==k) return(m);
  return(-1);
}

//----------------------------------------------------------------------
// Binäre Suche in einer Kundendatei
// Die Kundendatei kdat ist global deklariert und nach einem
// numerischen Schlüssel (Kundennummer knr) geordnet
//----------------------------------------------------------------------
main() {
  int i, k=1;
  printf("\n\nBinäre Suche in einer Kundendatei\n");
  printf("Bitte eine zweistellige Nummer eingeben,\n");
```

```
  printf("Beenden durch Eingabe von 0\n");
  while(k>0) {
    printf("\nEingabe: "); scanf("%d",&k);
    i=bin_such(k);
    if(i<0) printf("Kundennummer %2d: nicht gefunden!\n",k);
    else printf("Datensatz %2d: %s\n",k,k_datei[i].name);
  }
}
```

Die Komplexität des Algorithmus zur binären Suche folgt aus der Überlegung, dass jeder Vergleich die Anzahl der noch verbleibenden Elemente halbiert. Es sei $C(n)$ die Anzahl der Vergleiche; dann gilt offenbar im ungünstigsten Fall:

$$C(n) \approx ld(n) = \mathcal{O}(\ln(n))$$

Eine etwas langwierigere Rechnung ergibt, dass $C(n)$ auch im mittleren Fall von der Ordnung $\mathcal{O}(\log(n))$ ist und nur geringfügig kleiner als die hier für den ungünstigsten Fall berechnete Komplexität. Für die Suche in einer Datei mit $n = 1000\,000$ Datensätzen sind beispielsweise nur ca. 20 Intervall-Halbierungen für das Auffinden eines bestimmten Datensatzes nötig.

Interpolationssuche

Ein noch geringerer Aufwand als bei der binären Suche lässt sich in manchen Anwendungen durch die *Interpolationssuche* erreichen. Die Grundidee dieses von der binären Suche abgeleiteten Verfahrens ist, dass die Unterteilung der Suchintervalle nicht einfach durch Halbieren geschieht, sondern dass der Unterteilungspunkt genauer abgeschätzt wird. Bei der binären Suche war der Unterteilungspunkt u nach der Formel

$$u = (anf+end)/2 = anf + \tfrac{1}{2}\cdot(end-anf)$$

berechnet worden. Der Faktor ½ steht für die Intervallteilung in der Mitte. Bei der Interpolationssuche wird nun dieser Faktor als eine Variable k betrachtet, die aus dem Wert p des zu suchenden Elements und den Werten der den Intervallgrenzen entsprechenden Elemente berechnet wird. Durch eine geeignete Abbildung num(p) muss außerdem sichergestellt werden, dass sich für die Positionen der Elemente numerische Werte ergeben. Schließlich wird das Ergebnis u noch auf den nächstliegenden gültigen Wert gerundet. Man erhält:

$$u = rund(anf + k\cdot(end-anf))$$

mit $\quad k = \{num(p) - num(a[anf])\} \;/\; \{num(a[end]) - num(a[anf])\}$

Ordnet man wieder die Buchstaben des Textes E I N S U C H B E I S P I E L in ein Array ein und wählt man als Abbildung num(a) die Position des Buchstaben a im Alphabet, so ergibt die Suche nach dem Buchstaben N mit num(N)=14 den in der folgenden Tabelle dargestellten Ablauf.

Tabelle 10.8: Beispiel zu Interpolationssuche. Die Zeichenkette E I N S U C H B E I S P I E L wurde zunächst lexikografisch geordent. Anschließend wurde das Zeichen N gesucht und in zwei Schritten gefunden.

1	2	3	4	5	6	7	8	9	10	11	12	13	14	15	
B	C	E	E	E	H	I	I	I	L	N	P	S	S	U	anf=1 end=15

u=rund(1 + (14-2)(15-1)/(21-2)) = 9

L	N	P	S	S	U	anf=10 end=15

u=rund(10 + (14-12)(15-10)/(21-12)) = 11

Zur Suche sind hier also nur zwei Vergleiche nötig. Allerdings ist der zusätzliche Aufwand beträchtlich, so dass sich der Vorteil gegenüber dem binären Suchen wieder etwas relativiert.

Eine Komplexitätsanalyse ergibt für die Interpolationssuche das Resultat:

$C(n) = \mathcal{O}(\ln(\ln(n)))$

Dies ist eine derart langsam wachsende Funktion, dass die daraus resultierende Anzahl der erforderlichen Vergleiche für praktische Zwecke als konstant angesehen werden kann. Voraussetzung ist allerdings, dass die Elemente selbst oder die ihnen zugeordneten Schlüssel entweder bereits numerisch sind oder durch eine einfache Funktion auf numerische Werte abgebildet werden können und dass ferner diese numerischen Werte über das Suchintervall einigermaßen gleichmäßig verteilt sind. Auch hier muss bei mehrdeutigen Schlüssel ggf. noch eine sequentielle Suche nachgeschaltet werden.

Radix-Suche

Normalerweise werden bei Schlüsselvergleichen verschiedene Schlüssel als Ganzes miteinander verglichen. Bei der *Radix-Suche* geht man einen anderen Weg: die Schlüssel werden bitweise verglichen. Diese Art der Suche ist unter folgenden Bedingungen günstig:

- Die Schlüssel sind sehr lang, z.B. 100 Bit.
- Die einzelnen Bits der Schlüssel sind einfach zugänglich.
- Die Schlüsselwerte sind „vernünftig" verteilt.

Im einfachsten Fall geht man folgendermaßen vor: Alle Schlüssel werden entsprechend ihrem Binär-Code in einem *Code-Baum* (siehe Kapitel 2.7.1) gespeichert. Man bezeichnet solche Strukturen als *Tries* (eine Verballhornung von tree=Baum, try=probieren und retrieve=wieder finden). Um einen bestimmten Schlüssel aufzufinden, entscheidet man beginnend mit dem MSB (most significant bit) Bit für Bit, welcher Pfad in dem Baum einzuschlagen ist. Man gelangt schließlich an das Blatt, dem der gesuchte Schlüssel zugeordnet ist. Dieses Verfahren soll wieder anhand des Textes E I N S U C H B E I S P I E L erläutert werden. Die folgende Tabelle ordnet den Buchstaben des Textes ein Binärwort zu, das einfach die binär codierte Form der entsprechenden Position im Alphabet ist.

Tabelle 10.9: Beispiel zu Interpolationssuche. Den in der Zeichenkette E I N S U C H B E I S P I E L vorkommenden Zeichen wurde ein Binär-Code als Schlüssel zugeordnet. Die Suche erfolgt dann durch bitweisen Schlüsselvergleich.

Buchstabe:	B	C	E	H	I	L	N	P	S	U
Position :	2	3	5	8	9	12	14	16	19	21
Code :	00010	00011	00101	01000	01001	01100	01110	10000	10011	10101

Der zugehörige Code-Baum wird nur so weit ausgeführt, wie tatsächlich Alternativentscheidungen auftreten. Man erhält folgendes Bild:

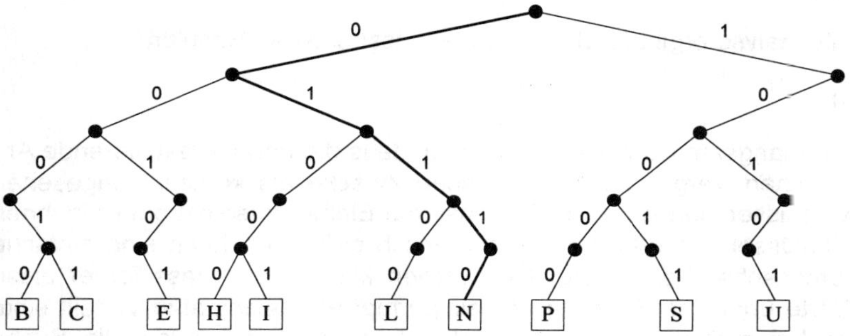

Abbildung 10.11: Beispiel für einen Suchbaum bei der Radix-Suche. Der Pfad für die Suche nach dem Eintrag N ist markiert. Offenbar waren 5 Ein-Bit-Vergleiche nötig.

Die weitere Verfeinerung der Radix-Suche bis hin zu *PATRICIA* (Practical Algorithm To Retrieve Information Coded In Alphanumeric) erfordert Detailkentnisse über Baumstrukturen und würde hier zu weit führen. Insbesondere müssen die Operationen Einfügen und Löschen von Einträgen sowie die Suche nach mehrdeutigen Schlüsseln möglichst effizient gelöst werden.

10.3.2 Gestreute Speicherung (Hashing)

Hash-Funktionen

Bei der *gestreuten Speicherung* handelt es sich um ein Speicher- und Suchverfahren, bei dem die Adresse bzw. der Index des zu speichernden oder zu suchenden Datensatzes aus einem *eindeutigen Schlüssel* (*Primärschlüssel*) berechnet wird. Das Suchen eines Datensatzes beschränkt sich dann im einfachsten Fall auf eine Adressberechnung. Dies führt vor allem dazu, dass die Laufzeit von Hash-Verfahren - anders als bei der sequentiellen oder auch der binären Suche - weit gehend unabhängig von der Anzahl der Daten wird. Im englischen Sprachgebrauch wird die gestreute Speicherung als *Hashing* bezeichnet, was in etwa Mischen bedeutet.

Gegeben sei eine Datei mit n Datensätzen, wobei ein Datensatz eindeutig durch einen Primärschlüssel K identifizierbar sein soll. Die Datei soll in einem Speicherbereich gespeichert sein, der durch Adressen A ansprechbar ist. Zur Vereinfachung wird hier angenommen, dass sich der Speicherbereich auf ein Array abbilden lässt und dass dementsprechend die Adressen A durch ganzzahlige Indizes i dargestellt werden können.

Als Beispiel wird ein Lager mit 136 verschieden Artikeln betrachtet. Zur Verwaltung dieser Artikel wird jedem eine vierstellige Identifikationsnummer als Primärschlüssel zugewiesen. Es ist nun nahe liegend, die Identifikationsnummern direkt als Adressen bzw. Indizes für die zu den entsprechenden Artikeln gehörenden Datensätze zu verwenden. Dazu werden allerdings 10000 Speicherplatze benötigt, von denen nur etwas mehr als 100 tatsächlich belegt sind. Dies ist eine nicht zu akzeptierende Verschwendung von Speicherplatz.

Verwendet man nicht direkt den Primärschlüssel K als Adresse, sondern eine mit Hilfe einer möglichst einfachen Funktion $h(K)$ daraus bestimmte Adresse, so lässt sich bei geeigneter Wahl der Funktion eine wesentlich günstigere Speicherausnutzung erzielen. Eine solche Funktion

$$h : K \to A$$

wird als *Hash-Funktion* oder *Speicherfunktion* bezeichnet.

Häufig ist der Primärschlüssel K nicht als numerischer Wert gegeben, sondern beispielsweise als String. In diesem Fall ist es günstig, zunächst K in einen numerischen Wert umzurechnen und dann daraus die Adresse abzuleiten.

Als Beispiel sollen die als Strings gegebenen Wochentage

{MONTAG, DIENSTAG, MITTWOCH, DONNERSTAG, FREITAG, SAMSTAG, SONNTAG}

gestreut gespeichert werden. Man kann dazu etwa folgende Hash-Funktion wählen, die aus den ersten beiden Buchstaben der Strings zunächst einen numerischen Schlüssel und daraus dann eine Adresse berechnet:

$$h(K) = pos(\text{"1. Buchstabe von K"}) + pos(\text{"2. Buchstabe von K"}) - 12$$

Dabei soll die Funktion $pos(a)$ die Position des Zeichens a im Alphabet liefern. Man erhält damit folgende Zuordnung:

Tabelle 10.10: Mit der Hash-Funktion h(K)=pos("1. Buchstabe von K")+pos("2. Buchstabe von K")-12 erhält man für die sieben Wochentage die hier tabellierten Adressen.

MONTAG	DIENSTAG	MITTWOCH	DONNERSTAG	FREITAG	SAMSTAG	SONNTAG
16	1	10	7	12	8	22

Bei Wahl einer Hash-Funktion kann es jedoch geschehen, dass sich für zwei verschiedene Schlüssel K_1 und K_2 dieselbe Adresse A ergibt. Man spricht dann von einer *Kollision* oder einem *Überlauf*.

Zu einem Hash-Verfahren gehören also zwei Komponenten, nämlich :

- Bestimmung der Hash-Funktion und
- Auflösung von Kollisionen.

Versucht man mit der im obigen Beispiel angegebenen Hash-Funktion die Wochentage in englischer Sprache gestreut zu speichern, so resultiert daraus:

Tabelle 10.11: Mit der Hash-Funktion h(K)=pos("1. Buchstabe von K")+pos("2. Buchstabe von K")-12 erhält man für die sieben Wochentage in englischer Schreibweise offenbar Kollisionen.

MONDAY	TUESDAY	WEDNESDAY	THURSDAY	FRIDAY	SATURDAY	SUNDAY
16	29	16	16	12	8	28

Offenbar ergeben sich für MONDAY, WEDNESDAY und THURSDAY dieselben Adressen, also Kollisionen.

Vor einer Diskussion der Kollisionsbehandlung sollen einige oft verwendete Hash-Funktionen vorgestellt werden. Dabei wird vorausgesetzt, dass der Primärschlüssel K ganzzahlig ist, bzw. zuvor in einen ganzzahligen Wert umgewandelt wurde.

- *Modulo-Berechnung:*

  Man wählt als maximale Anzahl der Adressen ein Zahl m, für die $m>n$ gelten muss, wobei n die Anzahl der Datensätze ist. Als Hash-Funktion verwendet man nun:

  $h(K) = K \bmod m$

  Es erweist sich als günstig, für m eine *Primzahl* zu verwenden, da dann K und m keine gemeinsamen Teiler haben, was zur Folge hat, dass weniger Kollisionen auftreten.

- *Mittenquadratmethode:*

  Der Schlüssel K wird quadriert und als Hash-Funktion wird

  $h(K) = q$

  gewählt, wobei q eine Zahl ist, die man durch Herausgreifen einer vorgegebenen Anzahl von Ziffern aus der Mitte der Zahl K^2 erhält.

- *Zerlegungsmethode:*

  Der Schlüssel K wird in r Teile K_1, K_2, ... K_r mit vorgegebener Stellenzahl zerlegt, dann werden die Teile addiert:

$h(K) = K_1 + K_2 + ... K_r$

wobei ein Übertrag über eine maximale Stellenzahl hinaus ignoriert wird.

Beispielrechnung für Hash-Funktionen

Man betrachtet einen Betrieb mit 68 Mitarbeitern, wobei jedem Mitarbeiter eine vierstellige Personalnummer als Primärschlüssel zugeordnet wird. Als Adressen stehen maximal 100 Plätze zur Verfügung. Für die als Beispiele herausgegriffenen Personalnummern 3205, 7148 und 2345 sollen nach den drei oben vorgestellten Hash-Funktionen die zugehörigen Adressen berechnet werden:

Modulo-Berechnung:
Die größte Primzahl, die kleiner ist als 100, ist 97. Man wählt also $m=97$. Damit findet man:

$h(3205) = 4, \quad h(7148) = 67, \quad h(2345) = 17$

Mittenquadratmethode:
Man erhält durch Weglassen der drei ersten Ziffern und Auswahl der beiden folgenden Ziffern von K^2 folgendes Ergebnis:

K :	3205	7148	2345
K^2 :	10272025	51093904	5499025
$h(K)$:	72	93	90

Zerlegungsmethode:
Man zerlegt K in zwei zweistellige Teile und addiert diese ohne Berücksichtigung des Überlaufs. Es ergibt sich:

$h(3205) = 32+5 = 37, \quad h(7148) = 71+48=19, \quad h(2345) = 23+45 = 68$

Kollisionsbehandlung

Möchte man einen Datensatz mit Schlüssel K unter Verwendung einer Hash-Funktion $h(K)$ in eine Datei einfügen, so kann es geschehen, dass die durch $h(K)$ gegebene Adresse bereits belegt ist. Es ist also eine Kollision aufgetreten. Da bei vernünftiger Speicherplatzausnutzung Hash-Funktionen gewählt werden müssen, bei denen Kollisionen unvermeidbar sind, müssen Techniken zur Kollisionsauflösung eingesetzt werden. Einige Möglichkeiten dazu sollen hier betrachtet werden.

Ein wichtiges bei der Kollisionsbehandlung benötigtes Maß ist das als *Belegungsfaktor* bezeichnete Verhältnis

$\mu = n/m$

der Datenanzahl n zur Anzahl m der Speicheradressen.

Die Güte eines Hash-Verfahrens mit Kollisionsauflösung wird durch die mittlere Anzahl der Vergleiche gemessen, die notwendig ist, um die Speicheradresse eines

Datensatzes bei der Suche nach diesem Datensatz zu bestimmen. Ohne Kollisionen wäre kein Vergleich nötig. Da Kollisionen möglich sind, ist die Anzahl der nötigen Vergleiche mindestens 1, im Mittel aber größer als 1. Die mittlere für einen Suchvorgang benötigte Anzahl von Vergleichen wird umso größer, je größer der Belegungsfaktor μ bzw. die Anzahl n der Datensätze ist. Auf diese Weise entsteht jetzt entgegen der angestrebten Unabhängigkeit des Suchaufwandes von der Anzahl n der Datensätze doch eine leichte Abhängigkeit von n.

Ein Verfahren wird demnach charakterisiert durch die mittlere Anzahl der Vergleiche

$S(\mu)$ bei erfolgreicher Suche und
$U(\mu)$ bei erfolgloser Suche.

Eine nahe liegende Möglichkeit, einen Datensatz mit Schlüssel K zu speichern, wenn $h(K)$ zu einer Kollision geführt hat, besteht darin, einfach den nächsten auf $h(K)$ folgenden freien Speicherplatz zu wählen. Dabei wird angenommen, dass der Adressbereich zyklisch geschlossen ist, dass also auf die letzte Adresse wieder die erste Adresse folgt. Diese Methode wird als *lineare Kollisionsauflösung* bezeichnet. Für die mittlere Anzahl der Vergleiche findet man bei Verwendung der linearen Kollisionsauflösung:

$S(\mu) = (1 + \frac{1}{1-\mu}) / 2$ bei erfolgreicher Suche und

$U(\mu) = (1 + \frac{1}{(1-\mu)^2}) / 2$ bei erfolgloser Suche.

Dabei ist noch vorausgesetzt, dass die durch die Hash-Funktion berechneten Primäradressen gleichmäßig über den gesamten Adressraum verteilt sind. Die Kollisionswahrscheinlichkeit steigt dann linear mit dem Belegungsfaktor an.

Als Beispiel wird das Feld a[1], a[2], ... a[11] mit 11 Speicherplätzen betrachtet. In dieses Feld soll eine Datei mit den 8 Datensätzen A, B, C, D, E, X, Y, Z unter Verwendung der unten tabellierten Hash-Adressen gespeichert werden, die mit einer nicht näher spezifizierten Hash-Funktion berechnet worden seien,

Datensätze:	A	B	C	D	E	X	Y	Z
h(K) :	4	8	2	11	4	11	5	1

Speichert man jetzt die Datensätze in der Reihenfolge A, B, C, D, E, X, Y, Z, so lautet die Speicherbelegung:

Datensätze:	X	C	Z	A	E	Y	-	B	-	-	D
Adressen :	1	2	3	4	5	6	7	8	9	10	11

Auf Grund einer Kollision mit dem Datensatz X kann im Beispiel der Datensatz Z nicht auf Adresse 1 gespeichert werden; erst auf Adresse 3 findet sich ein freier Platz, so dass hier mit linearer Kollisionsauflösung insgesamt 3 Vergleiche nötig waren.

Die mittlere Anzahl von Vergleichen lässt sich leicht ablesen:

$S = (1+1+1+1+2+2+2+3)/8 = 13/8 \approx 1.63$

$U = (7+6+5+4+3+2+1+2+1+1+8)/11 = 40/11 \approx 3.64$

Aus den obigen Formeln berechnet man mit dem Belegungsfaktor $\mu = 8/11 \approx 0.73$ für die erwarteten mittleren Vergleichszahlen $S \approx 2.33$ und $U \approx 7.22$, wenn eine Kollision aufgetreten ist. Diese Werte sind offenbar größer als die tatsächlich ermittelten Zahlen; man sollte sich hier immer vor Augen halten, dass es um statistische Aussagen geht, die immer nur annähernd gültig sein können. Eine vernünftige Übereinstimmung ist erst bei größeren Datenmengen zu erwarten und wenn wirklich alle Voraussetzungen eingehalten wurden.

Ein großer Nachteil der linearen Kollisionsauflösung ist die *Klumpenbildung*, d.h. die Entstehung von zusammenhängend belegten Speicherbereichen, was die Suchzeiten erheblich erhöht.

Eine Möglichkeit, Klumpenbildung zu vermeiden, ist die *quadratische Kollisionsauflösung*. Dabei testet man bei einer Kollision auf Adresse h(K) nacheinander die Adressen

$h(K),\ h(K)+1,\ h(K)+4,\ h(K)+9,\ h(K)+16, \ldots h(K)+i^2$

Wobei der Speicherbereich wieder zyklisch geschlossen angenommen wird.

Ist die Anzahl m der zur Verfügung stehenden Speicherplätze eine Primzahl, so kann damit mindestens die Hälfte des vorhandenen Speicherbereichs abgedeckt werden. Ist dagegen m keine Primzahl, können in Verbindung mit der für das zyklische Schließen des Speicherbereichs erforderlichen Modulo-Division kürzere Zyklen auftreten, d.h. man erhält immer wieder dieselben Speicherplätze.

Vergleich der linearen und quadratischen Kollisionsauflösung

Zum Vergleich der linearen und der quadratischen Kollisionsauflösung werden folgende Namen betrachtet:

Abel Buhl Koch Kohl Mayer Mutter Ried Sager Thaler Weber Wohner

Die Hash-Funktion sei definiert durch die Vorschrift:

h(Name) = Int{[pos(1. Buchstabe) + pos(2. Buchstabe)]/2} mod 17

Daraus resultiert die Zuordnung:

Abel	Buhl	Koch	Kohl	Mayer	Mutter	Ried	Sager	Thaler	Weber	Wohner
1	11	13	13	7	17	13	10	14	14	2

Wählt man als Anzahl m der Speicherplätze die Primzahl 17, so führen die lineare und die quadratische Kollisionsauflösung zu den unten tabellierten Anordnungen.

Tabelle 10.12: Vergleich für lineare und quadratische Kollisionsauflösung.

lineare Kollisionsauflosung		quadratische Kollisionsauflösung	
Adresse	Name	Adresse	Name
1	Abel	1	Abel
2	Weber	2	Wohner
3	Wohner	3	---
4	---	4	---
5	---	5	Ried
6	---	6	Weber
7	Mayer	7	Mayer
8	---	8	---
9	---	9	---
10	Sager	10	Sager
11	Buhl	11	Buhl
12	---	12	---
13	Koch	13	Koch
14	Kohl	14	Kohl
15	Ried	15	Thaler
16	Thaler	16	---
17	Mutter	17	Mutter

Die mittlere Anzahl Vergleiche im Falle einer erfolgreichen Suche ist für die lineare Kollisionsauflösung :

$S_l = (1+1+1+2+1+1+3+1+3+6+2)/11 = 22/11 = 2.00$

Die mittlere Anzahl der Vergleiche im Falle einer nicht erfolgreichen Suche ist für die lineare Kollisionsauflösung:

$U_l = (4+3+2+1+1+1+2+1+1+3+2+1+9+8+7+6+5)/17 = 57/17 \approx 3.35$

Mit μ=11/17 berechnet man für die theoretischen Werte: $S \approx 1.92$ und $U \approx 4.51$.

Die mittlere Anzahl der Vergleiche im Falle einer erfolgreichen Suche ist für die quadratische Kollisionsauflösung:

$S_q = (1+1+1+2+1+1+4+1+2+4+1)/11 = 19/11 \approx 1.73$

Die mittlere Anzahl der Vergleiche im Falle einer nicht erfolgreichen Suche ist für die quadratische Kollisionsauflösung:

$U_q = (6+2+1+1+3+7+2+1+1+5+2+1+5+7+2+1+3)/17 = 50/17 \approx 2.94$

Die quadratische Kollisonsauflösung vermeidet hier also Klumpenbildung und führt denn auch zu einem deutlich besseren Zeitverhalten.

Eine weitere Möglichkeit zur Kollsionsauflösung ist *doppeltes Hashen*. Dabei wird neben h(K) eine zweite Hash-Funktion h'(K) verwendet, wobei jedoch nicht der Fall h'(K)=m auftreten darf. Zur Kollisionsauflösung bildet man nun die Adressen:

h(K), h(K)+h'(K), h(K)+2h'(K), h(K)+3h'(K), ...

Ist m eine Primzahl, so werden dadurch sämtliche Adressen des betrachteten Speicherbereichs abgedeckt.

Ein Nachteil aller dieser Verfahren ist, dass das Löschen von Datensätzen aufwendig ist. Man darf nämlich beim Löschen den entsprechenden Speicherbereich nicht einfach freigeben, es ist vielmehr nötig, mit einer Zählvariablen darüber Buch zu fuhren, wie oft dieser Platz zuvor bei Kollisionsauflösungen als besetzt vorgefunden worden ist. Außerdem ist der Adressraum nicht dynamisch, sondern in seinem Umfang von vorne herein festgelegt. Die genannten Nachteile lassen sich vermeiden, wenn man die Einträge als *verkettete lineare Listen* organisiert. Die Logik der Verkettung geht aus folgender Tabelle hervor:

Tabelle 10.13: Kollisonsbehandlung durch verkettete lineare Listen.

Hash-Adresse	Name
1	Abel
2	Wohner
3	---
4	---
5	---
6	---
7	Mayer
8	---
9	---
10	Sager
11	Buhl
12	---
13	Ried → Kohl → Koch
14	Weber → Thaler
15	---
16	---
17	Mutter

Die mittlere Anzahl der Vergleiche im Falle einer erfolgreichen Suche ist für die Kollisionsauflösung durch verkettete lineare Listen:

$$S_v = (1+1+1+2+1+1+3+1+1+2+1)/11 = 15/11 \approx 1.36$$

Die mittlere Anzahl der Vergleiche im Falle einer nicht erfolgreichen Suche ist für die Kollisionsauflösung durch Verkettung:

$$U_v = (2+2+1+1+1+1+2+1+1+2+2+1+4+3+1+1+2)/17 = 28/17 \approx 1.65$$

Vom Standpunkt der Zeit-Komplexität ist die Kollisionsauflösung durch Verkettung den anderen Methoden deutlich überlegen. Eine detaillierte mathematische Untersuchung liefert für die mittlere Anzahl der Vergleiche in Falle einer erfolgreichen Suche:

$$S_v(\mu) \approx 1 + \mu/2$$

und für die mittlere Anzahl der Vergleiche im Falle einer nicht erfolgreichen Suche:

$U_v(\mu) \approx e^{-\mu} + \mu$

Es ist zu beachten, dass der Belegungsfaktor hier auch größer als 1 sein kann, da m nur die feste Anzahl der Basisadressen angibt, die Anzahl der Daten n aber wegen der dynamischen Speicherzuweisung an die linearen Listen im Falle von Kollisionen beliebig wachsen kann.

Für das obige Beispiel ist der Belegungsfaktor $\mu=11/17 \approx 0.65$. Dafür errechnet man folgende theoretische Werte für $S_v(\mu)$ und $U_v(\mu)$:

$S_v(\mu) \approx 1.33$ und $U_v(\mu) \approx 1.17$

Die Übereinstimmung mit den tatsächlichen im obigen Beispiel berechneten Werten ist nicht besonders gut. Dies liegt daran, dass es sich hier um eine statistische Analyse handelt; im Beispiel war sowohl die Anzahl der Daten zu klein als auch eine Gleichverteilung der Schlüssel nicht gegeben.

Für die tatsächliche Speicherorganisation verwendet man am besten zwei Felder, das *Hash-Feld* und das eigentliche *Datenfeld*, das als lineare Liste organisiert werden sollte. Wird nun ein Datensatz eingetragen, so schreibt man ihn auf den ersten der Freiliste entnommenen Speicherplatz, der zugeordnete Kollisionszeiger im Datenfeld wird auf 0 gesetzt. Nun wird die Hash-Adresse berechnet und dem zugehörigen Zeiger im Hash-Feld die tatsächliche Adresse zugewiesen, unter welcher der Datensatz im Datenfeld abgelegt ist, sofern im Hash-Feld noch kein Zeiger eingetragen ist. Ist keine Kollision aufgetreten, endet der Einfügevorgang. Eine Kollision bei Eintrag eines weiteren Datensatzes erkennt man daran, dass der zu einer Hash-Adresse gehörende Zeiger im Hash-Feld von 0 verschieden ist. In diesem Fall wird der Zeiger vor seiner Neubesetzung in den zugehörigen Kollisions-Zeiger übernommen. Dieser Algorithmus wird anhand einer Tabelle verdeutlicht.

Tabelle 10.14: Datenverwaltung mit einer lineare Liste Datenfeld und einem eigenen Hash-Feld.

HASH-FELD		DATEN-FELD		
Hash-Adresse	Zeiger	Index	Info	Kollisionszeiger
1	1	1	Abel	0
2	11	2	Buhl	0
3	0	3	Koch	4
4	0	4	Kohl	7
5	0	5	Mayer	0
6	0	6	Mutter	0
7	5	7	Ried	0
8	0	8	Sager	0
9	0	9	Thaler	10
10	8	10	Weber	0
11	2	11	Wohner	0
12	0			
13	3			
14	9			
15	0			
16	0			
17	6			

Ein Nachteil des Hashing ist allerdings, dass ein Sortieren der Daten nicht einfach ist. Zwar kann man bei der Kollisionsbehandlung über lineare Listen ohne Mühe ein gemäß des gewählten Schlüssels K sortiertes Einfügen und Löschen erreichen. Die Einträge in die Hash-Liste erfolgen aber nur dann sortiert, wenn die Hash-Funktion $h(K)$ die gewünschte Ordnung nicht stört, wenn also aus $K_i \leq K_j$ auch $h(K_i) \leq h(K_j)$ folgt. Immerhin ist dann das geordnete Durchsuchen der Daten möglich. Das Sortieren nach einem anderen Schlüssel erfordert aber ein Sortieren linearer Listen, was relativ aufwendig ist.

Komplexitätsbetrachtungen

Zum Schluss soll noch die im Mittel benötigte Anzahl von Vergleichen berechnet werden, die nötig ist, um einen weiteren Datensatz in eine Hash-Tabelle einzutragen, die bereits n Datensätze enthält. Die zum Suchen eines vorhandenen Datensatzes im Mittel benötigte Anzahl von Vergleichen ist damit identisch. Dabei wird vorausgesetzt, dass ideale Verhältnisse vorliegen. Dazu müssen die folgenden Bedingungen erfüllt sein:

- Die Hash-Funktion verteilt die Adressen gleichmäßig über die m möglichen Adressen.
- Alle Schlüssel treten mit gleicher Wahrscheinlichkeit auf.
- Die durch die Kollisionsbehandlung berechneten Adressen sind gleichmäßig über den Adressraum verteilt.

Man geht von einem Adressraum der Größe m aus, der schon n Datensätze enthält. Die Besetzungszahl ist dann $\mu=n/m$. Daraus folgt die Wahrscheinlichkeit p_1 dafür, beim Einfügen eines weiteren Datensatzes mit dem ersten Vergleich bereits einen freien Platz zu finden:

$$p_1 = \frac{\text{Anzahl der noch nicht belegten Plätze}}{\text{gesamte Anzahl der Plätze}} = \frac{m-n}{m} = 1-\mu$$

Die Wahrscheinlichkeit, erst mit dem zweiten Vergleich einen freien Platz zu finden ist nach der Abzählregel gleich der Wahrscheinlichkeit n/m mit dem ersten Vergleich einen bereits besetzten Platz zu finden, multipliziert mit der Wahrscheinlichkeit $(m-n)/(m-1)$ im zweiten Vergleich einen freien Platz zu finden:

$$p_2 = \frac{n}{m}\frac{m-n}{m-1}$$

Für die Wahrscheinlichkeit erst mit dem dritten Vergleich einen freien Platz zu finden, berechnet man in analoger Weise:

$$p_3 = \frac{n}{m}\frac{n-1}{m-1}\frac{m-n}{m-2}$$

daraus folgt für den allgemeinen Fall, erst im k-ten Vergleich einen freien Platz zu finden:

$$p_k = \frac{n}{m}\frac{n-1}{m-1}\frac{n-2}{m-2}\cdots\cdots\frac{m-n}{m-k+1}$$

Um in die mit n Elementen belegte Tabelle den n+1-ten Datensatz einzufügen, sind im Mittel s_{n+1} Vergleiche erforderlich. Dazu muss man alle möglichen Anzahlen von Vergleichen, gewichtet mit den entsprechenden Wahrscheinlichkeiten berücksichtigen:

$$s_{n+1} = 1\cdot p_1 + 2\cdot p_2 + 3\cdot p_3 + \ldots (n+1)\cdot p_{n+1} = \sum_{k=1}^{n+1} k p_k = \frac{m+1}{m-n+1}$$

Das Ergebnis der Summation wurde hier ohne Beweis angegeben.

Die mittlere Anzahl S von Vergleichen zum Auffinden eines beliebigen Datensatzes an einer beliebigen Stelle ist dann der Mittelwert über alle s_{n+1}, wobei n jetzt variiert wird. Mit der Substitution i=n+1 erhält man damit:

$$S = \frac{1}{n}\sum_{i=1}^{n} s_i = \frac{1}{n}\sum_{i=1}^{n}\frac{m+1}{m-i+2} = \frac{m+1}{n}\sum_{i=1}^{n}\frac{1}{m-i+2} = \frac{m+1}{n}\left(H(m+1) - H(m-n+1)\right) \approx$$
$$\approx \frac{m+1}{n}\left(\ln(m+1) - \ln(m-n+1)\right) = \frac{m+1}{n}\ln\left(\frac{m+1}{m+1-n}\right) \approx \frac{m}{n}\ln\left(\frac{m}{m-n}\right) = \frac{1}{\mu}\ln\left(\frac{1}{1-\mu}\right)$$

Als Näherung wurde m+1 durch m ersetzt, was für große m nur zu einem vernachlässigbaren Fehler führt. Außerdem wurde die *harmonische Funktion* H(k) durch den *natürlichen Logarithmus* angenähert:

$$H(k) = 1 + 1/2 + 1/3 + 1/4 + \ldots + 1/k \approx \ln(k) + g$$

Die *Euler'sche Konstante* $g \approx 0.577$ hebt sich in der obigen Formel wegen der Differenz zweier harmonischer Funktionen weg.

Dass der Logarithmus eine gute Näherung für die Harmonische Reihe ist, kann man aus der numerischen Integration der Hyperbelfunktion $y=1/x$ mit Hilfe der Rechteckformel nachweisen.

Die Gültigkeit der Beziehung

$$\sum_{i=1}^{n}\frac{1}{m-i+2} = H(m+1) - H(m-n+1)$$

macht man sich am besten anhand eines Beispiels klar: Für n=5 und m=10 gilt offenbar:

$$\sum_{i=1}^{5}\frac{1}{10-i+2} = 1/11 + 1/10 + 1/9 + 1/8 + 1/7 = H(11) - H(6)$$

Durch Induktion lässt sich diese Formel ohne große Mühe beweisen.

Als Ergebnis kann man nun den Zusammenhang zwischen der Besetzungszahl μ und der zur Suche nötigen Vergleiche herstellen. Man erhält beispielsweise:

Tabelle 10.15: Zusammenhang zwischen der Besetzungszahl μ und der Anzahl der zur Suche nötigen Vergleiche unter den oben genannten idealisierten Bedingungen.

μ	0.1	0.5	0.9
S	1.05	1.39	2.56

Unter idealen Bedingungen ist die Komplexität, hier also die Anzahl der nötigen Vergleiche zum Auffinden eines Datensatzes, von der Anzahl n der Datensätze nahezu unabhängig. Ganz gleich ob man nun 100 oder 100 Millionen Datensätze verwaltet, wenn die zugehörige Datenbank zu 90% gefüllt ist, werden unter den angenommenen idealisierten Verhältnissen im Mittel immer nur ca. 2.56 Vergleiche zum Auffinden eines Datensatzes benötigt.

10.4 Direkte Sortierverfahren

10.4.1 Vorbemerkungen

Definition des Sortierens

Unter *Sortieren* versteht man das Anordnen einer Menge von Objekten in einer bestimmten *Ordnung*. Diese Ordnung kann z.B. bei numerischen Daten durch die *größer/kleiner-Relation* oder bei Texten durch die *lexikografische* Reihenfolge gegeben sein. Beispiele für sortierte Mengen sind Telefonbücher, Lexika, Ersatzteillisten etc.

Die zu sortierenden n Elemente seien in einem Feld a mit den Komponenten

a[1], a[2], a[3], ... a[n]

gespeichert. Sortieren bedeutet nun, dass die Feldkomponenten durch eine *Permutation* $i_1, i_2, \ldots i_n$ der Indizes 1, 2, ... n in diejenige Reihenfolge gebracht werden, die der gewünschten Ordnung, ausgedrückt durch eine Ordnungsfunktion f(), entspricht:

geordnetes Feld: $a[i_1], a[i_2], \ldots a[i_n]$ mit $f(a[i_1]) \leq f(a[i_2]) \ldots \leq f(a[i_n])$

Der Sinn des Sortierens bzw. Ordnens liegt darin, dass der Zugriff auf Datensätze in einer geordneten Datei - wie in Kapitel 10.3 gezeigt - wesentlich effizienter und schneller vonstatten geht, als in einer nicht geordneten Datei.

Die Problematik des Sortierens

Sortieren ist damit eine in der Datenverarbeitung elementare, weit verbreitete und wichtige Operation. In fast allen Problemstellungen spielt das Sortieren von Daten eine mehr oder weniger bedeutende Rolle. Dies gilt insbesondere für die kommerzielle Datenverarbeitung, aber auch den technisch/wissenschaftlichen Bereich. Untersuchungen haben ergeben, dass auf kommerzielle Anlagen ca. 25% der CPU-Zeit auf Sortierläufe entfällt.

Da jeder Mensch auch ohne mathematische oder DV-orientierte Grundausbildung einen Begriff von Sortierstrategien hat, etwa beim Kartenspielen, scheint es sich hier auf den ersten Blick um ein einfach zu lösendes Problem zu handeln. In der Tat sind grundlegende Sortieralgorithmen auch einfach zu verstehen und mit wenigen Programmzeilen implementierbar. Erst eine detailliertere Beschäftigung mit der Materie zeigt, dass die Probleme im Detail stecken. Dies hat folgende Gründe:

- Es existiert eine große Anzahl von Sortier-Algorithmen unter denen man im Einzelfall den geeignetsten auswählen muss.
- Die Sortiermethoden hängen stärker als die meisten anderen Algorithmen von der Struktur der zu sortierenden Daten ab.

- Es ist ein ganz wesentlicher Unterschied, ob man die zu sortierenden Daten im relativ beschränkten Hauptspeicher mit wahlfreiem Zugriff oder auf langsameren, jedoch größeren sequentiell oder zyklisch arbeitenden externen Speichermedien - also auf Band- oder Plattenlaufwerken - halten muss.
- Gerade bei Sortier-Algorithmen spielen auch kleine Leistungssteigerungen eine große Rolle, da sich dies wegen der Häufigkeit von Sortierläufen sehr stark auswirken kann.
- Komplexitätsberechnungen sind oft nichttrivial.
- Bei Algorithmen mit im Normalfall hervorragendem Zeitverhalten kann das Verhalten im ungünstigsten Fall (worst case) katastrophal sein.

Welche dramatischen Effekte die Verbeserung der Komplexitätsordnung eines Sortierverfahrens haben kann, zeigt das Beispiel einer 1987 in der damaligen Bundesrepublik Deutschland durchgeführten Volkszählung, bei der ca. $n=60\,000\,000$ Datensätze anfielen. Bei einem angenommenen Zeitbedarf von einer Mikrosekunde pro Schlüsselvergleich würde ein Sortierlauf unter Verwendung des Bubble-Sort mit einer Komplexität von der Ordnung $\mathcal{O}(n^2)$ ca. 57 Tage dauern. Bei Verwendung von Quick-Sort mit einer Komplexität von $\mathcal{O}(n \cdot \ln(n))$ ergibt sich dagegen eine Sortierzeit von nur 117 Minuten.

Das Sortieren im *Hauptspeicher* lässt sich mit dem Sortieren eines Kartenspiels vergleichen, wobei alle Karten sichtbar auf einem Tisch ausgelegt werden dürfen. Es kann dann auf jede einzelne Karte direkt zugegriffen werden. Die geeignetste Datenstruktur ist hierbei das Array. Zusätzlich wird man wegen der Begrenztheit des Hauptspeichers fordern, dass das Sortieren *am Platz* geschieht, d.h. ohne ins Gewicht fallenden zusätzlichen Speicherbedarf.

Werden *externe Speichermedien* mit im Wesentlichen sequentiellem Zugriff verwendet, so ist die Organisation als File geeigneter. Dies entspricht im Bild des Sortierens von Spielkarten der Situation, dass die Karten auf einem Stapel liegen, von dem jeweils nur die oberste Karte erreichbar ist und abgenommen werden kann.

Häufig wird die Ordnungsfunktion nicht auf die zu ordnenden Daten selbst bezogen, sondern auf einen (meist numerischen) *Schlüssel* (*Key*), der jedem Datensatz zugeordnet ist. Eine entsprechende Datenstruktur kann in C etwa die folgende Form haben:

```
struct item { int key;          // Schlüssel, z.B. Personalnummer
              char name[20];   // Mitarbeiter-Name
              float gehalt;    // Jahresgehalt des Mitarbeiters
              . . .            // Weitere Komponenten
            } a[N];            // Datei mit Dimension N
```

In der oben genannten Datei wäre also nach `a[i].key` zu sortieren. Dieses Beispiel zeigt, dass es im Prinzip genügt, generische Sortierfunktionen ohne Beschränkung der Allgemeinheit exemplarisch nur für das Sortieren von Integer-Werten zu formulieren. Soll nach anderen Größen sortiert werden, im obigen Beispiel etwa nach dem Mitarbeiter-Namen, so verwendet man an Stelle der numerischen Vergleichsoperationen andere geeignete Ordnungsrelationen, in diesem Fall die lexikografische Ordnung, da es sich um Strings handelt. Oft lassen sich auch einfache Funktionen finden, die den Schlüssel eindeutig auf einen Integer-Wert abbilden.

Ein wichtiger, bei der Auswahl eines Sortierverfahrens zu beachtender Punkt ist, ob das Verfahren *stabil* ist oder nicht. Unter *Stabilität* ist hier zu verstehen, dass eine bereits nach anderen Kriterien erzielte Teilordnung erhalten bleibt.

Klassifizierung der Sortierverfahren

Zunächst werden drei einfache, *direkte Sortierverfahren* vorgestellt, die ein gegebenes Feld a[i] von Objekten am Platz ordnen. Es sind dies die Methoden Sortieren durch *Einfügen* (*Insertion*), durch *Auswählen* (*Selection*) und durch *Austauschen* (*Exchange*). Die Umstellung der Elemente geschieht dabei auf dem Eingabe-Array das dann bei der Ausgabe die geordneten Daten enthält.

Bei der Komplexitätsbetrachtung werden die wichtigsten Operationen berücksichtigt, bei denen die Häufigkeit ihres Auftretens direkt von der Anzahl n der zu ordnenden Daten abhängt. Es sind dies vor allem die Operationen *Vergleichen* (*Compare*) und *Umstellen* (*Move*) von Daten. Ein Maß für die Effizienz der Sortier-Algoritmen ist also die Anzahl $C(n)$ der Schlüsselvergleiche und die Anzahl $M(n)$ der Element-Umstellungen. Direkte Sortierverfahren sind dadurch gekennzeichnet, dass die Komplexitäten von $C(n)$ oder $M(n)$ oder beiden von der Ordnung $\mathcal{O}(n^2)$ sind.

Obwohl die zugehörigen Programme kurz und leicht verständlich sind, lassen sich daran bereits die wesentlichen Prinzipien des Sortierens studieren. Außerdem können direkte Sortiermethoden für kleine Anzahlen von Daten n den höheren Verfahren durchaus überlegen sein.

Höhere Sortier-Algorithmen sind durch eine Komplexität gekennzeichnet, die sowohl hinsichtlich der Anzahl der Vergleiche $C(n)$ als auch hinsichtlich der Anzahl der Zuweisungen $M(n)$ günstiger ist als $\mathcal{O}(n^2)$. Drei Verfahren haben dabei Bedeutung erlangt: *Shell-Sort*, *Quick-Sort* und *Heap-Sort*. Shell-Sort und Quick-Sort werden in den Kapiteln 10.5.1 und 10.5.2 erörtert. Auf den Heap-Sort wird im Zusammenhang mit Bäumen in Kapitel 10.7.5 ausführlich eingegangen.

Es ist zu bedenken, dass bei den höheren Sortiermethoden zwar wesentlich weniger Operationen auszuführen sind, dafür aber komplexere. Die Überlegenheit der höheren Verfahren ist daher bei geringen Datenmengen nicht augenfällig; sie wird jedoch bei großen Datenmengen so deutlich, dass dafür nur höhere Methoden in Frage kommen.

10.4.2 Sortieren durch direktes Einfügen

Prinzip des direkten Einfügens

Man teilt bei diesem Verfahren das zu sortierende Array a begrifflich in zwei Intervalle auf, die *Zielsequenz* a[1] bis a[i-1] und die *Quellensequenz* a[i] bis a[n]. Beginnend mit i=2 wird bei jedem Schritt das Element a[i] aus der Quellensequenz entfernt und an der durch die Ordnungsrelation gegebenen Stelle in die Zielsequenz eingefügt. Ein Teil der Zielsequenz wird dabei gegebenenfalls um eine Position nach rechts bewegt. Anschließend wird i inkrementiert.

Das folgende Beispiel zeigt ein Array mit 8 Zahlenwerten, das in 7 Schritten sortiert wird. Die senkrechten Striche in den Zeilen der Tabelle geben jeweils die Position der Trennung zwischen Quellen- und Zielsequenz an.

Tabelle 10.16: Beispiel zur Illustration des Sortierens durch direktes Einfügen anhand eines Feldes mit 8 Daten, das in 7 Schritten sortiert wird. Die bereits sortierte Zielsequenz und die Quellensequenz sind durch einen senkrechten Strich getrennt. Es wird jeweils das erste Element der Quellensequenz an der richtigen Stelle in die Zielsequenz eingefügt.

<table>
<tr><td>Ausgangswerte:</td><td>44</td><td>|55</td><td>12</td><td>42</td><td>94</td><td>18</td><td>06</td><td>67</td></tr>
<tr><td>i=2</td><td>44</td><td>55</td><td>|12</td><td>42</td><td>94</td><td>18</td><td>06</td><td>67</td></tr>
<tr><td>i=3</td><td>12</td><td>44</td><td>55</td><td>|42</td><td>94</td><td>18</td><td>06</td><td>67</td></tr>
<tr><td>i=4</td><td>12</td><td>42</td><td>44</td><td>55</td><td>|94</td><td>18</td><td>06</td><td>67</td></tr>
<tr><td>i=5</td><td>12</td><td>42</td><td>44</td><td>55</td><td>94</td><td>|18</td><td>06</td><td>67</td></tr>
<tr><td>i=6</td><td>12</td><td>18</td><td>42</td><td>44</td><td>55</td><td>94</td><td>|06</td><td>67</td></tr>
<tr><td>i=7</td><td>06</td><td>12</td><td>18</td><td>42</td><td>44</td><td>55</td><td>94</td><td>|67</td></tr>
<tr><td>i=8</td><td>06</td><td>12</td><td>18</td><td>42</td><td>44</td><td>55</td><td>67</td><td>94</td></tr>
</table>

Die zugehörige C-Funktion hat folgende Form:

```
//--------------------------------------------------------------------------
// Sortieren eines Arrays a mit Dimension n durch direktes Einfügen.
//--------------------------------------------------------------------------
int sort_ins(int a[], int n) {
  int i, j, x;
  for(i=1; i<n; i++) {                          // Laufanweisung über das Feld
    x=a[i]; j=i-1;                            // Auswählen des nächsten Elements
    while(j>=C && x<a[j]) a[j+1]=a[j--];          // Verschieben nach rechts
    a[j+1]=x;                                 // Einfügen an die richtige Stelle
  }
  return(0);
}
```

Es ist darauf zu achten, dass die Zählung der Array-Indizes in C-Programmen üblicherweise mit 0 und nicht mit 1 beginnt.

Die Komplexität des direkten Einfügens

Zur Berechnung der Komplexität berücksichtigt man, dass die Anzahl der Schlüsselvergleiche beim i-ten Durchlauf höchstens $c_{max}(i)=i-1$ und mindestens $c_{min}(i)=1$ ist.

Nimmt man an, dass alle Permutationen gleich wahrscheinlich sind, erhält man im Mittel pro Durchlauf $c_{mit}(i)=[c_{min}(i)+c_{max}(i)]/2=i/2$ Schlüsselvergleiche. Die Zahl der Zuweisungen von Elementen ist, wie ein Blick auf das Programm zeigt, für die einzelnen Durchläufe immer $c(i)+2$.

Da insgesamt $n-1$ Durchläufe durchgeführt werden müssen, findet man für die minimale Komplexität:

$$C_{min} = \sum_{i=2}^{n} c(i)_{min} = \sum_{i=2}^{n} 1 = (\sum_{i=1}^{n} 1) - 1 = n - 1$$

$$M_{min} = \sum_{i=2}^{n} (c(i)_{min} + 2) = \sum_{i=2}^{n} 3 = 3 \cdot \sum_{i=2}^{n} 1 = 3 \cdot \left((\sum_{i=1}^{n} 1) - 1 \right) = 3 \cdot (n-1)$$

Die maximale Komplexität erhält man durch Summierung über $c_{max}(i)=i-1$:

$$C_{max} = \sum_{i=2}^{n} c(i)_{max} = \sum_{i=2}^{n} (i-1) = \sum_{i=2}^{n} i - \sum_{i=2}^{n} 1 = (\sum_{i=1}^{n} i) - 1 - (n-1) = \frac{n(n+1)}{2} - n = \frac{n^2 - n}{2}$$

$$M_{max} = C_{max} + \sum_{i=2}^{n} 2 = \frac{n^2 - n}{2} + 2n - 2 = \frac{n^2 + 3n - 4}{2}$$

Für die in der Praxis wichtigste Komplexität im Mittel ergibt sich schließlich durch Summieren über $c_{mit}(i)=i/2$:

$$C_{mit} = \sum_{i=2}^{n} c(i)_{mit} = \sum_{i=2}^{n} i/2 = \frac{1}{2}\left((\sum_{i=1}^{n} i) - 1 \right) = \frac{1}{2}\left(\frac{n(n+1)}{2} - 1 \right) = \frac{n^2 + n - 2}{4}$$

$$M_{mit} = C_{mit} + \sum_{i=2}^{n} 2 = \frac{n^2 + n - 2}{4} + 2n - 2 = \frac{n^2 + 9n - 10}{4}$$

Die Komplexität ist also im Mittel sowohl für $C(n)$ als auch für $M(n)$ von der Ordnung $\mathcal{O}(n^2)$.

Das Zeitverhalten ist am günstigsten, wenn alle Elemente von Anfang an geordnet sind und am ungünstigsten, wenn alle Elemente in umgekehrter Reihenfolge sortiert waren. Dieses Verhalten wird als *natürlich* bezeichnet. Offenbar ist diese Sortierfunktion auch *stabil*, da die Reihenfolge von Elementen mit übereinstimmenden Schlüsseln nicht geändert wird.

Sortieren durch binäres Einfügen

Der Algorithmus lässt sich verbessern, wenn man die bereits vorhandene Ordnung der Zielsequenz ausnutzt und die Einfügestelle durch binäre Suche ermittelt. Das modifizierte Programm lautet:

```
//----------------------------------------------------------------
// Sortieren eines Arrays a mit Dimension n durch direktes Einfügen
// mit binärer Suche der Einfügestelle.
//----------------------------------------------------------------
int sort_insb(int a[], int n) {
  int i, j, ug, og, x;
  for(i=1; i<n; i++) {
    x=a[i]; ug=0; og=i-1;
    while(ug<=og) {
      j=(ug+og)/2;
      if(x<a[j]) og=j-1; else ug=j+1;
    }
    for(j=i; j>ug; j--) a[j]=a[j-1];
    a[ug]=x;
  }
  return(0);
}
```

Bei der binären Suche wird die Einfügestelle für x dadurch gesucht, dass das Suchintervall solange halbiert wird, bis die Länge 1 erreicht ist. Dazu ist das Intervall mit i Schlüsseln $ld(i)$ mal zu halbieren. Durch Summation über i von 2 bis n ergibt sich demnach:

$$C(n) = int\left(\sum_{i=2}^{n} ld(i)\right) \approx \int_{2}^{n} ld(i)di = \frac{1}{ln(2)}\int_{2}^{n} ln(i)di =$$

$$= \frac{1}{ln(2)}\left[(n \cdot ln(n) - n + 1) - (2 \cdot ln(2) - 1)\right] = \mathcal{O}(n \cdot ln(n))$$

Dabei wurden folgende Beziehungen verwendet:

$ld(x) = ln(x)/ln(2)$
$1/ln(2) = ld(e) \approx 1.442695...$
$\int ln(x)dx = x \cdot ln(x)-x+1$

Da der Wert der oben genannten Summe nicht als geschlossene Formel angegeben werden kann, wurde die Summe durch das Integral in den Grenzen von 2 bis n approximiert. Dieses Integral kann durch partielle Integration berechnet werden.

Die Verbesserung der Komplexität $C(n)$ von $\mathcal{O}(n^2)$ auf $\mathcal{O}(n \cdot ln(n))$ scheint auf den ersten Blick ein wesentlicher Fortschritt gegenüber der ursprünglichen Methode zu sein. Dies relativiert sich jedoch, da die Komplexität $M(n)$ bezüglich der Zuweisungen unverändert bei $\mathcal{O}(n^2)$ bleibt. Da Zuweisungen von meist umfangreichen Datensätzen nicht weniger zeitaufwendig sind als Schlüsselvergleiche, ändert sich daher am gesamten Zeitverhalten des Algorithmus wenig. Wünschenswert ist ein Verfahren, bei dem sowohl $C(n)$ als auch $M(n)$ von der Ordnung $\mathcal{O}(n \cdot ln(n))$ sind. Eine Verringerung der Zuweisungsoperationen kann man erwarten, wenn man Elemente nicht nur um jeweils eine Position verschiebt, sondern um größere Distanzen. Dieses Vorgehen wird durch das Sortieren durch direktes Auswählen realisiert.

10.4.3 Sortieren durch direktes Auswählen

Prinzip des direkten Auswählens

Bei dieser Methode wählt man zunächst aus der ersten Quellensequenz a[1], a[2], ... a[n] das kleinste Element aus und vertauscht es mit a[1]. Im nächsten Schritt sucht man wieder das kleinste Element in der Quellensequenz, die jetzt nur noch die Element a[2], a[3], ... a[n] umfasst, und vertauscht es mit a[2]. Auf diese Weise wird mit stets kürzer werdenden Quellensequenzen fortgefahren, bis diese schließlich nur noch das letzte Element a[n] enthält. Die folgende Tabelle illustriert dieses Vorgehen: Die Quellensequenz beginnt dabei jeweils mit dem Element nach dem senkrechten Strich, das in den einzelnen Schritten ausgewählte kleinste Element der Quellensequenz ist unterstrichen.

Tabelle 10.17: Beispiel zur Illustration des Sortierens durch direktes Auswählen anhand eines Feldes mit 8 Daten, das in 7 Schritten sortiert wird. Es wird jeweils das kleinste Element der Quellensequenz ausgewählt und mit dem ersten Element der Zielsequenz vertauscht.

<table>
<tr><td>Ausgangswerte:</td><td>|44</td><td>55</td><td>12</td><td>42</td><td>94</td><td>18</td><td>06</td><td>67</td></tr>
<tr><td>i=1</td><td>06</td><td>|55</td><td>12</td><td>42</td><td>94</td><td>18</td><td>44</td><td>67</td></tr>
<tr><td>i=2</td><td>06</td><td>12</td><td>|55</td><td>42</td><td>94</td><td>18</td><td>44</td><td>67</td></tr>
<tr><td>i=3</td><td>06</td><td>12</td><td>18</td><td>|42</td><td>94</td><td>55</td><td>44</td><td>67</td></tr>
<tr><td>i=4</td><td>06</td><td>12</td><td>18</td><td>42</td><td>|94</td><td>55</td><td>44</td><td>67</td></tr>
<tr><td>i=5</td><td>06</td><td>12</td><td>18</td><td>42</td><td>44</td><td>|55</td><td>94</td><td>67</td></tr>
<tr><td>i=6</td><td>06</td><td>12</td><td>18</td><td>42</td><td>44</td><td>55</td><td>|94</td><td>67</td></tr>
<tr><td>i=7</td><td>06</td><td>12</td><td>18</td><td>42</td><td>44</td><td>55</td><td>67</td><td>|94</td></tr>
</table>

Bei der direkten Auswahl werden in jedem Schritt alle Elemente der Quellensequenz betrachtet, während die Einfügestelle in der Zielsequenz immer festliegt. Bei der zuvor erörterten Methode des direkten Einfügens wurde dagegen immer das erste Element der Quellensequenz hergenommen; dafür mussten in jedem Schritt die Elemente der Zielsequenz zum Auffinden der Einfügestelle durchsucht werden.

Eine C-Funktion für das direkte Auswählen lautet:

```
//-----------------------------------------------------------------------
// Sortieren eines Arrays a mit Dimension n durch direktes Auswählen.
//-----------------------------------------------------------------------
int sort_sel(int a[], int n) {
  int i, j, k, x;
  for(i=0; i<n-1; i++) {                                // Array durchlaufen
    x=a[i]; k=i;
    for(j=i+1; j<n; j++) if(a[j]<x) { k=j; x=a[j]; }   // Minimum suchen
    a[k]=a[i];                                              // Austauschen
    a[i]=x;
  }
  return(0);
}
```

Die Komplexität des direkten Auswählens

Die Anzahl der Schlüsselvergleiche C(n) ist bei jedem der n-1 Durchläufe unabhängig von der eventuell schon bestehenden Ordnung immer i-1, da zur Suche des Minimums immer die gesamte Quellensequenz durchlaufen werden muss. Durch Summieren erhält man also dasselbe Ergebnis wie für $C_{max}(n)$ beim Sortieren durch direktes Einfügen:

$$C_{min}(n) = C_{max}(n) = C_{mit}(n) = \sum_{i=2}^{n}(i-1) = \frac{n^2 - n}{2}$$

Die minimale Anzahl $M_{min}(n)$ der Zuweisungen von Elementen ist dann gegeben, wenn die Elemente ursprünglich bereits in geordneter Reihenfolge sortiert sind, da dann in der j-Schleife keine Zuweisungen stattfinden. Die Anzahl der Zuweisungen ist also in jedem der n-1 Durchläufe 3. Die maximale Anzahl der Zuweisungen erhält man bei einem in umgekehrter Reihenfolge sortierten Array. Bei jedem Vergleich ist in diesem Fall auch eine Zuweisung erforderlich. Durch Summieren folgt:

$$M_{min}(n) = \sum_{i=1}^{n-1} 3 = 3n - 3 \qquad \text{und} \qquad M_{max}(n) = \frac{n^2 + 3n - 4}{2}$$

Für die mittlere Komplexität $M_{mit}(n)$ kommt es darauf an, wie oft beim Durchsuchen der Elemente in jedem Durchgang durch die j-Schleife ein Element gefunden wird, das kleiner ist als alle vorangegangenen, da immer dann die Zuweisung x=a[j] erfolgt. Bei Mittelung über alle möglichen n! Permutationen der n Elemente erhält man (ohne Beweis):

$$M_{mit}(n) = n \cdot H(n)$$

wobei die *Harmonische Funktion* H(n) durch folgende Reihe definiert ist :

$$H(n) = 1 + \frac{1}{2} + \frac{1}{3} + \ldots \frac{1}{n} = \sum_{i=1}^{n} \frac{1}{i}$$

Der Wert dieser Summe divergiert für $n \to \infty$, obwohl die Glieder der Summe gegen Null gehen. Auch für endliche Werte von n kann das Ergebnis der Aufsummierung nicht durch eine geschlossene Formel angegeben werden. Man findet aber eine gute Näherung auf folgende Weise: Man stellt sich die Terme 1, 1/2, 1/3, ... als Stützpunkte der *Hyperbel* $f(x)=1/x$ für x = 1, 2, 3, ... vor und verbindet diese durch gerade Strecken. Man erhält damit einen Polygonzug, der eine Näherungskurve für die exakte Hyperbel darstellt. Die Fläche unter der Hyperbel von x=a bis x=b ist durch

$$F_{Hyp} = \int_a^b \frac{1}{x}\,dx = \ln(x)\Big|_a^b$$

gegeben. Mit den entsprechenden Integrationsgrenzen ist dies dann auch eine erste (aber zu kleine) Näherung für die Fläche unter dem Polygonzug, welche wiederum der gesuchte Wert für H(n) ist. Eine genauere Analyse liefert noch Korrekturglieder, die jedoch konstant sind oder mit wachsendem n schnell gegen Null konvergieren und daher für die Komplexitätsberechnung nicht von Belang sind:

$$H(n) = \ln(n) + g + 1/(2 \cdot n) - 1/(12 \cdot n^2) \approx \ln(n)$$

Dabei ist $g=0.577216...$ die *Euler'sche Konstante*.

Für die Komplexität ergibt sich also mit dieser Näherung:

$$M_{mit}(n)=\mathcal{O}(n \cdot \ln(n))$$

10.4.4 Sortieren durch direktes Austauschen (Bubble-Sort)

Prinzip des Bubble-Sort

In diesem Abschnitt wird der vor allem wegen seines schönen Namens und seiner einfachsten Implementation bekannte und beliebte *Bubble-Sort* vorgestellt, bei dem die wesentliche Operation das Austauschen benachbarter Elemente ist.

Das Array a wird dabei n-1 mal rückwärts, also von n bis 1, unter Vertauschung benachbarter Elemente entsprechend der Ordnungsrelation durchlaufen. Denkt man sich das zu ordnende Array senkrecht statt waagrecht angeordnet vor, so bewirkt der Austausch, dass „leichte" (kleine) Elemente wie „Blasen" in einem exquisiten Champagner (beispielsweise Veuve Cliquot) nach oben steigen. Die folgende Tabelle zeigt diesen Sachverhalt.

Tabelle 10.18: Beispiel zur Illustration des Bubble-Sort anhand eines Feldes mit 8 Daten, das in 7 Schritten sortiert wird. Im Unterschied zu den Tabellen 10.16 und 10.17 sind die Daten nun vertikal angeordnet. Beim Durchlaufen des Feldes von unten nach oben werden aufeinander folgende Elemente vertauscht, wenn sie nicht in der richtigen Reihenfolge stehen.

Ausgangswerte	i = 1	2	3	4	5	6	7
44	6	6	6	6	6	6	6
55	44	12	12	12	12	12	12
12	55	44	18	18	18	18	18
42	12	55	44	42	42	42	42
94	42	18	55	44	44	44	44
18	94	42	42	55	55	55	55
6	18	94	67	67	67	67	67
67	67	67	94	94	94	94	94

Von den Ausgangswerten kommt man im ersten Durchgang zu der unter Index i=1 angeordneten Zahlenreihe. Dabei stieg das „leichteste" Element 6 bis zur obersten Position auf. Im nächsten Durchlauf wurden folgende Vertauschungen vorgenommen: $12 \leftrightarrow 55$, $12 \leftrightarrow 44$.

Verbesserung durch Einführen einer Abbruchbedingung

Der Bubble-Sort kann ohne Mühe etwas verbessert werden. Zunächst entnimmt man dem Beispiel, dass in den letzten drei Durchläufen das Array nicht mehr verändert wurde, da es bereits geordnet ist. Der Programmlauf kann also abgebrochen werden, sobald in einem Durchlauf kein Austausch von Elementen mehr stattgefunden hat. Dies lässt sich durch Setzen einer Flag leicht feststellen. Zusätzlich kann man den Index k zwischenspeichern, an dem der letzte Austausch stattgefunden hat, da ja alle Paare unterhalb des Index k bereits in der richtigen Reihenfolge sein müssen. Die folgenden Durchläufe müssen daher nicht bis zum vorbestimmten Index i laufen, sie können vielmehr bereits bei dem Index k abgebrochen werden.

Diese Verbesserungen sind in der unten aufgelisteten C-Funktion bereits enthalten. Das Zeitverhalten ändert sich dadurch allerdings im allgemeinen Fall nur unwesentlich. Ist jedoch eine Datei schon sortiert oder nahezu sortiert, so erhält der Bubble-Sort dadurch lineare Komplexität.

```
//-----------------------------------------------------------------
// Sortieren eines Arrays a mit Dimension n durch direktes Austauschen
// (Bubble-Sort).
//-----------------------------------------------------------------
int sort_bub(int a[], int n) {
  int i, j, k=1, x, flg;
  for(i=1; i<n; i++) {
    flg=1;
    for(j=n-1; j>=k; j--) if(a[j-1]>a[j])
      { x=a[j-1]; a[j-1]=a[j]; a[j]=x; flg=0; }        // Austauschen
    if(flg) return(0);                                    // Fertig
    k=j;
  }
}
```

Interessant ist der Bubble-Sort auch in Zusammenhang mit linearen Listen, da diese so am Platz sortiert werden können.

Der Shaker-Sort

Eine weitere Verbesserung wird durch die folgende Überlegung nahe gelegt: Ein „leichtes“ Element am „schweren“ Ende eines sonst bereits sortierten Arrays wird in einem Durchlauf an die richtige Position gebracht. Ist dagegen ein „schweres“ Element am „leichten“ Ende des Arrays vorhanden, so können bis zu n Schritte für seine richtige Positionierung benötigt werden.

Ändert man die Richtung in aufeinander folgenden Durchläufen, so wird diese Asymmetrie behoben. Die zugehörige Abwandlung des Bubble-Sort trägt den Namen *Shaker-Sort* (von shake, schütteln). Eine wesentliche Verbesserung wird dadurch allerdings nicht erzielt.

Tabelle 10.19: Dieses Beispiel zeigt, dass große Elemente am Anfang des Arrays weniger effizient an die richtige Stelle transportiert werden, als kleine Elemente die am Ende des Arrays stehen.

12	wird in einem	**94**	wird in sieben
18	Durchlauf	6	Durchläufen
42	sortiert	12	sortiert
44		18	
55		42	
67		44	
94		55	
6		67	

Das Beispiel-Array wird durch den Shaker-Sort in folgenden Schritten geordnet:

Tabelle 10.20: Beim Shaker-Sort wird das Array abwechselnd von unten nach oben und von oben nach unten durchlaufen.

Ausgangs- werte	ug = 2 og = 8	3 7	4 6	5 5
44	6	6	6	6
55	44	44	12	12
12	55	12	44	18
42	12	42	18	42
94	42	55	42	44
18	94	18	55	55
6	18	67	67	67
67	67	94	94	94

Die entsprechende C-Funktion lautet:

```
//----------------------------------------------------------------------
// Sortieren eines Arrays a mit Dimension n durch Shaker-Sort.
//----------------------------------------------------------------------
int sort_shake(int a[], int n) {
  int i, x, ug=1, og, flg;
  og=n;
  for(;;) {
    flg=1;
    for(i=ug; i<og; i++) if(a[i-1]>a[i])          // Nach oben  arbeiten
      { x=a[i-1]; a[i-1]=a[i]; a[i]=x; flg=0; }            // Austauschen
    if(flg) return(0);                              // Fertig, wenn flg==1
    flg=1;
    for(i=--og-1; i>=ug; i--) if(a[i-1]>a[i])      // Nach unten arbeiten
      { x=a[i-1]; a[i-1]=a[i]; a[i]=x; flg=0; }            // Austauschen
    if(flg) return(0);                              // Fertig, wenn flg==1
    ug++;
  }
}
```

Die Komplexität des Bubble-Sort

Bei der Komplexitätsbetrachtung des Sortierens durch direktes Austauschen erkennt man, dass - wie schon beim Sortieren durch Einfügen und beim Sortieren durch Auswählen - bei jedem Durchlauf immer alle Elemente des Arrays einmal mit einem anderen Element verglichen werden müssen. Man erhält also wieder:

$$C(n) = \frac{n^2 - n}{2} = \mathcal{O}(n^2)$$

Die minimale Anzahl der Zuweisungssoperationen für ein schon geordnetes Array ist Null und die Anzahl der Vergleiche ist $2n$:

$$M_{min}(n)=0, \qquad C_{min}(n)=2n$$

Im ungünstigsten Fall muss bei jedem Vergleich auch ein Elementepaar ausgetauscht werden. Da zu jedem Austausch drei Zuweisungen gehören, berechnet man:

$$M_{max}(n) = 3 \cdot \frac{n^2 - n}{2} = \mathcal{O}(n^2)$$

Für die Komplexität $M_{mit}(n)$ für den mittleren Fall ergibt sich hier der Mittelwert von $M_{min}(n)$ und $M_{max}(n)$:

$$M_{mit}(n) = 3 \cdot \frac{n^2 - n}{4} = \mathcal{O}(n^2)$$

Ein Vergleich mit den zuvor besprochenen Verfahren zeigt, dass der Bubble-Sort unter diesen Methoden die schlechteste ist, da sowohl $C(n)$ als auch $M(n)$ für den mittleren Fall von der Ordnung $\mathcal{O}(n^2)$ sind. Auch die Einführung einer Flag ändert daran nichts grundsätzliches, da $M(n)$ dadurch nicht berührt wird und $C(n)$ immer noch von quadratischer Ordnung bleicbt.

Eine Betrachtung des Shaker-Sort zeigt ferner, dass auch hier die Verbesserungen nur die Vergleiche betreffen, die Zahl der Austauschoperationen bleibt unverändert. Eine genaue Analyse ist sehr aufwendig; das Ergebnis $C_{mit}(n)$ für die mittlere Anzahl von Vergleichen ist jedoch ebenfalls von der Ordnung $\mathcal{O}(n^2)$. Man sieht also, dass der Shaker-Sort hinsichtlich der Komplexität eigentlich keine wesentliche Verbesserung ist.

10.5 Höhere Sortierverfahren

10.5.1 Shell-Sort

Eine wesentliche Verbesserung gelang erst mit dem auf Sortieren durch direktes Einfügen aufbauenden *Shell-Sort*, der 1959 von D. L. Shell veröffentlicht wurde. Beim Shell-Sort werden zuerst alle Elemente getrennt sortiert, die eine Distanz h_1 voneinander entfernt sind. Nach diesem ersten Durchlauf werden alle Elemente, die eine Distanz h_2 voneinander entfernt sind, sortiert, usw. bis zu einem letzten Durchgang t mit Schrittweite $h_t=1$. Jede Teilsortierung zieht Nutzen aus der vorangegangenen, so dass in den folgenden Schritten weniger Vergleiche und Umstellungen nötig sind, als dies ohne die vorangegangenen Sortierläufe der Fall wäre. Es ist auch klar, dass durch dieses Verfahren tatsächlich die gewünschte Ordnung hergestellt wird, da im schlimmsten Fall die ganze Arbeit im letzten Schritt mit $h_t=1$ erledigt würde. Offensichtlich kann man jede beliebige Folge von Schrittweiten verwenden, solange nur für die letzte Schrittweite $h_t=1$ gilt.

Anhand des Standardbeispiels soll diese Methode mit der Schrittweitenfolge $h_1=4$, $h_2=2$, $h_3=1$ erläutert werden.

Tabelle 10.21: Beim Shell-Sort werden Teilfolgen mit abnehmenden Schrittweiten des Arrays mit Hilfe des Sortierens durch direktes Einfügen sortiert.

h=4	44	55	12	42	94	18	6	67

Die Teilfolgen {44,94}, {55,18}, {12,6}, {42,67} werden geordnet.

h=2	44	18	6	42	94	55	12	67

Die Teilfolgen {44,6,94,12}, {18,42,55,67} werden geordnet.

h=1	6	18	12	42	44	55	94	67

Das gesamte Array wird geordnet.

Ergebnis:	6	12	18	42	44	55	67	94

Das Problem der Berechnung der Komplexität des Shell-Sort ist sehr schwierig und noch nicht in allen Details gelöst. Insbesondere konnte noch nicht entschieden werden, welche Wahl der Schrittweite die günstigste ist. Von Vorteil ist jedenfalls, wenn die Schrittweiten keine Vielfachen voneinander sind, da dann die Sortierungsläufe besonders viel von den vorangegangenen Läufen profitieren. Gute Resultate bringen beispielsweise die Schrittweitenfolgen:

$h_k = (h_{k-1} - 1)/3$ mit $h_1 = (n - 1)/3$

und

$h_k = (h_{k-1} - 1)/2$ mit $h_1 = (n - 1)/2$

Die Anzahl der Schritte beträgt offenbar int(log$_3$(n)) -1 bzw. int(ld(n)) -1.

Mit der letztgenannten Schrittweitenfolge ist die Komplexität des Shell-Sort im Mittel von der Ordnung $\mathcal{O}(n^{1.2})$. Dies bedeutet zwar eine wesentliche Verbesserung im Vergleich zu $\mathcal{O}(n^2)$, nicht jedoch verglichen mit $\mathcal{O}(n \cdot \ln(n))$

Für die unten aufgelistete C-Funktion werden die Schrittweiten h gemäß der letztgenannten Formel bestimmt. Die Sortierläufe wurden als Sortieren durch direktes Einfügen programmiert.

```
//---------------------------------------------------------------------
// Sortieren eines Arrays a mit Dimension n durch Shell-Sort.
//---------------------------------------------------------------------
int sort_shell(int a[], int n) {
  int i, j, k, h, x;
  h=n;
  while((h=(h-1)/2)>1) {                 // Sortieren, solange h>1
    for(k=0; k<h; k++) {                 // Vorsortieren mit Schrittweite h
      for(i=h+k; i<n; i+=h) {            // durch direktes Einfügen
        x=a[i]; j=i;
        while((j-=h)>=0 && x<a[j]) a[j+h]=a[j];
        a[j+h]=x;
      }
    }
  }
  return(sort_ins(a,n));                 // Abschließender Sortierlauf
}
```

10.5.2 Quick-Sort

Nach dem Shell-Sort, der aus dem Sortieren durch Einfügen hergeleitet wurde, wird nun ein im Mittel noch effizienter arbeitendes und daher sehr weit verbreitetes Verfahren, der *Quick-Sort* vorgestellt. Er wurde 1962 von C.A.R. Hoare veröffentlicht [Hoa62] und beruht auf einer Erweiterung des beim Bubble-Sort verwendeten Prinzips des Austauschens von Elementen, wobei aber nun nicht direkt benachbarte, sondern weiter auseinander liegende Elemente ausgetauscht werden.

Der Partitionsalgorithmus

Als Kern des eigentlichen Sortierverfahrens wird zunächst der Algorithmus zur *Partition* (*Zerlegung*) erläutert. Man geht von einem Array mit n Elementen a[i] aus und wählt daraus willkürlich ein beliebiges Element a[k]. Nun durchsucht man das Array von links mit den Indizes i=0, 1,... bis ein Element a[i]>a[k] gefunden wurde und von rechts mit den Indizes j=n-1, n-2,... bis ein Element a[j]<a[k] gefunden wurde. Die beiden so bestimmten Elemente werden sodann miteinander vertauscht. Dieses Verfahren wird fortgesetzt, solange i<j gilt. Man hat nun das ursprüngliche Array in zwei Teile zerlegt, wobei der linke Teil nur Elemente $a[i] \leq a[k]$ und der rechte Teil nur Elemente $a[j] \geq a[k]$ enthält.

Das in der folgenden Abbildung gezeigte Beispiel veranschaulicht den Partitions-Algorithmus:

0	1	2	3	4	5	6	7	Indizes
44	55	12	42	94	6	18	67	Ausgangs-Array
i→			k				←j	
18	6	12	42	94	55	44	67	Ergebnis nach Partition

Abbildung 10.12: Beispiel zur Partitionierung eines Array.

Als Vergleichselement wurde das in der Grafik unterstrichene Element a[4]=42 herausgegriffen. Im Laufe der Partition wurden die beiden Vertauschungen 44↔18 und 55↔6 vorgenommen.

Dieser Algorithmus lässt sich leicht als C-Funktion formulieren:

```
int partition(int a[], int n) {
  int i=0, j, x, y;
  j=n-1;
  x=a[n/2];                    // Vergleichselement
  while(i<=j) {                // Partitionierung
    while(a[i]<x) i++;         // nach rechts suchen
    while(a[j]>x) j--;         // nach links suchen
    if(i<=j) { y=a[i]; a[i]=a[j]; a[j]=y; i++; j--; }  // Elemente tauschen
  }
  return(0);
}
```

Erweiterung der Partition zum Quick-Sort

Der Partitionsalgorithmus lässt sich ohne große Mühe zum Quick-Sort erweitern, indem man rekursiv die Partition auf den jeweils linken und rechten Teil der Zerlegung anwendet, bis man zu Partitionen der Länge 1 gelangt:

```
//--------------------------------------------------------------------
// Sortieren eines Arrays a n durch rekursiven Quick-Sort
//--------------------------------------------------------------------
int sort(int a[], int ug, int og) {
  int i, j, x, y;
  i=ug; j=og;                  // Grenzen für Partitionierung
  x=a[(ug+og)/2];              // Vergleichselement
  while(i<=j) {                // Partitionierung
    while(a[i]<x) i++;
    while(a[j]>x) j--;
    if(i<=j) { y=a[i]; a[i]=a[j]; a[j]=y; i++; j--; }
  }
  if(ug<j) sort(a,ug,j);       // linke Zerlegung weiterverarbeiten
  if(i<og) sort(a,i,og);       // rechte Zerlegung weiterverarbeiten
}
```

Durch den Aufruf `sort(a,0,n-1)` wird das Verfahren gestartet.

Der Sortier-Algorithmus Quick-Sort ist durch die Rekursion elegant und übersichtlich gelöst. Man muss aber bedenken, dass durch die rekursiven Aufrufe ein interner Stack verwendet wird, für den im ungünstigsten Fall n Elemente belegt werden. Außerdem werden bei jedem Funktionsaufruf auch die Prozessor-Register zwischengespeichert, so dass der Speicheraufwand so groß werden kann, dass von einem Sortieren am Platz nicht mehr die Rede sein kann.

Man kann diesen Nachteil weit gehend durch Einführen einiger Verbesserungen ausräumen. Zunächst wird die Rekursion durch eine Iteration ersetzt, was ja grundsätzlich immer möglich ist. Dazu ist ein Stack mit möglichst wenigen Elementen nachzubilden. In diesen Stack speichert man die linken und rechten Grenzen der noch weiter zu partitionierenden Zerlegungen. Dies führt zu folgendem Programm:

```
//-------------------------------------------------------------------------
// Sortieren eines Arrays a mit Dimension n durch iterativen Quick-Sort
//-------------------------------------------------------------------------
int sort_quick(int a[], int n) {
  int i, j, k, d, ug, og, x, y, z, s=2, stack[100];
  stack[1]=0; stack[2]=n-1;
  while(s) {                                   // Solange Stack nicht leer
    og=stack[s--]; ug=stack[s--];
    while(ug<og) {
      i=ug; j=og;
      k=(i+j)/2; d=(j-i)/4;
      y=a[i+d]; z=a[j-d];                      // Kandidaten für Schlüssel
      if(y>a[k]) { if(z>y) k=i+d; else if(z>a[k]) k=j-d; }
        else     { if(z<y) k=i+d; else if(z<a[k]) k=j-d; }
      x=a[k];                             // Mittlerer von drei Schlüsseln
      while(i<=j) {                                           // Partition
        while(a[i]<x) i++;
        while(a[j]>x) j--;
        if(i<=j) { y=a[i]; a[i]=a[j]; a[j]=y; i++; j--; }
      }
      if((j-ug)<(og-i)) {    // Grenzen der größeren Zerlegung auf Stack
        if(i<og) {stack[++s]=i; stack[++s]=og;}   // Stackeintrag rechts
        og=j;
      }
      else {
        if(ug<j) {stack[++s]=ug; stack[++s]=j;}    // Stackeintrag links
        ug=i;
      }
    }
  }
  return(0);
}
```

Neben der Ersetzung der Rekursion durch eine Iteration wurden in dem oben aufgelisteten Programm noch zwei weitere Verbesserungen angebracht. Es liegt auf der Hand, dass es am günstigsten sein wird, wenn durch die Partition das Array in zwei möglichst gleich große Teile partitioniert wird. Wählt man als Vergleichselement immer dasjenige mit dem mittleren Index, so garantiert dies keineswegs das gewünschte ideale Verhalten. Im Extremfall kann sogar eine *Entartung* auftreten, nämlich eine Partitionierung in zwei Zerlegungen, von denen die eine nur ein einziges Element enthält und die andere den gesamten Rest. Um dem vorzubeugen, wählt man als Vergleichselement besser das der Größe nach mittlere Element (den *Medi-*

an) von mehreren Kandidaten. Man bezeichnet diese Variante auch als *clever Quick-Sort*. In diesem Programmbeispiel wurde der Median von drei Elementen gebildet. Die zweite, sehr wesentliche Änderung stellt sicher, dass der Stack höchstens $ld(n)$ Einträge enthalten kann. Dies wird dadurch erreicht, dass man bei jeder Partitionierung immer die Grenzen der größeren Zerlegung auf den Stack schreibt und mit der anderen Zerlegung fortfährt. Wenn immer beide Zerlegungen gleich groß wären, so sind bei n Elementen offenbar $ld(n)$ Partitionen erforderlich, bis alle Zerlegungen schließlich die Länge 1 erhalten. Daraus folgt, dass der Stack tatsächlich nur maximal $ld(n)$ Einträge erhalten kann (im Normalfall sogar viel weniger), wenn konsequent die Grenzen der größeren der beiden Zerlegungen im Stack speichert. Es sind also beispielsweise bei $n=1000$ maximal 10 Stack-Einträge erforderlich. Man kann also mit gewissem Recht von einem Sortieren am Platz sprechen, da nur ein minimaler zusätzlicher Speicherbedarf besteht und da lediglich Integer-Werte gespeichert werden müssen. Im Detail sind noch weitere Optimierungen möglich, ein Beispiel dafür gibt die seit 1993 in C verwendete Bibliotheksfunktion `qsort` [Ben93].

Die Komplexität des Quick-Sort

Vor der Bestimmung der Komplexität von Quick-Sort wird zweckmäßigerweise erst der Partitions-Algorithmus untersucht. Wurde ein Vergleichselement gewählt - im einfachsten Fall das Element mit dem mittleren Index - so wird von rechts und von links fortschreitend das gesamte Array durchsucht. Dazu sind insgesamt n Vergleiche nötig. Es gilt also auf jeden Fall $C(n)=n$ für den Partitions-Algorithmus.

Im günstigsten Fall, wenn nämlich das Array bezüglich des gewählten Vergleichselementes bereits partitioniert ist, sind keine Zuweisungen erforderlich, es ist also $M_{min}(n)=0$. Im ungünstigsten Fall gilt $M_{max}(n)=C(n)=n$, da dann für jeden Vergleich auch ein Austausch erforderlich ist. Zur Bestimmung der im Mittel erforderlichen Anzahl $M_{mit}(n)$ von Zuweisungen betrachtet man die Anzahl der Operationen für einen gegebenen Index k für das Vergleichselement. Die Anzahl der Austauschoperationen ist dann gleich der Anzahl der Elemente im linken Teil der Zerlegung, also $k-1$, multipliziert mit der Wahrscheinlichkeit, dass ein Element aus dem rechten Teil dorthin gelangt ist. Setzt man voraus, dass dies für jedes Element gleich wahrscheinlich ist, so kann diese Wahrscheinlichkeit durch die relative Häufigkeit ausgedrückt werden, die durch die Anzahl der Elemente im rechten Teil der Zerlegung, also $n-(k-1)$, dividiert durch die Gesamtzahl n der Elemente, gegeben ist. Dieser Sachverhalt lässt sich durch folgende einfache Grafik beschreiben:

Abbildung 10.13: Durch das Element mit Index k wird das Array mit n Elementen partitioniert. Die Anzahl der Elemente der linken Zerlegung ist $k+1$, die der rechten Zerlegung $n-(k+1)$.

Diese Überlegung gilt für eine bestimmte Wahl von k. Man muss also noch über alle möglichen Werte von k mitteln. Daraus ergibt sich mit der Substitution $i=k+1$:

$$M(n) = \frac{1}{n}\sum_{k=0}^{n-1}\frac{(k+1)[n-(k+1)]}{n} = \frac{1}{n^2}\sum_{i=1}^{n}(i \cdot n - i^2) = \frac{1}{n}\sum_{i=1}^{n} i - \frac{1}{n^2}\sum_{i=1}^{n} i^2 =$$

$$= \frac{n(n+1)}{2n} - \frac{n(n+1)(2n+1)}{6n^2} = (n - 1/n)/6 = \mathcal{O}(n)$$

Man erhält demnach eine lineare Komplexität für den Partitions-Algorithmus.

Zur Berechnung der Komplexität des Quick-Sort geht man zunächst davon aus, dass die Anzahl der erforderlichen Partitionen im Mittel $ld(n)$ beträgt. Daraus folgt dann, dass für den Quick-Sort die Komplexität sowohl für die Anzahl der Vergleiche als auch für die Anzahl der Zuweisungen im Mittel von der Ordnung $\mathcal{O}(n \cdot ld(n))$ ist. Allerdings ist zu bedenken, dass dieses günstige Verhalten nur im Mittel gilt, da im ungünstigsten Fall eine Entartung möglich ist. Es sind dann n Partitionen durchzuführen, was zu einer Komplexität von $\mathcal{O}(n^2)$ führt. Durch die Auswahl des Vergleichselements als Median von mehreren Kandidaten lässt sich dieser Entartung jedoch effizient vorbeugen.

Bestimmung des k-größten Elements eines Arrays

Der Partitions-Algorithmus ist auch Grundlage eines Verfahrens zur Bestimmung des k-größten (oder analog dazu des k-kleinsten) Elementes eines Arrays. Zunächst wird das mittlere Element (der Median) eines Arrays betrachtet, also dasjenige Element, das kleiner oder gleich als die Hälfte der n Elemente des Arrays und größer oder gleich als die andere Hälfte ist. Beispielsweise ist das mittlere Element des Arrays

44 55 12 42 94 6 18 67

offenbar 42. Man kann den Median dadurch bestimmen, dass man das Array zunächst sortiert und dann das Element mit dem Index $int(n/2)$ wählt. Von C. A. R. Hoare wurde jedoch ein auf dem Partitions-Algorithmus aufbauendes Verfahren entwikkelt, das wesentlich effizienter arbeitet. Außerdem ist es damit möglich, nicht nur das mittlere Element zu bestimmen, sondern allgemein das k-größte.

Der Algorithmus beginnt mit einer Partition des Arrays mit $ug=0$, $og=n-1$ und $x=a[k]$ als Vergleichswert. Mit den aus dem Partitions-Algorithmus folgenden Indexwerten i und j gilt dann:

$i > j$
$a_k \leq x$ für alle $k<i$
$a_k \geq x$ für alle $k>j$

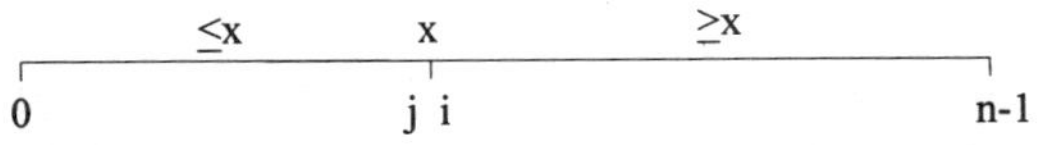

Abbildung 10.14: Zur Bestimmung des k-größten Elements durch Partition.

Unter Beachtung der Grafik erkennt man, dass immer einer der folgenden Fälle vorliegen muss:

- Das gewählte Vergleichselemt ist das gesuchte k-größte Element, d.h. die Anzahl der Elemente im Intervall [0, j] steht im richtigen Verhältnis zu n, oder mit anderen Worten, es gilt j+1=k. Das Verfahren endet damit. Für die Bestimmung des Median, also k=n/2, bedeutet dies, dass beide Zerlegungen tatsächlich gleich groß sind.
- Das gewählte Vergleichselement war zu groß. Die Partition muss nun mit dem linken Teil, also a[0]...a[j] fortgesetzt werden.
- Das gewählte Vergleichselement war zu klein. Die Partition muss dann mit dem rechten Teil, also a[i]...a[n-1] fortgesetzt werden.

Die Partitionen werden nun solange wiederholt, bis der erstgenannte Fall schließlich eintritt, bzw. bis die letzte Partition nur noch ein Element enthält.

Das Array a sei global als Array mit n Elementen vom Typ `int` deklariert. Die C-Funktion zum Finden des k-kleinsten Elementes lautet damit:

```
//-----------------------------------------------------------------------
// Bestimmung des k-größten Elements eines Arrays
//-----------------------------------------------------------------------
int find(int a[], int n, int k) {
  int i, j, ug, og, x, y;
  ug=0; og=n-1;                   // Startwerte für Partitionsgrenzen
  while(ug<og) {                  // Partition
    x=a[k];
    i=ug; j=og;
    while(i<=j) {
      while(a[i]<x) i++;
      while(a[j]>x) j--;
      if(i<=j) { y=a[i]; a[i]=a[j]; a[j]=y; i++; j--; }
    }
    if(j<k) ug=i;                 // neue Partitionsgrenzen
    if(k<i) og=j;
  }
  return(x);
}
```

Geht man davon aus, dass im Mittel jede Partition den Bereich halbiert, so ist die Zahl der notwendigen Vergleiche durch die folgende geometrische Reihe gegeben:

$$n + n/2 + n/4 + \ldots = n\sum_{i=0}^{\mathrm{ld}(n)} \frac{1}{2^i} = n\frac{\left(\frac{1}{2}\right)^{\mathrm{ld}(n)} - 1}{\frac{1}{2} - 1} = 2n - n\left(\tfrac{1}{2}\right)^{\mathrm{ld}(n)-1} = \mathcal{O}(n)$$

Die Zahl der Umstellungen ist sogar noch geringer als die Zahl der Vergleiche.

Allerdings gilt hier wie beim Quick-Sort, dass die Komplexität im schlimmsten Fall zu der Ordnung $\mathcal{O}(n^2)$ entarten kann. Diese Entartung tritt dann ein, wenn bei den Partitionen jedes Mal ein Bereich mit nur einem Element entsteht und der größere Bereich weiter partitioniert werden muss. Um dem vorzubeugen, empfiehlt es sich - wie in der oben angegebenen Beispielfunktion `sort_quick` bereits realisiert - das Vergleichselement für die Partition als Median aus mehreren Kandidaten zu ermitteln.

10.5.3 Eine generische Sortierfunktion

Möchte man an Stelle von Integer-Arrays beliebige Arrays sortieren und dabei auch andere Ordnungskriterien als nur die Relation „kleiner als" zulassen, so benötigt man *generische Sortierfunktionen*, die unabhängig vom Datentyp des zu sortierenden Feldes a arbeiten. Die Vergleichsoperationen müssen dazu aus der Sortierfunktion ausgelagert und an diese als Zeiger übergeben werden. Die Struktur des zu sortierenden Arrays ist zunächst unspezifiziert, insbesondere ist der Datentyp und die Anzahl w der Bytes für ein Element von a nicht festgelegt. Man muss daher als Parameter an die Sortierfunktion einen Zeiger des Typs `void *a` auf den Anfang des zu sortierenden Feldes a übergeben sowie die in Bytes gezählte Breite w eines Elementes von a. Innerhalb der Sortierfunktion arbeitet man dann mit einem Hilfszeiger des Typs `char`, dem zu Beginn der Zeiger auf a zugewiesen wird. Für eine Zuweisung kann die in C verfügbare Kopierfunktion `memcpy(x,y,w)`, die bei Adresse y beginnend w Bytes auf Adresse x kopiert, verwendet werden. Das folgende Programmbeispiel erläutert dieses Vorgehen an Hand des Sortierens durch Einfügen.

```
//----------------------------------------------------------------------
// Generische Version des Sortierens durch Einfügen
//----------------------------------------------------------------------
int sort_ins(void *a, int n, size_t w, int (*cmp)()) {
  int i, j, jw;
  char *x, *pa;
  x=(char *)malloc(w);                // Speicher für ein Element
  if(x==NULL) return(-1);             // kein Speicher verfügbar
  pa=a;
  for(i=1; i<n; i++) {                // Schleife durch das Array
    memcpy(x,a+i*w,w);                // Zuweisung x=a[i]
    j=i-1;                            // End-Index der Zielsequenz
    while(j>=0 && cmp(x,pa+j*w)<0)    // solange x<a[j] und j>=0
    {                                 // Verschiebung nach rechts
      jw=j*w; j--;                    // Indexberechnung
      memcpy(pa+jw+w,pa+jw,w);        // Zuweisung a[j+1]=a[j]
    }
    memcpy(pa+(j+1)*w,x,w);           // Einfügen von x
  }
  free(x);                            // Speicher freigeben
  return(0);
}
```

Auch die in praktisch allen C-Libraries enthaltene Quick-Sort Funktion `qsort` verfügt über das in dem obigen Beispiel vorgestellte Interface.

Die Vergleichsfunktion `cmp(a,b)` muss den Rückgabewert -1 liefern, wenn gemäß der gewählten Ordnungsrelation a vor b angeordnet ist, den Wert 0, wenn die verglichenen Schlüssel von a und b identisch sind und schließlich den Wert 1, wenn b vor a angeordnet ist. Nach diesem Schema richtet sich auch die in C verfügbare Funktion `strcmp(a,b)` zum Vergleich zweier Strings. Durch Einführen einer globalen Variablen kann man zusätzlich für Testzwecke die Anzahl der durchgeführten Vergleiche mitzählen. Im Folgenden ist dazu ein Beispiel gegeben, mit dem Datensätze nach einem Datum geordnet werden können, wobei die Anzahl der Aufrufe mitgezählt wird.

```
#define MAXANZ 1000                       // Maximallänge des Feldes

unsigned long int count;                  // globale Zählvariable

typedef struct { char name[40];           // Artikelname
                 int nr;                  // Artikelnummer
                 int anz;                 // verfügbare Anzahl
                 int tag;                 // Tag des letzten Einkaufs
                 int monat;               // Monat . . .
                 int jahr;                // Jahr  . . .
               } artikel_t;
artikel_t a[MAXANZ];                      // Artikelfeld

//----------------------------------------------------------------------
// Datumsvergleich für Artikel
//----------------------------------------------------------------------
int datcmp(struct artikel *a, struct artikel *b) {
  count++;                                        // Vergleichszähler
  if(a->jahr < b->jahr) return(-1);               // a vor b
  else if(a->jahr == b->jahr) {
    if(a->monat < b->monat)  return(-1);          // a vor b
    else if(a->monat == b->monat) {
      if(a->tag < b->tag) return(-1);             // a vor b
      else if(a->tag == b->tag) return(0);        // a und b sind gleich
      else return(1);                             // b vor a
    }
    else return(1);                               // b vor a
  }
  else return(1);                                 // b vor a
}
```

10.5.4 Vergleich der Sortierverfahren

In der folgenden Tabelle sind die Komplexitäten der verschiedenen Sortier-Algorithmen zusammengestellt. Es wurde auch der *Heap-Sort* mit aufgenommen, der jedoch erst bei der detaillierten Behandlung von Bäumen in Kapitel 10.7.5 besprochen wird, da sich der Algorithmus dort in zwangloser Weise ergibt. Auch der erst im nächsten Kapitel vorgestellte *Merge-Sort* ist im Zeitverhalten mit den auf Arrays arbeitenden höheren Sortierverfahren vergleichbar, er benötigt aber als externe Sortiermethode über den Umfang des Arrays a hinausgehend zusätzliche Speicherplätze.

Sind weniger als etwa 20 Elemente im Hauptspeicher am Platz zu sortieren, so sind die direkten Methoden den höheren Methoden vorzuziehen, obwohl diese mehr Schritte zur Ausführung benötigen. Die Einfachheit der Einzeloperationen bringt in diesen Fällen aber dennoch einen Vorteil. Unter den direkten Methoden ist der Bubble-Sort die schlechteste. Die besten einfachen Methoden sind die direkte Auswahl, da $M(n)=\mathcal{O}(n \cdot \ln(n))$ ist und das direkte binäre Einfügen, da in diesem Fall $C(n)=\mathcal{O}(n \cdot \ln(n))$ ist.

Tabelle 10.22: Zusammenstellung der Komplexitäten verschiedener Sortierverfahren.

	Minimum		Maximum		Mittel	
Algorithmus	C(n)	M(n)	C(n)	M(n)	C(n)	M(n)
Direktes Einfügen	n	n	n^2	n^2	n^2	n^2
Binäres Einfügen	n	n	$n \cdot \ln(n)$	n^2	$n \cdot \ln(n)$	n^2
direkte Auswahl	n^2	n	n^2	n^2	n^2	$n \cdot \ln(n)$
Bubble-Sort	n	0	n^2	n^2	n^2	n^2
Shaker-Sort	n	0	n^2	n^2	n^2	n^2
Shell-Sort	n	n	n^2	n^2	$n^{1.2}$	$n^{1.2}$
Quick-Sort	n	n	n^2	n^2	$n \cdot \ln(n)$	$n \cdot \ln(n)$
Heap-Sort	n	n	$n \cdot \ln(n)$	$n \cdot \ln(n)$	$n \cdot \ln(n)$	$n \cdot \ln(n)$
Merge-Sort	$n \cdot \ln(n)$	$n \cdot \ln(n)$	$n \cdot \ln(n)$	$n \cdot \ln(n)$	$n \cdot \ln(n)$	$n \cdot \ln(n)$

Die folgende Tabelle zeigt das relative Zeitverhalten für die Sortierung von Integer-Arrays in Abhängigkeit von der Anzahl der Elemente.

Tabelle 10.23: Relative Laufzeiten verschiedener Sortierverfahren für das Sortieren von Integer-Arrays.

Anzahl	Direktes Einfügen	Binäres Einfügen	Direkte Auswahl	Bubble-Sort	Shaker-Sort	Shell-Sort	Quick-Sort	Heap-Sort	Merge Sort
5000	1.00	0.94	1.43	2.03	1.76	0	0	0	0
10000	2.64	2.31	4.73	6.81	5.83	0	0	0	0
20000	12.47	10.88	26.81	55.64	48.50	0.11	0.06	0.11	0.11
100000	-	-	-	-	-	1.26	0.33	0.56	0.69
150000	-	-	-	-	-	1.63	0.51	1.03	1.18
200000	-	-	-	-	-	2.25	0.76	1.43	1.37
250000	-	-	-	-	-	2.64	1.02	1.84	1.66

Bei der Sortierung von Daten wird derzeit der Quick-Sort am häufigsten eingesetzt. Es ist jedoch als Nachteil zu bewerten, dass zusätzlicher Speicherplatz der Größenordnung $\text{ld}(n)$ benötigt wird, dass die Laufzeiten je nach Art der Daten sehr stark variieren können und dass das Verhalten im ungünstigsten Fall katastrophal ist.

Der Shell-Sort ist mittlerweile nur noch von didaktischem und historischem Interesse.

Die Effizienz der als „Bottom-up Heap-Sort" bekannten Variante des Heap-Sort ist nur wenig geringer als die des Quick-Sort (siehe Kapitel 10.7.5). Ein Vorteil des Heap-Sort ist, dass seine Komplexität in jedem Fall von der Ordnung $\mathcal{O}(n \cdot \ln(n))$ ist und dass seine Laufzeit in Abhängigkeit von der Anordnung der Daten weniger streut als für den Quick-Sort. Außerdem ist der Heap-Sort ein Sortierverfahren, das ohne jede Einschränkung am Platz arbeitet und dessen Komplexität in jedem Fall von der Ordnung $\mathcal{O}(n \cdot \ln(n))$ ist.

Der im nächsten Kapitel besprochene Merge-Sort hat ebenfalls in jedem Fall die Komplexität $\mathcal{O}(n \cdot \ln(n))$, er benötigt jedoch in seinen schnellsten Versionen zusätzlichen Speicher in der Größenordnung von n, arbeitet also nicht am Platz. Es existieren zwar Varianten des Merge-Sort, die mit nur wenig zusätzlichem Speicher auskommen, allerdings auf Kosten der Effizienz.

10.6 Sortieren externer Files

10.6.1 Direktes Mischen

Wenn der Arbeitsspeicher des Rechners die zu sortierenden Daten nicht vollständig aufnehmen kann, besteht in der Regel auf die Daten nur ein sequentieller (bzw. halbsequentieller) Zugriff. Es bietet sich dann die Strukturierung der Daten als File an. Die im vorigen Kapitel behandelten Algorithmen sind dann allerdings nicht anwendbar, da jetzt die im Vergleich zu Arrays wesentliche Einschränkung besteht, dass nur ein sequentieller Datenzugriff möglich ist. Auf den ersten Blick scheint dies ein erheblicher Nachteil zu sein; es existieren jedoch Sortier-Verfahren, die es hinsichtlich ihrer Komplexität mit Quick-Sort durchaus aufnehmen können, allerdings nicht am Platz arbeiten, sondern zusätzlichen Speicher benötigen.

2-Phasen-3-Band-Mischen

Eine vielfach angewendete Methode ist in diesem Fall das Sortieren durch *direktes Mischen* (*Direct Merge*). Hierbei werden die Daten im einfachsten Fall zunächst gleichmäßig auf zwei (oder mehr) Sequenzen verteilt und anschließend in einem Sortierschritt wieder zusammengefügt und in einer Zielsequenz gespeichert. Beim Zusammenfügen (Mischen) wird so vorgegangen, dass die Komponenten, auf die gerade zugegriffen wird, miteinander verglichen und entsprechend der gewählten Ordnungsrelation in die Zielsequenz geschrieben werden. Dieses Verfahren ist der Methode des Ordnens eines Stapels von Spielkarten nachempfunden: Man bildet zunächst zwei Kartenstapel, entnimmt dann von den beiden Stapeln die jeweils oberste Karte, vergleicht diese miteinander und legt schließlich diejenige mit dem kleineren Spielwert auf einen dritten Stapel ab, um dann von dem Stapel, von dem die abgelegte Karte stammt, die nächste Karte zu ziehen. Auf diese Weise wird verfahren, bis alle Karten verarbeitet sind.

Man geht also von einem File a mit n Elementen aus und verteilt diese zunächst gleichmäßig auf zwei Files b und c. Dann nimmt man jeweils die nächsten Elemente von b und c und schreibt sie geordnet zurück nach a. Die Daten in a bestehen nun aus einer Anzahl geordneter *Teilsequenzen* der Länge $p=2$. Die geordneten Teilsequenzen werden auch als *Läufe* oder *Runs* bezeichnet. Im nächsten Schritt werden jeweils zwei Elemente von a nach b und c verteilt und anschließend abermals nach a gemischt. Die Länge geordneter Teilsequenzen beträgt jetzt bereits $p=4$. Nach diesem Schema verfährt man weiter, wobei sich die Länge p der bereits geordneten Teilsequenzen jedes Mal verdoppelt, bis schließlich $p \geq n$ erreicht wird.

Dieses Verfahren lässt sich schematisch skizzieren:

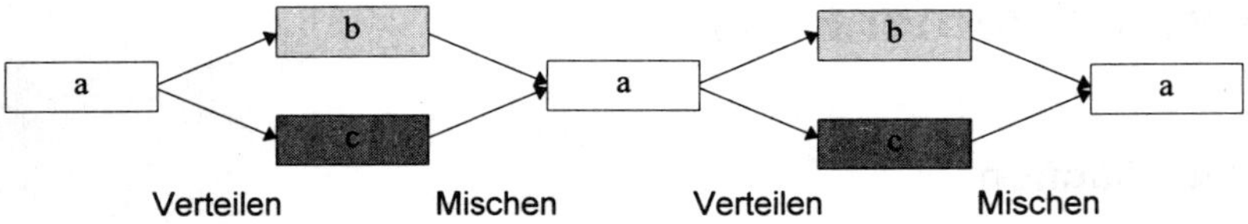

Abbildung 10.15: Die Verteil- und Mischphasen beim 2-Phasen-3-Band-Mischen.

Der zugehörige Algorithmus läuft wie folgt ab:

Direktes Mischen:

1. Setze die Länge p bereits geordneter Teilsequenzen auf p=1
2. Schreibe von a abwechselnd p Elemente nach b und c.
3. Lese abwechselnd die jeweils nächsten Komponenten von b und c und schreibe diese geordnet nach a. Wurden entweder von a oder von b bereits sämtliche p Elemente einer schon geordneten Teilsequenz verarbeitet, so werden die restlichen Elemente der jeweils anderen Teilsequenz nach a übertragen. So wird mit allen Teilsequenzen verfahren.
4. Falls p<n ist, wird p verdoppelt und nach Punkt 2 verzweigt.

Als Beispiel wird der Datensatz {44, 55, 12, 42, 94, 18, 6, 67} betrachtet:

Tabelle 10.24: Zur Erläuterung des Sortierens durch direktes Mischen. Neben dem Band a, das die zu sortierenden Daten enthält, werden zwei Hilfsbänder b und c benötigt. Bereits geordnete Teilsequenzen sind durch senkrechte Striche kenntlich gemacht.

<table>
<tr><td>a:</td><td>44 |</td><td>55 |</td><td>12 |</td><td>42 |</td><td>94 |</td><td>18 |</td><td>6 |</td><td>67</td><td></td><td>Startsequenz, p=1</td></tr>
<tr><td>b:</td><td>44 |</td><td>12 |</td><td>94 |</td><td>6</td><td></td><td>c: 55 |</td><td>42 |</td><td>18 |</td><td>67</td><td>Verteilphase</td></tr>
<tr><td>a:</td><td>44</td><td>55 |</td><td>12</td><td>42 |</td><td>18</td><td>94 |</td><td>6 |</td><td>67</td><td></td><td>Mischphase, p=2</td></tr>
<tr><td>b:</td><td>44</td><td>55 |</td><td>18</td><td>94</td><td></td><td>c: 12</td><td>42 |</td><td>6</td><td>67</td><td>Verteilphase</td></tr>
<tr><td>a:</td><td>12</td><td>42</td><td>44</td><td>55 |</td><td>6</td><td>18</td><td>67</td><td>94</td><td></td><td>Mischphase, p=4</td></tr>
<tr><td>b:</td><td>12</td><td>42</td><td>44</td><td>55</td><td></td><td>c: 6</td><td>18</td><td>67</td><td>94</td><td>Verteilphase</td></tr>
<tr><td>a:</td><td>6</td><td>12</td><td>18</td><td>42</td><td>44</td><td>55</td><td>67</td><td>94</td><td></td><td>Mischphase, p=8</td></tr>
</table>

Bei diesem Prozess werden offenbar zwei Phasen (Mischen und Verteilen) durchlaufen und drei Files benötigt, er heißt daher auch *2-Phasen-Mischen* oder *3-Band-Mischen*, wobei für die Namensgebung das Magnetband als ideal sequentielles Speichermedium Pate stand. Zu beachten ist, dass die Files b und c nur halb so lang sein müssen wie File a.

Ausgeglichenes 4-Band Mischen

Ein schwer wiegender Nachteil des 3-Band-Mischens ist, dass die Verteilungsphase zum Sortieren nicht beiträgt, da hier nur Kopiervorgänge, aber keine Vergleiche oder Vertauschungen durchgeführt werden.

Um den Preis eines vierten Files kann man diesen Nachteil beheben. Man kopiert dabei zunächst eine Hälfte der zu sortierenden Daten von File a auf ein File b. Dann wird ein Mischlauf von den Files a und b nach zwei weiteren Files c und d durchgeführt. Nun werden die Files c und d als Quellen verwendet und das Mischen erfolgt von c und d nach a und b. Dieser Vorgang wird so oft wiederholt, bis nur noch eine Teilsequenz verbleibt und das gesamte File sortiert ist. Nach Beendigung des letzten Mischlaufs werden die sortierten Daten wieder nach a kopiert. Man bezeichnet diese Form des Sortierens als *1-Phasen-Mischung*, *ausgeglichenes Mischen* oder *4-Band-Mischen*. Offenbar sind nur noch halb so viele Kopieroperationen nötig wie beim 2-Phasen-Mischen. Dieses Verfahren lässt sich schematisch skizzieren:

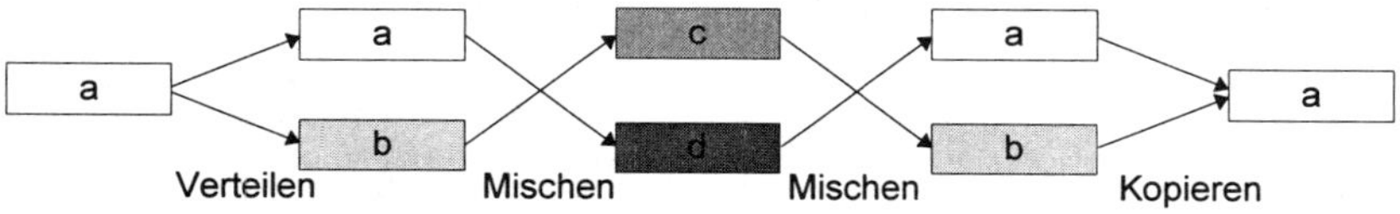

Abbildung 10.16: Die Phasen beim ausgeglichenen 1-Phasen-4-Band-Mischen.

Um die wesentlichen Aspekte dieses Sortierprinzips herauszustellen, wird zunächst auf die Komplikation durch Einführung der File-Struktur verzichtet und weiterhin von einem Array ausgegangen, jedoch bei streng sequentiellem Zugriff. Man sieht, dass die Hilfs-Files während des Mischens nur die halbe Länge der Ausgangssequenz a haben müssen. Insgesamt benötigt man also bei n zu sortierenden Daten 2n Speicherplätze. Bei Verwendung von Arrays lässt sich dies einfach dadurch realisieren, dass man zusätzlich zu dem mit den zu sortierenden Daten belegten Ausgangs-Array a in der Sortierfunktion ein weiteres Array b mit derselben Länge alloziert und bei Verlassen der Funktion wieder freigibt.

Der Beispieldatensatz wird nun in drei Schritten wie folgt sortiert:

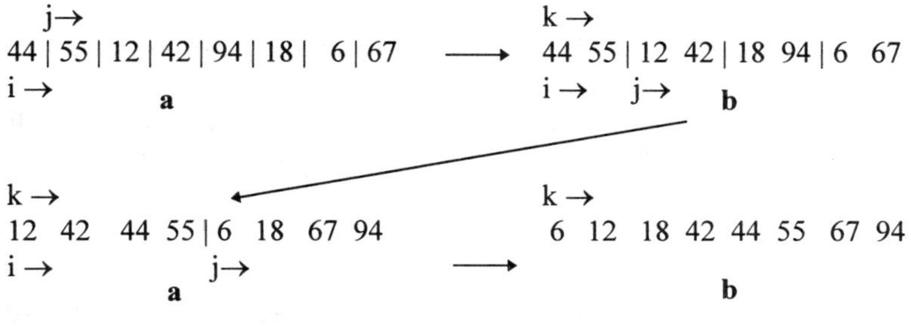

Abbildung 10.17: Beispiel für das Sortieren durch Mischen eines Arrays a unter Verwendung eines gleich großen Hilfs-Arrays b.

Durch senkrechte Striche sind bereits sortierte Teilsequenzen gekennzeichnet. Die Indizes i und j laufen über die beiden zu mischenden Quellensequenzen, der Index k läuft über die Zielsequenz.

In den Durchläufen entstehen der Reihe nach geordnete Paare, geordnete Quadrupel usw., bis schließlich der gesamte Datensatz geordnet ist. Nach jedem Durchlauf vertauschen die Arrays a und b ihre Rollen, d.h. die vorherige Quelle wird nun zum Ziel und das Ziel zur Quelle. Auf diese Weise kann es geschehen, dass sich die fertig sortierten Daten in Array b befinden; sie müssen dann zum Schluss noch nach a kopiert werden.

Die Mischfunktion hat damit in Anlehnung an [Wir95] folgende Form:

```
//---------------------------------------------------------------------
// Sortieren eines Arrays a mit Dimension n durch Merge-Sort.
// HINWEIS: Es wird ein Feld b mit derselben Länge wie a alloziert.
//---------------------------------------------------------------------
int sort_merge(int a[], int n) {
  int i, j, k, m=1, p=1, q, r, up=1, *b, *pb, *pa;
  if((b=malloc(n*sizeof(a[0])))==NULL) return(-1);        // Speicher voll
  while(p<n) {     // wiederhole, solange die Länge p eines Laufes < n ist
    m=n;                                // Anzahl der Daten ist anfangs m=n
    if(up) { pa=a; pb=b; }              // von a nach b mischen
    else   { pb=a; pa=b; }              // von b nach a mischen
    i=k=0;                          // Vorbesetzung für Anfang des i-ten Laufes
    while(m) {                      // mische einen Lauf von i und j nach k
      if(m>=p) q=p; else q=m; m-=q;   // q ist die Länge des i-ten Laufs
      if(m>=p) r=p; else r=m; m-=r;   // r ist die Länge des j-ten Laufs
      j=i+q;                          // Anfang des aktuellen j-ten Laufes
      while(q && r) {       // mische von i und j nach k bis q==0 oder r==0
        if(pa[i]<pa[j]) { pb[k++]=pa[i++]; q--; }  // Elem. von i nach k
        else            { pb[k++]=pa[j++]; r--; }  // Elem. von j nach k
      }
      if(!q) while(r) { pb[k++]=pa[j++]; r--; }    // kopiere Rest von j
      else   while(q) { pb[k++]=pa[i++]; q--; }    // kopiere Rest von i
      i=j;                             // Anfang des nächsten i-ten Laufes
    }
    up^=1; p+=p;               // Richtung umschalten, Lauflänge verdoppeln
  }
  if(!up) for(i=0; i<n; i++) a[i]=pb[i];      // ggf. von b nach a kopieren
  free(b);
  return(0);
}
```

Bei der Erklärung des Sortierens durch Mischen wurde zunächst davon ausgegangen, dass n eine Zweierpotenz ist. Die oben aufgelistete Sortierfunktion arbeitet auch dann korrekt, wenn n keine Potenz von 2 ist. Wäre n eine Potenz von 2, so wären die Längen q und r der Teilsequenzen immer genau p und m müsste in jedem Durchlauf immer um 2*p vermindert werden, bis schließlich m exakt 0 wäre:

```
q=p;  r=p;  m=m-2*p;
```

Diese Zeile musste, um dem Fall Rechnung zu tragen, dass n keine Potenz von 2 ist, durch Anweisungen ersetzt werden, die berücksichtigen, dass die Längen q und r der Teilsequenzen schließlich im letzten Schritt kleiner als p werden können. Man ersetzt daher die oben genannte Zeile durch die Anweisungen:

```
if(m>=p) q=p; else q=m;
m-=q;
if(m>=p) r=p; else r=m;
m-=r;
```

Der Rest des Programmes konnte unverändert bleiben.

Die Komplexität des direkten Mischens

Die Komplexität des Sortierens durch direktes Mischen ermittelt man durch folgende Überlegung: Jeder Durchlauf verdoppelt den Wert von p. Da die Sortierung mit $p=n$ beendet ist, ergeben sich $ld(n)$ Durchläufe, wenn n eine Potenz von 2 ist. Ist n keine Potenz von 2, so ist lediglich ein Durchlauf mehr als für die nächstkleinere Zweierpotenz nötig. In jedem Durchlauf werden alle n Elemente genau einmal kopiert. Damit ist die Komplexität M für die Bewegung von Elementen in jedem Fall:

$$M(n) = n \cdot ld(n) = \mathcal{O}(n \cdot \ln(n))$$

Die Komplexität $C(n)$ der Schlüsselvergleiche ist ebenfalls von der Ordnung $C(n)= \mathcal{O}(n \cdot \ln(n))$, da nach jedem Vergleich auch immer einmal kopiert wird. Die Anzahl der Schlüsselvergleiche ist aber tatsächlich noch etwas geringer als die Anzahl der Kopiervorgänge, da beim Mischen der Rest einer bereits sortierten Teilsequenz ohne Vergleiche kopiert werden kann.

Es handelt sich beim Merge-Sort um ein sehr effizientes Verfahren, das nur wenig langsamer arbeitet als Quick-Sort. Hervorzuheben ist auch, dass die genannten Komplexitäten - anders als etwa beim Quick-Sort - auch für den ungünstigsten Fall gelten. Da aber zusätzlicher Speicherplatz erforderlich ist, eignet sich dieses Verfahren jedoch in erster Linie für das externe Sortieren.

10.6.2 Natürliches Mischen

Ein Nachteil des direkten Mischens ist, dass die Teilsequenzen (evtl. bis auf die Letzte) alle dieselbe Länge p aufweisen. Eine eventuell schon vorhandene Ordnung des zu sortierenden Files wird damit nicht berücksichtigt. Man könnte von diesem starren Schema abweichen und in einer Verteilphase ausgehend von einem File a auf zwei Files b und c abwechselnd geordnete Teilsequenzen kopieren, deren Länge sich aus der möglicherweise schon vorhandenen Teilordnung ergibt. Danach werden Sequenzen von a und b nach c gemischt und es folgt wieder eine Verteilphase. Anders als beim direkten 2-Phasen-Mischen wird jetzt aber auch aus der Verteilphase Nutzen gezogen, da ja Teilsequenzen unterschiedlicher Länge kopiert werden. Man bezeichnet diese Variante als *natürliches Mischen* (*Natural Merge*). Es ist offensichtlich, dass die Anzahl der Kopiervorgänge reduziert wird, bei dieser einfachen Variante allerdings um den Preis einer Erhöhung der Anzahl der Vergleiche. Da aber gerade beim externen Sortieren die Kopiervorgänge zeitintensiv sind, ist dennoch mit einer Leistungssteigerung zu rechnen. In Abbildung 10.18 ist dies verdeutlicht.

In einer weiteren Verbesserung ist es außerdem möglich, die zusätzlichen Schlüsselvergleiche auf den ersten Durchgang, also auf n, zu beschränken. Dazu ist jedoch ein Stack mit ld(n) Speicherplätzen zur Aufnahme noch benötigter Indizes für die Grenzen bereits geordneter Teilsequenzen erforderlich. Mit dieser Verbesserung ist das natürliche Mischen dem direkten Mischen in jedem Fall überlegen.

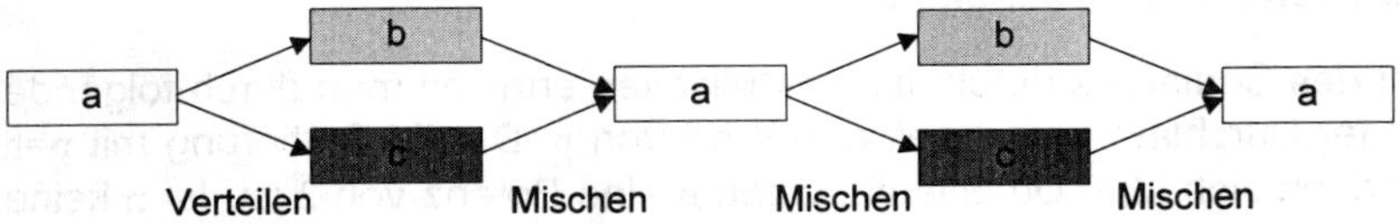

Abbildung 10.18: Die Verteil- und Mischphasen beim natürlichen Mischen.

Das folgende Zahlenbeispiel zeigt nochmals die Wirkungsweise des natürlichen Mischens.

Tabelle 10.25: Beispiel zur Erläuterung des Sortierens durch natürliches Mischen. Auf die Hilfsbänder b und c werden jeweils geordnete Teilsequenzen kopiert. Die Teilsequenzen sind durch senkrechte Striche kenntlich gemacht.

a: 17 31 | 5 59 | 13 41 43 67 | 11 23 29 47 | 3 7 71 | 2 19 57 | 37 61
b: 17 31 | 13 41 43 67 | 3 7 71 | 37 61
c: 5 59 | 11 23 29 47 | 2 19 57

a: 5 17 31 59 | 11 13 23 29 41 43 47 67 | 2 3 7 19 57 71 | 37 61
b: 5 17 31 59 | 2 3 7 19 57 71
c: 11 13 23 29 41 43 47 67 | 37 61

a: 5 11 13 17 23 29 31 41 43 47 59 67 | 2 3 7 19 37 57 61 71
b: 5 11 13 17 23 29 31 41 43 47 59 67
c: 2 3 7 19 37 57 61 71

a: 2 3 5 7 11 13 17 19 23 29 31 37 41 43 47 57 59 61 67 71

Das entsprechende Mischprogramm lautet in einer Formulierung als Pseudo-Code:

```
Natürliches Mischen
------------------------------------------------------------
WIEDERHOLE
   lösche b;   lösche c;  setze a auf Anfangsposition;
   verteile a auf b und c;
   setze b auf Anfang;  setze c auf Anfang;  lösche a;
   mische von b und c nach a;
BIS die Anzahl der Sequenzen 1 ist
```

Die Funktionen verteile und mische werden nun ausgearbeitet:

Funktion verteile:

```
WIEDERHOLE
    copysequenz(a,b);
    copysequenz(a,c);
BIS eof(a)
```

Damit werden geordnete Teilsequenzen abwechselnd von a nach b und c kopiert. Ist die Anzahl der Teilsequenzen ungerade, so wird eine Teilsequenz mehr nach b als nach c kopiert. Es kann dabei bisweilen vorkommen, dass in b oder c zwei aufeinander folgende geordnete Teilsequenzen miteinander zu einer geordneten Teilsequenz verschmelzen. Dies ist dann der Fall, wenn das letzte Element einer Teilsequenz nicht größer ist als das erste Element der folgenden Teilsequenz.

Dieser wichtige Sonderfall soll anhand eines Beispiel verdeutlicht werden, da er für die Gestaltung des Programms sehr wichtig ist:

Tabelle 10.26: Beim natürlichen Mischen kann es geschehen, dass zwei nacheinander auf ein Band kopierte Teilsequenzen zufällig zu einer geordneten Teilsequenz verschmelzen.

```
a:  14  16 | 11  52 | 21  24  48 | 10  36
b:  14  16   21  24  48       zwei Sequenzen sind hier zu einer verschmolzen!
c:  11  52 | 10  36
```

Als Nächstes ist nun die Funktion copysequenz(x,y), die eine Sequenz von File x nach File y kopiert, zu verfeinern. Dies geschieht durch Verwendung einer elementaren Funktion copy(x,y), die genau ein Element vom File x auf das File y kopiert und praktisch in jeder Programmiersprache im Sprachumfang oder einer Funktionsbibliothek verfügbar ist.

Funktion copysequenz(x,y) zum Kopieren einer Sequenz:

```
WIEDERHOLE copy(x,y)
BIS das Ende der Teilsequenz erreicht ist
```

Das Ende einer Sequenz ist erreicht, wenn entweder der nächste Schlüssel kleiner ist als der vorherige, oder wenn das Ende des Files erreicht ist.

Die Funktion mische mischt nun je zwei Sequenzen von b und c nach a, bis bei einem der Files das File-Ende erreicht ist. Sämtliche noch auf dem anderen File verbliebenen Sequenzen werden dann einfach nach a kopiert.

Funktion mische:

```
SOLANGE nicht eof(b) und nicht eof(c)
```

```
   mergesequenz;
SOLANGE nicht eof(b)
   copysequenz(b,a);
SOLANGE nicht eof(c)
   copysequenz(c,a);
```

Das eigentliche Mischen geschieht in der Funktion mergesequenz:

```
Funktion mergesequenz:
------------------------------------------------------------------------
Lies Schlüssel des nächsten Elements von b und speichere ihn in b.key;
Lies Schlüssel des nächsten Elements von c und speichere ihn in c.key;
WIEDERHOLE
   WENN b.key<c.key DANN
      copy(b,a);
      WENN Ende der Teilsequenz in b erreicht ist DANN copysequenz(c,a);
      SONST lies Schlüssel des nächsten Elements von b und speichere ihn in b.key;
   SONST
      copy(c,a);
      WENN Ende der Teilsequenz in c erreicht ist DANN copysequenz(b,a);
      SONST lies Schlüssel des nächsten Elements von c und speichere ihn in c.key;
BIS Ende der Teilsequenz erreicht ist
```

Diese Formulierung des natürlichen Mischens als Pseudo-Code kann als Vorlage für eine Implementation in einer geeigneten Programmiersprache dienen. Als Beispiel dient das unten aufgelistete C-Programm.

```
//**************************************************************************
// Sortierprogramm Natürliches Mischen
//**************************************************************************
#include <stdio.h>
#include <conio.h>
#include <io.h>
#include <string.h>
#include <fcntl.h>

struct rec { int key; char info[10]; };   // Zu sortierende Datensätze
int bsize;                                 // Größe der Datensätze in Byte

//------------------------------------------------------------------------
// Auflisten einer Datei "name"
//------------------------------------------------------------------------
void list(void) {
  int nread, id; struct rec buff;
  char name[20];
  printf("\nDateiname ? ");
  scanf("%s",name);
  id=open(name,O_RDONLY | O_BINARY);
  if(id==-1) printf("Datei %s nicht gefunden!",name);
  else while((nread=read(id,&buff,bsize))>0)
    printf("%5d: %s",buff.key,buff.info);
  close(id);
  return;
}
```

```
//------------------------------------------------------------------
// Generieren einer Datei "name"
//------------------------------------------------------------------
void gen(void) {
  int i, n, id;
  struct rec buff;
  char c[80]="0",name[20];
  printf("\nDateiname ? ");
  scanf("%s",name);
  printf("\nEingabe beenden mit 'Q'\n");
  id=open(name,O_WRONLY | O_TRUNC | O_CREAT | O_BINARY,0777);
  n=0;
  while(c[0] !='Q') {
    memset(&buff,' ',bsize);
    printf("\n%d key: ",++n);
    scanf("%s",c); if(c[0]!='Q') buff.key=atoi(c);
    if(c[0]!='Q') {
      printf("  info: ");
      scanf("%s",c);
      i=0;
      while(c[i]!=0 && i<(bsize-3)) buff.info[i]=c[i++];
      buff.info[9]=0;
      write(id,&buff,bsize);
    }
  }
  printf("\n%d Records auf Datei %s geschrieben",n-1,name);
  close(id);
  return;
}

//------------------------------------------------------------------
// Daten von Datei f1 nach Datei f2 kopieren
//------------------------------------------------------------------
void copyfile(f1,f2) char *f1, *f2; {
  int idread, idwrite, nread;
  struct rec buff;
  idread=open(f1,O_RDONLY | O_BINARY);
  if(idread==-1) printf("\nDatei %s nicht gefunden!",f1);
  else {
    idwrite=open(f2,O_WRONLY | O_TRUNC | O_CREAT | O_BINARY,0777);
    while((nread=read(idread,&buff,bsize))>0) write(idwrite,&buff,nread);
    close(idwrite);
  }
  close(idread);
}

//------------------------------------------------------------------
// Datei sortiern.
//------------------------------------------------------------------
void nmsort(void) {
  int ida,idb,idc,n,runs=0,eora,eorb,eorc,eofa,eofb,eofc;
  struct rec abuff,bbuff,cbuff,anext,bnext,cnext;
  while(runs!=1) {
    runs=eora=eofa=0;
    ida=open("filea.dat",O_RDONLY | O_BINARY);
    idb=open("fileb.dat",O_WRONLY | O_TRUNC | O_BINARY);
    idc=open("filec.dat",O_WRONLY | O_TRUNC | O_BINARY);
    n=read(ida,&abuff,bsize);           // Verteile Läufe von a nach b und c
    if(n==0) eofa=1;
    while(!eofa) {
      while(!eora) {
        write(idb,&abuff,bsize);        // Kopiere einen Lauf von a nach b
        n=read(ida,&anext,bsize);
```

```
      if(n==0) eora=eofa=1;
      if(abuff.key>anext.key) eora=1;
      abuff=anext;
    }
    if(!eofa) {
      eora=0;
      while(!eora) {
        write(idc,&abuff,bsize);      // Kopiere einen Lauf von a nach c
        n=read(ida,&anext,bsize);
        if(n==0) eora=eofa=1;
        if(abuff.key>anext.key) eora=1;
        abuff=anext;
      }
      eora=0;
    }
  }
  close(ida); close(idb); close(idc);
  ida=open("filea.dat",O_WRONLY | O_TRUNC | O_BINARY);
  idb=open("fileb.dat",O_RDONLY | O_BINARY);
  idc=open("filec.dat",O_RDONLY | O_BINARY);
  eofb=eofc=0;
  n=read(idb,&bbuff,bsize);
  if(n==0) eofb=1;
  n=read(idc,&cbuff,bsize);
  if(n==0) eofc=1;
  while(!eofb && !eofc) {              // Mische Läufe von b und c nach a
    runs++;
    eorb=eofb; eorc=eofc;
    while(!eorb && !eorc) {       // Mische einen Lauf von b und c nach a
      if(bbuff.key<cbuff.key) {
        write(ida,&bbuff,bsize);
        n=read(idb,&bnext,bsize);
        if(n==0) eorb=eofb=1;
        if(bbuff.key>bnext.key) eorb=1;
        bbuff=bnext;
      }
      else {
        write(ida,&cbuff,bsize);
        n=read(idc,&cnext,bsize);
        if(n==0) eorc=eofc=1;
        if(cbuff.key>cnext.key) eorc=1;
        cbuff=cnext;
      }
    }
    if(eorb) while(!eorc) {      // Kopiere Rest eines Laufs von c nach a
      write(ida,&cbuff,bsize);
      n=read(idc,&cnext,bsize);
      if(n==0) eorc=eofc=1;
      if(cbuff.key>cnext.key) eorc=1;
      cbuff=cnext;
    }
    if(eorc) while(!eorb) {      // Kopiere Rest eines Laufs von b nach a
      write(ida,&bbuff,bsize);
      n=read(idb,&bnext,bsize);
      if(n==0) eorb=eofb=1;
      if(bbuff.key>bnext.key) eorb=1;
      bbuff=bnext;
    }
  }
  while(!eofb) {
    runs++; eorb=0;
    while(!eorb) {               // Kopiere restliche Läufe von b nach a
      write(ida,&bbuff,bsize);
```

```
        n=read(idb,&bnext,bsize);
        if(n==0) eorb=eofb=1;
        if(bbuff.key>bnext.key) eorb=1;
        bbuff=bnext;
      }
    }
    while(!eofc) {
      runs++; eorc=0;
      while(!eorc) {              // Kopiere restliche Läufe von c nach a
        write(ida,&cbuff,bsize);
        n=read(idc,&cnext,bsize);
        if(n==0) eorc=eofc=1;
        if(cbuff.key>cnext.key) eorc=1;
        cbuff=cnext;
      }
    }
    close(ida); close(idb); close(idc);
  }
  return;
}

//-------------------------------------------------------------------------
// Hauptprogramm Natural Merge Sort
//-------------------------------------------------------------------------
main() {
  int id;
  char c='0', name[20];
  printf("\n\nNATURAL MERGE\n");
  bsize=sizeof(struct rec);
  for(; c!='4';) {
    printf("\n\n1:generieren 2: auflisten 3: sortieren 4: ende\n");
    c=getch();
    switch(c) {
      case '1': gen(); break;
      case '2': list(); break;
      case '3': printf("\nDateiname ? ");
      scanf("%s",name);
      id=open("fileb.dat",O_RDWR | O_CREAT | O_BINARY,0777); close(id);
      id=open("filec.dat",O_RDWR | O_CREAT | O_BINARY,0777); close(id);
      id=open(name,O_WRONLY); close(id);
      if(id>0) {
        copyfile(name,"filea.dat");
        nmsort();
        copyfile("filea.dat",name);
      }
      else printf("Datei nicht gefunden!");
      default: ;
    }
  }
}
```

10.6.3 n-Weg-Mischen

Um die Effizienz des Sortierens durch Mischen weiter zu steigern, liegt es nahe, an Stelle der Zusammenfassung von jeweils zwei geordneten Teilsequenzen zu einer neuen Teilsequenz eine größere Anzahl von Teilsequenzen zusammenzufassen. Der Preis dafür ist, dass man wegen der erhöhten Zahl der Files mehr Speicherplatz benötigt. Bei Zusammenfassung von jeweils zwei Teilsequenzen sind für das vollständige Sortieren ld(n) Durchläufe erforderlich, wobei n die Anzahl der Daten ist. Fasst man dagegen jeweils m Teilsequenzen zusammen, so sind nur $\log_m(n)$ Durchläufe nötig. Es ist daher zu erwarten, dass trotz des erhöhten Aufwands für die Verwaltung der nun größeren Anzahl der Files das Verfahren schneller arbeiten wird als das 4-Band-Mischen. Die Komplexität bleibt allerdings unverändert von der Ordnung $\mathcal{O}(n \cdot \ln(n))$.

Als Datenstruktur für die Verwaltung der Files bietet sich hier ein Array mit Komponenten des Typs File an. Man verwendet also eine gerade Anzahl von m Files und mischt nach einer anfänglichen Verteilphase auf die Bänder 1 bis m/2 immer abwechselnd m/2 Teilsequenzen von den Files 1 bis m/2 auf die Files m/2+1 bis m und wieder zurück von den Files m/2+1 bis m auf die Files 1 bis m/2, bis schließlich nur noch eine geordnete Sequenz verbleibt.

Als Beispiel wird nun m=8 angenommen, so dass also immer vier Teilsequenzen zusammengemischt werden. Als Momentaufnahme seien die ersten Teilsequenzen eines zu sortierenden Files wie unten skizziert auf die Files 1 bis 4 verteilt. Die Mischung erfolgt dann auf die Files 5 bis 8 derart, dass von allen Quellen-Files immer der jeweils nächste Schlüssel in Puffer-Variablen gespeichert wird. Der kleinste dieser Schlüssel entscheidet dann, welcher Datensatz als Nächster auf das aktuelle Ziel-File geschrieben wird. Die folgende Tabelle zeigt dafür ein Beispiel:

Tabelle 10.27: Zur Erläuterung des n-Weg-Mischens mit 8 Bändern.

File 1	12 | 10		File 5	9 11 12 13 14 18 19 | ...
File 2	9 11 eot	⟹	File 6	2 ...
File 3	13 18 19 | 7 ...		File 7	...
File 4	14 | 2 ...		File 8	...

Zu beachten ist, dass ein File aus der Bearbeitung des aktuellen Durchlaufs ausgeschlossen werden muss, wenn eot erreicht ist und dass ein File aus dem Mischvorgang zur Bildung der aktuellen neuen Teilsequenz auszuschließen ist, wenn für dieses File das Ende einer Teilsequenz erreicht ist. Im obigen Beispiel wird nach dem zweiten Vergleich eot für File 2 erreicht. Der die Files durchzählende Index darf danach eigentlich nur noch die Werte 1, 3 und 4 annehmen. Um die File-Verwaltung zu vereinfachen, tauscht man nun die Bezeichnungen für das letzte aktive File (hier also File 4) mit dem von der weiteren Bearbeitung auszuschließenden File (hier also File 2). Damit ändert sich nur die obere Grenze des die Files zählenden Indexes. In analoger Weise verfährt man, wenn ein File vorübergehend ausgeschlossen werden muss, weil das Ende einer Teilsequenz erreicht ist.

10.7 Bäume

10.7.1 Definitionen

Vorbemerkungen

Bäume sind eine der wichtigsten Datenstrukturen, die besonders im Zusammenhang mit *hierarchischen* Abhängigkeiten und Beziehungen zwischen Datenelementen von Vorteil sind. Wie bei linearen Listen handelt es sich um eine *dynamische* Datenstruktur, die jedoch anders als bei Feldern, Texten, Stapeln, linearen Listen etc. *nichtlinear* ist.

Die wichtigste Motivation bei der Einführung von Bäumen ist, dass die Vorteile, die Arrays bei den Operationen Suchen und Durchsuchen bieten und die Überlegenheit der linearen Listen bei den Operationen Einfügen und Löschen in geeigneten Baumstrukturen kombiniert werden können, so dass all diese Funktionen mit niedriger Komplexität ausführbar sind.

Allgemeine Bäume

Unter einem *allgemeinen Baum* stellt man sich intuitiv eine Datenstruktur vor, die aus einer Anzahl von *Knoten* besteht, die durch *Kanten* so verbunden sind, dass keine Kreise auftreten:

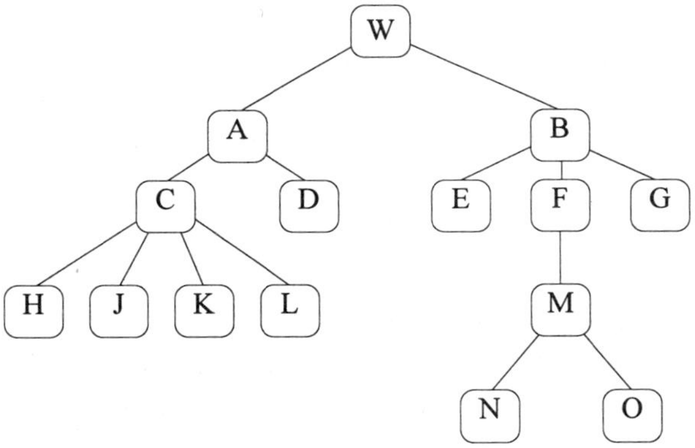

Abbildung 10.19: Beispiel für einen allgemeinen Baum.

Die Kanten verbinden die Knoten, welche üblicherweise *Informationen* tragen, mit Ihren *Nachfolgern*. Der oberste Knoten des Baumes wird als *Wurzel* bezeichnet.

Beschränkt man sich zunächst darauf, dass ein Knoten höchstens zwei Nachfolger haben kann, so gelangt man zu der Definition des *Binärbaumes*.

Binärbäume

Eine exakte, rekursive Definition von Binärbäumen lautet:

Ein *Binärbaum* B ist eine endliche Menge B von Elementen (*Knoten*) für die gilt: B ist entweder leer (*leerer Baum, Nullbaum*) oder es existiert ein ausgezeichneter Knoten W (die *Wurzel*), so dass alle übrigen Knoten ein geordnetes Paar zweier disjunkter Bäume BL und BR, den *linken Teilbaum* und den *rechten Teilbaum* bilden.

Diese rekursive Definition wird in Abbildung 10.20 veranschaulicht.

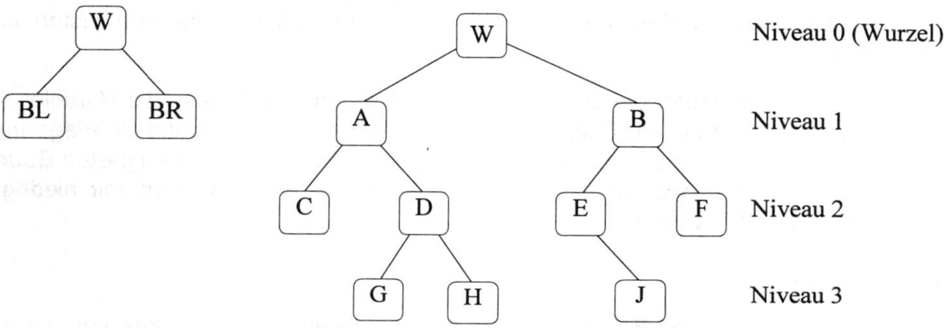

Abbildung 10.20: Zur Definition eines Binärbaumes.

Enthält B eine Wurzel W, so heißt BL linker Teilbaum und BR rechter Teilbaum. Ist BL nicht leer, so heißt seine Wurzel *linker Nachfolger* von W. Ist BR nicht leer, so heißt seine Wurzel *rechter Nachfolger* von W. Jeder Knoten eines Binärbaums hat also 0, 1 oder 2 Nachfolger. Knoten ohne Nachfolger heißen *Endknoten* oder *Blätter*. Ist K ein Knoten mit linkem Nachfolger BL und rechtem Nachfolger BR, so heißt K *Vorgänger* oder *Vater* von BL und BR.

Die Verbindung zwischen zwei Knoten heißt *Kante*, eine Folge von aneinander anschließenden Kanten heißt *Pfad* oder *Weg*. Ein Pfad zu einem Endknoten heißt *Ast*.

Wie in Abbildung 10.20 dargestellt, erhält jeder Knoten K eines Binärbaumes eine *Niveauzahl* zugeordnet. Die Wurzel erhält die Niveauzahl 0, alle anderen Knoten erhalten eine um 1 gegenüber der Niveauzahl des Vorgängers erhöhte Niveauzahl.

Als *Tiefe* oder *Höhe* eines Binärbaums wird die Anzahl der Knoten des längsten Astes des Baumes bezeichnet. Die Tiefe eines Baumes ist daher um 1 größer als die größte im Baum auftretende Niveauzahl.

Den Knoten kann eine *Bezeichnung* bzw. ein *Inhalt* zugewiesen werden. In den Abbildungen 10.19 und 10.20 wird ein Inhalt durch einen Buchstaben angedeutet.

Zwei Bäume heißen *ähnlich*, wenn sie dieselbe Struktur haben. Sie heißen *identisch*, wenn sie dieselbe Struktur haben und zusätzlich einander entsprechende Knoten auch identische Inhalte haben.

Vollständige Binärbäume

Da in einem Binärbaum jeder Knoten nur höchstens zwei Nachfolger haben kann, können sich offenbar höchstens 2^{ν} Knoten auf derselben Ebene mit Niveauzahl ν befinden. Ist jede Ebene, eventuell mit Ausnahme der letzten, vollständig besetzt und sind die Knoten der letzten Ebene linksbündig angeordnet, so heißt der entsprechende Baum ein *vollständiger Binärbaum*. Die Struktur eines vollständigen Binärbaums ist dann allein durch die Anzahl der Knoten bereits fest vorgegeben.

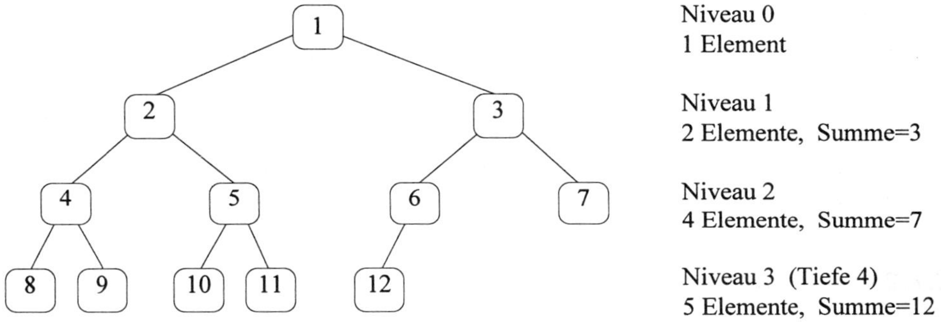

Abbildung 10.21: Beispiel für einen vollständigen Binärbaum der Tiefe 4. Der Baum ist mit 12 Elementen besetzt. Maximal könnten 15 Elemente gespeichert werden.

Die Anzahl n der maximal in einem vollständigen Binärbaum speicherbaren Knoten ergibt sich aus dessen Tiefe t zu:

$$n = 2^t - 1$$

Umgekehrt erhält man die Tiefe t eines vollständigen (aber im letzten Niveau nicht notwendigerweise voll besetzten) Binärbaums mit n Knoten aus der Beziehung:

$$t = \text{ceiling}[\text{ld}(n+1)]$$

Das Ergebnis der Funktion $\text{ceiling}(x)$ ist dabei die nächste ganze Zahl, die größer oder gleich x ist. So ist beispielsweise die Tiefe eines mit $n=127$ Knoten besetzten vollständigen Baumes $t=7$, wobei auch die letzte Ebene voll besetzt ist. Für $n=150$ erhält man $t=8$, wobei jetzt die letzte Ebene mit nur 23 Knoten nicht voll besetzt ist.

Erweiterte Binärbäume

Ein Binärbaum heißt *erweiterter Binärbaum*, wenn jeder Knoten entweder keinen oder zwei Nachfolger besitzt. Die Knoten mit zwei Nachfolgern werden als *interne Knoten*, diejenigen ohne Nachfolger als *externe Knoten* bezeichnet.

Erweiterte Binärbäume werden beispielsweise zur klammerfreien Darstellung von mathematischen Ausdrücken verwendet, wie Abbildung 10.22 zeigt.

Auf Details wird im nächsten Kapitel noch näher eingegangen.

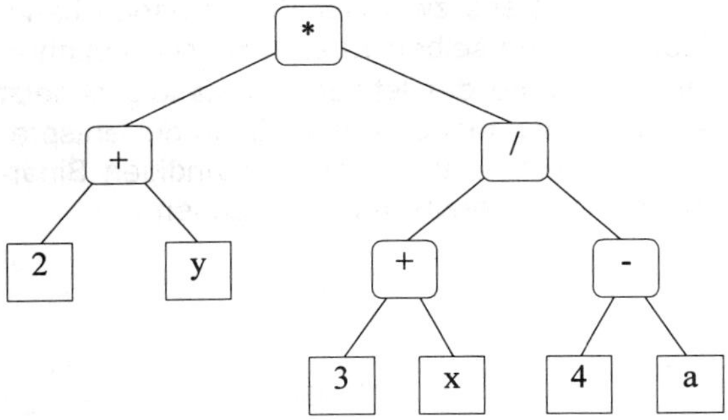

Abbildung 10.22: Beispiel für einen erweiterten Binärbaum. Der Baum beschreibt den arithmetischen Ausdruck (2+y)∗[(3+x)/(4-a)].

10.7.2 Operationen auf Binärbäumen

Speicherung von Binärbäumen

Für vollständige Binärbäume mit einer vorab bekannten maximalen Anzahl n von Knoten bietet sich die Speicherung als *Array* an, da wegen der vorausgesetzten Vollständigkeit bei der niveau-weisen Durchnummerierung der Knoten eine lückenlose Speicherung möglich ist. Ein Beispiel für die Zuordnung der Knoten zu den Komponenten des Arrays durch einfache Durchnummerierung zeigt die Abbildung 10.21. Die dort als Inhalt in die Knoten eingetragenen Nummern dienen unmittelbar als Index für die Speicherung in einem Array.

Wegen dieser speziellen Anordnung der Knoten lassen sich, ausgehend von einem Knoten mit einem gegebenen Index K, leicht die Adressen der Nachfolger und des Vorgängers berechnen. Hat ein Knoten in einem vollständigen Binärbaum die Adresse bzw. den Index K so gilt, wenn man die Zählung mit Index 1 beginnt:

$2K$	Adresse des linken Nachfolgers
$2K+1$	Adresse des rechten Nachfolgers
$\text{int}(K/2)$	Adresse des Vorgängers.

Insbesondere für die Speicherung von *Heaps*, einer speziellen Form von vollständigen Binärbäumen, auf die weiter unten ausführlicher eingegangen wird, ist die Speicherung in Form von Arrays sinnvoll.

Im Prinzip kann auch ein allgemeiner Binärbaum, der also nicht unbedingt vollständig ist, in der beschriebenen Weise auf ein Array abgebildet werden. Bei einem schwach besetzten Baum werden aber eine große Anzahl von Array-Komponenten unbesetzt bleiben, so dass die Speichereffizienz sehr gering ist. Ein weiterer Nachteil der Speicherung von Bäumen in Arrays liegt darin, dass der für Bäume wesentliche

Aspekt des dynamischen Wachstums wegen der üblicherweise festen Dimensionierung von Arrays unberücksichtigt bleibt.

Im allgemeinen ist es daher sinnvoller, Bäume nach dem Vorbild der linearen Listen als verkettete Struktur zu speichern, auch wenn dies wegen der dann nötigen Verwaltung von Zeigern aufwendiger ist. Die Knoten eines Baumes enthalten in diesem Fall einen Informationsteil und mindestens zwei Zeiger, nämlich auf den linken und auf den rechten Nachfolger, entsprechend der folgenden Typ-Definition:

```
struct knoten {
        char info[50];                  // Informationsteil
        // eventuell weitere Komponenten
        struct knoten *links, *rechts;  // Nachfolger
      };
```

Die Wurzel des Baumes muss, wie schon von der verketteten Speicherung linearer Listen bekannt, durch einen eigenen Zeiger gekennzeichnet werden. Natürlich beanspruchen auch die Zeiger, die keine inhaltliche Information tragen, Speicherplatz. Üblicherweise ist aber der Informationsteil so umfangreich, dass der zusätzlich für die Zeiger benötigte Speicherplatz nicht ins Gewicht fällt. Dieses Verkettungsprinzip geht aus Abbildung 10.23 hervor.

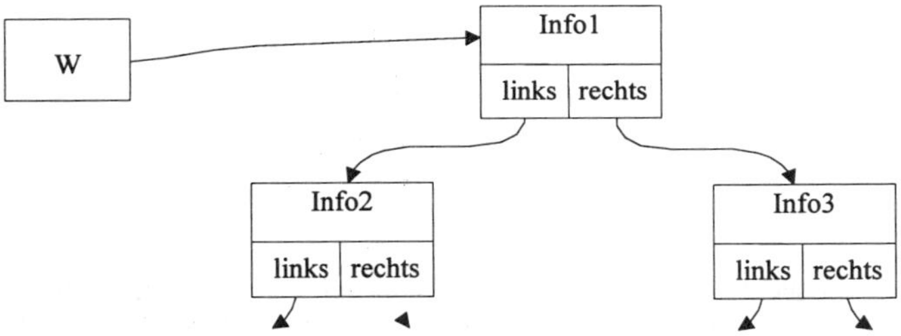

Abbildung 10.23: Prinzip der verketteten Speicherung von Bäumen.

Tabelle 10.28 gibt ein Beispiel für eine verkettete Baumstruktur unter Verwendung des in Abbildung 10.22 dargestellten Baums.

	Adresse	Info	links	rechts
W →	101	*	102	103
	102	+	104	105
	103	/	106	107
	104	2	0	0
	105	y	0	0
	106	+	108	109
	107	-	110	111
	108	3	0	0
	109	x	0	0
	110	4	0	0
	111	a	0	0

Tabelle 10.28: Beispiel für die verkettete Speicherung des in Abbildung 10.22 dargestellten Baums. In der ersten Spalte der Tabelle sind die Anfangsadressen der Knoten angegeben. Die zweite Spalte enthält die Information und in der dritten bzw. vierten Spalte sind die Zeiger auf die linken bzw. rechten Nachfolger aufgelistet. Bei den Blättern des Baumes, die als Endknoten keine Nachfolger mehr haben, ist als Adresse für die linken und rechten Nachfolger 0 eingetragen. Zusätzlich ist ein Zeiger W erforderlich, der auf die Adresse der Wurzel des Baumes zeigt.

Für manche Anwendungen dient die durch die Verzeigerung nachgebildete und durch Kanten symbolisierte Baumstruktur nicht nur der effizienten Speicherung und Bearbeitung, sondern die Baumstruktur trägt selbst eine reale Bedeutung. Dies wird z.B. dann der Fall sein, wenn die Kanten Weglängen, Zeiten, Wahrscheinlichkeiten oder eine andere, in Form von reellen *Gewichtsfaktoren* darstellbare Information repräsentieren. Es besteht dann häufig die Aufgabe, den Baum so zu strukturieren, dass eine von den Gewichtsfaktoren abhängige Zielfunktion optimiert (also je nach Problemstellung minimiert oder maximiert) wird. Ein Beispiel für einen gewichteten Baum ist der im Zusammenhang mit der Codierungstheorie bedeutsame *Huffman-Baum* (siehe Kapitel 2.7.2). Die Weglängen (Gewichtsfaktoren) sind in diesem Fall die Auftrittswahrscheinlichkeiten von Zeichen in einem Text. In Abbildung 10.24 ist nochmals ein Beispiel dazu aufgeführt.

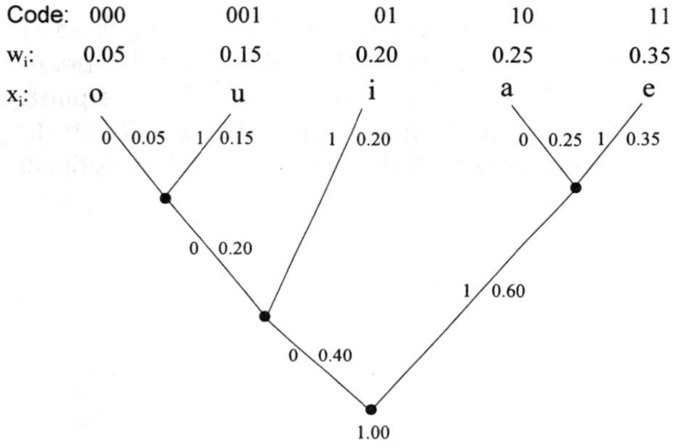

Abbildung 10.24: Bei der Code-Erzeugung nach Huffman ordnet man den zu den Blättern eines Baumes führenden Kanten die Auftrittswahrscheinlichkeiten der den Blättern entsprechenden Einzelzeichen zu. Man fasst nun, von den Blättern ausgehend je zwei Kanten so zusammen, dass die Summen der zugehörigen Gewichstfaktoren jeweils minimal sind. Diese Summe wird als Gewicht der folgenden Kante zugeordnet. Für die Codierung wird, wie im Bild gezeigt, den linken Kanten eine „0" und den rechten eine „1" zugeordnet. Der Baum wächst dabei von den Blättern ausgehend, steht also im Vergleich zur üblichen Konvention auf dem Kopf. Im Beispiel wurden die Zeichen $x_i = \{a, e, i, o, u\}$ mit den Auftrittswahrscheinlichkeiten $w_i = \{0.25, 0.35, 0.20, 0.15, 0.05\}$ zu einem Huffman-Baum verbunden.

Ein Nachteil der oben beschriebenen verketteten Speicherung ist, dass von einem gegebenen Knoten aus zwar die Nachfolger zugänglich sind, nicht aber der Vorgänger. Um den Preis einer weiteren Zeigervariable könnte dieser Mangel jedoch behoben werden. Allerdings kann man die meisten Algorithmen mit ebenso guter Effizienz auch ohne Zeiger auf die Vorgänger formulieren. Gelegentlich verwendet man die Technik der *Fädelung*, wobei man die Zeiger der Endknoten, die ja nach obiger Definition Null-Zeiger sind, auf die Vorgänger lenkt. Dadurch werden keine zusätzlichen Zeigervariablen erforderlich, allerdings sind dann nicht alle Vorgänger von ihren Nachfolgern aus direkt erreichbar, sondern nur die Vorgänger von Knoten mit nur einem oder keinem Nachfolger.

Durchsuchen von Binärbäumen

Beim *Durchsuchen* einer Datenstruktur geht es darum, alle darin gespeicherten Komponenten genau einmal zu besuchen, um darauf eine Operation auszuführen. Für das Durchsuchen selbst ist die Art der auf den Komponenten ausgeführten Operation ohne Bedeutung; es kann sich dabei um ein bloßes Inspizieren handeln, um Ausdrucken des Informationsteils oder um eine beliebige andere Manipulation.

Hierzu stehen für Bäume verschiedene Möglichkeiten offen, die man wegen der rekursiven Definition der Datenstruktur alle rekursiv formulieren kann. Gebräuchlich sind insbesondere folgende Varianten:

1. *Hauptreihenfolge* (*Preorder*):
   - behandle die Wurzel
   - behandle den linken Teilbaum
   - behandle den rechten Teilbaum
2. *Symmetrische Reihenfolge* (*Inorder*):
   - behandle den linken Teilbaum
   - behandle die Wurzel
   - behandle den rechten Teilbaum
3. *Nebenreihenfolge* (*Postorder*):
   - behandle den linken Teilbaum
   - behandle den rechten Teilbaum
   - behandle die Wurzel

Mit Hilfe dieser Definitionen lassen sich sofort rekursive C-Funktionen für das Durchsuchen von Bäumen angeben:

```
//**************************************************************************
// Beispiele für das rekursive Durchsuchen von Bäumen
//--------------------------------------------------------------------------

struct knoten {char info[50];                     // Informationsteil
               struct knoten *links, *rechts; // Zeiger auf die Nachfolger
};

void prelist(struct knoten *k) {                // PREORDER
  printf("\n%s",k->info);                 // behandle Wurzel (drucke Info-Teil)
  if(k->links) prelist(k->links);               // behandle  linken Nachfolger
  if(k->rechts) prelist(k->rechts);             // behandle rechten Nachfolger
}

void inlist(struct knoten *k) {                 // INORDER
  if(k->links) inlist(k->links);                // behandle linken Nachfolger
  printf("\n%s",k->info);                 // behandle Wurzel (drucke Info-Teil)
  if(k->rechts) inlist(k->rechts);              // behandle rechten Nachfolger
}

void postlist(struct knoten *k) {               // POSTORDER
  if(k->links) postlist(k->links);              // behandle  linken Nachfolger
  if(k->rechts) postlist(k->rechts);            // behandle rechten Nachfolger
  printf("\n%s",k->info);                 // behandle Wurzel (drucke Info-Teil)
}
```

Listet man beispielsweise die Info-Komponente des in Abbildung 10.22 dargestellten, den mathematischen Ausdruck (2+y)∗(3+x)/(4-a) repräsentierenden Baumes auf, so erhält man die Knoten in den Reihenfolgen:

Hauptreihenfolge (preorder): ∗ + 2 y / + 3 x - 4 a

Symmetrische Reihenfolge (inorder): 2 + y ∗ 3 + x / 4 - a

Nebenreihenfolge (postorder): 2 y + 3 x + 4 a - / ∗

Die symmetrische Reihenfolge liefert die Zeichen in der gewohnten Ordnung, also genauso wie sie bei sequentieller Eingabe der Formel - jedoch ohne die Klammern, da die durch die Klammerung symbolisierten arithmetischen Prioritästregeln nicht im Info-Teil des Baumes, sondern in seiner Struktur enthalten sind. Man spricht hier auch von der *Infix-Schreibweise*, da die Operatoren zwischen den beiden Operanden, auf die sie wirken sollen, eingefügt werden. Die Hauptreihenfolge liefert die eingegebenen Zeichen in der sog. *Präfix-Schreibweise*, bei der die Operatoren vor den Operanden stehen. Die Nebenreihenfolge führt zu der besonders vorteilhaften *Postfix-Schreibweise*, die auch als *umgekehrte polnische Notation (UPN)* bekannt ist. Dabei werden zuerst die Operanden angegeben und danach der sie verknüpfende Operator; die Anweisung „multipliziere 2 mit y" lautet also in UPN „2 y ∗". Dies hat den Vorteil, dass ein UPN-Ausdruck von links nach rechts sequentiell unter Verwendung eines Stacks nach einfachen Regeln bearbeitet werden kann (siehe Kapitel 10.2.4). Im nächsten Kapitel wird diese Idee in einem Programm zur Auswertung arithmetischer Ausdrücke mit Hilfe der UPN nochmals aufgegriffen.

Zuvor soll jedoch für das Durchsuchen eines Binärbaums in symmetrischer Reihenfolge auch ein iterativer Algorithmus entwickelt werden. Die Idee ist, dass man bei der Wurzel des Baumes beginnend jeweils immer alle Knoten auf einem Stack ablegt und dem Links-Zeiger folgt, bis man zu einem Blatt, also einem Null-Zeiger gelangt; dieses wird dann bearbeitet. Anschließend holt man ein Element aus dem Stack, bearbeitet dieses und verzweigt zum rechten Nachfolger. Danach verfährt man so lange weiter wie beschrieben, bis schließlich alle Knoten bearbeitet wurden:

Iteratives Durchsuchen eines Binärbaumes in symmetrischer Reihenfolge

---

1. Setze K=Wurzel
2. WENN K≠NULL, schreibe K auf den Stack; SONST ENDE
3. Setze K auf den linken Nachfolger, also K=K.links
4. WENN K ein Blatt ist, bearbeite K; SONST gehe zu 2.
5. WENN Stack leer ENDE
6. Hole K aus dem Stack und bearbeite K
7. Setze K auf den rechten Nachfolger, also K=K.rechts
8. WENN K=NULL gehe zu 5. sonst gehe zu 4.

Gegeben sei der in Abbildung 10.25 dargestellte Baum:

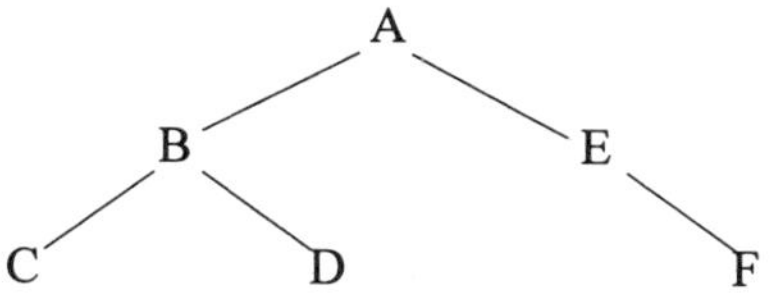

Abbildung 10.25: Beispiel für einen Binärbaum zur Demonstration des Durchsuchens.
Man erhält folgende Anordnungen:

Hauptreihenfolge (Preorder):	A B C D E F
Symm. Reihenfolge (Inorder):	C B D A E F
Nebenreihenfolge (Postorder):	C D B F E A

Wendet man das iterative symmetrische Durchsuchen auf diesen Baum an, so sind folgende Schritte auszuführen:

Tabelle 10.29: Beispiel zum symmetrischen Durchsuchen eines Baumes.

Schritt	Operation	Stack	bearbeite
1	K=Wurzel (A)	leer	
2	K auf Stack schreiben	A	
3	K=linker Nachfolger (B)	A	
4	K ist kein Blatt, also K auf Stack schreiben	AB	
5	K=linker Nachfolger (C)	AB	
6	K ist Blatt, also K bearbeiten	AB	C
7	K aus Stack holen (B) und bearbeiten	A	B
8	K=rechter Nachfolger (D)	A	
9	K ist Blatt, also K bearbeiten	A	D
10	K aus Stack holen (A) und bearbeiten	leer	A
11	K=rechter Nachfolger (E)	leer	
12	K ist kein Blatt, also K auf Stack schreiben	E	
13	K=linker Nachfolger (NULL)	E	
14	K aus Stack holen (E) und bearbeiten	leer	E
15	K=rechter Nachfolger (F)	leer	
16	K ist Blatt, also K bearbeiten	leer	F
17	Stack ist leer: ENDE	leer	

Das folgende Programmbeispiel demonstriert den schrittweisen Aufbau eines Baums durch Einfügen von Knoten mit Hilfe einer einfachen, grafischen Bildschirmmaske. Zugleich werden jedesmal bei Eingabe eines neuen Knotens die Inhalte der Knoten in Hauptreihenfolge (Preorder) aufgelistet. Dazu wird ebenfalls eine iterative Funktion verwendet.

```
//**********************************************************************
// Grafische Eingabe eines beliebigen Binärbaums
// und Ausgabe der Knoten in Hauptreihenfolge
//**********************************************************************
#include <stdlib.h>
#include <stdio.h>
#include <conio.h>
#include <malloc.h>
```

```
#define MAXINFO 4
#define CR   13
#define ESC  27
#define BLNK 32
#define LEFT 75
#define RIGHT 77
#define UP   72

#define BEEP printf("%c",7)                 // Piep
#define CLS printf("\x1b[2J")               // Gesamten Bildschirm löschen
// Cursor unter Verwendung des ANSI-Standards an Position (row,col) setzen.
// Ursprung (0,0) ist links oben
#define CURS(row,col) (printf("\x1b[%d;%dH",(row+1),(col+1)))

struct knoten { char info[MAXINFO+1];        // Info-Teil
                struct knoten *l,*r;        // Zeiger auf die Nachfolger
};                                          // Baumstruktur

//--------------------------------------------------------------------------
// Ein Zeichen von der Tastatur lesen.
// Hinweis: Manchen speziellen Sonderzeichen geht 0 oder 224 voran.
// Rückgabe-Wert: ASCII-Code des Zeichens, oder der negative Wert des
// Codes, wenn es sich um ein spezielles Sonderzeichen handelt.
//--------------------------------------------------------------------------
int getkey() {
  int i;
  i=getch();
  if(i==0 || i==224) return(-getch()); else return(i);
}

//--------------------------------------------------------------------------
// Bildschirm-Maske für Baumeingabe
//--------------------------------------------------------------------------
void mask(int tiefe, int r0, int c0) {
  int i,k,h,r,c,d=0,n=1;
  CLS;
  printf("AUFBAU EINES BAUMES UND AUFLISTEN DER KNOTEN\n");
  printf("Verzweigen mit Pfeiltasten, Ende mit ESC\n");
  CURS(20,0); printf("Hauptreihenfolge :\n");
  r=r0; c=c0;
  for(i=0; i<=tiefe; i++) {                          // Baum-Maske aufbauen
    h=c;
    for(k=0; k<n; k++) {
      CURS(r,c); printf("%c%c%c%c",177,177,177,177);
      c+=d;
    }
    n+=n; r+=r0; d=h+1; c=h-h/2-1;
  }
}
//--------------------------------------------------------------------------
// Ausgabe eines Baumes in Hauptreihenfolge    - iterative Lösung
//--------------------------------------------------------------------------
void tree_preorder(struct knoten *p) {
  struct knoten *s[5]={NULL};
  int t=0;
  if(p) do {
    do {
      if(p->r) s[++t]=p->r;
      if(p->info[0]) printf("%s ",p->info);
    } while(p=p->l);
  } while(p=s[t--]);
}
```

```
//-----------------------------------------------------------------------
// Hauptprogramm
//-----------------------------------------------------------------------
void main() {
  int i=0,go=1,ky,r,r0=3,c,c0=39,tiefe=4,lev=0,st[5];
  int e[4]={20,10,5,3};
  struct knoten *head, *t;
  head=t=(struct knoten *)malloc(sizeof(struct knoten));
  t->r=t->l=NULL;
  t->info[0]=0;
  mask(tiefe,r0,c0);
  CURS((r=r0),(c=c0));
  while(go) {
    ky=getkey();
    switch(ky) {
      case ESC:  CURS(24,1); go=0; break;  // Beenden
      case -LEFT:                          // Zum linken Nachfolger
        i=0;                               // String-Länge 0
        CURS(20,19); tree_preorder(head);  // Hauptreihenfolge ausgeben
        if(lev<tiefe && t->info[0]) {
          if(t->l==NULL) {
            t->l=(struct knoten *)malloc(sizeof(struct knoten));
            t=t->l;
            if(t==NULL) {
              CURS(23,1); printf("Speicher voll! "); go=0;
            }
            else { t->r=t->l=NULL; t->info[0]=0; }
          }
          else t=t->l;
          c-=e[lev]; r+=r0;
          st[lev++]=0;
        }
        else BEEP;
        break;
      case -RIGHT: case CR:                // Zum rechten Nachfolger
        i=0;                               // String-Länge 0
        CURS(20,19); tree_preorder(head);  // Hauptreihenfolge ausgeben
        if(lev<tiefe && t->info[0]) {
          if(t->r==NULL) {
            t->r=(struct knoten *)malloc(sizeof(struct knoten));
            t=t->r;
            if(t==NULL) {
              CURS(23,1); printf("Speicher voll! "); go=0;
            }
            else { t->r=t->l=NULL; t->info[0]=0; }
          }
          else t=t->r;
          c+=e[lev]; if(lev==3)c--; r+=r0;
          st[lev++]=1;
        }
        else BEEP;
        break;
      case -UP:                            // Zum Vorgänger
        i=0;                               // String-Länge 0
        CURS(20,19); tree_preorder(head);  // Hauptreihenfolge ausgeben
        if(lev) {
          if(st[--lev]) c-=e[lev]-lev/3; else c+=e[lev];
          r-=r0;
          t=head;
          for(i=0; i<lev; i++) if(st[i]) t=t->r; else t=t->l;
        }
        else BEEP;
        break;
```

```
      default:
        if(ky<=BLNK) break;
        t->info[i++]=ky;
        t->info[i]=0;
        if(i>=MAXINFO) i=MAXINFO-1;
        CURS(r,c); printf("%s",t->info);
    }
    CURS(r,c+i);
  }
  CURS(23,0);
}
```

Die umgekehrte polnische Notation (UPN)

Wie schon erwähnt, ist das Problem der Umwandlung eines arithmetischen Ausdrucks in die *umgekehrte polnische Notation* (*UPN*) eng mit der Ausgabe des diesem Ausdruck zugeordneten Baumes in *Nebenreihenfolge* (*Postorder*) verwandt. Dazu muss lediglich der Eingabe-String so auf einen Baum abgebildet werden, dass das Durchsuchen des Baumes in symmetrischer Reihenfolge gerade wieder den Eingabe-String ergibt. Danach werden die Knoten des Baums in Nebenreihenfolge ausgelesen und bearbeitet. Ausgangspunkt ist also ein Array, das die den arithmetischen Ausdruck darstellende Zeichenkette enthält. Ergebnis ist ein Array, das den resultierenden UPN-String enthält. Das geordnete Auslesen aus dem Baum ist, wie in Kapitel 10.7.2 gezeigt, mit Hilfe eines Stacks realisierbar; dasselbe gilt auch für das Aufbauen des Baumes. Es ist daher möglich, die Umwandlung des Eingabe-Strings in den UPN-String direkt unter Verwendung von zwei Stacks vorzunehmen. Der gedankliche Umweg über einen Binärbaum kommt dann in dem zugehörigen Algorithmus gar nicht mehr zum Ausdruck.

Binäre Suchbäume: Suchen und Einfügen

Bereits bei der Diskussion des Durchsuchens kam zum Ausdruck, dass die Möglichkeiten der Baumstruktur erst effizient genutzt werden können, wenn die Struktur des Baums eine *Ordnung* widerspiegelt. Erst wenn eine Ordnung vorhanden ist, kann man - ähnlich wie beim binären Suchen in Arrays - davon ausgehen, dass beispielsweise das Suchen nach einem bestimmten Element mit einer besseren Komplexität als $O(n)$ gelingen kann.

Es gibt eine Reihe von Möglichkeiten zum Aufbau geordneter Bäume. Vielfach verwendet wird der *binäre Suchbaum*, der wie folgt definiert ist:

Ein Binärbaum heißt binärer Suchbaum, wenn für jeden Knoten K gilt, dass alle Schlüssel im linken Teilbaum von K kleiner als der Schlüssel von K sind und dass alle Schlüssel im rechten Teilbaum von K größer als der Schlüssel von K (oder gleich diesem) sind.

Offenbar erfüllt der Baum in Abbildung 10.26 diese Bedingung.

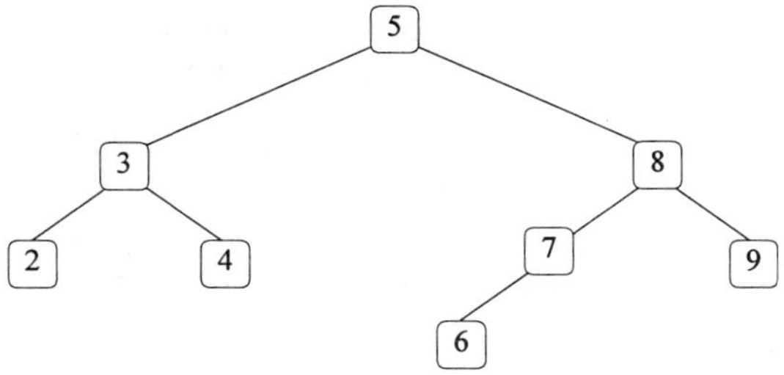

Abbildung 10.26: Beispiel für einen binären Suchbaum.

Die einfachste Operation auf einem Binärbaum ist das *Suchen* nach einem bestimmten Element. Der entsprechende Algorithmus geht aus dem nachstehenden Pseudo-Code hervor:

Suche nach einem Element E mit Schlüssel E.key:

---

1. Setze eine Laufvariable K auf die Wurzel. WENN K==NULL (Der Baum ist leer) ENDE
2. WENN E.key==K.key „Element gefunden" ENDE
3. WENN E.key≥K.key, gehe nach rechts, d.h. K=K.rechts SONST K=K.links
4. WENN das Ende des Baums erreicht ist, d.h. K==NULL, „Element nicht gefunden" ENDE SONST gehe zu 2.

Bei jedem Schleifendurchlauf muss offenbar abgefragt werden, ob K==NULL ist, da E ja nicht unbedingt im Baum enthalten sein muss. Man kann die zeitaufwendigen Abfragen vermeiden, wenn man dem Baum einen weiteren Knoten als *Marke* hinzufügt und in diesen zusätzlichen Knoten den Schlüssel von E kopiert. Allen Zeigern des Baumes, die den Wert NULL haben, wird nun die Adresse der Marke zugewiesen. Die Suche nach E endet daher in jedem Falle erfolgreich, so dass sich die Abfrage K=NULL erübrigt. Abbildung 10.27 veranschaulicht dieses Verfahren.

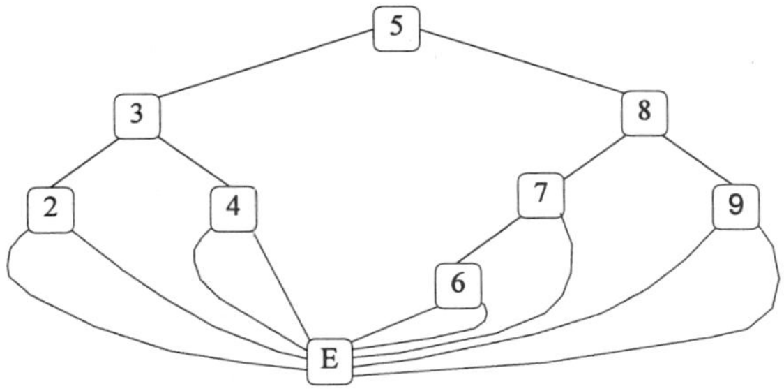

Abbildung 10.27: Beispiel für einen binären Suchbaum mit Marke.

Da die Suche immer längs eines Astes des Baumes erfolgt, ist die Komplexität durch die Tiefe des Baumes bestimmt. Diese ist im günstigsten Fall (Best Case) ld(n). Man kann zeigen, dass auch im Mittel, d.h. bei einem mit zufällig gewählten Schlüsseln aufgebautem binären Suchbaum, die Tiefe von der Größenordnung ld(n) ist. Dementsprechend ist auch die Komplexität von der Ordnung $\mathcal{O}(\mathrm{ld}(n))$. Im ungünstigsten

Fall (Worst Case) kann die Komplexität der Suche allerdings von der Ordnung $\mathcal{O}(n)$ sein. Dies ist dann der Fall, wenn der Baum zu einer linearen Liste entartet.

Ist ein weiterer Knoten E in einen binären Suchbaum *einzufügen*, so ist zunächst mit Hilfe des oben angegebenen Algorithmus die Einfügestelle zu ermitteln. Offenbar ist die Einfügestelle immer ein Blatt. Es ist außerdem zu entscheiden, ob E auch dann als weiterer Knoten eingefügt werden soll, wenn E bereits in dem Baum enthalten ist.

Der entsprechende Algorithmus lautet damit:

```
Einfügen eines Elements E mit Schlüssel E.key:
------------------------------------------------------------------------
1. Lese E
2. Setze K=Wurzel
3. WENN K==NULL (der Baum ist leer), füge E als Wurzel ein; ENDE
4. Setze V=K
5. WENN E.key≥K.key, setze K=K.rechts und Richtung=R;
        SONST setze K=K.links und Richtung=L
6. WENN K==NULL
        WENN Richtung==R füge E als rechten Nachfolger von V ein; ENDE
        SONST füge E als linken Nachfolger von V ein; ENDE
   SONST gehe zu 4.
```

Durch wiederholtes Einfügen lässt sich aus einem Strom von Eingabedaten ein binärer Suchbaum *aufbauen*. Liest man von links nach rechts die Eingabedaten {5, 8, 3, 7, 4, 2, 9, 6}, so entsteht der in Abbildung 10.26 dargestellte binäre Suchbaum in folgenden Zwischenschritten:

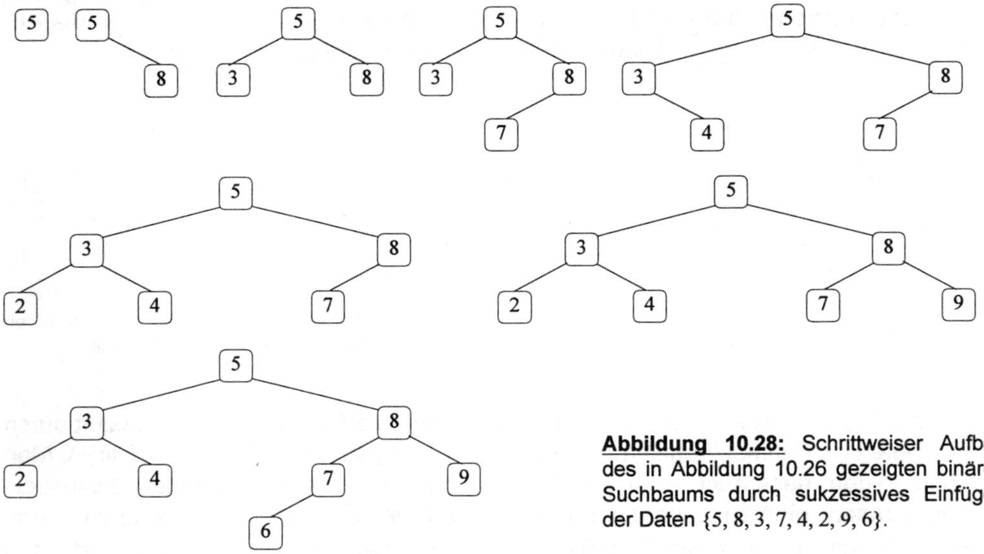

Abbildung 10.28: Schrittweiser Aufbau des in Abbildung 10.26 gezeigten binären Suchbaums durch sukzessives Einfügen der Daten {5, 8, 3, 7, 4, 2, 9, 6}.

Beim Einfügen eines weiteren Knotens sind nur Zeigervariablen zu manipulieren. Der oft umfangreiche Info-Teil der Knoten muss also (anders als beim Einfügen in ein Array) nicht umkopiert werden. Der für den neu hinzugekommenen Knoten benötigte Speicherplatz wird dem noch nicht verwendeten Hauptspeicher (*Halde, Heap*) entnommen. Üblicherweise wird diese Speicherverwaltung ohne Zutun des Benutzers durch das Betriebssystem erledigt. Zur Erklärung der damit verbundenen Vorgänge wird hier jedoch anhand einer Tabelle verdeutlicht, welche Zeiger beim Einfügen eines weiteren Elements mit Schlüssel 8 in den oben abgebildeten Baum modifiziert werden müssen. Dabei wird der noch freie Speicher durch eine lineare Liste verwaltet, die über die Rechts-Zeiger der Baumstruktur verkettet wird.

Tabelle 10.30: Beispiel für die Speicherung des Baumes aus Abbildung 10.26. Der Zeiger auf die Wurzel ist mit W bezeichnet. Als erste Adresse für die Speicherung des Baums wurde willkürlich 100 gewählt. Der freie Speicherplatz wird in diesem Beispiel als lineare Liste über die Rechts-Zeiger der Baumstruktur verwaltet; die Links-Zeiger werden dazu nicht benötigt. Der Zeiger auf den Kopf der Liste der noch freien Speicherplätze ist mit F bezeichnet. Die linke Tabelle zeigt die Situation vor Einfügen eines weiteren Elements mit Schlüssel 8 (Info-Spalte), die rechte Tabelle zeigt die Situation nach dem Einfügen dieses Elements gemäß Abbildung 10.29. Alle geänderten Einträge sind fett hervorgehoben.

Adresse		Info	links	rechts
W→	100	5	106	102
F→	101	-	0	104
	102	8	109	107
	103	4	0	0
	104	-	0	108
	105	2	0	0
	106	3	105	103
	107	9	0	0
	108	-	0	0
	109	7	110	0
	110	6	0	0

Adresse		Info	links	rechts
W→	100	5	106	102
	101	**8**	0	**0**
	102	8	109	107
	103	4	0	0
F →	104	-	0	108
	105	2	0	0
	106	3	105	103
	107	9	**101**	0
	108	-	0	0
	109	7	110	0
	110	6	0	0

Die Komplexität des Einfügens eines Elementes ist mit der des Suchens nach diesem Element identisch und damit von der Ordnung $\mathcal{O}(ld(n))$. Werden n Elemente eingefügt, so ist demnach die Komplexität $\mathcal{O}(n \cdot ld(n))$.

Werden die bei dem obigen Zahlenbeispiel verwendeten Zahlenwerte zunächst in die sortierte Reihenfolge $\{2, 3, 4, 5, 6, 7, 8, 9\}$ gebracht und dann zum Aufbau eines binären Suchbaums verwendet, so entsteht offenbar ein zu einer linearen Liste *entarteter Baum*, der damit seine vorteilhaften Eigenschaften eingebüßt hat. Auf Vorkehrungen, wie diese Entartung zu vermeiden ist, wird weiter unten eingegangen.

Ein binärer Suchbaum kann auch als ein Hilfsmittel zum Sortieren dienen, insbesondere zum *Sortieren linearer Listen*. Baut man nämlich aus einer Folge von Elementen, beispielsweise einer linearen Liste, einen binären Suchbaum auf und durchsucht man diesen dann in symmetrischer Reihenfolge, so ergibt sich eine aufsteigend sortierte Folge der Schlüsselwerte. Da die Komplexität des Durchsuchens eines Baums mit n Knoten von der Ordnung $\mathcal{O}(n)$ ist und da die Komplexität des Aufbaus eines binären Suchbaums mit n Knoten von der Ordnung $\mathcal{O}(n \cdot ld(n))$ ist, ergibt sich insgesamt die Komplexität des Sortierens mit Hilfe eines binären Suchbaums zu $\mathcal{O}(n \cdot ld(n))$. Dies ist ein günstiges, mit dem Quick-Sort vergleichbares Verhalten; allerdings ist ebenso wie beim Quick-Sort eine Entartung zur Ordnung $\mathcal{O}(n^2)$ möglich. Ein Nachteil ist ferner, dass zusätzlich zu den n zu sortierenden Daten ein Baum mit n Knoten aufgebaut werden muss, so dass ein Sortieren am Platz auf diese Weise nicht möglich ist. Beim Sortieren mit binären Suchbäumen zeigt sich auch, warum es sinnvoll ist, beim Einfügen eines Schlüssels nicht die Fälle „kleiner" und „gleich" sondern die Fälle „größer" und „gleich" zusammenzufassen. In diesem Fall werden nämlich identische Schlüssel in derselben Reihenfolge eingeordnet, wie sie in symmetrischer Reihenfolge auch wieder ausgelesen werden. Ein darauf aufbauendes Sortierverfahren ist also *stabil* in dem Sinne, dass eine evtl. nach einem anderen Kriterium bereits bestehende Ordnung nicht zerstört wird. Aus der folgenden Abbildung geht hervor, wie ein weiteres Element mit dem Schlüssel 8 in den aus Abbildung 10.26 bereits bekannten binären Suchbaum eingefügt wird, der schon einen Knoten mit Schlüssel 8 enthält. Außerdem ist der beim Durchsuchen in symmetrischer Reihenfolge entstehende Weg durch den Baum durch eine gestrichelte Linie angedeutet.

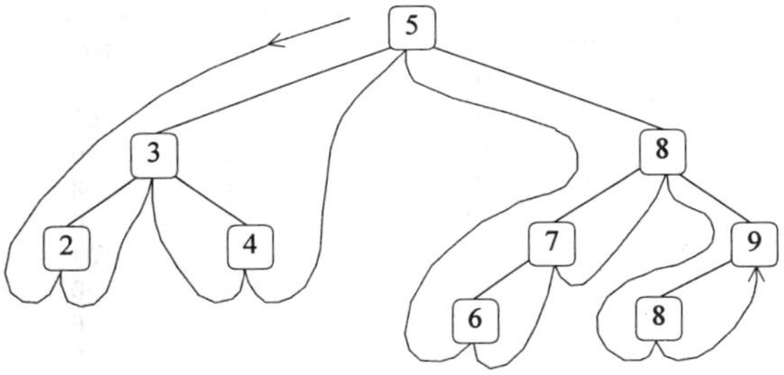

Abbildung 10.29: In den in Abbildung 10.26 dargestellten binären Suchbaum wurde ein weiterer Knoten mit Schlüssel 8 eingefügt. Außerdem ist der beim Durchsuchen des Baumes in symmetrischer Reihenfolge entstehende Weg als gestrichelte Linie eingezeichnet; man erhält dann die Elemente in der geordneten Folge {2, 3, 4, 5, 6, 7, 8, 8, 9}.

Zu empfehlen ist dieses Verfahren dann, wenn die Operationen Suchen und Sortieren gleichzeitig benötigt werden. Ein Beispiel dafür ist das Erstellen einer *Cross-Reference-Liste*, was als Teil von Compilern häufig benötigt wird. Die Aufgabe besteht darin, einen Text einzulesen und zu jedem Wort auch die Nummern der Zeilen, in denen das Wort auftritt, zu notieren. Man geht dazu folgendermaßen vor: Die Wörter werden in alphabetischer Reihenfolge in einen binären Suchbaum eingefügt. Man bezeichnet diesen als *lexikografischen Baum*. In den Info-Teil der Knoten wird dann nicht nur das entsprechende Wort aufgenommen, sondern auch ein Zeiger, der auf den Kopf einer linearen Liste der Nummern der Zeilen deutet, in denen das betreffende Wort vorkommt.

Binäre Suchbäume: Löschen

Eine weitere wichtige Operation auf binären Suchbäumen ist das *Löschen* eines Knotens E. Soll ein Element E gelöscht werden, so muss notwendigerweise einer der folgenden vier Fälle vorliegen:

1. E ist nicht in dem Baum enthalten;
2. E ist ein Blatt, hat also keine Nachfolger;
3. E hat genau einen Nachfolger;
4. E ist ein innerer Knoten, hat also genau zwei Nachfolger.

Der erste Fall ist in trivialer Weise erledigt. Betrachtet man Fall 2, so wird klar, dass nur der auf das zu löschende Blatt weisende Zeiger des Vorgängers auf den Werrt NULL zu ändern ist. Außerdem muss der freigewordene Speicher wieder an das System zurückgegeben werden. Dies wird hier wieder durch eine Frei-Liste erledigt. Als Beispiel soll nun der Knoten mit dem Eintrag „4“ aus dem Baum gemäß Abbildung 10.29 gelöscht werden. Aus Abbildung 10.30 und Tabelle 10.31 gehen die dazu nötigen Manipulationen hervor.

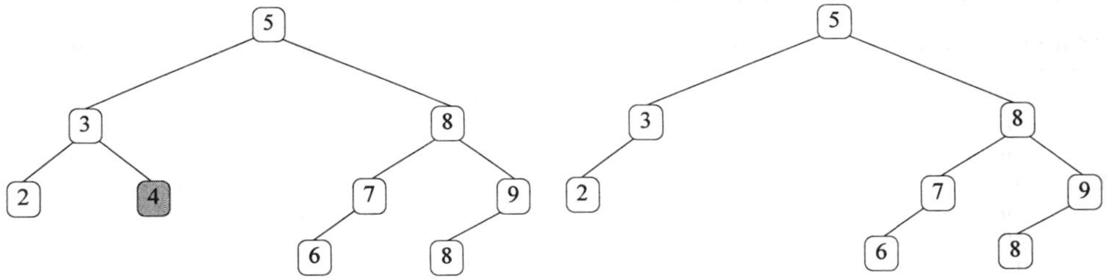

Abbildung 10.30: Die linke Seite zeigt den in Abbildung 10.29 dargestellten binären Suchbaum. Auf der rechten Seite ist der Baum nach Löschen des Knotens mit Schlüssel 4 abgebildet.

Tabelle 10.31: Die linke Tabelle zeigt ein Beispiel für die verkettete Speicherung des in Abbildung 10.29 gezeigten Baums. Das Ergebnis nach Löschen des Knotens mit Schlüssel 4 ist in der rechten Tabelle zeigt. Alle geänderten Einträge sind fett hervorgehoben.

	Adresse	Info	links	rechts
W→	100	5	106	102
	101	8	0	0
	102	8	109	107
	103	4	0	0
F →	104	-	0	108
	105	2	0	0
	106	3	105	103
	107	9	101	0
	108	-	0	0
	109	7	110	0
	110	6	0	0

	Adresse	Info	links	rechts
W→	100	5	106	102
	101	8	0	0
	102	8	109	107
F →	103	-	0	**104**
	104	-	0	108
	105	2	0	0
	106	3	105	**0**
	107	9	101	0
	108	-	0	0
	109	7	110	0
	110	6	0	0

Als Nächstes ist nun der Fall 3 der obigen Aufstellung zu bearbeiten. Es ist also ein Knoten mit genau einem Nachfolger zu löschen. In diesem Fall ist lediglich der Nachfolger des zu löschenden Knotens mit dem Vorgänger des zu löschenden Knotens zu verketten. Als Beispiel wird, wie in Abbildung 10.31 und Tabelle 10.32 erläutert, der Knoten mit Schlüssel 3 gelöscht. Dazu ist sein Vorgänger (Schlüssel 5) mit seinem Nachfolger (Schlüssel 2) zu verbinden.

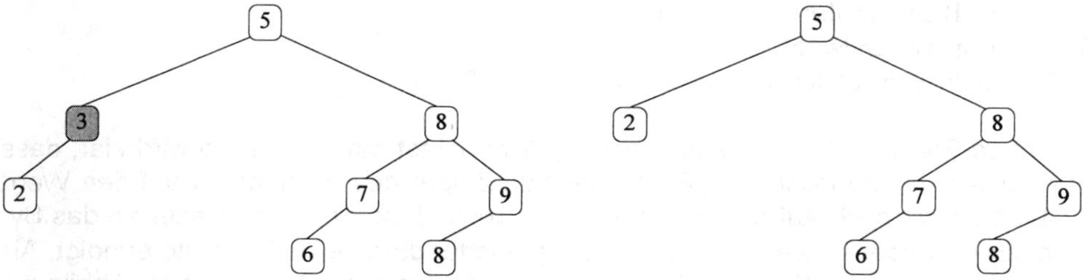

Abbildung 10.31: Zum Löschen des Knotens mit Schlüssel 3.

Tabelle 10.32: Das Ergebnis nach Löschen des Knotens mit Schlüssel 3.

	Adresse	Info	links	rechts
W→	100	5	106	102
	101	8	0	0
	102	8	109	107
F→	103	-	0	104
	104	-	0	108
	105	2	0	0
	106	3	105	0
	107	9	101	0
	108	-	0	0
	109	7	110	0
	110	6	0	0

	Adresse	Info	links	rechts
W→	100	5	**105**	102
	101	8	0	0
	102	8	109	107
	103	-	0	104
	104	-	0	108
	105	2	0	0
F→	106	-	**0**	**103**
	107	9	101	0
	108	-	0	0
	109	7	110	0
	110	6	0	0

Am aufwendigsten ist Fall 4 zu bearbeiten. Es ist nun ein innerer Knoten zu löschen, der also zwei Nachfolger hat. In diesem Fall wird der zu löschende Knoten mit seinem Vorgänger oder mit seinem Nachfolger in symmetrischer Reihenfolge vertauscht und erst dann gelöscht. Da die symmetrische Reihenfolge gerade die aufsteigend sortierte Anordnung der Schlüssel liefert, ist der Baum danach noch immer ein binärer Suchbaum. Dies ist so, weil der Vorgänger in symmetrischer Reihenfolge derjenige Knoten im linken Teilbaum ist, dessen Schlüssel der größte ist, der gerade noch kleiner als der Schlüssel des zu löschenden Elementes ist. Analog dazu ist der Nachfolger in symmetrischer Reihenfolge derjenige Knoten des rechten Teilbaums des zu löschenden Knotens, dessen Schlüssel größer (oder gleich) dem Schlüssel des zu löschenden Knotens ist. Wegen des verwendeten Ordnungsprinzips kann sowohl der Vorgänger als auch der Nachfolger in symmetrischer Reihenfolge seinerseits nur höchstens einen Nachfolger haben. Das Problem des Löschens eines inneren Knotens ist damit auf die schon besprochenen Fälle 2 (Löschen eines Blatts) oder 3 (Löschen eines Knotens mit genau einem Nachfolger) zurückgeführt. Als Beispiel wird nun der Knoten mit Schlüssel 8 gelöscht, welcher Nachfolger der Wurzel des Baums ist. Der Vorgänger in symmetrischer Reihenfolge ist der Knoten mit Schlüssel 7, der Nachfolger in symmetrischer Reihenfolge ist das Blatt, welches ebenfalls den Schlüssel 8 hat. Man findet den symmetrischen Vorgänger indem man einen Schritt nach links verzweigt und dann dem nach rechts anschließenden Ast bis zum Ende folgt. Analog findet man den symmetrischen Nachfolger durch Verzweigen um einen Schritt nach rechts und Folgen des sich links anschließenden Astes bis zum Ende. In Abbildung 10.32 und Tabelle 10.33 ist dies erläutert.

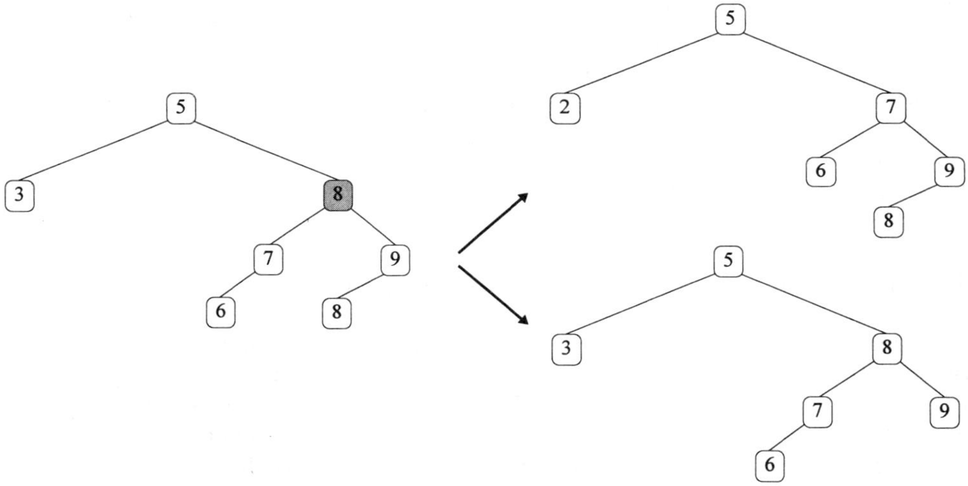

Abbildung 10.32: Zum Löschen des in der linken Bildhälfte markierten Knotens mit Schlüssel 8 kann dieser - wie rechts oben dargestellt - durch den Vorgänger in symmetrischer Reihenfolge ersetzt werden, d.h. durch den Knoten mit Schlüssel 7. Man kann statt dessen - wie rechts unten dargestellt - den zu löschenden Knoten auch durch seinen symmetrischen Nachfolger, also das Blatt mit Schlüssel 8 ersetzen.

Tabelle 10.33: Das Ergebnis nach Löschen des Knotens mit Schlüssel 8 und Vorgänger 5. Der zu löschende Knoten wurde dabei durch seinen Vorgänger in symmetrischer Reihenfolge ersetzt.

	Adresse	Info	links	rechts
W→	100	5	105	102
	101	8	0	0
	102	8	109	107
	103	-	0	104
	104	-	0	108
	105	2	0	0
F →	106	-	0	103
	107	9	101	0
	108	-	0	0
	109	7	110	0
	110	6	0	0

	Adresse	Info	links	rechts
W→	100	5	105	**109**
	101	8	0	0
F →	102	-	**0**	**106**
	103	-	0	104
	104	-	0	108
	105	2	0	0
	106	-	0	103
	107	9	101	0
	108	-	0	0
	109	7	110	**107**
	110	6	0	0

Die beschriebenen Fälle lassen sich folgendermaßen als Pseudo-Code formulieren:

Löschen eines Elements E mit Schlüssel E.key:

----

1. Lese E.key
2. Suche E.key und speichere den Vorgänger V von E
3. WENN E nicht gefunden wurde, ENDE
4. WENN E die Wurzel des Baumes ist und keine Nachfolger hat, lösche die Wurzel; ENDE
5. WENN E.rechts==NULL, setze den Zeiger von V nach E auf E.links; ENDE
6. WENN E.links==NULL, setze den Zeiger von V nach E auf E.rechts; ENDE
7. Suche den symmetrischen Vorgänger (oder Nachfolger) S von E und dessen Vorgänger VS
8. WENN S.rechts==NULL (für symmetrischen Vorgänger immer der Fall), setze den Zeiger von VS nach S auf S.links
9. WENN S.links==NULL (für symmetrischen Nachfolger immer der Fall), setze den Zeiger von VS nach S auf S.rechts
10. Setze den Zeiger von V nach E auf S
11. Setze S.links=E.links und S.rechts=E.rechts

10.7.3 Ausgleichen von Bäumen und AVL-Bäume

Es wurde bereits gezeigt, dass für binäre Suchbäume die Suche nach einem Knoten (ebenso wie die Tiefe des Baumes) im Mittel von der Ordnung ld(n) ist, aber im Worst Case, nämlich dann, wenn der Baum zu einer linearen Liste entartet ist, nur noch von der Ordnung n. Es ist von großer praktischer Bedeutung, die Komplexität des Suchens so gering wie möglich zu halten und insbesondere die Entartung zu einer linearen Liste zu vermeiden, da diese Entartung auch für die Komplexität der Operationen Einfügen, Löschen und Sortieren maßgeblich ist. Eine Möglichkeit, sicherzustellen, dass die Komplexität der Suche stets von der Ordnung ld(n) ist, besteht darin, nach jeder Einfüge- und Lösch-Operation den Baum so umzuorganisieren, dass er *vollständig ausgeglichen* ist. Bei einem vollständig ausgeglichenen Baum sind alle Niveaus, evtl. mit Ausnahme des letzten, vollständig besetzt, so dass die Tiefe eines Baums mit n Knoten höchstens int(ld(n))+1 beträgt; damit ist dann auch die Komplexität des Suchens immer von der Ordnung ld(n). Allerdings ist zu bedenken, dass auch die Neuorganisation des Baumes einen gewissen Aufwand erfordert, so dass der Nutzen durchaus fraglich ist. Wird im Mittel auf alle Schlüssel mit derselben Wahrscheinlichkeit zugegriffen und werden alle Schlüssel beim Aufbau des Baumes in zufälliger Reihenfolge geliefert, so ist, wie theoretische Untersuchungen ergeben haben, im mittleren Fall die Anzahl der Schlüsselvergleiche ohnehin proportional zu ld(n). Die Herstellung der vollständigen Ausgeglichenheit nach jeder Änderung des Baumes hat sich daher nicht als der optimale Weg zur Verringerung des Aufwandes beim Suchen in binären Suchbäumen erwiesen.

Günstiger ist eine in 1962 von Adelson-Velski und Landis eingeführte, etwas abgeschwächte Version der Ausgeglichenheit, die sich mit viel geringerem Aufwand herstellen lässt als die vollständige Ausgeglichenheit. Nach Definition von Adelson-

Velski und Landis ist ein Baum *ausgeglichen*, wenn sich für jeden Knoten K des Baumes die Tiefen des linken und rechten Teilbaums von K höchstens um 1 unterscheiden. Man bezeichnet entsprechende binäre Suchbäume nach ihren Erfindern als *AVL-Bäume*. Obwohl diese Definition schwächer ist als die der vollständigen Ausgeglichenheit, ist damit dennoch die Komplexität des Suchens auch im Worst Case von der Ordnung ld(n), da, wie Adelson-Velski und Landis zeigten, ein AVL-Baum auch im Worst Case nur um 44% tiefer ist als der entsprechende vollständig ausgeglichene Baum. Selbstverständlich ist jeder vollständig ausgeglichene Baum auch ausgeglichen im AVL-Sinne.

Zur Herstellung der Ausgeglichenheit muss also nach jeder Einfüge- und Lösch-Operation ein Ausgleichsalgorithmus aufgerufen werden. Zur Steuerung des Verfahrens wird jedem Knoten eine *Balance-Komponente* zugeordnet, die hier als K.b bezeichnet wird. Die Typ-Definition eines Knotens lautet damit:

```
struct knoten {                       // Knoten-Struktur für AVL-Baum
        char info[N];                 // Info-Teil
        int b;                        // Balance-Komponente
        struct knoten * links, * rechts;    // Zeiger auf Nachf.
      };
```

Die Balance-Komponente eines jeden Knotens kann für AVL-Bäume nur folgende Werte annehmen:

0 Der Knoten ist perfekt balanciert, d.h. der zugehörige linke und rechte Teilbaum haben dieselbe Tiefe. Es ist kein Ausgleich erforderlich.

-1 Die Tiefe des linken Teilbaums ist um 1 größer als die des rechten Teilbaums. Es ist kein Ausgleich erforderlich.

1 Die Tiefe des rechten Teilbaums ist um 1 größer als die des linken Teilbaums. Es ist kein Ausgleich erforderlich.

-2 Die Tiefe des linken Teilbaums ist um 2 größer als die des rechten Teilbaums. Jetzt ist ein Ausgleich erforderlich.

+2 Die Tiefe des rechten Teilbaums ist um 2 größer als die des linken Teilbaums. Jetzt ist ein Ausgleich erforderlich.

Knoten K mit K.b=0 heißen *balanciert*, alle anderen Knoten heißen *unbalanciert*. Sowohl beim Einfügen als auch beim Löschen kann die Balance gestört werden. Dabei können jedoch nur vier verschiedene Arten von Störungen auftreten, die durch vier Verfahren behoben werden, nämlich die *Links-Rotation* (*L-Rotation*), die *Rechts-Rotation* (*R-Rotation*), die *Links-Rechts-Rotation* (*LR-Rotation*) und die *Rechts-Links-Rotation* (*RL-Rotation*).

In Abbildung 10.33 werden diese Rotationen erklärt.

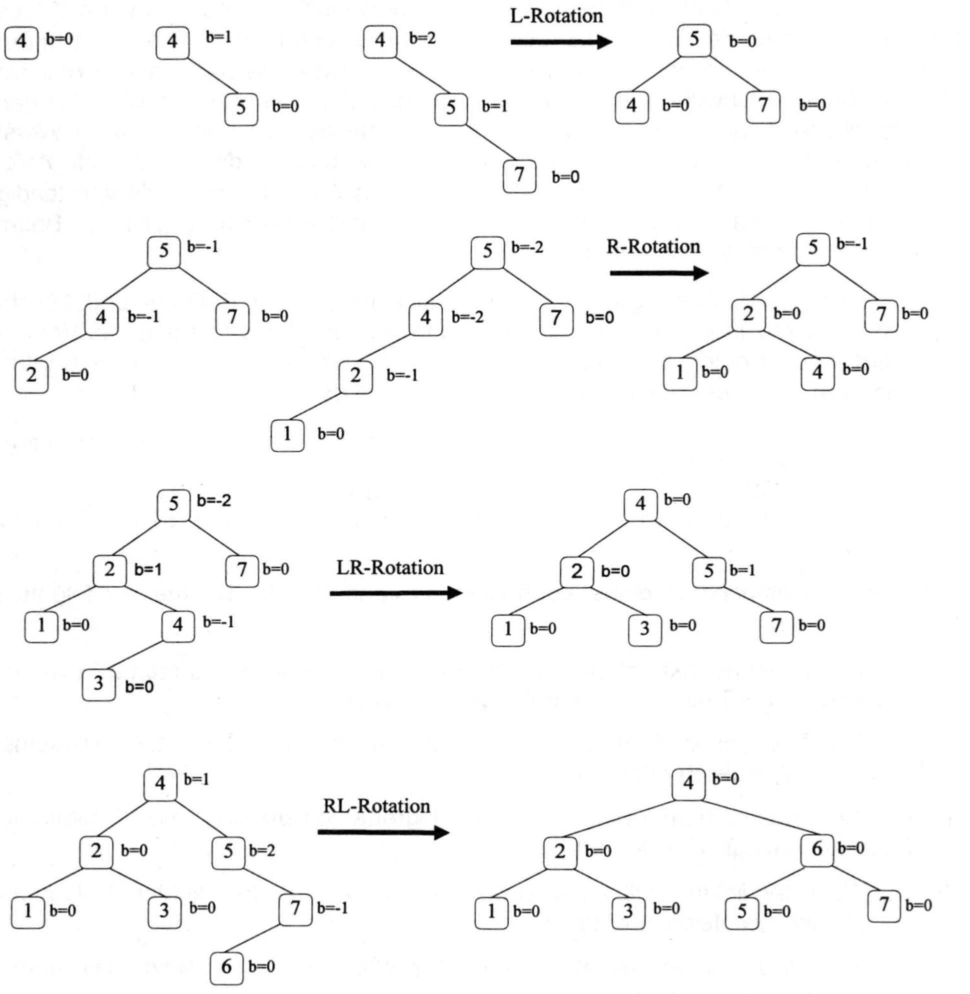

Abbildung 10.33: Beim Aufbau eines AVL-Baums durch sukzessives Einfügen von Knoten kann die Balance gestört werden. In der Abbildung sind die vier Verfahren, nämlich L-, R-, LR- und RL-Rotation, zur Behebung der vier prinzipiell möglichen Störungen der Balance erläutert.

Man sieht, dass beim Einfügen von Knoten in einen AVL-Baum nur die Kenntnis der lokalen Umgebung eines Knotens erforderlich ist, also dessen unmittelbare Vorgänger und Nachfolger. Bei der L- und der R-Rotation müssen 3 Zeiger umgehängt werden, bei der LR- und der RL-Rotation 5 Zeiger. Außerdem müssen die betroffenen Balance-Komponenten entsprechend geändert werden. Der Aufwand für die Balancierung ist damit relativ gering und beim Einfügen auch rein lokal ausführbar, also unabhängig von der Anzahl der im Baum enthaltenen Knoten. Die Balancierung beschränkt sich auf die Umgebung des *kritischen Knotens*, d.h. des letzten im Suchpfad nicht balancierten Knotens.

Das Einfügen eines Knotens in einen AVL-Baum geschieht also nach folgendem Schema:

Einfügen eines Knotens in einen AVL-Baum:

---

1. Finde den Platz zum Einfügen sowie den kritischen Knoten, d.h. den letzten im Suchpfad vor dem Einfügen nicht balancierten Knoten.
2. Füge den neuen Knoten (als Blatt) ein. Sein Balance-Feld erhält den Wert 0.
3. Modifiziere die Balance-Komponenten zwischen dem kritischen Knoten und dem neuen Blatt, jedoch ohne diese beiden Knoten.
4. Balanciere, wenn nötig, am kritischen Knoten und modifiziere sein Balance-Feld.

Wie beim Einfügen kann auch beim Löschen die Balance gestört werden. Dabei können jedoch ebenfalls nur die in Abbildung 10.33 genannten Fälle auftreten, so dass der Vorgang des Balancierens nach dem Löschen eines Knotens genauso abläuft wie nach dem Einfügen eines Knotens.

Löschen eines Knotens aus einem AVL-Baum:

---

1. Finde den zu löschenden Knoten und lösche diesen.
2. Gehe den zum Suchen des zu löschenden Knotens benutzten Pfad zurück und balanciere, wenn erforderlich. Gleichzeitig sind die Balance-Komponenten auf den neuen Stand zu bringen.

Im Unterschied zum Einfügen können beim Löschen mehrere Balancier-Schritte erforderlich sein, jedoch nur längs des Suchpfades, so dass nur höchsten int(ld(n)) mal balanciert werden muss. Auch die Anpassung der Balance-Komponenten muss nur längs des Suchpfades erfolgen.

10.7.4 Heaps und Heap-Sort

Unter einem *Heap* versteht man in dem hier diskutierten Zusammenhang einen Binärbaum mit einem gegenüber dem binären Suchbaum abgeschwächten Ordnungskriterium: Es wird nur verlangt, dass für jeden Knoten des Heap gilt, dass sein Schlüssel größer (oder gleich) ist als die Schlüssel aller nachfolgenden Knoten. Dafür wird zusätzlich gefordert, dass der Baum vollständig ist. Man bezeichnet einen durch die Größer-Relation definierten Heap als *Max-Heap*. Alternativ kann man als Ordnungskriterium verwenden, dass für jeden Knoten des Heap gilt, dass sein Schlüssel kleiner (oder gleich) ist als die Schlüssel aller nachfolgenden Knoten. Man spricht dann von einem *Min-Heap*.

Nicht zu verwechseln ist der Heap als spezielle Baumstruktur mit der ebenfalls als Heap bezeichneten *Halde*, die für die durch Betriebssysteme vorgenommene Verwaltung des verfügbaren Hauptspeichers verwendet wird.

Heaps werden hauptsächlich zur Realisierung von *Prioritätswarteschlangen* und zum *Sortieren* eingesetzt.

Das *Einfügen* eines weiteren Knotens in einen Heap und damit auch das Aufbauen eines Heaps geschieht folgendermaßen:

Einfügen eines Elementes E in einen Heap:

---

1. Ist der Heap leer, so wird E die Wurzel. ENDE
2. Füge E linksbündig in der letzten Ebene am Ende des Baumes als Blatt an, so dass dieser vollständig bleibt
3. Bestimme den Vorgänger V von E
4. Ist E.key≤ V.key, ENDE
   SONST vertausche E mit V
5. Ist E jetzt die Wurzel, ENDE
   SONST gehe zu 3.

Es wird also jeweils der Schlüssel des einzufügenden Knotens mit dem seines Vorgängers verglichen und vertauscht, sofern das Ordnungskriterium nicht erfüllt ist. Dieses Vergleichen und Vertauschen wird solange fortgesetzt, bis entweder die richtige Einfügestelle gefunden wurde und somit kein Tausch mehr erforderlich ist, oder bis die Wurzel erreicht wurde. Offenbar ist für jedes Vertauschen der Vorgänger erforderlich, der in verketteter Speicherung nicht ohne weiteres zugänglich ist. Aus diesem Grunde und weil der Heap ein vollständiger Baum ist, bietet sich die Speicherung als Array an.

Da das Aufsteigen eingefügter Knoten immer nur längs eines Pfades zur Wurzel erfolgt, sind für das Einfügen eines Knotens in einen bereits n Knoten enthaltenden Heap höchstens int(ld(n)) Vergleiche und ebensoviele Vertauschungen erforderlich, da ja die Tiefe t eines vollständigen Baumes t=int(ld(n)) beträgt. In Abbildung 10.34 ist dafür ein Beispiel gegeben.

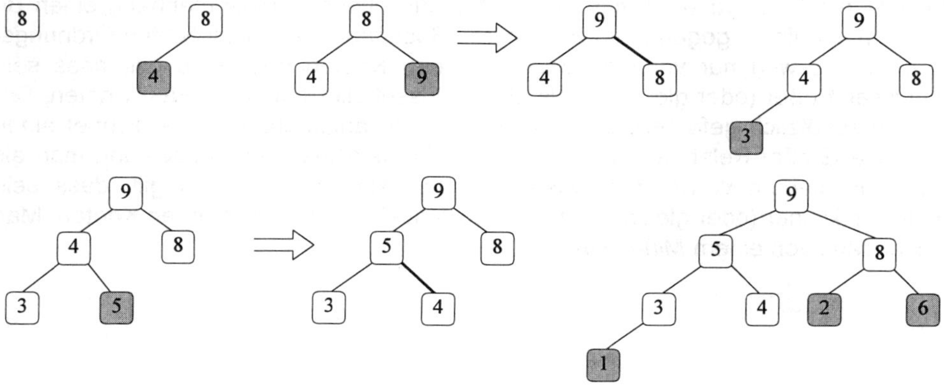

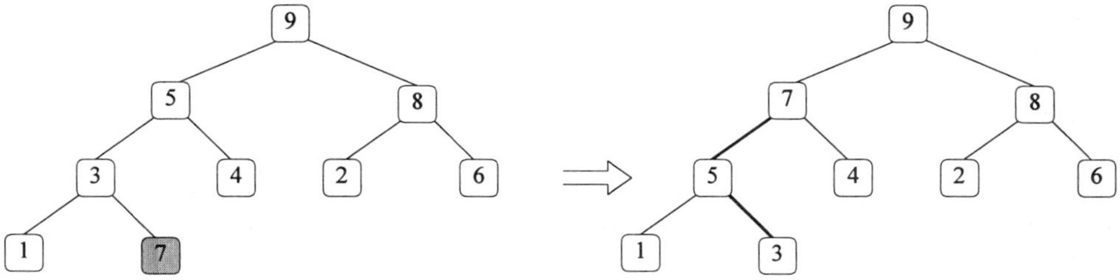

Abbildung 10.34: Aufbau eines Heaps aus der Zahlenfolge {8, 4, 9, 3, 5, 2, 6, 1, 7} durch fortgesetztes Einfügen. Die neu hinzukommenden Elemente sind grau markiert, der im Zuge des Einordnens verwendete Pfad ist durch fett gezeichnete Kanten dargestellt.

Speichert man den in Abbildung 10.34 dargestellten Heap als Array, so ergibt sich folgende Anordnung:

Index:	0	1	2	3	4	5	6	7	8
Inhalt:	9	7	8	5	4	2	6	1	3

Wie schon in Kapitel 10.7.2 gezeigt, errechnen sich die Indizes des Vorgängers und der Nachfolger eines Knotens mit Index k aus den Formeln:

Falls die Zählung mit Index 1 beginnt:

2k	Index des linken Nachfolgers
2k+1	Index des rechten Nachfolgers
int(k/2)	Index des Vorgängers

Falls die Zählung (wie in C üblich) mit Index 0 beginnt:

2k+1	Index des linken Nachfolgers
2k+2	Index des rechten Nachfolgers
int((k-1)/2)	Index des Vorgängers

Auch das Löschen in einem Heap ist verhältnismäßig einfach. Man ersetzt zunächst das zu löschende Element durch den letzten Knoten des Heap und lässt diesen dann entsprechend seines Schlüssels bis zur richtigen Einfügestelle absteigen.

Im Prinzip kann auf diese Weise jedes Element des Heap gelöscht werden; das zu löschende Element muss dazu jedoch zunächst gesucht werden. Suchen in einem Heap ist aber eine aufwendige Operation, die vermieden werden sollte. Man beschränkt sich daher sinnvollerweise auf Anwendungen, bei denen immer nur die Wurzel des Heap gelöscht werden muss, so dass die Suche entfällt. Sowohl für Prioritätswarteschlangen als auch für den Heap-Sort ist nur das Löschen der Wurzel erforderlich.

Das Löschen der Wurzel eines Heap hat als Pseudo-Code folgende Form:

Löschen der Wurzel eines Heap:

---

1. WENN der Heap leer ist: ENDE;
2. WENN der Heap nur aus der Wurzel besteht: Wurzel löschen, ENDE;
3. Ersetze die Wurzel durch das letzte Blatt E des Heap;
4. Ist E jetzt ein Blatt: ENDE;
5. Bestimme den linken Nachfolger und den rechten Nachfolger von E.
   Dabei ist zu beachten, dass der rechte Nachfolger nicht immer existieren muss.
6. Ist keiner der Schlüssel der Nachfolger von E größer als der Schlüssel von E: ENDE;
   SONST vertausche E mit dem Nachfolger mit dem größeren Schlüssel und gehe zu 4.

Üblicherweise wird die Löschprozedur bei Heaps nur auf die Wurzel angewendet. Abbildung 10.35 zeigt dafür ein Beispiel.

Die folgende Überlegung zeigt, dass man einen Heap zum Sortieren eines Arrays am Platz verwenden kann. Dazu werden zunächst die Daten des Arrays als Heap angeordnet. Sodann wird jeweils die Wurzel, also das größte Element des Heaps, gelöscht und im hinteren Ende des Arrays eingetragen:

Heap-Sort eines Arrays a mit n Elementen:

---

1. Baue in n Schritten einen Heap auf;
2. WENN n==1 ist: ENDE;
3. Vertausche die Wurzel mit dem letzten Element und verringere n um 1;
4. Stelle durch fortgesetztes Vertauschen die Heap-Eigenschaft wieder her und gehe zu 2.

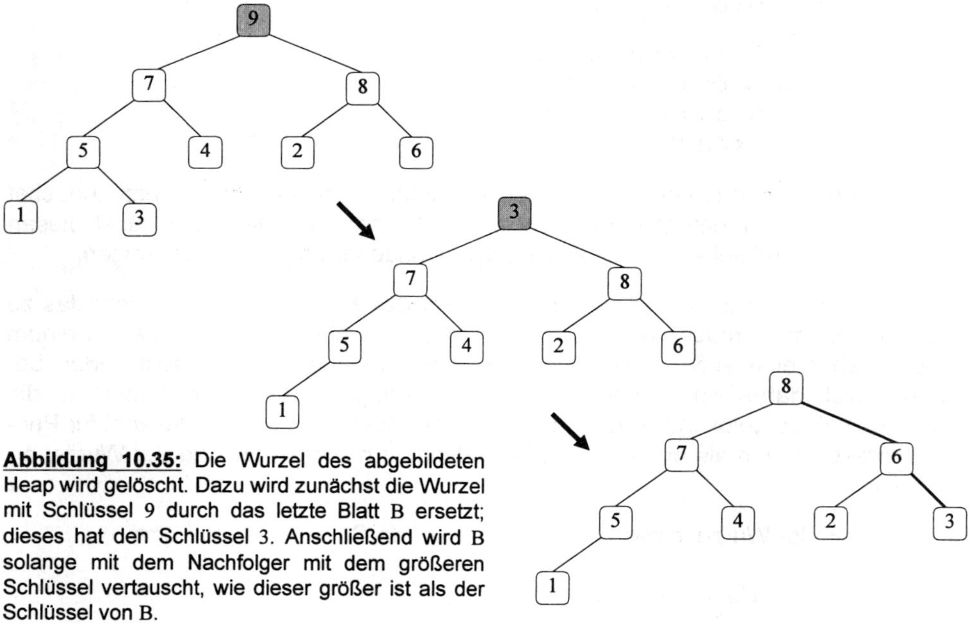

Abbildung 10.35: Die Wurzel des abgebildeten Heap wird gelöscht. Dazu wird zunächst die Wurzel mit Schlüssel 9 durch das letzte Blatt B ersetzt; dieses hat den Schlüssel 3. Anschließend wird B solange mit dem Nachfolger mit dem größeren Schlüssel vertauscht, wie dieser größer ist als der Schlüssel von B.

Man bezeichnet den oben als Pseudo-Code angegebenen Algorithmus als *Heap-Sort*. Da sowohl das Einfügen als auch das Löschen in jedem Fall, also auch im Worst Case, eine Komplexität von der Ordnung $\mathrm{ld}(n)$ besitzt, ist die Komplexität des Sortierverfahrens von der Ordnung $n \cdot \mathrm{ld}(n)$, also mit dem Quick-Sort vergleichbar. Vorteile des Heap-Sort sind, dass kein zusätzlicher Speicherbedarf benötigt wird, dass keine Entartung auftreten kann und dass die Sortierzeiten bei festem n nur wenig in Abhängigkeit vom Sortiergrad der Daten schwanken.

Wendet man diesen Algorithmus auf ein mit den Zahlen $\{8, 4, 9, 3, 5, 2, 6, 1, 7\}$ vorbesetztes Array an, so ergeben sich folgende Schritte:

Tabelle 10.34: Beispiel zur Erläuterung des Heap-Sort.

Indizes:	0	1	2	3	4	5	6	7	8
1. Ausgangs-Array:	8	4	9	3	5	2	6	1	7
2. Heap:	9	7	8	5	4	2	6	1	3
Sortieren durch fortgesetztes Löschen der Wurzel:									
3. 9 mit 3 tauschen:	3	7	8	5	4	2	6	1 |	9
Heap wiederherstellen:	8	7	6	5	4	2	3	1 |	9
4. 8 mit 1 tauschen:	1	7	6	5	4	2	3 |	8	9
Heap wiederherstellen:	7	5	6	1	4	2	3 |	8	9
5. 7 mit 3 tauschen:	3	5	6	1	4	2 |	7	8	9
Heap wiederherstellen:	6	5	3	1	4	2 |	7	8	9
6. 6 mit 2 tauschen:	2	5	3	1	4 |	6	7	8	9
Heap wiederherstellen:	5	4	3	1	2 |	6	7	8	9
7. 5 mit 2 tauschen:	2	4	3	1 |	5	6	7	8	9
Heap wiederherstellen:	4	2	3	1 |	5	6	7	8	9
8. 4 mit 1 tauschen:	1	2	3 |	4	5	6	7	8	9
Heap wiederherstellen:	3	2	1 |	4	5	6	7	8	9
9. 3 mit 1 tauschen:	1	2 |	3	4	5	6	7	8	9
Heap wiederherstellen:	2	1 |	3	4	5	6	7	8	9
10. 2 mit 1 tauschen:	1 |	2	3	4	5	6	7	8	9
Heap wiederherstellen:	1 |	2	3	4	5	6	7	8	9

Die Adressberechnung lässt sich auf (sehr schnelle) Schiebeoperationen zurückführen, wenn man die Zählung nicht mit dem Index 0 sondern mit dem Index 1 beginnt, auch wenn dies in C unüblich ist. Dies könnte man auf naive Weise dadurch erreichen, dass man nur die Elemente `a[1]` bis `a[n-1]` ordnet, also `a[0]` unberücksichtigt lässt. Wesentlich eleganter ist es, einen Pointer `pa` zu verwenden und diesen mit `pa=a-1` zu initialisieren. Nun stimmt `pa[1]` mit `a[0]` überein und die Indexberechnung ist einfach und schnell durch Schiebeoperationen zu berkstelligen.

Die folgende C-Funktion sortiert ein Array `a` nach diesem Prinzip.

```
//-----------------------------------------------------------------
// Sortieren eines Arrays a mit Dimension n durch Heap-Sort.
// Das Array a wird um 1 nach links verschoben, damit die Wurzel
```

```
// den Index 1 hat. Dadurch wird erreicht, dass die Nachfolger des
// Elementes mit Index k die Indizes 2k und 2k+1 haben.
//-----------------------------------------------------------------------
sort_heap(int a[], int n) {
  int j, k, kl, kr, v, w, nl, *pa;
  pa=a-1;     // Zeiger auf a-1 setzen, die Wurzel hat dann den den Index 1
  nl=n++;
  for(j=2; j<n; j++) {                       // Heap aufbauen
    w=pa[j];
    k=j;
    while(k>1) {
      v=k>>1;
      if(w<=pa[v]) break;
      pa[k]=pa[v];
      k=v;
    }
    pa[k]=w;
  }

  while(--n>2) {                             // iterativ die Wurzel löschen
    w=pa[1]; pa[1]=pa[n]; pa[n]=w;
    k=1; kl=2; kr=3;
    while(kr<n) {
      if(pa[kl]>pa[kr]) {
        if(pa[k]<pa[kl]) { w=pa[k]; pa[k]=pa[kl]; pa[kl]=w; k=kl; }
        else break;
      }
      else {
        if(pa[k]<pa[kr]) { w=pa[k]; pa[k]=pa[kr]; pa[kr]=w; k=kr; }
        else break;
      }
      kl=k<<1; kr=kl+1;
    }
  }
  if(pa[1]>pa[2]) {w=pa[1]; pa[1]=pa[2]; pa[2]=w;} // erstes Element ordnen
  return(0);
}
```

Diese einfachste Version des Heap-Sort kann durch zwei Maßnahmen noch wesentlich verbessert werden:

Die erste Verbesserung betrifft den Aufbau des Heaps. Der Aufbau geht wesentlich schneller, wenn man nicht mit dem ersten, sondern mit dem Element an der mittleren Position $j=(n-1)/2$ beginnt und dann schrittweise bis $j=1$ herunterzählt. Der letzte Schritt, also $j=1$, entspricht dann dem oben beschriebenen einfachen Algorithmus zum Aufbau eines Heaps. Die Beschleunigung rührt daher, dass in diesem letzten Schritt aus den vorherigen Schritten Nutzen gezogen wird, so dass fast nichts mehr zu tun ist. Auch das etwas unnatürliche Verhalten, dass ein bereits sortiertes oder nahezu sortiertes Array am langsamsten bearbeitet wird, kann dadurch gemildert werden.

Nun wird nochmals das obige Zahlenbeispiel mit $n=9$ betrachtet. Der Aufbau des Heap läuft dann schrittweise über den Index j von $j=(n-1)/2=4$ bis $j=1$:

Tabelle 10.35: Beispiel zur Erläuterung des verbesserten Heap-Sort.

Indizes:	*1*	*2*	*3*	*4*	*5*	*6*	*7*	*8*	*9*	
Ausgangs-Array:	8	4	9	3	5	2	6	1	7	
j=4: k=4, 2k=8, 2k+1=9:	8	4	9	3	5	2	6	1	7	
	8	4	9	7	5	2	6	1	3	a[4] und a[9] getauscht
j=3: k=3, 2k=6, 2k+1=7:	8	4	9	7	5	2	6	1	3	kein Tausch erforderlich
j=2: k=2, 2k=4, 2k+1=5:	8	4	9	7	5	2	6	1	3	
	8	7	9	4	5	2	6	1	3	a[2] und a[4] getauscht
j=1: k=1, 2k=2, 2k+1=3:	8	7	9	4	5	2	6	1	3	
	9	7	8	4	5	2	6	1	3	a[1] und a[3] getauscht
k=3, 2k=6, 2k+1=7:	9	7	8	4	5	2	6	1	3	kein Tausch erforderlich

Eine weitere Verbesserung lässt sich durch Optimieren des Löschens der Wurzel erzielen. Bei dem oben beschriebenen Verfahren wird bei jedem Sortierschritt die Wurzel, also das größte Element, mit dem letzten Element, also einem relativ kleinen Element vertauscht. Es ist daher zu erwarten, dass das nun an der Wurzelposition befindliche vergleichsweise kleine Element wieder bis nahezu an das Ende des Arrays durchgetauscht werden muss. Für jede Tauschoperation muss aber festgestellt werden, ob die richtige Position bereits erreicht worden ist und - falls weiter vertauscht werden muss - welcher der beiden Nachfolger der größere ist. In der 1990 von I. Wegener [Weg90] veröffentlichten Variante *Bottom-up Heap-Sort* (auch *reverse Heap-Sort*) wird daher zunächst der *spezielle Ast* längs des jeweils größeren Nachfolgers ermittelt, wofür in jedem Schritt nur ein Vergleich erforderlich ist. Betrachtet man als Beispiel Abbildung 10.36, so ist im ersten Schritt die Wurzel des Heaps 9. Als spezieller Ast wird 9–8–3 ermittelt. Sodann wird die Wurzel zwischengespeichert und der spezielle Ast Knoten für Knoten um jeweils eine Ebene nach oben bewegt. Jetzt nimmt also 8 den Platz von 9 ein und 3 den Platz von 8. Auf das damit freigewordene Blatt am Ende des speziellen Astes (die vormalige Position der 3) wird nun das letzte Blatt des Baumes (hier also 4) kopiert und die ehemalige Wurzel (also 9) rückt auf den Platz des letzten Blattes des Heaps. Damit ist der Baum vollständig, 8 ist die neue Wurzel, aber die Heap-Eigenschaft ist noch nicht wieder hergestellt. Dazu wird das am Ende des speziellen Astes eingefügte Element (also 4) solange nach oben getauscht, bis sein Vorgänger nicht mehr größer ist, oder bis - im Extremfall - die Wurzel erreicht ist. Im Beispiel nach Abb. 10.36 muss dazu lediglich 4 mit 3 vertauscht werden.

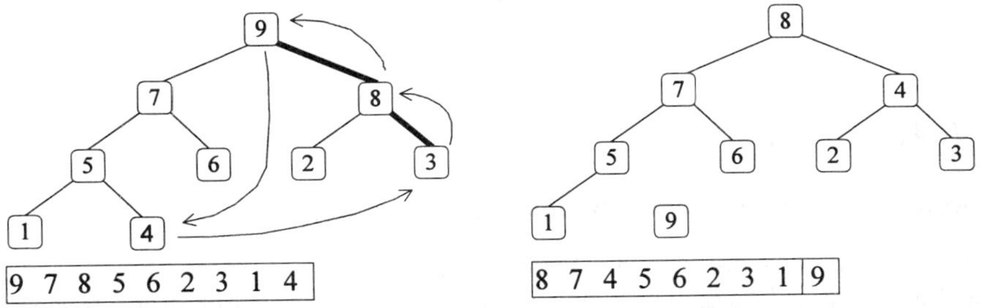

Abbildung 10.36: Löschen der Wurzel 9 nach der Bottom-up Methode. Erläuterung im Text.

In dem im Anschluss aufgelisteten Programm sind diese beiden Verbesserungen zusammengefasst. Die Leistungsfähigkeit dieses Sortierprogramms ist für große Datenmengen durchaus mit der von Quick-Sort vergleichbar (siehe Kapitel 10.6.2).

```
//------------------------------------------------------------------
// Sortieren eines Arrays a mit Dimension n durch reverse Heap-Sort.
// Das Array a wird um 1 nach links verschoben, damit die Wurzel
// den Index 1 hat. Dadurch wird erreicht, dass die Nachfolger des
// Elementes mit Index k die Indizes 2k und 2k+1 haben.
// Beim Löschen der Wurzel wird zunächst der spezielle Ast gesucht und
// um einen Platz nach oben verschoben. Sodann wird das letzte Blatt des
// Heap auf das frei gewordene Blatt des speziellen Astes verschoben.
// Danach wird durch Hochtauschen die Heap-Eigenschaft wieder hergestellt.
//------------------------------------------------------------------
sort_rheap(int a[], int n) {
  int j, k, n1, v, w, *pa;
  pa=a-1;      // Zeiger auf a-1 setzen, die Wurzel hat dann den den Index 1
  n1=n++;
  for(j=n/2; j>0; j--) {      // Heap aufbauen, beginnend bei n/2
    w=pa[j];
    v=j; k=v<<1;
    while(k<n) {
      if(k<n1 && pa[k]<pa[k+1]) k++;
      if(w>=pa[k]) break;
      pa[v]=pa[k];
      v=k; k=v<<1;
    }
    pa[v]=w;
  }
  while(--n>2) {                // zum Sortieren iterativ die Wurzel löschen
    w=pa[n];                    // letztes Element pa[n] in w merken
    pa[n]=pa[1];                // Wurzel pa[1] an letzte Position
    v=1; k=2; n1--;             // Index für Vorgänger und linken Nachfolger
    while(k<n1) {               // größeren Nachfolger eine Stufe höher
      if(pa[k]>pa[k+1]) pa[v]=pa[k]; // linker Nachf. größer als rechter
      else pa[v]=pa[++k];       // rechter Nachfolger größer oder gleich linker
      v=k; k=k<<1;              // eine Ebene tiefer
    }
    if(k==n1) pa[v]=pa[k];      // letztes Blatt
    k=v; v=v>>1;
    while(pa[v]<w) {            // solange Vorgänger kleiner als w
      pa[k]=pa[v];              // eine Ebene höher
      k=v; v=v>>1;
    }
    pa[k]=w;                    // Element einfügen
  }
  if(pa[1]>pa[2])               // ggf. erstes Element ordnen
    { w=pa[1]; pa[1]=pa[2]; pa[2]=w; }
  return(0);
}
```

10.7.5 Vielwegbäume

Rückführung allgemeiner Vielwegbäume auf Binärbäume

Bisher war nur von Binärbäumen die Rede, also von Bäumen, deren Knoten höchstens zwei Nachfolger besitzen. Es sind jedoch Anwendungen denkbar - beispielsweise die Darstellung von Familienstammbäumen, in denen mehr als zwei Geschwister vorkommen -, bei denen eine Baumstruktur von Vorteil ist, bei der ein Knoten auch mehr als zwei, im Prinzip sogar beliebig viele Nachfolger haben kann. Derartige Bäume bezeichnet man als *allgemeine Bäume* oder *Vielwegbäume*. Die auf derselben Ebene befindlichen Nachfolger eines Knotens werden *Brüder* genannt.

Im Folgenden wird gezeigt, dass sich dadurch nichts grundlegend Neues ergibt, da es immer möglich ist, einem gegebenen allgemeinen Baum B eindeutig einen Binärbaum B_b zuzuordnen. Diese Zuordnung kann nach folgendem Verfahren durchgeführt werden:

Erstellen des einem Vielwegbaum B zugeordneten Binärbaums B_b

---

1. Die Knoten K einschließlich der Wurzel des allgemeinen Baumes B bleiben für den zugeordneten Binärbaum B_b erhalten.
2. Beginnend mit der Wurzel wird für jeden Knoten K des zugeordneten Binärbaums B_b der erste Nachfolger von K in B als linker Nachfolger von K in B_b gewählt. Als rechter Nachfolger wird (falls vorhanden) der nächste Bruder von K in B gewählt.

Dieses Verfahren soll nun noch anhand eines Beispiels verdeutlicht werden. Gegeben sei der allgemeine Baum nach Abbildung 10.37a). Die konsequente Anwendung des obigen Algorithmus liefert das Ergebnis 10.37b).

a)

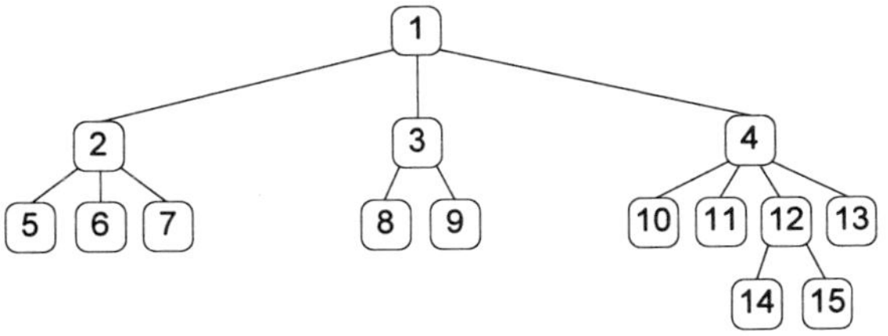

b)

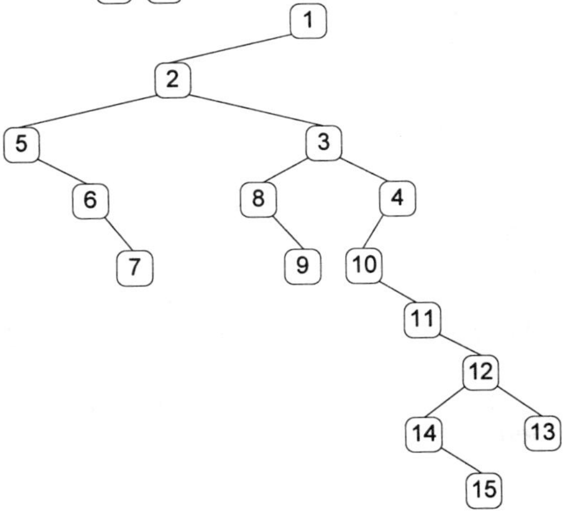

Abbildung 10.37:
a) Beispiel für einen allgemeinen Baum.
b) Der dem in a) dargestellten allgemeinen Baum zugeordnete Binärbaum.

Für die Speicherung allgemeiner Bäume bietet sich ebenso wie für Binärbaume eine *verkettete Speicherung* an. Zweckmäßigerweise verwendet man zwei lineare Listen, wobei die eine den jeweils linken Nachfolger und die andere den jeweils rechten Bruder verkettet. Die Anwendung dieses Schemas auf das obige Beispiel liefert das in der folgenden Tabelle aufgelistete Resultat.

Als Erleichterung bei der Verarbeitung allgemeiner Bäume erweist es sich, dass die verkettete Speicherung in der oben beschriebenen Art mit der verketteten Speicherung des zugeordneten Binärbaums praktisch identisch ist: es muss nur die Liste „Bruder" des allgemeinen Baums mit der Liste „rechts" des zugeordneten Binärbaums identifiziert werden. Ein Blick auf Abbildung 10.37 und Tabelle 10.36 zeigt dies sofort. Damit können sämtliche für Binärbaume entwickelte Algorithmen direkt auf allgemeine Bäume übertragen werden. Allerdings erfordert dieses Vorgehen einige Vorsicht, da bei der Interpretation eines allgemeinen Baumes als Binärbaum die Bruder-Beziehung nicht mehr offensichtlich ist.

Tabelle 10.36: Verkettete Speicherung des in Abbildung 10.37a) dargestellten allgemeinen Baums. Die Speicherung beginnt willkürlich mit Adresse 123.
Wird die Liste „Bruder" als Liste „rechts" interpretiert, so beschreibt dieselbe Tabelle die verkettete Speicherung des in Abbildung 10.37b) dargestellten zugeordneten Binärbaums.

Adresse		Info	links	Bruder (rechts)
W→	123	1	124	0
	124	2	127	125
	125	3	130	126
	126	4	132	0
	127	5	0	128
	128	6	0	129
	129	7	0	0
	130	8	0	131
	131	9	0	0
	132	10	0	133
	133	11	0	134
	134	12	137	135
	135	13	0	0
	137	14	0	138
	138	15	0	0

Treibt man die Analogie zu familiären Verwandtschaften weiter, so können sich komplexere Beziehungen als die zwischen Vorfahren, Nachkommen und Geschwistern ergeben, denen man durch Einführen weiterer Komponenten in die entsprechende Datenstruktur Rechnung tragen könnte. Dies führt aber über Baumstrukturen hinaus; man verwendet in solchen Fällen besser *Verwandtschafts-Datenbanken* oder *Relationale Datenbanken* (*Relational Data Bases*), die in Kapitel 11.2 erläutert werden.

Definition von (a,b)-Bäumen und B-Bäumen

Vielwegbäume eröffnen die Möglichkeit zur effizienten Verwaltung großer Datenmengen, insbesondere wenn diese wegen ihres Umfangs auf einem Hintergrundspeicher, beispielsweise einer Festplatte, gehalten werden müssen. Zunächst werden nochmals die Kriterien zusammengestellt, die für eine effiziente Datenverwaltung mit Hilfe eines Baumes wesentlich sind, danach wird erläutert, wie diese mit Hilfe von Vielwegbäumen erfüllbar sind.

1. Der Schwerpunkt liegt auf der Forderung, dass die Operationen Suchen, Durchsuchen, Einfügen und Löschen schnell ausführbar sein müssen. Unter „schnell" ist hier zu verstehen, dass man für die Operationen Suchen, Einfügen und Löschen eine Komplexität der Ordnung $\mathcal{O}(\ln(n))$ verlangt.
2. Die Forderung 1 bedingt, dass die Struktur des Baumes einem Ordnungsschema folgen muss. Als Richtlinie kann der binäre Suchbaum dienen. Dieser hat jedoch den schwerwiegenden Nachteil, dass er nicht ausgeglichen ist und daher zu einer linearen Liste entarten kann, was die Komplexität des Suchens, Einfügens und Löschens von $\mathcal{O}(\ln(n))$ auf $\mathcal{O}(n)$ verschlechtert.
3. Um diese Entartung zu vermeiden, sollte der Baum ausgeglichen sein. Verlangt man eine vollständige Ausgeglichenheit wie etwa beim einem Heap, so kann jedoch bei einem kontrollierten Wachstum des Baumes das Ordnungsschema nur mit einem sehr hohen Aufwand aufrechterhalten werden. Auch bei einer Abschwächung der Forderung nach Ausgeglichenheit wie bei AVL-Bäumen ist der Aufwand noch erheblich. Man muss also Abstriche bei der Ausgeglichenheit machen, aber nur soweit, dass die gewünschte Komplexität $\mathcal{O}(\ln(n))$ nicht unterschritten wird.
4. Um die zeitaufwendigen Zugriffe auf externe Speicher zu minimieren, sollten mit einem Plattenzugriff nicht nur ein Datensatz sondern m Datensätze in den Hauptspeicher transferiert werden, wobei m von der Sektorgröße des Speichermediums und der Größe der Datensätze abhängt.

Eine spezielle Baumstruktur zur Lösung dieses Problems wurde 1970 von R. Bayer und E. McCreight vorgeschlagen [Bay70]. Man bezeichnet derartige Bäume als *(a,b)-Bäume* bzw. in einem engeren Sinne als *B-Bäume*.

(a,b)-Bäume sind folgendermaßen definiert:

1. Mehrere Elemente (bzw. Datensätze oder Schlüssel) werden zu einem Knoten zusammengefasst, der in diesem Zusammenhang als *Seite* bezeichnet wird. Dies ist die kleinste Einheit, die mit einem Plattenzugriff in den Arbeitsspeicher transferiert wird.
2. Eine Seite enthält höchstens b Elemente.
3. Jede Seite, mit Ausnahme der Wurzelseite, enthält mindestens a Elemente, wobei $a<b$ gilt. Die Wurzelseite darf auch weniger als a Elemente enthalten.

4. Jede Seite ist entweder eine Blattseite, oder sie hat m+1 Nachfolger, wobei m die Anzahl der Elemente der betreffenden Seite ist.

5. Die Elemente innerhalb einer Seite werden dem Ordnungsschema entsprechend linear angeordnet.

6. Für die Ordnungsbeziehung der Seiten zueinander wird das Schema des binären Suchbaumes beibehalten. D.h. der Schlüssel des linken Nachfolgers ist kleiner als der Schlüssel seines Vorgängers und der Schlüssel des rechten Nachfolgers ist größer als der Schlüssel des Vorgängers oder gleich diesem. Ein Durchlaufen des Baumes in symmetrischer Reihenfolge (Inorder) liefert also die Schlüssel in aufsteigender Ordnung.

Dadurch, dass die Anzahl m der Elemente pro Seite (mit Ausnahme der Wurzel) immer zwischen a und b liegen muss und weil jede Seite (mit Ausnahme der Blattseiten) immer m+1 Nachfolger hat, ist der Baum nahezu ausgeglichen. Die Tiefe t des Baumes und damit auch die maximale Anzahl von Plattenzugriffen bei der Suche nach einem bestimmten Element, kann also im ungünstigsten Fall $t=\log_a(n)$ betragen, wenn n die Anzahl der Elemente des Baumes ist. Eine Entartung wie bei binären Suchbäumen kann daher nicht auftreten.

Die Operationen auf (a,b)-Bäumen gestalten sich besonders einfach, wenn man b=2a wählt. Solche (a,2a)-Bäume werden als *B-Bäume* bezeichnet, wobei „B" je nach Geschmack für „Bayer" oder „balanced" steht. Die minimale Anzahl der Elemente pro Seite heißt die *Ordnung* des B-Baumes. Da diese a=b/2 beträgt, ist der Baum mindestens zu 50% ausgeglichen, d.h. abgesehen von der Wurzel sind höchstens die Hälfte der möglichen Plätze unbelegt.

Die Seiten eines B-Baumes haben also folgende Form:

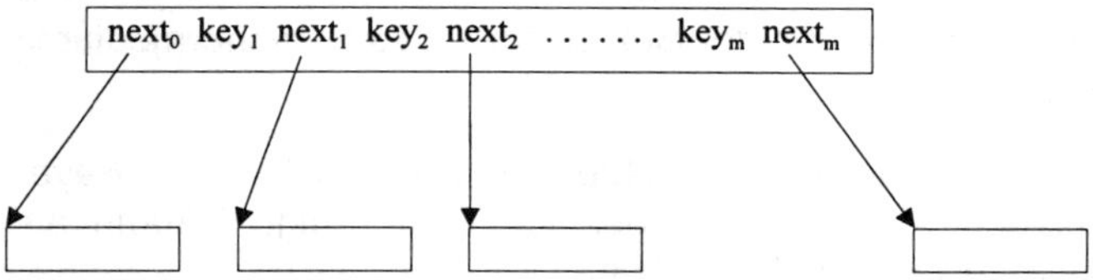

Abbildung 10.38: Aufbau der Seite eines (a,b)-Baumes bzw. B-Baumes.

Zur Deklaration einer geeigneten Datenstruktur zur Beschreibung eines B-Baumes in C muss zunächst die Struktur einer Seite festgelegt werden und dann die Struktur der Elemente in dieser Seite. In jeder Seite ist festzuhalten, wieviele Elemente der Seite tatsächlich belegt sind. Sodann wird ein Zeiger benötigt, der auf den linken Nachfolger der aktuellen Seite deutet, entsprechend dem Eintrag $next_0$ in Abbildung 10.38. Schließlich wird ein Array der Länge b benötigt, wobei b die maximale Anzahl der Elemente pro Seite ist. Die Komponenten dieses hier als item bezeichneten Arrays enthalten die eigentlichen Knoten. Diese bestehen aus einem Schlüssel key, einem Informationsteil, für den in dem unten angegebenen Beispiel ein String info[DIM] der Länge DIM angenommen wurde und schließlich aus einem Zeiger auf die nächste Seite, entsprechend den Einträgen $next_k$ in Abbildung 10.38:

```
struct page {
        int m;     // Anzahl der belegten Elemente in der Seite
        struct page *next;  // Zeiger zur nächsten Seite
        struct item a[b];   // Array von Elementen und Zeigern
};

struct item {
        char info[DIM];     // Beispiel für Informationsteil
        int key;            // Schlüssel
        struct page *next;  // Zeiger zur nächsten Seite
}a;
```

Die folgende Abbildung zeigt ein Beispiel für einen B-Baum der Ordnung 2.

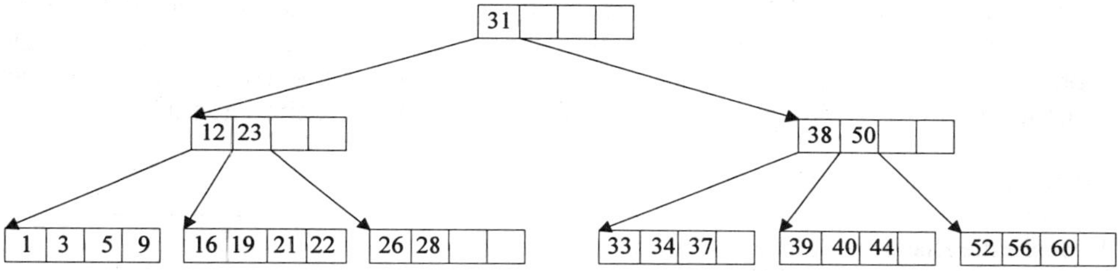

Abbildung 10.39: Beispiel für einen B-Baum der Ordnung 2. Die Seiten (Knoten) müssen mindestens 2 und sie dürfen höchstens 4 Elemente enthalten, mit Ausnahme der Wurzel, die hier nur ein Element enthält. Die Zahlen in den Seiten stehen für die Schlüssel, die senkrechten Striche, von denen Pfeile zu den Nachfolgern ausgehen, symbolisieren die Zeiger. Man erkennt das dem binären Suchbaum analoge Ordnungsschema: Durchläuft man den Baum in symmetrischer Reihenfolge (inorder), so werden die Schlüssel in aufsteigender Ordnung besucht.

Operationen auf B-Bäumen

Die einfachste Operation auf B-Bäumen ist das *Suchen* nach einem Element E. Mit der in Abbildung 10.38 eingeführten Nomenklatur lässt sich dies recht einfach als Pseudo-Code formulieren:

Suchen eines Elementes E in einem B-Baum:

----

1. Setze K auf die Wurzelseite des B-Baumes;
2. Suche (z.B. sequentiell) nach E.key in der Seite K;
   WENN gefunden: „E gefunden", ENDE;
3. WENN $K.key_i < E.key < K.key_{i+1}$ für $1 \leq i \leq m$, setze $K = K.next_i$;
   WENN $E.key < K.key_1$, setze $K = K.next_0$;
   WENN $K.key_m \leq E.key$, setze $K = K.next_m$;

4. WENN K==0: „E nicht gefunden", ENDE;
   SONST gehe zu 2.

Das *Durchsuchen* erfolgt in völlig analoger Weise wie bei binären Suchbäumen, so dass sich Details hier erübrigen. Als Vorteil erweist sich dabei, dass jede Seite nur genau einmal vom Hintergrundspeicher in den Hauptspeicher geholt werden muss.

Beim *Einfügen* eines Elementes E ist zunächst die Seite S zu suchen, in die E einzufügen ist. Diese Seite ist wegen der Konstruktion des B-Baumes immer ein Blatt. Sofern in der betreffenden Blattseite m Elemente mit m<b enthalten sind, wird E einfach in die Seite S eingefügt; die Operation des Einfügens ist damit beendet und auf die Manipulation einer Seite beschränkt. Ist allerdings in der Seite S bereits m=b erreicht, so entsteht ein *Überlauf*, da S jetzt b+1 Elemente enthält. Um diesen zu bereinigen, wird das mittlere Element von S in die zugehörige um eine Ebene höher liegende Vorgängerseite V eingefügt und die Seite S wird in zwei Seiten aufgeteilt, die jetzt jeweils nur noch genau a=b/2 Elemente enthalten. Allerdings kann es jetzt auch in V zu einem Überlauf kommen, so dass diese Prozedur rekursiv fortgesetzt werden muss - im Extremfall so weit, dass eine neue Wurzelseite entsteht, die dann nur ein Element enthält. Dies ist auch die einzige Weise, auf die ein B-Baum überhaupt wachsen kann. Der folgende Pseudo-Code fasst dieses Vorgehen zusammen:

```
Einfügen eines Elementes E in einen B-Baum:
------------------------------------------------------------------------------------------
1. Suche die Blattseite S, in die E eingefügt werden muss;
2. WENN die Anzahl m der Elemente in S kleiner als b ist:
      E in S an der richtigen Position einfügen und m=m+1 setzen; ENDE;
3. SONST (d.h. S ist voll und m==b): E vorläufig in S einfügen;
   WENN eine der Seite S vorangehende Seite V existiert:
      mittleres Element von S aus S entfernen und in V an der richtigen Position einfügen;
      S in zwei Seiten mit je b/2 Elementen aufteilen;
   SONST: Neue Wurzel W erzeugen;
      mittleres Element von S aus S entfernen und in W als einziges Element eintragen;
      S in zwei Seiten mit je b/2 Elementen aufteilen; ENDE;
4. WENN in V ein Überlauf auftritt:
      Setze E=(mittleres Element von V), setze S=V und gehe zu 2.
   SONST ENDE;
```

Die Wirkungsweise dieses Algorithmus wird in der folgenden Abbildung illustriert.

a)

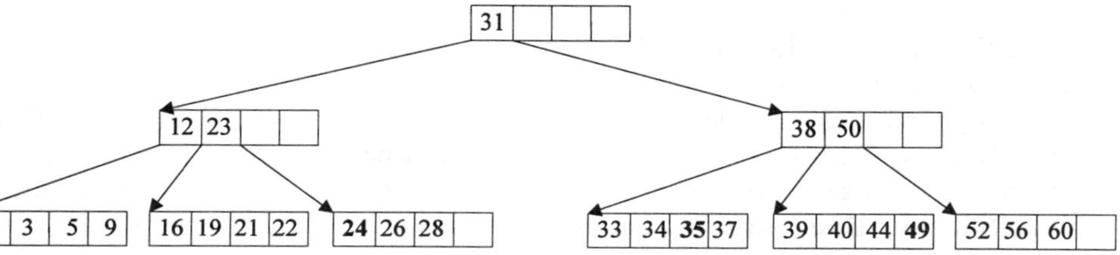

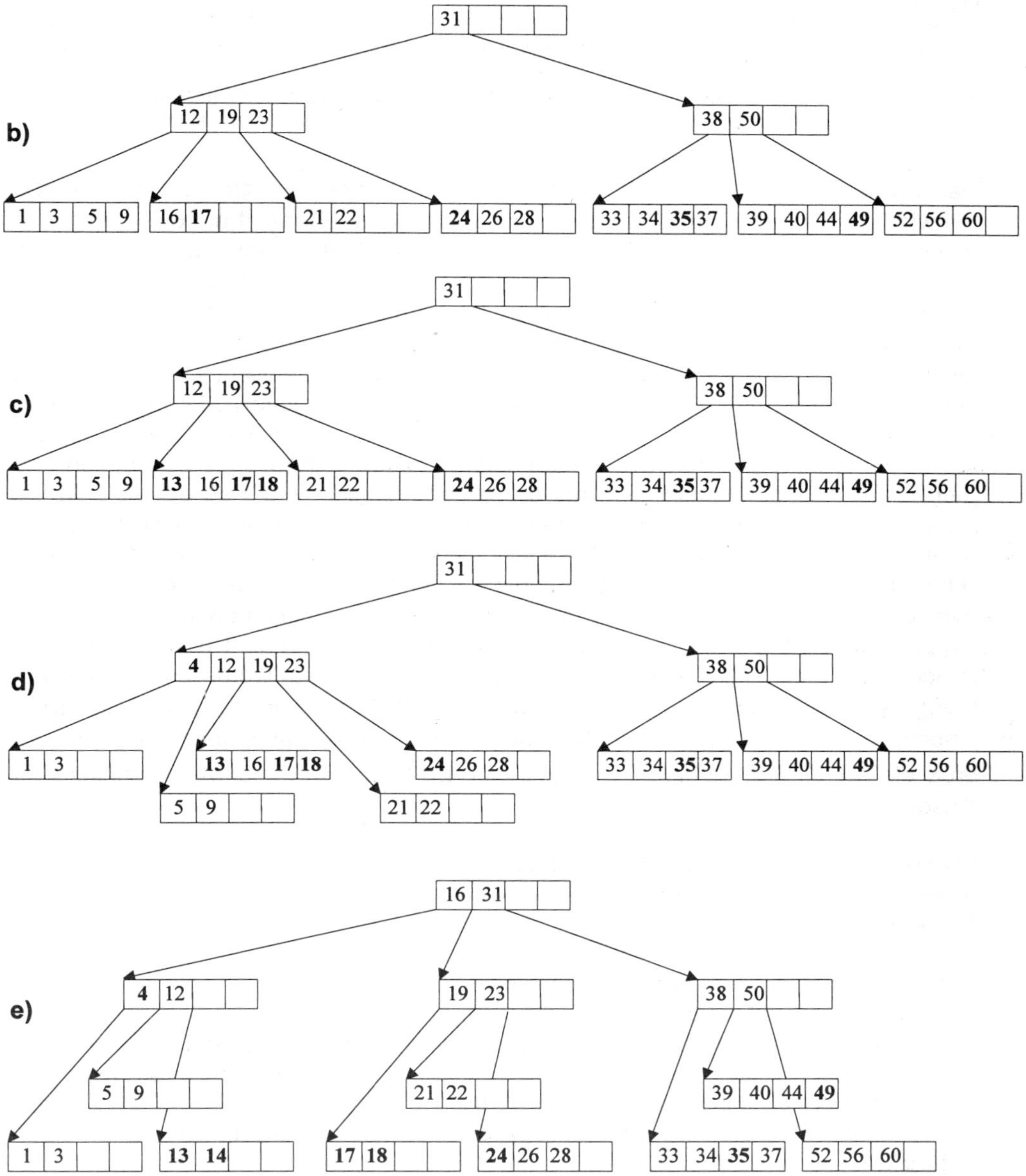

Abbildung 10.40:

a) Die Elemente mit den Schlüsseln 24 und 35 und 49 wurden eingefügt. Die eingefügten Elemente sind fett hervorgehoben. Es ist kein Überlauf eingetreten.

b) Das Element 17 wurde eingefügt. In diesem Fall ist ein Überlauf entstanden. Das mittlere Element der aktuellen Seite mit dem Schlüssel 19 wurde eine Ebene höher in die Vorgängerseite eingefügt und die aktuelle Seite wurde in zwei Seiten mit den Elementen 16,17 bzw. 21,22 aufgeteilt.

c) Die Elemente 13 und 18 wurden eingefügt. Es entstand kein Überlauf.
d) Das Element 4 wurde eingefügt. Es ergab sich ein Überlauf. Das mittlere Element 4 wurde eine Ebene höher in die Vorgängerseite eingefügt und die aktuelle Seite wurde in zwei Seiten mit den Elementen 1, 3 bzw. 5, 9 aufgeteilt.
e) Das Element 14 wurde eingefügt. Auch hier entstand ein Überlauf, der sich jetzt aber auch in die Vorgängerseite fortsetzt, so dass schließlich das Element 16 in die Wurzel eingefügt werden muss.

Das *Löschen* eines Elementes E ist etwas komplizierter als das Einfügen. Keine Schwierigkeiten treten auf, wenn sich das zu löschende Element auf einer Blattseite befindet, für die Anzahl m der Elemente größer ist als das Minimum a. In diesem Fall kann E ohne weiteres gelöscht werden. Befindet sich E nicht auf einer Blattseite, so muss E wie schon im Falle des binären Suchbaumes mit seinem symmetrischen Vorgänger (oder Nachfolger), der sich in jedem Fall auf einer Blattseite befindet, vertauscht werden, woraufhin dann E gelöscht werden kann. Gelöscht wird also letztlich immer auf einem Blatt. Probleme ergeben sich, wenn für dieses Blatt $m<a$ gilt, d.h. wenn ein *Unterlauf* auftritt. Zum Beheben des Unterlaufs legt man zunächst die aktuellen Seite mit einer (nach links oder rechts) benachbarten Seite zusammen und „borgt" das zugehörige Element aus der Vorgängerseite V um es ebenfalls in die zusammengelegte Seite mit einzufügen. Enthält diese zusammengelegte Seite nun nicht mehr als b Elemente, so wird sie nicht weiter verändert. Allerdings kann natürlich auch in V ein Unterlauf auftreten, so dass die gesamte Prozedur rekursiv fortgesetzt werden muss, eventuell bis hin zu Wurzel. Hat die zusammengelegte Seite dagegen mehr als b Elemente, so wird das mittlere Element an die Position in die Vorgängerseite V eingefügt, aus der zuvor ein Element geborgt wurde und die zusammengelegte Seite wird wieder in zwei Seiten mit je a Elementen aufgeteilt. Man sieht jedoch, dass die Anzahl der Schritte durch die Tiefe des Baums beschränkt wird, so dass die Komplexität $O(\ln(n))$ erhalten bleibt. Der folgende Pseudo-Code beschreibt dieses Vorgehen:

```
Löschen eines Elementes E aus einem B-Baum:
---------------------------------------------------------------------------------------------------
1. Suche E.
   WENN E nicht gefunden wurde, ENDE;
2. WENN E nicht auf einer Blattseite K gefunden wurde:
      vertausche E mit seinem symmetrischen Vorgänger S;
      S ist das Element mit dem größten Schlüssel, der kleiner ist als der Schlüssel von E.
      Dazu geht man zur linken Nachfolgerseite und dann soweit wie möglich nach rechts.
      S befindet sich immer auf einer Blattseite K.
      Alternativ kann auch mit dem symmetrischen Nachfolger vertauscht werden.
3. Lösche E aus der Blattseite K;
4. WENN in K m≥a ist, ENDE;
5. WENN keine Vorgängerseite V von K existiert (K ist also die Wurzel), ENDE;
6. WENN K eine rechte Nachbarseite R hat:
      füge deren Elemente zu K hinzu;
   SONST
      füge die Elemente der linken Nachbarseite L zu K hinzu;
```

7. Füge das zu K und der Nachbarseite R bzw. L gehörende Element aus V zu K hinzu;
8. WENN in K m>b ist (Überlauf):
   füge das mittlere Element von K in V ein;
   verteile die verbleibenden Elemente auf K und R bzw. auf K und L; ENDE;
9. WENN in V m≥a ist, ENDE;
   SONST setze K=V und gehe zu 5.

In der folgenden Abbildung werden alle Fallunterscheidungen, die beim Löschen von Elementen in B-Bäumen auftreten können, als Beispiele vorgeführt.

a)

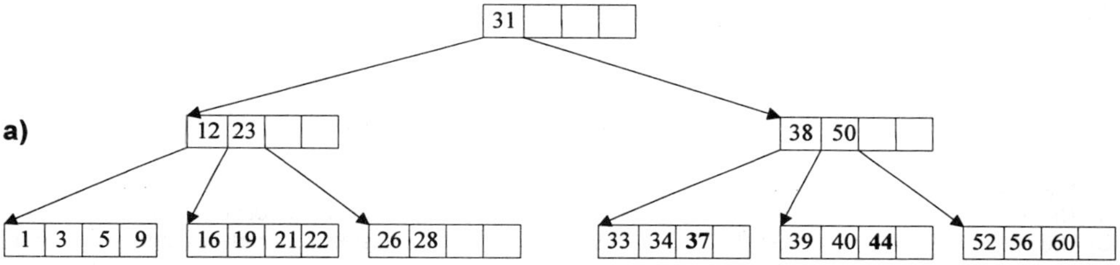

b)

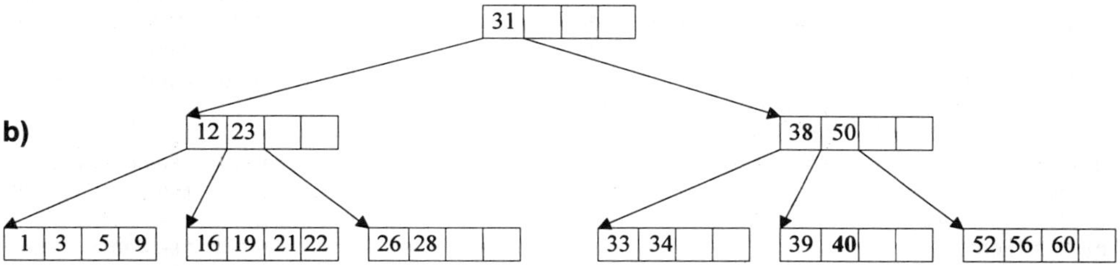

c)

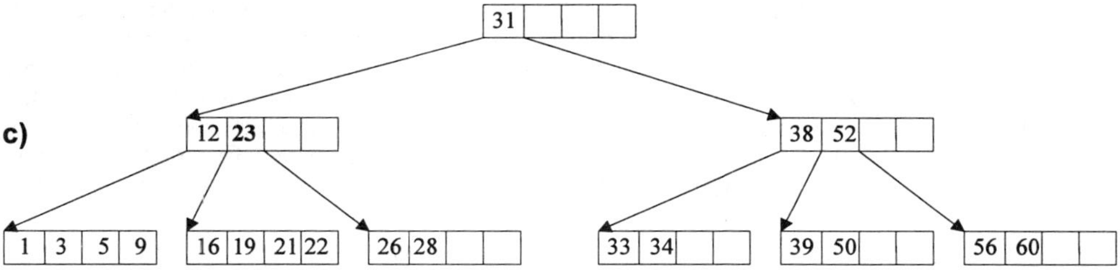

d)

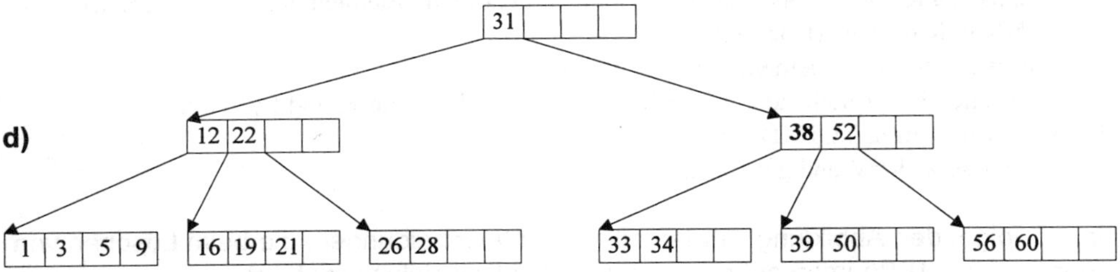

e)

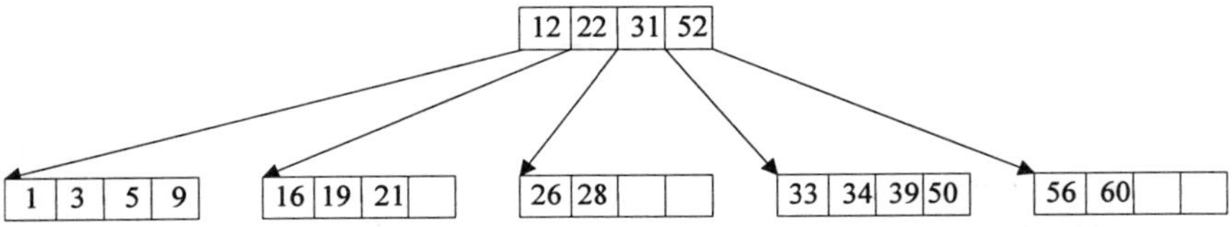

Abbildung 10.41:

a) Die fett hervorgehobenen Elemente mit den Schlüsseln 37 und 44 sollen gelöscht werden.

b) Die Elemente mit den Schlüsseln 37 und 44 wurden gelöscht. Es ist kein Unterlauf eingetreten. Nun soll das fett hervorgehobene Element mit dem Schlüssel 40 gelöscht werden.

c) Das Element mit Schlüssel 40 wurde gelöscht, wobei ein Unterlauf auftrat. Dieser wurde durch Zusammenlegen mit der rechts benachbarten Seite unter Hinzunahme des zugehörigen Elementes (mit Schlüssel 50) aus der Vorgängerseite behoben. Es ergab sich als Zwischenergebnis die Folge (39, 50, 52, 56, 60) von Schlüsseln. Da hier $m=5$ größer als $b=4$ ist, wurde das mittlere Element 52 wieder in die Vorgängerseite eingefügt. Die zusammengelegten Seiten mussten wegen $m>4$ wieder getrennt werden, die verbleibenden Elemente wurden gleichmäßig verteilt.
Im nächsten Schritt soll das Element mit Schlüssel 23 gelöscht werden.

d) Das Element mit Schlüssel 23 befindet sich nicht auf einem Blatt. Es wird daher mit seinem symmetrischen Vorgänger, dem Element mit Schlüssel 22, vertauscht und dann gelöscht. Ein Unterlauf trat dabei nicht auf. Als nächstes soll das Element mit Schlüssel 38 gelöscht werden.

e) Das Element mit Schlüssel 38 befindet sich nicht auf einem Blatt. Es wird daher mit seinem symmetrischen Vorgänger, dem Element mit Schlüssel 34, vertauscht und dann gelöscht. Jetzt verbleibt in dem betreffenden Blatt nur noch das Element mit Schlüssel 33, es ist also ein Unterlauf aufgetreten. Zusammenlegen mit der rechten Nachbarseite und Hinzunahme des zugehörigen Elementes aus der Vorgängerseite (Schlüssel 34) liefert die Folge (33,34,39,50). Die Anzahl der Elemente ist $m=4$, so dass kein Teilen der Seite erforderlich ist. Jetzt ist aber ein Unterlauf in der Vorgängerseite aufgetreten, da diese nur noch das Element mit Schlüssel 52 enthält. Sie muss also ebenfalls mit einer Nachbarseite zusammengelegt werden. In diesem Fall ist nur die linke Nachbarseite mit den Schlüsseln 12 und 22 vorhanden. Zu diesen Elementen muss noch das zugehörige Element aus der Vorgängerseite, die hier bereits die Wurzelseite ist, hinzugefügt werden. Es ergibt sich die Folge (12,22,31,52). Da $m=4$ ist, muss nicht wieder aufgeteilt werden, so dass der Löschvorgang damit beendet ist.

Damit sind alle wesentlichen Operationen auf B-Bäumen erläutert. Wie oben schon erwähnt, ist die Komplexität der Operationen Suchen, Einfügen und Löschen auch im ungünstigsten Fall auf $\mathcal{O}(\ln(n))$ beschränkt. B-Bäume werden vor allem zur Organisation großer Datenmengen auf externen Speichern verwendet. Die erzielbare Verarbeitungsgeschwindigkeit hängt dann in erster Linie von der Seitengröße b ab, die wiederum durch die Eigenschaften der Speicher-Hardware bestimmt wird.

Erwähnt werden sollen noch *B*-Bäume*, die dadurch gekennzeichnet sind, dass die gesamte Information ausschließlich in den Blattseiten enthalten ist. Die Baumstruktur enthält also nur Zeiger, die zur schnellen Lokalisierung gesuchter Seiten dienen.

Will man B-Bäume auf Anwendungen im Hauptspeicher übertragen, so gibt es keinen Grund, große Seiten zu wählen; man wird der Einfachheit halber im Gegenteil die minimale Seitengröße vorziehen, also $a=1$ und $b=2$ setzen [Bay71]. Solche Bäume zeigen eine gewisse Ähnlichkeit zu den AVL-Bäumen und lassen sich wieder auf Binärbäume zurückführen, so dass man sie auch als *BB-Bäumen* bezeichnet. Gelegentlich spricht man auch von *Hecken*, da die Nachbarschaftsbeziehung innerhalb der beiden Elemente einer Seite anschaulich durch einen horizontalen Zeiger symbolisiert werden kann.

10.8 Graphen

10.8.1 Definitionen und einführende Beispiele

Vorbemerkungen

Graphen kann man sich anschaulich als eine Menge von Knoten vorstellen, die durch Kanten miteinander verbunden sind. Sie bilden eine sehr allgemeine Klasse von Datenstrukturen, die manche andere - so etwa Bäume und lineare Listen - als Teilmenge beinhalten. Sehr viele statische und dynamische Strukturen der realen Welt lassen sich darauf abbilden, so dass den Graphen in der Praxis eine große Bedeutung zukommt. Beispiele dafür sind Straßenverbindungen, Kommunikations- und Rechnernetze, Petrinetze, Flussdiagramme, Automaten, elektronische Schaltpläne etc.

Die Begründung der Graphentheorie geht auf Leonard Euler (1707 bis 1783) zurück. Von Ihm stammt auch die Lösung des berühmten *Königsberger Brückenproblems*, das weiter unten erläutert wird.

Zunächst werden einige der wichtigsten Begriffe der *Graphentheorie* eingeführt.

Allgemeine Graphen

1. Ein *allgemeiner, ungerichteter Graph* besteht aus einer Menge K von *Knoten* (*Nodes*) und einer Menge E von *Kanten* (*Edges*), wobei jeder Kante $e(u,v) \in E$ ein Paar von Knoten (u,v) mit $u,v \in K$ zugeordnet ist. Die beiden zu einer Kante $e(u,v)$ gehörenden Knoten u und v werden als *Endknoten* der Kante $e(u,v)$ bezeichnet. Endknoten sind *benachbart* (*adjacent*). Meist wird den Knoten eine *Bezeichnung* oder eine *Information* zugeordnet.

2. Sind die Menge K der Knoten und die Menge E der Kanten eines Graphen endlich, so heißt der Graph *endlich*.

3. Der Grad $\text{grad}(u)$ eines Knotens u ist die Anzahl der Kanten, bei denen u als einer der Endknoten auftritt. Ein Knoten u heißt genau dann ein *isolierter Knoten*, wenn $\text{grad}(u)=0$ gilt.

4. Eine *Kantenfolge* ist eine Folge $u_0, u_1, u_2, \ldots u_n$ von Knoten, für die gilt: Für alle $i=1, 2, \ldots n$ sind die Knoten u_{i-1}, u_i benachbart. Ein Knoten u heißt von einem Knoten v aus *erreichbar*, wenn u und v durch eine Kantenfolge verbunden sind. Eine Kantenfolge heißt *geschlossen*, wenn $u_0=u_n$ ist, andernfalls *offen*. Sind alle Knoten einer Kantenfolge, eventuell mit Ausnahme von u_0 und u_n paarweise disjunkt (d.h. voneinander verschieden), so heißt die Kantenfolge eine *Kette*. Eine geschlossene Kette (also $u_0=u_n$) mit mindestens drei Knoten heißt *Kreis*.

5. Ein Graph ist genau dann *zusammenhängend*, wenn alle Paare von verschiedenen Knoten des Graphen durch mindestens eine Kantenfolge verbunden sind. Es ist dann jeder Knoten von jedem anderen Knoten aus erreichbar.

6. Ein Graph heißt genau dann *vollständig*, wenn er zu allen Paaren von verschiedenen Knoten u,v auch die Kante e(u,v) enthält. Ein vollständiger Graph ist zusammenhängend und hat bei n Knoten mindestens $n(n-1)/2$ Kanten. Die letztgenannte Eigenschaft lässt sich leicht durch vollständige Induktion beweisen.

7. Zwei Kanten heißen *Mehrfachkanten*, wenn sie dieselben Knoten verbinden. Eine Kante heißt *Schlinge*, wenn die beiden Endknoten identisch sind.

8. Ein Graph heißt *schlicht*, wenn er keine Schlingen und Mehrfachkanten enthält. Ein schlichter, zusammenhängender Graph ist endlich, wenn er endlich viele Knoten enthält. Die Anzahl der Kanten ist dann ebenfalls endlich.

9. Ein schlichter, zusammenhängender Graph ohne Kreise heißt *Baum*.

10. Werden den Kanten eines Graphen Werte zugewiesen, so heißt er *bewertet*. Sind die Werte numerisch (z.B. Weglängen, Zeiten, Kosten), so heißt der Graph *gewichtet*.

11. Zwei Graphen G und G' heißen *isomorph*, wenn es eine umkehrbar eindeutige Abbildung f gibt, so dass für alle Kanten e des Graphen G gilt, dass f(e) Kanten aus G' sind. Zwei Graphen sind gleich, wenn sie isomorph sind und die den korrespondierenden Knoten sowie Kanten zugeordneten Bewertungen identisch sind.

12. Ein Graph heißt *eben* oder *planar*, wenn es einen dazu isomorphen Graphen ohne überschneidende Kanten gibt.

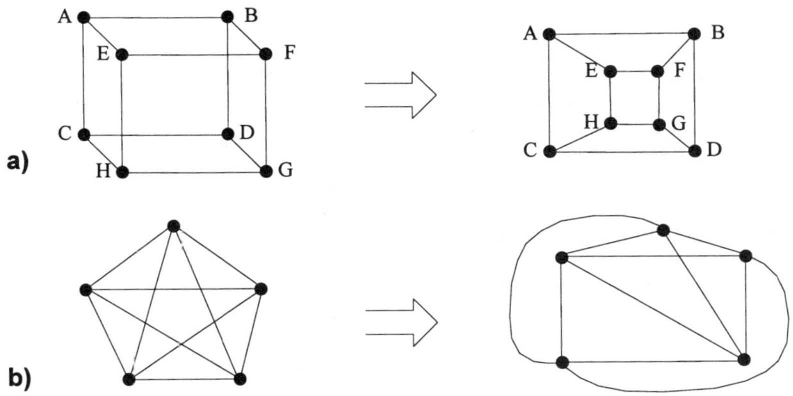

Abbildung 10.42: Beispiele zur Isomorphie und Planarität von Graphen.
a) Die beiden Graphen sind isomorph und eben. Da sie denselben Inhalt tragen, sind sie auch gleich.
b) Der *Kuratowski-Graph* mit fünf Knoten ist der kleinste, vollständige, nicht-ebene Graph. Jeder dazu isomorphe Graph enthält mindestens eine Kreuzung, so auch das rechts abgebildete Beispiel.

Digraphen

13. Ein Graph heißt *gerichteter Graph* oder *Digraph*, wenn jeder Kante eine *Richtung* zugeordnet ist. Die Kanten werden dann als *Pfeile* bezeichnet. Ein Pfeil e(u,v) beginnt bei dem *Anfangsknoten* u und endet bei dem *Endknoten* v.

14. Bei Kantenfolgen, Ketten und Kreisen in Digraphen wird in Ergänzung zu den obigen Definitionen zusätzlich verlangt, dass alle zugehörigen Pfeile in dieselbe Richtung zeigen. Entsprechendes gilt für Mehrfachkanten und Schlingen.

15. Der *Eingangsgrad* $grad_{in}(u)$ eines Knotens u ist die Anzahl der Pfeile, die bei dem Knoten u enden. Der *Ausgangsgrad* $grad_{out}(u)$ eines Knotens u ist die Anzahl der Pfeile, die bei dem Knoten u beginnen.

16. Ein Knoten u heißt von einem Knoten v aus *erreichbar*, wenn eine Kantenfolge von u nach v existiert. Anders als bei allgemeinen Graphen muss bei Digraphen nicht auch v von u aus erreichbar sein, wenn u von v aus erreichbar ist.

17. Ist jeder Knoten eines Digraphen von jedem anderen Knoten aus erreichbar, so heißt der Digraph *stark zusammenhängend*. Ein zusammenhängender Digraph muss nicht stark zusammenhängend sein.

Die folgenden Beispiele verdeutlichen die oben gegebenen Definitionen.

a)

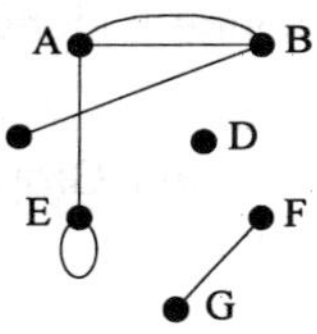

b)

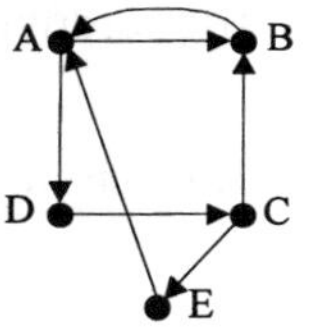

c)

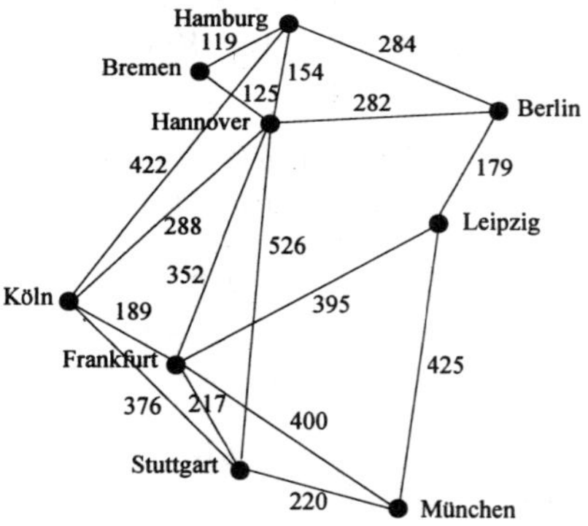

Abbildung 10.43: Beispiele für Graphen.

a) Ein allgemeiner, ungerichteter Graph mit einem isolierten Knoten, einer Schlinge und einer Mehrfachkante. Die Knoten tragen Bezeichnungen, nämlich die Großbuchstaben A bis G. Obwohl es zwei sich überschneidende Kanten gibt, ist der Graph eben, da leicht ein isomorpher Graph ohne diese Überschneidung gefunden werden kann. Offenbar ist der Graph nicht zusammenhängend, da D ein isolierter Knoten ist.

b) Beispiel für einen zusammenhängenden Digraphen. Der Graph ist jedoch nicht stark zusammenhängend, da vom Knoten B aus kein anderer Knoten erreichbar ist. Durch Hinzunahme der gestrichelt eingezeichneten Kante von B nach A wird der Graph stark zusammenhängend. Der Graph enthält einen Kreis, nämlich ADCEA. Wird die gestrichelt eingezeichnete Kante hinzugenommen, so entsteht ein weiterer Kreis, nämlich ADCBA. Auch dieser Graph ist eben, da es einen dazu isomorphen Graphen ohne überschneidende Kanten gibt.

c) Der ungerichtete Graph zeigt einen vereinfachten Ausschnitt aus dem deutschen Autobahnnetz. An den Kanten sind die Entfernungen zwischen den Städten in Kilometern angegeben. Es handelt sich also um einen gewichteten Graphen. Der Graph ist zusammenhängend, aber nicht vollständig und nicht eben.

Eines der ersten mit Hilfe der Graphentheorie bearbeitete Probleme war das *Königsberger Brückenproblem*, das L. Euler im Jahre 1736 gelöst hat. In Königsberg fließen die beiden Flüsse Alter Pregel und Neuer Pregel zusammen, wobei sie eine Insel bilden. Zu Zeiten Eulers wurden die verschiedenen Stadtteile durch 7 Brücken miteinander verbunden, wie es die folgende Karte beschreibt.

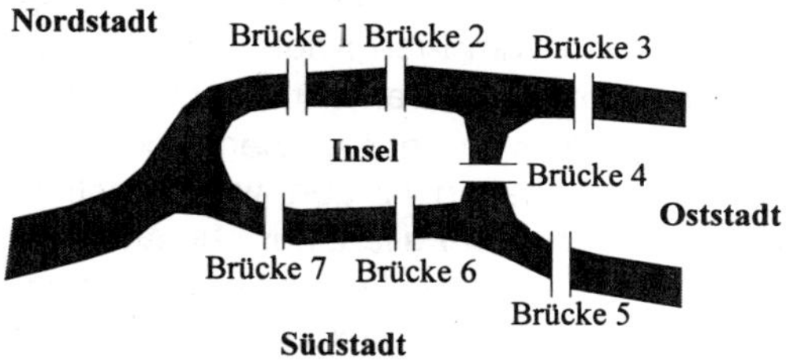

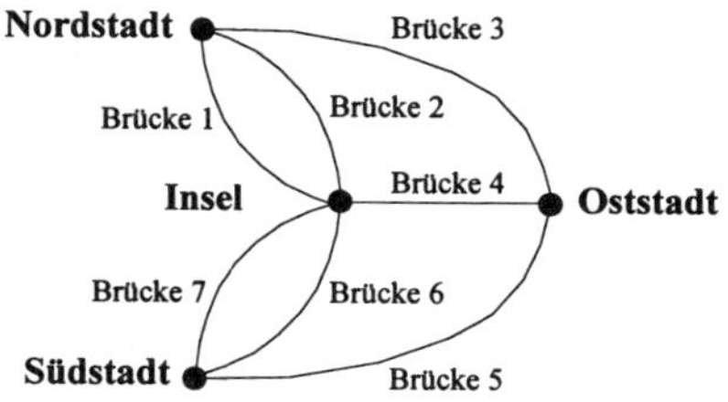

Abbildung 10.44: Das Königsberger Brückenproblem. Die linke Seite zeigt eine Skizze der Innenstadt von Königsberg im 18ten Jahrhundert. Die rechte Seite zeigt eine Repräsentation als Graph, wobei die Stadtteile als Knoten und die Brücken als Kanten dargestellt sind.

Das Problem lautet nun folgendermaßen:

Gibt es einen Weg, bei dem man von einem beliebigen Ausgangspunkt (Knoten) beginnend genau einmal über jede Brücke (Kante) gehen kann und dann wieder am Ausgangspunkt ankommt?

Gesucht ist also ein Kreis, auf dem alle Kanten des Graphen genau einmal durchlaufen werden. Einen derartigen Kreis bezeichnet man als *Euler'schen Kreis*. Euler bewies, dass ein Graph genau dann einen Eulerschen Kreis enthält, wenn der Grad jedes Knotens eine gerade Zahl ist. Die Grade aller Knoten sind ohne großen Aufwand und schnell (in linearer Laufzeit) zu ermitteln. Für den Graphen der Königsberger Innenstadt sind offenbar alle Grade ungerade; der gesuchten Rundweg über die Brücken des Pregel existiert also nicht.

Ungleich schwieriger ist das *Hamilton'sche Problem*, das auf den ersten Blick ähnlich gelagert zu sein scheint wie das Auffinden eines Eulerschen Kreises. Die Aufgabe besteht darin, einen *Hamilton'schen Kreis* zu finden, d.h. einen Weg, auf dem alle Knoten des Graphen genau einmal besucht werden. Dieses Problem ist NP-vollständig, es ist bislang keine Bedingung bekannt, bei deren Erfüllung die Existenz eines Hamiltonschen Kreises gesichert wäre. Bei einem Graphen mit n Knoten ist also nur durch Untersuchen aller $n!$ verschiedenen Permutationen der Knoten feststellbar, ob ein Hamiltonscher Kreis existiert.

Sucht man in einem vollständigen und bewerteten Graphen nach dem kürzesten (d.h. die geringste Summe der Gewichte aufweisenden) Hamiltonschen Kreis, so ergibt sich das ebenfalls NP-vollständige *Problem des Handlungsreisenden*. Dazu wird auch auf Kapitel 9.3.3 verwiesen.

10.8.2 Adjazenzmatrix und Erreichbarkeitsmatrix

Für die Speicherung und Bearbeitung von Graphen sind zwei Varianten verbreitet. Bei der hier zunächst vorgestellten Darstellung unter Verwendung einer *Adjazenzmatrix* A mit den Elementen a_{ik} werden den Zeilen und Spalten die Knoten des Graphen zugeordnet und den Elementen der Matrix die Kanten. Bei einem unbewerteten, schlichten Graphen wird $a_{ik}=1$ eingetragen, wenn vom i-ten Knoten eine Kante zum k-ten Knoten führt, sonst $a_{ik}=0$. Da a_{ik} nur Nullen und Einsen enthält, handelt es sich um eine *Binärmatrix* oder *Boole'sche Matrix*, die sich sehr effizient speichern lässt. Für bewertete Graphen kann das Konzept beibehalten werden, wenn anstelle der Nullen und Einsen die Bewertung eingetragen wird. Im Falle einer numerischen Bewertung ist A dann nichts anderes als eine *Entfernungstabelle*, wie sie aus jedem Straßenatlas bekannt ist. Für ungerichtete Graphen ist die Matrix symmetrisch, da alle Wege in beiden Richtungen passiert werden können, für gerichtete Graphen gilt dies nicht. Sind den Knoten Inhalte zugeordnet, so kann man diese zusätzlich in einem eindimensionalen Feld oder einer linearen Liste speichern.

Eine andere Möglichkeit ist die *verkettete Darstellung* von Graphen als *Knotenliste* mit zugehöriger *Kantenliste*. In die Knotenliste werden zunächst alle Knoten eingetragen. Sodann wird jedem Knoten der Knotenliste ein Zeiger zugeteilt, der zum Anfang der zugehörigen Kantenliste weist. Darauf wird im nächsten Kapitel noch näher eingegangen.

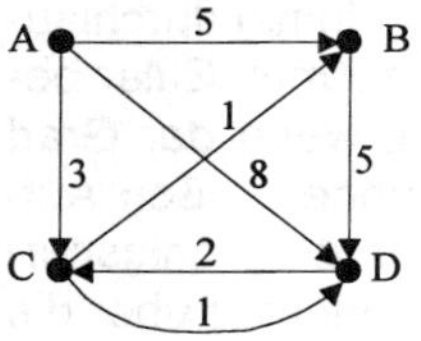

	nach: A	B	C	D
von: A	0	1	1	1
B	0	0	0	1
C	0	1	0	1
D	0	0	1	0

$$\mathbf{A} = \begin{pmatrix} 0 & 1 & 1 & 1 \\ 0 & 0 & 0 & 1 \\ 0 & 1 & 0 & 1 \\ 0 & 0 & 1 & 0 \end{pmatrix} \qquad \mathbf{B} = \begin{pmatrix} 0 & 5 & 3 & 8 \\ 0 & 0 & 0 & 5 \\ 0 & 1 & 0 & 1 \\ 0 & 0 & 2 & 0 \end{pmatrix}$$

Abbildung 10.45: Beispiel für einen gerichteten Graphen mit Gewichten. Daneben sind die zugehörige Adjazenzmatrix $\mathbf{A}$ und die Bewertungsmatrix $\mathbf{B}$ angegeben.

Die Adjazenzmatrix enthält genau dann den Eintrag $a_{ik}=1$, wenn es einen direkten Weg, also eine Kante vom i-ten zum k-ten Knoten gibt. Für bewertete bzw. gewichtete Graphen kann man auch die Gewichte der Kanten mit abspeichern. Man erhält dann die *Bewertungsmatrix* $\mathbf{B}$. Man kann nun fragen, wie man längere Wege zwischen zwei Knoten finden kann. Eine Methode ist die Bildung von Potenzen $\mathbf{A}^m$ der Adjazenzmatrix. Die Komponenten $(a_{ik})^m$ der Matrix $\mathbf{A}^m$ geben dann die Anzahl der Wege der Länge m vom i-ten zum k-ten Knoten an. Die Komponenten $(a_{ik})^2$ der Matrix $\mathbf{A}^2$ ergeben sich nach der Regel „Zeile mal Spalte" als *Skalarprodukte* der Zeilen- und Spaltenvektoren der Matrix $\mathbf{A}$ mit $n \times n$ Komponenten:

$$(a_{ik})^2 = \sum_{j=1}^{n} a_{ij} a_{jk}$$

Damit berechnet man also die Anzahl der Wege der Länge 2. Mit dem obigen Beispiel rechnet man etwa für die Komponenten $(a_{32})^2$ und $(a_{14})^2$ explizit:

$$(a_{32})^2 = \sum_{j=1}^{4} a_{3j}a_{j2} = \begin{pmatrix}0 & 1 & 0 & 1\end{pmatrix}\begin{pmatrix}1\\0\\1\\0\end{pmatrix} = 0 \quad \text{und} \quad (a_{14})^2 = \sum_{j=1}^{4} a_{1j}a_{j4} = \begin{pmatrix}0 & 1 & 1 & 1\end{pmatrix}\begin{pmatrix}1\\1\\1\\0\end{pmatrix} = 2$$

Es gibt also keinen Weg der Länge 2 vom dritten zum zweiten Knoten, also von C nach B, aber zwei Wege der Länge 2 von A nach D, nämlich A→B→D und A→C→D. Man kann dies direkt am Skalarprodukt ablesen: es ergibt sich genau dann ein Beitrag, wenn die entsprechende Kante existiert.

Durch höhere Potenzen von $\mathbf{A}$ lassen sich Wege der Länge 3, 4 etc. finden. Höhere Potenzen als die Anzahl n der Knoten angibt, sind allerdings nicht sinnvoll, da bei Wegen, die länger sind als n, zwangsläufig ein oder mehr Knoten mehrmals besucht werden. Will man wissen, ob unabhängig von der Länge des Weges überhaupt ein Weg von einem Knoten zu einem anderen existiert, so addiert man alle n Potenzen der Adjazenzmatrix auf und erhält die *Erreichbarkeitsmatrix*:

$$\mathbf{E} = \sum_{i=1}^{n} \mathbf{A}^i$$

Die Einträge e_{ik} von $\mathbf{E}$ geben also an, auf wievielen Wegen ein Knoten von einem anderen Knoten aus erreichbar ist. In der Definition von $\mathbf{E}$ sind einige Varianten gebräuchlich. Ist man beispielsweise nur an der Existenz eines Weges interessiert, so setzt man $e_{ik}=1$, wenn der ursprüngliche Eintrag $e_{ik}>0$ war, sonst bleibt der Eintrag 0 erhalten. Man hat dann also wieder eine effizient speicherbare binäre Matrix.

Interpretiert man die binäre Erreichbarkeitsmatrix $\mathbf{E}$ eines Graphen G als eine Adjazenzmatrix, so steht diese für einen als *transitive Hülle* bezeichneten Graphen, der dieselben Knoten hat wie der ursprüngliche Graph G, aber eventuell zusätzliche Kanten. Die zusätzlichen Kanten ergänzen den ursprünglichen Graphen zu einem Graphen, bei dem jeder Knoten, der von einem anderen Knoten aus überhaupt erreichbar ist, nun durch eine Kante mit diesem direkt verbunden ist. Ein Graph G ist genau dann *stark zusammenhängend*, wenn seine transitive Hülle *vollständig* ist. $\mathbf{E}$ enthält dann keine 0 und jeder Knoten von G ist von jedem anderen aus erreichbar.

Bei einem gewichteten Graphen kann man anstelle der Anzahl der Wege auch eine Summe von Gewichten längs der Kanten des Weges eintragen und diese als *Weglängen* interpretieren. Dies kann etwa das Minimum der Summe der Gewichte sein, wenn man die *kürzesten Wegen* zwischen je zwei Kanten bestimmen möchte, oder auch das Maximum der Summe der Gewichte, wenn der *längste Weg* gesucht ist. Der Eintrag 0 bedeutet dabei nach wie vor, dass kein Weg vorhanden ist. Gelegentlich wird im Zusammenhang mit Weglängen der Eintrag 0 vermieden und durch „unendlich" ersetzt, d.h. durch eine maximal große Zahl, die als Summe von Gewichten nicht auftreten kann. Will man nicht nur die Existenz, die Anzahl oder die Längen von Wegen ermitteln, sondern die gesamte Information über alle Wege, so muss man während der Aufstellung der Erreichbarkeitsmatrix auch die Knotenfolge der gefundenen Wege speichern. Dies geschieht am besten in linearen Listen, wobei die Einträge in der Erreichbarkeitsmatrix nun Zeiger auf diese Listen sind. Weiter unten ist dafür ein Beispiel gegeben.

Betrachtet man nochmals das Beispiel aus Abbildung 10.45, so erhält man für die Folge der Potenzen von $\mathbf{A}$ und die Erreichbarkeitsmatrix $\mathbf{E}$:

$$\mathbf{A} = \mathbf{A}^1 = \begin{pmatrix} 0 & 1 & 1 & 1 \\ 0 & 0 & 0 & 1 \\ 0 & 1 & 0 & 1 \\ 0 & 0 & 1 & 0 \end{pmatrix} \quad \mathbf{A}^2 = \begin{pmatrix} 0 & 1 & 1 & 2 \\ 0 & 0 & 1 & 0 \\ 0 & 0 & 1 & 1 \\ 0 & 1 & 0 & 1 \end{pmatrix} \quad \mathbf{A}^3 = \begin{pmatrix} 0 & 1 & 2 & 2 \\ 0 & 1 & 0 & 1 \\ 0 & 1 & 1 & 1 \\ 0 & 0 & 1 & 1 \end{pmatrix} \quad \mathbf{A}^4 = \begin{pmatrix} 0 & 2 & 2 & 3 \\ 0 & 0 & 1 & 1 \\ 0 & 1 & 1 & 2 \\ 0 & 1 & 1 & 1 \end{pmatrix}$$

$$\mathbf{E} = \sum_{i=1}^{n} \mathbf{A}^i = \begin{pmatrix} 0 & 5 & 6 & 8 \\ 0 & 1 & 2 & 3 \\ 0 & 3 & 3 & 5 \\ 0 & 2 & 3 & 3 \end{pmatrix} \text{ Erreichbarkeits-Matrix} \qquad \mathbf{E}_{bin} = \begin{pmatrix} 0 & 1 & 1 & 1 \\ 0 & 1 & 1 & 1 \\ 0 & 1 & 1 & 1 \\ 0 & 1 & 1 & 1 \end{pmatrix} \text{ Binäre Erreichbarkeits-Matrix}$$

$$\mathbf{E}_{min} = \begin{pmatrix} 0 & 4 & 3 & 4 \\ 0 & 8 & 7 & 5 \\ 0 & 1 & 3 & 1 \\ 0 & 3 & 2 & 3 \end{pmatrix} \text{ kleinste Weglängen} \qquad \mathbf{E}_{max} = \begin{pmatrix} 0 & 5 & 10 & 10 \\ 0 & 8 & 7 & 5 \\ 0 & 1 & 8 & 6 \\ 0 & 3 & 2 & 3 \end{pmatrix} \text{ Größte Weglängen}$$

Enthält eine ganze Spalte der Erreichbarkeitsmatrix nur die Einträge 0, so ist der zugehörige Knoten von keinem anderen Knoten aus erreichbar. Im obigen Beispiel ist dies für die erste Spalte, d.h. für den Knoten A der Fall. Sind alle Einträge einer Zeile 0, so kann von dem entsprechenden Knoten aus kein andere Knoten erreicht werden.

Die Komplexität für die Berechnung der Erreichbarkeitsmatrix durch Summierung der ersten n Potenzen der Adjazenzmatrix eines Graphen mit n Knoten ist von der Ordnung $\mathcal{O}(n^4)$, also polynomial mit einem recht hohen Exponenten. Dies ergibt sich daraus, dass n Matrixmultiplikationen auzuführen sind, wobei die Komplexität der Multiplikation zweier $n \times n$-Matrizen von der Ordnung $\mathcal{O}(n^3)$ ist.

Eine effizientere Möglichkeit zum Aufstellen der Erreichbarkeitsmatrix und zum Berechnen von Weglängen bietet der *Warshall-Algorithmus*, der im Folgenden vorgestellt werden soll. Ausgehend von der Adjazenzmatrix liefert der Warshall-Algorithmus die kürzesten (oder längsten) Wege von jedem beliebigen Knoten zu jedem anderen. Man setzt $e_{ij}=w$, wenn der j-te Knoten vom i-ten Knoten aus über einen Weg der Länge w erreichbar ist. Bei der Konstruktion von $\mathbf{E}$ geht man von der

Adjazenzmatrix $\mathbf{A}$ aus, deren Elemente die Entfernungen der direkten Wege von jedem Knoten zu jedem anderen enthalten, wenn ein solcher Weg existiert, ansonsten aber den Wert „unendlich". Die Erreichbarkeitsmatrix wird also vor Beginn des Verfahrens mit dieser modifizierten Adjazenzmatrix initialisiert. Zweckmäßigerweise numeriert man die Knoten von 1 bis n durch, K_1 bezeichnet also den ersten Knoten, K_2 den zweiten usw. Im ersten Schritt betrachtet man nun neben den direkten Wegen zwischen unmittelbar benachbarten Knoten auch alle möglichen Umwege über den Knoten K_1 und speichert die zugehörigen Weglängen in $\mathbf{E}$, falls diese kürzer sind als die direkten Wege. Sodann bezieht man Schritt für Schritt die Umwege über die Knoten K_2, K_3 und schließlich K_n mit ein. Ist also e_{ij} die aktuelle Weglänge von Knoten K_i zu Knoten K_j im Schritt k, dann wird im folgenden Schritt k+1 die Länge des kürzeren der beiden Wege $K_i...K_j$ und $K_i...K_{k+1}...K_j$ in e_{ij} eingetragen [Sed84]. Speichert man außerdem in e_{ij} einen Zeiger auf eine Liste der Knoten des bisher kürzesten Weges von Knoten K_i zu Knoten K_j, so ergibt sich ein Protokoll der längs des kürzesten Wegs besuchten Knoten. Der Warshall-Algorithmus nimmt damit folgende Form an:

Warshall-Algorithmus zum Auffinden kürzester Wege in einem Graphen

---

Nummeriere die Knoten des Graphen von 1 bis n durch und trage die Längen der Wege von Knoten i zu Knoten j in die Erreichbarkeitsmatrix e_{ij} ein. Existiert kein solcher direkter Weg, trage „unendlich" ein.

```
WIEDERHOLE für k=1 bis n
   WIEDERHOLE für i=1 bis n
      WIEDERHOLE für j=1 bis n
         WENN (e_ik + e_kj) < e_ij
            DANN Setze e_ij = e_ik + e_kj
               Ersetze die zu e_ij gehörende Knotenliste durch die Knotenliste, die durch
               Verbinden der zu e_ik und zu e_kj gehörenden Knotenlisten entsteht.
ENDE
```

Aus der Formulierung des Warshall-Algorithmus geht hervor, dass die Erreichbarkeitsmatrix in drei ineinandergeschachtelten Schleifen berechnet wird, so dass bei n Knoten n^3 Operationen erforderlich sind. Die Komplexität ist damit nur von der Ordnung $\mathcal{O}(n^3)$.

10.8.3 Verkettete Speicherung von Graphen

Die Speicherung und Verarbeitung von Graphen mit Hilfe von Adjazenzmatrizen hat einige schwerwiegende Nachteile: Einfügen und Löschen von Knoten erweist sich als aufwendig, da es eventuell nötig sein kann, die Matrixgröße zu ändern oder Knoten umzuordnen. Dies kann eine große Anzahl von Änderungen nach sich ziehen. Außerden ist die Ausnutzung des Speicherplatzes bei dünn besetzten Matrizen sehr ineffizient. Daher verwendet man als Alternative häufig eine *verkettete Speicherung* unter Verwendung einer *Knotenliste* mit zugehörigen *Kantenlisten*. Die Knotenliste ist eine lineare Liste, in die der Informationsteil der Knoten eingetragen wird und außerdem ein Zeiger, der auf den Anfang der zu dem jeweiligen Knoten gehörigen Kantenliste verweist. Die Kantenlisten sind ebenfalls als lineare Listen aufgebaut. Sie enthalten im Informationsteil eventuell vorhandene Bewertungen der Kanten sowie Zeiger zu den zu dem jeweiligen Ausgangsknoten gehörigen Endknoten. Die folgende Abbildung zeigt diese Art der Speicherung für den in Abbildung 10.45 dargestellten Graphen.

a)

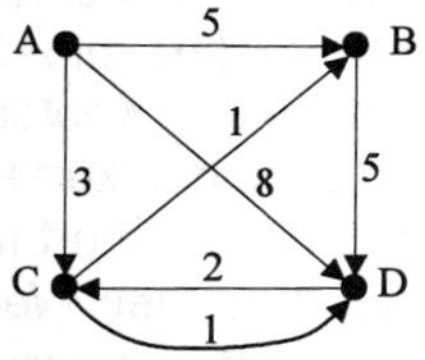

b)

Knotenliste	Kantenlisten mit Gewichten
A	5,B; 3,C; 8,D
B	5,D
C	1,B; 1,D
D	2,C

c)

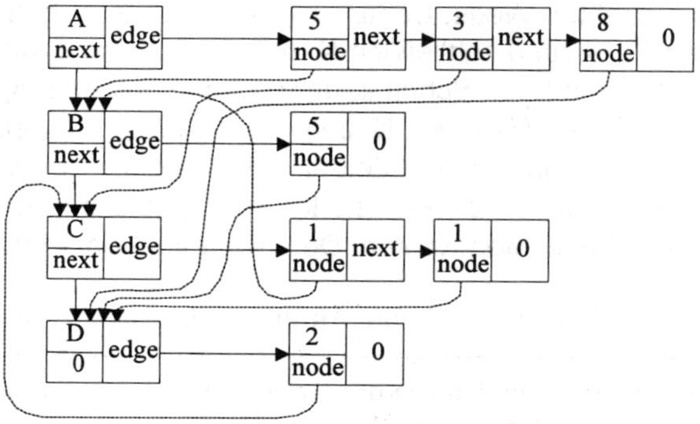

Abbildung 10.46: Beispiel für die verkettete Speicherung eines gerichteten Graphen mit Gewichten. a) Bild des Graphen. b) Tabellarische verkettete Darstellung. c) Ausführliche verkettete Darstellung.

Als C-Struktur können die Typ-Definitionen für die Komponenten eines verkettet gespeicherten Graphen folgendermaßen aussehen:

```
struct node {
         char info[DIM];          // Informationsteil
         struct edge *elist;      // Zeiger zur Kantenliste
         struct node *next;       // Zeiger zum nächsten Knoten
};

struct edge {
         int w;                   // Gewicht
         struct node *endnode;    // Zeiger zum Endknoten
         struct edge *next;       // Zeiger zur nächsten Kante
};
```

10.8.4 Suchen, Einfügen und Löschen

Die Operationen Suchen, Einfügen und Löschen in Graphen sind verhältnismäßig einfach zu realisieren, da sie sich auf wohlbekannte Manipulationen von Matrizen bzw. linearen Listen zurückführen lassen. Allerdings ist zu unterscheiden, ob man sich auf Knoten oder Kanten bezieht.

Im Folgenden werden nun Pseudo-Codes für die Funktionen Suchen, Einfügen und Löschen von Knoten und Kanten in verketteter Speicherung vorgestellt.

Suchen von Knoten

Das *Suchen von Knoten* beschränkt sich auf das sequentielle Suchen in der Knotenliste. Da diese als gewöhnliche lineare Liste aufgebaut ist, kann man direkt die in Kapitel 10.2.3 beschriebene Suchfunktion verwenden.

Suchen von Kanten

Zum *Suchen von Kanten* geht man folgendermaßen vor:

Suche die Kante E(A,B) vom Knoten A zum Knoten B in einem Graphen

---

SUCHE die Knoten A und B in der Knotenliste und speichere die Adressen in pA und pB;
WENN A oder B nicht gefunden wurde, „Kante E(A,B) nicht vorhanden", ENDE;
SUCHE in der an pA anschließenden Kantenliste den Zeiger pB auf den Endknoten B;
WENN pB nicht gefunden wurde, „Kante E(A,B) nicht vorhanden", ENDE;
„Kante E(A,B) gefunden", ENDE.

Einfügen von Knoten

Zum *Einfügen eines Knotens* K in einen Graphen muss der Knoten lediglich wie in Kapitel 10.2.3 erläutert in die Knotenliste eingefügt werden. Falls zwischen den Knoten eine Ordnungsbeziehung definiert ist, muss vor dem Einfügen die Einfügeposition gefunden werden, andernfalls wird K einfach am Anfang der Liste eingefügt. Eventuell ist vorher noch zu prüfen, ob K bereits vorhanden ist. Da der Knoten K zunächst ein isolierter Knoten ist, existiert noch keine zugehörige Kantenliste, so dass der Zeiger auf die Kantenliste mit NULL zu initialisieren ist.

Einfügen von Kanten

Das Einfügen einer Kante E(A,B) vom Knoten A zum Knoten B läuft folgendermaßen ab:

Füge die Kante E(A,B) vom Knoten A zum Knoten B in einen Graphen ein

---

SUCHE die Knoten A und B in der Knotenliste und speichere die Adressen in pA und pB;
WENN A oder B nicht gefunden wurde, „Knoten nicht vorhanden", ENDE;
WENN von A noch keine Kante ausgeht, lege Kantenliste an und trage pB ein;
SONST füge pB in die von pA ausgehende die Kantenliste ein; ENDE.

Falls zu der Kante ein Gewicht gehört, so ist auch dieses in die Kantenliste mit einzutragen.

Löschen von Knoten

Zum *Löschen eines Knotens* K aus einem Graphen muss der Knoten zunächst wie in Kapitel 10.2.3 erläutert aus der Knotenliste entfernt werden. Danach ist auch die zugehörige Kantenliste zu löschen. Außerdem muss nun noch in allen Kantenlisten geprüft werden, ob K als Endknoten auftritt; ist dies der Fall, so muss die zugehörige Kante ebenfalls gelöscht werden.

```
Löschen des Knotens K aus einen Graphen
-----------------------------------------------------------------------------------------------------
SUCHE den Knoten K in der Knotenliste;
WENN K gefunden wurde, speichere die Adresse in pK;
SONST „Knoten K wurde nicht gefunden“, ENDE;
LÖSCHE die sich an pK anschließende Kantenliste;
LÖSCHE den Knoten K aus der Knotenliste;
DURCHLAUFE die gesamte Knotenliste;
   SUCHE in der an den aktuellen Knoten anschließende Kantenliste nach pK;
      WENN  pK gefunden, LÖSCHE die entsprechende Kante;
         WENN die Kantenliste jetzt leer ist,
         setze den zugehörigen Zeiger in der Knotenliste auf NULL
ENDE.
```

Löschen von Kanten

Zum *Löschen einer Kante* E(A,B) von einem Knoten A zu einem Knoten B aus einem Graphen müssen zunächst die beiden Knoten A und B in der Knotenliste gefunden werden. Danach ist die Kante von A nach B aus der sich an A anschließenden Kantenliste zu löschen.

```
Lösche die Kante E(A,B) vom Knoten A zum Knoten B aus einem Graphen
-----------------------------------------------------------------------------------------------------
SUCHE die Knoten A und B in der Knotenliste und speichere die Adressen in pA und pB;
WENN A oder B nicht gefunden wurde, „Kante E(A,B) nicht vorhanden“, ENDE;
SUCHE in der an pA anschließende Kantenliste den Zeiger pB;
WENN pB nicht gefunden wurde, „Kante E(A,B) nicht vorhanden“, ENDE;
SONST LÖSCHE die Kante E(A,B) aus der Kantenliste;
   WENN die Kantenliste jetzt leer ist,
   setze den zugehörigen Zeiger in der Knotenliste auf NULL;
ENDE.
```

Wird beispielsweise aus dem in Abbildung 10.45 dargestellten Graphen der Knoten B gelöscht, so ergibt sich folgendes Bild:

a) 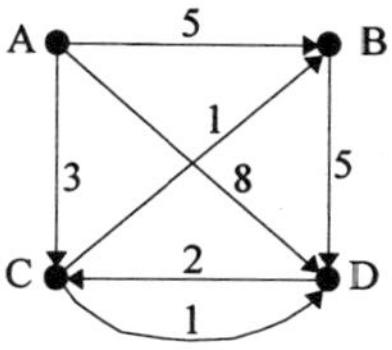

Knotenliste	Kantenlisten
A	5,B; 3,C; 8,D
B	5,D
C	1,B; 1,D
D	2,C

b) 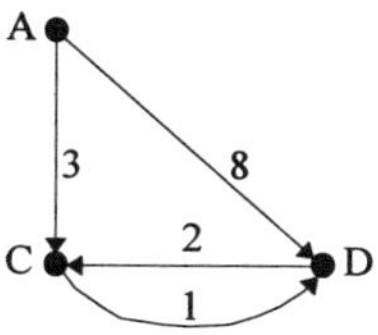

Knotenliste	Kantenlisten
A	3,C; 8,D
C	1,D
D	2,C

Abbildung 10.47: Beispiel zum Löschen von Knoten und Kanten aus einem Graphen.
a) Situation vor dem Löschen des Knotens B.
b) Situation nach Löschen des Knotens B. Das Löschen beinhaltete folgende Schritte:
1. Löschen der zu B gehörenden Kantenliste. Diese enthielt nur die Kante von B nach D.
2. Löschen des Knotens B aus der Knotenliste.
3. Löschen der Verweise auf den Knoten B aus allen Kantenlisten. Dies betrifft die an die Knoten A und C anschließenden Kantenlisten.

10.8.5 Durchsuchen von Graphen

Das systematische Durchsuchen eines Graphen ist durchaus keine triviale Aufgabe. Da es sich um einen wichtigen Teilaspekt vieler Anwendungen handelt, werden hier einige Algorithmen zum Durchsuchen von Graphen vorgestellt.

Tiefensuche

Bei der *Tiefensuche* (*Depth First*) in einem Graphen besucht man von einem Startknoten K ausgehend dessen nächsten noch nicht besuchten Nachfolger, d.h. den als nächsten in der zu K gehörenden Nachfolgerliste befindlichen Knoten und setzt dort die Suche rekursiv fort. Gerät man dabei in eine Sackgasse, so muss der Weg bis zum ersten Knoten zurückverfolgt werden, von dem aus ein alternative Wahl möglich ist. Das Verfahren ist eng mit der Bestimmung der symmetrischen Reihenfolge bei Bäumen verwandt. Bei der Tiefensuche wird kein Knoten zweimal besucht und es wird keine Kante zweimal durchlaufen, es ist aber keineswegs garantiert, dass <u>alle</u> Knoten und/oder Kanten besucht werden. Betrachtet man den Graphen aus Abbildung 10.47, so werden mit Startknoten A alle Knoten besucht, nämlich in der Reihenfolge A, B, D, C. Startet man dagegen die Tiefensuche mit dem Knoten B, so werden nur die Knoten B, D, C besucht.

Bei der Formulierung des Algorithmus müssen Knoten als „schon bearbeitet" markiert werden können; dazu ergänzt man die Knoten-Struktur am besten um einen weiteren Eintrag, der hier als „Status" bezeichnet wird. Ähnlich wie beim Durchsuchen von Bäumen wird außerdem ein Stapel (LIFO) für die temporäre Speicherung benötigt. Der Algorithmus lautet damit:

Tiefensuche in einem Graphen G mit Startknoten A

Initialisiere alle Knoten von G als „nicht bearbeitet", d.h. setze Status=0;
Lege den Startknoten A auf den Stapel und markiere A als „wartend", d.h. setze A.Status=1;
WIEDERHOLE solange der Stapel nicht leer ist:

Hole den obersten Knoten K aus dem Stapel;
Bearbeite K und markiere ihn als „bearbeitet", d.h. setze K.Status=2;
Lege alle Nachfolger von K mit Status==0 auf den Stapel und markiere sie als „wartend", d.h. setze Status=1;
ENDE;

Wendet man diesen Algorithmus auf den Graphen aus Abbildung 10.48 an, so ergeben sich mit dem Startknoten A folgende Schritte:

Tabelle 10.37: Beispiel zur Erläuterung der Tiefensuche.

1. Lege A auf den Stapel	Stapel: A	Bearbeitet: -
2. Hole A aus dem Stapel und bearbeite A	Stapel: -	Bearbeitet: A
3. Lege alle Nachfolger von A mit Status „nicht bearbeitet" auf den Stapel	Stapel: GFB	Bearbeitet: A
4. Hole B aus dem Stapel und bearbeite B	Stapel: GF	Bearbeitet: AB
5. Lege alle Nachfolger von B mit Status „nicht bearbeitet" auf den Stapel	Stapel: GFDEC	Bearbeitet: AB
6. Hole C aus dem Stapel und bearbeite C	Stapel: GFDE	Bearbeitet: ABC
7. Lege alle Nachfolger von C mit Status „nicht bearbeitet" auf den Stapel	Stapel: GFDE	Bearbeitet: ABC
8. Hole E aus dem Stapel und bearbeite E	Stapel: GFD	Bearbeitet: ABCE
9. Lege alle Nachfolger von E mit Status „nicht bearbeitet" auf den Stapel	Stapel: GFD	Bearbeitet: ABCE
10.Hole D aus dem Stapel und bearbeite D	Stapel: GF	Bearbeitet: ABCED
11.Lege alle Nachfolger von D mit Status „nicht bearbeitet" auf den Stapel	Stapel: GF	Bearbeitet: ABCED
12.Hole F aus dem Stapel und bearbeite F	Stapel: G	Bearbeitet: ABCEDF
13.Lege alle Nachfolger von F mit Status „nicht bearbeitet" auf den Stapel	Stapel: G	Bearbeitet: ABCEDF
14.Hole G aus dem Stapel und bearbeite G	Stapel: -	Bearbeitet: ABCEDFG
15.Lege alle Nachfolger von G mit Status „nicht bearbeitet" auf den Stapel	Stapel: -	Bearbeitet: ABCEDFG

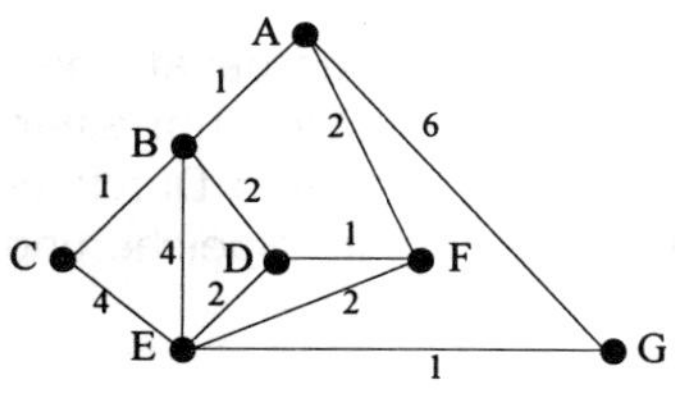

Knotenliste	Kantenlisten mit Gewichten
A	1,B; 2,F; 6,G
B	1,A; 1,C; 4,E; 2,D;
C	1,B; 4,E;
D	2,B; 2,E; 1,F;
E	4,C; 4,B; 2,D; 2,F; 1,G
F	2,A; 1,D; 2,E;
G	6,A; 1,E

Abbildung 10.48: Beispiel zur Tiefensuche und Breitensuche in einem Graphen. Man beachte, dass mit jeder Kante E(X,Y) auch die Kante E(Y,X) in den Kantenlisten eingetragen ist, da die Kanten ungerichtet sind. Mit Startknoten A lautet die Reihenfolge der besuchten Knoten A, B, C, E, D, F, G bei Tiefensuche und A, B, F, G, C, E, D bei Breitensuche. Mit Startknoten E ergibt sich E, C, B, A, D, F, G bei Tiefensuche und E, C, B, D, F, G, A bei Breitensuche.

Breitensuche

Bei der *Breitensuche* (*Width First*) besucht man von einem Knoten ausgehend zuerst alle Nachfolger, d.h. die in der zugehörigen Kantenliste enthaltenen Knoten, bevor deren noch nicht besuchte Nachfolger besucht werden.

Auch bei der Breitensuche müssen Knoten als schon bearbeitet markiert werden können, wozu wie schon bei der Tiefensuche der Eintrag „Status" verwendet wird. Anstelle eines Stapels wird bei der Breitensuche ein Puffer (FIFO) für die temporäre Speicherung benötigt. Der Algorithmus lautet damit:

```
Breitensuche in einem Graphen G mit Startknoten A
------------------------------------------------------------------------------------------
Initialisiere alle Knoten von G als „nicht bearbeitet", d.h. setze Status=0;
Speichere den Startknoten A in den Puffer und markiere A als „wartend", d.h. setze Status=1;
WIEDERHOLE solange der Puffer nicht leer ist:
   Hole den nächsten Knoten K aus dem Puffer;
   Bearbeite K und markiere ihn als „bearbeitet", d.h. setze Status=2;
   Speichere alle Nachfolger von K mit Status==0 in den Puffer und setze Status=1;
ENDE;
```

Mit dem Graphen aus Abbildung 10.48 ergeben sich mit Startknoten A die Schritte:

Tabelle 10.38: Beispiel zur Erläuterung der Breitensuche.

1. Füge A in den Puffer ein	Puffer: A	Bearbeitet: -
2. Hole A aus dem Puffer und bearbeite A	Puffer: -	Bearbeitet: A
3. Füge alle Nachfolger von A mit Status „nicht bearbeitet" in den Puffer ein	Puffer: BFG	Bearbeitet: A
4. Hole B aus dem Puffer und bearbeite B	Puffer: FG	Bearbeitet: AB
5. Füge alle Nachfolger von B mit Status „nicht bearbeitet" in den Puffer ein	Puffer: FGCED	Bearbeitet: AB
6. Hole F aus dem Puffer und bearbeite F	Puffer: GCED	Bearbeitet: ABF
7. Füge alle Nachfolger von F mit Status „nicht bearbeitet" in den Puffer ein	Puffer: GCED	Bearbeitet: ABF
8. Hole G aus dem Puffer und bearbeite G	Puffer: CED	Bearbeitet: ABFG
9. Füge alle Nachfolger von G mit Status „nicht bearbeitet" in den Puffer ein	Puffer: CED	Bearbeitet: ABFG
10.Hole C aus dem Puffer und bearbeite C	Puffer: ED	Bearbeitet: ABFGC
11.Füge alle Nachfolger von C mit Status „nicht bearbeitet" in den Puffer ein	Puffer: ED	Bearbeitet: ABFGC
12.Hole E aus dem Puffer und bearbeite E	Puffer: D	Bearbeitet: ABFGCE
13.Füge alle Nachfolger von E mit Status „nicht bearbeitet" in den Puffer ein	Puffer: D	Bearbeitet: ABFGCE
14.Hole D aus dem Puffer und bearbeite D	Puffer: -	Bearbeitet: ABFGCED
15.Füge alle Nachfolger von D mit Status „nicht bearbeitet" in den Puffer ein	Puffer: -	Bearbeitet: ABFGCED

Mit Hilfe der Breitensuche lassen sich auch *kürzeste Wege* zwischen zwei gegebenen Knoten K1 und K2 ermitteln. Man beginnt bei K1 und führt den oben beschriebenen Algorithmus soweit aus, bis entweder K2 erreicht wurde, oder bis der Puffer leer ist und der Algorithmus abbricht, ohne dass K2 gefunden wurde. Dabei werden zusätzlich die auf dem Weg zum K2 besuchten Knoten notiert, sofern sie nicht zu einer Sackgasse gehören.

Exhaustive Suche

Oft benötigt man alle Wege durch einen Graphen oder alle *zusammenhängenden Komponenten* des Graphen. Dies erfordert eine *exhaustive Suche*, d.h. eine erschöpfende Suche nach allen überhaupt möglichen Knoten, Kanten, Wegen, Zusammenhangskomponenten etc. eines Graphen.

Eine sich sofort anbietende Möglichkeit der Bestimmung aller (kürzesten) Wege in einen Graphen ist die exhaustive Tiefensuche, bei der in n Durchläufen nacheinander jeder der n Knoten einmal als Startknoten verwendet wird.

Zwei berühmte Beispiele für exhaustive Suchvorgänge wurden bereits in der Einführung (Kapitel 10.8.1) genannt: Zum Einen ist dies das in linearer Zeit mögliche Auffinden von *Euler'sche Kreisen*, in denen alle Kanten des Graphen genau einmal durchlaufen werden. Zum andern das wesentlich schwierigere Auffinden von *Hamilton'schen Kreisen*, d.h. das Bestimmen von Wegen, auf denen alle Knoten des Graphen genau einmal besucht werden. Dieses Problem ist NP-vollständig (vgl. Kapitel 9.2.3) und damit von exponentieller Komplexität, also in der Praxis bereits für relativ bescheidene Anzahlen von Knoten (z.B. n=1000) nicht ausführbar. Das gilt auch für die als *Problem des Handlungsreisenden* bekannte Bestimmung des kürzesten Hamiltonschen Kreises in einem bewerteten Graphen. Alle bekannten Algorithmen zur exakten Lösung dieser Probleme laufen letztlich auf das Untersuchen sämtlicher n! verschiedenen Permutationen der Knoten hinaus. In Kapitel 9.3 wurden dazu auch Näherungsmethode angegeben, nämlich ein Greedy-Verfahren und ein genetischer Algorithmus.

Im folgenden wird noch das eng mit Graphen zusammenhängende Problem erörtert, einen Weg durch ein *Labyrinth* zu finden. Einem Labyrinth lässt sich - wie in Abbildung 10.49 gezeigt - immer ein Graph zuordnen. Die Aufgabe besteht zunächst darin, von einem ausgezeichneten Knoten, dem *Eingang*, den Weg zu einem anderen ausgezeichneten Knoten, dem *Ausgang*, zu finden. Dies kann dann auf das Finden beliebiger und kürzester Wege zwischen je zwei Knoten erweitert werden.

Man gelangt garantiert vom Eingang eines realen Labyrinths (etwa dem 1690 angelegten und damit ältesten heute noch bestehenden Heckenlabyrinth, dem Hampton Court Palace Maze in Surrey) zu einem Ausgang, wenn man nur auf dem Weg durch das Labyrinth immer mit einer Hand eine Wand (Hecke) berührt. Allerdings ist es möglich, in einen endlosen Zyklus zu geraten, wenn man nicht am Eingang beginnt, sondern an einem beliebigen Punkt im Innern des Labyrinths. Um Zyklen zu vermeiden, gilt es zu erkennen, ob man in einen derartigen endlosen Rundweg geraten ist.

Dies leistet der nach dem Prinzip „Versuch und Irrtum" arbeitende *Algorithmus von Trémaux* unter Verwendung eines „Ariadne-Fadens". Dieser dient dazu, bereits gegangene Wege zu markieren. Gibt es an einer Kreuzung eine noch nicht markierte Abzweigung, so kann man längs dieser weitergehen, andernfalls ist der Faden bis zu einer Alternative zurückzuverfolgen - im Extremfall bis zurück zum Eingang, wenn nämlich alle Wege des Labyrinths abgesucht wurden, ohne dass ein Ausgang entdeckt worden wäre. Der Algorithmus von Trémaux ist ein typisches Beispiel für die in Kapitel 9.6.3 beschriebene *Backtracking-Strategie*.

Stellt man das Labyrinth gemäß Abbildung 10.49 als Matrix dar, so kann die Methode von Trémaux formalisiert werden. Offensichtlich dient der Ariadne-Faden dazu, schon untersuchte Wege und noch nicht benutzte Abzweigungen zu markieren. Algorithmisch läßt sich dies durch eine rekursive Formulierung oder durch Verwendung eines Stapelspeichers lösen. Der Algorithmus lautet damit:

Wanderung durch ein Labyrinth nach der Methode „Versuch und Irrtum" von Trémaux

---

Bilde das Labyrinth auf die Matrix a durch entsprechendes Initialisieren der Komponenten a(i,k) mit den Zeichen WAND und WEG ab. Dabei zählt der Index i in waagrechter und der Index k in senkrechter Richtung. In a werden die Einträge WEG im Verlauf der Suche durch die Schrittnummer s ersetzt, bzw. durch die Markierung BESUCHT.

Wähle einen Startpunkt (i_{start},k_{start}) für die Wanderung, vorzugsweise (aber nicht notwendigerweise) einen Eingang;

Setze: Schrittzähler s=1, Position i=i_{start} und k=k_{start}, a(i,k)=s;

Schreibe die Position (i,k) auf den Stack: push(i), push(k);

WIEDERHOLE
  Prüfe, ob von der Position (i,k) aus ein Schritt auf ein zuvor noch nicht betretenes Feld möglich ist. Dies ist nur dann der Fall, wenn das betrachtete Feld den Eintrag WEG enthält. Findet man den Eintrag WAND, so ist in diese Richtung offenbar kein Schritt möglich; findet man den Eintrag BESUCHT, so kann ebenfalls kein Schritt ausgeführt werden, da man ja an dieser Stelle schon einmal gewesen ist. Folgende Möglichkeiten kommen für den nächsten Schritt in Betracht: *auf*, *rechts*, *ab*, *links*.

  WENN ein Schritt möglich ist:
    Führe den Schritt durch Ändern von i bzw. k aus;
    Schreibe i und k auf den Stack: push(i), push(k);
    Inkrementiere den Schrittzähler s und setze a(i,k)=s;

  WENN ein Ausgang erreicht ist: ENDE;
    Der Stack enthält jetzt den ermittelten (optimalen) Weg;

  SONST (es ist also kein Schritt möglich):
    Dekrementiere den Schrittzähler s und setze a(i,k)=BESUCHT;

Gehe einen Schritt zurück, d.h. hole die vorherige Position
aus dem Stack: k=pop, i=pop;

WENN der Stack auf der Anfangsposition ist: ENDE;
Das Labyrinth hat dann keinen Ausgang, man befindet sich
wieder am Eingang;
ENDE

Ein diesen Algorithmus repräsentierendes C-Programm könnte folgende Form haben:

```
//*************************************************************************
// Suchen eines Weges aus einem Labyrinth
// mit Hilfe des Algorithmus von Tremaux.
//*************************************************************************
#include <stdlib.h>
#include <stdio.h>
#include <conio.h>

#define DIM 20
#define MAXROW 23
#define WEG "   "
#define WAND "%c%c%c",178,178,178
#define BLANK 32
#define UP   -72
#define LEFT -75
#define RIGHT -77
#define DOWN -80
#define CR 13
#define ESC 27

// Die folgenden Makros verwenden den ANSI-Standard
#define CLS printf("\x1b[2J")      // Gesamten Bildschirm löschen
// Cursor an Position (row,col) setzen. Der Ursprung (0,0) ist links oben
#define CURS(row,col) (printf("\x1b[%d;%dH",(row+1),(col+1)))

struct lab { int a[DIM][DIM];      // Spielfeld-Matrix
// Einträge: Weg: 0,  Wand: -2,  schon besucht: -1,  Schritt-Nummer: >0
             int nx;               // Anzahl der horizontalen Felder
             int ny;               // Anzahl der vertikalen Felder
             int stack[DIM*DIM];   // Stack
             int sp;               // Stack-Index
           };

//-------------------------------------------------------------------------
// Ein Zeichen von der Tastatur lesen.
// Hinweis: Manchen speziellen Sonderzeichen geht 0 oder 224 voran.
// Rückgabe-Wert: ASCII-Code des Zeichens, oder der negative Wert des
// Codes, wenn es sich um ein spezielles Sonderzeichen handelt.
//-------------------------------------------------------------------------
int getkey() {
  int i;
  i=getch();
  if(i==0 || i==224) return(-getch()); else return(i);
}

//-------------------------------------------------------------------------
// Initialisieren des Spielfeldes
//-------------------------------------------------------------------------
int feld_init(struct lab *f) {
```

```
  int i,k;
  CLS;
  printf("LABYRINTH\n");
  printf("\nInitialisierung:\n");
  printf("Maximale Anzahl der Zeilen  ? ");
  scanf("%d",&i);
  printf("Maximale Anzahl der Spalten ? ");
  scanf("%d",&k);
  if(i<=0 || i>=DIM || k<=0 || k>=DIM) {
    f->nx=0; f->ny=0;
    printf("\nDie maximale Anzahl von Feldern ist %2d !\n",DIM-1);
    return(-1);
  }
  f->nx=k; f->ny=i; f->sp=0;
  for(i=0; i<f->ny; i++) for(k=0; k<f->nx; k++)
    f->a[i][k]=-2;                                 // nur Wände
  return(0);
}

//------------------------------------------------------------------------
// Ausdrucken des Spielfeldes
//------------------------------------------------------------------------
int feld_list(struct lab *f) {
  int i, k;
  if(f->nx<=0 || f->ny<=0) return(-1);        // kein Labyrinth initialisiert
  CURS(1,0);
  for(i=0; i<f->nx; i++) {                    // Schleife über Spalten
    for(k=0; k<f->ny; k++) {                  // Schleife über Zeilen
      if(f->a[i][k]>-2) f->a[i][k]=0;         // Wege bereinigen
      if(f->a[i][k]==0) printf(WEG);          // Weg drucken
      else if(f->a[i][k]==-2)printf(WAND);    // Wand drucken
    }
    printf("         \n");
  }
  return(0);
}

//------------------------------------------------------------------------
// Einen Schritt probieren
//------------------------------------------------------------------------
int step(struct lab *f,int i,int k) {
  int nx1, ny1;
  nx1=f->nx-1; ny1=f->ny-1;
  if(i>0)                                     // nach oben ?
    if(!f->a[i-1][k]) {
      if(i-1==0) return(-1); else return(1);
    }
  if(k<nx1)                                   // nach rechts ?
    if(!f->a[i][k+1]) {
      if(k+1==nx1) return(-2); else return(2);
    }
  if(i<ny1)                                   // nach unten ?
    if(!f->a[i+1][k]) {
      if(i+1==ny1) return(-3); else return(3);
    }
  if(k>0)                                     // nach links ?
    if(!f->a[i][k-1]) {
      if(k-1==0)   return(-4); else return(4);
    }
  return(0);                                  // kein Schritt möglich
}

//------------------------------------------------------------------------
// Startpunkt für Weg durch Labyrinth
```

```
//--------------------------------------------------------------------------
int feld_start(struct lab *f, int *row, int *col) {
  int key, rmin=1, rmax, cmin=0, cmax;
  if(feld_list(f)<0) return(-1);                // Feld nicht initialisiert
  *row=rmin; *col=cmin; rmax=rmin+f->ny; cmax=cmin+3*f->nx;
  CURS(rmax+1,cmin);
  printf("Auf Startpunkt gehen, Starten mit <CR>\n");
  CURS(*row,*col);
  while((key=getkey())!=CR) {                   // mit Cursor Startpunkt wählen
    switch(key) {
      case UP:   if(--*row<rmin)      *row=rmin;   break;
      case DOWN: if(++*row>=rmax)     *row=rmax-1; break;
      case LEFT: if((*col-=3)<cmin)   *col=cmin;   break;
      case RIGHT:if((*col+=3)>cmax-3) *col=cmax-3; break;
      default: ;
    }
    CURS(*row,*col);
  }
  if(f->a[*row-rmin][(*col-cmin)/3]==-2) {      // hier ist eine Wand
    CURS(rmax+1,cmin);
    printf("Hier ist eine Wand! Weiter...          \n"); getch();
    CURS(rmax+1,cmin);
    printf("                                       \n");
    return(-2);
  }
  CURS(rmax+1,cmin);
  printf("                                       \n");
  return(0);
}

//--------------------------------------------------------------------------
// Weg durch Labyrinth suchen
//--------------------------------------------------------------------------
int feld_search(struct lab *f, int row, int col) {
  int rmin=1, rmax, cmin=0, cmax, s=0, d=0, cnt=0, i, k;
  rmax=rmin+f->ny; cmax=cmin+3*f->nx;
  CURS(rmax+1,cmin);
  printf("Beenden mit <ESC>, weiter ...\n");
  for(;;) {                                  //******** Weg suchen
    i=row-rmin; k=(col-cmin)/3;
    cnt++;                                   // Schrittzähler erhöhen
    if(!f->a[i][k]) {                        // Feld noch nicht besucht
      f->a[i][k]=++s;                        // Wegzähler erhöhen
      CURS(row,col); printf("%3d",s);
    }
    if(getkey()==ESC) break;
    else d=step(f,i,k);                      // nächsten Schritt probieren
    switch(d) {                              // Schritt vorbereiten
      case 1: case -1: row--;  break;        // nach oben
      case 2: case -2: col+=3; break;        // nach rechts
      case 3: case -3: row++;  break;        // nach unten
      case 4: case -4: col-=3; break;        // nach links
      default:;
    }
    if(d) {                                  // Schritt ausführen
      f->stack[f->sp++]=k;
      f->stack[f->sp++]=i;
    }
    else {                                   // kein Schritt möglich
      f->a[i][k]=-1;
      CURS(row,col); printf(" - ");
      if(f->sp==0) break;                    // Ende: Stack ist leer
      s--;                                   // Schritte wieder herunterzählen
```

```
      i=f->stack[--f->sp]; row=i+rmin;
      k=f->stack[--f->sp]; col=3*k-cmin;
    }
    if(d<0) break;                        // Ausgang gefunden
  }
  CURS(rmax+1,cmin);
  if(!f->sp) s=cnt;                       // Ausgang = Eingang
  CURS(row,col); printf("%3d",++s);       // Anzahl der Schritte
  CURS(rmax+1,cmin);
  printf("Hurra! %d Schritte! Weiter...          ",s); getch();
  CURS(rmax+1,cmin);
  printf("                                       \n");
  return(s);
}

//-----------------------------------------------------------------------
// Labyrinth-Editor
// Eingabe von Weg=0 oder Wand=-2 eines Zeichens in das Spielfeld
//-----------------------------------------------------------------------
int feld_in(struct lab *f) {
  int key, rmin=1, rmax, cmin=0, cmax, row, col;
  if(feld_list(f)<0) return(-1);            // Feld nicht initialisiert
  row=rmin; col=cmin;
  rmax=rmin+f->ny; cmax=cmin+3*f->nx;
  CURS(rmax+1,cmin);
  printf("Feld editieren: Weg=BLANK, Wand=bel.Zeichen, Ende=<ESC>\n");
  CURS(row,col);
  while((key=getkey())!=ESC) {              // Tastatureingabe
    switch(key) {
      case UP:   if(--row<rmin)    row=rmin;   break;
      case DOWN: if(++row>=rmax)   row=rmax-1; break;
      case LEFT: if((col-=3)<cmin) col=cmin;   break;
      default: case BLANK:
        if(key==BLANK) { f->a[row-rmin][(col-cmin)/3]=0;  printf(WEG); }
        else           { f->a[row-rmin][(col-cmin)/3]=-2; printf(WAND);}
      case RIGHT:if((col+=3)>cmax-3) col=cmax-3; break;
    }
    CURS(row,col);                          // Cursor setzen
  }
  CURS(rmax+1,cmin);
  printf("                                        \n");
  return(0);
}

//-----------------------------------------------------------------------
// Labyrinth-Hauptprogramm
//-----------------------------------------------------------------------
void main() {
  struct lab f;
  int i, k, c;
  feld_init(&f);
  CURS(MAXROW,0);
  printf("Eingeben (e), Suchen (s), Neu (n), Beenden <ESC> ");
  for(;;) {
    CURS(MAXROW,49);
    if((c=getch())==ESC) break;       // Kommando lesen, beenden mit ESC
    switch(c) {
      case 'e': case 'E':             // Labyrinth editieren
        feld_in(&f); break;
      case 's': case 'S':             // Weg durch das Labyrinth suchen
        if(!feld_start(&f,&i,&k)) feld_search(&f,i,k);
        break;
      case 'n': case 'N':             // Initialisieren
```

```
            feld_init(&f);
            CURS(MAXROW,0);
            printf("Eingeben (e), Suchen (s), Neu (n), Beenden <ESC> ");
          default:;
        }
      }
}
```

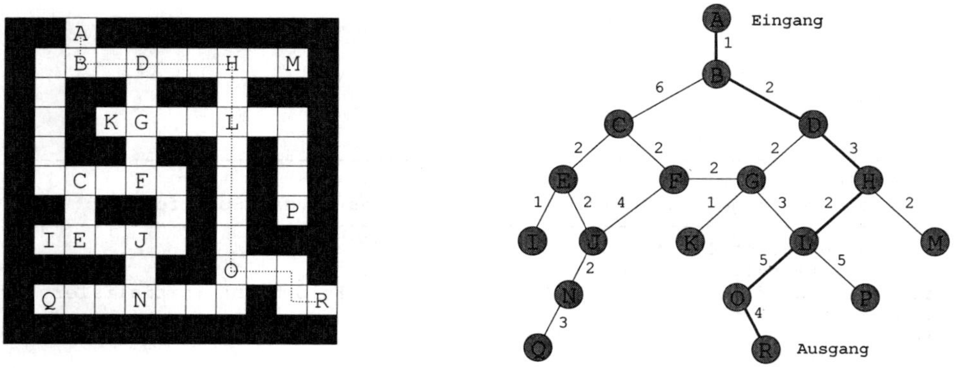

Abbildung 10.49: Beispiel für ein Labyrinth und dem zugeordneten Graphen. Die Wände sind grau, die Wege weiß markiert. Die Knoten sind mit Buchstaben bezeichnet, der kürzeste Weg durch das Labyrinth ist als punktierte Linien eingezeichnet. Man identifiziert jeden Punkt in den Wegen eines Labyrinths als Knoten, wenn mindestens eine der drei folgenden Aussagen zutrifft:
- es gibt mehr als eine Alternative für die Fortsetzung des Wegs (Verzweigung),
- der Punkt ist das Ende einer Sackgasse,
- der Punkt ist ein Eingang (hier A) oder ein Ausgang (hier R) des Labyrinths.

Tabelle 10.39: Adjazenzmatrix, Knotenliste und Kantenliste für den bewerteten Graphen aus Abbildung 10.49.

Knoten-liste	Kantenliste (Nachfolger)	Adjazenzmatrix mit Bewertung	A	B	C	D	E	F	G	H	I	J	K	L	M	N	O	P	Q	R
A	B	A	0	1	0	0	0	0	0	0	0	0	0	0	0	0	0	0	0	0
B	A, C, D	B	1	0	6	2	0	0	0	0	0	0	0	0	0	0	0	0	0	0
C	B, E, F	C	0	6	0	0	2	2	0	0	0	0	0	0	0	0	0	0	0	0
D	B, G, H	D	0	2	0	0	0	0	2	3	0	0	0	0	0	0	0	0	0	0
E	C, I, J	E	0	0	2	0	0	0	0	0	1	2	0	0	0	0	0	0	0	0
F	C, G, J	F	0	0	2	0	0	0	2	0	0	4	0	0	0	0	0	0	0	0
G	D, F, K, L	G	0	0	0	2	0	2	0	0	0	0	1	3	0	0	0	0	0	0
H	D, L, M	H	0	0	0	3	0	0	0	0	0	0	0	2	2	0	0	0	0	0
I	E	I	0	0	0	0	1	0	0	0	0	0	0	0	0	0	0	0	0	0
J	E, F, N	J	0	0	0	0	2	4	0	0	0	0	0	0	0	2	0	0	0	0
K	G	K	0	0	0	0	0	0	1	0	0	0	0	0	0	0	0	0	0	0
L	G, H, O, P	L	0	0	0	0	0	0	3	2	0	0	0	0	0	0	5	5	0	0
M	H	M	0	0	0	0	0	0	0	2	0	0	0	0	0	0	0	0	0	0
N	J, Q	N	0	0	0	0	0	0	0	0	0	2	0	0	0	0	0	0	3	0
O	L, R	O	0	0	0	0	0	0	0	0	0	0	0	5	0	0	0	0	0	4
P	L	P	0	0	0	0	0	0	0	0	0	0	0	5	0	0	0	0	0	0
Q	N	Q	0	0	0	0	0	0	0	0	0	0	0	0	0	3	0	0	0	0
R	O	R	0	0	0	0	0	0	0	0	0	0	0	0	0	0	4	0	0	0

Tabelle 10.40: Erreichbarkeitsmatrix mit den kürzesten Weglängen zwischen je zwei beliebigen Knoten des Graphen aus Abbildung 10.49.

Index		1	2	3	4	5	6	7	8	9	10	11	12	13	14	15	16	17	18
Knoten		A	B	C	D	E	F	G	H	I	J	K	L	M	N	O	P	Q	R
1	A	2	1	7	3	9	7	5	6	10	11	6	8	8	13	13	13	16	17
2	B	1	2	6	2	8	6	4	5	9	10	5	7	7	12	12	12	15	16
3	C	7	6	4	6	2	2	4	9	3	4	5	7	11	6	12	12	9	16
4	D	3	2	6	4	8	4	2	3	9	8	3	5	5	10	10	10	13	14
5	E	9	8	2	8	2	4	6	11	1	2	7	9	13	4	14	14	7	18
6	F	7	6	2	4	4	4	2	7	5	4	3	5	9	6	10	10	9	14
7	G	5	4	4	2	6	2	2	5	7	6	1	3	7	8	8	8	11	12
8	H	6	5	9	3	11	7	5	4	12	11	6	2	2	13	7	7	16	11
9	I	10	9	3	9	1	5	7	12	2	3	8	10	14	5	15	15	8	19
10	J	11	10	4	8	2	4	6	11	3	4	7	9	13	2	14	14	5	18
11	K	6	5	5	3	7	3	1	6	8	7	2	4	8	9	9	9	12	13
12	L	8	7	7	5	9	5	3	2	10	9	4	4	4	11	5	5	14	9
13	M	8	7	11	5	13	9	7	2	14	13	8	4	4	15	9	9	18	13
14	N	13	12	6	10	5	6	8	13	5	2	9	11	15	4	16	16	3	20
15	O	13	12	12	10	14	10	8	7	15	14	9	5	9	16	8	10	19	4
16	P	13	12	12	10	14	10	8	7	15	14	9	5	9	16	10	10	19	14
17	Q	16	15	9	13	7	9	11	16	8	5	12	14	18	3	19	19	16	23
18	R	17	16	16	14	8	14	12	11	19	18	13	9	13	20	4	14	23	8

Zum Schluss dieses Kapitels wird einmal mehr auf den Algorithmus von Warshall eingegangen. Dieser wird jetzt dazu verwendet, sämtliche kürzesten Wege von jedem Knoten eines Graphen zu jedem anderen zu bestimmen. Außerdem wird nochmals die Verwaltung eines Graphen mit Hilfe von Knotenlisten und Kantenlisten sowie Adjazenz-Matrix und Erreichbarkeitsmatrix an einem Beispiel vorgeführt. Dazu dient wieder das Labyrinth gemäß Abbildung 10.49 und seine Repräsentation als Graph.

```
//*************************************************************************
// Verwaltung eines Graphen mit Adjazenzmatrix
//*************************************************************************
#include <stdlib.h>
#include <stdio.h>
#include <conio.h>
#include <malloc.h>
#include <string.h>

#define DIM 20                      // Anzahl der Knoten = Dimension von a
#define DIMS 3                      // Dimensionierung für Strings
#define ESC 27
#define CLS printf("\x1b[2J")       // Bildschirm löschen

struct list {                       // Lineare Liste für kürzeste Wege
  struct list *next;                // Zeiger auf nächstes Element
  int node;                         // Knoten-Index bzgl. Knotenliste
};

struct graph {                      // Struktur für Graphen
  int maxk;                         // maximale Anzahl der Knoten
  int nk;                           // aktuelle Anzahl der Knoten
  int flg;                          // 1: e nicht mehr gültig
  int in[DIM];                      // Eingangsgrade
  int out[DIM];                     // Ausgangsgrade
  char knoten[DIM][DIMS];           // Knotenliste
  int a[DIM][DIM];                  // Adjazenzmatrix
```

```
  int e[DIM][DIM];                   // Erreichbarkeitsmatrix
  struct list *path[DIM][DIM];       // Zeiger auf kürzeste Wege
};

//----------------------------------------------------------------------
// Initialisieren des Graphen
//----------------------------------------------------------------------
int graph_init(struct graph *g, int n, int clr) {
  int i,k;
  struct list *p, *v;
  if(clr) {              // Speicher freigeben, wenn bereits initialisiert
    for(i=0; i<g->nk; i++)
      for(k=0; k<g->nk; k++) {
        p=g->path[i][k];
        while(p) { v=p->next; free(p); p=v;}
      }
  }
  g->nk=g->maxk=g->flg=0;              // Anzahl der Knoten und Flag 0 setzen
  for(i=0; i<DIM; i++) {
    g->knoten[i][0]=0;                 // Inhalt der Knotenliste löschen
    for(k=0; k<DIM; k++) {
      g->a[i][k]=g->e[i][k]=0;         // a und e löschen
      g->path[i][k]=NULL;              // Zeiger auf Wegelisten löschen
    }
  }
  if(n<1 || n>DIM) return(-1);         // Fehleingabe
  else g->maxk=n;
  return(0);
};

//----------------------------------------------------------------------
// Überschreiben der linearen Liste p1 durch p2 und Anhängen von p3
// p1=p2+p3
//----------------------------------------------------------------------
int path_conc(struct list *p1, struct list *p2, struct list *p3) {
  struct list *pp1, *pp2, *pp3, *v;
  pp2=p2; pp3=p3;
  pp1=p1->next;                        // p1 bis auf erstes Element löschen
  while(pp1) { v=pp1->next; free(pp1); pp1=v;}
  pp1=p1;
  while(pp2) {                         // p2 nach p1 kopieren
    pp1->node=pp2->node;
    pp2=pp2->next;
    if(pp2) {
      pp1->next=(struct list *)malloc(sizeof(struct list));
      pp1=pp1->next;
      if(!pp1) return(-1);             // Speicher voll
    }
  }
  while(pp3) {                         // p3 an p1 anhängen
    pp1->next=(struct list *)malloc(sizeof(struct list));
    pp1=pp1->next;
    if(!pp1) return(-1);               // Speicher voll
    pp1->node=pp3->node;
    pp3=pp3->next;
  }
  pp1->next=NULL;
  return(0);
}

//----------------------------------------------------------------------
// Erreichbarkeitsmatrix eines Graphen generieren
// Algorithmus von Warshall
```

```
//-------------------------------------------------------------------------
int graph_e(struct graph *g) {
  int i, k, n, s;
  struct list *p, *v;
  if(!g->flg) return(-1);                  // e ist bereits aktualisiert
  for(i=0; i<g->nk; i++)                   // Zeiger auf Wegelisten löschen
    for(k=0; k<g->nk; k++) {
      p=g->path[i][k];
      while(p) { v=p->next; free(p); p=v;}
      g->path[i][k]=NULL;
    }
  for(i=0; i<g->nk; i++)        // Wegelisten mit Startknoten initialisieren
    for(k=0; k<g->nk; k++) {
      g->path[i][k]=(struct list *)malloc(sizeof(struct list));
      g->path[i][k]->next=NULL;
      g->path[i][k]->node=i;
    }
  for(i=0; i<g->nk; i++) for(k=0; k<g->nk; k++)
    g->e[i][k]=g->a[i][k];                 // e mit a vorbesetzen
  for(n=0; n<g->nk; n++)                   // Algorithmus von Warshall
    for(i=0; i<g->nk; i++)
      for(k=0; k<g->nk; k++) {
        if(g->e[i][n] && g->e[n][k]) {
           s=g->e[i][n]+g->e[n][k];        // Umweg von i über n nach k
           if(g->e[i][k]==0 || s<g->e[i][k]) {  // Umweg ist kürzer
             g->e[i][k]=s;                 // neuer Eintrag in E
             // Wegeliste erweitern:   path(i,k) = path(i,n) + path(n,k)
             path_conc(g->path[i][k],g->path[i][n],g->path[n][k]);
           }
        }
      }
  g->flg=0;                                // E ist nun aktualisert
  return(0);
}

//-------------------------------------------------------------------------
// Berechnung von Eingangsgrad und Ausgangsgrad
//-------------------------------------------------------------------------
int grad(struct graph *g) {
  int i,k;
  if(g->nk<=0) return(-1);            // Graph ist leer
  for(i=0; i<g->nk; i++) {            // Schleife über alle Knoten
    g->in[i]=g->out[i]=0;
    for(k=0; k<g->nk; k++) {
      if(g->a[i][k]) g->out[i]++;     // Increm. Ausgangsgrad für Knoten i
      if(g->a[k][i]) g->in[i]++;      // Increm. Eingangsgrad für Knoten i

    }
  }
}

//-------------------------------------------------------------------------
// Eingabe eines Knotens in einen Graphen
//-------------------------------------------------------------------------
int graph_k_in(struct graph *g, char knoten[]) {
  int pos=0, i;
  if(g->nk==g->maxk) return(-1);      // Speicher voll
  while(pos<g->nk && (i=strcmp((char *)&g->knoten[pos],knoten))<1 ) {
    if(i==0) return(-2);              // Knoten bereits vorhanden
    pos++;
  }
  g->nk++;
  for(i=0; i<g->nk-pos; i++)          // ab pos nach rechts verschieben
```

```
    strcpy(g->knoten[g->nk-i],g->knoten[g->nk-i-1]);
  if(strlen(knoten)>=DIMS) knoten[DIMS-1]=0;     // Eingabelänge prüfen
  strcpy(g->knoten[pos],knoten);     // Knoten an pos einfügen
  g->flg=1;                          // E ist nicht mehr gültig
  return(pos);                       // Rückgabe der Einfügeposition
}

//-----------------------------------------------------------------------
// Suche eines Knotens in einem Graphen
//-----------------------------------------------------------------------
int graph_k_srch(struct graph *g, char knoten[]) {
  int p;
  for(p=0; p<g->nk; p++)
    if(!strcmp((char *)&g->knoten[p],knoten)) return(p);      // gefunden
  return(-1);                                        // Knoten nicht gefunden
}

//-----------------------------------------------------------------------
// Löschen eines Knotens in einem Graphen
//-----------------------------------------------------------------------
int graph_k_del(struct graph *g, char knoten[]) {
  int pos, i, k;
  for(pos=0; pos<g->nk; pos++) {
    if(!strcmp((char *)&g->knoten[pos],knoten)) {     // gefunden an pos
      for(i=pos; i<g->nk; i++)          // Knoten aus Knotenliste löschen
        strcpy((char *)&g->knoten[i],(char *)&g->knoten[i+1]);
      g->nk--;                          // Anzahl der Knoten dekrementieren
      for(i=pos; i<g->nk; i++)          // Zeile pos aus A löschen
        for(k=0; k<=g->nk; k++) g->a[i][k]=g->a[i+1][k];
          for(k=pos; k<g->nk; k++)      // Spalte pos aus A löschen
            for(i=0; i<=g->nk; i++) g->a[i][k]=g->a[i][k+1];
      g->flg=1;                         // E ist nicht mehr gültig
      return(pos);
    }
  }
  return(-1);                           // Knoten nicht gefunden
}

//-----------------------------------------------------------------------
// Hauptprogramm: Verwaltung eines Graphen mit Adjazenzmatrix
//-----------------------------------------------------------------------
void main() {
  struct graph g;
  int i, k, w, c;
  struct list *p;
  char knoten1[DIMS], knoten2[DIMS];
  CLS;                                        // Bildschirm löschen
  printf("\n\nVERWALTUNG EINES GRAPHEN MIT ADJAZENZMATRIX\n");
  printf("\nInitialisierung\nMaximale Anzahl der Knoten ? ");
  scanf("%d",&k);                             // maximale Anzahl der Knoten
  graph_init(&g,k,0);                         // Graph initialisieren
  for(;;) {                                   //** Arbeitsschleife
    printf("\nKnoten: eingeben (ke), löschen (kl), suchen (ks)\n");
    printf("Kante:  eingeben (ee), löschen (el), suchen (es)\n");
    printf("Kürzesten Weg bestimmen (w)\nAuflisten          (a)\n");
    printf("Initialisieren  (i)\nBeenden          <ESC>\n");
    if((c=getch())==ESC) break;         // Kommando lesen, beenden mit ESC
      c|=32;                            // Umwandlung in Kleinbuchstaben
    switch(c) {
      case 'k':                         //** Knoten bearbeiten
        if((c=getch())==ESC) break;     // Erweiterungs-Kommando
        c|=32;                          // Umwandlung in Kleinbuchstaben
        if(c!='e' && c!='l' && c!='s') break;
```

```
      printf("\nKnoten ? ");
      scanf("%s",knoten1);
      if(c=='e') {                    // neuen Knoten einfügen
        i=graph_k_in(&g,knoten1);
        if(i==-1) printf("\nSpeicher voll!\n");
        if(i==-2) printf("\nKnoten bereits vorhanden!\n");
      }
      else if(c=='l') {               // Knoten löschen
        if(graph_k_del(&g,knoten1)==-1)
          printf("\nKnoten nicht gefunden!\n");
      }
      else if(c=='s') {               // Knoten suchen
        i=graph_k_srch(&g,knoten1);
        if(i<0) printf("\nKnoten nicht gefunden!\n");
        else printf("\nKnoten %s gefunden auf Pos. %d\n",knoten1,i);
      }
      break;
    case 'e':                         //** Kante bearbeiten
      if((c=getch())==ESC) break;     // Erweiterungs-Kommando
      c|=32;                          // Umwandlung in Kleinbuchstaben
    case 'w':                         //** kürzesten Weg suchen
      if(c!='e' && c!='l' && c!='s' && c!='w') break;
      printf("\nAnfangsknoten ? "); scanf("%s",knoten1);
      if((i=graph_k_srch(&g,knoten1))<0) {     // Anfangsknoten
        printf("Anfangsknoten existiert nicht!\n");
        break;
      }
      printf("Endknoten     ? "); scanf("%s",knoten2);
      if((k=graph_k_srch(&g,knoten2))<0) {     // Endknoten
        printf("Endknoten existiert nicht!\n");
        break;
      }
      if(c=='e') {                    // neue Kante eingeben
        if(g.a[i][k]) printf("\nKante existiert bereits!\n");
        else {
          printf("Gewicht       ? "); scanf("%d",&w);
          g.a[i][k]=w;
          g.flg=1;
        }
        break;
      }
      if(c=='l') {                    // Kante löschen
        if(i<0 || k<0) printf("\nKante existiert nicht!\n");
        else { g.a[i][k]=0; g.flg=1; }
        break;
      }
      if(c=='s') {                    // Kante suchen
        if(g.a[i][k]) {
          printf("\nKante von Knoten %s (Pos. %d) ",knoten1,i);
          printf("zu Knoten %s (Pos. %d) gefunden.\n",knoten2,k);
          printf("Gewicht: %d\n",g.a[i][k]);
        }
        else printf("\nKante nicht gefunden!\n");
        break;
      }
      if(c=='w') {                    // kürzesten Weg suchen
        if(g.flg) graph_e(&g);        // E berechnen
        if(g.e[i][k]) {
          printf("\nkürzester Weg von Knoten %s (Pos. %d) ",knoten1,i);
          printf("zu Knoten %s (Pos. %d): %d\n",knoten2,k,g.e[i][k]);
          printf("Knotenliste: ");
          for(p=g.path[i][k]; p; p=p->next)
            printf(" %s,",g.knoten[p->node]);   // Knotenliste
```

```
          printf(" %s\n",g.knoten[k]);           // Zielknoten
        }
        else {
          printf("\nEs existiert kein Weg von Knoten %s ",knoten1);
          printf("zu Knoten %s!\n",knoten2);
        }
      }
      break;
    case 'a':                         //** Auflisten aller Elemente
      if(g.nk==0) {
        printf("\nDer Graph ist leer!\n"); // der Graph ist leer
        break;
      }
      printf("\nAuflisten aller Daten\n");
      printf("\nIndex  Knotenliste   Eingangsgrad   Ausgangsgrad\n");
      grad(&g);                       // Eingangs- und Ausgangsgrade berechnen
      for(i=0; i<g.nk; i++)           // Knotenliste und Grade auflisten
        printf("%3d %7s %15d %15d\n",i,g.knoten[i],g.in[i],g.out[i]);
      printf("\nWeiter mit beliebiger Taste ...\n"); getch();
      printf("\nAdjazenzmatrix:\n");
      for(i=0; i<g.nk; i++) {         // Adjazenzmatrix ausgeben
        for(k=0; k<g.nk; k++) printf(" %3d",g.a[i][k]);
        printf("\n");
      }
        printf("\nWeiter mit beliebiger Taste ...\n"); getch();
        printf("\nErreichbarkeitsmatrix:\n");
        if(g.flg) graph_e(&g);        // Erreichbarkeitsmatrix berechnen
        for(i=0; i<g.nk; i++) {       // Erreichbarkeitsmatrix ausgeben
        for(k=0; k<g.nk; k++) printf(" %3d",g.e[i][k]);
        printf("\n");
      }
      printf("\nWeiter mit beliebiger Taste ...\n"); getch();
      break;
    case 'i':                           //** Initialisieren
      printf("\nInitialisierung\nMaximale Anzahl der Knoten ? ");
      scanf("%d",&k);                   // maximale Anzahl der Knoten
      if(graph_init(&g,k,1)<0)
        printf("\nUnerlaubte Anzahl von Knoten!\n");
    default:;
  }
 }
}
```

10.8.6 Halbordnung und topologisches Sortieren

Neben den besprochenen Grundfunktionen existiert eine große Anzahl weiterer Operationen auf Graphen, die teilweise an speziellen Anwendungen orientiert sind. Eine oft benötigte Operation ist das *topologische Sortieren*, daher soll diese Funktion hier erläutert werden.

Halbordnung

Eine Relation „vor" definiert eine *Halbordnung* oder partielle Ordnung auf einer Menge K, wenn gilt:

- *Irreflexivität:* Für alle $u \in K$ ist u vor u nicht erfüllt

• *Asymmetrie:* Für alle u,v∈K gilt: Wenn u vor v gilt, so gilt v vor u nicht

• *Transitivität:* Für alle u,v,w∈K gilt: Aus u vor v und v vor w folgt u vor w

Einer halbgeordneten Menge K kann man immer einen Digraphen G zuordnen, indem man die Elemente der Menge K als Knoten des Graphen G interpretiert und einen Pfeil e(u,v) vom Knoten u∈K zum Knoten v∈K generiert, wenn u vor v gilt. Die Umkehrung gilt allerdings nicht: Zu einem Digraphen gehört nicht in jedem Fall eine halbgeordnete Menge, sondern nur genau dann, wenn er keine Kreise u→v→ . . . w→u enthält.

Aus der Äquivalenz von kreisfreien Digraphen und halbgeordneten Mengen folgt, dass man die Knoten des Graphen in eine *lineare Anordnung* bringen kann, die der herrschenden Halbordnung entspricht. Allerdings muss diese Anordnung nicht eindeutig sein. Das folgende Beispiel verdeutlicht dies.

a)

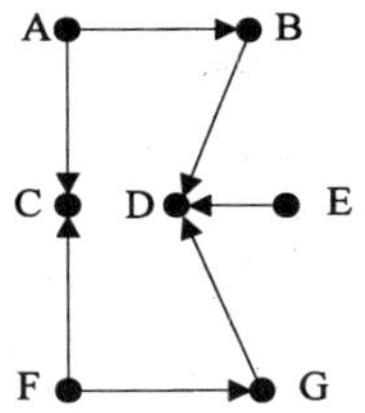

Knoten	Kanten
A	B, C
B	D
C	-
D	-
E	D
F	C, G
G	D

b)

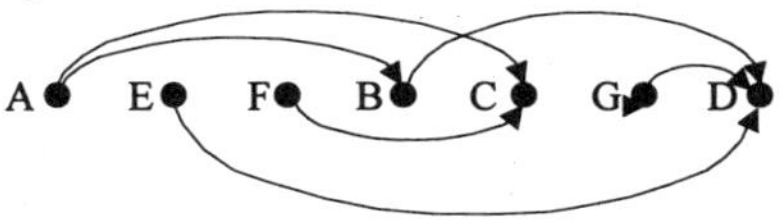

Abbildung 10.50: a) Schlichter Digraph ohne Kreise mit Knotenliste und Kantenliste.
b) Eine zugehörige topologische Ordnung ist A,E,F,B,C,G,D. Die Abbildung zeigt eine isomorphe Darstellung des Graphen mit dementsprechend neu angeordneten Knoten. Es gibt jetzt keine rückwärtsgerichteten Kanten mehr. Man sieht, dass auch A,F,E,B,C,G,D und A,B,F,E,G,C,D topologische Ordnungen sind.

Die ersten Elemente der topologischen Reihenfolge der Knoten müssen sicher diejenigen mit Eingangsgrad 0 sein, da diesen Knoten kein anderer vorangehen kann. Jetzt werden alle von diesen Knoten ausgehenden Kanten gelöscht. Dies entspricht der Verringerung des Eingangsgrades der Nachfolger um 1. Im nächsten Schritt werden nun wieder alle Knoten eingeordnet, deren Eingangsgrad 0 geworden ist. Auf diese Weise wird verfahren, bis alle Knoten verarbeitet sind. Der unten aufgelistete Algorithmus gibt dieses Verfahren wieder.

```
Topologisches Sortieren eines kreisfreien Digraphen G mit n Knoten:
------------------------------------------------------------------------------
Initialisiere ein Array T mit n Elementen;
Bestimme die Eingangsgrade grad_ein(K) aller Knoten K;
Füge alle Knoten mit Eingangsgrad 0 in das Array T ein;
WIEDERHOLE für i=1 bis n
   WIEDERHOLE für alle Nachfolger N des Knotens T[i]
      dekrementiere Eingangsgrad grad_ein(N) um 1;
      WENN grad_ein(N) jetzt 0 ist, DANN füge N in T ein;
ENDE.
```

Auf das obige Beispiel bezogen ergibt sich folgender Ablauf:

Tabelle 10.41: Beispiel für topologisches Sortieren der Knoten eines Graphen.

1. Ein Array T mit n=7 Elementen wird deklariert.
2. Die Eingangsgrade der Knoten werden bestimmt:
   A: 0, B: 1, C: 2, D: 3, E: 0, F: 0, G: 1
3. Die Knoten mit Eingangsgrad 0, also A, E und F werden in T eingefügt.
   Der Inhalt von T lautet jetzt: A, E, F
   Der Index i wird auf i=1 gesetzt.
4. Die Eingangsgrade der Nachfolger von T[1]=A werden um 1 verringert.
   Es gilt jetzt grad_ein(B)=0 und grad_ein(C)=1.
   Da grad_ein(B)==0 ist, wird B in T eingefügt. Der Inhalt von T ist nun: A, E, F, B.
5. Jetzt wird T[2]=E betrachtet. E hat den Nachfolger D. Der Eingangsgrad von D wird um 1 verringert und ist jetzt 2.
6. Jetzt wird T[3]=F betrachtet. F hat die Nachfolger C und G. Die Eingangsgrade von C und G werden um 1 verringert und sind jetzt beide 0. C und G werden daher in T eingefügt. Inhalt von T: A, E, F, B, C, G.
7. Als nächstes wird T[4]=B betrachtet. B hat den Nachfolger D. Der Eingangsgrad von D wird um 1 verringert und ist jetzt 1.
8. Als nächstes wird T[5]=C betrachtet. C hat keine Nachfolger.
9. Als nächstes wird T[6]=G betrachtet. G hat den Nachfolger D. Der Eingangsgrad von D wird um 1 verringert und ist jetzt 0, D wird also in T eingetragen.
10. Als letzter Knoten wird T[7]=D betrachtet. Da dies der letzte zu verarbeitende Knoten war und da dieser keinen Nachfolger mehr hat, endet das Verfahren. Der Inhalt von T enthält nun die Knoten in topologischer Ordnung. T: A, E, F, B, C, G, D.

Eine Anwendung des topologischen Sortierens ist beispielsweise die *Task-Steuerung* in parallelen Rechnerarchitekturen. Details dazu wurden bereits in Kapitel 4.3.3 besprochen.

10.8.7 Minimal spannende Bäume

In manchen Anwendungen spielen neben der Menge E aller Kanten eines zusammenhängenden Graphen auch Teilmengen von E eine Rolle, bei denen die Knoten des Graphen schlicht und kreisfrei miteinander verbunden sind. Die Kanten einer derartigen Teilmenge bilden dann zusammen mit den Knoten eines Graphen definitionsgemäß einen Baum, der als *spannender Baum* (*Spanning Tree*) bezeichnet wird, da er den Graphen gewissermaßen „aufspannt". Wird zusätzlich gefordert, dass die

Anzahl der verbleibenden Kanten minimal ist, bzw. dass bei einem bewerteten Graphen die Summe der Länge der verbleibenden Kanten minimal ist, so spricht man von einem *minimal spannenden Baum*.

Eine einfache und effiziente Methode zur Erstellung eines minimal spannenden Baumes für einen gegebenen Graphen mit n Knoten ist der *Algorithmus von Kruskal*. Dazu wird zunächst eine als *Wald* bezeichnete Menge von n disjunkten, atomaren Bäume angelegt, die mit den Knoten (also momentan noch ohne Kanten) des ursprünglichen Baumes initialisiert wird. Nun wird die kürzeste Kante aus der Menge der Kanten gewählt, die zwei beliebige Bäume des Waldes zu einem Baum vereinigt. Die Wahl des Startknotens ist hier also nicht mehr frei. Kanten, die zwei Knoten innerhalb eines Baums verbinden, werden verworfen und aus der weiteren Verarbeitung ausgeschlossen. Auf diese Weise wird iterativ verfahren, bis alle Kanten entweder zum Verbinden disjunkter Bäume verwendet oder verworfen wurden. Es ist klar, dass auf diese Art keine Kreise entstehen können, weshalb der resultierende Baum nach der obigen Definition tatsächlich ein spannender Baum ist. Da in jedem Schritt immer die Kante mit dem kleinsten Gewicht verwendet wird und da diese Entscheidung später nicht mehr revidiert wird, handelt es sich um einen *Greedy Algorithmus* (siehe Kapitel 9.3.3). Man kann zeigen, dass die Greedy-Strategie in diesem Fall auch tatsächlich die korrekte Lösung, also einen minimal spannenden Baum liefert. Im Falle eines zusammenhängenden Graphen sind auch alle Knoten im resultierenden minimal spannenden Baum enthalten, andernfalls ergeben sich zu den *Zusammenhangskomponenten* des Graphen gehörende disjunkte Bäume. Man erkennt außerdem, dass die Auswahl der Kante mit dem jeweils kleinsten Gewicht durch eine *Prioritätswarteschlage* (siehe Kapitel 10.7.4) gelöst werden kann, die in diesem Fall durch einen *Min-Heap* darstellbar ist.

Der Algorithmus von Kruskal lautet als Pseudo-Code:

```
Der Algorithmus von Kruskal zur Ermittlung eines minimal spannenden Baumes
----------------------------------------------------------------------------
Ordne die Kanten E des Graphen G als Prioritätswarteschlange (Min-Heap) P,
wobei die Gewichte der Kanten als Schlüssel dient;

Initialisiere einen Wald W mit den n Knoten als atomaren Bäumen;

WIEDERHOLE
   Entnehme die oberste (also die kürzeste) Kante e(u,v) aus P;
   WENN die durch e verbundenen Knoten u und v in disjunkten Bäumen
      von W liegen, also nicht zu einem Kreis führen;
      DANN vereinige diese beiden Bäume durch Verbinden von u und v;
      SONST verwerfe e(u,v);
BIS P leer ist;

W enthält jetzt einen minimalen spannenden Baum von G;
ENDE
```

Das folgende Beispiel demonstriert die Wirkungsweise des Verfahrens von Kruskal.

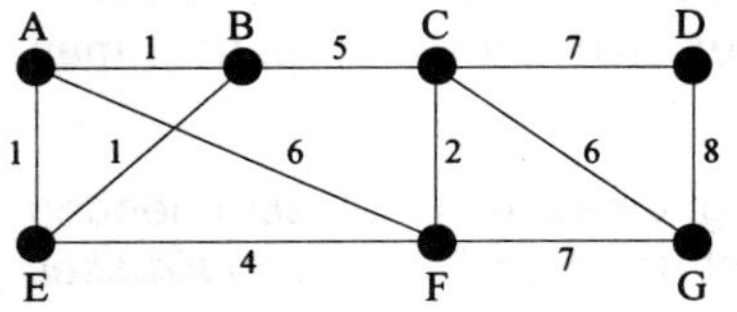

Knotenliste	Kantenlisten mit Gewichten
A	1,B; 1,E; 6,F;
B	1,A; 5,C; 1,E;
C	5,B; 7,D; 2,F; 6,G;
D	7,C; 8,G;
E	1,A; 1,B; 4,F;
F	6,A; 2,C; 4,E; 7,G;
G	6,C; 8,D; 7,F;

Abbildung 10.51: Als Beispiel zur Wirkungsweise des Algorithmus von Kruskal zur Ermittlung eines minimal spannenden Baums für einen Graphen ist hier ein Graph mit Knotenliste und Kantenlisten angegeben.

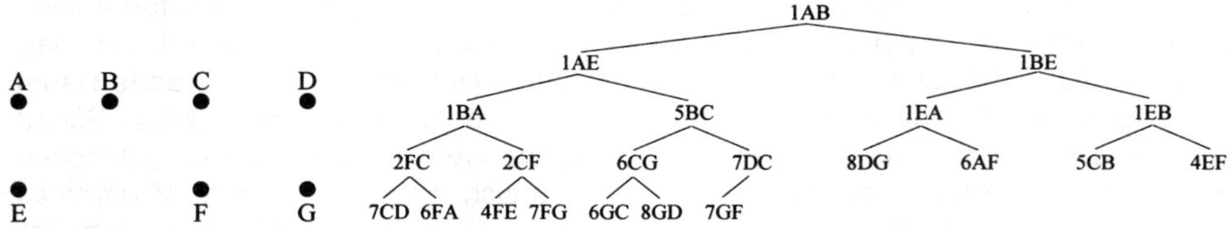

Start.

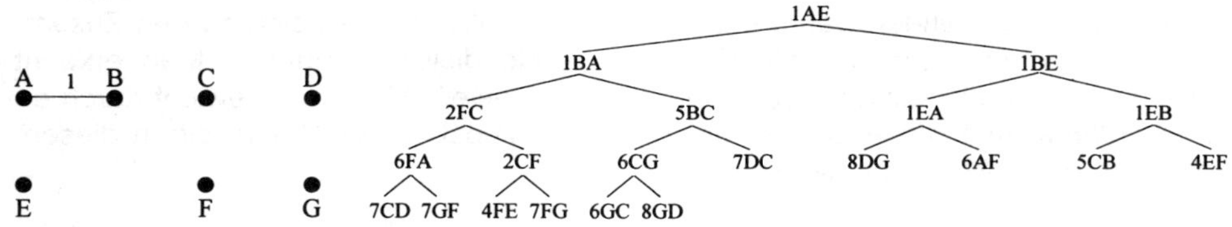

Kante von A nach B mit Gewicht 1 gewählt.

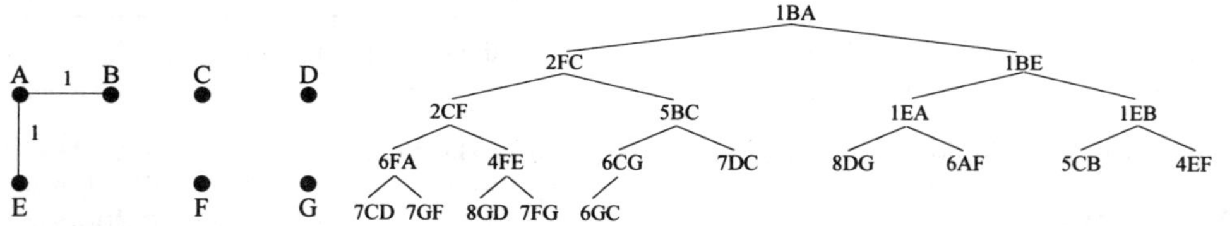

Kante von A nach E mit Gewicht 1 gewählt.

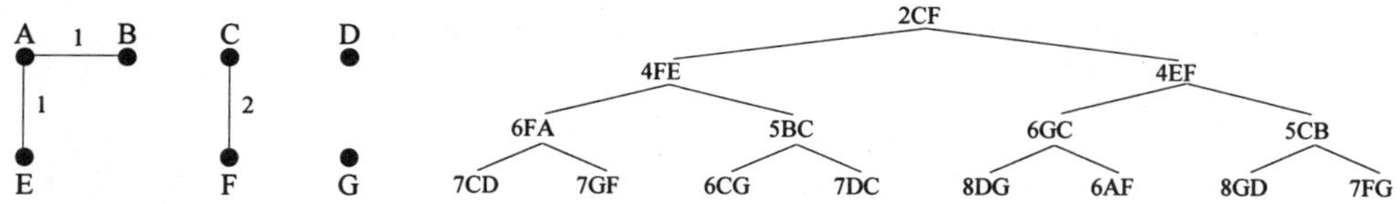

Verworfene Kanten: von B nach A, von B nach E, von E nach A, von E nach B.
Kante von F nach C mit Gewicht 2 gewählt.

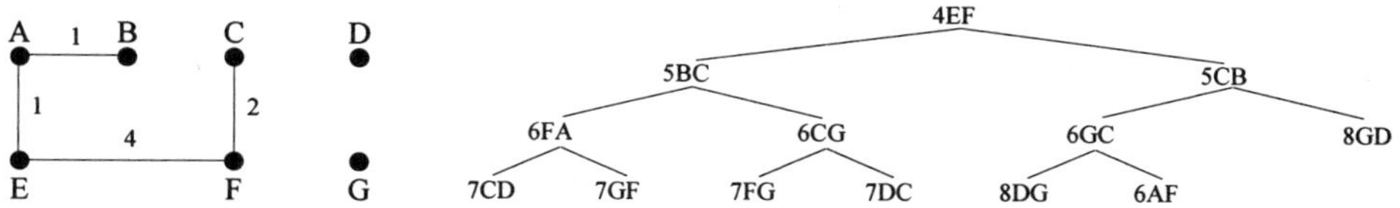

Verworfene Kante: von C nach F.
Kante von F nach E mit Gewicht 4 gewählt

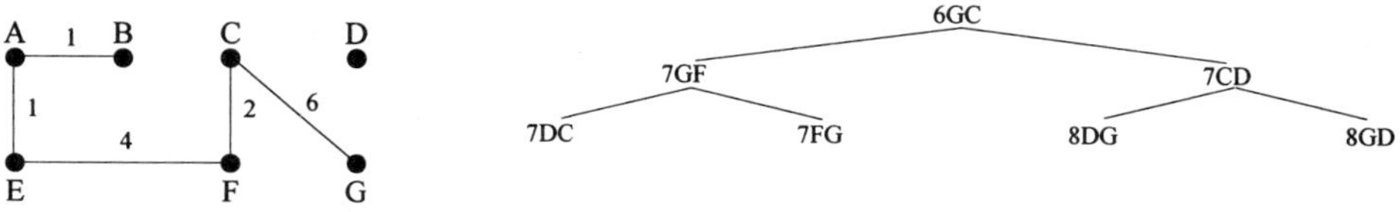

Verworfene Kanten: von E nach F, von B nach C, von C nach B, von A nach F, von F nach A.
Kante von C nach G mit Gewicht 6 gewählt

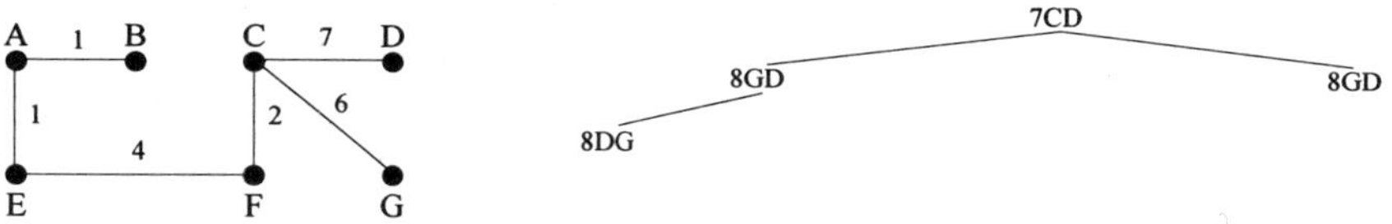

Verworfene Kanten: von G nach C, von G nach F, von F nach G.
Kante von D nach C mit Gewicht 7 gewählt.
Da nun bereits ein Baum erstellt wurde, können die verbleibenden Kanten verworfen werden.

Abbildung 10.52: Mit Hilfe des Algorithmus von Kruskal wird schrittweise eine minimal spannender Baum für den Graphen aus Abbildung 10.51 aufgebaut. Zunächst wird ein Wald mit den Knoten des Graphen initialisiert. Danach wird aus der rechts angegebenen Prioritätswarteschlange (Min-Heap) jeweils die Kante mit dem minimalen Gewicht (also die Wurzel) entnommen und entweder zur Verbindung zweier disjunkter Bäume des Waldes verwendet oder aber verworfen, wenn keine Verbindung möglich ist.

10.8.8 Union-Find Algorithmen

Beim Aufbau minimal spannender Bäume wurden zwei Aspekte nur erwähnt: Zum einen müssen die zum Anfangs- und Endknoten einer gewählten Kante gehörenden Bäume des Waldes W gefunden werden, und zum andern müssen die Knotenmengen zweier disjunkter Bäume vereinigt werden. Die Problematik des *Findens und Vereinigens* lässt sich allgemein auf Mengen erweitern, die in Äquivalenzklassen (entsprechend den Bäumen des Waldes W) unterteilt sind. Verfahren zur Lösung derartiger Aufgaben werden als *Union-Find Algorithmen* bezeichnet.

Man definiert zunächst drei Grundfunktionen:

- make(i,e) Initialisiere eine Menge i mit dem einzigen Element e und füge diese Menge in die Menge W der Mengen ein.
- j=find(x) Ermittle den Namen j der Menge aus W, die das Element x enthält.

- union(i,j,k) Vereinige die Mengen i und j zur Menge k. Lösche die Mengen i und j aus der Menge W und füge k hinzu.

Eine Vereinfachung erzielt man nun dadurch, dass man die in W enthaltenen Mengen nicht durch einen eigenen Namen charakterisiert, sondern durch ihr bei der Initialisierung zugeordnetes erstes Element, das als *kanonisches Element*, *Kopf* oder auch *Wurzel* bezeichnet wird.

Die drei entsprechend modifizierten Grundfunktionen haben damit die Form:

- make(e) Initialisiere eine Menge mit einem einzigen (kanonischen) Element e und füge diese Menge in die Menge W der Mengen ein.
- f=find(x) Ermittle das kanonische Element f derjenigen Menge aus W, die das Element x enthält.
- union(f,g) Vereinige die Mengen mit dem kanonischen Element f und dem kanonischen Element g. Die entstehende Menge erhält das kanonische Element f, die jeweils andere Menge wird entfernt. Durch union(g,f) wird dieselbe Vereinigung vollzogen, jedoch mit g als kanonischem Element.

Mit dieser Nomenklatur kann man den Kern des Algorithmus von Kruskal umformulieren:

Die Endknoten der betrachteten Kante e(u,v) seien u und v;
Bilde u_0=find(u) und v_0=find(v), wobei u_0 und v_0 die kanonischen Elemente der Knotenmengen (Bäume) sind, zu denen u bzw. v gehören;
Wenn $u_0 \neq v_0$ ist, bilde union(u_0,v_0), d.h. vereinige die beiden disjunkten Bäume durch Hinzufügen der Kante e(u,v).

Für die effiziente Ausführung eines Union-Find-Algorithmus erstellt man zunächst eine *Knotenliste*, in die nach einer beliebigen, aber festen Ordnung alle n Knoten eingetragen werden. Der Wald wird dann durch eine zweite Liste (*Waldliste*) derselben Länge repräsentiert. Man kann sich der Einfachheit halber sowohl die Knotenliste als auch die Waldliste als Array knoten[i] und wald[i] mit n Elementen vorstellen. Kanten oder Pfeile treten in dieser Darstellungsweise nicht explizit auf, es wird vielmehr vereinbart, dass von jedem Eintrag in der Waldliste ein Pfeil zu dem korrespondierenden Eintrag der Knotenliste verweist. Die Wurzel (also das kanonische Element) eines Baumes ist dann dadurch gekennzeichnet, dass in der Knotenliste und der Waldliste an derselben Position k identische Knoten eingetragen sind, knoten[k] und wald[k] sind also gleich. Man kann dies auch so interpretieren, dass die Wurzel eines Baumes des Waldes mit einem Pfeil auf sich selbst verweist.

Dies impliziert, dass bei der Initialisierung die Waldliste durch die Funktion make einfach der Inhalt von knoten[i] nach wald[i] kopiert wird.

Auch das Vereinigen union(f,g) zweier Bäume mit den Wurzeln f und g gestaltet sich jetzt sehr einfach:

union(f,g): Die im Wald W enthaltenen Bäume mit den Wurzeln f und g werden vereinigt

---

Gegeben ist ein Graph G mit n Knoten;
Die Knoten sind als Knotenliste in einem Array knoten[i] gespeichert;
Durch das Arrays wald[i] ist ein Wald definiert;
Es wird vorausgesetzt, dass die Knoten f und g existieren;
SUCHE f im Array knoten[i]; die Position von f sei pos;
SETZE wald[pos]=g;
ENDE.

Es ist anzumerken, dass in diesem einfachen Union-Algorithmus durch union(f,g) immer die Wurzeln f und g der beiden Bäume durch einen Pfeil verbunden werden. Man nimmt also an, dass die Kantenstruktur innerhalb eines Baumes nur eine Klassenzugehörigkeit wiederspiegelt und darüber hinaus - anders als im Falle des Aufstellens minimal spannender Bäume - keine Rolle spielt.

Es bleibt nun noch die Funktion f=find(x) zu erläutern. Sie gibt die Wurzel (das kanonische Element) des Baumes zurück, zu dem der Knoten x gehört. Dies beinhaltet jetzt folgende Operationen:

f=find(x): Bestimmung der Wurzel des Baumes, der den Knoten x enthält

---

Der Wald W enthält n Knoten und ist durch die Arrays knoten[i] und wald[i] definiert.
1. SETZE y=x;
2. SUCHE y im Array knoten[i]; die Position von y sei pos;
3. WENN y nicht im Array knoten gefunden wurde:
   „der gesuchte Knoten existiert nicht";
   ENDE;
4. WENN wald[pos]≠y
   SETZE y=wald[pos]
   GEHE zu 2.
5. SONST „Die Wurzel lautet y";
   ENDE.

Das folgende Beispiel verdeutlicht die Wirkung der Funtionen make und union.

a)

Index:	1	2	3	4	5	6	7	8	9
knoten:	A	B	C	D	E	F	G	H	I
wald:	A	B	C	D	E	F	G	H	I

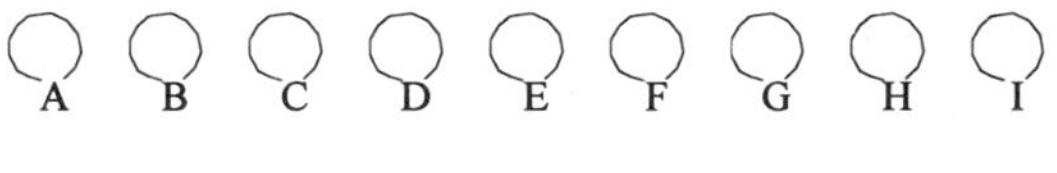

b)

Index:	1	2	3	4	5	6	7	8	9
knoten:	A	B	C	D	E	F	G	H	I
wald:	A	A	C	D	C	A	D	H	H

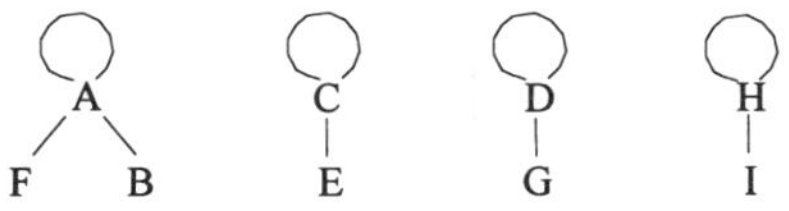

c)

Index:	1	2	3	4	5	6	7	8	9
knoten:	A	B	C	D	E	F	G	H	I
wald:	A	A	H	C	C	A	D	H	H

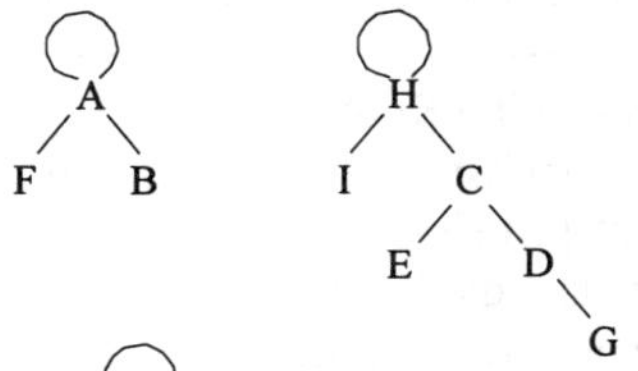

d)

Index:	1	2	3	4	5	6	7	8	9
knoten:	A	B	C	D	E	F	G	H	I
wald:	A	A	H	C	C	A	D	A	H

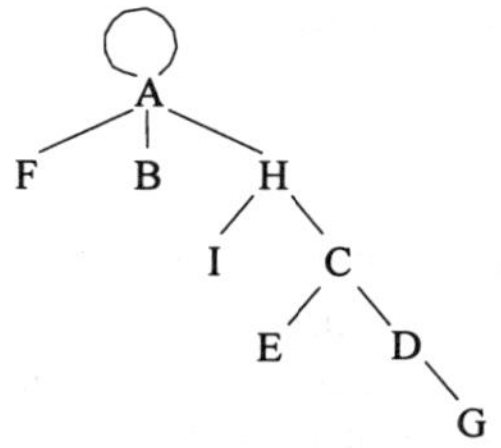

Abbildung 10.53: Zur Erläuterung der Funktionen make und union.

a) Ein Wald mit n=9 Knoten wurde mit den Knoten A, B, C, D, E, F, G, H, I initialisiert. Die Arrays knoten und wald sind danach identisch.

b) Die Operationen union(A,F), union(A,B), union(C,E), union(D,G) und union(H,I) wurden ausgeführt.

c) Die Operationen union(C,D) und union(H,C) wurden ausgeführt.

d) Die Operation union(A,H) wurde ausgeführt.

Zur Begrenzung der Komplexität der Funktion find ist es von Vorteil, wenn die Knotenliste in geordneter Form vorliegen, damit das Suchen nach einem bestimmten Knoten mit dem Aufwand ld(n) mit Hilfe binärer Suche erfolgen kann.

Wird in dem obigen Beispiel nach dem Knoten G gefragt, so erfordert find(G) fünf Suchschritte, nämlich G,D,C,H,A, bis endlich die Wurzel H erreicht wurde. Zur Verringerung dieses Aufwands muss man die Tiefe des nach einigen Vereinigungs-Schritten resultierenden Baumes verringern. Dies gelingt dadurch, dass man bei jedem Schritt die Tiefe der beteiligten Bäume prüft, welcher der beiden Bäume der Tiefere ist. Man führt dann union(f,g) aus, wenn die Tiefe des Baumes mit Wurzel f größer ist als die des Baumes mit Wurzel g. Ansonsten wird union(g,f) ausgeführt.

Dadurch bleibt die Tiefe der entstehenden Bäume durch log(n) beschränkt, so dass die Komplexität im ungünstigsten Fall $\mathcal{O}(\log(n))$ beträgt.

Die folgende Abbildung gibt dafür ein Beispiel.

a)

Index:	1	2	3	4	5	6	7	8	9
knoten:	A	B	C	D	E	F	G	H	I
wald:	A	B	C	D	E	F	G	H	I

b)

Index:	1	2	3	4	5	6	7	8	9
knoten:	A	B	C	D	E	F	G	H	I
wald:	A	A	H	C	C	A	D	A	H

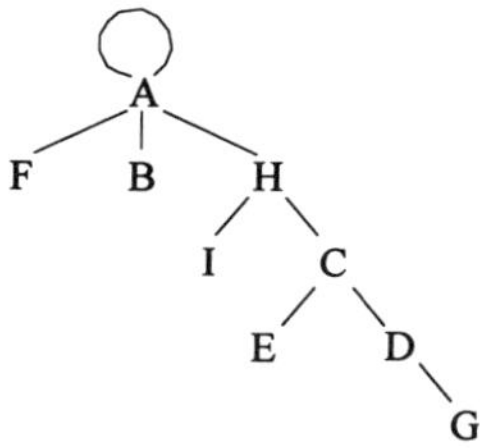

c)

Index:	1	2	3	4	5	6	7	8	9
knoten:	A	B	C	D	E	F	G	H	I
wald:	C	A	C	C	C	A	D	C	H

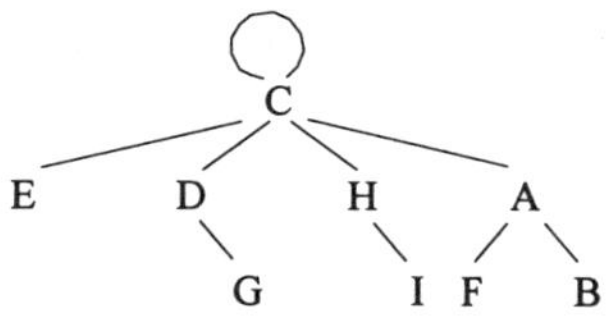

Abbildung 10.54: Wählt man bei der Vereinigung von Bäumen immer die Wurzel des tieferen Baumes als neue Wurzel, so wird die Tiefe des entstehenden Baumes minimiert.

a) Ein Wald mit n=9 Knoten wurde mit den Knoten A, B, C, D, E, F, G, H, I initialisiert.

b) Die Operationen union(A,F), union(A,B), union(C,E), union(D,G), union(H,I), union(C,D), union(H,C) und union(A,H) wurden ausgeführt. Der resultierende Baum hat die Tiefe 5.

c) Die Operationen union(A,F), union(A,B), union(C,E), union(D,G), union(H,I), union(C,D), union(C,H) und union(C,A) wurden ausgeführt. Der resultierende Baum hat jetzt nur die Tiefe 3.

11 Kommunikations- und Informationstechnik

Nach langen Jahren getrennter Entwicklung war gegen Ende der 80er Jahre ein starker Trend zu einer Annäherung der Bereiche Computer, Medien und Telekommunikation zu beobachten. Wegen ihrer teilweise parallelen Zielsetzungen und gemeinsamen technologischen Basis sind diese Gebiete mittlerweile zur *Informationstechnik* (*Information Technology*, *IT*) zusammengewachsen. Ein Grund dafür ist nicht zuletzt die längst zum Standard avancierte digitale Verarbeitung nicht nur in der DV-Technik sondern auch in der Telekommunikation, der Television und den Print-Medien. Die Möglichkeiten der Generierung, Speicherung, Auffindung, Übermittlung und Darstellung von Informationen jeglicher Art in einer auch hohen Ansprüchen genügenden Geschwindigkeit und Qualität, haben unsere Welt inzwischen bereits derart geprägt, dass man mit Recht von einem Aufbruch ins *Informationszeitalter* sprechen kann. Aufbauend auf der technischen Grundlage der Datenkommunikation nehmen Multimedia-Anwendungen, (verteilte) Datenbanken und das kulturprägende *Internet* eine immer wichtigere Stellung innerhalb der Informatik ein.

11.1 Informationsübertragung und Datenkommunikation

11.1.1 Einführung

Datenkommunikation und Informationstechnik

Unter *Datenkommunikation* versteht man Senden, Empfangen und Speichern binär codierter Daten unter Verwendung von Sende-, Empfangs- und Speichergeräten, die in Rechner integriert sein können. Es ist dies eine wichtige Komponente der *Mensch/Maschine-Schnittstelle*, die in vielen Bereichen der Datenverarbeitung, insbesondere aber in der Kommunikations- und Informationstechnik eine wesentliche Rolle spielt. Im Einzelnen geht es bei der Datenkommunikation um Aufbau und Operationsprinzipien von Daten- und Rechnernetzen sowie um Kommunikationsverfahren. Zu erwähnen ist die enge Beziehung der Informationstechnik zur Nachrichtentechnik [Bög98].

Dieses Kapitel behandelt die allgemeinen Grundlagen und ausgewählte technische Aspekte der Datenkommunikation. In Kapitel 4.3 sind ebenfalls einige Details zum Thema Rechnernetze zu finden.

Man kann die Datenkommunikation als Basis der digitalen Informationstechnologie bezeichnen. Als die maßgeblichen technischen Gründe für deren Erfolg sind zu nennen:

- *Geringe Störanfälligkeit.* Durch die Umsetzung kontinuierlicher analoger Signale in eine vergleichsweise geringe Anzahl digitaler Zustände ist auch bei stark gestörten und verrauschten Signalen eine exakte Rückgewinnung des Original-Signals mit geringem technischem Aufwand möglich. Die Übertragung, Speicherung und Erstellung beliebig vieler identischer Kopien digitaler Dokumente bietet daher - anders als in der Analogtechnik - keine Probleme.

- *Hohe Sicherheit.* Erst durch die Digitalisierung analoger Signale, also deren Übertragung in diskrete numerische Form, sind effektive Verschlüsselungsmethoden auf mathematischer Grundlage überhaupt möglich geworden (siehe Kapitel 2.10).

- *Niedrige Kosten.* Wegen der geringen Anzahl diskreter Zustände sind digitale Schaltkreise wesentlich einfacher als vergleichbare analoge Schaltkreise. Sie sind daher mit hoher Integrationsdichte und geringem Materialbedarf sehr preisgünstig in großen Mengen herstellbar. Miniaturisierung, niedriger Stromverbrauch und geringer Wartungsbedarf tragen ebenfalls zur Kostensenkung bei.

- *Mehrwert durch Integration verschiedener Bereiche.* Operationen auf binärer Basis, insbesondere Übertragung und Speicherung, sind vom Inhalt der binären Daten weitgehend unabhängig. Erst bei der Darstellung kommt es darauf an, ob man es mit Messwerten, Texten, Bildern, Musik, Sprache oder Computerprogrammen zu tun hat. Viele aus der Datenverarbeitung bekannte Merkmale, beispielsweise effiziente Suchverfahren, sind daher auch für andere Medien einsetzbar.

- Die seit langem bestehenden analogen *Telekommunikationsnetze* sind unter Verwendung von Modems auch für den Transport digitaler Daten und damit für die Datenverarbeitung mit verteilten Systemen nutzbar. Dazu kommt, dass jede Art von Information in ihrer digitalen Codierung direkt durch Computer weiterbearbeitet werden kann. Eine Konsequenz davon ist der Erfolg des digitalen *ISDN-Netzes* der Deutschen Telekom AG, das binäre Daten unabhängig von ihrer Bedeutung transportieren kann.

Die Hauptkomponenten eines Kommunikationsnetzes

Ein *Kommunikationsnetz* besteht aus *Übertragungswegen* und damit verbundenen *Datenstationen*. Die Übertragungswege beinhalten das eigentliche physikalische *Leitungsnetz* sowie *Vermittlungseinheiten*.

Der Datenaustausch findet zwischen den *Datenstationen* (*Terminals*, *Datenübertragungsendstellen*) statt. Diese bestehen aus einer *Datenendeinrichtung* (*DEE*), die Daten empfängt und/oder sendet sowie einer *Datenübertragungseinrichtung* (*DÜE*), die empfangene Daten und Steuerinformationen in eine für die DEE verwertbare Form umwandelt, bzw. von der DEE erhaltene Daten an die Erfordernisse des Leitungsnetzes anpasst und dann versendet. Eine DÜE ist im Wesentlichen ein *Signalumsetzer* (*Modem*), häufig ergänzt um Hilfssysteme, etwa zum Fehlerschutz, zur Synchronisation und zum manuellen oder automatischen Aufbau von Verbindungen.

In der folgenden Abbildung sind die genannten Komponenten und deren Zusammenwirken skizziert.

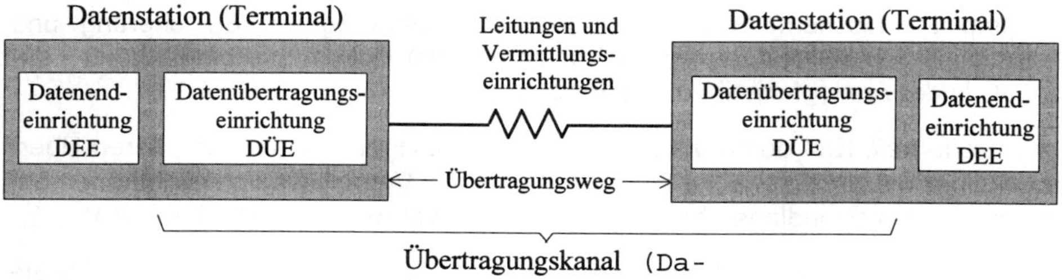

Abbildung 11.1: Die Hauptkomponenten bei der Datenübertragung.

Klassifizierung von Kommunikationsnetzen

Man kann Kommunikationsnetze nach einer Reihe verschiedener Merkmale klassifizieren. Nahe liegend ist die Unterscheidung nach der räumlichen Ausdehnung des Netzes.

Von *Datenfernübertragung* und *Weitverkehrsnetzen* (*Wide Area Networks*, *WAN*) spricht man, wenn die Übertragungswege länger sind als einige wenige Kilometer. Das älteste und allgemein bekannte WAN ist das *Fernsprechnetz*, das längst auch für die Übertragung digitaler Daten verwendet wird. Als weiteres WAN ist das *Telex-Netz* zu nennen, das mehr als 50 Jahre lang als einziger weltumspannender Text-Kommunikationsdienst mit Hilfe von Fernschreibern genutzt wurde. Später wurde dann Telex durch das Computer-taugliche *Teletex* ersetzt. Die Zukunft gehört hier digitalen Netzen wie *ISDN* (siehe Kapitel 11.1.5).

Ein Kommunikationsnetz mit räumlich beschränkter Ausdehnung, beispielsweise innerhalb eines Gebäudekomplexes, bezeichnet man als *lokales Netz* (*Local Area Network*, *LAN*). Weist dieses lokale Netz für die Datenverarbeitung typische Merkmale auf, so klassifiziert man es genauer als *lokales Rechnernetz* (siehe Kapitel 11.1.6 und 4.3). Die Klassifizierung nach der räumlichen Ausdehnung hat ihren physikalischen Grund darin, dass bei lokalen Netzen entfernungsabhängige Signallaufzeiten (wegen der endlichen Lichtgeschwindigkeit) nur eine untergeordnete Rolle spielen. Dies wirkt sich vereinfachend auf den Betrieb solcher Netze aus. Bei WANs sind Laufzeiteffekte dagegen von großer Bedeutung, insbesondere bei Satellitenübertragungen. Ein weiteres Merkmal von LANs ist, dass diese in der Regel privat betrieben werden, also unabhängig von öffentlichen Anbietern sind. Als Konsequenz daraus muss man im Gegensatz zu öffentlichen Netzen mit der Auslastung nicht sparsam sein, da die Kosten eher durch die Investition als durch den Betrieb bestimmt sind. Man unterscheidet ferner noch *regionale Netze* für Städte und Ballungsgebiete (*Metropolitan Area Networks*, *MAN*), die in ihrer Größe zwischen LANs und WANs angesiedelt sind. Dafür bietet die Deutsche Telekom das mit 155 MBit/sec arbeitende Hochgeschwindigkeitsnetz *Datex-M* an.

Ein weiteres Unterscheidungsmerkmal von Netzen ist das Prinzip des *Verbindungsaufbaus* zwischen zwei Datenstationen. Man unterscheidet *Wählverbindungen*, bei denen im Bedarfsfall eine unmittelbare Verbindung zwischen den Teilnehmern hergestellt wird und *Standleitungen* mit einer permanenten Verbindung. Bei der *Paketvermittlung* sind Sender und Empfänger dagegen nicht direkt miteinander verbunden. Es werden stattdessen *Datenpakete* über variierende Pfade im Netz an den Empfänger übermittelt.

Man klassifiziert Kommunikationsnetze ferner danach, ob die Datenübertragung *synchron* mit fester zeitlicher Beziehung zwischen den Daten erfolgt - wie dies etwa bei Videoübertragungen erforderlich ist - , oder aber asynchron.

In den folgenden Kapiteln wird auf diese Merkmale von Kommunikationsnetzen detaillierter eingegangen.

Standardisierung

Der Austausch von Daten zwischen zwei verschiedenen Datenstationen, insbesondere Rechenanlagen, erfordert standardisierte Übertragungsverfahren. Andernfalls müssten sich ja zwei Datenstationen vor jedem Datenaustausch über die zu verwendende Technik verständigen. Das Problem der Standardisierung ist durchaus nicht trivial, zumal wenn Geräte unterschiedlicher Art beteiligt sind. Verschiedenartige Betriebssysteme auf Rechnern verschiedener Hersteller sind normalerweise nicht von sich aus dazu in der Lage, Daten auszutauschen. Gerade das muss aber beim Betrieb von Datennetzen in *offenen Systemen* (*Open Systems*) sichergestellt werden. Unter einem offenen System ist dabei ganz allgemein ein Verbund aus kommunikationsfähigen Geräten (normalerweise Rechnern) zu verstehen, das allen Benutzern zugänglich ist, die bestimmte, verbindlich festgelegte Regeln für den Anschluss und die Benutzung einhalten.

Der Ablauf einer Datenübertragung erfolgt nach einem standardisierten, algorithmischen Schema, das als *Kommunikationsprotokoll* bezeichnet wird. Standards werden oftmals als Normen von nationalen und internationalen Gremien festgelegt, beispielsweise durch die *ISO* (*International Standardization Organization*), von der auch das für die Datenkommunikation grundlegende, in Kapitel 11.1.4 beschriebene *OSI-Modell* stammt. Oft etablieren sich Normen auch durch marktbestimmende Produkte oder Verfahren als Industriestandards. Auch dies ist im Bereich der Datenkommunikation durch die im Internet üblichen Datenprotokolle *TCP/IP* teilweise der Fall.

11.1.2 Technische Grundlagen der Datenübertragung

Kanalkapazität und Bandbreite

Von grundlegender Bedeutung für die Praxis der Datenübertragung ist der technische Begriff des *Kanals* über den Daten, oder besser gesagt die darin enthaltenen Informationen, übertragen werden sollen. Ein Kanal kann dabei im physikalischen Sinne eine einfache Kupferdrahtleitung, ein Koaxialkabel, ein Glasfaserkabel oder auch (bei Funkübertragung) der freie Raum sein. Eine wichtige Größe zur Bewertung von Übertragungskanälen ist die *Kanalkapazität* C bzw. der *Informationsfluss* $\dot{H}$. Darunter versteht man in diesem Zusammenhang den pro Zeiteinheit t übertragenen mittleren Informationsgehalt H (siehe Kapitel 2.5):

$$C \approx H/t = \dot{H} \qquad [\text{Bit/sec}]$$

Der Punkt über dem H bedeutet hier die Ableitung nach der Zeit. Bei einer nach dem *Nyquistschen Abtasttheorem* (siehe Kapitel 2.3.1) erzeugten Nachricht muss in der Sampling-Zeitspanne $t_s = 1/2\nu_G$ ein Zeichen (entsprechend einem abgetasteten Punkt einer diskretisierten Funktion) übertragen werden. Damit erhält man:

$$C = H/t_s = 2\nu_G H \qquad [\text{Bit/sec}]$$

Bei einer Verfeinerung der Quantelung werden neben dem *Nutzsignal* auch *Störungen* effektiver übertragen. Lässt sich die Störung als *weißes Rauschen* beschreiben (das ist beispielsweise bei thermischem bzw. elektronischem Rauschen der Fall), so ergibt sich eine *maximale Kanalkapazität* C_{max} von:

$$C_{max} = 2\nu_K H_{max} = \nu_K \mathrm{ld}(1 + N_S/N_r)$$

Dabei ist N_s die Leistung des *Nutzsignals* und N_r die Leistung des *Rauschsignals*. N_s/N_r wird als *Signal/Rausch-Verhältnis* (*Signal-to-Noise Ratio*) bezeichnet. Im Unterschied zu der *Grenzfrequenz* bzw. *Bandbreite* eines Signals, die mit ν_G bezeichnet wird, ist mit ν_K die in Hertz [Hz] gemessene *Grenzfrequenz* oder *Bandbreite* des Übertragungskanals gemeint.

Die maximale Kanalkapazität kann also nur durch Erhöhen der Bandbreite ν_K des Übertragungskanals oder durch Verbesserung des Signal/Rausch-Verhältnisses N_s/N_r vergrößert werden. Die folgende Tabelle zeigt einige Daten von Übertragungskanälen.

Bei den häufig verwendeten *seriellen Schnittstellen* wird digitale Information bitseriell mit Hilfe von *Modems* über Telekommunikationskanäle übertragen. Bei Verwendung des auf Sprachübermittlung optimierten und daher relativ schmalbandigen Fernsprechnetzes wird für die binäre 1 eine Tonfrequenz von 1200 Hz verwendet und für die binäre 0 eine Tonfrequenz von 1350 Hz. Der Informationsfluss wird in diesem Fall durch die (inzwischen kaum mehr gebräuchliche) Maßeinheit *Baud* gemessen, womit die Anzahl der Frequenzwechsel pro Sekunde angegeben wird. Ein gebräuchlicher Wert ist 9600 Baud, entsprechend ca. 1 kByte/sec.

Tabelle 11.1: Einige technische Kanalkapazitäten.

Kanal	ν_G	N_s/N_r	C_{max} [Bit/sec]
Telex-Netz	240	2^6	$0.64 \cdot 10^3$
Fernsprechnetz	$3 \cdot 10^3$	2^{17}	$51 \cdot 10^3$
Fernsehkanal	$7 \cdot 10^6$	2^{17}	$130 \cdot 10^6$

Die Kanalkapazitäten biologischer Sinnesorgane liegen in ähnlichen Größenordnungen wie die technischen Kanalkapazitäten:

$C_{Ohr} \approx 5 \cdot 10^4$ Bit/sec, $C_{Auge} \approx 5 \cdot 10^6$ Bit/sec

Die Geschwindigkeit der Informationsverarbeitung im menschlichen Gehirn ist dagegen mit ca. 50 Bit/sec im Vergleich zu biologischen Kanalkapazitäten gering.

Modulation

Die zu übertragenden Daten müssen an die Erfordernisse der Übertragungswege und der physikalischen Art der Übertragung angepasst werden. Dies geschieht durch *Modulation*, d.h. durch eine gezielte Beeinflussung eines für den verwendeten Kanal typischen und diesem optimal angepassten *Trägersignals* durch das modulierende, die Information tragende *Nutzsignal* oder *Basisbandsignal*. Auf das weiter unten erläuterte OSI-Modell bezogen, gehört dieser Schritt zur ersten (physikalischen) Schicht.

Im einfachsten Fall, der *Basisbandübertragung*, wird das Nutzsignal ohne Verwendung einer Trägerfrequenz direkt übermittelt. Wird dabei vor der Übertragung eine *Kanalcodierung*, d.h. eine Signalanpassung an die Erfordernisse des Kommunikationskanals vorgenommen, so spricht man auch von einer *Basisbandmodulation*. Zu der Siganlanpassung gehört neben der Pegelanpassung (z.B. $\geq$3V entspricht 1) meist auch eine Signalumformung. Häufig wird die *Manchester-Codierung* eingesetzt, bei der neben dem zu sendenden Bit-Signal zur Erhöhung der Satörsicherheit auch dessen Komplement mit übertragen wird. Vielfach wird auch die *NRZ-Codierung* (*No Return to Zero*) angewendet; dabei bleibt das Signal bei aufeinander folgenden Einsen auf High-Pegel und bei aufeinander folgenden Nullen auf Low-Pegel. Ein Umschalten von High auf Low bzw. von Low auf High erfolgt nur bei einem Wechsel $1 \rightarrow 0$ bzw. $0 \rightarrow 1$. In lokalen Rechnernetzen wird meist diese Basisbandmodulation verwendet, während in WANs die digitale Modulation hochfrequenter Träger überwiegt.

Bei der *kontinuierlichen Modulation* ist das von der Zeit t abhängige Trägersignal $x(t)$ eine *Sinus-Schwingung* der Art:

$$x(t) = A \cdot \sin(2\pi f t + \varphi)$$

Dabei sind A die Amplitude, f die Frequenz und φ der Phasenwinkel des hochfrequenten Trägersignals. Bei der Modulation mit einem niederfrequenten, analogen Nutzsignal kann man nun eine dieser Größen in Proportion zu den zu sendenden Daten zeitabhängig variieren. Man hat demnach die folgenden grundsätzlichen Modulationsarten:

Amplitudenmodulation (*AM*): Variation der Amplitude A

Frequenzmodularion (*FM*): Variation der Frequenz f

Phasenmodularion (*PM*): Variation der Phase φ

Gelegentlich wird auch die gemeinsame Variation von Frequenz und Phase betrachtet, die *Winkelmodulation*. Diese kontinuierlichen Modulationstechniken, insbesondere die sehr störsichere Frequenzmodulation, werden unter anderem in der *Rundfunk-* und *Fernsehtechnik* eingesetzt.

Da man es bei der Datenfernübertragung in der Regel nicht mit kontinuierlichen Nutzsignalen, sondern mit binären Signalen zu tun hat (siehe Kapitel 2.3), ergibt sich eine spezielle Modulationsvariante, die *digitale Modulation* oder *Umtastung*. Dazu wird die zu modulierende Größe zwischen zwei Werten umgeschaltet, beispielsweise zwischen 25% und 100% des Nominalwerts, entsprechend einem *Modulationsgrad* von 75%. Man spricht dann auch von *Amplitudenumtastung* (*Amplitude Shift Keying, ASK*), *Frequenzumtastung* (*Frequency Shift Keying, FSK*) und *Phasenumtastung* (*Phase Shift Keying, PSK*). Aus Abbildung 11.2 geht die Wirkungsweise dieses Verfahrens hervor.

Ginge man von exakt rechteckigen Signalformen aus, so wäre im Prinzip eine unendlich hohe Bandbreite erforderlich. Man kann jedoch ein Rechtecksignal immer so durch ein Sinussignal ersetzen, dass das ursprüngliche Rechtecksignal daraus wieder exakt rekonstruiert werden kann. In der Praxis genügt dann eine Bandbreite, die ungefähr der dreifachen Frequenz der Grundwelle des Nutzsignals entspricht.

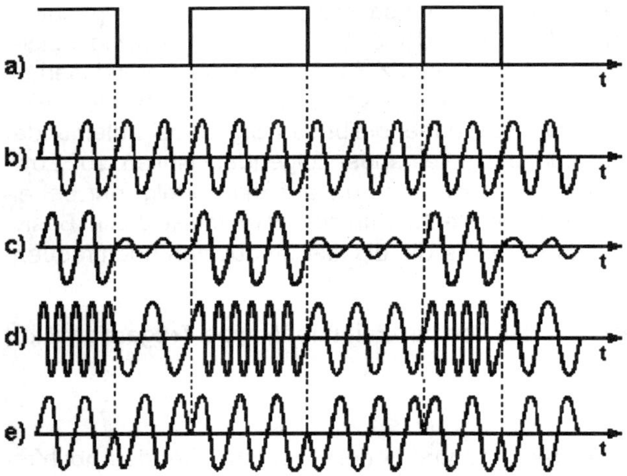

Abbildung 11.2: Umtastung mit Amplitudenmodulation, Frequenzmodulation und Phasenmodulation.
a) Zu sendendes binäres Signal b) Unmoduliertes Trägersignal
c) Amplitudentastung d) Frequenztastung e) Phasentastung

Verwendet man als Trägersignal nicht Sinusschwingungen, sondern Pulsfolgen, so spricht man von einer *Pulsmodulation*. Auch hier kann man wieder Amplituden, Frequenzen und Phasen variieren. Zusätzlich besteht noch die Möglichkeit der *Pulslängen-Modulation*, bei der die Länge der Pulse des Trägersignals modifiziert werden. Zu erwähnen ist schließlich noch die *Pulsecode-Modulation* (*PCM*), d.h. die Abtastung eines analogen, bandbegrenzten Signals nach dem Abtasttheorem und die Übertragung der resultierenden diskreten Abtastpulse. Die PCM ist, wie in Kapitel 2.3 erläutert, generell bei der Umwandlung analoger Signale in eine digitale Repräsentation von Bedeutung.

Die Geräte zur *Modulation* auf der Senderseite und *Demodulation* auf der Empfängerseite werden als *Modems* bezeichnet.

11.1.3 Strukturen und Operationsprinzipien von Netzen

Übertragungsprinzipien

Die Übertragung digitaler Daten kann auf sehr viele unterschiedliche Arten durchgeführt werden. Man unterscheidet vor allem die folgenden Prinzipien, die auch gemischt auftreten können:

- *Serielle Datenübermittlung.* Die einzelnen Datenbits werden nacheinander (seriell) über denselben Kanal übermittelt. Von Vorteil ist, dass die Übertragungsleitungen einfach und preiswert ausgeführt werden können, es genügt im Prinzip eine *Zweidrahtleitung*.

- *Parallele Datenübermittlung.* Mehrere Datenbits (beispielsweise 8) werden gleichzeitig (parallel) übertragen. Diese Technik ist prinzipiell schneller als die serielle Übertragung, erfordert aber naturgemäß einen höheren Leitungsaufwand.

Man unterscheidet ferner *synchrone* und *asynchrone* Übertragung. Bei einer synchronen Datenübertragung bleiben eventuell bestehende zeitliche Beziehungen zwischen den Daten bei der Übertragung erhalten, bei der asynchronen Übertragung ist das nicht notwendigerweise der Fall.

Ein weiteres Merkmal von Übertragungskanälen ist die Richtung des Informationsflusses. Die entsprechenden Verfahren sind:

- *Simplex-Verfahren.* Die Informationsübertragung erfolgt immer nur in einer Richtung. Diese Betriebsart ist für den allgemeinen Datenverkehr nicht geeignet, wird aber beispielsweise in der Prozessdatenverarbeitung bei der Übermittlung von Messwerten oder Steuersignalen eingesetzt.

- *Duplex-Verfahren* (auch *Vollduplex-Verfahren*). In dieser Betriebsart ist jederzeit gleichzeitiges Senden und Empfangen möglich. Bei serieller Datenübertragung kann dies am einfachsten mit Hilfe einer *Vierdrahtleitung* realisiert werden. Doch ist bei Einsatz von *Richtungstrennern* auch mit einer Zweidrahtleitung Duplexbetrieb möglich. Verwendet man beispielsweise unterschiedliche Trägerfrequenzen für den Hin- und den Rückkanal, so kann die Kanaltrennung durch Frequenzweichen realisiert werden.

- *Halbduplex-Verfahren*. Hier ist zwar keine gleichzeitige Datenübertragung in beiden Richtungen möglich, die Übertragungsrichtung kann jedoch jederzeit umgeschaltet werden.

In Abbildung 11.3 sind die oben beschriebenen Verfahren skizziert.

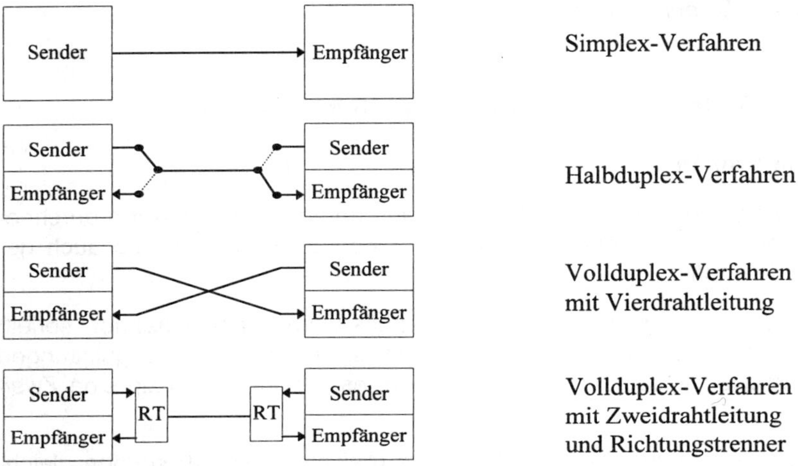

Abbildung 11.3: Prinzipien der richtungsabhängigen Datenübertragung.

Netztopologien

Datenübertragungskanäle werden über *Knoten* zu *Netzen* zusammengeschaltet. Die *topologische Struktur* des Netzes legt die gegenseitige Zuordnung von Teilnehmern, Vermittlungseinrichtungen und Leitungen fest. Abbildung 11.4 zeigt die wichtigsten Grundstrukturen.

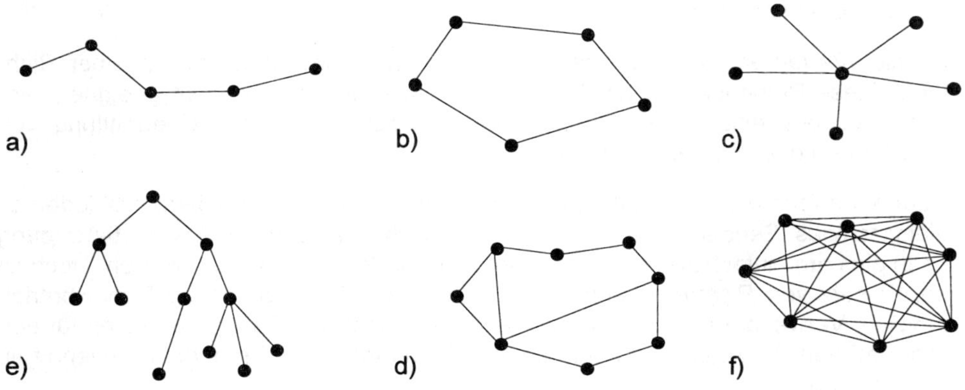

Abbildung 11.4: Grundstrukturen von Netzverbindungen.
a) Liniennetz b) Ringnetz c) Sternnetz d) Netz mit Baumstruktur
e) Teilvermaschtes Netz f) Voll vermaschtes Netz

Liniennetze sind typisch für Busverbindungen und mit dem geringsten Leitungsaufwand zu realisieren. Allerdings sind sie gegen Leitungsausfall empfindlich. *Ringstrukturen* werden vornehmlich in Rechnernetzen eingesetzt, vgl. dazu das in Kapitel 11.1.6 beschriebene Token-Ring-Verfahren. Bei *Stern-* und *Baumnetzen* erfolgt die Kommunikation über einen zentralen Knoten. *Vermaschte Netze* zeichnen sich durch hohe Ausfallsicherheit aus, da immer alternative Verbindungswege bestehen. Der Leitungsaufwand ist allerdings erheblich, insbesondere für voll vermaschte Netze, bei denen jeder Knoten mit jedem anderen direkt verbunden ist.

Vermittlungsprinzipien

Ein wesentliches Element von Kommunikationsnetzen ist das Prinzip des *Verbindungsaufbaus* zwischen zwei Datenstationen. Von einer *Wählverbindung* spricht man, wenn bei dem betreffenden Netz die Verbindung nur während der Zeit der Kommunikation physikalisch als *Punkt-zu-Punkt-Verbindung* aufrecht erhalten wird. Dies ist in *Fernsprechnetzen* der Normalfall. Im Unterschied dazu sind bei intensiverem Datenaustausch auch *Standleitungen* in Gebrauch, bei denen die Verbindung zwischen den Teilnehmern permanent bestehen bleibt. Das Prinzip des Aufbaus einer unmittelbaren physikalischen Verbindung zwischen zwei Datenstationen bezeichnet man als *Leitungsvermittlung* (*Circuit Switching*). Um herauszustellen, dass eine direkte Verbindung über verschiedene Wege geschaltet werden kann, spricht man auch von Routing. Ein Beispiel für ein Datennetz mit Leitungsvermittlung ist das *Datex-L-Netz* der Telekom.

Eine Alternative zur Leitungsvermittlung ist die *Nachrichtenvermittlung*, bei der zu übertragende Daten ggf. über Zwischenstationen anhand einer mit den Daten verbundenen Adresse vom Sender an den Empfänger übermittelt werden. Eine im Vergleich zur Leitungsvermittlung bessere Nutzung der Resourcen des Netzes erreicht man durch die bei *Paketdiensten* eingesetzte *Paketvermittlung* (*Packet Switching*), einer Variante der Nachrichtenvermittlung. Sender und Empfänger stehen also nicht direkt in unmittelbarer Verbindung. Auf der Senderseite werden stattdessen die zu sendenden Daten in Blöcke (*Pakete*) einer maximalen Länge unterteilt und mit der Adresse des Empfängers versehen an das Datennetz übergeben. Das Netz sorgt dann für die Zwischenspeicherung der Datenpakete und deren Zustellung an den Empfänger, sobald die erforderlichen Leitungen frei sind. Die Leitungen des Netzes sind daher wesentlich gleichmäßiger ausgelastet als bei direkten Wählverbindungen, so dass man insgesamt mit einer geringeren Anzahl von Leitungen auskommt und dementsprechend Kosten sparen kann. In Deutschland bietet beispielsweise die Deutsche Telekom mit *Datex-P* einen Paketdienst an. Ein Nachteil der Paketvermittlung ist der zusätzliche Verwaltungsufwand sowie der von der Auslastung abhängige und daher nicht exakt zu bestimmende Zeitbedarf für die Übermittlung einer Nachricht.

Ist eine Verbindung zwischen zwei Teilnehmern hergestellt, so erfolgt der Datenaustausch nach bestimmten *Kommunikationsprotokollen*.

Der gesamte Vorgang der Kommunikation ist dabei in fünf Schritte gegliedert:

1. Aufbau einer Verbindung (nur bei Wählverbindungen)
2. Aufforderung zum Datenaustausch von einer Datenstation an eine andere
3. Datenaustausch
4. Beendigung des Datenaustauschs
5. Abbau der Verbindung (nur bei Wählverbindungen)

Es gibt heute eine Fülle von verschiedenen Kommunikationsprotokollen und Kommunikationsdiensten. Darauf wird weiter unten noch näher eingegangen.

Synchronisation

Bei einer *synchronen Datenübertragung* bleiben im Gegensatz zur *asynchronen Datenübertragung* eventuell bestehende zeitliche Beziehungen zwischen den Daten bei der Übertragung erhalten. Dies ist beispielsweise bei der Übertragung von Filmen erforderlich, da hier der zeitliche Abstand zwischen aufeinander folgenden Bildern ein wesentliches Qualitätsmerkmal ist. Ein anderes Beispiel für synchrone Datenübertragung ist die *Prozess-Steuerung* in *Echtzeit*, also schritthaltend mit dem Takt des zu steuernden Systems. Bei einer asynchronen Übertragung müssen solche zeitlichen Bedingungen nicht streng eingehalten werden; dies ist etwa bei einem File-Transfer der Fall. Es ist klar, dass für synchrone Übertragung eine Leitungsvermittlung zu bevorzugen ist, da bei Paketvermittlung der zeitliche Abstand zwischen zwei Paketen beim Senden und Empfangen sehr unterschiedlich sein kann. Bei *Frame-Relay-Netzen*, einer Sonderform der Paketvermittlungs-Netze, kann dem Benutzer jedoch eine garantierte Bandbreite zur Verfügung gestellt werden, so dass auch Daten mit festem Zeitbezug (z.B. Video) übertragen werden können. Beispiele für synchrone Netze sind das Fernsprechnetz und das daraus abgeleitete *ISDN-Netz*. Das ATM-basierte Breitband-ISDN (siehe Kapitel 11.1.5) ist dagegen ein Frame-Relay-Netz. Das Paradebeispiel für ein asynchrones Netz ist das *Internet* (siehe Kapitel 11.4). Ein *universelles Netz* muss in der Lage sein, synchrone und asynchrone Übertragungsarten zu unterstützen.

Sowohl bei der synchronen als auch bei der asynchronen Kommunikation wird die zeitliche Abfolge der Datenübertragung durch *Taktgeber* bestimmt. Bei der synchronen Datenübertragung müssen die Taktgeber auf der Senderseite und der Empfängerseite synchron laufen, Frequenz und Phasenlage müssen also innerhalb enger Grenzen übereinstimmen. Die zu erfüllenden Anforderungen an den Gleichlauf der Taktgeber folgt aus der *Schrittdauer* für die Übertragung eines Bits (*Bit-Synchronisation*) oder eines aus mehreren Bit bestehenden Zeichens (*Zeichen-Synchronisation*). Technisch wird der Gleichlauf in der Regel dadurch erreicht, dass sich der Taktgeber des Empfängers auf den durch die empfangenen Daten vorgegebenen Takt einstellt.

Bei der Zeichensynchronisation hat sich das im Grunde asynchrone *Start-Stopp-Verfahren* bewährt. Dabei wird jede Bitfolge eines Zeichens mit einem Startschritt eingeleitet und einem Stoppschritt abgeschlossen. Start- und Stoppschritte sind dabei definierte Bitmuster. Zwischen einem Stoppschritt und dem Startschritt des folgenden Zeichens kann bei der asynchronen Übertragung eine im Prinzip beliebig lange Pause eingeschoben werden. Verschwinden diese Pausen oder haben sie zumindest alle dieselbe Länge, so liegt eine synchrone Übertragung vor. Von Vorteil ist die einfache Realisierbarkeit des Verfahrens, nachteilig ist allerdings der zusätzliche Zeitaufwand wegen der erforderlichen Start- und Stoppschritte. Effizienter ist ein Synchronverfahren, das ohne zusätzliche Start- und Stoppschritte auskommt. Erschwerend ist dann aber, dass nach dem Beginn der Verbindung der Gleichlauf der Taktgeber auf Empänger- und Senderseite während des gesamten Datenaustauschs aufrecht erhalten werden muss.

Die Behandlung von Übertragungsfehlern

Bei der Datenübertragung ist eine gewisse Fehlerrate unumgänglich. Das Aufspüren und ggf. das Korrigieren von Fehlern ist daher eine wichtige Maßnahme. Grundsätzlich werden infolgedessen Codes verwendet, die eine Fehlererkennung- bzw. Korrektur zulassen. In Frage kommen vor allem Codes mit *Paritätsbits* (Kapitel 2.8.3) sowie *lineare Codes*, beispielsweise *zyklische Codes* (siehe Kapitel 2.8.5) unter Verwendung von *Prüf-Polynomen* im CRC-Verfahren (*Cyclic Redundancy Check*). Ein bewährtes, durch die ISO empfohlenes Polynom ist $p(x)=x^{16}+x^{12}+x^{5}+1$. Die Erkennung und ggf. Korrektur von Fehlern kann sehr schnell durch preisgünstige Hardware-Komponenten durchgeführt werden.

Typisch für derartige Codes ist, dass in vielen Fällen ein Fehler zwar erkannt, aber nicht korrigiert werden kann. In diesem Fall wird dann die Übertragung des fehlerhaften Abschnitts solange wiederholt, bis ein fehlerloser Empfang gelingt oder eine maximal zulässige Anzahl von Wiederholungen erreicht ist, woraufhin die Übertragung mit einer Fehlermeldung abgebrochen wird. Technisch wird die automatische Wiederholung (*ARQ*, von *Automatic Repeat Request*) durch ein *Quittungssignal* gesteuert, das der Empfänger nach einem oder mehreren empfangenen Datenblöcken bzw. Paketen sendet. Durch das Quittungssignal wird dem Sender mitgeteilt, ob die Übertragung korrekt erfolgt ist (*ACK*, von *Acknowledge*) oder fehlerhaft (*NAK*, von *Not Acknowledge*). Je nach der angewendeten RQ-Strategie werden dann selektiv nur negativ quittierte Datenpakete wiederholt oder auch alle dem fehlerhaften Datenpaket bis zur Quittierung folgenden Pakete.

Die Fehlerbehandlung ist Bestandteil der vierten und - was den Hardware-nahen Bereich betrifft - auch der zweiten und dritten OSI-Schicht (siehe Kapitel 11.1.4). Eine Rolle spielt aber auch die erste (physikalische) OSI-Schicht mit der Festlegung der Art der Kanalcodierung (siehe Kapitel 11.1.2).

11.1.4 Das OSI-Schichtenmodell der Datenkommunikation

Als Modell für die Datenkommunikation in offenen Systemen wurde mit *ISO 7498* (*International Standard Organization*) das *OSI-Modell* (*Open Systems Interconnection*) entwickelt. Die ISO, deren Mitglieder nationale Normenausschüsse sind (DIN für

Deutschland und ANSI für USA), erarbeitet Vorschläge für internationale technische Normen.

Hauptmerkmal des OSI-Modells ist eine hierarchische Strukturierung in sieben logische *Schichten* (*Layer*). Jede Schicht stellt dabei autonom - also unabhängig von allen anderen Schichten - ganz bestimmte Dienste für Kommunikations- und Steuerungsaufgaben zur Verfügung, womit die Funktion der jeweils darüberliegenden Schicht unterstützt wird. Die höchste Schicht dient der Erfüllung der Aufträge des Benutzers. In einem bestimmten Kommunikationssystem müssen allerdings nicht unbedingt alle OSI-Schichten wirklich realisiert sein.

Komponenten (*Entities*) einer Schicht, die in der Lage sind, Informationen zu senden oder zu empfangen, können nur mit Komponenten derselben Schicht direkt kommunizieren. Eine Komponente einer höhere Schicht auf Stufe n kann jedoch von Komponenten der darunter liegenden Schicht auf Stufe n-1 Dienste anfordern. Dies geschieht an *Dienstzugriffspunkten* (*Service Access Points, SAP*), über die dann Verbindungen hergestellt werden. Art und Ablauf der Kommunikation wird durch *Protokolle* festgelegt.

Die Hauptfunktionen der sieben OSI-Schichten sind in Tabelle 11.2 zusammengestellt.

Für die tatsächliche Kommunikation sind die Schichten 1 bis 4 zuständig, sie stellen letztlich den Datenaustausch zwischen zwei kommunizierenden Datenendeinrichtungen sicher. Die Aufgaben der Schichten 5 bis 7 sind dagegen eher Datenverarbeitungs-orientiert.

Tabelle 11.2: Die Hauptfunktionen der sieben OSI-Schichten nach ISO 7498.

Nummer	Name	Funktion
7	Anwendungsschicht (Application Layer)	Dem Benutzer werden Anwendungsdienste zur Verfügung gestellt.
6	Darstellungsschicht (Presentation Layer)	Protokolle für die Kommunikation in einem heterogenen offenen System.
5	Sitzungsschicht (Session Layer)	Bereitstellen von Datenbereichen und Maßnahmen zur Prozess-Synchronisation verschiedener Anwendungen.
4	Transportschicht (Transport Layer)	Steuerung, Überwachung und Sicherung eines medienunabhängigen Datenaustauschs sowie Fehlerbehandlung.
3	Netzwerkschicht (Network Layer)	Versenden (Routing) von Datenpaketen und Bereitstellung von Kommunikationswegen.
2	Leitungsschicht (Link Layer)	Steuerung der Datenübertragung zwischen den Knoten des Netzes. Erkennen von Übertragungsfehlern.
1	Physikalische Schicht (Physical Layer)	Tatsächliches Codieren und Übermitteln von Bitströmen, Aufbau und Freigabe von Verbindungen.

Schicht 7 (Anwendungsschicht, Application Layer)

Die *Anwendungs-* bzw. *Applikationsschicht* ist für den Benutzer naturgemäß die wichtigste Schicht, da hier die eigentliche Kommunikation vollzogen wird. Dies geschieht durch Bereitstellung von Anwendungsdiensten für den Benutzer, beispielsweise Datenbanksysteme, Dialog-Programme, E-Mail-Programme etc. Viele Aufgaben der Anwendungsschicht sind durch die ISO festgelegt. Dabei wird eine Unterteilung in zwei Gruppen vorgenommen: *Allgemeine Anwendungsdienstelemente* (*Common Application Service Elements, CASE*) und *Spezifische Anwendungsdienstelemente* (*Specific Application Service Elements, SASE*). Zu CASE gehören etwa die Verwaltung von Verbindungen, die Koordination von Operationen (z.B. Synchronisation und Konsistenzsicherung) oder das Ausführen von Operationen auf entfernten Systemen. Zu SASE zählen unter anderem die Übertragung von Dateien (File Transfer), entfernter Datenbankzugriff, Versenden und Überwachung von Aufträgen an Rechner etc.

Schicht 6 (Darstellungsschicht, Presentation Layer)

Aufgabe der *Darstellungsschicht* ist vor allem die Überwindung der Unterschiedlichkeit der kommunizierenden Komponenten unter Bewahrung der Bedeutung der übermittelten Daten. Die Hardware-orientierte Arbeitsweise der darunter liegenden Schichten wird durch problemorientierte Verfahren abgelöst. Dies umfasst unter anderem Protokolle zum Ausführen von Prozessen und zum File-Transfer sowie virtuelle Terminals.

Schicht 5 (Sitzungsschicht, Session Layer)

Bei der *Sitzungsschicht* geht es um die Sicherstellung der Beziehungen zwischen verschiedenen Anwendungen, beispielsweise durch Bereitstellen gemeinsamer Datenbereiche und Maßnahmen zur Prozess-Synchronisation.

Schicht 4 (Transportschicht, Transport Layer)

In der *Transportschicht* wird die medienunabhängige Steuerung und Überwachung des Datenaustauschs geregelt. Prozesse, zwischen denen Daten ausgetauscht werden sollen, werden durch ihre Adressen unterschieden, aus denen Schicht 3 Kommunikationswege ermittelt. Ferner werden Prozesse über eingehende Daten informiert. Eine weitere Aufgabe ist die Sicherstellung der *Dienstgüte* (*QOS, Quality of Service*) durch Überwachung aller Funktionen, die Einfluss auf die Qualität der Kommunikation haben können, einschließlich der Behandlung von Fehlern. Dienstgütemerkmale sind etwa die Datenrate während der Übermittlung, die Fehlerhäufigkeit und die Dauer für den Aufbau einer Verbindung.

Schicht 3 (Netzwerkschicht, Network Layer)

Die *Netzwerkschicht* sorgt für das Versenden von Daten bzw. Datenpaketen durch das Netz. Dazu werden logische Kommunikationswege bereitgestellt, gesteuert und überwacht. Auch die Erkennung und Korrektur von Fehlern in der Datenfluss-Steuerung gehört zu den Aufgaben der Schicht 3.

Schicht 2 (Leitungsschicht, Link Layer)

Die *Leitungsschicht* ist zuständig für Steuerung und Überwachung der Datenübertragung auf Abschnitten zwischen den Knoten des Netzes. Dazu gehört auch die Erkennung von Fehlern (beispielsweise durch CRC-Prüfung, siehe Kapitel 11.1.3), deren Korrektur durch Wiederholung sowie die Meldung nicht korrigierbarer Fehler an die darüberliegende Schicht 3. Die Eigenschaften der von Schicht 1 verwendeten Datenverbindungen werden vor Schicht 3 verborgen. In einem lokalen Kommunikationsnetz (LAN) müssen mindestens die OSI-Schichten 1 und 2 realisiert sein.

Schicht 1 (Physikalische Schicht, Physical Layer)

In der *physikalischen Schicht* erfolgt das tatsächliche Codieren und Übermitteln von Bitströmen. Auch der Aufbau und die Freigabe von Verbindungen zwischen Daten-Endeinrichtungen gehören dazu. Dabei werden Kommunikationsprotokolle eingesetzt. Das Leitungssystem selbst ist jedoch nicht Bestandteil von Schicht 1, es wird bisweilen als Schicht 0 bezeichnet.

Die Schichten eins bis drei betreffen zumeist nur die Anbieter von Datennetzen, insbesondere Telekommunikationsdienste. Auch dafür gibt es nationale und internationale Normungen, wovon einige im nächsten Kapitel genannt werden. Schicht vier ist für Rechnernetze relevant und die höheren Schichten sind anwendungsorientiert. Ein Beispiel für eine anwendungsorientierte OSI-gerechte Kommunikationsarchitektur ist *MAP* (*Manufacturing Automation Protocol*), das in der *Fertigungsautomation* (*Computer Integrated Manufactiuring, CIM*) eingesetzt wird.

11.1.5 Beispiele für Schnittstellen und Netze

Normen

Schnittstellen (*Interfaces*) sind genormte Verbindungen zwischen Datenstationen. In den Normen ist festgehalten, welche Signale verwendet werden, die Bedeutung der Signale, deren Parameter und - sofern es sich nicht nur um logische sondern um physikalische Schnittstellen handelt - die Zuordnung der Signale zu den Steckverbindungen. Die Übertragung von Daten über weite Strecken ist Aufgabe von Netzen und Netzdiensten, die von Telekommunikationsfirmen zur Verfügung gestellt werden. Bei der Deutschen Telekom AG sind dies das *Fernsprechnetz*, das (veraltete) *Telex-Netz* und das 1967 eingerichtete *Datex-Netz*, das speziell für die Übertragung digitaler Daten optimiert ist.

Die entsprechenden Normen entwickelten sich zunächst aus Industriestandards und wurden dann durch Gremien festgeschrieben. Es ist dies ein evolutiver Prozess, der auch im Bereich der Telekommunikation keinweswegs abgeschlossen ist. Unter anderem sind als Normungsgremien zu nennen: im Europäischen Rahmen bis 1988 das *Comité Consultativ International Telegraphique et Telephonique* (*CCITT*), in Deutschland die *Deutsche Industrienorm* (*DIN*), in den USA die *American Standard Association* (*ASA*) und die *Electronics Industries Association* (*EIA*) und auf internationaler Ebene die *International Standard Organization* (*ISO*) sowie die *International Telecommunication Union* (*ITU*) mit dem *Telecommunication Standard Sector* (*TSS*).

Die V.24 Schnittstelle

Die serielle *V.24 Schnittstelle* war ursprünglich für die Nutzung des Fernsprechnetzes für die Datenkommunikation gedacht, insbesondere für die Verbindung zwischen einer Datenendeinrichtung (DEE) und einer Datenübertragungseinrichtung (DÜE). Viele Peripheriegeräte und die meisten Computer verfügen über eine oder mehrere serielle V.24-Schnittstellen, beispielsweise zum Anschluss von Tastatur, Maus oder Modem. Die CCITT-Empfehlung V.24 entspricht DIN 66020 und EIA RS-232-C, wobei es allerdings unterschiedliche Bezeichnungen für identische Leitungen gibt.

Die V.24 Norm unterstützt sowohl eine synchrone als auch eine asynchrone Bitserielle Übertragung im Halb- oder Vollduplexbetrieb (siehe Kapitel 11.1.3). Die Synchronisation erfolgt über *Start-* und *Stop-Bits* und eine Fehlererkennung über ein *Paritätsbit*, das nach jedem Block von 7 Datenbits mit gerader oder ungerader Parität (siehe auch Kapitel 2.8.3) eingefügt wird. In Verbindung mit der Datenübertragung mit Hilfe von *Modems* wird die Norm um zahlreiche Details erweitert, so etwa um Standards für das Wählverfahren (V.25bis), für die Übertragungsgeschwindigkeit (z.B. 28800 Bit/sec mit V.34) und die Art des Duplexbetriebs sowie für Fehlerkorrektur- und Kompressionsverfahren (V.42bis). Im Zusammenhang mit Modems sind gebräuchliche Protokolle und Methoden zur Fehlererkennung mit *X-Modem*, *Y-Modem* und *Z-Modem* bezeichnet, wobei der Z-Modem-Standard am leistungsfähigsten ist. Durch Paritätsprüfwörter und Längsprüfwörter in Verbindung mit mehrfachem Senden wird eine Fehlerrate von ca. 10^{-4} in analogen Kanälen erreicht.

Die vollständige Schnittstellenbeschreibung sieht zahlreiche Signal- und Steuerleitungen vor, im einfachsten Fall genügt jedoch eine Zweidrahtleitung für Empfangsdaten und Sendedaten.

Computer-Schnittstellen

Neben der seriellen V.24-Schnittstelle hat sich mit der stürmischen Entwicklung von PCs und Workstations auch eine Vielzahl von mehr oder weniger verbreiteten parallelen und seriellen Schnittstellen zum Anschluss von Peripheriegeräten etabliert. Anfangs dominierte eine nach dem Drucker-Hersteller *Centronics* benannte 8 Bit breite *Parallel-Schnittstelle*, die vornehmlich zum Anschluss von Druckern gedacht war, aber auch für viele andere Zwecke „missbraucht“ wurde, bei denen eine hohe Datenrate erforderlich war, die mit seriellen Schnittstellen nicht erreicht werden konnte. Das Senden eines 8-Bit Datenwortes wird bei der Centronics-Schnittstelle und in ähnlicher Weise auch bei anderen Parallel-Schnittstellen vom Sender (Computer) durch einen Impuls auf der *Strobe-Leitung* an den Empfänger (Drucker) angekündigt. Der Empfänger quittiert dies durch einen Impuls auf der *Acknowledge-Leitung*. Durch vier weitere Leitungen kann der Empfänger auch Daten an den Sender schicken; es sind dies die Signale *Busy*, *Paper empty*, *Select* (d.h. der Drucker ist online) und *No Error*.

Als Standard für den Anschluss von Festplatten hat sich die in der Festplatte mit eingebaute und daher auf das jeweilige Modell bereits optimierte *IDE*-Schnittstelle (*Integrated Device Electronics*) etabliert. Nicht nur für Festplatten, sondern für den Anschluss von bis zu 8 unterschiedlichen Geräten (beispielsweise CD-ROMs, Streamer-Tapes und Scanner, aber auch Messgeräte) ist die 8-Bit *SCSI-Schnittstelle* (*Small Computer System Interface*) gedacht. Die Geräte werden über ID-Nummern von 0 bis 7 adressiert, wobei die ID-Nummer 7 für den Host-Adapter reserviert ist. Neuere Varianten wie Fast-SCSI, SCSI2 und SCSI3 bieten 16 oder 32 Datenleitungen und versprechen Übertragungsraten von bis zu 100 MByte/sec. Doch auch serielle Schnittstellen bieten wegen der einfacheren Anschlusstechnik weiterhin eine Rolle; so wird die serielle V.24-Schnittstelle zunehmend durch die *USB-Schnittstelle* (*Universal Serial Bus*) ersetzt, die auch für den Anschluss von Geräten wie Druckern, Scannern und einfachen Kameras schnell genug ist.

Die X.21- und die X.25-Schnittstelle

Die von CCITT und ITU empfohlene serielle *X.21-Schnittstelle* dient zur Regelung der *synchronen Datenkommunikation* in öffentlichen Netzen im Vollduplex-Betrieb. Die damit eng verwandte *X.25-Schnittstelle* ist für Datennetze gedacht, die nach dem Prinzip der *Paketvermittlung* arbeiten. Diese Schnittstellen kommen mit wesentlich weniger Leitungen aus, als die V.24-Schnittstelle in ihrem vollen Definitionsumfang. Neben einer Erdleitung werden drei Leitungen von der Datenendeinrichtung zur Datenübertragungseinrichtung benötigt (Transmit, Control und Common Return) sowie vier Leitungen in umgekehrter Richtung (Receive, Indication, Signal Timing und Byte Timing). Prinzipiell sind mit dieser Technik Datentransferraten bis zu 10 MBit/sec möglich.

Der Funktionsumfang der X.25-Schnittstelle umfasst die ersten drei Schichten des ISO/OSI-Schichtenmodells (siehe Kapitel 11.1.4)

Das ISDN-Netz

Das *ISDN-Netz* (*Integrated Services Digital Network*) ist ein universales, digitales Datennetz der Deutschen Telekom, das der Übertragung von Daten unabhängig von deren Inhalt dient. Ein ISDN-Basisanschluss für Privatkunden basiert wie das analoge Telefonnetz auf Kupferleitungen und bietet zwei *Basiskanäle* mit einer genormten Datenrate von jeweils 64 kBit/sec pro Kanal. Für Standleitungen und Großkunden steht auch ein *Breitband-ISDN* zur Verfügung, das eine Datenrate von Vielfachen von 155.52 MBit/sec bietet.

Das ISDN-Protokoll der Telekom unterscheidet sich etwas vom Euro-ISDN. Beide Netze haben jedoch gemeinsam, dass die zu übertragende Information in einem 8-Bit Block-Code dargestellt und mit 8 kHz versendet wird.

ISDN-fähige Endgeräte können über die einheitliche S_0-*Schnittstelle* im Vollduplexbetrieb mit dem ISDN-Netz verbunden werden, wobei ein oder zwei Basiskanäle und ein zusätzlicher *Steuerkanal* mit 16kBit/sec angeschlossen werden können.

Eine leistungsfähigere Variante ist der als S_{2M}-*Schnittstelle* bezeichnete *Primärmultiplexanschluss*. Er bietet 30 Nutzkanäle sowie zwei als D-Kanal und R/M-Kanal bezeichnete Steuerkanäle mit einer Datenrate von jeweils 64-kBit/sec, insgesamt also 2048 kBit/sec.

Das ISDN-Netz unterstützt leitungsvermittelnde (*Datex-L*) und paketvermittelnde Dienste (wie beispielsweise *Datex-P*, Kapitel 11.1.3) auf Basis der drei untersten OSI-Schichten. Dabei ist zu beachten, dass ISDN nicht per se paketorientiert ist. Bekannte und typische auf dem ISDN-Netz aufbauende Dienste sind *Fernsprechen* und *Telefax* in hoher Qualität, *Bildtelefonie* in allerdings recht geringer Auflösung und der Online-Informationsdienst *Datex-J* (das ehemalige *Btx*) sowie der Internet-Dienst T-Online.

Durch ISDN wird die prinzipiell mit herkömmlichen Kupferleitungen mögliche Bandbreite bei weitem nicht ausgeschöpft. Eine Verbesserung wurde Ende der 90er Jahre mit der *ADSL-Technik* (*Asymmetric Digital Subscriber Line*) eingeführt. Die Datenrate ist asymmetrisch: das Senden erfolgt mit 128 kBit/sec, das Empfangen mit 768 kBit/sec. Insbesondere für Internet-Anwendungen (siehe Kapitel 11.4) ist diese Asymmetrie von Vorteil, da von privaten Nutzern weit mehr Daten aus dem Netz empfangen als gesendet werden. Für den Einsatz der ADSL-Technik im *T-DSL-Dienst* der Telekom ist neben einem speziellen ADSL-Modem zum Anschluss an das ISDN-Netz ein *Splitter* erforderlich, der Telefongespräche und Datenpakete voneinander trennt.

ATM-basierte Netze

Bei der *ATM-Übertragung* (*Asynchronous Transfer Mode*) werden die Daten in Pakete gleicher Länge (*Zellen*) zerlegt und asynchron versendet. Die Zellen bestehen aus 53 8-Bit-Worten, wovon 5 als Header zur Adressierung und Synchronisation dienen und 48 Nutzinformation tragen. Die Anzahl der Zellen, die pro Zeiteinheit den einzelnen Teilnehmern zugeordnet werden, hängt von deren Anforderungen ab. Damit kann jedem Nutzer eine garantierte Bandbreite zur Verfügung gestellt werden, so dass auch Daten mit festem Zeitbezug (z.B. Video) übertragen werden können. Man bezeichnet diese Sonderform von Paketvermittlungs-Netzen auch als *Frame-Relay-Netze*.

Die ATM-Technik ermöglicht in Verbindung mit dem Breitband-ISDN die Übertragung verschiedenster Daten wie Sprache und Bilder bis hin zu Video in bester Qualität.

11.1.6 Lokale Rechnernetze

Ein lokales Kommunikationsnetz (LAN) mit räumlich beschränkter und abgegrenzter Ausdehnung, beispielsweise innerhalb eines Gebäudekomplexes, das auch unterschiedliche Gerätetypen mit einbezieht und für die Datenverarbeitung typische Merkmale aufweist, bezeichnet man als *lokales Rechnernetz*. Ein lokales Kommunikationsnetz beinhaltet mindestens die Merkmale der OSI-Schichten 1 und 2. In zumeist einfachen topologischen Strukturen wie Ringen, Linien und Sternen werden eine Vielzahl von unterschiedlichen Endgeräten angeschlossen, wobei Datenraten bis in die Größenordnung von 100 MBit/sec erreicht werden. Als Übertragungsmedien kommen meist verdrillte Leitungspaare (*Twisted Pair*), Koaxialkabel und Lichtwellenleiter zum Einsatz, als Übertragungsmodus in der Regel Basisbandübertragung, seltener digitale Modulation (siehe 11.1.2).

Ein weiteres Merkmal von LANs ist, dass die zweite OSI-Schicht oft in eine obere Subschicht *LLC* (*Logical Link Control*) und eine untere Subschicht *MAC* (*Medium Access Control*) unterteilt wird. LLC ist für die Übertragungssteuerung und die Fehlerbehandlung zuständig, MAC für den Zugriff der Datenstationen auf das Übertragungsmedium.

Spezielle Kommunikationsprotokolle für LANs regeln den Medienzugriff (z.B. auf Festplatten mit gemeinsamen Datenbeständen) und den Kanalzugriff. Die größte Bedeutung haben die stochastischen CSMA/CD-Verfahren, die in Netzen vom Ethernet-Typ eingesetzt werden sowie die deterministischen Token-Verfahren.

Das CSMA/CD-Verfahren

Beim *CSMA/CD-Verfahren* (*Carrier Sense Multiple Access*) fragen sendewillige Datenstationen den Übertragungskanal ab und ermitteln so, ob dieser frei ist. Ist das der Fall, so wird der Bus belegt und die Nachricht übermittelt. Die Übermittlung wird unterbrochen, wenn eine *Kollision* der eigenen Nachricht mit einer anderen Nachricht auftritt. Nach einer Verzögerungszeit wiederholt sich dann dieser Zyklus, bis die gesamte Nachricht übermittelt ist. Der Durchsatz ist bei niedriger Netzbelastung gut, für hohe Aktivität und Echtzeitanforderungen ist das Verfahren jedoch weniger geeignet. Nachteilig ist ferner, dass wegen des stochastischen (zufallsbedingeten) Kanalzugriffs Sendezeiten auch bei bekannter Last nicht exakt vorausbestimmt werden können. Unter der Bezeichnung *Ethernet* wurde durch das erste nach dem CSMA/CD-Prinzip arbeitende LAN der Firmengruppe Digital Equipment, Intel und Xerox auf den Markt gebracht. Mittlerweile hat sich neben dem klassischen Ethernet das *Cheapernet* für geringere Ansprüche und das *Fast Ethernet* mit einer höheren Datenrate von 100 MBit/sec etabliert.

Token-Verfahren

Bei den *Token-Verfahren* ist der Medienzugriff dezentral derart geregelt, dass immer diejenige Datenstation sendeberechtigt ist, die im Besitz eines *Tokens* ist. Die sendewillige Station erhält ein freies Token aus dem Netz, belegt dieses und übergibt die Nachricht an das Netz. Dadurch wird wieder ein freies Token erzeugt und als spezielles Bitmuster weitergeleitet. Ein Vorteil der Token-Verfahren ist, dass wegen des deterministischen Grundprinzips die Zeit zwischen zwei Sendevorgängen bei gegebener Last immer ermittelt werden kann. Nach ihrer Topologie unterscheidet man *Token-Ring-Verfahren*, bei denen ein Token auf einem Ringnetz von einer Datenstation zur anderen weitergegeben wird. In der Regel wird ein mehrfaches Durchlaufen des Rings vermieden. Bei Verwendung eines linienförmigen Netzes spricht man von *Token-Bus-Verfahren*. Dabei wird aus den geordneten Adressen der Datenstationen ein logischer Ring gebildet, auf dem dann die Token von einer Datenstation zur jeweils Nächsten weitergereicht werden. Dazu kommen weitere Algorithmen, etwa zur Initialisierung, Erzeugung eines Tokens bei Token-Verlust, Aufnahme neuer Datenstationen sowie Überbrückung von Datenstationen.

Ein typischer Vertreter eines lokalen Token-Ring-Netzes ist der *IBM Token-Ring* als Bestandteil der von IBM angebotenen SNA-Architektur. Auch PC-Netze lassen sich damit aufbauen. Auch das mit Lichtwellenleitern arbeitende Hochgeschwindigkeits-LAN (*high-speed LAN, HSLAN*) *FDDI* (*Fiber Distributed Data Interface*) verwendet das Token-Prinzip. Zur Verbesserung der Funktionalität, vor allem zur Erhöhung der Störsicherheit, wird bei FDDI ein Doppelring verwendet. Hauptsächlich dient diese Technik zur Vernetzung von Großrechnern, hochwertigen Workstations und als *Backbone* zur Vernetzung von LANs.

Lokale PC-Netze

Ein weit verbreiteter Spezialfall von LANs sind *lokale PC-Netze*. Typisch ist bei diesen Netzen, dass auf den darin integrierten, über *Hubs* angeschlossenen PCs und Workstations in der Regel unterschiedliche lokale Betriebssysteme laufen (z.B. Windows, Linux, OS/2) und dass vorwiegend das *Client-Server-Prinzip* angewendet wird. Diese Prinzip wird nicht nur im LAN-Bereich eingesetzt sondern generell bei der Realisierung modularer Netzkonfigurationen. Die Nutzung einer leistungsfähigen, spezialisierten LAN-Station als Server führt zu Einsparungen, da viele kostspieligen Betriebsmittel, beispielsweise hochwertige Drucker oder Massenspeicher, zentral allen LAN-Nutzern zur Verfügung stehen. Außerdem lassen sich Datenbestände besser schützen. Die in PC-LANs verwendeten *Netzbetriebssysteme* sind als Erweiterungen herkömmlicher Betriebssysteme unter Einbeziehung bewährter Protokolle wie TCP/IP für die Kommunikation zwischen heterogenen Rechnern entstanden. Das OSI-Modell ist daher nicht strikt eingehalten. Typisch für deratige heterogene Netze ist die Verwendung von Gateway-Rechnern, die als Vermittler zwischen unterschiedlichen Hardware-Plattformen und Netz-Betriebssystemen fungieren.

Bei *TCP/IP* (*Transmission Control Protocol / Internet Protocol*) handelt es sich um einen weit verbreiteten Protokoll-Standard, das bereits in vielen Betriebssystemen als Bestandteil mit integriert ist. TCP/IP ist zwar nicht voll OSI-kompatibel, TCP entspricht aber in etwa der vierten OSI-Schicht und IP der dritten. Durch IP ist ein netzübergreifender Datenaustausch unter Verwendung globaler Internet-Adressen (siehe Kapitel 11.4) möglich.

Einige ergänzende Gesichtspunkte zum Thema Rechnernetze kommen in Kapitel 4.4 zur Sprache.

11.2 Datenbanken

11.2.1 Einführung und Definitionen

Dateisysteme und Datenbanken

Seit Ende der 60er Jahre spielen Datenbanken in allen Bereichen des Einsatzes von Datenverarbeitungs- und Informationssystemen eine zunehmende Rolle. Vor dieser Zeit verarbeiteten Programme Eingabedaten, die in Dateien gespeichert waren, und sie speicherten ihrerseits Ergebnisse in anderen Dateien, die in der Regel bestimmten Programmen zugeordnet waren. In dieser *verarbeitungsorientierten* Sichtweise waren der Datenaustausch mit anderen Programmen, der gemeinsame Zugriff mehrerer Nutzer auf dieselben Daten oder gar eine parallele Verarbeitung sehr erschwert. Einige nachteilige Folgen waren ferner die Notwendigkeit des mehrfachen Speicherns von Daten, ein hoher Zeitbedarf für das Kopieren und Abgleichen von Daten, Probleme mit der Aktualisierung und der Zugriffskontrolle sowie Inkompatibilitäten bezüglich der verwendeten Datenstrukturen in den einzelnen Anwenderprogrammen.

Durch das Ersetzen der früher verwendeten *Dateisysteme* durch *Datenbanken* wurden viele dieser Nachteile überwunden. Eine Datenbank besteht dabei aus der *Datenbasis*, die den gesamten *Datenbestand* umfasst und der als *Datenbank-Management-System* (*DBMS*) oder einfach *Datenbank-System* bezeichneten Software zur Verwaltung und Organisation der Speicherung des Datenbestands.

Man kann Datenbanken als Bestandteil umfassenderer *Informationssysteme* sehen, bei denen zur Speicherung und Verwaltung von Daten noch deren Verknüpfung, Auswertung und die Wiedergewinnung von Informationen (*Information Retrieval*) zählen [Vos87].

Die wichtigsten Vorteile von Datenbanken im Vergleich zu einer verarbeitungsorientierten Strategie sind:

- Die Daten werden *nicht-redundant*, also nur einmal gespeichert.
- Die Aktualisierung der Daten kann daher sehr schnell durchgeführt werden.
- Die Daten werden *persistent* gespeichert, d.h. sie bleiben auch nach Programmende prinzipiell unbefristet erhalten und für andere Anwendungen verfügbar.
- Die Gesamtheit der in einer Datenbank gespeicherten Informationen ist jederzeit technisch korrekt und auf dem neuesten Stand.
- Die Daten können von mehreren Anwendungen *quasi-gleichzeitig* benutzt werden.
- Die Nutzung von Datenbanken kann auf verschiedenen Ebenen erfolgen: Im einfachsten Fall durch Bildschirmmasken und Menüs; durch Fachleute ohne Informatik-Kenntnisse, jedoch mit der Fähigkeit zur Verwendung von Datenbanksprachen; durch Programmierer, die durch die Kombination von herkömmlichen Programmiersprachen mit Datenbanksprachen in der Lage sind, Anwenderprogramme zu erstellen.

- Das DBMS erlaubt verschiedenen Nutzergruppen eine unterschiedliche Sicht auf die gemeinsamen Daten.
- Die Verwaltung der Daten (Suche, Eingabe, Ändern, Löschen) muss nicht in Anwenderprogramme integriert werden, sie wird zentral vom DBMS übernommen.
- Zugriffskontrolle, Integrität und Konsistenz der Daten sowie Datenschutz sind Sache des DBMS, müssen also nicht in den einzelnen Anwenderprogrammen realisiert werden.
- Anwenderprogramme werden dadurch vereinfacht und unabhängiger von Änderungen in der Strukturierung der Daten.
- Die Beschreibung und Strukturierung der Daten (das *konzeptionelle Schema*) geschieht zentral in einem vom DBMS verwalteten *Data Dictionary*.
- Die *Benutzerebene*, die *konzeptionelle Ebene* und die *interne (physikalische) Ebene* sind weitgehend voneinander unabhängig und getrennt. Anwenderprogramme sind daher unabhängig von Änderungen in der konzeptionellen Beschreibung der Daten oder von Details der Speicherung.

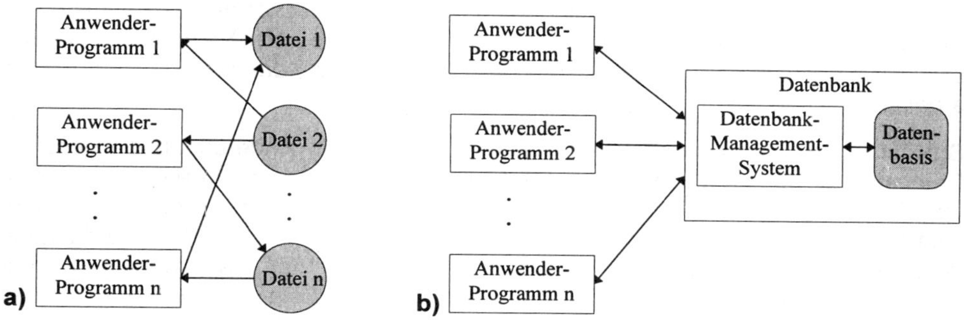

Abbildung 11.5: a) Prinzip eines verarbeitungsorientierten Anwendungssystems.
b) Prinzip eines Anwendungssystems mit Datenbank.

Datenmodellierung und Typen von Datenbanken

Man kann eine Datenbank als Abbild eines *Realitätsausschnitts* auffassen, das durch ein Modell in ein konzeptuelles Schema umgesetzt wird und schließlich in einer internen, computergerechten Darstellung verwaltet wird. Ein wichtiger Schritt ist die *Datenmodellierung*, d.h. die Abstrahierung von konkreten Objekten des betrachteten Realitätsausschnittes mit Hilfe von *Datenmodellen*. Man schafft so ein reduziertes, aber für den beabsichtigten Zweck wirklichkeitsgetreues Abbild der Realität. Dafür stehen verschiedene Hilfsmittel zur Verfügung, etwa das *Entity-Relationship-Modell*, von dem in Kapitel 7.1.4 bereits kurz die Rede war. Nach diesem Grobentwurf erfolgt dann die Umsetzung in das Datenmodell der verwendeten Datenbank. Hier unterscheidet man hierarchische Datenbanken, Netzwerk-Datenbanken, relationale Datenbanken, objektorientierte Datenbanken und verteilte Datenbanken [Moo97], [Lau95].

In *hierarchischen Datenbanken* werden die Daten vorrangig als *Baumstruktur* modelliert. Eines der ersten nach diesem Prinzip arbeitenden kommerziellen Datenbank-Produkte war *IMS*, das 1968 von IBM vorgestellt wurde. Wie in Kapitel 10.7 ausführlich dargelegt wurde, sind die wesentlichen Datenbank-Operationen Suchen, Einfügen, Ändern und Löschen unter Verwendung linearer Listen einfach und schnell realisierbar. Als schwer wiegender Nachteil erwies es sich jedoch, dass eine hierarchische Baumstruktur zur Beschreibung vieler Aspekte der Realität nicht ausreicht. Beispielsweise kann in einer Artikelverwaltung dasselbe Produkt von mehreren Herstellern angeboten werden und es können andererseits unterschiedliche, in die Artikelliste mit aufgenommene Produkte von einem einzigen Hersteller bezogen werden. Zur Beschreibung solcher Querbeziehungen eignen sich Netzstrukturen wesentlich besser als Bäume.

Anfang der 70er Jahre entstanden dann auf der Grundlage der durch das *CODASYL*-Komitee ausgearbeiteten Vorgaben die ersten *Netzwerk-Datenbanken*, die als grundlegende Datenstrukturen *Graphen* (siehe Kapitel 10.8) verwendeten. Die Abbildung der realen Welt gelingt damit wesentlich besser als mit Baumstrukturen, allerdings um den Preis eines höheren Aufwandes bei der Verwaltung. Ein Beispiel für ein kommerziell eingesetztes Datenbank-System, das nach diesem Prinzip arbeitet, ist *IDMS*.

Sowohl in Baumstrukturen als auch in Graphen können Änderungen die gesamte Datenstruktur betreffen und daher zu aufwendigen Operationen führen. Dieser Nachteil wird erst durch *relationale Datenbanken* behoben. Die Daten werden nach diesem Modell - unabhängig von ihrer internen Speicherung - in *Tabellen* geordnet, die in diesem Zusammenhang als *Relationen* bezeichnet werden. Tabelleneinträge können nun modifiziert werden, ohne dass dies nicht betroffene Tabellen beeinflussen würde. Das relationale Modell ist in der Praxis bei weitem das Bedeutendste, daher wird im nächsten Kapitel etwas näher auf die Grundlagen eingegangen.

In neueren Datenbank-Systemen wird außerdem das relationale Modell durch das in Sprachen wie C++ und Java verwendete *objektorientierte Konzept* (siehe Kapitel 6.3) ergänzt [Abb98], [Lau95]. Eine weitere Ergänzung ergibt sich aus dem Trend zur *verteilten Verarbeitung* in *Client-Server* Systemen, die auch im Design von Datenbanken ihren Niederschlag findet.

11.2.2 Relationale Datenbanken

Relationen

Das *relationale Datenbankmodell* geht auf eine in 1970 veröffentlichte Arbeit von E.F. Codd [Cod70] zurück. In den Folgejahren wurde das Konzept durch zahlreiche Veröffentlichungen und Kongresse erweitert. Eine Zusammenfassung dieser Entwicklung gibt Codd in seiner Veröffentlichung von 1990, die auch umfangreiche Literaturhinweise enthält [Cod90].

Unter einer *Relation* versteht man im Zusammenhang mit dem relationalen Datenbankmodell eine logische Zusammenfassung von Informationen in einer Form, die in etwa einer *Tabelle* vergleichbar ist. Die Spalten der Relation bzw. Tabelle werden als *Attribute*, die Anzahl der Attribute der Relation (also die Anzahl der Spalten der Tabelle) als deren *Grad* (*Degree*) bezeichnet. Die Zeilen nennt man *Tupel* und deren Anzahl *Kardinalität*. Da man auch leere Relationen zulässt, kann die Kardinalität auch den Wert Null annehmen. Im Unterschied zu der naiven Vorstellung einer Tabelle ist für die Tupel und Attribute einer Relation jedoch keine feste Reihenfolge definiert. Eine Spalte ist also nicht über ihre Nummer, sondern nur über ihren Namen ansprechbar. Außerdem fordert man, dass keine zwei Tupel einer Relation identisch sein dürfen.

Die folgende Abbildung zeigt Beispiele für Relationen.

Personal

PersonalNr	Name	Gehalt	AbteilungsNr
101	Meissner	75 000	1
102	Lehmann	98 000	1
103	Kunze	75 000	2

Abteilungen

AbteilungsNr	Abteilung	Standort
1	Einkauf	München
2	DV-Org	Augsburg
3	Produktion	Straubing
4	Entwicklung	Augsburg
5	Verwaltung	München

Abbildung 11.6: Die Abbildung zeigt die beiden Relationen Personal und Abteilungen. Die Relation Personal hat vier Attribute, welche die Namen PersonalNr, Name, Gehalt und AbteilungsNr tragen sowie drei Zeilen (4-Tupel). Der Grad der Relation ist also 4 und die Kardinalität ist 3. Die Relation Abteilungen hat die drei Attribute mit den Namen AbteilungsNr, Abteilung und Standort sowie vier Zeilen (3-Tupel). Diese Relation hat also den Grad 3 und die Kardinalität 5.

Schlüssel

Der Zugriff auf die Daten einer Datenbank, also auf die Inhalte der Zeilen der zu der Datenbank gehörenden Relationen, erfolgt über *Schlüssel*. Als Schlüssel dienen einzelne Attribute oder Mengen von Attributen. Ein Schlüssel - also ein Attribut oder eine Menge von Attributen - wird als *Candidate-Key* bezeichnet, wenn er eindeutig ist, d.h. wenn die zugehörigen Einträge in allen Zeilen der Relation zu jedem Zeitpunkt voneinander verschieden sind. Zur Eindeutigkeit gehört auch, dass zu einem Candidate-Key keine Attribute gehören, die man weglassen könnte, ohne die Eindeutigkeit zu stören. Ein Candidate-Key existiert notwendigerweise für jede Relation, da diese ja keine identischen Zeilen aufweisen darf. Im Extremfall müsste man die Menge aller Attribute als Candidate-Key wählen.

Zur eindeutigen Identifikation aller Zeilen der Relation muss diese einen *Primärschlüssel* (*Primary Key*) besitzen. Man kann immer einen Candidate-Key zum Primary-Key erklären oder eigens für diesen Zweck ein zusätzliches Attribut definieren, beispielsweise eine Nummer, die alle Zeilen zählt. Um den Zugriff zu beschleunigen, kann man neben dem Primary-Key weitere eindeutige Schlüssel einführen, sog. *Zweitschlüssel* (*Secondary Keys*).

Schließlich führt man noch *Fremdschlüssel* (*Foreign Keys*) ein, die dadurch definiert sind, dass ihr Wertebereich (Domain) in einer anderen Relation definiert ist. Durch Fremdschlüssel sind Relationen logisch miteinander verbunden.

Aus Abbildung 11.6 lassen sich einige Beispiele für die verschiedenen Schlüsselarten ablesen.

In der Relation Personal aus Abbildung 11.6 sind die Attribute PersonalNr und Name als Candidate-Keys verwendbar, nicht aber Gehalt und AbteilungsNr, da mit diesen keine eindeutige Identifizierung der Tupel möglich ist. In der Spalte Gehalt kommt ja das Gehalt 75 000 zweimal vor und in der Spalte AbteilungsNr die Nummer 1. Die Attributmenge {Gehalt, AbteilungsNr} ist dagegen ein Candidate-Key, denn durch die entsprechenden Einträge ist jede Zeile eindeutig definiert. Ein weiteres Attribut kann allerdings nicht hinzugenommen werden, da man es ja wieder streichen könnte, ohne dass die Eindeutigkeit verloren ginge. Sinnvollerweise wählt man die Relation PersonalNr als Primärschlüssel - sie wurde ja wohl zu diesem Zweck eingeführt. In der Relation Abteilungen sind nur die Attribute AbteilungsNr und Abteilung Candidate-Keys, wobei hier AbteilungsNr als Primärschlüssel gewählt wurde.

Offenbar kommt das Attribut AbteilungsNr sowohl in der Relation Personal als auch in der Relation Abteilungen vor, und zwar dort als Primärschlüssel. Die Domäne (also der Wertebereich) des Attributs AbteilungsNr ist durch die Menge {1, 2, 3, 4} in der Relation Abteilungen definiert, so dass dasselbe Attribut AbteilungsNr in der Relation Personal ein Fremdschlüssel ist, über den die beiden Relationen logisch miteinander verbunden sind.

Zur Definition jeder Relation gehört auch die Spezifikation des Primary-Key mit seinem Wertebereich und die Kennzeichnung von Fremdschlüsseln.

Relationale Algebra

In der *relationalen Algebra* werden Operationen zwischen Relationen definiert, die als Ergebnis wieder Relationen liefern. Durch die entsprechenden Regeln können sämtliche Datenbankfunktionen wie Einfügen, Abfragen, Ändern und Löschen realisiert werden. Die relationale Algebra ist ferner Grundlage der Datenbanksprache *SQL*, auf die im nächsten Kapitel eingegangen wird.

Restriction oder Selection

Mit Hilfe der Operation *Restriction* oder *Selection* (*Auswahl*) werden aus einer Relation entsprechend einer Bedingung eine oder mehrere Zeilen herausgegriffen. Diese Operation darf nicht mit der Select-Anweisung der Datenbanksprache SQL (siehe Kapitel 11.2.3) verwechselt werden. Die Syntax lautet:

Restriction(Relation, Bedingung)

Abbildung 11.7 gibt dafür ein Beispiel.

Personal

PersonalNr	Name	Gehalt	AbteilungsNr
101	Meissner	75 000	1
102	Lehmann	98 000	1
103	Kunze	75 000	2

Restriction(Personal, Gehalt=75000)

PersonalNr	Name	Gehalt	AbteilungsNr
101	Meissner	75 000	1
103	Kunze	75 000	2

Abbildung 11.7: Aus der Relation Personal entsteht durch Restriction(Personal, Gehalt=75000) die rechts abgebildete Relation.

Projection

Mit Operation *Projection* können Attribute, also Spalten, aus einer Relation herausgegriffen werden. Die Syntax lautet:

Projection (Relation, Attr1[,Attr2, . . .Attrn])

Dazu ein Beispiel:

Personal

PersonalNr	Name	Gehalt	AbteilungsNr
101	Meissner	75 000	1
102	Lehmann	98 000	1
103	Kunze	75 000	2

Projection(Personal, Name, Gehalt)

Name	Gehalt
Meissner	75 000
Lehmann	98 000
Kunze	75 000

Abbildung 11.8: Aus der Relation Personal entsteht durch Projection(Personal, Name, Gehalt) die rechts abgebildete Relation.

Product

Mit dieser Operation wird analog zum *Kartesischen Produkt* zweier Mengen das *Produkt* zweier Relationen gebildet. Die resultierende Relation enthält also sämtliche Kombinationen, die sich aus den Tupeln der beiden Relationen bilden lassen. Die Syntax lautet:

Product(Relation1, Relation2)

Die folgende Abbildung zeigt dazu ein Beispiel.

Relation1

Attribut 1.1	Attribut 1.2
1	A
2	B
3	C

Relation2

Attribut 2.1
x
y

Product(Relation1, Relation2)

Attribut 1.1	Attribut 1.2	Attribut 2.1
1	A	x
1	A	y
2	B	x
2	B	y
3	C	x
3	C	y

Abbildung 11.9: Aus den Relationen Relation1 und Relation2 entsteht durch Product(Relation1, Relation2) die rechts abgebildete Relation.

Union

Durch die Operation *Union* (*Vereinigung*) werden zwei Relationen miteinander vereinigt. Als Ergebnis entsteht also eine Relation, in der alle Tupel (Zeilen) der ersten Relation und der zweiten Relation enthalten sind. In beiden Relationen enthaltene Zeilen erscheinen im Ergebnis nur einmal. Diese Operation ist nur ausführbar, wenn die Anzahl der Attribute (also die Grade der Relationen) in den beiden zu verknüpfenden Relationen gleich sind und wenn die Attribute miteinander kompatibel sind. Man bezeichnet diese Eigenschaft als *Union-kompatibel*. Die Syntax lautet:

Union(Relation1, Relation2)

Dazu ein Beispiel:

Abteilungen A

Abteilung	Standort
Einkauf	München
DV-Org	Augsburg
Entwicklung	Augsburg
Verwaltung	München

Abteilungen B

Abteilung	Standort
DV-Org	Augsburg
Produktion	Straubing
Marketing	München

Union(Abteilungen A, Abteilungen B)

Abteilung	Standort
Einkauf	München
DV-Org	Augsburg
Entwicklung	Augsburg
Verwaltung	München
Produktion	Straubing
Marketing	München

Abbildung 11.10: Aus den Relationen Abteilungen A und Abteilungen B entsteht durch Union(Abteilungen A, Abteilungen B) die rechts abgebildete Relation.

Intersection

Durch die Operation *Intersection* (*Durchschnitt*) wird aus zwei Relationen als Ergebnis eine Relation gebildet, die nur diejenigen Tupel (Zeilen) enthält, die sowohl in der ersten Relation als auch in der zweiten Relation enthalten sind. Diese Operation ist nur ausführbar, wenn die beiden Relationen in dem oben bei der Operation Union erläuterten Sinne Union-kompatibel sind. Die Syntax lautet:

Intersection(Relation1, Relation2)

Die folgende Abbildung zeigt dazu ein Beispiel.

Abteilungen A

Abteilung	Standort
Einkauf	München
DV-Org	Augsburg
Entwicklung	Augsburg
Verwaltung	München

Abteilungen B

Abteilung	Standort
DV-Org	Augsburg
Produktion	Straubing
Marketing	München

Intersection(Abteilungen A, Abteilungen B)

Abteilung	Standort
DV-Org	Augsburg

Abbildung 11.11: Aus den Relationen Abteilungen A und Abteilungen B entsteht durch Intersection(Abteilungen A, Abteilungen B) die rechts abgebildete Relation.

Difference

Durch die Operation *Difference* wird aus zwei Relationen als Ergebnis eine Relation gebildet, die nur diejenigen Tupel (Zeilen) enthält, die in der ersten Relation enthalten sind, in der zweiten Relation jedoch nicht. Diese Operation ist nur ausführbar, wenn die beiden Relationen Union-kompatibel sind. Die Syntax lautet:

Difference (Relation1, Relation2)

Dazu ein Beispiel:

Abteilungen A

Abteilung	Standort
Einkauf	München
DV-Org	Augsburg
Entwicklung	Augsburg
Verwaltung	München

Abteilungen B

Abteilung	Standort
DV-Org	Augsburg
Produktion	Straubing
Marketing	München

Difference(Abteilungen A, Abteilungen B)

Abteilung	Standort
Einkauf	München
Entwicklung	Augsburg
Verwaltung	München

Abbildung 11.12: Aus den Relationen Abteilungen A und Abteilungen B entsteht durch Difference(Abteilungen A, Abteilungen B) die rechts abgebildete Relation.

Division

Es wird die *Division* einer Relation 1 durch eine Relation 2 bezüglich eines Attributes A aus Relation 1 betrachtet, wobei Relation 2 ebenfalls ein Attribut mit derselben Domäne (Wertebereich) enthalten muss wie das bei der Division verwendete Attribut A. Aus der Ergebnis-Relation wird zunächst das Attribut A gelöscht. Sodann verbleiben in Relation 1 nur diejenigen Zeilen, für die irgend ein Attribut der Relation 1 alle Werte von Relation 2 enthalten. Die Syntax lautet:

Division(Relation1, Attribut A, Relation2)

Abbildung 11.13 gibt dafür ein Beispiel:

Relation1

Attribut 1.1	Attribut 1.2
1	A
2	A
2	B
2	C
3	D

Relation2

Attribut 2.1
A
B

Division(Relation1, Attribut 1.2, Relation2)

Attribut 1.1
1

Abbildung 11.13: Aus den Relationen Relation1 und Relation2 entsteht durch Division(Realtion1, Attribut 1.2, Relation2) die rechts abgebildete Relation.

Join

Bei der Operation *Join* (*Verbund*) wird in dessen allgemeinster Form zunächst das Produkt zweier Relationen gebildet, danach über eine Selektion mit der Verknüpfung zweier Attribute aus je einer der Relationen eine Anzahl von Zeilen herausgegriffen und schließlich über eine Projektion eine Reihe von Attributen ausgewählt. Vorausgesetzt wird dabei, dass die beiden im Join verwendeten Attribute denselben Wertebereich haben. Die Syntax lautet:

Join(Relation1, Relation2, Attr1 Θ Attr2) =

Projection{Restriction[Product(Relation1, Relation2), Attr1 Θ Attr2], Attr1, Attr2, ...AttrN)]}

Der griechische Buchstabe Θ (Theta) steht dabei für einen beliebigen Operator, weswegen diese allgemeinste Form des Join auch *Theta-Join* genannt wird. Wird für Θ der Vergleichsoperator eingesetzt, so spricht man von einem *Equi-Joint*.

Im Allgemeinen Join kommen in der durch die abschließende Projektion gebildeten Ergebnisrelation immer beide im Join verwendete Attribute vor. Im *natürlichen Join* wird dagegen von den verwendeten Attributen nur das Erste ins Ergebnis übernommen.

Ein natürlicher Join könnte beispielsweise folgende Form haben:

Personal

PersonalNr	Name	Gehalt	AbteilungsNr
101	Meissner	75 000	1
102	Lehmann	98 000	1
103	Kunze	75 000	2

Abteilungen

AbteilungsNr	Abteilung	Standort
1	Einkauf	München
2	DV-Org	Augsburg
3	Produktion	Straubing
4	Entwicklung	Augsburg
5	Verwaltung	München

Join(Personal, Abteilungen, AbteilungsNr=AbteilungsNr)

PersonalNr	Name	Gehalt	AbteilungsNr	Abteilung	Standort
101	Meissner	75 000	1	Einkauf	München
102	Lehmann	98 000	1	Einkauf	München
103	Kunze	75 000	2	DV-Org	Augsburg

Abbildung 11.14: Beispiel zum natürlichen Join.

Mit den beschriebenen Grundoperationen der relationalen Algebra sind alle im Zusammenhang mit Datenbanken relevanten Funktionen realisierbar [Pet91], [Sau98], [Bal97]. Für die praktische Anwendung benötigt man allerdings einen benutzerfreundlicheren Zugang. Dafür hat sich die Datenbanksprache SQL durchgesetzt, die im folgenden Kapitel behandelt wird.

11.2.3 Die Datenbanksprache SQL

Zur Geschichte

Mit *SQL* (*Structured Query Language*) steht eine Sprache zur Verfügung, mit der alle Funktionen auf relationalen Datenbanken ausgeführt werden können. Basis von SQL ist die im vorangegangenen Kapitel eingeführte *Relationenalgebra*, die eine mathematisch vollständige und konsistente Beschreibung sämtlicher auf relationale Datenbanken anwendbaren Operationen bietet [Pet90], [Sau98].

Seit 1974 IBM mit *SEQUEL* die erste relationale Datenbanksprache auf den Markt brachte, hat sich die in den Folgejahren daraus entwickelnde Sprache SQL weiter verbreitet um sich schließlich ab 1982 als ANSI-Standard allgemein durchzusetzen. Seitdem ist eine ständige Weiterentwicklung im Fluss. 1987 wurde der ANSI-Standard *SQL-1* geschaffen und 1989 der verbesserte ANSI-Standard *SQL-2*. Die ISO schloss sich dieser Standardisierung an, und auch in der deutschen Norm DIN66315 ist SQL-2 festgelegt.

In der Weiterentwicklung zu *SQL-3* und *SQL-4* wurden schließlich objektorientierte Konzepte integriert, jedoch unter Beibehaltung der relationalen Eigenschaften von SQL-2. Diese Entwicklung trägt dem sich etablierenden Modell *objektrelationaler Datenbanken* Rechnung und hat 1998 zu den ersten Standards geführt. Eine weitere Zielrichtung ist die Optimierung *verteilter Datenbanken* mit Client-Server-Architekturen. So müssen Datenbank-Prozeduren nicht mehr auf der Client-Applikation laufen, sondern sie können mit SQL-3 auf den Server verlagert werden und vom Client aus aufgerufen werden. Dies kann den zeitaufwendigen Datenaustausch zwischen Client und Server erheblich einschränken.

SQL als Sprache der vierten Generation

SQL-1 und SQL-2 sind nicht zu den prozeduralen *Sprachen der dritten Generation* zu rechnen, da sie keine allgemeinen Methoden zur Formulierung von Algorithmen enthalten; sie sind in diesem Sinne nicht vollständig (*computational incomplete*). So existieren beispielsweise keine Schleifenkonstrukte und auch Rekursionen sind nicht möglich. Als Ausgleich dafür besteht mit *embedded SQL* die Möglichkeit, SQL-Statements in prozedurale oder objektorientierte Sprachen wie beispielsweise C einzubetten. Damit kann man die algorithmischen Fähigkeiten solcher Sprachen nutzen und gleichzeitig mit SQL Datenbankzugriffe programmieren. Erst durch die in SQL-3 eingeführten Spracherweiterungen wurde SQL vollständig (*computational complete*), es kann also jeder Algorithmus als SQL-Programm ausgedrückt werden.

SQL ist eine *Sprache der vierten Generation* (*4GL*). Der wesentliche Unterschied zwischen Sprachen der dritten und vierten Generation liegt in der *semantischen Ebene*, auf der Anweisungen formuliert werden. In SQL-Anweisungen wird nicht beschreiben wie ein Datenbankzugriff zu erfolgen hat, es wird vielmehr beschrieben, was der Anwender beabsichtigt. Vor der Ausführung von SQL-Anweisungen muss daher eine algorithmische Umsetzung in prozedurale Anweisungen erfolgen, da nur solche durch einen Computer ausführbar sind. Dies geschieht durch Umwandlung von SQL-Ausdrücken in Ausdrücke der relationalen Algebra, die dann ihrerseits in einer Sprache der dritten Generation unter Verwendung von Konzepten wie B-Bäumen (Kapitel 10.7.8), Hashing (Kapitel 10.3.3) und Squenzen (Kapitel 10.2) ausgeführt werden können. Diese Anweisungen beschreiben also, wie eine Datenbankoperation im Einzelnen durchzuführen ist. Zu einer einzigen SQL-Anweisung können somit Hunderte von prozeduralen Anweisungen gehören. Ein SQL-Programm ist deshalb wesentlich kürzer, leichter lesbar und zudem weniger fehleranfällig als etwa ein C-Programm mit derselben Funktionalität. Dazu kommt, dass Sprachen der vierten Generation wegen ihres beschreibenden Charakters näher an natürliche Sprachen angelehnt sind als Sprachen der dritten Generation, die eher der mathematischen Formelsprache verwandt sind. Eine Sprache der vierten Generation verhält sich zu einer Sprache der dritten Generation in etwa so, wie eine Sprache der dritten Generation zu Assembler.

Überblick über einige Sprachelemente von SQL

SQL basiert zwar auf der relationalen Algebra, besteht aber keineswegs nur aus einfachen Zuordnungen von SQL-Anweisungen zu Operationen der relationalen Algebra. Auch wurden die mathematisch geprägten Ausdrücke der relationalen Algebra durch eher umgangssprachliche Formulierungen ersetzt. Es gelten die Zuordnungen: *Relation* → *Tabelle*, *Tupel* → *Satz* oder *Zeile* und *Attribut* → *Spalte*.

SQL-Anweisungen lassen sich zwei wesentlichen Gruppen zuordnen, nämlich der *DDL* (*Data Definition Language*) und der *DML* (*Data Manipulation Language*). Die wichtigsten SQL-Anweisungen sind in der folgenden Tabelle zusammengestellt.

Tabelle 11.3: Zusammenstellung der wichtigsten SQL-Anweisungen.

DDL-Anweisungen	*Definition eines Datenbankschemas*
`CREATE SCHEME`	Definition eines Datenbank-Schemas
`CREATE DOMAIN`	Definition einer Datenbank-Domäne
`CREATE TABLE`	Erstellen einer Basis-Tabelle
`CREATE VIEW`	Definieren einer logischen Tabelle
`CREATE INDEX`	Definition eines Index
`DROP`	Löschen von Tabellen, Indizes, Schemata etc.
`ALTER TABLE`	Hinzufügen einer Spalte zu einer Tabelle
`CREATE ASSERTION`	Spezifikation von Integritätsbedingungen
`GRANT`	Vergabe von Benutzerrechten
`REVOKE`	Entzug von Benutzerrechten
DML-Anweisungen	*Änderungen (Update) der Daten*
`INSERT`	Einfügen von Zeilen in eine Tabelle
`DELETE`	Löschen von Zeilen aus einer Tabelle
`UPDATE`	Ändern von Zeilen einer Tabelle
`SELECT`	Daten aus einer Datenbank auswählen

Zu all diesen Anweisungen können noch Schlüsselworte, Parameter und einige logische und arithmetische Operatoren hinzukommen.

Die SELECT-Anweisung

Es kann hier keine umfassende Einführung in SQL gegeben werden. Stellvertretend für eine SQL-Anweisung wird hier nur die wichtige SELECT-Anweisung kurz beschrieben.

Die allgemeine Form einer SELECT-Anweisung lautet:

```
SELECT <Parameterliste> FROM <Tabellennamen>
   [WHERE <Bedingung>]
   [GROUP BY <Spaltennamen> [HAVING <Bedingung>]]
   [ORDER BY <Spaltennamen>]
```

Die <Parameterliste> spezifiziert die Spaltennamen (Attribute) einer Tabelle, die auch arithmetische Ausdrücke von Attributen aufweisen können. Erlaubt ist auch ein Stern (*), der für alle Attribute steht. Für Zeilengruppen können Funktionen wie min, max, sum, avg und count angegeben werden. Mit <Bedingung> sind beliebige logische Bedingungen bezeichnet.

Beispiel:

Gesucht sind die Namen und Matrikelnummern aller Studenten, die bereits länger als 8 Semester Informatik oder Elektrotechnik studieren. Dies kann aus der Tabelle Studenten mit folgender SELECT-Anweisung abgefragt werden:

```
SELECT Name, Matrikelnummer
    FROM Studenten
    WHERE (Fach='Informatik' OR Fach='E-Technik') AND Semester>8
```

Das Ergebnis wird eine Liste aus Namen und Matrikelnummern von Studenten sein, welche die Select-Bedingung erfüllen.

Eingebettetes SQL

In *eingebettetem SQL* (*embedded SQL*) können SQL-Anweisungen direkt in den Code der Trägersprache (*Host Language*) eingebettet werden. Unterstützt werden C, ADA, FORTRAN, COBOL, Pascal und PL/1. In C werden SQL-Anweisungen durch das Präfix exec sql eingeleitet. Vor der Compilierung werden dann durch einen *SQL-Präprozessor* die SQL-Anweisungen durch Aufrufe von C-Funktionen ersetzt.

Dabei sind einige Besonderheiten bei der Fehlerbehandlung und beim Austausch von Daten zu beachten. So wird beispielsweise die SELECT-Anweisung um den Parameter INTO <Variablenliste> ergänzt, der das Ergebnis einer SELECT-Anweisung in die spezifizierte Variablenliste kopiert, sofern das Ergebnis nur eine Tabellenzeile umfasst. Besteht das Ergebnis einer Anfrage aus mehreren Zeilen, so wird ein *Cursor* definiert, der durch die Anweisung FETCH <Cursor> INTO <Variablenliste> dafür sorgt, dass die Ergebniszeilen eine nach der anderen in die aufgelisteten Variablen kopiert werden.

11.3 Multimedia

11.3.1 Einführung und Definitionen

Begriffsklärung

Multimedia - der Name sagt es schon - steht für die Integration unterschiedlicher informationstragender *Medien*. Es geht dabei um die Zusammenführung der Medien *Text*, *Computer-Grafik*, *Bild* und *Ton* bei der Erstellung, Speicherung, Verbreitung und Darstellung von Dokumenten auf einer gemeinsamen digitalen Basis unter Verwendung von Computern [Fro97]. Der Multimedia-Boom wird seit ca. 1980 von immer leistungsfähigernen Multimedia-Workstations und PCs getragen, die mit spezieller Software ausgestattet sind und über spezielle Peripheriegeräte für die Aufnahme und Wiedergabe von Multimedia-Dokumenten verfügen.

Während Texte als das Standard-Medium für viele Anwendungen bereits in Kapitel 10.2.2 ausführlich besprochen worden sind, war von Bild- und Tondokumenten bislang noch nicht die Rede. Insbesondere Bilder - und mehr noch Bewegtbilder (Videos) - stellen wegen der im Vergleich zu Text und Ton erheblich größeren Datenmengen besonders hohe Anforderungen an die Algorithmen zu ihrer Verarbeitung und an die Technik für ihre digitale Aufnahme, Speicherung und Wiedergabe. Zudem sind Bilder von allen Komponenten multimedialer Dokumente die wichtigsten, da sie die meiste Information tragen.

Von Bedeutung ist auch, dass die unterschiedlichen Komponenten von Multimedia-Dokumenten in einem räumlichen und zeitlichen Zusammenhang stehen können. Es sind daher Synchronisations-Mechanismen bei der Aufnahme, bei der Bearbeitung und beim Abspielen erforderlich; dies gilt etwa für die Vertonung von Videosequenzen. Multimedia-Dokumente sind also nicht nur statischer Natur, sondern in vielen Fällen zeitabhängig, interaktiv und dynamisch.

Multimedia-Dokumente

Texte, Bilder und Tondokumente können einzeln und unabhängig voneinander mit spezifischen Programmen erstellt und bearbeitet werden. Erst durch das Zusammenfügen der unterschiedlichen Komponenten mit Hilfe eines als *Autorensystem* bezeichneten Werkzeugs entsteht ein *Multimedia-Dokument*. Ein Multimedia-Dokument kann man als einen *Container* auffassen, der die einzelnen Komponenten des Dokumentes in einer vordefinierten Architektur enthält. Es ist ferner der bereits erwähnte statische oder zeitabhängige Charakter von Multimedia-Dokumenten zu beachten, weshalb auch die Definition von Synchronisationsmechanismen Bestandteil eines Multimedia-Dokuments sein müssen. Schließlich müssen auch die auf den einzelnen Komponenten möglichen Operationen festgelegt werden, die ja für die unterschiedlichen Komponenten des Dokuments sehr verschieden sein können - so etwa die Auswahl des Abspielgeräts. Dies legt die Behandlung von Multimedia-Dokumenten als *Multimedia-Objekte* im Sinne des objektorientierten Modells nahe.

Für die Darstellung von Multimedia-Dokumenten sind *Player*, *Browser* oder *Viewer* erforderlich, die zum einen die Ablaufsteuerung realisieren und zum andern Hilfsprogramme und Gerätetreiber zur Wiedergabe der Komponenten Text, Bild und Ton aufrufen.

Benutzerschnittstellen

Bereits der durch Menüs geführte interaktive Dialog eines Benutzers mit dem Computer kann als eine Multimedia-Anwendung interpretiert werden. *Benutzerschnittstellen* (*User Interfaces*) verwenden für den dialoggeführten Bestandteil von Anwenderprogrammen Texte wie etwa *Ein/Ausgabe-Felder* und *Menüs*, aber auch Grafik-Elemente wie *Buttons, Scrollbars* (*Laufleisten*) und *Icons* (*Bildsymbole*) zur Kennzeichnung von Programmen, Dateien und Geräten. Den durch Anwender interaktiv bedienbaren Teil einer Benutzerschnittstelle bezeichnet man als *Benutzeroberfläche*. Eine *grafische Benutzerschnittstelle* (*Graphical User Interface*, *GUI*) vereinigt Text- und Grafik-Komponenten und hat damit selbst multimedialen Charakter. Andererseits sind GUIs das wichtigste Hilfsmittel beim Erstellen und Abspielen von Multimedia-Komponenten. Durch interaktives Arbeiten mit einer Benutzeroberfläche werden *Ereignisse* (*Events*) erzeugt, die dann durch die aufgerufenen Programme verarbeitet werden, die ihrerseits wieder Events generieren können. Events ermöglichen eine interaktiv per Dialog kontrollierte Ablaufsteuerung von Multimedia-Präsentationen, die ohne grafische Benutzeroberflächen kaum denkbar wären. Für eine effiziente Eventsteuerung ist ein Multitasking-Betriebssystem wie etwa Windows (Kap. 4.3.5) unabdingbar und daher auch essentiell für Multimedia-Anwendungen.

Auf Multimedia-Applikationen bezogen sollte eine GUI die Erstellung von Multimedia-Dokumenten erleichtern, deren nachträgliche Bearbeitung ermöglichen und insbesondere das Abspielen unterstützen. Am einfachsten ist eine Präsentation ohne interaktive Einwirkungsmöglichkeit zu realisieren. Wichtiger ist aber eine selektive Präsentation durch Benutzer-Interaktion und schließlich die Änderung oder Ergänzung der Inhalte durch den Nutzer.

Hypermedia

Sind Teile eines Multimedia-Dokuments oder verschiedene Multimedia-Dokumente durch *Verweise* (*Links*) auf nichtlineare Weise miteinander verknüpft, so spricht man von *Hypermedia*, bzw. von *Hypertext*, wenn nur Text-Dokumente mit einbezogen sind. Ein Multimedia-Anwender hat damit die Möglichkeit in einer *Navigation* durch das Dokument bzw. die Dokumente nach Belieben von einem Verweis zum andern springen. Der während einer Navigation verfolgte Weg kann somit eine komplexe baumartige oder netzartige Struktur aufweisen. Standardisierte Wekzeuge zur Definition von Hypermedia-Dokumentarchitekturen sind beispielsweise *ODA* (*Open Document Architecture*) und *SGML* (*Standard Generalized Markup Language*) mit dem populären Ableger *HTML* (*HyperText Markup Language*), der in Kapitel 11.4.2 beschrieben wird.

11.3.2 Licht und Farbe

Bilder, insbesondere Farbbilder, sind der wichtigste Bestandteil multimedialer Dokumente. Es ist daher wichtig, sich einige Grundtatsachen über den Begriff *Farbe* klar zu machen.

Licht und elektromagnetische Strahlung

Bekanntlich besteht ein enger Zusammenhang zwischen der Farbe einer Lichtquelle und der Frequenz der von ihr als *Licht* ausgesandten *elektromagnetischen Strahlung*, die durch eine *Frequenz* f, gemessen in Schwingungen pro Sekunde mit der Maßeinheit *Hertz* (Hz), oder durch die *Wellenlänge* $\lambda=c/f$, gemessen in Metern, charakterisiert wird. Dabei ist c die *Lichtgeschwindigkeit*, die im Vakuum $2.9979 \cdot 10^8$m/sec beträgt. Der in der Natur beobachtete *Frequenzbereich* (*Spektrum*) der elektromagnetischen Strahlung erstreckt sich von *Radiowellen* mit Wellenlängen bis in den Kilometerbereich bis zur extrem kurzwelligen *Gammastrahlung*, die bei Prozessen in Atomkernen entsteht. Der für Menschen *sichtbare Spektralbereich* ist ein kleines Fenster im Bereich von etwa 380 nm (Blauviolett) bis 750 nm (Rot).

Es ist jedoch keineswegs so, dass Farbe und Frequenz (bzw. Wellenlänge, bzw. Energie) nur verschiedene Bezeichnungen für denselben Sachverhalt wären. Das erweist sich schon daran, dass es Farben gibt, die im *Emissionsspektrum* des Sonnenlichts nicht vorkommen, nämlich viele der so genannten *Körperfarben*, die durch Reflexion von Licht an nicht selbst leuchtenden Objekten entstehen. Dies gilt beispielsweise für die Farben Braun und Lila. Ein weiteres Indiz dafür, dass Farbe und Frequenz nicht äquivalent sind, ist die Erfahrung, dass es möglich ist, zwei Lichtquellen mit verschiedener spektraler Zusammensetzung zu konstruieren, die denselben (*metameren*) Farbeindruck vermitteln.

Photometrie

Zur Beschreibung der von einer *Lichtquelle* ausgesandten Strahlung wird man vor allen Dingen deren *Intensität* und die *Farbe* des Lichtes heranziehen. Eine hohe Intensität bedeutet im Sinne der Teilcheninterpretation des Lichtes eine hohe *Strahlstärke*, d.h. eine hohe Anzahl von Photonen, die in einen bestimmten Öffnungswinkel (*Raumwinkel*) abgestrahlt werden. Wie jede elektromagnetische Strahlung transportiert auch Licht *Energie* $E=h \cdot f$, die proportional zur Frequenz f des Lichtes ist. Die von einer Lichtquelle ausgestrahlte, auch als *Lichtstrom* bezeichnete Gesamtenergie misst man mit der Einheit *Watt*. In der Praxis ist ferner die *Leuchtdichte* gebräuchlich, die angibt, welcher Energieanteil (gemessen in *Watt/cm*^{2}) einer Lichtquelle auf ein ebenes Flächenelement fällt.

In der *Photometrie* ist jedoch nicht die gesamte von einer Lichtquelle emittierte Strahlung von Interesse, sondern nur der Anteil an *sichtbarem Licht*. Man wichtet daher die verschiedenen im Licht einer Lichtquelle enthaltenen Frequenzanteile mit der experimentell bestimmten, von der Frequenz bzw. der Wellenlänge des Lichts abhängigen Empfindlichkeit V(λ) des menschlichen Auges. In der folgenden Abbildung ist diese Kurve abgebildet.

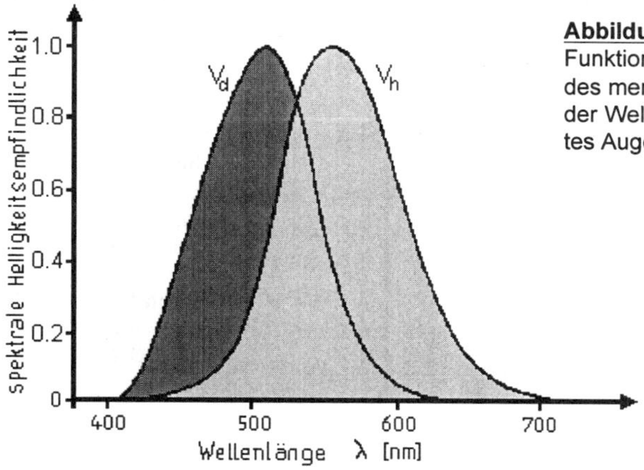

Abbildung 11.15: Die empirisch bestimmte Funktion V(λ) der Helligkeitsempfindlichkeit des menschlichen Auges in Abhängigkeit von der Wellenlänge für hell- und dunkeladaptiertes Auge.

Vor allem wird dadurch erreicht, dass die für Menschen unsichtbaren, oft beträchtlichen infraroten und ultravioletten Strahlungsanteile einer Lichtquelle unberücksichtigt bleiben.

Von den verschiedenen Lichtmessgrößen ist die *Beleuchtungsstärke* am wichtigsten, die in *Watt/cm*^{2} bzw. Lumen pro Quadratzentimeter bzw. *Lux* (lx) gemessen wird. Die Beleuchtungsstärke ist nichts anderes als der auf den sichtbaren Lichtanteil beschränkte Anteil der oben bereits definierten Leuchtdichte. Auch für übliche Videokameras wird die *Lichtempfindlichkeit*, die als die zur Erzeugung eines Ausgangssignals von halber Maximalhöhe nötige Beleuchtungsstärke definiert ist, in Lux angegeben.

Das trichromatische Farbmodell

Mit „Farbe" wird dasjenige Attribut einer Lichtquelle bezeichnet, das etwa zwischen „Rot", „Braun" oder „Gelb" unterscheidet. Dieses Attribut wird auf einer detaillierteren Beschreibungsebene als *Farbwert* oder *Farbton* (*Hue*) bezeichnet. Zur vollständigen Charakterisierung eines Farbeindrucks wird als ein weiteres Attribut die *Farbsättigung* (*Saturation*) eingeführt, die zwischen einer intensiven und einer pastellartigen Ausprägung einer Farbe mit gleichem Farbwert unterscheidet. Die Sättigung ist also gewissermaßen ein Maß für die „Trübheit" einer Farbe. Farbwert und Farbsättigung einer Lichtquelle sind über einen weiten Bereich unabhängig von dem dritten zur Beschreibung eines Farbeindrucks verwendeten Attribut, der *Helligkeit* (*Intensity*). Farbton und Sättigung können also konstant bleiben, wenn man die Helligkeit der Lichtquelle ändert. Zur exakten Kennzeichnung einer Farbe benötigt man in diesem *trichromatischen Modell* demnach drei unabhängige Komponenten. Mathematisch lässt sich dies durch einen dreidimensionalen *Vektorraum* beschreiben, in dem dann jede Farbe durch einen *Ortsvektor* repräsentiert wird.

Das RGB-System

Das oben bereits genannte *RGB-System* mit dem RGB-Einheitswürfel als Koordinatensystem ist eine der möglichen Darstellungsarten zur Beschreibung von Farben.

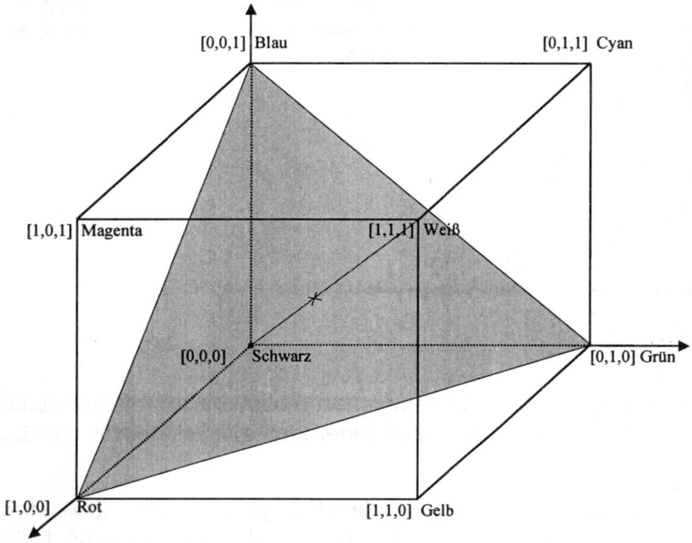

Farbe	R	G	B
Schwarz	0	0	0
Blau	0	0	1
Grün	0	1	0
Cyan	0	1	1
Rot	1	0	0
Magenta	1	0	1
Gelb	1	1	0
Weiß	1	1	1

Abbildung 11.16: Beispiel für ein dreidimensionales Farbkoordinatensystem mit den Grundfarben Rot, Grün und Blau als Koordinatenachsen. In den RGB-Einheitswürfel ist die dreieckige Farbebene (*Maxwellsches Dreieck*) für konstante Intensität 1 eingezeichnet. Die Vektoren für unbunte Farben (Weiß, Grau und Schwarz) liegen auf der punktierten Raumdiagonalen. Daneben sind die den Ecken des Einheitswürfels entsprechenden Grundfarben tabelliert.

Man kann vom RGB-System durch *Farb-Koordinatentransformationen* zu jedem anderen System zur Darstellung von Farben übergehen. Im Falle linearer Transformationen lässt sich dies durch eine einfache Matrixmultiplikation erledigen. Dies ist etwa beim Übergang von dem europäischen System ins amerikanische erforderlich, da diese etwas unterschiedlich definiert sind.

Das HSI-System

Das *HSI-System* mit den Grundgrößen Hue (Farbwert), Saturation (Sättigung) und Intensity (Helligkeit) ist eine weiter in der Praxis sehr gebräuchliche Variante. Sie beruht auf der durch die *Internationale Beleuchtungskommission* (*Commision Internationale de l'Eclairage, CIE*) erarbeiteten Norm. Davon abgeleitet ist die in Abbildung 11.17 dargestellte *CIE-Farbtafel*, die in etwa dem Maxwellschen Dreieck des RGB-Einheitswürfels entspricht.

Der Übergang vom RGB-System zu HSI-System und umgekehrt ist allerdings nicht einfach durch eine Matrix beschreibbar, da es sich um eine *nichtlineare Transformation* handelt. Für die Bearbeitung von Farbbildern ist das HSI-System eine günstige Darstellung, da bei der Arbeit mit Farbbildern oft Farbwerte oder Sättigungen unabhängig von Intensitäten festzulegen oder zu variieren sind und da die Intensität unabhängig von der Farbe von Bedeutung ist. In der RGB-Repräsentation ist dagegen die Intensitäts-Information implizit in allen drei Farbkomponenten enthalten.

Der Farbwert H ist ein Maß für die dominante Wellenlänge des zugehörigen Spektrums. Die Transformationsgleichungen lassen sich aus geometrischen Überlegungen herleiten. Man geht dabei von der im RGB-System als Maxwellsches Dreieck definierten Farbebene aus. Der Farbwert ist dann als der Winkel zwischen der Strecke vom Zentrum des Dreiecks (*Unbuntpunkt*) zur Rotecke und der Strecke vom Unbuntpunkt zu den Koordinaten der entsprechenden Farbe definiert.

Die Sättigung ist hier als der Abstand der kleinsten Farbkomponente zum Unbuntpunkt definiert und auf Werte zwischen 0 und 1 normiert. Der Wert 1 (volle Sättigung) wird für reine Spektralfarben auf dem Rand des Farbdreiecks erreicht, für die unbunten Farben Schwarz, Grau und Weiß ergibt sich wegen $R=G=B$ die Sättigung 0. Die Intensität ist bis auf die unterschiedlichen Gewichtskoeffizienten für R, G und B mit Y identisch.

Die Transformationsgleichungen lauten:

$$H=\left\{C-\arctan\left(\frac{2R-G-B}{\sqrt{3}\,(G-B)}\right)\right\}/\,360 \qquad I=(R+G+B)/3 \qquad S=1-\min(R,G,B)/I$$

mit $C=90$ wenn $G\geq B$ bzw. $C=270$ wenn $G<B$

Man kann sich das HSI-Modell auch anschaulich so vorstellen, dass man im RGB-Würfel entlang der Raumdiagonalen von der Schwarzecke zur Weißecke fortschreitend Querschnittsflächen aus dem Würfel herausschneidet und zu Sechseckflächen transformiert. Den sechs Ecken sind dann die Farben Rot (0°), Gelb, Grün, Cyan, Blau und Magenta zugeordnet. Der Farbraum hat also dann die Form einer Doppelpyramide mit sechseckigem Querschnitt.

Das YUV-System

Für die Übertragung von Fernsehbildern und auch für Videokameras und Videorecorder wird die Darstellung im *YUV-System* vorgezogen, wobei Y die Helligkeit (*Luminanz, Yield*) und U zusammen mit V die Farbe (*Chrominanz*) repräsentieren. Dies hat den Vorteil, dass man das Y-Signal alleine für eine Graubildwiedergabe verwenden kann und dass man außerdem insgesamt mit einer geringeren Bandbreite auskommt als in der RGB-Darstellung, da aus physiologischen Gründen nur für das Y-Signal eine hohe Bandbreite nötig ist, nicht aber für die in U und V enthaltenen Farbinformation. Die YUV-Darstellung hat ferner den Vorteil, dass bei der Bildspeicherung für die U- und V-Komponenten jeweils nur die Hälfte des für die Y-Komponente benötigten Speicherplatzes bereitgestellt werden muss, entsprechend dem gebräuchlichen Y:U:V-Verhältnis von 4:2:2.

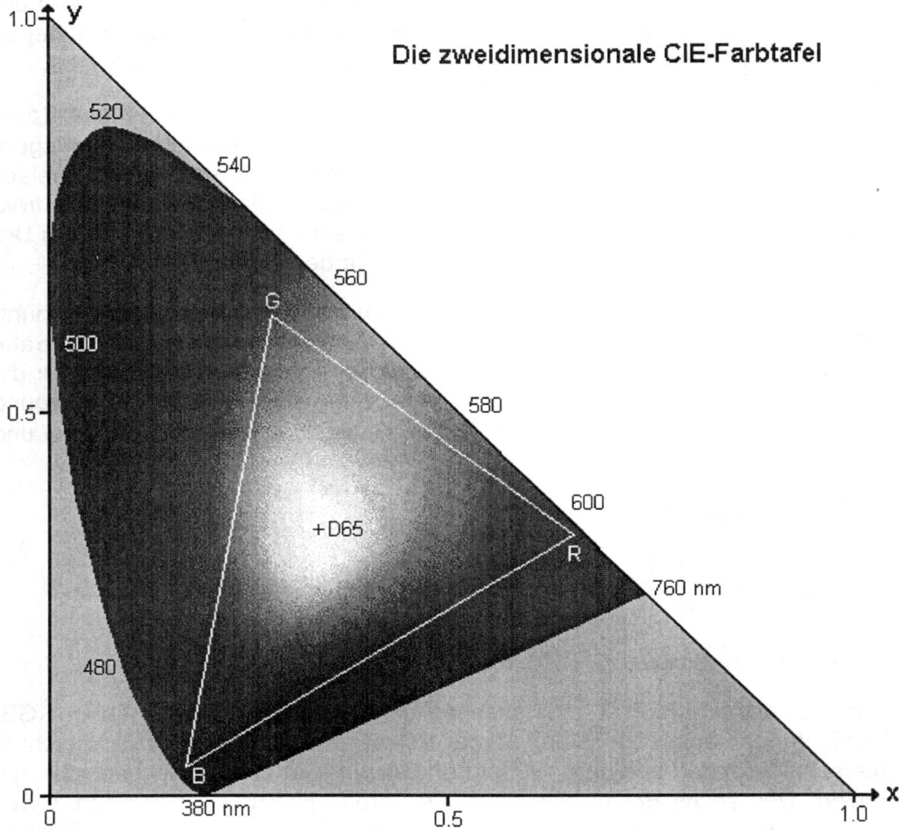

Abbildung 11.17: Die zweidimensionale *CIE-Farbtafel*. Die Helligkeitskoordinate muss man sich senkrecht auf der Bildebene vorstellen, sie ergänzt die *Farbebene* zum *Farbraum*. *Unbunte Farben*, d.h. Weiß, Grau und Schwarz, liegen im Farbraum auf einer im Zentrum (dem *Weißpunkt* oder *D65-Punkt*, entsprechend einer *Farbtemperatur* von 6500K) der abgebildeten Farbebene errichteten Senkrechten. Die reinen Spektralfarben befinden sich auf dem als *Spektralfarbenzug* bezeichneten äußeren, gekrümmten Rand der Farbebene, der voller Sättigung entspricht. Die gerade Begrenzungslinie im rechten unteren Teil der Farbebene wird als *Purpurgerade* bezeichnet; sie enthält in Emissionsspektren nicht vorkommende Farben. Mischfarben liegen im Innern der durch den Spektralfarbenzug umschlossenen Fläche. Die in der Fernsehtechnik verwendeten Grundfarben R, G und B bilden das weiß eingezeichnete Dreieck. Auf Farbmonitoren lassen sich also nur Farben darstellen, deren Koordinaten im Innern dieses Dreiecks liegen. Der Bereich der Körperfarben wird damit aber weitgehend abgedeckt.

In der Videotechnik werden die Signale der YUV-Darstellung meist zusammengefasst, und zwar im *VHS-Standard* zu einer einzigen (als *FBAS* bezeichneten) Signalleitung, wobei die Farbinformation der Helligkeistinformation aufgemischt ist. Im qualitativ höherwertigen *SVHS-* oder *Y/C-Standard* werden zwei Signale verwendet, nämlich das der Y-Komponente entsprechenden *Luma-Signal* und dem *Chroma-Signal*, das die U- und V-Komponente vereinigt.

Die Transformationsgleichungen zur Überführung der RGB-Darstellung in die YUV-Darstellung lautet:

$Y = 0.299R + 0.587G + 0.114B$ Helligkeit, Luminanz

$U = 0.493(B - Y)$ und $V = 0.877(R - Y)$ Farbdifferenzwerte, Chrominanz

Für die *unbunten Farben* Weiß, Grau und Schwarz gilt $R=G=B$ und - da die Summe der Koeffizienten in der Transformationsgleichung für Y gerade 1 ergibt - auch $Y=R=G=B$. Die *Chrominanz* oder *Farbdifferenzwerte* verschwinden daher im Falle unbunter Farben: $U=V=0$.

Stellt man eine Farbe als Vektor im YUV-Raum dar und betrachtet man nur die Projektion dieses Vektors auf die UV-Ebene, so ergibt die Länge $P=\sqrt{U^2+V^2}$ dieses Projektionsvektors die *Farbsättigung* und der mit der U-Achse eingeschlossene Winkel $\alpha = \arctan(V/U)$ den *Farbton*. In der folgenden Abbildung ist dieser Zusammenhang grafisch dargestellt.

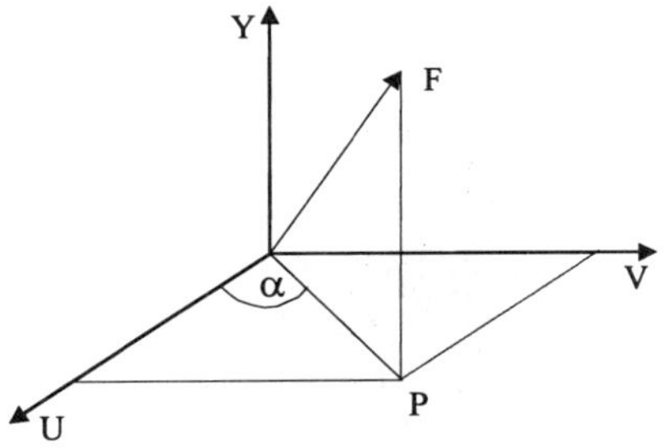

Abbildung 11.18: Die Länge P der Projektion eines Farbvektors F auf die UV-Ebene entspricht der *Sättigung* einer Farbe, der mit der U-Achse eingeschlossene Winkel α dem *Farbton*. Die Koordinaten der unbunten Farben mit U=V=0 liegen auf der Y-Achse.

Das YUV-System wurde unter anderem entwickelt, um die Übertragung von Fernsehbildern im europäischen *PAL-System* (von *Phase Alternating Line*) gemäß der CCIR-Norm zu optimieren. Zum PAL-Standard gehört, dass die Videobilder in Vollbilder mit 625 Zeilen unterteilt werden, wovon 575 sichtbar sind und die verbleibenden 50 Zeilen als *Vertikal-Austastlücke* keine Bildinformation tragen, sondern zu Synchronisationszwecken (VSYNC) dienen. Zur Synchronisation der Zeilenanfänge wird in den 64µsec, die für eine Bildzeile zur Verfügung stehen, eine Teil von 12 µsec als *Horizontal-Austastlücke* (HSYNC) verwendet. Nach dem *Zeilensprungverfahren* (*Interlaced Mode*) wird ein *Vollbild* (*Frame*) in zwei zeitlich nacheinander angeordnete *Halbbilder* (*Fields*) unterteilt, die als *gerade* (*even*) und *ungerade* (*odd*) bezeichnet werden. Pro Sekunde werden nach dem PAL-Standard 50 Halbbilder dargestellt. In den USA wird sattdessen der *NTSC-Standard* mit 60 Halbbildern pro Sekunde und 480 sichtbaren Zeilen verwendet. Dieser basiert auf dem vom YUV-System in den Transformationskoeffizienten etwas abweichenden YIQ-System.

Farbmischung

Das trichromatische Modell wird besonders anschaulich bei der *Farbmischung*. Man unterscheidet dabei die als *additive Mischung* bezeichnete Mischung von Emissionsfarben, die beispielsweise beim Farbfernsehen verwendet wird und die *subtraktive Mischung* genannte Mischung von Körperfarben, die Grundlage der Farbfotografie und des Farbdrucks ist. Additive Mischung kann man durch drei in den Grundfarben strahlende Lichtquellen erreichen, deren Strahlkegel eine weiße, diffus (also in alle Richtungen gleichmäßig) reflektierende Fläche beleuchten und sich dort überlappen. Durch Variation der Intensitäten der drei Lichtquellen lässt sich dann nahezu jeder beliebige Farbeindruck in der Überlappungszone erzielen. Meist wählt man Rot, Grün und Blau als Grundfarben.

Bei der *subtraktiven Mischung* lässt man einen weißen Lichtstrahl nacheinander durch drei Farbfilter treten, für welche man üblicherweise das *CMY-System* mit den Grundfarben Cyan, Magenta und Gelb (Yellow) wählt. Es sind dies gerade die *Komplementärfarben* von Rot, Grün und Blau. Durch Variation der Transmissivität der Filter lassen sich dann ebenfalls unterschiedliche Farbeindrücke erzeugen. In ähnlicher Weise geht man beim *Farbdruck* vor, indem man zur Darstellung eines Farbbildes drei verschiedene Farbauszüge übereinander druckt. Zur *Kontrastverbesserung* wird oft Schwarz als vierter Farbauszug hinzugenommen. Der Farbeindruck wird durch reflektiertes Licht, also durch *Körperfarben*, erzeugt. In Abbildung 11.19 ist die Farbmischung veranschaulicht.

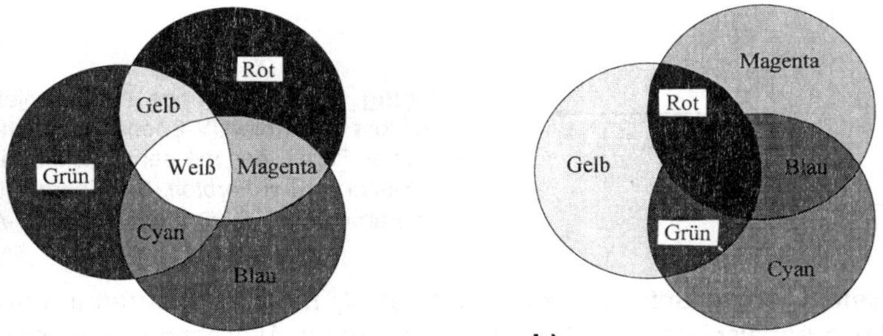

a) b)

Abbildung 11.19: a) Additive Farbmischung (Mischung von Lichtfarben).
b) Subtraktive Farbmischung (Mischung von Körperfarben).

11.3.3 Die Bearbeitung digitaler Bilder

Bildbearbeitung

Ziel der *Bildbearbeitung* als ein Teilgebiet der *Bildverarbeitung* ist die *ikonische* Manipulation eines digitalen Bildes; das Ergebnis ist damit wieder ein Bild. Beispiele für derartige Manipultionen sind: geometrische Transformationen wie Skalierung und Rotation; Bilddatenkompression; Transformation von Bildformaten; Änderungen von

Grauwerten, Farben und Kontrasten; Bildverbesserung durch Rauschunterdrückung, Kantenhervorhebung oder Bildschärfung. Alle diese Funktionen sind für Multimedia-Anwendungen wichtig und sollen daher hier kurz erläutert werden.

Eine Bildbearbeitung steht oftmals als *Vorverarbeitung* am Beginn einer weiter gehenden Analyse. Charakterisiert wird dieser Schritt durch verhältnismäßig einfache Operationen, die auf großen Datenmengen sehr schnell durchgeführt werden.

Bildanalyse

Ein über die Bildbearbeitung hinausgehendes Teilgebiet der Bildverarbeitung ist die *Bildanalyse* [Ahl91], [Ern91], [Hab82], [Pra78]. Darunter versteht man die schnelle, genaue und zuverlässige Reduktion und Interpretation des Informationsgehalts von digitalisierten Bildern mit Hilfe von Computern. Insbesondere bei der optischen Kontrolle in der industriellen Produktion und Qualitätssicherung, in militärischen Anwendungen sowie in der medizinischen Forschung und Praxis hat die Bildanalyse heute ihren festen Platz. Im Mittelpunkt steht die analytische Transformation der bildhaften Darstellung in eine *symbolische Repräsentation*, die meist mit einer erheblichen Datenreduktion verbunden ist. Oft handelt es sich hierbei um das Erkennen, Vermessen und Zählen von Objekten, allgemein um das Gewinnen von *Maßen* und *Merkmalen*. Das Ergebnis kann etwa eine Regelgröße zur Steuerung eines Prozesses sein, aber auch eine einfache Gut/Schlecht-Aussage. Bei der *Mustererkennung* (*Pattern Recognition*) kommt es darauf an, aus einer reduzierten, oft nur noch symbolischen Repräsentation des Bildinhalts bestimmte Objekte anhand charakteristischer Merkmale als solche zu erkennen [Nie83]. Beim *Bildverstehen* (*Image Understanding*) und der *Szenenanalyse* (*Scene Analysis*) steht im Zentrum des Interesses der Zusammenhang zwischen erkannten Objekten und der daraus ableitbaren Bedeutung für den Benutzer. Beispiele dafür sind die automatische Navigation autonomer Fahrzeuge aber auch die medizinische Diagnostik. In den hier genannten Bereichen werden typischerweise Methoden der *künstlichen Intelligenz* eingesetzt, die damit nicht Gegenstand dieses Kapitels sind.

Die folgende Abbildung zeigt die einzelnen Phasen bei der Verarbeitung und Interpretation von Bildern. Zur Bildbearbeitung zählen dabei nur die beiden ersten Schritte.

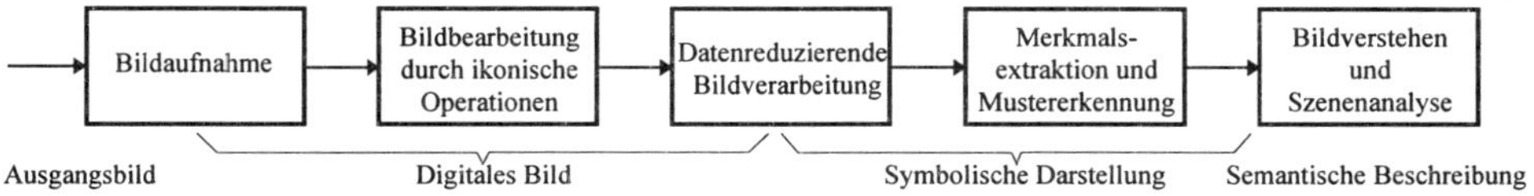

Abbildung 11.20: Charakteristische Schritte bei der Verarbeitung eines Bildes.

Technik der Bildbearbeitung

Zur Bildbearbeitung mit technischen Systemen gehört zunächst eine Vorrichtung zur *Bildaufnahme*; meist handelt es sich dabei um eine CCD-Kamera mit Optik und Beleuchtung oder um einen Scanner. Als Nächstes muss das Bild in eine maschinell verarbeitbare Form gebracht, also mit Hilfe eines *Analog/Digital-Umsetzers* (*Analog Digital Converter, ADC*) *digitalisiert* werden. Unter einem *Bild* versteht man in diesem Zusammenhang eine kontinuierliche Verteilung von Intensitäten $f(x,y)$ in einer Fläche, wobei Wertebereich und Definitionsbereich gemäß $f_{min} \leq f \leq f_{max}$, $x_{min} \leq x \leq x_{max}$ und $y_{min} \leq y \leq y_{max}$ beschränkt werden. Die Digitalisierung betrifft einerseits den Definitionsbereich, d.h. die Menge der erlaubten Punkte (x,y); man bezeichnet diesen Vorgang als *Rasterung* (*Scanning*). Hier legt man fest, in wie viele *Bildpunkte* (*Pixel*, von picture elements) ein Bild zerlegt wird. Häufig wählt man Formate mit 768×576 Bildpunkten. Dies ist ein Kompromiss aus der europäischen Videonorm CCIR 601 mit 720×576 Pixeln, der Forderung nach möglichst quadratischen Pixeln, dem in der Videotechnik üblichen Seitenverhältnis von 4:3 und der an Potenzen von 2 orientierten Speicherorganisation. Einige weitere Details zur Digitalisierung finden sich in Kapitel 2.3. Dieses Format harmonisiert auch gut mit dem SVGA-Grafik-Standard mit 800×600 Pixeln.

Neben dem Definitionsbereich muss auch der Wertebereich $[f_{min}, f_{max}]$ der Funktion $f(x,y)$ in endlich viele Intervalle aufgeteilt werden; man nennt diesen Vorgang *Quantelung, Quantisierung* oder *Sampling*. Hieraus ergibt sich die Anzahl der *Graustufen* bzw. *Farbstufen* des Bildes. Meist wird mit 8 Bit, entsprechend 2^8=256 Stufen pro Kanal digitalisiert. Falls nicht ohnehin Kameras (oder andere Bildquellen) mit digitalem Ausgang eingesetzt werden, geschieht die Digitalisierung auf einer speziellen, als *Frame-Grabber* bezeichneten Hardware, die in verschiedene Rechnertypen integriert werden kann und die Bilder entweder zwischenspeichert oder direkt in den Hauptspeicher des Host-Rechners überträgt.

Bei der Rasterung wird die Funktion $f(x,y)$ an endlich vielen, meist äquidistanten und rechteckig angeordneten *Stützstellen* (x_k,y_i) abgetastet. Dies ergibt eine Matrix von Grauwerten (allgemeiner Intensitäten) $f(x_k,y_i)$, für die man abkürzend f_{ik} schreibt. Dabei nummeriert, wie in der folgenden Abbildung gezeigt, i die Zeilen und k die Spalten.

f_{00}	f_{01}					
f_{10}	f_{11}					
			$f_{i-1,k-1}$	$f_{i-1,k}$	$f_{i-1,k+1}$	
			$f_{i,k-1}$	$f_{i,k}$	$f_{i,k+1}$	
			$f_{i+1,k-1}$	$f_{i+1,k}$	$f_{i+1,k+1}$	

Abbildung 11.21: Charakteristische Schritte bei der Verarbeitung eines Bildes.

An die Digitalisierung und Speicherung schließt sich die *Verarbeitung* an, also die Untersuchung des Bildinhaltes auf seine für die zu bearbeitende Aufgabe wesentlichen Merkmale. Dies geschieht mit Hilfe des Host-Prozesseors und/oder mit einer auf dem Frame-Grabber integrierten zusätzlichen Hardware, die dazu dient, bestimmte Operationen, wie beispielsweise Filter-Operationen, in *Echtzeit*, d.h. mit *Videogeschwindigkeit* (nach europäischer Norm 50 Halbbilder pro Sekunde) durchzuführen. Den Abschluss bilden eine *Interpretation* und *Darstellung* der Ergebnisse. Oft wird mittels eines *Digital/Analog-Umsetzers* (*Digital Analog Converter, DAC*) die digitale Information wieder in ein analoges Videosignal überführt, das auf einem Monitor dargestellt oder in anderer Form weiterverarbeitet, übertragen oder gespeichert werden kann. In PCs und Workstations ist die Übertragung der Bilder in ein Fenster üblich, das dann mit Hilfe der Grafikkarte des Host-Rechners am Datenmonitor eingeblendet wird. In Abhängigkeit von der Anwendung kommen weitere Schnittstellen in Betracht, etwa zur Kommunikation in einem Datennetz oder für Steuerungszwecke. In der folgenden Abbildung sind die technischen Komponenten skizziert.

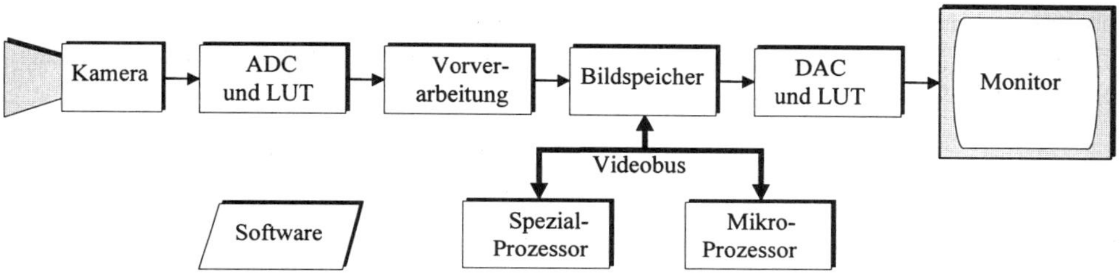

Abbildung 11.22: Typischer Aufbau eines Bildverarbeitungs-Systems.

Farbe und weitere Kanäle

Oft - in Multimedia-Anwendungen ist dies sogar die Regel - müssen auch *Farbbilder* verarbeitet werden. Die Bildfunktion wird dann in der *RGB-Darstellung* zu einer Vektorfunktion mit den drei Komponenten $f_R(x,y)$, $f_G(x,y)$ und $f_B(x,y)$ für die Grundfarben Rot, Grün und Blau. Bei einer Digitalisierung mit 8 Bit pro Kanal ergeben sich also 2^{24}=16 777 216 verschiedene darstellbare Farben. In Kapitel 11.2 ist ausführlicher von Farbe und Farbsystemen die Rede.

In manchen Anwendungen sind auch noch mehr als drei Kanäle auszuwerten, so etwa Infrarot- und Ultraviolett-Kanäle bei Satelliten-Bildern. Ferner muss es sich bei den betrachteten Intensitäten nicht unbedingt um Licht handeln, - beispielsweise bei Ultraschall-Bildgebern oder Computer-Tomographen. Eine weitere Verallgemeinerung ist die *Bildfolge*. Hierbei wird der Definitionsbereich der Bildfunktion um eine Dimension erweitert, meist eine weitere Raumkoordinate z oder die Zeit t. Man spricht dementsprechend von *räumlichen Bildfolgen* $f(x,y,z)$ und *zeitlichen Bildfolgen* $f(x,y,t)$ oder einer Kombination aus beiden, $f(x,y,z,t)$.

Geometrische Transformationen

Oft müssen Bilder zur Anpassung an ein gegebenes Layout in ihrer Geometrie verändert werden. Die dazu erforderlichen *geometrischen Transformationen*, nämlich *Translation*, *Rotation* und *Skalierung* können als eine Teilmenge der umfassenderen *affinen Transformationen* durch Matrixmultiplikationen beschrieben werden [Pav90]. Der größeren Allgemeinheit wegen wird hier von dreidimensionalen Bildern mit Bildpunkt-Koordinaten (x,y,z) ausgegangen.

Fasst man einen Punkt P(x,y,z) als Ortsvektor in einem dreidimensionalen Raum auf, so kann eine *Rotation* des Punktes P um den Winkel φ um die Z-Achse durch eine Multiplikation mit einer Rotationsmatrix $\mathbf{R}_z$ beschrieben werden. Für eine *Translation* in X-, Y- und Z-Richtung genügt die Addition eines Translationsvektors $\mathbf{t}$. mit den Komponenten (t_x,t_y,t_z). Der Punkt P(x,y,z) geht damit in den Punkt P'(x',y',z') über. Eine alternative Betrachtungsweise desselben Sachverhaltes ist, dass man nicht den Punkt P in einem gegebenen Koordinatensystem K transformiert, sondern dass man das Koordinatensystem K in ein gegenüber K rotiertes und verschobenes Koordinatensystem K' transformiert. Man erhält aus diesen Überlegungen die Transformationsgleichung:

$$\begin{pmatrix} x' \\ y' \\ z' \end{pmatrix} = \mathbf{R}_z \cdot \begin{pmatrix} x \\ y \\ z \end{pmatrix} + \mathbf{t} \quad \text{mit} \quad \mathbf{R}_z = \begin{pmatrix} \cos\varphi & \sin\varphi & 0 \\ -\sin\varphi & \cos\varphi & 0 \\ 0 & 0 & 1 \end{pmatrix} \quad \text{und} \quad \mathbf{t} = \begin{pmatrix} t_x \\ t_y \\ t_z \end{pmatrix}$$

In analoger Weise sind auch Rotationen um die X- und Y-Achse definiert.

Durch Einführung *homogener Koordinaten* lassen sich Translation, Skalierung und Rotation in einer einheitlichen Notation als Matrixmultiplikation formulieren. Man erweitert dazu die dreidimensionalen Ortsvektoren formal zu vierdimensionalen Vektoren, indem man als vierte Komponente eine Konstante einführt, die hier auf den Wert 1 gesetzt werden kann. An Stelle von P(x,y,z) schreibt man also P(x,y,z,1) und der transformierte Punkt P' ergibt sich einfach durch Multiplikation des zu P gehörenden Ortsvektors (x,y,z,1) mit einer vierdimensionalen Transformationsmatrix.

Man verwendet dabei insbesondere die Transformationsmatrizen $\mathbf{R}_x$, $\mathbf{R}_y$ und $\mathbf{R}_z$ für Rotationen um die X-, Y- und Z-Achse sowie die Matrix $\mathbf{T}$ für eine Translation mit den Komponenten t_x, t_y, t_z und die Matrix $\mathbf{S}$ für eine Skalierung um die Skalenfaktoren s_x, s_y, s_z mit dem Ursprung als Zentrum der Skalierung:

$$\mathbf{R}_X = \begin{pmatrix} 1 & 0 & 0 & 0 \\ 0 & \cos\varphi & \sin\varphi & 0 \\ 0 & -\sin\varphi & \cos\varphi & 0 \\ 0 & 0 & 0 & 1 \end{pmatrix} \quad \mathbf{R}_y = \begin{pmatrix} \cos\varphi & 0 & \sin\varphi & 0 \\ 0 & 1 & 0 & 0 \\ -\sin\varphi & 0 & \cos\varphi & 0 \\ 0 & 0 & 0 & 1 \end{pmatrix} \quad \mathbf{R}_z = \begin{pmatrix} \cos\varphi & \sin\varphi & 0 & 0 \\ -\sin\varphi & \cos\varphi & 0 & 0 \\ 0 & 0 & 1 & 0 \\ 0 & 0 & 0 & 1 \end{pmatrix}$$

$$\mathbf{T} = \begin{pmatrix} 1 & 0 & 0 & 0 \\ 0 & 1 & 0 & 0 \\ 0 & 0 & 1 & 0 \\ t_x & t_y & t_z & 1 \end{pmatrix} \qquad \mathbf{S} = \begin{pmatrix} s_x & 0 & 0 & 0 \\ 0 & s_y & 0 & 0 \\ 0 & 0 & s_z & 0 \\ 0 & 0 & 0 & 1 \end{pmatrix}$$

Durch Nacheinanderausführen der oben zusammengestellten speziellen Transformationen lassen sich beliebige Kombinationen von geometrischen Transformationen realisieren. Der Operation des Nacheinanderausführens entspricht dabei eine Multiplikation der beteiligten Matrizen.

Es ist noch zu berücksichtigen, dass bei geometrischen Transformationen zusätzlich eine Interpolation erforderlich sein kann. Der Grund dafür ist, dass die geometrische Transformation ja nur den Ort des transformierten Punktes P' liefert, aber nicht dessen neuen Grauwert (bzw. neue Farbe). Zur Erläuterung dieser Problematik wird die Vergrößerung eines ebenen Bildes B mit m Zeilen und Spalten um denselben Skalenfaktor s in X- und Y-Richtung betrachtet. Das resultierende Bild B' umfasst dann mit $s{\cdot}m$ Zeilen und Spalten bei großen Skalenfaktoren erheblich mehr Bildpunkte als das Ausgangsbild. Zur vollständigen Füllung von B' muss daher für jeden Bildpunkt P'(x',y') von B' das Urbild P(x,y) in B ermittelt werden, was auf eine Verkleinerung von B' um denselben Skalenfaktor s hinausläuft. Während die Punkte P'(x',y') exakt auf dem Raster von B' liegen, gilt dies für die zugehörigen Punkte P(x,y) nur dann, wenn $x=x'/s$ und $y=y'/s$ zufällig ganze Zahlen sind; im Normalfall muss man also von Punkten P ausgehen, die nicht exakt im Raster von B liegen. Es stellt sich daher die Frage, welcher Grauwert (bzw. Farbwert) diesem Punkt zuzuordnen ist. Im einfachsten Fall wählt man als Grauwert von P(x,y) den des nächstgelegenen Rasterpunktes in B und überträgt diesen dann auf den Punkt P'(x',y'). Dies führt jedoch dazu, dass mehrere benachbarte Punkte in B' identische Grauwerte erhalten können, was einen störenden Mosaik-Eindruck hervorruft. Bessere Ergebnisse liefert die *bilineare Interpolation*, bei der man den resultierenden Grauwert aus der Viererumgebung, d.h. aus den vier unmittelbar benachbarten Bildpunkten interpoliert. Im Falle der aufwendigeren aber zu schärferen Ergebnissen führenden *bikubischen Interpolation* bezieht man die Umgebung aus den neun nächstgelegenen Bildpunkten mit ein (Neunerumgebung).

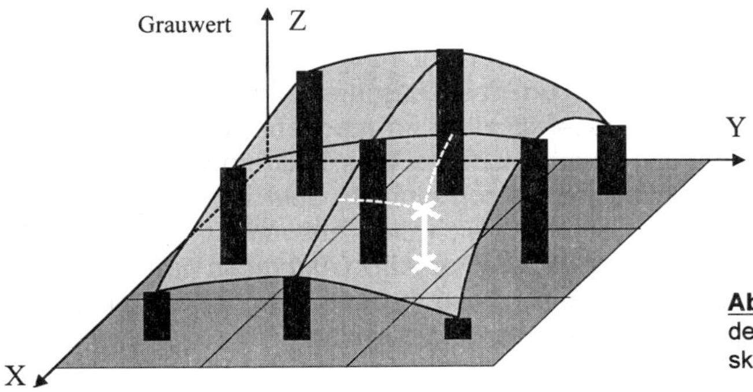

Abbildung 11.23: Das Prinzip der bikubischen Interpolation. Der skalierte Punkt ist weiß markiert.

Für eine geometrische Transformation mit nachfolgender bikubischer Interpolation wird also für jeden Bildpunkt P' zunächst gemäß der gewünschten Transformationsparameter auf die Position P zurückgerechnet. Der zugehörige Grauwert ergibt sich dann aus einer gekrümmten Fläche im Raum, die von sechs Parabeln aufgespannt wird, die - wie oben skizziert - durch die neun am nächsten benachbarten Bildpunkte bestimmt sind.

Bildberarbeitung mit Look-Up-Tables

Die einfachsten Algorithmen zur Bildbearbeitung ergeben sich, wenn man die Bildpunkte einzeln betrachtet, d.h. ohne Berücksichtigung von Nachbarschaftsbeziehungen. Häufig verwendet werden dazu *Transformationstabellen* (*Look-Up-Tables, LUTs*), die nichts anders sind als schnelle Speicher. Damit können Eingangsgrauwerte f_i mit einer beliebigen Funktion t in Ergebnisgrauwerte $g_i=t(f_i)$ transformiert werden. Die Übertragungsfunktion wird einfach durch Beschreiben der Tabelle realisiert. Auf diese Weise lassen sich, wie in Abbildung 11.24 gezeigt, Operationen wie *Kontrast- und Helligkeitsmanipulation*, *Binarisierung* und *Pseudo-Farbdarstellungen* programmieren, aber auch mathematische Funktionen wie Logarithmieren oder Quadrieren.

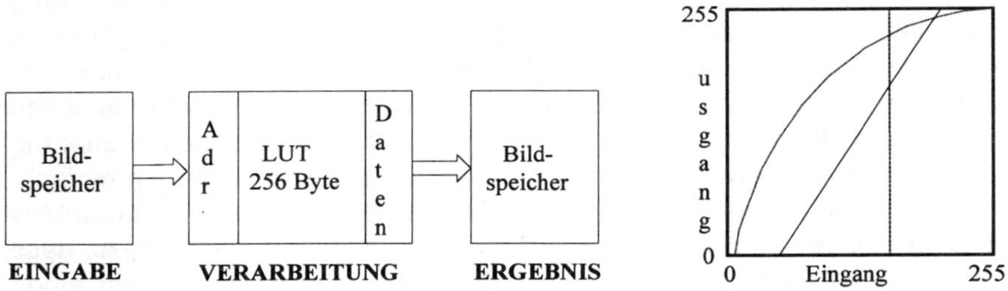

Abbildung 11.24: Im linken Bildteil ist eine Look-Up-Tabelle als typische Komponente von Bildverarbeitungssystemen dargestellt. Eine *eindimensionale LUT* erhält die Grauwerte eines Bildes als Eingabe, das Ergebnis sind die gemäß den in der LUT tabellierten Werten modifizierten Grauwerte.
Rechts sind einige Übertragungsfunktionen angegeben, nämlich *Kontrastverstärkung* oder *Clipping* (durchgezogene Linie), *Binarisierung*, (gestrichelte Linie) und *Logarithmieren* (gepunktete Linie).

Bildverknüpfungen

Oft ist auch die *Bildverknüpfung* von zwei oder noch mehr Bildern erforderlich. Ein Beispiel dafür ist die Addition von Bildern um das Rauschen zu minimieren und damit die im Bild enthaltene Information besser sichtbar zu machen. Interessant ist auch die Subtraktion von Bildern, mit der Unterschiede zwischen Bildern detektiert werden können. Derartige Funktionen sind algorithmisch einfach, aber an sehr großen Datenmengen durchzuführen. Deshalb empfiehlt sich die Verwendung einer dem Problem angepassten Hardware, beispielsweise einer *ALU* (*Arithmetic and Logic Unit*). Aber auch hier kann man LUTs verwenden, diese müssen dann jedoch zweidimensional sein, also zwei Eingänge und einen Ausgang besitzen.

Statistische Funktionen

Sehr nützlich sind statistische Funktionen wie *Grauwertprofile* und *Grauwerthistogramme.* Bei einem Histogramm wird die relative Auftrittshäufigkeit $h(f_i)$ berechnet, die angibt wie häufig in einem zuvor spezifizierten Bildbereich (z.B. einem Rechteck) die einzelnen Grauwerte auftreten. Damit lassen sich etliche in der Praxis verwertbare Aussagen über das gespeicherte Bild machen und ggf. für nachfolgende Manipulationen verwerten. Besteht ein Objekt aus mehreren Bereichen, die sich durch ihren Grauwert voneinander unterscheiden, so weist das Histogramm mehrere Maxima und Minima auf. Ein Beispiel dafür ist in Abbildung 11.26 c) gegeben. Der jeweilige prozentuale Anteil der einzelnen Bereiche lässt sich dann anhand des Grauwerthistogramms analysieren. Diese Methode kann beispielsweise bei der Oberflächenanalyse in der Materialprüfung eingesetzt werden. Grauwertprofile geben den Grauwertverlauf einer Linie an, meist einer Geraden. Durch Vergleich mit *Schwellwerten* lassen sich somit auf einfache Weise *Kanten* erkennen. Dieses Verfahren kann zur *Segmentation* des Bildes verwendet werden, also zur Zuordnung von Bildbereichen zu verschiedenen Objekten bzw. zum Hintergrund. Geeignete Schwellwerte lassen sich aus einer Histogrammanalyse bestimmen. Es ist dies die einfachste Methode, Objekte zu *vermessen.* Wichtig ist dabei eine *Eichung der Skalenfaktoren* in horizontaler und vertikaler Richtung, wobei genaue Messungen auch die Berücksichtigung von Objektivverzeichnungen erfordern.

Segmentation von Objekten

Ein Algorithmus von grundlegender Bedeutung ist die *Umrandung* von Objekten, um diese damit vom Hintergrund zu trennen. Man schreitet dabei von einem gefundenen Kantenpunkt, der auf dem Rand des gesuchten Objekts liegt, durch fortgesetzten Schwellwertvergleich zu den sich anschließenden Randpunkten fort, bis schließlich das gesamte Objekt erfasst wurde. Der Rand wird zweckmäßigerweise als *Kettencode* gespeichert, der nach dem Anfangspunkt nur die Richtung zum jeweils nächsten Randpunkt enthält. Dabei entsprechen, wie aus Abbildung 11.25 ersichtlich, der gröberen, aber schneller zu verarbeitenden *Viererumgebung* die möglichen Richtungen (0,2,4,6) und der genaueren *Achterumgebung* die Richtungen (0,1,2,3,4,5,6,7).

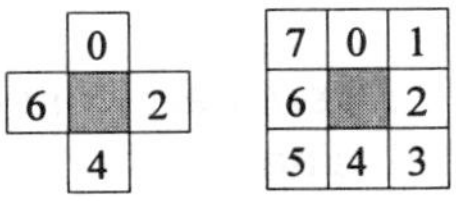

Abbildung 11.25: Die *Viererumgebung* beinhaltet die vier nächsten Nachbarn des grau markierten zentralen Punktes, die mit den Richtungen (0,2,4,6) erreichbar sind.
Die *Achterumgebung* beinhaltet die acht unmittelbaren Nachbarn des grau markierten Punktes, die mit den Richtungen (0,1,2,3,4,5,6) erreichbar sind.

Für die Codierung einer Richtung werden also nur 3 Bit benötigt. Aus dem Kettencode lassen sich dann weitere Parameter wie *Schwerpunktskoordinaten* (x_s,y_s), *Fläche* F, *Umfang* U, *Hauptachsen*, *Drehwinkel* und weitere Komponenten bestimmen, welche die Form des Objekts beschreiben. Dafür kommen *Momente*, *Projektionen*, *Fourier-Deskriptoren* und *topologische Attribute* in Frage. Im einfachsten Fall kann dies der von Größe und Lage unabhängige *Formfaktor* $f=4\pi F/U^2$ sein. Solche Messgrößen können zu einem *Merkmalsvektor* zusammengefasst werden, der das entsprechende Objekt charakterisiert. Aufgabe der *Mustererkennung* ist dann die Zuordnung des Objektes zu Musterklassen, die zuvor durch einen Lernprozess festgelegt wurden. Ein typisches Anwendungsbeispiel ist die Schrifterkennung.

Sind Objekte segmentiert, so kann man sie nahezu beliebig manipulieren. Beispiele dafür sind Skalieren, Verschieben, Farbänderungen und das Kopieren in andere Bilder. Für das oft benötigte Einfärben oder Texturieren von Objekte wird meist der *Überflutungs-Algorithmus* (*Flood-Fill*) verwendet. Man geht dabei so vor, dass man nach Wahl eines in dem Objekt gelegenen Startpunktes eine Anzahl von Umgebungspunkten - z.B. die nächsten Nachbarn in 4er- oder 8er-Umgebung - auf ihre Objektzugehörigkeit prüft und sie entweder bearbeitet (also beispielsweise einfärbt) oder nicht. Bei der Programmierung speichert man die Nachbarn des aktuell bearbeiteten Punktes in einem Stack und entnimmt diesem dann im nächsten Schritt die Koordinaten des im nächsten Schritt zu bearbeitenden Punktes.

Lineare Filter

Eine der wichtigsten Klassen von ikonischen (d.h. als Ergebnis wieder ein Bild liefernden) Bildverarbeitungs-Algorithmen sind *Filter-Funktionen* [Kle92], [Pra78]. Diese sind dadurch gekennzeichnet, dass bei der Bewertung eines Bildpunktes auch dessen Umgebung mit eingeht. Bei *linearen Filtern* muss der Grauwert g eines resultierenden Bildpunktes durch eine lineare Funktion von Grauwerten des Ausgangsbildes dargestellt werden, wobei die Filterung eindimensional (z.B. über eine Zeile) oder zweidimensional, z.B. über einen rechteckigen Bereich, erfolgen kann:

$$g_{ik} = \sum_{n=-p}^{+p} c_n f_{i,k-n} \quad \text{Filterung einer Zeile} \qquad g_{ik} = \sum_{m=-p}^{+p} \sum_{n=-q}^{+q} h_{mn} f_{i-m,k-n} \quad \text{Filterung eines Bereiches}$$

Für $c_{-1} = c_0 = c_{+1} = 1/3$ ergibt sich ein *Glättungsfilter* $g_{ik}=(f_{i,k-1}+f_{i,k-1}+f_{i,k-1})/3$ über drei benachbarte Punkte, mit dem verrauschte Signale ausgeglichen werden können.

Setzt man $c_{-1}=1$, $c_0=0$, $c_{+1}=-1$ erhält man einen eindimensionalen *Gradientenfilter* $g_{ik}=f_{i,k-1}-f_{i,k+1}$, der beispielsweise dazu verwendet werden kann, Objektkanten zu finden. Da hier Beleuchtungsschwankungen einen geringeren Einfluss haben als bei der Schwellwertmethode, lassen sich genauere Vermessungsergebnisse erzielen.

Im zweidimensionalen Fall bilden die Koeffizienten h_{mn} eine als *Filterkern* bezeichnete Matrix; beispielsweise für $p=q=1$ eine 3×3-Matrix und für $p=q=2$ eine 5×5-Matrix. Man kann die Koeffizienten so wählen, dass sich die Charakteristik eines *Hochpasses*, eines *Tiefpasses* oder eines *Bandpasses* ergibt. Üblicherweise verwendet man ganzzahlige Komponenten und normiert dann das Summationsergebnis. Mathematisch handelt es sich bei der linearen Filterung um eine *Faltung* des Filterkerns mit dem Bild. Der adäquate Beschreibungsformalismus ist die diskrete *Fourier-Transformation*, die generell in der Bildverarbeitung eine große Rolle spielt, beispielsweise als *Kosinus-Transformation* in der *Datenkompression*. Im einfachsten Fall eines 3×3-Filterkerns mit Tiefpasscharakteristik setzt man alle 9 Koeffizienten

$h_{mn}=1$ und die Normierungskonstante auf 9; man addiert also die Grauwerte von jeweils neun benachbarten Punkten (vgl. Achterumgebung in Abbildung 11.25), dividiert das Ergebnis durch 9 und weist den so berechneten Wert dem zentralen Punkt des Bereichs zu. Möchte man einen größeren Bildausschnitt mit einer Filterfunktion bearbeiten, so verschiebt man die entsprechende Filtermatrix über diesen Ausschnitt und berechnet Punkt für Punkt das Ergebnis. Ein Beispiel dafür ist in Abbildung 11.26 e) gegeben. Dabei wurde das Ausgangsbild künstlich verrauscht und dann auf die beschriebene Weise geglättet. Man sieht, dass zwar die Punktstörungen weitgehend verschwinden, dass aber alle Kanten, die ja ebenfalls hochfrequente Anteile enthalten, stark verschmiert werden. Häufig verwendet werden folgende Masken:

$\begin{pmatrix}1 & 2 & 1\\ 2 & 4 & 2\\ 1 & 2 & 1\end{pmatrix}$	Gauß-Tiefpass zur Rauschunterdrückung. Normierungskonstante = 16	$\begin{pmatrix}-1 & 1 & 1\\ -1 & -2 & 1\\ -1 & 1 & 1\end{pmatrix}$	Ost-Gradient zur Kantenhervorhebung (Hochpass)	$\begin{pmatrix}1 & -2 & 1\\ -2 & 4 & -2\\ 1 & -2 & 1\end{pmatrix}$	Gauß-Filter, kombiniert mit Laplace-Filter (LoG). Bandpass-Charakteristik zur Kantenhervorhebung

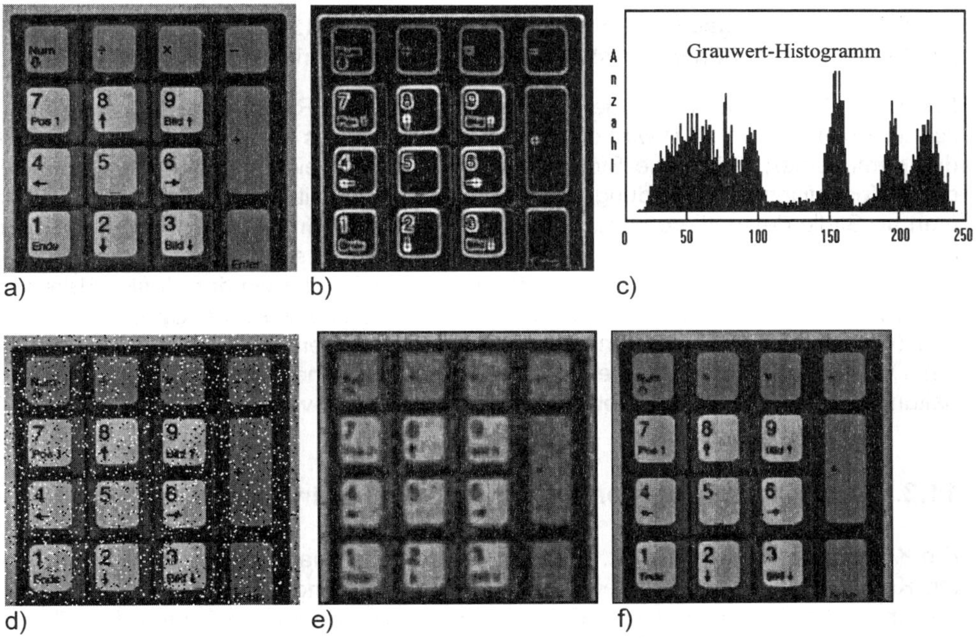

Abbildung 11.26: a) Originalbild, b) Nach Bearbeitung mit dem Sobel-Operator, c) Histogramm, d) künstlich verrauschtes Bild, e) Bild d) nach Glättungsfilter, f) Bild d) nach Median-Filter.

Nichtlineare Filter

Neben den linearen spielen auch *nichtlineare Filter* eine große Rolle. Erwähnenswert ist vor allem der *Sobel-Operator*, der eine stark kantenvertärkende und gleichzeitig rauschunterdrückende Wikung hat (vgl. Abbildung 11.26 b). Man hat heute Filter für die verschiedensten Anwendungszwecke zur Verfügung, etwa zur Segmentation von

Texturen, zum *Verdünnen* von Kantenbildern und zur *Bildschärfung*. Bei der in Multimedia-Anwendungen besonders wichtigen Bildschärfung wird zum Originalbild ein Bruchteil des mit einem Hochpass gefilterten Bildes hinzuaddiert (*Unsharp Masking*), was eine Hervorhebung von Kanten bewirkt, allerdings um den Preis einer Verstärkung des Rauschens. Dieser Nachteil lässt sich durch lokal adaptive Filterung mildern, indem man die Bildschärfung davon abhängig macht, ob der aktuelle Bildpunkt überhaupt zu einer Kante gehört.

Eine häufig verwendete Klasse von nichtlinearen Filtern sind die *Rangordnungsverfahren*, mit dem *Median-Filter* als wichtigstem Vertreter. Man legt hierbei zunächst einen Filterbereich fest, oftmals wieder eine Achterumgebung und sortiert alle darin enthaltenen Grauwerte der Größe nach. Das Ergebnis ist dann der mittlere Punkt der geordneten Folge.

Ein 3×3-Bildausschnitt habe beispielsweise folgende Grauwerte:

15	30	20	
15	10	30	Die geordnete Reihe lautet dann: 10 15 15 20 20 20 25 30 30
20	25	20	Das Ergebnis ist also der mittlere, unterstrichene Wert 20

Damit ist eine effiziente, weitgehend kantenerhaltende Rauschunterdrückung möglich. In Abbildung 11.26 f) wird dies durch Filterung eines künstlich verrauschten Bildes demonstriert. Sämtliche Störungen sind eliminiert, eine Verschmierung wie bei der Tiefpassfilterung (Abbildung 11.26 e) wird jedoch weit gehend vermieden. Wählt man an Stelle des mittleren Grauwerts den dunkelsten Grauwert (im obigen Beispiel also 10), so werden dunkle Bildbereiche vergrößert, man spricht dann von einer *Dilatation*. Wählt man den hellsten Grauwert (hier also 30), so werden dunkle Bereiche verkleinert (*Erosion*). Davon abgeleitet sind die morphologischen Operationen *Öffnen* (*Opening*), d.h. Erosion mit nachfolgender Dilatation und *Schließen* (*Closing*), d.h. Dilatation mit nachfolgender Erosion. Diese Funktionen werden oft als Vorverarbeitungsschritte für eine nachfolgende Mustererkennung verwendet.

11.3.4 Die Einbindung von Komponenten in ein Dokument

Die Komponenten Text, Grafik, Bild und Ton können unabhängig von einer geplanten Komposition eines Multimedia-Dokuments erstellt und bearbeitet werden. Dafür stehen zahlreiche kommerzielle Entwicklungswerkzeuge zur Verfügung. Erst für die Einbindung der einzelnen Bestandteile in ein Multimedia-Dokument sind spezielle Werkzeuge erforderlich, die man als *Autorensysteme* bezeichnet. Davon zu trennen sind ferner *Player-*, *Browser-* oder *Viewer*-Programme zur Präsentation eines fertigen Dokuments.

Klassifizierung und Codierung von Bilddokumenten

Die Möglichkeit zum Erstellen, Bearbeiten, Wiedergeben und Einfügen von Bildern in Multimedia-Dokumente sind außerordentlich vielfältig und keineswegs einheitlich genormt. Es wird eine unübersehbare Anzahl von Methoden und Anwenderprogrammen angeboten, auf die einzugehen nicht Gegenstand dieses Buches ist. Es wird daher lediglich ein kurzer Überblick gegeben.

Man unterscheidet folgende Arten von Bilddokumenten:

- Computer-Grafiken
- Einzelbilder
- Animationen aus Grafiken oder Bildern
- Bildsequenzen
- Video mit Vertonung

Allen Bilddokumenten ist gemeinsam, dass sie digital als Dateien gespeichert werden können. Als Standard-Formate unterschiedet man:

- *Vektorgrafik*
  Viele *Zeichenprogramme*, aber auch CAD-Systeme wie *AutoCAD* erlauben die Erstellung von Grafiken aus Linienelementen und einfachen geometrischen Objekten. Zur Speicherung derartiger Grafiken genügt im Prinzip die Angabe von Punkten, Vektoren und Polygonzügen. Neben zahlreichen proprietären Formaten hat sich insbesondere zum Datenaustausch das von AutoCAD angebotene *DXF-Format* (*Data Exchange File*) durchgesetzt. Praktisch alle Grafikprogramme sind aber auch in der Lage, die erzeugten Bilder direkt in Rastergrafik zu übertragen und in entsprechenden Dateiformaten abzuspeichern.

  Der Speicherbedarf von Vektorgrafik ist mit dem von Text vergleichbar. Für eine Seite Text mit Grafik muss man etwa 2 bis 10 kByte ansetzen.

- *Rastergrafik*
  Nach dem Prinzip der Rastergrafik wird das zu bearbeitende Bild als ein gerastertes rechteckiges Schema, also eine Matrix interpretiert, in welcher jedem Bildpunkt (Pixel) eine feste Position sowie eine Farbe zugeordnet ist. Dazu dienen *Malprogramme*, in denen üblicherweise auch Funktionen zur Bildaufnahme, beispielsweise mit Hilfe eines *Scanners*, integriert sind. Ein Rasterbild kann daher zweckmäßigerweise als ein direktes Abbild des Bildspeichers, eine sog. *Bitmap*, gespeichert werden. Dabei wird jedem Punkt der Matrix ein Speicherplatz zugeordnet, dessen Inhalt den Grauwert bzw. die Farbe des Bildpunktes codiert. Bei reinen Schwarz/Weiß-Bildern genügt ein Byte (8 Bit) pro Bildpunkt, entsprechend 2^8=256 verschiedenen Graustufen. Bei Farbbildern kommt es darauf an, wie viele Farbabstufungen dargestellt werden sollen. Für einfache Grafiken genügen 16 Stufen und für einfache Farbbilder 256 Stufen. Die höchste Qualität wird mit 8 Bit für jeden der Farbkanäle Rot, Grün und Blau erzielt; es sind dann 3 Byte erforderlich, womit ca. 16.7 Millionen verschiedene Farben dargestellt werden können. Beispiele sind die Formate *TIFF, TGA*, *GIF* und *Windows-Bitmap*.

  Der Speicherbedarf für ein Bitmap-Bild mit 640×480 Bildpunkten in Echtfarbe beträgt 900 kByte. Bei einer Auflösung von 300 *dpi* (*dots per inch*) ergibt dies mit dem Umrechnungsfaktor 25.4 von Inch in Millimeter eine Bildgröße von 54.2×40.6 mm.

- *Verlustfrei komprimierende Formate*
  In zahlreichen Bildformaten, so etwa im *GIF-Format* und im *TIF-Format*, können als Option verlustfreie, statistische Methoden zur Datenkompression verwendet werden, die auf dem *LZW-Verfahren* beruhen. Von Bedeutung ist auch der *Huffman-Algorithmus*, der ohne Änderung der Entropie des Bildes lediglich die Redundanz in optimaler Weise reduziert, wenn man von Einzelzeichen-Codierung ausgeht. Im LZW-Verfahren werden zusätzlich auch Redundanzen eliminiert, die sich aus der Häufigkeitsverteilung von aufeinander folgenden Zeichen (bzw. Grauwerten benachbarter Bildpunkte) ergeben. Da insbesondere in Computer-Grafiken benachbarte Bildpunkte häufig dieselbe Helligkeit und Farbe aufweisen, können damit hohe Kompressionsraten erzielt werden. Hervorzuheben ist, dass die Bildinformation dabei unverändert bleibt, es wird lediglich eine besonders Platz sparende Codierung durchgeführt. Zur Kompression gescannter oder mit Kameras aufgenommener Bilder ist dieses Verfahren allerdings nicht gut geeignet, da hier benachbarte Bildpunkte wegen des unvermeidlichen Rauschens nur sehr selten exakt gleich sind. Der Huffman-Algorithmus wird ausführlich in Kapitel 2.7 besprochen und das LZW-Verfahren in Kapitel 2.9.5.

- *Verlustbehaftet komprimierende Formate*
  Hohe Kompressionsraten sind auch im Falle von mit Rauschen behafteten Bildern erzielbar, wenn man Datenreduktionsalgorithmen verwendet, die eine Veränderung des Bildinhalts in Kauf nehmen, wobei jedoch der visuelle Eindruck weitgehend ungestört bleibt. Zum Standard wurde dabei für Einzelbilder das *JPEG-Verfahren* (Joint Picture Expert Group). Die mathematische Grundlage ist im Wesentlichen die diskrete Kosinus-Transformation. Für eine Beschreibung üblicher Kompressionsalgorithmen wird auf Kapitel 2.9.6 verwiesen.

- *Kompression von Bildfolgen*
  Im Prinzip kann man die verlustfreien Kompressionsmethoden auch auf die einzelnen Bilder von Bildfolgen anwenden. Außer für kurze Animationen mit sehr kleinen Bildern oder Grafiken wird dies in der Praxis allerdings kaum durchgeführt. Für Folgen von Einzelbildern wird oft die verlustbehaftete JPEG-Kompression verwendet, man spricht dann vom *Motion-JPEG-Verfahren*. Alle Bilder sind immer noch einzeln in etwa derselben Qualität verfügbar, so dass auch nach der Kompression noch ein Editieren und Schneiden möglich ist. Höhere Kompressionsfaktoren bis ca. 200 liefert das *MPEG-Verfahren* (Motion Picture Expert Group). In Gebrauch sind der *MPEG I* Standard und der qualitativ bessere *MPEG II* Standard, der nahezu SVHS-Qualität erreicht. Neben MPEG hat sich *DVI* (*Digital Video Interactive*) als weiterer Standard etabliert, mit dem Kompresionsfaktoren bis zu 150 erreicht werden. Wie MPEG geht auch DVI von YUV-Bildern im 4:2:2-Verhältnis aus und beide Verfahren schließen auch eine Audio-Codierung mit ein. Mit MPEG verwand ist ferner das von CCITT genormte *H.261-Verfahren*, das auf ISDN-Kanäle zugeschnitten ist und in verschiedenen Auflösungsstufen für Videokonferenzen eingesetzt wird. In den hier genannten Verfahren kommen Varianten der Kosinus-Transformation zum Einsatz, diese wird aber ergänzt durch Interpolationen zwischen aufeinander folgenden Bildern sowie Methoden zur Schätzung der Bewegung von Objekten. Eine ge-

wisse Rolle spielen außerdem die *Wavelet-Kompression* und die *Fraktale Kompression*.

Eine unkomprimierte Folge von Standard-Videobildern ergibt eine Bitrate von ca. 22 MByte pro Sekunde.

Einbindung von Audio-Daten

Audio ist in vieler Hinsicht ein wesentlicher Bestandteil von Multimedia geworden. Zunächst als Klanguntermalung von *Videospielen*, dann mit steigender Qualität zur Nutzung von *Musik-CDs* und schließlich als Komponente von Videos. Zur Aufnahme und zum Abspielen werden vielfach *Soundkarten* verwendet, an die konventionelle Stereo-Mikrofone und Stereo-Lautsprecher angeschlossen werden können. Mit Abtastraten bis zu 44.1 kHz und einer Digitalisierung mit 16 Bit (entsprechend einer Datenrate von 344.5 kByte pro Sekunde) können fast professionelle Ergebnisse erzielt werden. Als weitere Peripheriegeräte werden CD-Laufwerke zum Abspielen und Aufnehmen („Brennen") von CDs sowie *CD-I*-Systeme (*Compact Disk Interactive*) eingesetzt.

Zur Audio-Codierung werden *PCM* (*Pulse Code Modulation*) oder *ADPCM* (*Adaptive Differential PCM*) mit einem Kompressionsfaktor bis zu 8 verwendet. Siehe dazu auch die Kapitel 2.9.1 und 11.1.2. Viele Soundkarten beinhalten ferner *Synthesizer* und eine serielle *MIDI-Schnittstelle* (*Music Instrments Digital Interface*). Mit diesem in der Musikwelt genormten Interface ist der Anschluss von Musikinstrumenten und eine direkte Einbindung in Musikanlagen möglich. Durch MIDI werden keine digitalen Audiosignale übertragen, sondern Kommandos an Geräte zur Klangerzeugung. Zur Bearbeitung stehen *Sequenzer* zum Aneinanderfügen von Tondokumenten und *Audio-Editoren* zur Verfügung, die auch nichtlineare Schnitte und Verfremdungseffekte erlauben. Dabei kommen Audio-Datiformate wie WAV, MID und AIF zum Einsatz.

Audio ist ferner integraler Bestandteil von Standards wie MPEG, DVI und H.261. Werkzeuge zur Bearbeitung enstprechender Video-Formate binden daher auch Audio-Daten mit ein. Zum Speichern und Darstellen auf Multimedia-Workstations wird häufig das *AVI-Format* (*Audio Video Interleaved*) verwendet, bei dem jeweils die Videobilder mit dem zugehörigen linken und rechten Audiokanal in einem Multiplexverfahren gespeichert werden.

Einbindung von Einzelbildern

Am einfachsten sind *Computer-Grafiken* einzubinden. Diese werden mit verschiedenen Software-Tools erstellt und als Dateien im passenden Format abgespeichert.

Sollen Bilder eingefügt werden, die nicht auf dem Computer erstellt wurden, so müssen diese zunächst digitalisiert werden. Stehen die Bilder als ebene Vorlagen zur Verfügung (z.B. Fotos), so ist die einfachste Möglichkeit die Digitalisierung mit Hilfe eines *Scanners*. Die gängigen Bildbearbeitungsprogramme erlauben hinsichtlich Format, Ortsauflösung, Farbauswahl und Kompressionsfaktor eine individuelle Anpassung an die Bedürfnisse des Anwenders. Die dazu erforderlichen Algorithmen sind nicht trivial; einen kleinen Einblick in diese Thematik gibt Kapitel 11.3.4. Gescannte Bilder können sehr umfangreich werden; man sollte daher ein Dateiformat mit einem relativ hohen Kompressionsfaktor von ca. 10 oder mehr wählen, damit die Ladezeiten in einem tolerierbaren Rahmen bleiben. Zur Digitalisierung größerer Objekte werden oft zunächst *Fotos* angefertigt, die dann in einem zweiten Schritt unter Verwendung eines Scanners in den Rechner übertragen werden. Dies ist ein langwieriger Prozess, der durch Verwendung von *digitalen Kameras* zur Aufnahme von Einzelbildern oder *Videokameras* erheblich verkürzt werden kann. Man benötigt in diesem Fall einen Rechner mit integriertem *Frame-Grabber*, der in der Lage ist, die Videosignale der Kamera direkt zu übernehmen, wenn sie bereits in digitaler Form vorliegen, oder aber diese zu digitalisieren und als Datei im Rechner abzuspeichern. Um Videos auf dem Datenmonitor in ein Fenster einzublenden, bnötigt man eine *Overlay-Karte*; oft ist in dem verwendeten Frame-Grabber bereits eine Overlay-Funktion mit enthalten. Für einfache Ansprüche genügt eine VHS-Kamera, ist eine höhere Qualität erforderlich, sollte man eine SVHS-Kamera oder eine digitale Kamera mit *DVI-* oder *Firewire-Schnittstelle* wählen. Es muss betont werden, dass eine höhere Qualität des Ausgangsmaterials auch bei hohen Kompressionsraten zu besseren Ergebnissen führt; gerade das in VHS-Videos stärker ausgeprägte Rauschen führt zu störenden Artefakten bei der Datenkompression.

Einbindung von Animationen

Einfache *Animationen* von Computer-Grafiken ebenso wie von digitalisierten Bildern lassen sich mit gängigen Bildbearbeitungsprogrammen durch Aneinanderhängen von Bild-Dateien erstellen und mit geeigneten Programmen abspielen. Eine einfache Möglichkeit ist die Erzeugung von Animationen mit Hilfe von GIF-Dateien. Oft werden Animationen aber nicht auf der Ebene von Bearbeitungsprogrammen erstellt, sondern erst mit Hilfe eines Autorensystems. Individuelle Animationseffekte in offenen Systemen können durch HTML, JavaScript oder Java-Applets realisiert werden. Für die Wiedergabe genügen oft geringe Anforderungen an Grafikkarte und Bildschirm.

Einbindung von Videos

Zur Bearbeitung längerer *Videosequenzen* werden *Video-Editoren* benötigt, die in der Regel auch eine eigene Hardware erfordern, beispielsweise MPEG- oder JPEG-Player-Karten und CD-Laufwerke. Video-Editoren erlauben ein symbolisches Darstellen von markierten Videosequenzen, die dann beliebig verschoben, kopiert und zusammengefügt werden können. Da hierbei keine lineare Ordnung mehr eingehalten werden muss, spricht man von *nichtlinearem Schneiden*. Zur Identifikation und Synchronisation wird jedem einzelnen Bild des Videos ein *Time-Code* zugewiesen. Auch die zu dem Video gehörenden Audio-Daten werden dabei mit einbezogen. Als Datenformate werden meist AVI und MOV verwendet.

Player-Programme unterstützen mindestens die von Videorekordern bekannten Funktionen wie Abspielen, schneller Vor- und Rücklauf, sowie Start, Stop und Einzelbilddarstellung, Auch zu den Videosequenzen gehörige Audio-Dateien können synchron mit abgespielt werden. Grafikkarte und Bildschirm sollten eine Echtfarbdarstellung mit 24 Bit sowie eine Auflösung von mindestens 800x600 Bildpunkten (SVGA) unterstützen, da dies dem Video-Standard am nächsten kommt.

Bildausgabe

Einen hohen Stellenwert nimmt bei bildorientierten Dokumentationssystemen die permanente *Bildausgabe* ein. Für eine qualitativ hochwertige Wiedergabe erweist sich die oft verwendete Bilddatenkompression als ein Nachteil. Als Beispiel wird hier ein Bild mit 212×410 Bildpunkten betrachtet. Unkomprimiert mit voller Farbauflösung ergibt das als Bitmap-Bild im DIB-Format einen Speicherbedarf von 252 kByte. Eine Reduktion der Farbauflösung auf 256 Stufen ergibt 84 kByte. Transformiert man dieses farbreduzierte Bild in ein Bild im GIF-Format, so verbleiben 57 kByte. Geht man vom ursprünglichen Bild mit 252 kByte aus und wählt man das JPEG-Format mit einem Kompressionsfaktor von 10, so sind lediglich 25 kByte zu speichern.

Möchte man von Bildern *Farbausdrucke* herstellen, so bieten sich folgende Verfahren an:

- Farb-Tintenstrahldrucker
- Video-Printer
- Farb-Laserdrucker
- Farbsublimationsdrucker

Die preisgünstigste Variante sind Farb-Tintenstrahldrucker. Video-Printer haben den Vorteil, dass sie recht schnell fotoähnliche Ausdrucke liefern, allerdings nur als Hardcopy des Bildschirminhaltes. Farb-Laserdrucker sind in der Anschaffung vergleichsweise teuer, aber empfehlenswert, da man Drucke hoher Qualität bei niedrigen Kosten pro Ausdruck erhält und da ein Ausdruck nur einige Sekunden in Anspruch nimmt. Sehr gute Qualität mit fotorealistischem Eindruck liefern ferner Farbsublimationsdrucker.

Autorensysteme

Für die Zusammenbindung einzelner Komponenten zu einem Multimedia-Dokument benötigt man ein *Autorensystem*. Dieses gestattet ein interaktives Erstellen und Testen von Multimedia-Dokumenten, wobei die einzelnen Schritte in der Erzeugungs- und Testphase visualisiert werden können. Neben dem Zusammenfügen der Komponenten gehört die Ablaufsteuerung und die Gestaltung der Benutzeroberfläche einschließlich Anwenderdialog zu den Aufgaben eines Autorensystems. Der letzte Schritt ist die Erzeugung des fertigen, abspielbaren Dokuments, das dann beispielsweise auf eine CD kopiert und vervielfältigt werden kann.

In Autorensystemen arbeitet man hauptsächlich mit einer grafischen Benutzeroberfläche, die mit Hilfe von Icons, Flussdiagrammen und weiteren Elementen, ergänzt durch Texteingaben, die meisten erforderlichen Funktionen zur Verfügung stellt. Als Ergänzung steht meist auch eine Script-Sprache zur Verfügung.

11.4 Das Internet

11.4.1 Überblick über das Internet

Zur Geschichte des Internet

Die Geschichte des *Internet* geht auf ein seit Ende der 60er Jahren aufgebautes Datennetz (*ARPANET*, von Advanced Research Project Agency) des amerikanischen Militärs zurück. In den Zeiten des Kalten Krieges wollte man den Informationsfluss dezentralisieren, um eine möglichst hohe Verfügbarkeit auch bei Teilausfällen sicherzustellen. Ein Meilenstein war die Fertigstellung des maßgeblich von V. Cerf entwickelten Netzwerkprotokolls *TCP/IP* (*Transmission Control Protocol / Internet Protocol*) in 1973, mit dem die Funktionalität des gesamten Netzes auch dann sichergestellt werden konnte, wenn einzelne Knoten nicht (mehr) erreichbar waren (siehe auch Kapitel 11.1.6). Im Laufe der Jahre wurden weitere staatliche Stellen einbezogen, zunächst insbesondere Universitäten und wissenschaftliche Einrichtungen. Damit war der entscheidende Schritt zur demokratischen Öffnung des Netzes getan, das seit Anfang der 80er Jahre den Namen Internet trägt [Pla96]. In der folgenden stürmischen Entwicklung hat sich das Internet als weltweite, universelle Kommunikationsplattform etabliert. Erfreulicherweise wird das Netz heute für die unterschiedlichsten Anwendungsbereiche genutzt, aber kaum für den ursprünglich anvisierten militärischen Einsatz. Allerdings ist ein kleiner, als *MILNET* bezeichneter Teil des Internet als Nachfolger des ARPANET für militärische Zwecke reserviert.

Nach der militärischen und der wissenschaftlichen folgte die private Nutzung, die durch Adressvergabe durch große Anbieter (*Provider*) wie *America Online* (*AOL*), *CompuServe* oder *T-Online* organisiert wird. Mit der schon bald nach Millionen zählenden und stürmisch wachsenden Teilnehmerzahl wurde das Netz aber auch für kommerzielle Anwender als Präsentations-, Kommunikations- und Informationsforum interessant. Für die Abwicklung des kommerziellen Internet-Zugangs sorgen in der Regel lokale Provider, die über eigene Gebiets-Adressen (*Domains*) verfügen und an Großkunden auch weitere Domain-Adressen vergeben können.

Mit weltweit mehr als 600 Millionen kommerziellen Nutzern Ende 1999 hat sich das Internet als das weitaus größte und am stärksten expandierende Datennetz der Welt etabliert. Die folgende Grafik verdeutlicht diesen Trend.

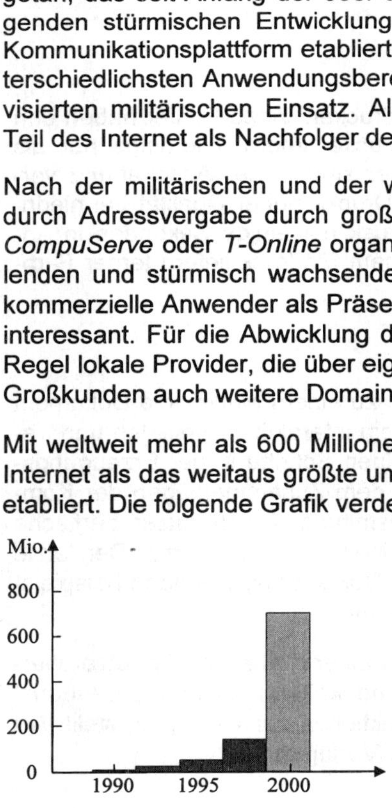

Abbildung 11.27: Entwicklung der kommerziellen Internet-User bis zum Jahr 2000.

Der Aufbau des Internet

Als Grunddienste stellen Provider Speicherplatz für WWW-Seiten, E-Mail Adressen sowie den Zugang zum Internet zur Verfügung. Als Erweiterung werden auch Datenbank-Anwendungen angeboten. Dies geht von einem einfachen Gästebuch über Händlerverzeichnisse und Produktkataloge bis hin zu komplexen Online-Bestellsystemen.

Die Kosten für eine kommerzielle Nutzung liegen naturgemäß höher als die für eine lediglich private Nutzung, sie sind aber so gering, dass sie praktisch keine Hürde darstellen. Der Nutzungsumfang richtet sich vor allem nach der Größe der Präsentationen im bedeutendsten Internet-Dienst, dem *World Wide Web* in Form von *WWW-Seiten* (typisch 5 bis 50 MB) und der Anzahl der *E-Mail Adressen.* Darüber hinaus fallen die Verbindungskosten über Telefonleitungen oder (für Großkunden) Standleitungen an. Bei lokalen Providern gelten in der Regel die Tarife des Ortsnetzbereichs.

In der folgende Skizze ist die Abindung von Netz-Anwendern über Provider an das Internet veranschaulicht.

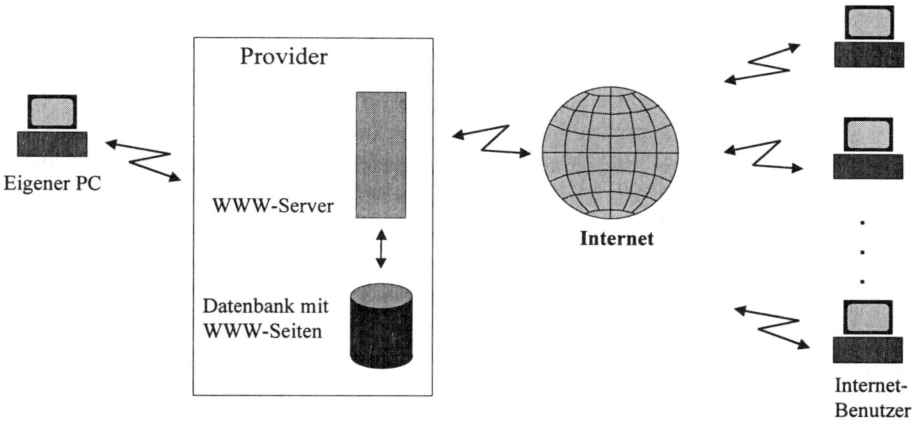

Abbildung 11.28: Zum Aufbau des Internet.

E-Mail Adressen

Die von Providern an Firmen vergebenen E-Mail Adressen haben folgende Form:

firma@provider.de

Wird pro Firma mehr als eine Adresse vergeben, so lauten diese:

name.firma@provider.de

Wenn man über eine Domain-Adresse verfügt, so ist der Name des Providers nicht mehr Teil der Adresse:

name.abteilung@firma.de

Internet-Adressen (URLs)

Internet-Adressen sind nach dem *URL-Schema* (von *Uniform Resource Loader*) aufgebaut. URLs haben die folgende allgemeine Form:

service://hostname/pathname

Als service kommen beispielsweise ftp oder http in Frage oder auch file, wenn man sich auf eine Datei bezieht, die nicht über das Netz geladen werden soll, sondern von der eigenen Festplatte. Dabei steht ftp für *File Transfer Protocol* und http für *Hypertext Transfer Protocol*.

In einer URL für das World Wide Web beginnt der hostname immer mit www (für World Wide Web). Danach folgt der Name des Providers.

Mit pathname wird die zu ladende Datei bezeichnet. Fehlt dieser Parameter, so wird der Default-Wert index.html eingesetzt.

Beispiele:

http://www.firma.provider.de
http://www.provider.de/firma
http://www.firma.de
http://www.firma.com

Die Endungen .de und .com bezeichnen eine deutsche bzw. kommerziell genutzte Adresse. Entsprechend gibt es Endungen für andere Länder und Institutionen, so etwa .it für Italien, .gov für US-Behörden und .edu für Education, beispielsweise US-Universitäten.

Die benötigte Hardware

Als Hardware-Ausstattung benötigt der Endanwender lediglich einen Rechner (beispielsweise einen PC) mit einem *Modem* (siehe Kapitel 11.1.3 und 11.1.5). Die Geschwindigkeit der Übertragung digitaler Daten im analogen Telekommunikationsnetz hängt weitgehend von der Art des Modems ab; sie liegt zwischen 9600 und 56700 Bit/sec und bei Verwendung von Datenkompressionstechniken auch darüber. Analoge Modems werden zunehmend durch *ISDN-Modems* abgelöst, die zwei Kanäle zu je 64 kBit pro Sekunde zur Verfügung stellen. Einen noch schnelleren Zugang bieten *ADSL-Modems* (siehe Kapitel 11.1.5), die Daten mit 768 kBit/sec aus dem Netz übernehmen und mit immerhin 128 kBit/sec senden können. Diese für Netzanwendungen offensichtlich günstige Asymmetrie in der Datenrate spielt auch bei Verwendung der für die flächendeckende TV-Versorgung längst verlegten *Breitbandkabelnetze* eine Rolle. Durch Bereitstellen eines zusätzlichen, vergleichsweise langsamen *Rückkanals*, kann der Nutzer durch Senden weniger Anweisungen große Datenmengen über das Breitbandkabel aus dem Internet abrufen. Es ist dies eine Entwicklung, die für *Audio* und *Video on Demand* wesentlich ist.

An die Hardware des Rechners werden keine besonderen Anforderungen gestellt. Abgesehen von dem bereits genannten Modem und einer Grafikkarte mit ausreichender Auflösung ist eine Soundkarte erforderlich, wenn Audio-Daten wiedergeben werden sollen. Dazu kommen je nach Anwendung weitere spezielle Peripheriegeräte.

Internet und Intranet

Zur Realisierung einer firmeninternen Kommunikations- und Dokumentationsplattform setzen heutzutage viele Unternehem ein als *Intranet* bezeichnetes lokales Netz nach dem Muster des Internet ein. Für die Firmen und deren Mitarbeiter ist die zusätzliche Möglichkeit des Zugriffs auf das Internet sowie die einheitliche Logik von Verbindungen, Datenstrukturen, Adressen und Benutzerschnittstellen ein großer Vorteil. Als problematisch kann sich hierbei allerdings wegen der Verbindung eines internen Datennetzes mit einem öffentlich zugänglichen der Schutz der Daten vor fremdem Zugriff erweisen. Als Schutzmaßnahme empfiehlt sich in jedem Fall die Installation einer *Firewall*. Dabei handelt es sich um ein aus Hardware- und Software-Komponenten bestehendes Schutzsystem, das ein hohes Maß an Sicherheit für die eigenen an das Internet angeschlossenen Rechner bietet. Interne und externe Datenströme werden streng voneinander getrennt, Datendurchgänge sind nur nach genau festgelegten Regeln möglich und können zudem protokolliert werden [Ches96].

Das Internet stellt zahlreiche *Internet-Dienste* zur Verfügung, die über den Provider in der Regel gegen Gebühren zugänglich sind. Viele dieser Dienste sind auch für die professionelle Nutzung von Interesse.

World Wide Web (WWW)

Das *World Wide Web* (*WWW*) ist der wichtigste und populärste unter den Internet-Diensten, der entscheidend die Entwicklung des Internet zu einem Massenmedium geprägt hat [Wil99]. Das WWW entwickelte sich ab ca. 1990 und basiert auf einem *Hypertext-System*, welches das Hin- und Herspringen zwischen Dokumenten und Angeboten mit Hilfe von *Querverweisen* (sog. *Links*) ermöglicht. Jeder Teilnehmer ist mit einer adressierbaren *Startseite* (*Homepage*) vertreten, von der aus dann über Links weitere Informationen zugänglich sind. Grundlage dafür ist das High-Level-Internet-Protokoll *HTTP* (*Hypertext Transfer Protocol*). Derzeit werden im WWW vor allem multimediale Text-, Grafik-, Audio- und zunehmend auch Video-Übertragungen übermittelt [Niel96]. Zur Darstellung von WWW-Informationen sind spezielle Programme, sog. *Browser* erforderlich. Die verbreitetsten werden von den Firmen Netscape und Microsoft angeboten.

E-Mail (electronic mail)

Über diese „elektronische Post" werden Textnachrichten zwischen Internet-Nutzern und anderen Teilnehmern von Online-Diensten übertragen. Die Vorteile gegenüber der konventionellen Post sind vor allem die hohe Übertragungsgeschwindigkeit und der geringe Preis, der oft in den Tarifen für den Internet-Anschluss ohnehin pauschaliert bereits enthalten ist. Sehr nützlich ist darüber hinaus, dass beliebige Dokumente (beispielsweise Grafiken, Bilder, Audio-Dateien, Programme etc.) an den E-Mail Text angehängt und mit übertragen werden können. Problematisch ist dabei, dass so auch die Verbreitung von Computer-Viren immer weiter zunimmt.

ftp (file transfer protocol)

Der *ftp-Dienst* ist eine Art Datenbörse im Internet. Zwischen einem ftp-Server und einem damit über das Netz verbundenen Rechner können Dateien, beispielsweise Texte, Programm-Updates und neue Treiber, beliebig ausgetauscht werden.

telnet (remote net control)

Bei *telnet* handelt es sich um ein System zur Fernsteuerung von Rechnern über ein Datennetz. Nach Einwählen in einen an diesen Dienst angeschlossenen Rechner kann auf diesem über das Netz gearbeitet werden. Insbesondere sind Datenbank-Zugriffe möglich und es können Programme gestartet werden. Häufig wird telnet von Internet-Teilnehmern dazu eingesetzt, um mit dem Rechner des Providers zu kommunizieren, beispielsweise um Verbindungszeiten abzufragen oder das Kennwort für den Zugang zu ändern. Sowohl ftp als auch telnet werden durch Unix unterstützt; vergleiche dazu Kapitel 4.3.6.

Suchmaschinen

Es gibt eine große Zahl international operierender Firmen (beispielsweise Altavista, Lycos und Yahoo), die *Suchmaschinen* betreiben. Dies sind über das Internet erreichbare *Online-Datenbanken*, in denen durch Eingabe von Schlüssel-Begriffen nach Dokumenten gesucht werden kann. Durch logische Verknüpfung mehrerer Begriffe kann der Suchraum eingeschränkt werden, so dass im Idealfall nur einige relevante Dokumente verbleiben. In vielen Suchmaschinen kann bei der Suche nach Text- und Bilddokumenten unterschieden werden. Verfügbar sind allerdings nur Daten, die explizit durch den Eigentümer der Daten den Suchmaschinen zugänglich gemacht wurden. Zu beachten ist, dass Suchmaschinen in WWW-Seiten meist nur die ersten 250 Zeichen auswerten. Es besteht damit die Möglichkeit, Interessenten und mögliche Kunden gezielt über Stichworte an die eigene Homepage heranzuführen.

usenet (news)

Über das E-Mail-basierte System *usenet* kann man an Diskussionsgruppen (*News Groups*) teilnehmen. Es existieren Tausende solcher Gruppen zu den verschiedensten Themen mit einer großen Bandbreite von fragwürdig bis seriös und wissenschaftlich. Durch das Abonnieren einer Gruppe können aktuelle Beiträge als E-Mails empfangen werden und eigene Diskussionsbeiträge per E-Mail an alle anderen Abonnenten automatisch versandt werden.

irc (internet relay chat)

Das *irc* ermöglicht eine Online-Diskussion zwischen Internet-Benutzern in Echtzeit. Die Diskussionsgruppen sind in Kanälen organisiert, wobei jeder Teilnehmer sich an bestehenden Kanälen beteiligen oder neue eröffnen kann. Alle Teilnehmer eines Kanals sehen die Tastatureingaben der anderen Teilnehmer sofort auf ihrem Bildschirm. Dieser Dienst wird vielfach auch in spielerischen Anwendungen verwendet.

11.4.2 Die Seitenbeschreibungssprache HTML

Einführung

HTML bedeutet *HyperText Markup Language*. Es handelt sich dabei um einen Ableger von *SGML* (*Structured Generalized Markup Language*) mit spezieller Ausrichtung auf *Hypertext-Funktionen* (siehe Kapitel 11.3.1). Darunter ist jede Form von nichtlinearer Dokumentendarstellung zu verstehen, die vor allem dynamische Querverweise zwischen verschiedenen Dokumenten beinhaltet. SGML ist als ISO-Norm 8779 festgeschrieben und war für den internationalen, standardisierten Dokumentenaustausch konzipiert. Schon kurze Zeit nach ihrem Entstehen ist HTML zur Standard-Beschreibungssprache für Dokumente des World Wide Web geworden.

Eine Dokumentbeschreibungssprache hat die Aufgabe, die Struktur eines Dokuments in einer vereinheitlichten, abstrakten Form zu definieren. Die Sprache sollte in der Lage sein, typische Elemente eines Dokuments, wie Kapitel, Unterkapitel, Absätze, Listen, Tabellen, Grafiken, Querverweise zu anderen Dokumenten usw. zu bezeichnen. Dabei handelt es sich um hierarchisch gegliederte logische Elemente des Dokuments, die ihrerseits wieder Unterelemente enthalten können. Jedes dieser Elemente hat einen fest definierbaren Erstreckungsraum. So geht eine Überschrift vom ersten bis zum letzten Zeichen, eine Aufzählungsliste vom ersten bis zum letzten Listenpunkt, oder eine Tabelle von der ersten bis zur letzten Zelle. Zur Kennzeichnung von Anfang und Ende von Elementen benutzt HTML so genannte *Auszeichnungen* (*Markups*). Die Auszeichnungsbefehle in HTML-Dateien heißen *Tags*. Sie bestehen aus in spitzen Klammern < und > eingeschlossenen HTML-Schlüsselworten. Um etwa eine Überschrift auszuzeichnen, lautet das Schema:

<Title> *Text der Überschrift* </Title>

WWW-Browser (beispielsweise von Netscape und von Microsoft), die HTML-Dateien am Bildschirm anzeigen, interpretieren die HTML-Tags, d.h. sie lösen die Auszeichnungsbefehle auf und stellen die damit beschriebenen Elemente dann in visuell optimaler Form am Bildschirm dar.

HTML-Dateien bestehen aus reinem ASCII-Text und können daher mit jedem ASCII-Editor gelesen und bearbeitet werden. Dadurch bleiben HTML-Dateien uneingeschränkt plattformunabhängig, d.h. dasselbe Dokument kann auf beliebigen Workstations, auf Apple Macintoshs oder PCs präsentiert werden. Plattformabhängig ist nur die Präsentations-Software, also der WWW-Browser.

Ein in HTML geschriebenes Dokument kann außer Text auch Grafiken sowie multimediale Elemente (Audio, Video usw.) enthalten. Solche Elemente werden als Referenz auf eine entsprechende Grafik- oder Multimedia-Datei notiert. Ein WWW-Browser muss also spezielle Software-Module besitzen oder aufrufen können (*Plug-Ins*), mit deren Hilfe die referenzierten Dateien dargestellt werden können.

In manchen Aspekten ist HTML der von der Firma Adobe entwickelten Dokumentbeschreibungssprache *Postscript* vergleichbar, die in der DTP- und Grafik-Branche weit verbreitet ist. Allerdings bietet Postscript keine Hypertext-Funktionalität.

Die Geschichte von HTML ist untrennbar mit der Geschichte des World Wide Web verbunden. Sie begann um 1990 in Genf, als *Tim Berners-Lee* am Genfer Hochenergieforschungszentrum CERN zusammen mit einigen Kollegen eine Initiative startete, die zum Ziel hatte, die Nutzbarkeit des Internet für den Informationsaustausch zwischen Wissenschaftlern zu verbessern. Entscheidend war neben der Forderung nach einer plattformunabhängigen Erstellung von Text- und Bildinformationen auch die Idee, Hypertextfunktionalität einzubauen, so dass Dokumente *Verweise* (*Referenzen*, *Links*) auf beliebige andere Dokumente enthalten können, auch wenn diese auf ganz anderen Internet-Servern liegen. Die beiden Säulen des Projekts sollten die neue Dokumentbeschreibungssprache HTML (Hypertext Markup Language) und ein neues High-Level Internet-Protokoll, *HTTP* (*Hypertext Transfer Protocol*), bilden. Neue Endanwender-Software sollte die Dateien online anzeigen und Verweise ausführen können. Wegen des vernetzten Hypertext-Charakters wurde das ganze Projekt World Wide Web (WWW, weltweites Netz) getauft.

Große Verbreitung fanden HTML und WWW durch den populären, von *Marc Andreesen* entwickelten WWW-Browser *Mosaic* mit einer grafischen Benutzeroberfläche. Andreesen wurde Mitbegründer der Firma Netscape, die eine führende Stellung für WWW-Software einnimmt. Hand in Hand mit der Entwicklung von HTML gingen auch Bestrebungen zur Normung. Der aktuelle Sprachstandard von 1996, auf den auch hier Bezug genommen wird, ist HTML 3.2.

Mittlerweile ist die zweite Generation von *WYSIWYG-Editoren* (WYSIWYG = What You See Is What You Get) für HTML auf dem Markt. Das Editieren von HTML-Dateien geschieht damit in einer Umgebung, die sich kaum oder gar nicht vom Präsentationsmodus unterscheidet. Viele Profis und auch Laien verwenden allerdings zusätzlich das direkte Editieren der HTML-Dateien mit einem ASCII-basierten HTML-Editor, denn nur diese bieten volle Freiheit bei der Gestaltung von WWW-Seiten, vor allem beim Einbinden von *JavaScript*-Anweisungen, auf die im folgenden Kapitel näher eingegangen wird.

Immer wichtiger wird HTML auch für „Intranets", also für LAN- und WAN-Netze von Firmen und Organisationen, die der Öffentlichkeit nicht direkt zugänglich sind. Führende Software-Produkte in diesem Bereich wie Lotus Notes setzen bereits auf die HTML-Technik. Auch gibt es kaum mehr einen PC, auf dem nicht ein WWW-Browser installiert ist. HTML ist damit von einem bloßen Dateiformat zu einer universellen Beschreibungssprache geworden. Bereits heute wird HTML nicht nur für die Erstellung von WWW-Seiten, sondern auch für Präsentationen, Handbücher, Fachliteratur und ganze Dokumentarchive eingesetzt, die dann dann online, auf CDs oder anderen Datenträgern in HTML-Form zur Verfügung stehen.

Im folgenden Abschnitt werden die wichtigsten Sprachelemente exemplarisch besprochen. Für eine vollständige Einführung in HTML wird auf das Literaturverzeichnis verwiesen [Mün96]. Als eine über HTML wesentlich hinausgehende Erweiterung mit der Möglichkeit zur Definition eigener Sprachkonstrukte ist *XTML* zu nennen.

Header, Body und Sprachstandard

HTML-Dateien sind ASCII-Texte, wobei die als *Tags* bezeichneten Sprachelemente von HTML durch spitze Klammern gekennzeichnet werden. Groß- und Kleinschreibung spielt bei den Tags keine Rolle. In der Regel markieren Tags den Anfang und das Ende eines Gültigkeitsbereichs, wobei der End-Tag durch einen vorangestellten Schrägstrich gekennzeichent ist. Daneben gibt es auch einige Standalone-Tags.

Eine HTML-Datei besteht aus zwei Teilen: dem *Kopf* (*Header*), der Angaben zum Titel enthält und dem *Körper* (*Body*) der das eigentliche Dokument beschreibt. Der gesamte Inhalt einer HTML-Datei muss mit den Tags `<html>` und `</html>` eingeschlossen werden:

```
<!DOCTYPE HTML PUBLIC "-//W3C//DTD HTML 3.2 //EN">
<html>

<head>
<title> Text des Titels </title>
<base href="http://www.adresse">
<base target="Fenstername">
</head>

<body>
Elemente des eigentlichen Dokuments          <!-- Kommentar-->
</body>

</html>
```

Die außerhalb des eigentlichen HTML-Scripts stehende erste Zeile des obigen Beispiels `<!DOCTYPE HTML PUBLIC "-//W3C//DTD HTML 3.2 //EN">` ist optional. Sie kennzeichnet den verwendeten Sprachstandard, hier die Version 3.2. Bezieht man sich beispielsweise auf den älteren Standard 2.0, so ist dies an Stelle von 3.2 einzusetzen.

Der Kopf muss einen aussagefähigen *Titel* enthalten, der nicht länger als 50 Zeichen sein sollte. Optional kann auch die *URL-Basisadresse* genannt werden, die dann innerhalb der Datei referenziert werden kann. Ferner kann durch `<base target="`*`Fenstername`*`">` ein *Frame* spezifiziert werden, auf den man dann im Dokument Bezug nehmen kann. Daneben kann der Kopf weitere Elemente enthalten, auf die teilweise an anderer Stelle näher eingegangen wird, nämlich:

- Spezifikation eines Eingabe-Prompts
- Informationen zur Indexdatei
- Meta-Informationen für Suchmaschinen
- Spezifikation von Proxy- bzw. Original-Server
- Angabe von Dateien, die automatisch geladen werden sollen
- Definition von Script-Bereichen (vor allem Java-Script)
- Definition von Style-Sheets
- Spezifikation einer Hintergrundmusik.

Kommentare können in der Form <!-- beliebiger Kommentar --> an beliebiger Stelle eingefügt werden.

Eine professionelle HTML-Datei sollte folgende Angaben enthalten: Verfasser, Datum der Erstellung, Autorenrechte und eine Möglichkeit für Feedback (z.B. E-Mail).

Umlaute und Sonderzeichen

Umlaute und Sonderzeichen sind nicht international standardisiert. Man sollte daher in HTML-Texten die dafür vorgesehenen Codes verwenden:

Tabelle 11.4: Die HTML-Codierung von Umlauten und einigen Sonderzeichen.

ä	ä	ö	ö	<	<
Ä	Ä	Ö	Ö	>	>
ü	ü	ß	ß	&	&
Ü	Ü	"	"	BLANK	

In die Tabelle wurden auch die Zeichen <, >, & und " mit aufgenommen, die ja wegen ihrer HTML-spezifischen Bedeutung im Fließtext nicht vorkommen dürfen.

Weitere Sonderzeichen können durch die Zeichenfolge &#nummer codiert werden, wobei mit nummer der Zahlenwert des entsprechenden Zeichens im erweiterten ASCII-Zeichensatz einzusetzen ist. So kann beispielsweise der griechische Buchstabe µ als &#181 geschrieben werden.

Farben

In HTML-Dokumenten können Farben für Hintergrund und Vordergrund, für Texte, Tabellen, Grafik-Elemente und andere Zwecke definiert werden. Dies geschieht durch Angabe standardisierter Farbnamen (die teilweise vom Browser abhängig sind) oder durch explizite Spezifikation der RGB-Werte für Rot, Grün und Blau als 24-Bit *Hexadezimalzahlen* im Format #xxxxxx für 16.7 Millionen Farben.

Die folgenden 16 Farbwerte sind in der Regel immer verfügbar:

Tabelle 11.5: Die HTML-Codierung der wichtigsten Farben.

Farbname	*Farbe*	*Hex-Code*
black	Schwarz	#000000
maroon	Braun	#BF0000
green	Grün	#00BF00

olive	Olivgrün	#BFBF00
navy	Dunkelblau	#0000BF
purple	Lila	#BF00BF
teal	Grünblau	#00BFBF
gray	Hellgrau	#C0C0C0
silver	Dunkelgrau	#808080
red	Rot	#FF0000
lime	Hellgrün	#00FF00
yellow	Gelb	#FFFF00
blue	Blau	#0000FF
fuchsia	Hell-Lila	#FF00FF
aqua	Hellblau	#00FFFF
white	Weiß	#FFFFFF

Beispiele:

```
<body bgcolor=silver>                <!-- dunkelgrauer  Dateihintergrund -->
<table bgcolor=aqua>                 <!-- hellblauer Tabellenhintergrund -->
<hr color=red>                       <!-- rote Trennlinie -->
<font color=white> ... </font>       <!-- Zeichen weiß dargestellen -->
<body link=#FF6666 vlink=#6666FF alink=#FF66FF>    <!-- Link-Farben -->
```

Wichtig ist die farbliche Hervorhebung der textlichen Bezeichnung von von Links. Mit `link` sind noch nicht besuchte Links bezeichnet, mit `vlink` bereits besuchte und mit `alink` durch Anklicken gerade aktivierte Links.

Texte

Texte können in HTML-Dokumente einfach als ASCII-Fließtext eingefügt werden. Zur Formatierung und Gestaltung stehen zahlreiche Befehle zur Verfügung. Die wichtigsten lauten:

Tabelle 11.6: Die HTML-Befehle zur Textformatierung.

Befehl	*Wirkung*
 	Neue Zeile
<p>...</p>	Absatz
<nobr>...</nobr>	Unterdrückung des Zeilenvorschubs
<strong>...</strong>	Hervorgehoben (meist Fett)
<b>...</b>	Fett (Bold)
<u>...</u>	Unterstrichen
<em>...</em>	Kursivdruck
_{...}	Tiefgestellt
^{...}	Hochgestellt
<h*n*>...</h*n*>	Titel-Größe *n*, *n*=1 bis 6
<font size=*n*>...</font>	Schrift-Größe *n*, *n*=1 bis 7
<*Befehl* align=*type*>	Ausrichten, type=left, right, center z.B. <h3 align=center> oder <p align left>
<ol type=*type*>...</ol>	Beginn und Ende einer automatisch nummerierten Liste. Der optionale Parameter *type* spezifiziert die Art der Nummerierung.

	type: 1. 2. 3. *type*=A: A. B. C. *type*=a: a. b. c. *type*=I: I. II. III. *type*=i: i. ii. iii.
`<li>...</li>`	Listeneintrag. Muss zwischen `<ol>` und `</ol>` stehen
`<multicol cols=`*n*`> ...</multicol>`	Mehrspaltiger Textfluss mit Spaltenzahl `cols`.
`<hr>`	Trennlinie

Tabellen

Mit Hilfe von Tabellen können Text- und Grafikeinträge positioniert und gegliedert werden.

Eine Tabelle wird durch die Tags `<table> ... </table>` definiert. Innerhalb der Tabelle unterscheidet man Tabellenzeilen `<tr> ... </tr>`, in denen durch `<th>` fett dargestellte Kopfzellen und durch `<td>` normale Datenzellen definiert werden können.

Eine Tabelle mit drei Zeilen und drei Spalten wird also typischerweise folgendermaßen beschrieben:

```
<table border=8 cellspacing=10>
  <tr>
    <th>Kopfzelle für erste Spalte
    <th>Kopfzelle für zweite Spalte
    <th>Kopfzelle für dritte Spalte
  </tr>
  <tr>
    <td>Datenzelle Zeile 2, Spalte 1
    <td>Datenzelle Zeile 2, Spalte 2
    <td>Datenzelle Zeile 2, Spalte 3
  </tr>
  <tr>
    <td>Datenzelle Zeile 3, Spalte 1
    <td>Datenzelle Zeile 3, Spalte 2
    <td>Datenzelle Zeile 3, Spalte 3
  </tr>
</table>
```

In das obige Beispiel wurden die beiden Parameter `border=` und `cellspacing=` mit aufgenommen, durch die der Tabellenrand und der Zellenabstand eingestellt werden können. Daneben gibt es noch etliche weitere Parameter, die sich auf die gesamte Tabelle, einzelne Zeilen oder auch einzelne Felder beziehen können. Beispiele dafür sind:

`align= ...`	Ausrichten: `left`, `center`, `right`
`valign= ...`	Ausrichten in einer Tabellenzeile: `top`, `bottom`, `middle`

`bgcolor= ...`	Hintergrundfarbe
`background= ...`	Hintergrund-Datei
`colspan= ...`	Anzahl zusammengefasster Spalten
`rowspan= ...`	Anzahl zusammengefasster Zeilen
`width= ...`	Angabe der Tabellenbreite in %
`cellpadding= ...`	Definition des Randabstands

Tabellen sind auch praktisch, um Texte mehrspaltig anzuordnen, Grafiken und Bilder zu platzieren, Seitenränder zu erzwingen und farbige Flächen zu definieren.

Verweise

Verweise haben die Form:

```
<a href="Verweisziel"> Verweistext </a>
```

Dabei steht `a` für *anchor* (Anker) und `href` für *Hypertext-Referenz*. Durch `Verweisziel` ist die Zieldatei adressiert, `Verweistext` ist der Text, den der Anwender sieht. Verweistexte sollten farblich hervorgehoben und/oder durch vorangestellte kleine Symbole gekennzeichnet werden.

Verweisziele können sein:

- eine Stelle innerhalb derselben HTML-Datei
- eine andere lokale HTML-Datei
- eine beliebige lokale Datei (beispielsweise ein Word-Dokument)
- eine beliebige WWW-Adresse
- eine beliebige E-Mail Adresse
- eine beliebige Adresse eines anderen Netzdienstes (z.B. ftp oder telnet)

Ein Verweisziel kann also auch der Name eines zuvor definierten Ankers innerhalb einer HTML-Seite mit einem vorangestellten `#` sein. Die Definition eines Ankers geschieht nach folgendem Muster:

```
<a name="Ankername1"> Wort </a>
<a name="Ankername2"> <img src="datei.gif"> </a>
```

Das erste Beispiel definiert ein Wort als Anker, das zweite Beispiel ein Bild.

Grafiken und Bilder

Grafiken und Bilder werden in HTML durch eine Referenz auf die das Bild enthaltende Datei spezifiziert. Als Dateiformate sind `.gif` und `.jpg` gebräuchlich.

Oft werden Grafiken als *Hintergrundbilder* (*Wallpapers*) verwendet. Dies muss im einleitenden `<body>`-Tag angegeben werden:

```
<body background="muster.jpg" bgproperties=fixed>
```

Durch den optionalen Zusatz `bgproperties=fixed` wird erreicht, dass sich das Hintergrundbild beim Scrollen nicht bewegt.

Beispiel: Das HTML-Dokument „Virtuelle Hochschule“

```
<html>

<head>
<title>Projekt Virtuelle Hochschule</TITLE>
</head>

<body background=FHbg.jpg text=black link=navy vlink=red alink=purple>
<font face=arial>
<a name="TOP"></a>
<center>
<font color=red><h1>Das Projekt Virtuelle Hochschule</h1></font>
<br><p><hr size=10 width=60%><br>

<table>
  <tr>
    <td width=280><font face=arial>
    Zusammen mit anderen Hochschulen beteiligt sich auch die
    Fachhochschule Rosenheim am Gemeinschaftsprojekt
    <b>Virtuelle Hochschule</b>. Dabei handelt es sich um
    multimedial aufbereitete Lehrangebote, die teilweise über
    das Internet angeboten werden.</font>
    </td>
    <td width=30></td>
    <td><img src="FHLogo.gif"></td>
  </tr>
</table>
</center>

<p><hr size=10 width=60%>
<br> 
<p>Für weitere Informationen wählen Sie bitte:
<br> 

<p><a href="VH.doc"><img src="dot.gif" width=15 border=0></a>
 Ausführliche <a href="VH.doc">Dokumentation</a> als Word-Datei

<p><a href="VH2.htm#PROJ1"><img src="dot.gif" width=15 border=0></a>
 Projektbeschreibung Projekt 1: <a href="VH2.htm#PROJ1">Digitale
Bildverarbeitung</a>

<p><a href="VH2.htm#PROJ2"><img src="dot.gif" width=15 border=0></a>
 Projektbeschreibung Projekt 2: <a
href="VH2.htm#PROJ2">Algorithmen und Datenstrukturen</a>

<p><a href="http://www.fh-rosenheim.de/intern/fachbereich/info/"
TARGET="_TOP"><img src="dot.gif" width=15 border=0></a>
 Informationen &uuml;ber die <a href="http://www.fh-
rosenheim.de/intern/fachbereich/info/" TARGET="_TOP">FH Rosenheim</a>

<p><a href="mailto:ernst@fh-rosenheim.de"><img src="dot.gif" width=15 bor-
der=0></a>
 E-Mail an den Autor: <A HREF="mailto:ernst@fh-
rosenheim.de">ernst@fh-rosenheim.de</a>

<br> 
<p><a href="#TOP"><img src="arrow.gif" border=0></a>
<a href="#TOP"><font size=-1>Zum Anfang</font></a>

</body>
</html>
```

Abbildung 11.29: Das HTML-Dokument „Virtuelle Hochschule".

Einbindung von Multimedia-Objekten

Unter *Objekten* werden in diesem Zusammenhang alle Dateien verstanden, die sich außerhalb der HTML-Datei befinden und bei der Anzeige der HTML-Datei mit eingebunden werden sollen. Es kann sich dabei unter anderem um *Text-Dateien*, *Excel-Dateien*, *AutoCad-Zeichnungen*, *Java-Applets*, *MPEG-Videosequenzen*, *Midi-Musikdateien* handeln. Das Anzeigen bzw. Abspielen einer derartigen Fremd-Datei kann der Browser nicht selbst übernehmen, er benötigt dazu eine Verknüpfung zu einem Programm, das diese Aufgabe übernimmt. Dazu sind vom Anwender entsprechende *Plug-Ins* zu installieren. Beim Abspielen wird dann die eingebundene Datei so in einem Anzeigefenster präsentiert, wie sie im Ursprungsprogramm aufgenommen wurde. Zum Einbinden dient das <object> Tag, das allerdings nicht in allen HTML-Versionen zum Standard gehört.

Beispiel: <object data=urlaub.avi> <img src=urlaub.jpg> </object>

In diesem Beispiel wird die Datei urlaub.avi abgespielt bzw. das Bild urlaub.jpg dargestellt, falls der Browser nicht dazu in der Lage ist, die Datei urlaub.avi abzuspielen.

Frames

Mit Hilfe von *Frames* kann der Bildschirm in mehrere voneinander unabhängige Anzeigefelder unterteilt werden. An Stelle des <body>-Teils einer HTML-Datei tritt jetzt die Definition

```
<frameset ...> .... Frame Definitionen ... </frameset>.
```

Danach sollte jedoch noch ein normaler <body>-Teil folgen, der angezeigt wird, wenn der zur Anzeige eingesetzte Browser keine Frames kennt.

Frames können auch ineinander verschachtelt werden, wie das folgende Beispiel zeigt:

```
<frameset rows="20%,80%">
... Inhalt von Frame 1
<frameset cols="40%,60%">
... Inhalt von Frame 2 und 3
</frameset>
</frameset>
```

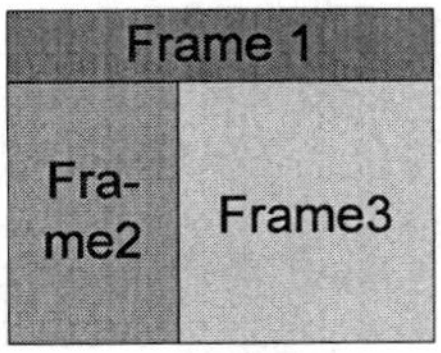

Abbildung 11.30: Beispiel zur Definition von Frames.

Frames sind insbesondere zum Anzeigen projektglobaler Verweislisten geeignet.

Style-Sheets

Durch *Style-Sheets* können vordefinierte Formatierungen einzelnen Textblöcken zugeordnet werden. Dadurch können lange Formatbeschreibungen wie Schriftart, Farbe, Größe, Einzüge etc. in Dateien abgelegt oder bestehenden HTML-Tags zugeordnet werden. Style-Sheets sind nicht offizieller Bestandteil von HTML 3.2.

Formulare

In HTML besteht die Möglichkeit, Formulare mit Textfeldern vorzudefinieren, in die dann der Anwender Einträge machen kann. Die Einträge können auf vielfältige Art genutzt werden. Beispiele sind Recherchen in Datenbanken, Aufgabe von Bestellungen und Verfassen von E-Mails.

Ein Formular wird durch die Tags `<form action=...>` und `</form>` definiert. Als `action` sind nur zwei Einträge möglich, nämlich Senden zu einer *E-Mail Adresse* oder Aufruf eines *CGI-Programms* (*Common Gateway Interface*). Ein CGI-Programm ist ein auf dem Server des Providers laufendes Programm, beispielsweise für den Zugriff auf Datenbanken. Als Sprache für CGI-Programme hat sich die in ihrer Struktur an C angelehnte Programmiersprache *Perl* etabliert.

Die folgende Abbildung zeigt ein Beispiel für ein Formular:

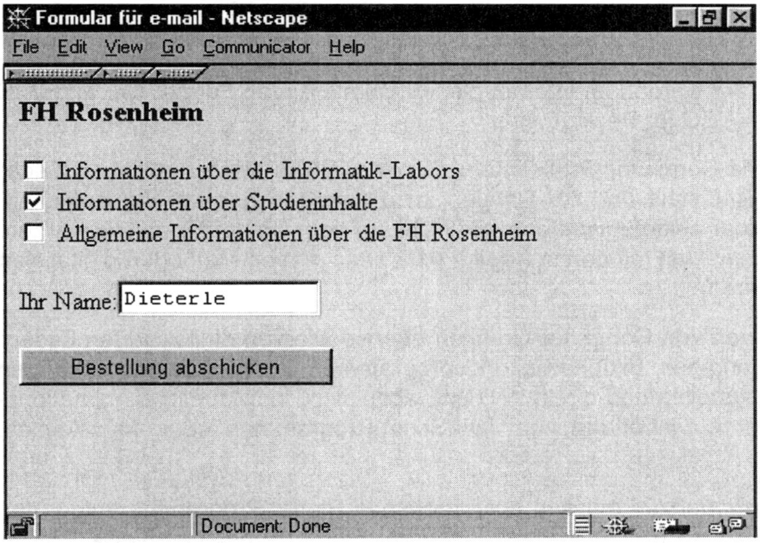

Abbildung 11.31: Beispiel für ein HTML-Formular zum Versenden einer E-Mail. Der Benutzer kann hier durch Anklicken der Checkboxes die gewünschten Informationen markieren und in dem Textfeld seinen Namen eintragen (hier Dieterle). Durch Anklicken des Buttons „Bestellung abschicken" wird dann automatisch eine E-Mail an die Adresse `ernst@fh-rosenheim.de` abgesendet, die in diesem beispiel den Inhalt `"Labor: Inhalte:X FH_Rosenheim:" hat.`

Das zugehörige Programm lautet:

```
<html>

<head>
```

```
<title>Formular f&uuml;r E-Mail</title>
</head>

<body>
<form action="mailto:ernst@fh-rosenheim.de" method="post">
  <h3>FH Rosenheim</h3>
  <input type=checkbox name="Labor:" value="X">
  Informationen über die Informatik-Labors<br>
  <input type=checkbox name="Inhalte:" value="X">
  Informationen über Studieninhalte<br>
  <input type=checkbox name="FH_Rosenheim:" value="X">
  Allgemeine Informationen über die FH Rosenheim<p>
  Ihr Name:<input name="Besteller" size=15><p>
  <input type=submit value="Bestellung abschicken">
</form>
</body>

</html>
```

Die Einbindung digitaler Bilder

Die Möglichkeit zur Integration von Bildern in WWW-Dokumente ist ein Muss bei jeder Web-Applikation. Auch durch HTML, JavaScript und Java werden entsprechende Funktionen unterstützt.

Allen Bilddokumenten ist gemeinsam, dass sie digital als Dateien gespeichert sein müssen. Als Standard werden im Internet die komprimierenden Format *GIF* und *JPG* verwendet, sowie *MPEG* für Bewegtbilder.

Am einfachsten sind Computer-Grafiken einzubinden. Diese werden mit verschiedenen Software-Tools erstellt und als Dateien im passenden Format abgespeichert. Sollen dagegen Bilder eingefügt werden, die nicht auf dem Computer erstellt wurden, so müssen diese zunächst mit den in Kapitel 11.3 beschrieben Methoden digitalisiert und bearbeitet werden.

Einfache *Animationen* von Computer-Grafiken ebenso wie von digitalisierten Bildern lassen sich mit gängigen Bildbearbeitungsprogrammen durch Aneinanderhängen von `GIF`-Dateien erstellen und direkt in HTML abspielen. Individuellere Animationseffekte können durch Einbettung von JavaScript-Programmen oder Java-Applets realisiert werden.

Für längere *Videosequenzen* müssen entsprechende Player-Programme aufgerufen werden, die teilweise auch eine eigene Hardware erfordern, beispielsweise Player-Karten für die Formate MPEG- oder Motion-JPEG. Auch zu den Videosequenzen gehörige *Audio-Dateien* können synchron mit abgespielt werden.

Multimedia- und Internet-Anwendungen gehen hier direkt ineinander über und sollten nicht isoliert betrachtet werden, weshalb nochmals auf Kapitel 11.3 verwiesen wird.

11.4.3 JavaScript

JavaScript gehört nicht zum Sprachumfang von HTML, es handelt sich vielmehr um eine eigene objektorientierte Programmiersprache, die zur dynamischen Ausgestaltung von Web-Seiten dient. Beispiele dafür sind Lauftexte, Interaktionen mit dem Benutzer und Animationen. JavaScript darf nicht einfach als Teilmenge der im nächsten Kapitel beschriebenen objektorientierten Programmiersprache Java verstanden werden, wenn auch viele Sprachkonstrukte übereinstimmen. In JavaScript können - anders als in Java - neben den vorgegebenen Objekten keine eigenen Objekte definiert werden, sondern nur einfache Datentypen, jedoch ohne die für Java typische strenge Typisierung. Außerdem können JavaScript-Anweisungen direkt in HTML-Scripts eingebettet oder in eigenen Dateien zu Programmen zusammengefasst werden. Die Anweisungen werden erst zur Laufzeit Zeile für Zeile interpretiert und ausgeführt. JavaScript verfügt über keine Grafik- und Netzwerk-Funktionen, ist dafür aber besser als Java dazu geeignet, die Möglichkeiten des verwendeten Browsers auszuschöpfen und zu kontrollieren.

Zur Einbindung von JavaScript-Programmabschnitten in HTML-Texte dient das `<script>`-Tag. Einen Programmtext sollte man zusätzlich als HTML-Kommentar kennzeichnen, damit Browser, die JavaScript nicht interpretieren können, den Programmtext als Kommentar werten und damit ignorieren. JavaScript-Code kann im Prinzip an jeder beliebigen Stelle der HTML-Datei stehen. Um sicherzustellen, dass der Code bereits eingelesen ist, wenn er ausgeführt werden soll, ist es jedoch ratsam, ihn in den Kopfteil aufzunehmen. Daraus ergibt sich der folgende prinzipielle Aufbau:

```
<html>

<head>
... verschiedene Einträge

<script language="JavaScript">
<!-- Hide from old browsers

... JavaScript Programmtext

// stop hiding -->
</script>
</head>

<body>
... beliebige HTML-Einträge
</body>

</html>
```

JavaScript enthält eine Fülle von Sprachelementen, insbesondere Möglichkeiten zur Variablendefinition und zur Ausführung von Schleifen und Unterprogrammen. Dazu kommen zahlreiche vordefinierte Objekte und Bibliotheksfunktionen. Hier kann lediglich ein Beispiel angegeben werden, für Details wird auf die einschlägige Literatur verwiesen [Mün97]. In dem Beispiel wird der Lauftext „Beispiel für Lauftext mit JavaScript“ in der Statuszeile programmiert sowie ein Eingabefeld zur Auswertung arithmetischer Ausdrücke. Nach der Eingabe kann die Berechnung durch Betätigung des Buttons „=“ ausgeführt werden. Zusätzlich kann durch Anklicken des entsprechenden Buttons die Quadratwurzel, das Quadrat oder der Logarithmus des Ergebnisses berechnet und angezeigt werden.

Die Syntax ist weitgehend an C angelehnt, so dass vieles in dem folgenden Programmtext selbsterklärend sein dürfte. Die Hauptschwierigkeit beim Umgang mit JavaScript ist die Kenntnis und flüssige Anwendung der zahlreichen vordefinierten Objekte.

```
<html>

<head>
<title>JavaScript-Test</title>
<script language="JavaScript">

<!-- Hide from old browsers
var text="Beispiel für Lauftext mit JavaScript";   // Beliebiger Lauftext
var wait=5, width=40;                  // Laufgeschwindigkeit und Textbreite
var pos=1-width;
var len=text.length;
var textstatus="";
var cnt;

function Lauftext() {                  // Text verschieben
  textstatus="";
  pos++;
  if(pos==len) pos=1-width;
  if(pos<0) {
    for(cnt=1; cnt<=Math.abs(pos); cnt++) textstatus+=" ";
    textstatus= textstatus + text.substring(0,width-cnt+1);
  }
  else textstatus+=text.substring(0,width-cnt+pos);
  window.status=textstatus;            // Text in Statuszeile anzeigen
  setTimeout("Lauftext()",wait);       // Rekursiver, verzögerter Aufruf
}

function get(c) {                      // Eingabe von Tastatur übernehmen
  window.document.Rechner.Display.value=c;
}

function calc(func) {                  // Berechnung ausführen
  var x;
  x=eval(window.document.Rechner.Display.value);         // Auswerten
  if(func=="sqrt") x=Math.sqrt(x);                          //Wurzel
  if(func=="sqr")  x=x*x;                                  // Quadrat
  if(func=="log")  x=Math.log(x);         // Natürlicher Logarithmus
  window.document.Rechner.Display.value=x;       //Ergebnis anzegen
}

// stop hiding -->
</script>

</head>
```

```
<body bgcolor=aqua onLoad="Lauftext(); return true">
<form name="Rechner">
  <h2>Rechner</h2>
  Eingabe: <input name="Display" size=30 maxlength=30><p>
  <input type=button value="    =    " onClick="calc('evaluate')">
  <input type=button value="Squareroot" onClick="calc('sqrt')">
  <input type=button value="Square " onClick="calc('sqr')">
  <input type=button value="Logarithm" onClick="calc('log')">
</form>
</body>

</html>
```

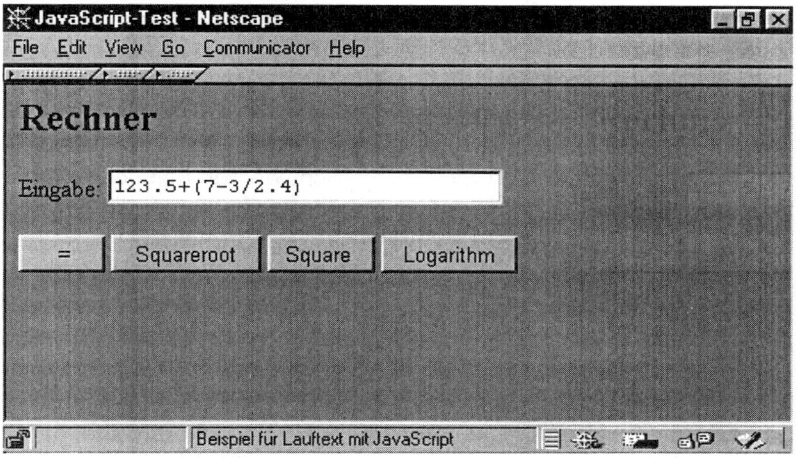

Abbildung 11.32: Beispiel für ein mit JavaScript erstelltes Programm zur Ausführung einfacher Berechnungen. Außerdem wird ein Lauftext in der Statuszeile angezeigt.

11.5 Die Programmiersprache Java

11.5.1 Einführung

Die Entwicklung von Java begann ab ca. 1990 in einer Projektgruppe um *James Gosling* und *Bill Joy* bei der Firma Sun Microsystems. Das Ergebnis war eine speziell auf das Internet zugeschnittene, konsequent objektorientierte Programmiersprache. Java erlaubt die dynamische und interaktive Gestaltung von Web-Seiten und bietet zahlreiche Grafik-, Multimedia-, Datenbank- und Netzwerk-Funktionen. Dazu kommt die Unterstützung von (quasi-)parallelen Prozessen (*Threads*).

Warum Java?

Auf den ersten Blick fragt man sich natürlich, warum die Funktionalität von Java nicht auch mit etablierten Programmiersprachen wie C++ erreicht werden könnte. Im Prinzip ist dies auch so, es ergeben sich jedoch einige ernsthafte Probleme, die erst mit Java konsistent und zufriedenstellend gelöst worden sind:

- Konventionelle Programmiersprachen erzeugen vergleichsweise große ausführbare Programme, da alle zur Laufzeit benötigten Funktionen der Standard-Bibliotheken eingebunden werden. Wegen der begrenzten Übertragungsgeschwindigkeiten im Internet würde dies zu unakzeptablen Ladezeiten führen. In Java werden dagegen nur die speziell für die jeweilige Applikation geschriebenen Klassen über das Netz vom Server zum Client übertragen. Die sehr viel umfangreicheren Standard-Klassen der Java-Bibliothek sind dagegen Teil der auf dem Client laufenden *Java Virtual Machine* (*JVM*), die das Java-Programm ausführt. JVM muss in den verwendeten Browser integriert sein und braucht daher nicht mit übertragen zu werden.

- In Programmiersprachen wie C++ gibt es keine Standard-Klassen, mit denen man typische Internet-Funktionen ausführen könnte, beispielsweise um ein Bild vom Server zu laden und dieses in einem Fenster des Client darzustellen. Natürlich könnte man solche Funktionen programmieren, dies wäre jedoch mühsam und würde zu einer großen Anzahl proprietärer Lösungen führen. Die Folgen wären Kompatibilitätsprobleme und schwer portierbare Programme.

- Ein weiteres Problem ist das der Sicherheit. Würde man ein ausführbares C-Programm über das Netz in den eigenen Rechner laden, so könnte dieses Programm dort praktisch jede beliebige Operation ausführen. Das Ausspionieren privater Daten, absichtliches Löschen von Files und unvorhersehbare Schäden durch Programmierfehler könnten kaum verhindert werden. In Java sind derartige Probleme praktisch ausgeschlossen.

- Ein wesentlicher Grund für die Entwicklung von Java war ferner die Sicherstellung der Lauffähigkeit von Java-Programmen auf jeder beliebigen Hardware unter jedem Betriebssystem, sofern ein Browser mit JVM für diese Umgebung verfügbar ist.

Ausführbare Programme konventioneller Sprachen können dagegen nur mit dem Prozessor-Typ und mit dem Betriebssystem ausgeführt werden, für das sie compiliert worden sind. In der heterogenen Welt des Internet wäre dies eine unakzeptale Einschränkung.

Java ist eine konsequent objektorientierte Sprache, die jedoch die enge Verwandschaft mit C++ nicht verleugnen kann. Wegen der Forderung nach Kompatibilität zwischen C++ und der prozeduralen Programmiersprache C mussten in C++ allerdings Kompromisse eingegangen werden, die zu einer sehr komplexen Syntax führten. Bei der Entwicklung von Java stand man nicht unter solchen Zwängen, so dass eine wesentlich konsistentere und einfachere Sprache entstand.

Die Java Virtual Machine (JVM)

Die Plattformunabhängigkeit von Java-Programmen wird dadurch erreicht, dass diese nicht in eine Assemblersprache bzw. in Maschinen-Code für einen bestimmten Prozessor-Typ kompiliert werden, sondern in einen als *Byte-Code* bezeichneten Zwischen-Code, der dann durch die bereits erwähnte *Java Virtual Machine* (*JVM*) interpretiert wird. Die Maschinenabhängigkeit wird dadurch auf den Browser bzw. die in diesen integrierte JVM verlagert. Dieses Konzept hat darüber hinaus den großen Vorteil, dass jede Aktion des Java-Programms durch die JVM und den Browser kontrolliert wird, so dass ein Höchstmaß an Sicherheit erreicht werden kann. Beispielsweise darf ein über das Netz geladenes Java-Programm nicht direkt auf die Festplatte des Client zugreifen.

Obwohl der Byte-Code weitgehend optimiert ist, bleibt jedoch als Nachteil, dass die Ausführung durch einen Interpreter notwendigerweise langsamer ist als die Ausführung eines bereits in Maschinen-Code vorliegenden Programms. Durch Verwendung eines *Just-in-Time Compilers* (*JIT*) kann dieser Nachteil etwas ausgeglichen werden. JIT bewirkt, dass ein Java-Programm vor der ersten Ausführung auf dem Client in dessen lokale Maschinensprache übersetzt und dort als ausführbares Programm gespeichert wird. Nach dieser anfänglichen zusätzlichen Verzögerung wird dann das Java-Programm wesentlich schneller ausgeführt, als der Byte-Code.

Komfortable Entwicklungsumgebungen für Java werden inzwischen als *Java Development Kits* (*JDK*) von Sun Microsystems und zahlreichen anderen Herstellern angeboten.

Unterschiede zu Standard-C

Wer bereits etwas Übung im Umgang mit der Programmiersprache C hat, wird die prozeduralen (also nicht spezifisch objektorientierten) Sprachelemente von Java mühelos erlernen können, da diese mit denen von C weitgehend identisch sind. Im Folgenden wird davon ausgegangen, dass der Leser mit Standard-C vertraut ist; es werden daher nur die wichtigsten Unterschiede kurz erläutert:

- Die in C üblichen Präprozessor-Anweisungen gibt es in Java nicht.

- In Java gibt es keine Zeiger, dafür aber Referenzen auf Objekte. Ein direkter Zugriff auf Adressen außerhalb des eigenen Speicherbereichs ist damit unterbunden.
- Die Konstruktionen `struct`, `enum` und `typedef` existieren in Java nicht.
- Die Sprunganweisung `break` hat dieselbe Funktion wie in C. Zusätzlich ersetzt `break` *marke* den in C durch `goto` *marke* ausgedrückten Sprung zu einer Marke.
- Variablen müssen vor ihrem ersten Gebrauch deklariert werden. Dies kann an jeder beliebigen Stelle des Programms geschehen. Java kennt folgende Datentypen:

`boolean`	8 Bit
`byte`	8 Bit
`char`	16 Bit
`short`	16 Bit
`int`	32 Bit
`long`	64 Bit
`float`	32 Bit
`double`	64 Bit

  Die Länge der Datentypen ist in Java nicht maschinenabhängig, so umfassen bespielsweise die Typen `short` und `char` immer 16 Bit. Variablen des in Standard-C nicht verfügbaren Typs `boolean` können nur die beiden Werte `true` und `false` annehmen. Dementsprechend gilt die in C verwendete Konvention „0 entspricht `false`“ und „ungleich 0 entspricht `true`“ in Java nicht. Variablen werden bei der Deklaration automatisch mit 0 bzw. `false` initialisiert.

- Als zusätzliche Operatoren werden ^ für exklusives Oder und >>> für logische Verschiebung nach rechts eingeführt. Anders als bei der arithmetischen Verschiebung >> bleibt also durch >>> das Vorzeichen nicht erhalten, es wird stattdessen eine 0 auf die frei werdende Stelle (das MSB) nachgezogen.
- Eine Zuweisung innerhalb eines Ausdrucks ist nur erlaubt, wenn das Ergebnis vom Typ `booelan` ist. Konstruktionen der Art `while(i--) {..}` sind also verboten.
- Die Ergebnisse der unären Operatoren werden automatisch in den Typ `int` (mit 32 Bit Länge) konvertiert, wenn der Typ des Operanden kleiner war, also `boolean`, `char` oder `short`.
- Wie in C sind Type-Casts möglich. Implizite, automatische Typkonversionen erfolgen nur vom kleineren Typ zu einem größeren, also beispielsweise von `short` (16 Bit) nach `int` (32 Bit), aber niemals umgekehrt. Ein Datenverlust durch implizite Konversion ist daher nicht möglich.
- Das Resultat von Vergleichsoperationen ist immer vom Typ `boolean`.
- Die logischen Operatoren werden bitweise ausgeführt. Bei der Anwendung von `&`, `|` und `^` auf Werte vom Typ `boolean` werden immer beide Operanden ausgewertet,

auch wenn dies unnötig wäre, da sonst möglicherweise erwünschte Seiteneffekte unterbleiben könnten. Bei den Operatoren `&&`, `||` und `^^` werden dagegen die Operanden nur soweit ausgewertet, wie es logisch erforderlich ist. Hat z.B. in dem Ausdruck `a && (b || c)` die Variable `a` den Wert `true`, so wird `b || c` nicht berechnet.

- Die Operationen mit Gleitpunktzahlen folgen dem IEEE 754 Standard. Es gibt daher keine Exceptions sondern stattdessen ggf. die Ergebnisse `±Inf`, (Unendlich) und - etwa bei dem Versuch, die Wurzel einer negativen Zahl zu berechnet - `NaN` (not a number).
- In Java steht für Zeichenketten die vordefinierte Klasse `String` zur Verfügung. Strings werden - anders als in C - nicht mit einer `0` abgeschlossen. Für Strings ist als einziger Operator „+" für die Konkatenation definiert, wobei eine implizite Typumwandlung erfolgt, wenn einer der Operanden kein String ist. Auch eine direkte Zuweisung von Strings der Art `titel="Kapitel 11"` ist möglich.
- In Schleifen deklarierte Variablen sind lokal innerhalb dieser Schleifen.

11.5.2 Aufbau einer Java-Applikation

Die Hauptanwendung von Java ist die Erstellung von als *Applets* bezeichneten Programmen, die als Bestandteile von Web-Seiten ausgeführt werden. Es können aber auch eigenständige *Applikationen* geschrieben werden, die man im Java-Jargon als *Apps* bezeichnet.

Eine einfache Applikation kann etwa so aussehen:

```
//*********************************************************************
// Java-Applikation Morgen
// Das Programm ermittelt aus dem numerisch im Format d m j in der
// Kommandozeile eingegebenen Datum das Datum des folgenden Tages.

import java.io.*;

public class Morgen {
  public static void main(String args[]) {
    int d, m, j;                          // Tag, Monat, Jahr
    int month[] = {31,28,31,30,31,30,31,31,30,31,30,31};
    String str;
    if(args.length<3)                     // Eingabe prüfen
      System.out.println("Eingabe bitte im Format: tt mm jj");
    else {
      d=Integer.parseInt(args[0]);        // Umwandlung in Integers
      m=Integer.parseInt(args[1]);
      j=Integer.parseInt(args[2]);
      if(j<0 || m<1 || m>12)              // Grenzen überprüfen
        System.out.println("Eingabefehler!");
      else {
        if(j<100) j+=1900;                // Lösung des Y2K-Problems
        if((j%4)==0 && (j%100)!=0) month[1]++; // Schaltjahr ?
        if(d<1 || d>month[m-1])           // Eingabe für Tag überprüfen
          System.out.println("Eingabefehler!");
```

```
        else {
          str = new String(args[0]+'.'+args[1]+'.'+j);
          System.out.println("Heute: "+str);  // Heutiges Datum
          if(++d>month[m-1]) {               // Nächster Tag
            d=1;
            if(++m>12) { m=1; j++; }         // Monat und evt. Jahr erhöhen
          }
          System.out.println("Morgen: "+d+'.'+m+'.'+j); // Ergebnis
        }
      }
    }
  }
}
```

Bei der Erläuterung des oben aufgelisteten Beispielprogramms gleichzeitig werden einige der wichtigsten Sprachelemente vorgestellt.

Die Einbindung von Bibliotheken

Das Statement `import` in der ersten Zeile des Programms `Morgen` hat in Java in etwa dieselbe Funktion wie `#include` in C. Damit können *Klassenbibliotheken* mit vordefinierten *Standard-Klassen* für die verschiedensten Anwendungsfelder eingebunden werden. Im obigen Beispiel ist dies `java.io.*` für I/O-Funktionen.

Klassen und Member-Funktionen

Ein Java-Programm besteht immer aus einer oder mehreren *Klassen*, die auf mehrere Dateien verteilt sein können. *Funktionen* gibt es nur als *Methoden* (*Member-Funktionen*) in Klassen, nicht jedoch außerhalb von Klassen. In dem oben angegebenen Beispiel lautet die einzige Klasse `Morgen`. Sie dient dazu, aus einem beim Aufruf in der Kommandozeile eingegebenen Datum das Datum des folgenden Tages zu bestimmen, wobei auch Schaltjahre berücksichtigt werden und Jahreszahlen zwei- oder vierstellig eingegeben werden dürfen.

Die Funktion `main` und Parametereingabe über die Kommandozeile

Die Ausführung einer Java-Applikation beginnt immer mit der Funktion

```
public static void main(String args[])
```

die daher in jeder Applikation vorhanden sein muss. Durch das String-Feld `args[]` können in der Kommandozeile durch Leerzeichen voneinander getrennte Strings als Parameter bei Aufruf der Applikation übergeben werden. Diese Möglichkeit wird auch in diesem Beispiel durch die Eingabe eines Datums im numerischen Format `d m j` ausgenutzt. Ein möglicher Aufruf könnte also `Morgen 2 9 49` lauten.

Felder und Referenzen in Java

In den folgenden Programmzeilen werden die Integer-Variablen `d`, `m` und `j` deklariert sowie ein Integer-Feld `month[]`, das mit den Längen der Monate initialisiert wurde. Ohne die Initialisierung wäre durch `int month[]` nur ein Name für eine *Referenz* auf ein Integer-Feld definiert worden, mit der noch keine Speicherplatzreservierung verbunden wäre. Dafür ist entweder eine Initialisierung erforderlich oder (für 12 Komponenten) die Zuweisung `month[]=new int[12]`.

Strings

Nach der Deklaration des Feldes `month` wird noch eine Referenz `str` auf ein Objekt der Klasse `String` definiert. Hier erfolgte noch keine Initialisierung. Dies geschieht erst weiter unten in der Zeile

```
str = new String(args[0]+'.'+args[1]+'.'+j);
```

Durch den Aufruf `new String(..)` wird der benötigte Speicherplatz reserviert und vorbesetzt. Das Argument des *Konstruktors* `String(..)` ist ebenfalls ein String, der hier durch *Konkatenation* der in der Kommandozeile übergebenen Parameter zu einem Datum in der üblichen Schreibweise zusammengesetzt wurde. Man beachte, dass dabei implizite Typkonversionen von `char` nach `String` und von `int` nach `String` stattfinden. Zuvor wurden die String-Argumente `arg[0]`, `arg[1]` und `arg[2]` mit Hilfe der Member-Funktion `Integer.parseInt(..)` in die Integer-Variablen `d`, `m` und `j` umgewandelt, wobei zu `j` noch `1900` addiert wurde, falls die Jahreszahl zweistellig mit `j<100` eingegeben worden ist. Daher wird bei der Ausgabe auch der ggf. korrigierte Wert `j` anstelle von `args[2]` verwendet.

Im Verlauf des Programms werden dann noch alle Eingaben auf Einhaltung der sinnvollen Grenzen überprüft und es wird berücksichtigt, ob es sich bei `j` um ein Schaltjahr handelt. Ist `j` ein Schaltjahr, so wird lediglich durch `month[1]++` die Anzahl der Tage des Monats Februar vom voreingestellten Wert 28 auf 29 erhöht.

Schließlich wird `d` um eins erhöht und geprüft, ob nun auch `m` und ggf. `j` inkrementiert werden müssen. Danach wird das Ergebnis ausgegeben. Mit der Eingabe `morgen 2 9 49` erhält man also:

```
Heute: 2.9.1949
Morgen: 3.9.1949
```

11.5.3 Klassen

Klassen sind das zentrale Konzept in Java. Daher wird im Folgenden darauf etwas detaillierter eingegangen.

Die Deklaration von Klassen

Die Deklaration von Klassen ist in Java stark an C++ angelehnt. Die Syntax lautet im einfachsten Fall:

```
public class Name {
  Deklarationen
}
```

Dabei ist `Name` ein frei wählbarer Name für die deklarierte Klasse, der nach der üblichen Konvention mit einem Großbuchstaben beginnen sollte. Das Attribut `public` bewirkt, dass die Klasse öffentlich, also überall sichtbar ist. Der vollständige Namen der Klasse enthält auch den *Paketnamen* (siehe unten): `Paketname.Name`. Wird `public` weggelassen, so ist die Klasse nur in dem Paket sichtbar, in dem sie deklariert wurde. Dem Schlüsselwort `class` kann optional noch das Attribut `abstract` oder `final` vorangestellt werden. In einer als `abstract` deklarierten Klasse müssen nicht alle Methoden voll implementiert sein; von abstrakten Klassen können daher keine Objekte instantiiert werden. Von einer als `final` deklarierten Klasse können keine Ableitungen gebildet werden.

Vererbung

Die *Vererbung* von Eigenschaften einer Klasse auf eine andere wird durch das Schlüsselwort `extends` ausgedrückt:

```
class Class2 extends Class1 { ... }
```

Das Attribut `extends` entspricht somit dem Operator `:` in C++. Die *Subklasse* `Class2` erbt auf diese Weise Eigenschaften der *Superklasse* `Class1`. In Java gibt es keine *Mehrfachvererbung*, eine Klasse kann also nicht Subbklasse mehrerer Superklassen sein. Dementsprechend fehlt auch das in C++ verfügbare Schlüsselwort `virtual`. Wird keine Superklasse angegeben, so wird automatisch die Klasse `Object` aus der Klassenbibliothek `java.lang` zur Superklasse.

Objekte, Konstruktoren, Destruktoren und Garbage Collection

Objekte können als Instanzen einer Klasse wie in C++ durch `new` erzeugt werden. Der Namen des *Konstruktors* ist wie in C++ mit dem Klassennamen identisch. Als *Destruktor* dient die Methode `finalize`. Destruktoren werden in Java jedoch weit weniger häufig benötigt als in C++. Der Grund dafür ist, dass die Beseitigung nicht mehr referenzierter Objekte (*Garbage Collection*) durch das Java-Laufzeitsystem übernommen wird, eine der Funktion `delete` in C++ entsprechende Konstruktion ist daher in Java nicht erforderlich. Dadurch werden viele Fehlerquellen vermieden.

Überladen von Funktionen

Namen von Member-Funktionen (nicht aber Operatoren) können auch in Java *überladen* werden. Man darf also ohne weiteres verschiedene Methoden mit demselben Namen belegen, solange sich nur die Anzahl der Parameter oder deren Typen unterscheiden. Der Rückgabewert kann jedoch nicht als Unterscheidungsmerkmal herangezogen werden.

Das Konzept des Überladens wird besonders häufig bei Konstruktoren angewendet. So kennt beispielsweise die Klasse `String` unter anderem den Default-Konstruktor `String()`, der nur ein Objekt des Typs `String` instantiiert sowie den Konstruktor `String(char[] str)`, der das instantiierte Objekt zugleich mit dem Character-Feld `str` initialisiert.

Dynamische und statische Bindung

Ein wichtiger Aspekt ist ferner die *Bindung*. Es werde in einer Klasse `Class1` und in einer Klasse `Class2` je eine Methode mit demselben Namen `f()` deklariert. Es werde ferner durch Vererbung `Class2` Subklasse von `Class1` und dementsprechend `Class1` Superklasse von `Class2`. Wird nun in `Class2` durch `x = new Class2()` ein Objekt `x` deklariert, so ist beim Aufruf `x.f()` zunächst nicht klar, ob die Methode `f()` aus `Class2` oder aus `Class1` verwendet werden soll. In Java wird zur Auflösung dieser Zweidutigkeit das Konzept der *dynamischen* oder *späten Bindung* herangezogen. Dies bedeutet, dass die Methode der Subklasse verwendet wird.

Möchte man dennoch auf die gleichnamige Methode der Superklasse zugreifen, so ist dies durch einen Type-Cast erreichbar, man schreibt:

```
((Class1) x).f()
```

Es stehen ferner in Java die beiden Referenzen `this` und `super` zur Verfügung, wobei `this` auf die aktuelle Klasse zeigt und `super` auf die Superklasse. Der explizite Zugriff auf `f()` ist also auch durch `super.f()` bzw. `this.f(x)` möglich.

Für Variablen mit identischen Namen in der Subklasse und in der Superklasse wird dagegen die *statische Bindung* verwendet, die Variable behält also in der Subklasse den ihr in der Superklasse zugewiesenen Wert.

Schnittstellen (Interfaces)

Neben Standard-Datentypen, Feldern und Klassen gibt es in Java nur noch einen einzigen weiteren Typ, nämlich *Schnittstellen* (*Interfaces*). Darunter versteht man eine vordefinierte Schablone für Klassen, die implizit als `final public static` deklarierte Daten (also Konstanten) und implizit als `public` deklarierte Funktionsköpfe ohne Implementation enthalten kann. Vor ihrer Anwendung müssen Schnittstellen durch eine Klasse implementiert werden. Dadurch kann beispielsweise die Existenz bestimmter Methoden in der implementierenden Klasse sichergestellt werden. Schnittstellen dienen ferner dazu, die in Java fehlende *Mehrfachvererbung* bis zu einem gewissen Grad nachzubilden. Soll eine Klasse eine (oder mehrere) Schnittstelle implementieren, so müssen die Namen der Schnittstellen nach dem Schlüsselwort `implements` angegeben werden. In dem Beispiel

```
public class MyApplet extends Applet implements Runnable { .. }
```

wird eine öffentliche Klasse `MyApplet` als Subklasse der Klasse `Applet` deklariert, wobei die Schnittstelle `Runnable` implementiert wird. `Applet` und `Runnable` sind Teil der Java-Klassenbibliothek. Bei der Programmierung von Applets wird diese Deklaration oft benötigt; darauf wird weiter unten noch eingegangen.

Die Deklaration von Schnittstellen erfolgt unter Verwendung des Schlüsselworts `interface` ananlog zu der von Klassen.

```
public interface Name
```

Das Attribut `final` ist für Schnittstellen nicht anwendbar und `abstract` ist ohne Bedeutung, da eine Schnittstelle wegen der nicht voll implementierten Methoden ohnehin immer abstrakt ist.

Beispielsweise kann durch die Schnittstelle

```
public interface AbstractCircle {
  final float PI=3.14159;
  void draw();
  void fill();
}
```

erreicht werden, dass in allen Klassen, die `AbstractCircle` implementieren, die Konstante `PI` bekannt ist und die Funktionen `draw()` und `fill()` existieren.

Pakete (Packages)

Zur Kennzeichnung der Verzeichnisstruktur und aus Gründen der Kompatibilität mit Internet-Adressen können Klassen und Schnittstellen durch einen Paketnamen mit der Syntax

```
package Paketname;
```

zu *Paketen* (*Packages*) zusammengefasst werden. Jedes Paket erhält ein eigenes Unterverzeichnis im Dateisystem des Rechners. In diesem Sinne sind auch die Java-Klassenbibliotheken Pakete. Pakete können durch Einfügen von `import` *`packagename`* in eine Applikation eingebunden werden, wodurch im Paket als `public` deklarierte Klassen durch `packagename.classname` zugänglich werden.

Wird die Möglichkeit zur Bildung eines Pakets nicht genutzt, so erzeugt Java automatisch ein *anonymes Paket*.

Attribute von Variablen und Methoden

Die Sichtbarkeit der innerhalb der Klassen deklarierten Variablen und Methoden kann mit den Schlüsselwörtern `public`, `private` und `protected` geregelt werden. Die Bedeutung der Schlüsselwörter ist ähnlich wie in C++:

`public`	Als `public` deklarierte Variablen und Methoden sind überall sichtbar.
`private`	Als `private` deklarierte Variablen und Funktionen sind nur innerhalb der eigenen Klasse sichtbar.
`protected`	Die Sichtbarkeit ist auf die eigene Klasse, alle Subklasen und alle Klassen des Pakets beschränkt.
`private protected`	Die Sichtbarkeit ist auf alle Subklassen beschränkt.
`static`	als `static` deklarierte Variablen und Funktionen gehören unmittelbar zur Klasse und sind damit für alle instantiierten Objekte identisch. In statischen Methoden können daher nur Methoden und Variablen verwendet werden, die eben-

	falls statisch sind. Der Aufruf beginnt dementsprechend nicht mit einem Objektnamen, sondern mit dem Klassennamen.
`final`	Durch `final` wird festgelegt, dass eine Funktion oder Variable nicht mehr verändert werden kann. Final-Variablen sind daher Konstanten, sie werden gemäß der Java-Konvention in Großbuchstaben geschrieben.

Für Methoden gibt es außerdem noch die Attribute `abstract`, `native` und `synchronized`. Bei abstrakten Methoden (die nur in abstrakten Klassen bzw. Schnittstellen zugelassen sind) wird die Implementation erst in einer erbenden Klasse realisiert. Native Methoden haben als Körper nur das Semikolon (`;`), sie sind in einer anderen Programmiersprache formuliert. Durch das Attribut `synchronized` wird die Synchronisation von Methoden in verschiedenen Threads (siehe unten) gekennzeichnet.

Wird kein Attribut für die Sichtbarkeit einer Methode oder Variablen spezifiziert, so gilt die Sichtbarkeit für das gesamte Paket. Dies entspricht in etwa der Wirkung des in C++ gebräuchlichen Schlüsselworts `friend`, das daher in Java nicht erforderlich ist.

Klassenbibliotheken

Der Sprachumfang von Java hält sich in Grenzen und die Syntax ist verhältnismäßig leicht zu erlernen. Ein großer Teil der Funktionalität ist auf die umfangreichen *Klassenbibliotheken* (*API*, *Applikation Programming Interface*) verlagert, von denen bereits in den Programmbeispielen kurz die Rede war. Schwierigkeiten beim ersten Umgang mit Java bereitet denn auch mehr die Fülle der in den Klassenbibliotheken zusammengefassten Methoden und Konstanten als die Sprache selbst.

Eine vollständige Beschreibung aller Klassen findet sich in zahlreichen Lehrbüchern, von denen einige im Literaturverzeichnis genannt sind. Hier soll eine Aufzählung der wichtigsten Klassenbibliotheken genügen.

`java.lang`	Diese Klassenbibliothek wird automatisch eingebunden, ein `import` erübrigt sich daher. Zu `java.lang` gehört die Klasse `Object`, von der alle anderen Klassen abgeleitet sind. Weitere Klassen sind `Boolean`, `Character`, `Double`, `Float`, `Integer`, `Long`, `String`, `StringBuffer`, `System`, `Runtime`, `Thread`, `ThreadGroup`, `Class`, `Math`, `Exception`, `Error`, `Throable` und `Process`.
`java.applet`	Diese Bibliothek wird für die Programmierung von Applets benötigt.
`java.awt`	In der Klassenbibliothek `java.awt` (*Abstract Window Toolkit*) sind die Gestaltungsmöglichkeiten für grafische Benutzeroberflächen zusammengefasst. Sehr häufig verwendet wird die Klasse `Grafics`.
`java.awt.image`	Hier sind Methoden zur *Bildbearbeitung* zusammengefasst.

`java.awt.peer` Diese Bibliothek enthält weitere AWT-Funktionen, die eher für Experten gedacht sind.

`java.io` In `java.io` sind alle für die Ein/Ausgabe benötigten Klassen und Methoden untergebracht.

`java.net` Diese Klassenbibliothek stellt Methoden für Netz-Anwendungen zur Verfügung.

`java.util` Hier sind einige nützliche Klassen zusammengestellt, beispielsweise `Random`, `Date` und `Vector`.

`java.tools.debug` Diese Bibliothek umfasst Klassen für den Debugger.

Neben den Java-Klassenbibliotheken können auch Klassenbibliotheken von C++ in Java-Programmen genutzt werden.

11.5.4 Ein/Ausgabe-Funktionen

Eingabe- und Ausgabeströme

Die in der Klassenbibliothek `java.io.*` mit den Basiklassen `InputStream` für *Eingabeströme* und `OutputStream` für *Ausgabeströme* zusammengefassten Ein-/Ausgabefunktionen folgen weitgehend dem von C++ gewohnten Konzept.

Drei statische Objekte werden automatisch erzeugt, nämlich `System.in`, `System.out` und `System.err` (entsprechend `cin`, `cout` und `cerr` in C++). Als Standards sind für Eingabe üblicherweise die Tastatur und für Ausgabe und Fehlermeldungen der Bildschirm voreingestellt.

Bereits im Beispielprogramm `Morgen` wurde die Ausgabe auf den Bildschirm durch `System.out.println(`*`String`*`);` genutzt, allerdings ohne weitere Erläuterung. Dies soll nun im Beispiel `Morgen1` nochmals betrachtet und um eine Eingabe von der Tastatur erweitert werden.

```
//*******************************************************************
// Java-Applikation Morgen1
// Das Programm ermittelt aus dem numerisch über die Tastatur im
// Format d, m, j eingegebenen Datum das Datum des folgenden Tages.

import java.io.*;

public class Morgen1 {
  public static void main(String args[]) {
    int d=0, m=0, j=0, n=0;
    int month[] = {31,28,31,30,31,30,31,31,30,31,30,31};
    char dat[] = new char[10];

    System.out.print("Bitte ein Datum im Format dd.mm.jj eingeben: ");
    try {
      byte in[] = new byte[80];             // Eingabe-Puffer
      System.in.read(in);                   // Von der Tastatur lesen
      String str = new String(in,0,0,9);    // String mit 10 Stellen
      str.getChars(0,9,dat,0);              // String in char-Feld umwandeln
    }
```

```
    catch(IOException e) {                  // Abfangen einer I/O-Ausnahme
      System.out.println(e.toString());
      e.printStackTrace();
    }
    if(dat[n]>='0' && dat[n]<='9') d=dat[n]-48; n++;  // Umwandeln in Datum
    if(dat[n]>='0' && dat[n]<='9') d=d*10+dat[n++]-48; n++;
    if(dat[n]>='0' && dat[n]<='9') m=dat[n]-48; n++;
    if(dat[n]>='0' && dat[n]<='9') m=m*10+dat[n++]-48; n++;
    if(dat[n]>='0' && dat[n]<='9') {
      j=dat[n++]-48;
      if(dat[n]>='0' && dat[n]<='9') {
        j=j*10+dat[n++]-48;
        if(dat[n]>='0' && dat[n]<='9') {
          j=j*10+dat[n++]-48;
          if(dat[n]>='0' && dat[n]<='9') j=j*10+dat[n]-48;
        }
      }
    }
    if(j<0 || m<1 || m>12)                  // Grenzen überprüfen
      System.out.println("Eingabefehler!");
    else {
      if(j<100) j+=1900;                    // Lösung des Y2K-Problems
      if((j%4)==0 && (j%100)!=0) month[1]++; // Schaltjahr ?
      if(d<1 || d>month[m-1])               // Eingabe für Tag überprüfen
        System.out.println("Eingabefehler!");
      else {
        System.out.println("Heute: "+d+"."+m+"."+j);  // Heutiges Datum
        if(++d>month[m-1]) {                // Nächster Tag
          d=1;
          if(++m>12) { m=1; j++; }          // Monat und evt. Jahr erhöhen
        }
        System.out.println("Morgen: "+d+'.'+m+'.'+j); // Ergebnis
      }
    }
  }
}
```

Byte-Ströme

Die Eingabe erfolgt in der Applikation `Morgen1` unformatiert als *Byte-Strom*, für den in der Zeile `byte in[] = new byte[80]` 80 Byte reserviert wurden. Durch `System.in.read(in)` wird der Byte-Strom eingelesen und durch `String str = new String(in,0,0,9)` werden beginnend mit der 0ten Stelle 10 Byte aus dem Byte-Strom `in` in den String `str` übertragen. Anschließend werden die ersten 10 Komponenten des Strings `str` unter Verwendung der Methode `str.getChars(0,9,dat,0)` in ein Charakter-Feld `dat` mit ebenfalls 10 Komponenten kopiert, da dies für die nachfolgende zeichenweise Analyse günstiger ist. Die Eingabe ist durch einen *Try-Block* `try { .. }` geklammert, auf den eine *Catch-Anweisung* folgt. Dies ist erforderlich, da bei der Eingabe Ausnahmen bzw. Fehler auftreten können, die abgefangen werden müssen. Darauf wird weiter unten noch näher eingegangen. Im Programmtext folgt dann die Umwandlung der im Feld `dat` enthaltenen Zeichen in numerische Werte für `d`, `m` und `j`. Dies geschieht Zeichen für Zeichen, wobei die Konversion von `byte` nach `int` gemäß den Erfordernissen des ASCII-Codes durch Subtraktion von 48 erfolgt. Der verbleibende Programmtext von `Morgen1` ist mit dem von `Morgen` identisch.

Dateizugriff

Für den Zugriff auf Dateien stehen ebenfalls zahlreiche Klassen und Methoden zur Verfügung. Als einfaches Beispiel wird eine Applikation mit der Klasse `FileCopy` vorgestellt, die mit dem Aufruf `FileCopy` *`file1 file2`* eine Datei `file1` einliest und in eine andere Datei mit dem Namen `file2` kopiert. Dazu werden die Klassen `FileInputStream` für die Eingabe und `FileOutputStream` für die Ausgabe verwendet.

```
//**********************************************************************
// Java-Applikation FileCopy
// Mit dem Aufruf  FileCopy file1 file2  wird der Inhalt
// der Datei file1 in die Datei file2 kopiert.

import java.io.*;

Public class FileCopy {
  public static void main(String args[]) {
    byte buff[] = new byte[256];      // Byte-Array für Ein-/Ausgabe
    int count;                        // Anzahl der gelesenen Bytes
    try {
      // Datei mit Namen args[0] für Lesen öffnen
      FileInputStream in = new FileInputStream(args[0]);
      // Das Objekt "in" wird in ein Objekt buffin
      // für gepufferte Eingabe umgewandelt
      BufferedInputStream buffin = new BufferedInputStream(in);
      // Datei mit Namen args[1] für gepuffertes Schreiben öffnen
      FileOutputStream out = new FileOuputStream(args[1]);
      BufferedOutputStream buffout = new BufferedOutputStream(out);
      while(buffin.available()>0) {  // solange noch Daten vorhanden sind
        count=buffin.read(buff);      // lies einen Block in buff und
        buffout.write(buff,0,count); // schreibe gelesene Bytes nach file2
      }
    }
    catch(IOException e) System.out.println(e.toString());
  }
}
```

Gepufferte Ein-/Ausgabe

Durch die Erzeugung der Objekte `in` (für Lesen) und `out` (für Schreiben) werden die entsprechenden Dateien geöffnet. Da hierbei Fehler auftreten können - etwa wenn die zu lesende Datei nicht existiert - ist wieder eine Try-Catch-Konstruktion erforderlich. Die Objekte `in` und `out` werden anschließend in die Objekte `buffin` und `buffout` für gepufferte Ein- und Ausgabe umgewandelt. Der Zugriff auf die Dateien erfolgt dann blockweise über einen großen internen Puffer, was bei Verwendung vergleichsweise langsamer Massenspeicher wie Festplatten eine wesentliche Beschleunigung bewirken kann. Gelegentlich ist es erforderlich, den internen Puffer zu leeren; dies geschieht mit der Methode `flush()`.

Der eigentliche Kopiervorgang erfolgt dann innerhalb einer Schleife in Abschnitten von maximal 256 Zeichen, bis keine Daten mehr verfügbar sind. Zur Prüfung der Verfügbarkeit wird die Methode `buffin.available()` verwendet, die als Rückgabewert die Anzahl der noch nicht gelesenen Bytes liefert.

Pipes und der Datenaustausch zwischen Threads

Ein weiterer wichtiger Aspekt ist der Datenaustausch zwischen Threads. Dazu dienen *Pipes*, also Datenströme in die einen Thread schreiben und aus denen ein anderer Thread lesen kann. Die Erzeugung und Verbindung läuft nach dem folgenden Muster:

```
PipedOutputStream out = new PipedOutputStream();  // Pipe out erzeugen
PipedInputStream in = new PipedInputStream();     // Pipe in erzeugen
in.connect(out);                                  // in mit out verbinden
```

Ausnahmebehandlung mit der Try-Catch-Konstruktion

Zu einem guten Programmierstil gehört, dass jede Funktion eine Fehlersituation signalisiert, beispielsweise durch ihren Rückgabewert. Problematisch ist dabei unter anderem, dass man sich auf Konventionen für die Rückgabewerte einigen muss, dass der damit übertragbare Informationsgehalt gering ist, dass bei geschachtelten Aufrufen nicht ohne weiteres klar ist, an welcher Stelle eine eventuelle Fehlerbehandlung erfolgen soll und dass generell die mit der Fehlerbehandlung verbundene Logik komplex sein kann.

In Java stehen zur Fehlerbehandlung die von der Klasse `Throwable` abgeleiteten Klassen `Error` und `Exception` mit den entsprechenden Methoden zur Verfügung. Die Klasse `Error` für schwerwiegende *Fehler*, die nicht durch einen Catch-Block abgefangen werden, ist allerdings nicht für den Anwender gedacht. Eine *Ausnahme* (*Exception*) wird erzeugt, wenn bei der Programmausführung die Anweisung `throw` angetroffen wird. Kann eine Methode eine Exception generierern, so muss dies bereits bei der Deklaration durch den Zusatz `throws` *`ExceptionName`* kenntlich gemacht werden.

Bei der Berechnung einer Quadratwurzel könnte beispielsweise bei negativem Argument `x` durch die Zeilen

```
static double root(double x) thows NegArgException {
 if(x<0.0) throw new NegArgException("Negatives Argument");
 else return(Math.sqrt(x));
}
```

eine Exception mit dem Namen `NegArgException` ausgelöst werden, die den String `"Negatives Argument"` als Fehlerbeschreibung liefert.

In Java sind bereits zahlreiche Exceptions vordefniert, beispielsweise `ArithmeticException`, `IllegalArgumentException`, `NullPointerException`, `IOException` u.v.a.

Methoden, die eine Exception liefern können, dürfen nur innerhalb eines *Try-Blocks*

```
try { .. }
```

aufgerufen werden. Die weiter oben aufgelisteten Programme geben dafür bereits Beispiele.

Ist eine Exception aufgetreten, so erfolgt eine Verzweigung zum nächsten *Catch-Block*

```
catch(ExceptionName) { .. }
```

dessen Parameter auf den Namen der aufgetretenen Exception passt. Ein Catch-Block muss unmittelbar auf einen Try-Block oder einen anderen Catch-Block folgen.

Im Catch-Block können die Ausnahmen nun nach Belieben abgearbeitet werden. Dazu stehen unter anderem die Methoden `Exception.toString()` zur Umwandlung der Fehlerbeschreibung in einen String sowie `Exception.printStackTrace()` zur Verfügung. Durch die letzgenannte Methode kann auch in einer längeren Kette aufeinanderfolgender Aufrufe von Methoden ermittelt werden, an welcher Stelle genau die Exception entstanden ist.

Auf den letzten Catch-Block kann noch ein *Finally-Block* `finally { .. }` folgen. Ist dieser vorhanden, so wird er in jedem Fall vor Verlassen der Methode ausgeführt, also auch nach Ausführung eines Catch-Blocks und selbst dann, wenn zuvor ein `return` angetroffen wurde. Ein Finally-Block kann daher gut für „Aufräumarbeiten" verwendet werden, beispielsweise um Resourcen freizugeben, Threads zu stoppen oder Dateien zu schließen.

Es gehört zu den Vorteilen von Java, dass der Aufruf einer Methode, die eine Exception generieren kann, zwingend eine Try-Catch-Konstruktion verlangt; es ist daher unmöglich, eine Exception völlig zu ignorieren.

11.5.5 Applets

Die Standardklasse `Applet`

Unter einem *Applet* versteht man ein Java-Programm, das mit Hilfe eines Web-Browsers, der über einen Interpreter für Java-Byte-Code verfügt, aufgerufen und ausgeführt werden kann. Der Aufruf eines Applets geschieht normalerweise in einer HTML-Seite mit dem `applet`-Tag, das weiter unten beschrieben wird.

Java-Applets sind nichts anderes als Subklassen der in der Klassenbibliothek `java.applet` enthaltenen Klasse `Applet`. Ein Applet beginnt daher mit den Zeilen

```
import java.applet.*;

public class Name extends Applet { ...
```

wobei *`Name`* der frei wählbare Klassenname für das betreffende Applet ist. Bei Aufruf des Applets erscheint dann ein Fenster, in dem sich die gesamte Ein- und Ausgabe abspielt. Dafür stehen unter anderem vielseitige Grafik-Funktionen zur Verfügung, die durch das als *Grafik-Kontext* bezeichnete Objekt `Grafics g` vermittelt werden.

In einem Applet können neben eigenen Methoden die folgenden als `public` vordefinierten Methoden implementiert werden, die jedoch nicht immer alle benötigt werden:

`Appletname()`	Ein Konstruktor mit dem Namen des Applets (hier `Appletname`), der automatisch einmal bei Start des Applets aufgerufen wird und zur Initialisierung aller nicht als `static` deklarierten Daten und Methoden dient.
`getAppletInfo()`	Durch Rückgabe eines Strings nach dem Muster `return "Name: Appletname " +"Author: H. Ernst"` werden Informationen über das Applet gegeben.
`init()`	Nach dem Konstruktor wird zur Initialisierung aller durch `paint` benötigten Strukturen `init()` aufgerufen. Ferner können dort Initialisierungen von Objekten vorgenommen werden, die sich während der Abarbeitung des Applets nicht mehr verändern.
`paint(Graphics g)`	Nach jedem Aufruf von `paint` wird der Inhalt des Fensters neu gezeichnet. Dies ist beispielsweise der Fall, wenn das Fenster verdeckt war und wieder sichtbar wird, außerdem bei manchen Events, wie etwa einer Cursor-Bewegung.
`start()`	Die Animation des Applets wird gestartet. Der Aufruf erfolgt immer dann, wenn das Applet verdeckt war und wieder sichtbar wird.
`stop()`	Die Animation des Applets wird gestoppt. Der Aufruf erfolgt, wenn das Applet verdeckt wird, etwa durch Anklicken des Back-Buttons des Browsers.
`destroy()`	Der Destruktor `destroy` wird beim endgültigen Verlasssen des Applets aufgerufen. Der belegte Speicher wird freigegeben und alle in `init` ausgeführten Deklarationen werden rückgängig gemacht. Da in Java ohnehin eine Grabage-Collection erfolgt, ist eine Implementation von `destroy` meist nicht erforderlich.

Erstellung eines Layouts mit dem Abstract Window Toolkit

Das *Abstract Window Toolkit* (*AWT*) ist Teil der Klassenbibliothek `java.awt` und für die Gestaltung von Applets unentbehrlich. Natürlich ist die Nutzung des AWT nicht nur in Verbindung mit Applets möglich. Dieses Package stellt Methoden für das Layout und die Verwaltung des Fensters zur Verfügung, in dem das Applet erscheint. Dazu gehören einerseits einfache Elemente wie *Buttons*, *Labels*, *Scrollbars* und *Textfelder* und andererseits die Klasse *Container*, die komplexere Komponenten wie *Frames* (ein bewegliches und in der Größe veränderliches Fenster), Panels, Dialoge und multiple Buttons zur Verfügung stellt.

Im Folgenden wird exemplarisch eine einfache Layout-Form beschrieben, das *Border-Layout*. Als erster Schritt muss durch

```
setLayout(new BorderLayout());
```

ein Border-Layout deklariert werden. Es folgt die Deklaration eines *Panels*, das hier den Namen `left` erhält, da es auf der linken Seite des Fensters angeordnet werden soll:

```
Panel left = new Panel();
```

Nun muss das Panel `left` noch strukturiert werden. Durch

```
left.setLayout(new GridLayout(5,1));
```

wird festgelegt, dass die nachfolgend zu deklarierenden Komponenten in einem Raster mit fünf Zeilen und einer Spalte anzuordnen sind.

Jetzt können Elemente eingefügt werden. Dies kann etwa so aussehen:

```
left.add(new Label("Beispiel"));
left.add(new Button("INIT"));
left.add(new Button("STEP"));
left.add(input = new TextField(4));
add("West", left);
```

Zunächst wird ein Label mit dem String `Beispiel` ausgegeben. Es folgt ein Button mit der Aufschrift `INIT` und ein weiterer mit der Aufschrift `STEP`. Durch Anklicken eines Buttons mit der Maus wird ein Ereignis (Event) ausgelöst, das dann, wie weiter unten beschrieben, abgearbeitet werden kann. Darunter wird ein Textfeld mit der Länge 4 und dem Namen `input` angeordnet, in das über die Tastatur beliebiger Text eingegeben werden kann. Durch die Methode `input.setText(string)` kann ein Text in das Textfeld geschrieben werden und durch die Zuweisung `buff=input.getText(string)` kann ein im Textfeld enthaltener Text in den Puffer `buff` übertragen werden. Das letzte Statement `add("West",left)` sorgt dafür, dass alle Elemente des Panels `left` im „Westen" des Applet-Fensters, also linksbündig, angeordnet werden. Neben `"West"` stehen auch die Attribute `"East"`, `"South"`, `"North"` und `"Center"` mit ihren offensichtlichen Bedeutungen zur Verfügung.

Das unten aufgelistete Beispielprogramm `Binsuch` zur Visualisierung des binären Suchens nach einer Integer-Zahl in einem Array demonstriert den Umgang mit diesem Instrumentarium.

```
//************************************************************************
// Applet Binsuch.java zur grafischen Darstellung des binären Suchens
// in einem Integer-Feld.
// Durch den Button INIT wird das Feld mit Zufallszahlen belegt und
// anschließend sortiert. Sowohl das unsortierte als auch das sortierte
// Feld werden auf dem Bildschirm ausgegeben.
// Durch den Button STEP wird der jeweils nächste Suchschritt ausgeführt.
// Dabei werden die Grenzen und die Mitte des Suchintervalls im Bild des
// geordneten Feldes markiert. Der zu suchende Wert kann in dem Textfeld
// eingegeben werden.
//************************************************************************
```

```
import java.applet.*;
import java.awt.*;

//----------------------------------------------------------------------
// Die Klasse Node umfasst die X-Position int pos, die Y-Position int line,
// den zugehörigen Wert value und den Grafikkontext Graphics g.
// Zur Klasse gehören folgende Methoden:
//   setLine: Die Y-Position line wird besetzt. Diese Methode ist static,
//   d.h. der neue Wert für line gilt für alle Objekte.
//   setPos: Die X-Position pos wird besetzt.
//   setValue: Der Wert value wird besetzt.
//   getValue: Der Wert value wird zurückgegeben.
//   draw: Es wird ein Rechteck an die Koordinate (pos, line) gezeichnet,
//   mit der Farbe color gefüllt und der Wert value wird hineingeschrieben.
//----------------------------------------------------------------------
class Node {
  private int pos=100, value=0;
  private static int line=100;

  public static void setLine(int y) { if(y>=0) line=y; }
  public void setPos(int x)    { if(x>=0) pos=x; }
  public void setValue(int v) { value=v; }
  public int getValue() { return(value); }

  public void draw(Graphics g, char color) {
    switch(color) {
      case 's': g.setColor(Color.black); break;
      case 'b': g.setColor(Color.blue);  break;
      case 'w': default: g.setColor(Color.white);
    }
    g.fillRect(pos+1,line+1,19,17);
    g.setColor(Color.black);
    g.drawRect(pos,line,20,18);
    g.drawString(""+value+"",pos+3,line+12);
  }
}

//----------------------------------------------------------------------
// Klasse Binsuch für Binäres Suchen
//----------------------------------------------------------------------
public class Binsuch extends Applet {
  private boolean search=false, done=false, found=false;
  private int line=120, line_n=80, line_r=50;  // Zeilen für Ausgabe
  private int item=40;                          // zu suchendes Element
  private int count=0;                          // Anzahl der Schritte
  private int start=0;                          // Startindex
  private int end=0;                            // letzter Index
  private int cmp=0;                            // Anzahl der Vergleiche
  private final static int DIM=16;              // Anzahl der Elemente
  private Node rand[] = new Node[DIM];          // Feld mit Zufallszahlen
  private Node n[] = new Node[DIM];             // geordnetes Feld
  private TextField input;                      // Eingabe

  // Initialisierung des Layouts sowie der Zufallsbelegung der Elemente
  public void init() {
    setLayout(new BorderLayout());              // Layout
    Panel left = new Panel();
    left.setLayout(new GridLayout(5,1));
    left.add(new Label(""));
    left.add(new Button("INIT"));
    left.add(new Button("STEP"));
    left.add(input = new TextField(4));
    add("West", left);
```

```
    String str;
    str=getParameter("item");                    // Parameter von HTML-Script
    if(str!=null) item=Integer.parseInt(str);
    input.setText(""+item);                    // Vorbesetzung des Eingabefeldes
    for(int i=0, ix=65; i<DIM; i++, ix+=20) {  // Vorbesetzung der Felder
      int rnd;
      rnd=(int)(Math.random()*99);
      n[i] = new Node();
      n[i].setPos(ix); n[i].setValue(rnd);
      rand[i]=new Node();
      rand[i].setPos(ix); rand[i].setValue(rnd);
    }
    sort(n);                                     // Sortieren des Feldes n
  }

  // Sortieren des Feldes nach der Komponente value
  public static void sort(Node a[]) {
    int n=a.length;
    int incr = n/2;
    while(incr >=1) {
      for(int i=incr; i<n;i++) {
        int temp = a[i].getValue();
        int j=i;
        while (j >= incr && temp < a[j-incr].getValue()) {
          a[j].setValue(a[j-incr].getValue());
          j -= incr;
        }
        a[j].setValue(temp);
      }
      incr /= 2;
    }
  }

  // Schrittweises binäres Suchen mit Markierung der Suchintervalle
  public void Bin_Such(Graphics g) {
    int i;
    int m=0;
    if(start > end) {                    // Suche endet, item nicht gefunden
      found=false; done=true; search=false;
      return;
    }
    m=(start+end)/2;
    if(item==n[m].getValue()) {          // gesuchtes item gefunden
      found=true;  done=true; search=false;
      cmp++;
      return;
    }
    if(item < n[m].getValue()) end=m-1; // neue Intervallgrenzen
    else start=m+1;
    cmp+=2;
    n[start].draw(g,'b');
    m=(start+end)/2;
    n[m].draw(g,'b');
    n[end].draw(g,'b');
    g.drawString("Anfang: "+n[start].getValue()+"  Mitte: "+n[m].getValue()
      +"  Ende: "+n[end].getValue(),65,line);
  }

  // Paint: Ausgabe neu zeichnen
  public void paint(Graphics g) {
    int i, m;
    Node.setLine(line_r);
```

```
    for(i=0; i<DIM; i++)                 // Random-Feld zeichnen
      rand[i].draw(g,'w');
    Node.setLine(line_n);
    for(i=0; i<DIM; i++)                 // Sortiertes Feld zeichnen
      n[i].draw(g,'w');
    if(search) {
      if(count==0) {                     // erster Schritt
        start=0;
        end=DIM-1;
        for(i=0; i<DIM; i++) n[i].draw(g,'w');
        n[0].draw(g,'b');
        if(item<n[0].getValue()) {       // gesuchter Wert < linke Grenze
          g.drawString(item+" ist < "+n[0].getValue(),65,line);
          done=true;
          found=search=false;
          cmp=1;
        }
        if(item>n[end].getValue()) {     // gesuchter Wert > rechte Grenze
          g.drawString(item+" ist > "+n[end].getValue(),65,line);
          done=true;
          found=search=false;
          cmp=2;
          n[end].draw(g,'b');
        }
        if(done==false) {                // ges. Wert innerhalb der Grenzen
          cmp=2;
          m=end/2;
          n[m].draw(g,'b');
          n[end].draw(g,'b');
          g.drawString("Anfang: "+n[start].getValue()+"  Mitte: "
            +n[m].getValue()+"  Ende: "+n[end].getValue(),65,line);
        }
      }
      if(search && count>0) Bin_Such(g);
      count++;
    }
    g.setColor(Color.black);
    g.drawString("Vergleiche: "+cmp,260,line-85);
    if(done) {                           // Ergebnis ausgeben
      if(found) {
        g.setColor(Color.green);
        g.drawRect(65, line-97, 160, 18);
        g.setColor(Color.black);
        g.drawString("FERTIG: Wert "+item+" gefunden",67,line-85);
      }
      else {
        g.setColor(Color.red);
        g.drawRect(65, line-97, 185, 18);
        g.setColor(Color.black);
        g.drawString("FERTIG: Wert "+item+" nicht gefunden",67,line-85);
      }
      done=search=false;
      count=cmp=0;
    }
  }

  // Action
  public boolean action(Event evt, Object arg) {
    int i;
    if(arg.equals("STEP")) {             // nächster Schritt
      search=true;
      String temp = input.getText();
      item=Integer.parseInt(temp);
```

```
        repaint();
      }
      else if(arg.equals("INIT")) {          // Felder neu belegen
        for(i=0; i<DIM; i++) {
          int rnd;
          rnd = (int)(Math.random()*99);
          rand[i].setValue(rnd); n[i].setValue(rnd);
        }
        sort(n);
        search=done=false;
        count=cmp=0;
        repaint();
      }
      else return false;
      return true;
    }
}
```

Die folgende Abbildung verdeutlicht das Layout des Applets `BinSuch`.

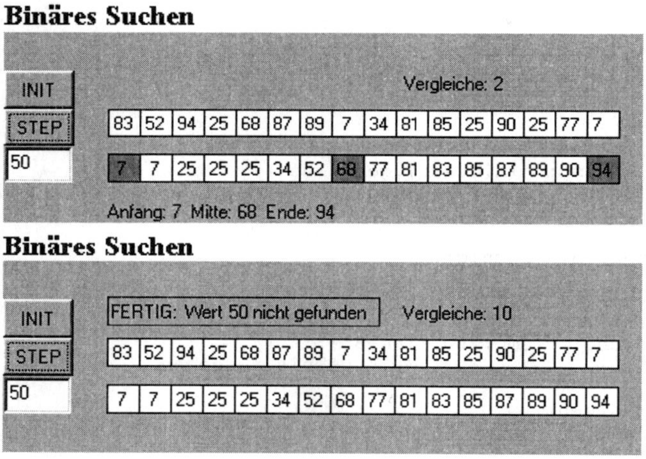

a) b)

Abbildung 11.33: Ausführung des Applets BinSuch zur Suche der Zahl 50 in einem Feld.
a) Nach dem ersten Schritt. b) Nach dem letzten Schritt.

Ereignis-Behandlung

Ein wesentlicher Bestandteil von Applets, die über Eingabemöglichkeiten wie Buttons, Textfelder udgl. verfügen, ist die Behandlung von *Ereignissen* (*Events*). Eine bequeme Möglichkeit dazu bietet die Member-Funktion `action(Event evt, Object arg)`. Die Parameter `evt` und `arg` dienen als Instanzen der Klassen `Event` und `Object` zur detaillierten Charakterisierung des Ereignisses. Wird durch Anklikken einer Schaltfläche ein Ereignis ausgelöst, so wird automatisch `action` aufgerufen. Im obigen Beispiel wird dann durch Abfragen der Art `arg.equals(`*`String`*`)` ermittelt, um welches Ereignis es sich handelt. Als Vergleichsstring zur Identifizierung dient dabei der bei der Initialisierung des Layouts für die jeweiligen Buttons verwendete String, also etwa `"START"` für den Start-Button. Die Klasse `Event` enthält außerdem eine Reihe von Integer-Konstanten mit weitgehend selbsterklärenden Bezeichnungen, beispielsweise `KEY_PRESS`, `KEY_RELEASE`, `MOUSE_MOVE`, `MOUSE_ENTER`, `MOUSE_DOWN`, `WINDOW_DESTROY` u.v.a. Diese können durch Vergleich mit einem Objekt `evt` der Klasse `Event` abgefragt werden, beispielsweise durch `evt.id==Event.MOUSE_DOWN`.

Der Aufruf von Applets in HTML-Scripts

Der Aufruf eines Java-Applets in HTML ist sehr einfach. In dem für diesen Zweck zur Verfügung stehenden HTML-Tag `<applet>` werden der Name des Applets und optional einige weitere Parameter wie etwa die Größe des Darstellungsfensters angegeben. Zusätzlich können über `<param name=`*`name`*` value=`*`value`*`>` auch beliebig viele Parameter an das Applet übergeben werden. Einzelheiten zeigt das unten aufgelistete HTML-Script zum Aufruf des Applets `Binsuch.class`.

```
<html>

<head>
<title> Binäres Suchen </title>
</head>

<body>
<h3 align="left">Binäres Suchen</h3>
<applet CODE="Binsuch.class" WIDTH="400" HEIGHT="125">
<param name=item value=50>
</applet>
</body>

</html>
```

Ähnlich wie Applets in HTML-Scripts aufgerufen werden können, ist es auch möglich, aus einem Applet heraus HTML-Seiten aufzurufen. Man erzeugt dazu ein Objekt der im Package `java.net` enthaltenen Klasse `URL` (Uniform Resource Loader) aus einem String. Dies kann etwa so aussehen:

```
urlstr="http://141.60.120.75/Skripten/ad/ad.html";  // URL-String
try {
  u=new URL(urlstr);                                 // URL generieren
  getAppletContext().showDocument(u,"_top");         // HTML-Seite aufrufen
}
catch(Exception e) { }
```

Auf ähnliche Weise können durch Angabe der URL beliebige Verbindungen innerhalb eines lokalen Computer-Netzes oder innerhalb des Internets hergestellt werden.

11.5.6 Threads

Definition von Threads

Die Möglichkeit zur Programmierung von *Threads* ist einer der wesentlichen Vorteile von Java. Es handelt sich dabei um eine Art von (quasi-)parallelen Prozessen, die unabhängig voneinander ablaufen und miteinander kommunizieren können. Der wesentliche Unterschied zwischen Threads und Prozessen ist, dass alle von einem Programm erzeugten Threads auf demselben Speicherbereich arbeiten, während Prozesse (beispielsweise unter Windows NT) zur Vermeidung ungewollter Wechselwirkungen über je einen eigenen Speicherbereich verfügen.

Die Klasse Thread

Threads sind Bestandteil der Klasse `java.lang.Thread`. Die wichtigsten dort enthaltenen Methoden sind:

`start()`	Starten eines Threads
`stop()`	Stoppen des Threads
`run()`	Ausführungsteil des Threads
`sleep(msec)`	Inaktivierung für mindestens `msec` Millisekunden
`destroy()`	Vollständiges Beenden des Threads
`interrupt()`	Unterbrechen des Threads
`setPriority(p)`	Setzen einer Priorität (maximal 10, Default-Wert 5)
`suspend()`	Übergang von „Bereit" nach „Blockiert"
`resume()`	Übergang von „Blockiert" nach „Bereit"

Da es in Java keine Mehrfachvererbung gibt, kann eine Klasse nicht Eigenschaften von zwei verschiedenen Klassen erben. Daher ist es in einem Applet, das ja bereits die Klasse `Applet` als Superklasse besitzt, nicht möglich, die Klasse `Thread` als weitere Superklasse zu benutzen. Zur Lösung dieses Problems wird durch das Applet die Schnittstelle `Runnable` implementiert, die insbesondere eine abstrakte Methode `void run()` zur Verfügung stellt, die dann in dem betreffenden Applet deklariert werden muss. Ein Objekt vom Typ `Thread` kann nun durch `name = new Thread(this)` erzeugt und durch `name.start()` gestartet werden. Dadurch wird die von `Runnable` übernommene Methode `run()` als unabhängiger Thread ausgeführt. Durch die Methode `sleep(msec)` lässt sich die Ausführung des Threads um `msec` Millisekunden unterbrechen. Während dieser Zeit kann dann die Ausführung des Applets bzw. anderer Threads fortgeführt werden. Da `sleep` eine `InterruptedException` generieren kann, muss eine Try-Catch-Konstruktion verwendet werden.

Beispiel: Das Applet `Click`

Das folgende Applet `Click` ist genau nach dem oben beschriebenen Schema aufgebaut. Zunächst wird in der Methode `start()` ein einfaches Layout gestaltet, das nur aus den beiden Buttons `"START"` und `"STOP"` besteht. Nun wird durch `click = new Thread(this,"count")` ein Thread erzeugt und im Konstruktor zugleich mit dem Namen `count` belegt. Durch `click.start()` wird die `run`-Methode aufgerufen. Diese zählt dann als unabhängiger Thread im Abstand von einer Sekunde den Sekundenzähler `seconds` hoch und aktiviert durch Aufruf von `repaint()` die Methode `paint`, solange `click` ungleich `null` ist. In der Methode `paint` wird in das Fenster ein grünes Quadrat gezeichnet, in welchem in Abhängigkeit vom Wert der

Variable seconds einer der Quadranten in vier Stellungen rot ausgefüllt wird. Da der Aufruf von sleep(1000) den Thread für jeweils 1000 Millisekunden inaktiviert, erfolgt der Aufruf von paint genau im Sekundentakt. Während dieser Zeit können auch in der Methode action die bei Betätigen eines Buttons ausgelösten Ereignisse STOP oder START abgearbeitet werden. Im Falle von STOP wird der Thread click gestoppt und click=null gesetzt, die Bewegung des roten Quadranten wird damit unterbrochen. Im Falle von START wird der Thread wieder gestartet, falls er gestoppt war.

```
import java.applet.*;
import java.awt.*;

//*************************************************************************
// Applet "Click" zum Darstellen eines Sekundenzählers
public class Click extends Applet implements Runnable {
  private int seconds=0;
  Thread click = null;

  // Start bei Aufruf der Seite
  public void start() {
    setLayout(new BorderLayout());              // Layout
    Panel left = new Panel();
    left.setLayout(new GridLayout(2,1));
    left.add(new Button("START"));
    left.add(new Button("STOP"));
    add("West", left);
    if(click==null) {                           // Thread erzeugen und starten
      click=new Thread(this,"count");
      click.start();
    }
  }

  // Run: Darstellung des Sekundenzählers
  public void run() {
    while(click!=null) {                        // solange der Thread aktiv ist
      seconds++;                                // Sekundenzähler hochzählen
      repaint();                                // Fenster neu zeichnen
      try { click.sleep(1000); }                // 1000 Millisekunden warten
      catch(InterruptedException e) { System.out.println("Unterbrochen"); }
    }
  }

  // Paint: Ausgabe neu zeichnen
  public void paint(Graphics g) {
    int d, x=55, y=4, w=20;
    g.setColor(Color.green);
    g.fillRect(x,y,2*w,2*w);                    // grünes Rechteck zeichnen
    g.setColor(Color.red);
    d=seconds%4;
    switch(d) {                                 // roten Quadranten zeichnen
      case 0: g.fillRect(x,y,w,w);     break;
      case 1: g.fillRect(x+w,y,w,w);   break;
      case 2: g.fillRect(x+w,y+w,w,w); break;
      case 3: default: g.fillRect(x,y+w,w,w);
    }
    g.setColor(Color.black);
    g.drawRect(x,y,2*w,3*w+1);
    if(seconds%2 == 1) g.drawString(" : "+seconds,x,y+3*w-7);
    else g.drawString("   "+seconds,x,y+3*w-7);
  }
```

```
  // Action
  public boolean action(Event evt, Object arg) {
    if(arg.equals("START")) start();          // Thread starten
    if(arg.equals("STOP"))  stop();           // Thread stoppen
    return true;
  }

  // Stop bei Aufruf von STOP und beim Verlasssen der Seite
  public void stop() {
     click.stop();
     click=null;
  }
}
```

Die folgende Abbildung zeigt das Layout des beschriebenen Applets.

Abbildung 11.34: Im Takt eines Sekundenzählers wird ein Quadrant des Quadrats zyklisch weiterbewegt. Die seit dem Start in Sekunden vergangene Zeit (hier 17 sec) wird ebenfalls angezeigt.

Beispiel: Das Applet `Poker` mit zwei unabhängige Threads

In dem nun beschriebenen Applet `Poker` wird neben dem bereits bekannten Thread `Click`, der jetzt als eine eigene Klasse formuliert ist, ein weiterer Thread gestartet. In diesem zweiten Thread wird fünf mal pro Sekunde unter Verwendung des Zufallszahlengenerators `Math.random()` die relative Häufigkeit für das Erhalten eines *Full House* beim ersten Geben von fünf Karten aus einem Kartenspiel mit 32 Karten berechnet. Ein Full House ist beim Pokern ein passables Blatt, mit dem sich ein Bluff durchaus lohnen kann! Die Klasse `Click` erbt von der Klasse `Thread` und verfügt über eine eigene `run`-Methode. Das Applet `Poker` erbt von der Klasse `Applet` und muss daher zusätzlich das Interface `Runnable` implementieren, um ebenfalls über eine Methode `run()` zu verfügen. Bei jedem Schritt wird 1000 mal das Geben von 5 Karten simuliert und jeweils durch einige Vergleiche geprüft, ob ein Full House vorliegt. Die sich daraus ergebende relative Häufigkeit wird in das Ausgabefenster geschrieben; zum Vergleich ist auch der exakte Wert `w=0.00667` mit angegeben.

Dieser berechnet sich nach der Formel (siehe Kapitel 2.4.6):

$$w_{\text{Full House}} = \frac{8\cdot 7\cdot \binom{4}{3}\binom{4}{2}}{\binom{32}{5}} = \frac{8\cdot 7\cdot 4\cdot 6\ \cdot\ 2\cdot 3\cdot 4\cdot 5}{28\cdot 29\cdot 30\cdot 31\cdot 32} \approx 0.00667$$

Das Panel wird in diesem Beispiel um zwei *Radio-Buttons* `SST` (für Single Step) und `RUN` erweitert. Diese beiden Buttons werden zu einer Gruppe mit dem Namen `group1` zusammengefasst. Durch die Vorbesetzung `true` bzw. `false` wird eingestellt, welcher der beiden Buttons bei Start des Applets aktiv sein soll. Im SST-Modus läuft der Sekundenzähler `Click` weiter, aber der Poker-Thread erzeugt nur eine Ausgabe, wenn der Button `STEP` angeklickt wird. Im RUN-Modus laufen beide Threads gemeinsam und erzwingen durch Aufruf von `repaint` ein Erneuern des Fensters im Takt von ein mal bzw. fünf mal pro Sekunde.

Bei langsamen Rechnern fällt auf, dass die Ausgabe etwas flackert. Dies liegt daran, dass das Fenster fünf mal pro Sekunde gelöscht und neu gezeichnet wird. Man kann das Flackern vermeiden, wenn man eine gepufferte Grafik-Ausgabe vorsieht.

```
import java.applet.*;
import java.awt.*;

//**********************************************************************
// Applet "Poker" zur Berechnung der Wahrscheinlichkeit,
// beim Pokern mit 32 Karten beim ersten Austeilen von 5 Karten ein
// "Full House", d.h. einen Drilling und einen Zwilling zu bekommen.

//----------------------------------------------------------------------
// Die Klasse Poker
public class Poker extends Applet implements Runnable {
  private TextField input;
  private boolean sst=true;
  private long nfh=0;
  private long ntotal=0;
  private CheckboxGroup group1;
  private Checkbox Radio1;
  private Checkbox Radio2;
  Thread pThread=null;            // Thread für Poker
  Click cThread=null;             // Thread für Sekunden-Click

  // Initialisierung beim ersten Aufruf der Seite
  public void init() {
    setLayout(new BorderLayout());
    Panel left = new Panel();
    left.setLayout(new GridLayout(4,1));
    left.add(new Button("STEP"));
    group1 = new CheckboxGroup();
    left.add(Radio1 = new Checkbox ("SST", group1, true));
    left.add(Radio2 = new Checkbox ("RUN", group1, false));
    add("West", left);
  }

  // Start bei jedem Aufruf der Seite
  public void start() {
    if(pThread==null) {                // starte Poker-Thread
      pThread=new Thread(this,"Thread1");
      pThread.start();
    }
    if(cThread==null) {                // starte Click-Thread
      cThread=new Click();
      cThread.set(185,5,10);
      cThread.start();
    }
  }

  // Run: Schrittweises Berechnen der Wahrscheinlichkeit
  public void run() {
    while(true) {
      if(!sst) for(int i=0; i<1000; i++) pCalc(); // 1000 Schritte
```

```
      repaint();
      try { Thread.sleep(200); }
      catch(InterruptedException e) { }
    }
  }

  // Ein Schritt beim Berechnen der Wahrscheinlichkeit
  private void pCalc() {
    int s[]={1,1,1,1,2,2,2,2,3,3,3,3,4,4,4,4    // die 32 Spielkarten
            ,5,5,5,5,6,6,6,6,7,7,7,7,8,8,8,8};
    int i,j,k;
    int b0,b1,b2,b3,b4,b[];
    b=new int[5];
    // Fünf Karten zufällig auswählen und geben
    i=0;
    while(i<5) {
      k=(int)(Math.random()*32);                 // Zufallszahl 0..32
      if(s[k]!=0) { b[i++]=s[k]; s[k]=0; }       // Geben ohne Wiederholungen
    }
    // Wurde ein Full-House gegeben?
    b0=b[0]; b1=b[1]; b2=b[2]; b3=b[3]; b4=b[4]; // kürzere Schreibweise
    if( (b0==b1 && b0==b2 && b3==b4) || (b0==b1 && b0==b3 && b2==b4)
        ||(b0==b1 && b0==b4 && b2==b3) || (b0==b2 && b0==b3 && b1==b4)
        ||(b0==b2 && b0==b4 && b1==b3) || (b0==b3 && b0==b4 && b1==b2)
        ||(b1==b2 && b1==b3 && b0==b4) || (b1==b2 && b1==b4 && b0==b3)
        ||(b1==b3 && b1==b4 && b0==b2) || (b2==b3 && b2==b4 && b0==b1)
      ) nfh++;  // Zähler für Full House
    ntotal++;   // Zähler für Anzahl aller Fälle
  }

  // Paint: Ausgabe neu zeichnen
  public void paint(Graphics g) {
    long i=0;
    if(sst) g.drawString("Single Step ON ",70,20);
    else    g.drawString("Single Step OFF",70,20);
    if(ntotal>0) i=100000*nfh/ntotal;  // irrelevante Stellen abschneiden
    g.drawString("w(Full House) = "+(float)i/100000,70,40);
    g.drawString(""+ntotal,70,60);
    g.drawString("exakt: 0.00667",125,60);
    g.setColor(Color.black);
    cThread.draw(g);
  }

  // Action
  public boolean action(Event evt, Object arg) {
    if(arg.equals("STEP")) {                     // 1000 Schritte ausführen
      if(sst) for(int i=0; i<1000; i++) pCalc();
    }
    if(evt.target.equals(Radio1)) {              // Single Step Modus
      sst=true;
      ntotal=nfh=0;
    }
    if(evt.target.equals(Radio2)) {              // Run Modus
      sst=false;
      ntotal=nfh=0;
    }
    repaint();
    return(true);
  }

  // Stop bei Aufruf von STOP und beim Verlasssen der Seite
  public void stop() {
    cThread.stop();
```

```
    cThread=null;
    pThread.stop();
    pThread=null;
  }
}

//----------------------------------------------------------------------------
// Die Klasse Click zum Darstellen eines Sekundenzählers
class Click extends Thread {
  private int seconds=0;
  private int x=100, y=4, w=20;

  // Start und Weiterzählen des Sekundenzählers
  public void run() {
    while(true) {
      seconds++;
      try { sleep(1000); }
      catch(InterruptedException e) { }
    }
  }

  // Ausgabe positionieren
  public void set(int x, int y, int w) {
    this.x=x; this.y=y; this.w=w;
  }

  // Ausgabe zeichnen
  public void draw(Graphics g) {
    int d;
    g.setColor(Color.green);
    g.fillRect(x,y,2*w,2*w);
    g.setColor(Color.red);
    d=seconds%4;
    switch(d) {
      case 0: g.fillRect(x,y,w,w);      break;
      case 1: g.fillRect(x+w,y,w,w);    break;
      case 2: g.fillRect(x+w,y+w,w,w); break;
      case 3: default: g.fillRect(x,y+w,w,w);
    }
    g.setColor(Color.black);
  }
}
```

Dieses Applet erzeugt die folgende Ausgabe:

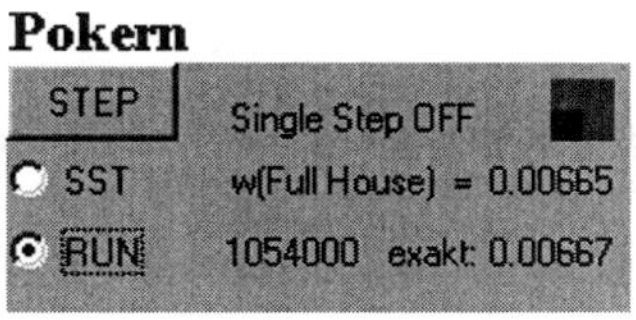

Abbildung 11.35: Bei Ausführung des Applets `Poker` läuft der Sekundenzähler kontinuierlich als eigener Thread. Auch die statistische Analyse erfolgt in einem Thread. Das Ergebnis (hier 0.00665 nach 1054000 Schritten) wird im RUN-Modus fünf mal pro Sekunde neu angezeigt. Im SST-Modus wird jeweils durch Drücken von `STEP` der nächste Berechnungsschritt ausgelöst.

Frames

Zum Schluss soll noch an Hand des Applets `Poker` demonstriert werden, wie man ein Applet ohne Verwendung eines Browsers ablaufen lassen kann. Dazu wird eine Klasse `Viewer` als Subklasse der im Package `java.awt` enthaltenen Klasse `Frame` erzeugt. Ein Frame ist ein in Größe und Lage modifizierbares Fenster mit den in Windows üblichen Eigenschaften. Da es sich hier um eine Applikation und nicht um ein Applet handelt, muss eine Member-Funktion `main` existieren. In `main` wird nun ein Objekt der Klasse `Poker` erzeugt und wie im Programm erläutert im Frame, d.h. im Anzeige-Fenster plaziert. Der Start der Applikation erfolgt unter Verwendung des *Java Development Kits* (*JDK*) durch Eingabe von `Java Viewer`.

```
//**************************************************************************
// Das Applet Poker wird ohne Browser in einem Fenster dargestellt

import java.awt.*;

//--------------------------------------------------------------------------
// Die Klasse Viewer
public class Viewer extends Frame {
  boolean handleEvent(Event e) {
    if(e.id==Event.WINDOW_DESTROY)      // Fenster schließen
      System.exit(0);
    return(super.handleEvent(e));       // Normale Ereignisverarbeitung
  }

  public static void main(String argv[]) {
    Poker a = new Poker();              // Objekt "Poker" erzeugen
    Viewer window = new Viewer();       // Fenster erzeugen
    window.setTitle("Applet-Viewer");   // Titel des Fensters
    window.add("Center",a);             // Applet im Fenster pazieren
    window.resize(250,150);             // Fenster-Größe einstellen
    a.init();                           // Applet initialisieren
    a.start();                          // Applet starten
    window.show();                      // Fenster zeigen
  }
}
```

Die Applikation Viewer erzeugt zusammen mit dem Applet Poker das folgende Fenster:

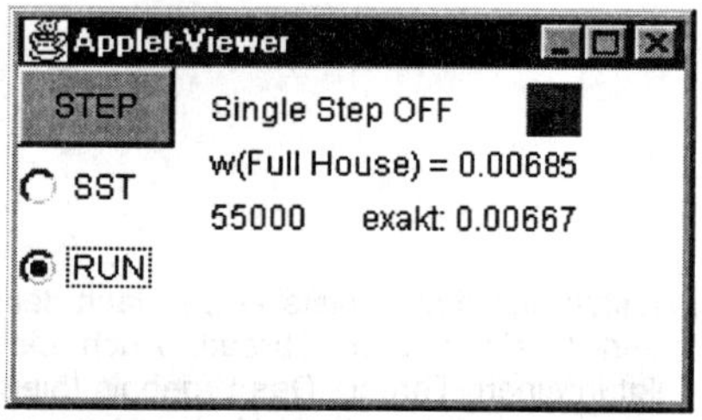

Abbildung 11.36: Dieses Bild ergibt sich bei Aufruf des Applets `Poker` über die Applikation `Viewer`.

Die hier erläuterten Beispiele erschöpfen bei weitem nicht die in Java gegebenen Möglichkeiten. Für einen tieferen Einstig sei auf die im Literaturverzeichnis genannte weiterführende Literatur verwiesen.

Literaturverzeichnis

Lehrbücher und Enzyklopädien

Appelrath, H.-J. und J. Ludwig: *Skriptum Informatik.* Teubner (1998)
Amrhein, B. und W. Küchlin: *Einführung in die Informatik.* Springer (1997)
Balzert, H.: *Grundlagen der Informatik.* Spektrum akademischer Verlag (1999)
Bauer, F. L. und G. Goos: *Informatik 1 und 2.* Springer (Neuauflage 1991)
Bode, A., B. Piochacz und W. Karl: *Technische Grundlagen der Informatik.* Spektrum Akademischer Verlag (1991)
Broy, M. und B. Rumpe: *Informatik 1 und 2.* Springer (1997)
Goos, G.: *Vorlesungen über Informatik 1, 2, 3, 4.* Springer (1998)
Gumm, H.-P. und Sommer, M.: *Einführung in die Informatik.* Oldenbourg (1997)
Hansen, H. R.: *Wirtschaftsinformatik 1.* UTB-Verlag, (1992)
Schneider J. (Hrsg.): *Lexikon der Informatik und Datenverarbeitung.* Oldenbourg (1998)
Stahlknecht, P. und U. Hasenkamp: *Einführung in die Wirtschaftsinformatik.* Springer (1999)
Werner, (Hrsg): *Taschenbuch der Informatik.* Taschenbuchverlag Leipzig (1995)

Zeitschriften

Zeitschriften in englischer Sprache

Gute Zeitschriften gibt die amerikanische *Association for Computing Machinery* (*ACM*, www.acm.org) heraus, unter anderem:

Communications of the ACM (offizielles Organ des ACM)
Transactions on Computer Systems
Transactions on Database Systems
Transactions on Information Systems
Transactions on Software Engineering and Methodology

Auch das Institute of *Electrical and Electronics Engineers* (*IEEE*) bietet zahlreiche Magazine an sowie wissenschaftlich anspruchsvolle Transactions. Unter anderem sind dies:

Annuals of the History of Computing
Computational Science and Engineering
Computer Magazine
Intelligent Systems & their Applications
Internet Computing Magazine
IT Professional
MultiMedia Magazine

Software Magazine
Transactions on Computers
Transactions on Communications
Transactions on Networking
Transactions on Visualization and Computer Graphics

Empfehlenswert sind ferner folgende Zeitschriften:

Embedded Systems
Information Systems Managemant
Information Week
Journal of Management Information Systems
Journal of Organizational Computing and Electronic Commerce
JOOP the Journal of Object Oriented Programming
Sun News (Firmenzeitschrift von Sun Microsystems)

Zeitschriften in deutscher Sprache

Chip
Computer und Recht
c't Magazin
DATACOM
DuD (Datenschutz und Datensicherung)
IM Information Management & Consulting
Informatik-Spektrum. Das offizielle Organ der *Gesellschaft für Informatik* (*GI*, www.gi-ev.de), bei der Informatiker Mitglied werden können und sollten.
IT Management
IT Sicherheit
it + ti (Informationstechnik und Technische Informatik)
KI (Künstliche Intelligenz)
PC-Netze
PC-Welt
Wirtschaftsinformatik

Daneben gibt es zahlreiche populäre Zeitschriften im Grenzbereich zwischen PC-Anwendung und Unterhaltung, die hier nicht mit aufgeführt wurden.

Sehr zu empfehlen ist ferner die in loser Folge erscheinende Buchreihe *Informatik-Fachberichte*, die beim Springer-Verlag erscheint und beispielsweise Konferenzberichte (Proceedings) veröffentlicht.

1 Einführung

Geschichte der Informatik und Grenzfragen

[Bau96] Bauer, F.L.: *Punkt und Komma.* Informatik Spektrum 19, S. 93-95 (1996)

[Büt95] Büttemeyer, W.: *Wissenschaftstheorie für Informatiker.* Spektrum (1995)

[Czi89] Czichos, H. (Hrsg.): *Hütte, Die Grundlagen der Ingenieurwissenschaften.* Springer (1989)

[Dam88] Damerow, P., R.K. Englund und H.J. Nissen: *Die ersten Zahldarstellungen und die Entwicklung des Zahlbegriffs.* Spektrum der Wissenschaft, März 1988, S. 46-55

[Ger94] Gericke, H.: *Mathematik in Antike und Orient.* Fourier (1994)

[Hof89] Hofstadter, D.R.: *Gödel, Escher, Bach.* Klett-Cotta (1989)

[Pen92] Penrose, R.: *Computerdenken.* Spektrum der Wissenschaft (1992)

[Wei76] Weizenbaum, J.: *Die Macht der Computer und die Ohnmacht der Vernunft.* Suhrkamp (1976)

Einstieg in die Datenverarbeitung

[Bou98] Bouchard, O., K. P. Huttel und Th. Irlbeck: *Office 97 Kompendium.* Markt & Technik (1998)

[Dwo86] Dworatschek, S.: *Grundlagen der Datenverarbeitung.* De Gruyter (1989)

[Kos97] Kost, R.: *Word 97 Kompendium.* Markt & Technik (1998)

[Mue99] Mueller, S.: *PC-Hardware Superbibel.* Markt & Technik (1999)

[Ort98] Ortmann, J. und W. Andratschke: *Windows 98.* Addison Wesley (1998)

[Pre98] Precht, M., N. Meier und J. Kleinlein: *EDV-Grundwissen.* Addison Wesley (1998)

2 Nachricht, Information und Codierung

Nachricht, Information und Wahrscheinlichkeit

[Ben82] Bennett, Ch. H.: *The Thermodynamics of Computing - A Review.* Int. Journal of Theoretical Physics, Vol. 21, pp. 905-950 (1982)

[Bro93] Brown, T.A.: *Moderne Genetik.* Spektrum Akademischer Verlag (1993)

[Fred82] Fredkin, E. and T. Toffoli: *Conservative Logic.* Int. Journal of Theor. Phys., Vol. 21, pp 219 (1982)

[Hüb96] Hübner, G.: *Stochastik.* Vieweg (1996)

[Kre90] Krengel, U.: *Einführung in die Wahrscheinlichkeitstheorie und Statistik.* Vieweg (1998)

[Obe76] Oberschelp W. und D. Wille: *Mathematischer Einführungskurs für Informatiker.* Teubner (1976)

[Schr93] Schrödinger, E.: *Was ist Leben*? Pieper (1943, Neuauflage 1993)

[Sha48] Shannon, C.E.: *A mathematical theory of communication.* Bell System Techn. Journ. Vol. 27, p. 379-423 and 623-656 (1948) Deutsche Übersetzung der Originalausgabe in:

Shannon, C.E. und W. Weaver: *Mathematische Grundlagen der Informationstheorie*. Oldenbourg (1976)

[Sto90] Stonier, T.: *Information and the Internal Structure of the Universe*. Springer (1990)

[Szi29] Szilard, L.: *Über die Entropieverminderung in einem thermodynamischen System bei Eingriffen intelligenter Wesen*. Zeitschrift für Physik, Band 53, S. 840-856 (1929)

Codierung

[Ber74] Berlekamp, E. R.: *Key Papers in the Development of Coding Theory*. IEEE Press (1974)

[Ham50] Hamming, R.W.: *Error detecting and error correcting codes*. Bell System Techn. Journ. Vol. 29, p. 147-160 (1948)

[Ham87] Hamming, R.W.: *Information und Codierung*. VCH (1987)

[Huf52] Huffman, D.A.: *A Method for Construction of Minimum-Redundancy Codes*. Proc. IRE, Vol. 40, p. 1098-1101 (1952)

[Jun95] Jungnickel, D.: *Codierungstheorie*. Spektrum (1995)

[Nel93] Nelson, M.: *Datenkomprimierung*. Heise (1993)

[Ziv77] Ziv, J. and A. Lempel: *A Universal Algorithm for Sequential Data Compression*. IEEE Trans. Information Theory, Vol. 23, pp 337 (1977)

Kryptologie

[Bau94] Bauer, F.L.: *Kryptologie*. Springer (1994)

[Beu96] Beutelspacher, W. et al.: *Moderne Verfahren der Kryptologie*. Vieweg (1996)

[Dif76] Diffie, W. and M. Hellmann: *New directions in cryptography*. IEEE Trans. Inform. Theory, Vo. 22, No. 6, p. 644-654 (1976)

[Dew88] Dewdney, A.K.: *Computer-Kurzweil: Die Geschichte der legendären ENIGMA*. Teil I: Spektrum der Wissenschaft Dezember 1988, S. 8-11 Teil II: Spektrum der Wissenschaft Januar 1989, S. 6-10

[Fed75] Federal Register, Vol 40, No. 52 and No. 149 (1975)

[Hell79] Hellmann, M.E.: *Die Mathematik neuer Verschlüsselungssysteme*. Spektrum der Wissenschaft, Heft 10, S. 93-101, (1979)

[Riv78] Rivest, R.L., A. Shamir and L. Adleman: *A Method for obtaining Digital Signatures and Public Key Cryptosystems*. Comm. Of the ACM, Vol.21, No. 2, p. 120-126 (1978)

[Sal90] Salomaa, A. : *Public-Key Cryptography*. Springer (1990)

[Schn96] Schneier, B.: *Angewandte Kryptologie*. Addison-Wesley (1996)

3 Schaltalgebra

Logik und Boolesche Algebra

[Den74] Denis-Papin, M. et al.: *Theorie und Praxis der Booleschen Algebra*. Vieweg (1974)

[Schö95] Schöning, U.: *Logik für Informatiker*. Spektrum (1995)

Schaltnetze und Schaltwerke

[Coy92] Coy, W.: *Aufbau und Arbeitsweise von Rechenanlagen*. Vieweg (1992)
[Bor97] Borgemeyer, J.: *Grundlagen der Digitaltechnik*. Hanser (1997)
[Bor99] Borucki, L.: *Digitaltechnik*. Teubner (1999)
[Fli90] Flik, Th. Und H. Liebig: *Mikroprozessortechnik*. Springer (1990)
[Heu94] Heusinger, P. et al.: *Handbuch der PLDs und FPGAs*. Franzis (1994)
[Leh94] Lehmann, G. et al.: *Schaltungsdesign mit VHDL*. Franzis (1994)
[Lich92] Lichtenberger, B.: *Praktische Digitaltechnik*. Hüthig (1992)
[Lip98] Lipp, H. M.: *Grundlagend der Digitaltechnik*. Oldenbourg (1997)
[Tie93] Tietze, U. und Ch. Schenk: *Halbleiter-Schaltungstechnik*. Springer (1993)

Analogtechnik

[Ber97] Bernstein, H.: *Analoge Schaltungstechnik mit diskreten und integrierten Bauelementen*. Hüthig (1997)
[Web99] Webster, J. G. and R. Pallas-Areny: *Analog Signal Processing*. Wiley & Sons (1999)

4 Rechnerarchitekturen und Betriebssysteme

Rechnerarchitekturen

[Chur97] Churchland, P.S. und T.J. Sejnowski: *Grundlagen zur Neuroinformatik und Neurobiologie*. Vieweg (1997)
[Hech90] Hecht-Nielsen, R.: *Neurocomputing*. Addison-Wesley (1990)
[Her98] Herrmann, P.: *Rechnerarchitektur*. Vieweg (1998)
[Mär94] Märtin, Ch.: *Rechnerarchitektur*. Hanser (1994)
[Nau96] Nauck, D., F. Klawonn und R. Kruse: *Neuronale Netze und Fuzzy-Systeme*. Vieweg (1996)
[Obe98] Oberschelp, W. und G. Vossen: *Rechneraufbau und Rechnerstrukturen*. Oldenbourg (1998)
[Schö93] Schöneburg, E.: *Industrielle Anwendungen neuronaler Netzwerke*. Addison-Wesley (1993)
[Ung93] Ungerer, Th.: *Datenflußrechner*. Teubner, (1993)
[Wal95] Waldschmidt, K. (Hrsg.): *Parallelrechner*. Teubner (1995)
[Zol92] Zoller, E.C.: *Einführung in die Großrechnerwelt*. Oldenbourg (1992)

Echtzeitsysteme

[Fär94] Färber, G.: *Prozessrechentechnik*. Springer (1994)
[Gom93] Gomaa, H.: *Software Design Methods for Concurrent and Real Time Systems*. Addison-Wesley (1993)
[Sel94] Selic, B., G. Gullekson und P.T. Ward: *Real-Time Object-Oriented Modelling*. Wiley & Sons (1994)
[Zöb87] Zöbel, D.: *Programmierung von Echtzeitsystemen*. Oldenbourg (1987)

Betriebssysteme

[Bach87] Bach, M.: *The Design of the UNIX Operating System*. Prentice Hall (1987)
[Bro94] Brown, Ch.: *Programmieren verteilter UNIX-Anwendungen*. Prentice Hall (1994)
[Chap96] Chappell, D.: *Active X und OLE verstehen*. Microsoft Press (1996)
[Kan92] Kannemann, K.: *UNIX - Das Betriebssystem und die Shells*. Vieweg (1992)
[Kof95] Kofler, M.: *Linux: Installation, Konfiguration, Anwendungen*. Addison-Wesley (1999)
[Lan92] Langendöfer, H.: *Leistungsanalyse von Rechnsystemen*. Hanser (1992)
[Lan94] Langendörfer, H. und B. Schnor: *Verteilte Systeme*. Hanser (1994)
[Ort98] Ortmann, J. und W. Andratschke: *Windows 98*. Addison Wesley (1998)
[Sieg96] Siegel, J.: *CORBA. Fundamentals and Programming*. Wiley (1996)
[Sin94] Sinha, A.: *Netzwerkprogrammierung unter Windows NT 4.0*. Microsoft Press (1994)
[Stev92] Stevens, W. R.: *Advanced Programming in the UNIX Environment*. Addison-Wesley (1992)
[Tan90] Tanenbaum, A.: *Computer-Netzwerke*. Wolframs (1990)
[Tan95] Tanenbaum, A.: *Moderne Betriebssysteme*. Hanser (1995)
[Teu89] Teuffel, M.: *TSO Time Sharing Option im Betriebssystem MVS*. Oldenbourg (1989)

5 Maschinenorientierte Programmiersprachen

[Hil94] Hilf, W.: *M68000 Band I und II*. Franzis' (1994)
[Kan85] Kane, G.: *68000 Mikroprozessorhandbuch*. McGraw Hill (1985)
[Lan95] Lange, K.: *Motorola 68HC11*. Heise (1995)
[Mot90] Motorola: *M68000 Family. Reference Manual*. Motorola (1990)
[Gol98] Golze, U.: *Von Pascal zu Assembler*. Vieweg (1998)

6 Höhere Programmiersprachen

Grundlagen

[Boh66] Böhm, C. und G. Jacopini: *Flow diagrams, Turing machines and languages with only two formation rules*. Communications of the ACM, Vol. 9, Nr. 5 (1966)
[Gol98] Golze, U.: *Von Pascal zu Assembler*. Vieweg (1998)
[Set96] Sethi, R.: *Programming Languages - Concepts and Constructs*. Addison-Wesley (1996)

Programmiersprachen

[Bäu97] Bäumer, H.-P.: *Programmieren mit Fortran 90*. Vieweg (1997)
[Bot91] Bothner, P. und W.-M. Kähler: *Programmieren in PROLOG*. Vieweg (1991)
[Bot93] Bothner, P. und W.-M. Kähler: *Programmieren in LISP*. Vieweg (1993)

[Brä93] Bräunl, Th.: *Parallele Programmierung*. Vieweg (1993)
[Coo98] Cooper, D. und M. Clancey: *Pascal*. Vieweg (1998)
[Geh88] Gehrke, W.: *PC-FORTRAN Handbuch*. Hanser (1988)
[Jen85] Jensen, K. und N.Wirth: *Pascal User Manual and Report*. Springer, 3.Aufl. (1985)
[Küh96] Kühnel, R.: *Die Java-Fibel*. Addison-Wesley (1996)
[Nag99] Nagl, M.: *Die Software-Programmiersprache ADA 95*. Vieweg (1999)
[Pet90] Petcovic, D.: *SQL - Die Datenbanksprache*. McGraw Hill (1990)
[Pet90] Petcovic, D.: *INFORMIX das relationale Datenbanksystem*. Addison-Wesley (1991)
[Stu97] Sturm, E.: *PL/1 für Workstations*. Vieweg (1997)

C und C^{++}

[Dob86] Dr. Dobbs Journal: *C-Tools*. Markt und Technik, München (1986)
[Her98] Herrmann, D.: *Effektiv Programmieren in C und C^{++}*. Vieweg (1998)
[Jos94] Josuttis, N.: *Objektorientiertes Programmieren in C^{++}*. Addison Wesley (1994)
[Ker90] Kernighan, B. W. und D. M. Ritchie: *Programmieren in C*. Hanser / Prentice Hall (1990)
[Kir96] Kirch-Prinz, Ulla und P. Prinz: *C für PCs*. ITP (1996)
[Mey95] Meyers, S.: *Effektiv C^{++} programmieren*. Addison Wesley (1995)
[Str92] Stroustrup, B.: *The C^{++} Programming Language*. Addison Wesley (1992)
[Zei96] Zeiner, K.: *Programmieren lernen mit C*. Hanser (1996)

7 Methodik der Software-Entwicklung und DV-Organisation

Software-Engineering

[Con94] Mc Connell, S.: *Code complete*. Microsoft Press (1994)
[Den91] Denert, E.: *Software-Engineering*. Springer (1991)
[Kel98] Keller, G.: *SAP/R3 prozeßorientiert anwenden*. Addison Wesley (1998)
[Mey90] Meyer, B.: *Objektorientierte Systementwicklung*. Hanser (1990)

Organisation von DV-Projekten

[Dir95] Dirlewanger, W. (Hrsg.): *DV-Organisation*. Saur (1995)
[Dück83] Dück, W.: *Taschenbuch der Wirtschaftsmathematik*. Harri Deutsch (1983)
[Fra96] Frank, L.: *Planung und Betrieb von Rechensystemen*. VDE (1996)
[Kat93] Katzenbach, J.R. und D.K. Smith: *Teams - der Schlüssel zur Hochleistungsorganisation*. Überreuter (1993)
[Mol94] Moll, K.-R.: *Informatik-Management*. Springer (1994)
[Nau93] Naumann, K. und M. Morlock: *Operations Research*. Hanser (1993)
[Rei94] Reichert, O.: *Netzplantechnik*. Vieweg (1994)
[Sei97] Seifert, J.W.: *Gruppenprozesse steuern*. Gabal (1997)
[Spe90] Specht, O.: *Betriebswirtschaft für Ingenieure + Informatiker*. Kiehl (1990)
[Wit98] Wittlage, H.: *Moderne Organisationskonzeptionen*. Vieweg (1998)

Datenschutz und Datensicherheit

[Abe92] Abel, H. und W. Schmölzer: *Datensicherung*. Verlag Beck (1992)
[Ches96] Cheswick, R. und S. Bellovin: *Firewalls und Internet-Sicherheit*. Addison-Wesley (1996)
[Gol97] Gola, P. und R. Schomerus: *Bundesdatenschutzgesetz*. Beck (1997)
[Ker91] Kersten, H.: *Einführung in die Computersicherheit*. Oldenbourg (1991)
[Lin87] Lindemann, P.: *Informationsbroschüre zum Bundesdatenschutzgesetz*. Oldenbourg, München (1987)
[Opp97] Opplinger, R.: *IT-Sicherheit*. Vieweg (1997)
[Pom91] Pommerening K.: *Datenschutz und Datensicherheit*. BI (1991)
[Scha92] Schaumüller-Bichl, I.: *Sicherheitsmanagement*. BI (1992)

8 Automatentheorie und formale Sprachen

[Bal92] Balke, L. und H. Böhling: *Einführung in die Automatentheorie und Theorie der Formalen Sprachen*. BI Wissenschaftsverlag (1992)
[Berl82] Berlekamp, E., J. Conway and R. Guy: *Winning Ways for Your Mathematical Plays*. Academic Press (1982)
Deutsche Ausgabe: *Gewinnen - Strategien für mathematische Spiele*. Vieweg (1986)
[Gar87] Gardner, M.: *Mathematische Denkspiele*. Hugendubel (1987)
[Hof89] Hofstadter, D.R.: *Gödel, Escher, Bach*. Klett-Cotta (1989)
[Hof91] Hofbauer, D. und R.D. Kutsche: *Grundlagen des maschinellen Beweisens*. Vieweg (1991)
[Kop88] Kopp, H.: *Compilerbau*. Hanser (1988)
[Neu66] Neumann, J. von: *Theory of Self-Replicating Automata*. University of Illinois Press (1966)
[Sch92] Schmitt, F.-J.: *Praxis des Compilerbaus*. Hanser (1992)
[Tur50] Turing, A.M.: *Computing Machinery and Intelligence*. Mind, Vol. LIX, No. 236 (1950)
Auch enthalten in: Anderson, A.R. (Hrsg.): *Minds and Machines*. Englewood Cliffs (1964)
[Wir84] Wirth, N.: *Compilerbau*. Teubner (1984)

9 Algorithmen

Berechenbarkeit und Komplexitätstheorie

[Bör92] Börger, E.: *Berechenbarkeit, Komlexität, Logik*. Vieweg (1992)
[Bre94] Brecht, W.: *Theoretische Informatik*. Vieweg (1994)
[Göd31] Gödel, K.: *Über formal unentscheidbare Sätze der Principia Mathematica und verwandter Systeme I*. Monatshefte für Mathematik und Physik 38, S. 173-198 (1931)
[Hof89] Hofstadter, D.R.: *Gödel, Escher, Bach*. Klett-Cotta (1989)

[Lud95] Ludwig, Ralf: *Kant für Anfänger: Die Kritik der reinen Vernunft.* Deutscher Taschenbuch Verlag (1995)

[Obe76] Oberschelp, W. und D. Wille: *Mathematischer Einführungskurs für Informatiker.* Teubner (1976)

[Pri98] Prigogine, Ilya: *Die Gesetze des Chaos.* Insel Verlag (1998)

[Schö95] Schöning, U.: *Theoretische Informatik - kurz gefasst.* Spektrum Akademischer Verlag (1995)

[Tur50] Turing, A.M.: *Computing Machinery and Intelligence.* Mind, Vol. LIX, No. 236 (1950)
Auch enthalten in: Anderson, A.R. (Hrsg.): *Minds and Machines.* Englewood Cliffs (1964)

Optimieren von Algorithmen und spezielle Algorithmen

[Abr82] Abramowitz, M. and A. Stegun: *Pocketbook of Mathematical Functions.* Harri Deutsch, 1984

[Key21] Keynes, J. M.: *A Treatise on Probability.* McMillan 1921
Nachdruck bei Harper&Row 1962

[Knu81] Knuth, D.E.: *The Art of Computer Programming.* Addison-Wesley (1981)

[Pre94] Press, W. H. et al.: *Numerical Recipes in C.* Cambridge University Press (1994)

[Schö94] Schöneburg, E., F. Heinzmann und S. Feddersen: *Genetische Algorithmen und Evolutionsstrategien.* Addison-Wesley (1994)

[Sch71] Schönhage, A. und V. Strassen: Computing, vol. 7, pp 281-292 (1971)

[Sed88] Sedgewick, R.: *Algorithms.* Addison-Wesley (1988)

[Ste88] Stetter, H. J.: *Numerik für Informatiker.* Oldenbourg (1988)

[Zur94] Zuras, D.: *More on squaring and multiplying large integers.* IEEE Transaction on Computers, Vol. 43, No. 8, p. 899-908 (1994)

10 Datenstrukturen

[Ben93] Bentley, J.L. and M.D. McIlroy: *Engineering a Sort Function.* Software-Practice and Experience, Vol. 23, No. 11, p 1249-1265 (1993)

[Boy77] Boyer and Moore: CACM 20, 10 (1977). Außerdem: R. Tegethoff: *Schneller geht's (n)immer.* C't Magazin, Heft 1, S. 180-192 (1990)

[Cla94] Clark, J. und D.A. Holton: *Graphentheorie.* Spektrum (1994)

[Hoa62] Hoare, C.A.R.: *Quicksort.* Computer Journal, Vol. 5. p 10-15 (1962)

[Knu81] Knuth, D.E.: *The Art of Computer Programming.* Addison-Wesley (1981)

[Oku76] Okuda, T., E. Tanaka and T. Kasai: *a method for the correction of garbled words based on the Levenshtein metric.* IEEE Transactions on Computers, Nr. C25(2) pp 172 (1976)

[Ott90] Ottmann, T. und P. Widmayer: *Algorithmen und Datenstrukturen.* BI (1990)

[Tem99] Tempelmeier, T.: *Embedding Practical Real-Time Education in a Computer Science Curriculum.* IEEE Transactions on Computing (1999)

[Wir95] Wirth, N.: *Algorithmen und Datenstrukturen.* Teubner (1995)

11 Kommunikations- und Informationstechnik

Datenkommunikation und Netze

[Bög98] Böge, W.: *Handbuch Elektrotechnik*. Vieweg (1998)
[Con96] Conrads, D.: *Datenkommunikation*. Vieweg (1996)
[Dem93] Dembowsky, K.: *Computerschnittstellen und Bussysteme*. Markt & Technik (1993)
[Heg93] Hegering, H.-G. und A. Läpple: *Ethernet*. Datacom (1993)
[Her94] Herter, E. und W. Lörcher: *Nachrichtentechnik*. Hanser (1994)
[Kan95] Kanderali, F.: *Digitale Kommunikationstechnik I + II*. Vieweg (1995)
[Ker92] Kerner, H.: *Rechnernetze nach OSI*. Addison-Wesley (1992)
[Kni87] Knightson, K., T. Knowle and T. Larmouth: *Standards for Open Systems Interconnection*. McGraw-Hill (1987)
[Kya93] Kyas, O.: *ATM-Netzwerke: Aufbau, Funktion, Performance*. Datacom (1993)
[Ter88] Terplan, K.: *Kommunikationsnetze*. Hanser (1988)
[Plat93] Plattner, B. et al.: *X.400, elektronische Post und Datenkommunikation*. Addison-Wesley (1993)
[Rod91] Roddy, D.: *Satellitenkommunikation*. Hanser (1991)
[Schn96] Schnell, G. und K. Hoyer: *Interfaces und Datennetze*. Vieweg (1996)
[Schu94] Schummy, H. und R. Ohl: *Handbuch Digitaler Schnittstellen*. Vieweg (1994)
[Tan89] Tanenbaum, A.: *Computer Networks*. Prentice-Hall (1989)

Datenbanken

[Abb98] Abbey, M. und M.J. Corey: *Oracle8*. Addison-Wesley (1998)
[Bal97] Baloui, S.: *Accsess 97 Programmierpraxis Kompendium*. Markt & Technik (1997)
[Cod70] Codd, E.F.: *A Relational Model of Data for Large Shared Data Banks*. CCAMS 13, No. 6 (1970)
[Cod90] Codd, E.F.: *The Relational Model for Database-Management: Version 2*. Addison-Wesley (1990)
[Lau95] Lausen, G. und G. Vossen: *Objektorientierte Datenbanken, Modelle und Sprachen*. Oldenbourg (1995)
[Moo97] Moos, A. und G. Daues: *Datenbank-Engineering*. Vieweg (1997)
[Pet90] Petcovic, D.: *SQL - Die Datenbanksprache*. McGraw Hill (1990)
[Pet91] Petcovic, D.: *INFORMIX das relationale Datenbanksystem*. Addison-Wesley (1991)
[Sau98] Sauer, H.: *Relationale Datenbanken*. Addison Wesley (1998)
[Vos87] Vossen, G.: *Datenmodelle, Datenbanksprachen und Datenbank-Managementsysteme*. Addison-Wesley (1987)

Multimedia

[Ahl91] Ahlers, R.-J und H.-J. Warnecke: *Industrielle Bildverarbeitung*. Addison-Weseley (1991)
[Ern91] Ernst, H.: *Einführung in die digitale Bildverarbeitung*. Franzis (1991)

[Fro97] Froitzheim, K.: *Multimedia-Kommunikation*. dpunkt (1997)
[Hab82] Haberäcker, P.: *Digitale Bildverarbeitung*. Hanser (1996)
[Käp97] Käppner, Th.: *Entwicklung verteilter Multimedia-Applikationen*. Vieweg (1997)
[Kle92] Klette, R. und P. Zamperoni: *Handbuch der Operatoren für die Bildbearbeitung*. Vieweg (1992)
[Nie83] Niemann, H.: *Klassifikation von Mustern*. Springer (1983)
[Pra78] Pratt, W.: *Digital Image Processing*. Wiley & Sons (1978)
[Pav90] Pavlidis, T.: *Algorithmen zur Grafik und Bildverarbeitung*. Springer (1990)

Internet und Java

[Ches96] Cheswick, R. und S. Bellovin: *Firewalls und Internet-Sicherheit*. Addison-Wesley (1996)
[Flan97] Flanagan, D.: *JavaScript - The Definite Guide*. O'Reilly (1997)
[Koch97] Koch, S.: *JavaScript*. dpunkt (1997)
[Küh96] Kühnel, R.: *Die Java-Fibel*. Addison-Wesley (1996)
[Mün96] Münz, S. und W. Nefzger: *HTML 3.2 Handbuch*. Franzis' (1997)
[Niel96] Nielsen, J.: *Multimedia, Hypertext und Internet*. Vieweg (1996)
[Pla96] Plate, J.: *Internet glasklar*. Oldenbourg (1996)
[Rod96] Rodley, J.: *Writing Java Applets*. Coriolis (1996)
[Scha98] Schader, M. und L. Schmidt-Thieme: *Java*. Springer (1998)
[Wil99] Wilde, E.: *World Wide Web*. Springer (1999)

Sachwortverzeichnis

C

D

L

M

N

T

U

V

X

Y

Z

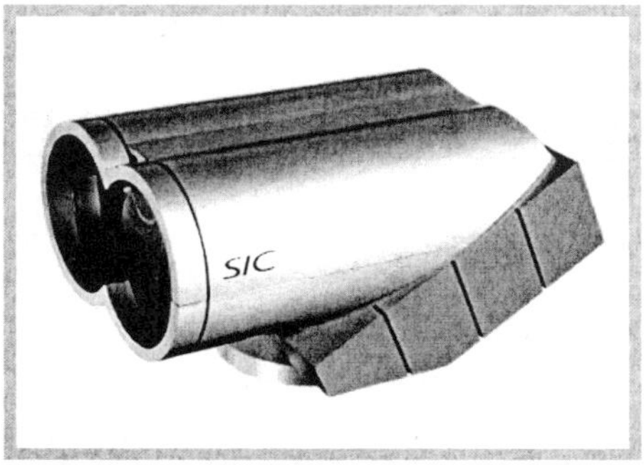
SIC

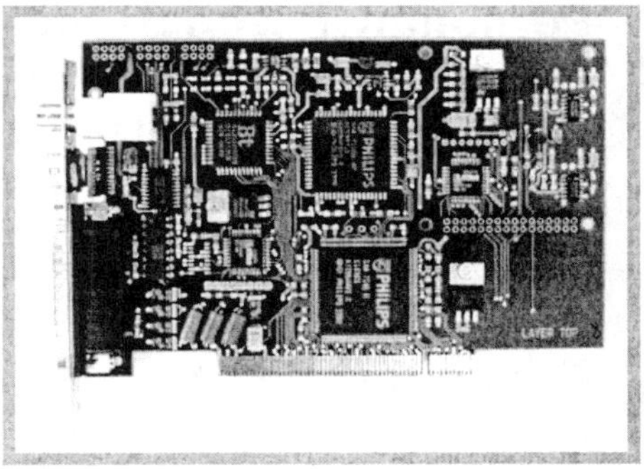